EINLEITUNG IN DIE PHILOSOPHIE

HUSSERLIANA

EDMUND HUSSERL

GESAMMELTE WERKE

BAND XXXV

EINLEITUNG IN DIE PHILOSOPHIE
VORLESUNGEN 1922/23

AUFGRUND DES NACHLASSES VERÖFFENTLICHT VOM
HUSSERL-ARCHIV (LEUVEN) UNTER LEITUNG VON

RUDOLF BERNET UND ULLRICH MELLE

EDMUND HUSSERL

EINLEITUNG IN DIE PHILOSOPHIE
VORLESUNGEN 1922/23

HERAUSGEGEBEN VON

BERNDT GOOSSENS

KLUWER ACADEMIC PUBLISHERS
DORDRECHT / BOSTON / LONDON

Library of Congress Cataloging-in-Publication Data

ISBN 1-4020-0081-2

Published by Kluwer Academic Publishers,
P.O. Box 17, 3300 AA Dordrecht, The Netherlands.

Sold and distributed in North, Central and South America
by Kluwer Academic Publishers,
101 Philip Drive, Norwell, MA 02061, U.S.A.

In all other countries, sold and distributed
by Kluwer Academic Publishers,
P.O. Box 322, 3300 AH Dordrecht, The Netherlands.

Printed on acid-free paper

All Rights Reserved
© 2002 Kluwer Academic Publishers
No part of the material protected by this copyright notice may be reproduced or
utilized in any form or by any means, electronic or mechanical,
including photocopying, recording or by any information storage and
retrieval system, without written permission from the copyright owner.

Printed in the Netherlands

INHALT

EINLEITUNG DES HERAUSGEBERS XV

EINLEITUNG IN DIE PHILOSOPHIE
VORLESUNGEN 1922/23

I. ABSCHNITT
VORMEDITATIONEN ÜBER DIE IDEE DER PHILOSOPHIE

1. KAPITEL: PHILOSOPHIE UND POSITIVE WISSENSCHAFTEN 3
   § 1. Die Universalität der philosophischen Probleme und die Unzulänglichkeit bisheriger Wissenschaft. Die Forderung einer allgemeinen Wissenschaftslehre 3
   § 2. Das Verhältnis von Naturwissenschaft und Geisteswissenschaft als Beispiel eines Grundproblems der philosophischen Wissenschaftslehre 11
      a) Die naturwissenschaftliche Betrachtungsweise 12
      b) Die geisteswissenschaftliche Betrachtungsweise 15
      c) Die Konsequenz der gegenwärtigen Gegensätzlichkeit von Natur- und Geisteswissenschaft für eine höhere, philosophische Wissenschaft. 20
   § 3. Die Gewinnung des höheren Standpunkts der philosophischen Wissenschaft durch Rückwendung auf die erkennende Subjektivität 26
   § 4. Der echte Radikalismus der philosophischen Wissenschaftslehre als Theorie der erkennenden Vernunft 33

2. KAPITEL: ERKENNENDE UND UNIVERSALE VERNUNFT 40
  § 5. Einordnung der speziellen Vernunftregion der Erkenntnis in eine universale Vernunftlehre 40
  § 6. Die übergreifende absolute Vernunftlehre als Wissenschaft vom seligen Leben 43
  § 7. Die Sonderstellung der erkennenden Vernunft und die Frage des Anfangs 47

II. ABSCHNITT

DER CARTESIANISCHE WEG ZUM *EGO COGITO* UND DIE METHODE
DER PHÄNOMENOLOGISCHEN REDUKTION

3. KAPITEL: VORBEREITUNG EINER PHÄNOMENOLOGISCHEN REKONSTRUKTION DES WEGS DER CARTESIANISCHEN *MEDITATIONES*. 50
  § 8. Historische Besinnung auf den Anfang. Sokrates, Platon und die antike Idee der Philosophie. 50
  § 9. Das Wiederaufleben des antiken Geistes des wissenschaftlichen Radikalismus in der Philosophie Descartes' 55
  § 10. Der prinzipielle Sinn der Cartesianischen Maxime der Zweifellosigkeit und das Ideal einer absoluten Evidenz 60

4. KAPITEL: DIE PHÄNOMENOLOGISCHE REDUKTION AUF DEN APODIKTISCH EVIDENTEN ERFAHRUNGSBODEN DES CARTESIANISCHEN *EGO COGITO* ALS DER TRANSZENDENTALEN SUBJEKTIVITÄT 65
  § 11. Das hodegetische Prinzip des Anfangs 65
  § 12. Die Ausschaltung der äußeren Wahrnehmung als nicht im prinzipiellen Sinne evidente 66
  § 13. Die apodiktische Evidenz der phänomenologischen Wahrnehmung gegenüber der mundanen und die universale Ausschaltung aller Stellungnahmen. 69
  § 14. Die Ausschaltung auch der inneren Wahrnehmung als zur mundanen Erfahrung gehörig. Zurückweisung des Cartesianischen Psychologismus 71

III. ABSCHNITT

DAS REICH DER PHÄNOMENOLOGISCHEN ERFAHRUNG UND DAS PROBLEM IHRER APODIKTISCHEN RECHTFERTIGUNG

5. Kapitel: Das Reich transzendentaler Erfahrung als phänomenologisches Forschungsgebiet 75

§ 15. Die Notwendigkeit einer genaueren Betrachtung des egologischen Erfahrungsbereichs 75

§ 16. Nähere Beschreibung der phänomenologischen Reduktion. Der phänomenologisch Reflektierende als „unbeteiligter Zuschauer". 77

§ 17. Rohe erste Überschau über die mannigfaltigen Gegebenheiten der transzendentalen Subjektivität. (Egologisch-deskriptive Tatsachentypen) 81

§ 18. Die intentionale Analyse der Wahrnehmung. Kritik des Sensualismus am Beispiel dinglicher Wahrnehmungsanalyse und Betrachtung weiterer Wahrnehmungsphänomene 83

§ 19. Wiederholung und Zusammenfassung. Das Problem des Verhältnisses der Wahrnehmung zu anderen Erlebnistypen . . . 85

§ 20. Das synthetische Einheitsbewusstsein und sein Korrelat, der identische intentionale Gegenstand. Gegenstandspolarisierung vor dem Hintergrund der Zeitlichkeit des Erlebnisstroms. . . 86

§ 21. Gegenstandspolarisierung und Ichpolarisierung. Das Ich als absolut identisches Zentrum der *cogitationes*. 91

6. Kapitel: Die Entdeckung der höherstufigen Naivität rein phänomenologischer Forschung und die Erweiterung des transzendentalen Erfahrungsfelds 93

§ 22. Zweifel, ob das gewonnene Gebiet ein solches apodiktischer Tatsachen ist und ob nicht nur das gegenwärtige *ego cogito* apodiktisch gewiss ist. 93

§ 23. Neubestimmung des Begriffs der transzendentalen Reduktion in Abgrenzung zu dem der apodiktischen Reduktion 97

§ 24. Die erweiterte intersubjektive Reduktion. Intersubjektivität als Reich induktiver Empirie 103

§ 25. Das transzendentale Ichall als universaler Zusammenhang möglicher Verständigung. Die Welt als intersubjektives Polsystem 110

IV. ABSCHNITT

DER WEG ZU EINER APODIKTISCHEN WISSENSCHAFT: APODIKTISCHE KRITIK DER TRANSZENDENTALEN SUBJEKTIVITÄT

7. KAPITEL: APODIKTISCHE KRITIK DER TRANSZENDENTALEN ERFAHRUNGSGEWISSHEITEN. 115
  § 26. Überleitung zur apodiktischen Reduktion: Die transzendentale Selbstwahrnehmung 115
  § 27. Apodiktische Reduktion der transzendentalen Selbstwahrnehmung 119
    a) Aufweisung der apodiktisch notwendigen Struktur der Wahrnehmung in ihrer Zeitlichkeit. Urimpressionales Jetzt und Retention 120
    b) Fortsetzung der Überlegungen zur apodiktischen Evidenz der konkreten Gegenwart 123
    c) Freie Retention als Feld möglicher apodiktischer Evidenz. . 125
    d) Präzisierung der Ergebnisse und Ergänzung zur apodiktischen Reduktion der Retention 129
  § 28. Apodiktische Reduktion der transzendentalen Wiedererinnerung und sonstiger Vergegenwärtigungsweisen 133
    a) Die Wiedererinnerung der retentionalen Nahvergangenheit und die protentionale Tendenz der Wiedererinnerung. Wiederholte und progressive Wiedererinnerung 133
    b) Die Wiedererinnerung ferner Vergangenheiten und die Konstitution der unendlichen immanenten Zeit 139
    c) Kurze apodiktische Kritik weiterer Vergegenwärtigungsweisen: Erwartung und Einfühlung 144
  § 29. Ergebnis: Die apodiktische Bestimmbarkeit der immanenten Erfahrung nur nach ihrem typischen Gehalt 146

INHALT

8. Kapitel: Apodiktische Kritik der Modalisierungen 148

§ 30. Das Problem der Etablierung einer absolut evidenten Wissenschaft auf dem Boden des apodiktisch gesicherten Erfahrungsfeldes. Vorblick auf die Aufgabe einer apodiktischen Kritik des Logos 148

§ 31. Allgemeine Gegenständlichkeiten und Abwandlungen apodiktischer Gegebenheiten als aufweisbare Gestalten der egologischen Sphäre. Möglichkeiten in verschiedenem Sinn: Phantasiemöglichkeit und reale Möglichkeit 153

§ 32. Möglichkeit im Sinne des „Ich kann" und ihre Evidenz. Modale Evidenz in der Gemütssphäre 159

§ 33. Rekapitulation und Vergewisserung über den erreichten Standpunkt. Der apodiktisch gerechtfertigte egologische Boden als Fundament für jede apodiktische Rechtfertigung 164

§ 34. Die Ermöglichung apodiktischer Wissenschaft durch ein Gewebe idealer Gegenständlichkeiten. Reine Allgemeinheiten als spezifisch philosophisches Thema 170

§ 35. Die Erzeugung reiner Möglichkeiten in der freien Phantasie . 173

§ 36. Vorbetrachtungen zu einer apodiktischen Kritik der reinen Möglichkeiten von Naturgegenständen und von Naturgegenständen als Wirklichkeiten. 179

    a) Erfahrung des wirklichen Dings als idealer Limes fortschreitender Näherbestimmung 179

    b) Erfahrung und Evidenz im Phantasiebewusstsein als einem Wahrnehmungsbewusstsein in der Modifikation des Als-ob . 181

§ 37. Die apodiktische Evidenz der reinen immanenten Möglichkeiten. Die Ideen des Erlebnisses und des Erlebnisstroms . . 183

§ 38. Kritisch-apodiktische Auswertung der transzendenten realen Möglichkeiten 186

    a) Die apodiktische Gegebenheit der reinen Möglichkeiten einer Welt überhaupt. Der reale transzendente Gegenstand als Korrelatidee der Idee eines unendlichen Systems möglicher Erfahrungen von ihm 186

    b) Das An-sich-Sein der Phantasiegegenstände als Möglichkeit des Wieder-darauf-Zurückkommens durch das Phantasie-Ich 191

c) Wiederholung und Fortführung: Die notwendige Korrelation von Phantasieobjekt und Phantasiesubjekt und die durch das kinästhetische „Ich kann" vorgezeichneten Möglichkeiten 193
d) An-sich-Sein des Objekts und Intersubjektivität. Wirkliche und fingierte Intersubjektivität. 196
§ 39. Die wirkliche Welt als Verwirklichung der apodiktisch ausgebauten rein möglichen 199
§ 40. Wiederholung und Zusammenfassung. 206

9. KAPITEL: APODIKTISCHE KRITIK DES LOGOS. 207
§ 41. Die Konstitution höherstufiger Gegenständlichkeiten. Sachverhalte als Korrelate von Identifizierungen und die Aufgabe einer apodiktischen Kritik aller Satzformen überhaupt. . . . 207
§ 42. Die ursprüngliche Begriffsbildung. Unterscheidung von reinen und empirischen Begriffen 209
§ 43. Sachhaltige und formale Begriffe. Die spezifische Formalität kategorialer Gegenständlichkeiten 215
§ 44. Partikuläre und universelle Urteile 219
  a) Das partikuläre Urteil auf dem Boden der Wirklichkeit . . . 220
  b) Partikuläre Phantasieurteile 224
  c) Die ursprüngliche Bildung von universellen Urteilen im Bereich der Wirklichkeit 225
  d) Zusammenfassung und Fixierung der Terminologie 228
§ 45. Phantasie als die Ursprungsstätte alles reinen Apriori 230
  a) Die Gewinnung apriorischer Allgemeinheiten und Notwendigkeiten aus dem universellen Phantasieurteil. Sachverhalte der empirischen und reinen Implikation 230
  b) Die Implikationsform des Schlusses und seine Gesetze . . . 234
§ 46. Wesen und Gewinnung materialer und formaler apriorischer Gesetzlichkeiten und die Anwendung des apriorischen Denkens 236
§ 47. Der weiteste Begriff des Satzes und Urteils und die dazugehörigen analytischen Denkgesetze als Bedingungen der Möglichkeit einstimmigen, wahren Urteilens 241

V. ABSCHNITT

DIE TRANSZENDENTALE PHÄNOMENOLOGIE ALS WESENSWISSENSCHAFT DER TRANSZENDENTALEN SUBJEKTIVITÄT UND DIE PROBLEME MÖGLICHER ERKENNTNIS, MÖGLICHER WISSENSCHAFT, MÖGLICHER GEGENSTÄNDLICHKEITEN UND WELTEN

10. KAPITEL: DIE IDEE DER TRANSZENDENTALEN EGOLOGIE 247
§ 48. Rekapitulation des bisherigen Gedankengangs 247
§ 49. Die allein mögliche Erfüllung der Forderung des hodegetischen Prinzips nach Undurchstreichbarkeit und Endgültigkeit in einer apriorischen Wissenschaft vom Ego 251
§ 50. Sicherung des Bodens der apriorischen Egologie. Ihre Verwirklichung als transzendentale Phänomenologie 255
§ 51. Die Bildung des Eidos Ego und die Umgrenzung des Gebiets der egologisch-eidetischen Philosophie als Phänomenologie . 260
§ 52. Die Aufgabe eines systematischen Aufbaus der ersten Wissenschaft an Hand systematischer Leitfäden. 263

11. KAPITEL: DER BEGRIFF DER TRANSZENDENTALEN ERKENNTNISTHEORIE. IHR VERHÄLTNIS ZUR TRANSZENDENTALEN PHÄNOMENOLOGIE . 267
§ 53. Die erkenntnistheoretische Problematik in natürlicher und transzendentaler Einstellung. 267
§ 54. Der richtige Sinn der Erkenntnistheorie und ihr Charakter als Wesenslehre. 271
§ 55. Der transzendentale Idealismus der phänomenologischen Wesenslehre 276
§ 56. Der zunächst notwendige methodische Solipsismus der Phänomenologie und die erweiterte transzendentale Intersubjektivität 280

VI. ABSCHNITT

DIE KONKRETE IDEE EINER LOGIK ALS WISSENSCHAFTSLEHRE UND DAS SYSTEM ALLER ONTOLOGIEN. DAS KONKRETE ZIEL EINER PHÄNOMENOLOGISCHEN PHILOSOPHIE DER ZUKUNFT

12. KAPITEL: ZUR PHÄNOMENOLOGIE DER VERNUNFT. 285
§ 57. Phänomenologie der Vernunft als Theorie der Evidenz. Die Rechtfertigungsfunktion eidetischer Wesensgesetze 285

§ 58. Der phänomenologische Intuitionismus 288
§ 59. Die Phänomenologie als Normenlehre aller echten Wissenschaft überhaupt 291

13. KAPITEL: ZIEL UND AUFGABE DER PHÄNOMENOLOGISCHEN WISSENSCHAFTSLEHRE 293
§ 60. Das Ideal „eigentlicher" Wissenschaft: Die Forderung eines universalen, auf sich selbst rechtfertigend zurückbezogenen Systems apriorischer Wissenschaften als Ontologien 293
§ 61. Das Verfehlen des Ideals durch die bisherige Grundlagenforschung. Der Einschluss des Universums aller apriorischen Wissenschaften in die transzendentale Phänomenologie . . . 297
§ 62. Abwehr möglicher psychologistischer Missverständnisse. Die Verwirklichung der traditionellen Idee der Logik als Wissenschaftslehre erst durch die transzendentale Phänomenologie . 301
§ 63. Die Phänomenologie als Wissenschaft von allen Seinsmöglichkeiten und allen möglichen realen Welten und die Zukunft der phänomenologischen Philosophie 304

ERGÄNZENDE TEXTE

A. ABHANDLUNG

PHÄNOMENOLOGISCHE METHODE UND PHÄNOMENOLOGISCHE PHILOSOPHIE. LONDONER VORTRÄGE 1922   311
Einleitung: Das allgemeine Ziel der phänomenologischen Philosophie   311
  I. Der Cartesianische Weg zum *ego cogito* und die Methode der phänomenologischen Reduktion   313
 II. Das Reich der phänomenologischen Erfahrung und die Möglichkeit einer phänomenologischen Wissenschaft. Die transzendentale Phänomenologie als Wesenswissenschaft der transzendentalen Subjektivität 321
III. Die transzendentale Phänomenologie und die Probleme möglicher Erkenntnis, möglicher Wissenschaft, möglicher Gegenständlichkeiten und Welten 330
 IV. Die konkrete Idee einer Logik als Wissenschaftslehre und das System aller Ontologien. Das konkrete Ziel der phänomenologischen Philosophie der Zukunft 335

INHALT

B. BEILAGEN

BEILAGE I:	Inhaltsübersicht, zusammengestellt von Ludwig Landgrebe	341
BEILAGE II:	Syllabus der Londoner Vorträge.	364
BEILAGE III:	Absolute Erkenntnisbegründung. Das Ideal der *clara et distincta perceptio*: die absolute Zweifellosigkeit. Warum die natürlichen Wissenschaften nicht ausreichen	374
BEILAGE IV:	Kritik der Geometrie als positiver Wissenschaft . . .	380
BEILAGE V:	Zum Begriff der Zweifellosigkeit	383
BEILAGE VI:	Evidenz und mögliches Nichtsein	384
BEILAGE VII:	Zur neuen Redaktion des egologischen Gedankenganges.	387
BEILAGE VIII:	Ichpolarisierung, Gegenstandspolarisierung und Urstiftung des ethischen Ich	389
BEILAGE IX:	Zur Zickzackmethode adäquat-apodiktischer Erkenntnisbegründung	391
BEILAGE X:	Unterscheidung zwischen phänomenologischer oder transzendentaler Reduktion schlechthin und apodiktischer Reduktion	396
BEILAGE XI:	Zur universalen Kritik der reduzierten Erfahrung (der transzendentalen)	397
	a) Zur Beschreibung des reduzierten *ego cogito* . . .	397
	b) Bedenken hinsichtlich der Tragweite der Apodiktizität des Ego	398
BEILAGE XII:	Apodiktizität – Adäquation. Kritik der Apodiktizität und Adäquation.	401
BEILAGE XIII:	Rechtfertigung und ihre Stufen	405
BEILAGE XIV:	Intersubjektivität und Weltkonstitution in statischer und genetischer Analyse	407
BEILAGE XV:	Wie Apodiktizität zu Adäquation sich verhält	410
BEILAGE XVI:	Evidenz der Wiedererinnerung hinsichtlich des Klarheitsgehalts und seiner Grenzen	412
BEILAGE XVII:	Die Undurchstreichbarkeit der vollkommen klaren Wiedererinnerung.	414
BEILAGE XVIII:	Zur Apodiktizität der Form der Erwartung	419
BEILAGE XIX:	Die Weckung erledigter Vergangenheit und das Problem ihrer wissenschaftlichen Beschreibung	420

BEILAGE XX:	Zur Selbstgebung von „Modalitäten" im erweiterten Sinn.	422
BEILAGE XXI:	Zur Kritik der Erfahrung bzw. Kritik der empirischen Weltwissenschaft. Frage der Apodiktizität der Modalität, des „Modus" „empirische Gewissheit".	425
BEILAGE XXII:	Die Sinnbildung der „Andersheit" als Voraussetzung der Zahlbildung.	436
BEILAGE XXIII:	Satz als Urteil und Satz als „bloße" Bedeutung	439
BEILAGE XXIV:	Das Problem der Evidenz (bzw. auch des eigentlichen Sinnes) formalontologischer Wahrheiten und der Begriff des Analytischen	445
	a) Formale Logik und formale Ontologie	445
	b) Urteilswahrheit	451
	c) Analytische Urteile als Fälle von Konsequenz	456
	d) Kants und mein Begriff des Analytischen	461
BEILAGE XXV:	Zur Grundfrage der Erkenntnistheorie, ob und wie gültige Erkenntnis wahrhaften Seins selbst möglich ist	467
BEILAGE XXVI:	Der Sinn der Erkenntnis	469
BEILAGE XXVII:	Methode, erkenntnistheoretische Rätsel zu entscheiden	471
BEILAGE XXVIII:	Phänomenologie und Intuitionismus	473
BEILAGE XXIX:	Zum Intuitionismus der Phänomenologie	476
BEILAGE XXX:	Anwendung der rein eidetischen Phänomenologie. Metaphysische Auswertung der natürlichen Wissenschaften. Letzte Interpretation auch der reinen Normen	478
BEILAGE XXXI:	Die Phänomenologie als Erste Philosophie	481

TEXTKRITISCHER ANHANG

ZUR TEXTGESTALTUNG	487
TEXTKRITISCHE ANMERKUNGEN ZUM HAUPTTEXT	498
TEXTKRITISCHE ANMERKUNGEN ZU DEN ERGÄNZENDEN TEXTEN	657
NACHWEIS DER ORIGINALSEITEN	747
NAMENREGISTER	749

EINLEITUNG DES HERAUSGEBERS

Der vorliegende Band der *Husserliana* enthält den Text der vierstündigen Vorlesung, die Edmund Husserl unter dem Titel „Einleitung in die Philosophie" im Wintersemester 1922/23 in Freiburg gehalten hat. Mit der Edition dieser Vorlesung wird in den „Gesammelten Werken" die Dokumentation von Husserls Freiburger Vorlesungstätigkeit in der ersten Hälfte der 20er Jahre fortgesetzt,[1] einer für die späte Entwicklung seines Denkens äußerst bedeutenden Periode. Sie steht im Zeichen der Arbeit an der Konzeption eines systematischen Grundwerks der Philosophie, das die verschiedenen Stränge der Husserl'schen Forschungen zusammenführen und in dem übergreifenden Ganzen einer einheitlichen Theorie nach Maßgabe der neu entwickelten transzendentalen Phänomenologie begründen soll.

Husserl hat seine Absicht, ein „großes systematisches Werk" zu schreiben, mehr noch: ein phänomenologisch-philosophisches System zu begründen, in Briefen und sonstigen Dokumenten

---

[1] Erschienen sind die im WS 1920/21 gehaltene und im SS 1923 sowie im WS 1925/26 wiederholte Vorlesung über transzendentale Logik als *Analysen zur passiven Synthesis. Aus Vorlesungs- und Forschungsmanuskripten 1918 – 1926*, Husserliana XI, hrsg. v. M. Fleischer, Den Haag 1966 und als *Aktive Synthesen: Aus der Vorlesung „Transzendentale Logik" 1920/21. Ergänzungsband zu „Analysen zur passiven Synthesis"*, Husserliana XXXI, hrsg. v. R. Breeur, Dordrecht/Boston/London 2000; die im WS 1923/24 gehaltene Vorlesung Husserls: *Erste Philosophie (1923/24). Erster Teil*, Husserliana VII, hrsg. v. R. Boehm, Den Haag 1956 und *Erste Philosophie (1923/24). Zweiter Teil*, Husserliana VIII, hrsg. v. R. Boehm, Den Haag 1959; die im SS 1925 gehaltene Vorlesung Husserls: *Phänomenologische Psychologie. Vorlesungen Sommersemester 1925*, Husserliana IX, hrsg. v. W. Biemel, Den Haag 1962, 2. verb. Aufl. ebd. 1969; die wohl im WS 1921/22 wiederholte und überarbeitete Vorlesung über Natur und Geist als: *Natur und Geist. Vorlesungen 1919*, Husserliana Materialien IV, hrsg. v. M. Weiler, Dordrecht/Boston/London 2002. Zur Veröffentlichung vorbereitet wird die Vorlesung „Einleitung in die Ethik" vom SS 1920, die Husserl im SS 1924 unter dem Titel „Grundprobleme der Ethik" wiederholt hat. Das Manuskript dieser Vorlesung befindet sich im Husserl-Archiv Leuven in den Konvoluten F I 28 und A IV 22. Im SS 1921, SS 1922 und WS 1924/25 las Husserl eine rein historisch angelegte „Geschichte der neueren Philosophie". Ein Manuskript dieser Vorlesung befindet sich nicht in Husserls Nachlass.

mehrfach bekundet.[1] Doch obwohl er dieses Projekt bis in seine späten Jahre hinein verfolgt hat, ist es nie zu einer derartigen Veröffentlichung gekommen. Fortschritte in der Arbeit an Einzelproblemen[2] hatten wohl mit dazu geführt, die Grundlegungsfragen bezüglich des philosophischen Ganzen, dem diese in irgendeiner Weise zugehören müssen, zu Begin der 20er Jahre erneut virulent werden zu lassen. Und so sah sich Husserl genötigt, von seinen Einzelanalysen und deren Ausarbeitung zur Veröffentlichung vorerst abzusehen, um zunächst die Konzeption eines neuen systematischen Grundwerks voranzutreiben.[3] Die Unzufriedenheit mit der Darstellung und dem Konzept der *Ideen*,[4] die er inzwischen empfand, hat, wie noch zu sehen sein wird,[5] hierzu maßgeblich beigetragen.

In der Reihe der Publikationen Husserl'scher Vorlesungstexte

---

[1] Verwiesen sei etwa auf den berühmten Brief an Roman Ingarden vom 25.11.1921 in: E. Husserl: *Briefwechsel, Husserliana Dokumente III*, in Verbindung mit E. Schuhmann hrsg. v. K. Schuhmann, Dordrecht/Boston/London 1994, Bd. III, S. 213 (im Folgenden zitiert als *Briefwechsel* mit Bandnummer und Seitenzahl) sowie auf den Brief an Winthrop Pickard Bell vom 18.9.1921, ebd., S. 26. Zuvor, ebenfalls 1921, hatte Husserl noch ausdrücklich bedauert, das Ziel der Schaffung eines solchen Werkes trotz lebenslangen Strebens nicht erreicht zu haben, und zwar bezeichnenderweise in einem Schreiben an seinen Freiburger Lehrstuhlvorgänger Heinrich Rickert, den er darin um das Erreichen desselben Ziels explizit beneidet (vgl. *Briefwechsel*, Bd. V, S. 185). 1921 war Rickerts Werk *System der Philosophie. Erster Teil: Allgemeine Grundlegung der Philosophie*, Tübingen erschienen. Das Buch befindet sich mit Widmung des Verfassers in Husserls Bibliothek.

[2] Erwähnt seien die Überlegungen zur Zeitproblematik und Individuation, veröffentlicht unter dem Titel *Die Bernauer Manuskripte über das Zeitbewusstsein (1917/18)*, *Husserliana XXXIII*, hrsg. v. R. Bernet und D. Lohmar, Dordrecht/Boston/London 2001 oder die bis 1914 andauernden Versuche einer Umarbeitung der VI. Logischen Untersuchung, die bisher zum Teil veröffentlicht sind als *Logische Untersuchungen. Ergänzungsband. Erster Teil. Entwürfe zur Umarbeitung der VI. Untersuchung und zur Vorrede für die Neuauflage der Logischen Untersuchungen (Sommer 1913)*, *Husserliana XX/1*, hrsg. v. U. Melle, Dordrecht/Boston/London 2002. Ein zweiter Teilband hierzu ist in Vorbereitung.

[3] Am 1.9.1922 erklärt Husserl demgemäß gegenüber Adolf Grimme zuversichtlich: es „krystallisieren sich Hauptgedanken eines Systems und zwingen mich, ihnen nachzugehen, statt Altes, wie ich soll, fertig⟨zu⟩machen" (*Briefwechsel*, Bd III, S. 86).

[4] E. Husserl: *Ideen zu einer reinen Phänomenologie und phänomenologischen Philosophie. Erstes Buch: Allgemeine Einführung in die reine Phänomenologie. 1. Halbband: Text der 1. – 3. Auflage*, *Husserliana III/1*, neu hrsg. v. K. Schuhmann, Den Haag 1976; das Werk war zuerst erschienen in: *Jahrbuch für Phänomenologie und phänomenologische Forschung* 1 (1913).

[5] Vgl. unten, S. XXVII f.

aus dieser Freiburger Zeit schließt die Veröffentlichung der vorliegenden Vorlesung von 1922/23 eine besonders empfindliche Lücke. Sie befasst sich mit dem zur Begründung eines Systems zentralen Problem philosophischer Letztbegründung und ihrer Durchführung. Diese Überlegungen sind, obwohl unverzichtbarer Bestandteil seiner Ersten Philosophie,[1] in einer vergleichbar geschlossenen Form bei Husserl sonst nirgends zu finden.

*

Husserl hat insgesamt zehnmal Vorlesungen mit dem Titel „Einleitung in die Philosophie" gehalten. Sechs davon entfallen auf die Hallenser Privatdozentenzeit,[2] die restlichen vier auf seine Zeit als Freiburger Ordinarius. Obwohl von den frühen, in Halle gehaltenen Vorlesungen allenfalls Bruchstücke erhalten sind, muss doch angenommen werden, dass die Freiburger Vorlesungen grundsätzlich neu erarbeitet und im Wesentlichen unabhängig von diesen Vorgängern sind.[3] Eine Kontinuität ist schon deshalb kaum anzunehmen, weil Husserl während seiner immerhin fünfzehnjährigen Göttinger Lehrtätigkeit, in der er die transzendentale Phänomenologie entwickelte, keine Vorlesung mit dem Titel „Einleitung in die Philosophie" gehalten hat und das inzwischen Erreichte nicht ohne Auswirkung auf eine solche Vorlesung bleiben konnte.

Die vier Einleitungsvorlesungen, die Husserl in Freiburg ankündigte, wurden in den Sommersemestern 1916 und 1918 sowie in den Wintersemestern 1919/20 und 1922/23 gehalten.[4] An ihnen

---

[1] Mit Erster Philosophie ist hier die Sache gemeint, nicht die Vorlesung gleichen Titels von 1923/24. Auf die zugrunde liegende Letztbegründungsabsicht und das Verhältnis der Vorlesung von 1922/23 zur Vorlesung „Erste Philosophie" wird in der vorliegenden Einleitung noch ausführlich einzugehen sein (vgl. unten, S. XXXIX ff. und L ff.).

[2] Vgl. K. Schuhmann: *Husserl-Chronik. Denk- und Lebensweg Edmund Husserls*, *Husserliana Dokumente* I, Den Haag 1977, S. 248, S. 33 – 58. Die Vorlesungen wurden in den Sommersemestern 1892, 1893, 1894 und 1896 sowie in den Wintersemestern 1897/98 und 1898/99 gehalten. Eine siebte für das Wintersemester 1899/1900 angekündigte Einleitungsvorlesung hat Husserl dann offenbar nicht vorgetragen (vgl. ebd., S. 58).

[3] Schon die unterschiedlichen Längen sprechen hier eine deutliche Sprache: Während Husserl bereits die erste Freiburger Einleitung vierstündig ankündigte (vgl. K. Schuhmann, *Husserl-Chronik*, S. 200), wurden sämtliche Hallenser Einleitungen lediglich einstündig vorgetragen (vgl. ebd., S. 33 – 58).

[4] Bruchstücke der ersten beiden Vorlesungsmanuskripte liegen, teilweise mit anderen

ist eine gewisse Entwicklung ablesbar, die in drei Stadien verläuft: Die frühen Vorlesungen von 1916 – Husserls erste Freiburger Vorlesung überhaupt – und 1918 sind noch stärker als die späteren von einer philosophiehistorisch orientierten einführenden Präsentation und Erörterung philosophischer Grundprobleme bestimmt. Sie versuchen ihrer Intention nach eine „ideengeschichtliche Entwicklung des Ideals strenger Wissenschaft".[1] Zwar bleibt diese Grundtendenz mitsamt dem einführenden Charakter 1919/20 erhalten, jedoch bekam Husserl durch die seiner Einleitungsvorlesung vom Sommer- ins längere Wintersemester so viel zusätzlichen Raum, dass die dadurch mögliche breitere Darstellung und Diskussion philosophischer Grund- und Einzelprobleme, und zwar jetzt verstärkt auch in systematischer Hinsicht, der ganzen Vorlesung schnell eine Gestalt gab, die es ihm erlaubte am 12.3.1920 Ingarden gegenüber von einer „völlig neuen ‚Einleitung'"[2] zu sprechen. Im Hinblick auf die Fülle und Gewichtigkeit der vorgenommenen Änderungen und Erweiterungen vor allem in systematischer Hinsicht ist diese Einschätzung zwar durchaus gerechtfertigt; doch da die Grundgestalt und Intention der Vorlesung dabei in Vielem auch erhalten geblieben ist,[3] scheint es eher angemessen, von ihr als der stark bearbeiteten und erweiterten Endgestalt einer kontinuierlichen Entwicklung zu sprechen. Dagegen ist der entwicklungsgeschichtliche Bruch zwischen dem Text von 1919/20 und dem von 1922/23 so stark, dass sich selbst in einem weniger strengen Sinn von dieser letzten, völlig neu konzipierten

---

Manuskripten vermengt, in den Konvoluten F I 30, F I 40, F I 41 und F I 42. Das Manuskript zur Vorlesung von 1919/20 liegt vollständig im Konvolut F I 40. Über die Zusammensetzung der hier edierten Vorlesung von 1922/23 informiert der Abschnitt „Zur Textgestaltung" unten, S. 478 ff.

[1] So Husserl am 11.5.1918 in einem Brief an Heidegger (*Briefwechsel*, Bd. IV, S. 130).

[2] *Briefwechsel*, Bd. III, S. 203. Diese Auffassung vertritt Husserl auch später noch. Über die Einleitung von 1922/23 schreibt er an Bell, es sei die vierte Freiburger Vorlesung mit diesem Titel, die er „zum 3ten Male in völlig neuer Gestalt" lese (*Briefwechsel*, Bd. III, S. 43).

[3] So übernimmt Husserl 1919/20 etwa „das erste Stück [...] aus den Vorlesungen über Einleitung 1916 und 1918" (Ms. F I 40/1a). Auch diese neue Vorlesung versucht, die Genese philosophischer Problematik „rein als ideengeschichtliche Entwicklung zu zeichnen" (ebd., 15a), dabei soll nun freilich eine teleologische Hinbewegung zur transzendentalen Phänomenologie sichtbar werden.

Einleitung nicht mehr sagen lässt, sie sei aus den vorhergehenden hervorgegangen.

Husserl selbst stellt später, in einem Text von 1923, also schon aus dem Blickwinkel der hier edierten Einleitungsvorlesung,[1] diese beiden letzteren Vorlesungen in ihrer Grundanlage einander gegenüber und bezeichnet die in ihnen beschrittenen Wege als korrelativ.[2] So wird im Nachhinein beansprucht, auch in der Vorlesung von 1919/20 einen bedeutenden Weg hin zur transzendentalen Phänomenologie gefunden zu haben, und zwar einen Weg „im Ausgang von den positiven Ontologien und der universalen positiven Ontologie".[3] Diese nachträgliche, stark systematisierende Charakterisierung des Wegs der früheren Vorlesung ist zwar nicht unzutreffend, aber sie führt in die Irre, wenn darin ihre Hauptintention erblickt würde. Erst die neuere Konzeption von 1922/23 folgt dem strengen Modell einer Einleitung als einleitendem Systemteil und setzt damit eine grundlegende Neubesinnung Husserls hinsichtlich seiner philosophischen Absichten voraus.[4] Ein vergleichbarer systemimmanenter Anspruch wird in der Vorlesung von 1919/20 noch nicht erhoben. Vielmehr ist diese in der Grundtendenz trotz einer ihr eigentümlichen teleologischen Einfärbung noch deutlich als „Einleitung" im herkömmlichen Sinne angelegt, d. h. als Hinführung zu den grundlegenden philosophischen Problemen im Ausgang von der Tradition, die eben Studienanfängern das gesamte Gebiet philosophischer Forschung einführend präsentieren will.[5]

---

[1] „Weg in die transzendentale Phänomenologie als absolute und universale Ontologie durch die positiven Ontologien und die positive Erste Philosophie", in: *Husserliana* VIII, S. 219–228.

[2] Vgl. ebd., S. 225.

[3] Ebd., S. 219.

[4] Vgl. unten, S. XX f. Am Ende des Textes von 1923 heißt es diese Absichten unterstreichend, es müsse möglich sein, „das Wesen der transzendentalen Subjektivität systematisch *a priori* zu konstruieren in einem System" (*Husserliana* VIII, S. 228).

[5] So leitet Husserl dort auch keineswegs von den formal- und realontologischen Problemen sofort zur Begründung der transzendentalen Phänomenologie über. Vielmehr streift er im Verlaufe dieses Wegs, nach einer Darstellung der ihn und seine Zeit stark beschäftigenden Abgrenzungsprobleme zwischen Natur- und Geisteswissenschaften, kurz die philosophische Ästhetik und geht von dort aus über zu ausführlichen Erörterungen über Grundprobleme, Begrifflichkeit und Klassifizierungsmöglichkeiten von Ethik und Axiologie. Im Anschluss an diese breit angelegten Überlegungen betritt Husserl sodann das Feld der Me-

Dieses Interesse wird zwar 1922/23 nicht fallengelassen, wohl aber stark in den Hintergrund gedrängt. Die daraus resultierende Schwierigkeit der Gestaltung einer Einleitung in dem doppelten Sinne einer Einführung ins philosophische Studium und gleichzeitiger Einleitung in das Ganze eines philosophischen Systems bringt Husserl im Dezember 1924 rückblickend gegenüber Ingarden zum Ausdruck: „Eigentlich giebt es kein⟨en⟩ schwierigeren Vorwurf als den einer Einleitung, u. doch bedarf es einer solchen sowol für die Philos⟨ophie⟩ selbst als Philos⟨ophie⟩, wie für den lernenden Anfänger, für den sie freilich anders zu gestalten ist."[1]

Dennoch versucht die neue „Einleitung in die Philosophie" von 1922/23 aber eben nicht ausschließlich eine der angedeuteten Alternativen durchzuführen, sondern beide miteinander zu verbinden, und zwar indem sie von Beginn an den zuhörenden Anfänger als „anfangenden und werdenden Philosophen" in den systematischen Ablauf integriert.[2] Dabei soll der philosophierende Anfänger mit dem sachlich-prinzipiellen Anfang der Philosophie als Grundwissenschaft zusammengebracht und in einer einheitlichen Theorie ihr Verhältnis bestimmt werden. Mit solchen Vorerwägungen zur Bestimmung des Anfangs der Philosophie aus dem Kontrast von prinzipiellem Anfang und tatsächlichem Anfangen nimmt Husserl ein traditionsreiches Problem systematischen Phi-

---

taphysik und Teleologie. Von hier aus erst vollzieht sich schließlich der „Übergang zur Phänomenologie", nämlich „von der Frage der Möglichkeit einer teleologischen Weltanschauung (also einer Metaphysik) aus" (Ms. F I 40/1a). Erst gelegentlich dieser „Wendung zur transzendentalen Betrachtung" (ebd., 3a) wird dann ideengeschichtlich auch die neuzeitliche Philosophie ins Spiel gebracht, wobei sich die Vorlesung hier in Vielem mit dem ersten Teil der Vorlesung „Erste Philosophie" von 1923/24 berührt.

[1] *Briefwechsel*, Bd. III, S. 225.

[2] Dies darf als eines der zentralen Charakteristika gelten, durch die ein entwicklungsgeschichtlicher Strang des Husserl'schen Denkens in den 20er Jahren bestimmt ist: Die Figur des anfangenden Philosophen durchzieht zahlreiche Texte von den Londoner Vorträgen und der Einleitungsvorlesung über die Vorlesung „Erste Philosophie" des darauffolgenden Winters bis hin zu den Cartesianischen Meditationen (vgl. unten S. 49, 59 f. *et passim*, *Husserliana* VII, S. 5 f., *Husserliana* VIII, S. 3 ff. sowie E. Husserl: *Cartesianische Meditationen und Pariser Vorträge*, *Husserliana* I, hrsg. v. S. Strasser, Den Haag 1950, 2. Aufl. ebd. 1963, S. 43 ff.; vgl. auch Husserls „Nachwort zu den Ideen" in: E. Husserl: *Ideen zu einer reinen Phänomenologie und phänomenologischen Philosophie. Drittes Buch: Die Phänomenologie und die Fundamente der Wissenschaften*, *Husserliana* V, hrsg. v. M. Biemel, Den Haag 1952, S. 138 – 162, S. 148 f. und 161; zum entwicklungsgeschichtlichen Zusammenhang dieser Texte vgl. hier weiter unten, S. LV).

losophierens erneut auf, mit dem sich etwa Reinhold, Fichte oder Hegel bereits intensiv abgemüht hatten und das er nun als „eine der größten Aufgaben eines Systems der Philosophie"[1] ansieht.

Eine „Einleitung in die Philosophie" in diesem neuen Sinne gehört also zu den Anfangsarbeiten am geplanten „großen systematischen Werk", und Husserl nahm sich zunächst schon für das Wintersemester 1921/22 vor, seinen Hörern eine solche Einleitung vorzutragen.[2] Aber ein vollständiger Neuentwurf war wegen der Kürze der Zeit wohl noch nicht zu bewerkstelligen. Husserl entschied sich dann stattdessen vermutlich für die Wiederholung seiner Vorlesung über „Natur und Geist" von 1919, jedenfalls kündigte er für das Wintersemester eine Vorlesung unter diesem Titel an.[3] Da diese auf zwei Wochenstunden begrenzt war, blieb ihm nun mehr Zeit für die dringend nötige systematische Arbeit.

Es bedurfte dann eines anderen, äußeren Anlasses, das neue Konzept erstmals zu erproben. Dieser Anlass war die Einladung im Namen der Londoner Universität durch George Dawes Hicks zu vier Vorträgen im Juni 1922.[4] Die Einladung verfolgte vorran-

---

[1] Brief an Bell vom 13.12.1922, *Briefwechsel,* Bd. III, S.43.

[2] Vgl. K. Schuhmann: *Husserl-Chronik,* S. 248. Dazu passt auch ein Brief an Bell vom 18.9.1921 – also nicht weit vor Beginn dieses Wintersemesters –, in dem Husserl eine „neue schlichteste Einleitung in die phän⟨omenologische⟩ Philosophie, die mir vorschwebt, die ich in Ansätzen schon entworfen habe und die die Einleitung für meine syst⟨ematischen⟩ Publikationen werden sollte" (*Briefwechsel,* Bd. III, S. 26) ankündigt.

[3] Vgl. M. Weiler: „Einleitung des Herausgebers", in: E. Husserl: *Natur und Geist. Vorlesungen Sommersemester 1927, Husserliana* XXXII, Dordrecht/Boston/London 2001, S. XXXVI f. sowie ders.: „Einleitung des Herausgebers", in: *Husserliana Materialien* IV, S. XIII.

[4] In einem Brief vom 1.9.1922 an Adolf Grimme bekennt Husserl retrospektiv: „Dieses Jahr war eine Zeit großer Besinnungen: Ich durchdachte noch ein letztes Mal die principiellen Grundged⟨anken⟩ und Richtlinien d⟨er⟩ Ph⟨änomenologie⟩. Demgemäß wählte ich auch das Thema meiner Londoner Vorträge" (*Briefwechsel,* Bd. III, S. 85 f.). Die Vorträge wurden erstmals veröffentlicht als: E. Husserl: „Phänomenologische Methode und phänomenologische Philosophie. ⟨Londoner Vortrage 1922⟩", hrsg. v. B. Goossens, in: *Husserl Studies* 16 (1999), S. 183 – 254 (im Folgenden zitiert als: HuSt 16; vgl. auch die Edition im vorliegenden Band, S. 311 – 340). Zum Zustandekommen und zu den äußeren Umständen dieser Vorträge vgl. meine „Einleitung des Herausgebers", in: HuSt 16, S. 183 – 199 sowie H. Spiegelberg: „Husserl in England: Facts and Lessons", in: Journal of the British Society for Phenomenology 1 (1970), S. 4 – 18; vgl. zudem ders.: „Appendix: Suplement 1980 to ‚Husserl in England'", in: Ders.: *The Context of the Phenomenological Movement, Phenomenologica* 80, Den Haag/Boston/London 1982, S. 229 – 234. Vgl. auch Husserls eigenen

gig das Ziel, die transzendentale Phänomenologie in England einzuführen und bekannt zu machen; doch hielt dies Husserl nicht davon ab, dabei, wie er glaubte, „schweres Geschütz"[1] aufzufahren: „In mir arbeitete schon lange die Idee des ‚werdenden Philosophen' u. der in ihm werdenden Inscenierung der Philosophie u. das musste gestaltet werden u. somit mussten die Londoner sich das anhören."[2]

Indessen hat Husserl für die Vorträge mehr als nur den Anfang der projektierten Neukonzeption im Sinne. Während der Vorarbeiten am Manuskript für die Reise nach England hatte er Max Scheler gegenüber offenbar ohne Einschränkung von einem „System" gesprochen, das er „in London vortragen" wolle.[3] Im Laufe der Jahre entwickelte sich daraus anscheinend eine allgemeine Kennzeichnung, die in manchen philosophischen Kreisen dieser Zeit immerhin so geläufig gewesen sein muss, dass etwa Georg Misch noch in einer Vorlesung im Winter 1933/34 vom „sogenannten Londoner System" Husserls[4] sprechen konnte.

Insofern die Vorträge das gesamte zu entwickelnde System *in nuce* präfigurieren wollen, gehen nun aber vor allem der III. und IV. Londoner Vortrag weit über die Anfangs- und Einleitungsproblematik hinaus, die Husserl in den Jahren 1921 und 1922 vornehmlich bewegte. Die Vorträge können daher in ihrer Gesamtheit eher als Programmschrift der ganzen neuen Konzeption gelten, oder mit Husserls Worten: Sie bringen „eigentlich das ganze System der ph⟨änomenologischen⟩ Philos⟨ophie⟩ vom Ego cogito aus, nach jetzigem Standpunkt (z. B. nehme ich das ganze Syst⟨em⟩ der apr⟨iorischen⟩ Disciplinen (aller) in die tr⟨anszendentale⟩ Ph⟨änomenologie⟩ mit hinein)".[5] Dies ist wichtig, will man verstehen,

---

Bericht über den England-Aufenthalt in einem längeren Brief an Bell vom 13.12.1922 (*Briefwechsel*, Bd. III, S. 47 ff.).

[1] Brief an Bell vom 7.12.1921, *Briefwechsel*, Bd. III, S. 30.

[2] Brief an Bell vom 13.12.1922, *Briefwechsel*, Bd. III, S. 49.

[3] Vgl. K. Schuhmann: *Husserl-Chronik*, S. 259.

[4] G. Misch: *Logik und Einführung in die Grundlagen des Wissens. Die Macht der antiken Tradition in der Logik und die gegenwärtige Lage*, hrsg. v. G. Kühne-Bertram, *Studia Culturologica*, Sonderheft, Sofia 1999, S. 132. (Den Hinweis auf diesen Text verdanke ich der Herausgeberin.)

[5] Brief an Bell vom 14.5.1922, *Briefwechsel*, Bd. III, S. 39.

welches das Hauptinteresse gewesen ist, das Husserl dann bei der später durchgeführten inhaltlichen Erweiterung der Vorträge zur Vorlesung leitete; denn wie noch zu bemerken sein wird, beabsichtigt die viel umfangreichere Vorlesung nicht die Ausgestaltung dieser Darstellung des ganzen Systems, sondern konzentriert sich in Rückbesinnung auf die ursprüngliche Einleitungsproblematik im Wesentlichen wieder auf einen, allerdings den prinzipiellsten Teil.[1]

Die Anfangsbetrachtungen, die im strengen Sinne voraussetzungslos zu sein haben, müssen nun ihren Ausgang von zunächst vagen Vorüberlegungen nehmen. Husserl orientiert diese an einer „Idee der Philosophie",[2] die er früher schon in unterschiedlicher Weise expliziert hatte.[3] Die Londoner Vorträge bestimmen gemäß dieser Idee, die Husserl glaubt auf Platon zurückführen zu können,[4] „Philosophie als universale[ ] und absolut gerechtfertigte[ ] Wissenschaft".[5] Ähnliche Bestimmungen sind aus den bisher veröffentlichten Texten Husserls hinreichend bekannt. Sie tauchen immer da auf, wo es um eine explizite Charakterisierung des Begriffs und des Wesens der Philosophie und nicht vornehmlich der Phänomenologie geht.[6] All diese Definitionen kommen darin überein, dass sie eine „doppelseitige Bestimmung von Philosophie"[7] vornehmen. In einer systematischen Programmschrift wie den Londoner Vorträgen ist zu erwarten, dass beide Seiten einigermaßen gleichgewichtig präsent sind: „das quantitative Moment

---

[1] Vgl. dazu weiter unten S. XXV f.

[2] Vgl. unten S. XXXI f.

[3] Vgl. etwa die Einleitung in die frühe Ethikvorlesung von 1911 in: E. Husserl: *Vorlesungen über Ethik und Wertlehre 1908 – 1914*, Husserliana XXVIII, hrsg. v. U. Melle, Dordrecht/Boston/London 1988, S. 163 ff. sowie die Notizen Husserls „Zur Installierung der Idee der Philosophie" in Husserliana VII, S. 305 – 310, die wohl auch von 1910/11 stammen. Zur systematischen Stelle dieser Thematik in den *Ideen* vgl. unten, S. XXVII.

[4] Vgl. unten S. 314 und HuSt 16, S. 202.

[5] Ebd.

[6] Vgl. etwa *Husserliana* V, S. 139, *Husserliana* IX, S. 298 und bes. *Husserliana* VIII, S. 3, 30, 156 und 356.

[7] K. Schuhmann: „Husserls Idee der Philosophie", in: *Husserl Studies* 5 (1988), S. 235 - 256, S. 237.

der Universalität philosophischen Wissens und das qualitative seiner Letztgültigkeit".[1]

In der Tat lassen die Londoner Vorträge einen Aufbau erkennen, der beiden systematischen Forderungen in etwa gleichermaßen Rechnung trägt: Während der I. Vortrag dem erwähnten Anfangsproblem und der damit verbundenen Einführung der phänomenologischen Reduktion gewidmet ist, thematisiert der II. die Idee einer phänomenologischen Wesenslehre und den Weg dorthin. Beides gehört zum Thema absoluter Rechtfertigung. Der III. Vortrag bringt in seiner Thematisierung der „Erkenntnis als Vernunftleistung"[2] eine Überleitung zur Thematik der Universalität der neuen philosophisch-phänomenologischen Wissenschaftslehre und der Überlegungen zum „System aller Ontologien" des IV. Vortrags. In der Vorlesung des Winters 1922/23 wird dieses ausgewogene Verhältnis auf charakteristische Weise kippen. Doch dazu später mehr.

Nach seiner Rückkehr aus England Mitte Juni verfolgte Husserl im Wesentlichen zwei Ziele: erstens die Bearbeitung und erweiternde Ergänzung der Vorträge für den Druck in einer englischen Übersetzung[3] und zweitens eben ihre Erweiterung in größerem Stil zur Vorlesung „Einleitung in die Philosophie" des Wintersemesters, die dann unter dem neuen systematischen Ansatz einer Einleitung in das gesamte System stehen soll, also das lang vorbereitete Programm wieder aufnimmt und nun endlich durchführt.

An beiden Vorhaben ließ sich jedoch offenbar nicht gut parallel arbeiten. Jedenfalls wurde die Absicht der separaten Veröffentlichung der Londoner Vorträge alsbald aufgegeben,[4] wohingegen die Wintervorlesung nicht nur zustande kam, sondern überdies in einer Form, „die ich ohne Scham über d⟨en⟩ Abstand zwischen

---

[1] Ebd. Vgl. dazu auch die einschlägige Untersuchung von K. Mertens: *Zwischen Letztbegründung und Skepsis. Kritische Untersuchungen zum Selbstverständnis der transzendentalen Phänomenologie Edmund Husserls*, Freiburg/München 1996, bes. S. 19 ff.

[2] Unten, S. 270 und HuSt 16, S. 231.

[3] Als Übersetzer war zunächst Bell vorgesehen (vgl. den für die Vorträge äußerst wichtigen Briefwechsel mit Bell in Bd. III des *Briefwechsels*, S. 3 – 58; vgl. auch meine „Einleitung des Herausgebers" zu den Londoner Vorträgen, HuSt 16, S. 190 f.).

[4] Den endgültigen Verzicht auf diese Publikation dokumentiert freilich erst ein Brief an Ingarden vom 31.8.1923 (vgl. unten, S. XLII).

Wollen und Vollbringen beendet habe", wie Husserl später Bell gegenüber urteilt.[1] Auch Dietrich Mahnke schreibt er zur selben Zeit, nach Beendigung der Vorlesung äußerst zufrieden, allerdings „mit meinen Kräften ziemlich fertig": „Im ganzen war mir das für mich selbst bedeutungsvolle Kolleg (eine Ausarbeitung meiner Londoner Vorlesungen) ziemlich gelungen. Es sind neue Meditationes de pr⟨ima⟩ philos⟨ophia⟩, gedacht als der apr⟨iori⟩ notwendige Anfang der Philosophie."[2] Diese Bestimmung der Vorlesung, die sie also nicht als Darstellung eines gesamten philosophischen Systems, sondern nur als den ersten Teil eines solchen, nämlich als prinzipiell begründende Erste Philosophie charakterisiert, weist den folgenden Ausführungen den Weg, die mit einer eingehenderen Erläuterung der Entwicklung der Vorlesung aus den in London gehaltenen Vorträgen zu beginnen haben.

*

Im soeben zitierten Brief an Mahnke nennt Husserl den Text der Vorlesung eine „Ausarbeitung der Londoner Vorlesungen". Zutreffender ließe sich formulieren: er ist aus den Londoner Vorträgen hervorgegangen – erweckt doch die Bezeichnung „Ausarbeitung" den Anschein, dass alle wesentlichen Teile der komprimierten Vortragsdarstellung annähernd in gleichem Maße erweiternd und erläuternd bearbeitet worden seien. Das Gegenteil ist indessen der Fall: Der größte Teil der Vorträge wird lediglich mit kleinen Änderungen versehen erneut vorgetragen, und allein der II. Vortrag hat eine enorme Erweiterung und detaillierte Durchführung des zuvor nur programmatisch Genannten erfahren. Hinzu kommt allerdings noch ein neuer einführender und vorbereitender Teil, der allgemeine Erwägungen zur Rolle der Philosophie innerhalb der Wissenschaften bringt und den Husserl als „Vormeditationen" bezeichnet.[3]

Den diesen Vormeditationen folgenden Text des I. Londoner Vortrags hat Husserl nur geringfügig erweitert, noch dazu größtenteils dadurch, dass er kleinere Textstücke dieses Vortrags durch

---

[1] Brief vom 8.4.1923, *Briefwechsel,* Bd. III, S. 51.
[2] Brief vom 6.4.1923, *Briefwechsel,* Bd. III, S. 440.
[3] Vgl. unten S. 3 ff.

breitere Ausführungen ersetzte, die er offenbar ebenfalls bereits für London geschrieben, aber dann zugunsten einer neu entworfenen kürzeren Darstellung aus dem Kontext herausgenommen hatte.[1] Dagegen hat er bei einigen anderen kleinen Ergänzungen und Abänderungen vor allem des III. und IV. Vortrags wohl durchweg neu formuliert. Doch sind die drei genannten Vorträge im Großen und Ganzen in die Vorlesung übernommen worden, und vor allem hinsichtlich des III. und IV. Vortrags bleibt daher der überwiegend programmatische Charakter des Textes bestehen. Allerdings ergibt sich nun durch die gewaltige Bearbeitung und Erweiterung des ursprünglichen II. Vortrags eine entscheidende Verschiebung des Schwerpunkts des Vorlesungstextes gegenüber dem der Vorträge: Weniger den in der Idee der Philosophie mitbezeichneten Aspekt der Universalität wissenschaftlicher Philosophie möchte die Vorlesung ausarbeiten – darüber berichtet sie nur ebenso überblickshaft wie die Londoner Vorträge –, vielmehr ist beabsichtigt, die zentrale Aufgabe einer philosophischen Letztbegründung anzugehen und zu lösen, die sich für Husserl, wie schon für große Teile der philosophischen Tradition, zu Anfang einer jeden systematischen Konzeption stellt. Die Durchführung des ins Auge gefassten Programms, zu der Andeutungen bereits in dem II. Londoner Vortrag zu finden sind,[2] setzt etwa in der Mitte dieses zunächst übernommenen Vortragstextes an und sprengt dann unvermeidlich völlig dessen ursprüngliche Dimensionen. Mit der Vorlesung „Einleitung in die Philosophie" liegt also, zugespitzt formuliert, nicht eine „Ausarbeitung" der Londoner Vorträge, sondern eine solche lediglich des zweiten dieser Vorträge vor.

Die Forderung nach absolut gerechtfertigter Erkenntnis in der Weise der Letztbegründung alles Wissens und Forschens ist nun also die leitende, jetzt erst „eigentlich philosophische Prätention",[3] die nicht nur der naiven Wissenschaft fehlt, sondern auch derjenigen Phänomenologie, die noch nicht phänomenologische Philosophie ist: Der Verzicht auf Letztbegründung ist für Husserl

---

[1] Vgl. dazu den Abschnitt „Zur Textgestaltung" unten, S. 487.

[2] Vgl. unten, S. 324 ff. und HuSt 16, S. 222 ff.

[3] *Husserliana* VIII, S. 172.

eben gleichbedeutend mit dem Verzicht auf Philosophie.[1] Bloße Phänomenologie ist dagegen problemlos auch ohne diesen Anspruch möglich. Solche Phänomenologie liegt aber gemäß Husserl „vor allem philosophischen Interesse und vor aller Philosophie selbst".[2] Eine Einleitung in die Philosophie ist schon deswegen ein gänzlich anderes Unterfangen als eine Einleitung in die Phänomenologie.

Die *Ideen* I, die den Untertitel „Allgemeine Einführung in die reine Phänomenologie" führen, waren auch deshalb als Einleitungsschrift in ein philosophisches System nicht mehr gut brauchbar. Durch die neue Absicht der Darstellung des prinzipiellen Anfangs eines „Systems der Philosophie"[3] kommt es mithin zwangsläufig zu einer Veränderung des Gesamtkonzepts, das Husserl noch mit den *Ideen* verfolgte. Diese sollten auf die Höhe der Philosophie erst führen, und zwar von der vorher, mit dem ersten Buch bereits eingeführten, aber dort eben noch naiv[4] verbleibenden reinen Phänomenologie her. Dagegen steht jetzt gleich zu Beginn der Überlegungen die Entfaltung der „Idee der Philosophie", welche in den *Ideen,* nach ihrem ursprünglichen Entwurf, erst dem dritten Buch vorbehalten bleiben sollte.[5] Aber auch das Feld phänomenologischer Erfahrung, obgleich mittels der in einer „Fundamentalbetrachtung" neu eingeführten Methode der phänome-

---

[1] Vgl. unten, S. 64. In diesem Sinne definieren auch die Londoner Vorträge „philosophische Erkenntnis" als „letztbegründete Erkenntnis" (vgl. unten, S. 330 sowie HuSt 16, S. 226). Es erübrigt sich, die zahlreichen Belege, die sich in Husserls Werk für diese Auffassung finden, hier anzuführen; doch scheint es nicht überflüssig, darauf hinzuweisen, dass diese Position auch in den späten 30er Jahren nicht aufgegeben wurde. Noch in einem Manuskript von 1936 findet sich etwa die entsprechende Definition: „Die Philosophie ist universale und radikale, d. i. letztbegründende Wissenschaft" (Ms. K III 17/2a).

[2] *Husserliana* VIII, S. 172.

[3] Vgl. unten, S. 49.

[4] Eine naive Wissenschaft ist nach einer charakteristischen Definition Husserls von 1932 immer eine „nicht letztbegründete Wissenschaft" (Ms. B I 9 I/42a).

[5] Vgl. den in der Einleitung zu den *Ideen* vor dem Begin der *Ideen* I dargelegten Gesamtplan Husserls, *Husserliana* III/1, S. 7 f. Dieser ursprüngliche Entwurf entspricht nicht der Gestalt, in der die *Ideen* als Ganzes heute vorliegen (vgl. dazu M. Biemel: „Einleitung des Herausgebers" in E. Husserl: *Ideen zu einer reinen Phänomenologie und phänomenologischen Philosophie. Zweites Buch: Phänomenologische Untersuchungen zur Konstitution, Husserliana* IV, Den Haag 1952, S. XIII ff.; vgl. auch R. Boehm: „Einleitung des Herausgebers" in *Husserliana* VII, S. XXI f.).

nologischen Reduktion streng wissenschaftlich gewonnen, blieb, was die Geltung seiner Bestände anbelangt, in den *Ideen* I eben noch unbegründet. In einer radikalen Erkenntniskritik, wie sie erst Aufgabe der Philosophie ist, ist dies jedoch nicht länger akzeptabel. In der vorliegenden systematischen Neukonzeption einer Einleitung in die Philosophie wird daher schon zu Anfang das Letztbegründungsproblem entfaltet und nicht nur systematisch mit der Problematik philosophischen Anfangens verquickt, sondern Letztbegründung soll auch wirklich durchgeführt werden, eben durch eine solche letzte Erkenntniskritik, die keinerlei naive Setzungen mehr hinnimmt.[1] Etwas Derartiges wird allenfalls im § 62 der *Ideen* I, und zwar wiederum für das dritte, ungeschriebene Buch, angedeutet bzw. gefordert, nämlich unter Aufnahme des Kant'schen „erkenntnistheoretischen Gegensatzes von Dogmatismus und Kritizismus":[2] Die Phänomenologie, so heißt es, habe die Aufgabe, die notwendige Kritik aller anderen Wissenschaften zu leisten, damit diese in ihrer dogmatischen Einstellung nicht auf einem letztlich unausgewiesenen Grund verharren. Da sie nun aber selbst Wissenschaft sein soll, muss sie „zugleich für sich selbst die Kritik leisten".[3] Die Leistung einer solchen letzten Kritik erst, einer so zu nennenden S e l b s t k r i t i k d e r P h ä n o m e n o l o g i e, wäre mithin im strengen Sinne die Durchführung auch philosophischer Letztbegründung, die notwendig beides in eins ist: letztbegründet und letztbegründend.[4]

*

Husserl hat immer wieder an den verschiedensten Stellen eine solche phänomenologische Selbstkritik gefordert und bisweilen angekündigt. Neben der bereits erwähnten Stelle in den *Ideen* I

---

[1] Bereits am Heiligabend des Jahres 1921, freilich mit Blick auf die Vorlesung des vergangenen Winters, hatte Husserl in einem Brief an Ingarden unmissverständlich festgestellt: „Obwohl ich die Id⟨een⟩ I nicht verwerfe [...], so habe ich doch das System⟨atische⟩ sehr viel weiter geführt und in allem Prinzipiellen viel gereinigt." (*Briefwechsel*, Bd. III, S. 215).

[2] *Husserliana* III/1, S. 132.

[3] Ebd., S. 133.

[4] Beide Varianten kommen in den Belegstellen bei Husserl wechselweise vor (vgl. oben, S. XXVII, Anm. 1).

stellt etwa der § 63 der *Cartesianischen Meditationen* solche „Selbstkritik in Absicht auf die Bestimmung von Umfang und Grenzen, aber auch Modi der Apodiktizität"[1] in Aussicht; und obwohl der Autor diese dort „zunächst außer Betracht lassen"[2] möchte, am Ende gar bekennt, sie „aus dem Auge verloren" zu haben, versichert er, diese Kritik „aber keineswegs fallengelassen" zu haben.[3]

Weitere Verweise dieser Art in Husserls veröffentlichten und unveröffentlichten Schriften machen die Wichtigkeit und Dringlichkeit augenscheinlich, die dieses zentrale Lehrstück einer Philosophie, genauer: einer Ersten Philosophie, für ihn gehabt hat. So tritt gemäß seiner eigener Ansicht „die Idee einer apodiktischen Kritik der phänomenologischen Erfahrung nach ihren Grundgestalten: Wahrnehmung, Retention, Wiedererinnerung etc." bereits früh, in der Vorlesung „Grundprobleme der Phänomenologie" von 1910/11 erstmals in Erscheinung.[4] Auch die Vorlesung „Erste Philosophie", die ihrem Titel nach selbst diese letzte Kritik zu leisten hätte, verweist ganz wie die *Cartesianischen Meditationen* am Ende lediglich auf deren Notwendigkeit: „Also vor uns steht immer noch die große Aufgabe der apodiktischen Kritik der transzendentalen Erfahrung".[5]

Doch hat Husserl nicht nur unbestimmt auf ein Desiderat der phänomenologischen Philosophie hingewiesen, sondern auch, was selten beachtet wird, explizit und öffentlich den Ort angegeben, an dem er das Fehlende geleistet zu haben glaubte. „Sehr spät habe ich erkannt" heißt es am Schluss der *Formalen und transzendentalen Logik* von 1929 „daß alle diese Kritik zurückführt auf eine

---

[1] *Husserliana* I, S. 178.

[2] Ebd., S. 63.

[3] Ebd., S. 177. Auch später finden sich bei Husserl gelegentlich noch Bezugnahmen auf die Idee einer radikal letztbegründenden Erkenntnistheorie, obwohl ihre Durchführung ihn nun nicht mehr vordringlich beschäftigte. Als spätes Zeugnis hierfür sei erneut das Ms. K III 17 aus dem Jahre 1936 angeführt.

[4] Nach einer späten Notiz Husserls zu einer Ausarbeitung dieser Vorlesung durch Landgrebe (vgl. E. Husserl: *Zur Phänomenologie der Intersubjektivität. Texte aus dem Nachlaß: Erster Teil: 1905 – 1920*, Husserliana XIII, hrsg. v. I. Kern, Den Haag 1973, S. 159. Vgl. die ganzen Überlegungen dort, ebd., S. 158– 171.).

[5] *Husserliana* VIII, S. 169; vgl. ebd., S. 171.

letzte Kritik in Form einer Kritik derjenigen Evidenzen, die die Phänomenologie der ersten, selbst noch naiven Stufe geradehin vollzieht. Das aber sagt: Die an sich erste Erkenntniskritik, in der alle andere wurzelt, ist die transzendentale Selbstkritik der phänomenologischen Erkenntnis selbst".[1] In einer Fußnote hierzu gibt Husserl dann den Hinweis: „Eine wirkliche Durchführung dieser letzten Kritik versuchte ich in einer vierstündigen Wintervorlesung 1922/23, deren Niederschrift meinen jüngeren Freunden zugänglich gemacht worden ist."[2] Noch 1929 verweist also Husserl im Hinblick auf die „transzendentale Selbstkritik der phänomenologischen Erkenntnis" auf die hier edierte Vorlesung. Dies zeigt, dass ihm der Text von 1922/23 wenigstens bis zum Ende der 20er Jahre als der einzige gegolten hat, in dem das sonst überall Fehlende ausgeführt ist.[3]

Mit der apodiktischen Kritik bringt die vorliegende Vorlesung also einen Stoff, der in Husserls gesamtem veröffentlichtem und nachgelassenem Werk nur an diesem Ort in einer über Andeutungen hinausgehenden Breite vorliegt. Den gewaltigen Fortschritt, den er den *Ideen* gegenüber damit gemacht zu haben glaubte, hat Husserl Ingarden in einem Brief vom 10.12.1925 deutlich – und auch hier unter explizitem Verweis auf die Einleitungsvorlesung – bezeichnet: „Aber so wie diese [die Transzendentalphilosophie] in den ‚Ideen' behandelt ist, verbleibt sie auf der Stufe der ‚höheren' Naivität. [...] Daher meine Scheidung zwischen phänomenologischer Reduktion schlechthin und ‚apodiktischer' Reduktion, Reduktion auf das Apodiktische. Das ist der Bereich der echten Erkenntnistheorie als radikaler Erkenntniskritik, die nur in phänomenologischer Reduktion zu leisten ist, also nicht etwa denkbar wäre vor der Phänomenologie. Der erste systematische Versuch

---

[1] E. Husserl: *Formale und transzendentale Logik. Versuch einer Kritik der logischen Vernunft. Mit ergänzenden Texten*, Husserliana XVII, hrsg. v. P. Janssen, Den Haag 1974, S. 294 f. Das Werk erschien erstmals in: *Jahrbuch für Philosophie und phänomenologische Forschung* 10 (1929).

[2] Ebd., S. 295, Anm.

[3] Es mag als Zeichen für die Wichtigkeit gelten, die Husserl diesem Text beimaß, dass er glaubte, auf ihn, obwohl unveröffentlicht und also den meisten Lesern des Jahrbuchs unzugänglich, dennoch hinweisen zu müssen. Dafür spricht zudem, dass er offenbar im Schülerkreis in Abschriften zirkulierte.

einer Ausführung bildet den Gesamtinhalt meiner vierstündigen Wintervorlesung 1922/23."[1]

Auch die *Ideen* I wären also, da sie auf naiver Stufe stehen bleiben, wie die *Formale und transzendentale Logik* durch die apodiktische Kritik der Vorlesung von 1922/23 zu ergänzen. Folgerichtig findet sich ein weiterer Verweis Husserls auf diese Vorlesung auch in den späteren Randbemerkungen im Handexemplar der *Ideen* I,[2] und zwar zu einem Absatz, in dem er das Erfassen des absoluten Rechts immanenter Wahrnehmung und Retention sowie das relative Recht der Wiedererinnerung andeutet.[3] Ausführliche Untersuchungen hierzu finden sich in der Tat in der vorliegenden Vorlesung,[4] deren Gedankenaufbau im Folgenden kurz skizziert werden soll.

*

Husserl setzt in der Vorlesung den anfänglichen Überlegungen zur Motivation des sich wissenschaftlich-philosophisch Beschäftigenden aus dem I. Londoner Vortrag zunächst die schon erwähnten „Vormeditationen" voran, die den notwendigen Rückgang auf die „Idee der Philosophie" zusätzlich zu begründen haben. Hierbei soll das Desiderat einer streng wissenschaftlich verfahrenden Philosophie den noch ungeübten Hörern des Kollegs im Ausgang von der wissenschaftstheoretischen Problemstellung der Zeit auffällig gemacht und ein gewisses Vorverständnis für das Kommende geweckt werden. Dieser Teil ist so angelegt, dass auch Anfänger ohne weiteres folgen können und so die gesamte Vorlesung, wenigstens zu Beginn, auch den gewöhnlichen Erwartungen an eine „Einleitung" Rechnung trägt. Nicht überrascht daher auch, dass

---

[1] *Briefwechsel*, Bd. III, S. 228.

[2] Vgl. *Husserliana* III/2, S. 505: „cf. Vorlesungen ⟨19⟩22/23". Zu den unterschiedlichen von Husserl annotierten Exemplaren vgl. die Aufstellung des Hrsg. K. Schuhmann, ebd., S. 478.

[3] Vgl. *Husserliana* III/1, S. 168 f. Vgl. auch Husserls kritischen Ausführungen zu den *Ideen* I in der Beilage 43, *Husserliana* III/2, S. 597 sowie dazu die „Einleitung des Herausgebers" K. Schuhmann zu dieser Ausgabe, *Husserliana* III/1, S. XLVI.

[4] Vgl. unten, S. 119 ff.

hier einige wenige Anfangswendungen des Textes an solche der Einleitungsvorlesung von 1919/20 erinnern.[1]

Die ersten Überlegungen enden mit der bekannten Forderung einer radikalen philosophischen Wissenschaftslehre und begründen, warum diese in erster Linie eine Erkenntnistheorie sein muss. Die erkennende Vernunft wird sodann in den umfassenderen Kontext universaler Vernunft eingeordnet, dessen Darlegung man gelegentlich anmerkt, dass Husserl parallel zu den Vormeditationen mit der Ausarbeitung der Kaizo-Artikel beschäftigt war.[2] Jedoch wird dabei gezeigt, dass der erkennenden Vernunft eine Sonderrolle für die Entwicklung eines „Systems der Philosophie"[3] zukommt, insofern nur sie die systematischen Probleme des Anfangs bearbeiten und lösen kann. Die Erörterungen laufen aus in eine erste andeutende Einführung der Figur des anfangenden Philosophen, die auf den II. Abschnitt vorausweist.

Mit diesem II. Abschnitt schließt sich dann die etwas erweiterte Thematik des I. Londoner Vortrags an. Der Titel dieses Vortrags konnte daher im vorliegenden Drucktext als Überschrift beibehalten werden.[4] Auch in diesem Abschnitt versucht Husserl noch durch vorwissenschaftliche Bestimmungen einen zunächst notwendig vorbehaltlichen Weg einzuschlagen. Doch wird nun der Ausgangspunkt, die „Idee der Philosophie", in historischen Reflexionen besonders auf Platon und Descartes konkreter bestimmt.[5] Der Text beginnt dann nach und nach die Notwendigkeit einer letzten Kritik aus der Anfangsreflexion des werdenden Philosophen zu entwickeln. Der anfangende Philosoph orientiert sich dabei paradigmatisch an Descartes, und dies hat die bekannten Folgen für Husserls Vorgehen: Es ist der Cartesianische Weg der

---

[1] Vgl. Ms. F I 40/8.

[2] Vgl. K. Schuhmann: *Husserl-Chronik*, S. 263. Die Artikel wurden wiederveröffentlicht in E. Husserl: *Aufsätze und Vorträge (1922 – 1937), Husserliana XXVII*, hrsg. v. Th. Nenon und H. R. Sepp, Dordrecht/Boston/London 1989, S. 3 ff.

[3] Vgl. unten, S. 47 ff.

[4] In der Grobgliederung des Vorlesungstextes wurde versucht, durch die gegebenenfalls leicht modifizierte Beibehaltung der Titel der Londoner Vorträge die ursprünglich dem Text zugrundegelegte Struktur dieser Vorträge und eben damit auch die wesentlichen Abänderungen kenntlich zu machen.

[5] Vgl. dazu unten, S. 50 ff.

EINLEITUNG DES HERAUSGEBERS   XXXIII

Zweifelsbetrachtung, auf dem Husserl schließlich zur phänomenologischen Reduktion gelangt. Er wird hier durch die Formulierung eines „hodegetischen Prinzips des Anfangs"[1] vorbereitet. Dieses Prinzip wird freilich nicht als philosopisch-systematisches Grundprinzip beansprucht, sondern es gibt als ungefähre Wegweisung eine noch vorbehaltliche Anweisung zur Erarbeitung eines neuen, noch unbekannten Wissensgebiets (auch in pädagogischer Absicht, wie sie sich in einer „Einleitung" auszusprechen hat). Die wissenschaftliche Rechtmäßigkeit dieses Prinzips, das Husserl der Form nach wohl von Herman Hankel aufnimmt,[2] und der mit ihm verknüpften Annahmen kann sich erst dann bestätigen, wenn der anfangende Philosoph unter seiner Leitung sein Ziel erreicht hat. Denn das Anfangsprinzip kann nicht selbst schon adäquat geschaut oder phänomenologisch-deskriptiv aufgewiesen werden, sondern muss, wie Husserl sagt, mitsamt des durch es festgelegten Wegs notwendig konstruiert werden.[3] Diese Konstruktion kann dann erst durch die erfolgreich etablierte Grundwissenschaft rechtfertigend – und das heißt für Husserl natürlich: unmittelbar und intuitiv – nachträglich eingeholt werden. Das Leitprinzip[4] gibt nämlich gerade das Ideal „adäquater" und „apodiktischer" Evidenz erst vor, nämlich die „als normative Idee" zur leitenden Forderung erhobene „Limesidee einer absolut adäquaten Evidenz".[5] Anders als in den späten *Cartesianischen Meditationen*[6] gelten Husserl

---

[1] Vgl. unten, S. 65 f.

[2] Hankel benutzt in seiner *Theorie der complexen Zahlensysteme*, Leipzig 1867, S. 11 den Begriff des hodegetischen Grundsatzes zur vorläufigen Charakterisierung seines Prinzips der „Permanenz der formalen Gesetze" als einer leitenden Forderung. Im Laufe des Werks soll es sich dann – wenn alles gut geht – „nicht als ein specielles oder nur hodegetisches, sondern als ein metaphysisches [Prinzip], das mit unserer ganzen Auffassung auf das engste verknüpft ist" (ebd., S. 12) erweisen. In seiner VI. Habilitationsthese bestreitet Husserl allerdings die sachliche Anwendung, die Hankel von seiner Unterscheidung macht. Dessen Prinzip sei letztlich „weder ein ‚metaphysisches' noch ein ‚hodegetisches' Prinzip" (vgl. E. Husserl, *Philosophie der Arithmetik. Mit ergänzenden Texten (1819 – 1901)*, Husserliana XII, hrsg. v. L. Eley, Den Haag 1970, S. 339).

[3] Vgl. unten, S. 95.

[4] Schon 1923/24, in der Vorlesung „Erste Philosophie", ersetzt Husserl an entsprechender Stelle den Terminus „hodegetisches Prinzip" durch den des Leitprinzips (vgl. etwa *Husserliana* VIII, S. 36).

[5] Unten, S. 64.

[6] Vgl. *Husserliana* I, S. 55 f.

1922/23 adäquate und apodiktische Evidenz noch als verschiedene Charakterisierungen ein und desselben bzw. das eine als die „Kehrseite"[1] des anderen; sie werden aber bereits 1924 explizit voneinander unterschieden.[2] Aber der Sache nach ist diese Scheidung auch hier schon vorbereitet, und sie wird in der Durchführung der apodiktischen Reduktion an einer Stelle bereits genutzt.[3]

Apodiktische Einsicht ist gewissermaßen etwas der „einfachen" Adäquation methodisch Nachkommendes; denn erst „im Durchgang durch Negation und Zweifel tritt der apodiktische Charakter des adäquat Evidenten hervor."[4] Es geht daher in der apodiktischen Evidenz nicht so sehr um momentane, sondern um prinzipielle Zweifellosigkeit,[5] garantiert durch das kritische Moment der Probe durch Negationsversuch.

Dieses Motiv der Probe geht also zurück auf die anzunehmende Maxime der Zweifellosigkeit, die Husserl explizit von Descartes aufnimmt.[6] Die von dieser Maxime geleitete Durchführung einer apodiktischen Kritik der naiven Evidenzen der Phänomenologie ist somit ein weiterer Bestandteil seines cartesianischen Ansatzes. Dadurch wird die Zweifelsbetrachtung der *Meditationen* über die Auffindung des *ego cogito* hinaus methodisch ausgedehnt auf die gesamten reflexiv feststellbaren Bestände der transzendentalsubjektiven Sphäre. In diesem Sinne ist Husserl sogar cartesianischer als Descartes selbst, der, wie von ihm kritisiert wird, seine frisch gefundene Evidenz nachträglich „theologisch"[7] rechtfertigen wollte. Husserl möchte dagegen ernst machen mit Descartes' Grundsatz, nur das als wahr anzuerkennen, was sich in gleicher Weise „klar und deutlich" erkennen lasse wie das aufgefundene

---

[1] Unten, S. 119.

[2] In einem Manuskript des Konvoluts A I 31, wenn auch gemäß Husserl „niedergeschrieben bei üblem Befinden Juli 1924" (34a), heißt es unmissverständlich: „adäquate Erkenntnis ist apodiktisch, aber nicht jede apodiktische ist adäquat" (37a). Vgl. auch die unten abgedruckten, etwas späteren Texte dieses Konvoluts, etwa Beilage XII, S. 401 ff. und besonders Beilage XV, S. 410 f.

[3] Vgl. unten, S. 130.

[4] Unten, S. 63.

[5] Vgl. etwa Husserls Ausführungen unten, S. 164.

[6] Vgl. unten, S. 63.

[7] Ebd.

erste Prinzip. Jede Neubesinnung auf das hodegetische Prinzip leitet so einen weiteren Schritt apodiktischer Kritik ein: „Ich muß als werdender Philosoph nach jeder Denkstrecke, die ich durchlaufen habe, immer wieder überlegen, ob ich nicht mehr gesetzt habe, als ich nach meinem Prinzip verantworten kann."[1] Es ergibt sich so, wie Husserl gerne sagt, ein methodischer Zickzackgang.[2]

Damit sind die Grundmomente der Methode von Husserls letzter apodiktischen Kritik im Wesentlichen exponiert. Schon die Durchführung der transzendentalen Reduktion beruht freilich auf diesen methodischen Überlegungen, sie werden nun aber in der Einleitungsvorlesung über diese hinaus konsequent weiterverfolgt. Der II. Abschnitt des vorliegenden Drucktextes endet allerdings bereits mit der über mehrere Stufen der Epoché durchgeführten transzendentalen Reduktion.

Erst der III. Abschnitt thematisiert dann zunächst überblickshaft das gewonnene Reich phänomenologischer Erfahrung. Während er dies tut, stimmt er auch inhaltlich noch mit dem II. Londoner Vortrag überein; denn Husserl benutzt hier gut die erste Hälfte dieses Vortrags. Doch werden die in dem II. Vortrag nur problematisierend und in aller Kürze angedeuteten Zweifel hinsichtlich der apodiktischen Geltung des Gewonnenen nun ausführlich thematisiert und dadurch die Einführung der apodiktischen Reduktion motiviert, die von der „bloß" transzendentalen unterschieden wird als „Reduktion auf die transzendentale Subjektivität, aber unter Einschränkung auf festgestellte Apodiktizität".[3] Das gesamte Feld transzendentaler Erfahrung musste dazu als „Vorstufe", wie Husserl sagt, erst einmal gewonnen werden; und so setzt die apodik-

---

[1] Ebd, S. 94.

[2] Vgl. ebd. Husserl verweist zu diesem Terminus an dieser Stelle auf seine *Logischen Untersuchungen*. Vgl. *Husserliana* XIX/1 S. 22 f. Der Ausdruck findet sich später immer häufiger, wobei nicht immer exakt dasselbe gemeint ist. Auf das hier Gemeinte passt am besten die Charakterisierung, die Husserl in der *Formalen und transzendentalen Logik*, *Husserliana* XVII, S. 130 gibt (vgl. auch unten, die Beilage IX, S. 391 ff.).

[3] Unten, S. 98. Diese Unterscheidung wird – dort freilich folgenlos – auch in der Vorlesung „Erste Philosophie", *Husserliana* VIII, S. 80 eingeführt (vgl. dazu auch unten, S. XLV f.). Zur apodiktischen Reduktion vgl. U. Melle: „Apodiktische Reduktion: Die Kritik der transzendentalen Erfahrung und die cartesianische Idee der Philosophie", in: *Cognitio humana – Dynamik des Wissens und der Werte,* hrsg. v. C. Hubig und H. Poser, XVII. deutscher Kongreß für Philosophie, Band 1, Leipzig 1996.

tische Reduktion die transzendentale voraus wie diese die mundane Erfahrung in natürlicher Einstellung.

Nach dieser methodischen Scheidung folgen in der Vorlesung einige Überlegungen zur Möglichkeit eines naiven Vorgehens auf dem Boden des transzendental-reduktiv Gewonnenen mit Ausführungen zur Intersubjektivität, die Husserl quasi nachreicht, da sie ihre systematische Stelle in der Beschreibung des transzendentalen Erfahrungsfeldes haben.[1]

Die gesamte Vorbereitung und Überleitung zur apodiktischen Kritik, wie auch diese selbst mitsamt dem Text des hier daran anschließenden Kapitels zur reinen Egologie hat Husserl für die Vorlesung komplett neu geschrieben. Deshalb ließen sich Titel und Aufbau des II. Londoner Vortrags für die vorliegende Ausgabe an dieser Stelle nicht beibehalten: Der Durchführung der apodiktischen Kritik, die nun folgt, war im vorliegenden Drucktext ein eigener Abschnitt einzuräumen. Die Explikation der aus ihr resultierenden Grundwissenschaft der Egologie, thematisch auch noch dem II. Vortrag zugehörig,[2] musste deswegen mit dem dem III. Vortrag entsprechenden Text in den V. Abschnitt verlegt werden. Die gegenüber den Londoner Vorträgen modifizierten Titel machen diese Veränderungen kenntlich.

Die Durchführung der apodiktischen Kritik im IV. und längsten Abschnitt des vorliegenden Drucktextes gliedert sich in drei Teile, deren erster der Ausführung der apodiktischen Reduktion gewidmet ist. Diese Reduktion bezieht sich nun also auf die Evidenzen der transzendentalen Erfahrung und ermittelt deren undurchstreichbare Bestände, welche allein solche sind, die sich durch jeden Bezweiflungsversuch nur erneut bestätigen.[3]

Als apodiktische Gehalte des transzendentalen Erfahrungsfeldes stellen sich dann zunächst diejenigen heraus, ohne die das absolut unbezweifelbare aktuelle Jetzterleben des *ego cogito* „undenkbar"

---

[1] Landgrebe hat diese Passage in der von ihm später erstellten Schreibmaschinenabschrift der Vorlesung deshalb umgestellt (vgl. zu diesem Typoskript unten, S. L f. sowie zu den darin durchgeführten Umstellungen im Textkritischen Anhang, S. 506 f.).

[2] Vgl. unten, S. 327 ff. und HuSt 16, S. 224 ff.

[3] Vgl. unten, S. 116.

wäre.[1] Erlebnisse phänomenologischer Wahrnehmung werden daraufhin überprüft, ob sie am unmittelbaren, lebendig gegenwärtigen Erleben der immanenten Wahrnehmung notwendig Anteil haben oder ob sie bezweifelt, d. h. von solcher Wahrnehmung negiert werden können, ohne dass diese damit selbst unmöglich würde. Damit ist für Husserl zunächst die Retention gerettet: „Soweit die zur Einheit der konkreten Gegenwart gehörige retentionale Vergangenheit reicht, soweit reicht die Apodiktizität."[2] Diese „Undurchstreichbarkeit" erstreckt sich dabei jedoch nur in „relativer Bestimmtheit oder Unbestimmtheit"[3] auf den jeweiligen Wahrnehmungsgehalt. Aber immerhin: „Diese ganze Formstruktur ist eine offenbar unabänderliche Notwendigkeit, an der das Ich nichts ändern kann mit seiner Willkür."[4] Was dagegen den retentionalen Gehalt der Wahrnehmung anbelangt, so ist hier die wirklich volle Selbstgebung zwar eingeschränkt; dennoch mag man, so Husserl, vom „Noch-im-Griff-Haben" im Modus der Gewissheit sprechen.[5] Diese Gewissheit ist jedoch durch bloße Undurchstreichbarkeit gekennzeichnet; sie ist keine strenge Adäquation mehr.

Ist nun zwar eine allgemeine Struktur der Wahrnehmungsdauer apodiktisch gegeben, so darf damit natürlich, wie dann im Folgenden erörtert wird, noch nicht der ganze Bewusstseinsstrom „als die Unendlichkeit der Vergangenheit und Zukunft des absoluten Ichlebens"[6] gesetzt werden. Eine solche Setzung bedarf mehr als lediglich der apodiktischen Sicherung der jeder Einzelwahrnehmung notwendig zugehörigen Formstruktur. Sie ist daher ebenfalls gemäß der Forderung des hodegetischen Prinzips der apodiktischen Reduktion zu unterwerfen; denn das identische Ich als Subjekt des unendlichen Lebens braucht Gewissheiten, die es „immer wieder" bewähren kann. Gerade auch die „feststellende", streng wissen-

---

[1] Ebd., S. 142.
[2] Ebd., S. 124.
[3] Ebd. Gemeint ist hier die von Husserl so bezeichnete „Kometenschweifstruktur" fortgehender Retentionalität. Die Protention als weiteres Strukturmoment ist dabei noch nicht thematisch.
[4] Ebd., S. 128.
[5] Ebd., S. 122.
[6] Ebd., S. 127.

schaftliche Erkenntnis bedarf ja der „wiederholenden Erzeugung der Begründung"[1] im Modus des Immer-wieder. Dazu gehört Wiedererinnerung.

Das Problem der apodiktischen Geltung der Wiedererinnerung hatte Husserl schon im Verlauf der Londoner Vorträge innehalten und zweifeln lassen.[2] In diesem, eben besonders für die Begründung von Wissenschaft fundamentalen Problem lag wohl ein wesentlicher Anstoß zur späteren Ausarbeitung der apodiktischen Kritik. Auch der Wiedererinnerung möchte Husserl undurchstreichbare Gehalte zuerkennen; jedoch erscheint sie apodiktisch reduziert (abgesehen von der Wiedererinnerung der retentionalen Nahvergangenheit und auch diese inhaltlich lediglich in typischer Bestimmtheit und nicht ganz zweifelsfrei[3]), wie auch die Erwartung nur als undurchstreichbarer Bestandteil einer allgemein formalen Zeitstruktur, die notwendig offen ist, d. h. unendlich in Vergangenheit und Zukunft hineinreicht.

Mit der Intersubjektivität schließlich ist Husserl schnell fertig: Sie fällt aus dem Bereich der Apodiktizität heraus. Der Boden der ersten absoluten Grundwissenschaft bleibt notwendig ein egologischer.[4]

Erreicht wird so letztendlich das Erfahrungsfeld des apodiktisch reduzierten *ego cogito* in seinen allgemeinsten, notwendig, d. h. endgültig ihm zugehörigen Strukturen. Dieses aber gibt allenfalls den gesuchten und nun gesicherten Anfang einer Philosophie als deren Boden. Philosophie aber soll Wissenschaft sein. Es ist daher ferner zu untersuchen, wie sich auf das Gewonnene eine Wissenschaft, eine rein egologische Wissenschaft natürlich, baut. Diese Wissenschaft soll und muss aber selbst eine solche aus apodiktischer Gewissheit sein. Die Apodiktizitätsforderung überträgt sich also folgerichtig auf die Evidenz der wissenschaftlichen Beschreibung der gewonnenen Sphäre und deren Mittel. Das weite Feld der Modalisierungen und des urteilenden Denkens ist so ebenfalls auf letzte Undurchstreichbarkeiten hin zu durchsuchen, die als Grund-

---

[1] Ebd., S. 167.
[2] Vgl. unten, S. 324 f. sowie HuSt 16, S. 221 f.
[3] Vgl. unten, S. 147.
[4] Vgl. ebd., S. 145.

bestand in die neue Wissenschaft eingehen können. In zwei weiteren bedeutenden Teilen, von Landgrebe betitelt[1] als „Apodiktische Kritik der Modalisierungen" und „Apodiktische Kritik des Logos", nimmt Husserl sich dieser Aufgaben an.

Der V. Abschnitt des vorliegenden Drucktextes bietet schließlich zweierlei: zum Einen den von Husserl für die Vorlesung neu geschriebenen Abriss einer Wissenschaft der eidetischen Egologie als Ergebnis der vollzogenen Kritik; zum Zweiten den der Begründung der Erkenntnistheorie auf der Grundlage einer solchen Wesenswissenschaft gewidmeten, leicht modifizierten Text des III. Londoner Vortrags, in dem wichtige Bestimmungen dieser phänomenologischen Wesenslehre erörtert werden, wie etwa ihr transzendentaler Idealismus oder der methodische Solipsismus.

Der VI. Abschnitt schließlich deckt sich inhaltlich voll mit dem IV. Londoner Vortrag, bietet aber am Anfang einen geringfügig geänderten und erweiterten Text. Dies betrifft vor allem die eingeschobene Erörterung über den phänomenologischen Intuitionismus. Ein solcher Teil war, freilich in anderer Gestalt,[2] auch für die Vorträge geplant, musste aber dann wohl aus Zeitgründen ausgespart bleiben. Der VI. Abschnitt thematisiert in aller Kürze nun den zweiten Aspekt von Husserls Idee der Philosophie, den der Universalität einer philosophischen Wissenschaft.[3] Er gehört daher nicht im strengen Sinne zu einer systematischen Einleitung, die das Anfangs- und Letztbegründungsproblem zum Thema hat. Doch sollte er als Über- und Ausblick über das Ganze eines zu schaffenden philosophischen Systems am Ende der fundamentalen Erörterungen einen wirkungsvollen Abschluss bilden.

*

Indem die vorliegende Vorlesung eine Ausführung der von Husserl immer wieder geforderten letzten, apodiktischen Kritik versucht, ist sie grundlegender Bestandteil seiner Ersten Philoso-

---

[1] Die Titel stammen aus dem von Landgrebe erstellten Typoskript M I 2 I, beruhen allerdings auf Husserl'schen Anmerkungen in der zuvor aufgestellten Inhaltsübersicht (vgl. Beilage I, S. 341 ff.).

[2] Vgl. hierzu die Beilage XXIX, S. 476 ff.

[3] Vgl. dazu oben, S. XXIII f.

phie.¹ Denn diese letzte Kritik steht nicht auch an systematisch letzter Stelle. Sie ist vielmehr „an sich erste Erkenntniskritik", wie Husserl an der schon herangezogenen Stelle der *Formalen und transzendentalen Logik* sagt. Methodisch liegt dem Husserl'schen Vorgehen bereits in der vorliegenden Vorlesung also die aristotelische Unterscheidung zwischen πρότερον κάϑ' αὐτό und πρότερον πρὸς ἡμᾶς zugrunde,² der gemäß das an sich Erste das im prinzipiellen Sinne Erste ist, das aber dem forschenden, empirisch zufälligen Philosophen, hier noch dazu einem anfangenden, erst werdenden Philosophen, keineswegs auch als Erstes und ohne zureichende Vorüberlegungen zugänglich ist.

Husserl bezeichnet die hierher gehörigen Besinnungen daher des Öfteren auch gut cartesianisch als „medita⟨tiones⟩ d⟨e⟩ prima philosophia, die als ‚Anfang' die wahre Philosophie (wesensmäßig) eröffnen müssen".³ Die Londoner Vorträge und die daraus hervorgegangene Einleitungsvorlesung, die der vorliegende Band präsentiert, sind so erste Gestalten eines Entwicklungswegs, auf dem folgerichtig als Nächstes eine explizit mit „Erste Philosophie" betitelte Vorlesung liegt.⁴ Doch diese Vorlesung des darauffolgenden Winters 1923/24 bringt nach einem langen ideengeschichtlichen Teil, der in Vielem an die alten Einleitungsvorlesungen von 1916 – 1920 erinnert, vornehmlich eine ausführliche „Theorie der phänomenologischen Reduktion", diese aber „noch vor aller apodiktischen Kritik".⁵ Damit verbleiben die dort entfalteten phänomenologischen Überlegungen jedoch wie die der *Ideen* in „transzendentaler Naivität", ohne zum „an sich Ersten" vorzudringen. Gemäß dem oben Festgestellten sieht es so aus, als sei die

---

[1] Zur Herausbildung von Husserls Begriff der Ersten Philosophie vgl. die Ausführungen R. Boehms in seiner Einleitung zu *Husserliana* VII, S. XVI ff.

[2] Vgl. dazu I. Kern: *Husserl und Kant. Eine Untersuchung über Husserls Verhältnis zu Kant und zum Neukantianismus*, Phaenomenologica Bd. 16, Den Haag 1964, S. 237, der Husserls Arbeit mit diesem Gegensatz freilich anhand der späten *Formalen und transzendentalen Logik* herausstellt.

[3] So gemäß einem Brief an Ingarden vom 31.8.1923 (*Briefwechsel*, Bd. III, S. 217). So auch schon an der oben zitierten Stelle im Brief an Mahnke vom 6.4.1923 (ebd., S. 440).

[4] *Husserliana* VII und VIII.

[5] *Husserliana* VIII, S. 312.

spätere Vorlesung von 1923/24 in einem entscheidenden Punkte defizitär. Dies ist näher auszuführen.

In den Londoner Vorträgen hatte Husserl die Erste Philosophie als eine „sich in sich selbst rechtfertigende Methodenlehre"[1] bestimmt. Dem wird die Vorlesung von 1923/24 aber in mindestens einem wesentlichen Punkt nicht gerecht: Zwar ist sie Methodenlehre, insofern sie die fundamentale Methode der transzendentalen Reduktion entwickelt und auf verschiedenen Wegen durchführt; aber diese Methode und vor allem ihr Ergebnis ist dort eben nicht selbstkritisch, „in sich selbst" gerechtfertigt, und so kann gerade der Letztbegründungsanspruch einer Ersten Philosophie nicht wirklich eingelöst werden. In einem aufschlussreichen Text vom Dezember 1925 umreißt Husserl den Weg wohl beider Vorlesungen, indem er retrospektiv nochmals in aller Deutlichkeit Grundbestimmungen seiner Ersten Philosophie herausstellt. Daraus sei hier eine etwas längere Passage wiedergegeben:

„In der Tat, in der tieferen Erwägung zeigt sich alsbald, daß der Weg absoluter Erkenntnis und Wissenschaft notwendig geht über eine absolute Erkenntnis der Möglichkeit absoluter Erkenntnis, und daß er dann erst fortgehen kann zur absoluten Rechtfertigung der ‚objektiven', ‚dogmatischen' Wissenschaften bzw. zu ihrer Neugestaltung in absoluter Gerechtfertigtheit. [...] Ich habe das später so gefaßt:

a) Es ist erfordert die phänomenologische Reduktion, als Reduktion auf die wirkliche und mögliche transzendentale Erfahrung.

b) Es bedarf einer apodiktischen Kritik der transzendentalen Erfahrung, aber auch einer Kritik der ‚logischen' Erkenntnis, die auf diesem transzendentalen Erfahrungsboden als ‚Phänomenologie' etabliert werden kann. Also es bedarf einer Phänomenologie und einer Kritik ihrer Erkenntnis. Dabei wird gezeigt, daß diese apodiktische Kritik der phänomenologischen Erkenntnis auf sich selbst zurückbezogen ist, iterativ. Dies macht die echte Erste Philosophie aus (d. i. die zunächst ‚naive' Phänomenologie und die auf sie bezogene apodiktische Kritik, als die radikalste Erkenntniskritik)."[2]

---

[1] Vgl. unten, S. 314 und HuSt 16, S. 202.
[2] *Husserliana* VIII, S. 252.

Angesichts der Vorlesung mit dem Titel „Erste Philosophie" kann von einer vollständigen Durchführung dieses Programms kaum die Rede sein. Lediglich das unter a) Gesagte wird dort ausgeführt, immerhin eingehender als in zahlreichen anderen Schriften Husserls. Dagegen liest sich die ganze Programmatik sowie die in der herangezogenen Stelle folgende Erläuterung wie eine stark komprimierte Beschreibung desjenigen, was die vorhergehende Vorlesung aus dem Wintersemester 1922/23 ausführt.[1]

Es stellt sich dann aber die Frage, warum erst jene spätere Vorlesung den Titel „Erste Philosophie" trägt, der sich offenbar wenigstens im selben, wenn nicht gar im größeren Maße für die vorliegende Einleitungsvorlesung empfohlen hätte. In diesem Zusammenhang sind die Pläne aufschlussreich, die Husserl mit dem Text der Einleitungsvorlesung verfolgte. Im schon erwähnten Brief an Ingarden vom 31.8.1923 schreibt er: „Die Londoner Vorträge habe ich nicht gedruckt. Ich erweiterte sie z⟨u⟩ einer 4st⟨ündigen⟩ Wintervorles⟨un⟩g u. im nächsten Winter vertiefe ich sie noch mehr und bereite sie mit meinem Arbeitsassist⟨enten⟩ z⟨um⟩ Drucke vor."[2] Nach den Sommerferien 1923 wird Ludwig Landgrebe Husserls Privatassistent.[3] Auf die Aufgaben und die Mitarbeit Landgrebes an den Husserl'schen Veröffentlichungsprojekten zu dieser Zeit wird noch einzugehen sein.[4] Hier interessiert vorerst: Husserls Absicht war es offenbar zunächst, die Einleitungsvorlesung des Winters 1922/23 veröffentlichungsreif zu machen, indem er im darauf folgenden Wintersemester 1923/24 in einer nochmals überarbeiteten und verbesserten Version inhaltlich dasselbe wie im Jahr zuvor vortrug. Das bestätigt der Beginn der Erste-Philosophie-Vorlesung: Dort spricht Husserl von seinen bisherigen Versuchen, „der Phänomenologie die von der Idee der Ersten Philosophie her geforderte Entwicklungsgestalt zu geben, nämlich in Gestalt einer sich im radikalsten philosophi-

---

[1] Angesprochen ist die Kritik der transzendentalen Erfahrungsgewissheiten und die Kritik des Logos (vgl. unten S. 115 ff. und 207 ff.). – Tatsächlich deutet Husserl hier allerdings bereits an, dass für ihn letztlich beide Vorlesungen gemeinsam die Erste Philosophie ausmachen (vgl. dazu unten S. XLVII).

[2] *Briefwechsel*, Bd. III, S. 218.

[3] Vgl. K. Schuhmann: *Husserl-Chronik*, S. 273.

[4] Vgl. unten, S. XLVI ff.

schen Selbstbewußtsein, in absoluter methodischer Notwendigkeit selbstgestaltenden Philosophie der Anfänge", und fügt dann bezeichnenderweise hinzu: „In der Einleitungsvorlesung des vorigen Winters meinte ich dieses Ziel in der Hauptsache erreicht zu haben. In der jetzigen Vorlesung hoffe ich noch weitere Vereinfachungen und Besserungen durchführen zu können."[1] An dieser Stelle wird dann weiter erläutert, wie man sich eine Fortführung des Gedankengangs über die Einleitung hinaus vorzustellen hatte und wie Husserl sie sich vielleicht für das im Verhältnis zum vorigen längere Wintersemester 1923/24 zunächst vornahm.[2] Aber daraus sollte dann ebenfalls nichts werden. Dass die Vorlesung schließlich einen völlig anderen Verlauf nahm, war jedenfalls zu Beginn, nämlich zum Zeitpunkt der Titelgebung, nicht abzusehen. Die Bezeichnung „Erste Philosophie", die Husserl sicher schon im Hinblick auf die geplante Veröffentlichung wählte, darf somit der Sache nach auch für die Vorlesung „Einleitung in die Philosophie" zurecht in Anspruch genommen werden.

Nach dem, was Husserl noch am Anfang der Erste-Philosophie-Vorlesung sagt, wird sich die grundlegende Änderung seines Konzepts also erst im Laufe der Vorlesung ergeben haben. Wann genau der damit verbundene Absichtswandel eintritt, ist nicht eindeutig auszumachen; sicher ist nur, dass Husserl die kürzeren philosophiehistorischen Anknüpfungen der Einleitungsvorlesung vor allem an Platon und Descartes[3] schon früh ausweitet zu einer groß angelegten kritischen Ideengeschichte, die dann den ersten von zwei Hauptteilen der Vorlesung ausmacht. Der beträchtliche Umfang dieses Teils mag sich wiederum erst im Laufe der Ausführungen mehr und mehr ergeben haben; eine detailliertere Aus-

---

[1] *Husserliana* VII, S. 6. In Übereinstimmung damit bekundet Malvine Husserl bereits am 31.10.1923 – zwei Tage vor Beginn der Erste-Philosophie-Vorlesungen – gegenüber Bell, dass dieselben „eine nochmalige Durcharbeitung und principielle Vertiefung der Londoner Vorträge sind und endlich jene Ausarbeitung und letzte Ausfeilung ergeben sollen, die letzten Sommer begonnen, aber unterbrochen wurde" (*Briefwechsel*, Bd. III, S. 52; zu den Gründen für die Unterbrechung vgl. ebd. und hier weiter unten, S. XLIX, Anm. 1).

[2] „Semesterschluß" war 1923, wie Husserl Bell brieflich mitteilt, „schon Mitte Februar, da die Kohlen selbst für die Universität nicht genügend zu beschaffen und zu kostspielig dazu sind" (Brief vom 13.12.1922, *Briefwechsel*, Bd. III, S. 43). So erklärt sich auch, warum die Vorlesung von 1923/24 ein gutes Stück länger ist als die frühere.

[3] Vgl. unten, S. 50 ff. und 55 ff.

arbeitung der philosophiehistorischen Vorerwägungen dürfte jedoch bereits zu Beginn in Husserls Interesse gelegen haben. Diese nämlich sollten wohl die nun von Anfang an weggelassenen Vormeditationen von 1922 ersetzen. Durch die längere Vorlesungszeit in diesem Wintersemester erwartete er dann wohl zusätzlichen Raum zu gewinnen. Zahlreiche Textparallelen dieser Anfangspartien zur Einleitungsvorlesung scheinen ebenfalls zu bestätigen, dass die neue Vorlesung zunächst als Bearbeitung der alten beabsichtigt war. Allerdings sind die meisten dieser Stellen nicht direkt, sondern über einen Umweg in die neue Vorlesung gelangt.[1] Wie für diese Anfangspartien der Ideengeschichte spielen dann wohl aber auch für Husserls Neubeginn mit dem Problem des philosophischen Anfangs nach der Weihnachtspause 1923/24 noch einzelne Passagen der Einleitungsvorlesung als Textvorlage eine Rolle,[2] so dass ein Abweichen von den Intentionen der älteren

---

[1] Besonders von den ideengeschichtlichen Erläuterungen zu Sokrates und Platon ist vieles in den Text der Vorlesung „Erste Philosophie" übernommen worden. Dabei haben diese Passagen zumeist den Umweg über den 1923 erschienenen Aufsatz „Die Idee einer philosophischen Kultur", in: *Japanisch-deutsche Zeitschrift für Wissenschaft und Technik* I/2 (1923) (vgl. *Husserliana,* VII, S. 203 ff.) gemacht: Husserl hat für diesen Artikel brauchbare Textstellen aus der Einleitungsvorlesung genommen und leicht verändert sowie mit neuem Text angereichert darin veröffentlicht. Wann genau er an dem Aufsatz arbeitete, ist nicht bekannt; doch saß er offenbar noch im August 1923 an der Korrektur der Druckproben (vgl. den Brief an A. Schwen(n)inger vom 23.8.1923, *Briefwechsel*, Bd. II, S. 243). Sicher auf Husserls Wunsch gelangten die Passagen dann in dieser modifizierten Version und teilweise mit dem hinzugefügten Text in die Schreibmaschinenabschrift, die Landgrebe von der Vorlesung „Erste Philosophie" noch während des Semesters anfertigte (vgl. dazu die Einleitung von R. Boehm zu *Husserliana* VII, S. XIII f.). Im handschriftlichen Manuskript dieser Vorlesung finden sich dagegen keinerlei Hinweise darauf. Diese Stellen sind daher offenbar während des Semesters nicht vorgetragen worden. Zudem sind allerdings auch einige Passagen auf direktem Wege von der früheren in die spätere Vorlesung gelangt. Im Folgenden werden eindeutige Textparallelen nachgewiesen, wobei die über den Aufsatz vermittelten Stellen mit * versehen sind (nur die Bandzahlen der *Husserliana* werden angegeben): VII: 7,33 – 8,5 = XXXV: 52,5 – 52,10; VII: 8,8 – 8,20 = XXXV: 52,12 – 52,20; VII: 9,18 – 9,24* = XXXV: 52,22 – 52,26; VII: 11,33 – 12,14* = XXXV: 52,28 – 53,6; VII: 12,21 – 12,34* = XXXV: 53,7 – 53,16; VII: 13,4 – 13,18* = XXXV: 53,16 – 53,30; VII: 13,27 – 13,34* = XXXV: 53,30 – 54,2; VII: 15,36 – 16,17* = XXXV: 54,4 – 54,15; VII: 16,19 – 16,34* = XXXV: 54,25 – 55,6; VII: 57,25 – 57,27 = XXXV: 57,1 – 57,5; vgl. auch VII: 57,9 – 57,16 mit XXXV: 56,30 – 56,36.

[2] Eine Parallele zu *Husserliana* VIII ist: VIII, 35,17 – 35,35 = XXXV: 63,10– 63,28. Zu vergleichen ist auch VIII: 23,6 ff. mit XXXV: 59,16 ff. sowie VIII: 36,32 – 37,10 mit einer im Konvolut der Einleitungsvorlesung liegende gestr. Rückseite (vgl. die textkritische Anm. zu S. 64,32).

Vorlesung im Text der „Ersten Philosophie" vielleicht erst mit den breiteren Ausführungen zur „Kritik der mundanen Erfahrung",[1] endgültig aber sicher mit der 39. Vorlesung, mit der der dritte Abschnitt zur Problematik der transzendentalen Reduktion beginnt, kenntlich wird. Eine „Kritik der mundanen Erfahrung" findet sich in Andeutungen bereits in der Vorlesung von 1922/23. Sie dient hier freilich nur dazu, die Notwendigkeit der transzendentalen Reduktion vor Augen zu führen und die korrelierende Sphäre transzendentaler Erfahrung zu etablieren und überblickshaft zu präsentieren,[2] ehe dann die ursprünglich radikalere Intention wieder aufgenommen und nach der apodiktischen Geltung dieser phänomenologischen Erfahrung gefragt wird. Eine ausführliche, über die bloß vorbereitende Diskussion der transzendentalen Reduktion hinausgehende „apodiktische Kritik der universalen empirischen Erkenntnis"[3] – von Husserl später als „Kritik der objektiven Erfahrung" derjenigen Kritik der subjektiven Erfahrung, die nur die Einleitungsvorlesung leistet, entgegengesetzt[4] – findet sich aber so noch nicht in dem Text von 1922/23. Doch bleibt dieser gesamte, völlig neu geschriebene Teil der Kritik des objektiven Weltbewusstseins in der „Ersten Philosophie" noch immer lesbar als Vorbereitung zu einer letzten Kritik auch der transzendentalen Erfahrungsgewissheiten, auf die ja zuvor schon durch die Termini „apodiktische Kritik" und „Apodiktizität" immer wieder angespielt wird.[5]

In den folgenden Erörterungen dieser Vorlesung wird dann diese Kritik strikt in das Feld des Subjektiven verwiesen, und die 38. Einzelvorlesung endet schließlich mit dem konsequenten Hinweis auf die Notwendigkeit einer apodiktischen Kritik eben auch des subjektiven, mittels phänomenologischer Reduktion gewonnenen Felds transzendentaler Erfahrung und nennt auch die Methode der Durchführung einer solchen Kritik: „Ich unterscheide jetzt diese transzendentale Reduktion von der sich mit ihr verknüpfen-

---

[1] Vgl. *Husserliana* VIII, S. 44 ff.
[2] Vgl. unten, S. 66 ff.
[3] *Husserliana* VIII, S. 69.
[4] Vgl. ebd., S. 369, Anm.
[5] Vgl. dazu etwa *Husserliana* VIII, S. 44, 48, 49, 50 *et passim*.

den apodiktischen Reduktion. Diese letztere bezeichnet eine durch die phänomenologische Reduktion erst ermöglichte Aufgabe."[1] Diese Differenzierung findet sich sonst in keinem der anderen oben angeführten Texte, in denen Husserl von der Notwendigkeit einer letzten Kritik spricht,[2] sie stellt aber eine deutliche Parallele dar zur entsprechenden Einführung der apodiktischen Reduktion im vorliegenden Vorlesungstext.[3]

Hier hätte also immer noch die Durchführung apodiktischer Kritik nach Vorbild der Einleitungsvorlesung folgen können, doch verbleibt die Vorlesung von 1923/24 dann auf dem Boden der – wenn auch höheren – transzendentalen Naivität; auf dem einer „transzendentalen Generalthesis" nämlich, wie Husserl in einem Manuskript von 1925 formuliert.[4] Erst mit den nun folgenden Ausführungen über andere mögliche Wege der transzendentalen Reduktion wird also endgültig auf die apodiktische Kritik verzichtet, wobei freilich der Entschluss dazu schon früher gefasst worden sein mag. Am 9.2.1924 jedenfalls kann Husserl Hugo Dingler mit Gewissheit eine „völlig neu entworfene Vorlesung über ‚erste Philosophie'"[5] melden und macht damit die Abkehr von seinen ursprünglichen Intentionen explizit.

Indessen, auch wenn sich diese nun änderten und die Vorlesung „Erste Philosophie" im Ganzen eine andere Gestalt erhielt als die Einleitungsvorlesung, so darf daraus natürlich nicht gefolgert werden, Husserl habe sein altes Konzept einer Ersten Philosophie preisgegeben. Sicher ist der Grund für die Abänderung weder in plötzlich aufgetretenem Zweifel an der Möglichkeit und Notwendigkeit philosophischer Letztbegründung, noch in einer mehr und mehr vollzogenen Abkehr vom Cartesianismus zu suchen.[6] Eher

---

[1] Ebd., S. 80.

[2] Mit Ausnahme freilich des zitierten Briefs an Ingarden (vgl. oben, S. XXX f.).

[3] Vgl. *Husserliana* VIII, S. 75 – 81, bes. S. 80 f. und vgl. dazu unten, S. 98 f. Die dann im vorliegenden Drucktext folgenden Erörterungen über die Intersubjektivität sind nachgeschoben und gehören systematisch eher an eine frühere Stelle (vgl. dazu oben, S. XXXVI).

[4] Vgl. unten Beilage XIII, S. 406.

[5] *Briefwechsel*, Bd. III, S. 75.

[6] Vgl. L. Landgrebe: „Husserls Abschied vom Cartesianismus", in: Ders.: *Der Weg der Phänomenologie. Das Problem einer ursprünglichen Erfahrung*, Gütersloh 1963, S. 163 – 206.

ist hier ein äußerlicher Grund geltend zu machen: nämlich dass im laufenden Semester einfach nicht mehr genug Zeit verblieben war, um die ausführliche Kritik durchzuführen, und man sie nicht gut kürzen oder gar an einer Stelle abbrechen konnte. Entscheidend dürfte aber ein anderer, daran anknüpfender Gedanke gewesen sein: Der Rest des Semesters bot immerhin ausreichend Raum für eine ausführliche Theorie der phänomenologischen Reduktion, in der vieles, was in der früheren Vorlesung nur abbreviativ vorgetragen werden konnte, sich nun deutlicher und weit darüber hinausgehend darstellen ließ. Und dies war möglich, weil Husserl inzwischen eine neue Konzeption ins Auge gefasst hatte, in der nun beide Vorlesungen gemeinsam die Erste Philosophie ausmachen sollen. Im Dezember 1924 spricht er daher gegenüber Ingarden von „einander ergänzenden Fundamentalvorl⟨esungen⟩".[1] Dabei biete, wie Husserl dort weiter erläutert, die Vorlesung von 1923/24 die „radicalste Begründung d⟨es⟩ Sinnes u. der Tragweite der phänom⟨enologischen⟩ Reduction", dagegen die Vorlesung von 1922/23, noch dahinter zurückgehend, den „Entwurf einer Kritik der transcendentalphänomenologischen Erkenntnis, als letztes Fundament einer jeden obj⟨ektiven⟩ Erkenntniskritik".[2] Die Kritik der objektiven Erkenntnis hatte Husserl ja als „ein Hauptthema" der Erste-Philosophie-Vorlesung bezeichnet.[3] Die Kritik dieser Kritik ist mithin, grundlegender als diese, eine solche des subjektiven Fundaments, das durch die erste Kritik erreicht worden, ihr Ergebnis ist. Erst diese letzte Kritik erfüllt die für die Erste Philosophie unverzichtbare Aufgabe philosophischer Letztbegründung.

Damit ist aber das gegenseitige Ergänzungsverhältnis der beiden Vorlesungen zueinander unterschiedlich zu bestimmen: Die Vorlesung „Erste Philosophie" ergänzt die Vorlesung des davor liegenden Winters, indem sie die auch dort schon *in nuce* dargestellte Kritik der objektiven Erfahrung ausweitet und vor allem eine ausführliche Theorie der in der Einleitungsvorlesung nur auf cartesianischem Wege durchgeführten transzendentalen Reduktion

---

[1] *Briefwechsel*, Bd. III, S. 223.
[2] Ebd.
[3] *Husserliana* VIII, S. 369; vgl. dazu oben, S. XLV.

mitsamt möglicher anderer Wege entfaltet. Sie behandelt also vor allem früher nur kurz angeschnittene und dann zurückgedrängte Themen ausführlich und erweiternd. Die Einleitungsvorlesung von 1922/23 ergänzt dagegen etwas in der späteren Vorlesung komplett **Fehlendes** und schließt so eine empfindliche Lücke in Husserls neuer Gesamtkonzeption.

*

Es war schon des Öfteren von Husserls Plan zur Veröffentlichung einer neuen philosophisch-systematischen Grundschrift die Rede. In der Tat hat er diesen Plan eine lange Zeit hindurch verfolgt, und zwar angefangen mit der schon erwähnten Absicht einer Publikation der Programmschrift, die die Londoner Vorträge darstellen, in englischer Sprache.[1] Dem Ganzen sei nun ein wenig nachgegangen; denn dieser Plan steht in engem Zusammenhang mit Husserls Versuchen zur Überarbeitung der hier edierten Texte und seiner Zusammenarbeit mit Landgrebe.

Im Groben lassen sich insgesamt vier Phasen einander immer wieder modifizierender Publikationsabsichten unterscheiden und, damit verbunden, wohl auch verschiedene Überarbeitungsstufen. An erster Stelle steht der erwähnte Versuch, die in London gehaltenen Vorträge umzugestalten und zur Veröffentlichung vorzubereiten, der in die breite Konzeption der Wintervorlesung von 1922/23 mündet. Zweitens arbeitete Husserl dann in der Zeit nach dieser Vorlesung, also etwa im Frühjahr und Sommer 1923, an der Ausarbeitung des Vorlesungstextes für den Druck. Bereits am 27.3.1923 verkündet er Felix Kaufmann optimistisch, das neue Werk werde „im Laufe d⟨es⟩ Jahres"[2] erscheinen und an Mahnke schreibt er nur wenig später, am 6.4. desselben Jahres, er habe „nun begonnen reinauszuarbeiten".[3] Doch wurden die Arbeiten bis

---

[1] Vgl. oben, S. XXIV.

[2] *Briefwechsel*, Bd. IV, S. 174.

[3] *Briefwechsel*, Bd. III, S. 440. Möglicherweise spiegelt das handgeschriebene Manuskript der Vorlesung vor allem dieses Bearbeitungsstadium, was freilich nicht mit Gewissheit gesagt werden kann. Husserl selbst hat das im Konvolut F I 29 befindliche Hauptmanuskript unter dem Titel „Manuskript der ausgearbeiteten Vorlesung 1922/23" rubriziert, wie eine durch Landgrebe erhaltene Liste Husserl'scher Manuskripttitel belegt. (Diese Liste trägt die Archiv-Signatur X XII.).

zum Sommer nicht abgeschlossen, und Husserl bekennt schließlich am 23.8.1923, wieder gegenüber Mahnke, mit der für das Jahrbuch gedachten Arbeit „nicht fertig" zu sein, aber nunmehr zu hoffen, „durch den mir bewilligten Privatassistenten"[1] Fortschritte zu machen.

Die hier angekündigte Mitarbeit Landgrebes markiert den Beginn der dritten Phase der Veröffentlichungsvorbereitungen und lässt wohl auch den Entschluss Husserls reifen, durch eine Wiederholung der Vorlesung, jetzt unter dem Titel „Erste Philosophie", im kommenden Wintersemester die nötigen Änderungen und Besserungen zu bewerkstelligen.[2] Dementsprechend war es Landgrebes erste Aufgabe als Assistent, während ihres Verlaufs eine „Nachschrift und Ausarbeitung" dieser Vorlesung von 1923/24 anzufertigen.[3]

Mit der Erkenntnis, dass die neue Vorlesung nicht mehr als Überarbeitung der ehemaligen angesehen werden konnte, sondern dass beide in einem wechselseitigen Ergänzungsverhältnis stehen, ergab sich für Husserl dann viertens die Notwendigkeit, nun beide Texte für den Druck auszuarbeiten.[4] Im Sommersemester 1924 wollte er offenbar damit fertig werden, so jedenfalls kündigt es Malvine Husserl am 25.2.1924 Ingarden brieflich an.[5] Doch gelingt es wieder nicht, die selbstgesetzte Frist einzuhalten: Am 7.8. desselben Jahres wird gegenüber Mahnke der kommende Winter als Zeitpunkt der Drucklegung der „Vorlesungen der beiden letz-

---

[1] *Briefwechsel*, Bd. III, S. 441 f. Malvine Husserl hat gegenüber Bell am 31.10.1923 für die Unterbrechung der Ausarbeitung in dieser Phase (vgl. oben, S. XLIII, Anm. 1) „unruhige Wochen des Schwankens" geltend gemacht, die sich aus Husserls Ruf als Nachfolger für Ernst Troeltsch nach Berlin ergaben. Eine andere „Störung erwuchs aus der Verheiratung unseres Sohnes Gerhart" (*Briefwechsel*, Bd. III, S. 52).

[2] Vgl. den schon zitierten Brief an Ingarden vom 31.8.1923, in: *Briefwechsel*, Bd. III, S. 218 und dazu die Ausführungen oben, S. XLII ff.

[3] Vgl. K. Schuhmann: *Husserl-Chronik*, S. 273; vgl auch: L. Landgrebe: „Erinnerungen an meinen Weg zu Edmund Husserl und an die Zusammenarbeit mit ihm", in: *Edmund Husserl und die phänomenologische Bewegung. Zeugnisse in Wort und Bild*, hrsg. v. H.-R. Sepp, Freiburg/München 1988, S. 20 – 26, S. 22.

[4] Zu den Ausarbeitungsversuchen speziell der Vorlesung „Erste Philosophie", die „offensichtlich im Hinblick auf einen Druck" (Boehm) erfolgten, vgl. die „Einleitung des Herausgebers" R. Boehm, in *Husserliana* VII, S. XIII ff.

[5] Vgl. *Briefwechsel*, Bd. III, S. 219.

ten Winter" angegeben.[1] Sein Plan gilt Husserl dabei inzwischen als „großes und schwieriges Unternehmen".[2] Wohl deswegen kann auch dieser neue Termin nicht eingehalten werden: Noch im Dezember 1924 ist er mit der Ausarbeitung beschäftigt.[3] Dann werden die brieflichen Mitteilungen diesbezüglich spärlicher und zunehmend weniger konkret; doch darf davon ausgegangen werden, dass Husserl auch noch das Jahr 1925 hindurch an der Doppelveröffentlichung gelegen ist.

Die letzte, vierte Phase der Überarbeitung, bei der Husserl wieder von Landgrebe unterstützt wird, ist von besonderem Interesse, da sie in Husserls Nachlass durch Typoskripte dokumentiert ist, die, soweit sie die Einleitungsvorlesung betreffen, in der vorliegenden Edition zu berücksichtigen waren. Nach der Abschrift der Erste-Philosophie-Vorlesung hat Landgrebe vermutlich die erhaltenen Inhaltsübersichten[4] zu beiden Vorlesungen mit der Schreibmaschine erstellt. Sie dienten dazu, Husserl einen leichteren Überblick über den Inhalt der Vorlesungen zu verschaffen. Dieser hat sie denn auch stellenweise stark bearbeitet, am Rand Änderungswünsche und zugehörige Beilagentexte angegeben. Beide Inhaltsübersichten wurden, da sie demselben Projekt zugehörten, zunächst auch in ein und demselben Umschlag aufbewahrt.[5]

Offenbar erst danach wurde von Landgrebe auch ein Typoskript der Vorlesung von 1922/23 angefertigt.[6] Dass dieses Typoskript gleich auf eine Veröffentlichung des Textes in Buchform abzielt, ist aus mehreren Eigentümlichkeiten ersichtlich: Der Text ist hier gegliedert und mit Paragraphentiteln versehen, Formulierungen wie „Wir hatten in der letzten Vorlesung ..." wurden durch Ver-

---

[1] Vgl. *Briefwechsel*, Bd. III, S. 446.

[2] Ebd.

[3] Vgl. den Brief an Ingarden vom Dezember, *Briefwechsel*, Bd. III, S. 223 f.

[4] In den Typoskripten werden sie als Inhaltsverzeichnisse bezeichnet, doch ist diese Bezeichnung nicht passend (vgl. unten, Beilage I, S. 341 und die allgemeinen textkritischen Erläuterungen dazu; vgl. auch *Husserliana* VII, S. 298, die Beilage I sowie *Husserliana* VIII, S. 302, Beilage I).

[5] Vgl. dazu die allgemeine textkritische Anmerkung zur Beilage I des ersten Teils der Vorlesung „Erste Philosophie" in *Husserliana* VII, S. 451.

[6] Formulierungen der Inhaltsübersicht bilden offensichtlich die Grundlage für die Paragraphentitel und damit für das Inhaltsverzeichnis, das Landgrebe dem Typoskript beigegeben hat.

weise auf die betreffenden Paragraphen ersetzt oder ganz fallen gelassen. Einzelne Überleitungen wurden von Landgrebe selbst formuliert, Wiederholungen getilgt. Zudem sind an einigen Stellen beträchtliche Umstellungen vorgenommen worden.[1] Am bedeutendsten aber ist sicher die Tatsache, dass – abgesehen von diesen Änderungen – nicht der vollständige Vorlesungstext wiedergegeben wird, sondern nur sein bedeutendster Teil, nämlich die Vorbereitung und Durchführung der apodiktischen Kritik sowie die darauf folgenden Ausführungen zur Egologie.[2] Vorbereitende, einführende Überlegungen, Darstellung des Anfangsproblems und Weg zur transzendentalen Reduktion mit der Kurzkritik der objektiven Erfahrung bleiben im Wesentlichen ebenso unberücksichtigt wie der aus den geringfügig veränderten und ergänzten III. und IV. Londoner Vorträgen bestehende Schlussteil der Vorlesung.

Das Typoskript setzt, wie sich damit bestätigt, das Bestehen der Vorlesung „Erste Philosophie" voraus und den Plan, beide Texte gemeinsam im Jahrbuch zu veröffentlichen. Deshalb konnte von der früheren Vorlesung dasjenige weggelassen werden, von dem Husserl glaubte, es in der Folgevorlesung in überarbeiteter und verbesserter Gestalt erneut geleistet zu haben. Nur der dort fehlende Teil mit der apodiktischen Kritik sollte also parallel zur überarbeiteten Vorlesung von 1923/24 erscheinen. Dementsprechend ist die den Charakter einer Druckvorlage tragende Landgrebe'sche Ausarbeitung denn auch einschränkend überschrieben: „Aus den Vorlesungen über Einleitung in die Philosophie".[3]

Den Text der Vormeditationen, den Husserl ja bereits bei der geplanten Neubearbeitung der Vorlesung im Winter 1923/24 wegließ, führt schon die zunächst angefertigte Inhaltsübersicht nicht mehr auf. In der Typoskriptfassung Landgrebes, die auch aus diesem Grund erst danach erstellt sein kann, fallen nun noch weitere Stücke aus dem Zusammenhang heraus. Dieser Tatbestand er-

---

[1] Zu den Umstellungen vgl. die Tabelle unten, S. 507. Bei ihnen ist keine Rücksicht auf eventuelle Anmerkungen Husserls in der Inhaltsübersicht genommen.

[2] Vgl. unten, S. 85 f. und S. 93 – 266.

[3] Vgl. unten, die allgemeinen textkritischen Anmerkungen, S. 505 ff. sowie den Abschnitt „Zur Textgestaltung", S. 488 f.

laubte es Husserl schließlich, das ursprüngliche Manuskript der Londoner Vorträge zu restituieren, indem er die für die Vorlesung verwendeten Blätter des Vortragsmanuskripts in ihren alten Kontext zurücklegte, in welchem sie sich auch heute noch befinden.[1] Denn auch der Text der Vorträge blieb in seiner programmatischen Kürze für Husserl weiter bedeutsam, zumal eben in Landgrebes Ausarbeitung des zentralen Teils der Vorlesung der Text der eingelegten Blätter aus den Vorträgen keine Rolle mehr spielte. Von diesen ließ Husserl nun ebenfalls eine Schreibmaschinenabschrift anfertigen.[2]

Wann genau er dann schließlich endgültig Abschied von seinen Veröffentlichungsplänen nahm und ob dieser außer durch Schwierigkeiten in der Darstellung auch sachlich begründet war, kann kaum leicht gesagt werden. Noch am 10.11.1925 bilanziert Husserl in einem Brief an Bell den Stand der Arbeiten und wähnt sich unmittelbar vor der Fertigstellung: „Die Idee einer radikalen Erkenntniskritik oder einer universalen (noetisch-noematischen) Logik als Wissenschaftslehre ist reinlich durchgeführt, die Bedeutung der phänomenologischen Reduktion tiefer aufgeklärt und die endgiltige, m. E. nicht mehr im leisesten anzuzweifelnde Begründung einer Transzendentalphilosophie vollzogen. Ich hoffe im nächsten Sommer endlich – endlich! – wirklich drucken zu können."[3] Hier wird freilich deutlich, dass sich Husserls neuerlicher Optimismus auf ein inzwischen um die Ausarbeitung einiger weiterer Themen bereichertes systematisches Grundwerk richtet. Doch dürften die beiden großen Vorlesungen in wesentlichen Teilen noch wichtige Grundlagen dieses geplanten Werks gebildet haben. Noch am 16.4.1926 berichtet Malvine Husserl Ingarden, Husserl habe „gerade am 8. April mit der endgültigen Darstellung u. literarischen Fassung"[4] begonnen. Auch hier ist allerdings nicht gesagt, ob es sich noch um das Projekt der inzwischen modifizierten Ersten Philosophie (oder gar ein das gesamte System ent-

---

[1] Im Konvolut F II 3. Auch einige andere Blätter der Vorlesung befinden sich nicht im Hauptkonvolut F I 29 (vgl. dazu den Abschnitt „Zur Textgestaltung" unten, S. 487).
[2] Vgl. dazu den Abschnitt „Zur Textgestaltung", unten S. 488 f.
[3] *Briefwechsel*, Bd. III, S. 56 f.
[4] Ebd., S. 230.

haltendes Werk) handelt; doch ist dies nicht unwahrscheinlich, da es sich bei der jetzt für folgende Ostern, also 1927 geplanten Veröffentlichung nur um den ersten Teil eines wohl größeren Ganzen handeln soll.[1]

Indessen ist auch dieser erste Teil nie erschienen; und dies, obwohl Husserl die Sache offenbar weiter am Herzen lag und er weit entfernt davon war, das Programm philosophischer Letztbegründung durch apodiktische phänomenologische Selbstkritik fallen zu lassen. Denn obwohl ihm seine Vorlesungs- und Vortragstexte aus der ersten Hälfte der 20er Jahre in der vorliegenden Form nicht publikationswürdig schienen, hütete er die durch Landgrebe erstellten Schreibmaschinenabschriften, die wohl ursprünglich zusätzlich in Durchschlägen vorhanden waren,[2] sorgfältig und ließ interessierte Forscher Einsicht darin nehmen. Dies zeigt, wie sehr er immerhin glaubte, mit seinen neuen, wenn auch vielleicht noch nicht veröffentlichungsreifen Arbeiten, den Stand der zuletzt (1913!) veröffentlichten *Ideen* I hinter sich gelassen zu haben.[3]

Auch die hier vor allem interessierende Vorlesung „Einleitung in die Philosophie" wurde, wie oben bereits zitiert, von Husserl „meinen jüngeren Freunden zugänglich gemacht".[4] So stellte er Ingarden für seinen angekündigten Besuch am 9.4.1927 brieflich in Aussicht, ihm „wichtige Maschinenabschriften z⟨ur⟩ Verfügung stellen"[5] zu wollen. In seiner Schilderung dieses Besuchs im Herbst 1927 nennt Ingarden die einzelnen bei Husserl konsultier-

---

[1] Vgl. ebd.

[2] Zu Landgrebes Typoskript der Londoner Vorträge etwa (M II 3a) gibt es noch einen Durchschlag (M II 3b). Interessant ist, dass Husserl das Originaltyposkript nicht nur stenographisch, sondern in einer anderen Bearbeitungsstufe auch kurrentschriftlich mit Korrekturen versah, die Landgrebe, ebenfalls kurrentschriftlich, größtenteils auf den Durchschlag übertrug. Husserl, der Annotationen sonst stets stenographisch anbrachte, hatte hier sicher fremde Leser der Texte im Auge. Von dem Durchschlag des Landgrebe'schen Typoskripts zur Einleitungsvorlesung sind nur Reste erhalten, die allerdings wichtige Einblicke in die weitere Verwendung von Teilen der Vorlesung auch nach Aufgabe des ursprünglichen Veröffentlichungsplans gestatten (vgl. dazu unten, S. LVI ff.).

[3] Am 21.3.1930 heißt es resümierend gegenüber D. Cairns: „Ich habe seit den ‚Ideen I' unsäglich gearbeitet, zu bessern, zu reinigen, radical nachzuprüfen, stets bereit, meine Positionen, selbst Methodisches preiszugeben. Ich bin nun viel weiter (wie meine Freiburger Vorlesungen stets weiter waren als meine Schriften)." (*Briefwechsel*, Bd. IV, S. 23.)

[4] *Husserliana* XVII, S. 295, Anm.

[5] *Briefwechsel*, Bd. III, S. 232.

ten Typoskripte. Sicher ist das der Einleitungsvorlesung dabei gewesen.[1]

In den frühen 30er Jahren überließ Husserl Aron Gurwitsch neben dem „Text der Cart⟨esianischen⟩ Med⟨itationen⟩" auch ein „Msc. der Ausarbeitung eines Stücks Vorlesung von 1923" und betonte dabei, dass es sich um eine „studentische Leistung" handele.[2] Mit Sicherheit kann nicht gesagt werden, was dies für ein Text gewesen ist, doch liegt die Vermutung nahe, dass es ein Durchschlag des von Landgrebe erstellten Typoskripts „Aus den Vorlesungen über Einleitung in die Philosophie" handelt. Allein diese Landgrebeabschrift konzentriert sich ja bewusst nur auf ein „Stück Vorlesung" und macht wohl zudem durch die Paragraphierungen und Umstellungen am ehesten den Eindruck einer „Ausarbeitung".[3] Auch ist es sachlich durchaus schlüssig, gerade diesen Text, der die apodiktische Kritik enthält, den *Cartesianischen Meditationen* beizugeben; denn zwar liegen die *Cartesianischen Meditationen*, wie Rudolf Boehm richtig feststellt, „noch immer in derselben Entwicklungslinie, an deren Anfang die Londoner Vorlesungen standen".[4] Doch ist eben gerade die weitreichende Folge-

---

[1] Vgl. E. Husserl: *Briefe an Roman Ingarden. Mit Erläuterungen und Erinnerungen an Husserl*, Phaenomenologica, Bd. 25, hrsg. v. R. Ingarden, Den Haag 1968, S. 152. Ingarden drückt sich allerdings – wohl durch die Ungenauigkeit seiner Erinnerung bedingt – missverständlich aus. Er behauptet z w e i Einleitungen in die P h ä n o m e n o l o g i e gesehen zu haben, die aus den Jahren 21 und 23 stammen sollen (vgl. ebd.). Dies stimmt mit den Fakten nicht überein (vgl. oben, S. XV ff.). Die Londoner Vorträge hat er ebenfalls studiert (vgl. ebd. und S. 155). Auch Th. Celms wurde etwa 1925 Einsicht in einige der Texte, u. a. die Londoner Vorträge und die „Erste Philosophie" von 1923/24, gewährt, doch war nach dessen Darstellung derjenige der Einleitungsvorlesung nicht dabei (vgl. K. Schuhmann: *Husserl-Chronik*, S. 290), wohl weil er die Vorlesung 1922/23 selbst gehört hatte (vgl. *Briefwechsel*, Bd. III, S. 44 und die Anm. des Hrsg. dazu).

[2] *Briefwechsel*, Bd. IV, S. 109.

[3] Vgl. dazu oben, S. L f. Auch die Vorlesung „Erste Philosophie" fällt zum Teil in dieses Jahr, wurde von Landgrebe aber vollständig abgeschrieben und in ihrer Einteilung in Einzelvorlesungen belassen, und zwar „ohne jede äußere Markierung seiner systematischen Gliederung" (R. Boehm: „Einleitung des Herausgebers" zu *Husserliana* VII, S. XIII). Die Vorlesung, die Husserl im Sommersemester 1923 hielt, war eine überarbeitete Version der Vorlesung über transzendentale Logik vom WS 1920/21, die außerdem im WS 1925/26 unter dem Titel „Grundprobleme der Logik" wiederholt wurde (vgl. M. Fleischer: „Einleitung des Herausgebers" zu *Husserliana* XI, S. XIII ff.). Es wäre aber wenig überzeugend anzunehmen, Husserl habe diesen Vorlesungstext ausgerechnet mit der Jahreszahl 1923 in Verbindung gebracht.

[4] R. Boehm: „Einleitung des Herausgebers" zu *Husserliana* VII, S. XXIV.

rung Boehms einzuschränken, die da lautet: „Die Cartesianischen Meditationen sind die Erste Philosophie in der Form, in der Husserl zuletzt ihre Veröffentlichung vorgesehen hat."[1] Obgleich nämlich diese Schrift die erste und einzige ist, in der Husserl die entwicklungsgeschichtlich etwa mit den Londoner Vorträgen einsetzenden Gedanken publiziert hat,[2] und obwohl dadurch die früher ins Auge gefasste Veröffentlichung der Londoner Vorträge oder auch der Erste-Philosophie-Vorlesung in mancher Hinsicht sicherlich nicht mehr als notwendig erscheinen mochte, gilt dies eben nicht für die Vorlesung „Einleitung in die Philosophie", fehlt doch auch in den *Cartesianischen Meditationen* wiederum die „Kritik der Kritik", die Husserl gleichwohl auch dort mit Nachdruck fordert und also als der Sache zugehörig befindet.[3] Die Annahme, dass er diesen Text aus der Einleitungsvorlesung Gurwitsch zusätzlich zu dem der *Cartesianischen Meditationen* zu lesen gegeben hat, ergäbe somit einen guten Sinn.

Wie dem auch sei – mit dem Erreichen des veröffentlichten Werks von 1931 braucht von nun an die Entwicklungsgeschichte nicht weiter verfolgt werden. Husserl widmet sich in den 30er Jahren vornehmlich anderen Problemen als demjenigen einer apodiktischen Erkenntniskritik, die als Erste Philosophie sein systematisches Werk einleitend zu eröffnen hatte. Doch bleiben seine For-

---

[1] Ebd.

[2] Diesen Zusammenhang hat Husserl selbst ausdrücklich hergestellt: In einem Briefentwurf vom 15.3.1930 an G. D. Hicks, dem Initiator der Vorträge von 1922, wird das Erscheinen der *Cartesianischen Meditationen* als „endliche literarische Ausarbeitung und korrekte Durchführung meiner unter Ihrer Aegide gehaltenen Londoner Vorlesungen, welche ich auch meinen Vorlesungen Ende Februar 1929 an der Sorbonne zugrundegelegt hatte" (*Briefwechsel*, Bd. VI, S. 179), angekündigt. Auch im Vorwort zur englischen Übersetzung der *Ideen* I durch W. R. Boyce Gibson nennt Husserl die *Cartesianischen Meditationen* „an extended elaboration of the four lectures which he [the author] had the pleasure of giving first in the Spring of 1922 at the University of London" (E. Husserl: *Ideas: General Introduction to Pure Phenomenology*, übers. v. W. R. Boyce-Gibson, London/New York 1931, S. 29 f.). In Husserls „Nachwort zu meinen Ideen" (veröffentlicht erstmals 1930 in Bd. 11 des *Jahrbuchs*, dann erneut in *Husserliana* V, S. 138 – 162), das den deutschen Text des Vorworts bringt, fehlt der letzte, offenbar nur für den englischen Leser bestimmte Passus. In Husserls Nachlass in Leuven findet sich eine deutschsprachige Schreibmaschinenfassung der betreffenden Stelle im Konvolut A VII 20 unter den Archivpaginierungen 51b und 66a.

[3] Vgl. *Husserliana* I, S. 177 f.; vgl. auch ebd., S. 63. Auf die Stelle wurde bereits hingewiesen.

schungen vom systembildenden Interesse bestimmt.[1] Davon zeugen die späten Manuskripte zur transzendentalen Reduktion[2] oder etwa auch die Annotationen zum von Husserl initiierten und von E. Fink ausgeführten Projekt einer die transzendentale Methodenlehre enthaltenden VI. Cartesianischen Meditation.[3]

*

Trotz Weiterbestehen des sachlichen Interesses an der Vorlesung von 1922/23 fanden Teile des Manuskripts schließlich, nachdem seine Publikation nicht mehr vorgesehen war, eine andere Verwendung. Ab 1928 arbeitete Landgrebe an der Zusammenstellung und literarischen Gestaltung des Manuskriptmaterials für das Projekt der „Logischen Studien", später veröffentlicht unter dem Titel *Erfahrung und Urteil*.[4] Diese Kompilation von Manuskripten Husserls aus dem Zeitraum von 1910 – 1934[5] basiert vor allem auf dem Text der zur Einleitungsvorlesung in enger zeitlicher Nachbarschaft stehenden Vorlesung über transzendentale Logik, die Husserl im Winter 1920/21 zum ersten Mal gehalten hatte.[6] Zur Ergänzung hat Landgrebe neben Forschungsmanuskripten

---

[1] Vgl. dazu S. Luft: „Einleitung des Herausgebers" zu E. Husserl: *Zur phänomenologischen Reduktion. Texte aus dem Nachlass (1926 – 1935)*, Husserliana XXXIV, Dordrecht/Boston/London 2002, bes. S. XXIII – L.

[2] Vgl. die in *Husserliana* XXXIV veröffentlichten Texte und besonders das bereits erwähnte Manuskript K III 17 aus dem Jahre 1936, das sich erneut mit der Thematik einer „apodiktischen Erkenntnisbegründung" (ebd., 1a) beschäftigt und in den nur skizzenhaft dargestellten Grundpositionen deutlich an entsprechende Ausführungen der Einleitungsvorlesung erinnert.

[3] Vgl. E. Fink: *VI. Cartesianische Meditation, Teil 1. Die Idee einer transzendentalen Methodenlehre. Texte aus dem Nachlaß E. Finks (1932) mit Anmerkungen und Beilagen aus dem Nachlaß E. Husserls (1933/34)*, Husserliana Dokumente II/1, hrsg. v. H. Ebeling, J. Holl und G. von Kerckhoven sowie den dazugehörigen *Teil 2. Ergänzungsband*, Husserliana Dokumente II/2, hrsg. v. G. van Kerckhoven, beide Dordrecht/Boston/London 1988.

[4] E. Husserl: *Erfahrung und Urteil. Untersuchungen zur Genealogie der Logik*, redigiert und hrsg. v. L. Landgrebe, Prag 1939. Vgl. dazu und zu Folgendem: D. Lohmar: „Zu der Entstehung und den Ausgangsmaterialien von Edmund Husserls Werk *Erfahrung und Urteil*", in: *Husserl Studies* 13 (1996), S. 31 – 71.

[5] Vgl. D. Lohmar, *Husserl Studies* 13, S. 34.

[6] Diese Vorlesung wurde schon mehrfach erwähnt. Husserl hat sie unter verschiedenen Titeln auch noch im SS 1923 und im WS 1925/26 gehalten. Sie ist in den *Husserliana* XI, XVII und XXXI veröffentlicht. Das zugrundeliegende Manuskript befindet sich hauptsächlich in den Konvoluten F I 37, F I 38 und F I 39 (vgl. dazu M. Fleischer: „Einleitung des

auch Teile aus anderen Vorlesungen verwendet und so auch einen größeren Abschnitt aus der Vorlesung „Einleitung in die Philosophie" von 1922/23.[1] Dabei handelt es sich um etwa die Hälfte des im vorliegenden Text mit „Apodiktische Kritik des Logos" betitelten Kapitels. Er wurde in Landgrebes Textzusammenstellung für den III. Abschnitt mit dem Titel „Die Konstitution der Allgemeingegenständlichkeiten und die Formen des Überhaupt-Urteilens" verwendet.[2] Dabei wurden gelegentlich einige Blätter aus anderen Manuskripten dazwischengeschoben, u. a. ein größeres Textstück aus der Vorlesung „Phänomenologische Psychologie" von 1925.[3] Dieser größere Einschub bildet im Wesentlichen das II. Kapitel des III. Abschnitts von *Erfahrung und Urteil*. Das I. Kapitel: „Die Konstitution der empirischen Allgemeinheiten" und das III. Kapitel: „Die Urteile im Modus des Überhaupt" bringen somit vor allem Textteile aus der hier edierten Vorlesung.[4]

Husserl selbst hat eine thematische Nähe der Einleitungsvorlesung zur Vorlesung über transzendentale Logik gesehen. So hat er ein ganzes Konvolut mit Beilagentexten angelegt, die seiner Meinung nach offenbar beiden Vorlesungen zugeordnet werden könnten.[5] Doch behandeln diese Texte keine Probleme des urtei-

---

Herausgebers" zu *Husserliana* XI). Eine Rekonstruktion der Vorlesung findet sich im Anhang von *Husserliana* XXXI, S. 141 f.

[1] Vgl. D. Lohmar, *Husserl Studies* 13, S. 48 f., 56 ff. und 67 f.

[2] Vgl. *Erfahrung und Urteil*, S. 381 – 460.

[3] Vgl. *Husserliana* IX., S.73 – 86.

[4] Die genauen Entsprechungen sind: *Erfahrung und Urteil*, S. 392 – 408 = *Husserliana* XXXV, S. 209 – 218 und *Erfahrung und Urteil*, S. 443 – 459 = *Husserliana* XXXV, S. 219 – 229.

[5] Vgl. dazu die allgemeine Manuskriptbeschreibung des betreffenden Konvoluts D 19 (unten, S. 709 ff.), dem für den vorliegenden Band drei Beilagen (XVI, XVII und XVIII) entnommen wurden. Vgl. ebenso die allgemeine Manuskriptbeschreibung in *Husserliana* XI, S. 511 f. und *Husserliana* XXIII, S. 713. Husserl selbst hatte, wie die bereits erwähnte von Landgrebe erstellte Liste (vgl. oben, S. XLVIII, Anm. 3) ausweist, das Konvolut unter der Bezeichnung „Beilagen zu den Vorlesungen 1922–23, Transzendentale Logik II" geführt. Auf einem Binnenkonvolut schreibt Husserl dementsprechend: „Gehörig zu der Einleitung von 1922 aber ebenso zur Vorlesung über transzendentale Logik von 1920 und 22 bis 26" sowie „Die nächste Frage [...] nicht mehr in 1920/21 behandelt, aber ausführlich in der ‚Einleitungs'vorlesung 1922/23" (Vgl. die allgemeinen textkritischen Anmerkungen zu den Beilagen XVI, XVII und XVIII unten, S. 709 ff.). Ein anderes Binnenkonvolut vermeldet auf dem Umschlag (Bl. 91a): „Beilagen zur Einleitungsvorlesung 1922/23, aber auch, wie diese ganze Vorlesung selbst, gehörig zur Lehre von der Urkonstitution, die das Thema

lenden Denkens, wie sie im III. Abschnitt von *Erfahrung und Urteil* und im dafür verwendeten Vorlesungsteil eine Rolle spielen. Jedenfalls war die Nähe beider Vorlesungen zueinander bei der Herstellung eines späteren einheitlichen Textes sicher von Nutzen. Hier interessiert nun lediglich die Bearbeitung des Textteils der Einleitungsvorlesung und was davon dem überlieferten Textbestand anzumerken ist; handelt es sich doch dabei um ein weiteres Bearbeitungsstadium, wenn auch nun nicht mehr der ganzen Vorlesung.

Landgrebe benutzte zu seiner Bearbeitung wohl ausschließlich das von ihm selbst ehemals erstellte Typoskript im Konvolut M I 2 I.[1] Eine Miteinbeziehung von eventuellen Abweichungen des Originalmanuskripts ist nirgendwo festzustellen. Aufschlussreich ist, dass der überwiegende Teil der „Apodiktischen Kritik des Logos" im Typoskriptkonvolut doppelt vorhanden ist. Dabei handelt es sich um Reste eines Durchschlags ursprünglich wohl des gesamten Typoskripttextes. Diese Reste entsprechen textlich ziemlich genau dem Teil des Logoskapitels, der dann in *Erfahrung und Urteil* abgedruckt wurde. Sie sind teilweise von Landgrebe handschriftlich bearbeitet worden. Der dem Durchschlag zugrunde liegende Originaltext ist nun seinerseits von Husserl selbst durchgegangen und mit zahlreichen Änderungen und Einfügungen versehen worden. Jedoch sind lediglich die Bearbeitungen Landgrebes in die spätere Kompilation übernommen worden.[2] Auch weist Landgrebes Version des Textes eine zweite charakteristische Änderung auf: Die ursprünglichen Paragraphenziffern des getippten Textes wurden verändert und entsprechen nun den um 14 geminderten Paragraphenziffern von *Erfahrung und Urteil*. Diese Zäh-

---

der Vorlesung über transzendentale Logik von 1920/21 und 1925/26 war." Aus diesen Bezügen ist auch erklärlich, dass in *Husserliana* XI einige Texte als Beilagen erschienen, die auch in die vorliegende Ausgabe gepasst hätten (vgl. dazu unten, S. LX, bes. Anm. 2). Die dortigen Beilagen III (S. 354 ff.), VIII (S. 365 ff.) und XV (S. 392 ff.) sind darüber hinaus sogar dem Manuskript F I 29, also dem hier edierten Vorlesungstext entnommen (vgl. unten, S. 157,10 – S. 160,36 (Beilage III) S. 96,20 – S. 97,26; S. 100,4 – S. 102,15; S. 129,30 – S. 144,9; S. 144,9 – 147,30 (Beilage VIII) und S. 86,26 – S. 91,18 (Beilage XV)).

[1] Vgl. oben, S. L f.

[2] In der vorliegenden Ausgabe war demgegenüber die Bearbeitung des Kapitels durch Husserl zu berücksichtigen, obwohl sie vermutlich erst spät stattgefunden hat (vgl. dazu den Abschnitt „Zur Textgestaltung", S. 490).

lung erklärt sich durch die erst später dem Drucktext dieses Werkes hinzugefügten 14 Paragraphen der Einleitung. Es kann also kaum Zweifel bestehen, dass die Landgrebe'sche Bearbeitung der Blätter aus der Vorlesung der Einpassung des Textes in *Erfahrung und Urteil* diente und demnach frühestens 1928 stattfand. Dass die Bearbeitung der originalen Typoskriptblätter durch Husserl in den gleichen Kontext gehört, ist durchaus wahrscheinlich, wiewohl dies letztlich kaum bewiesen werden kann. Sollte sie schon früher erfolgt sein, so wäre allerdings zu klären, in welchem Zusammenhang sie stand und warum sie lediglich das Logoskapitel betraf.[1] Andererseits ist nicht gut begreiflich, warum Landgrebe von Husserls Annotationen, Ergänzungen und sonstigen Eingriffen keinen Gebrauch gemacht hat. Sollten sie ihm nicht zur Verfügung gestanden haben?[2]

Dem kann hier nicht weiter nachgegangen werden. Festzuhalten ist: In den späten 30er Jahren hat ein Stück der Vorlesung „Einleitung in die Philosophie" doch noch das Licht der Öffentlichkeit erblickt, allerdings eingegliedert in einen Kontext von gänzlich anderer Art und damit seines ursprünglich hohen Anspruchs verlustig gegangen, ein Teil letztbegründender apodiktischer Kritik zu sein.

*

Mit wenigen Worten sei abschließend noch auf einige der in der vorliegenden Ausgabe versammelten „Ergänzenden Texte" eingegangen. Ein Abdruck der nicht in die Einleitungsvorlesung gelangten Passagen der Londoner Vorträge führt ihre Reihe an.[3] Die Vorträge bilden die einzige „Abhandlung" unter dieser Rubrik.

Als Beilage II ist Husserls erster Entwurf eines Syllabus der Londoner Vorträge abgedruckt. Dabei dürfte es sich um die frü-

---

[1] Außer diesem Kapitel ist das Kapitel zur Egologie an einigen Stellen angestrichen. Im ganzen Typoskript M I 2 I findet sich sonst nur an einer Stelle ein übergeschriebenes Wort.

[2] Dies mutmaßt indirekt D. Lohmar, *Husserl Studies* 13, S. 49.

[3] Der Text wird in der vorliegenden Ausgabe als „Lückentext" präsentiert, wobei die in die Vorlesung gelangten Stellen ausgelassen wird. Nur der dort nicht erneut vorgetragene Text gelangt also in den „Ergänzenden Texten" zum Abdruck. Auf den jeweils einzufügenden Textteil der Vorlesung wird verwiesen (vgl. den Abschnitt „Zur Textgestaltung", S. 493).

heste Fixierung des mit den Vorträgen präsentierten neuen Konzepts handeln und damit auch um das erste greifbare Dokument der Gedankenentwicklung hin zu den *Cartesianischen Meditationen*. Dass dieser Text schon vor demjenigen der Vorträge entstanden ist, lässt sich aus mancher darin noch verwendeten, später aber vermiedenen terminologischen Eigentümlichkeit erkennen. So wird dort z. B. in einer Randbemerkung die „intellektuelle Selbstanschauung, *intuitio intellectualis*, [das] erste Stück des Intuitionismus der Phänomenologie" genannt.[1] Auch sollte der fertige Syllabus bereits früh nach London übersandt werden, damit er den Hörern der Vorträge in einer von Hicks ins Englische übertragenen Fassung vorliegen konnte. Allerdings ist die endgültige Version des deutschen Originals des Syllabus, die schließlich nach London gelangte, nicht erhalten.[2]

Die Texte der Beilagen III und IV entstammen einem Konvolut mit ansonsten kaum brauchbaren Blättern, die Husserl als „Beilagen zu den Vormeditationen" deklariert hat.[3] Wie eben diese Vormeditationen, die hier das erste Kapitel des Haupttextes ausmachen, entstammt das Material offenbar einer verstärkten Beschäftigung mit der Problematik der positiven Wissenschaften im Herbst 1922, aus der etwa auch der Text „Realitätswissenschaft und Idealisierung" hervorgegangen ist, der der Edition der *Krisis*-Schrift in *Husserliana* VI als ergänzender Text beigegeben wurde.[4]

Die folgenden, die Begriffe der Zweifellosigkeit und Apodikti-

---

[1] Unten, S. 367, Anm. Der Terminus findet sich auch noch in einer ebenfalls frühen Version des Anfangs des III. Londoner Vortrags, der noch Ausführungen über den phänomenologischen Intuitionismus macht, auf die Husserl später in den Vorträgen aus Platzgründen verzichtete. Der Text findet sich unten als Beilage XXIX (vgl. dort, S. 477).

[2] Vgl. dazu Spiegelberg: „Husserl in England", S. 16 – 17. Eine Edition der englischen Übersetzung hat Spiegelberg seiner Abhandlung S. 18 – 23 beigegeben.

[3] Ms. B I 33. Vgl. dazu die allgemeine Manuskriptbeschreibung unten, S. 689.

[4] E. Husserl: *Die Krisis der europäischen Wissenschaften und die transzendentale Phänomenologie. Eine Einleitung in die phänomenologische Philosophie*, *Husserliana* VI, hrsg. v. W. Biemel, Den Haag 1954, S. 279 ff. Dieser Text konnte vom Herausgeber dieses Bandes seinerzeit lediglich unbestimmt „vor 1928" (vgl. ebd.) datiert werden, da ihm nur eine spätere „Maschinenabschrift Landgrebes" zur Verfügung stand (vgl. ebd., S. 544). Inzwischen ist das handschriftliche Original mit der Husserl'schen Datierung „Herbst 1922" im Konvolut F IV 3 als Blätter 24 – 31 aufgefunden worden.

zität sowie die methodische Negation, den methodischen Zickzackgang, die Scheidung zweier Reduktionen etc. näher bestimmenden Texte entstanden z. T. im Kontext der Vorarbeiten an den Vorträgen und der späteren Vorlesung, dürften also vorwiegend im Frühjahr bzw. Herbst 1922 entstanden sein. Die ersten dieser Beilagen entstammen einem Konvolut, dem ein weiteres Binnenkonvolut mit Blättern beiliegt, die Husserl ebenfalls als „zu den Einleitungsvorlesungen 1922/23"[1] gehörig angesehen hat, obwohl diese Texte größtenteils wohl schon zu Beginn des Jahres 1922 entstanden sind. Sie sind jedoch bereits als Beilagen XIX – XXII und als Text Nr. 8 in *Husserliana* XIV veröffentlicht worden[2] und finden sich in der vorliegenden Edition nicht erneut abgedruckt.

In einer vergleichbar präzisierenden Weise wie die zuvor erwähnten Texte sind auch die späteren Beilagen XII, XIII und XV dem Problem der Apodiktizität, besonders auch dem Verhältnis dieses Begriffs zu dem der Adäquation gewidmet. Sie dokumentieren eine gewisse entwicklungsgeschichtlich eingetretene Verschiebung der Gewichtung, die in Husserls Gebrauch dieser Termini zum Ausdruck kommt,[3] und schließlich die endgültige explizite terminologische Unterscheidung[4] bis hin zur selbstkritischen Frage: „Sollen wir die Rede von Adäquation überhaupt weiter festhalten?"[5] Die Texte bilden eine inhaltlich aufschlussreiche Ergänzung zu zentralen Themen der Vorlesung, obwohl sie nicht unmittelbar mit ihr in Zusammenhang stehen. Sie sind vielmehr erst 1925 entstanden, und ihre Veröffentlichung im vorliegenden Band sprengt streng genommen den sonst möglichst eng gesteckten zeitlichen Rahmen der Edition. Doch entstammen die Texte immerhin einer Zeit, in der Husserl das Projekt der gemeinsamen Ausarbeitung der Vorlesungen von 1922/23 und 1923/24 zu

---

[1] Ms. B I 22/2a.

[2] Vgl. E. Husserl: *Zur Phänomenologie der Intersubjektivität. Texte aus dem Nachlaß: Zweiter Teil: 1921 – 1928*, Husserliana XIV, hrsg. v. I. Kern, Den Haag 1973, S. 151 ff.

[3] Vgl. zu dieser Verschiebung in der Husserl'schen Verwendung von „apodiktisch" und „adäquat" in den 20er Jahren H. R. Schmidt: „Apodictic Evidence" in: *Husserl Studies* 17 (2001), S. 217 – 237.

[4] Vgl. dazu oben, S. XXXIV, bes. die Anm. 2, die ein Zitat aus demselben Konvolut (A I 31) bringt, dem die drei in Rede stehenden Beilagen entnommen sind.

[5] Unten, S. 404.

Grundlegungsschriften offenbar noch nicht aufgegeben hatte. So lassen sie sich mittelbar zu diesen in Beziehung setzen, und ihr Abdruck im vorliegenden Band lässt sich so vertreten, zumal eine Edition von Forschungsmanuskripten zu dieser Thematik aus den Jahren um 1925 in den *Husserliana* nicht mehr geplant ist.

Die Beilagen XVI, XVII und XVIII entstammen einem Kontext, in dem auch einige Beilagen zur Vorlesung von 1920/21 über transzendentale Logik gehören. Sie sind dem Konvolut entnommen, in dem Husserl Beilagetexte versammelt hat, die mehr oder weniger beiden Vorlesungen zugerechnet werden könnten.[1] Ausgewählt wurden hier nur solche, die den Text der Vorlesung auf sinnvolle Weise ergänzen und ihm eindeutig zugewiesen werden können. Die hier abgedruckten Texte mag sich der Leser noch ergänzen durch die Beilagen XXII und XXIII aus dem *Husserliana*-Band XI.[2]

Als weitere Beilage aus diesem Sammelkonvolut wäre dem Kapitel zur „apodiktischen Kritik der Modalisierungen" der Text 19, „Reine Möglichkeit und Phantasie", mit den dortigen Beilagen LXI, LXII und LXIII aus *Husserliana* XXIII[3] zuzuordnen gewesen. Sie wurden von Husserl explizit als „Beilagen zur Einleitungsvorlesung 1922/23" bezeichnet.[4] Doch brauchten auch diese Texte nicht erneut abgedruckt werden.

Einen ganz besonderen Stellenwert hatten für Husserl offenbar die beiden hier als Beilagen XX und XXI wiedergegebenen Texte. Sie sind die einzigen, von denen auch durch Landgrebe erstellte Typoskripte vorhanden sind. Es ist daher höchst wahrscheinlich, dass diese beiden Texte von Husserl selbst noch in einer späteren Bearbeitungsphase als Beilagen für die geplante Veröffentlichung

---

[1] Vgl. oben, S. LVII.

[2] Vgl. *Husserliana* XI, S. 420 – 425. Ihre Zugehörigkeit zur Einleitungsvorlesung ist sehr wahrscheinlich. Beilage XXII ist von Husserl auf 17.12.1922 datiert und entstammt damit der Arbeitsphase an der apodiktischen Kritik, der auch die hier wiedergegebenen Beilagen VII und XVI zuzuordnen sind. Beilage XXIII bringt einen Ausschnitt aus einem drei Blätter umfassenden Text, an dessen Rand Husserl „zu Vorlesungen 1922" notiert hat (vgl. *Husserliana* XI, S. 526).

[3] Vgl. E. Husserl: *Phantasie, Bildbewußtsein, Erinnerung. Zur Phänomenologie der anschaulichen Vergegenwärtigung. Texte aus dem Nachlaß (1898 – 1925)*, Husserliana XXIII, hrsg. v. E. Marbach, Den Haag/Boston/London 1980, S. 546 ff.

[4] Vgl. ebd., S. 713.

vorgesehen waren; als ergänzende Texte nämlich für den von Landgrebe abgetippten und für den Druck eingerichteten zentralen Teil der Einleitungsvorlesung, welcher zusammen mit einer Ausarbeitung der Vorlesung „Erste Philosophie" im Jahrbuch erscheinen sollte.[1] Zu diesem Zweck wurden sie von Husserl noch 1924 stark bearbeitet und mit längeren Zusätzen versehen.[2]

Die Beilage XXII „Die Sinnbildung der ‚Andersheit' als Voraussetzung der Zahlbildung" passt nur leidlich gut in den Kontext und zu den Absichten der Einleitungsvorlesung. Auch ist nicht völlig klar, wann Husserl diesen Text verfasste. Indessen legte er das zwei Blätter umfassende Manuskript in Landgrebes maschinenschriftliche Ausarbeitung des zentralen Vorlesungsteils ein und ordnete es dem Kontext eindeutig zu, so dass der Text hier, wie alle anderen Husserl'schen Zusätze zu diesem Typoskript, unbedingt mitzuteilen war. Ob er aber wie diese erst 1928, wahrscheinlich im Kontext der ersten Arbeiten an *Erfahrung und Urteil*, oder bereits 1924 bei den Ausarbeitungen der beiden Wintervorlesungen für den Druck entstanden ist, muss offen bleiben.

Ein anderer, nicht direkt zur Vorlesung gehöriger und ihr auch nirgendwo explizit zugeordneter Text ist die längere, Abhandlungscharakter tragende Beilage XXIV, deren Zusammenhang mit der Vorlesung von Husserl nur indirekt nahegelegt wird: Am 27.3.1923 schreibt er an Felix Kaufmann: „Im Zusammenhang mit meinen 4st⟨ündigen⟩ Wintervorlesungen habe ich ohnehin die Probleme d⟨es⟩ analyt⟨ischen⟩ Denkens neu überlegen müssen (die wesentlichen Gedanken sind alten Datums) u. ich habe mich kurz entschlossen, Ihnen meine für mich flüchtig hingeworfenen Gedanken im stenogr⟨aphischen⟩ Msc. zuzusenden, womit ich Ihnen

---

[1] Vgl. oben, S. L f. Die Bedeutsamkeit dieser beiden Texte stellt Husserl auch in der Inhaltsübersicht zur Vorlesung heraus (vgl. Beilage I, unten, S. 348 f.).

[2] Die Texte werden daher hier in Letztfassung ediert, d. h. auf Basis des Typoskripts und mit sämtlichen handschriftlichen Veränderungen (vgl. dazu den Abschnitt „Zur Textgestaltung", unten S. 494). Es ist erwähnenswert, dass R. Boehm den ersten der beiden Texte ohne Kenntnis des Typoskripts auf der Basis des Manuskripts bereits in *Husserliana* VIII als Beilage XXIV (vgl. ebd., S. 451 ff.) veröffentlicht hat. Doch gehört dieser Text unbedingt zur hier edierten Vorlesung (vgl. dazu die allgemeinen textkritischen Anmerkungen unten, S. 716 f.). Dass manch andere Beilage zu den *Husserliana*-Bänden VII und VIII auch zur vorliegenden Edition gelesen werden können, versteht sich aus dem oben Ausgeführten von selbst und bedarf keiner weiteren Einzelhinweise.

eine philos⟨ophische⟩ Freude zu machen glaube."[1] Der Text stellt, gemäß Husserl, gegenüber dem in den *Logischen Untersuchungen* Gesagten eine wichtige Weiterführung und Präzisierung dar, besonders durch „phän⟨omenologisch⟩ tiefere[ ] Fundierungen". Dort fehle auch, so Husserl im gleichen Brief, „eine selbstverst⟨ändliche⟩ Ausführung über den engeren Begriff d⟨es⟩ An⟨alytischen⟩ als apophantisch logischer Implikation". Das Manuskript, das dies nun in einem ersten Entwurf zum Thema macht, will Husserl „für meine Ausarbeitungen brauchen", nämlich wohl für die geplante Ausarbeitung der Einleitungsvorlesung für den Druck. Er bittet, es deswegen – und damit seine Bedeutung unterstreichend – nach „wöchentlicher Benützung ‚eingeschrieben' mir wieder zurückzusenden u. gef⟨älligst⟩ sorgsam zu behandeln".[2] Die entwicklungsgeschichtliche Bedeutung dieses größtenteils im Hinblick auf die Ausgestaltung des Schlussteils der „apodiktischen Kritik des Logos" der Einleitungsvorlesung entstandenen Textes[3] unterstreicht Husserl übrigens in einem viel späteren Brief an Kaufmann (vom 19.12.1928), indem er den Inhalt des Manuskripts als frühe Stufe zentraler Gedanken der *Formalen und transzendentalen Logik* bezeichnet: „Erinnern Sie sich der stenogr⟨aphischen⟩ Abh⟨andlung⟩, die ich vor 5 oder 6 Jahren Ihnen zugehen ließ? Im nächsten Jahrb⟨uch⟩ erscheint eine größere Arbeit, die ich jetzt eilig fertig mache: Eine intentionale Entfaltung der Idee einer Logik (als Wissenschaftslehre) u. darunter eine grundlegende Klärung der Idee der form⟨alen⟩ Logik (Analytik) – derselben Gedanken, die Ihnen damals bekannt wurden."[4]

Die weiteren Beilagen des vorliegenden Bandes behandeln in knapper Form Themen der letzten beiden Abschnitte des Vorlesungstextes. Ergänzend wird vor Allem erneut Bezug genommen auf die Grundproblematik der Erkenntnistheorie sowie auf das Selbstverständnis des phänomenologischen Intuitionismus. Die Zugehörigkeit dieser Texte zur Vorlesung, von Husserl meist

---

[1] *Briefwechsel*, Bd. IV, S. 174 f.

[2] Ebd.

[3] Die letzten Blätter sind allerdings älter und wohl nur nachträglich hinzugelegt worden (vgl. dazu die allgemeine Manuskriptbeschreibung, unten S. 359 ff.).

[4] *Briefwechsel*, Bd. IV, S. 179.

selbst explizit gemacht, erschließt sich inhaltlich ohne Weiteres und sei daher hier nicht näher erläutert.[1]

* * *

Es ist gute Tradition in den *Husserliana*, dass der Herausgeber am Schluss seiner Einleitung einige Worte des Dankes findet für die, ohne deren tatkräftige Unterstützung der Band wohl nicht hätte entstehen können. Dem möchte auch ich an dieser Stelle nachkommen, indem ich mich zunächst bei den Leitern der Ausgabe, Prof. Dr. Rudolf Bernet und Prof. Dr. Ullrich Melle, bedanke für das langjährige Vertrauen in meine Editionsarbeit und ihr allzeit offenes Ohr für Probleme, Nöte und so manche eher marginale Kleinigkeit, die eine solche Arbeit stets zu begleiten pflegen. Besonders Letzterer ist mir ein wohlwollend-kritischer Ratgeber bei den unterschiedlichsten editorischen Problemen gewesen. Zahlreiche Anregungen konnte ich in dem von beiden geleiteten Leuvener Doktorandenkolloquium erhalten, das im Sommersemester 2001 den vorliegenden Editionstext zum Thema hatte.

Gerne danke ich des Weiteren Prof. Dr. Mag. Karl Schuhmann, der es auf sich nahm, das gesamte Manuskript in einem entscheidenden Stadium der Edition minutiös durchzusehen und mit Anmerkungen und Vorschlägen zu versehen. Auch meinem philosophischen Lehrer, Prof. Dr. Klaus Düsing, möchte ich an dieser Stelle für seine interessierte und kritische Anteilnahme an Sachproblemen der von Husserl in der Vorlesung vorgetragenen Theorie ganz herzlich danken.

Zu danken habe ich ferner meinen Kollegen im Husserl-Archiv zu Leuven, Herrn Rochus Sowa und Herrn Michael Weiler, deren aufmerksame Durchsicht von Teilen meiner Edition und deren hellsichtige Hilfe beim Entschlüsseln schwer lesbarer Stenogramme mir eine große Hilfe war. Herr Dr. Sebastian Luft hat darüber hinaus während der ganzen Zeit meiner Arbeit am Projekt bereitwillig jedes große und jedes kleine Problem mit mir erörtert

---

[1] Einiges hierzu erfährt der Leser in den allgemeinen Manuskriptbeschreibungen, S. 738 ff. Zu Husserls Zuordnung vgl. auch Beilage I, unten, S. 359.

und mir dabei jederzeit Einsicht in seine eigene Editionsarbeit an Husserls späten Manuskripten zur phänomenologischen Reduktion gewährt. Unsere Editionen konnten so in stetigem, oft hilfreichem und gelegentlich auch erheiterndem gegenseitigen Austausch nebeneinander entstehen. Dafür sei ihm hier ganz besonders gedankt. Wie die bereits Genannten hat auch Herr Stefan Keymer meine Einleitung zur Ausgabe einer genauen Prüfung unterzogen und dankenswerterweise mehrere konstruktive Vorschläge zu ihrer Verbesserung gemacht.

Das mit dem Erscheinen dieses Bandes zum Abschluss gekommene Editionsprojekt wurde zunächst im Freiburger Husserl-Archiv von Dr. Hans-Rainer Sepp und Dr. Sabine Mödersheim betreut. Für ihre vorbereitenden Transkriptionsarbeiten sei hier besonders der Letzteren gedankt.

Dank gebührt schließlich Herrn Jo M. Köhler, der sich während vieler Stunden mit mir der ebenso trockenen wie unvermeidbaren Arbeit des Kollationierens beinah sämtlicher veröffentlichter Texte unterzog. Frau Marianne Ryckeboer sei schließlich für ihre sorgfältige, zuverlässige Mitarbeit sowie die bei auftretenden Schwierigkeiten immer einfallsreiche Hilfe nicht nur zur Erstellung der Druckvorlage herzlich gedankt.

Leuven, im Mai 2002

Berndt Goossens

EINLEITUNG IN DIE PHILOSOPHIE

⟨I. ABSCHNITT⟩

VORMEDITATIONEN ÜBER DIE IDEE DER PHILOSOPHIE[1]

⟨1. KAPITEL

Philosophie und positive Wissenschaften⟩[2]

⟨§ 1. Die Universalität der philosophischen Probleme und die⟩ Unzulänglichkeit bisheriger Wissenschaft. ⟨Die Forderung einer allgemeinen Wissenschaftslehre⟩

Eine Einführung in die Philosophie kämpft mit Schwierigkeiten, welche die Einführung in die sogenannten positiven Wissenschaften, die man der Philosophie gegenüberzustellen pflegt, nicht kennt. Die positiven Wissenschaften beziehen sich auf die dem Menschen aus dem außertheoretischen Leben her wohlvertrauten Gegenstandsgebiete, wohlvertraut aus allgemeiner Erfahrung und praktischer Betätigung. Jeder normale Mensch kennt die allgemeinste Typik seiner Umwelt, die allgemeine Sprache gibt ihm entsprechende allgemeine Bezeichnungen. Jedermann weiß so, was das meint, physische Natur oder Leibwelt, Tier- und Pflanzenwelt oder menschliche Kultur mit Wirtschaft, Religion, Sitte, Recht, Staat usf. Hat er überhaupt eine Idee von Wissenschaft, so

---

[1] Zum gesamten Vorlesungstext vgl. Beilage I: *Inhaltsübersicht, zusammengestellt von Ludwig Landgrebe* (S. 341) sowie Beilage II: *Syllabus der Londoner Vorträge* (S. 364). – Anm. des Hrsg.

[2] Zum gesamten 1. Kapitel vgl. Beilage III: *Absolute Erkenntnisbegründung. Das Ideal der* clara et distincta perceptio: *die absolute Zweifellosigkeit. Warum die positiven Wissenschaften nicht ausreichen* (S. 374). – Anm. des Hrsg.

versteht er also ohne weiteres, was er unter Naturwissenschaft, Zoologie, Botanik oder unter Kulturwissenschaft, spezieller: Rechtswissenschaft, Sprachwissenschaft u. dgl., zu verstehen und zu erwarten hat, und handelt es sich um höher liegende Gebiete, um Disziplinen, welche in solchen Wissenschaften Problemsphären höherer Stufe behandeln, so erfährt er doch durch die allgemeinste Bezeichnung Naturwissenschaft, Geisteswissenschaft u. dgl., in welcher Gegenstandssphäre die betreffende positive Wissenschaft zu lokalisieren ist. Es ist aber schon viel, wenn man den Anfänger unmittelbar an das Sachgebiet heranführen und mit der Einleitung zur betreffenden wissenschaftlichen Arbeit selbst beginnen kann, durch die er sich Wissen und Können in eins erwirbt und stufenweise emporschreiten kann.

In der Philosophie ist man nicht in so günstiger Lage. Hier ist es schon eine große Schwierigkeit, zur Klarheit zu bringen, was die Philosophie eigentlich erforscht. Hier verfügen wir über keine Vorgegebenheiten der natürlichen Erfahrung, und hier ist Wissenschaft auch keine theoretisierende Leistung, die die unvollkommene Erkenntnisleistung des vorwissenschaftlichen Lebens nur auf eine höhere Stufe erhebt. Vielmehr: Die Philosophie stellt sich Aufgaben, durch die sie sich außer und in gewissem Sinne über die Gesamtheit der positiven Wissenschaften stellt. Die Philosophie hat daher kein durch direkte Aufweisung dem natürlichen Menschen zu bezeichnendes, ihm schon von natürlicher Anschauung und Gedankenbildung her bekanntes Gebiet. Sie hat auch keine Probleme, die nur ein höheres Stockwerk in der Aufstufung positiver Probleme sind. Sie verhält sich also auch nicht zu einer unteren Reihe positiver Wissenschaften ähnlich wie die allgemeine Physik zu der Reihe konkreter Naturwissenschaften, als ob sie universalste Weltgesetzmäßigkeiten erforschen wollte, durch welche besondere Erfahrungsgegebenheiten so zu erklären wären, wie der Bau und das konkrete typische Geschehen des menschlichen Organismus erklärend zurückgeführt wird auf die physikalischen Gesetzmäßigkeiten. In diesem Fall würden ja in der Tat allgemeinste physische Gesetze ohne weiteres schon mitgehören zu den philosophischen Wahrheiten. Aber auch die allgemeinste Physik und Psychik usw. ist nicht Philosophie, obschon man es oft genug gemeint hat.

Und doch bezieht sich die Philosophie auf das Weltall in seiner vollen Universalität und auf das All des Seienden überhaupt in beliebig zu erweiterndem Sinne und bezieht sich damit auf alle Wissenschaften zurück. Sie behandelt Probleme, die sie alle sehr ernst angehen, erfüllt Bedürfnisse oder will Bedürfnisse erfüllen, die sie alle und in allen Stufen ihrer Allgemeinheit nicht erfüllen und die doch in ihnen allen mitleben. In der Tat, appellieren wir an den freilich noch ganz vagen Begriff von Philosophie, den wir alle aus unserer allgemeinen Bildung her besitzen, so gehört ja vor allem dies zu seinem Sinnesgehalt, dass die philosophischen Probleme die Probleme der denkbar größten Universalität sind, dass philosophische Bedürfnisse über alle begrenzten, wenn auch noch so weit gespannten Bedürfnisse hinausreichen, dass sie andererseits in alle Sphären hineinreichen, auch in alle noch so vollkommenen und scheinbar noch so selbstgenügsamen Wissenschaften.

Der Wissenschaftler sagt, das vorwissenschaftliche Zählen und Rechnen des naiven Menschen genügt nicht, es bedarf der Arithmetik. Welche Wissenschaft darf so stolz sein auf ihre wie für die Ewigkeit gegründeten Theorien, welche scheint selbstgenügsamer, fester auf sich zu beruhen? Und doch: Auch die Arithmetik, auch die ganze moderne Mathematik genügt nicht, es bedarf einer Philosophie der Mathematik, und erst recht ⟨gilt dies⟩ für alle anderen Wissenschaften. Jeder positiven Wissenschaft steht zur Seite eine Philosophie, der Physik eine Philosophie der Physis, der Biologie eine Philosophie des Organischen, der Rechtswissenschaft eine Rechtsphilosophie, der Sprachwissenschaft eine Sprachphilosophie usw. Die positiven Fragen, die der positiven Wissenschaften, sind also selbst hinsichtlich ihrer Sondergebiete noch nicht die höchsten und letzten Fragen.

Die Philosophie, so pflegt man schon längst zu sagen, ist überhaupt die Wissenschaft von den höchsten und letzten Fragen. Es sind Fragen, die aber nicht bloß über alle sonstigen Fragen hinaus liegen, sondern alle Fragen zugleich mitbestimmen, in alle sozusagen hineinfragen. In welcher Weise, davon haben wir von unserem vagen Vorbegriff von Philosophie her, den wir mitbringen, nur eine unklare Vorahnung, die wir aber gerade an dem Verhältnis jeder positiven Wissenschaft und der ihr zugeordneten philosophischen Disziplinen ein wenig greifbarer gestalten können.

Zum Beispiel: Der Mathematiker, in natürlichem Fortschreiten von Sätzen zu neuen Sätzen, von begründenden Theorien zu neuen Theorien, von Begriffsbildungen zu neuen Begriffsbildungen usw., ist eben Mathematiker, und solches Tun nennt er selbst nie philosophisch. Anders steht es, wenn er, wofern die Bedürfnisse immer dringender geworden sind, seinen Blick rückwärts wendet, nämlich auf die tiefsten Grundlagen, auf Grundbegriffe und Grundsätze, und nicht über die Technik, sondern über die Praxis seiner Methodik ⟨reflektiert⟩. Und ähnlich verhält es sich, wenn es gilt, über das Mathematisch-Technische hinaus den tiefsten Sinn und die Grenzen des Rechts der ganzen mathematischen Leistung verständlich zu machen. Grundlagenprobleme sind die Probleme des Kontinuums, die der mengentheoretischen Paradoxien u. dgl., andererseits und erst recht philosophisch sind die Probleme mathematischer Begriffsbildung, des Verhältnisses mathematischen Anschauens und Denkens zu der Art der darin erzeugend konstruierten mathematischen Objektivität und des Sinnes ihrer absoluten Geltung. Ganz ähnlich in der Physik hinsichtlich der physikalischen Grundlagenforschung, z. B. die Klärung des philosophischen Sinnes und Ursprungs der Relativität, von der die Relativitätstheorie spricht, u. dgl., ebenso Methodenprobleme wie die des eigentlichen Sinnes der Ausschaltung der „sekundären" Qualitäten, der Ausschaltung aller teleologischen Erklärung wie immer u. dgl.

Wieder in der Biologie sind philosophische Grundlagenprobleme die der letzten Klärung der Begriffe Leben, Entwicklung, Organ und Organismus, Reiz, normales Individuum, Spezies u. dgl.: die Bedeutung dieser Begriffe, wenn wir sie rein physisch verstehen, und andererseits derselben Begriffe, wenn wir sie psychisch und psychophysisch verwenden.

Es wird hier überall eine gewisse Unstimmigkeit empfindlich. Wenn der positive Forscher in seiner Arbeit ist, also konkret sachlich eingestellt beobachtet, experimentiert, theoretisiert, so gewinnt er in weitem Maß Theoreme und Theorien, die ihre Rationalität in sich haben, in ihrer notwendigen Geltung jeden Sachverständigen und ebenso Eingestellten überzeugen und sich weiterhin auch in der Erfahrung bewähren. Und doch, die Grundbegriffe, das begriffliche Urmaterial, aus dem alle weiteren Begriffe, also alle Theoreme einer Wissenschaft, ihren Sinn ableiten, haben einerseits zwar eine ursprüngliche klare Selbstverständlichkeit und andererseits doch eine rätselhafte Unbestimmtheit, ein rätselhaftes Schwanken des Sinns, das sich darin zeigt, dass, wenn man evident eingesehene allgemeine Sätze frei anwenden, frei ihre Konsequenzen ⟨sich⟩ entfalten lassen will, sich Unstimmigkeiten, ja Widersprüche ergeben, deren Grund unklar ist. So ist es ja bei den Begriffen Menge und Kontinuum gewesen.

Ebenso ⟨gilt dies⟩ für die geometrischen Grundbegriffe. Wer, wie der alte Geometer, von der Anschauung sich leiten lässt, weiß sehr wohl, was Raum, Gerade, Winkel, Parallele etc. ist. Die geometrische Kunst liegt in dem, was methodisch aus diesen aus ursprünglicher Anschauung geschöpften Begriffen gemacht wird.[1] Und nun gerät man doch in Verlegenheit, wenn man dann als Physiker diese geometrisch eingesehenen Wahrheiten physikalisch anwenden, also die Grundbegriffe und Grundsätze der Geometrie mit ihren theoretischen Konsequenzen als für die physikalisch-räumliche Natur bestimmend betrachten will:[2] Ist der Raum, von dem der Physiker, und der Raum, von dem die reine Geometrie spricht, dasselbe oder Verschiedenes? Wie soll man darüber klar werden? Das sind Sinnesfragen, die vor der Geometrie und vor der Physik liegen, aber gerade ihre Eingangspforte betreffen.

Das betrifft alle Grundbegriffe aller Wissenschaften, es betrifft die universalen Begriffe, durch die die Welt überhaupt, ja alles als Gegenstand zu Denkende vor aller wissenschaftlichen Theoretisierung gefasst wird. In ihnen drücken sich die universalsten Strukturen der anschaulichen Welt aus, auf die sich alle normal sich verständigenden Menschen bezogen wissen. Also das betrifft wie den Begriff des Raumes, der doch eine universale Weltform ist, so den Begriff der Zeit, des Realen, der Ursache und Wirkung, den Begriff des physischen Dinges, des Organismus, des Lebens, des Subjekts als Ich-Subjekts usw. Dabei treten offenbar noch in ausgezeichneter Art hervor Begriffe, die die universalste Universalität haben, so dass sie in jedem möglichen Wissenschaftsgebiet Anwendung finden können, so die Begriffe Gegenstand, Eigenschaft,

---

[1] Vgl. Beilage IV: *Kritik der Geometrie als positiver Wissenschaft* (S. 380). – Anm. des Hrsg.
[2] Etwas ausführlicher! Vgl. 5² ⟨S. 9,10 – S 10,4⟩.

Beziehung, Verbindung, Ganzes und Teil, Ordnung, Menge, Zahl usw. Ebenso Begriffe wie Satz, Grund, Folge, Existenz, Wahrheit oder Erfahrung, Erkenntnis, Evidenz usf. Also, es handelt sich nicht nur um Begriffe, welche in ihrer universalen Allgemeinheit das reale Universum umspannen und als Grundbegriffe in alle realen Wissenschaften eingehen oder nur auf solche Wissenschaften ⟨beschränkt sind⟩, die sich auf irgend⟨eine⟩ universale Schichte des Weltalls beziehen, wie physische Natur, organisches Leben u. dgl., sondern auch um die auch ideale Gegenständlichkeiten mitumspannenden Formbegriffe, die sich um die korrelativen Begriffe Gegenstand, Satz, Erkenntnis gruppieren und sich überaus mannigfaltig verzweigen. Es sind das Begriffe, die in allen Wissenschaften ihre Rolle spielen müssen, nicht als Ausdrücke für das jeweilige Sachgebiet, sondern als Mittel formaler Normierung, als Ausdrücke für die Elemente der Methode oder als Reflexionsbegriffe der Kritik des Verfahrens der erkenntnistätigen Subjektivität.

Für alle diese Begriffe gilt, was wir offen in Anlehnung an Beispiele angedeutet haben: Sie sind zugleich selbstverständlich und voll Rätsel. Also sie dürfen nicht mehr die Rolle vorgegebener Selbstverständlichkeiten in den Wissenschaften spielen. Ihre letzte Klärung sichernde Neugestaltung muss das Ziel einer eigenen wissenschaftlichen Arbeit sein, von der eine neue und letzte Stufe der Rationalität aller Wissenschaften abhängt. Über allen positiven Wissenschaften, die sich uns trotz ihrer methodischen Kunst und praktischen Erfolge als noch naiv herausstellen, bedarf es einer neuen Wissenschaft, einer Wissenschaft sozusagen einer neuen Erkenntnisdimension. Sie hat das Merkwürdige, dass sie ausschließlich das Selbstverständliche zum Problem macht. Und in der Tat, es ist nicht zu viel gesagt, dass all das, was für den natürlichen Menschen (und auch den natürlich eingestellt bleibenden Wissenschaftler) das Selbstverständliche ist, sich in der Reflexion als mit den tiefsten Rätseln behaftet zeigt, und es ist paradox, aber wahr, wenn man die Philosophie geradezu die Wissenschaft von dem Selbstverständlichen nennt.[1] Es zeigt sich dabei, dass es sich

---

[1] Oder ⟨die⟩, deren Aufgabe es ist, das ⟨dem⟩ Verstand Verständliche verständlich zu

bei diesem Philosophischen nicht um bloße Reflexionen handelt, die getrennt den einzelnen positiven Wissenschaften anzuhängen sind. Vielmehr bedarf es, unter der Leitung jener weiten Gruppe von Begriffen, die ein notwendiges Gemeingut aller Wissenschaften ausmachen, zunächst einer allgemeinen Wissenschaftslehre, welche überhaupt alle Probleme behandelt, die mit der Idee einer Wissenschaft als Wissenschaft untrennbar verbunden sind. Das muss aber gelten in zwei korrelativen Richtungen, die wir als erkennende Subjektivität und erkannte Objektivität gegenüberstellen, von welchen die letztere sich aber spaltet, so dass wir auch sprechen können von drei korrelativen Richtungen: 1. der Richtung auf wissenschaftliches Erkennen, 2. der Richtung auf die sich im Erkennen notwendig gestaltenden Sinnesgehalte, also Begriffe und Sätze bzw. Wahrheit, und endlich 3. ⟨der Richtung⟩ auf die durch diesen Sinnesgehalt sich bestimmende (und zwar in richtiger Erkenntnis sich in Wahrheit bestimmende) Gegenständlichkeit. Nur wenn die Wissenschaftslehre das Korrelative, also das untrennbar Zusammengehörige, in seiner Korrelation erforscht, nur wenn sie die wechselseitigen Wesensbezüge im Auge behält, nur dann kann sie zu einer philosophischen Wissenschaft werden, zu wirklich allerletzter Wissenschaft, Wissenschaft letzter Klärungen. In jenen Rahmen gehören hinein die traditionelle formale Logik und ebenso die sämtlichen Disziplinen der reinen Analysis, die gesamte formale Mathematik. Aber nicht umsonst habe ich diese unter den natürlichen positiven Wissenschaften aufgeführt. Denn so wie die Mathematik, die antike und moderne Mathematik, Zahlen, Größen, Mannigfaltigkeiten usw. und so wie die traditionelle Logik Begriffe, Urteile, Wahrheiten theoretisch behandeln, verfahren sie n a i v im vorhin besprochenen Sinn. Erst wenn vom Gegenstand und Satz oder Urteil auf das Gegenstandsbewusstsein, auf das urteilende Erkennen, von der Wahrheit auf Einsicht, also auf die erkennend leistende Subjektivität zurückgegangen wird, also auch von der Zahl auf das Zählen, von den mathematischen Gebilden auf das mathematische Bewusstsein, und so überall, nur dann kann die Naivität überwunden werden.

---

machen und allererst dadurch die Welt oder alle Wissenschaften von der Welt verständlich zu machen.

Was hier Not tut, ist das Studium dieses Bewusstseins als eines leistenden, als Gegenstands- und Gedankengestalten in sich konstituierend⟨en⟩ Bewusstseins. Und im besondern handelt es sich um das Vernunftbewusstsein.

Diese Beziehung der allgemeinen oder auch formalen Wissenschaftslehre auf jene zweifache bzw. dreifache Wesenskorrelation, durch die sie allein philosophisch sein könne, und ihre Gestaltung als Vernunftlehre bedarf gar sehr der Erläuterung. Zunächst muss ich aber sagen, dass wir der allgemeinen oder formalen Wissenschaftslehre noch besondere, sogenannte regionale Wissenschaftslehren ⟨zur Seite⟩ stellen müssen. Sie sind bestimmt durch die allgemeinsten sachhaltigen Begriffe, die nicht allen Wissenschaften überhaupt als Wissenschaften gemeinsam sind, aber ein sachliches Gebiet in prinzipieller Allgemeinheit umgrenzen und dadurch vielerlei einzelne positive Wissenschaften wesensmäßig verknüpfen. So gibt es viele Naturwissenschaften, wirklich ausgebildete oder noch mögliche.[1] „Natur" drückt dabei in prinzipieller Allgemeinheit ein Begriffssystem aus, das alle besonderen Naturwissenschaften gemein haben, aber eben nur die Naturwissenschaften. Während formale Begriffe wie Gegenstand überhaupt, Bedingung und Bedingtes überhaupt, Ganzes und Teil überhaupt, allen Wissenschaften überhaupt gemeinsam sind, treten hier Begriffe auf wie physischer Gegenstand, physische Ursache (Kausalität im Natursinn), physisches Ganzes usw., Begriffe, die eine Besonderheit haben, durch die sie eben nur in den Naturwissenschaften beheimatet sind. Die philosophischen Fragen, welche alle Naturwissenschaften als Naturwissenschaften gemeinsam angehen und nur sie allein, würden also Fragen einer nicht formalen Wissenschaftslehre, sondern eben einer spezifischen Naturwissenschaftslehre sein.

Auch hier gilt nun, was für die formale Wissenschaftslehre gesagt war, nämlich eine wirklich letztklärende, eine philosophische Naturwissenschaftslehre ist auf „Vernunft", und zwar auf die eben dreifache Korrelation, hier von Natur selbst, Naturwahrheit, Naturerkennen, bezogen. Ebenso für alle anderen „regionalen" Wissenschaftslehren oder, was dasselbe, regionalen Wissenschafts-

---

[1] Das muss besser den vorigen Blättern angepasst werden.

theorien. Es ist nun aber nötig, Ihnen, was hier gesagt ist, näher zu bringen und Ihnen eine klarere Vorstellung von den philosophischen Bedürfnissen zu geben, denen diese Wissenschaftslehren entspringen und durch die sie selbst untrennbar eins sind.

⟨§ 2. Das Verhältnis von⟩ Naturwissenschaft und Geisteswissenschaft ⟨als Beispiel eines Grundproblems der philosophischen Wissenschaftslehre⟩

Ich schicke nun eine Betrachtung voraus, welche an eine der größten und universalsten wissenschaftstheoretischen Streitfragen, der nach dem Verhältnis von Natur- und Geisteswissenschaften, anknüpft. Wir wollen dabei tiefer eindringen, als es bei den bisher exemplarisch herangezogenen Problemen der Fall war, so dass wir sogar ein Stück vorbereitender Klärung selbst vollziehen. Wir tun es in der Absicht, bis zu tieferen Quellen philosophischer Bedürfnisse vorzudringen. Wir waren bisher auf Genügen oder Nichtgenügen der positiven Fachwissenschaften eingestellt, jede von dem beschränkten Fachinteresse geleitet; wir erwähnten Widersprüche, welche sich in freier Anwendung ihrer vorgegebenen Grundbegriffe und der Elemente ihrer Methode herausstellen, oder endlose Interpretationsstreitigkeiten hinsichtlich des Sinnes und der Tragweite großer Theorien, wie z. B. der Relativitätstheorie. Wir hätten dann auch hinweisen können auf methodische Unsicherheiten, welche sich aus den Unklarheiten ergeben und die fruchtbare Entwicklung dieser Wissenschaften selbst gelegentlich hemmen, ja sie veranlassen, notwendige Problemlinien ganz zu vernachlässigen, weil sie im Schillern der Begriffe sich nicht reinlich ablösen. Von dieser Art wäre etwa das Verfahren der mechanistischen Biologie, welche einseitig und um der vermeinten exakten Wissenschaftlichkeit willen nur den physisch-organischen Zusammenhängen nachgeht und damit alles Biologische geleistet zu haben meint, als ob man die psychischen Lebensvorgänge nicht in eigener Methode studieren und miteinbeziehen müsste.

In Zusammenhang damit steht nun gerade die jetzt aufzuwerfende Frage nach dem Verhältnis der Naturwissenschaften zu den Geisteswissenschaften und nach der wesentlichen Gemeinsamkeit oder wesentlichen Differenz ihrer Gebiete und Methoden. Die Unklarheit ist eine allgemeine. Die Naturwissenschaftler bilden eine Einheitsfront in der Meinung, so weit die Welt reicht, so weit reicht die Naturwissenschaft, alles sei Natur. Geisteswissenschaften sind nur besondere, nur arg wenig entwickelte Naturwissenschaften; dabei wird, nachdem der Materialismus abgewirtschaftet, gern zugegeben, dass es z. B. eine sozusagen psychologische Psychologie gebe, dass Psychisches gegenüber dem Materiellen seine Seinsweise habe, aber auch Psychisches ist zur Natur gehörig und untersteht naturwissenschaftlicher Betrachtungsweise, Methode.

Was andererseits die Geisteswissenschaftler anlangt, so leugnet ein großer Teil diese ganze Auffassung und die geringe Wertung der Höhe der Geisteswissenschaften und behauptet das Eigenrecht einer spezifisch geisteswissenschaftlichen Methode. Ein anderer Teil jedoch steht unter dem seit Jahrhunderten so wirksamen Bann der methodischen Vorbildlichkeit der Naturwissenschaft und jagt der Hoffnung nach, den Geisteswissenschaften durch Einführung wirklicher oder vermeintlicher naturwissenschaftlicher Methodik aufhelfen zu können.

Meist merkt man dabei nicht die radikale Gegensätzlichkeit der Einstellung, die in aller naturwissenschaftlichen und andererseits aller geisteswissenschaftlichen Forschung maßgebend ist und den Sinn der Welt wesentlich bestimmt, die einmal als Natur und das andere Mal als Geist gesehen wird. Eben hier werden wir auf eine der größten Rätselfragen stoßen, die über alle Fachfragen und speziellen Methodenfragen der positiven Wissenschaften hinausreichen.

⟨a⟩ Die naturwissenschaftliche Betrachtungsweise⟩

Gehen wir auf die Sachen etwas näher ein. Der Naturwissenschaftler betrachtet die Welt als Natur, und was er unter diesem Titel erfasst, erfasst er in einer schon im vor- und außerwissenschaftlichen Leben sich immer wieder vollziehenden Einstellung. Es ist die durch die sogenannte äußere Erfahrung ursprünglich begründete und sich dann durch alles theoretische Denken forterhaltende Einstellung, um derentwillen die Naturwissenschaft eben auch Wissenschaft aus äußerer Erfahrung heißt. Äußere Erfahrung ist freilich kein völlig deutlicher Ausdruck für das, worauf es hier ankommt. In dieser „äußeren" Erfahrung erfasst der Erfahrende räumliche Dinge, Realitäten im Raum, im räumlich-zeitlichen Nebeneinander und Nacheinander. Die universale Gesamtform Raum-Zeit umspannt das äußerlich erfahrbare Universum, die Natur, die vereinigte Gesamtheit der im räumlich-zeitlichen Außereinander seienden Realitäten. Es gehört dabei zum Sinn dieser Realitäten, dass sie, ebenso wie ihre raumzeitliche Ordnung (und dass somit diese ganze äußere Welt), „objektiv", „an sich" ist, was sie ist, jede an ihrer objektiven zeiträumlichen Stelle seiend und so seiend, jede identisches Substrat mannigfaltiger objektiver Geschehnisse, der realen Veränderungen.

Dieses Objektiv- oder An-sich-Sein hat folgenden Sinn. Im Wandel meiner und irgend jemandes Erfahrungen kann ein und dasselbe Ding als erfahrenes oder erfahren gewesenes gegeben sein. In der rückschauenden Erinnerung, in der Wechselverständigung mit anderen und im Nachverstehen ihrer Erfahrungen wird das Erfahrene als dasselbe erfasst. Aber zum Sinn des äußeren Realen gehört, dass es ist, was es ist, unabhängig von aller möglicherweise erfahrenden Subjektivität und ihren Erfahrungen. Wird wirklich erfahren, so wird eben erfasst, was vorher nicht erfasst war, aber darum doch war, wie es auch weiter ist oder bleiben kann im Dasein und Sosein, auch wenn die Erfahrung aufhört.

Solche Auseinanderlegung ist schon Reflexion. Natürliche Einstellung, die der äußeren Erfahrung, reflektiert nicht über ihren Sinn, aber sie trägt ihn in sich, sie selbst war geradewegs auf die in ihr bewusste objektive Dingwelt gerichtet und ließ die erkennende Subjektivität mit ihren Erkenntnisakten ganz außer Betracht. Zum Gehalt der äußeren Erfahrung gehört vor allem die Regelordnung der Kausalität. Der Wechsel der Geschehnisse an jeder Realität gibt sich in der Erfahrung als abhängig von Umständen. Darin liegt, dass jede Realität als Realität ihre durch Erfahrung teils bekannte, teils erkennbare Regelordnung ihrer Veränderungen hat, ihre Art, sich gegebenenfalls zu benehmen oder sich zu verhalten, aber so, dass die Veränderungen einer Realität von den Veränderungen der anderen, mit ihr in raumzeitlichem Zusammenhang stehenden Realitäten nicht unabhängig verlaufen. Das Geschehen hier und das Geschehen dort ist durch Kausalgesetze, schließlich durch universale Weltkausalität einheitlich geregelt. Und so bezieht sich alles reale Geschehen auf äußere Umstände. So wird es empirisch von vornherein apperzipiert, nämlich als Substrat physikalischer Eigenschaften, die in sich auf Umstände verweisen. Was gegebenenfalls geschieht, ist das, was unter gleichen Umständen immer wieder zu erwarten ist. Unter gleichen Umständen ist Gleiches zu erwarten, und die Erkenntnis der Gesetze ist selbst aufgrund der Erfahrung, und zwar ausschließlich durch Induktion, zu gewinnen. Indem der Naturforscher rein auf das Naturale, das objektiv Erfahrbare, hinsieht und es theoretisiert, richtet er sich also vorzüglich auf die kausale Gesetzesordnung der objektiven Welt als der Welt raumzeitlich kausaler Realitäten. Aufgrund der schon erkannten Gesetze erklärt er die Vorkommnisse des konkreten Falles als unter den gegebenen Umständen notwendig geschehende, induktiv zu erwartende. Ebenso steigt er von Einzelfällen, durch Abwandlung der Umstände und Beobachtung der Folgen, induktiv zu Gesetzeshypothesen auf, die dann für künftige Erklärungen als Regeln zu dienen haben.

Nicht nur die ursprüngliche Natur, die der physischen Dinge, die das erste Feld äußerer Erfahrung ist, sondern auch das Tier und der Mensch ist nun in gewisser Weise als Natur anzusehen, als Reales im raumzeitlichen universalen Zusammenhang, als empirisch-induktives Substrat seiner leiblichen, aber auch seiner seelischen Vorgänge. Durch Erfahrung sind Menschen gegeben, und diese Erfahrung kann den Charakter einer erweiterten äußeren Erfahrung haben. Wie ihre Leiber in äußerer Wahrnehmung unmittelbar als *res extensae* erfahren sind, so sind durch sogenannte Einfühlung als mit diesen Leibern eins ihre „Innerlichkeiten", ihre Seelen gegeben. Die Einfühlung spielt hier die Rolle einer äußeren Erfahrung; die leibliche Äußerlichkeit, mit Mienenspiel, Geste, indiziert Mitdasein von Seelenleben. Eingestellt auf das leiblich Seiende im Raum können wir also das sogenannte beseelte Subjekt als ein an dieses physische Reale angeknüpftes und mittelbar dadurch räumlich lokalisiertes finden. Bewegt sich der Leib im Raum fort, so hat auch die Seele sich mittelbar bewegt. Das geistige Subjekt ist dort, wo sein Leib ist. So ist in der äußeren Betrachtung der „ganze" Mensch äußerlich gegebene Einheit von Leib und Seele, Reales im raumzeitlich objektiven Zusammenhang und unterliegt nun auch rein naturalen Betrachtungsweisen, so insbesondere hinsichtlich der induktiv-äußerlichen Zusammenhänge zwischen physisch-leiblichen Prozessen und ihren zugehörigen seelischen Vorgängen. Natürlich ist diese in der Tat sehr natürliche Betrachtungsweise auch eine rechtmäßige, so gut es die rein physisch-naturwissenschaftliche ist. Demnach kann auch kein Geisteswissenschaftler gegen sie opponieren wollen. Aber sie schließt nicht eine ganz andere Einstellung, aufgrund einer ganz anderen ursprünglichen Erfahrungsart, aus, eben die geisteswissenschaftlich maßgebende.

⟨b⟩ Die geisteswissenschaftliche Betrachtungsweise⟩

Also jetzt betrachten wir den Menschen nicht als eine bloß induktiv-äußerliche Einheit von Leib und Seele, als ein, nur eben doppelschichtiges, Reales im räumlich-zeitlich-kausalen Zusammenhang; jetzt nehmen ⟨wir⟩ ihn so, wie wir uns nehmen, wenn wir „ich" sagen oder wenn wir im Ich-Du-Verhältnis den Anderen als Du nehmen, ihn um etwas bitten usw., d. i. wir betrachten jetzt den Menschen als Ich-Subjekt, das sich als solches, ichlich, „auf seine Umwelt bezieht", d. i. als Ich wahrnimmt, erfährt, sich erinnert, denkt, fühlt, will, handelt und in all solchen „Bewusstseinstätigkeiten" Bewusstsein von seiner Umwelt hat, bewusst von ihr affiziert wird, bewusst zu dieser bewussten und ihn affizierenden Umwelt Stellung nimmt, theoretisch wie praktisch. Dieses Bewusstsein, das der tätigen Akte und das der Bewusstseinsaffektionen, ist sein eigenes Leben, von ihm selbst unabtrennbar. Aber in diesen Vorstellungen, in diesen seinen Wahrnehmungen, Erinnerungen, Erwartungen ist etwas vorgestellt, Dinge, dingliche Vorgänge, Menschen, Tiere usw., und wenn er sich nun von hier bestimmt weiß, affiziert und dann zu dem oder jenem Tun motiviert, wenn er wirkend eingreift, handelt, so ist er doch nicht aus dem Kreis seines eigenen Lebens herausgegangen, und das Äußere, gegen das er sich wende⟨t⟩ oder dem er sich zuwendet, ist nicht außerhalb seines Lebens, sondern Inhalt, Bewusstseinsgegenstand seines Bewusstseinslebens. Was für ihn daseiende Wirklichkeit ist, was er „außersubjektiv" nennt, Wirklichkeit als Natur, als Nebenmensch, als Gemeinschaft niederer und höherer Ordnung, Verein,

Stadt, Nation u. dgl., das ist in seinem Bewusstsein erscheinende Wirklichkeit, von ihm urteilend, wertend, und sonst wie gesetzte Wirklichkeit, und bestimmt sie ihn, so ist diese Bestimmung innere Bestimmung, Motivation. Wovon ich nichts weiß, was nicht für
5 mich im Bewusstseinskreis ist, das kann mich nicht motivieren. Es ist nun die geisteswissenschaftliche, z. B. die historische Einstellung die, dass sie sich auf die Subjektivität als personale eben auch wissenschaftlich richtet, auf die Menschen und menschlichen Gemeinschaften, und zwar als Ich-Subjekte, die ihre Umwelt bewusst
10 haben, die Subjekte eines Bewusstseinskreises sind und als solche Subjekte von den ihnen bewussten Gegenständlichkeiten her motiviert sind, motiviert, sich so und so zu verhalten, in solchen Akten zu reagieren, solche und solche Werke zu leisten, solche und solche Verbände mit anderen Ich-Subjekten herzustellen.

15 Natürlich ist die Einstellung, die für die geisteswissenschaftliche Betrachtungsweise die richtungsgebende der Forschungen ist, nicht seine Erfindung, sondern eine vorwissenschaftlich beständig geübte Betrachtungsweise, ebenso gut wie die äußerlich-kausale, von der der Naturforscher ausgeht. Jeder Alltagsmensch übt bald
20 die naturale, bald die geistige Einstellung. Einmal betrachtet er die Dinge als Substrate kausaler Eigenschaften, d. i. er betrachtet sie rein als die im Außereinander geordneten Dinge, deren Veränderungen unter so gearteten Umständen in altvertrauter Weise so zu laufen pflegen und die, je genauer man sie beobachtet, umso mehr
25 und genauere Erwartungen für ihr äußeres Verhalten begründen. Auch die Tiere und Menschen lassen sich äußerlich, natural, betrachten und werden im Alltagserfahren so betrachtet. Auch das Menschenleben bietet äußerliche Regelmäßigkeiten und begründet gewohnheitsmäßige äußere Erwartungen. Noch viel häufiger aber
30 steht der Alltagsmensch in der Betrachtung der Lebewesen in der personalen Einstellung und betrachtet seine Nebenmenschen nicht als Realitäten der äußerlichen Erfahrung, sondern als Personen, die sich innerlich durch ihre Bewusstseinsumwelt motivieren lassen. Begreiflicherweise merkt niemand, wenn er die Betrach-
35 tungsweise ändert; jede ist ja richtig in ihrem Zusammenhang. Aber wo ganze Wissenschaften, als Naturwissenschaften und Geisteswissenschaften, auf die Unterschiedenheit der Einstellun-

gen sich gründen, ohne sich über sie und ihre eigentümliche Leistung klar zu sein, da gibt es arge Verwirrungen.

Das betrifft besonders die wissenschaftliche Behandlung der Menschen, ja schon der Tiere. In naturaler Betrachtung sind sie gegeben, wie schon vorhin angedeutet worden ist, zunächst als physische Körper, die im physischen Naturzusammenhang rein physische Eigenschaften haben, rein durch Regeln physischer Kausalität bestimmt. In eins mit diesen Leib-Körpern treten auf, als mit ihnen zeitlich koexistierend und durch induktiv-äußere Regelungen mit den körperlichen Veränderungen verbunden, psychische Prozesse. Jeder Leibkörper hat für sich als äußeren Annex eine Seele, einen Strom real-kausal zugehöriger psychischer Daten. Die ganzen Tiere und Menschen sind danach psychophysische Einheiten, durch psychophysische Kausalität in den gesamten Naturzusammenhang eingeordnet, wobei zwischen verschiedenen animalischen Wesen keine anderen psychischen Zusammenhänge in Betracht kommen als die durch die äußerliche Verknüpfung der seelischen Einheiten an die entsprechenden Leibkörper vermittelte⟨n⟩. Nehmen wir also die menschliche Gesellschaft und ihre mannigfaltigen geselligen Verbände, Organisationen usw., so reduziert sie sich auf einen Haufen von Naturkörpern im Raum mit ihren kausalen Annexen. Die Körper sind Träger der sich in ihnen kreuzenden physikalischen Kausalitäten, die den Lauf ihrer physischen Veränderungen bestimmen, zugleich Träger von psychophysischen Kausalitäten, sofern jeder solche Körper in geregelter Weise mit seinen psychischen Annexen ausgestattet ist. Mehr und anderes wird nicht gesehen oder in Rechnung gezogen, wenn man eben naturwissenschaftlich eingestellt ist.

In der geistigen Einstellung hingegen ist jeder Mensch ein geistiges Subjekt, ein Ich mit einem Ichleben, so wie ich mich selbst in der inneren Einstellung finde. In dieser inneren Einstellung bin ich nicht Ding unter Dingen im Raum, nur leibseelisches Ding und die Seele Annex, empirischer Anhang am räumlichen Leib, sondern ich bin gegeben unmittelbar als Subjekt meines empfindenden, vorstellenden, fühlenden, wollenden Lebens, Subjekt meines Bewusstseinslebens, und darin ist mir die Welt, und darunter mein eigener Leib, als erscheinende, vorgestellte, gedachte etc. bewusst. Dabei ist mir mein Leib innerlich in ganz einzigartiger Weise gegeben als Zentrum aller Orientierungen; nämlich alle anderen Dinge gruppieren sich um dieses absolute Hier als „das dort", als rechts-links etc., als nah und fern. Wenn ich einen anderen Menschen als Ich-Subjekt verstehe, durch sogenannte Einfühlung, so fasse ich auch ihn als Subjekt seiner ihm innerlich gegebenen Umwelt, als seinen Leib in eigener Weise erfahrend, nämlich wieder als sein Orientierungszentrum etc. In dieser inneren Einstellung stehe ich nicht als ein Ding in einem kausalen Zusammenhang, sondern ich bin das Zentrum aller Aktionen und Affektion⟨en⟩, die ich, als die meinen, ursprünglich und in einer eigentümlichen Erfahrung, die ich Reflexion nenne, erfahre. Ich bin, sagte ich, Zentrum von Akten. Dieses Agieren ist etwas total anderes als das, was in der äußeren Betrachtung mechanisches Wirken und Bewirktwerden heißt. So ist ja schon das mechanische Bewegtsein eines Leibkörpers im Naturzusammenhang etwas grundwesentlich anderes als das, was vom Ich her heißt: „Ich bewege meinen Arm, meine Beine etc." Wird nun wissenschaftliche Forschung auf die geistigen Gegebenheiten gerichtet, so haben wir unter dem Titel „Mensch" als Ich-Subjekt eines Bewusstseinslebens, eines Tuns und Leidens etwas ganz anderes, wie wenn wir den Leib des Menschen als Körper der Physik und den ganzen Menschen als kausalen Komplex von physischem Körper und psychischen Daten betrachten. Und unter dem Titel „menschliche Gemeinschaft" haben wir eine Vielheit von Ich-Subjekten, deren jedes sein Ichleben lebt, jedes in seinem Ichleben auch Einfühlungen in Andere und Betätigungen des Wechselverständnisses mit ihnen vollzieht, jedes von seiner ihm subjektiv gegebenen Umwelt motiviert wird und darunter motiviert wird von den anderen Subjekten, die für es vermöge der einfühlenden Apperzeption da sind. Speziell werden da interpersonale Motivationen, die sogenannten Ich-Du-Akte oder personalen Akte möglich. Ein personales Subjekt tritt so mit anderen, ihm bewusst gegenüberstehenden, in Verhältnisse praktischer Verständigung, in Willensvereinigung, Personen bilden personale Verbände, Vereine, Gesellschaften, Völker, Staaten etc.

All das aber wird nur gesehen, als was es ist, wenn man eben auf das Geistige eingestellt ist. Wenn man bloß Interesse für das Naturale hat, gewissermaßen naturalistische Scheuklappen sich anlegt, so ist man für all das blind. Das ist aber die Art naturwissenschaftlicher Forschungsweise. Wie es zu ihrer Verselbständigung gekommen ist, wie nicht bloß die physische Körperwelt unter Ausschaltung aller Bewusstseinsbeziehung konsequent als Natur zu einer wissenschaftlichen Behandlung gekommen ist, sondern sogar das Seelenleben zum Thema einer rein äußerlichen induktiven Psychophysik, das ist eine Frage für sich. Jedenfalls ist von vornherein verständlich, dass, sowie eine rein physische Naturbetrachtung große Erfolge brachte und sich die physische Naturforschung verselbständigte, weil sie zu einer ungeheuren Wissenschaft wurde, die die ganze Lebenskraft der sich ihr Widmenden in Anspruch nahm, – dass sogar bei vielen Forschern feste Denkgewohnheiten erwachsen konnten, immer nur in naturaler Einstellung zu denken. Begreiflich ist auch, dass diese erfolgreiche Wissenschaft, die nach der antiken Geometrie das erste Beispiel einer mit zwingender Evidenz begründenden Wissenschaft war, zum allgemeinen Vorbild wurde und das Umsichgreifen eines einseitigen Naturalismus beförderte, das aber umso mehr, da auch die Subjektivität als „zweite Natur", also nach rein induktiven Zusammenhängen mit der physischen Natur betrachtet werden konnte. So dürftig und beschränkt diese Betrachtung des Psychischen war, in einigen Grenzen hatte sie ihr Recht.

So ist es begreiflich, dass die Naturwissenschaftler und die einseitig von ihnen bestimmten Bildungskreise fast blind geworden sind für die Eigentümlichkeit geisteswissenschaftlicher Problematik und damit blind für die konkrete Welt, wie sie wirklich ist. Damit hängt die so oft gehörte Meinung zusammen, Geisteswissenschaften seien gar nichts anderes als Naturwissenschaften, nur der exakten Forschung noch wenig zugänglichen Natursphären. Geisteswissenschaften seinen Naturwissenschaften von niedrigster Entwicklungsstufe. Umgekehrt erwachsen ungeheuer sich verselbständigende Geisteswissenschaften, und zwar die historischen Kulturwissenschaften. Die Geisteswissenschaftler nun, ausschließlich in ihrer personalen Einstellung lebend, verlieren leicht das Verständnis für die naturwissenschaftliche Forschungsweise, und wo das nicht der Fall ist, da bringt die Unklarheit über den prinzipiellen Wechsel der Einstellung und den Sinn der beiderseits sich ergebenden Weltforschung begriffliche methodologische

Verirrungen mit sich. Um es der hochberühmten naturwissenschaftlichen Objektivität und methodischen Strenge gleichzutun, versucht man, den Geisteswissenschaften durch psychophysische induktive Methodik aufzuhelfen, womit man eine μετάβασις vollzieht.

Im Grunde genommen, das ist jetzt die Sachlage, gehen Naturwissenschaftler und Geisteswissenschaftler nebeneinander her, ohne sich verstehen zu können; beiden ist der eigentliche Sinn des Naturseins und Geistesseins unklar, beide leben, wo sie erfolgreich forschen, in einer naiven Evidenz, wo sie unsicher werden und einmal in die Reflexion übergehen, verfallen sie, von ihrer Routine verlassen, in primitive Verkehrtheiten. Sie sind unfähig, sich auf der einen Seite die prinzipielle Eigenheit des Naturalen klarzumachen, andererseits die prinzipielle Eigenheit des personalen Seins, des ganzen Reichs der Subjektivität mit all den verschiedenen durch Vergemeinschaftung erwachsenden Gestalten von Subjektverbänden und von Kulturleistungen sozialer Verbände, die ihre feste umweltliche Objektivität haben, mit denen jeder Mensch rechnen muss, so wie mit der physischen Natur.

Wie soll man hier aber letzte Klarheit gewinnen? Die Rede von verschiedenen Einstellungen, Betrachtungsweisen war sicherlich nützlich, und wir haben in dieser Vorbetrachtung etwas zu sehen bekommen. Schon diese ersten Schritte, die wir gemacht haben, gehen über das Fachwissenschaftliche hinaus, und ihre Beschreibungen setzten schon eine Methode voraus.

⟨c⟩ Die Konsequenzen der gegenwärtigen Gegensätzlichkeit von Natur- und Geisteswissenschaft für eine höhere, philosophische Wissenschaft⟩

Knüpfen wir an das Resultat der letzten Vorlesung an. Zwei Reihen stolzer, methodisch hochentwickelter und ergebnisreicher Wissenschaften gehen nebeneinander her, Naturwissenschaften und Geisteswissenschaften, ohne einander, ohne sich selbst nach dem letzten Sinn ihrer Wahrheitsleistungen, ohne den letzten Sinn von Natur und Geist verstehen zu können. Also haben wir in der damit abgeschlossenen Reihe konkreter Betrachtungen uns überzeugen können, wie die schönsten und besten positiven Wissenschaften mit einer Naivität behaftet sind, die, wenn sie im selben Stil weiterforschen, der positiver Wissenschaft wesentlich ist, alle solche Wissenschaften als prinzipiell unbefriedigend erscheinen lässt. Doch gehen wir heute, um den Kreis unserer Betrachtungen wirklich zu schließen und mit den früheren und in ihrer Abstraktion klärungsbedürftigen wissenschaftstheoretischen Gedanken zusammenzuschließen, auf die Art dieses Ungenügens etwas tiefer ein. Wir fragen: Was für Lehren geben uns nun die beiden Reihen positiver Wissenschaften, wenn wir jede, reinlich in ihrer Betrachtungsart lebend, sich auswirken lassen, was für Lehren geben sie uns über die Welt? Die Welt und alle ihr zugehörigen Realitäten lassen sich doppelt, einmal natural, das andere Mal geistig betrachten. Ich sage j e d e Realität, also auch jedes physische Ding: einmal an sich, als Physisches im physischen Zusammenhang, das andere Mal als das irgendwelchen Subjekten, bestimmt gegebenen oder in unbestimmter Allgemeinheit gedachten, bewusst Gegenüberstehende und sie Motivierende, also geistig; ebenso jedes personale Subjekt: einmal als räumlicher, nämlich im physischen Leib lokalisierter Komplex psychischer Tatsachen und das andere Mal als ein Ich in der Einheit seines tätigen und leidenden Lebens, als Motivationssubjekt.

Aber nun gerät man, selbst wenn, wie gesagt, die positiven Wissenschaften der beiden Reihen ihre Sache noch so gut und ohne Einstellungsvermengungen gemacht haben, in arge Schwierigkeiten. Nehme ich mich geistig als Ich, so ist doch nichts klarer, als dass ich Umschau halten und eine weite Welt erschauen kann, dass ich fortschreitend immer neue Dinge sehen könnte und so ideell gesprochen *in infinitum* alle Weltgebiete erfahrend in mich hineinziehen könnte. Befrage ich das Erfahren selbst, so gibt es sich mir als eine u n m i t t e l b a r e Erfassung der Erfahrungsgegenständlichkeiten durch mich. Das Erfahren ist mein Erleben. Kann ich anderes unmittelbar haben als mein Leben und was in mein Leben selbst eingeht? Die ganze Erfahrungswelt geht in mein Leben also ein, sie ist also doch von ihm umspannt. Ich, durch mein Leben, reiche also bis an Sonne und Mond, an alles und jedes Wirkliche heran. Mein Sehen, Hören usw. ist Sehen der Sachen selbst, des Hauses, des Baumes selbst usw. Die Unmittelbarkeit, die das Sehen, das Wahrnehmen ursprünglich charakterisiert, gibt aller Mittelbarkeit des Bewusstseins seinen Sinn. Nur was mein Leben unmittelbar oder mittelbar umspannt, kann mich, das Subjekt des Lebens, motivieren, auch das Gedachte, auch das mittelbar Vorstellige ist irgend⟨wie⟩, aber dann in dieser Mittelbarkeit, derer ich ja bewusst werde, in mir.

Aber andererseits heißt es, die Dinge sind an sich, und in naturaler Betrachtung erfahre und erkenne ich sie doch als Realitäten an sich, d. h. raumzeitlich seiend und kausal wirkend, ob ich oder jemand sonst da ist und von ihnen Bewusstsein hat. Aber wie ist das überhaupt zu verstehen, dass etwas an und für sich ist und dann gelegentlich bewusst wird, und bewusst wird einmal von dem und das andere Mal von jenem, auch von mehreren zugleich und von demselben in verschiedenen Zeiten; und wie ist dieses Bewusstsein selbst zu verstehen? In der äußeren Betrachtung sehe ich zwei Menschen, außer einander, und weiter außer ihnen Dinge. Sie sind voneinander getrennt, kein Teil des einen Leibes ist im anderen. Kein Erlebnis der einen Seele kann ich dem anderen zuschreiben. Wenn ich das sage, sage ich natürlich: Was außer einander, was getrennt ist, ist nicht ineinander. Hat eine Person, ein Mensch von den außer ihm getrennt liegenden Dingen oder Menschen Bewusstsein, so ändert das nichts an der Trennung. Bewusstsein ist nicht real Enthaltensein. Aber betrachte ich die Sachlage in personaler Einstellung, so sage ich, mein Leben, mein Affiziertwerden und mein aktives Tun, mein erfahrendes Betrachten, Denken usw. umfasst alles und jedes ihm Äußerliche, und selbst das „Äußerliche" ist ein ins Bewusstsein fallender Sachverhalt.

Spreche ich das unterscheidende Wort gegenüber dem realen In-sich-Fassen, nämlich das Wort „intentional sich beziehen auf etwas", „Bewusstsein von etwas" u. dgl. ⟨aus⟩, so ist das ein Wort, mit einer Wortunterscheidung, und wenn ich nicht oberflächlich daran hängen bleibe, erkenne ich, dass die Welt trotz der schönsten positiven Wissenschaften für mich ein Rätsel ist. Zwei ehrliche, ganz unmittelbare Selbstverständlichkeiten geraten einander sozusagen in die Haare. Ich kann nicht anders, als ehrlicherweise sagen (wenn ich nicht durch angelernte Theorien schon verwirrt bin): Ich sehe jetzt Dinge, diese Dinge hier, sie selbst, ich sehe nicht Bilder von ihnen, nicht bloße Zeichen. Ich kann mich freilich auch täu-

schen. Aber woran erweist sich die Täuschung? An einem sich immer wieder erprobenden Sehen als Sehen wirklicher Sachen selbst. Dass alles Sehen eine Täuschung ist, hebt den Sinn der Rede von Täuschung auf. Halten wir uns also an erprobtes Sehen.
Also mein Sehen, mein Bewussthaben fasst sie selbst und ist mit ihnen einig. Also ich mit meinem Sehen reiche wirklich an Sonne, Mond und Sterne, und sie reichen ganz ernstlich und ehrlich in meine Subjektivität hinein, in meiner Einheit der Anschauung, die von meinem Ich und Leben untrennbar ist. Freilich, diese Dinge, dieselben identischen Dinge sind mir in mannigfach wechselnden „Erscheinungsweisen" gegeben, jeder Schritt, den ich mit dem Leib mache, verwandelt sie; z. B. in der Einheit meines um meinen Leib orientierten Raumes sind die Dinge in den Erscheinungsweisen des „da und dort", des „rechts oder links von mir", „in der oder jener Richtung". Dieses ganze Richtungssystem vom Nullpunkt aus ist meines, Moment in meinem anschauenden Leben, in eigener Art, aber wie, das ist dann Sache näherer Beschreibung. Aber nur die allgemeine Form dieses Orientierungssystems ist fest. Aus dem Da wird ein Dort, aus nah wird fern.

In dem unaufhörlichen Wandel dieser Erscheinungsweisen, einem Wandel, der meiner Willkür untersteht, sind alle Dinge gegeben, und auch die unveränderlich verharrenden. Die Erscheinungsänderung ist nicht Sachveränderung, und während die Erscheinungsänderung selbst kaum beachtet verläuft, habe ich das klarste Bewusstsein, die Gegenstände unverändert und selbst, in originaler Leibhaftigkeit zu erfassen. Aber eben diese Selbstverständlichkeit der originalen Weltumfassung durch Erfahrung will sich nicht klar vertragen mit der anderen, dass ich doch selbst Mensch im Raum bin, nicht anders wie jeder Mensch dort; und so wie dieser Mensch dort getrennt ist von Sonne und Mond und den anderen Dingen, so ich von allen gesehenen Dingen. Wie spannt sich ein Reales im Raum, das Subjekt eines Bewusstseins heißt, unter eben diesem Titel „Bewusstsein" über alles und jedes – und schließlich über sich selbst? Wie versteht sich, dass in der Außenbetrachtung das Bewusstsein getrennt existiert, über Raum und Zeit getrennt, verteilt und sich nur an einzelnen Stellen zu Seelen zusammenballt und dass in der Innenbetrachtung alles, auch das Auseinander, das Zerteiltsein selbst, Raum und Zeit und Dinge selbst, eben alles vom Bewusstsein umspannt ist und „intentional" darin liegt?

Sind das überhaupt zwei gleichberechtigte Betrachtungsweisen, oder ist nicht die eine, und zwar die äußere, die naturale, nur eine abstrakte, und mit all ihrem Gehalt einzubeziehen in die innere? Freilich, die Frage liegt nur für uns nahe, da wir schon ein Stück tieferer Analyse vollzogen haben und daher schon Tieferes ahnen können. Wollen wir in den Wissenschaften bloß Fachmänner werden, dann mögen uns solche Fragen gleichgültig sein, wie sie auch den „Praktikern", den Technikern, den Schulmeistern, den Politikern gleichgültig sein mögen. Wächst aber unser theoretisches Interesse über jedes „Fach" hinaus – und wenn nicht durch anderweitige Motive, so von solchen Überlegungen her –, wird es zum universalen Interesse an der Welt überhaupt und was sie in letzter Wahrheit ist. Dann sehen wir: Die positiven Fachwissenschaften haben nicht nur mancherlei Unklarheiten, Mängel in sich, die den Wert ihrer Fachleistung trüben; vielmehr: Selbst wenn sie in sich einstimmig blieben und diejenige Klarheit haben oder hätten, die ihnen Fachwahrheit verbürgte oder die mindest nicht den leisesten Zweifel aufkommen ließen, dass sie für ihr Fach die Wahrheit hätten, sie hätten jedenfalls keine Weltwahrheit in einem letzten und höchsten Sinn. Über alles Beschränkende der Fächer, ja selbst dieser größten Scheidelinien, welches Natur und Geist durch radikal gewandelte Einstellungen scheidet, müssen wir uns erheben. Wo der ganze Sinn der Welt nach einem rätselhaften Urgesetz ein Doppelsinn ist, vorgefunden in zwei a priori zusammengehörigen und gleich rechtmäßigen Erfahrungs- und Erkenntnisweisen, und wo in der Naivität des geradehin sich vollziehenden Erkennens die beiderseitigen Sonderungsgrenzen dieser korrelativen Betrachtungsweisen fraglich geworden sind, müssen wir einen Standpunkt gewinnen, der für nichts präjudiziert. Also mit all der Typik der Selbstverständlichkeiten, mit denen da als bare Münze gerechnet wird, müssen wir aufräumen und einen Blickpunkt gewinnen, in dem Natur- und Geisteswelt in gleicher Weise unter uns liegen bleiben, von unserem Blick umspannt als „Phänomene", nicht als vorgegebene Tatsachen.

Nicht als ob wir daran dächten und denken dürften, die ungeheure Summe fruchtbarer Arbeit der positiven Wissenschaften wegzuwerfen, sie als wertlos zu verdächtigen. Aber das müssen wir jetzt erkennen, dass all diese große wissenschaftliche Arbeit keine letzten, wirklich selbstgenügsamen Wahrheitswerte schaffen kann. Es bedarf gegenüber Fachwissenschaft und Fachwahrheit in ihrer naiven Positivität eines neuen Typus von Wissenschaft und Wahrheit, es bedarf einer Wissenschaft, die, was sie als Wahrheit herausstellt, in der Tat als letzte, völlig selbstgenügsame Wahrheit begründen kann. Somit als eine Wahrheit, die mit keinen ungeklärten Einstellungsrelativitäten behaftet, in keiner Weise schielend ist, die vielmehr alle Relativität dadurch überwindet, dass sie sie selbst mit zum Thema macht und das Relative damit als solches und absolut erkennt. Die Exaktheit der modernen Naturwissenschaft ist gewiss eine große und schöne Sache. Aber wenn diese Naturwissenschaft ihre Welt und ihre Methode einer konsequent, aber unbewusst benützten Scheuklappe verdankt, die für sie gewissermaßen die Methode aller ihrer Methoden ist, wenn sie Natur nur gewinnt dadurch, dass sie von allen Erfahrungsobjekten alle geistige Beziehung und Bedeutung abblendet: dann ist eben all ihre Wahrheit, wie ihre Natur selbst, eine künstliche, einseitige Abstraktion und nicht die voll konkrete Wahrheit und Welt. Diese Vermutung nimmt zwar der Naturwissenschaft nichts von ihrem Eigenwert, aber sie nimmt, wenn sie triftig ist, der Naturwissenschaft die absolute Bedeutung, sie nimmt ihr die Endgültigkeit, die sie sich selbst zuschreibt. Würde diese philosophische Auffassung sich bestätigen, dann würde also die Naturwissenschaft erst Vorstufe einer höheren Wissenschaft sein, deren Aufgabe es wäre, nun auch die Leistung der Scheuklappe und diese selbst mit in die Forschung zu ziehen. Das gibt Ihnen also Vorstellungen von einer höheren, überfachlichen, überpositiven Forschung, die offenbar einen höheren Standpunkt, einen Standpunkt über allen Naivitäten und Selbstverständlichkeiten, voraussetzt.[1]

---

[1] Nachdem die Gegenüberstellung von Natur- und Geisteswissenschaften vollzogen und gezeigt ist, dass wir zwei Einstellungen hier zwei verschiedenen Wissenschaften verdanken, war auch ⟨darauf⟩ hingewiesen worden, dass selbst die Natur, jedes Ding (S. 11² ⟨20,29 – 21,21⟩), geistig zu betrachten ist – was etwas schnell und kurz geschah. Dann aber müsste gezeigt werden, dass dasselbe für alle Idealwissenschaften gilt. Als positive Wissenschaft erforscht die Mathematik Zahlen, Größen etc. überhaupt „positiv", ohne Beziehung zur erkennenden Subjektivität, ungeistig. Es gibt aber eine zweite Beschäftigung mit Zahlen, die geistige.

⟨§ 3. Die Gewinnung des höheren Standpunkts der
philosophischen Wissenschaft durch Rückwendung
auf die erkennende Subjektivität⟩

Die in den letzten Vorlesungen durchgeführten Betrachtungen über die positiven Wissenschaften von der Natur und dem Geiste haben uns davon überzeugt, dass alle solche Wissenschaften weder einzeln noch zusammenarbeitend und ihre Erkenntnisse austauschend eine endgültige Welterkenntnis zu leisten vermögen. Wie unermüdlich und erfolgreich sie von Erkenntnis zu Erkenntnis fortschreiten, immer neue Fragen stellen, offene Fragen beantworten, solange sie in der Positivität, in der für sie charakteristischen Naivität, in ihren natürlichen Einstellungen verharren und die Welt, die sich darin in schlichter Selbstverständlichkeit bald als Natur-, bald als Geisteswelt gibt, theoretisch erforschen, solange bleibt der wahre und letzte Sinn dieser Welt mit einem Rätsel behaftet. Sie selbst merken das Rätsel nicht, eben weil es ihre wesentliche Aufgabe ist, das Erfahrene schlechthin zu erforschen, und das Rätsel erst hervortritt, wenn ein Standpunkt außerhalb und über der einen und anderen Erfahrungsart, also auch über den beiderlei Wissenschaften eingenommen wird, als ein Standpunkt der Reflexion. Und eben dieser höhere Standpunkt, oder was dasselbe, diese neue Einstellung wird nun zur wissenschaftlichen Einstellung werden müssen, wenn jenes Rätsel sich lösen soll und wenn es gilt, den nur relativ wertvollen Ergebnissen der positiven Wissenschaften den absoluten Wert letzter Wahrheit zuzueignen.

Der höhere Standpunkt und seine neue Einstellung kann uns nicht unbekannt sein, waren doch unsere ganzen Reflexionen über Natur- und Geisteswissenschaften nicht selbst naturwissenschaftliche und nicht selbst geisteswissenschaftliche. Sie waren Reflexionen, die diese Wissenschaften selbst zum Thema machten, die der Art nachgingen, wie sie ihre Erkenntnisse gewinnen, speziell den verschiedenartigen Einstellungen, Erfahrungstypen, in denen für sie Natur und Geist gegeben war, und dadurch brachten wir uns zum Bewusstsein, dass, was beiderseits als Selbstverständliches daseiend hingenommen war, aus den verschiedenen Erfahrungsarten seinen verschiedenen Sinn schöpfte, einmal den Sinn Natur, das andere Mal den Sinn geistige Welt.

In solchen Überlegungen waren wir also selbst schon auf dem höheren Standpunkt, der, die Positivität unter sich lassend, sie überschaute, einer gewissen Kritik unterwarf und dabei gegenüber den positiven Fragestellungen zu höheren vordrang und damit zu einem Feld höherer Erkenntnis. Schon die Erkenntnis der bloßen Relativität jener naturalen und geistigen Einstellung war eine solche Erkenntnis, sie war freilich nur eine vorläufige und noch unvollkommene; die volle wissenschaftliche Bestimmung des Sinnes dieser Relativität muss noch herausgestellt werden. Aber das genügte schon, um die große Frage nach dem absoluten Sinn der Welt verständlich zu machen und die Notwendigkeit einer neuartigen „philosophischen" Forschung, welche das in naiver Positivität Erfahrene und theoretisch Erkannte allererst nach seinem absoluten Wahrheitswerte bestimmt.

Jedenfalls haben unsere gemeinsamen Überlegungen der naturwissenschaftlichen und geisteswissenschaftlichen Methode ihren Zweck erfüllt, uns von unserem vorphilosophischen Denkniveau, dem der positiven Wissenschaften, auf das philosophische Niveau zu erheben und uns diese neue Forschungsdimension in ihrer höheren Bedeutung ahnen zu lassen. Und zugleich können wir jetzt durch eine genauere Besinnung über die Art, wie sich unser Denken in der höheren Einstellung vollzog, wie wir dabei Kritik an den positiven Wissenschaften übten, sie zum Thema machten, Probleme aufwarfen, den versprochenen Anschluss finden an unsere ersten Andeutungen über philosophische Probleme, also unsere ersten Forderungen einer philosophischen Wissenschaftslehre als einer Wissenschaft über den Wissenschaften selbst, die wir dabei als positive verstanden.

Dringen wir ein wenig tiefer, stellen wir die auf eine nähere Charakteristik abzielende Frage: Auf was für neue Forschungsweise, Erfahrung und Denkeinstellung, Problemsphäre werden wir geführt durch Überlegungen wie die der letzten Vorlesung? Gehen wir vom unteren Niveau aus. Der natürliche Mensch lebt in der Erfahrung, die je nachdem äußere oder innere, naturale oder geistige ist; und so ist das erste Denken, auch das erste wissenschaftliche Denken, auf die Gegebenheiten der Erfahrung geradehin gerichtet. Auch ideale Gebilde, wie die im Zählen sich ergebenden Zahlen, werden hingenommen, wie sie sich geben, hier nämlich in der zählenden Intuition, über deren Eigenart gegenüber jenen Erfahrungsarten prinzipielle Gedanken sich zu machen natürlich ganz außerhalb der Blicklinien liegt. Demnach werden die in naiver Intuition vorgegebenen Zahlen ohne weiteres zu theoretischen Themen, nämlich in der Arithmetik, ebenso Wortbedeutungen, Satzbedeutungen u. dgl. in der Grammatik und Logik. So viel über das vorphilosophische Lebens- und Wissenschaftsniveau, das also dem philosophischen Anfänger das allein Bekannte und Gegebene ist. Wie erheben wir uns, in unseren Betrachtungen über Natur und Geist, auf das höhere Niveau, oder allgemeiner gesprochen, was für neue Erfahrungsweisen sind noch möglich und notwendig?

Wir verlassen das Niveau der Positivität, indem wir, statt in der Positivität, in den Naturwissenschaften, Geisteswissenschaften, in der positiven Mathematik zu leben, sie selbst zum Thema machen. Das geschehe, da wir nicht leere sachferne Reden betreiben wollen, ganz konkret. Wir müssen dann so vorgehen: Zuerst stellen wir uns selbst auf den Boden positiver Wissenschaft, also zuerst sind wir etwa natural erfahrende und denkende und Erkenntnis in der höheren Form übende Naturwissenschaftler, wir üben selbst mit naturwissenschaftliches Tun. Während desselben ist für uns nichts weiter da als die erfahrene und bedachte Natur, spezieller die jeweiligen Beobachtungsobjekte, die jeweiligen über sie festgestellten Sätze, eventuell die betreffenden allgemein gefassten Hypothesen, die betreffenden Begründungen als so und so gebaute Zusammenhänge von Sätzen. Aber wir wollen ja nicht wirklich Naturwissenschaftler sein und bleiben. Das Stück naturwissenschaftlicher Einstellung soll jetzt nur Sprungbrett für die höhere sein, in der wir philosophische, ich kann auch sagen wissenschaftstheoretische Reflexion üben. Das heißt, wir schauen jetzt auf den eben vollzogenen natürlich-positiven Erkenntnisgang zurück, wir sehen gewissermaßen hinterher unserem Tun oder dem darin Getanen zu, unserem erkennenden Leisten und der darin resultierenden Leistung.

Nun könnten Sie aber einwenden: Gelegentlich, und gar nicht so selten tut das auch der Wissenschaftler selbst, ja er muss es tun, nämlich wo er Selbstkritik übt und sich dessen versichert, inwiefern seine Erfahrung korrekte Erfahrung, sein Begründen korrektes Begründen gewesen sei. Sehr richtig. Aber es kommt jetzt für die Charakteristik der Eigenart der philosophischen Reflexion auf ein Doppeltes an: Fürs Erste, der Philosoph ist eben nicht positiver Wissenschaftler und hat eine ganz andere Interessenrichtung als dieser. Also sein Thema ist z. B. nicht Natur und gegebenenfalls die und die astronomische Tatsache oder gerade dieses Gesetz der Natur. Demnach ist diese der Herausstellung zuverlässiger Wahrheit dieser Tatsachen und Gesetze dienende Kritik nicht seine Sache. Sein Thema ist vielmehr der Gehalt der naturwissenschaftlichen Erkenntnis als solcher, also sie selbst und was in ihr liegt. Das ist nicht nur sein reflektives Erfahrungsthema, sondern sein wissenschaftliches Thema. Es ist offenbar zweierlei, Natur selbst und Erkenntnis der Natur als wissenschaftliches Thema zu haben.

Der Naturforscher erkennt Natur und durchlebt also die zugehörigen erkennenden Betätigungen, vollzieht in ihnen die und die Leistungen, hat darin die und die mannigfaltigen Gehalte. Aber davon weiß er nichts und will er nichts wissen. Während seines erkennenden Lebens weiß er und will er wissen, aber nur von dem, was sein Thema ist, sein Erkenntnisziel und Erkenntnismittel – also Zwischenziel. Erst der über ihn und seine Erkenntnis reflektierende Philosoph macht all das zum Thema, was als Erkenntnisprozess, Erkenntnisgehalt, Erkenntnisleistung für den Naturwissenschaftler selbst zwar lebensvoll da, aber eben ungewusst, unerfasst, untheoretisiert da war. Und um gleich das Zweite beizufügen: Der Wechsel des thematischen Blickes eröffnet alsbald für eine Wissenschaft eine universale Sphäre. Nicht nur, dass der Blick sich über die gesamte naturerkennende Subjektivität als überhaupt naturerkennende weitet und damit der Naturwissenschaft gegenübertritt die Naturwissenschaftslehre, der Geisteswissenschaft die Geisteswissenschaftslehre usw.!

Es ergab sich ja in unseren Naturwissenschaft und Geisteswissenschaft in eins überschauenden Reflexionen das neue und ungleich höhere Problem nach „derselben" Welt, die einmal als Natur und das andere Mal als Geist erfahrene und erforschte war, und nach dem letzten Sinn des Seins dieser Welt, ein Problem, das in genauer Erwägung höher drängt, nämlich zu einer ganz universalen thematischen Reflexion auf die erkennende

Subjektivität und die Zusammenhänge all ihrer Erkenntnisleistungen, in denen dieselbe Welt doppelt zu erfahrende und zu erkennende sein soll. Es ist dieselbe erkennende Subjektivität, die in sich die verschiedenen, bald naturalen, bald geistigen, bald realen, bald idealen Blickrichtungen vollzieht, die in vielerlei Weisen erfährt oder intuitive Leistungen vollzieht, durch die, wenn man sie in konsequenter Einseitigkeit vollzieht, gewissermaßen verschiedene Welten gegeben sind und zu abgeschlossenen Forschungsgebieten werden: Natur, Geist, Welt der Zahlen, der mathematischen Mannigfaltigkeiten u. dgl. Und es ist dieselbe Subjektivität in der Einheit übergreifender Erkenntnis, die das Getrennte wieder verbindet, von idealen Erkenntnissen zu realen, innerhalb der realen von der Natur zum Geist übergeht.

Ist der Standpunkt der höchsten Reflexion einmal zum theoretischen Standpunkt geworden, so spannt sich also die Wissenschaft über das gesamte neueröffnete Feld: über die gesamte Einheit der erkennenden Subjektivität, nach allen Möglichkeiten ihres Erkennens, ihrer wechselnden möglichen Erfahrungen und sonstigen Intuitionen und Denkrichtungen. Sie umspannt all das, was darin sinnbestimmende Leistung und konstituierter Sinn selbst ist. Nur wenn in der Tat die volle Universalität möglicher Erkenntnis und die ganze Einheit der in ihr sich vollziehenden Sinnesleistungen in eine einheitliche wissenschaftliche Arbeit genommen wird, kann der Weg zu den höchsten und letzten Fragen gefunden werden.

Wird danach in universaler Umspannung die erkennende Subjektivität rein als solche zum wissenschaftlichen Thema, so ist mit jederlei Art und Gestalt von Erkenntnissen in gewisser Weise auch das Erkannte das Thema, und nicht bloß nebenher, also wissenschaftstheoretisch auch die Natur, auch der Geist, auch die Zahlenwelt usw. Aber das darf uns nicht beirren. Philosophisch ist es in einem ganz anderen Sinne Thema wie in den entsprechenden positiven Wissenschaften. Denn jetzt ist das Erkannte Thema nur als Erkanntes des Erkennens, und nach allen Modis der subjektiven Gegebenheitsweisen, die ihnen die mannigfachen Modi des Erkennens vorschreiben. So ist das Naturding nicht schlechthin, als wie es selbst, objektiv, ist, wissenschaftstheoretisches Thema, wobei die erkennende Subjektivität sozusagen in Selbstvergessenheit lebt, sondern das erfahrene Ding als solches, d. i. in der jeweiligen Erscheinungsweise, das erfahrene Ding einzelner Erfahrungen in seinen einzelnen und wechselnden Erfahrungsweisen, das erfahrene Ding einer Mannigfaltigkeit synthetisch vereinheitlichter Erfahrungen als identisch eines der vereinheitlichten Erscheinungsmannigfaltigkeit. Und bald ist Thema das Ding in der Gegebenheitsweise der Wahrnehmung, bald das in der Gegebenheitsweise der Wiedererinnerung usw. Natürlich gilt dasselbe für die höheren Erkenntnisstufen, wo die Forschung sich richtet darauf, wie das Erfahrene Substrat des Denkens und zum gedanklich, urteilsmäßig Bestimmten wird und so neue Gegebenheitsweisen annimmt usw.

Naives Erkennen ist Erkennen der oder jener Sachen, philosophisches Erkennen ist universales Erkennen des Erkennens dieser Sachen und von Sachen, von Erkenntnisgegenständen überhaupt und jeder Stufe und nach allen subjektiven Modis. Denn es ist dabei Erkennen der Sachen als in den verschiedenen Erkenntnisweisen und Erkenntnisstufen in gesetzlicher Notwendigkeit so und so erscheinenden, sich subjektiv in immer neuen Gegebenheitsformen gestaltenden Sachen, z. B. Umspannen von den und den theoretischen Formen. Beständig richtet sich der Blick darauf, was solche Wandlungen, solche Umspannungen, Formungen für sinngebende Leistung üben und wie dazu die abschließende Sinngebung, die des Gegenständlichen an sich und seiner objektiven Wahrheit, steht. Dann schließlich auch das, dass der natürlich Erkennende eines an sich seienden Objekts bewusst ist und es in „objektiver" Wahrheit bestimmt, ist als in der erkennenden Subjektivität sich Abspielendes für die philosophische Reflexion das Thema. Eben damit umspannt die philosophische Wissenschaftslehre oder philosophische Erkenntnistheorie all die Sinnesfragen, die in der Frage nach dem letzten theoretischen Sinn der Welt kulminieren (nicht den axiologischen Sinn). In der Tat, den „Sinn" von Natur oder Geist, den Sinn idealer Objektivität, wie denjenigen der Zahlen oder der reinen logischen Gebilde, rätselhaft finden und zum Forschungsziel machen, was ist das anderes als die Frage: Was meint der Erkennende, wenn er dergleichen wie Natur oder Geist usw. erfährt, schon vermöge dieser Erfahrung, und wenn er in höherer, in sogenannter echter, wissenschaftlicher Erkenntnis die und die Leistungen vollzieht und nun die sogenannte Wahrheit als Erkenntnisergebnis gewinnt, was liegt im eigenen Sinn dieses gesamten Leistens, und was ist der Sinn des darin selbst sich konstituierenden Ziels „wahre Natur", „wahrer Geist" usw.? So ist also wirklich gegenüber der sozusagen geraden Sachforschung eine andere, philosophische Forschung möglich und notwendig, eine Forschung, die alles, was die gerade, die positive erforscht, unter einem geänderten Vorzeichen noch einmal zur Frage macht. Und erst dadurch, wie wir später besser verstehen werden, kann den höchsten Erkenntniszielen genuggetan und die Leistung positiver Forschung selbst auf die höchste Stufe der Wissenschaftlichkeit erhoben werden. Durch die Zurücklenkung des theoretischen Interesses auf die erkennende Subjektivität als die alles und jedes Wirkliche oder Mögliche erkennende, wird nicht nur die positive Wissenschaft erweitert und ein neues daneben liegendes Wissenschaftsgebiet gewonnen, sondern überhaupt erst Wissenschaft im höchsten Sinn gewonnen, und Wissenschaft in allen, auch den schon vorher positiv erforschten Gebieten.

Freilich, erweitert hat sich wohl das Reich der Wissenschaft mit der Eröffnung des wissenschaftstheoretischen Problemgebietes. Waren vorher nur Sachen schlicht und selbstverständlich für uns da, denen sich positive Forschungsarbeit geradehin widmen konnte, so ist für uns als ein Neues die erkennende Subjektivität da, durch deren Erkennen die Sachen und ihre Theorien überhaupt da sind. Aber nun bringt es die philosophische Blickerweiterung und die Art der Forschung, zu der sie fortschreiten muss, alsbald mit sich, dass es eben nicht bei einer bloßen Erweiterung und einem Nebeneinander bleiben kann und dass die philosophische Forschung in gewisser Weise von der ganzen positiven Welt Besitz ergreifen und sie durch Aufhebung positivistischer Naivität revolutionieren muss. Gab es Umstände der Positivität, Umstände sozusagen der Erkenntnisunschuld, „schlechthin seiende Sachen", in fragloser Selbstverständlichkeit daseiend, und dazu schlechthin gültige Theorien, in selbstverständlichen Evidenzen fraglos begründet, so ist jetzt, auf dem höheren Niveau, das einzig fraglos Gegebene oder vielmehr als absolut gegeben Herauszustellende die erkennende Subjektivität. Das vorhin fraglos und schlechthin Gegebene wird zum bloßen Erkenntniskorrelat, zum Leistungsgehalt des Erkennens und als das zum Thema gar vieler und schwieriger Fragen, ja der höchsten und letzten. Es ist jetzt in jeder Weise das Fragliche.

Freilich, würde ich hier nicht mehr sagen, als ich bisher gesagt habe, so könnten Sie mit einigem Recht sagen, Sie fühlten wohl die Notwendigkeit jener reflektiven und philosophisch genannten Forschungen, aber ganz klar sei Ihnen noch nicht, was durch sie wirklich zu gewinnen und wie da methodisch vorzugehen sei. Vor allem aber das Rätsel der Welt sei zurückgeschoben auf das Rätsel dieser Subjektivität. Ist es nicht die des Menschen, und ist menschliche Subjektivität anders zu denken denn als Glied der Erfahrungswelt und somit als Thema der Anthropologie, der Biologie, Psychologie? Handelt es sich also nur um eine allenfalls von naturalistischen Einseitigkeiten befreite Psychologie? Das kann aber nicht gemeint sein, da in der Allgemeinheit unserer Betrachtungen jede Naturwissenschaft und jede Geisteswissenschaft, also auch die Psychologie umspannt war, mochte sie naturalistisch oder geisteswissenschaftlich begründet werden.

Darüber werden Sie noch volle Auskunft gewinnen und in der Tat verstehen lernen, dass es sich nicht um Psychologie handelt, die eben, möge sie nun naturwissenschaftlich oder geisteswissenschaftlich behandelt werden, selbst zu den positiven Wissenschaften gehört. Und Sie werden hören, dass radikal unterschieden werden muss zwischen psychologischer und erkenntnistheoretischer oder transzendent⟨al⟩er Subjektivität. Doch wo es nur gilt, philosophische Bedürfnisse zu wecken und das Unzulängliche der natürlich-naiven Wissenschaften herauszustellen, ist für so hoch liegende Fragen noch kein Raum. Was wir aber schon kennen gelernt haben, wird uns für spätere Untersuchungen eine gute Vorbereitung sein.

⟨§ 4. Der echte Radikalismus der philosophischen
Wissenschaftslehre als Theorie der
erkennenden Vernunft⟩

Durch die in der letzten Vorlesung gegebenen Ausführungen über die philosophische Wissenschaftslehre als einer Wissenschaft einer eigentümlichen höheren Einstellung ist verständlich geworden, was wir in einer früheren Vorlesung und schon ganz am Anfang gesagt haben, nämlich dass die Wissenschaftslehre es mit der Korrelation von Erkenntnis in subjektiver Hinsicht und auf der einen Seite, und andererseits von Erkenntnisgegenständlichkeit und auf sie bezügliche Bedeutungen wie Begriffen, Sätzen, Satzzusammenhängen zu tun hat. In den Gesichtskreis des positiven Forschers fallen nur Gegenstände und auf Gegenstände bezügliche Wahrheiten, Möglichkeiten, Wahrscheinlichkeiten usw., und alles dokumentiert sich für ihn schließlich in wahren Aussagen in betreff seiner Gegenstände. Auch das ist eine Korrelation, sofern jedem Gegenstand ihn betreffende Wahrheiten entsprechen und Wahrheiten ihrerseits ihrem eigenen Sinn nach Wahrheiten über Gegenstände sind. Aber dies beides betrachtet der Philosoph nun nicht in positiver Art, es schlechthin setzend, sondern wissenschaftstheoretisch als Erkenntnisgehalt der Subjektivität und in seinen subjektiven Modis. Wobei, wie nicht von neuem betont werden muss, das allein schlechthin Gesetzte die Subjektivität ist.

Die Betrachtungen der letzten Vorlesungen bedürfen noch einer Ergänzung, die sie zugleich ihrem Abschluss zuführt. Wir hatten gesagt: Bei der Naivität positiver Wissenschaft kann es nicht sein Bewenden haben, philosophische Bedürfnisse von dem beschriebenen Typus der wissenschaftstheoretischen fordern ihr Recht; das mannigfaltige, im naiven Erkenntnisleben des positiven Forschers sich vollziehende Tun, die gesamte erkennende Subjektivität als wissenschaftliche Wahrheiten schaffende, das wahre Sein aller Welt erkennende, muss zum Thema einer höherstufigen reflektiven Forschung werden. So hatten wir ausgeführt, und ich hatte anzudeuten versucht, dass erst diese höchste Selbstbesinnung der Erkenntnis über ihre Leistung, über die in ihr herausgearbeitete Wahrheit, der in den positiven Wissenschaften vollzogenen Welterkenntnis selbst endgültigen Wert zu verschaffen ⟨ver⟩mag. Es ist nun aber beizufügen, und das wird, was wir meinen, noch deutlicher machen, dass das wissenschaftstheoretische Interesse eigentlich primär nicht interessiert ist für das erkennende Tun überhaupt und die Erkenntnisgehalte der erkennenden Subjektivität überhaupt, sondern nur für diese Subjektivität, insoweit sie „vernünftige" ist, soweit das Erkennen ein sogenanntes vernünftiges, richtiges, die Wahrheit einsichtig begründendes ist. Nur sofern die Erforschung der Vernunft Erforschung der erkennenden Subjektivität überhaupt und im weitesten Sinne fordert, wird auch diese, mittelbar, von Interesse. Also die Wissenschaftslehre ist Wissenschaft von Wissenschaft im echten Sinne, im Vernunftsinne, wie moderne Astronomie oder Chemie eine solche ist, aber nicht Astrologie und Alchemie. Oder: Erkenntnistheorie ist ursprünglich und eigentlich Theorie der erkennenden Vernunft. Selbstverständlich, Erkennen im weitesten Sinne, Erfahren, Denken, prädikatives Urteilen, Schließen u. dgl. ist nicht immer Erkennen im prägnanten Sinne der Wahrheit gewinnenden und sichernden Vernunft. Wir reden ja alle ⟨von⟩ Scheinwahrnehmungen und von den darin auftretenden Scheindingen, von irrigen Urteilen mit ihren vermeinten Wahrheiten, von Trugschlüssen usw. Und wir wissen, wie schwer es ist, die Wege des richtigen, sich vernünftig bewährenden Denkens innezuhalten. Also Erkenntnis im prägnanten Sinne der Vernunfterkenntnis ist eine besondere, in eigenen Charakteren verlaufende. Intendierendes Erkennen, als ein strebend Meinen und Hinmeinen, gelangt in der Gestalt der Vernunfterkenntnis zum Endbewusstsein der klaren und eventuell vollkommenen Erfüllung ihrer Erkenntnisintention, ein Bewusstsein, das in der Denksphäre Einsicht, E v i d e n z heißt. Auf Seiten des Erkannten steht dann nicht bloß das überhaupt Vermeinte, das „Es ist", „Es ist so", sondern das Vermeinte in dem ausgezeichneten Charakter des erschauten Wahren, der wahren Sache selbst, des Urteilsinhaltes selbst. Das wissenschaftliche Erkenntnisstreben, das Forschen, das methodische Beweisen, Begründen verläuft in Ketten von Evidenzen, in denen systematisch Wahrheit erzielt, Wahrheit auf Wahrheit gegründet wird. Aber alles, was da als Erkanntes erzielt wird, gewinnt den Charakter objektiver Ergebnisse und Gemeingüter, die jedermann in Besitz nehmen und in Besitz haben kann. Sofern einmal die einsichtig erzielten Wahrheiten, mit ihren wahren, sie systematisch verflechtenden Begründungen, in Sätzen und Satzzusammenhängen dokumentiert werden, kann nun jeder nachverstehen; jeder kann die zugehörigen Evidenzen nacherzeugen, also, was die Sätze meinen, in selbstgegebene Wahrheit überführen, die für alle identisch die eine und selbe ist und auch erkennbar dieselbe ist.

Gehen wir aber (in wissenschaftstheoretischer Einstellung) über wissenschaftliches Erfahren und seine Ergebnisse reflektierend weiter, so erkennen wir bald, dass Evidenz als reine Erfüllung der Erkenntnisintentionen sich nur in besonderen Gesetzesgestalten vollziehen lässt, und korrelativ, dass die resultierenden Wahrheitsgebilde, die wahren Sätze, wahren Schlüsse usw. Gesetzmäßigkeiten der Form unterstehen. So ist es ein allgemeinstes Formgesetz, dass kein Satz wahr sein kann, der einen Widerspruch in sich birgt. Gegebenenfalls verwerfen wir ihn unbesehen, ohne weiter Überlegungen und Begründungen zu vollziehen, und sagen eben, er ist widersprechend, also kann er nicht mehr in Frage kommen. Aber solche Gesetze für Sätze und andererseits für mögliches vernünftiges Erkennen gibt es außerordentlich viele. Es gibt ein ganzes Reich korrelativ zusammengehöriger Formgesetze, und diese Gesetze umschreiben allgemeine Bedingungen der Möglichkeit vernünftigen, einsichtigen Erkennens, bzw. sie sprechen Normen aus für mögliche Sinnesgestalten der Wahrheit (und in dokumentierter Form für Sätze und Satzgebilde).

Das naive Erkenntnisleben braucht von diesen Gesetzen nichts zu wissen, im Erkennen lebend ist es der Erfüllung seiner Erkenntnisintentionen praktisch gewiss, so wie sonst, wer auf ein Ziel hinstrebt, ohne Rekurs auf Form und Norm der Zielannäherung und Erzielung selbst ohne weiteres gewiss wird. Die etwa vorhandenen Unvollkommenheiten in der Erfüllung der Erkenntnisintention stören natürlich diese Gewissheit solange nicht, als sie unmerklich bleiben. Auch trügt oft die Erinnerung in der späteren Verwertung vergangener Evidenzen. Gelegentlich werden die Mängel aber merklich und scharf im Bewusstsein der Täuschung. Praktisch kommt die Täuschung als Enttäuschung zum Bewusstsein, nämlich im Innewerden, dass das vermeinte Erkenntnismittel doch nicht wirklich oder vollkommen leistendes Mittel, dass das erreichte Ziel doch nicht das eigentlich intendierte, also befriedigende Ziel sei. So aus eigenen Mängeln und Fehlern lernend und zur Reflexion veranlasst, macht man sich wohl auch einzelne normative Regeln, und das alles, wie bekannt, in aller Praxis, und nicht bloß in der Erkenntnispraxis, ähnlich also auch in der Erkenntnispraxis der Wissenschaften. Sie bilden sich vielerlei Regeln zu ihrer eigenen Sicherung, die sich der Lehrling einprägen muss. Alle solchen Regeln bleiben aber in ihrer Vereinzelung und bei ihrer Anpassung an die beschränkte Erkenntnispraxis von nur bedingtem Werte, sie bleiben noch ganz oder in erheblichem Maße in der Naivität stehen. Es fehlt ihnen der Radikalismus, der nach keiner Richtung Unklarheit bleiben und statt praktischer Gewissheit allseitige und vollkommene Einsicht gewinnen will, der also schließlich die kritische Selbstbesinnung so weit treibt, dass er, und nach allen Richtungen, die geradehin vollzogene Evidenz, trotzdem sie als solche Bewusstsein der Befriedigung, der Erkenntnisabsicht ist, reflektiv unter die Lupe nimmt, in sie eindringend erforscht, ob darin noch Momente unerfüllter Meinung sind. Und zuhöchst wird eben diese Selbstbesinnung zum Suchen nach den universalen Formen und Formgesetzen reiner Erfüllung und den entsprechenden Wahrheitsgesetzen.

Der eigene Fortschritt der positiven Wissenschaften, der in gewisser Weise auch ein Fortschritt in der Art und der Richtung enttäuschender Erfahrung war, führte, nachdem diese Wissenschaften eine gewisse maximale naive Höhenstufe erreicht hatten, zu einem ähnlichen Radikalismus der Erkenntnisgesinnung. Ich erinnere an die peinlichen Unstimmigkeiten und Paradoxien, auf welche die neuere Mathematik und Physik gestoßen ist, und die entsprechenden Untersuchungen, die nur bei sehr hoch entwickelten positiven Wissenschaften motiviert sind. Das so lange befriedigte Bewusstsein absolut sicherer Wissenschaft (in Form naiver Positivität, naiv betätigter Evidenz) geht verloren, und das Bedürfnis einer radikalen, auf Reflexion beruhenden Klärung der Rationalität der Methode wird geweckt. Freilich, bei der gewohnten Blickrichtung auf das Objektive, auf Gegenstand und Wahrheit, kommt dabei das Interesse für das spezifisch Subjektive des Erkennens zu kurz.

Begreiflicherweise ist zudem die erwachsende Tendenz zum Radikalismus zunächst fachlich begrenzt, es ist ein spezifisch mathematischer oder spezifisch physikalischer Radikalismus usw. All das führt uns, auf unserer jetzigen höheren Stufe philosophischen Verständnisses, zurück auf unseren Anfang in der ersten Vorlesung, also auf die Motive für besondere Wissenschaftslehren, für besondere Philosophien der Mathematik und der Physik. Aber auch alle diese Radikalismen, sofern sie an der positiven Wissenschaft hängen bleiben und von den in der Beschränkung und Naivität positiver Forschung Erzogenen betätigt werden, führen zu keinem echten, die Erkenntnisbedürfnisse letzterfüllenden Radikalismus. – Dies gilt selbst von den Versuchen, in Anlehnung an die traditionelle, in positivem Geiste betriebene Logik radikale Selbstbesinnung zu üben, wie auch von der formalen Mathematik, obschon wir vermöge der formalen Allgemeinheit dieser Disziplin eigentlich schon von vornherein, obschon vermöge der unphilosophischen Naivität unbewusst, auf einem wissenschaftstheoretischen Boden stehen.

Der echte Radikalismus, derjenige, der wirklich alle diese erwachten Bedürfnisse einer radikal-wissenschaftlichen Wissenschaft zu befriedigen berufen ist, einer Wissenschaft, die keine naiven Evidenzen mehr zulässt und an sich die Forderung absoluter Rechtfertigung und somit absolut erzielter Wahrheiten stellt, muss ganz andere Wege einschlagen. Er muss den Mut haben, sich vorweg unabhängig zu machen nicht nur von allen Vorgegebenheiten der vorwissenschaftlichen Alltagsevidenzen, sondern auch von allen positiven Wissenschaften. Er muss, um sie ganz unbekümmert, die in radikalster Selbstbesinnung absolut zu erfassende Subjektivität möglicher Erkenntnis nach allen in ihr möglichen Evidenzarten, Evidenzformen, Evidenzgesetzen und nach allen sich darin möglicherweise gestaltenden Arten und Formen von Erkenntnisgebilden zum universalen und systematischen Forschungsgebiet machen. Dies aber fordert, wie sich zeigen wird, eine allgemeinste Durchforschung der Erkenntnissubjektivität, nämlich zunächst vor aller Frage nach Vernunft oder Unvernunft. Wir werden bald verstehen lernen, dass in der Tat und wie die Subjektivität in sogenannter phänomenologischer Methode frei von allen Stellungnahmen des Lebens und von aller Wissenschaft betrachtet und zum absoluten Erkenntnisthema, zum Forschungsfeld einer großen Wissenschaft gemacht werden kann und wie sich erst dadurch Erkenntnisse höchster Dignität und letzter absoluter Rechtfertigung ergeben, die ihrerseits es ermöglichen, allen hinterher sich abgliedernden Sachwissenschaften den Vorzug absoluter Rechtfertigung, also von Wissenschaften letzter Wissenschaftlichkeit, zu geben.

Unsere Betrachtungen haben sich im Kreis geschlossen. Begonnen haben wir damit, dass die positiven Wissenschaften in ih-

rer Naivität mit Selbstverständlichkeiten als mit methodischen Elementen operieren, deren Unklarheit sie gelegentlich selbst in Verlegenheit setzte, in Paradoxien verwickelte. Das wies auf die Notwendigkeit einer Wissenschaftslehre ganz von vornherein hin
5 als einer teils den Einzelwissenschaften angelehnten, teils, vermöge der gemeinschaftlichen Begriffe, übergreifenden Wissenschaft. Ihre neuen Erkenntnisse waren vor allem in der Funktion gedacht, alle Wissenschaft auf eine höhere Stufe, wie wir jetzt auch sagen, eine Stufe höherer Rechtfertigung der Vernunft zu
10 setzen. Dann zeigten wir, in den Verhandlungen über Natur und Geist, absehend von Bedürfnissen der Rechtfertigung, dass über unterschiedene Regionen von positiven Wissenschaften hinausgehende außerfachliche Bedürfnisse erwachsen, Probleme des eigentlichen Seins und Sinnes der Welt. Und hier konkreter ausfüh-
15 rend gewannen wir die Vorstellung einer universalen Wissenschaft von der erkennenden Subjektivität. Indem wir nun in Rechnung ziehen, dass für diese Wissenschaft die vernünftige Subjektivität das besondere Interesse sei, trat wieder die Bedeutung dieser Wissenschaft für die Ermöglichung einer im letzten Sinne strengen
20 Begründung und Durchführung aller Wissenschaften in den Vordergrund. Und der Abschluss ist die Vorahnung oder mindest Ankündigung einer radikalen Phänomenologie als Wissenschaft von der absoluten Subjektivität, als der Mutter aller strengen und echten Wissenschaften, als der absoluten Wissenschaft von der Me-
25 thode, und zugleich der universalen Wissenschaft, die so kühn ist, absolute Weltwahrheit in allem Ernste von sich und aller strengen Wissenschaft zu fordern und für möglich zu erweisen.

⟨2. KAPITEL

Erkennende und universale Vernunft⟩

⟨§ 5. Einordnung der speziellen Vernunftregion der Erkenntnis in eine universale Vernunftlehre⟩

Wir erweitern, ehe wir den neuen Anfang machen, der uns auf den Boden der absoluten Subjektivität stellt, und eine neue Reihe völlig auf sich beruhender und in sich evidenter Betrachtungen beginnt, noch das Feld philosophischer Problematik, damit nicht von vornherein ein Vorurteil sich in Ihnen festsetze, als ob Philosophie, als bloße Wissenschaft von Erkenntnissubjektivität, als bloße Theorie der erkennenden Vernunft, etwas bei aller Weite doch Beschränktes sei. Zugleich wird die heutige[1] Betrachtung die Funktion einer Übergangsbetrachtung üben.

Erkennen ist eine Funktion des Lebens. Aber Ichleben ist, wird man sagen, nicht nur erkennendes Leben. Alles Ichleben ist Streben, das in willentliches Streben übergehen kann. So auch das Erkennen, das als urteilend-forschendes auf Wahrheit abzielt und sie handelnd realisiert. Aber in anderen Lebensformen ist das Streben auf anderes gerichtet, auf Schönes, auf wirtschaftlich Nützliches u. dgl. Das handelnde Subjekt erzeugt Wahrheitswerke, wie Theorien, es erzeugt Werke schöner Kunst, bearbeitet wirtschaftliche Güter, schafft mit an gesellschaftlichen Institutionen usw. Wissenschaft ist der Titel für eine einzelne abgeschlossene Gütersphäre, für ein einheitliches System von Gütern; sie stehen unter den Wertnormen der Wahrheit und dem Erzeugen nach unter den Normen der Erkenntnisevidenz. Auch die anderen Gütersysteme, vor allem die absoluten, wie die ästhetischen Güter stehen unter Normen, und korrelativ steht das sie erwirkende Tun unter Normen. Haben wir uns nun klargemacht, dass es gegenüber aller Naivität des erkennenden Erzeugens von Wahrheitsgütern einer universalen Wissenschaftslehre bedarf als einer universalen Wissenschaft vom erkennenden Leben und speziell von der erkennen-

───────────
[1] Gemeint ist der gesamte Inhalt des vorliegenden 2. Kapitels. – Anm. des Hrsg.

den Vernunft, so liegt nun der Gedanke nahe, dass es aus analogen Gründen und in einem analogen Sinn eine noch viel universalere, auf alle und jede Güter und alles und jedes sie schaffende Leben bezogene Lebenslehre und wiederum eine solche unter dem obersten Gesichtspunkt der Vernunft geben muss. Wie das erkennende Leben je nachdem ein gutes und schlechtes oder, wie wir auch sagen, wahres und falsches ist und in dieser Hinsicht von der Wissenschaft von der erkennenden Vernunft nach allen Seiten, nach Erkenntnisakt und Erkenntnissinn der normativen Gesetzmäßigkeiten erforscht wird, so muss analog eine Wissenschaft bestehen oder werden, die im weitesten Kreis des Bewusstseinslebens das Analoge leistet, soweit es irgend analoge Unterschiede des Echten und Unechten, des Wahren und Unwahren in sich trägt. In der Tat, um dessentwillen heißen wir Menschen Vernunftwesen, dass wir nicht nur überhaupt leben, sondern in rechter Weise leben sollen und wollen; und dieses Sollen bezieht sich eben darauf, dass unser Leben in mehrerlei Gestalten als Ichleben sich vollzieht, dass es in jeder solchen Gestalt Unterschiede des Echten und Unechten zeigt und dass wir selbst, dieser Unterschiede bewusst, uns und unser Leben unter selbsterkannten Normgesetzen beurteilen.

Gehen wir vom Stand der Erkenntnisnaivität aus, so erwächst in ihm selbst Wissenschaft in sozial verbundenen Tätigkeiten; also sie bietet sich dar als ein eigenes Reich der humanen Kultur, der jeweiligen historisch-faktischen Kultur. Aber streifen wir diese Faktizität ab, wie wir leicht können und müssen, wenn wir Wissenschaft in idealer Allgemeinheit nach Wesen und Möglichkeit erforschen wollen, dann ersetzen sich die Beziehungen auf faktische Forscher und die faktische Menschheit durch Beziehung auf mögliche Forscher als diese Erkenntnisgüter schaffende Menschen und auf irgendeine ideal mögliche Gemeinschaft, sagen wir eine Menschheit, in der Forscher zusammenarbeitend Wissenschaft konstituieren. Wissenschaft in idealer Betrachtung ist also ein Kultursystem, durchaus bestehend aus freien Erzeugnissen irgendwelcher Forscher und Forschergemeinschaften und außer auf sie auch bezogen auf den Kreis möglicher Lernenden, sich diese Güter im Lernen Zueignenden.

Dasselbe gilt nun für alle anderen Ichakte und aus ihnen erwachsenden Kultursysteme, wie z. B. die Kunst. Wie bei der Wissenschaft sich das System echter Wissenschaft auszeichnet, so bei der Kunst, da man auch hier zwischen Echtem und Unechtem scheidet, das Kultursystem echter Kunst; und auch hier können wir Kunst in idealer Allgemeinheit und in Beziehung auf eine in formaler Allgemeinheit gedachte Menschheit, als abgelöst von aller historischen Faktizität, denken und nach Wesen, nach idealen Bedingungen ihrer Möglichkeit fragen. Auch hier wird diese Forschung nach beiden Seiten sich wenden, auf das schöpferische Tun (die künstlerischen Tätigkeiten) wie nach Seiten der erzeugten Gebilde. Überhaupt, so weit die Idee der Kultur reicht, reicht offenbar die allgemeinste Unterscheidung des Echten und Unechten, Wahren und Unwahren und so weit auch die gleichsinnige Problematik und eine analoge wissenschaftliche Forschung. Also schließlich erwächst die Idee einer universalen Vernunftlehre mit besonderen Vernunftlehren, unter denen die Wissenschaftslehre (Erkenntnisvernunftlehre), wie es im Voranschlag zunächst erscheint, nur eine ist, ein einzelner Zug. Soll uns die totale Vernunftlehre in allem unserem vernünftigen Tun über den Stand der naiven Vernunft erheben, soll sie uns, die wir wesentlich sozial verbundene Ich-Subjekte sind, ein personales und soziales Tun in absoluter Verantwortlichkeit, in vollendeter Selbstrechtfertigung ermöglichen, mit anderen Worten, soll durch sie eine echte Menschheit, eine wahrlich humane Kultur möglich werden, dann muss diese universale Vernunftlehre die Gestalt einer absoluten Vernunftlehre haben; das heißt, sie darf keine der naiven Selbstverständlichkeiten gelten lassen, auf die die naive Vernunftbetätigung baut, und trotz aller wissenschaftlichen, künstlerischen und sonstigen Selbstkritik baut. Sie muss in radikaler Allgemeinheit alle, nicht nur wissenschaftliche, sondern auch ästhetische, moralische und sonstige Evidenzen in Frage stellen, alle und jede Geltungsansprüche zum Problem machen, und das in prinzipieller, d. i. formaler Allgemeinheit. Hatten wir nun früher in der engeren Vernunftregion, der der Erkenntnis, fordern müssen, dass die Subjektivität, und hier als erkennende, in reiner Reflexion zum universalen Thema gemacht wird, und zunächst sogar vor allen Fragen nach Evidenz oder Nichtevidenz, Vernunft oder Unvernunft, so wird das Gleiche auch für die totale Vernunftlehre gelten müssen. Also wird gefordert sein das universale Studium der vollen und ganzen Subjektivität, soweit sie irgend unter möglichen Vernunftnormen steht. Erst in der höheren Forschungsstufe müsste sie das Spezifische der Vernunft selbst und aller Vernunftarten, und sowohl nach Seiten der spezifischen Vernunfttätigkeiten wie nach Seiten der Vernunftgebilde (Theorien, Kunstwerke usw.), zum Thema machen. Damit hätten wir also eine viel umfassendere Philosophie, die, wenn wir sie nur als Wissenschaft der letzten, der prinzipiellen Allgemeinheiten fassen, sich bezogen zeigt auf die Idee des Menschen überhaupt und die Idee einer echt humanen Kultur überhaupt.

⟨§ 6. Die übergreifende absolute Vernunftlehre als
Wissenschaft vom seligen Leben⟩

Nun machen wir noch eine kleine, aber Interesse bietende Wendung. Sehr eng verknüpft mit den Ideen Vernunft, Vernunftstreben, normgemäß Leben ist die Idee der „Glückseligkeit" und des glückseligen Lebens als eines Lebens in reiner und konsequenter Befriedigung. Das Wort hat freilich einen üblen Beigeschmack. Fichte sagt dafür „Seligkeit", was freilich wieder eine⟨n⟩ andere⟨n⟩ unerwünschte⟨n⟩ Beigeschmack hat, den einer bodenlosen Überschwänglichkeit. Überlegen wir: Alles „Ichleben" vollzieht sich in verschiedenen Formen der Intention, des Meinens; der Ausdruck sei allgemein verstanden, so dass wir nicht nur von Urteilsmeinungen, sondern auch von Gefallensmeinungen, wertenden Meinungen jeder Art, auch von Willensmeinungen sprechen. Haben wir so verschiedene Klassen von Intentionen, Intentionen des Intellekts und solche des Gemüts, so finden wir doch in allen Klassen analoge Gestalten und Gestaltwandlungen derselben, darunter die der erfüllten Intention bzw. die der Erfüllung, der Befriedigung der Intention. Es gibt Erfüllung von Erkenntnisintentionen, von ästhetischen, moralischen Intentionen usw. Aber auch Gegenmöglichkeiten bestehen, Gegenformen als Aufhebung der Intention, als Entwertung, als Negation.

In all diesem intentionalen Leben, das in allen intentionalen Richtungen strebendes, wirkendes Leben ist, vollzieht sich ein immer neues Erzeugen von Gebilden, die die vermeinten und eventuell, in der Erfüllung, die wahren heißen. Nennen wir reine

Erfüllung oder reine Befriedigung Seligkeit, dann gibt es also eine Erkenntnisseligkeit als reine Erfüllung der Erkenntnisintentionen. Das wäre nichts anderes als die Evidenz, in der sich die bloße Meinung erfüllend bestätigt. Jedes wissenschaftlich einsichtige Tun ist also in sich, so isoliert genommen, seliges Leben, aber nur ein Stück seliges Leben im Gesamtleben, das keineswegs selig zu sein braucht. Ebenso ist jedes Leben in ästhetischer Anschauung, sofern sie in wirklich reinem und tiefem Verständnis vollzogene Evidenz des Wertes ist, ein Stück seliges Leben.

Ein seliges Gesamtleben überhaupt wäre also ein einheitliches Leben, das nach allen seinen Intentionen, nach all seinem Streben, immerfort in der Form reiner Erfüllung verliefe. Wo die Erfüllungen nur momentane Befriedigung sind, sich nachher als unreine und unechte herausstellen, also die Unruhe neuer Spannungen erwächst, wo das in einer Strecke schon als Seligkeit erlebte Leben nachträgliche Umwertung erfährt, wo die wirklich oder vermeintlich erzielten Werte mit anderen ebensolchen in Streit geraten, da kann das Ich an ihnen nicht beruhigt festhalten, es muss seine Ziele und seine Werke preisgeben. Das geschieht notwendig in der Form, dass nachkommende und nachwertende Evidenz die vermeintlichen Werte als Scheinwerte herausstellt, oder in der Form, dass die Möglichkeit praktischer Erzielung höherer Werte auftaucht und das Streben nach den bisherigen Werten als niederes dasteht und entwertet erscheint. Blinde Leidenschaft, Gewohnheit, Zufall, fremder Zwang hemmen zudem ein Leben in wirklicher Einstimmigkeit und Befriedigung. Trotz einzelner echter Seligkeiten kann das Gesamtleben in sich unstimmig und vom Bewusstsein der Unwertigkeit begleitet sein. So lebt der Mensch alles in allem ein unseliges Leben; immerfort ist er besorgt um seine erworbenen Werte, ob sie standhalten werden, ob das Ich an ihnen sich noch freuen, ob es eine feste Güterwelt als seine Umwelt sich erhalten kann, immerfort wird der Mensch der Sünde inne, des Falles in unwertiges Tun aus Leidenschaft. So erwächst also die Frage: Wie werde ich und wie wird die soziale Menschheit gut und wahrhaft befriedigt, wie lebe ich ein im echte Sinne seliges Leben, wie erwecke ich mir, ⟨wie⟩ die ganze Menschheit sich dauernde, unverlierbar beseligende Güter? Darin liegt aber: Wie werde ich meines Tuns, seiner Ziele, seiner Leistungen sicher, wie überwinde ich Zweifel, Unklarheit, Negation, Entwertung, wie lebe ich in zuverlässiger Gewissheit und werde meiner selbst Herr? All das aber nicht bloß erkenntnismäßig, sondern in jeder Richtung intentionalen Lebens. Es soll in jeder ein nicht nur subjektiv befriedigendes, sondern ein Leben festen und sicheren Wissens und Gewissens sein, jeder reflektiven Kritik standhalten, und sich vollkommen rechtfertigend.

Demnach können wir die universale philosophische Vernunftlehre auch fassen als die Wissenschaft vom vernünftigen oder wahrhaft guten Leben überhaupt, oder vom seligen Leben, um den Fichte'schen Ausdruck beizubehalten. Sie ist Wissenschaft von seinem Wesen, den Bedingungen seiner Möglichkeit, seinen Normen und möglichen normgemäßen Formen. Da Subjektivität wesentlich Gemeinschaftssubjektivität oder in Gemeinschaftsform lebende ist, da das einzelne Leben nur ein Faden im Gewebe eines universalen allumspannenden Gemeinschaftslebens ist, so bezieht sich diese Wissenschaft von vornherein auf die universale Gemeinschaftssubjektivität und das universale Gemeinschaftsleben.

Das Ideal einer echten oder guten Menschheit, die in echt humaner Weise lebt, ihre Umwelt zu einer echten Kulturwelt gestaltet und in diesem Gestalten sich selbst in der echten Weise kultiviert, ist das Ideal einer seligen Menschheit, eines seligen Lebens und einer wahrhaft guten und schönen Kultur. Es ist das Ideal, auf das jedes tatsächliche individuelle und soziale Leben und jede faktische Subjektivität dieses Lebens praktisch bezogen sein muss, wenn es die ethische Entwicklungsform haben soll, die Form desjenigen sich entwickelnden Lebens und der sich personal entwickelnden Gemeinschaft, die allein wertvoll ist, weil sie allein echte Entwicklung ist und möglich macht. Das leitende normative Ideal ist eine im Unendlichen liegende Idee, das heißt, ⟨dass es⟩ in keinem statischen Endzustand zu verwirklichen ist, sondern ein eben idealer Leitstern, der bewusst sein und bewusst leitend wirken und damit dem echt humanen Leben die Form rationaler Selbstregierung und Selbstgestaltung geben muss. Das hat natürlich die universale Vernunftlehre selbst herauszustellen. Die universale Vernunftlehre hat festzustellen, dass hier zwei Ideen notwendig aufeinander bezogen sind: einerseits die absolute Idee ab-

solut vollkommener Subjektivität und eines absolut vollkommenen, absolut seligen Lebens, andererseits die Idee einer werdenden Subjektivität und eines werdenden Lebens, das die Form eines rechten Hinwerdens auf die absolute Idee hat, d. i. die Form
5 einer echten aufsteigenden Entwicklung.

In gewisser Weise ist die hier geforderte Wissenschaft schon längst, schon seit dem frühen Altertum da, nämlich unter dem Titel Ethik. Denn immer wollte Ethik die Theorie und Kunstlehre vom vollkommenen Menschenleben und Menschsein sein, Theorie
10 und praktische Lehre ⟨von⟩ den Methoden der Selbstgestaltung des Subjekts und seines Lebens zur Vollkommenheit bzw. zur „Glückseligkeit". Indessen, diese Ethik, ganz so wie die historische Logik, war nichts weniger als in jener Universalität der Problematik gedacht, die wir hier vor Augen hatten![1] Erst wenn die radikale
15 Gesinnung, von der wir letzthin gesprochen haben, in radikalster Konsequenz betätigt wird, kann die Idee einer allumspannenden Ethik, einer totalen Vernunftlehre in unserem Sinne zur Ausgestaltung kommen, ganz so wie die Idee einer Erkenntnisvernunftlehre oder Wissenschaftslehre.

---

[1] Und sehen wir ab von den relativ seltenen und dabei außerordentlich unklaren und beschränkten ethischen Versuchen, die wirklich von einer radikalen vernunftkritischen Besinnung beseelt waren, so war die Ethik meist naiv und naturalistisch. Das war ja auch das Nächstliegende. In der Tat, wer von der natürlich-naiven Lebenseinstellung und von der positiven Wissenschaft her an die Frage eines vernünftigen, wahrhaft befriedigenden Lebens herankommt, und schon sozial interessiert an der Frage einer echt humanen Menschheitskultur, der wird in der Ethik und der Kunstlehre des richtigen Lebens nur sehr spezielle Disziplinen sehen, und nur eine der empirischen, zoologischen Spezies *homo* angepasste, auf diese irdische Spezies bezogene. Der Mensch, eins der zufällig in der gegebenen Welt, auf der Erde aufgetretenen Lebewesen, hat seine Lebensbedingungen, seine Bedingungen gesunden Lebens in Anpassung an die irdischen Verhältnisse. Entwickelt sich nämlich das Reich der irdischen Organismen weiter, wird der Mensch zu einer neuen, „höheren" Spezies, nun, dann gilt eine ganz andere Ethik, eben für das neue angepasste Wesen und seine neuen Lebensbedingungen. Dass eine Lebenskunst oder vielmehr eine rationale Wissenschaft eines vernünftigen personalen Seins und Lebens eine so universale Bedeutung gewinnen könne, dass sie die Prinzipien der Rationalität aller Erkenntnis und aller Wertung umspannt und von daher schließlich für den absoluten Sinn jeder möglichen Welt selbst präjudiziert, davon kann der naive Positivist nichts ahnen.

⟨§ 7. Die Sonderstellung der erkennenden Vernunft
und die Frage des Anfangs⟩

Den Philosophen unter Ihnen mag vielleicht diese Vorzeichnung der Idee der Philosophie, die in der Tat als eine vollständige gemeint ist, anstößig sein. Es handelt sich also bloß um eine universale philosophische Theorie der vernünftigen Subjektivität, die dann nur zu ergänzen wäre durch das System der nach ihren Normen zu gestaltenden konkreten Wissenschaften aus absoluter Rechtfertigung. Wo bleibt denn, möchte man fragen, die Metaphysik, die höchste aller philosophischen Wissenschaften? Aber es dürfte sich vielleicht zeigen lassen, dass für eine weitere Wissenschaft in der Tat kein Platz ist, wenn eben die Vernunftlehre richtig gefasst wird. Was Metaphysik rechtmäßig bedeuten kann, kann sie nur innerhalb des Systems der Vernunft bedeuten. Ferner: Einigermaßen paradox erscheint für den, der schon etwas Philosophie betrieben hat, dass eine in notwendiger Universalität gefasste Ethik die universale Wissenschaftslehre oder, wenn man will, die universale Logik umspannt, wie selbstverständlich auch die entsprechende universale Wissenschaft von der wertenden (speziell ästhetischen) Vernunft. Indessen, auch die umgekehrte Paradoxie haben wir. Eine universale Wissenschaftslehre umspannt diese universale Ethik, also der Teil das Ganze. Dies aber schon aus dem Grund, weil, wie jede Wissenschaft, auch diese ethische Wissenschaft unter den wissenschaftstheoretischen Normen steht, aber auch darum, weil, wie wir noch werden verstehen lernen, der Wissenschaftslehre auch die Aufgabe zufällt, das System aller ideal möglichen Wissenschaften der Form nach zu entwerfen, wobei sie auf alle prinzipiellen Normen aller Wissenschaften stoßen muss, also auch derjenigen, in denen sich die Normen z. B. des künstlerischen Tuns wissenschaftlichen Ausdruck verschaffen. Das weist uns also darauf hin, dass von „totalen und partialen" Vernunftlehren, wenn jede in ihrer Art Universalität anstrebt, in Wahrheit nicht gesprochen werden kann. Alle Grundarten von Intentionen und demgemäß alle Grundarten der Vernunft durchdringen sich. Demgemäß zeigt sich von einem letzten Standpunkt aus, dass wir unter dem Titel „Philosophie" auf eine einzige Wissenschaft von der einen vernünftigen Subjektivität kommen und von der einen universalen Vernunft, die nur ihre verschiedenen, voneinander untrennbaren Seiten hat, aber nicht Teile.

Der notwendige Weg aber, diese Wissenschaft anzufangen und in Gang zu bringen, ist der, vom Stand des allgemeinen Lebens und seiner Naivität ausgehend, zuerst auf die Erkenntnisseite achtzuhaben und zuerst die Probleme absolut reflektiver Erkenntnisrechtfertigung ins Spiel zu bringen, also diejenigen, die wir, bei unserem Ausgang von den vorgegebenen Wissenschaften, wissenschaftstheoretisch nannten. Die Besinnung über die Möglichkeit einer sich vor sich selbst absolut rechtfertigenden erkennenden Vernunft oder die Möglichkeit, dass und wie ein Erkennender im wahrsten Sinne vernünftiger sei, muss am Anfang stehen. Denn die erkennende Vernunft hat die Auszeichnung, dass alle andere Vernunft erst dadurch, dass sie in die Formen erkennender Vernunft eingeht, die Stufe der letzten Rationalität, die der absoluten Selbstverantwortung, Selbstrechtfertigung erreichen kann. Das Gemüt ist es, das wertet, und der handelnde Wille, der schöne Werke gestaltet. Soll aber die Echtheit des Wertes und Werkes verantwortet, die Befriedigung des Gemüts, die Wertevidenz kritisch durchleuchtet und ausgewertet werden, dann muss die Besinnung in die erkennende logische Form übergehen: Es muss über Wert und Unwert geurteilt werden, und Werterkenntnisse stehen eben unter Erkenntnisnormen.

Somit wird der Anfang ein erkenntnistheoretischer sein müssen, und ein solcher sein müssen, der im Fortgang von absoluten Prinzipien geleitet ist, die uns der systematischen Universalität immer versichert halten. Die große Frage ist aber die des Anfanges selbst und der Methode. Es liegt an der einzigartigen Stellung und Funktion der Philosophie gegenüber allen natürlich-naiven, allen positiven Wissenschaften, dass sie nicht einen gegebenen Anfang hat wie diese. Jede positive Wissenschaft hat ja, wie wir ausgeführt haben, einen vorgegebenen Boden, etwa das selbstverständlich vorgegebene Gebiet der Pflanzenwelt oder Tierwelt, allgemeiner: Natur oder Kultur, vorgegeben in der selbstverständlichen Geltung der Erfahrung, und hinsichtlich der Kultur auch selbstverständlicher Geltung von mancherlei Wertungen. Und diese vorgegebene Welt ist in dieser Erfahrung schon mit mancherlei selbstverständlichen Strukturformen ausgestattet, alles aus der Naivität her, die nun in Frage steht, in Frage gestellt werden muss. Die Philosophie kann mit keiner Vorgegebenheit anfangen, sich Selbstverständlichkeiten voransetzen, d. h. selbst in Naivität verfallen und den Eigensinn als Philosophie preisgeben. Ist nun für sie alles und jedes fraglich, so hat sie, scheint es, überhaupt nichts, was ihr einen Anfang ermöglichen, ja irgendeine Fragestellung ermöglichen würde. Setzt nicht jede Frage ihren Boden, irgendein unfraglich Seiendes voraus?

Hier ist, wenn Philosophie überhaupt nicht ein sinnloses Vorhaben bedeuten soll, offenbar nur eines möglich. An der Spitze der Philosophie muss ein Gedankengang stehen, in dem der Philosoph vom vorphilosophischen Standpunkt der Naivität als werdender Philosoph sich in freiem Denken einen neuen Boden erschafft und ihn in Evidenzen festlegt, die in der Reflexion sich als absolut zu rechtfertigende ausweisen, und dass er, in solcher Art absoluter Selbstrechtfertigung fortschreitend, den Weg, die Methode findet zu einer systematischen Aufstellung der absolut gerechtfertigten Prinzipien für die Rechtfertigung aller Erkenntnis bzw. für die absolut standhaltende Begründung aller Erkenntnis und für einen systematischen Aufbau der echten Erkenntnis und Wissenschaft selbst. Es gehört also zum System der Philosophie selbst als Anfang eine Zeichnung für das philosophische Werden oder, vom philosophierenden Subjekt aus gesprochen, für die in eigener freier Selbstbesinnung des philosophierenden Anfängers sich vollziehende Selbstentwicklung zum Philosophen. Jeder echte Philosoph muss sich als Anfänger denken und für sich selbst zum Philosophen werden. Und darin muss eine Form der Notwendigkeit liegen, die, objektiv fixiert, den Anfang der Philosophie selbst bildet. Jeder Philosoph muss nachher, diesen Anfang überdenkend, in ihm das Selbstportrait seines Werdens finden und es immer wieder bestätigen können.

⟨II. Abschnitt⟩

DER CARTESIANISCHE WEG ZUM *EGO COGITO* UND DIE METHODE DER PHÄNOMENOLOGISCHEN REDUKTION

⟨3. Kapitel

Vorbereitung einer phänomenologischen Rekonstruktion des Wegs der Cartesianischen *Meditationes*⟩

⟨§ 8. Historische Besinnung auf den Anfang. Sokrates, Platon und die antike Idee der Philosophie⟩

Damit ist unsere neue Aufgabe bezeichnet. Alles Bisherige war ein bloßes Vorspiel und gehört nicht zum Spiel selbst, das nun erst beginnen soll. Es dirigierte nur unsere Erwartungen, es weckte in uns eine Idee von Philosophie, aber nur eine vorläufige Idee, eine bloße Vorform der vollen und wahren Idee, die wir erst konkret gestalten sollen, in eins mit Anfängen zugreifender philosophischer Arbeit. Was wir gewonnen haben, ist, wenn das Vorspiel seinen Zweck erfüllt hat, auch eine seelische Bereitschaft, ernstnehmen zu wollen, was ernst genommen werden muss und selbsttätig, in Selbstverantwortlichkeit philosophieren zu wollen, wie es für uns eine absolut notwendige Forderung ist. Denn nicht wahrhaft um ein Spiel handelt es sich in dem nun Kommenden, das Sie sich vorspielen lassen, um so etwas wie eine schöne dramatische Aufführung, sich daran zu ergötzen, daran ästhetisch zu erheben. Sie sind nicht dazu da, sich Erzählungen auftischen zu lassen über Philosophie, um glaubhafte und interessante Theorien zu hören, die Sie lernen, durch die Sie andere unterhalten und wohl gar im Examen eine gute Note erzielen können. Es handelt sich um Ernsteres und vielleicht um etwas, ⟨das⟩ zu dem letzten Ernst Ihres Lebens in sehr naher Beziehung steht: nämlich um den Entschluss, hier in gemeinsamer Überlegung, und doch jeder in sich selbst und als er selbst, die Gesinnung absoluter Selbstverantwortlichkeit zu betätigen und, sie auswirkend, sein eigenes philosophisches Werden auf die Bahn zu bringen.

Die in unserem Vorspiel vorgeformte Idee einer radikalen Philosophie als einer Wissenschaft auf dem Boden der absoluten Subjektivität ist die der phänomenologischen Philosophie; diese Subjektivität selbst, die in jener letzten, alle Naivität ausschließenden Reflexion thematisch wird, ist die phänomenologische oder transzendentale Subjektivität. Die notwendige Methode, diese letzte Reflexion zu vollziehen, die transzendentale Subjektivität zu rein schauender Selbstgegebenheit zu bringen, ist die phänomenologische Methode und danach die Urmethode aller philosophischen Methoden. Die erste auf diesem absoluten Boden erwachsende Wissenschaft und somit in einem bestimmten und klaren Sinn die Erste Philosophie ist die Phänomenologie.

Aber das alles sind jetzt nur Namen, und was da gesagt ist, gehört selbst noch zum Vorspiel. Dieses aber lassen wir jetzt ganz hinter uns und wenden uns zum Anfang. Wir knüpfen unsere neue Gedankenbewegung an ein paar historische Erinnerungen an, wir lassen uns von der Geschichte her das allgemeine Ziel geben, auf das wir denkend lossteuern wollen. Es ist natürlich eine historische Idee der Philosophie und, wie wir alsbald merken werden, im wesentlichen dieselbe, die sich aus dem Vorspiel und in Anknüpfung an unsere positiven Wissenschaften immer reicher gestaltet hatte. Aber da ein wirklich neuer Anfang in Frage ist, muss uns das historisch Primitive dienlicher sein, und natürlich handelt es sich da um dasjenige Primitive, in dem wir den Samenkeim sehen können, der in der Geschichte gleichsam zur Entfaltung kommen will und in unserem eigenen Denken nach einer reinsten und freiesten Gestaltung strebt.

Es gibt verschiedene Aufstiege zur Phänomenologie; der hier gewählte soll der prinzipiellste sein. Er hebt an mit der Erneuerung der antiken Idee philosophischer Erkenntnis und schließt daran die radikale Besinnung über die Methode, die zur Erzielung solcher Erkenntnis wesensnotwendig ist. Die transzendentale Phänomenologie resultiert auf diesem Wege als eine notwendige Wissenschaft von der Methode und als Erste Philosophie.

Sollte ich heute unter dem Aspekt der mir zugereiften Überzeugungen sagen, welche Philosophen mir im Rückblick auf die gesamte historische Entwicklung der Philosophie vor allem entgegenleuchten, so würde ich zwei nennen, die ich darum nicht etwa auf eine Rangstufe stellen möchte. An erster Stelle den allerdings ganz einzigen Platon – oder vielmehr das unvergleichliche Doppelgestirn Sokrates-Platon –, den Schöpfer der Idee letztstrenger Wissenschaft, die sich deckt mit der Idee der Philosophie. Als zweiten Namen würde ⟨ich⟩ Descartes nennen, ohne ihn damit als den Größten der Neueren einschätzen zu wollen. Aber eine ganz ausgezeichnete historische Stellung erhält er dadurch, dass seine *Meditationes* dem neuzeitlichen Denken den Entwicklungstrieb auf eine transzendentale Philosophie eingeprägt haben. Nicht nur der Grundcharakter der neuzeitlichen Philosophie, sondern aller künftigen Philosophie ist dadurch, ist von Descartes her bestimmt.

Was zunächst Platon anbelangt, so beginnt er als Schüler des ethischen Reformators Sokrates. Sokrates' Lebensreform besteht darin, dass er das wahrhaft glückliche Leben als Leben aus reiner Vernunft deutet, und das sagt, als ein Leben, in dem der Mensch in unermüdlicher Selbstbesinnung und in radikaler Rechenschaftsabgabe Kritik an seinen Lebenszwecken übt, sie sich nach ihrem echten und wahren Werte bzw. ihrem Unwerte zu klarster Einsicht bringt und sich danach entscheidet. Platon übertrug dieses Prinzip radikaler Rechenschaftsabgabe und vollendeter Evidenz, das Sokrates als praktischer Volksmann und Volkserzieher geübt hatte, in die Philosophie als Wissenschaft.

Auch das wissenschaftliche Tun ist ein Zweig des Lebens und hat in sich seine Zwecke. War Sokrates' Lebensauffassung und Lebenslehre gegen die Sophisten gerichtet gewesen, sofern sie durch ihren Subjektivismus und Relativismus die allgemeinen moralischen Gesinnungen verwirrten und verdarben, so richtet sich nun Platon gegen sie als Verderber der Wissenschaft. Beiderseits hatten die Sophisten so leichtes Spiel und übten sie eine so schädliche Wirksamkeit, weil es, wie an einem echt ethischen Leben überhaupt, so an einem echt wissenschaftlichen Leben noch fehlte. Nämlich insofern, als beiderseits alle Vernünftigkeit eine bloß naive halbe oder gar nur scheinbare war, jedenfalls keine solche, die aus letzter Zielklarheit und Klarheit über die rechten Mittel entsprungen war.

Durch den hohen Ernst nun, mit dem Platon die theoretische Skepsis der Sophisten zu überwinden sucht, wird er zum Vater aller echten und strengen Wissenschaft. Er wird es dadurch, dass er in tiefdringender Kritik ihrer mannigfachen paradoxen Argumentationen gegen die Möglichkeit einer objektiv gültigen Erkenntnis und einer jeden Vernünftigen verpflichtenden Wissenschaft, eben die Möglichkeit solcher Erkenntnis, solcher Wissenschaft durch Aufklärung ihres echten Wesens ergründen und damit in eins eine objektive Wissenschaft selbst endgültig begründen will. Vor allem ist er der eigentliche Schöpfer der Idee des im prägnantesten Sinne echten Wissens und echter Wissenschaft; und das ist die im eigensten Wesen der Erkenntnis selbst angelegte oberste Zielidee. In eins damit wird er zum Schöpfer des Problems und der Wissenschaft von der Methode, nämlich als der Methode, dieses oberste Ziel in aktueller Erkenntnis zu realisieren. Echte Erkenntnis, echte, d. i. begrifflich strenge Wahrheit und Seiendes in wahrem Sinn, werden zu Korrelaten. Der Gesamtinbegriff aller echten Erkenntnis bzw. aller begrifflich strengen Wahrheiten bildet eine theoretisch verbundene Einheit, die einer einzigen Wissenschaft, und das ist die Philosophie. Ihr Korrelat ist die Totalität alles wahrhaft Seienden.

Eine neue Idee der Philosophie als universaler und absolut gerechtfertigter Wissenschaft tritt damit, die ganzen weiteren Entwicklungen bestimmend, auf den Plan. Es deutet sich schon hier, an diesem Anfang einer neuen Epoche, an, dass eine Philosophie erst möglich ist aufgrund einer prinzipiellen Erforschung der Bedingungen der Möglichkeit einer Philosophie. Darin liegt, als wie in einem lebendigen Keim beschlossen, die in Zukunft bedeutungsvolle Idee einer notwendigen Begründung und Gliederung der Philosophie in zwei Stufen: einer radikalen, sich in sich selbst rechtfertigenden Methodologie, als Erster Philosophie, und einer auf sie in allen ihren rechtfertigenden Begründungen zurückbezogenen Zweiten Philosophie.

Aber auch noch in anderen Beziehungen ist Platon Bahnbrecher prinzipieller Ideen allerhöchster Dignität. Er erkennt, dass die Idee des Einzelmenschen nicht loszutrennen ist von der Idee der menschlichen Gemeinschaft, deren Urzelle offenbar die Familie ist. Er nennt das Gemeinwesen, und in Hinblick auf die normale Entwicklungsgestalt des Staates, eben den Staat, den „Menschen im Großen". Er ist hier offenbar geleitet von der natürlichen, das Denken und Handeln des praktisch-politischen Lebens beständig bestimmenden Vorstellungsweise, welche die Gemeinde, Stadt, Staat analog wie einzelne Menschen als denkend, wertend, handelnd, als so etwas wie eine Personalität ansieht. Eben damit wird Platon zum Begründer der Sozialethik als der vollen und wahren Ethik, der gegenüber alle Individualethik nur eine abstrakte Absonderung ist. Dabei darf, wie gleich zu betonen ist, der Begriff der Ethik keine verengende Bedeutung von bloßer Moral erhalten und nur Titel sein für eine Wissenschaft von einem wahrhaft vernünftigen Leben überhaupt bzw. einer vernünftigen Menschheit überhaupt. Die Idee der Sozialethik hat aber, wenn wir, wie bisher immer, den Blick auf das prinzipiell Allgemeine richten und von allen besonderen Gehalten und besonderen Lehren absehen, bei Platon eine ausgezeichnete Form, wesentlich bestimmt durch seine prinzipielle Idee der Philosophie, und diese Form ist selbst von höchster prinzipieller Bedeutung. Nämlich, hatte Sokrates das vernünftige Leben auf ein letzt sich rechtfertigendes, also absolut einsichtiges Wissen gegründet, so tritt nun bei Platon für dieses Wissen die Philosophie, die absolut gerechtfertigte Wissenschaft ein. Andererseits aber für das vernünftige Leben statt des Einzellebens das Gemeinschaftsleben, statt des Einzelmenschen der Mensch im Großen. So wird also die Philosophie zum rationalen Fundament, zur prinzipiellen Bedingung der Möglichkeit einer wahrhaft vernünftigen Gemeinschaft bzw. eines wahrhaft vernünftigen Gemeinschaftslebens. Ist das bei Platon auch nur in Bezug auf die Idee einer griechischen Polis durchgedacht, so ist die universale Extension auf die Idee einer beliebig weit zu fassenden und schließlich die ganze irdische Menschheit überhaupt umfassenden Gemeinschaft leicht zu vollziehen, soweit irgendeine Menschheit durch Gemeinschaftsbande geeinigt zu denken ist. Auch hier liegt, sehen wir dann, ein bedeutsamer Keim vor für eine Idee von oberster prinzipieller Dignität: Nämlich es ist damit der Idee einer neuen Menschheit und Menschheitskultur die Bahn eröffnet, einer Menschheit und Kultur aus philosophischer Vernunft. In höchster und letzter Ausgestaltung wäre es eine Menschheit, die sich voll bewusst und willentlich in der strengen Philosophie platonischen Sinnes das universale Vernunftorgan schaffte und mittels dieser Philosophie nun ein wahrhaft philosophisches Leben, ein Leben aus echter praktischer Vernunft auf die Bahn brächte. Oder, was dasselbe: Statt das Gemeinschaftsleben laufen zu lassen, wie es läuft, und Kultur werden, wachsen zu lassen, wie sie eben wächst, soll nun, und so will es die Menschheit in sich selbst, eine neue und wahre Kultur, eine Kultur aus reiner Vernunft, begründet und durchgeführt werden. Das philosophisch-wissenschaftliche Tun wird so selbst zu einem Zweig des ethischen Tuns und zugleich zum notwendigen Mittel jedes ethischen Tuns überhaupt, und das in sozialethischem Sinne verstanden, der den individualethischen in sich schließt.

Wiefern solche Ideen in der Tat Möglichkeit und Ewigkeitssinn in sich tragen und eine oberste ethische Bedeutung gewinnen, werden wir selbst später zu erwägen haben. Hier sollte nur darauf hingewiesen werden, wie bei Platon schon Philosophie und ethische Kultur, ethische Gemeinschaft in eine eigentümlich bedeutsame Beziehung treten.

⟨§ 9. Das Wiederaufleben des antiken Geistes des wissenschaftlichen Radikalismus in der Philosophie Descartes'⟩

Doch verweilen wir hier nicht und auch nicht bei der unvollkommenen Auswirkung der platonischen Intentionen in den vielen Jahrhunderten der Folgezeit und des Mittelalters und wenden wir uns sogleich zu Descartes. In ihm lebt von Anfang an das platonische Ideal der Philosophie in scharfer Ausprägung wieder auf. Schon in seinen *Regulae* werden von ihm die beiden Grundforderungen, die der vollkommenen Rechtfertigung und die der Universalität, lebhaft betont; das letztere unter Hinweis auf die Einheit der Vernunft als dem einheitlichen Quell aller möglichen Erkenntnisse. In eins mit dem hat er das bestimmte Bewusstsein vom unphilosophischen Dogmatismus aller überlieferten und zeitgenössischen Philosophie und, was dasselbe sagt, von der Naivität aller überlieferten und in seiner Zeit selbst betriebenen Wissenschaften. Denn die von Platon ausgehenden philosophischen Bewegungen umspannen die Entwicklung aller Wissenschaften. Auch da, wo man die Geschichte der einzelnen Wissenschaften auf die vorplatonischen Zeiten zurückverfolgt, muss es gesagt werden, dass es sich um Vorformen handelt und dass z. B. auch die vorplatonische Mathematik erst ihr spezifisch und eigentlich wissenschaftliches Gepräge von der Philosophie her gewinnt. Die Auffassung aller Wissenschaften als Zweige der Philosophie, die eben universale Wissenschaft ist, erhält sich auch noch lange über Descartes hinaus, und erst am Ende des 18. Jahrhunderts, und vor allem im 19., setzt sich eine Sonderung zwischen positiver Wissenschaft und Philosophie durch. Mit welchem Recht, und in welchem Sinne mit Recht, das wird in unseren weiteren Betrachtungen von selbst mitentschieden werden.

Jetzt interessiert uns, dass also Descartes nicht nur überhaupt diesen traditionellen Universalbegriff der Philosophie übernimmt, sondern auch den spezifisch platonischen Begriff, der sein Schwergewicht in dem Element absoluter Rechtfertigung hat, mit einer Art Urkraft erneuert. In seinem Sinn sind die überlieferten Wissenschaften keine echten Philosophien, sie entbehren der echten, bis ins letzte sich rechtfertigenden Rationalität, selbst die von Descartes vor allen Wissenschaften geschätzte Mathematik nicht ausgenommen. Daher sind sie dem Skeptizismus gegenüber machtlos, ganz so wie schon die Wissenschaften oder die Philosophie des Altertums. Dass der Skeptizismus, nachdem er mit der Sophistik einmal auf den Plan getreten war, nie wieder ausgestorben ist, sondern die Entwicklung der Philosophie, der Wissenschaften als beständiger Geist der Verneinung begleitet und dass er immer neue Wendungen nimmt, immer neue höchst geistreiche Argumente findet, die Möglichkeit einer Philosophie, ja selbst die Möglichkeit einer objektiv gültigen Mathematik zu bestreiten, ist jedenfalls ein Zeugnis dafür, dass die Philosophie nicht das war, was sie im Geist des Platon sein sollte, eine universale Wissenschaft aus absoluter Rechtfertigung. Sie hätte dann imstande sein müssen, alle skeptischen Paradoxa reinlich aufzulösen und ihren Widersinn zu zwingender Klarheit zu bringen, und sie hätte, recht begründet, einen ernstlichen skeptischen Betrieb ganz unmöglich machen müssen.

Descartes' Größe ist es, dass er wieder, so wie Platon, den Skeptizismus (ohne sich im Übrigen mit seinen historischen Ausprägungen auseinander zu setzen) ernst nimmt und dass in ihm der antike Geist des Radikalismus, und zwar als bewussteste Entschlossenheit, bis ins letzte radikal denken zu wollen, wieder erwacht. Sehr bedeutsam ist aber auch die besondere Art, wie Descartes die Philosophie und die Erfüllung der ihr zugehörigen Grundforderungen zur Lebens- und Gewissensfrage des philosophierenden Subjekts macht; und damit hängt der ganz merkwürdige Stil der *Meditationes* zusammen, in dem Descartes – wir werden davon bald genauer sprechen – die Methode, seine Grundforderung, radikal zu erfüllen sucht, die eigentümliche Art, in der er den skeptischen Subjektivismus, der alle Philosophie leugnet und ihre prinzipielle Möglichkeit überhaupt leugnet, durch einen absoluten Subjektivismus zu überwinden sucht, der Philosophie allererst möglich mache und in die Bahn einer endgültigen, absolut begründeten Wissenschaft bringt und der keineswegs bloß zufälliger literarischer Stil des Autors ist.

Man kann, und das ist für uns von Interesse, die subjektivierende Wendung, die sich bei Descartes vollzieht, unter dem Gesichtspunkt der Ethik betrachten und als eine erkenntnisethische interpretieren, obschon gleich beigefügt werden muss, dass Descartes selbst sie nicht als das einführt. Denn in etwas unterscheidet sich sein philosophisches Ethos doch vom Platon'schen; denn sein Philosophieren vollzieht sich nicht mehr wie das Platon'sche in der spezifisch ethischen Einstellung und Absicht. Mit anderen Worten: die theoretische Philosophie verselbständigt sich. Also nicht mehr ist wie bei Platon die letztleitende Idee die der Humanität, die der Vernunft, also letztlich der Philosophie bedarf, um echte Humanität werden zu können, die sich im philosophischen Menschen individuell verkörpert, im philosophischen Menschen, der nicht bloß Wissenschaftler ist, sondern nur zunächst

Theoretiker, Wissenschaftler und dadurch vernünftig geleiteter ethischer Mensch überhaupt.

Immerhin hat doch der Radikalismus des Descartes in der Denksphäre dieselbe Form, die auch durch eine ethische Gesinnung gefordert wird, eine Form, die sich, worauf wir Wert legen wollen, auch wirklich ethisch interpretieren oder unterbauen lässt. Das kann in folgender Weise geschehen. In dem Sinn der absolut ethischen Forderung liegt gewissermaßen als regulatives Urbild beschlossen eine eigentümliche Form des menschlichen Lebens. Der Mensch – das sage jetzt immer der Einzelmensch oder auch der „Mensch im Großen", die vergemeinschaftete Menschheit – der Mensch, sage ich, darf nicht dabei bleiben, sozusagen naiv in den Tag hineinzuleben. Er muss einmal ethisch erwachen, sich besinnen und jenen radikalen Entschluss fassen, durch den er sich selbst erst zum wahren, dem ethischen Menschen macht. Der Entschluss geht dahin, mit allen Kräften nach einem neuartigen Leben (einem Leben neuer allgemeiner Form, eines neuen Stils) zu streben, einem Leben aus einem absolut klaren, sich vor sich selbst absolut rechtfertigenden Gewissen.

Dasselbe gilt im Besonderen vom erkennenden Menschen; es gilt, wenn überhaupt Erkenntnis und Wissenschaft anzuerkennen ist als eine der großen menschheitlichen Funktionen, die als „Beruf" zu erwählen und kontinuierlich zu betätigen ein eigenes Recht hat im universalen Rahmen eines ethischen Lebens. Unbeschadet der Einschränkungen, welche das ethische Recht der Erkenntnisbetätigung erfährt durch die ethische Rücksichtnahme auf das Mitrecht anderer Wertfunktionen unter den wechselnden Umständen, ergibt sich hier eine analoge regulative Idee als spezifisch erkenntnisethische; nämlich soll ein der Erkenntnis hingegebenes Leben überhaupt ein ethisches Recht, also letztzuvertretendes Recht haben können, so muss es ein in der Idee der echten und wahren Erkenntnis zentriertes Leben sein. Es darf also nicht ein Erkenntnisleben sein und bleiben wollen in naiver Erkenntnishingabe an die Sachen, sondern es muss sich für den Erkennenden hinsichtlich seiner Echtheit durchaus rechtfertigen. Auch hier ergibt sich die Forderung der radikalen Besinnung und eines universalen, das ganze Erkenntnisleben bindenden Entschlusses, des Entschlusses, ein Erkenntnisleben durchaus mit der bewussten

Zielrichtung auf Echtheit der Erkenntnis, also auf allseitige und letzte Erkenntnisrechtfertigung anzustreben, ein neues, „echt" wissenschaftliches Leben in einer bewussten und jederzeit zu vertretenden Normgerechtigkeit. Wir können auch sagen: ein Leben aus einem absolut klaren theoretischen Gewissen, jeder Selbstprüfung standhaltend. Die Konsequenz dieses Entschlusses ist der universelle Umsturz aller voranliegenden, nicht aus der Intention auf absolute Rechtfertigung entsprungenen Überzeugungen. Offenbar ist auch diese Idee, wie einzelmenschlich, so als sozialmenschlich zu konstruieren und im letzteren Falle zurückzubeziehen auf die universale Verständigungs- und Wirkungsgemeinschaft der speziell erkenntnisethisch aufeinander angewiesenen, zu wechselseitiger Förderung berufenen Wissenschaftler.

Der soeben deduzierte „Umsturz" erinnert uns an Descartes. In der Tat, geleitet von einer wesentlich selben, wenn auch nicht ethisch charakterisierten Gesinnung, erfüllt also von demselben wissenschaftlichen Radikalismus, fordert Descartes den universellen Umsturz im Reich der eigenen Vormeinungen von allen *qui serio student ad bonam mentem*,[1] oder wie er sich äquivalent ausdrückt, die die *universalis sapientia* anstreben, das höchste Erkenntnisziel.

In der Tat, das ist das erste, was die Phänomenologie, wie an Platon, so an Descartes bewundert und was zugleich ihr eigenes philosophisches Ethos charakterisieren mag: dieser wissenschaftliche Radikalismus bis aufs Letzte, der sich nicht mit Halbheiten begnügen will, wo nur das Ganze das Gesollte und auch das allein Hilfreiche ist. Sie meint ganz ernstlich: Diesen radikalen Entschluss zum neuen Anfang wie zum Umsturz muss „einmal im Leben" jeder vollziehen, der Philosoph im wahren und echten Sinn werden und sein will. Durch diesen Entschluss schafft jeder sich selbst zum Philosophen um.

„Philosoph" ist, wer als Wissenschaftler sich ganz und gar in den Dienst der Idee letztgerechtfertigter, auf eine *universalis sapientia* gerichteter Erkenntnis stellt, einer Erkenntnis, die er aus absolut klarem intellektuellen Gewissen jederzeit vertreten kann. In die Wirklichkeit tritt der Philosoph notwendig als anfangender,

---

[1] R. Descartes: *Regulae ad directionem ingenii*, regula 8. – Anm. des Hrsg.

allererst werdender. Denn das neue Ziel ist zunächst ein vages und fernes, völlig unbestimmt noch die etwa hinführenden Wege. Das notwendig Erste für den anfangenden Philosophen sind daher *„meditationes de prima philosophia"*, Besinnungen über das Wesen jener absolut echten Erkenntnis und über die möglichen und notwendigen Wege ihrer Erzielung. Hier liegt ein Neues, was wir an Descartes bewundern, die geniale Art, solche *meditationes* entworfen zu haben als methodische Besinnungen des werdenden Philosophen über den möglichen Anfang einer Philosophie als absolut gerechtfertigter Erkenntnis, Besinnungen, die, prinzipiell durchgeführt, als echte Erkenntnis, sozusagen als die Eingangspforte der Philosophie ihren dauernden Bestand behalten müssen.

Freilich versagte Descartes, wo es galt, diesem Geiste des Radikalismus in wirklich radikaler Weise genugzutun. Der Cartesianische Anfangsweg entbehrt der prinzipiellen Strenge und verliert sich unvermerkt in Abwege. Daher stammt all das Unheil, das er über die neuere Philosophie gebracht hat; freilich in eins mit dem Segen, der von den gesunden Kernmotiven, trotz aller Selbstmissverständnisse, im Verborgenen ausstrahlte, indem sie fortgesetzt auf eine Transzendentalphilosophie hindrängten.

Unser Interesse soll es jetzt sein, den sozusagen echten Cartesianischen Weg zu konstruieren und dabei jenen wertvollen Kerngehalt der ersten *Meditationes* des großen Denkers auf die Höhe prinzipieller Reinheit und zwingender Notwendigkeit zu erheben. Dieses tun heißt nichts anderes als die radikale Methode der neuen Phänomenologie, die der phänomenologischen Reduktion entwickeln. Es handelt sich hier um den Weg zum *ego cogito*, womit also gesagt ist, dass diese „Reduktion" Reduktion auf dieses Ego ist – aber freilich auf ein Ego, das Descartes nur berührt, aber alsbald missdeutet hat.

⟨§ 10. Der prinzipielle Sinn der Cartesianischen Maxime der Zweifellosigkeit und das Ideal einer absoluten Evidenz⟩

Versetzen wir uns in die Cartesianischen *Meditationes* und in die uns durch sie zugemutete prinzipielle Einstellung. Die prinzipielle Tendenz wollen wir, ohne uns an Descartes zu binden, aufs Äußerste erstrecken. Wir dürfen also hinfort nicht mehr im kommunikativen Plural sprechen. Jeder Mitphilosophierende muss für sich selbst philosophieren und sich sagen: Der Anfang ist mein Anfang. Ich fasse als dieses sich erkenntnisethisch besinnende Ich den radikalen Entschluss, der mich zum Philosophen machen soll; ich will ein neues Erkenntnisleben beginnen, mein Erkennen soll von nun ab ein vollkommen gerechtfertigtes sein, und als Philosoph will ich versuchen, eine absolut begründete Universalwissenschaft ins Werk zu setzen. Demgemäß beginne ich mit einem universellen „Umsturz" aller meiner bisherigen selbst erworbenen oder überkommenen Überzeugungen. Das sagt nicht, ich gebe sie preis, sondern nur, sie erhalten jetzt für mich den Index der Fraglichkeit, sie sind für mich bis auf Weiteres Vor-Urteil. In das neu anzulegende Grundbuch meiner Erkenntnis soll keine hineinkommen, es sei denn, dass ich sie neu gebildet, in absolut gerechtfertigter Weise begründet habe.

Wie gewinne ich nun aber einen Anfang, eine erste absolut gerechtfertigte Erkenntnis oder Erkenntnissphäre, einen ersten Erkenntnisboden, auf den ich mich absolut sicherstellen, von dem aus oder auf dem ich eine absolut gerechtfertigte „Philosophie" begründen kann?

Doch ehe ich ernstlich an das Werk des Anfangs herantrete, muss ich mir erst hinreichend darüber klar sein, was ich eigentlich unter dem Titel „absolute" oder „vollkommene Rechtfertigung" will. Das erste muss Zielklarheit sein, ohne die meine ganze erkenntnisethische Umwendung im Vagen und Wertlosen verbliebe. Warum bedarf es eigentlich des Umsturzes, warum genügt mir mein bisheriges vorwissenschaftliches und wissenschaftliches Erkennen nicht? Wie komme ich dazu, mir unter dem Titel „absolute Rechtfertigung" ein alles künftige Erkennen reformierend⟨es⟩ Ziel zu setzen? Die Selbstbesinnung, die erste aller Besinnungen, die mir hier die Antwort gibt, knüpft notwendig an die Begriffe von Erkenntnis und Wissenschaft an, die ich mir in meinem bisherigen Leben erworben habe, und an Erfahrungen, die ich in diesen Sphären gewonnen habe. Diese Erfahrungen darf ich freilich nicht als Aussagen für Wirklichkeiten in Anspruch nehmen. Ich habe ja noch nicht erwogen, ob nicht solche Erfahrungen, also diese Erinnerungen an mein vergangenes Urteilen, täuschen. Nur exemplarische Möglichkeiten will ich mir durch sie geben lassen, sie zu voller Klarheit gestalten und sie eventuell auch frei umgestalten. Ich will mir ja darin bloß klare Begriffe gestalten, und zwar kulminierend in einem klaren Begriff von absoluter Rechtfertigung.

Mich selbst besinnend sage ich mir also: Aktuelles Erkennen ist Urteilen, aussagend oder nicht aussagend Glauben, eines Seins, Soseins Gewisssein. Erkenntnis haben ist bleibende Überzeugungen haben, die sich in Urteilsakten aktualisieren. Erkenntnisse im prägnanten Sinn sind aber nicht beliebig wie erworbene Überzeugungen, sondern ursprünglich begründete, nämlich intuitiv aus einem Sehen oder Einsehen geschöpfte Überzeugungen. Solche Überzeugungen bzw. Urteile glaube ich vor mir und jedermann vertreten, nämlich jederzeit durch Erneuerung der Begründung rechtfertigen zu können. Im Rückgang auf Sehen oder Einsehen habe ich, was ich gegebenenfalls glaube, urteilend vermeine, in anschaulicher Selbstgegebenheit, ich habe es in seiner Selbstheit vor Augen, erfasse es selbst. Der Charakter der Richtigkeit, der dem so auf Anschauung, auf Einsicht bezogenen Urteil ursprünglich evident anhaftet, gibt auch der nachbleibenden Überzeugung bzw. jedem sie aktualisierenden Urteilen einen Richtigkeitscharakter, der auf die frühere Einsicht und auf die Möglichkeit einer erneuten Evidentmachung hindeutet.

Indessen, nun gedenke ich auch der nicht seltenen Fälle, in denen meine Begründungen nicht standhalten, in denen meine Erkenntnisse den prätendierten Charakter der Endgültigkeit, der ein für alle Mal bleibenden Richtigkeit, einbüßten. Die Evidenz der Begründung hinderte nicht, dass ich nachträglich dazu kommen konnte, neue Evidenzen zu gewinnen, denen gemäß ich das vordem Begründete preisgeben musste als nicht seiend oder nicht so seiend, und ich musste dabei tiefer evident erkennen, dass die alte Begründung eine mangelhafte und die neue die vollkommenere, die rechtmäßig vorzuziehende sei. Es gibt also mangelhafte Evidenzen, unzureichende Begründungen, oder vielmehr, da ich kein Faktum voraussetzen will, ich muss mir sagen, dass sie möglich sind. Ich will vollkommen zureichende, absolut standhaltende, solche, von denen ich sicher sein kann, dass sie nie preisgegeben werden müssen. Was recht ist, muss ein für alle Mal recht bleiben, was rechtgebende Evidenz ist, soll ein für alle Mal rechtgebende Evidenz bleiben, nur wiederholbar, aber prinzipiell nicht aufzuheben. Und dessen muss ich absolut gewiss werden können. Aber wie soll ich das? Offenbar so, dass ich, auf sie selbst reflektierend, mich rein intuitiv und adäquat davon überzeuge, dass in ihr nichts gemeint ist, was nicht in ihrem intuitiven Gehalt wirklich in seiner Selbstheit gegeben ist; dass also im Sinnesgehalt meines Urteilens und Aussagens durchaus nichts mehr übrig ist, was ich eben bloß vermeine, statt dass ich es, durchaus diesem Sinn adäquat angepasst, in seiner Selbstheit habe und erfasse. Vollkommene Evidenz, die eine Überzeugung vollkommen rechtfertigende, ist also adäquate Evidenz. Dass sie das ist, kann ich auch wieder nur erkennen in einer zweiten, reflektiven, nachprüfenden adäquaten Evidenz. Offenbar gehört dazu aber auch eine andere Probe, die des Durchgangs durch Negation oder durch Zweifel. Eine vollkommene Evidenz als absolut Selbstgegebenes kann nicht negiert werden; dass es nicht sei, ist angesichts der Evidenz absolut ausgeschlossen, was wieder nur besagt: Das Nicht-Nichtsein und ebenso das Nicht-zweifelhaft-Sein ist seinerseits in adäquater Evidenz zu erfassen. Dasselbe besagt: Im Durchgang durch Negation und Zweifel tritt der apodiktische Charakter des adäquat Evidenten hervor.[1] Wir können daher jetzt ebenso gut von adäquater wie von apodiktischer Evidenz sprechen.

Diese notwendige Selbstbesinnung führt uns also schließlich auch zum echten, prinzipiellen Sinn der Cartesianischen Maxime der Zweifellosigkeit, die er ohne nähere Erörterung als Äquivalent für eine vollkommene Rechtfertigung benützt. Dies geschieht indes in Form seiner bekannten Methode, alles als ungerechtfertigt abzuweisen, was den mindesten Anlass zu einem Zweifel abgeben könnte. Wie notwendig die prinzipielle Besinnung aber ist, zeigt die mehr als bedenkliche Art, wie Descartes nachträglich die Evidenz theologisch rechtfertigen will. Doch es ist für uns nicht wichtig genug, hier in die Kritik einzutreten. Interessanter für uns ist die Beobachtung, wie schon die erste philosophische Besinnung auf eine Reflexion über das Wesen der Evidenz führt und darauf führt, dass in einer reflektiven Evidenz das Wesen vollkommener und unvollkommener Evidenz geklärt werden muss und nur so geklärt werden kann. Und sogleich sehen wir:

---

[1] Vgl. Beilage V: *Zum Begriff der Zweifellosigkeit* (S. 383). – Anm. des Hrsg.

Unausweichlich steht das Ideal einer absoluten Evidenz als einer adäquaten Selbstgebung am Anfang aller Philosophie, ja schon als die erste Zielidee, die ein wirkliches Anfangen einer Philosophie ermöglichen soll.

Doch gehen wir wieder in die meditierende Einstellung und somit in die Ichrede über: So notwendig dieses Prinzip des Anfangs ist, so groß sind die Schwierigkeiten, in die es mich verwickelt. Ich fühle sie im Voraus. Denn wenn das das Ideal ist, so kann die Philosophie, die ich als strenge Wissenschaft, als Wissenschaft aus vollkommener Rechtfertigung suche, nichts anderes sein als ein System von Erkenntnissen, welche sämtlich von Anfang bis Ende aus adäquater Intuition geschöpft sind. Nicht die leiseste Aussage darf ich als Philosoph machen, die ich nicht adäquat, also auch apodiktisch rechtfertigen kann; ihre Negation muss als absolute Unmöglichkeit und absolute Zweifellosigkeit einleuchten.

Ich erschrecke vor diesem Radikalismus, und doch sehe ich, dass ich nur so und nicht anders beginnen muss. Es steht mir ja frei, mich dareinzufinden, dass eine Evidenz, die mich heute dessen versichert, dass der und der Sachverhalt besteht, morgen durch eine neue Evidenz übertrumpft und entwertet wird durch eine Evidenz, die mich dessen versichert, dass nicht dieser, sondern ein anderer Sachverhalt besteht. Aber dann verzichte ich eben auf Philosophie oder, was dasselbe, auf echte Wissenschaft, die, was immer dabei sonst Wissenschaft bedeuten mag, jedenfalls absolut gerechtfertigte Erkenntnis sein will. Will ich Philosophie, so muss ich echte Erkenntnis für möglich halten, ich muss also an den Limes gehen, ich muss am Anfang die Limesidee einer absolut adäquaten Evidenz konzipieren und von ihr als normative Idee mich leiten lassen. Gefühlte Schwierigkeiten dürfen mich nicht feige machen. Ich muss vielmehr sehen, wie weit ich mit diesem Ideal als praktisches Prinzip komme.

⟨4. Kapitel

Die phänomenologische Reduktion auf den apodiktisch evidenten Erfahrungsboden des Cartesianischen *ego cogito* als der transzendentalen Subjektivität⟩

⟨§ 11. Das hodegetische Prinzip des Anfangs⟩

Es ist nun die Frage, wie ich zu einem wirklichen Anfang komme, in welcher Richtung ich ihn suchen soll, eine erste Erkenntnis oder einen ganzen Grundstock erster Erkenntnis von absoluter Rechtfertigung.

In Erinnerung an meine früheren, jetzt allerdings mit dem Index der Fraglichkeit behafteten Erkenntnisse wird es klar, dass, wie Urteile überhaupt, so Evidenzen und in vollkommener oder unvollkommener Evidenz vollzogene Begründungen, mittelbar oder unmittelbar sein können. Auch wenn mich die Erinnerung hinsichtlich der Fakta täuschen sollte, so vergegenwärtigt sie mir jedenfalls doch absolut evidente Möglichkeiten für diese Unterscheidung. Ich kann mir nun auch absolut evident machen, dass die mittelbaren in den unmittelbaren fundiert sind und somit in ihrer rechtfertigenden Nachprüfung von ihnen abhängig sein müssen. Hierdurch ersehe ich auch, dass ich als Erstes nach **unmittelbaren, ja völlig unmittelbaren adäquaten Evidenzen** suchen muss, die sich als solche auch unmittelbar in der reflektiv rechtfertigenden Nachprüfung ausweisen. Ihnen entsprechend gewinne ich dann auch, als am Anfang allein zulässig, **unmittelbar adäquat begründbare Aussagen**, nämlich solche, die sich den unmittelbar adäquaten Gegebenheiten direkt und adäquat anpassen.[1] Darin liegt, dass ich die Bedeutungen der Worte dieser Aussagen, ohne Rücksicht auf vorgängige Tradition, nach dem adäquat selbstgegebenen Ursprung orientiere, gewissermaßen neu bilde. Ich nenne das eine ursprüngliche adäquate

---

[1] Bestimmende Urteile, in denen sich ⟨intuitive Gegebenheiten⟩ unmittelbar als explizite entfalten.

Deskription. So ergibt sich als hodegetisches Anfangsprinzip dieses, dass der Anfang eine adäquate Erfahrung oder eventuell ein ganzer Grundstock adäquater Erfahrungen sein muss. Als solche müssen sie den Charakter der Apodiktizität haben, der Ansatz des Nichtseins oder auch des Vielleicht-Nichtseins jedes so Erfahrenen muss als absolute Unmöglichkeit charakterisiert sein, nämlich wiederum aufgrund einer unmittelbar apodiktischen Evidenz.[1] Ebenso müssen also meine ersten Urteile Erfahrungsurteile sein, und zwar Urteile rein adäquater Deskription.

Wie soll ich mir nun einen solchen apodiktisch evidenten Erfahrungsboden verschaffen? Das ist jetzt die Frage. Als Kenner Descartes' aus und nach meinen einleitenden Vordeutungen wissen wir schon, dass es sich um das *ego cogito* handelt, um diese trivialste Trivialität für den philosophisch Blinden, um dieses Wunder aller Wunder für den philosophisch Sehenden und Verstehenden. In der Tat, es ist das Quellgebiet aller Rationalität, aller Wirklichkeiten und Möglichkeiten, aller Welten.

Folgen wir nun ein Stück dem Cartesianischen Gedankengang,[2] der sehr zu seinem Schaden die prinzipiellen Vorfragen unerörtert gelassen hatte. Seinem Hauptzuge wollen wir jetzt weiter folgen, und zwar unter beständigen Umbildungen im Sinne prinzipieller Notwendigkeit, bis zum *ego cogito*.

⟨§ 12. Die Ausschaltung der äußeren Wahrnehmung als nicht im prinzipiellen Sinne evidente⟩

Mit gutem Grund beginnt Descartes nicht damit, ohne weiteres sein *ego cogito* als absolut zweifellose Erkenntnis in Anspruch zu nehmen, sondern vielmehr erst vorher die Zweifelsmöglichkeit der sinnlich erfahrenen Welt, also die Unmöglichkeit einer absoluten Rechtfertigung ihrer Erfahrungsgewissheit zu erweisen. Das geschieht nicht aus dem bloßen Grund, weil der natürlich gerichtete Erfahrungsblick zuerst die objektive Welt trifft und dann erst

---

[1] Vgl. Beilage VI: *Evidenz und mögliches Nichtsein* (S. 384). – Anm. des Hrsg.
[2] Vgl. hierzu und zu den folgenden §§ Beilage VII: *Zur neuen Redaktion des egologischen Gedankengangs* (S. 387). – Anm. des Hrsg.

sich zurückbiegend (reflektierend) dem eigenen Ich sich zuwendet; sondern weil die natürliche und von vornherein allzeit bereite Evidenz des „Ich bin" nicht diejenige ist, welche philosophisch in Frage kommt und welche nur vermöge der methodischen Ausschaltung der Erfahrungsevidenz bzw. der durch sie gewissen Weltexistenz resultieren kann. Und nur dann resultiert sie mit dem von aller Objektivität gereinigten rein subjektiven Gehalt, mit jenem reinen Ich, das wir als das im phänomenologischen Sinne transzendentale kennen lernen werden.

Beginnen wir also mit der Welt und der äußeren Erfahrung. Gehen wir in die Ichmeditation wieder zurück, so hätte sie jetzt also wieder so anzuheben: Wo finde ich meinem hodegetischen Prinzip gemäß eine Gegebenheit aus apodiktisch evidenter Erfahrung? Natur ist uns im wachen Bewusstsein beständig und in unmittelbar anschaulicher Gewissheit ihres Daseins und Soseins gegeben, gegeben durch äußere Wahrnehmung. Jener allgemeine Umsturz unserer Vorurteile hemmt nicht den Verlauf dieser Wahrnehmung mit ihrem so klaren Bewusstsein leibhaften Daseins dieser mannigfaltigen Dinge um mich her, dieser Tiere, dieser Nebenmenschen usw. Es scheint also, dass ich es hier mit einer beständig fließenden Evidenzquelle zu tun habe, über die ich, da sie unbetroffen bleibt, frei verfügen darf. In der Tat, hier zu zweifeln wäre lächerlich, wäre ganz unvernünftig.

Genauer besehen ist aber keine objektive Wahrnehmung in jenem apodiktischen Sinn evident, den ich für den Anfang einer absoluten Erkenntnis fordern musste. Ich überzeuge mich: Während ich soeben, und wann immer, Raumdinge, und mit noch so großer Vollkommenheit, erfahre, sie gründlich besehe, betaste usw., ist die Möglichkeit ihres Nichtseins, also auch ihres Zweifelhaftseins, prinzipiell nicht ausgeschlossen. Keinerlei apodiktische Unmöglichkeit hemmt den Gedanken, dass, was ich soeben, im klarsten Bewusstsein, es leibhaft selbst zu erfassen, wahrnehme, und in völliger Einstimmigkeit wahrnehme, nicht sei; immerfort bleibt es ja offen, dass sich meine Wahrnehmung im späteren Fortgang zu weiteren Wahrnehmungen in einen „Schein", in ein „Traumgebilde" auflöse. Für das, was sich mir dann als „normale Wahrnehmung" bietet, gilt wieder dieselbe Möglichkeit nachkommender Entwertung, und so ohne Ende. Danach ist es kein Widersinn, sondern eine immerfort und notwendig bestehende Möglichkeit, den ganzen Bereich der noch so vollkommenen objektiven Erfahrungsgegebenheiten als nichtseiend zu denken, trotz ihrer Erfahrenheit und ohne Erwägung der eventuellen Rechtsgründe, die ich später vielleicht für die Existenz dieser Dinge und der ganzen objektiven Welt finden kann. Genug, dass sie, wie ich nun im Voraus weiß, soweit sie Erfahrungsgründe sein sollten, keine absoluten Rechtsgründe sein können; genug, dass ich dessen zweifellos gewiss bin, dass der in der sinnlichen Erfahrung liegende Erfahrungsglaube prinzipiell nicht als absolut, als apodiktisch zu rechtfertigen ist, nicht aus der Evidenz der Erfahrung selbst.

Mit Adäquation überzeugen wir uns auch davon leicht, dass der äußeren Wahrnehmung der Vorzug der adäquaten Evidenz nicht zukomme; und wir überzeugen uns davon selbstverständlich dadurch, dass wir reflektierend Wahrnehmungsmeinung und in ihr evident Gegebenes vergleichen. Es ist dann sofort klar, dass der Wahrnehmungsglaube weiter reicht als was jeweils als wirklich Gesehenes vorliegt. Wie eifrig wir das Wahrnehmen fortsetzen mögen, immer ist Wahrnehmung ein Gemisch von Gesehenem und Nicht-Gesehenem, und darum braucht eben das Wahrgenommene nicht zu sein.

Halten wir das Resultat fest, dass keine einzige raum-dingliche Erfahrung den Charakter einer adäquaten absolut selbstgebenden gewinnen kann und erst recht also nicht die universale Erfahrung, die mir die unendliche Natur als unmittelbare Gegebenheit darbietet. Oder, was dasselbe: Mag meine äußere Erfahrung eine noch so vollkommene sein, sie schließt die Möglichkeit des Nichtseins des Erfahrenen, also schließlich der ganzen Welt nie aus. Das betrifft aber nicht bloß die rein physische Naturerfahrung; sondern auch die in ihr fundierte Erfahrung vom Animalischen und speziell vom Psychischen braucht kein Erfahrungsding zu sein, obschon ich es klar erfahre, so auch kein erfahrener Leib, kein Mensch, kein seelisches Leben irgendwelchen Leibes. Nichts davon ist in apodiktischer Evidenz erfahren. Nach dem Prinzip des Anfangs darf nichts davon für mich da sein, das volle und ganze Weltall muss in meinem Umsturz mit einbegriffen sein mit der gesamten, nicht bloß physischen, sondern auch psychophysischen objektiven Erfahrung.

⟨§ 13. Die apodiktische Evidenz der phänomenologischen Wahrnehmung gegenüber der mundanen und die universale Ausschaltung aller Stellungnahmen⟩

Kann mir nun überhaupt noch etwas übrigbleiben? Kann es überhaupt eine Erfahrungsart geben, die adäquat ⟨ist⟩, die ihre Erfahrungsobjekte in apodiktischer Gewissheit darbietet, also in einer Weise, dass diese Erfahrung das Nichtsein des Erfahrenen apodiktisch unmöglich macht? Umschließt das Weltall nicht das All des Erfahrbaren, das All des individuellen Seins überhaupt? Wir antworten in beständiger prinzipieller Modifikation des Cartesianischen Gedankenganges: Die apodiktisch erwiesene Möglichkeit des Nichtseins des Weltalls, das ich soeben erfahre, und während ich das tue, berührt in keiner Weise das Faktum dieser Erfahrung; genauer: das Faktum, dass ich diese und diese Dinge, in der und der Weise sich gebend, diese Raumwelt, mit diesen Körpern, Menschen usw. erfahre.

Mag diese Welt nicht sein, die ich da fortlaufend erfahre, das ist absolut evident, dass ich sie erfahre, dass mir diese Dinge da als wahrgenommene gegeben sind, dass sie erscheinen, wie sie erscheinen, jetzt unklar und dann etwa klar, jetzt in der und dann in anderer Perspektive usw., und dass ich sie wahrnehmend jetzt als räumliche Wirklichkeiten glaube. Das ist aber apodiktisch gewiss, wenn ich eben von dem naiven Erfahren dieser Dinge dieser Welt in die Reflexion übergehe; und ich kann jederzeit reflektieren auf das „Ich nehme das und das wahr und nehme es in der und der Erscheinungsweise wahr". Dieses Reflektieren ist ein neuartiges Wahrnehmen, eine Wahrnehmung von den Dingwahrnehmungen und ihren Gehalten. Nennen wir die eine Wahrnehmung die naturale oder überhaupt mundane Wahrnehmung, so mag die neue reflektive Wahrnehmung als phänomenologische oder auch egologische bezeichnet sein; in ihr ist der Gegenstand das „Phänomen" der Hauswahrnehmung, Tischwahrnehmung usw. bzw. dieses *ego cogito*, dieses „Ich nehme dieses Haus, diesen Tisch u. dgl. wahr". Diese phänomenologische Wahrnehmung ist absolut unaufhebbar, die Tatsache, die sie erfasst, erfasst sie als eine apodiktisch evidente, als adäquat gegebene Tatsache. So Wahrgenommenes zu leugnen, ist apodiktisch unmöglich. Reflektierend finde ich „Ich bin das und das erfahrend" und bin absolut, wenn ich diesen Ausdruck „Ich bin" adäquat deskriptiv verstehe.

Aber nun breitet sich der Bereich dieser apodiktischen Erfahrung alsbald endlos aus. Mich an meine Reise, an Menschen, an Gespräche u. dgl. wiedererinnernd mag es sein, dass all das Traum, dass es wirklich nicht war; aber an dieser Tatsache der Wiedererinnerung kann ich, sie als dieses jetzige Erlebnis erfassend, absolut nicht zweifeln. Und so, wenn ich denke, dass ich denke, wenn ich evident oder nicht evident urteile, mathematisiere u. dgl., dass ich so und so urteile, wenn ich Gefallen an etwas habe, begehre, fühle, will, dass ich so ⟨begehre usw.⟩. Ob mein Erinnern und Erwarten, mein jeweiliges theoretisches Denken, ob mein ästhetisches Stellungnehmen, ob mein Begehren und Wollen richtig oder unrichtig, vernünftig oder unvernünftig ist, gut oder schlecht, das darf jetzt, wo ich die apodiktische Evidenz der egologischen Wahrnehmung, der Wahrnehmung vom *ego cogito* feststelle, nicht in Frage sein. Nicht auf Recht und Unrecht meines *cogito* darf diese Evidenz im mindesten erstreckt werden; die Stellungnahmen, die urteilenden und wertenden Meinungen, die Willensmeinungen, die ich jeweils unter dem Titel *ego cogito* vollziehe, mögen wie immer beschaffen sein; eventuell mögen sie eine Evidenz in sich haben, aber ihre Evidenz ist nicht die Evidenz der egologisch reflektierenden Wahrnehmung. Was diese apodiktisch feststellt, ist bloß die Tatsache, dass ich so und so erfahre, mich erinnere, denke, fühle, will, dass ich dabei die und die Stellungnahmen vollziehe mit den und den Charakteren, die ihnen tatsächlich zu eigen sind. Prinzipiell muss ich also beachten, dass jedes solche *cogito* sein *cogitatum* hat, zu dem es so und so Stellung nimmt, dass ich aber in der reflektiven egologischen Einstellung keine dieser Stellungnahmen zum *cogitatum* als geltend mit aufnehmen darf, dass ich keine mitmachen darf. Nur die Phänomene als Fakta, nur die in ihnen beschlossenen Stellungnahmen als Fakta konstatiere ich und darf ich konstatieren, wenn ich die rein egologische Tatsachensphäre gewinnen will. Derart also gewinne ich einen reinen Fluss apodiktisch zweifelloser und jederzeit erfassungsbereiter Tatsachen, deren universaler Cartesianischer Titel *ego cogito* heißt oder, wie wir aus guten Gründen

dafür sagen werden, die transzendentale oder absolute
Subjektivität.
   Die Ausschaltung der jeweils natural erfahrenen Welt ist danach
ein Sonderfall der universalen Ausschaltung aller Stellungnahmen,
die wir in jedem *cogito* vollziehen müssen, um es als reines Phänomen, als absolute egologische Tatsache zu gewinnen.

⟨§ 14. Die Ausschaltung auch der inneren Wahrnehmung als zur
mundanen Erfahrung gehörig. Zurückweisung des
Cartesianischen Psychologismus⟩

   Indessen, es hatte guten Grund, warum wir den Nachweis der
möglichen Nichtexistenz der Welt, während sie erfahren ist, so
sorgfältig führten; denn es gibt kein anderes, sicher kein eindring-
licheres Mittel, um das Übergleiten in den nur zu natürlichen Psychologismus und Naturalismus zu verhüten, der die transzendentale Subjektivität, wie das schon bei Descartes geschehen ist,
psychologisiert als „*mens sive animus sive intellectus*" und damit
schon im ersten Anfang den Zugang zu einer echten Transzendentalphilosophie und Erkenntnistheorie verbaut. Allzu rasch ist er
dabei, traditionelle Begriffe anzuwenden, deren Inhalt er nicht
selbst und direkt aus der apodiktischen Evidenz der neu eröffneten
Erfahrungssphäre geschöpft hatte, Begriffe, die das reine Residuum der phänomenologischen Reduktion alsbald mit einem vor-
urteilsvollen Sinn beladen, ganz entgegen dem Prinzip absoluter
Zweifellosigkeit. Doch eben dieses Prinzip hatte sich Descartes
nie zu reflektiver Klarheit gebracht, er war nie zur Stufe emporge-
stiegen, auf der ihm rein apodiktische Evidenz das Prinzip der
apodiktischen Evidenz als das ein philosophisches Streben radikal
beherrschendes ergeben hätte. An diesem Grundmangel liegt es,
dass er die transzendentale Subjektivität mit seinem *ego cogito*
zwar berührt und sie doch eigentlich nicht entdeckt hat, ebenso
wie er im Schlafwandel den Weg der phänomenologischen Reduktion durchläuft, aber selbst keine Ahnung von dem hat, was
hier prinzipiell vorliege und mit all dem zu leisten sei.
   Hier ist also der entscheidende Punkt, der philosophische
Scheideweg. Der Unterschied zwischen egologischer Erfahrung
und mundaner Erfahrung ist keineswegs der übliche Unterschied

zwischen äußerer und innerer Erfahrung. In der Tat, im ganzen Sinn unserer Ausführungen liegt: Die apodiktische egologische Wahrnehmung ist prinzipiell unterschieden von aller mundanen Erfahrung, die letztlich immer fundiert ist ⟨in⟩ physischer Erfahrung. Und danach ist das apodiktisch evidente Ego, konkret gesprochen die transzendentale Subjektivität, keineswegs die empirisch-introspektiv erfasste „Seele". Die Psychologie ist selbst mundane Wissenschaft, Wissenschaft vom menschlichen und tierischen Seelenleben, also von Tatsächlichkeiten der Welt. Alle psychologische Erfahrung, Selbsterfahrung wie Fremderfahrung, hat ihrem eigenen psychologischen Sinn gemäß eine Fundierung in naturaler, in somatologischer Erfahrung. Wer den Ansatz macht, die erfahrene Welt existiere nicht, wer radikal dabei bleibt, keinerlei Urteilsstellung zu ihrem Dasein zu nehmen, der hat der Psychologie so wie allen mundanen Wissenschaften den Boden unter den Füßen weggezogen, der hat alles Psychologisch-Psychische, Seelische ebenso verloren wie alles Physische. Aber, wie wir zeigen werden, hat er eben damit der Phänomenologie und Philosophie den Boden bereitet. Jedenfalls die Welt mit allen „Seelen" und auch mit meiner Seele haben wir außer Spiel gesetzt durch die „phänomenologische Reduktion"; aber reduziert haben wir auf das echte *ego cogito*. Die mögliche Nichtexistenz der Welt, zur Hypothesis verwendet, sie sei nicht, lässt unberührt übrig eben diese transzendentale Tatsachensphäre und zeigt zugleich, dass diese absolut ist und in sich geschlossen ist und schlechthin unabhängig ist von Existenz oder Nichtexistenz der Welt, also in keiner Weise zu ihr gehört.

Nur so gewinnen wir also die transzendentale Subjektivität in ihrer Eigenheit und Reinheit als eine Subjektivität, die ohne Widersinn nie das Thema der Psychologie werden kann, die selbst in ihr Phänomen ist. Man darf hier nicht wie Descartes auf halbem Weg stehen bleiben, was also heißt, ans Ziel überhaupt nicht kommen. Man darf nicht damit sich begnügen zu sagen: Ich als das absolut evidente Ego bin natürlich nicht Ich dieser Mensch. Denn mein Leib ist selbst nur sinnlich erfahren und braucht nicht zu sein, ich schalte ihn aus, mache ihn zu meinem bloßen Phänomen. Also bin ich reine Seele oder gar, wie Descartes weiter sagt, *substantia cogitans*. Mit dem Leib wird auch die Seele zum bloßen Phänomen. Inhibieren wir aber alle unter diesem Wort mitgemeinten naturalen und mundanen Stellungnahmen, dann ist von Psychologie und Seele keine Rede mehr.[1]

Das Prinzip der radikal werdenden Philosophie und das bleibende Prinzip der Phänomenologie ist der extremste Radikalismus der intuitiven Adäquatheit aller Feststellungen in allen systematischen Stufen. Auf der jetzigen Stufe sagt das: Nicht um eine Haaresbreite darf ich über das apodiktisch Gegebene der Reflexion hinausgehen und über seine adäquate und reine Deskription. Also jedes Wort, das ich aussage, jeder Begriff, den ich verwende, muss rein aus dem apodiktischen Wahrnehmungsbestand abgenommen sein. Ein Hereinziehen von Begriffen, die ich anders her habe, etwa gar aus philosophischer Tradition, von *mens, animus, intellectus, substantia cogitans*, das ist ein völliger Abfall von dem philosophischen Ziel, es ist eine Art philosophischer Todsünde. Demgemäß nehmen wir also jetzt als Resultat n i c h t m e h r, als was wir absolut vertreten können: Es gibt apodiktisch evidente reflektive Erfahrung, der ich mich methodisch durch jene eigentümliche Ausschaltung, wir nennen sie d i e p h ä n o m e n o l o g i s c h e R e d u k t i o n, versichere. In ihr gewinne ich einen absolut zweifellosen Erfahrungsboden, ein Seinsgebiet in sich, absolut in sich geschlossen, und zwar als Gegenstand reiner Wahrnehmung. Es ist, was es ist, ob die Welt existiert oder nicht existiert. Anderseits hütete ich mich zu sagen, es ist „außerhalb" der Welt, „getrennt" von der Welt, wie ich mich hüte zu sagen, es ist ein „Stück", ein „mir evident gegebenes Stück der Welt". Nur das darf ich sagen, dass zu dieser absolut gegebenen Sphäre von Wahrgenommenheiten alle meine Erfahrungen von der Welt rein als meine Erlebnisse gehören, und darin liegt eine Beziehung; was für eine, darüber kann ich jetzt noch nichts sagen.

Nun aber verlassen wir die Cartesianischen Meditationswege;

---

[1] Spätere Anmerkung Husserls: „Überhaupt bleibt als Residuum der gereinigten Cartesianischen Methode nicht etwa ein Stücklein der Welt übrig (nämlich meine pure Seele). Sondern das gesamte Weltall verfällt dem ‚Zweifel', oder besser gesagt, der möglichen Hypothesis des Nichtseins, und während von ihr schlechthin nichts übrig bleibt, bleibt doch, wie ich in apodiktischer Evidenz erschaue, eins völlig unbetroffen: Ich und mein reines Leben, darin beschlossen statt der Welt das Universum meiner Phänomene von der Welt – rein als der in ihnen, also von uns aus gesetzten." – Anm. des Hrsg.

weiter wäre es hoffnungslos, sie im Sinn absolut rechtfertigender ⟨Philosophie⟩ umgestalten zu wollen. Von nun ab werden wir ganz eigene Wege einschlagen müssen, die die einzig wahre Fortsetzung des zur Echtheit umgedachten Cartesianischen Anfangs sind.

⟨III. Abschnitt⟩

DAS REICH DER PHÄNOMENOLOGISCHEN ERFAHRUNG ⟨UND DAS PROBLEM IHRER APODIKTISCHEN RECHTFERTIGUNG⟩

⟨5. Kapitel

Das Reich transzendentaler Erfahrung als phänomenologisches Forschungsgebiet⟩

⟨§ 15. Die Notwendigkeit einer genaueren Betrachtung des egologischen Erfahrungsbereichs⟩

Versetzen wir uns wieder in die Einstellung der philosophischen Ichmeditation und in die Ichrede. Also ich, der werdende Philosoph, bin, sozusagen um meines erkenntnisethischen Seelenheiles willen, auf der Pilgerfahrt nach universaler und absolut gerechtfertigter Erkenntnis begriffen und habe das *ego cogito* erreicht als eine Sphäre apodiktisch evidenter Erfahrung.[1] Was kann ich damit theoretisch anfangen? Gilt es, den Wegen Cartesianischer Metaphysik ⟨zu⟩ folgen, also aus der mir angeblich zweifellos gegebenen Realität des eigenen Ich die „übrige reale Welt" mittelbar zu erschließen? Oder ist es auf eine spekulierende Ichmetaphysik abgesehen?

Das ist für mich ausgeschlossen. Ich will nicht spekulieren, sondern ganz ausschließlich aus den originalen Quellen adäquater

---

[1] Spätere Anmerkung Husserls: „Nicht die Erfahrung ist durchaus apodiktisch, aber apodiktisch ist das Ego als seiend mit einem Bestimmungshorizont, der nur zu kleinem Teil apodiktisch ist." – Anm. des Hrsg.

Anschauung schöpfen. Nur das, was ich schauend direkt erfasse, in adäquater Weise selbst gegeben habe, soll mein Grund sein. Nur da her darf das rechtfertigende Prinzip jedes Denkschritts genommen sein.

Was wir andererseits gegen Descartes schon gesagt haben, das verschließt uns *eo ipso* all seine weiteren Wege und alle von ihm sich ableitenden „kritischen Realismen". Das Ego ist nicht eine der Realitäten, nur für mich durch adäquate Evidenz ausgezeichnet. Es ist das Gegebene der phänomenologischen Erfahrung, die ihre Kraft dadurch gewinnt, dass alle naturale Erfahrung und somit alle Realitätserfahrung außer Kraft gesetzt ist. Das Ego ist also keine Realität und kein möglicher Übergang für Realitätsschlüsse, die immer nur von Realem zu Realem laufen können und an die „natürliche Einstellung" gebunden sind.

Wie will ich nun weiterkommen? Es ist klar, ehe ich weiter überlegen kann, was ich an dem *ego cogito* habe, wiefern es als Boden einer Wissenschaft tauglich sei, muss ich es mir näher ansehen. Und in der Tat, es tut sehr Not, mich im egologischen Erfahrungsbereich umzutun. Denn er ist mir ein völlig Fremdes. Das Reich der mundanen Erfahrung war mir, dank der unermüdlichen Erfahrungsarbeit der Kinderjahre, nach ihrer konkreten Typik wohlvertraut, lange ehe ich an Erfahrungswissenschaften herantrat; und ohne reich durchgebildete Erfahrungskenntnis hätte es nie zu einer Erfahrungswissenschaft kommen können. Andererseits habe ich aber niemals reine Phänomene erschauen und in ihrer eigentümlichen Typik kennen- und beschreiben gelernt. Erst die phänomenologische Reduktion hat mir, der ich vordem nur als natürlicher Mensch unter Menschen und in der Welt gelebt hatte, das phänomenologische Auge geöffnet und mich gelehrt, das Transzendental-Subjektive zu erfassen. Ich muss mich also erst umsehen und ein wenig in dem neuen Reich orientieren. Freilich, eine gar lange phänomenologische Kinderzeit wird mir nicht erspart sein, wenn ich weitreichende Kenntnis, über die ich nachher theoretisch verfügen kann, gewinnen will.

⟨§ 16.⟩ Nähere Beschreibung der phänomenologischen Reduktion.
⟨Der phänomenologisch Reflektierende als „unbeteiligter
Zuschauer"⟩

Zur Sicherung der Reinheit aller Erfassungen und Beschreibungen muss ich dabei beständig die unverbrüchliche Regel der phänomenologischen Reduktion oder, wie wir auch sagen, die der phänomenologischen Epoché, der phänomenologischen „Einklammerung" im Auge behalten: 1. nämlich bei jedem Übergang in die Ichreflexion, mit der ich zunächst nur ein psychologisches oder psychophysisches Weltfaktum gewinne, muss ich jede Mitsetzung objektiven realen Seins unterbinden, und das in jeder möglichen Richtung, also an dem jeweiligen „Ich denke das und das, ich begehre, tue das und das, ich gehe spazieren usw." sowohl bei dem Titel Ich wie bei dem Titel Spazieren, Denken, nach Ruhm, nach Nahrung Begehren u. dgl. Nur das pure Erleben als Tatsache, das, was unangefochten bleibt, auch wenn ich annehme, es sei keine Welt, ist das apodiktische, das transzendentale „Phänomen" der Phänomenologie. 2. Aber nicht nur jede Seinssetzung der Welt und jede sonstige urteilende Stellungnahme in Bezug auf sie schalte ich so aus, sondern überhaupt jede Stellungnahme, die im jeweiligen *cogito* selbst liegt.[1] Nur die Tatsache, dass ich so und so urteile, so und so werte, die und die Zwecke mir stelle usw., fixiere ich, nur sie ist mein Phänomen. Nur sie ist in der phänomenologischen Reflexion apodiktisch gewiss. Die Stellungnahme aber, die im Urteil selbst, in der Wertung selbst, in der Zwecksetzung selbst liegt, mache ich nicht mit. Miturteilen, Mitwerten, überhaupt Mit-Stellung-Nehmen, das heißt wahrgenommene Gegenstände, den geurteilten Sachverhalt, den gefühlten Wert usw. als wahrhaft seienden Sachverhalt, als wirklichen Wert setzen. Es heißt, etwas als seiend setzen, was nicht zum adäquat erschaubaren Bestand des *cogito* selbst gehört. Wahrnehmend, urteilend, wertend usw. meine ich das und das. Nur dieses wahrnehmende, urteilende, wertende Meinen, das konkrete meinende Erleben ist das Faktum, das die phänomenolo-

---

[1] Spätere Hinzufügung Husserls: „also auch jede des Gemüts und des Willens" – Anm. des Hrsg.

gische Reflexion rein und in überall gleicher Weise und ⟨als⟩ apodiktisch evidente Tatsache herausstellen kann. Ob das wahrgenommene Ding wirklich existiert, ob der gemeinte Sachverhalt zu Recht besteht, ob der vermeinte Wert ein wirklicher Wert ist, ist jetzt nicht in Frage, und sicher ist jedenfalls, dass Dinge, dingliche Güter und so die ganze erfahrene, gedachte, gewertete Welt selbst im meinenden Erlebnis (im wahrnehmenden, urteilenden usw.) nicht als reelle Komponente enthalten sind.[1] Denn das Nichtsein der Welt berührt ja nicht das Sein dieser reinen Erlebnisse. Das gilt für alles über den reellen Gehalt hinaus Gemeinte. Will ich gegebenenfalls das reine Phänomen gewinnen, so muss ich zunächst überhaupt alles „ausschalten", was darin als Seiendes, Wahres, Rechtes gesetzt ist, d. i. ich als Phänomenologe darf nicht miturteilen, mitwerten usw.

Diese Unterbindung aller im natürlichen und zu reinigenden *ego cogito* liegenden Stellungnahmen nennen wir die p h ä n o m e n o l o g i s c h e E p o c h é. Auch die bildliche Rede von der Einklammerung, die wir viel gebrauchen, ist damit verständlich. Wo immer ich in die reflektive Einstellung übergehe, ein Stück gelebtes Leben, ein Wahrnehmen, Urteilen etc. in der Gestalt „Ich sehe", „Ich urteile" erfasse und eventuell ausspreche, da bringe ich im Geiste sofort einen Index der Ausschaltung, eine Klammer an, als Symbol, das da mahnt, in jeder Hinsicht an diesem ersten „Ich denke" die Epoché zu üben, weil ich erst dadurch das phänomenologische Datum *ego cogito*, die transzendentale Tatsache, gewinne.

Diese Regel der Einklammerung mahnt mich zugleich, schlechthin keine der natürlichen Aussagen in das phänomenologische Gebiet einzuschmuggeln. Verwehrt ist jede Aussage über ein Wahrgenommenes schlechthin, über das Gewertete schlechthin, Bezweckte schlechthin usw., wie sie d e r n a t ü r l i c h - n a i v e M e n s c h, im Wahrnehmen, im Werten, Streben lebend, ohne weiteres und geradehin ausspricht, denn dabei spricht er über die Dinge, die existierenden, über dieses Schöne, jenes Nützliche in einer Weise, die all das als Seiendes, Wahres setzt. Ich als Phäno-

---

[1] Spätere Anmerkung Husserls: „Aber nicht immer ist Welt gewertet und die Sachverhalte sind eventuell ideal." – Anm. des Hrsg.

menologe darf keine anderen Aussagen machen als solche der Ichreflexion. Ich darf nicht sagen: „Der Himmel ist blau", sondern höchstens „Ich sehe, dass der Himmel blau ist". Das tut oft auch der naive Mensch. Aber wenn er gelegentlich in reflexive Einstellung übergeht, bleiben diese Setzungen erhalten.[1] Aber nur dadurch, dass ich nicht nur auf mein soeben naiv gelebtes *cogito* reflektiere, sondern in eins damit alle darin gelegenen Setzungen unterbinde, also Epoché übe, verwandelt sich die **natürliche Reflexion in die phänomenologische Reflexion**, und speziell, was hier allein in Frage ist, in die phänomenologische Wahrnehmung, in der das *ego cogito* als rein transzendentale Tatsache heraustritt. Nur als dieser „**unbeteiligte Zuschauer**" meines natürlichen Icherlebens kann ich darin mein absolutes Sein und Wesen erschauen.[2]

Nun ist es aber wichtig zu beachten, dass mit der Einklammerung nicht etwa das Eingeklammerte aus dem Bereich der phänomenologischen Betrachtung einfach verschwindet. Vielmehr, in der Modifikation, die das Bild der Klammer zugleich andeutet, gehört doch wieder alles Eingeklammerte mit zum transzendentalen Phänomen und zu seinem ganzen unabtrennbaren Wesensbestand. Das wird am Beispiel klar. Sehe ich in den blühenden Garten hinaus und freue ich mich an der Frühlingspracht, so ergibt die Reflexion als transzendentales, als absolut egologisches Faktum eben dies „Ich sehe das und das", „Ich freue mich" u. dgl., wofern ich nur nicht mitglaube, mitwerte, nämlich als phänomenologischer Zuschauer. Ob dieser Garten existiert oder nicht existiert, und mag die ganze Welt nicht existieren, das reine Phänomen „Ich nehme wahr" bleibt bestehen; aber es bleibt auch bestehen das

---

[1] Spätere Veränderung und Hinzufügung Husserls: „Ich als Phänomenologe darf keine derartigen ‚geradehin' laufenden Aussagen machen; die mir allein verstatteten sind solche in der Ichreflexion. Aber bloße Reflexion tut es nicht. Es genügt nicht, gegebenenfalls statt ‚Der Himmel ist blau' zu sagen: ‚Ich sehe jetzt, dass der Himmel blau ist.' Denn in dieser Art reflektiere ich und jedermann auch als natürlich praktischer Mensch. Es ist klar, dass, wer im natürlichen Leben in die reflektive Einstellung und Aussage übergeht, nicht aufhört geltend zu machen, für die anderen und für sich selbst als gültig hinzustellen, was ihm vor der Reflexion geradehin gegolten hat und was er irgend als geradehin aussagend als gültig hingestellt haben möchte." – Anm. d. Hrsg.

[2] Immer wieder geht das natürlich eingestellte Ich in die phänomenologische Einstellung des unbeteiligten Zuschauers und von dieser wieder in die natürliche zurück etc.

„Ich nehme diesen blühenden Garten wahr". Das Ganze steht in Klammer, ist reines Phänomen. Aber untrennbar gehört zum Wahrnehmen als solchem reinen Phänomen, dass es Wahrnehmen von dem darin so und so wahrnehmungsmäßig Vermeinten ist.
Ebenso gehört zum Schön-Werten dieses Gartens, dass es Werten dieser bestimmten Gartenschönheit ist, und die Epoché gibt dem nur eine Klammer. Also zum phänomenologischen Wesen der Wahrnehmung gehört das „Wahrgenommene als solches", zu dem der Wertung das „Gewertete als solches", zum Begehren das „Begehrte als solches" usw., genau so, wie es eben darin Wahrgenommenes und sonst wie Bewusstes ist.

Jedes *cogito*, und zwar so genommen, wie es transzendental gereinigtes ist, wie es transzendentales oder phänomenologisches Datum heißt, ist also *cogito* seines *cogitatum*. Seines *cogitatum*, damit soll gesagt sein, es ist nicht ein beliebiges, sondern deskriptiv bestimmtes; mag der Garten ein Traumgarten, ein illusionärer sein, ich sehe ihn als diesen, in diesem Sehen so und so bestimmten und zu beschreibenden. Urteile ich, in der Mathematik schlecht unterrichtet, es gebe regelmäßige Dekaeder, so ergibt die phänomenologische Reduktion auf das transzendentale Phänomen eben dieses Urteilen als absolutes Erleben, und so ist darin als Geurteiltes die Existenz von regelmäßigen Dekaedern, in Klammern natürlich, also die geurteilte Existenz als geurteilte.[1] Ist das Urteilen ein evidentes, sagen wir 2 < 3, so ist das deskriptiv zum absoluten Phänomen selbst Gehörige eben dieses: evidentes Urteilen davon, dass 2 < 3 ist.[2] Aber auch hier habe ich als Phänomenologe diese Evidenzsetzung nicht mitzumachen, sondern nur als tatsächlichen Charakter des Urteilens oder des Geurteilten als solchen ins Auge zu fassen.

Das also gilt von jedem *cogito* oder in üblicher Rede von jedem „Bewusstsein". Jedes Bewusstsein ist Bewusstsein von dem in ihm Bewussten, und dieses Bewusste als solches, genommen genau so, wie es im Bewusstsein zu finden ist, gehört (in der Ein-

---

[1] Spätere Hinzufügung Husserls: „ohne Mitvollzug des Glaubens an die Existenz" – Anm. des Hrsg.

[2] Spätere Hinzufügung Husserls: „bzw. dieser Inhalt selbst so, wie er als evidenter charakterisiert ist" – Anm. des Hrsg.

stellung der Epoché) zum Bereich der transzendentalen Subjektivität. Also haben wir nicht, wie in der Cartesianischen Rede „*ego cogito*", einen Doppeltitel, sondern einen dreifachen, der in der Tat, wie sich herausstellt, dreifache, obschon miteinander untrennbar sich verflechtende Beschreibungen zulässt: *ego – cogito – cogitatum.*

⟨§ 17.⟩ Rohe erste ⟨Überschau über die mannigfaltigen⟩ Gegebenheiten der transzendentalen Subjektivität. (Egologisch-deskriptive Tatsachentypen)

Will man also die transzendentale Subjektivität oder, wie wir auch gerne sagen, das Reich egologischer Tatsachen kennen lernen, so muss man in unserer Methode und im Rahmen der reinen Anschauung, die sie ermöglicht, die transzendentale Subjektivität und ihr Bewusstsein selbst befragen und insbesondere einzeln jedes Bewusstsein selbst befragen nach dem, was in ihm das Bewusste ist und genau, wie es da Bewusstes ist. Bewusst ist irgendwelches Gegenständliche, ein Gegenständliches in Klammern, wir sagen „intentionaler Gegenstand", und dieses Gegenständliche hat, je nachdem das Bewusstsein ist, höchst mannigfaltige Modi der Gegebenheit, des „wie es da Bewusstes dieses Bewusstseins ist". Jeder intentionale Gegenstand, sagen wir, ist in mannigfachen „intentionalen Modis" bewusst. Das Bewusstsein als „intentionales Erlebnis", sagen wir, hat mannigfache intentionale Gehalte. Bald ist es bestimmt bewusst, bald unbestimmt, ⟨bald⟩ aufmerksam, ⟨bald⟩ nicht aufmerksam, bald klar, bald mehr oder minder unklar, bald anschaulich, bald leer ⟨und⟩ unanschaulich, bald bekannt, bald fremd. Bald ist es ein schlichtes Bewusstsein bzw. ein in schlichter Weise Bewusstes, bald ist es in fundiertem oder in einem synthetischen Bewusstsein Bewusstes und hat dann als Bewusstes seine eventuell sehr komplizierten Schichten und Strukturen. Ist das Bewusstsein ein anschauendes, so kann es wahrnehmendes Bewusstsein sein oder wiedererinnerndes oder vorerinnerndes oder anschauend durch Abbildung usw. Das anschauende kann eventuell aber auch ein nicht anschauendes in sich bergen bzw. Unterlage eines darauf geschichteten „ausdrückenden" Bewusstseins sein, eines sprachlichen Bewusstseins mit Wortlautbewusstsein, Bedeutungsbewusstsein, eventuell zugleich klar bezogen auf anschaulich Gegebenes.

Schon im ersten Überschlag stößt man auf mannigfaltige Titel, zunächst als Titel natürlich-psychologischer und logischer, ethischer, ästhetischer Reflexionsbegriffe, wie Erfahrung, Denken, begriffliches prädikatives Urteilen, Schließen usw., aber auch Fühlen, ästhetisch und ethisch Werten, Wünschen, Begehren, Wollen. Zunächst sind es lauter Titel natürlich-psychologischer Reflexion, deren jeder aber selbstverständlich einen möglichen Anlass gibt zu phänomenologischen Reduktionen und zu Erfassungen egologischer Phänomene und Phänomenstrukturen – bald solchen, die das Erlebnis selbst nach seinen reellen Beständen betreffen, bald seine intentionalen Gehalte, die intentionalen Modi, in denen das Gegenständliche bewusst ist.

Allerdings, was der natürlichen Reflexion gar einfach erscheint, das stellt sich, wenn man tiefer eindringt, bald als höchst verwickelt heraus. Und nicht nur ist die Fülle der Typen, auf welche uns schon jeder einzelne psychologische Titel leitet, eine übergroße; schon die einfachsten Titel, wie der der schlichten sinnlichen Anschauung und zunächst der Wahrnehmung, führen, sowie man nur ernst anfängt, in Urwälder verschlungener Analysen. Freilich muss man mühsam das reine Sehen lernen, d. i. lernen, alles Hineinmengen von Gedanken und Überzeugungen, die der natürlichen Einstellung entsprungen sind, zu vermeiden. Sowie man es darin im mindesten fehlen lässt, hat man die phänomenologische Deskription unheilbar verdorben.[1]

Beispielsweise: Es wäre ein ganz verkehrtes Vorgehen bei der äußeren Wahrnehmungsanalyse, wenn man, geleitet durch sensualistische Traditionen, damit anfangen wollte zu sagen: Wahrgenommen sind Komplexe von Sinnesdaten. Sinnesdaten sind – und in der Regel sogar falsche – Produkte einer theoretischen Analyse in psychologischer Einstellung. Aber der notwendige Anfang jeder phänomenologischen Beschreibung ist das konkret volle Phänomen, genau so wie es der unmittelbaren Anschau-

---

[1] Es fehlt ⟨eine⟩ Erörterung über die immanente Zeit als Form der „reellen Daten" und explizit⟨e⟩ Darstellung des Unterschieds zwischen reellen und immanenten Daten.

ung sich darbietet. Direkt muss nach unserer Methode jede Aussage aus der reinen Anschauung geschöpft werden. In dieser Hinsicht ist es klar, dass das Erste nicht ist: „Ich sehe Empfindungsdaten", sondern: „Ich sehe Häuser, Bäume" usw., „Ich höre von ferne her Glocken, einen Wagen rasseln" etc. Also in der Wahrnehmungsanalyse habe ich dieses Sehen als Sehen von Dingen zu befragen, inwiefern unter den Dingen oder an den Dingen als gesehenen, als in jedem anderen Sinne wahrgenommenen, so etwas vorkomme, was Sinnesdatum zu nennen wäre.

⟨§ 18. Die intentionale Analyse der Wahrnehmung. Kritik des Sensualismus am Beispiel dinglicher Wahrnehmungsanalyse und Betrachtung weiterer Wahrnehmungsphänomene⟩

Gehen wir dem ein Stück nach an irgendwelchen Exempeln von Dingwahrnehmungen. Machen wir dabei einen ersten noch ganz rohen Versuch eines Anfangs phänomenologischer Wahrnehmungsanalyse. Ich nehme etwa ein Haus wahr. Als Phänomenologe, als unbeteiligter Zuschauer schaue ich mir dieses Wahrnehmen an. Sehend bewege ich die Augen, trete einen Schritt vor oder zur Seite, trete heran und betaste usw. Geachtet sei auf das transzendental reine Phänomen des Sehens und wie das Gesehene sich rein phänomenologisch charakterisiert. Da bemerke ich, dass hier ein kontinuierlicher Wandel von Sehen und Gesehenem vorliegt. Kontinuierlich bin ich wahrnehmend auf das Haus gerichtet, das als eines immerfort wahrnehmungsmäßig vermeintes bleibt. Aber es, dasselbe Haus, sehe ich erstens in immer wieder verschiedener Weise, einmal jetzt von dieser, dann von jener Seite, und immer nur von irgendeiner Seite. Aber nicht bloß das, wir bemerken zweitens zugleich, dass das Ding in verschiedener Perspektive sich darstellt und dass auch jedes Merkmal, jedes gesehene Flächenstück und seine Färbung im wandelbaren Wahrnehmen seine Erscheinungsweise ändert. Dieselbe Flächengestalt und dieselbe unveränderte Farbe des als unverändert gesehenen Hauses sieht, wie wir zu sagen pflegen, sehr verschieden aus, je nach dem Standpunkt, von dem aus wir es sehen. Nun ist es klar: Die gesehene Dingfarbe, die des intentionalen Gegenstands, ist immerfort unterschieden von der Farbe, in der sie erscheint. Zum reinen Phänomen gehört beides: Die eine Farbe, die reelles Moment des momentanen Erlebnisses ist und im Fluss der Wahrnehmung sich ändert, können wir sehr wohl das Empfindungsdatum Farbe nennen. Die darin sich darstellende Dingfarbe aber ändert sich nicht, solange das Ding als unverändertes wahrnehmungsmäßig bewusst ist. Sie ist Farbe des intentionalen Gegenstands.

Die nähere Erforschung dieser Verhältnisse und der Fortgang der Wahrnehmungsanalyse würde ins Endlose führen; klar ist aber schon, dass man nicht so einfach mit Sinnesdaten, die man nie phänomenologisch herausgearbeitet hat, anfangen und sie wie eine selbstverständliche Sache behandeln kann. Eine rein deskriptive Einstellung in unserer Methode lässt bald hervortreten, dass es eine überaus komplizierte Intentionalität ist, welche Raumdinge und ihre Eigenschaften anschaulich möglich macht und dass die Art, wie das durch mannigfaltige Erscheinungsweisen, Perspektiven etc. zustande kommt, nicht eben leichte intentionale Analysen fordern dürfte.

In der Tat, fängt man einmal ernstlich an, so eröffnet sich eine endlose Mannigfaltigkeit von rein phänomenologischen Eigenheiten; so am intentionalen Naturgegenstand die mit dem Wandel der perspektivischen Erscheinungsweise Hand in Hand gehenden **Unterschiede der Orientierung**, des Hier und Dort, der Nähe und Ferne, die schließlich in den Fernhorizont übergeht; ferner die Rückbezogenheit aller Erscheinung auf die eigene **Leiblichkeit**, die in ihrer Sonderstellung eine Fülle eigener phänomenologischer Charaktere hat. **Mein** Leib ist ständiger Nullpunkt der Orientierung, das ständige Hier für alles Dort; er ist Träger der Sinnesfelder, ist frei beweglich in einem einzigartigen Sinn, seine kinästhetische Bewegungsart ist völlig anders als die mechanische der sonstigen erscheinenden Dinge. Er ist System von Wahrnehmungsorganen und als Wahrnehmungsleib bei allen wahrgenommenen Dingen beteiligt usw. All das ist hier nicht psychologisches noch physikalisches Thema, sondern ist unter strenger Epoché hinsichtlich aller Objektivität im Rahmen reiner Phänomene aufzuweisen und ⟨zu⟩ beschreiben.

Hierher gehört die phänomenologische Analyse der Einfühlung, der Art, wie fremdes Bewusstsein sich in einem fremden Leib ausdrückt, wobei es sich um eine intentionale Analyse des Bewusstseins „fremder Leib" und um die intentionale Analyse dieses „Ausdrucks" handelt. Das alles sind Titel für sehr umfangreiche Analysen.

⟨§ 19. Wiederholung und Zusammenfassung. Das Problem des Verhältnisses der Wahrnehmung zu anderen Erlebnistypen⟩

Führen wir die erste Umschau in der Sphäre der apodiktisch evident gegebenen transzendentalen Subjektivität fort. Wir haben in den letzten Vorlesungen die durch phänomenologische Reduktion eröffneten reinen Phänomene der äußeren Wahrnehmung bzw. die der egologischen Modi, in denen wahrgenommene Natur als solche sich gibt, ein wenig abgetastet, desgleichen die reinen Phänomene der eigenleiblichen Wahrnehmung bzw. die völlig eigenartigen Erscheinungsweisen des eigenen Leibes, schließlich die fremder Leiblichkeit und fremder tierischer oder menschlicher Subjektivität, wie sie sich in den wieder neuartigen, obschon in naturaler Wahrnehmung fundierten Einfühlungswahrnehmungen darbieten. Alles in allem hatten wir die Wahrnehmungsphänomene betrachtet, deren zusammenfassender Titel von der Seite der intentionalen Gegenständlichkeit her lautet: „Phänomene der **objektiven Welt**". Dieser selbe Titel bleibt offenbar erhalten, wenn wir anstatt Wahrnehmungen **Wiedererinnerungen**, vorerwartende Anschauungen, abbildliche Anschauungen, durch Zeichen in der Weise symbolischer Anzeige vermittelte Vorstellungen nehmen und desgleichen entsprechende unanschauliche Vorstellungen. Mit solchen Unterschieden hatten wir kurz andeutend begonnen; wir sehen jetzt an dem reichen Gehalt von Wahrnehmungsphänomenen, die wir zuletzt gewonnen haben, dass alles, was wir an ihnen beschrieben haben, eigentlich nicht spezifisches Eigentum der Wahrnehmungen ist. Jedes Ding, das ich wahrnehme, kann genau in den Erscheinungsweisen, in denen es Wahrgenommenes war, in Erinnerungen anschaulich gegeben sein, es könnte genau so abgebildet sein usw. Auch bei leerer Vorstellung gilt dasselbe. Wenn ich z. B. in einer Wiedererinnerung den Bertholdsbrunnen vergegenwärtigt habe, so erscheint er von einer gewissen Seite, in einer gewissen Orientierung, in gewissen

Aspekten usw. Wenn die Erinnerung unanschaulich wird oder, wie es oft der Fall ist, von vornherein unanschaulich war und bleibt, so ist das Objekt, der Brunnen, gleichwohl auch so nur in einer gewissen Orientierung usw. vorstellig, und tritt die entsprechende Anschauung auf, so kann ich eventuell sofort und mit Evidenz sagen: Auch vorher schon, in der Phase unanschaulichen Vorstellens, hatte ich den Brunnen von dem „Standpunkt" aus, in der Erscheinungsweise bewusst gehabt, obschon „leer".

Natürlich ergeben sich hier neue Fragen. Was besagt das, so wesentlich verschiedene Erlebnistypen, wie es Wahrnehmungen, Wiedererinnerungen, Bildanschauungen, Leervorstellungen sind, hätten in sich nicht nur denselben intentionalen Gegenstand bewusst, sondern auch dieselben Erscheinungsweisen von ihm? Man kann doch Wahrnehmungen, Erinnerungen u. dgl. nicht wie verschieden geformte Schachteln ansehen, die denselben Gegenstand, und den Gegenstand im selben Wie der Erscheinungsweise in sich stecken haben. Jede noch so versteckte Verdinglichung der intentionalen Erlebnisse (eine Verkehrtheit, von der der Sensualismus Humes und seiner Nachfolger nur die gröbste Form ist) führt schließlich auf Widersinn. Aber es wäre zu schwierig, hier solche Fragen wirklich tiefer behandeln zu wollen. Einiges hierher Gehörige werden wir aber doch bald kennen lernen dürfen.

⟨§ 20. Das synthetische Einheitsbewusstsein und sein Korrelat, der identische intentionale Gegenstand. Gegenstandspolarisierung vor dem Hintergrund der Zeitlichkeit des Erlebnisstroms⟩

Wir lenken jetzt unser Augenmerk auf ein neues universales Thema, auf das der Kant'sche dunkle Titel der Synthesis hindeutet. Knüpfen wir an unsere bisherigen Betrachtungen an, indem wir reflektieren, wie wir eigentlich unsere letzten Reihen von Ergebnissen gewonnen hatten. Wir halten also einen Gegenstand, etwa einen wahrgenommenen, fest und lassen wechselnde Wahrnehmungen, dann aber auch verschiedenes andersartiges Bewusstsein auf ihn bezogen sein, das sich dadurch zugleich kontrastiert. Also derselbe Gegenstand wahrgenommen, immer wieder anders wahrgenommen, nämlich nach verschiedenen Seiten, Aspekten etc., dann wiedererinnert, und etwa auch in wechselnden Wie-

dererinnerungen, dann im Abbild dargestellt usw. Nun ist es aber nicht zu übersehen, dass, wenn wir so von „demselben" Gegenstand, der in verschiedenen *modis cogitationis* bewusst sei, sprechen, und im Rahmen der phänomenologischen Reduktion
5 sprechen, hier nicht bloß eine wechselnde Kontinuität oder Diskretion von mannigfaltigem Bewusstsein verläuft, sondern dass diese Mannigfaltigkeit eine vereinheitlichte Bewusstseinsmannigfaltigkeit ist, ja dass das viele Bewusstsein in seiner Einheit auch ein Bewusstsein ist. Wir stoßen damit auf die Grundtatsache des
10 Einheits- und Identitätsbewusstseins, dessen Korrelat der eine und identische intentionale Gegenstand ist.

Jede einzelne Wahrnehmung und jede Phase in der Kontinuität einer fortgehenden Wahrnehmung hat, für sich und *in abstracto* betrachtet, ihren intentionalen Gegenstand. Die ganze Kontinuität
15 von mannigfaltigen und wechselnden Wahrnehmungen ist aber eine Wahrnehmung und hat einen intentionalen Gegenstand. Und geht die Wahrnehmung in sogenannte frische Erinnerung oder besser in Retention über, und taucht dann eine klare Wiedererinnerung auf, die sich auf die frühere Zeitphase des Gegenstands
20 bezieht, so geht durch all diese Bewusstseinsmodi in ihrer Vereinheitlichung hindurch der eine und identische intentionale Gegenstand; oder, wie wir dann im Vergleich der verschiedenen Phasen des einheitlichen Bewusstseins zugleich sagen: Jede in sich hat ihren intentionalen Gegenstand, aber zugleich in allen ist er der-
25 selbe, und er ist derselbe in dem ganzen Einheitsbewusstsein. Einheit, Selbigkeit ist bewusst durch ein höheres, in mannigfaltigem Bewusstsein fundiertes Bewusstsein, eben dem „synthetischen" Einheitsbewusstsein. Dieses kann also sehr verschieden gestaltetes, phänomenologisch sehr weit unterschiedenes Bewusstsein
30 verknüpfen und es doch so verknüpfen, dass, was in dem verschiedenen, und sehr verschiedenen, bewusst war, im ganzen bewusst ist als eines und selbes. Natürlich, nicht mit jedem beliebigen Bewusstsein lässt sich irgendein Bewusstsein synthetisch verbinden zu einem Einheitsbewusstsein. Andererseits aber ist kein
35 Bewusstsein isoliert. Zudem ist kein Bewusstsein, das nicht in sich selbst schon eine Kontinuität wäre und schon Phasen oder Teile unterscheiden ließe, die selbst schon Bewusstsein sind und in der Weise der synthetischen Einheit gegenständliche Einheit intentio-

nal konstituieren. Die Phasen und ebenso unterschiedene konkrete intentionale Erlebnisse, so können wir auch sagen, verschmelzen durch „Deckung" im Selben. Schon hier, wo wir schlichteste Gestalten intentionaler Erlebnisse, wie es die schlichten Objektwahrnehmungen, Objektvorstellungen jeder Art ⟨sind⟩, in ihren Einheitsfunktionen betrachten, tritt uns eine wunderbare Eigenschaft des Bewusstseins in seinem fortgehenden Strom hervor, die wir Polarisierung nennen werden. Überlegen wir doch wiederholt: Was immer für sich sich als ein *cogito*, als ein intentionales Erlebnis betrachten lässt, hat für sich seinen intentionalen Gegenstand. Aber eingehend in ein synthetisch-einigendes Bewusstsein mit anderem Bewusstsein, das wieder seinen intentionalen Gegenstand hat, kann das eine und andere in wunderbarer Weise heißen: derselbe Gegenstand.

Ich sage „⟨in⟩ wunderbarer Weise"; denn der Erlebnisstrom ist doch in der Form des zeitlichen Außereinander. Was nacheinander ist, in allen seinen Stücken getrennt, was jeder Phase in Teilen und Momenten zugehört, gehört ausschließlich ihr zu. Und doch soll der intentionale Gegenstand des einen Erlebnisses, das in einem Einheitsbewusstsein sich mit einem anderen Erlebnis vermittelt, mit dessen intentionalem Gegenstand identisch sein, und diese Identität ist sogar in vielen Fällen eine absolut evidente, wie z. B. in der Einheit einer kontinuierlichen Wahrnehmung und Retention. Wir sehen, dass hier ein merkwürdiger Unterschied klar hervortritt, nämlich zwischen dem, was den Erlebnissen „reell" einwohnt, in ihnen als reelles Moment enthalten ist, und dem, was ihnen als ein irreelles einwohnt.

Zunächst ist hier zu achten auf die Wesensform der phänomenologischen, zum *ego cogito* und seinem Fluss gehörigen Zeit. Die objektive Zeit, die wie der Raum Form der Natur ist, ist für uns eingeklammert. Aber die intentionalen Erlebnisse selbst haben ihre Zeitlichkeit, die ihnen verbleibt, auch wenn wir jede Setzung der Welt mit ihrer objektiven Zeit ausgeschaltet haben. Ein Erlebnis als ein in dieser „immanenten" Zeit (wie wir auch sagen) sich ausbreitendes, anfangendes und endendes hat in seiner Zeitstelle seine Individuation; ist es jetzt, so kann es nicht nachher sein, jede seiner Phasen hat ihre individuelle Zeitstelle. So überhaupt: Alles, was Teil des Erlebnisses ist, ist durch die Zeitstelle individuell fest gebunden. Es können also nicht zeitlich verschiedene Erlebnisse irgendeinen individuellen Teil gemeinsam haben. Im weitesten Sinne gehören zu den Teilen auch die individuellen unselbständigen Bestimmungen. Nennen wir alles, was an einem Erlebnis phänomenologisch-zeitlich gebunden ist, ein reelles Moment des Erlebnisses: Intentionale Erlebnisse haben dann aber nicht nur reelle Momente, sondern auch irreelle, so ihre intentionalen Gegenstände und alles, was unter dem Titel „Sinn" steht.

In gewisser Weise ist zwar der intentionale Gegenstand auch phänomenologisch-zeitlich gegeben. Wenn ich ein Haus wahrnehme, so ist der intentionale Gegenstand Haus während der zeitlichen Erstreckung des wahrnehmenden Erlebnisses von Phase zu Phase erscheinender Gegenstand. Die phänomenologische Zeiterstreckung der Wahrnehmung bedingt auch eine gewisse phänomenologische Zeiterstreckung des Wahrgenommenen, während immerzu die objektive Zeitdauer des Gegenstandes zum intentionalen Gegenstand selbst gehört. Aber die phänomenologische Zeitstelle bindet nur das intentionale Erlebnis und nicht den intentionalen Gegenstand. Er wird durch die Zeit nicht individuiert. Wenn wir mehrere Anschauungen von demselben Gegenstand, etwa mehrere Wiedererinnerungen vom selben nehmen, so sind sie ja zeitlich ganz und gar außer einander, haben reell gar nichts gemein, aber sie sind Wiedererinnerungen von demselben intentionalen Gegenstand, sie haben nichts reell Identisches, aber ein ideal Identisches. Wir können geradezu sagen: Die Beziehung auf intentionale Gegenständlichkeit besagt eine gewisse phänomenologisch aufweisbare Polarisierung der Erlebnisse. Jedes Erlebnis ist intentionales, sofern es als Bewusstsein von etwas in sich einen Pol hat, d. i. mit gewissen anderen, und ideell unendlich vielen, in Synthesen der Identifizierung treten kann, wobei im Einheitsbewusstsein bzw. Identitätsbewusstsein dieser ideelle Pol als Identisches, aber nicht als reell Identisches, sondern als Identisches der Meinung, des Sinnes zur Deckungseinheit kommt.

Die Deckung im Selben kann aber eine sehr verschiedene sein und der Selbigkeit einen sehr verschiedenen Sinn geben. Der intentionale Gegenstand kann ein konkreter Gegenstand sein, und so kann die Identität Identität dieses selben konkreten Gegenstandes sein. Wir haben dann totale Identität. Es kann sich aber auch die Intention auf eine gegenständliche **Eigenschaft** richten oder eine relative Beschaffenheit in der Beziehung auf einen anderen Gegenstand. Im Übergang des Bewusstseins vom Konkreten zum Eigenschaftsbewusstsein oder Relationsbewusstsein deckt sich aber in gewisser Weise das totale Bewusstsein vom konkreten Gegenstand mit dem Sonderbewusstsein vom Teil oder von der relativen Beschaffenheit, und wir haben neue Weisen identifizierender Synthese damit aufgewiesen. Solche Synthesen kommen nachher sprachlich in den prädikativen Sätzen zum Ausdruck, die freilich immer schon sehr komplexe Identitätssynthesen in sich eingewickelt enthalten. Jedes Ist weist in unbestimmt allgemeiner Weise auf eine Identitätssynthese hin, und so jede Stelle, jede Flexion, die durch ein Ist explizit auszudrücken ist.

Es tritt uns dabei auch auseinander: 1. Das **schlichte synthetische Einheitsbewusstsein**, das in jeder schlichten fortdauernden konkreten Wahrnehmung für sich liegt oder in einer ebensolchen Wiedererinnerung für sich, wobei kontinuierlich, also innerlich ungeschieden Selbstdeckung statthat; 2. jene **eigentlichen Synthesen**, wo konkret selbständige und getrennte Wahrnehmungen oder Wiedererinnerungen und beliebige sonstige intentionale Erlebnisse in eine Identitätsdeckung treten und das gegliederte **Identitätsbewusstsein**[1] „Das und jenes ist dasselbe" erwächst. Kontinuierliche Einheit und diskrete Identitätssynthese scheiden sich.

Im prägnanten Sinn pflegen wir nur im letzteren Fall von Synthesis der Identifizierung, oder einfacher von einem Identitätsbewusstsein zu sprechen. Aber jeder intentionale Gegenstand ist eigentlich schlechthin Gegenstand nur als Intentionales eines konkret abgeschlossenen Aktes, und ein solcher hat schon seine phänomenal zeitliche Erstreckung und somit darin schon eine kontinuierliche Selbstdeckung. Erst durch abstraktive Unterscheidung oder durch Heraushebung von einzelnen sich abhebenden Strecken der Kontinuität werden wir auf das in jedem Bewusstsein liegende Moment kontinuierlicher Deckung im Selben aufmerksam.

---

[1] Spätere Hinzufügung Husserls: „in prädikativ ausdrücklicher Fassung" – Anm. des Hrsg.

⟨§ 21. Gegenstandspolarisierung und Ichpolarisierung. Das Ich als absolut identisches Zentrum der *cogitationes*⟩[1]

Auf die „intentionalen Gegenstände", diese idealen Einheits- und Identitätspole wechselnder Bewusstseinssynthesen, auf diese irreellen Pole schon der einzelnen intentionalen Erlebnisse beziehen sich dann alle spezifischen Leistungen, Anteilnahmen, Affektionen, Stellungnahmen des Ich. Für das spezifisch Ichliche haben wir leider keinen Namen. Aber im Einzelnen können wir hinweisen auf das Affiziertsein des Ich durch das, was ihm bewusst wird, also durch den jeweils so erscheinenden, in den oder jenen Bewusstseinsmodis bewussten Gegenstand, dann ⟨auf⟩ das Sich-aufmerkend-Zuwenden und die verschiedenen Abwandlungen der Aufmerksamkeit, desgleichen ⟨auf⟩ Stellungnahmen wie die des Glaubens, des Wertens, wieder in verschiedenen Modis, ⟨auf⟩ die Strebensmodalitäten, wie Vermissen, Begehren, Wollen, Erzielen, ⟨auf⟩ explizierende, beziehende Tätigkeiten und kolligierende, eines und das andere Zusammengreifen in eine Vielheit, eines auf das andere Beziehen.

Indem wir diese nennen, werden wir zugleich darauf aufmerksam, dass phänomenologische Momente nicht nur aufweisbar sind erstens als reelle Momente des jeweiligen *cogito*, so wie es zeitverbreitetes Erleben ist, fürs Zweite nicht nur als ideelle Momente am *cogitatum* als dem intentionalen Gegenstand und dem Sinn, in dem er mit den und den Merkmalen bestimmt oder unbestimmt bewusster ist; vielmehr wird drittens auch das Ich zum eigenen Thema von Beschreibungen. Etwas kann mir bewusst sein, aber ich bin nicht dabei; es kann einen „Reiz" auf mich üben, wie ein scharfer Pfiff, der mich stört, während ich mich ⟨ihm⟩ doch noch nicht zuwende; er kann mich schließlich zu sich hinreißen; und nun geht nicht nur vom Gegenstand ein Zug, ein Reiz auf mich, sondern ich werde zum Ich, das von sich aus auf den Pfiff hinmerkt und für ihn sozusagen wach wird. Und nun wird das Ich zum Stellung nehmenden Ich. Von sich aus erfasst es den Gegenstand, expliziert, identifiziert, unterscheidet und verhält

---

[1] Vgl. Beilage VIII: *Ichpolarisierung, Gegenstandspolarisierung und Urstiftung des ethischen Ich* (S. 389). – Anm. d. Hrsg.

sich dabei als tätig glaubendes Ich, als Ich, das solches Tun in Gewissheit oder vermutend, für wahrscheinlich haltend usw. vollzieht oder tätig begehrend nach dem Vorgestellten strebt, realisierend eingreift oder sich nur entschließt.

Das Ich bezeichnet also eine eigenartige Zentralisierung oder Polarisierung aller *cogitationes*, und eine total andere als die intentionalen Gegenständlichkeiten; es ist das eine, absolut identische Zentrum, auf das alle in den *cogitationes* intentional beschlossenen Gegenständlichkeiten in Form von Affektion und Aktion bezogen sind. Wie das Ich, so modalisiert sich jedes *cogito* und jedes *cogitatum* je nach Art solcher Akte oder Affekte. Ich bin gewiss – der Gegenstand seinerseits steht da als gewiss seiend, ebenso in anderen Fällen als möglicher, als wahrscheinlicher, zweifelhafter, wieder in Gemütsakten als schöner, guter, als Zweck, als Handlungsziel, als Mittel usw.

Auf die spezifischen Akte, wie ⟨die⟩ wahrnehmenden, erinnernden, prädizierenden, wertenden bezieht sich dann der höchste phänomenologische Titel, der der Vernunft. Hierher gehört der Unterschied des sachfernen Vermeinens und des Selbsterfassens, Selbsterschauens, Einsehens – von Seiten des Gegenstands bezeichnet, das Eigentümliche der „Selbstgebung", der Unterschied des vollkommenen und unvollkommenen Erschauens und dann die mannigfaltigen phänomenalen Vorkommnisse, die sich auf die Titel „Evidenz" und „Begründung", von Bewährungen von Meinungen als richtig, von Abweisungen als nichtig beziehen. Wo immer von wahrem Sein, von wahren Werten und Gütern, von rechtmäßigen Zwecken und Mitteln, schon von normalen Erfahrungen gegenüber illusionären ⟨die Rede ist⟩, werden wir auf diese phänomenologische Sphäre verwiesen, und alle die eben gebrauchten Worte drücken ursprünglich selbst solche intentionalen Charaktere aus.

Diese Andeutungen müssen uns genügen, um die Überzeugung zu erwecken, dass hier ein fast unendliches Feld konkreter Phänomene unter dem Titel *ego cogito* befasst ist, sozusagen eine Welt für sich, und eine rein intuitiv aufweisbare Welt, aber ausschließlich beschränkt auf mein Ich, mein, des phänomenologisch Reflektierenden. Ich, der ich die phänomenologische Epoché vollziehe, mache mich zum unbeteiligten Zuschauer all dessen, was ich als natürlich eingestelltes Ich durchlebe, darin an Realitäten und Idealitäten, an Wirklichkeiten und Möglichkeiten, an Werten und an Gütern setze. Mein zuschauendes Tun ist ein beständiges Reflektieren, das als solches ein sozusagen gerade ⟨gerichtetes⟩ naives Hinleben und Tun voraussetzt. Von der geraden Hinwendung auf die Sachen, ⟨vom⟩ Hinurteilen, Hinerfahren, Hinwerten biege ich mich gleichsam zurück und sehe mir das Geschehen[1] an und dringe sogar in die passiven Untergründe des Bewusstseins ein; aber immer einem rein augenhaften Geist gleichend, der keine Stellungnahme mittut, sondern nur als Tatsache ersieht und fixiert.

⟨6. Kapitel

Die Entdeckung der höherstufigen Naivität rein phänomenologischer Forschung und die Erweiterung des transzendentalen Erfahrungsfelds⟩

⟨§ 22. Zweifel, ob das gewonnene Gebiet ein solches apodiktischer Tatsachen ist und ob nicht nur das gegenwärtige *ego cogito* apodiktisch gewiss ist⟩

Wir haben nun für einen ersten Anfang hinreichend Umschau gehalten im Reich transzendentaler Erfahrung. Das scheinbar armselige *ego cogito* hat uns ein endloses Gebiet vielverschlungener Phänomene eröffnet, einen phänomenologischen Urwald sozusagen. Aber nun ist Zeit, dass wir uns wieder besinnen. Es scheint ja, dass wir für unser Absehen einen gewaltigen Fortschritt gemacht, dass wir (jeder für sich selbst) ein unendliches Gebiet von Tatsachen gewonnen haben, das selbstverständlich nun zum Gebiet einer Tatsachenwissenschaft, der ersten Wissenschaft aus absoluter Rechtfertigung werden könne. Ich sagte, jeder für sich: Jeder als der werdende Philosoph hatte ja die ganze Welt durch die radikale Epoché ausgeschaltet; nur sich selbst, und nur als transzendentales

---

[1] Spätere Hinzufügung Husserls: „und seine intentionalen Gehalte" – Anm. des Hrsg.

Ich durfte er sich setzen und nur sein absolutes Leben mit *cogito* und *cogitatum* ist ihm übrig. Unendlich vieles liegt aber, scheint es, darin. Haben wir auch in den letzten Vorlesungen gemeinsam gedacht, so bleibt ja nach phänomenologischer Reduktion, die wir einzeln in uns vollziehen, die Gemeinsamkeit außer Spiel gesetzt, und jeder gewann seine unendlich mannigfaltigen Eigenphänomene der egologischen Sphäre, die das einzige Eigentum seines als des einzigen Ich ist, das jeder apodiktisch evident setzen kann und setzt. *Der Einzige und sein Eigentum* – der berüchtigte Max Stirner'sche Titel bezeichnet formell genau das, was für jeden sein egologischer Tatsachenbereich ist.[1]

Aber nun müssen wir, muss ich, der werdende Philosoph, doch sehr vorsichtig sein, um meinem hodegetischen Prinzip Genüge tun zu können. Ich muss als werdender Philosoph nach jeder Denkstrecke, die ich durchlaufen habe, immer wieder überlegen, ob ich nicht mehr gesagt, mehr gesetzt habe, als ich nach meinem Prinzip verantworten kann. In Parenthesen gesprochen habe ich schon in den Anfängen, in den *Logischen Untersuchungen*, von einer Methode des Zickzack gesprochen.[2] Man muss immer wieder zurückgehen und in der Regel wieder einschränken, was man schon unbeschränkt zu besitzen vermeinte, und das wird sich jetzt wieder bewähren. Zunächst, so eilig mit der Etablierung einer Wissenschaft ist es nicht. Vor allem sprechen darf ich nicht so, ich, der werdende Philosoph, als ob ich eigentlich schon ernstlich wüsste, was Wissenschaft ist, als ob ich im Besitz dieser Idee wäre, die ihre Explikation in einer Wissenschaftslehre hätte als in einem absolut geltenden Normensystem, das meine Bearbeitung des neu eröffneten Tatsachengebietes normieren und so leiten könnte, dass ich dann sagen dürfte, ich begründe für dieses Gebiet eine echte Wissenschaft. Natürlich, ich habe allerlei gelernt und darunter auch viel Logik gelernt. Aber wie alles sonst, was ich gelernt, was ich als geltende Wissenschaft gesetzt habe, muss ich

---

[1] Das ist nur Übergang. Von der Frage, wie Wissenschaft hier möglich ist, kann noch keine Rede sein, da sich bei näherer Überlegung herausstellt, dass ich ein Universum der Erfahrung, aber keine apodiktische Erfahrung habe. Es ist aber ein Manko, dass nicht von vornherein zwischen transzendental und apodiktisch geschieden worden war.

[2] Vgl. *Husserliana* XIX/1, S. 22. Vgl. auch Beilage IX: *Zur Zickzackmethode adäquatapodiktischer Erkenntnisbegründung* (S. 391). – Anm. des Hrsg.

auch diese Logik außer Spiel setzen. Infolge meiner universalen Epoché habe ich also keine normative Idee von Wissenschaft gegeben mit all den eventuell zu ihr gehörigen normativen Komponenten. Freilich will ich innerlich auf Wissenschaft hinaus, ja auf eine universale, absolut begründete Wissenschaft, auf eine Philosophie. Aber ich suche sie erst, und in eigener Weise. Ich suche sie nicht als etwas, von dem ich schon weiß, dass es, obschon noch nicht von mir erkannt, ist; sondern geleitet von einer ungeklärten und ihrer Geltung nach noch durchaus fraglichen Vorstellung gehe ich meinen Weg, konstruiere ich mir ihn. Nur was ich in absoluter Rechtfertigung errungen habe, nur jeder Schritt, der wirklich in apodiktischer Evidenz getaner Schritt ist, ist mein eigen; ich habe nichts Vorausgesetztes, nichts selbstverständlich im Voraus Seiendes, weder reales noch ideales, sondern nur das, was ich selbst apodiktisch setze.

Aber selbst wenn ich dieses vorsichtig bedenke und mir sage, darf ich, was ich bisher gewonnen zu haben meine, nicht überschätzen. Habe ich denn wirklich ein unendliches Tatsachengebiet und waren meine eifrigen Deskriptionen wirklich recht so zu nennende Deskriptionen? Ich sprach immer davon, hatte also einen Begriff. Ich will mich über ihn besinnen, z. B. so: Habe ich auch objektive Wissenschaft, z. B. Naturwissenschaft, eingeklammert, so kann ich mir doch vergegenwärtigen, dass, was dort vermeintlich als „Tatsache" festgestellt war und sinngemäß als Tatsache gesucht war, seinen Tatsachencharakter wesentlich darin hatte, dass es immer wieder als dasselbe Seiende und Soseiende zu erkennen und zu bewähren war. Jede empirische Aussage als Tatsachenaussage prätendiert demgemäß eine „objektive" Geltung, eine Geltung, die nicht an das momentane Erkennen gebunden, sondern, einmal erkannt, immer wieder zu erkennen, immer wieder zu bewähren war, und sogar intersubjektiv (⟨durch⟩ „jedermann"). Nun mag es ja sein, dass ich jetzt über die Geltung objektiver Wissenschaft nichts sagen darf. Aber ich werde doch eines klaren Sinnes der Rede von Tatsache und Tatsachenaussage inne, den ich unwillkürlich voraussetze und überall voraussetze, wo ich diese Ausdrücke eben sinngemäß verwende. Aber ist es im Rahmen, der mir durch die apodiktische phänomenologische Reduktion gezogen ist, überhaupt zulässig, von Tatsachen und einem

Tatsachengebiet zu sprechen? Gibt es da irgendeine Aussage, die in dem normalen Sinn schlechthin „gilt"? Die „objektive" Welt ist für mich nicht urteilsmäßig vorhanden. Nenne ich also, wie es oft der Fall ist, „objektiv" all das, was zur Welt gehört, somit objektive Aussagen, solche über die Gegenstände, Sachverhalte etc. der Welt, dann gibt es für mich natürlich jetzt keine objektiven Aussagen. Aber auch wenn ich rein egologisch urteile, sollen doch meine Urteile in einem gewissen anderen Sinne Objektivität haben, sie sollen gültig oder wahr sein; und gültig, wahr besagt doch sonst ein für allemal wahr. Intersubjektivität gehört normalerweise auch zur Wahrheit. Da ich jetzt alle fremden Subjekte eingeklammert habe, ist, vorläufig wenigstens, von Intersubjektivität keine Rede. Aber zum mindesten doch das „ein für allemal" in Bezug auf mich kann ich doch nicht fahren lassen? Wie steht es aber damit? Da gerate ich alsbald in große Bedenken, und ich werde dessen inne, dass ich in meinen so oft schon geradezu „phänomenologisch" genannten Spaziergängen, in denen ich phänomenologisch sehen lernen wollte, die mir selbst auferlegten Zügel doch allzu sehr habe schleifen lassen.

In der Tat, ein skeptisches Gespenst taucht auf und wächst immer drohender, das der Zweifelhaftigkeit der Erinnerung. Ohne weiteres habe ich von meinem Bewusstseinsstrom gesprochen und habe unbedacht nicht nur Erinnerung als gegenwärtiges Phänomen, sondern auch als Eingangstor in meine transzendentale Erlebnisvergangenheit benützt. Ist aber Erinnerung nicht mehr eine Quelle apodiktischer Gewissheit für meine vergangenen *cogitationes*, dann darf ich nicht mehr von meinem unendlichen Strom des Lebens, nicht mehr von meinem vergangenen Ich und meinen vergangenen intentionalen Erlebnissen sprechen; ich muss auch in dieser Hinsicht phänomenologische Reduktion walten lassen. Ich habe nur das momentan gegenwärtige *ego cogito*, und nur während meiner reflektiven Blickrichtung auf dasselbe; und wenn ich, während es verläuft, eine Aussage darüber mache, die sich adäquat dem phänomenologisch Erfahrenen anpasst, so kann ich die Aussage n i e wiederholen. Also weder habe ich das jeweilige *ego cogito* im wirklichen Sinne als Tatsache, noch habe ich den betreffenden Satz „*ego cogito*" als Wahrheit in dem normalen Sinne einer wiederholbaren und wiederbewährbaren Wahrheit. Ist das *ego cogito* verflossen (falls ich überhaupt auch nur soviel apodiktisch aussagen kann), so kann ich mich seiner zwar erinnern, aber wenn ich auch der jetzigen Erinnerung als des gegenwärtigen Erlebnisses absolut sicher bin, so doch nicht des erinnerten. Ich kann also nicht absolut sicher sein, ob jenes als vergangen mir vorschwebende Erlebnis wirklich war. Kann ich nicht absolut gewiss sein, so darf ich es überhaupt nicht in Anspruch nehmen – gemäß meinem hodegetischen Prinzip – und ebenso wenig die, als es noch Gegenwart war, gebildete Aussage darüber. Wiederhole ich sie, habe ich eine neue Aussage, die ich aber nicht anders bewähren könnte als durch Rekurs auf die leider unbrauchbare Wiedererinnerung.

Ich darf also gar nicht von meinem unendlichen Lebensstrom, von meinem durch eine endlose Vergangenheit in eine endlose Zukunft sich durcherstreckenden Leben, nicht mehr von der phänomenologischen Zeit als einer wirklichen Form wirklichen Lebens sprechen usw. Ich bin also, wie es scheint, an das absolut sterile „Ich bin", „Ich nehme wahr" – jetzt, **während** ich wahrnehme, „Ich denke", nämlich **während** ich jetzt denke, „Ich fühle", und nur **während** ich fühle usw., gefesselt. Ich kann währenddessen reflektierend zuschauen und völlig nutzlose Aussagen machen, deren keine auch nur einen Schatten standhaltender Wahrheit mit sich führt, sondern eben nur die fruchtlos fließende Anpassung an das fließende Gegenwartsleben ⟨ist⟩. Ja wirklich fruchtlos, denn eine Frucht ist eben ein bleibend Wertes und nicht bloß im Moment des Erwachsens Seiendes.

Es scheint also unsere Fahrt nach dem gelobten Land einer Philosophie ein frühes Ende erreicht zu haben. Unser Schifflein ist gestrandet. Unser schönes hodegetisches Prinzip und danach unsere Methode scheint verfehlt zu sein.

⟨§ 23. Neubestimmung des Begriffs der transzendentalen
Reduktion in Abgrenzung zu dem der
apodiktischen Reduktion⟩

Indessen, es steht zuviel auf dem Spiel, als dass wir uns die Sachlage nicht näher überlegen wollten. Natürlich hätte ich gleich am Anfang die Schwierigkeit der Wiedererinnerung ins Spiel bringen und demgemäß sogleich die Umschau kritischer gestalten können, als sie wirklich gestaltet war. Es wird den scharf Mitdenkenden wohl von selbst aufgefallen sein, dass, während früher immer wieder die apodiktische Evidenz betont war, in unserer Umschau immer weniger und zumeist gar nicht der apodiktische Charakter der Aufstellungen ausdrücklich in Anspruch genommen wurde. Wir werden in der Tat sehen, dass wir den apodiktischen Bereich nicht rein herauskristallisiert haben. Aber es sind gute Gründe, die für unser Verfahren sprechen. Erst musste einige Übung im phänomenologischen Sehen überhaupt gewonnen sein, ehe die feineren Betrachtungen, die jetzt nötig werden, von uns als Anfängern und werdenden Philosophen in glücklichen Angriff genommen werden könnten.

Wir gehen also wieder eine Strecke zurück und machen von dem, was wir in der Umschau kennen gelernt haben, nicht ohne weiteres Gebrauch, es sei denn, dass wir es uns neu und in eigener apodiktischer Feststellung zugeeignet haben. Wir beginnen mit einer fundamentalen Unterscheidung im Begriff der phänomenologischen oder besser transzendentalen Reduktion.[1] Korrekterweise müsste phänomenologische Reduktion eigentlich nur heißen diejenige Reduktion, welche wirklich der Phänomenologie den Boden gibt. Eine solche suchen wir eigentlich erst. Etwas weniger verbindlich ist die Rede von transzendentaler ⟨Reduktion⟩ fürs Erste. Nur sofern alle zu scheidenden Reduktionen Vorstufen sind für die eigentlich phänomenologische, dürften wir sie jetzt schon so nennen.

Wir werden in der Tat den Begriff der Reduktion vervielfältigen müssen. Zunächst aber scheiden wir 1. **transzendentale Reduktion schlechthin** als Reduktion auf die transzendentale Subjektivität überhaupt; 2. die **apodiktische Reduktion**, d. i. die Reduktion auf die transzendentale Subjektivität, aber unter Einschränkung auf festgestellte Apodiktizität. Danach vollziehen wir die phänomenologische Reduktion genau so, wie wir sie früher beschrieben, wir vollziehen sie in den Wiedererinnerungen und überhaupt in den vergegenwärtigenden Erlebnissen soweit –

---

[1] Vgl. Beilage X: *Unterscheidung zwischen phänomenologischer oder transzendentaler Reduktion schlechthin und apodiktischer Reduktion* (S. 396). – Anm. des Hrsg.

nicht als darin irgend transzendentale Subjektivität zur Setzung kommt, und ganz ungefragt, ob diese Setzung eine apodiktische ist oder nicht. Das soll sogleich verständlich werden. Wir stellen zunächst voraus: Unter transzendentaler Reduktion verstehen wir nun überhaupt diejenige Epoché und diejenige auf ihr beruhende Urteilseinstellung, in der die gesamte Welt äußerer Erfahrung eingeklammert wird; die Subjektivität, die dann trotz dieser Einklammerung setzbar bleibt, ist die transzendentale Subjektivität. Eingeklammert seien auch wie bisher alle in den intentionalen Erlebnissen der transzendentalen Subjektivität gesetzten Gegenstände (z. B. Zahlen), welche nicht reelle Bestandstücke der transzendentalen Subjektivität selbst sind. Die phänomenologische Reduktion soll eben ausschließlich das Reich des Transzendental-Subjektiven umfassen, es rein herauszustellen ist ihre methodische Funktion.[1]

Äußerlich und formell angesehen ist all das nichts Neues. Doch nun wird der Unterschied alsbald hervortreten. Wir haben transzendentale Subjektivität herausstellen wollen und waren früher, vermöge unseres Entwicklungsgangs als werdende Philosophen, ausschließlich für das Apodiktische eingestellt, sahen also von vornherein nur auf die apodiktisch evidente transzendentale Subjektivität hin. Jetzt ist uns der Zweifel gekommen, ob denn die transzendentale Subjektivität nach ihrem ganzen Umfang apodiktisch gegeben ist; und wie weit überhaupt dann die apodiktische

---

[1] Die phänomenologische Methode als Reduktionsmethode auf die transzendentale Subjektivität; ich beginne mit dem *ego cogito*, derart, dass ich beweise:
  1. Die transzendente Welt, die ich erfahre, braucht nicht zu sein, gewesen zu sein und sein zu werden, aber d a s s ich sie erfahre, das ist absolut gewiss.
  2. Enthalte ich mich der Setzung hinsichtlich der Welt und behandle sie, als wäre sie vielleicht nicht oder überhaupt nicht, so habe ich die transzendentale Subjektivität übrig als ein Setzbares in sich.
  3. Dass ich bin, ist zweifellos apodiktisch gewiss. Ich brauche aber auf apodiktische Gewissheit nicht den Nachdruck zu legen. Ich sage nur: Wenn ich einsehe, dass die Welt nicht zu sein braucht und zweifellos dies hat, dass sie möglicherweise nicht ist, so tritt für mich hervor die Gewissheit, dass ich bin und war und mein ganzes immanentes Leben, und sicher ist, dass diese Gewissheit unberührt bleibt von der Leugnung, vom möglichen Nichtsein der Welt. Oder das Sein des Ich und seines Erlebnisstromes ist unabhängig vom Sein der Welt. Ich folge der Immanenzerfahrung, ob sie apodiktisch sei oder nicht. Freilich, ist die Welt, so hängt von ihrem Sosein mein Sosein ab.

Gegebenheit reicht, muss neu untersucht werden.[1] Allem voran ist sie aber doch gegeben und wir wollen sie jetzt im ganzen Umfang ihrer Gegebenheit hinnehmen.

Apodiktisch gegeben bin ich mir als transzendentales Ego und *ego cogito*, wie es scheint, nur in der transzendentalen Selbstwahrnehmung als das Ich, das jetzt wahrnehmendes oder jetzt wiedererinnerndes oder jetzt fühlendes, wollendes Ich ist, und vielleicht muss ich selbst da Grenzen suchen. Aber gegeben bin ich mir auch durch reproduktive Akte, z. B. durch Wiedererinnerung, als vergangenes Ich und nach meinem vergangenen Wahrnehmen, Wiedererinnern, Fühlen, Hoffen etc. und nicht nur als vergangenes empirisches Ich, als der vergangene Mensch in der vergangenen Zeit der Welt. Hier ist Folgendes klarzumachen und wird uns leicht, nachdem wir im phänomenologischen Schauen kleine Anfänge der Übung gewonnen haben, klar werden: Es gibt für eine Wiedererinnerung, und dasselbe gilt für alle Vergegenwärtigungen, zweierlei phänomenologische oder besser transzendentale Reduktionen. Sagen wir, dass es eine Wiedererinnerung an einen Gesang sei. Dann haben wir 1. eine phänomenologische Reduktion der jetzt als Erlebnis evident wirklichen Wiedererinnerung, die als intentionalen Gegenstand hat den vergangenen Gesang des und des Sängers. Der Ausgang ist dabei die natürliche Reflexion „Ich habe jetzt diese Wiedererinnerung". 2. Merkwürdigerweise gibt es aber nicht nur eine Reflexion auf die gegenwärtige Wiedererinnerung, sondern auch eine Reflexion in der Wiedererinnerung. Denn zu ihrem Wesen gehört es, wie wir selbst früher beobachtet haben, dass sie nicht nur überhaupt ein Vergangenes anschaulich macht, sondern dass sie es als von mir früher Wahrgenommenes vergegenwärtigt. Der Gesang ist nicht nur zeitlich vorangegangener Gesang, sondern, dem eigenen Sinn der Wiedererinnerung gemäß, von mir gehörter Gesang, und dass er das ist, das finde ich selbst in einer Reflexion, welche ich, in die Wiedererinnerung, in ihren intentionalen Gehalt eindringend, vollziehe.

---

[1] Vgl. Beilage XI: *Zur universalen Kritik der reduzierten Erfahrung (der transzendentalen)* (S. 397) sowie die Beilage XII: *Apodiktizität – Adäquation. Kritik der Apodiktizität und Adäquation* (S. 401). – Anm. des Hrsg.

Gehe ich nun von dieser noch ganz unphänomenologischen Reflexion aus, von dem „Ich habe den Gesang gehört", so kann ich jetzt als Phänomenologe daran Reduktion üben und die raumzeitliche Weltwirklichkeit von Gesang und Sänger einklammern.
5 Dann gewinne ich das transzendentale Phänomen, und zwar das vergangene transzendentale Phänomen meiner, des Ego, früheren akustischen Wahrnehmung von dem Gesang, wobei der reale Gesang selbst nur intentionaler Gegenstand des Hörens ist.

Auf diese Weise kann ich den ganzen Bereich meiner Erinne-
10 rungen, so aller Erinnerungen an objektive weltliche Dinge und Vorgänge und dann aller Erinnerungen überhaupt, z. B. an mathematische Beweise, die ich vollzogen habe, nicht nur als gegenwärtige Tatsachen, sondern nach ihrem erinnerten intentionalen Gehalt phänomenologisch reduziert gewinnen. Und was dabei
15 schließlich resultiert, ist mein, des Ego, vergangenes transzendentales Leben mit allen seinen vergangenen Polen, die, sofern sie Gegenstandspole sind, Klammern haben, während das überall identische Ich das transzendentale Ich ist und keine Klammern haben soll, ebenso wenig wie die vergangenen transzendentalen
20 Erlebnisse.

Man kann das auch so fassen: Bei den Wiedererinnerungen und bei allen sonstigen Vergegenwärtigungen, wie noch auszuführen sein wird, weichen wir von unserem früheren Prinzip der Ausschaltung aller in dem Erlebnis selbst vollzogenen Setzungen ab.
25 Nur die Setzung, den Erinnerungsglauben an die vergangene Objektivität schalte ich aus, aber nicht den darin implizierten Glauben an mein vergangenes Ich und mein vergangenes Erleben und mein vergangenes Wahrnehmen, in dem vergangenes Leben wahrnehmungsmäßig bewusst war. Das holen wir gerade heraus,
30 und zwar darum, weil das vergangene Transzendental-Subjektive eben auch transzendental-subjektiv ist und wir zunächst einmal die gesamte transzendentale Subjektivität, soweit die Einheit des Ego und seiner, gleichgültig ob gegenwärtigen oder vergangenen, Erlebnisse reichen kann, uns zueignen wollen. Dabei folgen wir der
35 Evidenz, die teils in der phänomenologischen Gegenwartsreflexion, teils in der phänomenologischen Vergangenheitsreflexion (d. i. der in den intentionalen Gehalt der Erinnerungen eindringenden) selbst liegt. Aber wir fragen nicht, ob diese Evidenz eine

apodiktische ist oder nicht, ob sie besser ist als die Evidenz z. B. der äußeren Wahrnehmung, die wir für den philosophischen Anfang ausschalten mussten, oder nicht.

Ebenso wie mit den Rückerinnerungen können wir mit den Vorerinnerungen, den Erwartungen verfahren. Aus der Erwartung eines künftigen Verlaufs eines Naturgeschehens, dem ich während der Wahrnehmung entgegensehe, wird durch phänomenologische Reduktion ein Erwarten des künftigen transzendentalen Ichlebens. Alles in allem hat also der transzendentale oder phänomenologische Erlebnisstrom und die konkrete transzendentale Subjektivität, die ich so gewinne, ihre beweglichen Gegenwartsphasen und dazu den endlosen Vergangenheitsstrom und Zukunftsstrom. Nur durch Geltenlassen der Vergegenwärtigungen hat das transzendentale Ego ein endloses Leben mit einer beiderseits endlosen immanenten Zeitform.

Nicht so leicht ist es nun klarzulegen, dass es noch eine **Erweiterung der phänomenologischen**, obschon nicht apodiktisch gereinigten und überhaupt kritisierten **Reduktion** gibt, und zwar dadurch, dass in der Tat alle vergegenwärtigenden intentionalen Erlebnisse, also auch die Einfühlung, in gleicher Weise behandelt werden. Mit anderen Worten: Statt die transzendentale Reduktion als Reduktion auf **mein, des Phänomenologen, Ego** zu verstehen, vollziehe ich, dieses Ego, auch eine **universale Reduktion an den anderen Subjekten in Richtung auf ihre einfühlungsmäßige Innerlichkeit und ihre transzendentale Subjektivität**.

Schrittweise können wir das so klarmachen: Wenn wir Reduktionen vollziehen, ohne kritische Fragen absoluter Rechtfertigung auf sie zu beziehen, oder bevor wir solches tun, so stellen wir uns auf den Boden einer in gewissem Sinne wiederum naiven Empirie. „Naives" Erfahren, Denken, Stellungnehmen jeder Art ist eben, allgemein gesprochen, jedes nicht auf die Fragen absoluter Rechtfertigung sich beziehendes und sich in der Reflexion selbst kritisierendes, auf absolutes Recht ausgehendes Erfahren, Denken usw.[1] Die natürliche und erste Naivität, die des mundanen Erkennens, haben wir früher aus solchen Rechtfertigungsmotiven nicht

---

[1] Vgl. Beilage XIII: *Rechtfertigung und ihre Stufen* (S. 405). – Anm. des Hrsg.

mitmachen wollen. Eine **zweite Naivität, eine transzendentale**, ist die in dem schon begonnenen Verfahren liegende und nun auf die Intersubjektivität zu erstreckende. Also wir bleiben jetzt dabei, die objektive Welt urteilsmäßig auszuschalten, und können es, auch ohne dafür solche Motive jetzt heranzuziehen. Dann haben wir als Urteilsfeld zunächst das Ego, jeder das seine, und wenn wir dabei absichtlich unkritisch sind, so haben wir uns durch jene Ausschaltung eben ein in sich abgeschlossenes Reich der transzendentalen Subjektivität, aber als ein naives, empirisches Reich zugeeignet. Wir setzen es mit demselben Recht, das früher das Reich der objektiven Welt hatte, also dem naiven unwillkürlichen Vertrauen oder Glauben folgend, der eben in jeder erfahrenden Anschauung und dem dadurch motivierten Denken selbst liegt. Die Kritik soll schon nachkommen. Jetzt genüge dieses Glauben, ganz so wie in der natürlichen objektiven Empirie.

Also die transzendentale Subjektivität, die ich nach Ausschaltung des Weltalls gewinne, ist die meine als die erfahrene; ich habe unmittelbare Wahrnehmung meines Ego, meiner Erlebnisse, meiner intentionalen Gegenständlichkeiten, ebenso unmittelbare Erinnerungen und Erwartungen, und alle haben ihr naiv verstandenes Recht in sich, ein Recht, das eventuell durch anderes und besseres Recht überwogen und aufgehoben wird, aber eben nur solche Situationen schafft, wie wir sie hinsichtlich der Natur kennen. Selbst der strengste Naturwissenschaftler, der doch die Täuschungen der Erfahrung so wohl kennt, traut doch der Erfahrung, die für ihn letzte Rechtsquelle ist und bleibt. Er traut ihr und versichert sich zugleich gegen Täuschungen durch sorgsame, kontinuierlich ausweisende Erfahrung, wiederholte Beobachtungen, Experimente usw. Ebenso also wir, z. B. hinsichtlich der Wiedererinnerungssphäre und auch Erwartungssphäre und der sonstigen Vergegenwärtigungen, immer bezogen auf transzendental reine Erlebnisse.

⟨§ 24. Die⟩ erweiterte intersubjektive Reduktion. Intersubjektivität als Reich induktiver Empirie

Überlegen wir nun Folgendes, was noch ganz in die Sphäre des Einzel-Ich gehört, aber sehr wichtig werden wird.

1. Als naiver Weltbetrachter glaube ich an Dinge, und dieser Glaube bestätigt sich, indem ich, gewissermaßen hierin schon experimentierend, näher trete, das Ding in die Hand nehme, die verschiedenen Sinne ins Spiel setze usw. Was dabei bewusstseinsmäßig transzendental vorgeht unter dem Titel „bestätigende Erfahrung", davon weiß ich nichts, ich blicke nur auf das Ding hin und erfasse nur die einstimmige Identität und im Identischen das „Es stimmt", „Es ist wirklich und wirklich so". Ebenso wenn ich induktiv und kausal urteile, wenn ich unter gegebenen Umständen aufgrund wiederholter früherer Konstatierungen ein bestimmtes Ergebnis, so wie eben in früheren Fällen, erwarte, so bin ich rein auf das Eintretende, auf die früheren Sachverhalte u. dgl. gerichtet und auf das „Es muss jetzt das und das eintreten"; die dabei sich abspielenden Prozesse in der transzendentalen Subjektivität sind nicht zum Thema gehörig und nicht im Blick. In der rein sachlichen Einstellung tritt das Bestätigende und Bewährende ein und wird als das beachtet.

Vollziehen wir jetzt die Epoché hinsichtlich dieser objektiven Sachlichkeiten und achten wir gerade auf die Prozesse und phänomenologischen Strukturen, in denen das Erfahren, und sich kontinuierlich bestätigende Erfahren oder das willkürlich experimentierend-bestätigende Erfahren, verläuft. Dann bemerken wir Folgendes: Wenn ich rein aus der Erfahrung heraus und in fortgehender Erfahrungsbestätigung als naiver Weltmensch aussage: „Da ist ein Haus", und es ist wirklich da und wirklich so und so beschaffen, dann muss ich, nach der Reduktion, als phänomenologisches Ich, aber als naives, aussagen: Ich habe jetzt eine Hauswahrnehmung, und übergehend in immer neue Hauswahrnehmungen; und genauer: Ich habe eine Folge von Erscheinungen, von Aspekten usw., und nicht nur überhaupt das: Die Erscheinung, die ich jetzt habe, weist erwartungsmäßig vor, und mit selbstverständlichem Recht, auf die und die jetzt kommenden; jetzt habe ich die Erscheinung, nun „muss" gerade eine solche und keine andere kommen; und kommt sie, die Erwartung bestätigend, so ist alsbald eine neue Erwartung da, die wieder ihre rechtmäßige Forderung erhebt; ich bin gewiss und durch das Abgelaufene mit Grund gewiss (auch willkürlich „experimentierend", die Augen bewegend etc.), dass die und die Erscheinungen kommen müssen.

Jedes objektiv als wahr gesetzte und sich bestätigende Dingliche der natürlichen Naivität, sei es ein einzelnes Ding oder dinglicher Vorgang, sei es ein in der Erfahrung sich als wirklich gebender kausaler Zusammenhang, ist Index für ein System als rechtmäßig motivierter Erfahrungsgewissheiten hinsichtlich entsprechender transzendentaler Erfahrungsverläufe. So gibt es also gegenüber der ausgeschalteten äußeren Erfahrung eine ihr parallele innere Erfahrung, die man sozusagen entlanggehen kann, ohne je ihr objektives Spiegelbild, das Sein einer objektiven Welt urteilsmäßig, in dem Vollzug des natürlichen Glaubens, in Anspruch zu nehmen.

2. Gehen wir nun ⟨zur⟩ objektiven Erfahrung von fremden Tieren und Menschen über, so sind sie in der ursprünglichen Naivität für uns da vermöge einer Erfahrung, die teils physische Dingerfahrung ist, sofern wir die fremden Leiber als Raumdinge wie andere physische Dinge erfahren, teils aber sogenannte Einfühlung, die in der Erfahrung vom fremden Leibkörper fundiert ist.[1] Ist diese Erfahrung eine normale, von normaler Erfahrungsgewissheit erfüllte, dann k a n n sie eine Einfühlungserfahrung tragen; würde sie aber zweifelhaft werden, würden wir schwankend werden, ob dort überhaupt ein Körper ist, ob er die Eigenschaften der organischen Leiblichkeit hat u. dgl., so würde auch das Dasein des fremden Menschen zweifelhaft werden, und ist der physische Körper dort eine Illusion, so ist es auch nichts mit dem angeblichen Menschen dort. Anderseits, ist die Gewissheit ungebrochen und sich fortgesetzt in Selbstbestätigung erhaltend, so kann doch die Einfühlung täuschen, sofern das physische Ding dort, das nur außen gesehen ist, zwar wirklich ist, aber nicht ein lebendiger L e i b in Analogie mit dem meinen, ein Leib, der in seinen äußeren Erscheinungswandlungen, die ich als M i e n e n und G e s t e n taxiere, fremde Subjektivität anzeigt. Und i s t schon solche Subjektivität in Gewissheit erfahren, so kann doch im Einzelnen manches ausgedrückt erscheinen, was nicht wirklich da ist und sich nicht im weiteren Gehaben des anderen bestätigt. Dass der Mensch dort sich verstellt, mich anlügt, das stellt sich im weiteren Gang einfühlender Erfahrung schon heraus. Wie die physische Erfahrung

---

[1] Vgl. Beilage XIV: *Intersubjektivität und Weltkonstitution in statischer und genetischer Analyse* (S. 407). – Anm. des Hrsg.

ihre Bestätigungsweisen hat, so die Einfühlungserfahrung ihre besonderen. Im natürlich-naiven Denken und Erkennen richtet sich das Urteilen nach der Erfahrung; was sie in ungebrochener Gewissheit gibt, ist die Richtnorm für das Denken. Es ist richtig, wenn es sich eben nach dem „Normalen", dem in Gewissheit Erfahrenen und in kontinuierlicher Erfahrung gewiss Bleibenden richtet oder durch nachkommende solche Erfahrung sich nachträglich als „richtige" Meinung erweist; das also ganz wie bei der bloß physischen Erfahrung.

Schalten wir nun d i e s e Naivität aus, nämlich alle, auch die anderen Subjekte als Menschen in der Welt betreffende Urteile, so sagt das nicht, dass die Erfahrung und ihre Gewissheit aufhört, sondern nur, dass ⟨wir⟩ diese Urteile „als Phänomenologen" nicht benützen, nicht voraussetzen, in keiner Weise „mitmachen" wollen. Uns interessiert ausschließlich das Transzendentale, das wir rein gewinnen wollen, und, s o w e i t irgend sich erfahrungsmäßig transzendentale Subjektivität erweisen lässt, immer so, dass unser Interesse jetzt keine solche absolute Rechtfertigung sein will. Sehen wir nun zu, wiefern die naive transzendentale Reduktion an den nebenmenschlichen Gegebenheiten unsere transzendentale Sphäre erweitert. Verfahren wir hinsichtlich der einfühlenden Fremderfahrung genau so wie hinsichtlich der physischen Dingerfahrung. Dann ist für uns nicht der fremde Leibkörper im real-kausalen Naturzusammenhang als physische Wirklichkeit gesetzt, aber dafür haben wir, und zwar im Fall der Wahrnehmung eines fremden Menschen, Zusammenhänge transzendentaler Erwartungen. Mein Sehen des dortigen Leibes, mit den jetzigen Empfindungsdaten, Aspekten etc. weist vor, in Erfahrungsgewissheit, auf eine kommende Wahrnehmung mit entsprechenden Daten und Aspekten; tritt diese bestätigend ein, so weist sie wieder als Erfahrung vor usf. Auch „experimentierend", nämlich kinästhetisch eingreifend, habe ich ein System empirischer und empirisch sicherer Kausalzusammenhänge: W e n n ich den Blick so wenden würde, würde ich die Erscheinungen haben, wenn ich betasten würde, die und die bestimmt zu erwartenden Tastdaten usw.

Bisher haben wir nur Anwendung gemacht von dem für physische Dinge überhaupt und ihre transzendentale Innenwendung Gesagten auf den physischen Leibkörper. Vollziehen wir nun „Innenwendung" ebenso hinsichtlich der Einfühlung. Aber hier haben wir eine sehr merkwürdige neue Sachlage. Die Einfühlung ist ihrer wesenseigentümlichen Seite nach eine Form der Vergegenwärtigung, insofern ähnlich der Erinnerung und Erwartung. Aber mit Unterschieden: Die Wiedererinnerung geht auf Vergangenheit, und zwar meine Vergangenheit und, in transzendentaler Betrachtung, auf meine transzendentale Vergangenheit, mein vergangenes *cogito*, die ursprüngliche Erwartung ebenso auf meine Zukunft. Die Einfühlung aber geht auf die Gegenwart, aber nun nicht auf meine, sondern eine fremde Gegenwart und durch sie hindurch mittelbar auf fremde Vergangenheit und Zukunft. Auf mein gegenwärtiges Erleben geht ja mein Selbstwahrnehmen. Fremdes Erleben aber kann ich nicht eigentlich wahrnehmen, sondern nur uneigentlich, durch Einfühlung mitwahrnehmen. Es heißt in der allgemeinen Rede: Ich sehe und höre einen Menschen; man sagt berichtend, dass man ihn fröhlich oder traurig sehe. In der Tat, ein Mensch kann nicht anders in ursprünglicher Weise von mir als gegenwärtig erfahren, also wahrgenommen sein als so, dass ich „eigentlich" seinen Leib und ⟨sein⟩ Mienenspiel etc. wahrnehme und in einer dadurch fundierten Einfühlung im Mienenspiel seine Freude, seine Trauer, seinen Zorn etc. mitwahrnehme, es ihm „ansehe". Achte ich auf den ganzen Menschen, so sage ich: Wahrnehmung, achte ich auf das bloß Psychische, so sage ich: einfühlende Vergegenwärtigung. Es ist ähnlich wie bei der Dingwahrnehmung selbst, wo ich wieder unterscheide: Vorderseite eigentlich wahrgenommen, Rückseite bloß mitwahrgenommen und eigentlich nur „vergegenwärtigt", aber als Mitgegenwart zur Vorderseite gesetzt. Hier würde der Rückgang zu dem Bewusstsein, die Reflexion in dieser Vergegenwärtigung zu einer real und hypothetisch möglichen Wahrnehmung führen, des Inhaltes: „Hätte ich soeben getastet, so würde ich das und das taktuell wahrnehmen, hätte ich den Blick in bestimmter Weise anders gewendet, so hätte ich jetzt das und das Bild, hätte ich mich auf den und den Standort gestellt, so wären meine Erscheinungen die und die" usw.

Wenn wir nun die auf die physische Erfahrung des fremden Leibes aufgestufte einfühlende Erfahrung nicht als Basis eines objektiven Urteilens über den fremden Menschen als Glied der

Welt verwerten, sondern ebenfalls phänomenologisch wenden, so erweitert sie den in sich geschlossenen Zusammenhang meiner wirklichen und motiviert möglichen Erlebnisse (meiner gegenwärtigen, vergangenen, künftig zu erwartenden oder bei meinem willkürlichen Eingreifen zu erwartenden Erlebnisse) um einen zweiten ebensolchen Zusammenhang, nämlich um eine ganze zweite Subjektivität. Durch Mienenspiel etc. werden nur einzelne Erlebniszusammenhänge zu spezieller Erfahrung kommen, aber sie sind dann umgeben von einem unbestimmten Horizont nicht näher bekannter Erlebnisse. Schließlich ist es ein ganzes Subjekt, das als ganzes schon durch den Gesamttypus des Leibes unbestimmt allgemein indiziert ist. Genauso wie mein eigener rein egologischer Erlebniszusammenhang, mit seinen wirklichen und für mich möglichen Erlebnissen, ein erfahrungsmäßig gegebener ist und diese Gegebenheit natürlich-naiven Rechtsgrund für ⟨mein⟩ Urteilen abgibt, so ist der Zusammenhang zwischen meinem ganzen transzendentalen Leben und dem eines anderen als Erfahrungszusammenhang gegeben und kann empirisch-transzendental beurteilt werden.

In meine Gegenwart reicht meine eigene Vergangenheit herein, und nur weil ich der Wiedererinnerung als Erfahrung vertraue, existiert für mich meine Vergangenheit, und als zusammenhängend mit meiner Gegenwart. Ebenso nur dank der Erwartung habe ich für mich selbst eine Zukunft, und nur dank der hypothetischen, auf meinem Erfahrungsbewusstsein des „Ich kann das und jenes" gegründeten Erwartung habe ich ein jeweiliges Feld praktischer Möglichkeiten und bin frei tätiges Subjekt. Das gilt auch in der transzendentalen Reduktion, und so habe ich als transzendentales Ich mein unendliches Leben als transzendentales. Ebenso aber reicht in meine Erlebnisgegenwart auch eine fremde Erlebnisgegenwart hinein, durch eine vergegenwärtigende Erfahrungsart, die Einfühlung. Und wenn ich nun die objektive Welt ausschalte und somit auch meinen Nebenmenschen als objektive Realität, so verbleibt mir doch der transzendentale Zusammenhang meines Bewusstseinsstroms mit dem seinen und dieser selbst als transzendental erfahrener im Zusammenhang mit dem meinen.

Das fremde Seelenleben, wie es in der äußeren objektiven Erfahrung gegeben ist, verfällt freilich der phänomenologischen Reduktion, nämlich als zu dem im objektiven Raum, an seiner Stelle, daseienden Leibkörper kausal gehörige Subjektivität, als durch gewisse organische Strukturen und Prozesse des Leibes kausal bedingte. Was mir aber bleibt, ist doch nicht bloß mein eigenes transzendentales Sein und Bewusstseinsleben, sondern, als in mir, in gewissen Linien meiner immanenten Empirie erfahrungsmäßig indiziert, das andere transzendentale Subjekt und sein Leben. Denn transzendental wird aus dem objektiv erfahrenen Leib des Nebenmenschen und dem sich im sinnlichen Erscheinungstypus desselben, im Mienenspiel, in der Rede usw. empirisch bekundenden Seelenleben zunächst der rein transzendental-empirische Zusammenhang der Erscheinungsabläufe, die ich vom fremden Leib ähnlich wie von anderen erfahrenen Dingen habe. Hier geht noch die empirische Motivation meinem eigenen empirisch-transzendentalen Zusammenhang entlang. Denn hier geht die Regelordnung der erfahrenden Anzeige von dinglichen Erscheinungen, die ich habe, zu anderen, die ich haben werde und die im fortgehenden Erfahren bestätigend sich auch einstellen. Hier bleibe ich also im wahrnehmungsmäßigen Zusammenhang meiner eigenen *cogitationes* und *cogitata*. Aber mit diesem System der empirischen Anzeige ist hier noch verflochten die in der kontinuierlich vollzogenen Einfühlung liegende Anzeige von Ausdruck und ausgedrücktem Seelenleben; und dieses Seelenleben ist gegenwärtiges, aber nicht mein Seelenleben.

In **objektiver Einstellung** heißt es: Ein fremder Leib ist erfahren und ein ihn jetzt beseelendes fremdes Subjekt miterfahren. In **phänomenologischer Reduktion** aber ist transzendental erfahren ein gewisser Verlauf von leibkörperlichen Erfahrungen, und zwar als System geregelter Anzeige; und in eins damit ist erfahrend mitvergegenwärtigt und als mitdaseiend gewiss ein psychisches Leben mit den und den Erlebnissen und ein System fortlaufender Anzeige, für noch zu indizierende, künftig eintretende Erlebnisse in einem seelischen Zusammenhang, der nicht der meine ist.

⟨§ 25. Das transzendentale Ichall als universaler Zusammenhang
möglicher Verständigung. Die Welt als
intersubjektives Polsystem⟩

Die phänomenologische Epoché oder Einklammerung hinsichtlich der objektiven Welt reduziert mich nicht auf mein momentan gegenwärtiges Ich und meine momentan wirklichen Erlebnisse, wenn ich eben bloß transzendental interessiert bin und noch nicht Fragen absoluter Rechtfertigung aufwerfe. Vielmehr: Die Reduktion ergibt auch, etwas genauer gegliedert: 1. mein vergangenes transzendentales Ich und Leben; 2. einen Zukunftshorizont meines Lebens. 3. Nicht nur wirkliches, sondern auch für mich mögliches Leben ist empirisch gegeben, sofern ich auch hypothetisch und als Vorerfahrungen charakterisierte Erwartungen habe. Zum Beispiel: Wenn ich meinen Standpunkt gehend so und so ändere, dann werden sich die Dingphänomene so und so abwandeln. Das überträgt sich auch auf Vergangenheit und Zukunft. So habe ich nicht nur mein Leben als System der wirklich wahrnehmungsmäßig jetzt verlaufenden Erlebnisse und der wirklich vergangenen und wirklich als kommend vorausgesehenen Erlebnisse. Und insbesondere habe ich da jedem Ding und jedem physischen Zusammenhang der natürlich erfahrenden objektiven Einstellung entsprechend ein System von Wahrnehmungsmöglichkeiten, von möglichen Erlebnissen mit Empfindungsdaten, Dingaspekten, erscheinenden Seiten, Orientierungen etc.

Das sind nicht leere Möglichkeiten, etwa bloße Phantasiemöglichkeiten, sondern für mich ganz bestimmte reale Möglichkeiten, denen entlang fortschreitend ich durchaus erfahrend mich verhalte. Das gilt in streng transzendentaler Einstellung, wenn ich von den aktuell gegebenen transzendentalen Erscheinungen, z. B. perspektivischen Aspekten eines Dinges, den kommenden entgegensehe, den erfahrenden Anzeigen folgend, die den soeben aktuell gegenwärtigen Aspekten zugehören und durch sie allein Aspekte von dem Ding sind. Dieses Anzeigen, dieses Voraussehen ist ein Modus der Erfahrung und ist ebenso richtunggebend und rechtgebend für ⟨das⟩ Erfahrungsurteilen wie das Erfahren im Sinne des Sehens im engeren Sinn. So ist das Reich der egologischen Empirie vor allem prädikativen Beurteilen ein sehr viel weiteres, als es zunächst scheinen möchte.

4. Nun setzt sich aber das Reich der transzendentalen Empirie für mich, der ich die Reduktion übe, noch über diese große Sphäre, der im Rahmen meines empirisch-transzendentalen Ego und seiner Bewusstseinszusammenhänge, hinaus ⟨fort⟩ und umspannt durch Einfühlung das fremde Ego, ein Alterego, und zwar aus demselben Grund, weil die Ausschaltung der objektiven, auf das reale Dasein des anderen Menschen gerichteten Erfahrung unberührt lässt die freie Möglichkeit der in phänomenologischer Reflexion zu vollziehenden transzendentalen Wendung der Einfühlung. Das System der einfühlenden Vergegenwärtigung, das dem innengewendeten System der Wahrnehmungen und Wahrnehmungsmöglichkeiten vom fremden Leib entspricht und ihm überlagert ist, ist ein System transzendental reiner Erfahrungen vom Typus der Vergegenwärtigungen. Also wäre es falsch zu sagen, dass die transzendentale Reduktion mich auf mein eigenes Innensein und Innenleben, auf meine eigene transzendentale Subjektivität reduziert. Sie reduziert mich, wo immer ich in meiner Erfahrung fremde Subjektivität, dieses und jenes oder eine Mehrheit von Alterego habe, auf eine sozusagen vielköpfige transzendentale Subjektivität, die mit meiner eigenen all diese Alterego mit all ihrem Leben, mit all ihren Erscheinungen und intentionalen Korrelaten umspannt.

Lasse ich eine Vergegenwärtigungsart als Erfahrung gelten, so muss ich jede Art Vergegenwärtigung in gleicher Weise gelten lassen. Jede ist eben Erfahrung und als das natürliches Richtmaß des Urteilens. Das gilt aber sowohl in der Naivität erster Stufe, nämlich der äußeren, weltsetzenden Empirie, als auch in der Naivität zweiter Stufe, in der ich das Reich transzendentaler Empirie mir durch meine Methode schaffe. Freilich ist die vielköpfige, sagen wir die transzendental-soziale Subjektivität mir nicht so ursprünglich gegeben wie mein Ego. Hier habe ich Selbstwahrnehmung. – Und selbst, was meine Vergangenheit und Zukunft anlangt, mag sie auch durch bloß vergegenwärtigende Erfahrungen gegeben sein, ist mir in einer recht so zu nennenden Originalität gegeben. Unmittelbarer kann mir, ursprünglicher, Vergangenheit als Vergangenheit nicht gegeben sein, als sie es mir durch Wiedererinnerung und dann notwendig als e i g e n e Vergangenheit gegeben ist. Aber fremde Subjektivität ist schon als gegenwärtige nur durch vergegenwärtigende Einfühlung gegeben; ihre Vergangenheit und Zukunft ist mir aber nur in einer gewissen Mittelbarkeit, nämlich durch Vergegenwärtigung ihrer Wiedererinnerungen und analoger Vergegenwärtigungen, also in Vergegenwärtigungen von Vergegenwärtigungen gegeben.

Dasselbe, was für mich gilt, dasselbe gilt nun für jedes Alterego, sofern es in sich selbst und für sich Ego ist: Für den Anderen bin ich Alterego und ebenso alle nebenmenschlichen transzendentalen Subjekte, die er noch erfahren kann. Dass das aber so ist, das weiß ich selbst aus erfahrendem Einverstehen in das Alterego.

Wir können auch sagen: Während in der gemeinen Empirie jedem Einzelsubjekt das objektive Universum gegeben ist, eine Natur mit einer Vielheit von Menschen, real angeknüpft an verschiedene Dingstellen der Natur, ist in der transzendentalen Empirie jedem transzendentalen Einzelsubjekt ausschließlich gegeben, und zwar als transzendental erfahren, ein subjektives Universum, gebildet ausschließlich aus transzendentalen Subjekten. Anstelle des Weltalls habe ich und jedes transzendental reduzierende Ich ein Ich all. Hatte ich früher das Weltall nur jeweilig in einem universalen Aspekt gegeben, nur partiell wirklich erfahren, einseitig und in einer gewissen wandelbaren Orientierung, im Übrigen mit einem unendlichen Horizont noch unbestimmter, aber real möglicher Erfahrung, so habe ich jetzt das Ichall auch nur gleichsam in einem „Aspekt", nämlich nur partiell als wirklich erfahren und nur in meiner subjektiven „Erscheinungsweise" gegeben. Das sagt: Ich habe wirklich nur in meinem Einfühlungsfeld wenige Alterego, aber einen offenen Horizont immer neuer real möglicher Einfühlungen, die mir die weiteren Alterego ergeben würden. Und zudem: Dieses Ichall ist für mich und jedermann eben immer in der allgemeinen Erscheinungsform Ego – Alterego gegeben, während doch im Sinne meiner Erfahrung liegt, dass „Alterego" gleichsam nur die Erscheinungsweise des anderen für mich ist, während jedes in sich selbst und für sich Ego ist.

Endlich ist im Ichall nicht ein bloßes Kollektivum von Ich-Subjekten, von transzendentalen konkreten Subjektivitäten erfahren, sondern ein universaler Zusammenhang; darin analog dem

Weltall. Das Erfahrene ist dieses nicht als ein Haufen zusammenhangsloser Einzelrealitäten, sondern als ein universaler Zusammenhang aller Realitäten, einig in den Formen Raum, Zeit, physische Kausalität und psychophysischer Leib-Seelenzusammenhang, den ich mich weigern würde, mit physischer Kausalität so einfach unter einen Hut zu bringen, unter dem allgemeinen Titel Kausalität. Aber auch das Ichall hat seinen transzendentalen Zusammenhang. Nur ist der Zusammenhang eben ein rein transzendentaler, d. i. in den Formen transzendentaler Subjektivität und subjektiver Verbindung verlaufender. Dabei kommt zunächst aber keineswegs bloß die transzendentale Wendung des objektiven Verhaltens von Leib und Seele in Betracht, also der bloße Zusammenhang der Einfühlung selbst in ihrer transzendentalen Fassung. (Dieser Zusammenhang hat übrigens seine Gradualität der Innigkeit, je nachdem die Einfühlung eine ursprünglichere, klarere und dabei zugleich reichere ist oder nicht.) Denn dieser Zusammenhang ist weiter das Medium oder die umfassende Form für die Ermöglichung der transzendentalen intersubjektiven Motivationen und insbesondere für die Ermöglichung der intersubjektiven personalen Kausalität in den spezifischen sozialen Akten, den Ich-Du-Akten, wie Wünsche, Befehle, Verabredungen etc.

Es wäre hier noch vieles zu erschauen und weiter auszuführen. Nur eines sei noch hervorgehoben: Wie das Ego, seinen eigenen ursprünglichen Zusammenhang überschauend, sich reflektiv erfahren kann als das eine und selbe Ego, als identisches Zentrum seiner Affektionen und Aktion und dabei als bezogen auf seine immanente, also rein transzendental zu verstehende Zeit, in der sein Lebensstrom verläuft, so findet jedes Ego, wenn es einfühlend das Ichall umspannt (und wenn man so will, das Ichall in jedem Ego), zum All gehörig eine transzendental-soziale Zeit als die allgemeinsame Zeit, in der all die Zeiten der einzelnen Ego sich decken und in der alle Bewusstseinsströme der einzelnen Ego sich zu einem verbundenen transzendental-sozialen Bewusstseinsstrom einigen. Dieser soziale Bewusstseinsstrom ist nach den vielen Ego gegliedert, aber in den parallelen Verläufen ist er ein einziger geordneter Verlauf. Wie in jedem Ego in sich die eigene transzendentale Zeitlichkeit ihre mannigfaltigen Gegebenheitsweisen hat, so auch im universalen Ichall in entsprechender Abwandlung usw.

Schließlich sei nur noch gesagt, dass, wie in ursprünglicher Naivität nicht nur jeder Mensch in der Welt ist, sondern jeder sich als auf die Welt, und dieselbe Welt, nur von seinem Standpunkt aus, bezogen erfährt; dass, sage ich, nun in transzendentaler Wendung jedes Ich eines Ichall⟨s⟩ sich als Subjekt einer intentionalen objektiven Welt erfährt, und jedes als Subjekt derselben Welt, die seine Alterego erfahren; wobei aber diese Welt ein intentionales Polsystem besagt, das intersubjektiv dasselbe intentionale Polsystem ist und in der transzendentalen Einstellung natürlich in Klammern steht.

Nach Herstellung dieser gesamten, von jedem Ego ausstrahlenden transzendentalen Universalempirie und der transzendentalen Allsozialität, die wir Ichall nannten, als ihren absoluten Gegenstand, wollen wir nicht etwa weiter fortschreiten zur Etablierung einer transzendental-empirischen Wissenschaft auf diesem Erfahrungsfeld. Vielleicht, dass die eigentümliche Art der Möglichkeit einer solchen Wissenschaft sich auf unseren Wegen von selbst ergeben wird, und ganz anders, als wir es jetzt erwarten möchten. Aber jedenfalls, da wir nicht ganz vergessen haben, dass wir Wege zu einer Philosophie als Wissenschaft aus absoluter Rechtfertigung suchen, liegt jene empirische Wissenschaft nicht in unserer Bahn. Sie wäre ja eine unkritische, auf einer immer noch naiven, obschon transzendentalen Empirie ruhende. Und so ist denn die höchst bedeutsame Aufweisung des Vollbereichs dieser Empirie und korrelativ der vollständigen transzendentalen Einheit und Verbundenheit aller transzendentalen Einzelsubjektivitäten als Glieder eines Ichalls für uns nur eine Vorstufe für die apodiktischen Reduktionen. Indem wir diese Aufweisung vollzogen, waren wir eigentlich noch nicht wirklich in einem Besitz; denn nur apodiktischen Besitz konnten wir anerkennen. Nun müssen wir sehen, was wir haben und halten dürfen.

Wir vollziehen also zunächst einmal hinsichtlich des universalen Reichs transzendentaler Empirie, das wir uns erarbeitet haben, die ebenso universale Epoché und versuchen, ihren apodiktischen Gehalt herauszuschälen, also den Bereich der gesamten apodiktischen und transzendentalen Empirie zu umgrenzen.

⟨IV. ABSCHNITT

DER WEG ZU EINER APODIKTISCHEN WISSENSCHAFT:
APODIKTISCHE KRITIK DER TRANSZENDENTALEN
SUBJEKTIVITÄT⟩

⟨7. KAPITEL

Apodiktische Kritik der transzendentalen
Erfahrungsgewissheiten⟩

⟨§ 26. Überleitung zur apodiktischen Reduktion: Die
transzendentale Selbstwahrnehmung⟩

Beginnen wir also von Neuem und ⟨mit⟩ dem an sich Ersten: mit der Evidenz des *ego cogito* der transzendentalen Wahrnehmung, wie wir auch sagen können. Wenn ich den Weltglauben ausschalte und z. B. die naive Dingwahrnehmung, die ich gerade vollziehe, überführe in die Wahrnehmung, in der ich das erscheinende Ding als solches, seine gerade gegebene Perspektive, erfasse oder das Ding im Wie der Orientierung u. dgl., so kann ich doch wohl die apodiktische Evidenz dieser rein subjektiven Gegebenheiten während ihrer Wahrnehmung in Anspruch nehmen. Im Grunde ist diese wahrnehmende Erfassung keine eigentlich so zu nennende Selbstwahrnehmung, nämlich wenn ich so jede transzendentale Wahrnehmung nenne, in welcher das Wahrgenommene die Form *ego cogito* hat. Denn rein auf den Aspekt eines Dinges erfassend gerichtet, erfasse ich nicht mein Ego (den Pol), sondern erst wenn ich, wie ich es freilich sofort kann, dies bilde: „Ich habe diesen Aspekt, erfasse ihn wahrnehmungsmäßig", ist eine eigentliche Selbstwahrnehmung eingetreten, ebenso wie dann weiter, wenn ich erfasse: „Ich fühle Schmerz", „Ich habe das und das Urteil", „Ich will" u. dgl. – *notabene*, das alles, während ich eben wahrnehmend darauf gerichtet bin, und rein darauf, in der transzendentalen Einstellung. Hier geht offenbar mein wahrnehmendes Erfassen auf den Ichpol selbst und von da auf sein Gerichtetsein, sein wahrnehmungsmäßiges Haben des Dinges oder seiner Erscheinungsweise, auf sein Bewusstsein des Schmerzes oder des und des Urteilsinhaltes usw.

Alle solchen Selbstwahrnehmungen scheinen apodiktische Erfahrungen zu sein, sie sprechen sich in Wahrnehmungsaussagen des Typs *ego cogito* aus, die sämtlich während des Verlaufes der Selbstwahrnehmung selbst apodiktische Urteile zu sein scheinen. Bei den ichlos gesetzten Daten, Empfindungsdaten, Aspekten haben wir keine eigene formelhafte Aussage. Wir wollen auch weiter von *ego cogito* reden. Dass sie das sind, davon überzeuge ich mich oder kann mich jederzeit überzeugen durch die bekannten Proben. Ich versuche, den Wahrnehmungsinhalt, also das jeweilige *ego cogito* als nicht seiend anzusetzen oder als zweifelhaft und ebenso den jeweiligen ichlos erfassten Aspekt, die jeweilige Dingerscheinungsweise: Alsbald erfasse ich ganz ursprünglich die Nichtigkeit des Ansatzes, also die Nichtigkeit der Annahme des Nichtseins, und ebenso das Unzweifelhaftsein, und das Seiende selbst steht ungebrochen und nun bestätigt da. Ich sehe, es ist unmöglich, das Erfahrene hier preiszugeben.

Es fehlt nun aber gleichwohl nicht an Schwierigkeiten und mir kommen Bedenken. Ich nehme ein einfaches Beispiel, etwa einen just erklingenden Ton. In natürlicher Einstellung ist es etwa ein Geigenton. Das klammere ich also ein und halte mich an das reine Empfindungsdatum, das den Geigenton darstellt, und kontinuierlich darstellt, und dieses Darstellen gehört selbst mit zum transzendentalen Bestand. Ich achte nun etwa ganz ausschließlich auf den immanenten Ton selbst, das Empfindungsdatum in sich. Ich erfülle dabei meine hodegetische Regel der Adäquation. Wahrnehmend meine ich genau das und nichts weiter als das Selbstgegebene, keine darüber hinausmeinende Setzung mache ich mit, und ich richte meinen wahrnehmenden Blick auf sie selbst. So durch meine prinzipielle Einstellung methodisch präpariert, lebe ich in der reflektiven adäquaten Wahrnehmung, den Blick ungebrochen auf das kontinuierlich erklingende, etwa bald anschwellende, bald abschwellende Tönen gerichtet, ich schwimme gleichsam wahrnehmend mit ihm mit und halte mich kontinuierlich in dem immer neu mit Tonempfindungen erfüllten Jetzt.

Aber mir ist doch nicht ein unausgedehntes Jetzt gegeben, beständig vielmehr erscheint der Ton als **dauernd**. Er fing soeben an. Ich war vielleicht noch nicht darauf gefasst, die phänomenologische Adäquation zu vollziehen, schnell fasste ich mich und nun schwimme ich mit ihm mit. Aber er steht doch vor mir als der von dem noch bewussten Anfang aus dauernde und dann immerfort als dieser dauernd hineintönende und in die Zukunft hineintönende Ton. Das gibt mir Rätsel auf. Kann ich es leugnen, kann ich es bezweifeln, dass mein transzendental reduzierter Ton zeitlicher, als solcher dauernder ist, dass er wieder als solcher eine Vergangenheitsstrecke hat und vor sich eine offene Zukunft? Und wieder: Kann ich es leugnen, dass hier zu scheiden ist zwischen der **konkreten Gegenwart** des Tones, d. i. diesem lebendigen Phänomen des dauernd tönenden und mit einer Koextension, die ich Dauer nenne, ausgestatteten Tones, und der **Gegenwart im engeren Sinn**, dem lebendigen Augenblick, den ich Jetzt nenne? Kann ich leugnen, dass das momentane jetzige Tönen alsbald „in die Vergangenheit zurücksinkt" und eine neue Momentanphase des Tönens, ein neues erfülltes Jetzt an seine Stelle tritt, der es ebenso ergeht, und so immer weiter, solange eben der Ton ertönt? Und sehe ich mir die konkrete Gegenwart, den Ton in seinem dauernden Tönen hinsichtlich seiner Dauer an, so ist sie selbst als tonal erfüllte Dauer ein „strömendes", sich wandelndes, nicht ein starres und abgeschlossenes Sein, sondern ein „strömendes Werden", in jeder Momentanphase abgeschlossen durch das Jetzt, aber doch wieder nicht abgeschlossen, da eben das Jetzt alsbald zurücksinkend sich der vergangenen Dauer zuschlägt und ein neues Jetzt sich als neuer Kulminationspunkt angeschlossen hat. Sowie man hier das Zeitphänomen unter phänomenologischer Ausschaltung näher ins Auge fasst, zeigt es immer neue wunderbare Seiten und Eigentümlichkeiten, und es scheint, dass sie alle nicht negiert werden können, also absolut unzweifelhaft sind, das aber, wofern ich alles, was ich aussage, und alle Begriffe, die ich dabei verwende, wirklich rein aus dem hier Selbstgegebenen schöpfe und ihnen nicht anderwärts gebildete Begriffe (etwa aus der naturalen Zeit) unterschiebe.

So, um noch eines zu nennen, dies: Nehmen wir an, der unglückselige Geiger habe während des Spiels dieses anschwellenden Tones an einer Stelle ärgerlicherweise gekratzt, so dass diese Stelle sich scharf abhebt. Ist es da zu leugnen, zumal wenn wir sogar den aufmerkend-erfassenden Blick an dieser Stelle hängen bleiben lassen, dass dieses Kratzen, rein immanent genommen, in die Vergangenheit zurückrückt und dass es doch das identische tonale Moment in der Dauer ist, nur seinen subjektiven Vergangenheitsmodus ändernd? Muss nicht geschieden werden zwischen jeder Tonphase selbst und somit auch jeder Tonstrecke selbst als tonaler Zeitstrecke, und andererseits dem unaufhörlichen Wechsel der kontinuierlichen Erscheinungsweisen, wofür wir nur die groben Worte haben: Modus des Jetzt, Modus des Vergangen, Modus des Immer-weiter-vergangen?

Jedenfalls, wir können hier nicht tiefer eingehen, obschon noch sehr viel zu erkennen wäre. Welch ein Reichtum liegt im Phänomen der immanenten Gegenwart, die die phänomenologische Wahrnehmung umspannt und die überall den Stempel des Unleugbar, also doch wohl der Apodiktizität zu tragen scheint. Immerfort hat dieses Wahrnehmen den Charakter des „Mitschwimmens" bzw. das wahrnehmende transzendentale Ich den Charakter des mitschwimmenden Ich – was freilich eine Rede ist, die ⟨die⟩ einer weiteren und wiederum, wie es scheint, apodiktisch evidenten Reflexion ist. Dabei ist jeweils die Blickrichtung eine verschiedene, wofern wir unter dieser Richtung das gleichsam auswählende Herausmerken, das spezielle herausfassende Wahrnehmen verstehen. Wir haben hier, wie auch sonst überall, einen doppelten Begriff von Wahrnehmen zu unterscheiden: das überhaupt als originales Selbst, im Bewusstsein lebendiger Gegenwart Erscheinende und das aufmerkend Herauserfasste, zum eigenen Thema Gemachte. In unserem Fall richte ich einmal, und so taten wir zu Anfang, den Blick auf den erklingenden Ton schlechthin und da geht der erfassende Blick durch das lebendige Jetzt, das momentan neu aufleuchtende tonale Moment hindurch, und im stetigen Fluss ist der Blick auf das immer neue Jetzt gerichtet; nicht geht der Blick aber auf das stetige Verklingen, nicht auf das

Herabsinken des neuen Jetzt, während das neue Jetzt aufleuchtet, nicht auf den modalen Wechsel und nicht auf die Dauer selbst, auf die selbst fließende konkrete Gegenwart (als breite, mit einem immer neuen Jetzt als fließendem Ende ausgestattete Gegenwart). Aber auf all dergleichen **kann** sich auch der Blick richten, und tut er es, so ist das erfassende Wahrnehmen abermals ein Mitschwimmen, da hier alles, was in den Griff der Erfassung kommen kann, eben im Fluss ist.

⟨§ 27.⟩ Apodiktische Reduktion der transzendentalen Selbstwahrnehmung

Und nun ist aber die Frage, wie ist die **Unleugbarkeit**, die Apodiktizität, zu verstehen und wie weit reicht sie? Eine Kritik scheint hier ja sehr nötig. Die sehr naive traditionelle Erkenntnistheorie hat, wie die Fragen der Evidenz der Wiedererinnerung, so die der Reichweite der Wahrnehmung, und speziell der sogenannten „inneren Wahrnehmung", immer wieder erwogen. Und manche, so selbst ein genialer Forscher wie Brentano, kamen zum Schluss, die innere Wahrnehmung, und das hieße für unsere transzendentale Reduktion: die immanente Wahrnehmung vom *ego cogito*, reiche nicht über das momentane Jetzt hinaus. Ich kann solche Stellungnahmen nur aus der Unvollkommenheit der Analyse verstehen. Was hier behauptet wird, ist, wie nachzuweisen wäre, geradezu widersinnig; mit apodiktischer Gewissheit dürfte dann nicht einmal gesagt werden: „Dieses Eine, Dauernde, so und so sich Ändernde oder sich gleich Verhaltende". Ich dürfte also nicht vom Erfassen eines individuellen Datums sprechen, das ohne Zeitlichkeit ja undenkbar ist, nicht von einem immer neuen Jetzt usw. Was ist aber der gute Kern in dieser widersinnigen Lehre?

Die Unleugbarkeit, die Apodiktizität, ist die Kehrseite der Adäquation;[1] das Gemeinte ist unmittelbar und ohne jede Antizipation, deren Bestätigung noch in Frage bleibt, **selbstgegeben**,

---

[1] Vgl. dazu Beilage XV: *Wie Apodiktizität zu Adäquation sich verhält* (S. 410) sowie Beilage XII: *Apodiktizität – Adäquation. Kritik der Apodiktizität und Adäquation* (S. 401). – Anm. des Hrsg.

das Selbstgegebene ist von Vorbehalten frei. Spricht man schlechthin von der wahren und echten Selbstgegebenheit gegenüber einer antizipierenden und vorbehaltlichen, so sagt das dasselbe. Das äußerlich Wahrgenommene ist beständig mit Antizipation behaftet, es kann nur unter Vorbehalt des Weiteren Erfahrungsganges als wahrhaft seiend gerechtfertigt werden. Darum mussten wir es ausschalten. Das immanent Wahrgenommene ist frei von allen Vorbehalten, was da wahrgenommen, ist wirklich Selbsterfasstes; es ist in eins mit dem Erfassen das Original selbst da. So lautet wenigstens der erste Ansatz.

⟨a) Aufweisung der apodiktisch notwendigen Struktur der Wahrnehmung in ihrer Zeitlichkeit. Urimpressionales Jetzt und Retention⟩

Aber wir müssen nun anerkennen, dass originale Selbsterfassung eine notwendige Struktur hat und in sich wieder Gradualitäten hat, ohne die es gar nicht denkbar ist, und gerade hier in der Kritik der immanenten Wahrnehmung ist die Stelle, es ursprünglich zu lernen. Die Selbstgebung des Empfindungsdatums Ton ist undenkbar ohne diesen ganzen Fluss des Tönens, ohne dieses ganze System wunderbarer Strukturen, des sich immer neu einstellenden Tonmomentes in der Form des Jetzt, des Immer-erneut-Herabsinkens in die Vergangenheit, ist undenkbar, wie wir auch sagen können, ohne diese stetige Wandlung des Gegebenheitsmodus Jetzt in Soeben-gewesen, des Soeben-gewesen in ein Soeben-soeben-gewesen usw. Dabei aber hat gewiss das jeweilige aktuelle Jetzt den Vorzug einer höchsten und vollkommensten Phase der Selbstgegebenheit. Nur in ihr ist der Ton, als das betreffende Tonmoment, in absoluter Selbstheit nach Sein und Sosein erfasst, im Erfassen in gewisser Weise reell enthalten. Und doch ist das nur eine abstrakte Rede und ist eigentlich von Sein und Sosein sinnvoll nur zu sprechen, weil diese Tonphase fungierende Phase ist in einer Synthesis des Strömens. Der Ton selbst ist die Einheit, die sich in der strömenden Synthesis der kontinuierlichen Intentionalität des sich abstufenden Selbsterscheinens als Eines und Identifizierbares gibt und ohne diese Abstufung gar nicht denkbar ist. Habe ich das geistig erfassende Wahrnehmen auf den

Ton gerichtet, so habe ich stetig und absolut gegeben den einen Ton, und ich habe ihn in letztdenkbarer Originalität. Aber das sagt nicht, dass ich je die bloße Phase hätte, die abstrakt kulminierend ist. Die bloße Phase, die wirklich im Modus Jetzt momentan auftönt, ist nicht der adäquat gegebene Ton selbst, der eine gehörte, der vielmehr der eine der kontinuierlichen Synthesis ⟨ist⟩, der eine anschwellende, abschwellende, nach Intensität und Qualität so und so sich gestaltende. Und nun gar, wenn ich eine Melodie höre, so ist die in absoluter Originalität gehörte Melodie nicht der eine just erklingende und dauernde Ton, sondern eben die Melodie, die sich so und so gestaltende Wahrnehmungseinheit, sich gestaltend im Durchgang durch die Form des Jetzt, aber auch die Formen der Vergangenheit und die Form der offenen Zukunft. Erst durch eine unterscheidende und vergleichende, im Rahmen der absoluten Gegebenheit sich haltende Betrachtung und Abstraktion schaue ich Einzeltonphasen heraus und erkenne den zweifellosen Unterschied der Gegebenheitsweisen jedes Jetzt und der abgewandelten Gegebenheitsweisen des Vergangen bzw. der vorgreifenden, antizipierenden des Künftig.

Und dann sage ich mit Recht: Es ist in jeder immanenten Wahrnehmung zu unterscheiden zwischen Wahrgenommenem im allereigentlichsten Sinne oder einer originalen Gegebenheit, die die Limesform der absoluten Selbstgegebenheit, der Absolutheit hat, und Wahrgenommenem in einem sekundären Sinn und in gewisser Art nur Mitwahrgenommenem. Oder es muss geschieden werden erstens die Urimpression als Urstiftung der Individualität jedes neuen Tondatums, als Urstiftung seines zeitlichen Daseins und seiner individuellen Zeitstellen, zweitens die konkrete Wahrnehmung; entsprechend dem Unterschied der Urgegenwart des Jetztpunktes und der konkreten Gegenwart, die eine fließende Extension ist, aber allein konkrete ist. Die Stiftungspunktmitte der Urgegenwart kann nichts stiften, wenn nicht die stiftende Urimpression in das Kontinuum der Retention übergeht und andererseits nicht die Urstiftung, mit dem immer neuen Jetzt, sich anschließend fortsetzt.

Ferner, wenn wir vom Punkt Jetzt zurückschauen auf das Soeben-gewesen, so werden wir sagen, das Soeben-gewesen ist im allerursprünglichsten und eigentümlichsten Sinne nicht wahrgenommen. Manche sprechen von frischer Erinnerung oder auch von bloßer Retention; besser hieße es Remansion, da das Zurückbehalten auf ein Greifen und Im-Griff-Behalten hindeutet als eine Aktivität des Ich. Ob ich auf das soeben Gewesene den erfassenden Blick zurückrichte oder mitschwimmend der lebendigen Urgegenwart zugewendet bin und damit zugewendet dem ständig neu werdenden und im neuen Werden einheitlich sich durchhaltenden dauernden Ton; es gilt jedenfalls, dass das soeben Gewesene in meinem Bewusstseinsfeld liegt. Von jeder Momentanphase des Tones, die als neue auftönt, verbleibt das sich in einer kontinuierlichen Sukzession entfaltende Soeben-vergangen dieser Phase in meinem Bewusstseinsfeld. Richte ich aber den Blick darauf oder bleibe ich von vornherein an einem Tonmoment haften und bleibe bei ihm, während er in immer weitere Vergangenheitsferne rückt, so verliert diese Phase allerdings ihre absolute Originalität. Der Toninhalt, der da wirklich geschauter ist, ist nicht mehr eigentlich er selbst in absoluter Unmittelbarkeit. Was ich absolut unmittelbar habe, ist das Phänomen der Erscheinung des Vergangenen, und in kontinuierlicher Wandlung das stetig neue Phänomen desselben Vergangenen. Es wird immer matter, unbestimmter und dabei „vergangener". Und doch, es wäre grundverkehrt, hier sehr kritisch sein und sagen zu wollen: Das ist keine apodiktische und adäquate Gegebenheit. Ich habe den soeben vergangenen Ton im Modus der Noch-Gegebenheit, und in erfassender Retention habe ich ihn noch im Griff, ihn selbst, und noch unmittelbar: nicht in einem Abbild, nicht als durch ein Gegenwärtiges bloß angezeigt und durch Anzeige mitgesetzt. Ich habe ihn noch, nur dass dieses „Noch-Haben" und Noch-im-Griff-Haben nicht die Ursprünglichkeit der Urimpression hat. Es ist also in gewissem Sinne abnehmende und immer weiter abnehmende Ursprünglichkeit und immer geringere Originalität.

Verbal sind das widersprechende Reden, aber es ist klar, dass all das doch sein absolutes Recht hat. Wahrnehmung ist nicht ein bloßes Reell-in-sich-Haben, als wie ein Ding einmal ist und dann in einer Schachtel ist, sondern Wahrnehmung kann ein Wahrgenommenes nur haben durch die Intentionalität einer Selbstdarstellung, die notwendig ein Kontinuum von Intentionalitäten ist, in dem Urimpression in Retentionen übergeht und in anderem Sinne und anderer Richtung Urimpression in Urimpression übergeht, also Jetzt in Jetzt. So weit dieser Fluss reicht, so weit reicht Selbstdarstellung und originale Selbstdarstellung.[1]

⟨b) Fortsetzung der Überlegungen zur apodiktischen Evidenz konkreter Gegenwart⟩

Wahrnehmen, so schloss ich letzthin, ist nicht ein Reell-in-sich-hinein-Packen und Reell-in-sich-Haben. Wahrgenommenes ist prinzipiell nicht zu denken als etwas reell im Wahrnehmen Darinsteckendes, als wie ein Ding einmal für sich ist und dann umfasst ist von der packenden Faust oder darin ist in einer Schachtel, sondern Wahrnehmen ist ein Bewusstsein und Wahrgenommenes sein intentionaler Gegenstand. Aber es handelt sich hier um eine besondere Intentionalität, die sich mit näher charakterisierenden Worten dahin ausdrückt: Wahrnehmen ist ein Bewusstsein, in dem der intentionale Gegenstand bewusst ist in der besonderen Art der originalen Selbstdarstellung. Diese eigentümliche Intentionalität der Selbstdarstellung ist aber nur denkbar als ein Kontinuum von Phasen, als eine kontinuierliche Synthese von Phasenintentionalitäten und näher als ein kontinuierliches intentionales Strömen, wobei einerseits eine urimpressionale Phase kontinuierlich neu aufleuchtet und andererseits jede solche Phase in ihre retentionalen Modifikationen verströmt. So weit dieser Fluss reicht, so weit reicht originale Selbstdarstellung, unerachtet des Unterschiedes einer Gradualität der Originalität und ihres sich in der Weise steter Erneuerung wandelnden Kulminationspunktes Jetzt.

Das gilt für jede Wahrnehmung. Jede lässt sich aber auf eine phänomenologische Wahrnehmung durch phänomenologische Einklammerung reduzieren. Halten wir uns nun überhaupt an eine phänomenologisch-immanente Wahrnehmung, so finden wir absolute Undurchstreichbarkeit sowohl in Richtung auf den sich kontinuierlich werdend selbstgebenden Gegenstand als jetzt-wer-

---

[1] Im Originalmanuskript folgt hier ein längerer gestrichener Text. So erklärt sich, dass das im vorigen Absatz Gesagte im folgenden, der wohl den Beginn einer neuen Vorlesungsstunde bringt, teilweise wörtlich wiederholt wird (vgl. die textkritische Anm. zu dieser Stelle unten, S. 569). – Anm. des Hrsg.

dend-seienden (also nicht auf eine gar nicht haltbare Momentanphase Jetzt, die eine bloße Abstraktion ist) oder, wie wir auch z. B. sagen können, den jetzt dauernden Ton, ebenso irgendeine jeweilig besonders sich abhebende und kontinuierlich erfasste Eigenschaft in ihrem Jetztdauern, als auch hinsichtlich des soeben gewesenen, ohne dessen Mitgegebenheit von einer Wahrnehmung keine Rede wäre. Also so weit die zur Einheit der konkreten Gegenwart gehörige retentionale Vergangenheit reicht, so weit reicht die Apodiktizität.

Nur müssen wir dabei folgendes selbst absolut evident Hervortretende beachten. Mit dem modalen Sichabwandeln von Urgegenwart in das Soeben-vergangen und Immer-weiter-vergangen geht notwendig Hand in Hand ein Leerwerden und auch Unbestimmtwerden des intentionalen Gehaltes. Den soeben vergangenen immanenten Ton habe ich als vergangen seienden dabei in beständiger Undurchstreichbarkeit, aber, wie sichtlich ist, erstreckt sich diese Un⟨durch⟩streichbarkeit auf den Gehalt, auf das im weitesten Sinne zu nehmende *quale* des Tones nur in der jeweiligen relativen Bestimmtheit oder Unbestimmtheit. Ist z. B. an einer sich abhebenden Diskontinuität des wahrgenommenen Tones der Blick hängen geblieben, statt vorwärts mitzuschwimmen und dem Gang des weiteren Tönens aufmerkend zu folgen, so bleibt diese Diskontinuität trotz des Leerwerdens, der schnell eintretenden Unanschaulichkeit, und trotz des Nachlassens inhaltlicher Bestimmtheit in meinem Griff.[1] Nur diejenige Bestimmtheit, die wirklich im Griff ist und verbleibt, ist absolut evident; und am besten, man fängt da mit dem Allgemeinen an, das absolut zweifellos ist und bleibt. Mag auch noch so viel unklar und unbestimmt geworden sein, absolut zweifellos ist doch, dass ich einen Ton, und sogar im allgemeinen Charakter Geigenton soeben gehört habe, wie in anderen Fällen, dass ich eine Farbe, dass ich Dingerscheinendes, ein Hauserscheinendes u. dgl. gesehen habe. Es wäre widersinnig oder vielmehr ganz unmöglich, zweifeln zu wollen, ob, wenn ich den Ton höre, das Wahrgenommene nicht am Ende eine Farbe, und wenn ⟨ich⟩ eine Farbe ⟨sehe⟩, ob sie nicht ein Ton sei. Freilich sind das zirkum-

---

[1] Was ich jetzt aussage, weiß ich auch apodiktisch, dieses Hängenbleiben etc.

skriptive Reden, da hier Begriffe wie Ton und Farbe hineingezogen werden.

Die kontinuierliche Wahrnehmung stiftet mit ihrer kontinuierlichen Urimpression, und stiftet darin kontinuierlich, ein seiendes
5 Selbst, das, sowie die Seinserfassung eingesetzt hat, erhalten, und apodiktisch erhalten bleibt. Und zwar nicht bloß hinsichtlich der leeren Existenz eines Dies-da überhaupt, d. i. des kontinuierlich in apodiktischer Gewissheit verbleibenden Gegenstandspols, sondern auch hinsichtlich des Soseins, ohne welches, in irgendeinem Be-
10 stand gradueller Bestimmtheit der Pol undenkbar ist. Aber nur, was von dem ursprünglichen *quale* im Griff war und verblieb, und nur in derjenigen Gradualität der Bestimmtheit, die in den Griff einging, so sagten wir schon vorhin, ist evident. Diese Gradualitäten entsprechen im Denken Stufen der Allgemeinheit, der zu-
15 nächst sinnlichen Allgemeinheit (sinnlicher Typus: rot, krapprot, feuerrot u. dgl.), und dies ist dann wieder in höherem Denken Ausgang für exakte Begriffsbildungen. Aber davon ist hier in der Wahrnehmung selbst noch keine Rede. In Relation zu schon im Denken gebildeten exakten Ideen heißt dann das Fließende und
20 graduell Unbestimmte „U n g e f ä h r e s".

Also, absolut gegeben ist dieses zwar relativ Fließende, aber doch eben absolut Gegebene „Geigenton" oder Veilchenblau, Rot usw., das sich durch den Fluss der Retention hindurch erhält. Solche Evidenz des Soseins besteht also sowohl für das wahrgenom-
25 mene Eine, den tönenden Ton, die fortdauernd gesehene Farbe usw., als auch für den soeben verklingenden und verklungenen Ton. Zugleich aber hat er seinen zeitlichen Erscheinungsmodus und ist evident gegeben nicht als jetzt dauernder, sondern gewesener, als immer ⟨mehr⟩ in die Vergangenheit rückender, aber evi-
30 dent als der individuelle, seine Idealität – und das ist seine Zeitstelle und seine Zeitverbreitung – identisch durch alle Vergangenheitsmodi behaltender.

⟨c)⟩ Freie Retention ⟨als Feld möglicher apodiktischer Evidenz⟩

Natürlich ändert sich am Gesagten nichts, wenn nun der jetzt
35 tönende Ton ganz aufhört. Dann hört nicht die Sphäre apodiktischer Evidenz auf, noch ist im Aufhören das Feld der Retention da

mit seinen Abhebungen, die freilich von selbst graduell sich verlieren. Es bleibt aber das Feld, solange es im Blick ist, ein solches möglicher apodiktischer Evidenz.

Wenn ich adäquat wahrnehmend dem Ton zugewandt bin, wie er da dauernd tönt, so erfasse ich seine kontinuierliche Einheit und sein identisches Allgemeines, das sich als Ton ausdrückt, im Durchschwimmen von Jetzt zu Jetzt. Der Ausdruck „Ton" ist kontinuierlich adäquat angepasst und undurchstreichbar: Dies da ist „dauernd" Ton. Blicke ich zurück und überblicke ich die Dauer als Extension hinsichtlich ihrer vergangenen Strecken, so ist absolut evident die Identität des Retinierten und des „noch Dauernden" und die Identität der Adäquation der Wortmeinung „Ton" an die früheren Dauerstrecken. „Der Ton ist dauernd Ton" ist hier zweideutig: Er ist fortwährend (dauernd im ersten Sinne) Ton, und er ist in der ganzen abgelaufenen und noch retentionalen Dauer Ton. Ich habe nicht nur die retentionale Erinnerung der soeben vollzogenen Adäquation, der nicht nur fortwährenden, sondern soeben gewesenen Adäquation als vollzogener; auch hinsichtlich der nicht vollzogenen Nennung der vergangenen Strecke habe ich die Evidenz.

Dagegen, wie steht es hinsichtlich anderer Wahrnehmungen, denen ich nicht erfassend folgte? Wenn ich mich zurückwende, finde ich etwa nur Retention vor. Hier kann ich im Übergang vom Ton zum Geräusch oder von einem Ton zu einem anderen Ton (der retentional Nachklang ist) die Evidenz haben: etwas Tonartiges oder Akustisches; wieder vermöge der Gemeinsamkeit mit dem absolut original und fortwährend gegebenen Ton.

Dagegen, hätte ich diesen Anhalt nicht, so könnte ich nichts aussagen.[1] Aber freilich, die Evidenz eines Phänomens überhaupt habe ich notwendig, wenn ich als notwendig anerkenne, dass immer eine originale Gegenwart aufleuchtet, und solange ich eben wahrnehmend zugewendet bin und rückgehend die retentionale Vergangenheit betrachte. Sie gleicht der allgemeinen oder mindest allgemeinsten Struktur nach der Gegenwart. Darf ich darüber hin-

---

[1] Husserl hat diesen Satz später mit Bleistift mit einem Fragezeichen versehen. – Anm. des Hrsg.

aus etwas sagen? Das Retentionale hat Anteil an der Evidenz des Originalen durch eine kontinuierliche Deckung.[1]

Doch es bedarf noch einer Nachlese, mit einer wichtigen Ergänzung. Wir hätten mit der Aufweisung der notwendigen Struktur der Wahrnehmung eine allgemeine und notwendige Struktur des Bewusstseinsstromes überhaupt aufgewiesen, wenn wir schon so weit wären, im Rahmen unserer apodiktischen Reduktion den Bewusstseinsstrom setzen zu dürfen als die Unendlichkeit der Vergangenheit und Zukunft des absoluten Ichlebens. Jedenfalls finden wir an jeder Wahrnehmung als solcher diese wunderbare Struktur. Dass sie ein beständiges Strömen und Sich-Wandeln ist, gilt doch so, dass bei all dem eine starre Strukturform dieses Strömens und Wandelns unabänderlich verbleibt, so die Form Jetzt, sozusagen als Kometenkern, als der leuchtende Kopfpunkt und der Kometenschweif der retentionalen Vergangenheiten,[2] dazu diese gesetzmäßigen Unterschiede der sich von selbst allmählich verlierenden Urklarheiten und sich verlierenden Abhebungen, der abnehmenden Bestimmtheiten. Hier aber ist noch beizufügen: Das ideelle „Ende" dieses Prozesses graduellen Unbestimmtwerdens und Die-Abhebung-Verlierens ist offenbar ein Null, die absolute Leere. Damit ergibt sich aber für die konkrete Gegenwart, dass sie hinsichtlich der unmittelbar evident und bestimmt-bewussten Vergangenheit so weit reicht als die merkliche Abhebung, eine Art Grenze oder Grenzsphäre, ein Übergehen in einen absolut leeren Horizont. An das Wahrnehmungsfeld (in einem erweiterten Sinne) schließt der leere Raum der völlig unbestimmten Vergangenheit, nämlich in dieser konkreten Wahrnehmung unbestimmten Vergangenheit, ⟨an⟩. Das aber ist recht zu verstehen. Das Wahrnehmungsjetzt ist ein Jetzt und alles als Jetzt Wahrgenommene hat Einheit, z. B. Ton und Farbe und was ich sonst wahrnehme. Nicht auf das Herausmerken und Erfassen kommt es da also an. Und so ist der Leerhorizont leere Form, der zur konkreten Gesamtwahr-

---

[1] Während der Vorlesung gesagt und ausgeführt: Der Erlebnisstrom ein unendlicher Strom des Wahrnehmens unter dem Gesetz des ursprünglichen Zeitbewusstseins.

[2] Der Komet kann nie kopflos sein im wahren Sinne; denn der konkrete Kopf ist die universale Wahrnehmung, die das Jetzt des Lebens konkret ausmacht, zum Kometen *in concreto* gehört, oder es ist das ganze Jetztleben. Das konkrete Leben ist ein Komet mit einem Schweif und einem Leerhorizont.

nehmung gehört, die im Fluss ist. Nicht als ob dieser Leerhorizont ein intentionales Nichts wäre; es ist nur ein Nichts an abgehobener Intentionalität. Im Übrigen ist es immer noch Retention, nur eben eine ihrer inhaltlichen Abgehobenheiten entleerte. Also es gehört zum Wesen und der Form jeder konkreten Gegenwart, dass sie ihre Kometenschweifstruktur auch in dem Sinne hat, dass der merkliche Schweif übergeht in eine leere Unbestimmtheit. Immer ist die Gradualität des kontinuierlichen Leer-Werdens der doch fortgehenden Retentionalität zu konstatieren. Diese ganze Formstruktur ist eine offenbar unabänderliche Notwendigkeit, an der das Ich nichts ändern kann mit seiner Willkür.

Andererseits hat es aber innerhalb dieser allgemeinen und starr bleibenden Form doch Möglichkeiten des Eingreifens. Das passive, sozusagen ichlos strömende Wahrnehmen, in seinem Prozess originaler Selbstdarstellung, kann die Gestalt aktiven Wahrnehmens (Gewahrens) annehmen. Ich kann auf das und jenes hinmerken, und darin liegt Erfassen des sich original Gebenden. Rückwendend kann ich den Blick nachträglich auf die passiven Abgehobenheiten richten, die ich in der frischen Gegenwart nicht erfasst hatte oder die ich fahren gelassen hatte. Ich kann nachträglich zupacken und festhalten, festmachen; so z. B. kann ich nachträglich auf die mir entglittene oder nicht beachtete Klavierbegleitung des Gesanges achten, sie in ihrer Bestimmtheitsstufe festhalten; ich kann, während ich sie im Griff habe, noch anderes in den Griff bringen, auf und ab wandern mit dem erfassenden Blick, das Festbleibende zusammenhalten, vergleichen und so höhere Tätigkeiten ins Spiel setzen. Es ist offenbar, dass sich durch solche Aktivität der Horizont leerer Vergangenheit willkürlich zurückschieben lässt. Wenn ich stumpfsinnig Musik höre, ohne jeden geistigen Zugriff, ohne verbindende Gruppierungen, ohne Bildung einheitlicher Komplexe höherer Stufe, so ist der Kreis der konkreten Gegenwart, das einheitliche Feld retentionaler Abgehobenheiten sehr viel kleiner, als wenn ich in solchen Weisen selbsttätig verfahre.

Freilich wird sich die Evidenz nicht endlos erhalten und auf gleicher Höhe erhalten, weil sie ja davon abhängt, ob ich wirklich jedes einzeln Ergriffene einzeln für sich und in gleicher Bestimmtheit erhalte. Der Griff pflegt sich zu lockern, das Ergriffene kann der packenden Hand entfallen und ins Dunkel versinken.

Auch das kann man in der Reflexion natürlich sehen. Jedenfalls, in gehörigen Grenzen hat alles so Erfasste und Gesetzte apodiktische Evidenz, und eigentlicher ist von ihr nur in der Feststellung und identischen Festhaltung bzw. der wiederholenden Identifizierung die Rede. Immer muss das Festgestellte in dem Sinne genommen werden, genau in der Bestimmtheit, in der es erfasst und festgemacht worden ist bzw. festgehalten und in wirklicher Selbstdeckung verbleibt.

⟨d⟩ Präzisierung der Ergebnisse und⟩ Ergänzung zur apodiktischen Reduktion der Retention

Wir standen in der letzten Vorlesung hart an dem Problem der apodiktischen Reduktion der Wiedererinnerung. Doch ehe wir damit beginnen, wird es gut sein, das bisher Festgestellte noch einmal schärfer zu präzisieren und auf einen Punkt der Fraglichkeit hinzuweisen, der die Evidenz der retentionalen Sphäre betrifft. Es lag im Sinne unserer Analyse, dass wir die Retention ohne Inanspruchnahme der Wiedererinnerung, die sich mit ihr zu gesellen pflegt, auswerten wollten. Und da liegt in der Tat eine Gefahr, weil jede aufmerkende Zuwendung zu einem retentional abgehobenen Bestand, etwa einer just verklungenen Tonfigur, die Tendenz mit sich führt, sie in eine Wiedererinnerung übergehen zu lassen, die sie wieder anschaulich macht. Und so ist es ein Problem, ob nicht an einigen der apodiktischen Feststellungen die Wiedererinnerung Anteil hat. Dazu kommt, dass wir auch die Evidenz der deskriptiven Aussagen nicht ganz übergehen dürfen. Um nur, im Entschluss absoluter Verantwortlichkeit, nicht im geringsten die reinliche und ungeprüfte Quellen vermeidende Stellungnahme zu überschreiten, präzisieren wir das absolut Zweifellose noch einmal und womöglich noch schärfer.

1. Eine immanente Wahrnehmung ist apodiktisch evident hinsichtlich der fortdauernden individuellen Gegenwart des Gegenstandes, also in unserem Beispiel der phänomenologisch reduzierte Ton, auf den wir als den jetzigen und jetzt fortwährenden mitschwimmend gerichtet sind. Dieses Mitschwimmen ist zugleich Entgegenschwimmen, das Erfassen geht auf das jetzt Aufleuchtende und stetig dem neu Aufleuchtenden, dem neuen Jetzt

entgegen und fängt es mit offenen Armen auf; ein stetiges Erfassen, das stetig Neues erfasst und im stetigen Erfassen das Fortwährende als solches erfasst. Dieses ist der dauernde Ton im Sinne des währenden und fortwährenden. Die erfassende Intention ist
5 eine sich stetig satt erfüllende und in der Erfüllung kontinuierlich wieder Intention, nämlich auf das kontinuierlich Neue gerichtet, sich wieder erfüllend, und so stetig fort. Eben darin ist das Sein des Tones als fortwährende Gegenwart, als ursprüngliches Sein im Fortwähren adäquat gegeben. Wir haben hier zu sagen, dass die
10 Undurchstreichbarkeit die Folge der Adäquation im Sinne der erfüllten, wirklich vollen Selbstgebung ist. Sie ist stetig erfüllte Intention, wie wir ja sagten.

2. Wir haben aber auch eine andersartige Evidenz vom dauernden Ton, und es tritt hervor, dass das Dauern und die Evidenz vom
15 Dauern doppelsinnig ist: Evident ist der fortwährende, dauernde Ton und evident ist die Dauer des Tons. Wir unterscheiden also: a) das Fortwährende, den währenden Ton selbst; b) die Tonstrecke, die vergangen und in der „währenden" Gegenwart kulminierend ist. Und darin ist jede Phase retentional bewusst in
20 verschiedenem und dabei sich stetig wandelndem Modus Soebenvergangen. Hier haben wir auch Undurchstreichbarkeit. Aber im echten Sinne nicht mehr Adäquation.[1] Hier besteht nicht volle, nämlich erfüllte Selbstgegebenheit, sondern eben nur Noch-im-Griff-Haben, Noch-bewusst-Haben im Modus der Ge-
25 wissheit, die aber doch undurchstreichbar ist, in einem gewissen Maße.

Wir sehen hier allgemein die Notwendigkeit, dass, wie der als fortwährend bewusste Ton selbst, so der als soeben vergangen bewusste Ton den Modus Gewissheit hat. Der Modus Gewissheit
30 geht unwandelbar durch das ganze Kontinuum der Intentionalität. Aber es ist gut, wenn wir auch das Inhaltliche betrachten, was da gewiss ist, und die Evidenz der sich hier den Phänomenen anpassenden Deskription. Wahrnehmung des Tones schlechthin ist Erfassung des fortwährenden Tones, und dieser ist in seiner ganzen
35 Fülle eben als stetig sich erfüllender gegeben. Nennen wir ihn

---

[1] Vgl. Beilage XV: *Wie Apodiktizität zu Adäquation sich verhält* (S. 410). – Anm. des Hrsg.

"Geigenton" oder noch allgemeiner "Ton", so misst sich die Wortmeinung an das entsprechende, im adäquat gegebenen Ton selbst liegende und sich im Fortwähren kontinuierlich deckende Moment an. Soweit wir ein solches im Fort"währen" sich gleichbleibendes Moment haben, das dabei stetige Deckung findet, und ein Wort, das sich genau mit seiner Wortintention anmisst, soweit haben wir Evidenz der Aussage; freilich nur im Währen selbst. Aber mindest das allgemeine "Ton überhaupt" ist notwendig da; Einheit der Wahrnehmungsgegebenheit des Fortwährenden ist undenkbar als Einheit kontinuierlicher Synthesis, ohne dass die ganze Einheit von einem Bestand durchgehender Deckung getragen wäre, also von einem Allgemeinen des Wesens, das alle Phasen gemein haben müssen. So können wir also von Ton, näher auch von Geigenton, scharfem, lautem Ton u. dgl. in absoluter Adäquation sprechen. Diese originale Selbstdeckung im Fortwähren spielt sich im anschaulichen Gebiet der ursprünglichen Präsenz ab. Dieses Gebiet lebendig anschaulicher Gegenwart ist kein mathematischer Punkt, sondern hat schon eine durchaus anschaulich erfüllte Ausbreitung mit einem Höhenpunkt des absoluten Jetzt. In diesem Gebiet wird auch diese Kontinuität und Veränderung, Intensitätsänderung, Qualitätssprung u. dgl. in der ursprünglichsten Gestalt erfasst. Auch eine Veränderung kann ja im Fortwähren des Tones kontinuierlich währen und allgemein in erfüllter Evidenz ausgesagt werden.

Richtet sich dann der Blick auf die leeren Partien der konkreten Gegenwart, so können alle solche Deskriptionen trotz der Leere einen evidenten Inhalt haben, nämlich in einer Art Übertragung überall da, wo in der aktuellen Gegenwart der eigentlichen Wahrnehmung, in der erfüllte Anschauung hinsichtlich alles Ausgesagten statthat, solches gegeben ist, was sich mit solchem der retentionalen Sphäre decken kann. Zum Beispiel: Die leere Tonretention ist ein Kontinuum der Deckung, das in der anschaulichen Tongegebenheit terminiert, und so kann ich vom eben gewesenen Ton sprechen; das allgemeine Wort passt sich, auch wenn ich es jetzt erst anwende, doch dem ganzen Kontinuum an. Das soeben anschaulich Gegebene ist Ton, das Vergangene als seiner leeren Intention nach mit dem Anschaulichen sich Deckende auch Ton.

Die Evidenz der Beschreibung würde sich also in gewisser Weise ableiten aus der anschaulichen Sphäre der Wahrnehmung.

In diesen Fällen, wo Gehalte, die aus der fortwährenden Wahrnehmung selbst geschöpft werden, durch Deckung mit der leeren Retention dieser eine sozusagen übertragene Evidenz und eine evidente Interpretation geben, hat Wiedererinnerung keine Rolle zu spielen. Die Evidenz der Deskription beruht dann darauf und setzt voraus, dass die betreffende retentionale Gegenständlichkeit in Deutlichkeit, wenn auch leer für sich erfasst, und in dem aus der originalen Anschauung ursprünglich geschöpften Sinn durch vergleichende Deckung interpretiert wird. Wo eine solche ursprüngliche Anmessung des Ausdrucks an ein gegenwärtig Ursprüngliches gegeben war, z. B. ⟨er,⟩ wenn es sich um ein momentanes Kratzen des Tones handelt, diesem (während das Kratzen in der Vergangenheit versinkt) unter Festhaltung nachgeht, ist kein Zweifel, da sinkt der Ausdruck mit und behält notwendig seinen Ausdrucksglauben. Wiederholung des Ausdrucks wäre schon Sache der Wiedererinnerung.

Alle diese bisher beschriebenen Evidenzen haben nur eine momentane, am Fluss der Wahrnehmung und Retention hängende undurchstreichbare Gewissheit; aber mit ihnen haben wir keine ebensolche apodiktische Gewissheit von der unendlichen Vergangenheit und Zukunft des Lebens, keine von dem identischen Ich, das Subjekt dieses unendlichen Lebens ist und Subjekt von Gewissheiten, die es immer wieder, auch nachdem die ursprüngliche lebendige Gewissheit, die aus ursprünglicher Wahrnehmung, mit dieser vorübergegangen ist, bewähren kann. Das „Immer-wieder" gibt es erst dank der Wiedererinnerung, und nur aus ihr stammt die Möglichkeit von Tatsachen, die an sich sind, die in der Wahrnehmung ursprünglich erfahren werden, aber beliebig oft wieder erfahren werden können, wieder identifiziert als dieselben und demgemäß wieder beschrieben, und in identischer Weise und in identischer Wahrheit beliebig oft beschrieben werden können. Also, was dasselbe: Es gibt gegenüber der momentanen Wahrheit eine bleibende Wahrheit. Es wird aber die Frage sein, wie sich das klärt und wie es mit der Apodiktizität und Adäquation hier steht.

Die Retention ist eine undurchstreichbare Gewissheit vom soeben Vergangenen, aber das erfassende Ich, das sich ihres Gegenstandes zu bemächtigen, in ihn, wie er selbst ist, erkennend einzudringen sucht, greift ins Leere. Die auf ihn gerichtete Intention hat ihre Erfüllungsgestalt in der Wiedererinnerung. Sie gibt das Vergangene selbst in seiner Erfülltheit.

⟨§ 28. Apodiktische Reduktion der transzendentalen
Wiedererinnerung und sonstiger Vergegenwärtigungsweisen⟩

⟨a) Die Wiedererinnerung der retentionalen Nahvergangenheit und
die protentionale Tendenz der Wiedererinnerung. Wiederholte
und progressive Wiedererinnerung⟩

Dass die Wiedererinnerung täuschen kann, ist die einstimmige Lehre der Philosophen; und wer möchte hier in der Tat die Möglichkeit der Täuschung leugnen? Das gilt auch für die transzendentale Wiedererinnerung, diejenige in der transzendental reduzierten Sphäre. Jede transzendentale Reduktion einer naiv-natürlichen, sich als Täuschung herausstellenden Wiedererinnerung ergibt, wie man sich leicht überzeugen kann, eine sich als täuschend ausweisende transzendental reduzierte Wiedererinnerung. Indessen muss ich auch hier von der Tradition abweichen; ich muss das schrankenlose Verwerfen jedweder apodiktischen Evidenz in der Wiedererinnerungssphäre ablehnen und muss es aus einem Mangel der Analyse erklären.

Der Grundcharakter der Wiedererinnerung ist „Reproduktion", darin ist ein Doppeltes und auch ein Doppelsinn beschlossen. Reproduktion kann besagen Vergegenwärtigung. Das ist ein allgemeiner Charakter, der der Wiedererinnerung mit anderen Vergegenwärtigungen eigen ist; jede Phantasie, zufällig auftauchend oder frei erzeugt, ist eine Vergegenwärtigung, aber darum noch keine Wiedererinnerung. Zur anschaulichen Vergegenwärtigung gehört, dass sie sich als eine Modifikation der Wahrnehmung gibt. Phantasiemäßig etwas vorstellen, aber auch in einer Wiedererinnerung vorstellen, das ist „gleichsam wahrnehmen", aber eben nur gleichsam. Der gleichsam wahrgenommene Ton fängt an und dauert, und die ganzen konstitutiven Gestalten, die zur Wahrnehmung gehören, das ganze Spiel der Retentionen und der vorgerichteten Erwartungsintentionen mit der Übergangssphäre der Urimpression

– all das gehört auch zum Bestand der Vergegenwärtigung. Aber alles hat den Modus des Gleichsam. Der Wahrnehmungsgewissheit als Gewissheit an dem jetzigen individuellen Sein des Tones entspricht die Erinnerungsgewissheit. Aber das erinnerungsmäßige Jetzt, das also den Modus Gleichsam hat, ist nicht geglaubt, ist nicht gewiss als Jetzt schlechthin, sondern dieses erinnerungsmäßige Jetzt wie der ganze Gehalt des Erinnerten hat den Charakter des wiedervergegenwärtigten Jetzt, das in der Form der Wiedererneuerung, der Wiederwahrnehmung, der „gleichsam" noch einmal sich abspielenden Wahrnehmung vergegenwärtigt ist. Das ursprünglichste Vergangenheitsbewusstsein ist das jeder Wahrnehmung als Kometenschweif zugehörige retentionale Bewusstsein. Soll das Wiedererinnern, das von so wesentlich anderem Charakter ist, auch Vergangenheitsbewusstsein heißen, so muss es zur Retention wesentliche Beziehung haben, und zwar zu ihr in einer Synthese der identifizierenden Deckung stehen oder eine solche wesentlich annehmen können.

Wo stellt sich eine solche Synthese her? Nun, zunächst kann doch, während eine Retention noch abläuft, ein frisch Vergangenes also noch abgehoben, wenn auch leer bewusst ist, eine entsprechende Wiedererinnerung als Wiedererinnerung vom Selben auftauchen oder eventuell willkürlich erzeugt sein. Eine Tonphase ist herabgesunken, dieselbe wird „gleichsam" noch einmal gehört, sie spielt sich gleichsam von Anfang bis Ende noch einmal ab, im Modus der Reproduktion. „Dieselbe", dessen sind wir da bewusst, das sagt, die leere Retention, die freilich dabei ihr eigenes Spiel forttreibt, nämlich das Vergangene als immer weitere Vergangenheit, aber in sich als dasselbe erscheinen lässt, diese leere Retention, sage ich, ist synthetisch eins mit der gleichsam neu ertönenden Tonphase und in der Deckung erfüllt sich die Leere der Retention mit der Fülle, die sich in der Erneuerung wieder aufbaut. Das Anschauliche gibt sich als das erfüllende oder wahre Selbst für das leer Vorgestellte der Retention. Zugleich tritt in der Fülle der Anschauung, in der vollkommenen Wiedererinnerung, auch die ganze Fülle ihrer inneren Momente und Gliederungen hervor, die in der Retention unbestimmt und verwischt worden waren.

Freilich müssen wir dabei noch auf ein Eigentümliches der Wiedererinnerung wie aller Gegenwärtigung Rücksicht nehmen.

Sie kann Vergegenwärtigung in sehr verschiedener **Klarheitsstufe** sein. Sie kann während ihres Ablaufes selbst hinsichtlich der Klarheit schwanken.[1] Ist sie abgelaufen, so wird sie in ähnlicher Weise leer wie eine Wahrnehmung nach ihrem Ablauf, aber es ist dann nicht eine leere Retention schlechthin, sondern eine leere Wiedererinnerung, die selbst in der Leere die Eigenheit hat, Wiedererinnerung einer leeren Retention zu sein. Zugleich ist sie aber wirkliche Retention des soeben wirklich abgelaufenen Erlebnisses anschaulicher Wiedererinnerung.

Die Gradualität der Klarheit lernen wir aber auch kennen an der Eigenheit von Wiedererinnerungen, „wiederholbar" zu sein als Wiederholungen derselben Vergangenheit und in unserem Fall auch als Wiederholungen derselben retentionalen Vergangenheit. Diese ist durch die erste Wiedererinnerung sozusagen enthüllt worden, aber dadurch auch im Griff geblieben, und durch neue Wiedererinnerung bleibt sie erst recht im Griff und wird noch einmal enthüllt. Denn nach Ablauf der ersten Wiedererinnerung war ja wieder ein Leerbewusstsein da. Da sehen wir, dass die verschiedenen Wiedererinnerungen im Übergang ineinander sich in gegenständlicher Hinsicht zwar decken, aber doch nicht ganz gleich sein müssen, dass die eine mehr, die andere weniger vom Gegenstand enthüllt, die eine größeren, die andere geringeren Reichtum an sich abhebenden und anschaulichen Zügen hat. In der Wiedererinnerung als Vergegenwärtigung liegt also ihrem Wesen nach eine Gradualität ihrer Fülle und Leere, mit einem oberen Limes, den wir **vollkommene** Erinnerung nennen. Sie reproduziert die Wahrnehmungsgegenständlichkeit und *implicite* das Wahrnehmen selbst in vollkommener Weise, und sie verschafft dem leer Retinierten die vollkommenste Explikation, weckt alles wieder, was in ihm zur Unklarheit und Verwischung gekommen ist.

Auf die Frage, woher wir wissen, ob das nicht ein konstruktives Märchen ist, gibt die Antwort der Hinweis auf eine Wiederholungsreihe (mögliche Wiederholungsreihe) von Wiedererinnerung von demselben, in der wir eventuell willkürlich zu höheren Klar-

---

[1] Vgl. Beilage XVI: *Evidenz der Wiedererinnerung hinsichtlich des Klarheitsgehalts und seine Grenzen* (S. 412). – Anm. des Hrsg.

heitsstufen durchdringen. Im Übergang sehen wir, dass dasselbe immer vollkommener zur anschaulichen Gegebenheit kommt, dasselbe, das vorher schon gemeint, aber noch partiell leer bewusst war, und wir gewinnen sogar die Evidenz eines in dieser Fortschrittsrichtung liegenden Limes der satten Erfüllung, der vollkommenen: die Erkenntnis, dass überhaupt ein Limes bestehen muss, da jede mögliche Wiedererinnerung, wenn sie sich überhaupt erfüllt, sich in Eindeutigkeit, eben Identität des Gegenstands erfüllt.

Wir erkennen aber auch Möglichkeiten der Täuschung. Zunächst Möglichkeiten der „Übermalung" in der Wiedererinnerung. Das Wiedererinnerte ist das ursprünglich leer Intendierte, das in dem Gehalt der erneuten Anschauung, der im „Gleichsam" modifizierten Wahrnehmung, seine Erfüllung finden soll. Das erzeugte, anschaulich sich gestaltende Bild deckt sich mit dem leer intendierten. Aber es kann ein klareres Bild erwachsen, das zwar in Grundzügen wirklich erfüllte Vorstellung des Gemeinten ist, aber andere Züge hineingemalt hat, die nicht hineingehören, d. i. nicht Erfüllung entsprechender Züge der Meinung sind. Das wird oft von ihnen her selbst merklich. Die Leerintention bereichert sich mit der Veranschaulichung; mit dieser Weckung neuer Züge der Leerintention kann nun auch bewusst werden, dass sich anschauliche Züge eingedrängt haben, die mit solchen neu geweckten Komponenten der Intention streiten, nicht ihre Erfüllungen, sondern unechte Übermalungen sind. Ja, es kann sich herausstellen, dass in der Einheit eines Wiedererinnerungsbildes zur Verschmelzung gekommen ist, was aus verschiedenen Vergangenheiten herstammt und was zunächst nicht merklich geworden ist, weil die Leerintention sehr indifferent ist und die voreilende Veranschaulichung durch „Assoziation" in eine andere Vergangenheitssphäre hineingeraten war. Wenn man so in tiefere Betrachtungen eingeht, ist es wohl zu verstehen, dass Wiedererinnerung täuschen kann.

Dass aber, um zunächst in dem jetzigen Gebiet der Enthüllung von Retentionen zu bleiben, Wiedererinnerung auch apodiktische Gehalte hat, ist ebenso zweifellos. Dass ich eben ein Tongebilde gehört, eine Landschaft gesehen habe und dass ich das Tongebilde, das ich ⟨in⟩ Wiedererinnerung habe, nicht irrigerweise setze, wo vielmehr eine Landschaftswahrnehmung abgelaufen ist u. dgl., ist absolut evident, und absolut evident ist dabei, dass ich eine Vergangenheit, ein Individuelles, ein Zeitliches habe von einem gewissen allgemeinen Charakter Landschaft u. dgl.

Selbstverständlich gehört zur Wiedererinnerung, sofern wir sie
5 in erfüllender Deckung mit einer Retention dachten, die undurchstreichbare Gewissheit dieser letzteren, und eben damit haben wir apodiktische Gewissheit, dass im Wiedererinnerungsbild sich ein wahres Selbst darstellt, dem im Limes näher zu kommen ist, und ⟨das⟩ eventuell im Bewusstsein der Erfüllung zu erreichen ⟨ist⟩. Es
10 ist hier aber auch zu beachten, dass das „Soeben-gewesen" der Retention sich enthüllt als wiedervergegenwärtigtes Jetzt, und in jeder wiederholten Wiedererinnerung ergibt es sich, vermöge der Synthese, welche die Wiederholungen umspannt, als identisch dasselbe Wiedervergegenwärtigte, das zugleich also das „soeben"
15 Vergangene ist. Im Wesen der Wiedererinnerung liegt ja, dass sie das Erinnerte als gleichsam Wahrgenommenes und als Wiederwahrgenommenes charakterisiert, also als gleichsam wieder fortwährende Gegenwart. In ihr enthüllt sich, da sie Erfüllung ist, das „Soeben" der Retention. Indem das im originalen Jetzt in der
20 Wahrnehmung Gegebene kontinuierlich übergeht in das Soeben der Retention, dann wieder erneuert erscheint in dem Gleichsam-Jetzt der Wiedererinnerung und eventuell in willkürlich zu wiederholenden neuen Wiedererinnerungen ergibt sich vermöge synthetischer Identifizierung das in den mannigfaltigen Modi Gegebene in
25 Evidenz als Dasselbe, als dasselbe I n d i v i d u e l l e, als derselbe Zeitgegenstand mit derselben Zeitstelle und Zeitdauer. Wahrnehmungsmäßige oder originale Gegenwart, erinnerungsmäßige oder Wiedergegenwart sind Gegebenheitsmodi, Erscheinungsweisen desselben Individuellen, dessen ursprüngliches Sein, als sich stetig
30 aufbauendes Fortwähren (Einheit einer stetig sich erzeugenden Dauer), eben immer wieder als absolut dasselbe reproduzierbar und wiedererkennbar ist, und zwar „wieder"-erfahrbar.

In der Wiederholung ist jede neue Wiedererinnerung als Erlebnis selbst eine neue Gegenwart; und obschon jede dasselbe repro-
35 duziert und jede bei gleicher Klarheitsstufe den gleichen Gehalt hat, so ist doch eine wesentliche Differenz in unabänderlicher Notwendigkeit vorhanden. Das in der Wiederholung in völlig gleicher Weise Wiederholte, derselbe dauernde Ton, hat in jeder Wie-

dererinnerung notwendig einen neuen Vergangenheitsmodus. Jede Wiedererinnerung, indem sie dasselbe Nicht-Jetzt in einem neuen Jetzt bewusst macht, in dem eine neue Gegenwart im originalen „Währen" sich entfaltet, gibt dem Erinnerten mit Beziehung auf diese Gegenwart selbst einen neuen Modus, dies aber, sofern jede Wiedererinnerung in sich eine noch unentfaltete Intentionalität birgt, die für jede neue Wiedererinnerung eine abgewandelte ist. Natürlich sieht man erst in der erfüllenden Entfaltung, was das für eine Intentionalität ist und was das wechselnde Vergangene letztlich bedeutet.

Des Näheren: In jeder Wiedererinnerung überhaupt liegt eine intentionale, über ihren eigenen wiedererinnerten Gehalt hinausweisende Tendenz. Deren Erfüllung führt stetig in ein Kontinuum fortgehender Wiedererinnerungen, so dass sich ein Kontinuum von vergegenwärtigten Gegenwarten, eine kontinuierlich erfüllte Zeit wieder vergegenwärtigt. Diese kontinuierlich sich entfaltende Wiedererinnerung terminiert schließlich in der kontinuierlich fortwährenden Wahrnehmungsgegenwart. Ich habe z. B. soeben die Wiedererinnerung an ein Gespräch im Sprechzimmer; ich lasse es sich abspielen, ich folge ⟨der⟩ Wiedererinnerung, der Tendenz zu anschließenden und kontinuierlich erfüllenden Wiedererinnerungen, dann erinnere ich mich an den Schlag der Uhr, an das Bewusstsein „Es ist Zeit, in die Vorlesung zu gehen", dann an das Gehen und schließlich bin ich eben hier und jetzt, in dieser aktuellen Wahrnehmungsgegenwart, in der ich jetzt wirklich Vorlesung halte.

Hier ist nun allgemein auszuführen: Jede originale Selbstgebung, jede Wahrnehmung birgt, wie wir wissen, eine beständig protentionale Tendenz in sich. Sie hat einen Erwartungshorizont, der in die Zukunft weist. Jede aktuelle Urgegenwart tritt als Erfüllung der kontinuierlich vorangehenden Protention auf. Analog birgt jede Wiedererinnerung, die ja in sich selbst als eine modale Abwandlung der Wahrnehmung, als Wahrnehmung im Modus des Wieder und des Gleichsam charakterisiert ist, eine protentionale Tendenz in sich, und desgleichen tritt jede im Modus des Wieder und Gleichsam auftretende Gegenwartsphase, d. i. das vergangene Jetzt, als Erfüllung auf. Aber so einfach ist die Sachlage hier nicht, schon darum, weil die Wiedererinnerung zugleich ein gegenwärtiges Erlebnis ist, also selbst als wahrnehmungsmäßige Gegenwart auftritt und zugleich vermöge ihrer Intentionalität Vergegenwärtigung ist einer Vergangenheit. In der letzteren Hinsicht reproduziert sie die kontinuierliche Erfüllung der Erwartungsintention, aber mehr als das. Während bei der Wahrnehmung das Kommende neu ist und sich erst im Kommen voll inhaltlich bestimmt und eventuell gegen eine allzu bestimmte Erwartung bestimmt, während hier sogar völlig anderes kommen kann als vorausgesetzt worden, sofern die gegenständliche Einheit zeitlich abbricht und nun etwas gegenständlich völlig Neues zum Wahrgenommenen wird, verhält es sich in der Wiedererinnerung so, dass, was da in Gewissheit kommt, gar nichts Neues ist, sondern im Voraus Bekanntes. Es ist ja eben schon dagewesen und wird nur wiedererinnert. Darin liegt, dass das Wiedererinnerte in sich inhaltlich bestimmt Erwartetes ist und in der Einheit einer gewissen und klaren Erinnerungsabfolge den Charakter des inhaltlich durchaus Erwartungsgemäßen und Notwendig-so-kommen-Müssenden hat. In der Notwendigkeit der Folge dem bestimmtesten Inhalt nach bestätigt sich die Erinnerung, weil es zu ihrem Wesen gehört, wenn sie vollkommen ist, nichts Neues, sondern das Altbekannte zu bieten. Was andererseits die Wiedererinnerung als Gegenwartsphänomen anlangt, so gehört auch zu ihr selbst eine vorgerichtete Tendenz, die der assoziativen Erwartung auf die Wiedererinnerungen in der Folge des Ablaufs. Beide Zusammenhänge, die der notwendigen Folge der Vergangenheiten und die der Assoziation, terminieren in der Endwahrnehmung, die erstere in der gegenständlichen Gegenwart, die andere in der Gegenwart des diese gegenständliche Gegenwart konstituierenden Wahrnehmungserlebnisses.

⟨b) Die⟩ Wiedererinnerung ferner Vergangenheiten ⟨und die Konstitution der unendlichen immanenten Zeit⟩[1]

Wir haben bisher notwendige Eigenheiten der in der Sphäre der frischen Retention sich etablierenden Wiedererinnerung behandelt. Wenn wir nun zu den Eigenheiten der Wiedererinnerung über-

---

[1] Vgl. Beilage XI: *Zur universalen Kritik der reduzierten Erfahrung (der transzendentalen)* (S. 397). – Anm. des Hrsg.

haupt übergehen und uns jetzt Wiedererinnerungen ferner Vergangenheiten denken, so werden wir offenbar sagen müssen, dass alles Wesentliche bestehen bleibt von dem, was da besondere Funktion dieser Retention war. Nur werden wir jetzt an den unterschiedslosen Leerhorizont verwiesen. Eine nähere Untersuchung würde hier zeigen, dass der unterschiedslose leere retentionale Horizont seine erste Form der Weckung dadurch erfährt, dass im Gegenwartsleben des Subjekts irgendwelche Abgehobenheiten eine assoziative Tendenz entfalten, die in ihrer Erfüllung eine Abhebung von schon indifferent Gewordenem im Leerhorizont bedeuten. Ist schon eine Wiedererinnerung da und im anschaulichen Ablauf, dann kann die in ihr wiedervergegenwärtigte Gegenwart ihrerseits weckend fungieren, und zwar für neue Momente des Leerhorizontes, m. a. W. neues Vergessenes herbeirufen. Das wäre eine Abhebung im Modus des Wieder, aber nicht etwa eine wiedererinnerungsmäßige Rückkehr der alten Retentionen in ihrem ursprünglichen retentionalen Fluss – eine solche Retention ist etwas Abstraktes, das nur im konkreten Fluss sein kann –, sondern es ist eine konkrete, aber leere Intention, die zur Weckung kommt und nun eine eigene affektive Kraft in sich trägt ⟨und⟩ ihrerseits sich nun Erfüllung zueignet durch einen sie entfaltenden Prozess der Wiedererinnerung. Der leere Inhalt wird so zur Fülle der Selbstgegebenheit gebracht. Die Wiedererinnerung selbst führt dann ihre vorweisenden Intentionen mit sich, fordert also neue Erfüllung, und so reproduziert sich die Wiedererinnerungsreihe bis zur aktuellen Gegenwart. Diese auftauchende ältere Intention gibt sich selbst als auftauchend aus dem Leerhorizont und damit eben als different gewordene eines Indifferenten, und zwar eines Indifferenten, in das die differenten Retentionen übergegangen waren, als auftauchend aus der Nacht der Vergessenheit.

Jede Wiederholung der ursprünglichen Wiedererinnerung und dieses Ablaufs ergibt identisch dieselben Gegenständlichkeiten bzw. dieselben Vorgänge mit identisch denselben einzelnen Zeitpunkten und Zeitdauern und alles in allem dieselbe gesamte Vergangenheitstrecke, aber doch wieder nicht ganz dieselbe. Denn die werdende Gegenwart ist fortgeschritten, und obschon die Wiederholung des Wiedererinnerungsprozesses vom selben Ausgangspunkt wieder zur aktuellen Gegenwart führt, so ist diese Gegenwart eben eine neue und die vorige Gegenwart zur Vergangenheit geworden, d. i. sie bildet jetzt das Endstück der wiedererinnerungsmäßig abgelaufenen Zeit. Demnach ist es klar, dass jede Wiedererinnerung, auch wo sie nicht entfaltet wird, in Hinsicht auf ihre Protentionen eben doch in sich impliziert, dass sie intentional, aber unentfaltet in sich trägt die Zeitreihe bis zu der Gegenwart, der sie selbst als Erlebnis angehört, und das in dem Verlaufsmodus „erfüllende Entfaltung". Mehrere Wiedererinnerungen von demselben machen dieses Selbe also notwendig in verschiedener Weise bewusst, charakterisieren es als Vergangenes in verschiedener Vergangenheitsferne, als vergangen immer in Beziehung auf die lebendige Gegenwart als Endziel der beweglichen Zeitstrecke; das bewegliche Ende rückt vor, und demnach wird dasselbe Vergangene mit jeder neuen Wiedererinnerung zu einem ferner Vergangenen. Notwendig ist dabei der ganze Gehalt der früheren Wiedererinnerung und Wiedererinnerungsreihe in dem jeder nächsten enthalten, und soweit sie sich decken, ist die Zeitreihe identisch dieselbe, dieselbe Reihe von individuellen dauernden Gegenständen bzw. Vorgängen.[1]

Machen wir einen wichtigen neuen Schritt. Nehmen wir dazu die Notwendigkeit des Fortwährens der Gegenwart, wobei wir schon ein Stück Kritik der Erwartung haben. Die Gegenwart ist notwendig erfüllte Gegenwart. Wenn auch der gerade „währende" einheitliche Gegenstand oder Vorgang aufhören kann, so kann der Prozess des „Währens" selbst nicht aufhören. Das Währen ist „unsterblich". Hört der Ton auf, so ist dafür eben ein anderes da als währende Gegenwart. Mag die Welt nicht sein, das ist, wie wir nachwiesen, eine Möglichkeit. Dagegen ist es widersinnig, dass das immanente Sein aufhöre, dass dieser Prozess aufhöre, das im Währen sich konstituierende gegenwärtige Sein: Es ist undenkbar, dass alles aufhöre und dann nichts sei. Sowie man den Gedanken des „Dann-Nichtseins" vorstellig macht, setzt man ein „Dann-Sein" voraus, mit dem das Nichtsein streitet. Man unterschiebt dem möglichen Aufhören eines jeden beliebigen einzelnen Seins ein vermeintliches Aufhören des Lebensstromes. Das Aufhören

---

[1] Vgl. Beilage XVII: *Die Undurchstreichbarkeit der vollkommen klaren Wiedererinnerung* (S. 414). – Anm. des Hrsg.

selbst, als gegenständliches Aufhören, setzt ein Nichtaufhören, nämlich das Bewusstsein voraus, in dem das Aufhören Bewusstes ist.

Somit mag die bestimmte Vorerwartung täuschen, die Struktur des fortschreitenden Zeitbewusstseins und der Konstitution von neuen Gegenwarten ist doch starre Notwendigkeit. Darin liegt: Das Fortleben und das Ich, das fortlebt, ist un s t e r b l i c h – *notabene*: das reine transzendentale Ich, nicht das empirische Welt-Ich, das sehr wohl sterben kann. Dessen Tod, dessen leibliches Zerfallen und somit dessen Unauffindbarkeit in der objektiven raumzeitlichen Welt, dessen Nichtdasein in ihr, ist gar nicht geleugnet. Freilich ist mit der Unsterblichkeit des Ich, wie sie jetzt sich gibt als Undurchstreichbarkeit der sich immer neu erfüllenden Gegenwart, noch nicht eine unendliche künftige Zeit gesetzt. Das muss erst abgeleitet werden. Wir aber haben noch gar nicht die unendliche Zeit in Richtung auf die Vergangenheit abgeleitet und sind noch dabei.

Betrachten wir nun aber die Gegenwart, statt im Vorblick, im Rückblick, so ergibt sich als absolute Notwendigkeit, dass jede Gegenwart als Erfüllung einer Vergangenheit auftritt; nämlich jede Gegenwart, jedes „währende" Sein hat nicht nur einerseits an sich eine protentionale Form, die undurchstreichbar ist, „Es muss ein neues Jetzt kommen", sondern andererseits auch eine retentionale Form, die undurchstreichbar ist; und nicht nur, dass jedes Jetzt Retentionen zurücklässt, es ist kein Jetzt denkbar, das nicht schon Retentionen hat. Der neue Ton, der auftritt, der neu einsetzt, hat freilich noch kein Milieu eigener Retentionen, aber es ist notwendig ein „Soeben-gewesen" da, eine Wahrnehmung vorangegangen. Wie das Aufhören nur im Prozess denkbar ist, aber nicht denkbar ist das Aufhören des Prozesses selbst, so ist das Anfangen nur im Prozess denkbar, aber nicht denkbar als Anfangen des Prozesses. Das Nichts vor dem Anfang setzt schon ein Etwas voraus, dem es widerstreiten könnte. Vor dem Anfang kann eine Leere liegen, ein indifferentes, eintöniges, stummes Dämmern, aber selbst das ist Vergangenes und hat die Wesensstruktur des Zeitlichen.

Dem entspricht es, dass notwendig jede Wiedererinnerung einen zum Anfang, zum Anheben des wiedererinnerten „Währens" gehörigen intentionalen Horizont hat, der, so scheint es also, wiedererweckbar ist, und so kommen wir *in infinitum* auf neue mögliche Wiedererinnerungen.[1] Nach dem, was von der Möglichkeit der wiederholenden Wiedererinnerung vom Selben gesagt worden ist, kommen wir auf eine identische u n e n d l i c h e Zeit im notwendigen Modus unendlicher Vergangenheit, einem notwendigen wandelbaren Modus, da alle vergangenen Zeiten in unaufhörlich wechselnden, und notwendigerweise stetig wechselnden Vergangenheitsmodalitäten gegeben sein müssen. Zeit ist nur mögliche als originale Gegenwart oder als Vergangenheit und als kommende Zukunft, aber die originale Gegenwart ist fortwährende Gegenwart, also ein steter Gegenwartswandel der Zukunft entgegen. Und demgemäß ist jede Vergangenheit eine fortwährende und mit der zugehörigen Gegenwart sich wandelnde Vergangenheit. Im Wandel dieser Modi ist aber die eine unendliche Zeit, soweit sie schon vergangene ist, und ist jede Stelle, jede Strecke dieser Zeit absolut starr und identisch, nämlich in vollkommener Gewissheit immer wieder als dasselbe identifizierbar. Demnach kann das transzendentale Leben und kann das transzendentale Ich nicht geboren werden, nur der Mensch in der Welt kann geboren werden. Ich als transzendentales Ich war ewig. Ich bin jetzt, und zu diesem Jetzt gehört ein Vergangenheitshorizont, der ins Unendliche aufwickelbar ist. Und eben das besagt: Ich war ewig.

Dass endlich die Zukunft unendliche Zeit bedeutet, ist leicht zu sehen. Die Wiedererinnerung lehrt, dass immer wieder und notwendig das in jeder vergangenen Gegenwart Vorerwartete als neue Gegenwart eingetreten ist und zur Vergangenheit geworden ist, und es ist nun überhaupt die Notwendigkeit zu sehen, dass der prospektive, protentionale Horizont, der jeder Gegenwart anhaftet, Erfüllungsmöglichkeiten hat, aber nur in der Form einer vorer-

---

[1] Doch das wäre zu voreilig. Wir kennen ja noch nicht die Wesensbedingungen möglicher Wiedererweckung, also Wiedererinnerung. Es zeigt sich ja in näherer Betrachtung, die nicht hierher gehört, dass Wiedererinnerung Modifikation der Wahrnehmung als eines Aktes ist, also ein waches Ich voraussetzt. Selbstweckung von Hintergründen durch Assoziation setzt voraus Abhebung, was also Affektionen auf das Ich mit sich führt. Es ist also auch das Ich geweckt. Wo keine Abhebung, wo das Ich völlig schläft, ist nicht einmal Assoziation möglich. Das ist also nicht korrekt gesagt worden, und so ohne weiteres kann nicht die Zeitkonstitution auf Wiedererweckbarkeit der Wiedererinnerung *in infinitum* gegründet werden. ⟨Ist dies⟩ etwas anderes in der Intersubjektivität?

warteten Gegenwart und demnach einer vorerwarteten Vergangenheit. Was künftig ist, was sein wird, ist ein Identisches, das identifizierbar ist zunächst in wiederholten Vorerinnerungen (Erinnerungen, die den Charakter der Antizipation haben von Wahrnehmungen bzw. von Gegenwarten), die ihre Erfüllung nur finden können durch das Eintreten dieser Wahrnehmungen selbst und nach ihnen durch identifizierende Wiedererinnerung. Also was sein wird, muss zur Gegenwart und Vergangenheit, muss zu identifizierbarer Zeit werden.[1]

Mit all dem haben wir Notwendigkeiten erschaut, an denen keine Willkür etwas ändern kann. Und somit mag eine **Wiedererinnerung** unvollkommen sein, mag sie täuschend sein, sie hat doch **Anteil an diesen Notwendigkeiten**, sie ist Wiedererinnerung, also kann sie nicht schlechthin nichts apodiktisch Evidentes enthalten. Ihr liegt zugrunde mein absolutes Leben, mit der notwendigen Form der immanenten Zeit im Modus der Vergangenheit. Die Täuschung der Wiedererinnerung besagt, es kann die intendierte Vergangenheit übermalt sein, aber dahinter liegt Vergangenheit und identische Zeit und identische individuelle Lebensgehalte der Zeit im notwendigen Modus wechselnder Vergangenheit.

⟨c) Kurze apodiktische Kritik weiterer
Vergegenwärtigungsweisen: Erwartung und Einfühlung⟩

Was aber die Zukunft anlangt, so richtet auf sie sich die **Erwartung**, die bloß antizipierend ist und wie alle Antizipation täuschen kann. Aber das Leben ist ein Fortleben und das Gesetz der Zeit schreibt auch der Erwartung einen apodiktischen Gehalt zu.[2] In gleicher Richtung wäre aber noch fortzuschreiben. Zur transzendentalen Empirie gehört auch eine Gesetzmäßigkeit der Erwartung unter dem Titel Assoziation oder induktive Erwartung, welche der leeren Zukunftsform bestimmte Gehalte einzuordnen gestattet. Denken Sie nur an die transzendentale Wendung des

---

[1] Besser durcharbeiten, nicht ganz vollständig.

[2] Vgl. Beilage XVIII: *Zur Apodiktizität der Form der Erwartung* (S. 419). – Anm. des Hrsg.

natürlichen Wahrnehmungsglaubens in die Gewissheit vom Verlauf derjenigen transzendentalen Phänomene, in denen sich derselbe Erfahrungsgegenstand darbietet, dasselbe physische Naturobjekt. Das kann als eine ungeheure Klasse von Beispielen dienen, ebenso wie die transzendentale Umwendung der natürlich-naiven Einfühlungsgewissheit bzw. der Gewissheit von der objektiven Existenz von Tieren und Menschen. Offenbar gehört die Möglichkeit des Nichteintretens des Erwarteten zum Wesen der Erwartung, also kann keine solche induktive Empirie apodiktische Geltung haben. Auch hier gibt es apodiktische Gehalte, die freilich in die Glaubensmodalitäten überleiten, so in die reale Möglichkeit und Wahrscheinlichkeit, und das gilt überall, wo die Erwartungsgewissheit ihre Rolle spielt.

Doch wir gehen hier nicht weiter. Also miterledigt ist durch das soeben Ausgeführte die ganze Sphäre der über mein Ego hinausreichenden phänomenologischen Intersubjektivität, das Ichall, wie wir es früher nannten. Ist nicht nur die Natur eingeklammert, ist auch die phänomenologische Umwendung der Natur als Erfahrungseinheit im Ego (hinsichtlich der Gewissheit des Seins der Erwartungszusammenhänge, die in durchgängiger Synthese der Erfüllung stehen) aus der apodiktischen Sphäre ausgeschlossen, so gibt es keine apodiktische Gewissheit im Ich für das Dasein irgendeines *alter*, der durch psychophysische Erfahrung gegeben ist. Sowie wir also apodiktische Gewissheit fordern, sind wir auf das Ego beschränkt. Also ich, der absolute Rechtfertigung Erstrebende, und eine Philosophie im Sinne absolut gerechtfertigter Wissenschaft, darf nur sagen: *ego cogito*, und in meinem Bereich ist keine Seinsgewissheit für einen Anderen und für ein Ichall beschlossen.

Man könnte allerdings fragen: Ist nicht vielleicht eine allgemeine Struktur der Intersubjektivität gegeben, ähnlich wie hinsichtlich der Zeitstruktur in der immanenten Sphäre des Ego? Zum Ego gehört eine Zukunft mit irgendeinem Inhalt, während kein bestimmt antizipierter, vorerwarteter Gehalt apodiktisch ist. Ist nicht vielleicht ein Ichall apodiktisch gewiss als Ichall überhaupt, während ich doch keine bestimmten *alteri* apodiktisch setzen kann? Darauf ist zu antworten: Vielleicht, wenn das gesamte apodiktische Apriori des Ego erforscht ist, dass sich dann zeigen mag, dass das eine Wahrheit ist. Wenn Notwendigkeiten für ein Ichall bestehen, können sie nur aus dem Ego heraus erkennbar sein. Aber so weit sind wir nicht, jedenfalls wissen wir noch nicht einmal, wie wir ein Reich des Apriori für das Ego erkennen und bestimmend umgrenzen.

⟨§ 29. Ergebnis: Die apodiktische Bestimmbarkeit der immanenten Erfahrung nur nach ihrem typischen Gehalt⟩

Nach Abschluss unserer Untersuchung können wir das Ergebnis so bezeichnen: Die allgemeine phänomenologische Reduktion hatte uns unser Ego, jedem das seine, mit seinem Erlebnisstrom als Mittelpunkt eines Ichalls mit den zugehörigen Lebensströmen ⟨enthüllt⟩. Die apodiktische Reduktion ergab das bloße Ego als Bereich möglicher apriorischer Erfahrung, und fast die ganze Untersuchung ging eigentlich dahin, den Umfang des *ego cogito* mit seinen apodiktischen Gehalten zu umgrenzen. Ich bin – sobald ich auf mich reflektiere, kann ich mich nicht als nichtseiend setzen, aber nicht nur hinsichtlich der lebendig strömenden Gegenwart; und nicht nur ist dabei auch das strömende *cogito* selbst nicht negierbar. Ich bin mit einem unendlichen Zeitfeld, in seiner wandelbaren und fest geformten Erscheinungsweise, einer unendlichen Vergangenheitssphäre und einer offenen Unendlichkeit der kommenden Zukunft.

Freilich muss ich für die apodiktische Reduktion ungeheure Bestände meines unendlichen Zeitlebens, so sehr diese Unendlichkeit selbst apodiktisch gewiss ist, einklammern. So jedes bestimmte Sosein der Zukunft (über die Zeitform hinaus und die Form ihrer wandelbaren Gegebenheitsweise). Die Vergangenheit, das Reich des Erledigten, bietet mir schon sehr viel mehr. Ich kann aufgrund der Eigenheit der Wiedererinnerung und meines evidenten Vermögens festzuhalten, Klarheit zu erstreben, Wiedererinnerung vom selben zu wiederholen usw., Evidenz der Identität eines Erfahrenen, und auch hinsichtlich seines Soseins gewinnen und damit im Reich der Immanenz, und zwar der vergangenen Immanenz, sozusagen „objektive" Erfahrung beobachtend, fixierend, anschaulich bestimmend vollziehen, mich dessen, was da zeitliches Dasein und Sosein hat, versichern. Aber apodiktische Evidenz haben wir nur für die Wiedererinnerungen der retentionalen Nahsphäre in einiger Vollkommenheit hinsichtlich des konkreten Gehalts des Wiedererinnerten, nämlich Sicherheit gegen Überschiebungen und Verwechslungen. Und auch da ist der Limes der absoluten Klarheit, die das volle individuelle Selbst des Vergangenen hervortreten lässt, ein nicht ganz zweifelsfreier Grenzfall und jedenfalls nicht ein solcher, der überall willkürlich erzeugbar ist. Beispielsweise wenn wir eine unklare, fließende Phantasie oder selbst eine unklare fließende Wiedererinnerung als solche, als dieses Erlebnis, das sie ist, wiederholen wollten und nun eine zweite unklare Reproduktion eintritt, wie sollten wir dessen gewiss werden, dass die beiden fließenden Unklarheiten beide absolut identischen Unklarheitsgehaltes seien?

Im Allgemeinen werden wir also sagen: Die immanente Erfahrung ist zwar hinsichtlich des Erfahrenen in nicht unerheblichem Umkreis objektive und apodiktische Erfahrung, aber das Erfahrene ist hinsichtlich des bestimmenden Gehalts nur typisch bestimmt und darüber hinaus bezogen auf die Idee eines voll bestimmten und nicht bloß typisch-allgemein zu charakterisierenden individuellen Vergangenheitsdatums. Was das ferner Vergangene anlangt, so verhält es sich zwar ähnlich, aber hier ist die typische Allgemeinheit eine solche, dass sie hinsichtlich der besonderen Merkmale, in denen sie differenziert gegeben ist, sogar Verwechslungen, Täuschungen offen lässt. Die Methode, die sie eventuell bestätigt, weist wieder auf die Idee eines Wahren hin und gibt die apodiktische Sicherheit für das Sein eines Wahren und *idealiter* Herausstellbaren, aber jede wirkliche Wiedererinnerung wird doch ihren Rahmen der Unsicherheit haben, obschon immer und notwendig auch einen gewissen allgemeinen und undurchstreichbaren Gehalt.

⟨8. Kapitel

Apodiktische Kritik der Modalisierungen⟩

⟨§ 30. Das Problem der Etablierung einer absolut evidenten
Wissenschaft auf dem Boden des apodiktisch gesicherten
Erfahrungsfeldes. Vorblick auf die Aufgabe einer
apodiktischen Kritik des Logos⟩

Was sollen wir nun mit diesen Ergebnissen anfangen? Wir sind werdende Philosophen, wir streben eine absolut gerechtfertigte Wissenschaft an. Unserem hodegetischen Prinzip gemäß interpretierten wir das als eine apodiktisch evidente Wissenschaft, wozu als erstes erforderlich schien eine apodiktisch evidente unmittelbarste Erkenntnis, also Erfahrung. Nachdem wir das ganze, in seiner Weise auch unendliche Feld solcher Erfahrung gewonnen haben als das Feld des nun apodiktisch reduzierten *ego cogito*, ist dieses Feld also der einzig mögliche Boden, auf dem ich, der werdende Philosoph, eine apodiktisch evidente Wissenschaft etablieren kann. Ich stehe hier vor einer merkwürdigen Sachlage. Solange ich naiver Wissenschaftler war, betrieb ich unter dem Titel „Wissenschaften" Erkenntnistätigkeiten, deren Resultate nur dann als wahrhaft wissenschaftlich anerkannt waren, wenn sie nicht nur von mir, sondern von jedermann immer wieder nachgeprüft und ausgewiesen werden können. Objektive Gültigkeit heißt bei ihnen immer intersubjektive Gültigkeit. Jetzt aber, als Philosoph des Anfangs, ist jedes Alterego für mich eingeklammert, also stehe ich vor der Aufgabe, eine Egologie als Wissenschaft auf dem Boden meines eigenen Ego, und zwar im Rahmen seiner, dieses Ego, apodiktischen Gegebenheiten zu entwerfen, eine Wissenschaft von einem bloß Subjektiven, einer transzendentalen und apodiktisch evidenten Subjektivität, die ausschließlich die meine ist! Also von jener gemeinen Objektivität ist nicht mehr die Rede.

Ferner: Es handelt sich um eine Wissenschaft, also ⟨um⟩ mehr als singuläre Tatsachen, mehr als um Feststellung von Einzelheiten. Solche habe ich bisher allein und damit möglicherweise einen Bereich für eventuelle wissenschaftliche Feststellungen. Feststellende apodiktische Erfahrungen, nämlich in Form der Synthesis von Wahrnehmungen und wiederholten Wiedererinnerungen, sind die notwendige Voraussetzung wissenschaftlicher Feststellungen, aber nicht sie selbst. Bloße Erfahrung enthält nichts von Begriffen, aber schon die primitivste Beschreibung führt Begriffe ein und ergibt über die Erfahrungstatsachen hinaus Erfahrungsurteile bzw. Erfahrungsaussagen mit einer Bedeutung, die eben ein Urteil ist.[1] Nicht nur jedes Wort, sondern die ganze syntaktische Struktur der Aussage drückt in allgemeiner Weise aus, und Allgemeinheit liegt nicht in der Erfahrung selbst, erst recht nicht diejenige Allgemeinheit, die in Begriffsworten wie Empfindungsdatum, Gefühl, Denken, Wollen usw. liegt, nämlich in Urteilen, die über immanente Daten dieser Arten aussagen.

Aber noch mehr. Deskriptive Aussagen bzw. Urteile über einzelne Tatsachen sind noch keine Wissenschaft. Wie wenig ich als anfangender Philosoph über ⟨das⟩ Wesen einer Wissenschaft dogmatische Voraussetzungen machen darf, so wenig ich die vor meinem neuen Anfang liegenden Wissenschaften selbst ihrer Form nach voraussetzen darf, so entnehme ich doch von ihnen her Leitvorstellungen für das, was ich hier suchen darf, und dahin gehört der Gedanke, dass, was ich bisher Wissenschaft nannte, Einzelheiten auf Allgemeinheit in der eigentümlichen Weise der Erklärung aus erklärenden Gesetzen bezieht. Das legt mir also die Frage nahe, wie ich zu Begriffen und Gesetzen in meiner egologischen Sphäre komme, und im Sinne absoluter Rechtfertigung, also zu adäquat apodiktischen komme.

Es ist hier Folgendes zu bemerken. Knüpfen wir wieder an das Alte an. In unserer ersten Reihe von Reflexionen, in denen wir uns einen Weg zu einer Philosophie als Wissenschaft aus absoluter Rechtfertigung suchten, gelangten wir zum hodegetischen Prinzip des Anfangs, zur Forderung, zunächst apodiktische, unmittelbare Feststellungen, unmittelbare Erfahrungen zu suchen und diese in adäquaten Deskriptionen zum Ausdruck zu bringen.

Überblicken wir nun kritisch unsere bisherige ausführende Leistung, so haben wir apodiktisch feststellende Erfahrung, und zwar

---

[1] Vgl. Beilage XIX: *Die Weckung erledigter Vergangenheit und das Problem ihrer wissenschaftlichen Beschreibung* (S. 420). – Anm. des Hrsg.

ausschließlich als egologische, in der Tat gefunden und wir haben ihre Grenzen einigermaßen umsteckt. Indem wir sie aufwiesen und von ihnen auch sprachen, indem jeder von uns und für sich sie fixierte und ausdrückte, vollzog er auch dem Prinzip entsprechend adäquaten Ausdruck oder bemühte sich, es zu tun. Aber das genügt nicht. Beschreiben ist unter Begriffe bringen. Begriffe fallen nicht als eine Himmelsgabe uns von selbst als rechtmäßige zu. Wenigstens erinnern wir uns doch aus unserer Zeit, da wir noch naive Wissenschaftler waren, dass auch Begriffe gültige und ungültige seien und ebenso, dass es falsche Beschreibungen und rechte gab, also zu rechtfertigende oder nicht zu rechtfertigende; und somit bedarf es natürlich auch in dieser Hinsicht apodiktischer Kritik.

Beschreiben wir ein in immanenter Erfahrung fixiertes Erlebnis etwa als Gefühl, als Erwartung u. dgl., so fassen wir es als Einzelnes eines Allgemeinen, das die allgemeine Wortbedeutung „Gefühl", „Erwartung" u. dgl. meint. Dieses Allgemeine müssen wir uns erst verschafft haben; wir müssen es durch einen ursprünglichen Prozess der selbsterzeugenden „Bildung" des Allgemeinen eben ursprünglich und selbst verschafft haben, um dessen sicher sein zu können, dass wir es wirklich haben, in wirklich selbstgebender Evidenz. Und fassen wir das Einzelne als Einzelnes des Allgemeinen auf, so müssen wir, um völlig gewiss werden zu können, dass es das ist, nicht nur das Allgemeine selbst in Evidenz haben, sondern auch die Evidenz für das Bestehen dieses Verhältnisses müssen wir haben, auch das Verhältnis muss uns in Evidenz in seiner ursprünglichen Selbstheit gegeben sein und nicht etwa bloß vermeint.

Von hier aus drängen uns Gedanken alsbald in große Weiten, und eine zunächst kaum übersehbare Fülle von Gestalten tritt in unseren Gesichtskreis, als ein sich immer mehr erweiternder Bereich von möglichen evidenten Feststellungen und als der apodiktischen Kritik bedürftig. In unserem hodegetischen Prinzip des Anfangs forderten wir notwendig, dass wir, als apodiktische Erkenntnis Suchende, mit dem Unmittelbarsten beginnen müssten. Das Unmittelbarste möglicher apodiktischer Feststellung ist ein individuell konkret Daseiendes, und für seine unmittelbare Feststellung gebrauchten wir dafür das nächstliegende Wort: Erfahrung. In diesem Sinn sprachen wir von immanenter Erfahrung (als feststellender, immanent Daseiendes identifizierender Erfahrung). Der allgemeine Titel lautet: *ego cogito* (*cogitavi* etc.). Aber schon dieses Unmittelbarste geht beständig in einer Fülle von Gestalten auseinander und macht somit auch zugleich den Begriff der Erfahrung vielgestaltig. Apodiktisch erfahrend fixieren wir etwa ein Empfindungsdatum oder eine Dingwahrnehmung als Erlebnis oder ein ästhetisches Gefallen u. dgl., jedes solche Erlebnis als ein Dies-da!, als ein apodiktisch gewiss Daseiendes in seiner individuellen Konkretion. Erfahren ist aber fixierend „eindringen"; indem wir das tun, erfassen wir doch alsbald, und in immer neuen Schritten, Eigenschaften, Teile, Zusammenhänge, Vielheiten, Verhältnisse usw. Wir erfassen an dem Konkretum diese oder jene Eigenschaften, in ihm diese oder jene Teile. Jede Eigenschaft erfassen wir als den konkreten Gegenstand bestimmende. Wir erfassen dabei das, was sich alsbald in einer begleitenden Aussage begrifflich und prädikativ ausspricht und was, abgesehen von dieser prädikativen Fassung und allem Begrifflichen, als jeweiliger S a c h v e r h a l t bezeichnet ⟨wird⟩: Dieses konkrete *substratum* oder *subjectum* ist das und das, bestimmt sich als das und das. Und in möglicher Inversion: Die Eigenschaft kommt dem Gegenstand zu. Subjekt und Bestimmung sind auseinander getreten und sind in der Einheit des Sachverhaltes synthetisch geeinigt. Ebenso erfassen wir Teile als Teile des Gegenstandes als des Ganzen, das Ganze als den Teil, dieses Stück in sich habend. Ebenso im Nacheinander herausgehobener und synthetisch angeknüpfter Eigenschaften erfassen wir, sie kolligierend, zusammengreifend, den sie verbindenden Plural: Sie insgesamt, diese mehreren kommen dem Subjekt in eins zu.

   Halten wir uns zunächst an die Gegebenheiten des bisher eröffneten Umkreises als vorbegriffliche und dann als prädikativ gefasste Gegebenheiten, so stoßen wir auf die U r g e s t a l t e n d e r l o g i s c h e n S p h ä r e. Offenbar gilt das nicht bloß in der Einstellung der phänomenologischen Reduktion und für die egologische Sphäre. Sondern Erfahrung überhaupt und von jederlei Gegenständlichkeiten, z. B. etwa äußere Erfahrung, entfaltet sich notwendig in einer Reihe von möglichen Gestalten, die begrifflich gefasst dann die logischen Gestalten sind: Substratgegenstand,

Eigenschaft oder noch allgemeiner Beschaffenheit, des Näheren innere und relative Beschaffenheit, Sachverhalt, der dann formal sich differenziert als eigenschaftlicher und relationeller, als Teilverhalt usw. Dem entsprechen die grammatischen Formen Subjekt, Prädikat, kategorischer Satz, der in bestimmten Formen Subjekt und Prädikat zur Synthese bringt. Schon vor allem Prädizieren kann man nicht anders erfahren als den Blick auf den Erfahrungsgegenstand zu richten, in ihn explizierend einzudringen, das an ihm nachher Prädikable herauszustellen, dazu kolligierend und beziehend zu verfahren.

Nun ist aber Folgendes zu bedenken: All die Gestalten, die hier im wirklichen und möglichen erfahrenden Tun hervortreten, stehen selbst unter der allgemeinsten Form Gegenstand; jedes Hervortretende ist selbst, was es ist, ist identifizierbar und bestimmbar. Also z. B. irgendein Erlebnis, sagen wir eine Phantasie oder ein äußeres Wahrnehmen, ist nicht nur selbst konkret, als Dies-da, als dieses individuelle zeitliche Datum Gegenstand. Auch jeder mit der Explikation in den Blick tretende Sachverhalt, z. B. der Sachverhalt, dass diese Wahrnehmung gerade dieses Ding meint, dass es ihr in dieser Orientierung, in diesem Aspekte erscheint, des Weiteren, dass dieser Aspekt die und die Empfindungsdaten enthält, und zwar als darstellende für dingliche Momente – all diese Sachverhalte, sage ich, sind auch wieder Gegenstände. Sie können als das fixiert werden und werden fixiert. Sie können leer vermeint, eventuell in unklaren Reden beredet sein, andererseits aber auch in ihrer Selbstheit gegeben, erfasst und in wiederholter evidenter Selbstgebung synthetisch identifiziert ⟨werden⟩. Sie können dann auch selbst bestimmt werden als Subjekte für Prädikate, wie z. B. wenn gesagt wird, der betreffende Sachverhalt enthalte als aufbauende Teile und Formen dieses und jenes. Und auch diese neuen Sachverhalte und alles, was dazu gehört, können leer vermeint oder erschaut, erfahren, in ihrer Selbstheit erschaut und ergriffen sein.

⟨§ 31. Allgemeine Gegenständlichkeiten und Abwandlungen
apodiktischer Gegebenheiten als aufweisbare Gestalten der
egologischen Sphäre.⟩ Möglichkeiten in verschiedenem Sinn:
⟨Phantasiemöglichkeit und reale Möglichkeit⟩

5   Erweitern wir, ehe wir eine bedeutsame Betrachtung daran schließen, unseren Horizont noch weiter. Die verschiedenen Formen von Gegenständen, von denen wir sprachen, wachsen uns ursprünglich zu in einem ihnen entsprechenden und selbst verschieden geformten Tun, und wie leicht zu sehen wäre ist es im-
10 mer wieder ein identifizierendes Tun. Gegenstände sind selbst Identisches, und verschiedene Formen des Identifizierens besagen verschiedene Formen von Identischem als solchem. Schon das Erfahren, wodurch ein noch unexpliziertes Konkretum zur Gegebenheit kommt, ist ein tätiges identifizierendes Erfassen im Be-
15 wusstsein des „Ich kann immer wieder dieses Selbige wiedererfassen in seiner Selbstheit". In den weiteren Formen gründet sich auf diesem schlichten Ausgangserfahren ein Explizieren, ein Beziehen, ein Verknüpfen usw. unter immer neuem identifizierenden Erfassen.
20 Betrachten wir nun noch eine eigenartige Tätigkeit, diejenige, in der uns in einer ersten und primitivsten Form ein A l l g e m e i n e s zur gegenständlichen Gegebenheit kommt. Wir können jederzeit im Übergang von einem zu einem anderen Gegenstand den ersten festhalten und mit dem zweiten zusammenhalten, eine überschie-
25 bende Deckung herstellen, und zwar, wie wir voraussetzen wollen, es sei der Fall der, dass kein Ganzes-Teil-Verhältnis zwischen beiden besteht, was übrigens auch eine besondere Deckungsart darstellt. Es seien also gesonderte Gegenstände. Da kann, während sie in Deckungseinheit getreten sind, während wir also den einen
30 sozusagen dem anderen aufgelegt haben, ein Gemeinsames hervortreten, das also kein Teil ist, und doch ein Gemeinsames, wie wenn Farbe und Farbe oder erscheinendes Haus und anderes erscheinendes Haus zur Deckung kommt und anschaulich nun das Gemeinsame hervortritt. Das Allgemeine kann dabei schon ver-
35 schiedene Allgemeinheitsstufen haben; so, wenn das Allgemeine, das wir nachher mit dem allgemeinen Wort Farbe oder Haus ausdrücken, sich heraushebt und andererseits innerhalb des Rahmens

der Deckung und des sich dabei deckenden Gemeinsamen sich Unterschiede kontrastieren, miteinander streiten. Die eine Farbe ist rot, die andere blau. In der Deckung liegt das Rot auf dem Blau oder umgekehrt, sie streiten, aber haben das Gemeinsame Farbe. Die aufgelegten durchdringen sich, verschmelzen sich. Es kann aber sein, dass sie nichts Gemeinsames haben und sich ausschließen, unverträglich sind, ohne gemeinsames Wesen, durch bloße „Beziehungslosigkeit": Heterogenität.

Freilich haben wir hier noch nicht das volle Allgemeine, das die Bedeutungen allgemeiner Worte ausdrücken. Wir sind noch an das faktisch Gegebene, an die einzelnen erfahrenen gleichen und verschiedenen Gegenstände gebunden. Aber wir haben jedenfalls schon Allgemeines als ein neuartig Gegenständliches, als ein Etwas, das nicht reell, nicht als identischer Teil in den verglichenen Gegenständen, die ja völlig getrennt sind, enthalten ist und doch als ein Identisches jedem von ihnen „zukommt". Jeder hat sein Farbenmoment ungetrennt, aber in der ideellen Deckung, die wir jederzeit vollziehen können, tritt eben dieses Identische, Allgemeine, wie „Farbe", heraus, wie andererseits die spezifischen Differenzen, die selbst andere Allgemeinheiten sind: Rot und Blau. Dabei ergeben sich entsprechende Sachverhalte bzw. Verhältnisse zwischen Allgemeinem und Einzelheiten dieses Allgemeinen, zwischen Gattungsallgemeinheit und Artallgemeinheit, und umgekehrt. Ferner die von den Einzelheiten untereinander, die in dieser Hinsicht gleich und ungleich heißen.

Wir können hier gleich neuartige Gegenständlichkeiten durch neuartige Tätigkeiten erwachsen sehen. Wenn wir überschiebend zur Deckung bringen, kann das auch in dem Interesse geschehen, dass wir nicht auf das Allgemeine es abgesehen haben, also dieses fixierend und gegenständlich hervorheben wollen, sondern in dem Interesse, dass wir uns z. B. den hier stehenden rotfarbigen Gegenstand als blaufarbigen „denken" wollen. Und in der wirklich anschaulich vollzogenen Deckung tritt nun zweierlei hervor: einerseits, dass er nicht blau ist, und andererseits, dass er blau sein könnte, dass sein Blausein eine Möglichkeit ist.[1] Eben dasselbe

---

[1] Auch als Heterogenes kann ich mir etwas denken wollen, dann habe ich eine besondere heterogenetische Unmöglichkeit.

wird erkenntlich, wenn wir in der Phantasie fingierend den roten Gegenstand in einen blauen gewandelt denken und evident machen, dass er nicht blau ist, aber die Möglichkeit besteht, dass er blau sei. Das in evidenter Gewissheit als selbst daseiend erfahrene und erfasste Rot streitet mit dem Ansatz, dasselbe sei blau, wobei in der Deckung das dem Rotseienden aufgelegte Blau als Blau dieses Selben angeschaut, aber nicht selbstgegeben, sondern sozusagen anfingiert ist. Es ist eine fingierende Übermalung, die alsbald durchbrochen wird durch die wahrnehmungsmäßige Gegebenheit des Rot, um dann eventuell wieder übermalt zu werden in einem eigentümlichen Erlebnis des Streits. Hier aber erhält das gegen das Rot streitende Blau als ein bloß fingiertes den Charakter des durch das Rotsein Aufgehobenen, Nichtigen, Ungültigen. Und doch wird davon die Möglichkeit des Blauseins nicht aufgehoben, die Möglichkeit in einem bestimmten Ursprungssinn, den wir indirekt auch so ausdrücken: Möglich ist, was sich in klarem Vorstellen anschauen lässt. Möglich ist dabei nicht, dass das Gegenständliche zugleich rot und blau sei, sondern dass es, das rot ist, statt dessen blau wäre. Möglich ist es, dass es blau ist, aber auch, dass es grün ist, aber nicht, dass es zugleich blau und grün ist. Ich kann, was ich als blau fingiert habe, nicht unter Festhaltung des Blau auch noch als grün fingieren. Eines streitet mit dem anderen, und was streitet, ist im Zugleichsein unmöglich. Rot und grün in eins angesetzt ist nicht eine Möglichkeit, sondern eine Unmöglichkeit.

Also auch eine Möglichkeit kann versuchsweise angesetzt, kann eventuell sogar im gewissen Glauben gemeint sein und doch nicht bestehen; sie kann bestätigt oder in negierender Aufhebung widerlegt sein, den Charakter der „Nichtigen" erhalten. Auch eine Möglichkeit ist ein wahrer oder falscher, ein vermeinter und sich als wirklich bestätigender, ein evident gegebener oder vage gedachter Gegenstand usw. Ebenso aber auch eine Nichtigkeit, sie kann eine erschaute und vermeinte, eine eingesehene oder angesetzte, fälschlich geglaubte usw. sein.

Wir sehen schon voraus, dass wir in dieser Weise fortgehend noch weitere merkwürdige Abwandlungen gewissen Daseins als zur erweiterten Sphäre des Gegenständlichen gehörig finden. Gegenüber derjenigen Möglichkeit, die eine willkürliche anschauliche Phantasieabwandlung eines Erfahrenen uns ursprünglich selbst liefert, haben wir auch eine andere Möglichkeit, die gewöhnlich als „reale Möglichkeit" gemeint ist; und vorher haben wir schon gegenüber derjenigen Seinsgewissheit, die uns die Wahrnehmung gibt, und adäquate Wahrnehmung apodiktisch gibt, zu unterscheiden eine Gewissheit der in der Wahrnehmung oder klaren Erinnerung ursprünglich motivierten Erwartung. In der Beobachtung eines vielgliedrigen und in anschaulichen Kausalitäten sich abspielenden Vorgangs, z. B. des Schmiedens eines Eisens, des Bereifens eines Wagenrades u. dgl., haben wir nicht nur Wahrnehmung der Gegenwart, sondern schrittweise antizipierende Vorerwartungen, die das Kommende voraussehen und in Gewissheit setzen. Das so aus ursprünglicher Motivation als gewisses Sein Antizipierte, im Vorgriff Gesetzte, muss als ein eigener Seinsmodus betrachtet werden, der sich übrigens selbst wieder modalisiert. Nicht immer ist z. B. die Erwartung eindeutig und in einer einstrahligen Gewissheit auf ein Kommendes gerichtet; es können in Vieldeutigkeit mehrere Glaubensintentionen in die Zukunftssphäre hineinstrahlen und miteinander streiten.

Doch betrachten wir zunächst den Fall eindeutiger Gewissheit. Wo ein Wahrgenommenes, und sagen wir ein immanent und adäquat Wahrgenommenes, in Gewissheit als seiende Gegenwart vor Augen steht, da ist jedes Anderssein schlechthin ausgeschlossen, und zwar so, dass das Nichtsein, sowie wir die Übermalung durch ein Änderndes vornehmen, seinerseits selbstgegeben ist. Hingegen im Falle der antizipierenden Gewissheit, der Vorgewissheit, da ist zwar auch der Ansatz eines Andersseins als erwartet aufgehoben; aber hier ist die Nichtigkeit nicht selbstgegeben, nicht selbst ursprünglich sozusagen erfahrene Nichtigkeit. Auch die Nichtigkeit hat hier den Charakter einer bloß antizipierten. Erst muss das Erwartete eingetreten sein, damit wirklich zu sehen ist, dass es nicht anders sei als erwartet worden. Und in der Tat liegt es im Wesen des erwarteten Seins und so eines Antizipierten überhaupt, dass es auf entsprechende nachkommende Wahrnehmung, auf Bestätigung vorweist, dass aber auch offen bleibt, dass das Kommende, in Enttäuschung der Erwartung, ein Anderes sei.

Wir hatten letzthin aufgewiesen: Wo Seinsgewissheit übergeführt wird in Negation, in das Bewusstsein des entsprechenden Nichtseins, da lässt dieses Nichtsein doch die Möglichkeit des

Seins offen. So auch hier. Aber der geänderte Charakter der antizipierenden Gewissheit führt auch einen eigentümlich geänderten der Möglichkeit mit sich, nämlich der offenen Möglichkeit des Andersseins. Diese Möglichkeit ist hier nicht bloße Phantasiemöglichkeit, sondern eine auf Realisierung wartende und vielleicht sich verwirklichende Möglichkeit; sie hat den Charakter des Vielleicht, des „Es mag sein", eines offenen Vielleicht-doch. Was man traditionell problematisches Urteilen oder Glauben nannte, weist in diese Richtung hin. Hiermit hängen weitere Unterschiede zusammen, wenn wir miteinander streitende, in einer Vieldeutigkeit einige Antizipationen nehmen. Eine Zukunft muss kommen, aber mehrerlei Erwartungsintentionen hemmen wechselseitig ihre Gewissheiten und geben ihnen den Charakter des Vielleicht. Verschiedene problematische Möglichkeiten sind solche, für die verschiedene Motive sprechen, verschiedene Erfahrungsgründe, die sozusagen Erwartungsstrahlen diesen Möglichkeiten zugute kommen lassen. Es können nun aber mehrere miteinander unverträgliche, miteinander inkompossible Möglichkeiten so geartet gegeben sein, dass für jede „Erfahrungsgründe" sprechen, aber solche von verschiedenem „Gewicht", und es kann schließlich in der vergleichenden Betrachtung dieser Gewichte eine der Möglichkeiten charakterisiert sein als die wahrscheinliche, die Übergewicht gegenüber allen anderen zugleich hat. Das alles sind aber wieder in gutem Sinn gegenständliche Vorkommnisse; nämlich reale Möglichkeiten als vermutliche Möglichkeiten und Wahrscheinlichkeiten können wie andere gegenständliche Vorkommnisse vermeinte, aber nicht selbstgegebene, nicht in Evidenz erfasste sein, sie können fälschlich vermeinte sein, im Übergang zur selbstgebenden Evidenz als nichtig erwiesen sein, oder im Gegenfall können die vermeinten sich ausweisen als wahrhaft seiende.[1]

---

[1] Wir sprechen mit Vorliebe hier von Erwartungsvorkommnissen. Aber bedenken wir, dass Antizipationen in jeder transzendenten Wahrnehmung beschlossen sind, so sehen wir, dass dieses ganze Gebiet hierher gehört. All die Antizipationen in der äußeren Wahrnehmung sind entweder wirkliche Erwartungsintentionen oder intentionale Horizonte, die sozusagen auf dem Sprung sind, in Erwartung überzugehen, intentionale Horizonte, die sehr eingewickelte Potentialitäten der Erwartung darstellen. Aber das ist ein allzu großes Thema. Jedenfalls ist der Modus der empirischen Gewissheit hier zu nennen.

Das alles sind Vorkommnisse, die vor aller in unserem Sinn philosophischen Interessenrichtung schon auftreten, die im gewöhnlichen Erfahrungsleben und Wissenschaftsleben ihre Rolle spielen und in den von der traditionellen Logik sehr unvollkommen aufgewiesenen Modalitäten der Urteilsformen ihre Ausprägung finden. Für uns sind sie hier aber aufweisbare Gestalten der egologischen Sphäre. Wir dürfen, wenn wir das apodiktisch Aufweisbare in dieser Sphäre herauszustellen suchen, nicht bloß auf die in apodiktischer Gewissheit aufweisbaren individuellen Tatsachen ausgehen, auf das apodiktisch Seiende schlechthin. Wir müssen dessen inne werden, dass, wo uns ein **mögliches Sein** vorschwebt, oder dass, wo **induktive Möglichkeiten und Wahrscheinlichkeiten** sich uns hinsichtlich künftigen Kommens oder Vergangenseins in der reinen Erlebnissphäre des Ego darbieten, wir zwar nichts Apodiktisches für die Wirklichkeit schlechthin, für das absolut gewisse Sein und Sosein in Vergangenheit oder Zukunft aussagen können, wir aber andererseits doch apodiktische Evidenzen gewinnen können dafür, dass die betreffenden **Möglichkeiten selbst**, und als Möglichkeiten, als Vermutlichkeiten und Wahrscheinlichkeiten, wirklichen Bestand haben. Wir können sie eventuell in ihrer Selbstheit, ganz ursprünglich sie selbst erfassend, haben. Und eben dasselbe gilt von **Allgemeinheiten und von Einzelheiten von Allgemeinheiten**. All das sind Gegenstände. Zum Beispiel: Die Wahrscheinlichkeit, dass, wenn ich das Phänomen eines sich drehenden Dinges habe, ich in gewisser Reihenfolge die und die Aspekte von ihm wahrnehmungsmäßig gewinnen werde, ist freilich keine apodiktische Gewissheit. Urteile ich hier rein über die Aspekte und nicht über reale Existenz des Dinges, so darf ich über das Kommende schlechthin nichts aussagen. Andererseits aber habe ich die absolute Evidenz dafür, dass der gegenwärtige Wandel der Aspekte, von dem ich die undurchstreichbare Gegenwartsgewissheit habe, seine Fortsetzung, und in Form solcher und solcher zugehörigen neuen Aspekte, wahrscheinlich macht. Das Wahrscheinlichsein des Kommenden und nicht das Kommende selbst ist apodiktisch gegeben. Ein Aspekt selbst ist als seiend apodiktisch gegeben (bzw. zu rechtfertigen) nur in der Wahrnehmung. Die Wahrscheinlichkeit für den kommenden Aspekt ist ihrerseits apodiktisch gegeben in diesem beschriebenen Motivationszusammenhang. Die Wahrscheinlichkeit ist darin sozusagen als diese Wahrscheinlichkeit selbst erfahren, selbst wahrgenommen. Wahrscheinlichkeit eines A ist ein anderer Gegenstand als A, Wirklichsein, wirkliches Bestehen des Wahrscheinlichseins des A ist ein anderes Wirklichsein als das des A schlechthin. Die Hauptsache ist, dass man sieht, dass auch dergleichen wie Möglichkeiten, Wahrscheinlichkeiten, Allgemeinheiten, Sachverhalte usw. „Gegenstände" sind und ihre Weise haben, ursprünglich gegeben, und eventuell apodiktisch gegeben zu sein.

Es ⟨ist⟩ hier ferner auch Folgendes zu beachten. In Beziehung auf jeden Gegenstand, der als Wirklichkeit, der gewiss seiender ist, sprechen wir eventuell von seiner Möglichkeit, dass er sei, oder der Wahrscheinlichkeit, Zweifelhaftigkeit usw., und das kann selbst in Gewissheit und in Wahrheit geschehen. Sind nun aber Möglichkeiten, Wahrscheinlichkeiten usw. selbst Gegenstände und eventuell wahrhaft seiende Wirklichkeiten, so gibt es auch von ihnen wieder Möglichkeiten, Wahrscheinlichkeiten usw. Die modalen Abwandlungen liefern also *in infinitum* im sinnvollen Ansatz, wenn auch nicht immer in Wahrheit, eben solche Gegenstände. Ist, dass A sei, wahrscheinlich, so kann auch die Wahrscheinlichkeit, dass A sei, wahrscheinlich sein, und so fort in steter Iteration. Das Wirklichsein eines solchen Gegenstandes ist gegeben in einer Gewissheit und ursprünglich gegeben in einer evidenten, d. i. in seiner Selbstheit vor Augen stellenden, ausweisenden Gewissheit.[1, 2]

⟨§ 32. Möglichkeit im Sinne des „Ich kann" und ihre Evidenz. Modale Evidenz in der Gemütssphäre⟩

Wir haben in der egologischen Sphäre nicht bloß individuelle Erlebnisse, die in undurchstreichbarer Gegenwartsgewissheit als

---

[1] Die Ordnung der kategorialen Wandlungen muss überdacht werden, auch wenn es sich nur um Beispiele handelt. Ferner, warum ist denn die Negation nicht behandelt?

[2] Vgl. Beilage XX: *Zur Selbstgebung von „Modalitäten" im erweiterten Sinn* (S. 422) sowie Beilage XXI: *Zur Kritik der Erfahrung bzw. Kritik der empirischen Weltwissenschaft. Frage der Apodiktizität der Modalität, des „Modus" „empirische Gewissheit"* (S. 425). - Anm. des Hrsg.

schlechthin seiend im Verlaufen gegeben sind. Wir haben nicht nur in einigem Umfang die Fähigkeit, das einmal Erfahrene als in Gewissheit gewesen seiend und als Identisches seiner individuellen Zeitstelle und Zeitdauer zu erkennen, es insoweit als das individuell Selbe zu fixieren, und zwar wieder in apodiktischer Gewissheit. Wir haben auch Modalisierungen des individuellen Seins schlechthin in Gewissheiten und eventuell apodiktischen Gewissheiten gegeben, und in vielerlei Gestalten.

Ich möchte dabei noch einige wenige Ergänzungen beifügen. Diese Modalitäten sind in jeweiligen Erlebnissen vermeint oder gegeben. Wir haben also Erlebnisse, die einerseits selbst sind und günstigenfalls in absoluter Gewissheit nach Dasein und Beständen des Soseins erfasst sind; und andererseits sind es Erlebnisse, die in sich eine Intentionalität bergen, in sich etwas vermeinen und eventuell in apodiktischer Gewissheit vermeinen, aber so, dass, was da in apodiktischer Gewissheit in ihnen gegeben ist, nicht schlechthin Erlebnisse, nicht schlechthin konkret individuelle Daten sind, sondern Möglichkeiten, Wahrscheinlichkeiten von solchen Daten, oder Verhältnisse, Sachverhalte, Allgemeinheiten oder irgendein antizipatorisches Sein, wie das in ursprünglicher Motivation Kommende usw. Der Verflechtung der Intentionalitäten entsprechen dabei auch Verflechtungen dieser Evidenz und damit dieser modalen Gegenständlichkeiten. Sie bedingen ihre Unselbständigkeit, die ihrerseits wieder zu ähnlichen evidenten Aufweisungen Anlass gibt.

Insbesondere sei auf Folgendes aufmerksam gemacht. Wenn wir in Betrachtung eines Dinges rein auf den Wandel der kommenden Aspekte gerichtet sind, so haben wir fortlaufend eine Evidenz des Kommenden, die den Charakter einer präsumtiven Evidenz und nicht einer Evidenz des schlechthinnigen künftigen Seins hat. Diese Evidenz des vermutlichen Seins des Kommenden ist aber nicht etwas Isoliertes, sie steht in dem Zusammenhang, der ihrer Vermutlichkeit den Charakter bedingter Vermutlichkeit gibt. Und dieses Bedingtsein ist selbstgegebenes Bedingtsein und gehört selbst als ein sehr wichtiger Typus in den Rahmen unserer Aufweisungen.

Und zudem ist auf das wichtige Phänomen des „Ich kann" und des Spielraumes dieses Könnens hinzuweisen. Nämlich: Betrachtend bewege ich die Augen usw., ich vollziehe ein subjektives Tun, und dazu gehört untrennbar ein darin beschlossenes Bewusstsein des „Ich kann": Ich kann die Augen bewegen, und jetzt bewege ich sie und bewege sie gerade so. Ich habe dabei aber auch das Bewusstsein eines Spielraumes und kann dieses mir klar für sich erzeugen, eines Spielraumes möglicher Bewegungen; und jede solche Bewegung hängt wesentlich zusammen mit „zugehörigen" Aspekten. Nehmen wir an, wir betrachten ein Haus. Ich kann an den erscheinenden Linien und Flächen, in der oder jener Richtung entlang laufen, und für jedes solche besondere „Ich kann", z. B. für das Durchlaufen gerade der Dachkante und Stehenbleiben bei dieser Ecke usw., habe ich einen „zugehörigen" Aspekt. Das „Zugehörige" besagt aber für den Verlauf der Aspekte und für ihre antizipatorische Evidenz des Vermutlich-Kommens eine entsprechende Evidenz des Infolge bzw. eine Evidenz des Wenn-und-so oder Weil-und-so. Wenn ich das Auge so gerichtet und in eins damit den und den Aspekt habe (als Erscheinung dieses Hauses in sich charakterisiert), so muss im Vollzug der betreffenden Augenbewegung (die mit der Intentionalität des Bewusstseins der Kante indiziert ist) in Folge die und die Aspektreihe verlaufen. Jeder Aspekt, der eintritt, hat den Charakter des Infolge und weist auf Kinästhesen zurück. Ohne wirklich die Augen zu bewegen, kann ich mir denken, dass ich sie bewegte und kann mir die hypothetischen Zusammenhänge evident machen als mögliche.

Die Implikationen sind hier sehr vielfältige, und es ist nicht bloß eine solche Linie hypothetischer und kausaler Zusammengehörigkeiten. Aber es soll nur hier Ihr Blick darauf gerichtet werden, dass kausale Zusammenhänge, also Modalitäten des Wenn oder Weil und des Infolge, auch Gegenständlichkeiten sind, die selbstgegeben sein können. Man darf sich hier nicht an die leere Allgemeinheit der logischen Reden vom Hypothetischen und Kausalen halten, sondern ⟨muss⟩ beachten, dass es sich hier um einen besonderen Typus und Sinn des Bedingens und Bedingtseins handelt.

Dabei spielt hier, aber eigentlich überall in der egologischen Einstellung, das „Ich kann" eine bedeutsame Rolle. Ich sagte: eigentlich überall; denn z. B. schon wenn wir sagen: „Ich kann auf meine Gegenwartssphäre achten, Gegenwärtiges explizieren" oder: „Ich kann willkürlich festhalten, Wiedererinnerungen ins Spiel bringen, wiederholt identifizieren" usw., ist dieses „Ich kann" etwas für das Ego selbst in eigener Evidenz Aufweisbares und gehört mit in alle Beschreibungen. Das „Ich kann" drückt nicht eine bloße Erwartung aus, dass etwas eintreten wird, sondern denke ich mir in solchem Zusammenhang mein *fiat* erteilt, so muss das und das nun erfolgen. Im „Ich kann" spricht sich eine praktische Antizipation aus, die trotz ihrer Evidenz nicht die Gewissheit des künftigen Eintretens als eines solchen, dessen Nichteintreten absolut ausgeschlossen wäre, in sich birgt. Dabei liegt aber in jedem aktuellen „Ich tue", „Ich handle" die immerfort praktische Antizipationen in sich tragende Evidenz des Sich-vom-Ich-her-willentlich-Realisierens. Es liegt darin beständig das evidente Bewusstsein des antizipierenden „Ich kann" und „Ich werde". Diese empirisch-antizipierende Notwendigkeit des „Ich werde", und zwar als lebendiges „Ich werde und ich bin dabei, im Prozess", ist aber niemals absolute Evidenz der Gewissheit, dass ich das erwirken werde.

Natürlich ist aber nicht jedes Bewusstsein des „Ich kann" ein ursprüngliches, in dem als solchem eine evidente Gewissheit, eine Selbstgebung liegt: eben die für das praktische Im-Vorgriff-Haben. Man kann sich eine Fähigkeit zutrauen (Fähigkeit ist ja nur ein anderes Wort für das „Ich kann"), die man eben nur vermeintlich hat und die man eben nicht ursprünglich in sich erfährt, in der Ursprünglichkeit einer Selbstgebung. Es ist dabei zu beachten, dass gegen die Evidenz, z. B. dass ich das Wort „Mensch" jetzt wiederholen kann, dies nicht spricht, dass eine plötzliche Explosion meine Aufmerksamkeit fortreißt und mich ablenkt, und dass solche Möglichkeiten für diese Art Evidenz eben offene Möglichkeiten sind. Dagegen ist es keine Evidenz, wenn ich meine, es gebe regelmäßige Dekaeder, und das meine leicht beweisen zu können. Dieses Können ist ein fälschlich gesetztes, das sich im Beweis, dass ⟨es⟩ solche Dekaeder nicht geben kann, als falsches erweist. Sie sehen damit zugleich, dass der Begriff Möglichkeit in seiner Vieldeutigkeit einen neuen Sinn bekommen kann: „Ich habe die Möglichkeit der Wiedererinnerung u. dgl." gleich „Ich habe die Fähigkeit."

Auch die Gemütssphäre, die des Wertens im weitesten Sinne,

können wir noch heranziehen, um modale Evidenzen, Gegenstände, antizipatorische Gewissheiten aufzuweisen. Zum Beispiel: Im Bewusstsein eines Kommenden, auf das ich „Wert lege", habe ich eine ihm sozusagen auch gefühlsmäßig entgegenkommende Freude. Es ist also nicht nur eine Antizipation des Seinwerdens der gewerteten Sache, sondern auch des Wertes der Sache. Als Wert realisiert sie sich nicht in dieser vorgreifenden, sondern in der selbst und voll auskostenden Freude. Aber im Eintreten der Sache, also in der Erfüllung der auf das sachliche Sein gerichteten Erwartung, kann sich herausstellen, dass die Sache gar nicht den in der Vorfreude, der hoffenden Freude (die selbst eine Freude ist) antizipierten Wert hat. Im gefühlsmäßigen Auskosten enttäuscht sie, sie ist am Ende ganz widerwärtig. Sie erfüllt nicht die Hoffnung als Hoffnung. Hier sehen wir, dass eine Vorfreude in doppelter und dreifacher Weise Enttäuschung erfahren kann. Sie war in ihrer Fundierung durch die Erwartung verfrüht, sofern die Erwartung vielleicht verfehlt war, während sie als Vorwertung berechtigt sein mochte. Es kann aber auch sein, dass die Erwartung sich erfüllt, aber die Vorwertung sich nicht erfüllt, und schließlich kann beides zugleich sein. Die antizipierende Evidenz eines real kommenden Wertes ist offenbar möglich, aber sie hat wieder nicht den Charakter einer Evidenz, die das Nichtsein absolut ausschließt, ein Nichtsein, das die bezeichneten Komponenten hat, die des sachlichen Seins oder Nichtseins und des Wertes.

Nach diesen Beispielen aus verschiedenen Sphären sehen wir, dass im egologischen Bereich nicht bloß Erlebnisse als individuelle Tatsachen zu betrachten sind und dass intentionale Erlebnisse nicht bloß als faktische Intentionen auf das und jenes zu betrachten sind, also nach apodiktisch gesicherten Tatsächlichkeiten auszuwerten sind. Sondern eine ungeheure Erweiterung apodiktischer Gewissheiten liefern uns die in den faktischen Erlebnissen auftretenden intentionalen Bestände hinsichtlich ihrer seienden Modalitäten, die sämtlich Gegenständlichkeiten sind, welche in den faktischen Erlebnissen zwar in gewisser Weise liegen, aber nicht reelle Bestandstücke derselben sind.

⟨§ 33. Rekapitulation und Vergewisserung über den erreichten Standpunkt. Der apodiktisch gerechtfertigte egologische Boden als Fundament für jede apodiktische Rechtfertigung⟩

Wenn wir die egologische Sphäre überschauen, so wie sie ⟨sich⟩ vor der apodiktischen Rechtfertigung ergibt, und nun fragen, was sie uns als werdenden Philosophen für Aufgaben stellt, und wenn wir so fragen, nachdem wir den bald als höchst bedeutsam sich erweisenden Fortschritt gemacht haben, so ist wieder an unseren Leitgedanken einer absolut gerechtfertigten Wissenschaft zurückzudenken. Momentane Apodiktizitäten wie die Undurchstreichbarkeit der strömenden Gegenwart liefern keine Objektivität; wir brauchen Feststellungen, wir müssen die Fähigkeit haben, uns das Erfasste zu geistigem Eigentum zu machen und es dann jederzeit als dasselbe erkennen und in der Erkenntnis verwerten zu können, die eine bleibende, immer wieder erfassbare, wieder erzeugbare Erkenntnis identischen Inhalts sein kann. Wir müssen nicht nur Einzelheiten haben, derer wir uns immer wieder apodiktisch vergewissern können; es gilt, das Universum, die Allheit der Einzelheiten, erkenntnismäßig zu beherrschen in seiner offenen Unendlichkeit. Das bloße Erschauen, Erfahren der Einzelheiten hilft nicht. Auch wenn sie in unseren dauernden Besitz übergehen können, immer wieder apodiktisch wiedererkennbar, so liegt doch schon in den Einzelheiten eine Endlosigkeit von Erkenntnisaufgaben. Sie wollen in sich und in ihren Zusammenhängen erkannt, bestimmt sein. Das führt auf Herauswicklung von endlosen Mannigfaltigkeiten von bestimmenden Sachverhalten mit ihren Eigenschaften, Relationen usw., also auf Gegenständlichkeiten, die in die Modalitäten in unserem weitesten Sinn gehören und die in die logische Arbeit überleiten. Weiter ist im Voraus ein leitender Gedanke, dass ⟨durch⟩ begriffliche Bestimmung, Bestimmung in Form jener modalen Gegenständlichkeiten, die wir Allgemeinheiten nennen, und mittels Gesetz eventuell Unendlichkeiten durch allgemeine oberste Begriffe umgrenzte⟨r⟩ Gebiete beherrscht werden können, so wie in der natürlichen Einstellung das Unendlichkeiten beschließende Weltall und speziell die Natur erkenntnismäßig beherrscht wird durch Naturbegriffe und Naturgesetze.

Das sind, wie gesagt, leitende Gedanken. Wir sind weit vor ihrer Realisierung, da wir, was dazugehört, uns erst apodiktisch verschaffen müssten. Vorweg ist aber Folgendes nicht von geringer Wichtigkeit. Es könnte, nachdem wir über das Reich der individuellen und konkreten apodiktischen Seinsgegebenheiten hinausgegangen sind, ein Bedenken kommen, welches die Notwendigkeit unseres ganzen Meditationsganges angriffe. Wenn wir an irgendwelche mathematischen oder rein logischen Axiome denken, so sind sie doch in apodiktischer Evidenz gegeben. Schon D e s c a r t e s stand in seinen *Meditationes* vor der Frage, ob es denn notwendig sei, mit dem *ego cogito* zu beginnen, ob denn nicht ebenso gut mit dem mathematischen Apriori, und zwar dem unmittelbaren und apodiktisch evidenten der Axiome, begonnen werden könnte, eventuell ob beides zumal und auf gleicher Stufe heranzuziehen sei. Es soll hier nun nicht gezeigt werden, dass dieses keineswegs so einfach und voraussetzungslos ist, als es scheint. Aber es handelt sich jedenfalls auch dabei um apodiktische Gebilde jenes Bereiches, der gegenüber den individuellen Erlebnissen, also allem apodiktisch zu setzenden konkret individuellen Sein, i r r e a l ist.

Ich möchte nun aber kurz andeutend und allgemein zeigen, dass a b s o l u t e R e c h t f e r t i g u n g a l l d i e s e r i r r e a l e n A b w a n d l u n g e n i n d i v i d u e l l e n S e i n s n o t w e n d i g u n d v o r a n g e h e n d d i e a b s o l u t e F e s t s t e l l u n g *ego cogito* u n d d i e a u f s i e b e z o g e n e n a b s o l u t e n R e c h t f e r t i g u n g e n für die überhaupt möglichen erfahrenden Feststellungen individuellen Daseins v o r a u s s e t z t .[1]

Wir können allgemein den Satz aussprechen, der für den werdenden Philosophen und für die Philosophie selbst von grundlegender Bedeutung ist: Das Fundament aller und jeder absolut gerechtfertigten Feststellungen, die ich als Philosoph erstreben und durchführen kann, ist die absolut gerechtfertigte Feststellung meines Ich als transzendentalen Ich und meines in der Form der im-

---

[1] Vgl. Beilage XX: *Zur Selbstgebung von „Modalitäten" im erweiterten Sinn* (S. 422) sowie Beilage XXI: *Zur Kritik der Erfahrung bzw. Kritik der empirischen Weltwissenschaft. Frage der Apodiktizität der Modalität, des „Modus" „empirische Gewissheit"* (S. 425). – Anm. des Hrsg.

manenten Zeit verlaufenden Erlebnisstroms. Und des Weiteren: Nach absoluter Feststellung dieses allgemeinen und unendlichen Gebietes für eventuell mögliche singuläre Feststellung, die ich absolut gewinnen könnte, ist vorausgesetzt die auswertende Kritik,
5 in welchem Umfang und in welchen Erfahrungsformen ich gegebenenfalls erfahrende Feststellungen individueller Einzelheiten, also von wirklichen Erlebnissen, die die meinen sind, vollziehen kann. Gemeint sind dabei absolut gerechtfertigte erfahrende Feststellungen, durch die ich mir in apodiktischer Gewissheit indivi-
10 duelles Dasein zum frei verfügbaren Besitz zueigne, also in der ursprünglichsten Form „objektiven" Daseins, auf das ich in apodiktischer Evidenz immer wieder zurückkommen kann.

Also die Untersuchungen, die wir gemeinsam durchgeführt haben, die Aufwerfung und Beantwortung der Frage, inwiefern und
15 wann die egologische Selbsterfahrung absolut und als objektiv feststellende gerechtfertigt sei, die Nachweisung der apodiktischen und immer wieder apodiktisch einzusehenden Gewissheit für die Existenz meines erfüllten Zeitstroms als Stroms meines Lebens, die begrenzende Kritik der Apodiktizität der Wiedererinnerung,
20 Erwartung usw., all das war nicht unternommen aus Interesse für subtile und hypersubtile Grenzfragen; vielmehr, es sind die im allerstrengsten Sinne fundamentalen Fragen. Alle auf absolute Rechtfertigung abzielende oder, was dasselbe ist, alle philosophische Kritik, alle, deren Ziel eine Wissenschaft im höchsten und
25 strengsten Sinne ist, eben eine Wissenschaft aus absoluter Rechtfertigung, bewegt sich auf dem absoluten Boden der egologischen Erfahrungssphäre. Von ihrer Feststellung, von ihrer absolut rechtfertigenden Kritik hängt alle andere Kritik ab.

Um diese Sachlage einzusehen, ist nicht ein weit hergeholter,
30 etwa gar deduktiver Beweis zu führen. Es handelt sich um eine Aufweisung, die sich selbst in apodiktischen Selbstverständlichkeiten bewegt. Gilt es, das wirkliche Sein eines A, das ich gerade vermeine, absolut zu rechtfertigen, wobei A Symbol eines Gegenständlichen im allerweitesten Sinne sei, so sagt das nach dem Frü-
35 heren: Ich will mich davon überzeugen, dass, was ich da vermeine, nicht bloß vermeint, sondern genau so, wie es Vermeintes ist, auch selbstgegeben ist, also in apodiktisch schlechthin undurchstreichbarer Gewissheit. Ich reflektiere also auf mein meinendes und

eventuell satt evident erfülltes Erleben und auf das, was ich darin selbst finde, nämlich auf die subjektive Weise, wie das Gegenständliche mir intentional Gegenständliches ist. Die Rechtfertigung vollziehen ist nicht den Blick auf den Gegenstand, als sich
5 identisch einheitlich durchhaltenden, ausschließlich gerichtet haben, wie in der Naivität, sondern reflektierend auf den wechselnden subjektiven Modus achten, in dem der Gegenstand im identifizierenden Erleben bewusster ist. Natürlich kommt es da insbesondere darauf an, diejenige subjektive Gegebenheitsweise herzu-
10 stellen oder aufzuweisen, in der der Gegenstand in dem vermeinten Sinn selbstgegeben ist. Diese evidente Gegebenheitsweise ist ja das Maß für jede andere. Ohne in die Struktur der Rechtfertigungen weiter einzugehen, ist nun Folgendes zu bemerken: Ich will unter dem Titel „Rechtfertigung" das zweifellose Recht f e s t -
15 s t e l l e n , und was ich da feststelle (das liegt ja im Sinn dieser Rede von „feststellen"), das muss ich immer wieder in gleichen und Gleiches leistenden Rechtfertigungserlebnissen vorfinden können; ich muss w i e d e r h o l e n und die Apodiktizität bzw. Adäquatheit selbst in der Wiederholung feststellen können. Würde es
20 aber nicht apodiktisch sicher sein, dass ich wirklich diese Meinungen, diese sie erfüllenden Anschauungen habe oder hatte, würde im Wandel und im retentionalen Zurücksinken dieser Erlebnisse zweifelhaft sein, wie es mit ihrem gewesenen Sein steht, würde das Zurückkommen der Wiedererinnerung auf dasselbe Meinen
25 und denselben Sinn keine Gewähr in sich tragen, die sich apodiktisch vertreten ließe, d a n n wäre absolute Rechtfertigung für das Sein des A etwas Bedeutungsloses. Die Existenz der gegenwärtigen und vergangenen Erlebnisse, aus denen sich Rechtfertigung und ihre Wiederholungen aufbauen und aus denen in Identifizie-
30 rung dies oder jenes als Identisches und Zweifelloses entnommen wird, ist vorausgesetzt; und vorausgesetzt ist, dass ich in der Wiedererinnerung bei wiederholender Erzeugung der Begründung der Identität, der des wiedererinnerungsmäßig und wiederholt Gegebenen, versichert sein kann. Das darf aber nicht eine unbegründete
35 Voraussetzung sein, sondern muss selbst apodiktisch gerechtfertigt sein. Also führt alle Kritik, die auf absolute Rechtfertigung geht, zuletzt auf die absolute Kritik der egologischen Sphäre zurück. Sie haben wir vollzogen. Wir haben uns überzeugt, dass Wiedererin-

nerung in ihrer Klarheit schwankt und hinsichtlich der letzten Individualität des Wiedererinnerten an einen idealen Limes verweist. Andererseits behält sie doch eine apodiktische Evidenz selbst in der relativen Unklarheit, und man sieht schon, dass sie vollkommen ausreicht, um mindestens im Nacheinander eine Feststellung wiederholen und die einmal apodiktische als apodiktische wiederholen zu können. Denn dazu bedarf es offenbar nicht der Gewinnung des letzten individuell bestimmten Selbst jedes Erlebnisses, sondern nur eines gewissen allgemeinen Wesensgehaltes. Doch ohne hierauf näher einzugehen, ist so viel klar, dass jede wie immer geartete apodiktische Rechtfertigung in der Tat den apodiktisch gerechtfertigten egologischen Boden voraussetzt. Das aber ist besonders bedeutsam, wenn wir – in der nächsten Vorlesung wird das erst vollständig geschehen – eine Sorte von Gegenständen ins Auge fassen, welche den Bereich des Apriori, und zwar des Apriori der Ursphäre, der egologischen, ausmachen.

Vollziehen wir zunächst folgende Überlegung. Die egologische Sphäre umspannt, wie wir schon bisher sahen, nicht bloß individuelle, schlechthin seiende Daten. In eigentümlichen Erlebnissen, Akten, die selbst individuelle Daten sind, erfasst das Ich vielerlei neue Gegenständlichkeiten, Gegenständlichkeiten, die es aktiv in diesen Tätigkeiten bildet, die nicht selbst individuelle Daten, sondern Möglichkeiten, Wahrscheinlichkeiten, Vorbehalte, Gewissheiten, Nichtigkeiten, Zweifelhaftigkeiten, Allgemeinheiten, Besonderheiten von Allgemeinheiten, Kollektionen von Einzelheiten usw. ⟨sind⟩. All das aber bezogen wir selbst auf Individuelles der egologischen Sphäre; nämlich die Möglichkeiten dachten wir als Möglichkeiten in Bezug auf individuell Festgestelltes der subjektiven Sphäre, ein Allgemeines dachten wir uns als Allgemeines von gegebenen individuellen subjektiven Daten usw. Dabei ist zu bemerken, dass wir für diese e g o l o g i s c h gerichteten Modalitäten apodiktische Evidenz gewinnen konnten.

Wie aber steht es mit den Modalitäten hinsichtlich transzendenter Gegenständlichkeiten? Wie erkenne ich oder vermeine ich, allgemeinst gesprochen, auch Individuelles, das nicht mein Subjektives ist, nicht mein eigenes Erleben oder Gehalte meines Erlebens betreffend? So z. B. erfahre ich wahrnehmend, wiedererinnernd Dinge der Natur oder ich fingiere mir solche Dinge, bedenke sie usw. Was für individuelle Gegenstände immer, ob immanente oder transzendente, mir bewusst sind, ich kann in Hinsicht auf sie, in verschiedenen subjektiven Tätigkeiten der beschriebenen Art, Modalitäten, und Modalitäten all der charakterisierten Typen bilden, sie identifizieren und unterscheiden usw. Wenn wir aber solche Modalitäten auf individuelle, als seiend gesetzte Gegenstände der transzendenten Welt beziehen, so ist es klar, dass sie *eo ipso* der phänomenologischen Reduktion verfallen sind.

Mit anderen Worten: Lassen wir uns durch die natürliche mundane Erfahrung dieses raumzeitlich kausale Weltall bzw. diese einzelnen Dinge und Ereignisse, diese Menschen und Tiere in ihrem Gegebensein, lassen wir dergleichen in natürlich-naiver Weise als seiend gelten, dann nehmen alle neugebildeten Modalitäten auf diesem Untergrund an derselben Naivität teil. Nehmen wir z. B. die natürliche Evidenz, die wir von der Möglichkeit, dass dieser Hörsaal mit Fresken bemalt sei, gewinnen, nämlich dadurch, dass wir uns diese grau, eintönig gestrichenen Wandflächen entsprechend umfingieren, etwa *Die Schule von Athen* in fiktiver Übermalung auf sie aufgetragen denken. Offenbar liegt dieser Evidenz der Möglichkeit die Erfahrungsüberzeugung von der Existenz dieses Saals – es ist ja die Möglichkeit, dass er so und so bemalt sei – zugrunde. Diese Möglichkeit wäre gegenstandslos, wenn er nicht existierte. Bleiben wir aber dabei, das objektive Weltall in Klammern zu lassen, da dessen Seinsgewissheit sich nicht in absoluter Weise rechtfertigen lässt, so müssen wir auch die entsprechenden Möglichkeiten, dann aber auch alle solche Modalitäten ausgeschlossen, nämlich eingeklammert sein lassen, welche eben modale Abwandlungen der wirklichen Welt sind. Darin ist ja z. B. beschlossen, was wir im Voraus, noch ehe wir von Modalitäten etwas wussten, gesagt haben, dass alle Aussagen über die Welt uns in normalem Sinne versagt sind. Jede solche Aussage setzt irgendwelche Sachverhalte für die Welt, eventuell auch Möglichkeits- und Wahrscheinlichkeitsverhalte usw. für die als daseiend hingenommene Welt. All das muss also in die Klammer kommen.

Natürlich ist nicht ausgeschlossen, dass wir hinterher noch andere Modalitäten aufweisen können, die nicht das Dasein der Welt voraussetzen. Wir werden solche unter dem Titel des Apriori kennen lernen, und was diese naive Setzung des Weltalls selbst, das naive Geltenlassen der Erfahrung anbelangt, so ist es auch nicht ausgeschlossen, dass wir noch für sie eine absolute Rechtfertigung finden, etwa in der Form einer Modalisierung der absoluten Gewissheit von immanent Aufweisbarem. Aber so weit sind ⟨wir⟩ noch nicht.

Jedenfalls haben wir auf der jetzigen Stufe als apodiktisch gerechtfertigt individuelles Dasein: erstens die Vorkommnisse der egologischen Sphäre und zweitens Modalitäten, die auf diese bezogen sind und die als Modalitäten selbst apodiktisch aufweisbar sind. Was sie als daseiendes Individuelles voraussetzen, ist apodiktisch gerechtfertigtes Dasein.

⟨§ 34. Die Ermöglichung apodiktischer Wissenschaft durch ein Gewebe idealer Gegenständlichkeiten. Reine Allgemeinheiten als spezifisch philosophisches Thema⟩

In der letzten Vorlesung führten wir aus: Das erkennende Ich ist einerseits in seinen intentionalen Erlebnissen erfahrend, urteilend, wertend und handelnd auf transzendente Gegenstände gerichtet, auf die unendlichen Mannigfaltigkeiten individueller Realitäten, die der Titel „Weltall" umspannt. Andererseits, Reflexion übend hat es Bewusstsein von sich selbst und seinen eigenen individuellen Erlebnissen, von den individuellen Daten seines Erlebnisstroms. In beiderlei Hinsicht wachsen ihm zu in entsprechenden spontanen Tätigkeiten die modalen Seinsabwandlungen, die Möglichkeiten, Notwendigkeiten, Allgemeinheiten, Besonderheiten, die Wahrscheinlichkeiten usw. Vollzieht der Erkennende als werdender Philosoph die phänomenologische und apodiktische Reduktion, so ist damit die Welt schlechthin, das All transzendent individuellen Seins, als in natürlicher Gewissheit daseiend, eingeklammert. Die darauf bezügliche Seinssetzung ist außer Spiel gesetzt. Selbstverständlich ist damit *eo ipso* jede Möglichkeit, die auf ein individuelles Dasein bezogen ist, und so jede entsprechende auf die Natur als Wirklichkeit bezogene Modalität außer Spiel gesetzt, so z. B. die Möglichkeit, dass die Wände dieses Saals mit Fresken bemalt seien. Sage ich „dieser selbe", so habe ich die

Wirklichkeit desselben gesetzt und als geltend genommen, und jede abändernde Möglichkeit für diesen selben und jede ähnliche Modalität schließt diese Geltung mit ein. Die phänomenologische Epoché hinsichtlich des Seins des Weltalls schließt also auch die Epoché hinsichtlich der Geltung all dieser transzendenten Modalitäten mit ein.

Somit sind wir als werdende Philosophen, was die erweiterte Gegenstandssphäre anlangt, ausschließlich beschränkt 1. auf das Reich des phänomenologisch reduzierten Ego, und zwar in dem Rahmen der von uns gelieferten apodiktischen Kritik auf die apodiktisch gewissen, jeweils zu setzenden einzelnen Erlebnisse und sein Ich selbst, und zudem 2. auf die apodiktisch gewiss zu setzenden Modalitäten dieser Erlebnisse und des Ich. Also darin allein besteht die Bereicherung, die wir gewonnen haben.

Ziehen wir nun einen schon berührten Gedanken heran. Wenn der Erkennende, ausgehend von seinen unmittelbaren Erfahrungen, immer neue Erkenntnisse gewinnt, so geschieht das durchaus in Tätigkeiten, die schrittweise immer neue Modalitäten erzeugen: Explizierend geht er zu Eigenschaften, zu Teilen über, bildet die entsprechenden Sachverhalte; er kolligiert, disjungiert, er bezieht den eigenschaftlich so und so bestimmten Gegenstand auf andere Gegenstände, schafft sich plurale und Relationssachverhalte usw. Dieses „Bilden" sagt zunächst: Er macht sie zu seinen intentionalen Gegenständen, erfasst sie als in Gewissheit seiend, eventuell weiterhin aber auch als Möglichkeiten, als Vermutlichkeiten usw. Günstigenfalls werden diese Gewissheiten vom Sein dieser Modalitäten verschiedener Stufen ihm evident, und als Erkennender strebt er Evidenz, ursprünglich intuitive Selbstgegebenheit an. Ausgehend von unmittelbaren Erfahrungen, d. i. unmittelbar evidenten Selbsterfassungen, gewinnt er evidente „Sätze", sprachlich ausgedrückt als Aussagen, Aussagen über Möglichkeiten, Notwendigkeiten, über individuelle und allgemeine Sachverhalte oder partikuläre Sachverhalte oder Sachverhalte als partikuläre Folgen von allgemeinen, von Gesetzen usw. Der ganze Inhalt einer Wissenschaft, die der Erkennende theoretisierend aufbaut oder als Nachverstehender und Nacherkennender sich zueignet, ist ein Gewebe solcher Modalgebilde, erwachsend in entprechenden Erkenntnistätigkeiten.

Ebenso wie hinsichtlich der Erkenntnis steht es mit dem Werten und Handeln, das auch seine Modalitäten hat, Endwert und Mittelwert, Endzweck und Mittel, möglicher Wert und wirklicher usw. Und all das ist selbst wieder erkenntnismäßig fassbar und führt zu Aussagesätzen über Werte und praktische Gegenständlichkeiten.

Wie ich nun im Voraus schon angedeutet habe, haben wir bisher eine Gruppe höchst wichtiger solcher Gebilde, die in Ichtätigkeiten aufgrund passiver Vorgegebenheiten als ideale Gegenständlichkeiten erwachsen, noch nicht ins Auge gefasst. Es sind gerade die Gebilde, die rein rationale und apodiktische Wissenschaft möglich machen und ihren theoretischen Gehalt durchaus ausmachen und die zugleich es gestatten, die Empirie, das Reich vereinzelter und dabei in ihrer Unendlichkeit unfassbarer individueller Tatsachen (darunter auch die individuellen Modalitäten beschlossen) den Normen reiner Rationalität zu unterwerfen und selbst einer rationalen Erklärung zu unterziehen. Die reine Mathematik ist ein Reich reiner Rationalität. Die Begriffe, mit denen sie alle ihre Sätze bestreitet, sind „rein" rationale Begriffe, d. i. solche, die nicht die leiseste Mitsetzung, Mitbehauptung von individuellem Dasein in sich schließen. Sie haben zwar als Allgemeinheiten wesentliche Beziehung auf einen Umfang von Einzelheiten, aber diese Einzelheiten sind mögliche Einzelheiten, und wieder sind diese möglichen dabei ohne jede Anknüpfung an individuelles und als wirklich gesetztes Dasein. Ebenso alle mathematischen Sachverhalte bzw. Sätze sind Sätze von reiner Allgemeinheit, sie beziehen sich als Gesetze auf unendliche Umfänge, aber im reinen Sinn möglicher singulärer Sachverhalte und singulärer Gegenstände, und diese selbst sind nicht als wirklich gesetzte bestimmte individuelle Einzelheiten. Daher sagte schon Descartes: Mag es eine Welt geben oder nicht, von ihrer Existenz, von der Behauptung irgendwelchen individuellen Daseins ist die ganze Mathematik unabhängig. Dass aber reine Mathematik exakte Wissenschaft von der Natur möglich macht, von der Natur als der Welt individueller physischer Tatsachen, dass durch ihre reinen Begriffe und Gesetze, durch ihre reine Rationalität auch der Empirie eine Rationalität einzuflössen ist, und eine neue Art der

Rationalität, das ist allbekannt und liegt vor als Leistung der mathematischen Naturwissenschaft.

Das sagen wir uns natürlich in vorphilosophischer Reflexion und sagen es uns als Philosophen wieder nur, um darauf hinblickend, aber es nicht voraussetzend Leitgedanken zu gewinnen. Wir suchen also reine Allgemeinheiten in unseren philosophischen Griff zu bekommen. Als werdende Philosophen haben wir alle unserem philosophischen Umsturz vorangehenden wissenschaftlichen Erkenntnisse und Wissenschaften in Klammern; aber es ist uns gestattet, z. B. mathematische und sonstige reine Gedanken zu erzeugen, nur dürfen wir sie nicht in der Naivität ihrer Erzeugung gelten lassen; wir müssen dann über das Faktum des momentanen reinen Denkens und des darin bewusst werdenden Begriffs oder Satzes hinausgehen. Dieses ist uns natürlich apodiktisch gewiss und desgleichen diese Gebilde als jeweilige immanent zeitliche Gebilde, genau so wie sie immanent charakterisiert sind. Wir müssen dann aber weitergehend für diese eigentümlichen Modalitäten fragen, wo sie und wann sie zu ursprünglicher Erzeugung kommen, also in evidenter Gewissheit selbstgegeben sind. Wir müssen zusehen, ob wir sie und wann wir sie dem bisher abgegrenzten Bereich des apodiktisch und adäquat Erfassbaren adjungieren können und ob wir durch sie zum Anfang einer Gründung apodiktisch gerechtfertigter Wissenschaft kommen können.

⟨§ 35. Die Erzeugung⟩ reine⟨r⟩ Möglichkeiten ⟨in der freien Phantasie⟩

Reine Allgemeinheiten beziehen sich, sagten wir, auf reine Möglichkeiten. Beginnen wir mit solchen, also mit der Erzeugung derselben in evident gebender Form. Es handelt sich um Phantasiemöglichkeiten. Wir gewinnen nun solche als reine, von Tatsachensetzung freie, wenn wir die Phantasie nicht ins Spiel setzen, um einen als tatsächlich daseiend erfahrenen Gegenstand nach irgendwelchen Merkmalen umzufingieren, wie wenn wir ein rotes Haus, das vor unseren Augen ist, uns als grün „denken". Vielmehr können wir ja Phantasie als völlig freie walten lassen und Fiktionen vollziehen, mehr oder minder klare, die nichts von einem faktischen Dasein in sich mitsetzen, weder im anschauli-

chen Gehalt noch in Form von unanschaulichen Mitsetzungen. Fingieren wir uns Nixen, Kobolde, nicht in Altgermanien, nicht als seiend irgendwo und zu irgendeiner Zeit in der gegebenen Welt, schalten wir jede Mitmeinung dieser Welt aus, so sind die
5 Nixen freie Fiktionen, und ihre Zeit und ihr Raum haben mit dem faktischen keine Gemeinsamkeit.

Anstatt einer freien reproduktiven Phantasie können wir auch eine Wahrnehmung oder sonstige Erfahrung nehmen, z. B. einen Menschen, den wir sehen, und umfingieren, dem wir einen Pfer-
10 deleib andichten usw. Aber so, dass wir von seiner Existenz „keinen Gebrauch" machen, dass wir die Erfahrungssetzung, die uns diesen Menschen hier als Faktum gibt, außer Spiel setzen. Dann verwandeln wir gewissermaßen das faktische Dasein, den Inhalt unseres wirklichen Erfahrungsglaubens, in ein „Dasein-als-ob",
15 wir verwandeln den Gegenstand in einen schrankenlos möglichen. Und dazu gehört dann aber auch, dass wir die ganze Umwelt dieses Gegenstandes außer Spiel setzen, also auch die ganze Welt als wie eine von vornherein fingierte behandeln und mit ihr umspringen wie eben mit einer freien Fiktion.

20 Freilich, so ganz dürfen wir uns dem Spiel der Phantasie nicht überlassen. In ihr ist es möglich, und uns ist diese Möglichkeit empirisch wohlvertraut, dass die jeweiligen Phantasiegebilde unstimmig, in Widerstreit ineinander übergehen und dadurch also die Einheit des phantasierten Gegenstandes nicht durchgehalten wird.
25 Der Zentaur mag phantasiemäßig auftauchen als blonder und langbärtiger Zentaur mit einem weißen Pferdeleib. Aber unvermerkt schiebt sich andere Färbung und vielleicht auch eine andere Gestalt unter, plötzlich haben wir einen braunhaarigen Zentaur mit ganz anderem Bart und Gesicht usw. Eines geht in das andere
30 über, aber nicht in der Weise einer Veränderung, sondern einer unstimmigen Abwandlung; der passiv Phantasierende lässt den ursprünglichen gegenständlichen Sinn fallen und lässt es in seiner Trägheit zu, dass sich ein neuer Sinn für einen alten unterschiebt. Es kann sein wie im Kaleidoskop: immer neue Gebilde, die nichts
35 miteinander zu tun haben. Eine Möglichkeit ist aber ein freies tätiges Erzeugnis, und freie Tätigkeit hat ihre Direktion, ihr Ziel. Eine Möglichkeit ist gegeben, sowie ein Gegenstand in einstimmiger Quasi-Erfahrung erfahren ist und in Einstimmigkeit erscheint, als

ob er wahrgenommen wäre usw. Eine Möglichkeit setzen ist vom aktuellen Ich her das Phantasierte in einem bestimmten Sinn meinen, festhalten und, unter Erhaltung der Sinnesidentität im Stile der Einstimmigkeit, die Einheit willkürlich durchhalten; das heißt also, nur so weiterfingieren, dass diese Identität nicht verletzt, der Sinn nur näher bestimmt, aber nicht im Widerstreit, in der Weise einer den Ansatz aufhebenden Negation aufgehoben wird.

Es ist hier nun aber Verschiedenes zu bemerken. Zunächst, Möglichkeiten sind freie, willkürliche Gebilde, die in dieser Freiheit der Bildung, der Fortbildung und eventuell der Umbildung prinzipiell nicht die feste Identität der Erfahrungsgegebenheit haben bzw. ausweisbar haben können. Eine einzelne individuelle und dabei reine Möglichkeit oder, was gleichwertig ist, ein einzelnes durch freie Phantasie und in ihr erzeugtes individuelles Gebilde, ist nicht selbst ein seiendes Individuum, nur in der Phantasie. Zum Beispiel: Ein Phantasieraum ist kein Raum, in dem wie in einem wirklichen Raum erfahrbare und, als was sie in Wahrheit sind, aufweisbare Dinge vorkommen. Oder auch: Die Phantasie ist nicht eine Schachtel, in der der Phantasierende in schöpferischer Freiheit Sachen erzeugt, die die wirkliche Bestimmbarkeit, individuell identische Ausweisbarkeit von Sachen für ihn haben könnten. Ich kann einen Zentauren, eine Nixe frei fingieren und kann in gutem Sinn ihre Identität festhalten, in wiederholtem Zurückkommen auf sie vermöge der erhaltenden Retention und Wiedererinnerung mich auch der Identität versichern. Und doch ist all das *cum grano salis* zu verstehen. Eine Identität zwischen fiktiven Objekten ist selbst eine fiktive Identität, obschon sie doch selbst so viel von wirklicher Identität behält, dass es einen Sinn hat, von derselben Möglichkeit zu sprechen.

Bedenken wir doch, dass eine Phantasie als solche den Charakter einer Vergegenwärtigung hat und das Phantasierte dabei in verschiedenen fließenden Klarheitsgraden und in der Modifikation des „Als-ob-Erfahrenen" hat, und andererseits wieder nicht den einer Erinnerung (Rückerinnerung oder erwartenden Vorerinnerung) mit einem Glauben, die danach ihre Ausweisung hat, ihren vorgezeichneten Limes, dem ich mich durch immer neue wirklich erfahrende Reproduktion nähern könnte. In der Erinnerung, mag sie auch eine unvollkommen klare sein, habe ich nicht das bloße Erinnerungsbild, sondern ich erfasse darin Vergangenes in der Weise eines durch dieses Bild Hindurchschwimmenden, sich darin angenähert, unvollkommen Darstellenden. Und im Übergang zu klareren Darstellungen „weiß" ich, ob das Neue, die genaueren Farben, Formen etc., die klareren, wirklich die sind, die mir die vorgreifende Darstellung und ihr Erinnerungsglaube vorzeichnete. Hier gibt es wesentliche Erfüllung der Erinnerungsmeinung und hier ist nichts Willkür. Ich bin an den Weg der Approximation gebunden, der seinen Limes hat in dem wahren Vergangenen, dem vermeinten und dann gegebenen selbst. Freiheit und Willkür habe ich hier nur, sofern ich den Willen haben kann, eben diesem selbst näher zu kommen, und mag er auch faktisch für mich unerreichbar sein, er ist doch in allen Stadien der Annäherung vorgezeichnet, im Voraus bestimmt.

Ganz anders hinsichtlich der Phantasie und ihrer Phantasiegegenständlichkeiten. Der Zentaur, der mir in der Phantasie vorschwebt, zeichnet in seiner Unklarheit oder relativen Klarheit keinen wahren Zentauren als Erfüllungsziel vor; hier ist es mir nicht auferlegt, in der Wiederholung und im Willen zu besserer Klarheit mir den Zentauren, wie er selbst ist, nur suchen zu müssen, gebunden an einen bestimmten Weg, an künftig herzustellende klare und bessere Phantasie⟨n⟩, die durch die unklare vorbestimmt sind als die diesem Zentauren zugehörigen und ihn selbst vollkommener gebenden. Hier gibt es keinen durch evidente Erfüllung eines Erfahrungsglaubens vorgezeichneten Weg zum Limes des wahren und nun mindest angenähert selbstgegebenen Gegenstandes, des Zentauren, wie er wirklich ist. Vielmehr, wenn ich in wiederholter Phantasie auf denselben Zentauren zurückkomme, wie wenn ich mir ein mythologisches Märchen, in dem er die beständige Rolle spielt, erdichte, so hat die Identifizierung durch allen Wechsel der Klarheit und Bestimmtheit nur die Bedeutung, dass ich willkürlich den neu sich darbietenden reicheren Inhalt (oder die satteren und dadurch schon inhaltlich reicheren Klarheiten) im Als-ob gelten lasse, nur dafür Sorge tragend, dass in diesem Als-ob doch eine durchgehende Einstimmigkeit walte. Ich darf im Wechsel es nicht zulassen, dass der blonde Zentaur im neuen Phantasiebild in einen schwarzen umschlägt. Wo dergleichen wider Willen passiert, streiche ich das Schwarz durch. Aber war im ersten Bild das Blond in seiner Mattheit unbestimmt und tritt im zweiten ein klareres Goldblond ein, dann nehme ich das willkürlich als eine nähere Bestimmung, ich lasse sie mir gefallen, sie erhält Einstimmigkeit. Dieser durchgehenden und willkürlich durcherzeugten Identität, der Einstimmigkeit aneinandergereihter und synthetisch verbundener Darstellungen, kommt also auch der Charakter einer Phantasieidentität, einer Identität-als-ob zu, und einer eben willkürlich gebildeten und weiter noch fortzubildenden, durch neue Inhaltsannexionen. Dem Sinn nach liegt darin, dass dieser Gegenstand ein willkürliches Identitätsgebilde ist, als ob er ein erfahrbarer wäre, als ob er selbst wäre und bestimmbar wäre. Und die willkürlichen und in Harmonie sich vollziehenden Erzeugungen sind Darstellung der bestimmenden Erfahrungsausweisung, aber keine wirkliche Erfahrungsausweisung. Hier gibt es nichts auszuweisen unter dem Titel „individueller Gegenstand" und im Grunde auch nicht von individueller Möglichkeit. Und doch weist sich in einem guten Sinn Möglichkeit aus.

Es ist einigermaßen schwer, sich hier klar auszudrücken. Dieses Zentaur-Individuum als diese absolut einmalige Möglichkeit, als wahrhaft individuell, kann ich nicht ausweisen. Aber die Evidenz gewinne ich vielleicht, dass ich in Einstimmigkeit, als eine Möglichkeit einen Zentauren durch alle Unbestimmtheit und unendliche Vieldeutigkeit des Fortfingierens hindurch in Anschaulichkeit, wenn auch mit offener Unbestimmtheit durchhalten kann, ihn mir einheitlich denken kann.

Und ebenso ist es evident, dass ich, diesen einen Zentauren festhaltend und bei aller Unbestimmtheit willkürlich identifizierend, daneben einen zweiten mir denken kann, einen anderen, etwa neben dem blonden einen schwarzen, neben dem vollbärtigen einen ganz modern rasierten und frisierten. Jeder evidente Umschlag in eine widerstimmige zweite Phantasie, des blonden etwa in den schwarzen Zentauren, gibt mir, wenn ich in freier Willkür und abwechselnd einmal das eine und ⟨einmal das⟩ andere der in Widerstreitdeckung stehenden Gebilde festhalte, jedes für sich ausbaue, eine neue geltende Möglichkeit. Aus einer Möglichkeit kann ich so „unendlich" viele Möglichkeiten gewinnen und auch das „Unendlich" kann ich dabei evident haben. Es ist hier zu sa-

gen, dass in der Tat auch eine Unendlichkeit in der Form des offenen Usw., des „Ich kann ‚immer wieder'", selbst eine Modalität ist, und eine ganz außerordentlich wichtige. Im Fingieren eines Zentauren und im Durchhalten seiner Einstimmigkeit gewinne ich
5 als wirkliches Subjekt des Phantasierens eine Möglichkeit. Sie sagt: Ich kann hier einstimmig fortfingieren und diese Einheit setzen. Ich habe aber auch die Evidenz des „Ich kann diese Möglichkeit fallen lassen", und so, dass ich diesen Zentauren umfingiere in einen „anderen" Zentauren. Ich habe auch die Evidenz, dass ich
10 nicht nur dasselbe an diesem zweiten tue, sondern dass ich so „immer wieder" verfahren kann. Damit gewinne ich die offene Endlosigkeit von Möglichkeiten, die durch dieses Immer-wieder hervorgehen.

Bei all dem handelt es sich um reine Möglichkeit ohne jede
15 Mitsetzung von faktischem Dasein. Solche Möglichkeiten (und Unendlichkeiten von Zusammenhängen, nämlich aus je einer Möglichkeit abgeleiteten Möglichkeiten) können nun sein Möglichkeiten von transzendenten Gegenständen, von Gegenständen z. B. einer dinglichen Natur und einer Welt überhaupt, oder von
20 immanenten Gegenständen. Ich sagte: einer Welt, denn wie im Beispiel des Zentauren haben wir ja nicht mehr die Welt. Wir dachten ihn als reine Möglichkeit und nicht als einen möglicherweise in diesem Zimmer, in Deutschland oder überhaupt in der gegebenen Welt seiend⟨en⟩, sondern in einem reinen Phanta-
25 sieraum und einer reinen Phantasiewelt, die ihrerseits als einstimmige Möglichkeit auszudenken wäre. Eine Möglichkeit der transzendental-subjektiven Sphäre ist z. B. die Möglichkeit eines Erlebnisses, das uns in der Phantasie, eventuell an der Hand einer immanenten Wirklichkeit, vor Augen steht, einer Wahrnehmung,
30 eines Urteilserlebnisses, eines Gefühls, einer identifizierenden Synthese usw. Ebenso die Möglichkeit eines Erlebnisstromes, aber auch eines Ich, das natürlich nur als Ich eines Erlebnisstromes möglich ist. Fingiere ich mir, dass ich meinen Erlebnisstrom oder auch nur ein einzelnes Erlebnis darin anders hätte, als ich es habe,
35 z. B. dass ich glaubte, es wäre $2 > 3$, während mir so etwas wirklich zu glauben nicht beifällt, so fingiere ich damit mich selbst schon um, mich als Subjekt solchen Aktes, einer solchen tätig ge-

stifteten Überzeugung. Soviel vorweg über reine Möglichkeit; gehen wir nun an unsere eigentlichen Zwecke heran.

⟨§ 36. Vorbetrachtungen zu einer apodiktischen Kritik der reinen Möglichkeiten von Naturgegenständen⟩ und von Naturgegenständen als Wirklichkeiten

Reine Möglichkeiten treten aus der Reihe der bisherigen sozusagen ernstlichen Modalitäten dadurch heraus, dass sie Modalitäten im Als-ob aus reiner und willkürlicher Fiktion sind und doch vom aktuellen Ich her setzbar sind als Gegenständlichkeiten. Als solche können sie vermeinte und wirkliche sein und können sie im letzteren Fall in entsprechender Evidenz als Wirklichkeiten zur Selbstgegebenheit kommen. Soll diese eine apodiktische sein, und damit gehen wir schon an die apodiktische Auswertung, so müssen sie in der Phantasieerzeugung allseitig anschaulich gemacht werden. Nach allen Seiten, die zu ihnen wesentlich gehören, müssen sie in der frei willkürlich bildenden Phantasie im Stile der Einstimmigkeit durchgeführt werden, so weit, dass also nach allen zu ihnen gehörigen intentionalen Richtungen die mögliche Einstimmigkeit evident wird. Was das sagt, wird sogleich klar werden, wenn wir zur apodiktischen Kritik der reinen Möglichkeiten von Naturgegenständen übergehen.

⟨a) Erfahrung des wirklichen Dinges als idealer Limes fortschreitender Näherbestimmung⟩

Ein wirkliches Ding ist für mich, den Erkennenden, wirkliches, ursprüngliches dank einer Erfahrung, zunächst ⟨einer⟩ äußeren Wahrnehmung. Ich sehe das und das und darum sage ich, hier ist ein Ding, z. B. dieser Baum. Aber ich sehe ihn nur einseitig, das sagt, über den Merkmalsbestand eigentlicher Wahrnehmung reicht hinaus ein Bestand unerfüllter, leerer Intentionen, durch welche ein Mitglaube mit noch unbestimmtem oder jedenfalls noch unanschaulichem Gehalt hindurchgeht. Ich schreite in der Wahrnehmung fort, gehe in kontinuierlicher Synthese von Wahrnehmung zu Wahrnehmung über, ich lerne so den Baum nach immer neuen Seiten kennen. So wird er selbst mir fortschreitend als Wirklichkeit zu eigen, in fortgesetzter Selbstbestätigung der Wahrnehmungssynthesis.

Fortschreitend lerne ich ihn immer besser kennen. Aber an jeder faktischen Wahrnehmung kann ich mir klar machen, dass dieses Fortschreiten kein Ende haben kann, an dem ich die Evidenz gewinne, dass alle Leerintentionen vollkommen erfüllt sind und ich sagen könnte: Nun habe ich das Ding wirklich fertig kennen gelernt, vollständig und wirklich, wie es selbst ist. Die auf das noch nicht Gesehene, aber auch die auf das schon Gesehene gerichteten Intentionen kommen in der Erfüllung nie zu absolut satter Erfüllung, und darin liegt eine fortgehende nähere Bestimmbarkeit, die es nie zulässt, das schon wahrgenommene Merkmal, so wie es sich in der Wahrnehmung gibt, als schon letztbestimmtes Selbst anzuerkennen. Ich mag etwa die farbige Fläche noch so gut sehen, es ist doch immerfort offen, dass ich sie noch besser sehen könnte, und darin liegt, dass eine nähere Bestimmtheit hervortreten könnte, die noch nicht zu Tage getreten war. Also habe ich kein Ende im Evidenzbewusstsein, das letzte Selbst der farbigen Fläche erreicht zu haben. Sie selbst scheint, sofern ich mich doch bewusstseinsmäßig annähere, ein idealer Limes zu sein, der doch insofern unerreichbar ist, als ich prinzipiell offen lassen muss, dass mein Letztes nicht das an sich Letzte ist.

Ich bemerke dabei, dass für diese relative Annäherung und Entfernung vom Limes des Selbst und für das ganze Wahrnehmen meine Leiblichkeit eine wesentliche Rolle spielt, und ⟨zwar⟩ teils vermöge ihrer beständig fungierenden Kinästhesen und teils hinsichtlich dessen, was ich Vollkommenheit meiner Sinne (qualitative Unterschiedsempfindungen etc.), meines Gesichtssinnes, Tastsinnes usw. (und sogar in verschiedener Hinsicht) nenne. Wahrnehmend bewege ich meine Augen, meinen Kopf, meinen ganzen Leib im Nähertreten, meine Hand im Betasten etc. Mit dem subjektiven Ins-Spiel-Setzen dieser oder jener Kinästhesen laufen entsprechende Erscheinungsreihen des Dinges ab, die im Falle einstimmiger synthetischer Zusammenhänge mir das Ding zu fortschreitender Gegebenheit bringen.

Zudem ist mir aus meinem Wahrnehmungsleben bekannt, dass immerfort andersartige offene Möglichkeiten bestehen, auf die Rücksicht zu nehmen ist, nämlich was sich mir auf den beschriebenen Wegen in einstimmiger Bestätigung zunächst als das wahre oder mindestens angenähert wahre Ding gibt (und zwar dadurch, dass ich die verschiedenen Kinästhesen ins Spiel setze und sie unter Annäherung an den jeweiligen idealen Limes bester Erfüllung durchlaufe), erkläre ich unter gewissen geänderten Umständen plötzlich nicht als das wahre Ding selbst, sondern als eine abnormale Erscheinung. Es tritt etwa plötzlich eine durchgehende Veränderung aller optischen oder taktuellen und sonstigen Gegebenheiten ein und ich sage: Meine Organe waren in einem abnormalen Zustand. So finde ich den Wahrnehmungsgegenstand immerfort nur als eine in einstimmiger Synthese von Erscheinungen sich bestätigende, herausstellende Einheit, aber immerfort in Bezug zu mir und meiner Leiblichkeit, und das in all den angedeuteten Hinsichten, wobei das gewöhnlich von mir als wahres Ding Bezeichnete eine Idee ist, die relativ ist zu normaler, übrigens selbst nicht näher bekannter Leiblichkeit.

⟨b) Erfahrung und Evidenz im Phantasiebewusstsein als einem Wahrnehmungsbewusstsein in der Modifikation des Als-ob⟩

Gehen wir nun von dem Fall der Wirklichkeit zu dem der Möglichkeit über, gehen wir von der ursprünglichen Erfahrung der Wahrnehmung über zur fingierenden Phantasie. Sie ist nicht Tätigkeit des Wahrnehmens, des wirklichen Wahrnehmens des wirklichen Subjekts mit Beziehung auf seine wirkliche Leiblichkeit. Es ist eine gewisse Modifikation von all dem, eben die Phantasiemodifikation. Zum Beispiel: Im Phantasieren eines Baumes und in der Ausweisung seiner Möglichkeit ist es, als ob ich einen Baum wahrnähme, also ihn zunächst von einer Seite in Erscheinung hätte, als ob ich die Augen und andere Organe bewegte und damit Wahrnehmungstätigkeiten ins Spiel setzte, als ob ich dabei immerfort sehend, tastend usf. entsprechende, vordem nicht erscheinende Seiten des Baumes mit den zugehörigen Merkmalen mir zu Wahrnehmungsgegebenheit brächte. Wie bei der wirklichen Wahrnehmung besagt die Einstimmigkeit der Gegebenheitsweise, dass mit dem Bestand ⟨des⟩ eigentlich Gesehenen ein offen unbestimmbarer intentionaler Horizont verflochten ist.

Wir brauchen nicht weiterzugehen. Offenbar enthält das Phantasiebewusstsein, das einen Baum, eine Landschaft, einen Zentauren bewusst macht, alle intentionalen Eigenheiten eines Wahrnehmens, aber eben in der Modifikation des phantasiemäßigen Als-ob. Also ist jeder Phantasieprozess, in dem der einmal erfasste Phantasiegegenstand einstimmig zur fortschreitenden Quasi-Gegebenheit kommt, also auch seine Möglichkeit fortschreitend ausweist, sozusagen ein Gegenbild des Prozesses wirklicher Erfahrung, in dem solch ein Gegenstand in Wirklichkeit zu fortschreitender Erfahrungsgegebenheit käme und somit fortschreitend seine reale Wirklichkeit ausweisen würde. Wie jede wirkliche Erfahrung Evidenz hat, eben sofern sie Bewusstsein originaler Selbstgegebenheit des realen Gegenstandes ist, so ist jede Phantasieerfahrung Quasi-Erfahrung, Quasi-Evidenz des phantasiemäßig vorschwebenden Gegenstandes, aber eben damit wirkliche Evidenz der Möglichkeit des Phantasiegegenstandes. Sofern aber mit jeder Erfahrung noch offene intentionale Horizonte verflochten sind als noch unerfüllte Horizonte und selbst das schon Anschauliche auf neue mögliche Anschauungen vorweist, so ist beiderseits die Evidenz als Evidenz vom Sein des Gegenstandes eine unvollkommene Evidenz; zu ihr gehört das evidente Vermögen, Prozesse der Enthüllung inszenieren zu können, die Evidenz des „Ich kann", erfahrend bzw. quasi-erfahrend fort⟨zu⟩schreiten, und nach den verschiedenen Richtungen, die im intentionalen Gesamthorizont als Partialhorizonte vorgezeichnet sind.

In der wirklichen Erfahrung haben wir fortschreitend und sich in der Erwartung zugleich bestätigend Erfahrungsevidenz, wenn in dem Betätigen aktiver Erfahrung, in kinästhetischen Betätigungen mit unserer Wahrnehmungsleiblichkeit oder in sogenanntem Experiment die neu kommenden Erfahrungen immerfort in synthetischer Einstimmigkeit ablaufen und alles neu Gegebene bloße Näherbestimmung und korrigierende Bestimmung für denselben sich durchhaltenden Erfahrungsgegenstand ist. Zu dieser Willkür gehört auch das Inhibieren jeder aktiven Leibesbetätigung des Wahrnehmens. Dann laufen die Erfahrungen unwillkürlich weiter und günstigenfalls in Einstimmigkeit. – Dabei und bei all dem überhaupt gilt: Während der Prozess der Eröffnung der intentionalen Horizonte, nämlich das Augenbewegen, das kausale Experimentieren mit dem Erfahrungsding usw., der Willkür untersteht, kann doch die Einstimmigkeit der Erfüllung nicht gemacht werden.

Andererseits, in der Phantasie, im Reich der Freiheit, sind sowohl das Experimentieren wie auch die gesamten Gehalte des Phantasierten Willkür; aber doch besteht Bindung, nämlich sofern sich das phantasierende Ich sozusagen selbst bindet in der Willkür, das einmal etwa in der Form des ersten Phantasieeinfalls, sagen wir vom Zentauren, quasi-erfahrene Objekt in dem einmal als Möglichkeit gesetzten Sinn durchhalten zu wollen. Mit gehört zum Phantasiesinn, dem Sinn Zentaur-Erscheinendes, dass er offene, noch unbestimmte Sinneshorizonte hat, eine nicht willkürliche Sinnesstruktur.

⟨§ 37. Die apodiktische Evidenz der reinen immanenten Möglichkeiten. Die Ideen des Erlebnisses und des Erlebnisstroms⟩

Am Schluss der letzten Vorlesung sagte ich: Um eine Phantasiemöglichkeit, etwa den möglichen Zentauren, die man schon in Evidenz hat, zur Evidenz zu bringen, nämlich die unvollkommene Evidenz zu immer vollkommenerer zu bringen, hat man in willkürlicher Konstruktion der Quasi-Erfahrungen den verschiedenen intentionalen Horizonten nachzugehen und zu dem schon anschaulich Gegebenen den zupassenden neuen Sinn und die neue Gegebenheit willkürlich so zu konstruieren, dass sich das mögliche Sein immerfort einstimmig durchhält und alle intentionalen Horizonte sich immerfort erfüllen.

Ehe wir von der abgeschlossenen Untersuchung übergehen zur letzten apodiktischen Auswertung, sei Folgendes noch zur Ergänzung ausgeführt. Die transzendenten Möglichkeiten, die wir bisher betrachtet haben, nehmen, wie noch anzudeuten ist, auch Anteil an jener fließenden Unbestimmtheit aller immanenten Möglichkeiten, welche mit der Gradualität der Klarheit der Phantasie als solcher zusammenhängt. Ist die Quasi-Erfahrung, in der uns ein Ding, z. B. ein Phantasiebaum, vorstellig wird, in ihrem immanenten Bestand, rein als Erlebnis betrachtet, unklar, so ist auch der Phantasiebaum selbst unvollkommen bestimmt und jede Phantasieklärung ist willkürlich. Aber in dieser Willkür liegt zugleich, dass der Baum als näher bestimmt gedacht werden kann, als ob er durch eine nähere Quasi-Erfahrung so sich zeigte bzw. als ob er so wäre, wie ihn die näher bestimmende Willkür denkt.

Besprechen wir nun noch in Kürze die immanenten Möglichkeiten selbst und ihre apodiktische Evidenz. Natürlich kann man sich, wie schon früher flüchtig bemerkt worden, einzelne Erlebnisse und abgeschlossene Erlebniszusammenhänge phantasiemäßig vorschweben lassen und als Möglichkeiten setzen; man kann die Quasi-Evidenz der Gegebenheit willkürlich im Stile der Einstimmigkeit und immer vollkommenerer Evidenz sich ausmalen und man malt dann ihr abgeschlossenes Eigenwesen aus. Wenn die Phantasie vollkommen klar wäre, so brauchte es keine Ausmalung und das Eigenwesen wäre „in" der Phantasie adäquat gegeben bzw. die Möglichkeit wäre adäquat gegeben. Aber eben die vollkommene Klarheit ist nur ein idealer Limes und als solcher erkennbar. So ist also das Eigenwesen des Möglichen in der Phantasie nur in Differenz vom Limes gegeben. Aber die Annäherung an den Limes ist nicht wie in der Wiedererinnerung vorgezeichnet. Wir können uns zwar größere Klarheit denken und in Willkür verschaffen, aber dass das Klarere, z. B. der klare Empfindungston, das klarere vorstellige Gefühl mit gerade diesem reicheren Bestand an Inhaltsfülle das einzig mögliche ist, davon kann keine Rede sein. Es ist unsere Willkür, unsere Freiheit, das Klarere als dasselbe und als das näher Bestimmte anzunehmen. Aber eben hierin wächst uns eine Evidenz und eventuell sogar eine apodiktische Evidenz zu. Jedes phantasiemäßig vorgestellte Erlebnis ist evidenterweise im Stile der Einstimmigkeit zu immer vollkommenerer Klarheit und zur steten Annäherung an einen mitfingierten Limes zu bringen. Es ist danach, ideal gesprochen, ein mögliches, und die Möglichkeit ist apodiktisch gewiss.

Freilich haben wir damit das Eigenwesen des Erlebnisses selbst nicht adäquat gegeben, und wenn wir von ihm als wie einem individuellen Gegebenen reden, so ist es gar nicht ein Gegenständliches, das in eindeutiger Bestimmtheit vorgezeichnet wäre und zum Ziel einer im Voraus festen approximativen Klarheit, bis zu angenäherter Selbsterfassung zu bringen wäre. Es ist ein fließend Vieldeutiges und ist nur als Idee irgendeiner in Willkür zu gestaltenden Approximation, die den Charakter einer Annäherung-als-ob hätte. Wir haben die Freiheit, jede klärende Linie als diejenige des phantasierten Empfindungstons z. B. zu nehmen, und dass dieser Ton sein kann, sagt so viel, dass dieses Ton-Gesetzte und Quasi-Erfahrene eben in irgendeiner der offenen Approximationsformen in Einstimmigkeit fortgeführt werden könnte, und zwar in der Form einstimmiger Quasi-Annäherung. Eine andere apodiktische Evidenz reiner Möglichkeit bzw. ein anderes wahrhaftes Sein solcher Möglichkeit zu fordern, hat keinen Sinn. Aber solches Wahrhaft-Sein ist doch etwas apodiktisch Ausweisbares.

Ein Erlebnis tritt im Bewusstseinsstrom auf, es ist ohne retentionalen und protentionalen Horizont nicht denkbar. In dieser Hinsicht haben wir noch bei jedem Erlebnis, das wir fingieren, die freie Willkür, diese leeren und völlig unbestimmten Horizonte auszufüllen; das führt auf neue Erlebnisse mit neuen Horizonten und so *in infinitum*. Alles ist da aber reine Willkür, und nur die Struktur des Erlebnisstromes schreibt einen Sinnesrahmen vor. Apodiktisch evident ist dabei die Möglichkeit, *in infinitum* weitergehen und weiterphantasieren zu können und damit wird auch die immanente Unendlichkeit und strömende Einheit in der Form „Bewusstseinsstrom" als Möglichkeit apodiktisch evident. Natürlich ist aber die Ausmalung eines möglichen Erlebnisstromes, unter notwendigen Ausgang von einzelnen mehr oder minder klar vorgestellten Einzelerlebnissen etwas unendlich Vieldeutiges.

Wir haben hier doppelte „Ideen" ins Spiel tretend, zu deren jeder ein eigener offener Horizont des Usw. und des willkürlichen Wählens der bestimmten neuen Gehalte gehört. Nämlich erstens gehört zu jedem einzelnen Erlebnis, das uns für einen Erlebnisstrom als Aufbaumaterial dient, eine Idee, die Idee seines Selbst, das durch die Unklarheit hindurchschimmert und gedacht ist, als ob sie *in infinitum* bestimmbar wäre. Und fürs Zweite haben wir im zusammenhängenden Fortphantasieren von Erlebnis zu neuen Erlebnissen die Idee des Erlebnisstromes selbst, als Idee aus Ideen gebildet, mit dem offenen Horizont quasi-vorangehender und -nachkommender und quasi zeitlich konstituierter Erlebnisse, die selbst Quasi-Erlebnisse sind.

Die e r s t e r e n Ideen gehören zur Phantasie als Phantasie, es sind Ideen eindeutiger und in Approximation zu vollziehender Be-

stimmbarkeit dessen, was die Phantasie in bloßer Gradualität vorstellig macht. Die Idee des Bewusstseinsstromes aber ist die Idee einer im Als-ob gedachten, ins Unendliche fortzuführenden eindeutigen Vorzeichnung, der man nachzugehen hätte, für die aber
5 die Phantasie in Freiheit eine einstimmige Gestaltung willkürlich herstellt, eine im Usw. fortzuführende Gestaltung, eine Gestaltung, die in ihrer Willkür eben nicht vorgezeichnet ist. Aber freie Phantasie von einer vorgezeichneten Erfüllung, freie Phantasie, als ob Erlebnisse an Erlebnisse sich so anreihten, wie sie nach Erfah-
10 rungsintentionen es forderten, ist eben freie, willkürliche Gestaltung.

Was wir hier Ideen nennen, sind selbst eine eigene Art Gegenständlichkeiten, ebenso wohl wie die unendlichen Prozesse, deren Korrelate sie sind. Eine Idee ist ein Identisches eines evident un-
15 endlichen, d. i. in Freiheit, im Bewusstsein des Usw. fortzuerzeugenden Prozesses der Einstimmigkeit. Wie solche Prozesse immer wieder erneuert, und im Bewusstsein der Selbigkeit erneuert werden können (also im Grunde genommen selbst Einheiten von möglichen endlosen Prozessen sind), so können auch die in ihnen
20 konstituierten Identitätseinheiten (konstituiert in ihrer Einstimmigkeit der Synthese) evident immer wieder erfasst werden und sind also Gegenstände. Es gibt dabei verschiedene Formen von Ideen, darunter die Limes-Ideen, die selbst verschiedene Gestalt haben können.

25 ⟨§ 38. Kritisch-apodiktische Auswertung der transzendenten realen Möglichkeiten⟩

⟨a) Die apodiktische Gegebenheit der reinen Möglichkeiten einer Welt überhaupt. Der reale transzendente Gegenstand als Korrelatidee der Idee eines unendlichen Systems
30 möglicher Erfahrungen von ihm⟩

Wir gehen jetzt an die apodiktische Auswertung der transzendenten, und zwar realen Möglichkeiten. Die Setzung realer Wirklichkeiten, die von mundanem Sein, und aller auf reale Wirklichkeiten bezogenen Modalitäten mussten wir als werdende Phi-
35 losophen ausschalten. Von ihnen gibt es keine apodiktische Evi-

denz, sie verfielen daher der phänomenologischen Reduktion. Gilt dasselbe von den realen Möglichkeiten? Überlegen wir. Ihre evidente ursprüngliche Gegebenheit vollzieht sich in Phantasieerfahrungen. Auch im Erfahren-als-ob sind Gegenstände nur einseitig, nur unvollkommen gegeben, und in fortgehenden Quasi-Erfahrungen kommen sie zwar zu vollkommener Quasi-Gegebenheit, aber so, dass immer wieder ein offener Horizont von Ungegebenem sich eröffnen muss. Also geht der Prozess der ausweisenden Kenntnisnahme, der Prozess willkürlichen Fortfingierens im Stile der Einstimmigkeit ins Unendliche, und nach vielfältigen Dimensionen ins Unendliche fort.

Wir können die erzeugende Gestaltung dieses Prozesses auch so beschreiben: Wir haben als Ausgang etwa den Phantasieeinfall eines reinen Fiktums, z. B. eines Zentauren, und aufgrund dieser Quasi-Erfahrung setzen wir ihn als eine Möglichkeit. Wir befragen nun gewissermaßen diesen möglichen Gegenstand, wie er in physischer Ruhe und Veränderung bei Wechsel möglicher Wahrnehmungstätigkeiten und experimentierender Eingriffe, im Wechsel möglicher kausaler Umstände aussehen müsste, dazu gerechnet, da es sich um ein personales Wesen handelt, wie er in einem zu fingierenden Wechsel seiner seelischen Tätigkeiten, seiner ihm aus seiner zu fingierenden Umgebung zukommenden Motive sich benehmen und danach in seiner Leiblichkeit sein Seelenleben sich ausdrücken würde, und wiederum, wie er danach aussehen und vom Subjekte des Quasi-Erfahrens dann durch Einfühlung gedeutet werden müsste.

Wir geraten dann freilich in endlose Prozesse von einstimmig ineinander übergehenden und synthetisch zu verknüpfenden Quasi-Erfahrungen. Aber wir haben offenbar doch die beständige Evidenz des Usw. und die beständige Evidenz der einstimmigen Fortsetzbarkeit jedes solchen Prozesses *in infinitum* und nach jeder Richtung, die durch die offenen Horizonte als mögliche Erfüllungsrichtung angedeutet sind. Es ist eine besondere Evidenz, dass, welchen der Leerhorizonte immer wir einschlagen mögen (also frei aus der offenen Vielheit solcher möglichen Horizonte wählend), wir immer einstimmig fortfingieren könnten, also die angelegte Möglichkeit zu einer *in infinitum* einstimmigen Möglichkeit fortgestalten könnten. Das heißt aber, wir gewinnen schließlich die apodiktische Evidenz, dass dieser Zentaur, dass ein sich darbietendes und vollkommenes Fiktum als mögliches reales Sein, als mögliches Ding, als mögliches animalisches Wesen usw. in Wahrheit bestehe oder, was dasselbe, dass, wie immer wir konstruktiv fortschreiten mögen, in freier Willkür, aber den einmal eingelegten Sinn innehaltend, die Möglichkeit des Gegenstands eines solchen Sinnes „ausdenkbar", einstimmig durchzuführen sei *in infinitum*.

Nach dem in der letzten Vorlesung Ausgeführten sagt das: Die Möglichkeit eines realen Gegenstandes ist eine Idee und die apodiktische Konstruierbarkeit derselben ist durch unsere Freiheit gesichert. Also haben wir das wichtige Resultat, dass jede mögliche Naturgegenständlichkeit und, wie sich dann weiter leicht zeigen lässt, jedes im reinen Sinn mögliche Weltall zu unserer gesuchten apodiktischen Seinssphäre gehört. Nicht nur das *ego cogito*, nicht nur mein Ich und mein Bewusstseinsleben, meine immanenten Erlebnisse und mein ganzer Erlebnisstrom ist in gewissen Grenzen als Dasein und nach Daseinsmodalitäten, sondern auch in freier Phantasieumwandlung nach idealen Möglichkeiten apodiktisch gegeben. Und nicht nur ein Bereich egologischer Möglichkeiten ist apodiktisch gegeben, sondern auch der universale Bereich reiner Möglichkeiten einer realen Welt überhaupt, jeder Welt, die ich von irgendeinem konkreten Dingfiktum aus frei gestaltend konstruieren möge.

Doch es ist hier sogleich eine weitere, höchst wichtige Feststellung zu machen. Sehen wir näher zu, so haben wir hier zusammen mit der apodiktischen Ausweisbarkeit die Möglichkeit transzendent realer Gegenständlichkeiten und realer Welten noch anders gegeben. Nicht nur diese Möglichkeiten als Ideen haben wir gewonnen, sondern wir haben sie als Glieder einer Ideenkorrelation gewonnen. Nämlich jede solche mögliche Realität als Idee ergibt sich als Korrelat einer gewissen ihr entsprechenden, zum egologischen Bereich gehörigen Idee.

Dies einzusehen vollziehen wir folgende leichte Überlegung: Wenn wir eine reale Möglichkeit in konsequent fortschreitender einstimmiger Fiktion konstruieren, erzeugen wir das betreffende reale Objekt im Modus des Als-ob, und zwar als identische intentionale Einheit einer fortschreitenden Synthese möglicher Erfahrungen von ihm. Wir wissen ja, ein Ding fingieren ist es von den oder jenen Seiten, in den oder jenen Orientierungen, in wechselnden Aspekten, in Gestaltperspektiven, Farbenperspektiven usw. fingieren. Im Fingieren erzeugen sich also Quasi-Wahrnehmungen als Quasi-Erlebnisse in quasi-synthetischen Zusammenhängen; sie haben ihren quasi-intentionalen Gegenstand, der sich als so und so erscheinend, als Identisches solcher Gegebenheitweisen quasi-konstituiert. Mit anderen Worten, das fingierte Reale wird erzeugt als fingierter intentionaler Gegenstand seiner möglichen Erfahrungen, und als einstimmig identisch sich bewährender in der fortlaufenden Synthese dieser Erfahrungen, dieser möglichen Erlebnisse. Wir können im Fingieren Reflexion üben, wir können den Blick von dem fingierten Gegenstand zurückwenden auf diese Erfahrungskontinuen, auf diese selbst im Modus der Fiktion, des Als-ob dabei verlaufenden Quasi-Erfahrungen. Was wir in dieser reflektiven Blickrichtung finden, sind unendliche, systematisch zusammenhängende Prozesse möglicher Erlebnisse.

Halten wir uns an den uns vorgeschriebenen Rahmen der Apodiktizität, vollzieht jeder von uns die Reflexion also als Ego, so ist zu sagen: Ich, das reine Ego, überschaue reflektierend meine eigenen in der systematischen Erzeugung ablaufenden Erlebnismöglichkeiten, nämlich die möglichen Erfahrungen, die ich mir, im Willen auf Durchhaltung einstimmiger Identität des darin quasi-erfahrenen intentionalen Gegenstandes, konstruierend verschaffe. Jedes zu diesem fingierenden Zusammenhang gehörige Einzelerlebnis ist als wirkliches Erlebnis meines Ego ein Erlebnis des jetzigen Phantasierens, worin das Phantasierte ein Erfahren von dem Realen, etwa von dem Zentauren ist. Und dieser ist darin Quasi-Erfahrenes in der und der Gegebenheitsweise. Er ist, können ⟨wir⟩ also auch sagen, in diesem Quasi-Erfahren enthalten als sein intentionaler Gegenstand und als solcher mitgehörig zum fingierten Erfahren, wie eben sonst intentionaler Gegenstand mitgehörig ist zu einem ursprünglich gebenden Bewusstsein als Bewusstsein von ihm. Das gilt für jedes einzelne Quasi-Erfahren und gilt für jede zu wirklich einheitlicher Konstruktion schon gekommene fingierte Synthesis von Erfahrungen. Als Synthesis birgt sie intentional in sich den einen durch den Wechsel dieser Erfahrungen und durch die wechselnde Mannigfaltigkeit der Gegebenheitsweisen hindurchgehenden identischen Gegenstand, und diesen Gegenstand ausgestattet mit den einheitlich sich durchhaltenden Merkmalen.

Aber jede solche endliche Synthese von möglichen Erfahrungen konstituiert den Gegenstand doch nur unvollkommen, d. i. mit offenen Horizonten. Die mögliche Synthese kann beliebig weiter geführt werden, in fingierender Erfüllung der fingierten Horizonte immer neue Merkmale quasi-enthüllend. Dass immer neue Horizonte mitfingiert werden, das fordert die von vornherein durch die Ausgangserfahrung, sagen wir die Zentaurerfahrung, angelegte Sinnes- und Erfahrungsstruktur. Immerfort bleibt es aber bestehen, dass der fingierte Zentaur oder, was äquivalent ist, der soweit konstruierte mögliche Zentaur intentionaler Gegenstand des bis dahin geführten synthetischen Prozesses ist und Identitätseinheit seiner Erscheinungen; es bleibt dabei, dass er als das in demselben Sinn in die bloß immanente Sphäre gehörig ist, wie Bewusstes untrennbar zum Bewusstsein als Bewusstsein-von gehörig ist. Das geht *in infinitum* fort. Es gibt da kein Letztes. Und gäbe es ein solches, so wäre der dann in adäquater Abgeschlossenheit fertig konstruierte und abgeschlossen bestimmte Gegenstand auch wieder intentionale Einheit eines synthetischen Erfahrungsprozesses einstimmiger Erfüllung und von ihm untrennbar.

Wenn es nun auch kein Ende geben kann, so ist nun doch die Unendlichkeit selbst, die der Allheit möglicher Erfahrung, apodiktisch gegeben, wie eben eine Unendlichkeit als solche gegeben ist; sie ist als unendliche Idee einer konstruktiven Einstimmigkeit gegeben. Andererseits, diese apodiktisch gegebene Idee der Unendlichkeit ist die Idee einer Unendlichkeit einstimmig synthetisch zusammenhängender möglicher Erfahrungen. Sie birgt also in sich als korrelative Möglichkeit, und als apodiktisch mitgegebene, die ihres intentionalen Gegenstandes, des in durchgängiger Bestätigung in ihr liegenden, immerfort identischen intentionalen Gegenstandes, der also wieder von ihr unabtrennbar, von der hier unendlichen Synthese, gegeben ist. Dieser ist jetzt der mögliche reale Gegenstand in seiner vollständigen Wahrheit, aber eben wieder als unendliche Idee, als Korrelatidee.

Ergebnis: Wir sehen also, ein realer transzendenter Gegenstand ist in Form einer unendlichen apodiktischen Konstruktion denkbar, aber **nur** denkbar als **Korrelatidee** der Idee eines unendlichen und bloß als Unendlichkeit abgeschlossenen Systems möglicher Erfahrungen von ihm. Die Möglichkeit eines Realen ist untrennbar von der Möglichkeit des idealen Systems möglicher Erfahrungen von ihm; beide Möglichkeiten sind als Korrelate voneinander untrennbar. Hierbei ist auch zu bedenken, dass nach den Ergebnissen der letzten Vorlesung die beiden korrelativen Ideen selbst wieder Ideen von Ideen sind, da jedes mögliche einzelne Erlebnis, die mögliche einzelne Erfahrung schon eine Idee ist und korrelativ dann auch der mögliche erfahrene Gegenstand im Wie seiner Gegebenheit.[1]

⟨b) Das An-sich-Sein der Phantasiegegenstände als
Möglichkeit des Wieder-darauf-Zurückkommens
durch das Phantasie-Ich⟩

Aber wie ist es, wenn hier nun zugefügt würde: Ich kann mir ein Reales nicht nur fortschreitend fingieren und darin konstruktiv zur fortschreitenden Quasi-Selbstgegebenheit bringen, als wie es nach allen seinen Merkmalen ist. Ich kann mir doch auch fingieren, dass es **an sich selbst** sei, d. i. dass es sei, ob ich oder irgend jemand sonst, der als erfahrendes Subjekt-als-ob fingiere, es

---

[1] Wie weiß der Erfahrende von dem Gegenstand als Idee, dem wahren Gegenstand, wie er voll und ganz und selbst ist, den er fortlaufend bestimmt? Natürlich erfährt er den Gegenstand, und fortlaufend in einstimmiger Erfahrung. Wenn sie eben faktisch einstimmig verbleibt, hat er das Bewusstsein der leibhaften Gegebenheit desselben. Aber wie gewinnt er das Wissen, dass der Gegenstand „an sich" unendlicher Erfahrungsprozesse bedürfte, um als volle Wirklichkeit gegeben sein zu können, und dass er ideales Korrelat dieser Unendlichkeit ist? Der naiv Erfahrende weiß das natürlich nicht und weiß, dass ⟨er⟩ noch nicht am Ende ist, nur dadurch, dass ein unerschlossener intentionaler Horizont ihm empfindlich wird und er das Bedürfnis hat, den Gegenstand, das Identische bisheriger Erfahrung in dieser Richtung weiter zu enthüllen. Praktisch ist er zufrieden, wenn er soweit gekommen ist, dass er eine so weitgehende Erfüllungseinheit oder, wie er es nennen wird, eine so weitgehende Erfahrungskenntnis von dem Gegenstand gewonnen hat, als er es für seine praktische Einstellung braucht. Zum Beispiel beim Kennenlernen eines zu kaufenden Hauses oder eines zu genießenden Apfels usw. Erst wenn der Erkennende gleichsam den Erfahrungsgegenstand befragt, wie er noch, und nach jeder erdenklichen Hinsicht, erfahrbar werden könnte, welche unenthüllten Horizonte noch nach enthüllender Erfüllung verlangen könnten, erwächst ihm die Idee und die Erkenntnis, dass der Gegenstand an sich selbst ideales Korrelat der Unendlichkeit möglicher und durch den schon begründeten Erfahrungssinn, durch Horizonte vorgezeichneter Erfahrungen ist.

wirklich erfährt oder nicht. Und gehört dann nicht dieses An-sich mit, und untrennbar mit zum Sinn eines solchen Gegenstandes, den wir als realen meinen?

Die Antwort lautet: In der beschriebenen Korrelation haben wir immerfort Quasi-Erfahren und quasi-erfahrenes Reales. Aber das Quasi-Erfahren führt unabtrennbar ein quasi-erfahrendes Ich-Subjekt mit sich. Ich, der ich jetzt hier spreche, bin nicht das Subjekt, das den quasi-erfahrenen Zentauren sieht, hört usw. Ich sehe und höre anderes. Aber den Zentauren fingierend lebe ich doch gewissermaßen auch in der Phantasiewelt. Nicht als wirkliches Ich bin ich in ihr wahrnehmendes, sondern eine Phantasieabwandlung meines Ich ist Subjekt des Phantasiewahrnehmens, es ist, als ob ich wahrnähme, aber auch das Ich ist Ich-als-ob, da ich ja die ganze Wirklichkeit außer Spiel gesetzt habe. Und nun ist Folgendes klar: „Ich fingiere mir den Zentauren, ich fingiere mir die Phantasielandschaft usw. als seiend, ob sie erfahren sei oder nicht" besagt soviel wie: diese Realitäten, die ich jetzt fingierend quasi-erfahre, könnte ich natürlich auch quasi-nichterfahren, nämlich ich könnte von dem Zentauren weggehen, ich könnte mein Quasi-Wahrnehmen so abwandeln, dass diese Realitäten nicht mehr erfahren wären.

Und was heißt dann, er wäre noch, nur unerfahren? Offenbar soviel: Ich, das Phantasie-Ich des möglichen Erfahrens, könnte mein Quasi-Erfahren, das nunmehr andere intentionale Gegenständlichkeiten hat, jederzeit wieder so einstimmig abwandeln, dass ich, zurückkehrend zu einem Erfahren des Inhalts Zentaur, erkennen könnte und müsste, dass dieser intentionale Gegenstand Zentaur derselbe Zentaur sei, numerisch identisch derselbe, wie derjenige, der vorher erfahren, aber in der Zwischenzeit nicht erfahren war. Das weist darauf hin, dass das mögliche Erfahrungssystem, das die Möglichkeit des Zentauren, nach allen seinen Merkmalen konstituiert, seinerseits in umfassendere Systeme möglicher Erfahrungen hineingehört, in denen andere reale Gegenstände zu ausweisender Erfahrung kommen könnten, und dass zu diesem umfassenden System von Systemen eine vorgezeichnete Struktur gehört. Das würde besagen: Die Ausgestaltung einer beliebigen Fiktion von Realem fordert, gemäß dem eingelegten Sinn, auch ein Hineingehen in Außenhorizonte, die auf andere solche

Gegenstände führen, und schließlich vielleicht zu einer unendlichen Dingwelt von einer gewissen, auf wechselseitige reale Relationen angelegten Sinnesstruktur.

Wie man dem nachgehen und dergleichen wissenschaftlich studieren kann, das werden wir noch verstehen lernen. Hier genügt es zu sehen, dass das Reale nicht aufhört, bloße Korrelatidee eines idealen und konstruierbaren Systems möglicher Erfahrungen eines möglichen Ich zu sein; nicht aufhört dadurch, dass dieses Ich nicht immer als erfahrendes gedacht sein muss, und zwar als das gerade dieses Reale immerfort erfahrende. Genug, dass es dessen gewiss werden kann, dass es einen Erfahrungsgegenstand durch Pausen der Unerfahrenheit hindurch immer wieder erfahren konnte und dass es konstruieren kann, wie dieser Gegenstand in der Zwischenzeit aussehen müsste, wenn er gesehen worden wäre.

⟨c)⟩ Wiederholung und Fortführung: ⟨Die notwendige Korrelation von Phantasieobjekt und Phantasiesubjekt und die durch das kinästhetische „Ich kann" vorgezeichneten Möglichkeiten⟩

Wir haben in der letzten Vorlesung festgestellt: Gehen wir von einer beliebigen Fiktion eines Realen aus als einer Erfahrung desselben im Als-ob oder, was dasselbe, einer möglichen Erfahrung, so ist damit die Möglichkeit dieses Realen selbstgegeben; dass es möglicherweise sei und so sei, das ist evident. Aber diese Evidenz ist eine vorbehaltliche, unvollkommene. Die Quasi-Erfahrung des Realen ist ja mit unerfüllten Horizonten ausgestattet, sie ist nur Quasi-Evidenz vom Dasein und Sosein des realen Objekts. Indessen, die Evidenz der Möglichkeit kann das fingierende Ego ausgestalten in der Form der Fiktion einer fortgehenden erfahrenden Ausweisung des Objekts, d. i. in der Fiktion fortgehender Synthesen von möglichen Erfahrungen, die einstimmig zusammenhängend es als dasselbe Reale und wahrhaft Seiende quasi zu Erkenntnis bringen, als dasselbe, sich von immer neuen Seiten, nach immer neuen Merkmalen enthüllende. Die Evidenz der Möglichkeit erweitert sich in der Fiktion der Selbstbestätigung und bestätigt sich damit selbst als Evidenz der Möglichkeit. Schließlich gewinnen wir eine apodiktische Evidenz des Bestands der Möglichkeit dieses Realen überhaupt, trotz der Vieldeutigkeit der Ausgestaltung, vermöge der Evidenz der Idee, nämlich der Evidenz, jedem beliebigen der offenen Horizonte und den darin angezeigten Erfüllungsrichtungen nachgehen und über das unendliche System aller möglichen Erfahrungen, die zu dem schon quasi-erfahrenen Objekte einstimmig gehören würden, verfügen zu können. Welche Richtung auch immer wir einschlagen, wir können sie einstimmig fortfingieren, uns das oder ein entsprechendes System quasi-bestätigender Erfahrungen konstruieren. Wir können die Idee eines möglicherweise seienden Objektes konkret in seiner endlosen Inhaltsfülle von der ersten einseitigen Möglichkeit her *in infinitum* konstruieren, wenn auch auf viele Weisen. Jede Weise, die wir wählen und in jedem Schritt fingierend gestalten, liefert eine Weise, sich das Quasi-Seiende als möglicherweise Seiendes auszudenken, und immer eine Weise, es apodiktisch zu tun.

Dabei ergibt sich in all dieser Beliebigkeit unwillkürlich doch auch Notwendigkeit. Ich, das fingierende Ego, habe das sich enthüllende, in neuen und neuen Merkmalen quasi-erfahrene Objekt immerfort als intentionales Objekt, und zwar als selbstgegebenes und selbstbestätigtes eben seiner selbstgebenden Erfahrungen. Diese Erfahrungen sind die des mitfingierten Ich und nicht des wirklichen Ich. Wir, oder besser dieses aktuell fingierende Ego, können das Objekt wie immer wandeln, das mitfingierte Erfahren und erfahrende Ich können wir nicht loswerden, es wandelt sich nur korrelativ. Dieses „Ich kann nicht" ist ebenso evident wie das „Ich kann", das überhaupt im freien Fingieren liegt. Die Evidenz dieses „Ich kann nicht" ist die Evidenz der Notwendigkeit, und sie ist apodiktisch. So ist das mögliche Objekt untrennbar gegeben vom möglichen Subjekt der möglichen Erfahrungen v o m Objekt, und es ist n o t w e n d i g gegeben als intentionale Einheit, und zwar als sich selbstgebende und selbstbestätigende Einheit dieser möglichen subjektiven Erfahrungen. Das quasi-erfahrende Ich kann in andere Erfahrungen anderer Objekte übergehen, und so, dass das ursprünglich quasi-erfahrene Objekt nun nicht mehr quasi-erfahrenes Objekt bleibt. Aber es ist doch a n   s i c h, das sagt, das fingierte Subjekt, das in der Phantasie zu den möglichen, den fingierten Erfahrungen gehört, kann jederzeit wieder zu dem Objekt zurückkehren, es kann in kontinuierlich einstimmigen Erfahrungen, in denen sich die anderen Objekte durchhalten, schließlich zu

Erfahrungen kommen, die es als Erfahrungen des vordem schon erfahrenen und inzwischen aber zeitweise nicht erfahrenen Objekte⟨s⟩ identifizieren, und kann immer wieder das Objekt verlieren und wieder erfahrend zu ihm zurückkehren im freien Ins-Spiel-Setzen seiner wahrnehmenden Tätigkeiten.

Es ist auch möglich, dass es Objekte fingierend ansetzt, die überhaupt noch nicht erfahren waren; dann sagt das wieder, dass es die offenen Horizonte als erfahrene fingierter Objekte so fingiert, dass es in der Eröffnung dieser Horizonte durch Erfahrungskontinuen zu diesen Objekten erfahrend kommen müsste. Also diese möglichen Objekte müssten in einem möglichen System von Objekten stehen, und einem Gesamtsystem zugehöriger möglicher Erfahrungen stehen derart, dass von jeder Erfahrung einstimmige Erfahrungswege zu jeder anderen Erfahrung, von jedem Objekt zu jedem ⟨anderen⟩ vorgezeichnet wären. Wieder ist das betreffende Objekt gedacht als identisches und sich als identisch ausweisendes intentionales Objekt, und zwar teils der schon als quasi-wirklich vollzogenen Erfahrungen des quasi-erfahrenden Ich gedacht, teils seiner möglichen Erfahrungen; und dieses „möglich" sagt, dass dieses Ich gedacht ist mit dem für es evidenten Können, mit dem Vermögen, durch intentionale Horizonte Wege einstimmiger Erfahrung vorgezeichnet zu haben, auf denen es zu dem Objekte im Bewusstsein kommen würde, dass es jetzt nur zufällig erfahren sei, und jederzeit früher hätte erfahren sein können. So bleibt es dabei, dass das Objekt nur denkbar ist als intentionales Objekt, untrennbar von einem mitgedachten wirklichen Subjekt als Subjekt wirklicher und möglicher Erfahrungen.

Es ist dabei immer im Auge zu behalten, dass das notwendig mitgedachte Subjekt möglicher Erfahrungen stets notwendig gedacht ist als in Freiheit Wahrnehmungstätigkeiten vollziehen könnend, als Subjekt frei durchlaufbarer Kinästhesen, und dass die Erscheinungen vom Realen, die es im Ablauf hat, in Abhängigkeitsbeziehungen der Motivation stehen, also dass sie im Bewusstsein verlaufen, das in Urteilsexplikation so sich aussprechen würde: Wenn ich die Augen so bewege, müssen solche Dingerscheinungen ablaufen, wenn ich sie so und anders bewege, dann die und die anderen in bestimmter Zugehörigkeit. Dazu kommen andere Abhängigkeiten, welche im System möglicher Erfahrung als es verflechtende und seine Struktur bestimmende von dem Erfahrenden beachtet werden können und für uns beachtet werden müssen: Das Reale ist in kausalen Eigenschaften, z. B. physikalischen, gedacht, sie gehören zu seinem Sinn, sie weisen auf mögliche umgebende Dinge hin und kausale Abhängigkeiten von ihnen. Für die möglichen Erfahrungen besagt das aber eine gewisse Bindung mit dem erfahrungsmäßigen Sinn, der sich so ausspricht: Wenn oder weil dieses Erfahren eintritt, so muss jenes Neue eintreten. Und wieder ist nicht zu vergessen: ⟨Bindung⟩ an die inhaltlichen Abwandlungen aller kinästhetisch motivierten Erscheinungsverläufe, an die Abwandlungen der verlaufenden Empfindungsdaten, Aspekte usw., die unter dem Titel stehen „normales oder abnormales Funktionieren der Sinnesorgane". Das alles liefert Erträge für die Horizonte eines beliebig fingierten Realen und liefert somit für die Konstruktion desselben als reine und apodiktische Möglichkeit eigene Erfahrungsreihen. Es sind Erfahrungsreihen, die ihre Vorzeichnung haben, wie sehr es andererseits notwendig ist, dass diese Vorzeichnung jeweils ihre offene Unbestimmtheit hat, die der Fingierende willkürlich näher bestimmen kann, die er mit zufällig passenden Fiktionen ausfüllen kann. Er fingiert damit, dass das fingierte Subjekt im Faktum seiner Erfahrung „ohne sein Zutun", Erfahrungsgehalte empfängt, die es eben als Faktum hinnehmen muss.

⟨d) An-sich-Sein des Objekts und Intersubjektivität. Wirkliche und fingierte Intersubjektivität⟩

Endlich ist noch auf eines Rücksicht zu nehmen, auf eine Seite, eine neue Seite des Sinnes der Objektivität des An-sich-Seins, die wir noch nicht berührt haben. Nämlich jedes denkbare Reale ist nicht nur denkbar und muss nicht nur gedacht werden als an-und-für-sich-seiend, und zwar gleichgültig, ob es von demjenigen Subjekt wirklich erfahren würde, das wir notwendig mitdenken mussten als sein erfahrendes. Das Objekt ist auch an sich oder an und für sich, gleichgültig, ob es von irgendeinem Anderen erfahren wird oder nicht. Objektivität besagt auch Intersubjektivität.

Aber wie ist das in unserem Rahmen zu klären? Inwiefern gehört zur apodiktischen Möglichkeit des Seins eines beliebigen Realen nicht nur Korrelation mit einem System möglicher Erfahrungen, bezogen auf das eine notwendig mitfingierte erfahrende Subjekt, sondern auch mit Erfahrungssystemen anderer Subjekte? Wiefern gehören andere Subjekte als mitfingierte Möglichkeiten überhaupt hierher, müssen sie notwendig mitfingiert werden, sind sie also zu der Möglichkeit des einen Subjekts und seines realen Objekts notwendig mitgehörige Gegensubjekte? Das letztere werden wir wohl nicht so ohne weiteres behaupten dürfen. Aber jedenfalls ist es klar, dass wir zu dem Phantasie-Ich, das wir als erfahrendes Subjekt unseres Realen notwendig mitfingieren mussten, noch andere Subjekte mitfingieren k ö n n e n. Und klar ist es auch, in welcher Form dies notwendig geschehen muss.

Halten wir das Reale fest als quasi-erfahrenes Ding in kausaler Beziehung zu anderen Dingen, ⟨das⟩ mit ihnen in einem Zeitzusammenhang, also zugleich sei, und setzen wir nun noch dazu, als weitere Möglichkeiten, Subjekte im Zusammen, so müssen wir diese Subjekte, da sie hier als fingierte, d. i. quasi-erfahrene auftreten, als sämtlich von einem Ich erfahrene fingieren, somit als Erfahrungsobjekte dieses Ich. Fingieren wir sie als z u s a m m e n - seiend mit unserem realen und seinen Begleitern, so müssen wir diese Subjekte notwendig als Objekte d e s s e l b e n mitfingierten Ich denken, das erfahrendes des realen ist. Zur Einheit des fingierten Zusammen von Objekten, von Dingen und Subjekten, gehört ein einziges sie alle erfahrendes Ich. Darin liegt aber, dass dieses notwendige Subjekt des Erfahrens die anderen Ich durch Einfühlung und in der Form der *alteri* erfährt, dazu, dass es sie als leiblich sich „ausdrückende" erfährt, ihre Leiber als Systeme von Sinnesorganen, über welche diese Subjekte kinästhetische Willkür haben, Wahrnehmungstätigkeiten übend, weiter, dass diese Leiber ihnen erscheinen in ausgezeichnete⟨r⟩ Erscheinungsweise, als Nullpunkt aller Orientierungen, weiter, dass sie in eine reale Umwelt hinein wahrnehmen und endlich, dass diese ihnen vom erfahrenden Ich eingefühlte reale Umwelt (eine reale Umwelt, auf die sie sich in eingefühlten Erfahrungen beziehen) dieselbe sei wie diejenige, die das erfahrende Ich wirklich und direkt erfährt. Ich, das fingierende Ego, fühle mich durch das fingierte Ego in die diesem objektiv gegenüberstehenden Alterego ein, und tue ich es, so fingiere ich jedes von ihnen selbst durch das Medium fingierter Einfühlung hindurch als Ego, aber so, dass für dasselbe das ursprüngliche Ego in der Form von *alter* gegeben ist, und so wechselseitig für alle diese Ich. Jedes kann dann als ursprüngliches Ego fungieren für alle Realitäten, für die Welt, die für es Dasein, und wirklich zu bestätigendes Dasein hätte. Aber zugleich hat jedes Erfahrungssystem, das konstitutiv ist für seine Welt, zu der die anderen als *alteri* gehören, zu dem Erfahrungssystem, das jeder andere als konstitutives seiner Welt bilden kann, eine notwendige Beziehung. Durch Einfühlung kann sich jeder in jeden versetzen und erkennen, dass sein Erfahrungssystem dasselbe erfährt, was das andere. Jeder kann sich auch mit jedem verständigen und jeder die Erfahrungen des anderen mittelbar erfahren als Bestätigungen seiner eigenen Erfahrungen, eventuell aber auch als Berichtigungen. So ist jedes Reale für ein Ich Reales für jedes andere, und was an und für sich ist gegenüber der zufälligen Erfahrung eines Ich, ist zufällig gegenüber derjenigen eines jeden anderen Ich.

Aber *notabene*: Es gehört zum Sinn der Intersubjektivität, dass hier ein Ichall vorliegt, das ursprünglich für ein Ich und dann in Konsequenz für jedes Ich objektiv erfahren ist als eine Vielheit von Menschen, die für dieses jeweilige Ego *alteri* sind. Und alles, was für ein solches Ich real ist, ist es auch für jedes andere Ich. Alle haben konstituiert dieselbe Welt mit denselben Dingen und denselben Ich-Subjekten. Wenn schon auch Ich-Subjekte, Tiere und Menschen an sich sind gegenüber aktueller Erfahrung, und in dem selben Sinn, zunächst der Dinge, so unterscheiden sie sich von Dingrealien darin, dass jedes als Ego für sich selbst ist, zugleich Subjekt und Objekt für sich selbst, seiner selbst, seines Lebens apodiktisch gewiss ist.

Das alles ist aus reiner Möglichkeit oder Denkbarkeit hier gesprochen bzw. es drückt aus, was notwendig zur einstimmigen Phantasie gehört. Mit all dem ergibt sich der Sinn des An-und-für-sich-Seins eines realen Seins gegenüber dem aktuellen Erfahrensein von Seiten irgendeines Subjekts. Man kann wohl sagen, ein Reales ist denkbar in einer Weise, die es an kein bestimmtes Subjekt und seine wirklichen und für es faktisch – unter seinen faktischen empirischen Fähigkeiten – möglichen Erfahrungen bindet. Aber so kann man nur sprechen, wenn man doch eine unbestimmte Vielheit von Ich-Subjekten als schon existierende voraussetzt, und die man voraussetzt als auf dieses Reale bezogen, also mit real möglichen Wahrnehmungstätigkeiten und mit möglichen Erscheinungssystemen, mit möglichen Erfahrungen, die auf dieses Reale bezogen sind und dann auch auf einander in den Formen *ego – alter* bezogen sind. Wäre die Vernichtung irgendeines Ego denkbar, so würde das Reale in seiner Koexistenz, also in seiner Bewährbarkeit ungestört sein durch Herausstreichung dieses Ego. Aber streichen wir alle Subjekte aus und streichen wir sie also aus ihrer realen Beziehung zum Realen, fielen damit alle Systeme möglicher Erfahrung weg, so fiele auch das Reale selbst weg. Wohl zu beachten ist dabei, dass die Möglichkeit der Erfahrung, die zum gedachten Ich gehört, gedacht als Subjekt der Erfahrung des Realen, eine gedachte reale Möglichkeit ist, im Gegensatz zu derjenigen Möglichkeit, die das Erdenken der Phantasie schafft und die eben eine reine Phantasiemöglichkeit ist. Konstruieren wir uns die reine Möglichkeit eines Realen, so ist das eine Phantasiemöglichkeit. Aber zu ihrem phantasierten, also möglichen Gehalt gehören konstitutiv reale Möglichkeiten.

Es ist nun klar, dass sich die fundamentale Erkenntnis in jeder Erweiterung bestätigt hat und bestätigen musste, die Erkenntnis nämlich, dass jedes erdenkliche Reale, das nicht selbst ein Subjekt ist, nur ist als intentionales Objekt von ausgezeichneter Art, nämlich als ein im intentionalen Bereich eines Ich oder einer kommunikativen Ichallheit liegendes und für jedes Ich in einem System einstimmiger Erfahrung durchgängig und vollständig erfahrbares. Transzendental reduziert führt jede erdenkliche reale Welt auf ihr transzendentales Ichall. Aber die ausgeschaltete Welt ist nicht verloren, sondern liegt in ihrer ganzen Realität im Ichall als intentionales Korrelat, und anderes Sein für sie ist überhaupt nicht denkbar.

⟨§ 39. Die wirkliche Welt als Verwirklichung der apodiktisch ausgebauten rein möglichen⟩

Was wir ausgeführt haben, ist keineswegs schon eine in notwendiger Vollständigkeit durchgeführte Theorie des sogenannten transzendentalen Idealismus, aber es ist für sie schon der Grundpfeiler gelegt im Bereich der reinen oder, wie wir mit Grund später sagen werden, apriorischen Möglichkeiten. Werfen wir, noch in derselben Richtung bleibend, noch einen Blick auf die wirkliche Erfahrung von Realem oder, genauer gesprochen, auf die wirkliche Erfahrung, in der mir, dem aktuellen Ego, wirkliche Dinge einer wirklichen Welt gegeben sind.

Jede Wirklichkeit verwirklicht eine reine Möglichkeit und birgt eine solche in sich, nämlich insofern als jede wirkliche Erfahrung mit ihrem als wirklich Erfahrenen sich jederzeit gleichsam in die Phantasie übertragen lässt oder, was auf dasselbe hinauskommt, sich von aller Mitsetzung von Seiten meines Ich befreien lässt. Dann habe ich also statt der wirklichen Erfahrung eine mögliche Erfahrung. Stelle ich mich dann aber, wieder mitsetzend, auf den Boden der wirklichen Erfahrung, so tritt sie mit der möglichen Erfahrung in eine Synthese der Deckung, und nach ihrem ganzen Gehalt. Nach diesem Ganzen gibt sie sich dann als Verwirklichung der möglichen Erfahrung. Gehen wir von der möglichen fingierend weiter und konstruieren wir uns, in synthetischer Einstimmigkeit fortschreitend, das System möglicher Erfahrung von demselben Erfahrungsobjekt bzw. derselben Erfahrungswelt, das mögliche Erfahrungssystem, in dem sich diese Realität der Idee nach vollständig und zugleich als sich konsequent rechtfertigende wahre Wirklichkeit konstituiert. Nehmen wir dann wieder die natürliche Einstellung. Stellen wir uns wieder auf den Boden der wirklichen Erfahrung, in der uns die in ihr erfahrene Realität und Welt als wirkliche gilt, dann ist diese wirkliche Welt als Verwirklichung der apodiktisch ausgebauten rein möglichen Welt gegeben.[1]

Offenbar können wir auch so verfahren, dass wir zunächst auf dem Boden der jetzigen aktuellen Erfahrung verbleiben, z. B. der Erfahrung, in der wir in natürlicher Weise die von uns jetzt wahrgenommenen Realitäten dieses Saales etc. hinnehmen, und uns nun mit Hilfe der gestaltenden Phantasie ausdenken, wie diese reale Wirklichkeit, deren Existenz uns fortgilt, beschaffen sein möge nach all dem, was wir von ihr noch nicht erfahren haben. So

---

[1] Vgl. Beilage XI: *Zur universalen Kritik der reduzierten Erfahrung (der transzendentalen)* (S. 397). – Anm. des Hrsg.

tuend malen wir uns korrelativ das System möglicher weiterer Erfahrungen von dieser Realität aus. Natürlich haben wir jetzt keine reine Phantasie und keine reinen Erfahrungsmöglichkeiten und möglichen Eigenschaften des Realen. Wir malen uns ja nur weiter aus, was nach einer Seite schon wirklich erfahren war und was nach den anderen Seiten uns in wirklicher Antizipation als wirklich seiend gilt. Durch alles Fortgestalten geht der fortgesetzte vormeinende Erfahrungsglaube, nur dass er seinem Inhalt nach unvollkommen bestimmt und zudem hypothetisch ist; an mancherlei Wenn hängt er: wenn ich Wahrnehmungstätigkeiten ins Spiel setzen, die Augen bewegen, fortgehen, experimentierend eingreifen würde, so und so, dann … usw. Die Phantasie schafft hier, die Horizonte in einiger Freiheit ausfüllend, reale Möglichkeiten, durch aktuellen Glauben fundiert und in Glaubensmodalitäten fortschreitend.

Dieses gesamte System von solchen Erfahrungsmöglichkeiten, wieder ausgestaltet zu einer Idee der Allheit möglicher Erfahrungen dieses aktuelle⟨n⟩ Erfahren⟨s⟩, lässt sich nun wieder in Übersetzung aller aktuellen Glaubenssetzung in Quasi-Setzung, in ein System reiner Erfahrungsmöglichkeiten, umdenken, bezogen auf eine rein mögliche Realität. Natürlich ist dann dieses reine System in genauer Deckung mit dem System, das zur wirklich erfahrenen und als wirklich hingenommenen Realität gehört: mit dem System ihrer real möglichen Erfahrungen.

Wir sehen also hier auch zwei Ideen bzw. zwei Ideenkorrelationen sich sondernd, die zueinander stehen wie reine Möglichkeit als Möglichkeit aus reiner Phantasie und Wirklichkeit bzw. Verwirklichung dieser reinen Möglichkeit. Wir haben auf der einen Seite eine wirkliche Erfahrung, die einen wirklichen Gegenstand setzt. Durch Erfahrungshorizont und durch Antizipation ist darin beschlossen ein System real möglicher Erfahrungen von diesem Gegenstand und er selbst als Korrelatidee, als vollbestimmter, nach allen seinen Merkmalen und in durchgängiger Bestätigung sich ausweisender Gegenstand selbst. Die das System konstituierenden realen Möglichkeiten sind hier wirklich reale Möglichkeiten, und das System selbst, das System dieser realen Erfahrungsmöglichkeiten, hat seine Wirklichkeit als ideale Modalität, und in diesem Sinne ist der reale Gegenstand, obschon beständige Antizipation, doch wirkliches intentionales Korrelat des wirklichen Systems.

Auf der anderen Seite haben wir eine Phantasieerfahrung, also eine Erfahrung im Als-ob, die ihren Gegenstand als Phantasiegegenstand, als Gegenstand, als ob er wirklich wäre, bewusst hat. Die Antizipation, die zu der Phantasieerfahrung gehört, ist Antizipation-als-ob und das entsprechende ideelle System möglicher Erfahrungen ein System real möglicher Erfahrungen im Als-ob; die realen Möglichkeiten ⟨sind⟩ fingierte reale Möglichkeiten. Korrelativ ist die Idee des vollbestimmten Realen selbst charakterisiert durch das Als-ob; es ist intentionales Korrelat des im Als-ob konstruierbaren Systems real möglicher Erfahrungen und als das intentionales Korrelat-als-ob.

Es ist danach auch klar, dass der rein mögliche Gegenstand selbst in seiner vollen Selbstheit als reine Idee einerseits zwar in einer wirklichen Idee gegeben ist, insofern ich als das wirkliche Ich in meinen Phantasiekonstruktionen diesen möglichen Gegenstand als reine Phantasie, als wirklich seiende Möglichkeit herausstelle. Andererseits ist sie aber Möglichkeit eines fingierten Realen, also einer fingierten Idee. Zum Beispiel: Der fingierte Baum ist quasi-intentionaler Gegenstand fingierter Erfahrungen und in seiner vollen Selbstheit Korrelat eines fingierten Systems wirklicher und real möglicher Erfahrungen und als das eine Idee, aber eine fingierte Idee. Demgegenüber erfasse ich als das wirkliche Subjekt des Fingierens, etwa aus der Traumverlorenheit in die Einstellung wirklicher Setzung übergehend, hier die Möglichkeit dieses Baumes als eine wirklich seiende reine Möglichkeit und als eine unendliche Idee aus wirklichen Fiktionen. Jede reine Möglichkeit von einem Realen ist also in der Tat selbst eine wirkliche Idee und birgt in sich die Fiktion von einer Idee.

Während der im Fingieren konstituierte Gegenstand, der mögliche, eine fingierte Idee ist, ist der in Prozessen wirklicher Erfahrung sich immer vollkommener herausstellende Gegenstand fortschreitende Verwirklichung einer wirklichen Idee; die erfassende Herausstellung ist immerfort wirkliche Herausstellung eines wirklich Vorgezeichneten und letztlich einer Idee, die nicht bloß gilt als ein willkürlich Fingierbares einstimmiger Fiktionen, sondern gilt als durch die wirkliche Erfahrung vorgezeichnet. Wirkliche

Erfahrung weist vor auf neue Erfahrung, sie weist wirklich vor, in wirklichen Erwartungen, und diese erfüllen sich in fortgehender Erfahrung wirklich, oder sie werden wirklich aufgehoben als wirklich nichtig, und so in jedem Schritte. Die Einstimmigkeit erhält sich *de facto*, oder sie erhält sich faktisch nicht. Insofern besteht keine Willkür. Dabei ist doch der wirkliche Gegenstand selbst, der Gegenstand, wie er selbst und in letzter Wahrheit ist, immerfort und in jeder Erfahrungsphase eine vom Erfahrenden frei zu konstruierende Idee. Er ist ein Gebilde der Phantasie, nur nicht der reinen, in völliger Ungebundenheit konstruierenden Phantasie. Die wirkliche Erfahrung, und jede neue sich anpassende wirkliche Erfahrung im besonderen, schafft den bindenden und immer neu bindenden Rahmen, an den die Konstruktion sich halten muss. Die wirklichen Vorerwartungen zeichnen wirklich vor, nur dass diese Vorzeichnung keine eindeutige ist, und wenn die neue Erfahrung aus den vielen darin beschlossenen Möglichkeiten eine verwirklicht, so zeichnet sie doch wieder vor.

Es ist also nicht so wie in der völlig freien Phantasie, wo auch die Horizonte fingierte sind und die Bindung nur in der allgemeinen Sinnesform für solche Horizonte überhaupt besteht. Insofern ist also die zu konstruierende Idee des wahren Selbst, des jeweils gesehenen Dinges bei aller unendlichen Vieldeutigkeit doch eine individuelle und wirkliche Idee, die ihre Tatsachengeltung hat, aber freilich nicht eine apodiktische Geltung. Nämlich indem der Erfahrungsglaube im Fortgang einstimmiger Erfahrung den Charakter der einstimmigen Gewissheit hat, ist das Ding selbst eben schlechthin als gewiss seiendes gegeben. Und somit ist in Ausgestaltung der Idee des wahren Selbst auch diese Idee als Gewissheit des wahren Selbst im Voraus gegeben. Diese Gewissheit ist aber keine apodiktische, da sie ja beständig selbst offen lässt, dass die wirkliche Erfahrung nicht weiter im Stile der Einstimmigkeit fortläuft, obschon dafür aus der bisherigen Erfahrung gar nichts spricht.

Nur wenn wir der Gewissheit bewusst den Charakter dieser Vorbehaltlichkeit zuerkennen, nur wenn wir diese Gewissheit als eine Abwandlung der apodiktischen Seinsgewissheit verstehen, als eine solche, zu der ein korrelatives Wesenselement der Ungewissheit, des möglichen Nichtseins gehöre, nur dann gewinnen wir wieder Apodiktizität. Nicht das Sein schlechthin des Erfahrungsgegenstandes, sondern das Vermutlichsein, das Voraussichtlichsein ist apodiktisch gewiss – gewiss, aber mit dem näheren Sinn, den die jeweilige Erfahrung mit ihren besonderen Vorbehalten vorzeichnet. Darin liegt: Die schlechthinnige Gewissheitssetzung, die das Seiende ein für allemal durch ursprüngliche Ausweisung feststellen wollte, ist versagt und wäre falsch. Dagegen in jeder Phase der Erfahrung ist, soweit sie einstimmig ist, die modale Setzung unter Vorbehalt apodiktisch gesichert. Wiefern solche modale Setzung der Erfahrung für eine „Wissenschaft" zulangt, wissen wir natürlich noch nicht.

In dieser Art ist also der erfahrene Gegenstand als individuelle Idee für den Erfahrenden eine zu jedem aktuellen Erfahren gehörige und zu konstruierende Idee und ist eine präsumtive und in der Präsumtion apodiktische Gültigkeit. Sie zeigt präsumtiv, und mit Rücksicht auf die Horizonte der Präsumtion sehr vieldeutig, die individuelle Einheit an, die der Erfahrende sich konstruktiv und gültig als den Gegenstand selbst vorstellig, dem Typus nach vorstellig machen kann als den, den ihm künftige Erfahrung bieten muss, den er sich in willkürlicher Inszenierung wahrnehmender Tätigkeiten und Experimente als wirklich daseienden ausweisen kann. Er kann erfahren, er hat Evidenz dieses „Ich kann". Und denkt er auch nur ohne wirkliche Wahrnehmung an den Gegenstand als wirklichen, so liegt schon darin die Idee; es liegt darin, dass er im Erfahrenkönnen speziell auch zum erfahrenden Ich für diesen Gegenstand werden kann, hingehen, ihn ansehen und dann immerfort einstimmig erfahrend fortschreiten. Zugleich ist es klar, dass die phänomenologische Einklammerung der transzendenten Welt jetzt einen neuen Sinn erhalten hat. Sie sagt, dass die erfahrene Welt selbst nicht apodiktisch gewiss ist und diese Gewissheit auch prinzipiell nie erhalten kann, dass dagegen das empirische Sein der Welt als Modalität des Vermutlichseins jederzeit setzbar ist im Laufe einstimmiger Erfahrung.

Doch bleiben wir in der Sphäre der reinen Möglichkeiten, die wir in apodiktischer Konstruktion also uns zugeeignet haben, und nicht bloß hinsichtlich der reinen Möglichkeiten von Immanentem, sondern auch von Realem, Transzendentem. Gehen[1] wir von den rein individuellen Möglichkeiten über zu den reinen Möglichkeiten von modalen Abwandlungen individueller Möglichkeiten. Unter dem Titel Modalität haben wir in ursprünglicher Form verschiedene Abwandlungen individueller und als gewiss seiend (ursprünglich gesprochen:) erfahrener Gegenständlichkeiten, die selbst setzbar sind als Gegenständlichkeiten und selbst also ihre Weise ursprünglicher Gegebenheit und ursprünglicher Ausweisung als seiende Wirklichkeiten haben, wirklich als Modalitäten. Diese neuen Gegenständlichkeiten sind aber selbst wieder modalisierbar, wodurch wieder Gegenständlichkeiten noch höherer Stufe entspringen, und so *in infinitum*. So kann ja eine Wahrscheinlichkeit selbst bloß Gegenstand einer Vermutung sein, eine vermutliche und eventuell eine wahrscheinliche Wahrscheinlichkeit usw.

Unter diesem allgemeinsten Titel „Modalität" stehen mehrerlei Reihen von Abwandlungen, die wir unterscheiden müssen und nicht gleichgeordnet alle durcheinander setzen dürfen wie bisher. Genauer betrachtet, haben wir zu scheiden. Wir beachten, dass Bewusstsein Gegenständliches setzt einerseits mit einem gegenständlichen Sinn und andererseits in verschiedenen Weisen der Setzung, zunächst der Glaubenssetzung. Hinsichtlich des geglaubten Gegenständlichen haben wir die Reihe von Modalitäten, die wir logische Abwandlungen des Gegenstands nennen: Gegenstand schlechthin, Eigenschaft, Beziehung, Sachverhalt, Ganzes und Teil usw.; blicken wir andererseits auf die Weise der Setzung und des Gesetzten als solchen, Modalitäten einigermaßen im traditionellen Sinn der logischen Terminologie, d. i. Modalitäten des gewissen Seins und von Seiten des korrelativen Bewusstseins Modalitäten des Glaubens. Die Urgestalt ist hier Gewissheit, gewisses Sein, die Abwandlung das Möglichsein (das „es dürfte sein"), das Wahrscheinlichsein, auch das Zweifelhaftsein, das Nichtsein usw. Man sieht schon, dass auch hier sich verschiedene Reihen unterscheiden. Eine eigene Reihe ist jedenfalls die in diesen sogenannten doxischen Modalitäten fundierte Reihe der Wertmodalitäten (Wertsein) und der praktischen (das Seinsollen), die sich selbst wieder abwandeln. Sehen wir von diesen ab, so haben wir als eine

---

[1] Nicht gelesen und auch so unbrauchbar, zum Teil verfehlt.

jedenfalls eigene, aber noch auf Setzung bezogene Reihe die Modalitäten der syntaktischen Setzung: Konjunktion, Disjunktion, hypothetische Verknüpfung (wenn oder weil – so); ferner die Modalitäten der Allgemeinheit und Besonderheit, in der traditionellen Logik einigermaßen, aber unklar vertreten durch die Einteilung der Urteile nach der sogenannten „Quantität".

⟨§ 40. Wiederholung und Zusammenfassung⟩

In der letzten Vorlesung ist es uns klar geworden, wie sich jede aufgrund wirklicher Erfahrung gegebene Realität hinsichtlich ihres wahren Selbst als Idee charakterisiert, als Idee, die vermöge der wirklichen Erfahrung als tatsächlich geltende gesetzt ist. Dies aber im Gegensatz zu der reinen Idee eines möglichen und eventuell inhaltlich identischen Realen, die zwar Geltung hat, und in entsprechender Ausgestaltung apodiktische Geltung, aber nur Geltung als reine Möglichkeit. Darin liegt nur, dass eine tatsächliche Geltung, eine Geltung als wirkliche Realität undenkbar sei. Die Ausgestaltung eines erfahrenen Dinges zu dem, was es in voller Wahrheit wäre, also seiner Idee, führt zu keiner apodiktischen Ausweisung der Geltung dieser Idee, nämlich im Sinne der apodiktischen Gewissheit, dass eine solche Wirklichkeit sei. Es bleibt ja beständig offen, dass die wirkliche Erfahrung in ihrem Fortgang, statt die bisherige Erfahrungssetzung des betreffenden Realen einstimmig zu bestätigen, sie vielmehr in Widerstimmigkeit aufhebt, mag auch bisher nicht der mindeste Anlass zu solchem Zweifel bestehen.

Gleichwohl hat die Seinsgewissheit der Erfahrung und die ihr Ausgestaltung gebende unendliche Idee ihr gutes Recht. Nur darf diese Seinsgewissheit nicht als apodiktische genommen werden. Sie hat Recht als eine Abwandlung der apodiktischen Gewissheit, als eine solche, zu der eben das Wesensmoment jener offenen Ungewissheit mitgehört, oder mitgehört, dass ihre Gewissheit Unstimmigkeiten wider Vermuten beständig offen lässt und demgemäß die Möglichkeit des Nichtseins, trotzdem alles in der Erfahrung für Dasein spricht. Mit anderen Worten, wir gewinnen wieder eine Apodiktizität, wenn wir als Inhalt dieser apodiktischen Gewissheit nicht das Sein schlechthin des realen Gegenstandes nehmen, sondern das Sein in Vermutungsgewissheit der einstimmig begründeten Voraussicht.

Zugleich ist es klar, dass die phänomenologische Einklammerung der realen Welt durch unsere Betrachtungen einen neuen Sinn erhalten hat. Sie sagt jetzt, dass zwar die Welt der mundanen Erfahrung nicht apodiktisch gewiss ist und auch nie zu apodiktischer Gewissheit kommen kann, dass dagegen die empirische Gewissheit der Welt als wohlbegründete Erfahrungsgewissheit, durch die Einstimmigkeit der bisherigen Erfahrung und während diese fortläuft, immerfort apodiktisch zu rechtfertigen sei, eben zu rechtfertigen als eine Modalität. Von ihr mehr verlangen zu wollen, ist widersinnig. Aber freilich fragt es sich, wiefern apodiktische Wissenschaft, eine Wissenschaft, die ausschließlich apodiktische Urteile fällt, mit solchen modalen Vermutungsgewissheiten zu konstruieren sei. Das kann indessen hier noch nicht entschieden werden.

Durch die Einstimmigkeit der bisherigen Erfahrung, also in jedem Moment, wo das Ich die Welt setzt, ist diese Setzung der Welt bzw. der betreffenden Erfahrungsgegebenheiten Setzung als „gewisse Zuversicht", aber relativ zu der motivierenden Einstimmigkeit der bisherigen Erfahrung in ihrer Einstimmigkeit, also immerfort relativ zu mir als dem Subjekt dieser Erfahrung, also zum faktischen Subjekt.

⟨9. Kapitel

Apodiktische Kritik des Logos⟩

⟨§ 41. Die Konstitution höherstufiger Gegenständlichkeiten.
Sachverhalte als Korrelate von Identifizierungen und die Aufgabe einer apodiktischen Kritik aller Satzformen überhaupt⟩

Gehen wir in unserer Bahn weiter. Wir steuern jetzt auf das allgemein urteilende Denken zu. Das Erfahren gibt uns individuelle Gegenstände vermöge seiner kontinuierlichen Synthese, gibt uns immanente und transzendente, in apodiktischen und empirischen Gewissheiten als seiend auszuweisende. Daran knüpfen sich Akte des Explizierens, des Beziehens, des Kolligierens, des Verallgemeinerns usw. Es konstituieren sich Modalitäten dieser individuellen Gegenstände in sehr verschiedenen Formen. Die Operationen, in denen aus intentionalen Gegenständen modale Bildungen werden, sind iterierbar und zugleich miteinander kombinierbar, so dass unübersehbare Mannigfaltigkeiten von möglichen Bildungen sich ergeben. Gegenstände sind selbst Gebilde einer konstituierenden Synthese, die dabei vollzogen, tätiges Erlebnis, aber nicht Thema, nicht erfasst, nicht im besonderen Sinne Gegenständliches ist. Im kontinuierlichen Erfahren ist z. B. der im Fluss der Erscheinungen als Eines und Selbes erfahrene Gegenstand eben der Gegenstand, das, was da erfasst und weiterhin bleibendes Thema ist, nicht aber das Erfahren und die synthetische Deckung der verschiedenen Erscheinungen, Aspekte etc.

Indessen ist „synthetische Einheit" selbst ein gegenständlicher Titel, und nicht etwa bloß durch Reflexion auf die Synthesen, in denen subjektive Erscheinungen zur Identitätseinheit kommen. Sondern wenn wir von beziehendem Denken sprechen oder davon, dass Gegenstände auf Gegenstände in Urteilstätigkeiten bezogen werden, so ist damit das höchst allgemeine Vorkommnis ausgedrückt, dass Gegenstände, wie immer sie entsprungen seien, mit anderen Gegenständen in verschiedensten Formen zu synthetischer Einheit kommen können. Und diese Gegenstandssynthesen werden nun zu Gegenständen höherer Stufe oder, was dasselbe, es gibt sehr mannigfache Formen der Identifizierung, Formen einer Deckung in einem erweiterten Sinn, durch welche die gesondert für sich konstituierten Gegenstände zwar als gesondert konstituierte auseinandergehalten bleiben und andererseits zu synthetischer Einheit kommen, und damit werden neue modale Gegenständlichkeiten konstituiert. Das sind die Sachverhalte, Urteilsverhalte.

Jeder Gegenstand ist nur dadurch Thema eines fortgehenden „Denkens", worunter hier aber nicht das ganz andere Sich-Denken der Phantasie verstanden werden darf, dass er in Sachverhalten als synthetisches Glied fungiert und dabei in irgendeiner Form der Identitätsdeckung mit einem anderen steht. Die Sachverhalte selbst sind Korrelate der Identifizierung; der allgemeinste, unbestimmteste Ausdruck der Identitätsverknüpfung, die jeder Satz enthalten muss, ist das „ist" des prädikativen Satzes. Es ist Identifizierung von konkretem Gegenstand und eigenschaftlicher Bestimmung wie Rot oder Rund oder von Ganzem und Teil, von Gegenstand und äußerer relativer Bestimmung (wie „größer als A") usw. Es ist freilich störend, dass das Wort „Identität", Selbigkeit gewöhnlich nur für totale Identität Verwendung findet. Aber es ist eben das Allgemeinere jeder Synthese des „A ist so und so" nicht zu übersehen, und nicht zu übersehen, dass das Ist so etwas wie ein Zur-Deckung-Bringen anzeigt, dessen Korrelat die synthetische Einheit selbst ist.

Alle Operationen, die wir als neue Gegenstände (modale) konstituierende mit allen Gegenständen ideell vorgenommen denken können, können wir auch an Sachverhalten, an Sätzen vollzogen denken, andererseits auch an den Gegenständen, die als Satzglieder fungieren sollen. Damit hängt es zusammen, dass alle Formen von Modalitäten sich in den Satzmodalitäten finden müssen. Wenn wir alle Bildungsmodi von Sätzen der Form der Synthese nachgebildet denken, so gewinnen wir alle Satzformen überhaupt; wenn wir alle Bildungsformen von Gegenständen in sie eintragen, dann wären auch alle Satzformen als Gegenstände neuer Sätze zu denken und mit ihnen wäre ebenso zu verfahren usw. Das geht zwar ins Unendliche, aber die Iterationen lassen sich übersehen. Man müsste also, hier systematisch vorgehend, mit dem Primitiven anfangen und zu den nächsten Iterationen und Implikationen fortschreiten, und man müsste in unserer Methode immerfort zusehen, wie solche Modalitäten zu ursprünglicher Gegebenheit kommen und dann in dieser Ursprünglichkeit der Ausweisung als Modalitäten ihre apodiktische Ausweisung erhalten.

⟨§ 42. Die ursprüngliche Begriffsbildung. Unterscheidung von⟩ reine⟨n⟩ und empirische⟨n⟩ Begriffe⟨n⟩

Eine ausgezeichnete Stellung unter den Modalitäten haben die Allgemeinheiten, durch welche das urteilende Denken selbst neu konstituierende Gestalten annimmt. Das urteilende Denken, das Erzeugen synthetischer Ist-Einheiten, das Erzeugen von Sätzen jeder Art wird erst zum Urteilen in prägnantem Sinn, wenn die Funktion der „Begriffsbildung" ins Spiel tritt und den Identitätsgebilden ihr neues Gepräge gibt.

Von der ursprünglichen Begriffsbildung oder „Abstraktion" haben wir schon, aber etwas flüchtig gesprochen. Das Allgemeine dachten wir durch Vergleichung von individuellen Einzelheiten gewonnen, die in Gewissheit durch Erfahrung gegeben waren, z. B. das Allgemeine Ton aufgrund gehörter einzelner Töne. Sind A, B, C usw. solche erfahrenen Einzelheiten, so erwachsen in eins mit der Aktivität der Abstraktion, in der das Allgemeine α entspringt, der tätigen Einzelerfassung, der Festhaltung der soeben erfassten im Übergang, der vergleichenden und „überschiebenden" Deckung, je nachdem verschiedene Sachverhalte, die selbst als Gegenständlichkeiten höherer Stufe zu erfassen sind. Das Allgemeine selbst konstituiert sich schon als Gegenständlichkeit höherer Stufe, als fundiert in den einzelerfassten A, B ... , als etwas an ihnen und doch nicht als ihr Teil. Die verglichenen A, B können ja völlig getrennt sein. Eben dieses Sich-Geben an oder in den Einzelheiten deutet auf ein eigenartiges Identitätsverhältnis, von allen anderen solchen Verhältnissen verschieden; also erwächst hier eine besondere Art von Sachverhalten.

Doch wir haben schon eine besondere und eigenartige Sachverhaltsform, die eines Relationsurteils, bevor wir noch das Allgemeine herausgefasst und gegenständlich haben. Nämlich etwa im Übergang von einem wahrgenommenen Tintenfleck zu einem anderen vollzieht sich Deckung in der Form der Gleichheitssynthese, und in der gesonderten Festhaltung und synthetischen Zusammenhaltung erwächst der Sachverhalt „A ist gleich B". Dabei hebt sich das Allgemeine α ab. Wird es gegenständlich erfasst, so ergibt es sich an dem A, an dem B, und es erwachsen in entsprechenden Übergängen neuartige Sachverhalte: A ist Einzelnes des Allgemeinen, es hat μέθεξις am Allgemeinen, ist begriffen durch α. Machen wir das α zum Hauptgegenstand, zum Subjekt, so heißt es: Das α, das Prädikat, kommt dem Einzelnen, dem A, dem B zu, der Begriff wohnt ihm bei (κοινωνία).[1] Drücken wir den ersteren Sachverhalt in der natürlichen Rede aus, ohne jede Umschreibun-

---

[1] Spätere Anmerkung Husserls: „παρουσία" – Anm. des Hrsg.

gen, so heißt es etwa: Dies ist rot, jenes ist auch rot. Dabei ist zu beachten, dass die adjektivische Form wesentlich mit zur Sachverhaltsform gehört und nicht zufällig-grammatisch ist.

Geht die Vergleichung und der Erfolg der vorausgesetzten Deckung mehrfach vor sich, geht sie fort von A zu B, von B zu C, zu D usw., so ergeben sich nicht nur die Einzelurteile: A ist rot, B ist rot, C wieder rot usw.; es ergeben sich neue Sachverhaltsformen als Plurale: A und B sind rot, A und B und C sind rot; in der Umkehrung: Das Rot (jetzt als Hauptsubstrat, als Subjekt in neuer syntaktischer Form) kommt den A, B, C ... zu. Es ist dann in der ersteren Form ein vielfältiges Subjekt, ein Plural; von jedem Glied geht ein synthetischer Strahl aus und geht auf das nur einmal gesetzte[1] allgemeine Prädikat. Umgekehrt, das eine Allgemeine als Subjekt entlässt aus sich einen mehrfältigen Strahl der Prädikation. Jeder einzelne Strahl terminiert in einem Glied der Kollektion A und B usw.

Die Vergleichung, die zu einem Allgemeinen führt, kann individuell bestimmte Gegenstände betreffen, die in einer endlich abgeschlossenen Erfahrung in individueller Bestimmtheit auftreten. Das Allgemeine erscheint dann, obschon ihnen gegenüber als ein Irreales, doch an sie verhaftet, als an ihnen Abgehobenes, als ihnen einwohnender Begriff. Indessen, sowie die Erfahrung sich erweitert und zu neuen gleichen Gegenständen führt, während die alten entweder noch im Griff sind oder durch Assoziation zur wiedererinnernden Weckung kommen, finde alsbald eine Fortsetzung der Gleichheitssynthese statt, und es werden die neuen gleichen alsbald als Vereinzelungen desselben Allgemeinen erkannt. Das kann *in infinitum* fortgehen. Sowie ein offener Horizont gleicher Gegenstände als Horizont präsumtiv wirklicher oder real möglicher Gegenstände bewusst wird und sowie er als offene Unendlichkeit anschaulich wird, gibt er sich nun sofort als Unendlichkeit von Vereinzelungen desselben Allgemeinen. Die individuell gebunden erfassten Allgemeinheiten bekommen einen unendlichen Umfang und verlieren ihre Bindung an gerade die Individuen, von denen sie zuerst abstrahiert worden.

---

[1] Spätere Hinzufügung Husserls: „aber in Identitätsdeckung, also wohlgesprochen vielfältig oder vielschichtig gesetzte" – Anm. des Hrsg.

Zudem ist zu bemerken, dass es gar nicht der synthetischen Anknüpfungen an eine ursprüngliche Allgemeinheitsbildung bedarf, um ein Einzelnes als Einzelnes eines Allgemeinen zu erfassen. War früher in ursprünglicher Vergleichung der Begriff, z. B. Blume, hervorgetreten, so wird eine neu auftretende Blume ohne anschauliche Wiedererinnerung an die früheren Fälle und ⟨die⟩ Vergleichung als Blume erkannt. Wirkliche Selbstgegebenheit des Allgemeinen fordert dann aber das Hinausgehen über das Einzelne in Gleichheiten, eventuell mit offenem Horizont möglicher Fortführung der Vergleichung – ob die früheren Fälle dabei individuell reproduziert werden und gar richtig reproduziert werden, darauf kommt es nicht an –, wodurch evident wird, dass das Allgemeine an keine Einzelwirklichkeit gebunden ist.

Es ist klar, dass wir nun auch in freie Phantasie übergehen können und uns gleiche Einzelheiten, gleich mit den zunächst wirklich erfahrenen Wirklichkeiten, fingieren können und dann uns alsbald auch beliebig viele, nämlich immer neue und neue, voneinander individuell verschiedene als gleiche Einzelheiten fingieren können. Zu jedem Begriff gehört so ein unendlicher Umfang von rein möglichen Einzelheiten, von rein möglichen Begriffsgegenständen.[1] Fingiere ich mir Dinge, so erfasse ich an ihnen als reinen Möglichkeiten den Begriff des Dinges. Denselben Begriff kann ich finden an wirklichen Dingen, genauer gesprochen an vermeinten Dingen, die ich aus wirklicher Erfahrung als Wirklichkeiten setze. Diese geben sich im Übergang von Phantasie in wirkliche Erfahrung als verwirklichende Vereinzelungen desselben Allgemeinen, das in der Phantasie an den erschauten Möglichkeiten sich nicht aktuell verwirklicht, sondern an ihnen eben nur quasi-verwirklicht ist.[2]

---

[1] Spätere Anmerkung Husserls: „Jedem in reiner Phantasie Phantasierten entspricht in jederzeit möglicher Umstellung als ursprüngliche Seinsgegebenheit eine reine Möglichkeit. Und aus der freien Erzeugung immer neuer reiner Möglichkeiten (der Erzeugung im ursprünglich evidenten Bewusstsein ‚Ich könnte immer wieder Gleiches phantasieren, neue gleiche Möglichkeiten konstruieren' entspringt mit dem Usw. *in infinitum* das, was wir eine Unendlichkeit reiner Möglichkeiten nennen. Auf sie bezieht sich hier die ursprüngliche Begriffsbildung. Jeder so entsprungene Begriff als Allgemeines einer Unendlichkeit reiner Möglichkeiten hat, was nur ein anderes Wort ist, einen unendlichen ‚Umfang' von rein möglichen Begriffsgegenständen." – Anm. des Hrsg.

[2] Spätere Anmerkung Husserls: „Sowie wir aber sagen: ‚dasselbe Allgemeine', haben

Der Begriff in seiner Idealität ist also rein zu fassen als ein Gegenständliches, das ein rein ideales Sein hat, ein Sein, das keine wirkliche Existenz entsprechender Einzelheiten voraussetzt, das ist, was es ist, auch wenn entsprechende Einzelheiten nur als reine Möglichkeiten wären, das andererseits aber im Rahmen der erfahrenen Wirklichkeit auch verwirklichter Begriff wirklicher Einzelheiten sein kann; und gibt es wirkliche Einzelheiten, so können für die wirklichen ebenso gut andere mit ihnen gleiche genommen werden. K o r r e l a t i v sind aber jedenfalls das reine Sein des Allgemeinen und das Sein von reinen Möglichkeiten, die an ihm möglichen Anteil haben und die konstruierbar sein müssen als Unterlagen, und als ein ideell unendlicher Umfang von Unterlagen der reinen Abstraktion für das Allgemeine.

Natürlich können Begriffe als reine Begriffe von vornherein außer aller Beziehung zu aktueller Wirklichkeit entspringen, nämlich durch Vergleichung reiner Möglichkeiten. Dabei ist klar, dass jede so gewonnene wirkliche Gleichheit der als seiend gegebenen Möglichkeiten intentional in sich schließt eine mögliche Gleichheit von möglichen Wirklichkeiten und ein mögliches Allgemeines, an dem sie möglichen Anteil haben. Andererseits, Begriffe lassen sich, wenn sie ursprünglich aufgrund der Erfahrung als wirkliche Allgemeinheiten abstrahiert waren, jederzeit als reine Begriffe fassen. Aber die Beziehung auf Empirisches muss dann allererst ausgeschaltet werden, und geschieht das nicht, so führen Begriffe, wie das bei allen Begriffen des natürlichen Lebens statthat, die Mitsetzung einer empirischen Sphäre mit sich, in der sie die Stätte ihrer möglichen Verwirklichung in Einzelheiten haben. Sprechen wir von Tieren, von Pflanzen, von Städten, Häusern usw., so meinen wir damit von vornherein Dinge der Welt, und diese Begriffe meinen wir als wirkliche Allgemeinheiten, nämlich als an diese Welt gebundene. Der Umfang jedes solchen Begriffs ist zwar ein unendlicher, aber es ist ein wirklicher Umfang, ein Umfang von wirklichen und real möglichen Dingen in der gege-

---

wir hinsichtlich des aus der Faktizität geschöpften Allgemeinen dieses selbst, also dessen Beziehung auf faktisch seiende Einzelheiten fallen lassen, und das ist offenbar jederzeit möglich. So wie jede Phantasie, jede quasi-erfahrene Wirklichkeit, so lässt sich jede ursprüngliche und wirklich erfahrene Wirklichkeit einer Modifikation unterziehen – der Modifikation, in der eine reine Möglichkeit entspringt." – Anm. des Hrsg.

benen Welt. Es ist dabei zu beachten, dass in solchen Begriffen mannigfaltige empirische Präsumtionen stecken und dass sie in der Art, wie empirische Begriffsbildung vonstatten geht und sich erweitert, intentionale Gebilde darstellen, die sozusagen immer auf dem Marsch sind und immer neue begriffliche Elemente aufnehmen.

Sind wir einmal auf begriffliche Bestimmung eingestellt, so liefert uns jeder Teil, jedes Einzelmoment an einem Gegenstand ein begrifflich allgemein zu Fassendes, jede Analyse wird dann mit allgemeiner Prädikation Hand in Hand gehen. So wird auch der einheitliche allgemeine Typus, das ersterfasste Allgemeine der Vergleichung eines Gegenstandes mit anderen Gegenständen ein Allgemeines sein, ein Begriff, der viele Sonderbegriffe in sich schließt. Sind aber die Gegenstände reale Gegenstände, so erschöpft ein sich abhebender sinnlicher Typus nicht alles Gleiche, das wir bei fortgehender Erfahrung und somit Herausstellung des wahren Seins dieser Gegenstände als Gleiches finden können. Je mehr sich die Gegenstände zeigen, wie sie sind, je mehr von ihnen in die Anschauung tritt, um so mehr Möglichkeiten eröffnen sich, Gleichheiten zu finden. Es zeigt sich dann aber auch, dass regelmäßig mit schon erfassten Bestimmungen weitere Bestimmungen verbunden zu sein pflegen oder, was dasselbe, dass sie erfahrungsgemäß als mitvorhanden zu erwarten sind.

Zum Beispiel: Was sich nach einem ersterfassten sinnlichen Typus „Rose" als durch gewisse Merkmale bestimmt zeigt, das zeigt in tiefer eindringender bestimmender Erfahrung, dass mit diesen Merkmalen noch viele andere in der Regel zusammen auftreten; und wie weit man gehen mag, man findet immer noch weitere in regelmäßiger Koexistenz. Demgemäß erwächst, über den wirklichen und durch wirkliche Abstraktion gewonnenen jeweiligen Begriff hinausgehend, eine präsumtive Idee, die Idee eines Allgemeinen, zu welchem neben den schon gewonnenen Merkmalen noch ein unbestimmt offener Horizont unbekannter Merkmale (begrifflicher Bestimmtheiten) gehört; das aber in dem Sinne der beständigen Präsumtion, der beständigen empirischen Gewissheit, dass, was sich durch die bekannten Merkmale als Rose legitimiere, auch die neuen, durch induktive Empirie an gegebenen und näher untersuchten Rosen regelmäßig vorgefundenen Merkmale haben werde, und so immer fort. So wandeln sich die empirischen Begriffe durch fortgesetzte Aufnahme neuer Merkmale, aber gemäß einer empirischen Idee, der Idee eines offenen und immerfort zu bereichernden Begriffs, der zugleich eine Regel des empirischen Glaubens in sich enthält, der auf fortgehende wirkliche Erfahrung angelegt ist.

Aber alle solche Setzungen wirklichen Seins, alle Setzungen immanenten wie transzendenten Seins von Einzelheiten der zu bildenden Begriffe bleiben ausgeschlossen und müssen vollbewusst ausgeschlossen werden, wenn es gilt, reine oder apriorische Begriffe zu bilden.

Reine Begriffe haben keinen Umfang tatsächlichen Daseins, sie beziehen ⟨sich⟩ auf Möglichkeiten, aber wieder auf keine realen Möglichkeiten. Ihre Umfänge sind Umfänge reiner Möglichkeiten. Beziehen sie sich auf Realitäten, so sind es nicht wirkliche, nämlich als Wirklichkeiten gesetzte Realitäten, sondern Realitäten-als-ob, reine Möglichkeiten der Phantasie. Und sofern eine Realität ihre offenen Horizonte von realen Möglichkeiten, auf sie beziehbare Wahrscheinlichkeiten u. dgl. hat, so tritt all das hier eben nur in der Modifikation des Als-ob auf und gewinnt nur in diesem Sinn Beziehung zum rein Begrifflichen. Wir finden hier dieselbe merkwürdige intentionale Ineinanderschachtelung, die wir früher an dem Verhältnis von Wirklichkeit und reiner Möglichkeit gefunden haben. Das reine Allgemeine ist selbst ein Seiendes, eine Wirklichkeit. Es konstituiert sich ja in der Synthesis der Gleichheit reiner Möglichkeiten. Aber in sich birgt dieses Allgemeine eine zweite fingierte Allgemeinheit einer fingierten Empirie, ganz so wie eine reine Möglichkeit einerseits Seiendes ist und andererseits in sich birgt eine fingierte Wirklichkeit.

⟨§ 43. Sachhaltige und formale Begriffe. Die spezifische Formalität kategorialer Gegenständlichkeiten⟩

Allgemeinheiten, Begriffe können von verschiedener Stufe der Selbständigkeit und der Allgemeinheit sein. Das selbständige Allgemeine ist dasjenige, das nicht in anderen Allgemeinheiten fundiert ist, sie also nicht voraussetzt. So ist das Allgemeine „Helligkeit" fundiert in dem Allgemeinen „Farben", das die Helligkeit in sich schließt. Ferner aber, Farbe ist nur denkbar als Gestaltfarbe, und dies ist das volle Konkretum, das ist das Allgemeine, das als Allgemeines voll selbständig ist. Dem Konkretum stellen wir gegen⟨über⟩ das konkrete Individuum, d. i. das selbständig erfahrbare Individuelle, genauer: dasjenige, was so zu ursprünglicher Erfahrung kommt, dass seine erfahrende Erfassung nicht der vorgängigen Erfassung eines anderen bedarf.[1] Das Konkretum ist das Allgemeine, das durch bloße „Wiederholung" von selbständig erfahrbarem Individuellem entspringt. Jeder individuelle Gegenstand lässt sich wiederholt denken, ein zweiter völlig gleicher ist ihm gegenüber denkbar. Jedes Individuum ist individuell Einzelnes seines Konkretums, es ist konkretes Individuum. Dieses Allgemeine der Wiederholung ist die niederste Allgemeinheit, als Allgemeinheit die selbständigste.

Was wir „höhere" Allgemeinheiten, die Arten, darüber die Gattungen usw. nennen, sind aber unselbständige Allgemeinheiten besonderer Form; nämlich Allgemeinheiten lassen sich wie andere Gegenstände vergleichen, z. B. Rot und Blau, und es kann dann eine Allgemeinheit höherer Stufe aus dieser synthetischen Aktivität entspringen, also zu ursprünglicher Selbstgegebenheit kommen.

Wir haben dann eine Allgemeinheit, die unter sich als Einzelheiten Allgemeinheiten hat. So erwachsen aufgrund gleicher Konkreta eine konkrete Art, aus konkreten Arten eine konkrete Gattung, aber auch aus Vergleichung von unselbständigen Momenten eines Individuellen bzw. aus unselbständigen Teilbegriffen eines Konkretums, z. B. der „konkreten Gestalt" eine Art von Gestalten. Die Stufen sind nicht verwechselbar, da jedes Allgemeine auf seine Synthese zurückweist.

Ein anderer wichtiger Unterschied ist der zwischen sachhaltigen Allgemeinheiten und formalen Allgemeinheiten. Ihn kann folgende Überlegung klar machen: In unserer ganzen bisherigen Untersuchung hat sich von immer neuen Seiten gezeigt, wie durch gewisse und je nachdem sehr verschiedene freie Ichakte aus intentionalen Gegenständlichkeiten, die das Ich

---

[1] Reduktion: das was erfassbar ist vor aller Vergleichung, letzte Materie aller Vergleichung.

jeweils schon bewusst hat, neue Gegenständlichkeiten erzeugend, entspringen, die wir in einem ganz vorläufigen Ausdruck modale Abwandlungen dieser Gegenständlichkeiten, modale Gebilde nannten. So können wir jeden vorgegebenen Gegenstand explizieren und Eigenschaften gewinnen, deren eigenschaftliche Sachverhalte synthetisch bilden, jeden Gegenstand auf jeden anderen beziehen, etwa vergleichend, und in tätigen Synthesen die Gleichheit oder Ungleichheit, also eigenartige Sachverhalte herausstellen. Solche Tätigkeiten sind an jederlei Gegenständen zu üben, also auch an solchen, die schon als modale Gebilde entsprungen waren. Andererseits ist es klar, dass letztlich das Material aller durch freie synthetische und sonstige Ichakte zu bildenden Gegenständlichkeiten solcher höheren Stufe in Gegenständlichkeiten bestehen muss, die in ursprünglicher Gegebenheit nicht tätig erzeugt, sondern passiv vorgegeben sind. Diese passive Vorgegebenheit drückt der normale Begriff Erfahrung aus. Doch sage ich genauer vielleicht, dass Erfahrung das Erfassen aufgrund passiver Vorgegebenheit ausdrückt. Das Erfassen rezipiert den nur affizierenden Gegenstand, es bildet ihn nicht in aktiver Erzeugung. Demgegenüber erzeugen die synthetischen Akte, die vergleichenden, unterscheidenden, kolligierenden usw., aus passivem Material neue Gegenstände: die Gleichheiten, die Unterschiede, die Vielheiten, die Allgemeinheiten, Besonderheiten usw. Die einmal gebildeten Gegenstände können dann wieder Material für ebensolche Bildungen höherer Stufe werden, sie können wieder zu Subjekten von Prädikaten, zu Beziehungspunkten von Beziehungen, zu Gliedern von Kollektionen werden usw.

Haben wir dies uns klargemacht, so wird nun auch der Unterschied der Begriffe verständlich, den wir als den sachhaltiger und formaler klären wollten. Die Synthese der Deckung des Gleichen kann offenbar Gegenstände verknüpfen als bloße Gegenstände schlichter Erfahrung, also Gegenstände, die noch keine Bildung aus der frei verknüpfenden, beziehenden, überhaupt modalisierenden Subjektivität erfahren haben. Sie gewinnen eine synthetische Form nur aus dieser Synthesis der Deckung und der zugehörigen Abstraktion. So erwachsen rein sachhaltige und dabei konkrete Begriffe, die freilich keinen Namen haben. Denn die sich sprachlich ausprägenden Begriffe wie Baum, Haus usw. bergen schon darüber hinaus mannigfaltige, durch Urteilstätigkeit gewonnene Prädikate in sich. Es ist aber doch gut, den primitiven Grenzfall herauszustellen und an den Anfang zu stellen. Es sind also konkrete Begriffe vor aller Explikation und synthetischen Anknüpfung von Prädikaten.

Vergleichen wir dann aber modale Gebilde, so treten bei ihnen neue Gleichheiten auf, und zwar erstens solche, die zu den aus der passiven Erfahrung durch Explikation herausgelösten Gehalten gehören, also sachhaltige Begriffe ergeben, zweitens auch solche, die zu den Formen der Synthesis, überhaupt zu den aus modalisierenden Tätigkeiten entsprungenen Formen gehören. Zum Beispiel: „Rot ist verschieden von Blau". In dieser Aussage drücken sich neben den sachhaltigen Begriffen Rot und Blau, auch in der Rede von Verschiedenheit und in der ganzen Form des Satzes, ⟨aus⟩: Subjektform, Prädikat- und Objektform, reine Formen. Begriffe wie Gleichheit, Verschiedenheit, Einheit, Vielheit, Menge, Ganzes, Teil, Gegenstand, Eigenschaft, kurz alle sogenannten rein logischen Begriffe und alle Begriffe, die sich in der Mannigfaltigkeit der Sachverhaltsformen und sprachlich der Aussageformen ausdrücken können und ausdrücken müssen, sind reine Formbegriffe, wenn wir nur alles Sachverhaltige in den Sätzen unbestimmt sein lassen, etwa durch Buchstaben bezeichnen.[1] In meinen *Logischen Untersuchungen* nannte ich die bezüglichen Begriffe daher kategoriale Begriffe und die Ichakte, durch die aus den schlicht erfahrenden Akten bzw. aus den Erfahrungsgegenständen eben Gegenständlichkeiten höherer Stufe als Erzeugnisse erwachsen, kategoriale Akte und sprach ebenso von kategorialen Gegenständlichkeiten im Gegensatz zu den Gegenständlichkeiten aus schlichter Wahrnehmung, die dabei auch sinnliche Gegenständlichkeiten genannt waren. Kategoriale Gegenständlichkeiten sind ausgezeichnet also dadurch, dass sie aus Gehalten der Rezeptivität freie Erzeugnisse der Spontaneität des Ich sind. Sie sind ausgezeichnet durch ihre reinen Formen, die Kategorien. Wir wer-

---

[1] Spätere Anmerkung Husserls: „Sie treten in ursprünglicher Gestalt (gleich, verschieden, identisch, Pluralform u. dgl.) auf als Komponenten der Urteilsformen (Formen der vermeinten Sachverhalte), die ihrerseits reine Formbegriffe von Urteilen überhaupt sind." – Anm. des Hrsg.

den von nun an den altüblichen Ausdruck statt des Ausdrucks „modale Gegenständlichkeiten" verwenden. Ich erwähne noch, dass in die kategoriale Sphäre nicht nur die im engeren traditionellen Sinne so zu nennenden rein logischen Begriffe gehören, sondern auch die aus wertenden und praktischen Tätigkeiten stammenden Begriffe, wie Wert und Unwert, Selbstwert und Mittelwert, Zweck und Mittel usw.

⟨§ 44. Partikuläre und universelle Urteile⟩

Gehen wir nun im Studium der verschiedenen Gestalten von kategorialen Gegenständlichkeiten und Formen einen wichtigen Schritt weiter. Die Begriffsbildung schafft nicht nur neue Gegenständlichkeiten in gleicher Reihe mit anderen kategorialen Gegenständlichkeiten, und sie begründet mit den neu geformten Gegenständen nicht bloß neue Formen von Sachverhalten analoger Art, wie das andere kategoriale Gegenständlichkeiten auch tun. Also nicht nur, dass mit dem Auftreten des Allgemeinen ein eigenartiges Urteilsverhältnis zwischen Einzelnem und Allgemeinem entspringt, z. B. zwischen ⟨dem⟩ Begriff Rot und einzelnen roten Gegenständen, und so die Urteilsform „Dies ist rot". Das wäre analog zu dem Ursprung des neuartigen Verhältnisses zwischen einzelnem Mengenglied und Menge, das mit der kategorialen Form Menge *eo ipso* miterwächst.

Vielmehr, in eins mit dem Allgemeinen entspringt auch das spezifisch so genannte allgemeine Urteilen, allgemeine Denken, und damit zeigen sich kategoriale Gebilde eines völlig neuen Stils an, die Begriffsbildung voraussetzen und sich mit ihr auf alle erdenklichen Formen von Gegenständen und Sachverhalten erstrecken. Es handelt sich also um eine höchste Stufe von spontanen Leistungen, Leistungen, die auch von axiologischem Standpunkt die höchsten, dem Erkenntniswert nach höchsten, darstellen. In ihnen liegt alles im prägnanten Sinne Wissenschaftliche aller Wissenschaft, also das, was der Idee Wissenschaft ihren wesentlichen Gehalt gibt.

⟨a) Das partikuläre Urteil auf dem Boden der Wirklichkeit⟩

Es handelt sich jetzt also um neuartige Funktionen frei leistender Tätigkeiten, vor allem um diejenige, aus der ⟨sich⟩ als merkwürdiges Formgebilde das „irgendein A" ergibt und ⟨die⟩ dadurch in besonderer Verwertung das partikuläre und universelle Urteilen ermöglicht, also eigenartige Grundformen von Sachverhalten oder vielmehr Gedanken von Sachverhalten, von Denkverhalten begründet. Durchläuft der Blick Mannigfaltigkeiten von gleichen Gegenständen und damit von Gegenständen, deren jeder als A begriffen ist, z. B. als Rose, so besagt es etwas Besonderes, dass das, worauf jeweils der Blick einzeln fällt, als ein A, als „eine Rose" „angesehen" wird. Ich kann natürlich jederzeit jedes individuell Einzelne bloß als Einzelnes, bloß als Exemplar des Allgemeinen betrachten, aber eben darin liegt eine besondere Formung, eine besondere intentionale Einstellung.

Kontrastieren wir: Jedes Individuelle kann ich als „Dies-da" betrachten. Das sagt: Lenkt es (mich affizierend) mein „Interesse" auf sich, wende ich mich erfassend ihm zu, es kennen zu lernen, so geht die Intention auf die Explikation des individuellen Objekts, und ich dringe, prädikativ es immer weiter bestimmend, allseitig in das Objekt ein. Aber ein ganz anderes Interesse ist noch möglich und demgemäß eine anders geformte Intention: Wo der Blick Ketten der Gleichheit durchläuft, da kann das Gleiche, wie das Wort Gleichgeltung besagt, für das Interesse in der Tat völlig gleich gelten, also der Unterschied „gleichgültig" werden, und eine Form des Meinens des Einzelnen konstituiert sich hier, worin es eben nur nach dem die Gleichgeltung Begründenden (und eben darum allein nicht Gleichgültigen) betrachtet wird: jedes nur als irgendein A, als „eine" Rose, und gar nicht als diese sich des Näheren so und so bestimmende Rose, wobei jede andere sich anders bestimmte. Aber eben das ist hier gleichgültig und überschreitet die mit der Form „ein A" ausgestattete Meinung. Dieses Gleichgültige ist, wenn wir ursprüngliche Anschauung voraussetzen, mit da, durch Explikation herauszuholen, aber es bleibt eben in der Einstellung, in der Aktion, welche die jetzige Sinngebung vollzieht, „außer Betracht". Im Übergang von Gleichem zu Gleichem kann in eben dieser Einstellung gebildet werden: ein A und ein A, oder auch: ein A und ein anderes A, ein A und ein anderes A und wieder ein anderes A, ebenso die unbestimmte Vielheit, usw. Das sind die primitiven Zahlformen, die hier als Gebilde in der Funktion des Irgendein erwachsen. Das „irgendein A" und die Zahlform erwächst in einer aktiven Einstellung, welche die Urteilstätigkeit bestimmt und eigentümlich durchtränkt.[1]

Sehen wir nun zu, wie diese Funktion des „ein A überhaupt" den Urteilssynthesen sich einprägt, eigenartige Überhaupt-Verhalte konstituierend. Angenommen, es sei in meinem Garten eine Rose aufgeblüht und ich finde, dass sie gelb ist, dann kann ich in doppelter Weise urteilen. Entweder ich bin auf diese Rose in individueller Diesheit gerichtet und urteile, dass diese Rose gelb ist. Ich kann aber auch in der Einstellung des Überhaupt, des Irgendein, in der ich jede meiner Rosen als „eine Rose" unter anderen ansehe und für ihre Diesheit uninteressiert bin, nun ein Interesse dafür fassen, also meine meinende Intention darauf richten, dass unter den hier gegebenen Rosen eine ist, die gelb ist. Ich urteile also: Eine Rose (in diesem Bereich natürlich) ist gelb. Vielleicht finde ich wieder eine, und so urteile ich in derselben Einstellung: Eben noch eine andere, oder auch: Zwei Rosen sind gelb, oder dann in unbestimmtem Plural: Einige Rosen sind gelb. Einige, das ist eins und eins usw. Hier gehört zum offenen Usw. nicht das unbedingte Immer-wieder, sondern in der Regel nur der Typus des „Mehrere", des Wiederholt-ein-A-Findens.

Das sind partikuläre Urteile. Ihr Bereich kann auch ein offen unendlicher sein, etwa „Rosen in Deutschland" usw. Offenbar liegt im Sinne solcher Urteile mitbeschlossen eine Inexistenz und ein In-einem-Zusammenhang-, In-einem-Bereich-Sein, es sind Inexistenzialurteile: In diesem Garten, in Europa, auf der Erde, in der Welt gibt es, sind vorhanden, gelbe Rosen.

Wir haben bisher nur einfachste partikuläre Urteile kennen gelernt, die nur ein „irgendein A überhaupt" enthalten. Allgemein können wir aber sagen: Partikuläre Urteile sind dadurch charakterisiert, dass sie entweder eine oder auch mehrere „Termini der Partikularität" haben. Darunter verstehen wir eben solche Stellen:

---

[1] Vgl. Beilage XXII: *Sinnbildung der „Andersheit" als Voraussetzung der Zahlbildung* (S. 436). – Anm. d. Hrsg.

„irgendein A überhaupt", „irgendein B überhaupt" usw., an deren jeder jene eigentümliche Setzung einer unbestimmten Einzelheit eines begrifflichen Allgemeinen vollzogen ist.

Jeder plurale Terminus der Partikularität birgt dabei, explizit oder implizit, intentional in sich eine Vielheit, und beim unbestimmten Plural eine unbestimmte Vielheit von Terminis der Partikularität. Bestimmte Vielheiten von partikulären Terminis sind die Anzahlen. Doch gehört zum Sinn einer Anzahl, dass der bestimmte partikuläre Plural auf dem Wege der Vergleichung und Begriffsbildung unter einen entsprechenden Formbegriff gebracht sei: irgendein Apfel und irgendein Apfel, irgendeine Birne und irgendeine Birne usw.[1] Das begrifflich Gemeinsame drückt sich aus als „irgendein A und irgendein anderes A", wo A „irgendein Begriff" ist, d. i. der Anzahlbegriff Zwei. Ebenso ⟨gilt dies⟩ für Drei usw. Das sind die ursprünglich und direkt geschöpften Anzahlen. Die Arithmetik freilich führt mit gutem Grund indirekte Begriffe, Begriffe der Erzeugung der Anzahlen und ihrer Bestimmung durch die summatorische Erzeugung ein: $2 = 1 + 1$, $3 = 2 + 1$ etc.

Eine Mehrheit partikulärer Termini braucht nicht in pluralen Komplexen vereint, z. B. als Anzahlen auftreten; die Partikularitäten können sehr verschieden verteilt sein, z. B.: Rosen wachsen teils an Spalieren, teils in freien Stöcken. Dabei ist zu beachten: Sie treten nicht nur in primitiven Sachverhaltsformen, in den Kategorien auf, sondern jede Abwandlung dieser Formen und jede aus den abgewandelten herzustellende Gesamtbildung kann in mannigfacher und systematisch zu verfolgender Weise die Partikularität an sich nehmen. Und eben dadurch können in den sehr komplexen Sachverhaltsgebilden in den kategorialen Teilgebilden folgende sehr mannigfach verteilte Termini der Partikularität auftreten. Dabei ist zu beachten, dass schon die primitivste Form „Irgendein A ist B" unter dem Titel „irgendein A" nicht eigentlich eine neue Gegenständlichkeit schafft, von der B das Prädikat ausdrückt. Irgendeine Rose ist nicht ein neuer Gegenstand, von dem das Gelbsein so ausgesagt würde, wie es von irgendeinem be-

---

[1] Doch ist damit nur der Begriff der Anzahlen von Individuen besprochen. – Allgemeinbegriff der Vielheit und der unendlichen Menge. –

stimmten Ding, wie einer bestimmten Rose oder einem bestimmten Apfel, ausgesagt wird. Vielmehr entspricht der bestimmten Prädikation bzw. dem bestimmten Sachverhalte „Diese Rose ist gelb" die partikuläre Sachverhaltsabwandlung als Gebilde einer eigentümlichen, unbestimmten Weise der Prädikation, die nicht ein neues Subjekt schafft, sondern eben, in unbestimmter Weise setzend, ein Subjekt überhaupt denkt und als ein A denkt. Das Irgendein affiziert das Ist und das Gelb mit, also den Gesamtsinn des Geurteilten. Wir haben ein gedankliches Gebilde, das unbestimmt auf einen Sachverhalt bezogen ist, aber eigentlich nicht selbst ein Sachverhalt ist.[1]

Die partikuläre Bildung bezeichnet sozusagen eine gedankliche Operation, die ursprünglich an individuell bestimmten Sachverhalten zu üben ist, nämlich an ihren bestimmten Termini, und dann an allen Verknüpfungen von Sachverhalten und allen Abwandlungen, die aus den bestimmten wieder bestimmte erzeugen, zu üben ist. So treten in konjunktive, disjunktive, hypothetische Bildungen von Sachverhalten an passenden Stellen Partikularitäten ein und ergeben für diese ganzen Gebilde, für die noch so komplexen Sätze partikuläre Satzformen. Wir haben dann partikuläre hypothetische und kausale Vordersätze und ihnen zugehörige partikuläre Nachsätze etc.[2] Ebenso ist es gleich, ob die Sätze hinsichtlich ihrer Modalität der Gewissheit schlichte Gewissheiten aussprechen oder problematische Möglichkeiten oder Wahrscheinlichkeiten usw. Zum Beispiel: In diesem Garten gibt es vielleicht gelbe Rosen, es kann und wird vermutlich solche geben, es ist wahrscheinlich, zweifelhaft usw.

---

[1] Spätere Anmerkung Husserls: „Mit anderen Worten: Dieses ‚Bezogen'-Sein muss aber recht verstanden werden als ein im Sinngebilde des Partikulärurteils selbst als intentionale Modifikation beschlossene Verweisung auf eine ursprüngliche Sinneskonstitution, in der in früher ausführlich angegebener Weise aus der kategorisch urteilenden Einstellung die partikuläre Sinnbildung ursprünglich erwächst und so das Partikularurteil als eine Sinnesmodifikation auf dem Untergrund des wirklich kategorischen ursprünglich erwächst." – Anm. des Hrsg.

[2] Spätere Anmerkung Husserls: „Äußerlich kennzeichnet sich die Wandlung in der Wandlung der Termini in partikuläre; es erwächst der Schein, als ob es Urteile derselben Formen wären, gleiche kategoriale Bildungen nur mit speziellen gewandelten Phänomenen und partikulären Gesamtsätzen." – Anm. des Hrsg.

⟨b) Partikuläre Phantasieurteile⟩

Auch die bloße Denkmöglichkeit der Phantasie führt auf Partikularitäten, z. B. ich kann mir denken, dass in diesem Garten blaue Rosen wären, es ist denkmöglich. Versetzen wir das Urteilen und die geurteilten Sachverhalte, und dann auch die partikulären Sachverhaltsgedanken in die reine Phantasie – das bedeutet im Grunde eine eigene Operation, die wir, wie wir früher gesehen haben, an allem aktuellen „Ich tue" vollziehen können –, dann gewinnen wir neue Partikularitäten. Wir gewinnen sie mit Rücksicht darauf, dass alle Abwandlungen im Modus des Als-ob auch für die Aktualität eigene Formen hergeben, in der früher beschriebenen Art, in der uns seiende reine Möglichkeiten aus eingebildeten Wirklichkeiten zuwachsen. Denke ich mir in reiner Phantasie, dass irgendein Dreieck rechtwinklig sei und gewinne ich diesen partikulären Sachverhalt in einstimmiger anschaulicher Einheit, im Als-ob, als ob ich das so fände und in den zugehörigen Operationen wirklich gestaltend gewänne, so kann ich in Änderung der Einstellung[1] als wirklich vorfinden die entsprechende reine Möglichkeit: Es ist eine reine Möglichkeit, dass irgendein Dreieck rechtwinklig sei. Darin beschlossen ist übrigens die einfachere reine Möglichkeit partikulärer Form: Ein Dreieck ist eine Möglichkeit, ein Dreieck kann sein, es ist denkbar, dass es sei. Deutlicher gebrauchen wir für dieses im Sinne reiner Phantasie Denkbarsein die Rede von apriorischer Möglichkeit, also: Es ist *a priori* möglich, es ist *a priori* denkbar, dass ...

Es erwachsen hier Existenzialurteile bzw. Inexistenzialurteile, Urteile des „Es gibt" in der eigentümlichen Modifikation des Apriori. Es ist eine Modifikation, die Partikularitäten aller erdenklichen Formen umspannt. Sprachlich werden sie äquivok durch das „Es gibt", „Es existiert" ausgedrückt und durch die verschiedenen sonstigen Redeformen der Partikularität. Aber es sind, wie gesagt, nicht Partikularitäten schlechthin, wirkliche Partikularitäten, sondern apriorische Möglichkeiten von solchen. Alle mathematischen Existenzialsätze haben diesen modifizierten Sinn: Es

---

[1] Spätere Hinzufügung Husserls: „nämlich statt als das in Phantasie versunkene Ich, mich vielmehr als Ich der aktuellen Gegenwart betätigend" – Anm. des Hrsg.

gibt Dreiecke, Vierecke, Polygone aller weiter aufsteigenden Zahlen. Es gibt regelmäßige Polyeder von fünf, sechs, aber nicht von allen Zahlen von Seitenflächen. Der wahre Sinn ist nicht schlechthin ein „Es gibt", sondern „Es ist *a priori* möglich, dass es gibt". Allerdings sind das selbst auch wirkliche Existenzialsätze, überhaupt wirkliche partikuläre Urteile; nämlich sie sprechen über die Existenz von Möglichkeiten, von der Möglichkeit, dass es Dreiecke gibt, aber eben nicht schlechthin, dass es Dreiecke gibt. So überall. Alle Existenzialurteile der Mathematik, als apriorische Existenzialurteile, sind in Wahrheit Existenzialurteile von Möglichkeiten, alle mathematischen partikulären Urteile sind unmittelbar partikuläre Urteile von Möglichkeiten, aber von Möglichkeiten partikulärer Urteile von Mathematischem.

Wir können dann auch korrekt sagen: Unter den apriorischen Möglichkeiten gibt es Möglichkeiten von solchen partikulären Vorkommnissen. Doch das bedarf der Erläuterung. Jede apriorische Möglichkeit ist apriorische Möglichkeit-von, ist *a priori* mögliche Wirklichkeit, und so ist die apriorische Möglichkeit, dass etwas sei, dass es irgendein A gebe, dass irgendein partikulärer Sachverhalt bestehe, eben ein reines Denkbarsein von dergleichen. Andererseits haben wir aber wieder die Doppelheit: Die reinen Möglichkeiten sind selbst Seiendes, etwas, das es in Wahrheit gibt, und so sind auch partikuläre Sätze, die in ursprünglicher Erzeugung als **reine Möglichkeiten selbstgegeben** sind, etwas Seiendes. Unter den seienden Dreiecksmöglichkeiten gibt es irgendwelche Möglichkeiten von rechtwinkligen, stumpfwinkligen Dreiecken. Das sind wirkliche Existenzialurteile, und Partikularurteile über Möglichkeiten. Zugleich aber liegen in ihnen apriorische Vorstellungen v o n denkbaren partikulären Sachverhalten, v o n denkbaren Existenzen usw.

⟨c) Die ursprüngliche Bildung von universellen Urteilen im Bereich der Wirklichkeit⟩

Bahnen wir uns nun den Weg zum **ursprünglichen universellen Urteilen**, also zur ursprünglich **selbstgebenden** Erzeugung universeller Urteilsverhalte, universeller Sätze. Wir werden alsbald sehen, dass das „Überhaupt" dabei wieder seine Rolle spielt, aber einen wesentlich abgewandelten Sinn erhält.

Gehen wir naturgemäß und um der Ursprünglichkeit willen von einer Wirklichkeitssphäre aus. Es sei so, dass wir in ihr erfahrend und begrifflich denkend erkennen, dass dies da A und dieses A B sei, und dass wir im fortschreitenden Erkennen immer wieder ein anderes A finden und immer wieder finden, dass es B sei. In diesem Fortgang erwächst mit jedem neuen Mal eine immer kräftigere Präsumtion, wir erwarten, das neu erfasste A als B wiederzufinden. Aber nicht nur das. Es bildet sich in diesem Fortschreiten ein offener Horizont von möglichen A als real möglichen, von vermutlich noch vorfindlichen. Machen wir nun, wie wir frei können, den Ansatz: irgendein A, bezogen auf diese offene Sphäre. Wir halten uns also erzeugend ein präsumtives A vor Augen, und in der Einstellung der Partikularität „irgendein" A. Und doch wieder nicht in dieser bloß partikulären Einstellung. Nämlich das als „irgendein A" vorgreifend Angesetzte fassen wir zugleich in der Form „irgendeins, welches auch immer", irgendeins, beliebig welches aus dieser offenen Sphäre, die wir vorgreifend als eine offene Kette von A vorstellen. Sowie wir diesen Gedanken des universellen Irgendeins bilden, so haftet ihm, in seiner Universalität, zugleich eine Notwendigkeit des B-Seins an. Irgendeines, beliebig welches, ist als solches notwendig B.

Sie bemerken das Neue: Wir haben im durchlaufenden Überschauen der vorgezeichneten (und vorgreifend anschaulich gemachten) Kette der eventuell zu erwartenden neuen A nicht bloß „irgendeins", in dieser partikulären Form, herausgefasst, sondern das gerade herausgefasste A, und zwar irgendein A, ist ein solches, wofür nach Belieben ein anderes der Kette genommen werden könnte, es ist gleichsam Repräsentant für ein Beliebiges überhaupt. Und dieses „ein Beliebiges überhaupt" ist eine völlig neue Form, und zwar eine unselbständige Form; denn sie ist zugehörig zu einer völlig neuen Sinnesform von Sachverhalten, Überhaupt-Urteilen, von Sätzen, Sätzen, die in diesem neuen Sinn auf schlicht prädizierende mögliche Urteile zurückweisen. Korrelativ ausgedrückt: Es etabliert sich im universellen urteilenden Denken ein Denken völlig neuer Art, ein Urteilen, das nicht schlicht von einem bestimmt gegebenen Subjekt, es begrifflich bestimmend, ein

Prädikat hinstellt, sondern das Neue der Überhaupt-Geltung für solche Prädikationen erzeugt und erfasst: Überhaupt ist mit A B gegeben, überhaupt ist, wenn etwas A ist, es auch B.[1]

Sichtlich ist aus dieser Darstellung der Ursprungsgegebenheit eines universellen Überhaupt-Verhaltes, dass dieses universelle Überhaupt-so-Sein eine höhere Gestaltungsform ist, welche in ihrem Sinn das partikuläre Überhaupt in sich schließt und eben höher formt. Das universelle Überhaupt hat eine Sinnesuniversalität, eine im Überhaupt-Denken bewusst umspannte. Es ist eine Universalität, die ihre Sinnesbesonderung zulässt und in jedem in der partikulären Form „ein A" Gedachten seine unmittelbar besondernde Erfüllung finden kann. Jedes bestimmte A ist ein A und ist passendes „Exempel" für das universelle „ein A überhaupt". Jedes ist als solche Besonderung an das Universelle anzuschließen. Es erwächst damit als eigene Form die des Exempels: ein beliebiges A, welches auch immer, z. B. dieses A, und das natürlich als unselbständiges Stück im entsprechenden Urteil.

Hinsichtlich der universellen Urteile ist nun wieder Ähnliches zu sagen wie hinsichtlich der partikulären. So wie jede auf bestimmten Terminis aufgebaute Sachverhaltsform durch Verwandlung dieser oder jener bestimmten Termini in Termini der Partikularität in partikuläre Abwandlungen dieser Form übergeht, so durch entsprechende Verwandlung in Termini der Universalität in universelle Sachverhaltsformen. Ein universelles Urteil wird überhaupt zum universellen durch solche Termini und es kann dergleichen mehrere haben.[2]

Offenbar kann ein und dasselbe Urteil zugleich partikulär und

---

[1] Spätere Hinzufügung Husserls: „Also nicht ein neuer kategorialer Sachverhalt entspringt unter dem Titel ‚allgemeiner Sachverhalt' bzw. ein vermeinter kategorialer Sachverhalt, vielmehr liegt im Sinne der Rede von allgemeinen Sachverhalten bzw. allgemeinen Urteilen der Sinn einer Allgemeinheit eines Überhaupt, das auf beliebige Sachverhalte bezogen ist und des Näheren zurückweist auf die ursprünglichen Prozesse der Sinngebung, in denen von wirklichen kategorialen Sachverhalten, bestimmt nach Subjekt und Prädikat, die, aufeinander gebaut, den Sinn der Überhaupt-Allgemeinheit konstituieren, Aktionen vollzogen werden. Ich sagte ‚aufeinander gebaut', denn" – Anm. des Hrsg.

[2] Spätere Anmerkung Husserls: „Es ist freilich nicht ernstlich so, als ob man in einem Urteil Termini durch Termini ersetzen könnte, als ob man bloß an dem und jenem Urteilsglied etwas änderte, der Gesamturteilssinn nach allen seinen Sinnesmomenten ändert sich ja mit." – Anm. des Hrsg.

zugleich universell sein, also beiderlei Termini in sich haben und zudem natürlich auch singuläre Termini, wie z. B. jeder Eigenname einen ausdrückt und jedes individuelle „dieses A". Wir haben schließlich noch eine außerwesentliche Umwandlung des ursprünglich universellen Gedankens zu erwähnen, nämlich den Allheitsgedanken und das Allheitsurteil. Bilden wir zunächst die Kollektion „irgendein A und irgendein anderes A usw." und bestimmen wir sie noch durch den Gedanken, dass jedes A überhaupt ihr zugehören soll, so gewinnen wir den Gedanken der Allheit. „Alle A sind B" besagt das plurale Urteil der Allheit, äquivalent mit „Jedes A der Allheit ist B", eine logisch überflüssige Implikation des einfachen Gedankens „Jedes A ist B".

⟨d) Zusammenfassung und Fixierung der Terminologie⟩

Überblicken wir noch einmal, was wir gewonnen haben und festigen wir die Terminologie in passender Anlehnung an die Tradition, aber freilich auch unter einiger Abwandlung. Urteilen ist, im weitesten Wortsinne gesprochen, Identifizieren von intentionalen Gegenständlichkeiten, die in Sonderakten erfasst sind, oder Gestalten von synthetischen Einheiten der allgemeinen Form „Identität"; und Urteilen ist dann weiter ein Titel für alle die Synthesen, durch die aus Identitäten Verknüpfungen von Identitäten und überhaupt höhere Gebilde erwachsen in verschiedenen Abwandlungsformen, also nicht nur die Konjunktion von ursprünglich und schlicht konstituierten Identitäten, d. i. von kategorischen Urteilen, sondern auch durch Disjunktion, durch die Formung, die aus kategorischen Urteilen unselbständige kategorische Vordersätze und Nachsätze macht in den Formen der hypothetischen und kausalen Urteile, oder ⟨in⟩ Attributivsätzen zu Urteilssubjekten, die dann anderweitig noch Prädikate erhalten usw.

Andere Abwandlungsformen ergeben die Gewissheitsmodalitäten. Wir denken uns alles jetzt in ursprünglicher Bildung, gewonnen aufgrund eines in ursprünglicher Erfahrung gegebenen Materials. Diese ganze erste Reihe von Urteilsfunktionen sind auf die Grundfunktion aktueller Identifikation, und zwar in der modalen Grundform der Glaubensgewissheit zurückbezogene Funktionen, wie korrelativ alle so erwachsenden Gebilde auf das ursprüngliche kategorische Urteil zurückbezogen sind. In diesem ist ein individuelles Subjekt selbst und direkt erfasst, und durch alle Abwandlungen gehen diese individuellen Gegenstände als ursprüngliche Termini hindurch und ihre begrifflichen Prädikate sind selbst ursprünglich materiale Prädikate. Alle solche Urteile nennen wir, wie komplex sie auch sein mögen, singuläre Urteile. Ihre Termini heißen singuläre Termini. Sprachlich bezeichnet jeder Eigenname und jedes begriffliche Prädikat, das wirklich genannt ist, wie Rot, Haus, psychisches Phänomen u. dgl., einen singulären Terminus.

Erstens: Urteile, die nur singuläre Termini haben, sind Urteile der ersten Reihe, die freilich selbst wieder ihre Stufenfolge hat, als unterste Stufe das singuläre kategorische Urteil der schlichtesten Formengruppe, wie „Dies ist rot", „Dies ist Teil von dem", „Dies ist intensiver wie jenes" usw. Die zweite Stufe erhalten wir unter dem Titel „partikuläre Urteile". Jeder singuläre Terminus kann sozusagen partikularisiert werden und dann ist alsbald der ganze Sinn des Urteils partikulär. Wir haben dann die mannigfaltigen Formen partikulärer Urteile, je nachdem wir mehr oder weniger singuläre Termini partikularisieren. Und endlich, drittens, haben wir die Stufe der universellen Urteile, wenn wir mindestens einen universellen Terminus haben. Die übrigen können entweder alle singulär bleiben oder auch partikulär werden. Partikularität und Universalität in demselben Urteil schließen sich nicht aus. Aber das Urteil heißt universell, wenn es nur einen universellen Terminus hat.

Es ist passend, hier nun so fortzufahren: Eine eigene Operation ist die der Versetzung von all dem in die reine Phantasie bzw. die Bildung von apriorischer Modifikation. Das erste ist die Bildung von apriorischen Möglichkeiten von singulären Urteilen, die apriorischen Möglichkeiten von partikulären und endlich von universellen. Hinsichtlich der partikulären wissen wir, dass sich damit selbst hinsichtlich der Möglichkeiten partikuläre Urteile ergeben. Was sich hinsichtlich der universellen Urteile durch die Operation des Apriori ergibt, und über die bloße Möglichkeit von universellen Urteilen, ist nun noch zu erwägen.

⟨§ 45. Phantasie als die Ursprungsstätte alles reinen Apriori⟩

⟨a) Die Gewinnung apriorischer Allgemeinheiten
und Notwendigkeiten aus dem universellen Phantasieurteil.
Sachverhalte der empirischen und reinen Implikation⟩

Wir haben bisher eine ursprüngliche Bildung von universellen Urteilen im Bereich der Wirklichkeit, d. i. der Wirklichkeit ursprünglich gebenden Erfahrung besprochen. Die Allgemeinheit ist hier empirisch induktive Allgemeinheit und ihr gehört zu ihre „empirische" oder präsumtive Notwendigkeit. Man pflegt aber zu unterscheiden: empirische Allgemeinheit und Notwendigkeit gegenüber der nicht präsumtiven, sondern unbedingten apriorischen Notwendigkeit, also auch gegenüberzusetzen empirisch allgemeine Urteile und *a priori* allgemeine. Hierbei gibt es aber auch ein diesbezügliches Apriori in der Empirie, und man muss unterscheiden ein reines Apriori und ein empirisch gebundenes Apriori, ein empirisch gebundenes, und doch so, dass das Empirische dabei „außerwesentlich" ist.

Beginnen wir mit dem reinen Apriori. Die reine Phantasie ist die Ursprungsstätte alles reinen Apriori, und schlechthin apriorisches Denken ist Denken, ist Urteilen aufgrund reiner Phantasie, also, abgesehen von den bloß singulären Urteilen, die wegen des Mangels an Objektivität ausscheiden werden,[1] ein

---

[1] Singuläre Urteilsverhalte in Selbstgegebenheit als apriorische Möglichkeiten: „Dieser" Zentaur, den ich soeben in der Phantasie „*a priori*" fingiere, ist bestimmt als der soeben von mir mit diesem anschaulichen Gehalt und diesem Horizont fingierte, unbestimmt nach allem Weiteren und in Beziehung auf meine Freiheit, ihn nun vielfältig weiter zu gestalten.

Ich kann zwei oder mehr Zentauren als von einander unterschieden, gleichzeitig oder nachfolgend, als zusammenseiend fingieren und sie in ihrer individuellen Bestimmtheit unterschieden „gegeben" haben. Aber dieses Zusammen ist wieder im obigen Sinn unbestimmt, und wenn ich zweimal je einen Zentauren fingiere, so ist es im Fall der Gleichheit nur dann bestimmt, ob es dieselben oder verschiedene gleiche Zentauren sind, wenn ich für eine passende Ausgestaltung der Intention Sorge getragen habe. Wenn nicht, hat die Frage nach Identität oder Nichtidentität keinen Sinn. Wie steht es also mit singulären Urteilen jeder Art bzw. mit singulären Sachverhalten als apriorischen Möglichkeiten? Für sie ist natürlich ein objektives Urteil nicht möglich, ihre Gegenstände sind unbestimmt und in Wahrheit nicht bestimmbar. Ich kann sie *in infinitum* einstimmig gestalten und die Idee einer möglichen Wahrheit und möglicher wahrer Gegenstände als mögliche Idee erkennen, d. i. ich gewinne apriorische Gesetzesurteile für das Gestalten intentionaler Gebilde.

Denken in den Formen der Partikularität und Universalität. Von dem apriorischen partikulären Urteilen haben wir schon gesprochen. Wie gewinnen wir nun das apriorische universelle Urteilen und seine apriorischen Gebilde? Natürlich können wir empirisch allgemeines Urteilen fingieren und so im Reich reiner Möglichkeit Zusammenhänge empirisch allgemein und ⟨mit⟩ Notwendigkeit denken, wie wenn wir eine empirische Welt uns fingieren und in ihr induktive Allgemeinheiten, allgemeine Sachverhalte durch Induktion begründet denken. Wir denken dann z. B. „Allgemein muss unter Umständen A B sein", oder „Allgemein, wenn etwas A ist, muss es auch B sein". Das A-Sein lässt das B-Sein als präsumtiv notwendig erwarten. Wenn dergleichen in entsprechender Anschaulichkeit zur Quasi-Selbstgegebenheit kommt, so kommt eine Art Möglichkeiten, die Möglichkeit von empirisch allgemeinen und empirisch notwendigen Zusammenhängen als apriorische Möglichkeit zur Gegebenheit. Aber nicht gewinnen wir so ein apriorisches u n i v e r s e l l e s Urteilen mit zugehörigen apriorischen Notwendigkeiten. Wir gewinnen es auf andere Weise.

Zum Beispiel so: Wir haben in reiner Phantasie einen konkreten Ton, den wir in ihr wiederholen. Nun gewinne ich eine Kette vollkommen gleicher Einzelheiten desselben Allgemeinen, desselben konkreten Begriffs Ton. Ich expliziere einen solchen Ton und finde darin als Momente eine Qualität, eine Intensität, eine Klangfarbe. Ich finde, dass auch die Qualität usw. im Durchlaufen der gleichen Töne gleich sind. Ich kann partikulär urteilen, irgendein einzelner Ton dieses Tonkonkretums habe ein Einzelnes der Begriffe der konkreten Intensität, Qualität etc. Ich kann aber auch weitergehend sehen, aufgrund beliebiger Wiederholung, dass der konkrete Begriff Ton, das Tonkonkretum die unselbständigen Partialbegriffe: diese Intensität, diese Qualität, diese Klangfarbe, in sich schließt und dass jedes mögliche individuelle Einzelne des Tonkonkretums in sich schließt ein einzelnes Moment dieser Intensität, dieser Qualität, und das im freien Variieren. Ich sehe das überhaupt und sehe, dass der universelle Sachverhalt im Reich der apriorischen Möglichkeit besteht, nämlich dass überhaupt, wie der konkrete Begriff seine Teilbegriffe in sich schließt, so überhaupt jeder mögliche Sachverhalt, dass irgendein Einzelnes Ton sei, in sich schließen würde den Sachverhalt, dass dieses selbe Einzelne Intensität, Qualität hat.

Ich kann nun auch eine formale Abstraktion und ein formales Gesetz gewinnen. Ich denke mir beliebige Individuen, die belie-
5 bige Konkreta durch Wiederholung ergeben. Ich bilde die formalen Begriffe Individuum, konkreter Begriff und konkreter Teilbegriff etc. und kann dann sehen: Zu jedem konkreten Individuum gehören eigenschaftliche Momente bzw. Teile, zu jedem konkreten Begriff Teilbegriffe, und jedes Individuum, Einzelnes ein und
10 desselben konkreten Begriffs hat jedem Teilbegriff dieses Konkretums entsprechende Prädikate. Jedes „innere" Moment, jeder Teil im weitesten Sinne eines Individuums, steht unter dem Prädikat, das Teilbegriff seines konkreten Begriffs ist. (Das sind selbst Sätze, die Implikationen ausdrücken: Im Begriff „irgendein Indi-
15 viduum" ist beschlossen „Teil des Individuums", wieder im Begriff „Individuum" ist beschlossen sein konkreter Begriff etc.) Gehen wir von dem ursprünglich in reiner Phantasie, also *a priori* gebildeten Gedanken „ein Ton" aus, ursprünglich gebildet, so dass wir also individuelle einzelne Töne als apriorische Möglichkeiten
20 vor Augen haben, deren Schwanken in der Klarheit uns jetzt gleichgültig ist, und in Beruf⟨ung⟩ auf sie den ursprünglich in absoluter Identität gebildeten Begriff des Tons. Ein beliebiges anschauliches Tonexempel zergliedern wir und finden Qualität und Intensität und die zugehörigen Begriffe bzw. Prädikate. Wir
25 könnten da partikuläre Sachverhalte in Selbstgegebenheit und im Sinn apriorischer Partikularitäten bilden: Irgendein Ton hat irgendeine Qualität, irgendein Ton hat irgendeine Intensität. Das natürlich verstanden als apriorische Möglichkeiten. Aber wir gewinnen hier auch mehr. Variieren wir frei und nehmen im Belie-
30 ben aus den apriorischen Möglichkeiten irgendeinen Ton, so erkennen wir, dass jeder, welcher auch immer, (als apriorische Möglichkeit) irgendeine Qualität hat, dass jeder irgendeine Intensität hat. Man kann auch sagen: Jeder mögliche Ton, jeder erdenkliche überhaupt, schließt in sich eine mögliche Intensität ein.
35 Aber das ist peinlich zweideutig. Denn es könnte auch meinen, dass die Möglichkeit eines Tones es überhaupt mit sich führe, dass er eine Intensität haben könne, dass ich ihn auch als durch den Begriff Intensität bestimmt denken könne, was auch offen ließe,

dass er auch ohne Intensität gedacht werden könne. So etwa, wie ich mir denken kann, dass irgendein Ton der Art Geigenton sei. Was aber hier gesagt sein soll, ist, dass wir überhaupt einsehen können, in der ursprünglichen Bildung irgendeines möglichen Tones, dass der Gedanke des Tonseins den des Intensitätshabens in sich schließt, und zwar überhaupt. In der universellen Einstellung, in der wir einen Ton überhaupt denken, denken wir auch als darin beschlossen sein Intensität-Haben, ebenso sein Qualität-, sein Klangfarbehaben.

Wir können dem auch an die Seite stellen: Bilden wir, das Exempel variierend, den apriorischen Begriff Ton, so finden wir in ihm die Teilbegriffe Qualität, Intensität und Klangfarbe enthalten. Halten wir den Begriff Ton fest und denken irgendein individuelles Einzelnes dieser Art im Überhaupt-Denken, so gehört eben überhaupt zu ihm, dass er auch an den Teilbegriffen von Ton teilhat. Ganz allgemein: Ist ein Begriff in einem anderen enthalten, so gilt für die entsprechenden Prädikationen, dass sie ineinander enthalten sind, nämlich dass universell jedes Subjekt, das den letzteren Begriff als Prädikat hat, auch den ersteren als Prädikat ⟨hat⟩.

Freilich, wenn wir, über den reinen Tonbegriff hinaus, in diese allgemeine Sphäre von Begriffen überhaupt und Gegenständen von Begriffen überhaupt gehen, so haben wir eine weitere, eine rein formale Verallgemeinerung vollzogen und in der Sphäre formaler Allgemeinheit ein apriorisches Überhaupt-Denken vollzogen. Wir gewinnen wie im Beispiel so überhaupt allgemeine Sachverhalte, im reinen Apriori herausgestellt, Sachverhalte, die eine Implikation, ein Ineinander, Ineinanderbeschlossensein als Sachverhaltsform haben. Ausgehend von den niedersten absolut konkreten Begriffen aus individueller Wiederholung und ihren konkreten Teilbegriffen und emporsteigend zu den Begriffen höherer Allgemeinheitsstufe (die selbst in den relativ tieferen enthalten sind) können wir immer wieder solche Zusammenhänge der apriorischen Implikation feststellen, und jede liefert absolut selbstgegebene und, wie wir nun auch sagen können, apodiktisch-universelle Urteilsverhalte. Auch das ist in formaler Allgemeinheit in universellen Urteilen auszusagen und in absolut formaler Selbstbildung einzusehen. Immerfort haben wir dabei das Merkwürdige, dass im reinen Denken, *a priori*, also in purer Phantasie vollzogene Bildungen gegenständlich zu fassende Gebilde hervorgehen lassen und dass diese apriorischen Gebilde mit neu zu vollziehenden Gebilden in Verhältnisse des Eingeschlossenseins treten; dabei haben wir für diese Bildungen universeller apriorischer Urteile der Implikation, ganz so wie für die früheren Bildungen apriorischer partikulärer Urteile, die absolute Gewissheit, dass, wann immer wir diese Gebilde erzeugen mögen, und zwar ⟨von⟩ gleichem Gehalt, wir auch die gleichen Verhältnisse des Eingeschlossenseins finden müssten. Und auch das kann jederzeit zur Selbstgegebenheit kommen in eigenen apriorischen Urteilen, die aber in eine offenbar ganz andere Linie gehören und alle absolut selbstgebenden Bildungen als Korrelate begleiten.

⟨b) Die Implikationsform des Schlusses und seine Gesetze⟩

Nehmen wir noch weitere Beispiele, die nicht auf die Inklusion von Begriffen führen. Ich erfasse *a priori* als eine reine Möglichkeit, dass ein Ton intensiver sei als ein zweiter Ton. Ich gehe in Änderung der Urteilsrichtung von dem zweiten zum ersten zurück und finde, dass er minder intensiv sei. Wieder erkenne ich verallgemeinernd im reinen Überhaupt-Denken, und erkenne es als eine ursprüngliche Gegebenheit, dass überhaupt dieses, dass irgendein Ton intensiver sei als ein zweiter, in sich schließt, dass dieser minder intensiv sei als der erste. Und ebenso auch umgekehrt. Ich kann wieder formalisieren, kann durch formale Vergleichung und Nebenstellung anderer ähnlicher Fälle als Exempel eine entsprechende Erkenntnis für Verhältnisse der Steigerung überhaupt gewinnen: Ist a gegenüber b gesteigert, so ist dasselbe b gegenüber a gemindert, wo a und b die Termini der Universalität sind.

Alle solchen reinen Implikationen von Sachverhalten sind „Schlüsse". Und alle Schlüsse stehen unter Schlussgesetzen, apriorisch universellen Gesetzen der Implikation, alle sachhaltigen Schlüsse und Schlussgesetze dann aber unter formalen Gesetzen. Solche Implikationen sprechen sich entweder aus in der Form: Überhaupt ist ein Sachverhalt der Gestalt A in einem Sachverhalt der Gestalt B enthalten, oder in hypothetischer Form: Wenn überhaupt, gesetzt überhaupt, dass irgendein Sachverhalt der und der Form sei, in apriorischer Möglichkeit gedacht, dann ist damit auch gesetzt, dass der entsprechende andere Sachverhalt sei. (Hier ist aber zu bemerken, dass der hypothetische Sachverhalt in sich schließt den Vordersatz, der, partikulär gefasst, existieren muss.)

Universelle Einschlussverhältnisse im Modus des reinen Apriori haben eine nahe Beziehung zu den singulären und partikulären Einschlussverhältnissen in eben der apriorischen Sphäre. Der primitivste Fall ist der des kategorischen Sachverhalts, dessen Prädikat eine innere Eigenschaft ist, wie „Dieses Ding ist rot" oder „Dieser Ton hat Tonstärke, hat eine gewisse Klangfarbe". Und dementsprechend dann die partikulären Formen: Irgendein Ding kann (dieses Kann als apriorische Möglichkeit verstanden) rot sein, dieser Ton eine Intensität haben. Singuläre Möglichkeitsurteile dieser Art werden, da die Selbstgegebenheit der betreffenden Substratgegenstände nur eine fingierte Idee ist, nicht objektiv hingestellt, da also dieses fingierte Ding da nach seinem Selbst von der Willkür unseres einstimmigen Fortbildens in der Phantasie abhängig ist, obschon es doch als Einheit evident fortzugestalten ist. Solche Urteile haben auch keinen objektiven, keinen festen Sinn. Dagegen die partikulären Urteile haben ihre feste Identität, haben ihre festen Begriffe und setzen für ihre Bildung nur voraus, dass wir das Exempel des Tons eben einstimmig durchhalten. Dies vorausgesetzt ist es klar, dass schon jedes singuläre Möglichkeitsurteil, in seiner willkürlich durchgeführten subjektiven Einheit, und dann jedes hierher gehörige partikuläre Urteil einem universellen Urteil entsprechenden Gehalts äquivalent ist. Liegt das Prädikat als inneres im Subjekt oder sehe ich, dass irgendein Ton als inneres Prädikat Intensität hat, so kann ich sofort, in die universelle Einstellung gehend, erkennen, dass ein Ton überhaupt und ganz allgemein Intensität in sich hat. Eben darum werden solche partikulären Urteile in der Regel gar nicht ausgesprochen. Dem entspricht offenbar wieder ein formales Gesetz, das selbst *a priori* einzusehen ist: Eine partikuläre Möglichkeit einer Inklusion, apriorisch gedacht, schließt die apriorische Notwendigkeit einer solchen Inklusion überhaupt ein, wie auch umgekehrt.

⟨§ 46. Wesen und Gewinnung materialer und formaler apriorischer
Gesetzlichkeiten und die Anwendung des
apriorischen Denkens⟩

Wir haben in der letzten Vorlesung nur einige primitive Gestalten von Sachverhalten in die Sphäre der reinen Möglichkeit erhoben und an ihnen zunächst als Exempeln Überhaupt-Denken geübt, also apriorisch universelle Möglichkeitsverhalte gebildet. Wir haben dabei gesehen, dass aus allem singulären und partikulären Apriori sogleich das entsprechende universelle zu gewinnen ist. In gleicher Weise können wir mit allen Sachverhalten verfahren denken, und wir sehen, dass sich dadurch ein unendliches Feld des universellen Apriori, und dabei eines völlig reinen, mit keinem empirischen beigemengten, eröffnet.

Alle kategorialen Bildungen gehen als Bildungen von Sachverhalten auf den Ursachverhalt zurück, auf den primitiven „kategorischen" Sachverhalt „S ist p" und seine Urformen. Wir könnten ihn auch den schlicht bestimmenden Sachverhalt, die schlichte Bestimmung nennen: „S ist p". Es kann eine totale Identität sein, ein eigenschaftlicher Sachverhalt, ein Teilverhalt, ein Sachverhalt, der die Form einer äußeren Relation hat. Aus jedem solchen Sachverhalt sind dann wieder verschiedene Formen zu bilden, z. B. dadurch, dass das Prädikat ins Subjekt als Attribut tritt, was immer wieder möglich ist. Bestimmende Sachverhalte können in Zusammenhänge und in Relationen treten; wir haben in dieser Hinsicht herausgehoben die Schlüsse, die Verhältnisse des Eingeschlossenseins eines Sachverhalts in einem anderen.[1] An diesen

---

[1] Urform der Bestimmung „S ist p". Fortlaufend: S ist p, dasselbe ist q, dasselbe ist r. Ursprünglichste Ableitung: Sp ist q (Attribution).

S ist p, dasselbe (das nun Sp ist) ist q, dasselbe Spq ist r. „Zusammengezogen": Plural S ist p und q und r. Darin liegt eine durch den Identitätspunkt S charakterisierte Synthese, zunächst eine konjunktive Synthese von Sachverhalten der kategorischen Form (bzw. eine Deckungseinheit, Verschmelzung).

Es kann hier aber eine andere Synthese von Sachverhalten angefügt werden.

S ist p, darin liegt, dass es q ist; S ist p, dasselbe ist q, dieser letztere ⟨Sachverhalt⟩ liegt im ersteren darin. Das S ist dasselbe, aber das „ist q" liegt im „ist p": S ist p, „daraus folgt, es ist q", „also S ist q".

S ist ein Haus, darin liegt, es hat Fenster, ein Dach etc. Das ist der Einschluss des Explikats im expliziten Sachverhalt. Aber da haben wir kein wirkliches Bedingtsein, kein Verhältnis von Grund und Folge.

Fällen haben wir klargemacht, wie das Sich-Denken solcher Sachverhalte und Sachverhaltsverhältnisse, Sachverhaltsverbindungen in reiner Möglichkeit zu apriorischen und universellen Sachverhalten führt; wir können sagen, zu apriorischen Sätzen oder
5 Gesetzen, die im reinen Denken zur Selbstgegebenheit kommen, eben dadurch, dass sie zur Selbstgestaltung kommen.

Wir könnten nun das Gleiche für alle Abwandlungen, welche das urteilende Bewusstsein und damit das Urteil selbst erfahren kann, zeigen. Allem wirklichen Urteilen entspricht eben in der
10 Phantasie ⟨ein⟩ Quasi-Urteilen und Gestalten von entsprechend reinen Möglichkeiten. Wenn also das Urteilen in Wirklichkeit aus einem schlichten Bestimmen in Zweifeln übergeht, wenn sogenannte problematische Urteile („S könnte p sein"), disjunktive Urteile („S ist entweder p oder q") auftreten, so überträgt sich
15 auch das in die Sphäre des Als-ob und des Apriori. Ebenso wenn der Widerstreit von Bestimmungen statt in der Form der Unentschiedenheit, des Zweifels zwischen problematischen Möglichkeiten, vielmehr in der Form des Streites gegen einen fest gegebenen Sachverhalt auftritt, an dem sich der damit streitende und im
20 Streit sich deckende Sachverhalt aufhebt, und wenn so die Modalität der Negation auftritt, dann gewinnen wir Wesensgesetze für Negate. Desgleichen, wenn im wirklichen Urteilen die Modalität des freien hypothetischen Gedankens „gesetzt, es sei S p" auftritt und mit solchen Annahmen sogenannte hypothetische Urteile
25 gebildet werden: In der Annahme „S ist p" ist beschlossen die Annahme „M ist N", oder in der Annahme „S ist p" liegt, dass dasselbe S q sei. Dabei können dann wieder problematische und negative Abwandlungen von bestimmenden Sätzen in die hypothetische Sphäre eintreten. Kurz, alle im wirklichen Urteilen auf-
30 grund wirklicher Erfahrung zu gestaltenden kategorialen Bildungen übertragen sich in das Reich reiner Möglichkeiten, und für all das gibt es dann sein universelles Apriori, seine Wesensgesetzlichkeit, und zwar ein materiales Apriori, wenn wir die materialen Gehalte, die sachhaltigen Kerne ihres Apriori übernehmen in ihrer
35 vollen intuitiven Bestimmtheit. Und wir gewinnen in höherer Stufe formale Wesensgesetze, wenn wir dieses Sachhaltige frei variieren, allein und ausschließlich formale Begriffe wie Gegenstand, Sachverhalt, Bestimmung, Vielheit, Menge oder Begriffe

von Satzformen jeder Art einführen und statt wirklicher Materie nur die formale Idee einer beliebigen Materie überhaupt festhalten.

Wie wir die betreffenden Gebilde im wirklichen Urteilen in wirklicher Erzeugung selbstgegeben haben können, so können wir die entsprechenden Wesensgesetze in wirklicher Selbstgegebenheit erzeugt haben und somit in ihrer Selbsthabe sozusagen sehen. Nur dass dieses Sehen kein sinnliches Sehen ist. Und wie oft wir die gleichen Erzeugnisse von neuem in gleichem kategorialem Denken bilden, z. B.: „Jede Farbe ist ausgedehnt, zum Wesen der Farbe gehört Ausgedehntsein", oder: $2 < 3$, $a + b = b + a$, wir haben damit nicht bloß Gleiches erzeugt, sondern absolut dasselbe, denselben apriorischen Sachverhalt, und das selbst ist ein universelles Apriori, das aber Erzeugung und Erzeugnis verbindet.[1]

Überall gilt als allgemeine Eigentümlichkeit des Denkens in reinen Möglichkeiten, dass die apriorischen Sachverhalte bzw. Urteile einerseits selbst Sachverhalte sind, und andererseits, dass sie sich auf Möglichkeiten von Sachverhalten, von Urteilen beziehen und dadurch auf Möglichkeiten von Gegenständen, Prädikaten etc. Die Möglichkeit einer Farbe ist nicht eine Farbe selbst, die Möglichkeit eines Sachverhaltes „S ist p" ist nicht selbst ⟨der⟩ Sachverhalt „S ist p". Andererseits ist der apriorische Sachverhalt wirklich ein Sachverhalt, aber ein Sachverhalt, der als Wesensgesetz bezogen ist auf reine Möglichkeiten von Gegenständen, von Begriffen, von Sachverhalten, so z. B.: Zum Wesen jedes möglichen Sachverhaltes von der Form „S ist p" gehört, dass er die Möglichkeit des Sachverhaltes „S ist nicht p" ausschließt. Wirklich geurteilt wird überall über apriorische Möglichkeiten, und die sind Möglichkeiten von etwas, von Gegenständen, Sachverhalten usw.

So hat alles, was in der Wirklichkeit wirklich vorkommen kann und vorkommt, sein Spiegelbild im Reich reiner Möglichkeit. Und nun ist der radikale Unterschied klar zwischen dem Urteilen auf

---

[1] Wichtig ist, dass die Operation des Apriori sich iterieren lässt, dass es höhere Stufen von apriorischen Gesetzen gibt, auch apriorische Gesetze für die Gesetzlichkeit des Apriori selbst. Dazu gehört übrigens auch, dass es in der apriorischen Sphäre auch Empirie gibt, problematische Urteile, empirische Allgemeinheiten.

⟨dem⟩ Boden der Wirklichkeit, d. i. über wirklich erfahrene Dinge, über wirkliche Sachverhalte, die an wirklichen erfahrenen Dingen gebildet sind und dgl., und andererseits dem Urteilen im Apriori, im Reich reiner Möglichkeiten; und klar wird zugleich die **bedeutsame Beziehung, die sich zwischen apriorischem und empirischem Denken** und korrelativ zwischen den beiderseitigen Denkgebilden herstellen muss. Das reine Apriori, die universelle Wesensgesetzmäßigkeit, die sich über das Universum reiner Möglichkeiten, des in reiner Phantasie Erdenklichen ausbreitet, findet „**Anwendung**" auf das Denken und die Denkgebilde der Empirie, und unter diesem Titel „Anwendung" tritt eine völlig **eigenartige Form der Subsumtion** auf vermöge der Operation, welche die Verknüpfung von Empirischem und Apriorischem vermittelt. Jedes Wirkliche ist ein Fall reiner Möglichkeit und doch nicht selbst eine reine Möglichkeit. Jede Erfahrung, die ich wirklich mache, jede Bestimmung, die ich im Erfahren wirklich vollziehe, kann ich frei abwandeln und die Einstellung vollziehen, die wir allgemein als Phantasie bezeichnen. Ich erfahre und urteile nicht mehr, d. i. ich vollziehe nicht wirklich die Setzungen, sondern ich stelle mich, als ob ich erführe, als ob ich urteilte, und ich erfasse die reine Möglichkeit. Beides kann ich verknüpfen, an jedem wirklichen Urteil finden, dass es diese Operation jederzeit zulässt und damit seinen bestimmten Sinnesgehalt als Gehalt bloßer reiner Möglichkeit hergibt. Jede Wirklichkeit birgt so einen Fall reiner Möglichkeit in sich. Wirklichkeit und entsprechende reine Möglichkeit haben Deckung, also ein gemeinsames Wesen.[1,2]

In der gewöhnlichen Subsumtion heißt es: Was vom Allgemeinen gilt, gilt vom besonderen Fall. Alle Menschen sind sterblich,

---

[1] Jede momentane reine Möglichkeit, die ich ersinne, und jede Wiederholung gleichen Gehaltes, die aber nicht als dieselbe individuelle Möglichkeit aufgenommen wird (also phantasiemäßig in individueller Identität gemeint ist und forterzeugt wird), hat in der Gleichheit ein identisches Wesen, und das ist eine **eidetische Singularität** (für einen individuellen Gegenstand sein konkretes niederstes Wesen), und dementsprechend auch die Singularitäten der kategorialen Stufe. „Derselbe" bestimmende Sachverhalt ist nur derselbe, wenn ich das Subjekt als individuell identisch fingiere, sonst habe ich eine eidetische Singularität.

[2] Spätere Anmerkung Husserls: „Die Deckung betrifft hier das Unmodifizierte und Modifizierte, das darum doch Identität als Wesensgemeinschaft begründet." – Anm. des Hrsg.

also auch S o k r a t e s , als Mensch. In der neuen Subsumtion, die hier uns erwächst, muss ich erst die Wirklichkeit in reine Möglichkeit verwandeln und d a n n diese reine Möglichkeit unter die apriorische Allgemeinheit subsumieren. Und dann heißt es (und das ist selbst ein apriorisches Gesetz höherer Stufe): Was in apriorischer Allgemeinheit gilt, gilt für jede ihr entsprechende Möglichkeit in der gegebenen Wirklichkeit oder für jede Wirklichkeit, die ihr, gefasst als reine Möglichkeit, entspräche. Zum Wesen des Menschen gehört Seelenleben, also jeder wirkliche Mensch hat es. Auf dem Wege der Anwendung kann also jedes apriorisch allgemeine Urteil in ein empirisch allgemeines verwandelt werden, z. B.: Alle Menschen dieser Welt haben Seelenleben, das Vermögen der Erfahrung, des Denkens etc.

Nun aber tritt in der Empirie eine radikale Spaltung in der Mannigfaltigkeit empirischer Urteile ein, nämlich es ist nun sichtlich, dass empirische allgemeine Urteile e n t w e d e r i n d u k t i v e A l l g e m e i n h e i t e n und nur das sind o d e r a p r i o r i s c h e A l l g e m e i n h e i t e n i n e m p i r i s c h e r A n w e n d u n g oder: die sich als solche Anwendung auffassen lassen, nämlich als Allgemeinheiten, die sich durch Verwandlung der bindenden Wirklichkeit in reine Möglichkeit als Wesensallgemeinheiten, als reine apriorische Allgemeinheiten erschauen lassen.

Der Unterschied ist radikal. Denn empirisch allgemeine Urteile, sie mögen noch so sehr vermöge der Ursprünglichkeit ihrer Erzeugung, ihrer „Evidenz", berechtigt sein und nicht den leisesten Zweifel mit sich führen, sind präsumtive Allgemeinheiten; sie lassen das Nichtsein besonderer Sachverhalte, wie des allgemeinen ⟨Sachverhalts⟩ selbst, offen, soweit sie eben bloß induktiv sind. Apriorische Allgemeinheit umspannt aber alle Denkbarkeit, alle Möglichkeit, und damit alle Wirklichkeit. In diesem Sinn ist sie unbedingt, jede Leugnung und jeder Ansatz eines gegenteiligen Einzelfalls ist eine Unmöglichkeit; so lautet selbst ein universelles apriorisches Gesetz der formalen hohen Stufe.

Jeder empirische Satz, der, in die reine Möglichkeitssphäre erhoben, unbedingt gilt, hat trotz der Empirie seinen ausgezeichneten Charakter, er gilt zwar präsumtiv, weil er präsumtive Unterlagen hat, aber was er unter Voraussetzung der Präsumtion sagt, gilt unbedingt.

Der unbedingten, nicht präsumtiven Allgemeinheit des Apriori entspricht die apodiktische Notwendigkeit; jedes allgemeine Urteil lässt sich hypothetisch wenden: „Alle S sind p; wenn etwas S ist, ist es p".[1] Das S-Sein bedingt, macht notwendig das p-Sein. Aber die empirisch induktive Notwendigkeit wie die empirische Allgemeinheit hängt unablöslich an den Erfahrungssetzungen und an den empirischen Motivationen, unter denen das Urteil seine Begründung findet. Die apriorische Notwendigkeit, die im spezifischen Sinne apodiktisch genannte, tritt rein hervor gerade wenn alle Erfahrungssetzungen ausgeschaltet sind, und sie führt mit sich, wie schon die Allgemeinheit ursprünglicher Gestalt, die apriorische Unmöglichkeit, die Undenkbarkeit des Gegenteiles. Jedes Apriori, jedes Wesensgesetz gibt geleugnet einen Widersinn, Sinn streitet mit Sinn, Wesen streitet mit Wesen. Der negative Gedanke ist eine *a priori* gegebene Unmöglichkeit, was soviel wie ein im Apriori absolut selbstgegebenes „nicht" heißt, „prinzipiell nicht".[2]

⟨§ 47. Der weiteste Begriff des Satzes und Urteils und die dazugehörigen analytischen Denkgesetze als Bedingungen der Möglichkeit einstimmigen, wahren Urteilens⟩

Doch nun bedürfen unsere allgemeinen Besinnungen noch einer wesentlichen Ergänzung. Wir waren von der Empirie, zuunterst von der wirklichen Erfahrung und ihrer schlichten sinnlichen Gegebenheiten, ausgegangen und hatten uns alle Arten empirischer Sachverhalte auf diesem Untergrund in wirklicher Bildung als Selbstgegebenheiten gedacht, in wirklicher Intuition uns jeweils vor Augen stehend. Und darauf bezogen hatten wir ein universelles Reich reiner Möglichkeiten, reiner Notwendigkeiten, reiner Allgemeinheiten, das Reich entsprechender Wesensgesetze. Wir hatten damit urteilendes Denken und doch nicht jedes mögliche urteilende Denken, sondern das, was man rechtmäßig evidentes Urteilen, Urteilen selbstgebender Art nennt oder nennen müsste.

---

[1] Spätere Hinzufügung Husserls „Das Überhaupt-so-Sein erfährt dann eine intentionale Modifikation, in der die Gliederung in hypothetischer Grund und hypothetische Folge entspringt." – Anm. des Hrsg.

[2] Spätere Hinzufügung Husserls: „Und das ist der Charakter des Apodiktischen." – Anm. des Hrsg.

In weitestem Maße urteilen wir aber, ohne dass das Geurteilte selbst, der Sachverhalt, wirklich zur Selbsterzeugung und Selbstgegebenheit käme, wie wenn wir früher Gelerntes reproduzieren, aber dabei doch in Betätigung unserer Überzeugung, eben urteilend. Oder auch wenn wir, gleichgültig aus welchen wirksamen Motiven, einen Einfall, der sich uns darbietet, als wie eine gegebene Wahrheit aussprechen. So wie es ein seinssetzendes, unanschauliches, also nicht selbstgebendes Vorstellen als Gegenstück gegen Wahrnehmung und Erinnerung gibt, so ein unanschauliches und jedenfalls nicht vollkommen selbstgebendes Urteilen.[1] Das im Urteilen bewusst Werdende, das Urteil selbst, der vermeinte Sachverhalt ist dann, wie man auch sagt, bloße „Meinung", und diese ist dann nicht nichts, obschon nicht anzusprechen als selbstgegebener Sachverhalt schlechthin. Auch solche bloßen Meinungen sind Gegenstände, können identifiziert und unterschieden werden, wie z. B. die Meinung „Es gibt regelmäßige Körper".[2]

Daraus erwächst der weiteste doppeldeutige Begriff des Urteils oder Satzes. Es ist das Geurteilte als solches. Dabei müssen wir unterscheiden zwischen wirklichem Satz (Urteil) und entsprechendem möglichem Satz als möglicherweise Geurteiltem; und ihr Gemeinsames ist derselbe Sinn als das Identische wirklicher und möglicher Urteile.[3] Die Vereinzelungen desselben Sinnes aller wirklichen oder möglichen Urteile heißen oft schlechthin Urteile oder Sätze: „Es gibt Dreiecke mit zwei rechten Winkeln", hinsichtlich grammatischer Aussagesätze: ihre Bedeutung. Gleichgültig ist es für die Gegebenheit des Urteils als Urteil, der Bedeutung als Bedeutung, ob der Sachverhalt darin leer gedacht oder

---

[1] Spätere Hinzufügung Husserls: „Und insbesondere ein solches, das nicht unanschauliche Mit- und Vorerinnerung ist, das in einer abgeleiteten Evidenz auf ursprüngliche Evidenz als noch besessene zurückweist." – Anm. des Hrsg.

[2] Spätere Anmerkung Husserls: „Es fehlt die Herausarbeitung des Urteils als Urteils mit der entsprechenden Selbstgebung." – Anm. des Hrsg.

[3] Spätere Anmerkung Husserls: „Aber damit erwächst eine neue fundamentale Modifikation von Seiendem. Seiendes als ‚Erfahrung' modifiziert sich in Seiendes als unanschauliche ‚Vorstellung', aber diese Modifikation führt mit sich: Ich kann wieder, z. B. es selbst zurückholen. Jeder Einfall, ⟨jede⟩ Vorstellung etc. hat als Modifikation diese Zurückweisung, aber dann die Konstitution des vermeinten Sachverhalts als einer eigenen Gegenständlichkeit ‚Urteil' etc. – ‚Urteil' als Modifikation von kategorialer Gegenständlichkeit –, und setzt eine neuartige kategoriale Gegenständlichkeit." – Anm. des Hrsg.

selbstgegeben ist, ja dann, ob es überhaupt zur Selbstgegebenheit kommen kann.[1] Derselbe, mir selbstgegebene Sachverhalt kann auch ein andermal ohne Selbstgebung Vermeintes, Geurteiltes sein, und das kann ich im Übergang von der Meinung zur entsprechenden Selbstgebung sehen. Dabei kann ich unter dem Titel „Urteil" oder „Satz" ein Identisches entnehmen. Aber neben dem Identischen tritt hier noch ein Unterschiedenes auf, und ein höchst bedeutsames. Denken wir bloße Meinungen in entsprechende Einsichten, Selbstgebungen übergeführt, so erwächst die wichtige Synthese der bewährenden Erfüllung. Das urteilende Meinen ist im strebenden Denken das Medium eines Strebens und dieses Streben erfüllt sich, indem aktuelle Meinung und entsprechendes Selbst in die Synthese der Bewährung tritt. In der Deckung haben wir Identität der Meinung, als des Satzes, des Urteils. Aber der Satz hat jetzt in der Selbstgebung und mit dem Charakter der Erfüllung den Charakter des sich bewahrheitenden, des wahren. Alle Erkenntnisabzielung geht vom unerfüllten Meinen zur erfüllenden Selbstgebung. Das Selbstgegebene bewahrheitet und ist wahres Sein in Relation zu allen möglichen leeren Meinungen von demselben.[2] Wo aber im Übergang zur selbstgebenden Anschauung das Vermeinte in eine Synthese des Widerstreits mit einem Selbstgegebenen tritt, da hat das Vermeinte den Charakter des Nichtigen und Falschen. Damit haben wir zugleich einen neuen Typus von Sachverhalten, in denen als bestimmende Prädikate „wahr" und „falsch" auftreten, und auf sie beziehen sich natürlich auch wieder apriorische Gesetze, wie z. B.: Jedes Urteilen, jeder Satz ist entweder wahr oder falsch, oder ⟨der⟩ Satz vom Widerspruch.[3]

Zu den Sätzen als solchen gehört dann das große Gebiet der sogenannten analytischen Wahrheiten, ein merkwürdiges Apriori[4] – dadurch merkwürdig, dass man in dieser Sphäre

---

[1] Vgl. Beilage XXIII: *Satz als Urteil und Satz als „bloße" Bedeutung* (S. 439). – Anm. des Hrsg.

[2] Spätere Anmerkung Husserls: „Aber Satz ist das Allgemeine von leer vorstelligen Sätzen und Vollsätzen." – Anm. des Hrsg.

[3] Spätere Anmerkung Husserls:. „Aber Doppelsinn!" – Anm. des Hrsg.

[4] Vgl. Beilage XXIV: *Das Problem der Evidenz (bzw. auch des eigentlichen Sinnes) formalontologischer Wahrheiten und der Begriff des Analytischen* (S. 445).-Anm. des Hrsg.

über mögliche Sätze und über kategoriale Gebilde überhaupt unbedingte Gesetzeswahrheiten aussprechen kann, ohne die den Sätzen entsprechenden Sachverhalte selbst gebildet zu haben. Also die Sätze brauchen nicht voll anschaulich geurteilt sein, sie können aber auch partiell anschaulich oder ganz leer, wie z. B. im leeren Wortdenken geurteilt sein. Denke ich z. B. jetzt: Irgendein Ding und irgendein Ding, das ist zwei Dinge; zwei Dinge und ein Ding dazu macht drei Dinge; zwei Dinge ist weniger als drei u. dgl., so habe ich jetzt gar kein Ding wirklich anschaulich gedacht, und doch habe ich mit den leeren symbolischen Anzahlgedanken wirkliche Gebilde erzeugt, wirkliche „Kollektionen" und „Anzahlen" und wirkliche Zahlenurteile aufgrund von leer gedachten Einzelheiten. Die Zahlen sind also doch wieder nicht selbstgegebene Zahlen schlechthin, sondern Gebilde, die Zahlen in leerer Weise meinen.[1] Und hier können wir sogar apriorische Gesetze finden. Ebenso wenn ich mir denke: Irgendein Ding hat eine Eigenschaft, und dazu: Dasselbe Ding hat diese Eigenschaft nicht, so erkenne ich im reinen Überhaupt-Denken, dass diese Urteile unverträglich sind. Natürlich ist das apriorische Urteil als evidentes eine Selbstgegebenheit, aber es ist eben ein Urteil über Sätze und über kategoriale Gebilde, die bloß kategoriale Bedeutungsgebilde sind.[2] So wie das Urteil 2 < 3, das ich aus wirklicher Bildung als Urteil habe, auch wenn ich meine synthetische Tätigkeit im Leeren mit leer gesetzten Einheiten vollziehe, sich von dem Sachverhalt selbst (oder, was gleichwertig ist, der Wahrheit selbst) unterscheidet, so unterscheidet sich die kategoriale Bedeutung „2", die bloße Bedeutung „ein rundes Viereck" usw. von einer Zwei selbst, dem entsprechenden Wahren. Eine kategoriale Bedeutung, die nicht selbst ein Satz ist, hat ihr Wahres und Falsches sich gegenüber wie ein ganzer Satz oder ein Satzgebilde.

Auf das Reich der Bedeutungen beziehen sich die rein

---

[1] Spätere Hinzufügung Husserls: „Mit anderen Worten: nicht eigentliche Zahlen, sondern intentionale Modifikationen von Zahlen, ebenso statt Zahlenverhalte (arithmetische Sachverhalte selbst) intentionale Modifikationen von solchen, ‚bloße' Urteile, ‚bloße' Sachverhaltmeinungen." – Anm. des Hrsg.

[2] Spätere Hinzufügung Husserls: „ohne Frage nach der sachlichen Wirklichkeit bzw. Möglichkeit der Gebilde, auf die sie als intentionale Modifikationen verweisen" – Anm. des Hrsg.

grammatischen Bedeutungsgesetze, die nach möglicher Wahrheit und Falschheit der Sätze überhaupt nicht fragen,[1] und die analytischen Bedeutungsgesetze, die über mögliche Konsequenz und Inkonsequenz sowie über mögliche Wahrheit und Falschheit möglicher Urteile aufgrund der bloßen Sinnesform apriorische Feststellungen machen, z. B. ⟨der⟩ Satz vom Widerspruch. Zur Einsicht kommen sie, wenn nur die Sätze als Sätze wirklich erzeugend gegeben sind, während es nicht des Überganges zu den entsprechenden möglichen Sachverhalten bedarf, in denen sich die Sätze als Urteile ihrerseits bewahrheiten würden.

Eine weitere Ergänzung beträfe die Aussagen, das sprachliche Denken. Jede Aussage ist eine zweiseitige Einheit von Wort und Bedeutung, ein Aussagesatz von grammatischem Satz (Wortsatz) und Urteilssatz als Bedeutung des grammatischen Satzes. Das bedeutungsgebende Urteil kann verwirklicht sein als evidentes Urteil, darin hat der grammatische Satz Einheit mit dem selbst gegebenen Sachverhalt, dem wahren. Doch hat das sprachliche Denken für uns doch nur Interesse um dessentwillen an ihm, was Bedeutung verleihendes Denken, Urteilen, kategoriales Bilden ist. Und so übergehen wir die hierher gehörigen Fragen.

Man kann nun fragen: Wie können wir über bloße Urteile, ohne intuitiv zur Bewahrheitung überzugehen, Wahrheitsgesetze aussprechen, ⟨sie⟩ einsehen? Überlegen wir: Das Denken vollziehen wir vorwiegend in Verknüpfung mit sprachlichen Symbolen als sogenanntes sprachliches Denken, und zum großen Teil „leer"; man spricht daher auch von „bloß symbolischem Denken". Die analytischen Denkgesetze, die der bloßen Urteilsform (der sogenannten formalen Logik), sprechen Bedingungen der Möglichkeit einstimmigen Urteilens aus bzw. Bedingungen der Möglichkeit dafür, dass ein Denkender überhaupt Urteile der und der Sinnesform soll zur einstimmigen Urteilseinheit bringen können, z. B. ⟨der⟩ Satz vom Widerspruch in der Form: Ein S kann nicht zugleich p und nicht p sein, oder Modus *Barbara*. Diese Gesetze muss ein Urteil, das wir als noch symbolisch unerfülltes in der Regel annehmen können, vorweg erfüllen, ehe nach seiner

---

[1] Spätere Anmerkung Husserls: „Ja, nicht einmal nach ihrer Kompossibilität als zusammen zu vollziehende Urteile." – Anm. des Hrsg.

Wahrheit gefragt werden kann. Es muss sie erfüllen, um überhaupt bewahrheitet werden zu können. Einstimmigkeit in der Einheit des Urteils bzw. Möglichkeit eines in wirklicher Bildung zu bildenden Urteils, eines solchen, das soll einheitlich geglaubt werden können, ist vorweg die Bedingung der Möglichkeit der Selbstgegebenheit eines entsprechenden Sachverhaltes.[1] Es ist selbst ein apriorisches Gesetz, dass, was nicht einstimmig geglaubt werden kann, wie ein Widerspruch, auch nicht wahr sein kann, in keine Synthese der Erfüllung eintreten kann. Die analytischen Gesetze sind formale Gesetze solcher Einstimmigkeit, die Termini sind in ihnen frei variabel.[2] – *Notabene*: Das Korrelat des Glaubens ist das Gewiss, also Einstimmigkeit des Urteils selbst ist hier Einstimmigkeit der Gewissheiten[3] zur Einheit einer Gewissheit.[4]

Andererseits kommt es auf die Termini an, ob gegebenenfalls Urteile als auf Sachverhalte gerichtete Meinungen wirklich erfüllbar sind. Wenn wir über das Analytisch-Formale hinausgehen, so stoßen wir auf die übrigen Gesetze *a priori*, die eben nicht für Urteile überhaupt und bloß aufgrund ihrer Urteilsform und unangesehen ihrer Termini gelten. Das letztere besagt, dass im rein analytischen Denken alle Termini frei variabel sind.[5] Wenn wir das Gesetz aussprechen: „Wenn ein Urteil der Form ‚alle A sind B' gilt und zudem ein Urteil der Form ‚alle B sind C', so folgt daraus ‚alle A sind C'", so sind sämtliche Termini als frei variabel gedacht. In einem geometrischen Wesensgesetz aber sind die Termini natürlich nicht frei variabel.

---

[1] Scheiden! a) Gesetze der Konsequenz; b) Gesetze, dass die Konsequenzgesetze Bedingungen möglicher Wahrheit sind.

[2] Spätere Anmerkung Husserls: „Aber im Sinne einer ‚leeren' Variation. Es bedarf nicht der Anschauung irgendwelcher Sachen selbst und der freien Variation der sachlichen Gehalte." – Anm. des Hrsg.

[3] Spätere Hinzufügung Husserls: „der Momente des schlechthinnigen Seins an den Gliedern des Urteils (Substratsein, Prädikatsein etc.)" – Anm. des Hrsg.

[4] Spätere Hinzufügung Husserls: „Und ebenso die in die Einheit eines Urteils höherer Bildungsstufe zu vereinenden Urteile." – Anm. des Hrsg.

[5] Spätere Hinzufügung Husserls: „Nach ihrem Sinn, mit der einzigen Bedingung, dass der jeweilige Sinn identisch erhalten sei." – Anm. des Hrsg.

⟨V. Abschnitt⟩

DIE TRANSZENDENTALE PHÄNOMENOLOGIE ⟨ALS WESENSWISSENSCHAFT DER TRANSZENDENTALEN SUBJEKTIVITÄT⟩ UND DIE PROBLEME MÖGLICHER ERKENNTNIS, MÖGLICHER WISSENSCHAFT, MÖGLICHER GEGENSTÄNDLICHKEITEN UND WELTEN

⟨10. Kapitel

Die Idee der transzendentalen Egologie⟩

⟨§ 48.⟩ Rekapitulation ⟨des bisherigen Gedankengangs⟩

Wir sind in unserer Reihe von kategorialen Besinnungen zum Abschluss gekommen. Wir haben in ihnen das ungeheure Feld des apriorischen Denkens hinsichtlich der in ihm uns zuwachsenden Gebilde, der apriorischen oder Wesensgesetze, überschaut und seine Beziehung zum Wirklichkeitsdenken verstehen gelernt. Das apriorische Denken ist von einer Art, dass es sich in immer höheren Stufen betätigen kann. Auch die apriorischen Gebilde sind Gegenstände, sind in ihrer Art Wirklichkeiten, mögliche Themen für Wirklichkeitsdenken, und auch das kann wieder in die Region reiner Möglichkeit erhoben werden; und so stehen die Gebilde apriorischen Denkens selbst wieder, auch wenn sie schon apriorische Gesetze sind, unter apriorischen Gesetzen höherer Stufe und eventuell, wie der Satz vom Widerspruch, unter sich selbst. Aber damit relativiert sich Wirklichkeit und reine Möglichkeit nicht endgültig; und wenn auch jedes apriorische Gebilde eine Wirklichkeit ist, so ist nicht jede Wirklichkeit ein apriorisches Gebilde.

Die reale Wirklichkeit, die empirische jeder Art, bildet gegen das Apriori aller Stufen einen scharfen Kontrast und bildet ein eigenes Reich, ebenso wie das gesamte Apriori ein Reich bildet.

Besinnen wir uns nun auf den Zweck unserer ganzen langen und recht mühsamen Überlegungen. Denken wir daran, dass sie selbst zur Einheit einer Besinnung gehören sollten, durch die wir als werdende Philosophen zu einer Philosophie, zu der Begründung einer universalen und absoluten ⟨Er⟩kenntnis, zu einer *scientia universalis* höchsten und strengsten Sinnes kommen sollten. Wir schalteten unsere ganze bisherige Erkenntnis, die gesamte Erfahrung und das Gesamte unserer gewonnenen gedanklichen Überzeugungen aus, um uns eine neue Erkenntnis, eine echte, absolut gerechtfertigte zu schaffen. Wir besannen uns über Ziele und Wege, vor allem über den Sinn solcher Rechtfertigung. Die erste Forderung, die Apodiktizität, besagte Rückgang auf vollkommene Selbstgegebenheit, die jede Negation, jeden Zweifel unmöglich macht. Wir gingen dann weiter, wir fanden die sinnliche Welt als eine nicht apodiktisch gegebene. Wir schalteten sie aus. Wir erreichten das *ego cogito* und gewannen an dem durchgehend schlechthin undurchstreichbaren Ego, weil durchgehend und immer wieder in absoluter Identität gegebenen Ego, und an der notwendig immerfort erfüllten Form des Bewusstseinsstroms und seiner immanenten Zeit ein absolut Festes der immanenten Erfahrungsgehalte, ferner bei aller wechselnden Erinnerungsklarheit doch auch an dem einzelnen *cogito* einen Kern der Undurchstreichbarkeit, weil absoluter Selbstgegebenheit. Das betraf auch die jeweiligen intentionalen Gehalte in ihrem identisch festhaltbaren Sinne und in der Weise ihrer jeweiligen Gegebenheit.

Aber Erfahrung gibt noch keine Wissenschaft. Sie ist keine Erkenntnis, prägnant gesprochen. Wir beschäftigten uns nun langehin mit dem Denken und seinen „kategorialen" Gebilden. Wir sahen gewissermaßen zu, wie wir, jeder natürlich als Ego, denkend Erzeugnisse gewannen, in verschiedenen Formen, und die Erzeugnisse selbst wieder zu neuen Erzeugnissen neuer Formen verbinden konnten. Wir sprachen lange nicht vom Ego und von unseren Absichten als werdende Philosophen, aber selbstverständlich war von uns die vorgezeichnete Methode und ihre Einstellung festgehalten. Im Rahmen des dem Ego selbst absolut gegebenen *ego co-*

gito war das Erfahren, das Erfahren der empirischen Welt wie das reflektive Selbsterfahren des Ego, jeweils gegeben, und im Erfahren ist gegeben das Erfahrene als solches, ebenso das aufgrund des Erfahrens sich vollziehende Denken als Erfahrungsdenken, das Erzeugen bestimmender Urteile und ihrer Bestimmungen und so aller sonstigen kategorialen Gegenständlichkeiten aus empirischem Material, dabei das selbstgebende und symbolisch leere, weiter das Denken in reinen Möglichkeiten; und ⟨wir⟩ gewannen apriorische Gesetze, formale und materiale, analytische Sätze im Sinne der formalen Logik und alle anderen Gesetze. Alle diese Erzeugnisse des Denkens waren uns als seine Erzeugnisse selbstgegeben, in wirklicher Reflexion auf das „Ich denke", auf das wirklich sich bestätigende Erzeugen und seine wirklichen Erzeugnisse.

Immerfort gingen wir von Selbstgebungen, von Aufweisungen an Selbstgeschautem (von wirklichen Selbsterzeugungen von in seiner Selbstheit Gegebenem) zu neuen solchen Aufweisungen über. Keine Feststellung machten wir im leeren Vormeinen, im bloß symbolischen Meinen. Was selbstgegeben und in seiner Selbstheit direkt erfasst ist, wie könnte das geleugnet werden, allem haftet Apodiktizität an. Die naive Setzung der Welt, der durch Präsumtion gegebenen Welt, hatten wir vorweg ausgeschaltet, aber wir hatten sie dann wieder als die jeweils in den Erlebnissen des erfahrenden *cogito* und in dem darauf gebauten Denken intentionale Welt genau so, rein im Rahmen der Selbstgebung genommen, als wie sie intentionale gerade dieser Erlebnisse war und, je nachdem ⟨wohin⟩ wir das Interesse lenkten, der einzelnen Erlebnisse, einzelner synthetischen Zusammenhänge oder ⟨der⟩ gesamten Synthese bisheriger Erfahrung. Dann aber mussten wir zugestehen, dass selbst die präsumtive Setzung der Erfahrung ihre Ursprünglichkeit hat und dass das Erfahrene als Erfahrenes, das Ding in seinem sich gebenden gewissen Dasein, seine Apodiktizität hat, nämlich seine Undurchstreichbarkeit für das Ego der betreffenden Erfahrung in dem jeweils aktuellen synthetischen Erfahrungszusammenhang mit dem zugehörigen Horizont, also auch dem zugehörigen Vorbehalt. Natürlich muss diese Apodiktizität genommen sein in diesem Sinne, in dieser vorbehaltlichen Setzung und bezogen auf diese Erfahrung.

Und dasselbe gilt für empirische Urteile, empirisch kategoriale Bildungen verschiedenster Art. In dieser Hinsicht haben wir freilich nicht allzu viel gewonnen. Ich, der werdende Philosoph, finde im Rahmen meines *ego cogito* nun freilich sehr viel Undurchstreichbares unter dem Titel „erfahrene Natur". Nämlich in absolut undurchstreichbaren erfahrenden Erlebnissen und ihren synthetischen Vereinheitlichungen finde ich das einstimmig sich durchhaltende, in seiner Einstimmigkeit selbstgegebene Dasein dieser von mir als Ego erfahrenen Dinge; ich kann es nicht negieren und bezweifeln so wie es da sich gibt, also als daseiend, und trotz der offenen Möglichkeit, dass weitere Erfahrung es aufheben könne. Aber diese Undurchstreichbarkeit hängt am Intentionalen der jeweilig einstimmig durchgeführten wirklichen Synthesis innerhalb meiner egologischen Sphäre und die Fortführung dieser wirklichen Synthese kann Anderssein bringen oder Nichtsein, und das geht also meine neue Erfahrung und ihr Undurchstreichbares an. Wir sehen: Da gibt es also zwar E v i d e n z , S e l b s t g e g e b e n h e i t , a b e r k e i n e E n d g ü l t i g k e i t , die das erfahrene Ding, seinem Dasein nach, schlechthin zu setzen gestattet, unabhängig von der immer neu wechselnden Aktualität des Erfahrens und damit der Möglichkeit, durch neue Erfahrungssynthese in Nichtdasein verwandelt werden zu können. Das überträgt sich auf die kategorialen Gebilde, welche Erfahrung voraussetzen.

Es ist klar: Was wir unter dem Titel E r k e n n t n i s suchen, ist nicht bloß überhaupt Undurchstreichbarkeit oder geradeweg gesprochen Selbstgegebenheit des oder jenes Modus, so wie hier des der Vorbehaltlichkeit in Bezug auf die subjektive Erfahrungslage, sondern endgültige Selbstgegebenheit, also prinzipiell nicht vorbehaltliche, welche nur als beständig wechselnde, als relative konstatiert werden kann, als an die zeitweilige subjektive Erfahrungs- und Motivationslage des Ego Gebundenes.

⟨§ 49. Die allein mögliche Erfüllung der Forderung des
hodegetischen Prinzips nach Undurchstreichbarkeit und
Endgültigkeit in einer apriorischen Wissenschaft
vom Ego⟩

Betrachten wir nun aber dieses Ego und ganz allgemein diesen allgemeinen Boden, auf dem wir uns durchaus bewegen müssen, so haben, finden wir da vielerlei, was uns jeweils absolut undurchstreichbar entgegenkommt:[1] unser wechselndes Vorstellen, Urteilen, Fühlen, Wollen mit all seinen Gehalten, darunter die wechselnden Dingerscheinungen und die vermeinten Dinge selbst als erfahrene genau in dem Wie ihrer Gegebenheitsweise und ebenso alle kategorialen Gehalte als momentane Erzeugnisse des erzeugenden aktuellen Denkens. Alle Urteile, die wir hier unter diesem Titel *ego cogito* fällen, sind natürlich empirische Urteile, sofern sie eben das Dasein beurteilter Einzelheiten als Erfahrungsunterlage haben. Es sind Urteile der egologischen Empirie.

Aber wie sollen wir aufgrund dieser Empirie zu einer universalen und absoluten Erkenntnis kommen? Wie sollen wir einen geordneten, zielsicheren Weg finden, diese Idee systematisch zu realisieren? Die empirischen Gegebenheiten in der egologischen Sphäre sind ursprünglich in einer Wahrnehmung, einer nie wiederkehrenden Wahrnehmung aufgetreten und sind nur in wiederholter Erinnerung zu identifizieren. Gewiss bietet die Wiedererinnerung hier, das war festgestellt worden, apodiktische Gehalte; aber Wiedererinnerung bedarf einer Weckung und diese Weckung hängt an Zufälligkeiten der Assoziationsanregungen. Immanente Erfahrung mag absolut Undurchstreichbares bieten, sie führt nur zu einem zufälligen Gemenge von Einzelheiten aus einer kontinuierlich strömenden Unendlichkeit. Ferner, jedes erfasste egologische Datum, ein Empfindungsdatum, ein Gefühl, ein intentionaler Gegenstand usw., ist Einzelheit aus dem jeweiligen Gesamtbewusstsein, es hat unerfasste Hintergründe. Allerdings sind sie bewusst, aber wie sollen sie nachträglich in einer am Erinnerten

---

[1] Freilich, in dieser Bezogenheit hat es in jedem Moment Anteil an der allgemeinen absoluten Undurchstreichbarkeit des *ego cogito*.

sich versuchenden Reflexion zur Einzelerfassung kommen und dann zur Analyse und Deskription?

Jedenfalls sahen wir keine Möglichkeit, von erfahrenden Feststellungen zu erfahrenden, geordnet von beschreibenden Erfahrungsurteilen zu Erfahrungsurteilen fortzugehen, um dann etwa zu versuchen, empirisch induktiv Verallgemeinerung zu gewinnen, um so eine empirische Wissenschaft vom Egologischen gemäß der Idee einer absoluten und universalen Erkenntnis ins Werk zu setzen – eine Wissenschaft, die ihre Zweckidee in einer systematischen Folge von endgültigen Feststellungen verwirklicht oder in einer absolut evidenten, durch apodiktische Endgültigkeit gesicherten Methode zu vorläufigen Erkenntnissen führt, die jederzeit wieder frei verfügbar wären, die in dieser methodischen Folge dem Endzweck der Wissenschaft sichtlich entgegenführen.

Doch müssen wir darum einer solchen Zweckidee entsagen? Wir haben ja noch nicht die Möglichkeit apriorischer Erkenntnis, rein apriorischer und ihrer Anwendung zu einer apriorischen Erkenntnis in empirischer Wendung erwogen. Die reine apriorische Erkenntnis heißt, sagten wir, im ausgezeichneten Sinne apodiktisch. Ausgezeichnet ist sie vor allem dadurch, dass es für sie nichts von jener Vorbehaltlichkeit der empirisch induktiven Erkenntnis gibt, nichts von einer Bindung der Selbstgegebenheit an das momentane Erfahren, das momentane Denkerleben. Ich, das Ego, kann ein Wesen und Wesensgesetz immer wieder zu ursprünglich erzeugender Bildung bringen und, wiederholte Erzeugungen überblickend, jederzeit und selbst *a priori* erkennen, dass das Erzeugnis numerisch dasselbe, das eine und selbe undurchstreichbare ist. Zum Wesen der Wesenserzeugnisse überhaupt gehört also apodiktisch objektive Endgültigkeit für das Ego, und das ist der Grundcharakter absoluter Erkenntnis, wie wir sie suchen. Die Wesensgesetzlichkeiten sind zwar für mich, das Ego, nicht anders intentionale Einheiten wie die Erfahrungsgegenstände; aber es sind für mich intentionale Einheiten, die ich in Freiheit immer wieder als absolut dieselben erzeugend wieder gegeben haben kann, und sie sind durch keine künftige Erzeugung aufhebbar, sie sind *a priori* in alle Ewigkeit Erzeugbarkeiten, *aeternae veritates*. Ferner, durch das Wesensapriori kann ich ⟨in⟩ die Empirie, sozusagen durch μέϑεξις, apodiktische Notwendigkeit hineinbringen und kann jene besonders ausgezeichnete Leistung vollführen, die da apodiktische Erklärung, „exakte Erklärung" heißt.

Doch vorher: Es gibt nicht nur einzelne Wesensgesetze. Wir wissen aus unserem naiven wissenschaftlichen Streben aus der Zeit, bevor wir der Idee des werdenden Philosophen genugtun wollten, dass man von eigenen apriorischen **Wissenschaften** sprach, und in unserem egologischen Feld haben wir natürlich auch unter dem historischen Titel „Mathematik und reine Logik" eingeklammerte prätendierte apriorische Wissenschaften stehen, also als intentionale Korrelate von unserem zu betätigenden Denken. Das legt⟨e⟩ uns doch den Gedanken nahe, dass sich die Idee einer universalen und absoluten Erkenntnis vielleicht **zunächst** in rein apriorischer Form, also als im spezifischen Sinne apodiktische Wissenschaft für reine Möglichkeiten würde begründen lassen. Wesenserkenntnisse sind absolute Erkenntnisse.

Was besagt Wesenswissenschaft? Die Antwort ist klar. Denken wir uns lauter solche Erkenntnisse, und so geordnet, so aufeinander gegründet, dass auch dies zu absolut selbstgebender Evidenz kommt, dass ein fortgehender *methodus* der Apodiktizität hinstrebe gegen die ebenso evidente Idee einer geschlossenen Totalität solcher Erkenntnis.

Es erwächst uns also als erste Idee einer Wissenschaft die **Idee einer apriorischen Wissenschaft vom Ego** und allem im Bereich des Ego Vorfindlichen und als zweite vielleicht die Idee einer **empirischen philosophischen Wissenschaft** von dem Ego und seinen Gehalten. Wir ahnen die Möglichkeit einer empirischen Wissenschaft, die die apriorische Philosophie anwendet und vielleicht durch die Anwendung befähigt wird, einen systematischen *methodus* zu gewinnen, um die unübersehbare Fülle empirischer Einzelheiten, der erfassten und der durch Mangel an Erfassung versunkenen – und nicht nur der vergangenen und der künftigen dazu – durch apriorische Hilfsmittel indirekt zu erkennen und das direkt Erfasste apodiktisch empirisch zu „erklären".

Nun könnte man noch fragen: Warum ist denn da gesprochen von **einer** apriorischen Wissenschaft vom Ego? Es war vorher doch von besonderen apriorischen Wissenschaften die Rede, wie es die mathematischen Disziplinen sind. Kann es nicht im Bereich des Ego gesonderte apriorische und dann auch empirische Zusammenhänge geben, die für sich Totalitäten bilden und in Bezug auf welche gesondert die Idee strenger Wissenschaft, also absoluter und universaler Erkenntnis gesteckt werden kann?

Indessen, meine Besinnungen haben doch schon so weit geführt, dass ich, obschon im rohen Überschlag, doch einsah, dass alles, was für mich als Gegenstand selbstgegeben ist und selbstgegeben sein kann, nur gegeben sein kann als in irgendwelchen konstituierenden Bewusstseinsmodis und als synthetische Einheit. Jedes gegenständliche Apriori weist auf ein Apriori zurück, das die gegenständliche Einheit als synthetische Einheit in die Synthesen und in die Bewusstseinsmannigfaltigkeiten zurückleitet und sich auf die Wesenszusammenhänge zwischen so gearteter Gegenständlichkeit und so geartetem konstituierendem Bewusstsein bezieht. Die Mathematik spricht von keinem Bewusstsein, aber alles, was sie gibt, und alles Gegenständliche, worauf sie sich bezieht, hat eben als intentionales seine konstitutiven Seiten, und so kann Mathematik in letztem Sinne keine selbständige abgeschlossene Wissenschaft sein, die anderes, was die egologische Sphäre bietet, nichts anginge. Natürlich sprechen wir dabei von Mathematischem, z. B. Raum, Bewegung, Zahl usw., rein in selbstgegebenen oder selbstzugebenden Gestaltungen, also in Gestaltungen, die mir, dem Ego, nicht fremd sind, sondern sich in meinem egologischen Bereich, sei es auch durch die Willkür meiner Erzeugung, vorfinden. Das gesamte Apriori, das ich einsah, und alles, was ich einsehe und je soll einsehen können, gehört als intentionale Einheit meines Bewusstseins in dieses Bewusstsein selbst hinein, obschon nicht als reelles Stück. Auch eine ideale Einheit, die ihr An-sich hat, hat dies als Einheit möglichen oder wirklichen Bewusstseins. So weit spanne ich eben und muss ich spannen das, was ich *ego cogito* nenne, dass es alles intentional darin Beschlossene umspannt. Auch wenn ich Mathematisches einsehe, bin ich dabei und das Mathematische ist bei mir, ist Einheit in meinen Denkgestaltungen, und alles, was ich da finde, ist Eigenheit meines Ego, meines Bewusstseinsstromes und als meine Gesetzmäßigkeit anzuerkennen.

⟨§ 50. Sicherung des Bodens der apriorischen Egologie. Ihre Verwirklichung als transzendentale Phänomenologie⟩

Wir sind in unseren methodischen Besinnungen hinsichtlich einer zu begründenden Philosophie zu einer im weitesten Sinne fundamentalen Einsicht oder mindestens zunächst einer fundamentalen Voraussicht gekommen, der Voraussicht, dass eine Philosophie, eine absolut gerechtfertigte Wissenschaft nur zu begründen ist, wenn an erster Stelle eine apriorische Wissenschaft im Rahmen des *ego cogito* begründet wird. Mit anderen Worten: Eine apriorische Egologie, einzig auf dem absoluten Faktum „Ich bin" beruhend, im Übrigen aber kein empirisches Datum aus der Faktizität meines dahinströmenden Erlebnisses mitsetzend, ist die Bedingung der Möglichkeit einer Philosophie überhaupt.

Dass es überhaupt gegenüber den durch immanente Erfahrung gewonnenen Daten, also bezüglich meines Ego und des Bewusstseinsstroms, apriorische Erkenntnis, reine Wesensgesetze geben muss, die ich jederzeit in selbsttätiger Erzeugung erschauen kann, Erkenntnis, die also vom Zufalle der Faktizität meiner Erlebnisse unabhängige und objektive Endgültigkeit hat, das ist uns selbstverständlich. In Freiheit kann ich ja jede aufgewiesene Erlebniswirklichkeit in das Reich reiner Möglichkeit versetzen, Wesensabstraktion üben und nach Wesensmöglichkeiten, Wesensnotwendigkeiten und Wesensunverträglichkeiten forschen und sie als wesensgesetzliche Allgemeinheit wirklich finden.

Nun könnte man zweifelnd fragen: Ist nicht auch die egologische Wesenserkenntnis eine Sphäre von Erinnerungszufällen? Was nützten die aufgewiesenen Erkenntnisse mit all ihrer apodiktischen Objektivität, wenn sie ein Haufen zusammenhangsloser Erkenntnisse wären und wenn ich sie nach der Aufstellung vergäße, also nicht in freier Willkür wiedererinnern könnte als sie selbst? Indessen, diese Schwierigkeit löst sich gemäß dem in unseren vorangehenden allgemeinen Besinnungen Gewonnenen, löst sich insbesondere mit Rücksicht auf die selbst als Wesensgesetz zu konstituierende Einsicht, dass der den ganzen Strom meines Daseins und Lebens bezeichnende Satz *ego cogito cogitata*, den ich wann immer reflektierend aussprechen kann, ein allgemeiner Titel für mannigfaltige, durch dieses ganze Leben notwendig hindurchgehende Wesensstrukturen ist. Damit ist, wofern ich das einmal bemerkt habe, für mich auch klar, dass, soweit diese allgemeine Wesenstypik reicht, ich *a priori* von jeder Gegenwart aus, in der ich die philosophische Arbeit der Aufsuchung und Etablierung von Wesensgesetzen vollziehen würde, immer wieder zu demselben Bestand von Wesensgesetzen kommen müsste. Dazu sehe ich auch, dass ein Konkretum, wie das des Ego in dem Bestand seiner Wesenselemente und seiner wesensgesetzlichen Zusammenhänge, nicht in ungeordneter Weise in einen zusammenhangslosen Haufen zerfallen könne. Also käme ich immer wieder von neuem zu derselben Wesensordnung.

Endlich ist auch Folgendes eine nicht unwerte Einsicht: Habe ich einmal angefangen damit, diese Wesensstruktur in Wesensfeststellungen herauszuarbeiten, und meinen freien Willen auf das Ziel gerichtet, und zwar als bleibendes Ziel für mein künftiges Leben, diese Wesensstruktur, d. i. das System der egologischen Wesensgesetze, zu erforschen, so brauche ich für meine Lebensarbeit nicht um meine Wiedererinnerung an früher Geleistetes besorgt zu sein. Was ich mir als apriorische Überzeugung bleibend zugeeignet habe, kann nicht absolut vergessen werden, weil es an einem Prinzip der Weckung fehle; denn ein solches Prinzip ist immerfort wirksam. Die Wesensgesetze und mit ihnen der offene Horizont der gesuchten ⟨Erkenntnisse⟩ sind geschöpft aus und in Beziehung zu meinem aktuellen Ego und seinem unendlichen reflektiv erfassten Strom. Solange der philosophische Wille lebendig wirksam bleibt, so lange bleibt das immer lebendige „Ich will" und der immer gegenwärtige Lebensstrom mit seiner immer gleichen Struktur mit der Intention aufzusuchende Wesensgesetze behaftet, und in eins damit bleibt das in die Vergangenheit meines Lebens Versunkene an schon erkannten Wesensgesetzen sozusagen im Griff, und in Zusammenhang mit dieser Intention der Fortführung, die an den offenen Lebensstrom gebunden ist. Mit einem Worte: Was im Sinne dieses philosophischen Willens liegt, bleibt auch nach der Versunkenheit in das Bewusstseinsvergangene in Weckung, und es bedarf nur, wenn ein Motiv für erneute Klärung spricht, der Erfüllung dieser leeren Weckung eben durch Erneuerung.

Wie steht es nun mit der Verwirklichung dieser großen Leitidee einer apriorischen Egologie? – Sie ist nichts anderes als die transzendentale Phänomenologie, obschon in einer vorläufigen Begrenzung. Doch hier darf nicht davon als Faktum die Rede sein, sondern von ihr als einer zu ergreifenden Wirklichkeit und als einer Möglichkeit der Selbsterzeugung für uns als werdende Philosophen. Nun, was zunächst ⟨die⟩ Aufweisung egologischer Wesensgesetze überhaupt anlangt, so brauchen wir nach solchen nicht erst zu suchen. Wir kennen solche schon in Hülle und Fülle. Ich erinnere Sie nur daran, dass wir uns nach Einführung der phänomenologischen Reduktion und der Feststellung des *ego cogito* eine Reihe von Vorlesungen damit beschäftigten, uns in der egologischen Sphäre umzutun. Wir vollzogen Schritt für Schritt systematische Beschreibungen und wählten die beschreibenden Begriffe und Worte nach dem Prinzip, sie rein intuitiv dem Geschauten anzupassen. Nun, jede solche Beschreibung war von vornherein, ohne dass wir es wussten, eine Wesensbeschreibung. Wir brauchen uns nur klar zu machen, dass, was wir da im Faktum aussagen und was da als faktischer Typus auftritt, selbstverständlich ganz so in die reine Möglichkeit überzunehmen ist und dann eine Wesensform und ein Wesensgesetz ausdrückt. Zum Beispiel: Immerfort steht mir, dem Ego, im wachen Leben wahrnehmungsmäßig eine reale Natur vor Augen, in ihrem Zusammenhang, mit Leibern einig, Menschen- und Tiersubjekte usw. Nehmen wir die Naturdinge in der Wahrnehmung, und rein als intentionale Gegenstände der Wahrnehmung, so ergeben sich die Beschreibungen nach jeweilig erscheinenden Seiten, nach Orientierungsunterschieden, nach mannigfaltig wechselnden abschattenden Erscheinungen, den perspektivischen Gestalt- und Farbenaspekten usw. Das alles, mit der ganzen immer größer werdenden Fülle von Unterschieden, welche eine eindringende Analyse herausstellt, sind keine zufälligen Fakta.

In reiner Möglichkeit betrachtet, erkennt man sofort, dass der sich heraushebende Wesenstypus einer Dingerfahrung und eines erfahrenen Dinges als solchen in apodiktischer Wesensallgemeinheit genaue Beschreibungen fordert, die wir vollzogen haben, nur dass wir jetzt sehen, dass es apodiktische Wesensdeskriptionen sind. Fingieren wir ein Ding, als ob es wahrgenommen wäre (und dasselbe besagt: fingieren wir das Dasein eines Dinges schlecht-

hin, aber in reiner Fiktion), dann ist es nicht denkbar denn als synthetische Einheit von „Erscheinungen", als Einheit von mannigfaltigen Aspekten, als Identisches, das notwendig in irgendwelchen Orientierungen gegeben ist, von verschiedenen Seiten usw.
Die Erscheinungen bilden dann ein Erscheinungssystem, ein vieldimension⟨ales⟩, von ganz bestimmten Wesensstrukturen, an denen kein Gott etwas ändern könnte, die Orientierungen ein Orientierungssystem usw.

Das gleiche gilt von allen weiteren Beschreibungen, die wir vollzogen haben und musste dafür gelten. Denn es ist selbst *a priori* evident, dass, wenn wirklich phänomenologische Reduktion innegehalten ist und die Reflexion rein das erfasst, was in der Selbstgebung der Reflexion, also der immanenten Wahrnehmung gegeben ist, nichts resultieren kann, was nicht in die reine Möglichkeit erhoben und wesensgesetzlich gefasst werden kann. Nur wo eine Beschreibung, wie die gewöhnlichen empirischen Beschreibungen, mit „empirischen Begriffen" operiert und mit Präsumtionen wirtschaftet, also was nicht wahrhaft selbstgegeben, selbstgesehen ist, in die Beschreibung hineinzieht, ist die beschreibende Aussage keine Vereinzelung eines Wesensgesetzes. Andererseits aber verstehen wir, dass jede reine Selbstgebung dem Rahmen des Ego zugehört, es muss nur durch bewusste phänomenologische Reduktion das Bewusstsein davon gewonnen werden. Selbst wenn ein Apriori, irgendein Wesensgesetz zur Erfassung kommt, ist es Gebilde im Rahmen der Immanenz. Nur muss man dann sich die große und selbst apriorische Einsicht zueignen, dass gleichgeformte und mit völlig gleichem Sinn durchgeführte kategoriale Akte ihre Gebilde nicht zwei- oder mehrmal als bloß Gleiches haben, sondern dass diese⟨s⟩ als i d e a l e r P o l numerisch identisch ist. Das Ideale, und Ideales jeder Art, hat i d e a l e s S e i n i m R a h m e n e i n e s E g o, das wesensmäßig die betreffenden Bildungen in sich jederzeit vollziehen kann als solche identischen Gehalts. Auch das Ding selbst in seiner Wahrheit als an und für sich seiendes Ding ist ein, nur anders geartetes, Ideales; es ist die zu jedem lebendigen Strom kontinuierlicher Synthesis äußerer Erfahrung gehörige I d e e der Möglichkeit, jederzeit diese Synthesis *in infinitum* fortzuführen, auf sie jederzeit zurückzukommen und identifizieren zu können, eine Idee, die zur erfahrenden Antizipation gehört. Auch diese Idee a l s Idee bzw. die Tatsache, dass zum Wesen, zum Apriori einstimmiger Erfahrung von naturalem Sein eine solche Idee gehört, dass sie als das beständig antizipierte identische Dasein des Dinges selbst fungiert, ist ein egologisches Apriori.

Und schließlich, der Inhalt der gesamten vortastenden Besinnungen und der in ihnen schrittweise vollzogenen Aufweisungen ist hierher gehörig, alles, was wir aussprachen, haben wir im Rahmen reiner Intuition, in Selbstgebung aufgewiesen, und wir haben es von vornherein immer allgemein aufgewiesen und ausgesprochen, es fungierte als allgemeines Prinzip für unser Suchen. Jedes solche Allgemeine war, genau besehen, ein Bestandstück der egologischen Wesenslehre. Es bedurfte da nur einer leichten Überlegung, um zu zeigen, dass es zwar vor der etablierten Egologie liegt, auf die es erst hinleitet, und dass es andererseits doch in ihr selbst seinen natürlichen Standort hat, als ein in ihrem systematischen Aufbau selbst an seiner Stelle auftretendes Apriori. Also alles, was wir über Wiedererinnerung, über reine Phantasie, über Abstraktion, über Aktivitäten des Denkens der Kategorien usw., und (schon vor aller Frage nach apodiktischer Auswertung) weit ausführen mussten, all das ist wiederzuerkennen als Wesensbeschreibung, hineingehörig in den Bereich des *ego cogito*. So haben wir also in den langen Mühen um die Eingangspforte der Philosophie und zunächst eine Begründung der Phänomenologie, ohne es zu wissen, beständig phänomenologische Analyse getrieben. Freilich ist sie das nur wirklich und kann fruchtbar als das nur wirken, wenn man es weiß, und das ist, wenn man jeder solchen Wesensallgemeinheit bewusst den Stempel der egologischen gibt, sie im egologischen Wesenszusammenhang einordnet. Über den scheinbaren Zirkel, der darin liegt, dass eigentlich Phänomenologie erst zu begründen ist, wenn man sie hat, mindestens wenn man sie unbewusst schon übt, werden wir noch nachher sprechen müssen.[1]

---

[1] Vgl. Beilage IX: *Zur Zickzackmethode adäquat-apodiktischer Erkenntnisbegründung* (S. 391). – Anm. des Hrsg.

⟨§ 51. Die Bildung des Eidos Ego und die Umgrenzung des
Gebiets der egologisch-eidetischen Philosophie
als Phänomenologie⟩

Aber nun fragt es sich, wie wir im Besitz der voll bewusst wirkenden Zweckidee einer zu realisierenden Wesenslehre des Ego zu ihrem systematischen Aufbau kommen sollen. Übung in der Beschreibung und Analyse haben wir schon gewonnen, aber es gilt, sie von unten auf streng in jeder Feststellung und systematisch in der Methode des Fortschreitens aufzubauen. Was ist da die Leitidee für die Methode selbst, für den geordneten *progressus* der Feststellungen?

Ich habe sie vorhin schon angedeutet, oder mindestens das erste angedeutet, was dazu berufen ist, uns zur Leitung zu dienen. Eidetische Egologie unternehmen, d. h. zunächst doch, als dieses faktische Ego das Universum der egologischen Möglichkeiten, der Möglichkeiten für ein Ego überhaupt überschauen; es heißt also, das Eidos Ego, das allgemeine Wesen selbsttätig bilden, dessen Vereinzelung das faktische Ego ist und das immerfort als aktuelles Subjekt der ins Spiel zu setzenden Tätigkeiten und Untersuchungen fungiert. Ich bin und bin als Subjekt dieses faktischen Erlebnisstroms mit der kleinen Sphäre strömender Gegenwart und dem Horizont der endlosen Vergangenheit, die meine wirkliche Gewesenheit besagt, und der Zukunft, die nur Präsumtion ist. Ich kann nun frei diesem Strom neue Erlebnisse der Art reiner Phantasie einverleiben, in denen ich Gegenwart und Vergangenheit und vermutete Zukunft beliebig umfingiere. Eben damit aber fingiere ich mich selbst um, ich werde zum Ich der umfingierten Erlebnisse und des beliebig umfingierten Erlebnisstroms. Ich bin das nicht als das wirkliche Ich, ich bin ausschließlich Ich des wirklichen Erlebnisstroms. Ich gewinne also eine unendliche Mannigfaltigkeit abgewandelter Ichgestalten mit den gewandelten Erlebnisströmen, aber alle in notwendiger Deckung mit mir, dem wirklichen Ich. Jedes neue Ich bin ich nicht, wie ich bin, sondern ich, als ob ich das wäre. Ähnlich wie wenn ich ein Ding vor mir umfingiere, so ist das Umfingierte in Wahrheit nicht, und ist doch in Deckung mit dem dastehenden Wirklichen und ist dieses, als ob es ein anderes wäre. Ich habe eine Unendlichkeit von möglichen Ich in Deckung mit dem Ego, die Unendlichkeit seiner möglichen Abwandlungen als Möglichkeiten (alle freilich, wenn ich darauf achten will, aufgehoben durch die Wirklichkeit, als nicht seiend in Wirklichkeit). Dies ist der apriorische Umfang für alle *a priori* für mich zu fingierenden Sondergestaltungen, also der Umfang reiner Möglichkeiten, die mir „eingeboren" sind, also auch der Umfang, auf den alles Apriori, das ich je soll konstituieren können, bezogen ist. Jedes Apriori ist mir „eingeboren". So habe ich das Universum der für das Ego zugänglichen eidetischen Gestalten in prinzipieller Weise umgrenzt, und als Reich eingeborener Ideen. Sie sind mir gemein mit allen Egos überhaupt, die meine eidetischen Abwandlungen sind. Ich habe dem Ausdruck „eingeboren", der sonst eine so unheilvolle Rolle in der Philosophie spielte, einen tieferen und notwendigen Gleichnissinn gegeben, der seine Anwendung rechtfertigen kann.

Der Urbegriff ist hier die konkrete Gattungsidee oder konkrete Region Ego, der höchste Begriff, zu dem ich von der konkreten Individualität Ego durch freieste Fiktion kommen kann. Diese Region umgrenzt als Gebiet die egologisch-eidetische Philosophie, die Phänomenologie. Sie ist absolut in sich geschlossen, da es das Ego in seiner Unendlichkeit ist.

Wie jedes Konkretum seine konkreten Strukturen hat, so hat die Region ihre regionalen Strukturen, und diese liegen als unmittelbar apriorische Wesenseigenheiten in jeder konkreten Möglichkeit eines Ego dieser Deckungsmannigfaltigkeit darin, sie können als deskriptive Wesensallgemeinheit jeder solchen Möglichkeit sozusagen abgelesen werden. Wir brauchen nur an unsere früheren Beschreibungen zu denken. Nicht bloß zu mir als Faktum, sondern zu mir als einem möglichen Ego überhaupt gehört der allgemeine Erlebnisstrom und gehört dann die Wesenstypik strömende Gegenwart, Vergangenheit und Zukunft, und jeder dieser Titel ist zunächst Leitung für systematische Deskriptionen. Die Gegenwart ist immanente Wahrnehmungsgegenwart; zu jedem Ego gehört eine Wahrnehmungssphäre, und Wahrnehmung ist ein beständiger und notwendiger Titel für das Ego.

Der Urbegriff, auf den die Phänomenologie bezogen ist, ist der Begriff des Ego, es ist der regionale Begriff, der das Gebiet der eidetischen Egologie und dann nicht minder der eventuell empirischen umgrenzt. Genauer gesprochen ist er der oberste konkrete totale Begriff, der von dem faktischen Ego auszubilden ist.

Nebenbei bemerkt zeigt sich, dass das Ego die Eigentümlichkeit hat, dass es einen niedersten Allgemeinbegriff der Art, wie wir ihn
5 als **absolutes Konkretum** früher definiert haben, nicht hat. Das Ego kann nicht wiederholt werden als eine Kette von rein möglichen koexistenten und absolut gleichen Egos, und wie sehr einzelne seiner Momente wiederholbar sind, aber dann verteilt auf individuell verschiedene Egos, so ist der totale Komplex der ent-
10 sprechenden Wesensmomente, die ein Ego bietet, nicht wiederholbar. Darin liegt: das Ego hat die merkwürdige Eigenheit, dass für es **absolutes Konkretum und Individuum zusammenfallen**, dass die niederste konkrete Allgemeinheit sich selbst individuiert.[1] Vergleichen wir aber verschiedene individuelle
15 Egos, nämlich in freier Abwandlung des Ego, konstituieren wir die Gattungsidee, in der jede reine Möglichkeit meines Ego sich vereinzelt, so haben wir die Gattung all dieser konkreten Individuen, die oberste konkrete Idee der Totalitäten, deren jede Ego heißt. Und jede ist eine abgeschlossene Totalität, wie wir *a priori* einse-
20 hen; zu jeder gehört der jeweilige Ichpol und sein strömendes Leben, in der Fülle seiner Momente, und gehört die Endlosigkeit des schon gelebten Lebens, das im „Gedächtnis" geborgen und als wiedererweckbare Vergangenheit des Ego die endlose vergangene Zeit ausfüllt und das Sein als zeitlich vergangenes hat, und ähnlich
25 hinsichtlich der offenen Zukunft, dem Reich des Kommenden. Das ist also eine strömende zweiseitige Unendlichkeit mit der Form der immanenten oder egologischen Zeit, die notwendig erfüllte ist. Diese Totalität umfasst also alle möglichen Einzelerlebnisse als konkrete Teile, sie sind, ungleich der Totalität selbst, un-
30 selbständig, da sie notwendig im Ego Zusammenhang mit anderen Erlebnissen haben.

Es ist hier ähnlich wie hinsichtlich der in naiver Einstellung als schlechthinniges Dasein erfahrenen Natur bzw. den ihr eingeordneten Naturdingen. Natur ist in dieser Einstellung die Totalität, das
35 regionale Gebiet der Naturwissenschaft. Die Dinge sind nicht wie die Natur selbständig, sondern in ihr unselbständige Teile, sie

---

[1] Das Ego ist „Substanz"; eine Substanz individuiert sich selbst.

sind, was sie sind, im einheitlichen Naturzusammenhang. Natur aber als unendliche Totalität kann nicht das unmittelbare Arbeitsthema der Naturforschung sein. Unmittelbar sinnlich gegeben ist das einzelne Naturobjekt, freilich so, dass die gebende Erfahrung die auf Zusammenhänge verweisenden Horizonte in sich birgt. Die Natur als Totalität kommt nur zur Gegebenheit in kontinuierlich-synthetischem Fortgehen von Dingerfahrungen zu anderen Dingerfahrungen, im Durchmessen der raumzeitlich-kausalen „Unendlichkeiten". Die Natur ist Gegenstand eines in gutem Sinne endlosen, endlos kontinuierlich fortschreitenden Anschauens, das in die Innenhorizonte eines Dinggegebenen und in seine Außenhorizonte eindringt, und nach allen Seiten. Eben dasselbe gilt in absoluter Einstellung für das Ego, die absolute Totalität. Unmittelbar immanent gegeben, unmittelbar erfassbar im ersten Sinne ist ein einzelnes sich abhebendes Erlebnis, etwa eine einzelne Wahrnehmung und ihr Wahrgenommenes als solches. Nur im Durchlaufen der Zusammenhänge, im kontinuierlichen überschauenden Fortgehen von Erlebnis zu Erlebnis wird die Totalität anschaulich. Wahrnehmbar ist sie nach einer Seite im immanenten Fortwahrnehmen und eventuell willkürlichen Eindringen in die Zukunft in Form der Wahrnehmung, aber die Vergangenheit ist nur durch Wiedererinnerung rekonstruierbar in Endlosigkeit und mit dem „Usw." Nur singuläre Erlebnisse ⟨sind⟩ abgeschlossen wahrnehmbar. So versteht sich, dass auch für Begriffs- und Urteilsbildung und dann für die Wesensbetrachtung das Einzelne gegenüber der Totalität vorangeht.

⟨§ 52. Die Aufgabe eines systematischen Aufbaus der ersten Wissenschaft an Hand systematischer Leitfäden⟩

Wir haben uns in der letzten Vorlesung klargemacht, dass ein an dem jeweiligen Faktum hängendes bestimmendes Urteilen im Rahmen des *ego cogito* und darauf noch gegründet ein Bilden empirisch allgemeiner Urteile durch Induktion uns einen unübersehbaren Haufen unzusammenhängender Erkenntnis liefern würde, deren endgültige Sicherung zudem mehr als fraglich wäre. Wir gewinnen also keine Wissenschaft. Ganz anders steht es, wenn wir uns zunächst vom Faktum völlig befreien und auf reine Wesenserkenntnis und Wesensgesetze ausgehen, uns also als erstes Ziel die Begründung einer rein apriorischen Wissenschaft, einer egologischen Wesenslehre stellen, einer reinen Phänomenologie. Hier eröffnet sich eine unendliche Mannigfaltigkeit im strengsten Sinne apodiktischer, durch objektive Endgültigkeit ausgezeichneter Erkenntnis. Es ist auch keineswegs eine systemlose Mannigfaltigkeit. Im näheren Studium erkennen wir bald, dass es nicht an systematischen Leitfäden fehlt für ein geordnetes Fortschreiten von apodiktischen Erkenntnissen zu apodiktischen Erkenntnissen, und damit ist gesagt, dass sich im geordneten Fortschreiten eine Wissenschaft, und notwendig erste Wissenschaft verwirklicht, die der leitenden Idee absoluter Rechtfertigung vollkommen entspricht. Mit einem anderen Worte, sie ist die erste philosophische Wissenschaft und, wie sich dann weiter einsehen lässt, Fundament und Methode für eine empirische Philosophie, d. i. für die universale Einheit aller in absoluter Rechtfertigung zu gewinnenden Erkenntnisse, die das Universum egologischer Fakta theoretisieren.

Es wäre nun hier die Aufgabe, zunächst den **systematischen Leitfäden** nachzusinnen, die der Wesensforschung (der eidetisch-egologischen Forschung), die wir die phänomenologische nennen, die Regelordnung vorschreiben. Denn als werdende Philosophen und Phänomenologen haben wir die Phänomenologie noch nicht, sondern suchen sie und die Methode ihres Aufbaus.

Zunächst ergibt sich eine Scheidung ohne weiteres: die zwischen unmittelbar intuitiv auf⟨ge⟩wiesenen, den **deskriptiven** Wesenserkenntnissen und den nur **mittelbar** durch Deduktion und aufgrund prinzipieller Wesensgesetze der Deduktion zu rechtfertigenden Wesenserkenntnis⟨sen⟩ des Ego. Das **erste** wäre also das Problem der Leitfäden für eine systematische Deskription bzw. für die Begründung einer rein deskriptiven Phänomenologie. **Dies macht den Urbegriff der Phänomenologie aus**, und zunächst nur als solche ist die Phänomenologie bisher begründet worden. Dass so wie die empirische Deskription der Natur, deren systematische Ausführung wir in der naiven naturhistorischen Wissenschaft kennen, so auch die apriorische Deskription in Bezug auf das Ego und den totalen Bereich seiner möglichen Erlebnisse und immanenten Gegenständlichkeiten und alle ihre Gegebenheitsmodi eine vorgezeichnete systematische Ordnung

haben muss, davon überzeugt man sich leicht. Man muss nur auf die allgemeine Gestalt hinblicken, in der sich dem Ego sein Leben zunächst als strömende Gegenwart bietet, mit einer strömenden Intentionalität, und dann durch Eindringen in Vergangenheit und
5 Zukunftshorizont der ganze Erlebnisstrom in der Form der immanenten Zeit und in ihren ursprünglich zeitlichen Gegebenheitsmodis bietet. Man sieht sofort, dass das Faktum, in die reine Möglichkeit erhoben, Leitfäden der Ordnung in sich hat. Dass wir in unseren Vorbesinnungen uns schon davon Direktion geben ließen
10 und im ersten Anhieb geordnet verfuhren, ist ein Zeugnis dafür.

Naturgemäß wird die erste Deskription sich an wahrnehmungsmäßig gegebene Erlebnisse anschließen, also sich an reine Erlebnismöglichkeiten als mögliche Wahrnehmungsgegebenheiten halten. Hier bietet sich unwillkürlich und ungesucht ein **systematischer Leitfaden** der Untersuchung dar, indem man von
15 Beispielen ausgeht, die in sich als Wahrnehmungen Wahrnehmungen von Gegenständen sind: dass man die Identität des Gegenstandes festhält und nach verschiedenen Erlebnissen fragt, die zunächst Wahrnehmungen vom Selben, aber doch nicht identisch
20 desselben Wesens sind. In der ersten Überschau fällt schon auf, dass in der Wahrnehmung als Wahrnehmung ein Gegenstand bewusst ist, der in verschiedenen Modis der Gegebenheit in anderen Wahrnehmungen gegeben sein könnte. Also naturgemäß wird man mit einer Wahrnehmungsanalyse beginnen und sich halten an ei-
25 nen hervorstechenden und immer bereiten Gegenstandstypus, wie es Naturgegenstände sind, da Natur ein Titel für beständig vorhandene wesensgleiche Gegenständlichkeit im wachen Leben ist. Ebenso kann man andere immer bereite Typen von Gegenständen, Animalien, Menschen nehmen, in die Reflexion blickend den Ty-
30 pus immanente Wahrnehmung und immanenter Gegenstand, und so systematisch deskribieren. Dann fallen aber im wachen Leben beständig auftauchende oder vorhandene andere Bewusstseinstypen auf, Wiedererinnerung, Vorerwartung, Retention, die man zunächst als gegenwärtige Erlebnisse betrachtet und unwillkürlich
35 wieder zu deskribieren sucht unter Erhaltung der Typen von Gegenständen, für die man Wahrnehmungsanalyse gegeben hatte.

Aber auch die allgemein bei Wechsel der Gegenstände sich erhaltenden Bewusstseinstypen, die Gattungsformen Wahrnehmung-überhaupt, Erinnerung-überhaupt etc. und schließlich auch Bewusstsein-überhaupt, treten in den Kreis des Interesses usw.[1] Sie sehen, dass hier die Struktur des Ego selbst die Leitung gibt für die Erkenntnis, und zwar Wesenserkenntnis der Strukturen eines Ego überhaupt. Doch will ich der Kürze der Zeit halber hier nicht verweilen und Sie nur auf die Hauptstücke systematischer Deskriptionen in meinen *Ideen* verweisen, die in den *Logischen Untersuchungen* ihre speziellen Ergänzungen finden. Nur auf eine allgemeinste Scheidung innerhalb der deskriptiven Phänomenologie selbst sei verwiesen, auf die Scheidung der Lehre von den allgemeinen Bewusstseinsstrukturen mit ihren intentionalen Gehalten, welche **vor aller Frage nach der Vernünftigkeit**, nach wahrem Sein der betreffenden Gegenständlichkeiten, nach Richtigkeit bzw. nach Einsicht (Evidenz) der sie vorstellenden, irgendwie bewussthabenden Erlebnisse liegen, und andererseits der **Lehre von der Vernunft selbst**. Alle die Besinnungen, die wir selbst im Suchen nach einer echten Philosophie oder Wissenschaft vollzogen, waren Besinnungen über Vernunft. Sie fragen ja nach Wegen zu einer absolut gerechtfertigten Erkenntnis, und alle Ergebnisse, die da von uns gewonnen wurden und unser Leitstern sein sollten und waren, sind Wesenseinsichten, welche die Vernunft betreffen. Mit anderen Worten, sie betreffen das Wesen der verschiedenen Evidenzarten, der vorbehaltlichen und absoluten Selbstgebung, der Selbstgebung von Einzelheiten, von Wirklichkeiten und reinen Möglichkeiten, von sinnlichen Einzelheiten und kategorialen Gebilden. All das gehört bei systematischem Aufbau der Phänomenologie in die höhere Stufe, die der reinen Vernunftlehre hinein. Es legt freilich dieses Verhältnis von Vorbesinnung und Wiederkehr der Leitidee der Vorbesinnung im System und auf seiner höheren Stufe wieder den Gedanken an den Zirkel der Phänomenologie nahe.[2] Doch lassen wir das jetzt auf sich beruhen.

---

[1] Das wird doch vorangehen!

[2] Vgl. Beilage IX: *Zur Zickzackmethode der adäquat-apodiktischen Erkenntnisbegründung* (S. 391). – Anm. des Hrsg.

⟨11. Kapitel⟩

Der Begriff der transzendentalen Erkenntnistheorie.
Ihr Verhältnis zur transzendentalen
Phänomenologie

⟨§ 53. Die erkenntnistheoretische Problematik in natürlicher und transzendentaler Einstellung⟩

Zur Charakteristik der Bedeutung und des Wesens der letzterwähnten unseren philosophischen Interessen am nächsten liegenden Scheidung werfen wir einige Blicke auf die traditionelle transzendentale Erkenntnistheorie in ihrer Beziehung zu unserer transzendentalen Phänomenologie. Wenn diese Erkenntnistheorie sich als „transzendentale" bezeichnet, so drückt sie damit ihre Bezogenheit auf das Problem der Transzendenz aus. Genauer ist es die Frage: Wie ist Erkenntnis, zuhöchst wissenschaftliche, von einer transzendenten Welt möglich? Und welchen Sinn kann eine Welt haben, die in unseren objektiven Wissenschaften erkannt wird?[1]

Das Problem erwächst in der natürlichen Einstellung und wird auch weiter in ihr behandelt. Als natürlicher Mensch finde ich mich in der Welt als ihr Mitglied und zugleich ⟨als⟩ sie erfahrend und wissenschaftlich erkennend. Nun sage ich mir: Alles, was für mich da ist, ist für mich dank meinem erkennenden Bewusstsein da, alles, was ich erkenne, ist Erkanntes meines Erkennens, es ist Erfahrenes, aufgrund meiner Erfahrung Gedachtes, Theoretisiertes, als wissenschaftlich wahr Begründetes. Das Erfahren ist mein Erleben, und Erfahrenes habe ich nur als Intentionales in diesem erfahrenden Erleben. Ohne das hätte ich für all mein Denken überhaupt kein Substrat. Das Denken ist aber wiederum mein Denken, ich bilde Begriffe und Sätze, verknüpfe die Sätze zu Schlüssen, zu Theorien. Damit vollziehe ich ein höherstufiges

---

[1] Vgl. Beilage XXV: *Zur Grundfrage der Erkenntnistheorie, ob und wie gültige Erkenntnis wahrhaften Seins selbst möglich ist* (S. 467). – Anm. des Hrsg.

Bewusstsein, in dem das zuunterst Erfahrene meines erfahrenden Bewusstseins seine neuen Denkbestimmungen erhält.

Wenn ich dabei zwischen normaler und trügender Erfahrung scheide, so ist, was das eine und andere charakterisiert, Sache meiner eigenen unterscheidenden Akte, und die Charaktere sind in meinem Bewusstseinsbereich selbst auftretende Charaktere. Ebenso, wenn ich in höherer Stufe evidentes und nichtevidentes Denken, wenn ich *a priori* notwendiges und *a priori* widersinniges oder empirisch richtiges und verwerfliches Denken unterscheide. Evidenz, Denknotwendigkeit, Widersinnigkeit usw. ⟨sind⟩ alles in meinem Bewusstsein selbst auftretende Charaktere. Und schließlich das „wahr und wirklich", das „So ist es notwendig" usw., das ich meinem intentionalen Gegenstand am Ende meiner Erkenntnisabzielung, am Ende meiner evident machenden Begründung zuspreche, was bedeutet es anderes als ein Vorkommnis im Rahmen meines Bewusstseins? Also nur als Bewusstes meines Bewusstseins, als Erkanntes meines Erkennens[1] gibt es für mich, was es für mich je geben kann, und gilt für mich, was je für mich gelten kann, also z. B. eine wahre Welt und strenge Wissenschaften. Darin wird nun das große Problem gesehen.

Dass ich meiner Bewusstseinsinnerlichkeit, zunächst im „Ich denke" der Cartesianischen Evidenz, gewiss bin, dass ich dann innerhalb dieser Sphäre, logischen Normen folgend, über das Unmittelbare hinausgehe und Wissenschaft gewinne, das ist verständlich. Aber wie kann dieses Spiel der rein bei sich selbst verbleibenden Subjektivität, und in ihr gerade das Spiel der logischen Notwendigkeiten, dieser angeblichen Normen objektiv gültiger Erkenntnis, je eine objektive Bedeutung gewinnen? Oder welchen Sinn muss diese objektive Bedeutung bei dieser Sachlage haben, welchen Sinn die wissenschaftlich erkannte Welt als solche? Etwa nur den einer menschlichen Erscheinungswelt für völlig unerkennbare Dinge an sich? Es ist, wie leicht zu sehen, und nur feiner ausgesponnen, das Problem, das schon in der antiken Skepsis aufgetreten ist in Form jenes genialen Paradoxes, das unter dem Na-

---

[1] Spätere Hinzufügung Husserls: „auch Wertes aus meinem Werten" – Anm. des Hrsg.

men des Gorgias als zweites seiner berüchtigten Argumente[1] überliefert ist.

Nehmen wir einige Distanz zu dieser Problematik und ziehen wir Nutzen von der Methode phänomenologischer Reduktion und der echten transzendentalen Einstellung, die sie ermöglicht. Ziehen wir vor allem Nutzen von der mit dieser Einstellung sich eröffnenden phänomenologischen Wissenschaft, welche das Universum möglichen Bewusstseins überhaupt, eines möglichen Ego überhaupt in Wesensgesetzen beherrscht, die aus unmittelbarer, adäquater, apodiktisch evidenter Intuition geschöpft sind.

Wir erheben nun die Frage: Wer ist denn dieses Ich, für das alles und jedes, und speziell alle objektiv wahre Welt Bewusstseinsobjekt ist? Ich, dieser natürliche Mensch, habe vorhin die skeptische Überlegung begonnen, hatte mich bewusst als Glied dieser Welt vorgefunden und hingenommen und ausgesagt: Alle Welt, alle erfahrene und wissenschaftlich wahr erkannte, ist Bewusstes meines Bewusstseins. Und so hatte ich auch das Transzendenzproblem in der Form gestellt: „Wie kann ich aus meiner Bewusstseinssubjektivität heraus?" Wie soll mein subjektives Bewusstsein objektive Bedeutung gewinnen? Aber bin ich als natürlicher Mensch, als Weltmitglied, der im Raume lebt und außer sich andere Dinge und Animalien hat, mit denen er kausal verflochten ist – bin ich als all das nicht Erfahrenes meiner Erfahrung und Gedachtes meines Denkens?

Ist es nicht meine kontinuierliche Welterfahrung, durch die für mich die Welt, und in ihr beschlossen mein Mitgliedsein als Mensch in dieser Welt, Sinn und Geltung hat, den so und so bestimmten anschaulichen und gedanklichen Sinn, und seine Gewissheit und Geltung für mich hat? Wer ist, wiederhole ich, das Ich, für das alles und jedes da ist? Was für ein Ichbewusstsein ist es und Icherkennen, in dem alles und jedes Bewusstes und Erkanntes ist? Für uns ist die Antwort schon gegeben. Selbstverständlich nicht das natürliche Ich, sondern das transzendentale. Die phänomenologische Reduktion und ihre Epoché erhebt mich zu einer schauenden Position, in der ich mich als das absolute und letzte Ich erfasse, als das Ich, für das alles und jedes intentionales

---

[1] Vgl. Gorgias: Fr. B 3. – Anm. des Hrsg.

Objekt ist. Und das Bewusstsein, von dem da allein die Rede sein kann, in dem alles und jedes Bewusstes ist, ist selbstverständlich das absolute *cogito*, das, in dessen aktivem Vollzug oder passivem Erleben ich das absolute Ego eben bin. Denn ich bin nur als *cogitans* und als das bezogen auf *cogitata*. Ich, das absolute Ego, bin es, der in meinen mannigfaltigen Bewusstseinserlebnissen, in meinen Passionen und Aktionen die Sinngebungen leistet, durch die alles, was für mich da ist, und so, wie es für mich da ist, eben da ist. Und dieses Für-mich-da besagt: Es tritt in meinem intentionalen Bereich auf als etwas, worauf ich hinachten kann oder wirklich hinachte; und: ⟨dass es⟩ auftritt als ein Etwas dieses Sinnes, in dieser oder jener Gegebenheitsweise, Seinsmodalität (als Wirkliches, Mögliches, Vermutliches etc.), speziell auch auftritt im Modus eines Gesehen oder Eingesehen oder ⟨im⟩ Modus eines trügenden Scheins, einer prädikativen Wahrheit oder Falschheit, und eventuell auftritt als etwas, das an sich existiert, das ich erfahren könnte, obschon ich es nicht erfahre usw.

Ist man so weit, dann wird man wohl nicht umhin können, der These beizutreten: „Alle vernünftigerweise an die Erkenntnis als Vernunftleistung zu stellenden Fragen – in Hinsicht auf Erkenntnissubjekt, Erkenntnisakt, Erkenntnisgegenständlichkeit – sind entweder transzendentalphänomenologische Fragen oder unklare, widersinnige Fragen".

Nämlich zunächst und fürs Erste ist es evident, dass das gemeine transzendentale Problem, das die Erkenntnistheorie gewöhnlichen Stils (auch die Kant'sche) zu lösen für ⟨ihre⟩ große Aufgabe hält, ein widersinniges Problem ist. Denn welchen Sinn kann nun noch die Frage haben, wie die in der immanenten Intentionalität meines Bewusstseins erzielte Wahrheit (etwa die in einer physikalischen Theoretisierung in den und den Denkakten erzeugte und erzielte) über das Bewusstsein hinaus eine objektive Bedeutung gewinnen könnte? Welchen Sinn kann ein sogenanntes „Ding an sich" haben, das über all das hinausliegt, was in meinem Bewusstsein mit dem Sinn des An-sich-Seins sich bewährt hat oder bewähren kann, sich ergeben hat in meinen Begründungen? Ist es das Bewusstsein, das für mich alle möglichen Bedeutungen, und speziell die als „gültig" charakterisierten schafft, so umschließt das Universum des möglichen absoluten Be-

wusstseins das Universum aller sinnvollen Fragen und Antworten, aller sinnvollen Wahrheiten und wahren Existenzen, alles und jedes, von dem ich eben auch nur als einem Möglichen soll reden können. Das Universum der Wahrheiten, die ich suchen und
5 finden kann (ich und ein Ich überhaupt in prinzipieller Allgemeinheit), ist nichts weiter als das Universum gewisser unter dem Titel „rechtmäßige Begründung" ausgezeichneter intentionaler Leistungen. Also kann für mich und für ein Ich überhaupt eine andere Wahrheit (und nun gar die Frage des Stimmens oder Nichtstim-
10 mens dieser anderen Wahrheiten zu meinen Wahrheiten) schlechthin keinen verstehbaren Sinn haben. Ein Außerhalb außer dem Universum möglichen Sinnes ist ein Unsinn, somit auch eine andere Wahrheit (und anderes wahrhaft Seiendes) außerhalb des Universums derjenigen, die ihre Sinngebung in mir und ihre Er-
15 zielung in meinen Aktionen gewonnen haben oder gewinnen können.

⟨§ 54.⟩ Der richtige Sinn der Erkenntnistheorie und ihr Charakter als Wesenslehre

Fürs zweite: Natürlich kann unsere Meinung nicht die sein, dass
20 Erkenntnistheorie überhaupt ein leerer Titel ist und nicht vielmehr ein Titel für große und völlig eigenartige Probleme, ja für die größten Probleme, die menschlichem Scharfsinn überhaupt gestellt sind. Was eine jede, auch die abwegige Transzendentalphilosophie bewegt, ist doch die schon in der natürlichen Einstellung zur phi-
25 losophischen Pein werdende Unklarheit, wie sich die in der Immanenz des Bewusstseins verbleibende Beziehung auf Bewusstseinsobjekte, und zuhöchst die der wissenschaftlichen Erkenntnis auf erkannte Objekte, verstehen lässt, was sie eigentlich bedeute, wie sich die im Rahmen des erkennenden Bewusstseins
30 selbst sich konstituierende Transzendenz und das diese Leistung vollziehende Erkennen selbst rational aufklären lässt. Es handelt sich hier offenbar nicht um ein spezielles oder gar an individuelle Fakta gebundenes Problem. Es betrifft jedes Objekt überhaupt als Objekt möglicher Erkenntnis und jede Erkenntnis überhaupt als
35 Erkenntnis von ihrem Objekt, und es besondert sich für jede Objektart und die ihr angepasste mögliche Erkenntnis. Und schließ-

lich betrifft es jedes Bewusstsein überhaupt als Bewusstsein von etwas. Denn jedes kann schließlich in Hinsicht auf sein intentionales Objekt Erkenntnisfunktion haben und ist in einem allerweitesten Sinn unter den Titel „Erkenntnis" gehörig.[1]

Also schließlich werden wir zurückgeführt auf das universale Problem der Intentionalität und das universale Problem der ausgezeichneten Intentionalität, die das Wort Vernunft andeutet, das alles aber vor aller Faktizität in reiner Möglichkeit. Auch das Faktum des erkennenden Subjekts ist offenbar irrelevant. Wie immer ich ein Ich fingieren mag als reine, tatsachenfreie Möglichkeit, es ist wesensmäßig in derselben Lage, nur so weit urteilen zu können, als die Intentionalität seines Bewusstseins reicht; es steht also jedes als erkennend gedachte Ich vor denselben transzendentalen Problemen. Also ist schon im Voraus zu sehen, dass nur eine rein apriorische und in Form einer intuitiven Wesenslehre ausgebildete Erkenntnistheorie Sinn haben kann. Auf die Frage, wie sie zu begründen, wie sie anzufangen ist, haben wir aber offenbar zu antworten: Sind wir über Bewusstsein als Bewusstsein, über Erkenntnis als Erkenntnis, d. i. hinsichtlich ihrer Intentionalität, im Unklaren, so müssen wir uns selbstverständlich erst eben dieses selbst klar machen, es aus seiner ursprünglichen Gegebenheit studieren, und zwar eben in Hinsicht auf ihre doch zu ihrem eigenen Wesen gehörige Intentionalität. Sie ist ⟨in⟩ allen Formen das Unbekannte, in allen ihren Stufen liegen Stufen von Leistungen, deren Sinn uns so fremd ist, dass selbst schon diese Rede vom Leisten ihre notwendige Dunkelheit hat. Denn wie sehr wir immerfort als lebende Ich in *cogitationes* leben und immerfort im weiteren und engeren Sinn erkennen, so wissen wir als natürliche Ich von allem anderen oder erkennen alles andere, nur nicht unser Erkennen. Auch die natürliche Reflexion lehrt es nicht kennen, da sie das reflektiv Erfasste sofort mit weiterer, objektiver Erkenntnis verflicht und objektiv fruktifiziert, wodurch gerade das ungeschieden und unsichtig bleibt, worauf es hier ankommt: das Eigenwesentliche des Bewusstseins und seine eigenwesentliche einzelne und synthetische Leistung. Schon die einzelne hat ihre Rätsel, schon das einfachste Bewusstsein als Vermeinen von et-

---
[1] Vgl. Beilage XXVI: *Der Sinn der Erkenntnis* (S. 469). – Anm. des Hrsg.

was, schon das ist nie geklärt worden, wie die intentionale Gegenständlichkeit als im einzelnen Bewusstsein vermeinte darin liege, wie sie zum reellen Erlebnisgehalt stehe. Und erst recht das spezifisch abzielende Erkennen, auf Wahrheit und wahres Sein abzielende, das in der sogenannten Evidenz und Begründung erzielende, an das wahre Sein als ein an sich wahrhaft Seiendes heranführende Erkennen. Wie sieht das ganze hier und in den besonderen Erkenntnistypen und Gegenstandsgebieten in besonderen Formen ⟨sich⟩ vollziehende intentionale Leben aus nach Ichaktivität, nach seinen Wesensstrukturen, die uns die intentionale Leistung aus ihr selbst verständlich machen könnten?

Dazu bedarf es also einer Reflexion, die eine rein anschauende sein muss. **Offenbar kann es keine andere sein als diejenige, welche die Phänomenologie lehrt.**[1] Denn nur ihre Methode der einklammernden Reduktion verhindert die verfälschenden Hineinmengungen in die intentionalen Gehalte, welche die natürliche Erkenntniseinstellung, durch ihre natürlichen Stellungnahmen motiviert, unvermeidlich vollzieht. Ist aber einmal der absolute Boden erreicht und das Universum des transzendentalen Ich und Bewusstseins im Blickfeld des Interesses, hat man den großen und entscheidenden Schritt getan, einzusehen, dass dieses ganze Feld einer universalen eidetischen und rein deskriptiven Forschung zugänglich ist, dann ist es auch evident, dass eine allseitige Wesenserforschung hier alle vernünftig zu stellenden Erkenntnisprobleme befasst, aus dem einfachen Grunde, weil sie offenbar Wesensprobleme sind, die ausschließlich das transzendental reine Erkenntnissubjekt und die immanente Teleologie seiner intentionalen Vernunftleistungen betreffen. Dieses Ich aber und seine Teleologie ist nicht ein mythologisch konstruiertes Ich an sich, sondern das in der phänomenologischen Einstellung nüchtern anschaulich gegebene und der Wesensdeskription zu Gebote stehende.

Alles in allem ist die ganze Fragestellung einer echten Erkenntnistheorie gerichtet, und auf nichts anderes gerichtet als auf ein aufklärendes Verstehen möglicher Erkenntnis. Dieses aber voll-

---

[1] Vgl. Beilage XXVII: *Methode, erkenntnistheoretische Rätsel zu entscheiden* (S. 471). – Anm. des Hrsg.

zieht sich notwendig im Rahmen eines universalen aufklärenden Verstehens der vollen transzendentalen Subjektivität nach allen ihren Bewusstseinsleistungen. Aufklärendes Verstehen ist aber die denkbar höchste Form der Rationalität, der Einsicht aus apodiktischen Wesenseinsichten in der unmittelbar adäquat erschaubaren und deskribierbaren Sphäre, der des *ego cogito*.[1]

Der Kampf, den die Phänomenologie für ihre Art Erkenntnistheorie als der einzig geforderten führt, ist nicht bloß ein Kampf gegen jede naive Erkenntnistheorie auf naturalistischem Boden, sondern auch ein **Kampf gegen jede Erkenntnistheorie bloßer Allgemeinheiten**, gegen jede Erkenntnistheorie, welche dialektisch **von oben her** über Erkenntnis spekuliert, statt sie nach ihren konkreten anschaulichen Gestaltungen selbst kennen zu lernen und einer adäquaten Wesensdeskription zu unterwerfen. Sie muss herabsteigen von der Höhe ihrer Allgemeinheiten auf das fruchtbare βάθος der unmittelbar adäquaten phänomenologischen Wesenserschauung.

Dabei aber kann nicht Erkenntnis wie ein besonderer Titel einer besonderen Wissenschaft behandelt werden und ihr gegenüber objektive Wissenschaft für sich, getrennt behandelt werden. Es gibt in der transzendentalen Subjektivität keinerlei Bewusstsein, bis herab zu den niedersten Gestaltungen sensuellen Bewusstseins, auch kein Gemüts- und Willensbewusstsein, das nicht unter den notwendig weitest zu fassenden Titel Erkenntnis mitgehörte. Man kann und darf hier keine Einschnitte machen, wie sehr sozusagen das Herz des Wissenschaftlers an der Erkenntnis in einem prägnanten Sinn objektiv gültiger Vernunfterkenntnis hängen mag. **Eine wirklich fruchtbare, auf wirkliche Aufklärung gerichtete Erkenntnistheorie** drängt notwendig immer weiter und **deckt sich schließlich mit der universalen Wissenschaft von der transzendentalen Subjektivität, also mit der Phänomenologie.**

Eine Erkenntnistheorie darf also auch nicht im Gebiet der for-

---

[1] Spätere Anmerkung Husserls: „Dieses ‚unmittelbar adäquat‘ und diese Deskription ist ein nicht gut behandeltes Problem dieser Schrift." – Da diese Anmerkung sich im Typoskript der Londoner Vorträge befindet, ist hier mit „dieser Schrift" nicht der Text der Vorlesung gemeint. – Anm. des Hrsg.

mal allgemeinen, auf eine Klärung von Vernunfterkenntnis überhaupt, Wahrheit überhaupt, wahrem Sein überhaupt gerichteten Untersuchungen hängen bleiben. Vielmehr muss einer allgemeinen oder allgemeinsten Erkenntnistheorie sich anschließen eine
5 ganze Reihe von Disziplinen, welche die von jeder der sich *a priori* abgrenzenden Gegenstandsregionen gestellten **besonderen Vernunftprobleme** behandeln. Eine solche Region bezeichnet z. B. die **materielle Natur**, und ihr entspricht eine besondere Theorie der Natur erkennenden Vernunft. Ebenso aber
10 bedarf es einer Phänomenologie der Leiblichkeit, einer Phänomenologie der Personalitäten, der Einzelpersonalität und der personalen Verbände, eine⟨r⟩ solche⟨n⟩ der Kulturgebilde usw. Jede regional sich abscheidende Gattung von Gegenständlichkeiten hat entsprechend ihrer gattungsmäßigen Form ihre wesensverschiede-
15 nen Weisen selbstgebender Erfahrung, hat ihre besondere Typik hinsichtlich der Art, wie eine solche Gegenständlichkeit in einer systematischen Mannigfaltigkeit möglicher einstimmiger Erfahrungen ihren ontologischen Sinn enthüllt und wie sie ihn dabei bewusstseinsmäßig konstituiert.

20 In dieser Weise ist z. B. schon dies eine ungeheure Aufgabe, die intuitive Konstitution des physischen Naturdinges im System möglichen erfahrenden Bewusstseins allseitig klarzulegen, all die *a priori* zugehörigen Erscheinungsweisen, Gegebenheitsmodi in allen Korrelationen in gehöriger Weise in Wesensbegriffen zu be-
25 schreiben. In diesen Zusammenhang gehören all die verwickelten rein phänomenologischen Probleme, die hinter dem viel behandelten, aber prinzipiell unklaren Problem vom psychologischen Ursprung der Raumvorstellung liegen. Es sind ihrem echten Kern nach Probleme eines wesensmäßigen Verstehens und nicht empi-
30 risch-psychologische Probleme, während das, was das Experiment und die Physiologie an wirklichen Faktizitäten hier aufweist, ohne die Wesenseinsichten empirische Unverständlichkeit verbleibt.

⟨§ 55. Der transzendentale⟩ Idealismus ⟨der
phänomenologischen Wesenslehre⟩

Drittens: Stellt man sich vollbewusst auf den Boden des *ego cogito* und studiert man in der geforderten absoluten Vorurteilslosigkeit das Universum dieser Stätte aller Sinngebungen und Seinssetzungen, so versteht man den unablässigen Zug der neuzeitlichen Philosophie zu einer „immanenten" Transzendentalphilosophie oder, wie man auch sagt, zu einem transzendentalen „Idealismus". Allerdings, ein Idealismus, der sozusagen die Materie totschlägt, der die erfahrene Natur für bloßen Schein erklärt und nur das seelische Sein für das wahre erklärt, ist v e r k e h r t , wenn auch nicht ganz so verkehrt wie der Materialismus, der das Psychische für eine bloße Erscheinung von Physischem als dem allein Wahren und für einen bloß subjektiven Schein erklärt. Andererseits liegt im Idealismus ebenso eine unklare Vorstufe des echten Transzendentalismus wie in der deskriptiven Psychologie rein aus innerer Erfahrung eine unklare Vorstufe der Phänomenologie.

Wer den vollen Sinn phänomenologischer Methode verstanden und sich wirklich der absolut transzendentalen Sphäre versichert hat, wird, meine ich, sich schließlich dieser folgenden von uns schon besprochenen Evidenz nicht entziehen können: Kein intentionaler Gegenstand ist in dem jeweiligen *cogito* ein reelles Moment; wenn viele Bewusstseinsakte denselben intentionalen Gegenstand evidenterweise in sich tragen, so haben sie nicht ein reelles Moment gemeinsam. Er ist ihr identifizierbarer „Pol": ein ideal Identisches, das nur als solches Identifizierbares Sinn hat. Aber man wird sich der weiteren Evidenz nicht entziehen können, dass a u c h d a s w a h r e S e i n nur seinen Sinn hat als das Korrelat der besonderen Intentionalität der Vernunft, somit als eine ideale Einheit, wesensmäßig unabtrennbar von Ich und Ichbewusstsein. Es handelt sich um ein in ausgezeichneter Weise Vermeintes als solches, einmal an sich evident Bestehendes und dann evidenterweise jederzeit wieder in Evidenz zu Identifizierendes. Das wahre Sein, und speziell etwa das wahre Sein der Natur, ist nicht ein Zweites neben dem bloß intentionalen Sein. Das gilt, obschon wir scheiden müssen zwischen der von uns jetzt gerade so und unvollständig, unter Präsumtionen v e r m e i n t e n N a t u r und der Natur selbst. In der Erfahrung ist dasselbe Ding als dasselbe im mannigfaltigen Wie der Vermeintheit, in wechselndem Sinn und wechselnden Erscheinungsweisen gegeben, aber die Natur an sich selbst, als Kontrast zu allen einseitigen unvollkommenen Gegebenheitsweisen, ist nicht ein widersinniges Jenseits alles Bewusstseins überhaupt und aller möglichen Erkenntnissetzung, etwa nur einem Gott in seinem Selbstsein zugänglich und von ihm adäquat anschaubar.[1] Sondern es ist eine im Ego selbst entsprungene und jederzeit zu konstituierende regulative Idee, die einem System rechtmäßiger Präsumtion für immer neue Erfahrungen und Erfahrungsbestätigungen die Regel vorschreibt. Im Übrigen ist aber dieses An-sich-Seiende der Idee selbst als Identitätspunkt von Intentionen nur in einer Unendlichkeit ideell einstimmiger Intentionen gemeint und gesetzt.

Dem Allgemeinsten nach ist alles wahre Sein ein Ideelles gegenüber dem reellen Bewusstsein, aber eben ein in ihm selbst wesensmäßig vorgezeichneter Pol. Das gilt von dem empirisch wahren Sein der Natur ähnlich wie von dem wahren Sein der Zahlen in der unendlichen Zahlenreihe. Es sind freilich grundverschieden konstituierte Gegenständlichkeiten, die einen mit dem intentionalen Sinn individuellen Seins in raumzeitlicher Wesensform ausgestattet, die anderen allgemeine Wesenheiten und als das „überzeitlich". Aber intentionale Einheiten – und als das von einer Subjektivität, in der sie erkennbar werden können, untrennbar – sind sie wie alle Gegenstände.

Wie sehr eine natürliche, geradehin auf ein Objekt gerichtete Erkenntnis nur auf Bestimmungen dieses Objekts selbst stoßen kann, also niemals auf die transzendentale Subjektivität, auf die es wesensmäßig bezogen ist, so besteht eben doch, wie die phänomenologische Wesenserkenntnis lehrt, dieser apriorische Wesenszusammenhang, der kein Objekt von einem erkennenden Subjekt zu trennen gestattet. Kein Gegenstand ist als Wirklichkeit denkbar ohne die wirkliche Subjektivität, die befähigt ist, diesen Gegenstand in wirklichem Erkennen zu realisieren. Man kann sehr wohl sagen: kein Objekt ohne Subjekt wie kein Subjekt ohne Objekt,

---

[1] Spätere Anmerkung Husserls: „Dann wäre ja die Natur für Gott prinzipiell dasselbe wie für uns ein hyletisches Datum." – Anm. des Hrsg.

wo Objekt Gegenstand in weitestem Sinne besagt. Die Subjektivität, das konkrete Ego, macht davon keine Ausnahme, auch es ist undenkbar ohne das wirkliche Subjekt, das Subjekt seiner möglichen Erkenntnis ist. Aber es hat die Auszeichnung, dass es wesensmäßig als Ego nur ist, indem es für sich selbst ist, und das sagt, dass es wesensmäßig das Vermögen hat, im Bewusstsein „Ich kann reflektieren" auch wirklich zu reflektieren und damit zugleich wirkliches Subjekt der Erkenntnis für sich selbst, also für sich selbst zum Erkenntnisobjekt zu werden. – Ein Objekt aber im besonderen Sinn, ein für es Reales, ein Reales, das nicht Subjekt ist, hat nicht Sein in der Form des Für-sich-Seins und ist, was es ist, nur ⟨als⟩ Seiendes für ein Subjekt der möglichen Erfahrungen von ihm und der möglichen Erkenntnis von ihm und ist, was es ist, nur als ein jederzeit für das Ego und jedes Ego Erfahrbares und Erkennbares, d. h. es ist, was es ist, nur vermöge der Freiheit dieses Subjekts, einer für es selbst evidenten Freiheit, Wege der Erfahrung und Erkenntnis durchlaufen zu können, die dieses Objekt in seiner Selbstgegebenheit und fortschreitenden Bewährung realisieren.

Genau besehen hat es, oder hätte es, im wirklichsten Sinn wirkliches Sein nur in der aktuellen Selbstgebung, in der sein Selbst eben in der Erkenntnis wirklich wäre. Ist es nicht verwirklicht, so hat es Sein nur im Sinne der Potenz, nicht einer leeren Potenz, sondern einer für jedes wirkliche Ich wirklich bestehenden und für es im Erkenntnisprozess immerfort evidenten Fähigkeit, der Evidenz des „Ich kann erfahrend fortschreiten und dahin kommen". Und weiter gehört die Evidenz dazu, dass solch ein „Pol" in jeder neuen Verwirklichung notwendig ein numerisch Identisches ist, also jede seiner Verwirklichungen numerisch dasselbe liefert. Ist es nicht verwirklicht, so ist diese Potenz als Potenz sicher, mit der man rechnen kann, die man jederzeit realisieren kann. Nur wo das Potentielle selbst ein Ich ist, hat es ein über die bleibende Potenz hinaus aktuell und dauernd bestehendes Sein, sein Sein als Für-sich-Sein. So hat also nur das Subjekt beständig verwirklichtes und wirklich selbständiges Sein: absolutes Sein, wie wir auch sagen, eben als Sein im Für-sich-selbst-Sein. Jedes Dingliche, und so die Allnatur, hat unselbständiges Sein und wahres bleibendes Sein nur als Potenz und im Spiel von Potentialität und Aktualität, ein

Spiel, das in der absoluten Subjektivität selbst und von ihr getrieben wird. Absolutes Sein einer Natur, ein Sein, das im alten Sinn substantiell wäre, ist undenkbar. Undenkbar, dass Natur wäre, wenn alle Subjektivität nichts wäre (gesetzt, dass dergleichen überhaupt eine Denkbarkeit wäre). Nur Subjektivität ist absolut und auf kein Verhältnis von Potentialität und Aktualität angewiesen.

Ich möchte dabei noch bemerken, dass das Gesagte nicht nur von realen Gegenständlichkeiten gilt, sondern auch von jederlei irrealen, ideellen Gegenständlichkeiten, wie es die Zahlen, die mathematischen Mannigfaltigkeiten, mathematischen Gesetze und sonstige Wesensgesetze sind. Auch sie sind Pole, die Subjektivität voraussetzen, und wirkliche Subjektivität. Zwar kann man zunächst sagen, und ganz richtig, dass ideale Gegenstände wie „Wesen", wie ideale Möglichkeiten, ideale Notwendigkeiten, wie der Satz 2 < 3, auf ideal mögliche Subjekte zurückweisen. Ich, als diesen Satz in seiner Selbstheit und Wahrheit zu Erfassender, kann mich ersetzen durch ein ideal mögliches Ich, das diese Evidenz vollzieht, und ein fingiertes Ich, das fingiert ist, als ob es diese Evidenz vollzöge, genügt. Ich kann einsehen, dass, wenn ein Ich möglich ist für diese Evidenz, als ob es sie vollzöge, dann der Satz bestehen muss; und wenn er soll bestehen können, muss ein Ich möglich sein, das ihn erkennt. Im Gegensatz dazu genügt nicht die Fiktion eines Ich als Subjekt möglicher Erfahrung für ein Ding, um für das Sein des fingierten Dinges als wirkliches Sein zu sprechen. Sooft ich ein Ding rein fingiere, habe ich es in fingierter Erfahrung eines fingierten Ich. Aber fingierte Natur ist keine wirkliche Natur. Wirkliche Natur setzt voraus wirkliches Subjekt von wirklichen Erfahrungen, in denen das Erfahrene als Wirklichkeit zu leibhafter Setzung kommt oder kommen kann. Das „kommen kann" aber sagt wesensmäßig: Das betreffende Ich muss mindest andere Erfahrungen haben und von da aus einen im freien „Ich kann" gangbaren Weg, um zu diesem Ding als wirklichem zu gelangen, in wirklichen Erfahrungen, die sich keineswegs durch Fiktion ersetzen lassen.

Das alles ist korrekt. Es ist aber auch hinsichtlich der idealen Gegenständlichkeiten einzusehen, dass reine Möglichkeiten und apriorische Notwendigkeiten und auch ein mögliches Ich als Subjekt möglicher Erkenntnis nur in Beziehung zu ⟨einem⟩ wirklichem Ich denkbar sind. Das „Ich bin" ist das absolute undurchstreichbare Faktum, und setze ich die Möglichkeit, dass ich nicht bin, so setze ich damit ein mögliches anderes Ich, das eine umfingierende Abwandlung meines Ich ist, der ich dabei bin, und wodurch diese Abwandlung als nichtige dasteht. Mein Nichtsein ist nur als Anderssein denkbar und in Widerstreit mit dem Sein. Und jede ideale Gegenständlichkeit ist, was sie ist, nur als *actus verus*, als immerwährende Potenz, die ich jederzeit aktualisieren könnte und eventuell jetzt wirklich aktualisiere.

Aber wie steht es nun mit den anderen Ich und wie steht es mit der Phänomenologie selbst, die wir zunächst doch nur als Egologie im weiten Sinn begründen mussten, als Wesenswissenschaft in Bezug auf mein Ego? Ist das nicht ein Solipsismus?[1]

⟨§ 56. Der zunächst notwendige methodische Solipsismus der Phänomenologie und die erweiterte transzendentale Intersubjektivität⟩

Doch nun zum Schluss noch eine wichtige Ergänzung zur systematischen Idee einer transzendentalen Phänomenologie. Ein Einwand wird sich Ihnen schon längst aufgedrängt haben. Die phänomenologische Wesenslehre, die in den letzten Betrachtungen ihre metaphysische, wenn auch immanent metaphysische Bedeutung vertreten hatte, soll eine Wesenslehre des Ego, also eine Egologie sein. Wenn ich aber, das philosophierende Ich, über das einzige mir absolut und individuell gegebene eigene Ego hinausgehe und das Universum der reinen Möglichkeiten von Ich und Bewusstsein überhaupt erforsche, so sind doch alle diese Möglichkeiten Abwandlungen meines faktischen Ego, es sei denn, dass ich versuche, sie als mögliche fremde Subjekte zu denken. Aber fremde Subjekte sind vom Wesenstypus Subjekte außer, räumlich außer mir. Fremde Subjekte, wirkliche und mögliche, treten in meinem unmittelbaren Möglichkeitsbereich nur auf als Transzendenzen, als Glieder einer objektiv konstituierten Welt, als subjek-

---

[1] An dieser Stelle endet ein später eingeschobenes Textstück. Der folgende Textteil aus den Londoner Vorträgen ist von Husserl nicht glatt mit dem Vorigen verbunden worden. Daraus erklärt sich die inhaltliche Wiederholung zu Beginn des § 56 (vgl. die textkritische Anm. zu dieser Stelle unten, S. 648). – Anm. des Hrsg.

tiv-relative intentionale Einheiten meiner möglichen Erkenntnis. Gibt das nicht eine Art **eidetischen Solipsismus**?

Die systematisch vorgehende Phänomenologie wird in der Bearbeitung der konstitutiven Probleme in der Tat zunächst aus gesunden methodischen Gründen eine Art Solipsismus, aber voll bewusst durchführen. Die konstitutive Aufklärung der Natur in der Naturerkenntnis ist eine für sich zu betrachtende Unterstufe für die transzendentale Aufklärung der Animalität und Humanität, und gar der Aufklärung der höheren Personalitäten und ihrer Kulturwelt. Die Phänomenologie wird daher zunächst im Rahmen des[1] Ego Phänomenologie der Natur in der Naturerkenntnis begründen; dabei aber wird sie zunächst von der Fiktion[2] ausgehen, dass im Bereich des erkennenden Ich nichts von animalischen Wesen auftrete, dass die phänomenale Welt bloße Natur sei.[3] Die transzendentale Aufklärung des wahren Sinnes einer Natur überhaupt[4] ergibt dann das Resultat, dass das Sein einer Natur nichts anderes bedeuten kann als ein gewisses in der betreffenden Erkenntnissubjektivität wohlmotiviertes intentionales Polysystem, das in empirischer Evidenz (also freilich in stets präsumtiver) immer wieder vernunftgemäß identifizierbar und identisch bestimmbar ist.

Geben wir nun die solipsistische Fiktion auf. Wir ziehen also das an sich mögliche Auftreten von „fremden Leibern" in den Kreis eidetischer Betrachtung. Sie sind Dinge, die nicht ursprünglich wie der eigene Leib als Leiber erfahren sind; aber vermöge typischer Analogie mit der eigenen Leiblichkeit indizieren sie Analoga von all dem, was in empirisch geregelter Weise in eins mit meinem eigenen Leib als mein subjektives Erleben *originaliter* mitgegeben ist. So erfolgt sogenannte Einfühlung, im fremden Leibkörper indiziert sich als mitgegenwärtig ⟨fremdes Seelenleben⟩ in ursprünglicher, also selbstgebender Indikation. Ursprüngliche Indikation ist aber nicht Wahrnehmung. Miterfahrenes in der Weise der Einfühlung ist nicht für mich ursprünglich erfahrbar. Dahin gehört all das, was ursprünglich anschauliche Leiblichkeit

---

[1] Spätere Hinzufügung Husserls: „alle Einfühlung ausschließenden" – Anm. des Hrsg.
[2] Spätere Anmerkung Husserls: „Nicht Fiktion, sondern Abstraktion." – Anm. des Hrsg.
[3] Spätere Hinzufügung Husserls: „zentriert um meinen Leib" – Anm. des Hrsg.
[4] Spätere Hinzufügung Husserls: „und meines Leibes überhaupt" – Anm. des Hrsg.

und damit verbundenes Ich und Ichleben kennzeichnet. Freilich mit unvollkommener Bestimmtheit, soweit eben die analogisierende Indikation reicht. Diese Indizierung in der eigenen Art des „Ausdrucks" hat aber ihre eigene Art der konsequenten Bestätigung und damit der Rechtfertigung.

In der Phänomenologie der Einfühlung versteht sich der Sinn und das eigentümliche Recht der Mitsetzung von Seelischem als zugehörig zu erscheinender Leiblichkeit; und es versteht sich, dass in dieser empirischen Mitsetzung als eine rechtmäßige Mitsetzung ⟨die⟩ eines fremden *ego cogito*, einer fremden transzendentalen Subjektivität statthat. Es versteht sich also, dass ein für mich konstituierter Naturgegenstand als idealer Pol in meiner Subjektivität ein zweites Ego, ein für sich seiendes und sich selbst ursprünglich erlebendes und in sich selbst Intentionalität übendes Subjekt zum „Ausdruck" bringt und zur rechtmäßigen Setzung desselben Motive bietet.

Ein Ego, eine Monade, eine transzendentale Subjektivität kann also derart sein, dass sich im Rahmen ihres absoluten Bewusstseins ein anderes absolutes Ego ausdrückt, durch die Art des Ausdrucks seine fortgehende vernünftige Bestätigung findet und demgemäß rechtmäßig zu setzen ist als seiende Wirklichkeit. Aber es ist seinem eigenen Sinn nach wirklich nicht in der bloßen Weise eines Körpers, eines bloß intentionalen Pols, sondern in der Weise eben eines Ego, eines absoluten Seins, eines sich selbst erlebenden und sich für sich selbst konstituierenden. Für mich, der ich den anderen nicht ursprünglich, sondern in der Form der vergegenwärtigenden, indizierenden Einfühlung erfahre, ist der Andere eben Anderer, Alter ego, Objekt, aber ein Objekt, das nicht bloß Objekt ist, sondern für sich selbst Subjekt ist, so wie ich in noch ursprünglicherer Form Subjekt und für mich selbst zugleich Objekt bin.

Somit bin ich, wenn ich im Zusammenhang meines Bewusstseinslebens vernünftig bewährte Einfühlungserkenntnis habe, nicht *solus ipse*, und der transzendentale Subjektivismus der Phänomenologie fordert nichts weniger als einen solchen Solipsismus, sondern ich muss mich auch in absoluter Einstellung als ein Ich setzen, das ein Du hat, und so überhaupt setze ich mich mit Grund, rechtmäßig als ein transzendentales Ego einer mit mir koexistenten Mehrheit von transzendentalen Egos. Wesensmäßig hat aber jede solche koexistente Mehrheit ihre notwendige Erscheinungsform (= Orientierungsform), und eine wechselnde in jedem einzelnen dieser Egos. Sie kann immer nur in der Form *ego – alteri* sich darstellen. Ich habe für mich die originale Form Ego, jeder andere die nicht-originale Form des *alter*. Jeder, der für mich *alter* ist, für den bin ich *alter*, während er für sich Ego ist.

Das Absolute, auf das sich die Welt reduziert, ergibt sich als eine absolute Vielheit von Egos, die einander in dieser orientierten Weise erscheinen und einander des Näheren nur erscheinen können mittels einer Natur, sich ausdrückend in Leibern in der Natur. Die Natur ist für jedes einzelne Ego Einheit seiner Erscheinungen, Polsystem seiner Subjektivität. Aber durch das Medium der Einfühlung wird jedes Ideale, jeder Pol überhaupt, den ich erfahre, identifizierbar mit dem von einem anderen Erfahrenen. So wie die Zahlenreihe für mich eine ideale Gegenständlichkeit ist und zunächst bezogen ist auf mich, den sie Denkenden, aber durch Einfühlung erkennbar wird als identisch dieselbe, die auch jeder andere im Zählen finden kann, so ist auch die Natur, die ich erfahre, als dieselbe erkennbar wie die von einem anderen erfahrene Natur, und das alles ist auf dem Boden meines ursprünglichen Ego wesensmäßige Notwendigkeit. Eben die Idealität der Natur, d. i. ihre bloße Existenz als idealer Pol möglicher Erkenntnis (und als solcher Pol von ihr untrennbar), macht es verständlich, dass dieselbe Natur für viele Egos erfahrbar sein kann. Zugleich ist klar: Nur wenn sie in jedem Ego konstituiert ist in entsprechenden Erscheinungssystemen, so kann sie eine Gemeinschaft verschiedener absoluter Subjekte (Monaden) ermöglichen.

So klärt der transzendentale Subjektivismus die Möglichkeit des Füreinanderseins einer Mehrheit von absoluten Egos auf in der notwendigen Form der Animalität und einer konstituierten psychophysischen Welt. Damit in eins klärt er die Möglichkeit intersubjektiver Erkenntnis auf, aber auch intersubjektiver Aktion, vor allem personaler Aktion in sozialen Akten, und so sozialer Kultur. Umgekehrt sind von hier aus transzendentale Rückschlüsse zu machen von der Annahme einer koexistenten Mehrheit von Monaden auf die Bedingungen der Möglichkeit dieser Koexistenz, auf ihre notwendige Rückbezogenheit auf ein und dasselbe in ihnen allen gemeinsam postulierte Polsystem. Selbstverständlich ist auch die Phänomenologie selbst, wie jede eidetische Erkenntnis,[1] Gemeingut aller Egos; sie ist die[2] Wissenschaft von dem, was einem Ego als solchem „eingeboren" ist.[3]

---

[1] Spätere Hinzufügung Husserls: „obschon oft anfangs und in einer abstrakten Unterstufe solipsistisch ausgebildet nach In-Geltung-Setzung der transzendentalen Mitmenschen" – Anm. des Hrsg.

[2] Spätere Hinzufügung Husserls: „nun intersubjektive" – Anm. des Hrsg.

[3] Spätere Hinzufügung Husserls: „nach Wirklichkeit und Möglichkeit. Dahin gehört auch die Möglichkeit von anderen, die Möglichkeit eines aktiven Gemeinschaftslebens mit sozial fungierenden Personen usw." – Anm. des Hrsg.

⟨VI. Abschnitt⟩

DIE KONKRETE IDEE EINER LOGIK ALS WISSENSCHAFTSLEHRE UND DAS SYSTEM ALLER ONTOLOGIEN. DAS KONKRETE ZIEL EINER PHÄNOMENOLOGISCHEN PHILOSOPHIE DER ZUKUNFT

⟨12. Kapitel

Zur Phänomenologie der Vernunft⟩

⟨§ 57. Phänomenologie der Vernunft als Theorie der Evidenz. Die Rechtfertigungsfunktion eidetischer Wesensgesetze⟩

Die letzte Vorlesung galt der Vertiefung in die Idee der Phänomenologie und der Kontrastierung der in ihr liegenden Phänomenologie der Vernunft mit der traditionellen transzendentalen Erkenntnistheorie. Das war freilich insofern ein nicht ganz erlaubter Exkurs, als wir, die werdenden Philosophen, im Grunde von der Geschichte der Philosophie und den traditionellen Systemen nichts wissen durften; es gehörte dergleichen, wie alle noch nicht absolut gerechtfertigte Erkenntnis, ja in die Klammer. Indessen verstehen Sie doch, dass hier kein unzulässiger Gebrauch von den außenliegenden historischen Fakten gemacht wurde, die für uns ja als Fakta wirklich außer Spiel bleiben konnten. Auch wenn wir sie als bloß mögliche Theorien in Einklammerung dachten, konnten sie dazu dienen, uns in der kontrastierenden und kritischen Gegenüberstellung das Wesen echter Erkenntniskritik zu erleuchten, und uns zu einigen tiefer dringenden Erkenntnissen über das eigentümliche Wesen der Phänomenologie zu führen. In dieser selben

Richtung möchte ich noch einiges ausführen, was ebenfalls dem doppelten Zweck dienen mag, dem der Meditation des werdenden Philosophen, also unserem eigentlichen und Hauptzweck und dem einer nach außen blickenden Kritik.

Die zur deskriptiven Phänomenologie gehörige Phänomenologie der Vernunft umfasst der Idee nach alle unmittelbaren Wesensgesetze echter, d. i. sich rechtfertigender Erkenntnis wie auch die innig damit sich verflechtenden Wesensgesetze vernünftigen Wertens, Wollens und Handelns. Sie erfüllt damit das alte und nie geklärte Desiderat einer „Theorie der Evidenz". Sie hat danach alle Wesensformen der Evidenz herauszustellen, d. i. der Selbstgebung und der entsprechenden Wesensformen der berechtigenden Erfüllung von Meinungen, und nicht nur ihre positive Begründung, sondern ihre negative Entgründung, ihre Aufhebung, durch Evidenz Zunichtewerden an einer Selbstgegebenheit. Wir haben studiert, wie der Begriff der adäquaten oder apodiktischen Selbstgebung, der alle unsere Meditationen leitet, eine fortschreitende Vertiefung und Erweiterung dadurch erfuhr, dass wir die modalen Abwandlungen mit in Rechnung zogen. Während wir dabei blieben, in absoluter Selbstgebung Aufweisungen zuerst egologisch empirisch und dann eidetisch zu vollziehen und dadurch unseren Feststellungen die Rechfertigung reiner Adäquation zu sichern, zeigten wir z. B., dass es so etwas wie ursprünglich motivierte Vermutungsgewissheit gibt, die hinsichtlich dessen, wovon sie gewiss ist, wie das reale Dasein eines Dinges vorbehaltlich ist, und dass diese „Ursprungs"gewissheit ebensoviel heißt wie apodiktische Gegebenheit einer Modalität der Gewissheit. Sie ist richtung- und rechtgebend für das empirisch reale Urteilen, für das leere Meinen, das sich in ihr ähnlich erfüllt oder enttäuscht wie an einer apodiktischen Seinsgewissheit ein entsprechendes Meinen. Sie steht unter eigenen Wesensgesetzen der „Vernunft", sie ist eine Evidenzart und zugleich eine modale Abwandlung der absoluten Evidenz, die sie doch voraussetzt, sofern die absolute Evidenz, die apodiktische Selbstgebung es ist, welche die modalisierte Evidenz aufweist als einen Typus, mit einem Typus eigener Wesensgesetze der anmessenden Begründung.

So müssen im Rahmen apodiktischer Selbstgegebenheit oder, was dasselbe, adäquater Intuition alle Vernunftarten, alle Arten und Abwandlungen von Evidenz und der bewahrheitenden Begründung von Meinungen festgestellt und ihre Wesensgesetze, die Vernunftgesetze fixiert werden. Hierher gehört auch die zur reinen und absoluten Adäquation mit ihrer absolut undurchstreichbaren, also vorbehaltlosen Gewissheit gehörige Unterscheidung zwischen der Apodiktizität des Faktums (und das ist eine einzige, die des Ego für sich selbst) und der Apodiktizität im gewöhnlichen und besonderen Sinn, der aller Wesensgesetze. Dann aber weiter die Beschreibung der ausgezeichneten und universalen Rechtfertigungsfunktion, welche diese letztere Apodiktizität dadurch hat, dass selbst das Ego sich selbst jederzeit in die reine Möglichkeit übersetzen und erkennen kann, dass, wenn es *ego cogito* als apodiktische subjektive Wahrheit ausspricht, jedes erdenkliche Ego überhaupt in eidetischer Notwendigkeit im Besitz derselben Wahrheit für sein individuelles Ego sein muss. Das *ego cogito* ist also zugleich ein eidetisches Wesensprinzip, hat universale, eidetisch apodiktische Notwendigkeit. Indem ich das aber erkenne und mein individuelles *cogito* zugleich individuell erschaue und dem Prinzip subsumiere, erschaue ich eine Rechtfertigungsart hoher, ja höchster Dignität, eine solche, welche das schon absolut Gerechtfertigte im tiefsten Sinn versteht. In gleicher Weise wird jedes Faktum, auch jedes präsumtive Faktum der Empirie, im tiefsten Sinn gerechtfertigt oder, wie man auch in einem bestimmten Sinn von Erklärung sagt, erklärt durch Subsumtion unter ein Gesetz, das entweder selbst Wesensgesetz ist oder seine Begründung selbst wesentlich, wenn auch nicht einzig, aus Wesensgesetzen bestreitet (wie bei allen exakten naturgesetzlichen Erklärungen). Aber auch in der reinen Wesenssphäre gilt es, dass jedes besondere Wesensgesetz in der Erkenntnis, dass es Besonderheit eines höheren, allgemeineren Wesensgesetzes ist, eine neue und tiefere Rechtfertigung, eine begründende Erklärung, ein tieferes Verständnis gewinnt.

⟨§ 58. Der phänomenologische Intuitionismus⟩[1]

Ich knüpfe hier zunächst eine kleine Ausführung an über Phänomenologie und Intuitionismus. Das Eigentümliche der Phänomenologie und der phänomenologischen Philosophie ist extremster Radikalismus der Wahrhaftigkeit oder extremster Radikalismus in der Durchführung des Willens zu einer Erkenntnis aus vollkommen gutem Gewissen, in weiterer Folge zu einem Werten und Wollen aus vollkommen gutem Gewissen.

Eben damit ist die Phänomenologie Intuitionismus. Radikal sein heißt, zu den letzten Wurzeln herabsteigen, nämlich sie selbst zu sehen und prinzipiell alles Denken nur aus solchem Selbstgegebenen zu schöpfen, nach Einzelheiten und nach Prinzipien selbst. Das viel missbrauchte Wort „Intuition" ermöglicht es leider, die Phänomenologie unter den Titel „intuitionistische Philosophie" zu befassen und dadurch mit allerlei mythischen Schwärmereien und unwissenschaftlichen Überschwänglichkeiten unter einen Hut zu bringen. Die Phänomenologie als Auswirkung des Willens auf absolut redliche, absolut gerechtfertigte Wissenschaft beruft sich und gründet sich auf keine übernatürlichen Erleuchtungen, sie kennt keine geheimnisvollen „intellektuellen Anschauungen", sie bietet keine Künste, durch die Adepten mit unerhörten geistigen Kräften herangezüchtet werden. Sie ist eine Stätte denkbar nüchternster, im Geiste höchster und letzter Gewissenhaftigkeit durchgeführter Arbeit. In der Phänomenologie hat „Methode der Intuition" einen einfachen und nüchternen Sinn, es besagt, dass ich verlässlich nur urteile, wo ich, was ich meine, auch selbst ausweisen und aufweisen kann; und letzte Aufweisung ist Sehen oder etwas dem gewöhnlichen Sehen genau Analoges, und selbst das muss noch im rein schauenden Aufweisen aufgewiesen und es müssen alle Arten und Formen dieses Sehens, der Evidenz im Sehen studiert werden.

Die Phänomenologie ist die **extremste Vollendung des Rationalismus**, sie ist aber ebenso gut zu bezeichnen als **extremste Vollendung des Empirismus**.

a) Das eine, sofern es die ursprüngliche Intention des Rationa-

---

[1] Vgl. Beilage XXVIII: *Phänomenologie und Intuitionismus* (S. 473) und Beilage XXIX: *Zum Intuitionismus der Phänomenologie* (S. 476). – Anm. des Hrsg.

lismus war, so wie ihn Descartes begründet hatte, Wissenschaften und ein vereinheitlichtes Universum von Wissenschaften auf die Bahn zu bringen, die in jeder erdenklichen Hinsicht in vollendeter Einsicht aufgebaut waren und ihrer absolut zwingenden Geltung aus apodiktisch notwendigen Prinzipien völlig versichert sein durften. Offenbar waren diese Prinzipien, abgesehen von dem Cartesianischen *ego cogito*, gedacht als Wesensgesetze und Quellen letztaufklärender Wesenserklärung.

b) Was anderseits den Empirismus anbelangt, so war er mit seinem Prinzip, alle Erkenntnis auf Erfahrung zu gründen, darauf gerichtet, gegen alle unklaren Gedanken, gegen alle „scholastischen" Spekulationen mit anschauungsleeren Wortbegriffen zu operieren. Worauf er eigentlich hinauswill, ist eine rein intuitive, aus selbstgebender Anschauung, aus „Erfahrung" geschöpfte Erkenntnis.

Es war sein, und speziell, es war das unsterbliche Verdienst Lockes, die Aufgabe gestellt zu haben, die Vernunft selbst in allen ihren Vorstufen und höheren Stufen in der „Erfahrung" zu studieren und immer wieder betont zu haben, dass Erkenntnis ihr Recht nur aus der Erfahrung schöpfe und dass sie selbst in der Erfahrung von ihr studiert werden muss, um die Normen der Erkenntnis aus der Erfahrungserkenntnisleistung selbst gewinnen zu können. Aber sosehr die Tendenz auf eine immanente Philosophie in seinem Werke fühlbar wird und wirksam in die Folgezeiten hineinwirkt, er vollzieht keine phänomenologische Reduktion, er bleibt in widersinnigem Naturalismus stecken, er baut eine psychologistische Erkenntnistheorie auf, die den Menschen und seine Erkenntnis in natürlicher Weltlichkeit belässt und andererseits doch die Probleme der Möglichkeit objektiver Erkenntnis lösen ⟨will⟩. Er unterschiebt der Wesensaufklärung der Leistung der Erkenntnis eine psychologische und anthropologische Erklärung, die so stark wirksam war, dass die reine Problematik der Erkenntnis nie wieder durchbrechen konnte. Aber ein Grundfehler des von Locke ausgehenden Empirismus war, dass er sich unfähig zeigte, „Erfahrung" zu klären, und das lag wieder daran, dass er blind für das Eigenwesen des Bewusstseins als Bewusstseins von etwas war und für die Grundunterscheidungen, die die Gegebenheitsweise dieses Etwas betreffen. Der große Schritt, der eine Phänomenologie erst ermöglicht hat, war die Erkenntnis, dass jederlei Bewusstsein seine Weise hat, in ein entsprechendes Bewusstsein der Selbstgegebenheit (in Form der Ausweisung – der Gegenfall der Abweisung ist leicht zu behandeln) übergeführt zu werden, und dass Erfahrung von individuellen Einzelheiten, etwa gar als äußere Erfahrung, nicht die einzige, sondern eben nur die dem Bewusstsein von Individuellem zugeordnete Weise der Selbstgebung ist. Es wurde erkannt, dass Gegenstand und Bewusstsein korrelativ aufeinander bezogen sind in der Art, dass jeder Grundart von Gegenständen eine Grundart selbstgebenden Bewusstseins entspricht oder, was dasselbe, eine Grundart der „Evidenz", wenn dieses Wort eben das sozusagen leibhafte Selbsthaben, Erfassen des Gegenstandes in der Erkenntnis ist, und zwar nach eigener Aussage der Erkenntnis selbst. Gegenstand ist dabei aber im weitesten Sinn zu verstehen, derart, dass nicht nur ein Ding, ein psychisches Erlebnis, ein Gegenstand ist, nicht bloß ein zeitlich Einzelnes, sondern auch eine Eigenschaft, eine Beziehung, eine Verknüpfung, aber auch ein Satz, ein Schluss, eine Theorie, eine Wissenschaft, ein Kunstwerk, ein Staat, eine Kirche usw. Alles, was in irgendeinem Sinne ist oder sein kann, hat seine Weise der selbstgebenden „Erfahrung", als Möglichkeit erwogen, seine Weise selbstgebender Phantasieanschauung (in der das als quasi-seiend Vorstellige sich als Möglichkeit gibt).

Das Wort „Erfahrung", insbesondere „Wahrnehmung", ist so sehr an die Selbsterfassung von individuellem Gegenständlichen gebundenen, dass es unpassend wird. Aber grundwesentlich ist die Erkenntnis, dass jedes Erkennen ein Hinauswollen auf das originäre Selbst ist, das bald ein Individuelles, bald ein Spezifisches, bald ein Ding, bald ein Universum von Dingen, eine Welt, bald der Raum oder die Zeit, bald eine unendliche Zahlenreihe ein mathematisches Kontinuum, ein axiomatischer Wesensinhalt ist usw. Echte Erkenntnis ist Selbstgebung, und die Mannigfaltigkeiten, Arten und Stufen der Erkenntnis und ihres Aufbaus haben danach wesentliche Beziehung auf mannigfaltige Arten und Stufen der Selbstgebung bzw. der Selbstgegebenheiten. Das Selbstgegebene ist die feste Norm; wie sie es sein kann, das macht wieder eine Selbstgebung klar, als Wesensgesetz, dass Evidenz mit Evidenz nicht streiten kann, dass hier Prinzipien wie das vom Widerspruch entspringen als Prinzipien der Erfüllung oder Abweisung von Urteilsmeinungen usw. Der Empirismus ist ein unklarer und halber

Intuitionismus, er ist in seinen Beschränkungen und in seiner Blindheit für das Grundwesen des Bewusstseins von vornherein zur Unfruchtbarkeit verurteilt. Dies gilt von allen seinen Formen bis hinauf zum modernen Positivismus, Biologismus, auch in den neuesten Gestaltungen des Instrumentalismus, Pragmatismus.

Ein vollendeter Intuitionismus ist von selbst vollendeter Rationalismus, und umgekehrt. Ein spekulatives Philosophieren von oben her, ein Ausspinnen von Gedanken im „reinen Denken", von Gedanken, die am vagen und unklaren Wort „Gedanken" hängen bleiben, ein Denken, das nicht rein intuitive Wege geht, auf denen jeder Schritt aufgewiesene Tatsache oder „selbstgegebene" Allgemeinheit und Notwendigkeit ist, ist der Idee echter Wissenschaft zuwider. Nur als Vorahnung, als ein Überschlag über vielleicht gangbare Wege kann ein vages Denken nützlich sein, aber zum wissenschaftlichen wird es in Form eines Denkens, das durch und durch „begründetes", d. i. durch und durch „einsichtiges", intuitives ist. Schlechter Rationalismus als vage Spekulation, die trotz der Vagheit Ansprüche auf Notwendigkeit und Wahrheit stellt, hat seinen rechtmäßigen Feind im Intuitionismus, aber dann muss der Intuitionismus ein voller und strenger sein und nicht selbst mit Vagheiten, mit Vorurteilen oder gar spekulativen Elementen anderer Provenienz behaftet sein.

⟨§ 59. Die Phänomenologie als Normenlehre aller echten Wissenschaft überhaupt⟩

Gehen wir zu dem Hauptzuge unserer Meditationen zurück. Indem die Phänomenologie, wie festgestellt worden, die systematische Gesamtheit aller unmittelbaren Wesensbegriffe und Wesensgesetze der Vernunft herausstellt, und zwar nach allen Wesenskorrelationen von Bewusstsein und Gegenständlichkeit, leuchtet es ein, dass sie nicht bloß im äußerlichen Sinn Erste Philosophie ist, nämlich die erste dem werdenden Philosophen sich darbietende absolut gerechtfertigte Wissenschaft. Sondern sie ist als Wesenslehre aller *a priori* unterscheidbaren Vernunftgestaltungen die Normenlehre aller echten Wissenschaften überhaupt. Sie birgt ja für alle die Prinzipien ihrer absolute Rechtfertigung, sie birgt in sich, was sie alle als Wissenschaften, als Systeme von vernünftigen Erkenntnissen *a priori* möglich macht. Nur in Beziehung auf sie gewinnen alle die letzte Rechtfertigung, die zugleich Rechtfertigung in dem beschriebenen tiefsten Sinne ist, Rechtfertigung aus letzterleuchtenden Prinzipien der Apodiktizität. Wir können dafür auch sagen: Die in adäquater Reinheit und in letzter Selbstgegebenheit herausgestellten Wesensformen und Wesensgesetze des möglichen Vernunftverfahrens und ⟨von⟩ seinen möglichen kategorischen Gestalten überhaupt haben den notwendigen Beruf, als absolute Normen für jedes wirklich ins Spiel zu setzende Erkennen zu fungieren.[1] Im letzten Sinn ist eine Erkenntnis nicht früher absolut gerechtfertigt als sie nicht auf die in der reinen Phänomenologie herausgestellten Wesensgestalten, auf die sie verweist, zurückbezogen ist. Die erste Rechtfertigung als naiv betätigte Evidenz ist danach noch nicht absolut rechtfertigend. Jede solche naive Rechtfertigung bedarf selbst wieder einer Rechtfertigung, einer reflektiven und prinzipiellen Rechtfertigung ihrer Echtheit und eidetischen phänomenologischen Wesenseinsicht. Durch sie wird zugleich ein tiefstes Verstehen der Erkenntnisleistung gewonnen. Das gibt also der transzendentalen Phänomenologie, der echten Erkenntnistheorie, ihre einzigartige Stellung gegenüber allen anderen Wissenschaften. Sie ist die Wissenschaft von der Methode letztstrenger Erkenntnis und Wissenschaft überhaupt. Doch wichtiger ist es für uns, die Wissenschaften außer der Phänomenologie zu betrachten und unsere sehr kühne These zu begründen, dass sie nur durch methodische Rückbeziehung auf Phänomenologie (und zum Teil nur durch unmittelbare Einpflanzung in sie) den Rang strenger, letztgerechtfertigter Wissenschaften gewinnen können.

---

[1] Vgl. Beilage XXX: *Die Anwendung der rein eidetischen Phänomenologie. Metaphysische Auswertung der natürlichen Wissenschaften. Letzte Interpretation auch der reinen Normen* (S. 478). – Anm. des Hrsg.

⟨13. Kapitel

Ziel und Aufgabe der phänomenologischen
Wissenschaftslehre⟩

⟨§ 60. Das Ideal „eigentlicher" Wissenschaft: Die Forderung eines
universalen, auf sich selbst rechtfertigend zurückbezogenen
Systems apriorischer Wissenschaften als Ontologien⟩

Nach der allgemeinen Meinung der Wissenschaftler ist die Transzendentalphilosophie ein kurioser, aus weltanschaulichen Gründen hoch zu bewertender Appendix zu den außertranszendentalen Wissenschaften, die ihrerseits völlig autonom seien und zudem dazu berufen, alle philosophischen Disziplinen zu unterbauen und ihnen durch ihre selbsterworbene Strenge zum Vorbild zu dienen. Der Spezialforscher als solcher, im abgeschlossenen Kreis seiner fachlichen Interessen, braucht sich also um Philosophie nicht zu kümmern. Wir vertreten hier also die scharf entgegengesetzte Auffassung, aber freilich nicht für eine beliebige Philosophie, sondern für die transzendentale Phänomenologie als Wissenschaft von der absoluten Subjektivität; dabei sei die Phänomenologie zunächst, wie bisher, betrachtet als Wissenschaft unmittelbarer, aber apriorischer Deskriptionen.

Stellen wir eine Überlegung an. Es ist die Art aller wissenschaftlichen Denkarbeit, keinen Satz hinstellen zu wollen, der nicht einsichtig, sei es unmittelbar oder mittelbar, etwa durch Erfahrung oder Schlussfolgerung, begründet worden ist. Aber damit begnügt sie sich keineswegs. Wissenschaft will nicht eine Erkenntnis aus bloß naiver Begründung sein, vielmehr fordert sie eine beständig begleitende Nachprüfung und Kritik jeder zunächst naiv vollzogenen Begründung. So ist denn tatsächlich jedes aktuell vollzogene wissenschaftliche Begründen und der ganze Zug des aktuellen wissenschaftlichen Denkens, in dem die Theorie als wissenschaftliche sich konstituiert, doppelschichtig. Die sozusagen gerade Evidenz, die auf die Sachen, auf die so und so umgriffenen Sachen und Sachverhalte, gerichtete Evidenz, ist beständig begleitet von einem kritischen Bewusstsein, das wir in seiner Abschlussform als Bewusstsein der Normgerechtigkeit nennen könnten.

Es erwächst in ursprünglicher Form direkt aus expliziter Kritik der naiven Evidenz und der in ihr vollzogenen Begründungen oder in sekundärer Form als Nachwirkung früherer solcher Kritiken, als Bewusstsein also einer habituellen inneren Gewissheit, dass bei diesen evidenten Begründungen hier „alles in Ordnung" sei und sie (als früher schon geprüfte oder aufgrund wohlbekannter Prinzipien u. dgl.) jederzeit wieder explizit gerechtfertigt werden könnte.

Insofern ist also wissenschaftliche Denkart **ihrer herrschenden Intention nach** wesentlich verschieden von der natürlich-naiven. Der Wissenschaftler ist – und je strenger wissenschaftlich er vorgeht, immer mehr – darauf aus, sich beständig zu fragen, was in der jeweiligen Beobachtung wirklich und eigentlich beobachtet sei und was bloße Antizipation oder gedanklich vermittelte Mitmeinung sei, oder im Gebrauche seiner Begriffsworte, wie es mit dem allgemeinen Sinn derselben stehe, ob er sich nicht verschoben habe, wie er streng zu umgrenzen und an Beispielen eindeutig zu klären sei, ebenso bei allen Schlüssen und in allen ihren Schritten, ob das wirklich folge, d. i. ob die Evidenz eine vollkommene sei und in der vervollkommnten sich das Folgen wirklich bestätige usw. Evidente Begründung schlechthin, schlichte, in der Blickrichtung auf die Sachen vollzogene, genügt also der Wissenschaft nicht. Es bedarf, und prinzipiell überall, einer Begründung der Begründungen selbst in Form reflektiver Kritik. Was hier überall unter dem Titel Kritik erfolgt, ist offenbar (phänomenologisch gesprochen) eine reflektive intentionale Analyse, die die Reichweite der erfüllenden Erzielung und die Überschüsse unerfüllt verbleibender Meinungen herausstellt.

Sehen wir näher zu, so verstehen wir nun **die methodische Funktion aller apriorischen Prinzipien** und in weiterer Folge aller apriorischen Wissenschaften. Sie dienen, einmal herausgestellt, als beständig bereite Hilfsmittel der eigentliche Wissenschaftlichkeit schaffenden Kritik. Sie ermöglichen einen leistungsfähigen Wissenschaftstypus, den der „exakten" Wissenschaft, der Wissenschaft aus Prinzipien. Jedes Apriori hebt uns über das Zufällige, Besondere und Faktische hinaus in das ideale

Reich reiner Möglichkeiten und Wesensnotwendigkeiten. Einmal eingesehen und zu habitueller Bereitschaft gebracht, macht es die explizite Kritik aller besonderen Evidenzen entbehrlich, die dem apriorischen Wesenstypus entsprechen. Es bedarf nur der einmaligen Rechtfertigung des prinzipiellen Apriori, und für das deduktive Apriori der einmaligen Rechtfertigung der Deduktion gemäß den Prinzipien der Deduktion. Andererseits gewinnt jede besondere Evidenz im Bewusstsein der Rückbezogenheit auf ein entsprechendes Apriori die höhere methodische Dignität einer Notwendigkeit der Geltung aus der bloßen und reinen Möglichkeit her.

In dieser Art kennen wir ganze Reihen apriorischer Wissenschaften, die teils von vornherein konzipiert sind um dieser Abzweckung willen, wie vor allem die formale Syllogistik und in der Neuzeit die Mathematik der Wahrscheinlichkeiten, teils diese methodische Funktion übernommen haben und ihr seitdem vorzüglich dienen, wie die Arithmetik, die Geometrie und die übrigen mathematischen Disziplinen. In dieser Reihe finden wir selbstverständlich, da der ganze traditionelle Wissenschaftsbetrieb sich in der natürlichen Einstellung hält, die apriorische Wissenschaft vom transzendentalen Ego nicht. Sie sind alle apriorische Wissenschaften von Gegenständen möglichen Bewusstseins, aber nicht vom Bewusstsein[1] selbst als transzendental konstituierendem. Diese Gegenüberstellung hat eine bleibende prinzipielle Bedeutung. Nennen wir alle apriorischen Wissenschaften der natürlich geraden Blickrichtung, also die Wissenschaften von allem im natürlichen Sinn Seienden, Ontologien, so sind also alle historisch überlieferten apriorischen Disziplinen Ontologien. Sie sind näher besehen von zweierlei Art: Die einen enthüllen das Apriori, das zur formal allgemeinsten Idee der Gegenständlichkeit überhaupt gehört (Analysis, Mannigfaltigkeitslehre), die anderen binden sich an die Idee individueller realer Gegenständlichkeit bzw. an eine ausgezeichnete Realitätskategorie, nämlich an die Idee einer möglichen Natur überhaupt.[2] Hierher gehören die Geometrie und über-

---

[1] Spätere Hinzufügung Husserls: „und Bewusstseinssubjekt" – Anm. des Hrsg.
[2] Spätere Anmerkung Husserls: „Zu berühren wäre noch die Einheit aller dieser Ontologien zu einer universalen Weltontologie." – Anm. des Hrsg.

haupt die apriorische Wissenschaft von Raum und Zeit und die apriorische Mechanik, wenn man eine solche rein umgrenzt. Alle diese Wissenschaften wollen strenge und eigentliche Wissenschaft sein. Sie würden es sein, wenn einerseits ihre prinzipiellen Axiome der reflektiven Kritik vollkommen genugtun würden, und andererseits, wenn jeder Schritt deduktiver Ableitung sein formuliertes Prinzip hinter sich hätte, das selbst in ähnlichem Sinn voll zu rechtfertigen wäre. Fungiert dann eine solche, sagen wir z. B. eine mathematische Wissenschaft, als methodisches Instrument sonstiger, etwa der Naturwissenschaften, so erteilt sie diesen Rationalität der Begründung, und sie sind genau so weit „exakt", als solche „Mathematisierung" reicht.

Gehen wir als Philosophen bis ans Letzte, an den idealen Limes, so ergäbe sich uns eine Abwandlung einer bekannten Kant'schen Lehre:[1] In einer empirischen Wissenschaft ist genau so viel „eigentliche Wissenschaft" zu finden, als sie aus apriorischen Wissenschaften rechtfertigen, als notwendig geltend nachweisen kann. Was dann aber die apriorischen Wissenschaften anlangt, so ist jede solche Wissenschaft soweit gerechtfertigt und nur soweit eigentliche Wissenschaft, als sie in Reflexion auf jedes zunächst immer naiv einsetzende Begründen für dieses selbst apriorische Prinzipien rechtfertigender Kritik aufweisen kann. Beispielsweise jeder Schluss, den eine vollkommen streng gerechtfertigte Mathematik zieht, müsste ein formuliertes Schlussprinzip hinter sich haben und dürfte nur daraus und nicht durch eine vereinzelte Nachprüfung seiner Evidenz gerechtfertigt sein.

Darin liegt aber: „Eigentliche" Wissenschaft ist ein Ideal, eine Idee im Kant'schen Sinn und fordert eine wissenschaftlich herausgestellte Totalität alles Apriori überhaupt; m. a. W. eigentliche Wissenschaft fordert ein universales System apriorischer Wissenschaften, dessen Rechtfertigung auf sich selbst zurückbezogen ist. Die reflektive Kritik innerhalb dieses Systems dürfte auf kein apriorisches Prinzip mehr stoßen, das nicht im System selbst schon aufgestellt wäre. Dieses universale, synthetisch vereinheitlichte Apriori wäre der ideale Quell aller Methode, es wäre das

---

[1] Vgl. I. Kant: *Metaphysische Anfangsgründe der Naturwissenschaft,* Vorrede. – Anm. des Hrsg.

überhaupt und überall strenge Wissenschaftlichkeit Machende. Die „eigentlichen" Wissenschaften zerfielen dann in apriorische Wissenschaften und in angewandte, in empirische, aber durchaus aus apriorischen Prinzipien „erklärende" und sich selbst rechtferti-
5 gende. In allen eigentlichen Wissenschaften herrschte vollkommene, d. i. denkbar größte Rationalität, innerhalb deren kein Raum übrig bliebe für ein Unverständliches. Nur das „*hic et nunc*" der Tatsache, das zu allem Empirischen gehört, wäre der beständige Diskontinuitätspunkt der Rationalität der empirischen Wissen-
10 schaften, er ist das Irrationale, das Apriori-Wissenschaft prinzipiell nicht rationalisieren kann.

⟨§ 61. Das Verfehlen des Ideals durch die bisherige Grundlagenforschung. Der Einschluss des Universums aller apriorischen Wissenschaften in die
15 transzendentale Phänomenologie⟩

Nachdem wir das Ideal klargestellt haben, gehen wir an die anerkannt vollkommensten Wissenschaften heran, an die mathematischen (reine Mathematik und mathematische Naturwissenschaft). Sie rühmen sich ihrer Exaktheit gerne, und jedenfalls sind sie
20 überzeugt, für die Sicherheit und Vervollkommnung ihrer wissenschaftlichen Strenge in ihrer spezialistischen Abgeschlossenheit selbst sorgen zu müssen. Hier fällt es uns aber auf, dass sie dem entworfenen Exaktheitsideal nur in einer Richtung in einigem Maße ⟨sich⟩ annähern und dass sie nur in dieser einen Richtung
25 seit langem schon ihm bewusst zu genügen suchen, nämlich in Richtung der deduktiven Theoretisierung. Ganz anders verhält es sich mit der in ihrer Bedeutung allzu lange verkannten Rechtfertigung der Grundbegriffe und Axiome bzw. ihrer kritischen Umbildung in vollkommen zu rechtfertigende. Das leidenschaftliche
30 Bemühen, hier echte Grundlegungen zu schaffen, führte bekanntlich zu revolutionären Reformversuchen, welche einschneidende Änderungen des Gehaltes der Wissenschaft selbst zur Folge haben sollten. Wir denken hier an den Kampf um die Neuformung der geometrischen und physikalischen Grundbegriffe und an die Ein-
35 stein'sche Relativitätstheorie, aber auch an den Kampf um die Neugestaltung der Grundbegriffe der reinen Analysis (Menge,

Zahl, Kontinuum) und an die revolutionären Theorien von Brouwer und Weyl. Die Sachlage ist insofern eine höchst paradoxe, als es sich doch um Axiomatisches handelt, welches prätendiert, in apodiktischer Evidenz eingesehen zu sein. Und in der Tat, wer könnte sich z. B. der Evidenz der geometrischen Grundsätze entziehen? Und doch, die wissenschaftlich nachkommende reflektive Kritik fordert Neubildungen.

Wenn man als Phänomenologe an die Probleme der Grundlagenforschung der objektiven Wissenschaften herantritt, so hat man von vornherein eine klare Vorstellung von dem einen, aber allerdings auch überwältigend Großen, was hier Not tut, wenn mindestens in Zukunft die Sachlage günstiger werden soll. Und über diese Sachlage müssen wir doch hinauskommen, über Wissenschaften dieser Art, die mit all ihrer wunderbaren theoretischen Technik und mit ihren nicht minder wunderbaren praktischen Erfolgen es zu keiner wirklichen Rechtfertigung, zu keiner rationalen Durchsichtigkeit und Klarheit bringen können. Diese Wissenschaften lehren es, um an ein Lotze'sches Wort zu erinnern, vortrefflich, die Welt zu berechnen, aber da sie sich selbst nicht verstehen, verstehen sie auch nicht den Sinn der Welt, die sie berechnen.[1] Und sollte nicht mit diesen prinzipiellen Unklarheiten der relativ vollkommensten Wissenschaften, der von der Natur, auch jener grundverkehrte Naturalismus zusammenhängen, der unsere Epoche seelisch so kraftlos macht, und die Unfähigkeit, den Geisteswissenschaften richtige Stellung und Funktion, richtige Grundlegungen und schon Zielstellungen zu geben?

Nun ist es uns doch evident, dass wahres Sein, aus welcher erdenklichen Wissenschaft immer, seine konstitutive Ursprungsstätte in der transzendentalen Subjektivität hat und dass jede Seinsregion, wie z. B. (die als unterste Weltstruktur fungierende) Natur, zunächst und allem Theoretisieren vorangehend, sich in der unmittelbaren Selbstgebung der Erfahrung evident darbietet. Theoretische Wissenschaft ist offenbar eine höhere Stufe konstitutiver Leistungen, es sind Leistungen der vernünftigen Aktivität, die aber in ihrer Sinngebung und in ihrem Recht durchaus abhän-

---

[1] Vgl. H. Lotze: *Logik. Drei Bücher vom Denken vom Untersuchen und vom Erkennen* (*System der Philosophie*, I. Teil), 2. Aufl., Leipzig 1880, S. 608. – Anm. des Hrsg.

gig bleiben von den entsprechenden Leistungen der Erfahrung. Wie sollte es nun je zu einer ursprünglich geschöpften und kritisch bewusst sich rechtfertigenden Begriffsbildung kommen, wenn man nicht vorher die konstitutive Leistung der entsprechenden Erfahrungen verstanden hätte und wenn man nicht den Gang der ersten sinnlichen Begriffsbildung bis zur Bildung exakter Limesbegriffe im Rahmen ursprünglicher Intuition und prinzipieller Wesensallgemeinheit, d. i. durch Wesensdeskription erforscht hätte?

Also muss man zunächst das vortheoretische Ding als intentionale Einheit einstimmiger Erfahrung, und rein aus ihr selbst heraus studieren, und darin liegt natürlich weiter: ohne sich durch Vorurteile wie die der bloßen Subjektivität der Sinnendinge und ihrer bloß sekundären Qualitäten bestimmen zu lassen. Man weiß als Phänomenologe von vornherein, dass es hier im Wesensmäßigen nichts verächtlich beiseite zu Schiebendes gibt, dass alles hier seine sinngebende Funktion haben muss, die den Sinn des theoretisch naturwissenschaftlichen Dinges mitbestimmt. Nach Studium all der höchst komplizierten Schichtungen des Sinnendinges muss man dann an die Grundfragen der Theoretisierung und zunächst der Quantifizierung treten, also klarlegen, wie an das sinnlich Fließende mit seinen roh morphologischen Begriffen von Groß und Klein, von „stetigen" Übergängen, von Figur usw. die exakten mathematischen Begriffe herankommen, oder vielmehr, welche sinngebenden Prozesse hier neue Sinne und Begriffe, eben diese quantitativen, gestalten. Kurzum, es handelt sich hier um rein phänomenologische Probleme, Probleme einer gewissen Schicht der transzendentalen Phänomenologie, betreffend die Objektivierung in Form passiver Sinnlichkeit und in höherer Stufe einer quantifizierenden und konstruierenden mathematischen Aktivität.

Als Phänomenologe achtet man dann auf die Selbstverständlichkeit, dass die Konstitution der Natur nichts Isoliertes ist, sondern wesensbezogen auf die Konstitution der Leiblichkeit als System von Wahrnehmungsorganen, als Träger der notwendigen Kinästhesen und der Sinnesfelder etc. So ist denn überhaupt die phänomenologische Konstitution der gesamten Welt mit allen Typen von Objektivitäten eine innig verflochtene Einheit, und alles Verstehen, das da Grenzen macht, ist ein nur halbes Verstehen. Aber es ist auch zu beachten, dass die Wesensbetrachtungen nicht bloß

in der geraden Blickrichtung auf die jeweiligen Gegenstände, zuunterst die Gegenstände in der Sinngebung der Erfahrung, erfolgen darf. Das Erfahrene ist eben Erfahrenes eines Erfahrens und erfahrenden Ich, das nicht ein Nichts, sondern ein leistendes ist.
5 Also schließlich ist es klar, man kann nirgend halt machen. So weit die Einheit der Wesenszusammenhänge und der Wesenskorrelationen läuft, so weit hängt Sinn von Sinn, Wesen von Wesen ab, und so kann nur eine vollkommene, allseitig sich entwickelnde Phänomenologie die Quelle aller vollkommenen Einsichten, aller
10 allseitigen und letzten Rechtfertigungen sein. In der Idee gesprochen birgt sie das Prinzipiensystem für die Klärung, ja ursprüngliche Bildung aller Grundbegriffe und Grundsätze in sich. Nur sie muss also die methodischen Mittel herausstellen, um alle anderen Wissenschaften in Wissenschaften aus letzter Rechtfertigung zu
15 gestalten.

Ja es ist sogar einleuchtend, dass sie nicht bloß Kritik zu üben brauchte für ihr äußerlich dargebotene Begriffe und Wissenschaften, sondern in ihrer systematischen Entwicklung müssen all die Erkenntnisgestaltungen, die sich in prinzipiellen Begriffen aus-
20 drücken, von selbst auftreten. Das Apriori der absoluten Subjektivität, voll und nach allen Korrelationen genommen, ist nicht ein spezielles Apriori, sondern ist das Universum alles Apriori überhaupt. Dahin gehören also auch alle regionalen Grundbegriffe, welche die ontologischen Disziplinen voneinander scheiden, Be-
25 griffe wie individuelles Reales oder Ding (und die Formen der Individualität wie Raum und Zeit), Animalität und Mensch, Sozialität, Kultur. Eine rein deskriptive Phänomenologie denken wir uns bezogen auf alles unmittelbare Apriori im systematischen Zusammenhang, das unmittelbar Gefasste beschreibt sie, sie drückt
30 es, nur adäquat, aus. Doch will es mir scheinen, dass kein Grund besteht, nun noch eine ernstliche Trennung zwischen transzendentaler Phänomenologie und den verschiedenen apriorischen Wissenschaften gelten zu lassen. Denn alle deduktiven Theoretisierungen aus unmittelbar evidenten Grundlagen sind doch nur
35 kompliziertere Gebilde der transzendentalen Subjektivität. Danach sehe ich in den apriorischen Wissenschaften nur Zweige aus dem Wurzelsystem und Stamm der deskriptiven Phänomenologie. Voll genommen ist die Phänomenologie, ideal entwickelt gedacht, da-

nach nichts anderes als das universale System alles unmittelbaren und mittelbaren Apriori, sie ist die synthetisch einheitliche *universitas* aller apriorischen Wissenschaften; aber nur in diesem vollständigen und systematisch sich wechselseitig rationalisierenden Zusammenhang ist jede dieser Wissenschaften und diese ganze *universitas* absolut rational, rational im höchsten denkbaren Sinn.

⟨§ 62. Abwehr möglicher psychologistischer Missverständnisse. Die Verwirklichung der traditionellen Idee der Logik als Wissenschaftslehre erst durch die transzendentale Phänomenologie⟩

„Erkenntnis" ist freilich nicht bloß ein mögliches transzendentales, sondern auch ein naturales Faktum: Vorkommnis in menschlichen und in niederster Stufe in tierischen Seelen auf dieser Erde, mit deren „Natur" sich die Psychologie als Erfahrungswissenschaft und weltbezogene Wissenschaft beschäftigt. Es ist aber klar, dass alles, was sie an wirklich Naturalem und Empirischem zu sagen hat, nicht das Wesen der Erkenntnis angeht, sondern es voraussetzt. Es ist ein Widersinn, aus der Psychologie irgend etwas über das Wesen der Erkenntnis, über das Wesen des Ich, des Bewusstseins und seiner Wesensmöglichkeiten und -notwendigkeiten intentionaler Konstitution von Gegenständlichkeiten lernen zu wollen und somit von ihr etwas lernen zu wollen über die Vernunft, nicht als eine empirische Charaktereigenschaft, sondern als einen Titel für Wesensstrukturen der Erkenntnisgeltung, in der sich erkenntnismäßig Abzielung und Erzielung abspielen, in der eine teleologisch geordnete Sinngebung unter dem Telos „wahres Sein" erfolgen und jede Gegenstandsregion ihre mögliche Selbstgegebenheit, ihre gültige Anerkennung als seiende und ihre logische Bestimmung erfahren kann.

Es ist ein Widersinn, von der Psychologie solches erfahren zu wollen, was Erkenntnis nach Sinn und Geltung verständlich macht, weil eben das gesuchte Verständnis sinnvoll nur Wesenserkenntnis sein kann, und solche im Empirischen zu suchen, wäre genauso weise, wie etwa aus der Naturwissenschaft arithmetische und sonstige mathematische Erkenntnis schöpfen zu wollen. Natürlich kommen Zahlen, Größen, Figuren in der Natur vor. Aber im Beobachten feststellen kann man nur zwei Planeten, aber nicht die Zahl 2; empirisch feststellen kann man, dass es heute zweimal vorkam, dass zwei Kometen sichtbar geworden sind, aber nicht, dass 2 × 2 = 4 ist. Diese Weisheit aber einer Begründung schon der objektiven Logik und erst recht der Erkenntnistheorie durch Psychologie bietet man uns seit Jahrhunderten an.

Transzendentale Probleme jeder Art, und zunächst das gewöhnlich so genannte transzendentale Problem der Möglichkeit einer transzendenten Natur- und Welterkenntnis, durch Psychologie lösen zu wollen, die selbst transzendente Wissenschaft ist, ist nichts weiter als eine Naivität, die ein Problem lösen will, dessen Sinn sie überhaupt nicht versteht. Von all solchem Vorbeisehen über den wahren und echten Sinn der Probleme, auf die alle neue Philosophie im Innersten hinauswollte, und über ihren Grundcharakter von apriorischen Problemen der transzendentalen Subjektivität heilt uns aber die Methode der transzendentalen Reduktion und die Grunderkenntnis, dass in dieser nun erst rein ersichtlichen Subjektivität ein unendliches Feld apriorischer Wesensstrukturen beschlossen ist, in deren Studium alle vernünftigen Erkenntnisprobleme zur exakten Formulierung und Auflösung kommen müssen.

Eben damit realisiert die transzendentale Phänomenologie zugleich in vollkommener Weise die ursprüngliche und als Prätention nie erstorbene Idee der Logik oder Wissenschaftslehre. Sie verwirklicht also die Intentionen der Platon'schen Dialektik. Denn das war ja die ursprüngliche Idee der Logik, sie sollte die allen Wissenschaften vorangehende Methodenlehre echter Wissenschaft sein, echter, d. i. nach ihren Prinzipien absolut zu rechtfertigender. Darum ging ihr ursprüngliches Interesse nach allen korrelativen Seiten hin; sie reflektierte über das Wesen des Vernunftbewusstseins und seiner Vernunftleistung, sie betrachtet das geleistete Produkt, den begrifflich gedachten Gegenstand und den Urteilssatz, die Prinzipien möglicher Wahrheit, möglicher wahrer Schlüsse, und sie spricht Sätze für Gegenstände überhaupt aus.

Aber vergeblich erhob sie ihre großen Prätentionen einer Methodenlehre aller strengen Erkenntnis, einerseits weil sie sich vergeblich mühte, den Weg zu finden von den formal allgemeinsten Allgemeinheiten zu den regionalen Besonderheiten, und andererseits weil es ihr so wenig gelang, selbst zu einer strengen Erkenntnis zu werden. Sie selbst war nahezu die schlechtest fundierte aller ernsten Wissenschaften, ihre Grundbegriffe und Grundsätze voll Unklarheiten, ganz abgesehen von ihren engbrüstigen Einschränkungen. Sie war durchaus dogmatische Wissenschaft, Wissenschaft aus natürlicher Einstellung. Gerade als Logik konnte sie das nicht sein. In dem Bemühen um eine wissenschaftliche Fundierung verfiel sie auf den Widersinn des Psychologismus, sie behandelte die erkenntnistheoretischen Probleme statt als solche einer transzendentalen Wesenslehre der absoluten Subjektivität vielmehr als psychologische und biologische Probleme des Menschen in der Welt. Der empiristische Naturalismus verfiel sogar auch in den Widersinn, die syllogistische Logik als psychologische Disziplin zu interpretieren. Historisch waren die Erkenntnis dieses Versagens der universalen Logik und die tastenden Versuche, sie so zu reformieren, dass sie wirklich sich selbst verstehen und dann zur Normierung helfen könne, die Etappen der Entwicklung der neuen Phänomenologie.

Wenn wir danach der Phänomenologie diese große Stellung vindizieren, universelle Methodenlehre und Mutter aller apriorischen Wissenschaften zu sein, so wächst ihr natürlich auch die wichtige Aufgabe zu, die sich in seiner Weise und eng begrenzt schon Kant in dem bekannten Paragraphen über den systematischen Leitfaden zur Aufsuchung aller reinen Verstandesbegriffe[1] gestellt hat. Es gilt, so würde die Aufgabe sich für uns darstellen, das vollständige und geordnete System der obersten Regionen möglichen Seins in transzendentaler Ursprünglichkeit zu entwickeln und von da aus das System aller apriorischen Wissenschaften geordnet und ursprünglich gerechtfertigt aufzubauen. Einen „Leitfaden" bietet dabei der Ausgang von der formalen Mathematik als *mathesis universalis* und das systematische Herabsteigen zur Idee individueller Realität und einer individuellen „Welt" und zu den notwendigen besonderen Stufen und Differenzierungen, die diese Idee *a priori* erfahren kann. Es zeigt sich dabei, dass die formale Grundstruktur der faktisch gegebenen Welt als einer psychophysischen Natur, einer Welt, die in höherer Stufe

---

[1] Vgl. I. Kant: *Kritik der reinen Vernunft*, B 90 ff. – Anm. des Hrsg.

zur Sozial- und Kulturwelt sich entwickelt, ihre transzendentalen Gründe haben muss.

⟨§ 63. Die⟩ Phänomenologie als Wissenschaft von allen Seinsmöglichkeiten und allen möglichen realen Welten ⟨und die⟩ Zukunft der phänomenologischen Philosophie

Die Auffassung einer transzendentalen Phänomenologie als Logik ist ihre Auffassung unter normativem Gesichtspunkt. Nimmt man sie für sich selbst und als reine Theorie, so ist sie die Wissenschaft von allen reinen Möglichkeiten[1] und den sie regelnden Notwendigkeiten, und damit ist sie die Wissenschaft von allen möglichen Mannigfaltigkeiten und auf Individuelles bezogen, auf alle möglichen Welten und allem möglichen absoluten Sinn von Welten. Frei variabel bleibt dabei die letzte Hyle. Die Theorie ist formale, auf rein kategoriale Gestalten bezogen. Das führt zurück zu ihrer Auffassung als absoluter Monadologie oder Metaphysik, aber bloß in Wesenseinstellung, nicht von faktisch wirklichen Monaden und den mit ihnen sich konstituierenden phänomenalen Welten, sondern von möglichen Monaden und was dazu reell und ideell notwendig gehört.

So z. B. die wesensmäßige „Harmonie" der Monaden, die miteinander und füreinander nur sein können durch die Konstitution einer ihnen allen gemeinsamen Welt, als in jeder sich übereinstimmend konstituierenden. In höchster Stufe erwachsen in dieser Monadologie natürlich auch die theologischen Probleme. Sie hängen innig zusammen mit den Problemen einer durch das absolute Universum hindurchgehenden und sich in der Menschheitsgeschichte eventuell bekundenden Entwicklung; einer Entwicklung, die der Welt in ausgezeichnetem Sinne „Sinn" gibt, nämlich eine teleologische Richtung gegen die „Idee des Guten".[2, 3]

---

[1] Spätere Hinzufügung Husserls: „der transzendentalen Subjektivität" – Anm. des Hrsg.

[2] So muss sich die Welt dem auf „wahre Selbsterhaltung" bedachten und sein Leben unter absoluter Zielgebung ordnenden Menschen darstellen – hier sind die Probleme der Irrationalität (des Schicksals, der Sünde, des Unwerts in aller Welt) und die des „Vernunftglaubens" an einen Weltsinn als eines, recht verstanden, trotz allem wesensnotwendigen Glaubens.

[3] Spätere Hinzufügung Husserls: „im Kampf gegen die wesensmäßigen Irrationalitäten Schicksal, Tod etc." – Anm. des Hrsg.

Durch den logischen Normsinn der Phänomenologie als Erster Philosophie bestimmen sich alle empirischen Wissenschaften als zweite, von der Phänomenologie abhängige Wissenschaften, abhängig nämlich, wenn sie als letztstrenge gelten sollen, somit als Philosophien.[1] Exaktheit im engeren Sinne ist mathematisch-quantitative Exaktheit. Im weiteren Sinn ist es aber das reine und universale Apriori, das „exakt" macht, das den ursprünglich in der Idee der Wissenschaft liegenden Trieb nach letzter Rechtfertigung erfüllt. Würden wir das schöne Wort „*mathesis*" in seinem ursprünglich weitesten Sinn verwenden dürfen, so könnten wir sagen, empirische Wissenschaften werden zu philosophischen durch die vollkommenst denkbare Mathematisierung, wobei die Erste Philosophie, die universale *mathesis* in dem weitesten Sinn, so ähnlich alle reinen Theorien parat hätte wie die reine Mathematik gewöhnlichen Sinnes in Hinsicht auf die Naturwissenschaft.[2] Eben dadurch haben aber alle exakt gewordenen empirischen Wissenschaften systematische Ordnung und Verknüpfung, vermittelt durch die apriorische Systematik der Regionen und ihrer apriorischen Disziplinen.

Mitbeschlossen in dem eben Ausgeführten ist die Metaphysik der faktischen Welt oder die Feststellung des absoluten Sinnes in der Ordnung und Einigung alles faktischen Seins. Was die Erste Philosophie in dieser Hinsicht für alle möglichen Welten festgestellt hat, findet Anwendung zur absoluten Sinnesbestimmung des Faktums.

Als wichtige Anmerkung möchte ich noch beifügen, dass die phänomenologische Aufklärung des Sinnes rechtmäßiger empirischer Wissenschaften zugleich das Problem löst, inwiefern es eine Tatsachenwissenschaft von der transzendentalen Subjektivität geben kann. Die Antwort lautet: nur in Form der transzendental begründeten Erfahrungswissenschaften. Denn ihrem absoluten Sinne nach drücken sie Regelungen der faktischen transzendentalen Subjektivitäten aus; jede empirische Wahrheit für Dinge z. B. drückt, äquivalent und absolut verstanden, eine konstitutive Regel

---

[1] Vgl. Beilage XXXI: *Die Phänomenologie als Erste Philosophie* (S. 481). – Anm. des Hrsg.
[2] Spätere Anmerkung Husserls: „*Mathesis universalissima.*" – Anm. des Hrsg.

für alle miteinander kommunizierenden transzendentalen Subjekte aus.

Nach unseren allgemein und unter verschiedenen Gesichtspunkten vollzogenen Charakteristiken der möglichen und notwendigen Ziele der Phänomenologie können wir uns auch eine Vorstellung von der Zukunft der Philosophie im Sinne ihrer Intentionen bilden. In der Gegenwart finden wir aus historischen Gründen, die freilich nicht eines teleologischen Sinnes entbehren, eine Trennung zwischen Philosophie und außerphilosophischen Wissenschaften. *Sub specie aeterni* betrachtet ist diese Trennung nicht zu halten. Die Philosophie vertritt die Idee einer absoluten Erkenntnis, d. i. einer Erkenntnis von letzterdenklicher Rationalität. Eine solche ist aber, wie zu zeigen versucht worden ist, nur als eine universale Erkenntnis, nur in einem Universum phänomenologisch begründeter Wissenschaften möglich mit der Stufenfolge Erster und Zweiter Philosophie. Daraus ergibt sich klar die Zukunftsaufgabe der Philosophie oder, was gleichwertig ist, das der ganzen wissenschaftlichen Zukunft der Menschheit vorgezeichnete Ziel.

Fürs Erste, als die unmittelbarste und größte der uns überhaupt gestellten theoretischen Aufgaben scheint mir gelten zu müssen zunächst die systematische Ausbildung der im Werden befindlichen deskriptiven Phänomenologie. Das Wertvolle und Entscheidende liegt hier in der konkreten phänomenologischen Arbeit, wie denn ihr ganzes Absehen, und notwendig, gerichtet ist auf nüchterne Arbeit im Feld unmittelbarer Wesensanschauung. Alle Philosophie von oben her, alle Philosophie genialer Vorahnung muss ihre Rolle ausgespielt haben, wenn es einen festen Arbeitsboden gibt, auf dem man, obschon mühselig, säen und ernten kann.

Was die Spezialwissenschaften anlangt, so wird es solche, aber nur um der Arbeitsteilung willen, immer geben müssen. Aber ihre spezialistische Sonderung darf nicht erhalten bleiben. Phänomenologische und spezialwissenschaftliche Arbeit werden sich verbinden und im gezeichneten Stile zur Einheit einer universalen philosophischen Funktion zusammentreten müssen. Man wird sich von beiden Seiten die Hände reichen, und nur so wird den Spezialwissenschaften die strengste Wissenschaftlichkeit zuteil werden, natürlich im allmählichen Fortschreiten. Ferner, soweit noch Seinsregionen apriorischer Forschung nicht unterzogen worden sind, wird die Phänomenologie von sich aus diese Disziplinen zu begründen ⟨haben⟩, und diese werden von vornherein schon in radikaler Klärung erwachsen und fest eingewurzelt bleiben am Mutterstamme. In der idealen Zukunft wird jeder Spezialforscher in der entsprechend hoch entwickelten Phänomenologie genau so, meine ich, zu Hause sein wie der Physiker in der Mathematik. Sie wird aber auch das gemeinsame Mutterhaus sein, in dem alle geschwisterlichen Wissenschaften zusammen kommen; sie wird die Ursprungsstätte einer „Metaphysik" sein, die streng wissenschaftlich uns im Allgemeinen, und durch das Medium der Spezialwissenschaften im Besonderen, den Sinn der Welt erschließt.

ERGÄNZENDE TEXTE

A. ABHANDLUNG

PHÄNOMENOLOGISCHE METHODE UND
PHÄNOMENOLOGISCHE PHILOSOPHIE
⟨LONDONER VORTRÄGE 1922⟩

⟨Einleitung:⟩ Das allgemeine Ziel der
phänomenologischen Philosophie

Der ehrenvollen Aufforderung, an dieser großen Stätte englischer Wissenschaft einige Vorlesungen zu halten, glaube ich am besten genugzutun, indem ich von einer neueren philosophischen Methode spreche, mit der sich das unbekannte Reich der transzendentalen Subjektivität der konkreten Anschauung erschließt, und indem ich im Anschluss daran den Versuch wage, Sie in die Gedankenkreise einer noch neuen philosophischen Grundwissenschaft einzuführen, welche sich auf diesem konkret anschaulichen Boden angesiedelt hat: Es ist die transzendentale Phänomenologie. Ich hoffe, für die unvergleichliche Eigenart dieser Wissenschaft als zugleich rein deskriptiver und rein apriorischer einiges Verständnis erwecken zu können und auch davon zu überzeugen, dass sie nicht ohne Grund höchste Ansprüche auf wissenschaftliche Strenge erheben darf. Es soll weiterhin die zentrale Bedeutung der Phänomenologie im Gesamtreich der Wissenschaften klargelegt und gezeigt werden, dass die Phänomenologie das gesamte System der Erkenntnisquellen in sich fasst, aus denen alle echten Wissenschaften ihre prinzipiellen Begriffe und Sätze und alle Kraft ihrer letzten Rechtfertigung ziehen müssen. Eben damit gewinnt sie den Beruf der im wahren Sinn so zu nennenden „Ersten Philosophie", den Beruf, allen anderen Wissenschaften Einheit aus letzten Begründungen und Beziehung auf letzte Prinzipien zu verleihen und sie alle neu zu gestalten als lebendige Organe einer einzigen, absolut universalen Wissenschaft, der Philosophie im ältesten Wortsinn.

Im wissenschaftlichen Leben unserer Epoche fällt danach der Phänomenologie die Aufgabe zu, uns von dem vielbeklagten Fluch der Zersplitterung der Erkenntnis in fast zusammenhangslose Fachwissenschaften und von den Einseitigkeiten des Spezialistentums zu befreien. Andererseits fällt ihr auch die Funktion zu, der hieraus erwachsenen wissenschaftsfeindlichen Reaktion zu begegnen, die sich der gegenwärtigen Generation zu bemächtigen droht und sie trüben Mystizismen nur zu sehr geneigt machen muss. Die Phänomenologie vertritt solchen Strömungen gegenüber das ursprüngliche, unverbrüchliche und in Sachen der Erkenntnis ausschließliche Recht der strengen Wissenschaft. Sie vertritt es aber, indem sie alle Wissenschaft aus ihren Urquellen klärt und absolut rechtfertigt. Sie erweist, dass nur der äußerste Radikalismus der Erkenntnisgesinnung, als Intention auf Klarheit und einsichtige Rechtfertigung bis aufs denkbar Letzte, gegen alle Skeptizismen und Mystizismen helfen kann, und sie zeigt, dass die natürlich gewordenen und natürlich bewährten Wissenschaften in dieser Hinsicht versagen mussten, weil dieser Radikalismus ihnen als natürlichen Wissenschaften notwendig fehlt. Helfen kann nur letztverstehende Wissenschaft, und das ist Wissenschaft, gespeist aus den Urquellen der Phänomenologie.

Doch ich darf nicht lange Einleitungen machen. Ich gestatte mir, auf die knappen Hauptthesen zu verweisen, die dem Syllabus[1] zu dieser Vorlesung beigegeben sind als schematische Vorzeichnungen der Hauptgedanken, die in den gesamten Vorlesungen Farbe und Fülle erhalten sollen. Ich will sie hier nicht wiederholen und lieber sogleich anfangen.

---

[1] Vgl. Beilage II: *Syllabus der Londoner Vorträge* (S. 363) und die textkritischen Anmerkungen dazu (S. 682) sowie den von H. Spiegelberg veröffentlichten englischsprachigen Syllabus (vgl. dazu die Einleitung des Herausgebers, oben S. XXI). – Anm. d. Hrsg.

I. Der Cartesianische Weg zum *ego cogito* und die Methode der phänomenologischen Reduktion

Es gibt verschiedene Wege in die Phänomenologie. Ich will für diese Vorlesungen den prinzipiellsten wählen. Er hebt an mit der Erneuerung der antiken Idee philosophischer Erkenntnis und schließt daran an eine radikale Erwägung der Methode, die zur Erzielung solcher philosophischen Erkenntnis wesensnotwendig ist. Die transzendentale Phänomenologie resultiert dann als die notwendige Wissenschaft von der Methode und als die „Erste" Philosophie.

Sollte ich heute unter dem Aspekt der mir zugereiften Gesamtüberzeugungen sagen, welche Philosophen mir im Rückblick auf die Geschichte der Philosophie vor allen hervorleuchten, so würde ich allen voran zwei nennen, die ich darum nicht etwa auf eine Rangstufe stellen möchte: an erster Stelle den allerdings ganz unvergleichlichen Platon, den Schöpfer der Idee strenger Wissenschaft oder philosophischer Wissenschaft, in dem ich überhaupt den eigentlichen Begründer unserer wissenschaftlichen Kultur sehen möchte. Als zweiten Namen würde ich Descartes nennen, ohne ihn damit als den Größten der Neueren einschätzen zu wollen. Aber eine ganz ausgezeichnete historische Stellung erhält er dadurch, dass seine *Meditationes* dem philosophischen Denken eine feste Entwicklungsrichtung gegen eine Transzendentalphilosophie erteilt haben. Nicht nur der Grundcharakter der neuzeitlichen Philosophie, sondern, wie ich überzeugt bin, aller künftigen Philosophie ist dadurch von Descartes her bestimmt.

Was zunächst Platon anbelangt, so wird er durch den Ernst, mit dem er die sophistische Skepsis theoretisch zu überwinden und dabei sokratische Impulse theoretisch auszuwerten sucht, zum Begründer der philosophischen Idee des wahren Wissens und der echten Wissenschaft als der höchsten Zielidee der Erkenntnis. In eins damit wird er zum Schöpfer des Problems und der Wissenschaft von der Methode, nämlich der Methode, dieses oberste Ziel in aktueller Erkenntnis zu realisieren. Echte Erkenntnis, echte, d. i. begrifflich strenge Wahrheit und Seiendes in wahrem Sinn werden zu Korrelaten. Der Gesamtinbegriff aller echten Erkenntnis bzw. aller strengen begrifflichen Wahrheiten bildet eine theoretisch verbundene Einheit, die einer einzigen Wissenschaft, und das ist die Philosophie. Ihr Korrelat ist die Totalität alles wahrhaft Seienden. Eine neue Idee der Philosophie als universaler und absolut gerechtfertigter Wissenschaft tritt damit, die ganzen weiteren Entwicklungen bestimmend, auf den Plan; es deutet sich schon hier an, dass eine Philosophie erst möglich ist aufgrund einer prinzipiellen Erforschung der Bedingungen der Möglichkeit einer Philosophie. Darin liegt die Idee einer notwendigen Begründung und Gliederung der Philosophie in zwei Stufen, einer radikalen, sich in sich selbst rechtfertigenden Methodenlehre als Erster Philosophie und einer auf sie in allen ihren rechtfertigenden Begründungen zurückbezogenen Zweiten Philosophie.

Ich erinnere noch daran, dass für den Sokratiker Platon Philosophie im vollen und weiten Sinn nicht bloß Wissenschaft ist, und dass die Theorie oder theoretische Vernunft ihre Würde darin hat, praktische Vernunft allein möglich zu machen.

Verweilen wir nicht, so interessant dies wäre, bei der mangelhaften Auswirkung der Platon'schen Intentionen in den weiter folgenden Philosophien. Wenden wir uns sogleich zu Descartes. In ihm lebt von Anfang an die Platon'sche Idee der Philosophie in scharfer Ausprägung wieder auf, in eins mit dem bestimmten Bewusstsein des unphilosophischen Dogmatismus aller überlieferten Philosophien oder Wissenschaften (was dasselbe besagt). Sie sind keine echten Philosophien, d. i. sie entbehren der echten, bis ins Letzte sich rechtfertigenden Rationalität, selbst die bewunderte Mathematik nicht ausgenommen. Dem Skeptizismus gegenüber sind sie daher, wie sie es auch vordem immer waren, machtlos.

Schon in den *Regulae* werden die beiden Grundforderungen, die der vollkommensten Rechtfertigung und die der Universalität (unter Hinweis auf die Einheit der Vernunft als der einheitlichen Quelle aller möglichen Erkenntnisse), lebhaft betont; und in bedeutsamer Weise wird die Erfüllung solcher Forderungen zur Lebens- und Gewissensfrage des philosophischen Subjekts selbst gemacht. Ich möchte diese subjektivierende Wendung als erkenntnisethische bezeichnen, obschon sie bei Descartes nicht als wirklich ethische eingeführt wird. Es geht eben bei ihm vom philosophischen Ethos Platons die spezifisch ethische Seite verloren: Die theoretische Philosophie verselbständigt sich. Also nicht mehr ist wie bei Platon die letztleitende Idee die der echten Humanität, die sich im philosophischen Menschen und nicht im bloßen Wissenschaftler verkörpere, wenn auch der Philosoph zunächst Wissenschaftler sein muss. Immerhin bleibt aber auch in der Cartesianischen Auffassung des Philosophen der Radikalismus erhalten, der zum Wesen der ethischen Gesinnung gehört, und er hat eine Form, die sich, worauf ich Wert legen möchte, sehr wohl wieder ethisch interpretieren oder eigentlich ethisch unterbauen lässt. Kurz angedeutet kann dies in folgender Weise geschehen.

⟨...⟩[1]

Versetzen wir uns in die erkenntnisethische Einstellung, mit der der werdende Philosoph beginnt. Wir müssen jetzt die Ichrede bevorzugen und jeder innerlich Teilnehmende ist das Ich, von dem dabei gesprochen ist. Ich, so sage ich als anfangender Philosoph, will ein neues Erkenntnisleben anfangen, ein durchgängiges Erkennen aus absoluter Rechtfertigung und von einer Art, dass ich hoffen kann, in geordneter Weise zu einer *universalis sapientia* zu kommen. Ich beginne demgemäß mit dem allgemeinen „Umsturz" aller meiner bisherigen Überzeugungen. Ich lege sozusagen ein neues Grundbuch der Erkenntnis an, und keine darf hineinkommen, die ich nicht neu begründet und bei der ich mich nicht ihrer absoluten Rechtfertigung versichert habe. Aber auch auf die gehörige Ordnung des Vorgehens kommt es an.

Die erste Frage scheint also zu sein: Wie fange ich an, wie gewinne ich eine an sich erste Erkenntnis oder Erkenntnissphäre, deren ich mich absolut versichern kann, und nicht nur als absolut zu rechtfertigender, sondern als einer solchen, die notwendig allen anderen Erkenntnissen voranliegt als ein notwendiges Fundament jener gesuchten Philosophie, auf das alle anderen möglicherweise zu rechtfertigenden Erkenntnisse unbedingt zurückbezogen sein müssen?

---

[1] Der hier folgende Text der Vorträge findet sich in der Vorlesung „Einleitung in die Philosophie" von S. 58, Z. 7 „In dem Sinn…" bis S. 60, Z. 30 „…alsbald missdeutet hat." – Anm. des Hrsg.

Indessen, näher besehen geht doch eine andere Frage voraus. Allem voran muss ich mich doch erst besinnen, was für ⟨eine⟩ Vollkommenheit ich unter dem Titel „absolute Rechtfertigung" für meine künftigen Erkenntnisse eigentlich meine und fordere.

Zu diesem Zwecke überblicke ich die Erkenntnisse und Rechtfertigungen meines bisherigen Lebens, ich entnehme daraus exemplarisches Material für die Klärung dieses Ideals. Von ihrer Geltung, ja selbst von ihrem faktischen Gewesensein, will und darf ich keinen Gebrauch machen, aber als reine Möglichkeiten darf ich sie doch benützen, sie zu voller Klarheit gestalten, bloß um daran Begriffe zu bilden. So kläre ich mir oder bilde mir in ursprünglicher Klarheit zunächst den Begriff des Erkennens als eines Glaubens oder Urteilens, und näher als eines in ausgezeichneter Weise motivierten Urteilens. Das im prägnanten Sinn erkennende Urteilen „richtet" sich nämlich nach einem Sehen oder Einsehen, derart, dass das Geglaubte nicht bloß geglaubt, sondern selbst gesehen oder eingesehen, selbst erfasst, selbst ergriffen ist. Ein solcher nach „evident" Gegebenem sich richtender Glaube heißt selbst ein evidenter oder evident begründeter. Einen nicht evidenten Glauben begründen heißt ihn in einen evidenten, durch Anmessung an eine Selbstgebung des Geglaubten überführen.

Ist das einmal gelungen, so muss es für dieselbe Überzeugung immer wieder gelingen. Er müsste überhaupt standhalten, so bin ich zunächst geneigt anzunehmen. Aber nun gedenke ich exemplarischer Möglichkeiten der Entrechtung früherer Begründungen und Evidenzen durch spätere, ich unterscheide zwischen vollkommeneren und unvollkommeneren Evidenzen. An der Entwertung unvollkommener Evidenzen erfasse ich auch den Begriff der Scheinevidenzen. Hieran bilde ich nun mein Ideal absoluter Rechtfertigung. Ein wissenschaftliches Streben kann doch nur Sinn haben, wenn, was Recht ist, Recht bleiben kann, wenn also jedes Urteil und jede unvollkommene Evidenz ihr absolutes Maß haben kann an einer vollkommenen Evidenz, in der Wahrheit und Falschheit sich entscheiden kann. Das sagt, es müsste ein adäquates Sehen oder Einsehen geben, ein Sehen, Erfassen, das wirklich ist, und durchaus ist, was es sein will: Selbsterfassen des geglaubten Gegenstands. Es dürfte also gar nichts von einem unklaren, ungefähren Sehen, und nach keinem gegenständlichen Moment, in sich bergen, nichts von einem antizipierenden Meinen. Der Gegenstand müsste voll und ganz selbsterfasster sein.[1] Davon müsste ich mich aber absolut überzeugen können, und das wäre nur denkbar in Form eines reflektiven Sehens. Unter Zergliederung der Urteilsmeinung müsste ich konstatieren können, dass sie durchaus, nach allen Momenten, satt erfüllte ist. Dieses reflektierende Sehen müsste selbst wieder adäquat sein und sich genau so vor sich rechtfertigen können.

Es leuchtet aber ein, dass zu einer adäquaten Evidenz auch eine andere mögliche Probe gehören müsste, die des Durchgangs durch einen Negations- und Zweifelsversuch. An einem adäquat Gegebenen und absolut Selbsterfassten müsste jeder solche Versuch notwendig zerschellen. Es käme dabei vielmehr die Unmöglichkeit des Nichtseins und Zweifelhaftseins des adäquat Gegebenen ihrerseits zur adäquaten Gegebenheit; m. a. W., während etwas adäquat gegeben ist, kann es nicht negiert und nicht bezweifelt werden. Das bezeichnet sich auch mit den Worten: Das adäquat Evidente ist in apodiktischer Gewissheit gegeben.

Damit gewinnt das von Descartes benützte Kriterium der Zweifellosigkeit für eine absolut gerechtfertigte Erkenntnis seinen tieferen Sinn. Es wäre leicht zu zeigen, dass Descartes selbst diesen Sinn nicht klar erfasst hat und nicht zum mindesten dadurch in große Verirrungen geraten ist.

Doch bleiben wir bei der Sache und in der meditierenden Icheinstellung. Das Ergebnis der Besinnung ist, dass ich als leitendes Ideal für absolut gerechtfertigte Erkenntnis die Idee einer adäquaten Evidenz nehmen muss. Ich muss nun sehen, wie weit ich damit komme, wie ich damit eine Philosophie in Gang bringen kann.

Doch ehe wir in das wirklich Suchen nach einem Anfang eingehen können, müssen wir noch überlegen, dass, wie Erkenntnis überhaupt, so auch adäquate Erkenntnisse sich in unmittelbare und mittelbare scheiden werden. Da die mittelbaren in ihrer adäquaten Begründung auf unmittelbare zurückführen müssen, so werden die ersten Erkenntnisse, auf die ich mein Suchen richten muss, den

---

[1] Spätere Anmerkung Husserls: „Das ergibt aber noch nicht das Ein-für-alle-mal." – Anm. des Hrsg.

Charakter absolut unmittelbarer haben müssen. Eine nähere Überlegung zeigt dann leicht, dass als absolut unmittelbar nur schlichte Anschauungen gelten können, ferner, dass nur solche Begriffe und Prädikationen zulässig sein können, die schlichten, adäquat selbstgebenden Anschauungen in strengster Adäquation angepasst worden sind. Rein aus dem Angeschauten muss ich meine Begriffe schöpfen und nur reine Deskription ist für den Anfang gestattet. Damit habe ich das hodegetische Prinzip des Anfangs. Am nächsten liegt es dabei, unter adäquaten Anschauungen Wahrnehmungen zu verstehen, also nach einer Sphäre individuellen Seins zu suchen, die mir zu adäquater Selbstgegebenheit oder, was gleichwertig ist, in apodiktischer Seinsnotwendigkeit, in apodiktischer Zweifellosigkeit gegeben sein kann. Versuchen wir es zunächst mit diesem spezielleren Leitgedanken. Mit der jetzt sich erhebenden Frage, wie wir uns eine apodiktisch zweifellose Seinssphäre verschaffen sollen, stehen wir wieder in dem Cartesianischen Gedankengang, der sehr zu seinem Schaden alle prinzipiellen Vorfragen unerörtert gelassen hatte. Seinem Hauptzuge wollen wir nun folgen, obschon unter beständigen Umbildungen im Sinne prinzipieller Notwendigkeit, bis hinauf zum *ego cogito*, dieser trivialsten Trivialität für den philosophisch Blinden, diesem Wunder aller Wunder für den philosophisch Sehenden.

Mit gutem Instinkt beginnt Descartes nicht damit, ohne weiteres das *ego cogito* als absolut zweifellose Erkenntnis in Anspruch zu nehmen als ein Reich apodiktischer Evidenz, sondern vielmehr erst vorhergehen zu lassen den Nachweis der Zweifelsmöglichkeit der Welt sinnlicher Erfahrung und somit der Unvollkommenheit dieser sinnlichen Erfahrung, ihrer Unfähigkeit, als Fundament absoluter Rechtfertigungen zu dienen. Denn die natürliche und allzeit bereite Evidenz des „Ich bin" ist nicht diejenige, welche philosophisch in Frage kommt, ist nicht jenes *ego cogito*, das durch die methodische Ausschaltung der sinnlichen Erfahrung und Erfahrungswelt gewonnen wird. Und darin liegt die ungeheure Bedeutung des Cartesianischen Weges.

Beginnen wir also wie Descartes mit der Prüfung der sinnlichen Erfahrung. Nach dem allgemeinen Umsturz läuft meine raum-weltliche Erfahrung ungebrochen fort, sie scheint durch ihn also nicht betroffen, beständig steht in klarem Bewusstsein leibhaften Daseins diese Welt vor mir, und ich finde mich als Menschen unter anderen Menschen, Tieren, Dingen usw. Es scheint also, dass die äußere Erfahrung eine beständig fließende Evidenzquelle sei, über die ich, der anfangende Philosoph, frei verfügen kann. Kann ich hier vernünftigerweise zweifeln? Aber genauer besehen ist diese Evidenz keine Evidenz apodiktischen Charakters, wie ich sie als Anfang fordern müsste. Denn mag ich irgendein räumliches Objekt noch so vollkommen wahrnehmen, noch so gründlich besehen, betasten usw., niemals ist die Möglichkeit der Nichtexistenz dieses so klar Erfahrenen ausgeschlossen. Der Gedanke, diese Dinge da seien in Wahrheit nicht, während ich sie immerzu klar und einstimmig sehe, mag unvernünftig, mag völlig ohne Grund sein, niemals ist er doch apodiktisch widersinnig. Niemals ist ja auch, wie ich leicht bemerke, die Wahrnehmung eine adäquate Selbstgebung des räumlichen Gegenstands; wie vollkommen er zur Wahrnehmung kommt, immerfort meint der Wahrnehmungsglaube mehr als was wirklich gesehen ist und bleibt das gesehene Ding ein Gemisch von „eigentlich gesehen" und „nicht gesehen", also immer bleibt es offen, dass sich ⟨im⟩ Fortgang weiteren Wahrnehmens herausstelle, dass das Gesehene nicht so sei, als wie es vordem vermeintlich gesehen war, oder gar dass es überhaupt nicht sei, dass sich das Gesehene in Illusion oder Traum auflöse.

Danach ist es ganz sicher kein Widersinn, sondern eine beständige absolut evidente Möglichkeit, dass die gesamte Natur, die ich erfahre, überhaupt nicht sei. Der hypothetische Ansatz ihrer Nichtexistenz ist also nicht etwa von der Art wie die Hypothese, dass $2 > 3$ ist oder dass ein Dreieck vier Seiten hat; denn das sind apodiktisch unmögliche Hypothesen. Der geführte Möglichkeitsbeweis wird von großer methodischer Bedeutung werden. Halten wir dieses Resultat fest.

⟨...⟩[1]

---

[1] Der hier folgende Text der Vorträge findet sich in der Vorlesung „Einleitung in die Philosophie" von S. 68, Z. 22 „dass keine einzige..." bis S. 71, Z. 18 „...und Erkenntnistheorie verbaut." und von S. 71, Z. 34 „Hier ist also..." bis S. 73, Z. 3 „...keine Rede mehr." – Anm. des Hrsg.

Der Ansatz des Nichtseins der Welt (oder das sich jeder Entscheidung Enthalten in Beziehung auf die beiden Möglichkeiten des Seins und Nichtseins der Welt) führt, wenn ich reflektiere, auf das absolut, apodiktisch Evidente „Ich habe die und die naturalen Erfahrungen, ich sehe dieses Haus", während ich das Sein des Hauses offen lasse. Ich habe damit den fließenden zusammenhängenden Zug der naturalen Erfahrung als ein absolut Existierendes. Aber dieses absolute „Ich erfahre dieses Haus, diese Straßen usw." ist nicht alles. Ich stoße nun sogleich auf einen ganz mannigfaltigen Erlebnisstrom, auf das konkrete *ego cogito*. Zum Beispiel: Das Haus sehend mag ich zugleich Gefallen daran haben, den Wunsch, es zu kaufen, dann den Willen, daran mag sich schließen, dass ich zu rechnen anfange usw. All das bekommt seinen absoluten Sinn als ein absolut dahinströmendes Sein, wenn ich reflektierend es in seinem eigenwesentlichen Sein, in jener Epoché, nehme. Es ist ein jeweilig jetzt Seiendes.[1] Dabei ist es jetzt leicht, das, was dabei individuell als jetzt Seiendes ist, zu unterscheiden von dem, was dabei gemeint ist, aber nicht selbst als jetzt individuell erfasst ist. Urteile ich gerade $2 < 3$ und $2 \times 7 = 15$, so ist, was die Reflexion als absolutes Erlebnis fasst: Ich urteile $2 < 3$, $2 \times 7 = 15$. Aber der eine und andere dieser Sachverhalte selbst ist nicht das *cogito*, sondern das in ihm Geurteilte, und dieses ist einmal ein wirklich bestehender Sachverhalt, und sogar ein apodiktisch evidenter, das andere Mal ein widersinniger, nicht bestehender Sachverhalt. Aber der Sachverhalt ist nicht das, was die Reflexion als „*ego cogito*" vorfindet. Das „Ich urteile A", das ist das absolut Gegebene; das A selbst findet nicht die apodiktische Reflexion, sondern das Urteil selbst, wenn es evident ist. Wie wir, um das absolute „Ich erfahre dieses Haus" ⟨zu erhalten⟩, die Existenz des Hauses ausschalten, den Erfahrungsglauben ansehen, aber nicht als Reflektierende betätigen, mitmachen, ihn eben nur als Tatsache hinstellen, so fixieren wir in der Reflexion, wenn wir urteilen $2 \times 2 = 4$, nur die Tatsache, dass wir so urteilen, aber nicht das Be-

---

[1] Spätere Veränderung Husserls für von „All das..." bis „...Seiendes.": „All das bekommt seinen absoluten Sinn als ein absolut dahinströmendes subjektives Leben, wenn ich reflektierend und jene Epoché vollziehend es in seinem eigenwesentlichen Sein mir zueigne." – Anm. des Hrsg.

stehen dieses Sachverhalts 2 × 2 = 4. Wir können in dieser Weise konsequent auf jedes „Ich erfahre, ich denke, ich fühle, ich will" reflektieren und immer nur diese Tatsache selbsterfassend setzen und hinsichtlich alles dessen, was da im Erfahrungsglauben selbst geglaubt, was da im Denken gedacht ist usw., uns jedes Urteils enthalten; wir können überhaupt jede Stellungnahme, die in diesen Ichakten vollzogen ist, jetzt außer Spiel setzen, in dem Sinn, dass wir jetzt sie nicht mitmachen, sondern nur als Tatsache setzen. Nur dann haben wir die reine egologische Erfahrung und ihren absoluten Bereich. Mögen diese Stellungnahmen richtig oder unrichtig sein, als Tatsachen sind sie absolut. Die Bevorzugung der Weltausschaltung besteht aber darin, dass, wenn sie nicht bewusst vollzogen und nicht die Möglichkeit des Nichtseins erkannt ist, dies unvermeidlich dahin führt, dass man die ganze egologische Erfahrung als innere Erfahrung interpretiert und nicht merkt, dass man dann keine reine Erfahrung mehr hat, sondern eine Belastung mit Voraussetzungen.

⟨...⟩[1]

II. Das Reich der phänomenologischen Erfahrung und die Möglichkeit einer phänomenologischen Wissenschaft. Die transzendentale Phänomenologie als Wesenswissenschaft der transzendentalen Subjektivität

⟨...⟩[2]

Richten wir unser Augenmerk noch auf einige neue deskriptive Richtungen. Wir halten den Gegenstand, etwa das zunächst gesehene Haus, fest und lassen verschiedenes und verschiedenartiges Bewusstsein darauf bezogen sein, das sich dadurch zugleich kon-

---

[1] Der hier folgende Text der Vorträge findet sich in der Vorlesung „Einleitung in die Philosophie" von S. 73, Z. 4 „Das Prinzip der radikal..." bis S. 73, Z. 30 „...noch nichts sagen." – Anm. des Hrsg.

[2] Der hier folgende Text der Vorträge findet sich in der Vorlesung „Einleitung in die Philosophie" von S. 75, Z. 10 „Versetzen wir uns..." bis S. 85, Z. 4 „...sehr umfangreiche Analysen." – Anm. des Hrsg.

trastiert: also derselbe Gegenstand wahrgenommen und die Wahrnehmungen von ihm, die Erscheinungsweisen, Orientierungen etc. abgewandelt gedacht, derselbe Gegenstand dann als wiedererinnert, als durch Abbilder dargestellt, als sonst wie vorgestellt, in die Phantasie versetzt etc. Es ist aber nicht zu übersehen, dass das Identitätsbewusstsein als Bewusstsein vom Einen und Selben eine eigene phänomenologische Grundtatsache darstellt; jedes Bewusstsein kann mit anderem und mannigfaltigem Bewusstsein (kontinuierlich oder diskret) so zur Einheit kommen, dass ein synthetisches Bewusstsein von demselben hier und dort bewussten Gegenstand erwächst. Man mache sich dabei Folgendes klar: Wenn verschiedene Bewusstseinserlebnisse sich auf dasselbe beziehen, so gehört zu jeder der Vorstellungen ihr intentionales Etwas, ihr „Gegenstand". Aber jede Vorstellung hat im Zeitstrom der Phänomene ihre Zeitstelle und Zeiterstreckung und ist von jedem nachfolgenden Erlebnis nach allen reellen Stücken getrennt. Trotzdem können getrennte Wahrnehmungen und sonstige Bewusstseinserlebnisse identisch Selbes bewusst haben, das eventuell in Evidenz als ihr identischer intentionaler Gegenstand aufgewiesen werden kann. Dieses Selbe ist also gegenüber den einzelnen Erlebnissen ein „Ideales", d. h. nicht-reeller Teil. Beziehung auf intentionale Gegenständlichkeit besagt also eine phänomenologisch aufweisbare Polarisierung der Erlebnisse, wonach mannigfaltige *cogitationes* denselben idealen Pol in sich tragen. Auf ihn beziehen sich, um noch eine allerwichtigste Seite der phänomenologischen Momente anzudeuten, alle Stellungnahmen, so insbesondere alle Modalitäten des Glaubens sowie die Modalitäten der Aufmerksamkeit, der Affektion.

⟨...⟩[1]

Nachdem uns die Umschau in der phänomenologischen Sphäre gezeigt hat, dass die scheinbar armselige Evidenz des *ego cogito* in der phänomenologischen Reduktion einen endlosen Bereich vielverschlungener Phänomene eröffnet, einen phänomenologi-

---

[1] Der hier folgende Text der Vorträge findet sich in der Vorlesung „Einleitung in die Philosophie" von S. 91, Z. 19 „Indem wir diese nennen…" bis S. 93, Z. 10 „…ersieht und fixiert." – Anm. des Hrsg.

schen Urwald sozusagen, wird nun die Frage brennend, wie wir von der bloßen, wenn auch apodiktischen Anschauung zu einer Phänomenologie, einer Wissenschaft von der transzendentalen Subjektivität kommen sollen. Als werdender Philosoph stand ich zunächst in der erfahrenden Einstellung, reflektierend erfasste ich mich als das faktische Ego und meine faktischen *cogitationes*. Zunächst denke ich also an eine Tatsachenwissenschaft, und sie muss als erste durchaus den geforderten Charakter der absoluten Rechtfertigung zeigen. Ist eine solche hier möglich? Ist an eine Art Analogon der empirischen Psychologie zu denken, eine rein egologische Wissenschaft vom Ich und seinen Erlebnissen mit ihren intentionalen Gehalten, nur nicht auf objektiv naturaler Erfahrung, sondern auf phänomenologische Erfahrung gegründet?

Aber bald kommen mir ernste Bedenken.[1] Zunächst bemerke ich, dass die phänomenologische Wahrnehmung neben sich auch eine phänomenologische Erinnerung und Vorerwartung hat, die sekundäre Erfahrungsfunktion üben können. Wenn ich solche Erlebnisse nicht nur als besondere phänomenologische Fakta der aktuellen Gegenwart hinnehme, sondern als Eingangstore der Erkenntnis der Vergangenheit und Zukunft, so erkenne ich, dass die transzendentale Subjektivität sich in eine endlose Vergangenheit und Zukunft hinein erstreckt. In der Tat, unwillkürlich tue ich so und nehme mich auch als reines Ego, bezogen auf einen unendlichen immanenten Zeitstrom. Aber mit welchem Recht?

Reicht die apodiktische Evidenz über die aktuelle Gegenwart hinaus? Schon hinsichtlich der Gegenwart muss ich mir sagen, dass vieles und das meiste phänomenologisch unerfahren entflieht, und selbst was ich zur wahrnehmenden Erfassung bringe, entwindet sich der Wahrnehmung und ich müsste überlegen, wie es mit der Evidenz der unmittelbaren Retention steht, erst recht aber hinsichtlich der Wiedererinnerung, deren apodiktische und adäquate Evidenz nicht so ohne weiteres wird behauptet werden können. Vielleicht bin ich geneigt, auf die absolute Evidenz

---

[1] Spätere Anmerkung Husserls zum Folgenden: „Die ganze Überlegung über die Möglichkeit einer phänomenologischen Erfahrungswissenschaft ist misslungen." – Anm. des Hrsg.

des „Ich bin" zu bestehen, und zwar auch für die Vergangenheit, also eine Vergangenheit als die meine festhalten zu wollen. Aber schwerlich werde ich dann leugnen können, dass trotzdem die Adäquation fehlen könne, nämlich hinsichtlich des konkreten Gehaltes des Vergangenen. Es ist ja klar, dass Erinnerungstäuschungen nicht nur in natürlicher Einstellung möglich sind, sondern phänomenologisch reduziert phänomenologische Erinnerungstäuschungen in sich bergen. Muss ich aber eine phänomenologische Epoché neuer Stufe hinsichtlich aller Wiedererinnerung und Erwartung fordern und verliere ich so das immanente unendliche Zeitfeld, so ist nicht einmal mehr von einer objektiven Feststellung von transzendentalen Phänomenen die Rede, geschweige denn von einer Tatsachenwissenschaft. Denn eine Art Objektivität fordert jede, auch egologische Feststellung, um eben Feststellung heißen zu können. Was ich als seiend und so seiend feststelle, prätendiert damit mein bleibender geistiger Besitz zu sein, auf den ich als den meinen immer wieder zurückkommen und den ich in immer sich wiederholender Evidenz identifizieren kann.

Dergleichen setzt offenbar das Recht der Wiedererinnerung voraus. Die Objektivitätsform der immanenten Gegenständlichkeiten als immer von neuem durch Wiedererinnerung identifizierbarer ist die immanente Zeit. Mit der Einklammerung der Wiedererinnerung und der immanenten Zeit verliere ich jedes identifizierbare Sein, mit den „objektiven", gegenüber der flüchtigen Wahrnehmung und momentanen Wiedererinnerung „an sich" seienden egologischen Tatsachen verliere ich auch jede mögliche Wissenschaft dieser Tatsachen.

So scheint unsere Fahrt nach dem gelobten Lande der Philosophie ein frühes Ende zu erreichen, unser Schifflein ist gestrandet. Denn apodiktische Evidenz lässt sich nicht erzwingen und eine absolut zu rechtfertigende Tatsachenwissenschaft ist, wenn überhaupt, mit den Mitteln des Anfangs nicht zu begründen. Dieses Ziel müssen wir also wirklich aufgeben, aber keineswegs darum unser philosophisches Ziel überhaupt und unsere Methode mit der Grundforderung der adäquaten und apodiktischen Evidenz als Urquell aller Rechtfertigungen.

Es gilt hier eine entscheidende Einsicht zur Geltung zu bringen, von der die Möglichkeit einer Phänomenologie und damit, wie zu zeigen sein wird, die Möglichkeit einer Theorie der Vernunft und einer Philosophie durchaus abhängig ist.[1] Es handelt sich darum, sich von einem verhängnisvollen Vorurteil zu befreien, das Jahrtausende lang Empirismus und Rationalismus feindlich voneinander trennte, während sie, sich selbst besser verstehend, in allem einig sein müssten. In der inneren Entwicklung der Phänomenologie aus einer rein immanenten Deskription der Phänomene des nach seinem absolut eigenen Wesen betrachteten Bewusstseins musste das Nachdenken über die Art und Leistung solcher Deskription zur Einsicht führen: 1. dass das All solcher Deskription doch nur auf das Allgemeine, das Typische gerichtet sei und nur das erfassen könnte; 2. dass alle solche reinen Beschreibungen adäquate Beschreibungen von allgemeinen Möglichkeiten, Notwendigkeiten usw. waren, deren Geltung von der Existenz der zufälligen benützten Einzelexempel unabhängig sei; 3. dass somit diese Beschreibungen den Charakter von objektiven und apodiktischen Feststellungen hatten. Nehmen wir dazu die parallel damit erwachsene Erkenntnis, dass eine allgemeine Logik als *mathesis universalis*, als Wissenschaft von Gegenständen, Sätzen, Wahrheiten überhaupt unter dem Titel „Gegenstand" nicht speziell an Reales denken dürfe, sondern dass Gegenstand Etwas-überhaupt bedeutet, d. i. alles und jedes, was Substrat einer wahren Aussage werden kann. Damit war alles vorbereitet, das Auge für die Einsicht zu öffnen, dass, wie jeder Dinggegenstand seine Dingerfahrungen hat, so jeder Gegenstand überhaupt jeder erdenklichen Gegenstandskategorie seine entsprechenden „Erfahrungen" wird haben müssen. Alle Erkenntnis beruht auf Erfahrung, aber für jede Art Gegenstand auf Erfahrung derjenigen Erfahrungsart, die ihm eigentümlich ist.

Was wir also fordern, ist eine ungeheure Extension des Begriffs der Erfahrung, durch die er zum Korrelatbegriff für den formallogischen Begriff des Gegenstands wird. Ein Gegenstand ist ein Ding, ein Mensch, ein Verein, Volk, Staat, ein phänomenologisches Datum, ein Sachverhalt, ein Satz, eine prädikative Wahrheit, eine Zahl, eine „Mannigfaltigkeit", eine Gattung – kurz, alles und jedes, das als wahrhaft seiend bezeichnet werden darf. Und von all

---
[1] Spätere Anmerkung Husserls: „Alles schief." – Anm. des Hrsg.

dem gibt es also „Erfahrung". (Für Reales heißt die ursprüngliche Erfahrung Wahrnehmung und hat ihre Abwandlungen, als Erinnerungen, Erwartungen usw. Dasselbe soll gelten in der Erweiterung.) Es kommt jetzt nicht darauf an, ob es praktisch ist, die Worte Erfahrung, Wahrnehmung usw., die unsere Sprachen vorwiegend für individuelle Gegenständlichkeiten verwenden, allgemeiner zu verwenden und terminologisch so weit zu fixieren. Sondern darauf kommt es an zu sehen, dass das Wesentlichste des engeren Begriffs, das, was in der engeren Anwendungssphäre seine Erkenntnisleistung ausmacht, in der weitesten Sphäre wiederkehrt und wiederkehren muss, wenn Erkenntnis überhaupt Erkenntnis ist. Durch diese Erweiterung tritt die so viel beredete, aber nie aus dem phänomenologisch reinen Erleben her direkt studierte „Evidenz" in eine Wesensbeziehung zu „Erfahrung", ja besser gesagt, Erfahrung im verallgemeinerten Sinn ist dasselbe wie Evidenz.

Lassen wir uns von der gemeinen Erfahrung leiten, fragen wir sie selbst in intuitiver Vergegenwärtigung von Exempeln, was sie als Gegenstandsbewusstsein charakterisiert gegenüber einem beliebigen sonstigen Bewusstsein von demselben Gegenstand. Die Antwort lautet zunächst für die Erfahrung im gemeinen engen Sinn: Einen Gegenstand aktuell erfahren heißt, prägnant gesprochen, ihn selbst vor Augen haben, ihn selbst erschauen und erfassen. Im ursprünglichsten und prägnantesten Sinn gilt das von der Wahrnehmung. Das Wahrgenommene als solches hat den Charakter der leibhaften, der originalen Gegenwart. Wahrnehmen ist also ⟨das⟩ Bewusstsein, den Gegenstand ganz unmittelbar, in seiner originalen Selbstheit zu haben und zu erfassen. Genau das ist es, was wir in anderen Gegenstandssphären als Evidenz bezeichnen. Somit sagen wir schon hier: Die Erfahrung ist das evidente Haben des individuellen Gegenstands.[1]

Es tut nun aber sehr Not zu sehen, dass Gegenstände aller anderen Arten, das Wort im allerweitesten Sinne also genommen, ihre mögliche Art der Selbstgebung haben müssen, ihre „evidente"

---

[1] Einen ursprünglich hier folgenden Absatz, der wohl in London noch vorgetragen wurde, hat Husserl später gestrichen (vgl. die textkritische Anm. zu dieser Stelle, S. 666). – Anm. des Hrsg.

Gegebenheit. Möglichkeiten z. B. können leer gedacht, können symbolisiert, sie können aber auch **selbstgegeben**, direkt „erfahren" oder, wenn Sie wollen, evident erschaut sein. Wie die gemeine individuelle Erfahrung und alles individuelle Bewusstsein überhaupt verschiedene Glaubensmodalitäten haben kann, so auch das Bewusstsein von Möglichkeiten; und wie es dort zur Überzeugung von Nichtsein oder zur bestätigenden Erkenntnis des Wirklichseins kommen kann, so hier. Auch Möglichkeiten existieren oder existieren nicht, können vermeinte Möglichkeiten sein (wie die des regelmäßigen Dekaeders), die sich als nichtig ausweisen. Und wie dort alle Meinung sich ausweist an der ursprünglichen Erfahrung im Modus ungebrochener Erfahrungsgewissheit, so bei Möglichkeiten.

Was für Möglichkeiten gilt, gilt für **Allgemeinheiten**, für Gegenstände der Form „eine Art A", „irgendein einzelnes A", „Ein A ist B", „Jedes A ist B" usw., für Sachverhalte ohne oder mit begrifflicher Fassung, für Notwendigkeiten, Unmöglichkeiten usf. Ferner, wie wir in der individuellen Sphäre von inadäquater Selbstgebung und nichtapodiktischer sprechen müssen (in der Dingerfahrung z. B. die Behaftung mit vorgreifenden Antizipationen, die Scheidung von eigentlich Gesehenem und nur Mitgemeintem machen), so ähnlich in der weiteren Sphäre; und überall können wir fragen, inwiefern adäquate Selbstgebung der betreffenden Gegenständlichkeiten möglich ist, durch ihre kategoriale Art prinzipiell ermöglicht oder ausgeschlossen.

Diese allgemeine Besinnung darf und soll nur ein Leitfaden sein für uns, die wir uns als werdende Philosophen wieder in die phänomenologische Einstellung versetzen. Sie war, nur in der Methode der phänomenologischen Reduktion, bisher eine erfahrende im engeren Sinn, fixierend gerichtet auf das fließende **jetzige** *ego cogito*. Wir **ändern** jetzt die Einstellung, aber nur insofern, dass wir alle egologischen Tatsächlichkeiten außer Spiel setzen, also prinzipiell darauf verzichten, Tatsachenurteile zu fällen. Statt der Wirklichkeiten betrachten wir die egologischen Möglichkeiten, reine Möglichkeiten, die nicht das mindeste von Tatsächlichem mit sich führen; und nicht auf einzelne Möglichkeiten soll es ankommen, sondern auf **reine Allgemeinheiten**, die sich in einzeln erschauten Möglichkeiten exemplifizieren. Die Möglichkeiten sind egologische (oder, was dasselbe, rein phänomenologische) Möglichkeiten, die wir uns exemplarisch in absoluter Selbstgebung zueignen, sei es in exemplarischen phänomenologischen Wahrnehmungen oder Erinnerungen oder freien Phantasieabwandlungen.

Fingiere ich mir in freier Phantasie eine Wahrnehmung, so ist nicht die Wahrnehmung, aber eine mögliche Wahrnehmung selbst „erfahren"; und benützen wir eine Wiedererinnerung an eine frühere Wahrnehmung, so mag die Erinnerung uns täuschen, aber nicht die wirkliche Wahrnehmung, sondern die Möglichkeit solcher Wahrnehmung erfassen wir, und dies absolut, freilich nicht die volle und letzte individuelle Möglichkeit mit den individuellen Momenten. Aber absolut erfassen wir am Exemplarischen, am Einzelnen oder Mehrfachen, und nur das soll unser Interesse sein, das Wesensallgemeine „Wahrnehmung-überhaupt", und spezieller etwa eine Dingwahrnehmung überhaupt, psychologische Wahrnehmung überhaupt, somatologische, animalische Wahrnehmung überhaupt usw., ebenso hier sich ergebende allgemeine Wesensmöglichkeiten der Abwandlung so gearteter Erlebnisse, der Synthesis, allgemeine Notwendigkeiten und Unmöglichkeiten, kurz Wesensgesetze. Gegenüber den schwankenden Gestalten der Einzelheiten erfassen wir das absolute Eidos und die eidetische Gesetzmäßigkeit, die in absoluter Weise das Universum untergeordneter Möglichkeiten beherrscht.

Jede Feststellung, die wir machen, schöpfen wir aus der selbstgebenden Wesensanschauung, die für Wesen und Wesensgesetze eine absolut adäquate und apodiktische ist. Jede Feststellung ist hier von der Tatsachengeltung der Wiedererinnerung unabhängig, sie ist beliebig wiederholbar in Wiedererinnerung der Selbstgebung oder Evidenz. Und hinsichtlich dessen, was da *originaliter* gegeben, ist sie adäquat identifizierbar, ⟨ist⟩ jede Aussage von neuem evident zu begründen. Also ich gewinne als der philosophisch Meditierende neben der individuellen apodiktischen Evidenz des *ego cogito*, die hinsichtlich der Möglichkeit tatsachenwissenschaftlicher Erforschung fraglich bleibt, das unendliche Reich konkreter Wesensanschauungen und konkret geschöpfter unmittelbarer Wesensgesetze für alle idealen Möglichkeiten eines Ich und eines *cogito* überhaupt.

Damit eröffnet sich eine erste Wissenschaft aus absoluter Rechtfertigung in der Tat, wie es gefordert war, als eine Wissenschaft aus adäquater und apodiktischer Evidenz, eine Erste „Philosophie". Nicht eine Tatsachenwissenschaft von meinem Ego und seinen *cogitationes*, so wie es faktisch ist, gewinnen wir als erste, sondern eine eidetische Wissenschaft. Genauer, wir gewinnen zunächst ein unendliches Feld systematisch eidetischer Deskription, unmittelbar adäquat erschaubarer und objektiv feststellbarer Wesenseigenheiten einer transzendentalen Subjektivität überhaupt, ihres möglichen Bewusstseins, ihrer möglichen intentionalen Leistungen. Aber es ist vorauszusehen, dass auf dem Mutterboden adäquater Wesenserschauung auch adäquat zu rechtfertigende mittelbare Erkenntnisse zu gewinnen sein werden, kurzum eine universale rein apriorische Phänomenologie als Wissenschaft von der transzendentalen Subjektivität überhaupt.[1]

Unser Endresultat ist, dass eine eidetische Phänomenologie als erste aller Philosophien ein mögliches und notwendiges Ziel ist, dass sie die erste absolut gerechtfertigte Wissenschaft ist im Sinne des leitenden Prinzips adäquater Evidenz. In den nächsten Vorlesungen wird sie sich als die universale apriorische Philosophie und als Mutter aller apriorischen Wissenschaften herausstellen. Wir werden zunächst zeigen, dass sie die einzige sinnvolle Erkenntnistheorie ist, und in weiterer Folge sogar, dass eine voll entfaltete Logik und Wissenschaftslehre sich mit ihr deckt.

---

[1] Einen ursprünglich hier folgenden Absatz, der wohl in London noch vorgetragen wurde, hat Husserl später gestrichen (vgl. die textkritische Anm. zu dieser Stelle). – Anm. des Hrsg.

III. Die transzendentale Phänomenologie und die Probleme möglicher Erkenntnis, möglicher Wissenschaft, möglicher Gegenständlichkeiten und Welten

Der notwendige Weg zu aller im höchsten Sinne echten, letztbegründeten Erkenntnis, oder, was für uns dasselbe heißt, der notwendige Weg zur „philosophischen" Erkenntnis führt über die Selbsterkenntnis. Das haben die bisherigen Vorlesungen zu zeigen versucht. Das delphische Rätselwort γνῶθι σεαυτόν hat eine neue Bedeutung gewonnen. Es gibt eine Erfahrungsart, die jedermann, der zum Philosophen werden will, sein absolutes, schlechthin unleugbares *ego cogito*, seine transzendentale Subjektivität erschließt, die aber nicht unmittelbar die Begründung einer philosophischen Tatsachenwissenschaft ermöglicht. Es gibt fürs Zweite eine Wesensanschauung, eine „eidetische Intuition", wie wir auch sagen. Sie ist auf das Universum der rein egologischen Möglichkeiten bezogen und erfasst ihre allgemeinen Wesensgestaltungen und Wesensgesetze in adäquaten Deskriptionen, also durchaus als apodiktische Notwendigkeiten. Sie eröffnet, wie wir in der letzten Vorlesung schlossen, die erste aller Philosophien, die transzendentale Phänomenologie. Nun erst kommen uns die exemplarischen Aufweisungen egologischer Tatsachen, die wir in der vorigen Vorlesung[1] vollzogen haben, zugute. Und wir brauchen uns jetzt nicht mehr an die flüchtige Präsenzsphäre zu binden, wir können ebenso gut in die Erinnerungssphäre übertreten, aber nicht minder gut in die frei abwandelnde Phantasie. Denn nun kommt es nur auf reine Möglichkeiten an und nicht auf faktische Existenz der jeweiligen Erlebnisse, nicht auf das faktische *ego cogito* kommt es an, sondern auf mögliches Ich, mögliches Bewusstsein, mögliche intentionale Gegenständlichkeit, und es kommt darauf an, an solchen klaren Möglichkeiten apodiktisch evidente Wesensformen und Wesensgesetze in rein intuitiver Generalisierung zu erschauen und zum adäquaten Ausdruck zu bringen.

Man braucht hier nicht lange zu suchen. Alles, was sich in der

---

[1] Gemeint ist der II. Vortrag. – Anm. des Hrsg.

Einstellung auf die reinen Möglichkeiten ergibt, ist, wenn wirklich die Möglichkeiten rein bleiben von Mitsetzungen von Faktizitäten, ein Wesensallgemeines. Beschreiben wir also, was Wahrnehmung und Wahrgenommenes als solches, Erinnerung und Erinnertes als solches, Abbildung und Abbildung eines Abgebildeten, Bezeichnung eines Bezeichneten usw. charakterisiert, beschreiben wir es nach dem durch den Wandel reiner Möglichkeiten hindurchgehenden typischen Was, so haben wir Wesensbeschreibungen vollzogen. So auch, wenn wir etwa spezieller raumdingliche Wahrnehmung und ihre Raumdinge rein als ihren intentionalen Gegenstand und nach der reinen Typik beschreiben, etwa so, dass wir zugleich die sich abwandelnde Typik von Wahrnehmung und Wahrgenommenem als solchem verfolgen, die zu einem möglichen identischen Ding gehört. Ähnlich also, wie wir es in der vorigen Vorlesung in der nun unerheblichen Bindung an die Faktizität der Selbstwahrnehmung taten. Wir gewinnen dann die typischen Mannigfaltigkeiten der Erscheinungen, die Gegebenheitsweisen eines Dinges durch Aspekte in Bezug auf Kinästhesen, die Mannigfaltigkeit der Orientierungen, die Unterschiede von Nahding, Fernding, Horizont usw.

Wir erkennen jetzt aber auch, dass hier ein unendlich reichhaltiges Apriori waltet, dass alle diese Typik eine apriorische Typik ist. Das heißt, kein Raumding als Gegenstand möglicher Wahrnehmung und dann als Gegenstand möglicher Anschauung überhaupt ist denkbar, ohne dass es sich dieser Typik der Erscheinungsweisen in allen ihren wundersamen systematischen Zusammenhangsformen fügte; auch ein Gott könnte ein körperliches Ding nicht anders anschauen denn gemäß dieser Typik der Perspektiven, der Orientierungen etc. Es handelt sich also um apriorische Bedingungen der Möglichkeit raumdinglicher Erfahrung, um ein apodiktisches und rein deskriptives Apriori.

Aber das sind bloß Beispiele. Es ist klar, dass, wo wir im Reich der rein egologischen Möglichkeiten zugreifen, dasselbe gelten muss. Es ergibt sich somit die Aufgabe einer universalen apriorischen Deskription der möglichen transzendentalen Subjektivität überhaupt, welche das Universum der aus unmittelbar eidetischer Intuition zu schöpfenden Wesenstypen und Wesensgesetze systematisch herausstellt. Es ist klar, dass damit allem vernünftigen

Reden über Bewusstsein und Bewusstes als solches und in letzter Hinsicht über alle möglichen Gegenständlichkeiten als Gegenständlichkeiten möglicher Erfahrung, möglicher Erkenntnis, möglichen Vernunftbewusstseins jeder Art die absolute Norm vorgezeichnet wäre.

Mit nicht geringem Erstaunen bemerkt man, schrittweise in dieses Reich des reinen Bewusstseins und der reinen Subjektivität überhaupt eindringend, wie groß, ja wie überwältigend mannigfaltig die festen Bindungen sind, die dieses gleichsam „eingeborene Apriori" der transzendentalen Subjektivität auferlegt und damit auch allen möglichen Gegenständen auferlegt, die für ein Ich überhaupt sollen intentionale sein können. Es sind nicht vereinzelte und gelegentliche Bindungen, sie sind allherrschend, sie betreffen alles und jedes, was hier auftritt, den ganzen Gehalt jeder Wirklichkeit, weil sie mit diesem ganzen Gehalt in die Möglichkeit eintritt. Sie betreffen sowohl das passive, ohne aktive Ichbeteiligung sich entwickelnde Bewusstsein, sie betreffen nicht minder alle Formen möglicher Aktivität, die schlichten und synthetisch sich zusammenschließenden Akte und die Art, wie durch solche Akte und Aktsynthesen sich immer neue intentionale Gegenständlichkeiten, z. B. die theoretischen Gebilde oder die Zweckzusammenhänge der ethisch-praktischen Sphäre, konstituieren.

Die Fülle der unmittelbaren Wesenseinsichten ist eine so große, dass die Aufgabe zunächst als wie eine uferlose erscheint. Die Untersuchung droht in zusammenhangslose Analysen und Feststellungen zu zerfallen. Doch es fehlt von vornherein nicht an systematischen Leitfäden, zunächst für einzelne zusammengehörige Problemgruppen. Instinktiv bietet sich schon dem Anfänger die festgehaltene Identität des intentionalen Gegenstands als Leitung an. Man hält also einen exemplarischen Gegenstand ideell fest und lässt die für ihn möglichen Bewusstseinsweisen ⟨sich⟩ abwandeln, lässt ihn einmal angeschaut sein, dann leer vorgestellten, symbolisch angezeigten, im Abbild vorgestellten, lässt ihn sich explizieren in eigenschaftliche Sachverhalte, lässt ihn in Beziehungen zu anderen Gegenständen treten usw.

a) Man nimmt nun etwa den exemplarischen Gegenstand als Exempel für irgendeinen Gegenstand überhaupt, lässt ihn also sich völlig frei als intentionalen variieren und erfasst nun die allgemeinsten schlichten und synthetischen Wesensformen möglichen Bewusstseins, die zu einem Gegenstand überhaupt wesensmäßig gehören: Anschauung überhaupt, Leervorstellung überhaupt, signitives Bewusstsein überhaupt, explizierendes, kolligierendes, beziehendes und sonstiges Bewusstsein überhaupt. Man studiert dann systematisch für jede solche allgemeine Gestalt die Wesensnotwendigkeiten nach allen Seiten, nach *cogito*, nach *cogitatum* und nach dem Ich selbst. Man untersucht auch die Wesensbezogenheiten dieser verschiedenen Gestalten aufeinander.

b) Dann beschränkt man den intentionalen Gegenstand auf einen Gattungstypus, auf eine oberste Allgemeinheit, wie materielles Raumding, organisches Wesen, Tier, Mensch, personale Gemeinschaft usw., und sieht nun zu, wie im formalen Rahmen der allgemeinsten Wesenstypik entsprechende Wesensbesonderungen eintreten. Man studiert also die wunderbaren apriorischen Gesetzmäßigkeiten, ohne die Gegenstände solcher gattungsmäßigen Regionen nicht erfahrbar und nicht denkbar sind. Das gibt mindestens Linien geordneter Untersuchung. Aber erst im Fortschreiten scheiden sich klar die großen Disziplinen, d. i. die notwendig sich voneinander abscheidenden Problemgruppen in eins mit der Abscheidung der universalen Stufen, die zu einer transzendentalen Subjektivität als solcher eigenwesentlich gehören.

Also schließlich treten die universalsten Scheidungen hervor, die oberste Systematik der Forschung bestimmend. Naturgemäß bewegen sich alle Forschungen in dem **ersten Bewusstseinsfeld**, das die phänomenologische Reflexion erreicht und das man zunächst allein sieht. Nämlich im **Feld der immanenten Zeit**, als der universalen Form, in der die Erlebnisse der ersten Reflexionsstufe ihre bleibende Stellung und Ordnung, ihre bestimmte Zeiterstreckung haben. Erst später wird man dessen inne, dass jedes solche Erlebnis, z. B. ein durch eine Zeitstrecke hindurch sich erstreckendes Wahrnehmen, Urteilen, Schließen, Begehren usw., als Ganzes wie nach allen Zeitphasen nur ist und möglich ist als werdend in Form kontinuierlich sich wandelnder zeitlicher Erscheinungsweisen, in beständigem Wechsel zeitlicher Orientierung nach Jetzt, Soeben-gewesen, Ferner-vergangen usw. Es erwächst so die notwendige Idee einer eigenen Phänomenologie des ursprünglichen Zeitbewusstseins und der Aufklärung der innersten Intentionalität, in der nach einer starren genetischen Wesensgesetzmäßigkeit sich in gleicher Weise alle und jede Erlebnisse als Einheiten in der immanenten Zeit, und als dauernde,[1] konstituieren. Offenbar steht diese Disziplin für sich.

Betrachten wir dann die nun als höhere Stufe charakterisierte Phänomenologie der immanenten Zeitsphäre, so ergeben sich hier die großen Scheidungen: 1. die relativ arme Phänomenologie der sinnlichen Daten (in ihren „Sinnesfeldern"), 2. die unendlich reichhaltige Phänomenologie der Intentionalität. In dieser aber die alles beherrschende Scheidung: fürs Erste die Lehre von den allgemeinsten Wesensstrukturen, die in ihrer Allgemeinheit vor allen Fragen bleiben, die sich auf Wahrheit und Evidenz beziehen, fürs Zweite die höhere Stufe, die eben diese Vernunftprobleme betrifft, also die Phänomenologie der Vernunft und ihre großen Sonderdisziplinen.

⟨...⟩[2]

Wie sehr eine natürliche, gerade auf ein Objekt gerichtete Erkenntnis nur auf Bestimmungen dieses Objektes selbst stoßen kann, also niemals auf die transzendentale Subjektivität, auf die es wesensmäßig bezogen ist, so besteht eben doch, wie die phänomenologische Reflexion lehrt, diese apriorische Wesenseinigkeit. Also kein Objekt ist wirklich selbständig, und zwar so, dass Wesensgegenstände (wie apriorische Begriffe und Sätze) auf wesensmögliche Subjektivitäten als Stätte ihrer möglichen Konstituierung zurückweisen, während individuelle Gegenstände nur denkbar sind in Beziehung auf irgendwelche wirkliche Subjekte, auf wirkliche Subjekte, in deren faktisches Bewusstseinsleben sie hineingehören als „reale" Erkenntnismöglichkeiten.

Das einzige absolut selbständige Konkretum, das denkbar ist, ist danach das absolute Ego, die konkrete transzendentale Subjektivität, für welche sehr wohl der Leibniz'sche Name Monade

---

[1] Spätere Hinzufügung Husserls: „und somit wie durch eine Zeit hindurch erstreckt" – Anm. des Hrsg.

[2] Der hier folgende Text der Vorträge findet sich in der Vorlesung „Einleitung in die Philosophie" von S. 267, Z. 7 „Zur Charakteristik der Bedeutung…" bis S. 277, Z. 25 „…wie alle Gegenstände." – Anm. des Hrsg.

dienen könnte. Erinnert man sich hier an die Substanzdefinition des Spinoza,[1] so bemerkt man sogleich, dass sie auf diese „Monade" vollkommen passt, aber auch nur auf sie. Sie ist die Subjektivität, für welche alles, was sonst seiend heißen kann, Objekt ist. Andererseits ist sie selbst erkennbar, und in ursprünglicher Erfahrung (der phänomenologischen Selbstschauung) für sich selbst, und nur für sich erfahrbar. Ihr apriorisches Wesen ist es, nur sein zu können in einem Bewusstseinsleben, das nicht nur dahinströmt, sondern für das Ich a l s dieses strömende dieses Inhalts konstituiert ist. Das Ich ist wesensmäßig f ü r s i c h Gegenstand möglicher Erfahrung und eventuell möglicher weiterer Erkenntnis. N u r w a s in dieser Weise a u f s i c h s e l b s t relativ ist, seiend für sich selbst die Bedingungen möglicher Erfahrung und Erkenntnis erfüllt, kann absolut sein. Alles andere Seiende ist subjektiv-relativ, aber nicht selbst Subjekt, ein konstituierendes Subjekt voraussetzend und in ihm als Möglichkeit der Erkenntnis beschlossen, aber nichts in sich selbst und für sich selbst Seiendes, eben kein Absolutes.

⟨...⟩[2]

IV. Die konkrete Idee einer Logik als Wissenschaftslehre und das System aller Ontologien. Das konkrete Ziel der phänomenologischen Philosophie der Zukunft

Die letzte Vorlesung galt ganz der Vertiefung in die Idee der Phänomenologie und der Kontrastierung der in ihr liegenden phänomenologischen Theorie der Vernunft mit der traditionellen transzendentalen Erkenntnistheorie, wobei wir sogleich auch den

---

[1] Vgl. B. Spinoza: *Ethica ordine geometrico demonstrata*, pars I, def. III. – Anm. des Hrsg.
[2] Der hier folgende Text der Vorträge findet sich in der Vorlesung „Einleitung in die Philosophie" von S. 280, Z. 17 „Doch nun zum Schluss…" bis S. 284, Z. 5 „…als solchem ‚eingeboren' ist." – Anm. des Hrsg.

phänomenologischen Idealismus ⟨im Vergleich mit⟩ dem gewöhnlichen transzendentalen Idealismus charakterisieren konnten.

Aber es heißt nun wieder, die Zügel straffer anzuziehen und dessen wieder zu gedenken, dass wir werdende Philosophen sind, dass wir fest gerichtet sein wollten auf das oberste erkenntnisethische Ziel, dessen Korrelat die „Philosophie" ist, d. i. eine universale Wissenschaft aus absoluter Rechtfertigung. Demnach müssen wir unsere große Aufgabe zu Ende führen, nämlich in apodiktisch zwingender Weise die Wege zu einer solchen Philosophie freizulegen, um sie dann womöglich ins Werk setzen zu können. Geleitet sind wir dabei von dem Prinzip der adäquaten Evidenz, das uns die ersten Besinnungen als notwendiges Prinzip eines Anfangens ergeben hatten. ⟨So⟩ gewannen wir das echte *ego cogito* und das Reich der rein egologischen Wesensmöglichkeiten. Hiermit zugleich gewannen wir aber, eigentlich unverhofft, einen wirklichen Anfang, nämlich eine an sich erste Wissenschaft, die als rein deskriptive Wissenschaft adäquater Wesensgegebenheiten durchaus der leitenden Idee absoluter Rechtfertigung entsprach. Wie steht es nun aber mit weiteren, neuen Wissenschaften? Ist ihr Auffinden und Rechtfertigen dem Zufall überlassen? Und kann für sie eine gleiche Art der Rechtfertigung erhofft werden? Dann müssten ja alle Wissenschaften adäquate Wesenswissenschaften sein.

Hier nehmen wir unsere Meditationen wieder auf, und zunächst beginnen wir damit, uns zu überzeugen, dass wir die uns vorgezeichneten Wege eigentlich nicht verlassen haben und schon ein gut Stück weitergekommen sind. In der Tat haben wir in der letzten Vorlesung nachgewiesen, dass eine systematisch fortgeführte Phänomenologie das Universum aller unter dem Titel Vernunft zu stellenden Wesensprobleme in sich birgt. Es ist uns klar geworden, dass die auf das unmittelbare Apriori der transzendentalen Sphäre gerichtete deskriptive Phänomenologie die Gesamtheit aller unmittelbar einsichtigen Wesensgesetze der Vernunfterkenntnis gewinnen müsste, und zwar nach allen Wesenskorrelationen (einsichtiges Erkennen, Wahrheit, wahrhaft Seiendes). Mit Beziehung darauf leuchtet es aber ein, dass die Phänomenologie nicht bloß in dem äußerlichen Sinne Erste Philosophie ist, dass sie die erste strenge Wissenschaft ist, auf die wir auf unserem Wege stoßen, und etwa gar eine Wissenschaft, die mit den anderen prinzipiell nichts zu tun hätte und die wie zufällig nacheinander zur Begründung kommen könnten. Vielmehr ist sie ja, wie gezeigt, Wesenslehre der Vernunft, und darin liegt, dass sie für alle möglichen Wissenschaften die Prinzipien ihrer absoluten Rechtfertigung in sich birgt, dass sie also alle Wissenschaften als echte, als absolut zu rechtfertigende möglich macht. Damit gewinnt die Phänomenologie in einem ganz ausgezeichneten Sinn die Stellung als Erste Philosophie, nämlich als universale Normenlehre, nämlich als Prinzipienlehre absoluter Rechtfertigung für alle möglichen Wissenschaften.

Doch das bedarf eines tieferen Verständnisses. Vor allem fühlen wir, dass in diesen Reden der Begriff der absoluten Rechtfertigung eine Verschiebung erfährt. Als Leitbegriff des Anfangs hatten wir den Begriff der Rechtfertigung durch adäquate Intuition gewonnen (und darunter absolute, vorbehaltlose Selbstgebung verstanden), für den Anfang als Äquivalent für absolute Rechtfertigung. In der diesem Ideal angemessenen transzendentalen Phänomenologie haben wir aber eine Wissenschaft, zu deren eigenem Aufgabenkreis es gehört, die Idee der Vernunft überhaupt und alle zu diesem Titel gehörigen besonderen Vernunftarten, also alle Arten und regionalen Gestalten rechtgebender Evidenz und evidenter Begründung herauszustellen und im Rahmen adäquater Intuition nach Wesensmomenten und Wesensgesetzen vollkommen zu klären.

In der Phänomenologie wird also, wie jeder mögliche Erkenntnistypus, so auch das ihren eigenen Aufbau leitende Erkenntnisideal selbst zum Forschungsthema. Im Rahmen adäquaten Schauens erforscht sie reflektierend das allgemeine Wesen der adäquaten Erkenntnis und der rechtfertigenden Begründungen durch sie. Andererseits ist aber adäquate Erkenntnis nicht die einzige Erkenntnisart. Der Phänomenologe zeigt auch andere Evidenz- und Begründungsarten auf, klärt jede nach ihrem eigentümlichen Wesen und nach allen Korrelationen, weist also auch nach, wie Evidenztypus und Gegenstandstypus aufeinander wesensmäßig bezogen sind, wie man nicht jeder beliebigen Gegenständlichkeit ihrem eigenen Sinn gemäß jede beliebige Evidenz vorschreiben kann, wie daher die Begründungstypen sich notwendig nach möglichen

Gegenstandsgebieten differenzieren usw. Es wäre, wie sich also auf dem letzterdenklichen Forum, dem der Phänomenologie, entscheidet, grundverkehrt, mit einem naiv von außen herangebrachten und zudem nie radikal geklärten Erkenntnisideal alle Erkenntnis in gleicher Weise normieren, irgendeines als d a s eine und einzig maßgebende behandeln zu wollen. Die erkenntnismäßig zusammengehörigen Bewusstseinsprozesse, die des urteilenden Abzielens und entsprechenden Erzielens (bzw. Verfehlens), haben ihre *a priori* feste Wesenstypik, und ein jeder differente solche Typus gibt den Begriffen von Richtigkeit, Wahrheit, wahres Sein einen eigenen normativen Sinn für eigene Erkenntnissphären.

Haben wir also einmal die Stufe der Phänomenologie erreicht, so können wir nicht mehr in Fehler nach Art der traditionellen Empirismen und Rationalismen verfallen, und speziell nicht in den hier in Frage stehenden Fehler, der den Cartesianischen Gedankengang in den *Meditationes* mitbestimmt, nämlich den Fehler, meinen zu wollen: Die Norm aller echten Wissenschaftlichkeit muss in dem Sinn in der absolut adäquaten Evidenz liegen, dass alle echte Wissenschaft eigentlich adäquate Wesenswissenschaft[1] sein müsse wie die Phänomenologie selbst. Jede aus wirklicher Evidenz geschöpfte Erkenntnis hat ein Recht, und wo die Evidenz ihre Gradualitäten und Stufen, wo die auf Wahrheit und wahres Sein gerichteten Erzielungsprozesse der Begründung ihre wesensmäßigen Modalitäten der Approximation unter Leitung erschauter regulativer Ideen haben, wie das bei der Naturerkenntnis der Fall ist, da gehört all das mit zum Gehalte des Rechtes.

Und doch bleibt auch der idealen Forderung einer absoluten Rechtfertigung aller Erkenntnis, als einer Rechtfertigung aus Quellen adäquater, absolut selbstgebender Evidenz, ein unverbrüchliches Recht; es bleibt diese unseren ganzen Gedankengang beherrschende Forderung erhalten, wonach keine Evidenz, keine Begründung als letztgerechtfertigte gelten könne, die nicht auf dem Forum der absolut adäquaten Evidenz ihr Recht ausgewiesen hat. Damit kann offenbar nur Folgendes gemeint sein: Allem anderen Erkennen vorangehend muss eine transzendentale Phäno-

---

[1] Spätere Veränderung Husserls für „adäquate Wesenswissenschaft": „apodiktische Wissenschaft" – Anm. des Hrsg.

menologie die Wesensformen der Vernunft zu adäquater, konkret allseitiger Erkenntnis bringen. Diese in adäquater Reinheit und letzter Verständlichkeit herausgestellten Formen, die Wesensgestalten und Gesetze eines möglichen Vernunftverfahrens überhaupt, haben den notwendigen Beruf, als absolute Normen jedes wirklich ins Spiel zu setzenden Erkennens zu fungieren. Also eine Erkenntnis ist nicht früher absolut gerechtfertigt und ihre Rechtfertigung heißt so lange nicht absolute Rechtfertigung, als sie nicht auf die in der Phänomenologie adäquat erfassten und beschriebenen Wesensgestalten und Wesensgesetze, auf die sie durch ihren Typus verweist, zurückbezogen ist; m. a. W., „Rechtfertigung" ist zunächst jede naiv vollzogene Begründung in ihrer naiv betätigten Evidenz. Aber jede naive Rechtfertigung bedarf selbst wieder einer Rechtfertigung, einer reflektiven und prinzipiellen Rechtfertigung ihrer Echtheit und in eins damit eines tiefsten Verstehens des prinzipiellen Wesens ihrer Leistung; und darin liegt, sie bedarf der Rückbeziehung auf die Phänomenologie, auf das absolute Ego und seine prinzipiellen Zusammenhänge. Hier springen die letzten Quellen alles Rechts und aller Wahrheit, alles Seins.

Eben damit erweist die adäquate Erkenntnis ihren einzigartigen Vorzug vor allen anderen Erkenntnissen und erweist die an den Rahmen solcher Adäquation (und, was gleichwertig ist, des absoluten Ego) gebundene Phänomenologie ihre einzigartige Stellung und Funktion gegenüber allen anderen Wissenschaften, dass diese alle nur durch sie, die Phänomenologie, zu absolut gerechtfertigten, zu im letzten Sinne „strengen" oder philosophischen Wissenschaften werden können. Sie ist also die Wissenschaft von aller Methode letztstrenger Erkenntnis und Wissenschaft.

Doch die Notwendigkeit dieser normativen Funktion muss erst gezeigt werden. Warum genügt es denn nicht, werden Sie fragen, in schlichter Hingabe an die Sachen, also sozusagen naiv Evidenz zu betätigen? Wozu noch eine nachkommende Normierung und Rechtfertigung der betätigten Evidenz aus allgemeinen Wesensprinzipien der Evidenz? Wozu der Rekurs auf eine Phänomenologie, welche diese Prinzipien aus adäquater Intuition schöpft und aus den universalen Bewusstseinszusammenhängen letztverständlich macht?

Zudem, gleicht die Phänomenologie hier nicht dem Münchhausen, der sich beim eigenen Zopfe aus dem Sumpf herauszieht? Ihre adäquate Erkenntnisweise hätte sie zu rechtfertigen durch Rekurs auf Prinzipien, die sie selbst (und in ihrem System recht spät) herausstellt. Hier liegen Zirkel und unendlicher Regress.

Aber es ist, um gleich an diesen Punkt anzuknüpfen, fraglich, ob man nicht besser täte, statt dieser verächtlich wertenden Ausdrücke weniger belastete zu benützen. Wir sprechen besser und ganz rechtmäßig von einer theoretischen und normativen Rückbezogenheit der Phänomenologie auf sich selbst, die sie gerade als Erste Philosophie charakterisiert und auszeichnet. Natürlich stellt eine Wesenslehre des Ich und Ichbewusstseins Gesetze auf, unter welchen als einzelnes Faktum das jeweils forschende Ich und sein Forschen selbst steht, so wie überhaupt, so auch hinsichtlich des Erkennens. Und wenn die Phänomenologie das Wesen des praktischen Ich mitbefasst, und darunter des praktisch erkennenden, und wenn sie selbstverständlich auch die Wesensgesetze der vernünftigen Erkenntnispraxis wie aller Praxis aus letzten Quellen aufzeigt, so wird die Rückbeziehung der in praktische Vernunftnormen umgewendeten Wesensgesetze adäquater Erkenntnis auf das phänomenologische Erfahren selbst keine unlöslichen Schwierigkeiten machen können. Dabei möchte ich nicht verweilen.

⟨...⟩[1]

---

[1] Der hier folgende Text der Vorträge findet sich in der Vorlesung „Einleitung in die Philosophie" von S. 292, Z. 23 „Doch wichtiger ist es..." bis S. 307, Z. 15 „...den Sinn der Welt erschließt."– Anm. des Hrsg.

B. BEILAGEN

BEILAGE I (zur gesamten Vorlesung):
⟨Inhaltsübersicht, zusammengestellt von Ludwig Landgrebe⟩[1]

Inhaltsverzeichnis zu den Vorlesungen WS 1922/23,
„Einleitung in die Philosophie"

Einzeln⟨es⟩ Blatt ⟨zum Teil S. 71⟩ Die Motivation des Descartes; von allem Nicht-Ich weiß ich nur dadurch, dass ich unter meinen *cogitationes* äußere Wahrnehmungen finde; Problem der Existenz der Außenwelt. Ihr mögliches Nichtsein besagt mehr als das Verrücktwerden eines Subjekts, wobei immer andere normal bleibende vorausgesetzt sind.

31 – 34 ⟨S. 52 ff.⟩ Kurze historische Einleitung. Descartes' Radikalismus in ethischer Wendung.

I, 3, 4, 5 ⟨S. 58 ff.⟩ Das erkenntnisethische Leben darf kein naiv erkennendes sein. – Die unterste Stufe für den anfangenden Philosophen sind *meditationes de prima philosophia*. – Der richtige Cartesianische Weg als die Methode der phänomenologischen Reduktion.

35 ⟨S. 60 f.⟩ Die Meditationen dürfen am Anfang nicht im kommunikativen Plural geführt werden. – Alle bisherigen Überzeugungen erhalten einen Index der Fraglichkeit; nur absolut Gerechtfertigtes darf gelten.

36 ⟨S. 61 f.⟩ Klärung des Begriffs absoluter Rechtfertigung; er enthält drei Komponenten.

---

[1] Wohl 1924. Die Übersicht entspricht dem Drucktext der Vorlesung mit Ausnahme der Vormeditationen, d. h. ab dem § 8. Unterstreichungen Husserls werden nicht berücksichtigt. Einfügungen und Veränderungen Husserls werden durch Sperrdruck wiedergegeben. Bei Veränderungen findet sich der ursprüngliche Landgrebetext jeweils im textkritischen Anhang nachgewiesen. Den meist am Rand des Textes befindlichen Seitenverweisen werden die Druckseiten des vorliegenden Bandes in spitzen Klammern beigegeben (vgl. die allgemeinen textkritischen Anm. dazu S. 676). – Anm. des Hrsg.

37, 38 ⟨S. 63 f.⟩ Absolut gerechtfertigt ist eine adäquate = apodiktische Evidenz. – Probe im Durchgang durch den Zweifel. – Dies als das Leitprinzip des Anfangs.

39 ⟨S. 65 f.⟩ Im Anfang müssen unmittelbar adäquate Evidenzen gesucht werden, über die sich unmittelbar adäquat begründbare Aussagen machen lassen. Die Bedeutungen der Worte dieser Aussagen müssen ohne Rücksicht auf die Tradition an dem selbst Erschauten neu gebildet werden. – Solche Evidenzen werden im *ego cogito* gefunden, dem Gang der *Meditationes* folgend.

40 ⟨S. 66 ff.⟩ Die äußere Wahrnehmung bietet keine adäquaten Evidenzen, es bleibt nur die egologische Erfahrung bei Ausschaltung aller Stellungnahmen, nicht nur der auf die Außenwelt bezogenen; zunächst nur die Tatsache des *cogito* als absolut unbezweifelbare.

44 ⟨S. 71 ff.⟩ Der Nachweis der möglichen Nichtexistenz der Welt ist am Anfang nötig, um vor Psychologisierung und Naturalisierung der transzendentalen Subjektivität als „Seele" zu bewahren.

I 12/45, II 1/46 ⟨S. 73 ff.⟩ Resultat: Es gibt nur einen absolut zweifellosen Erfahrungsboden, der durch die phänomenologische Reduktion gewonnen wird.

Beilage ⟨VII⟩. Zur Kritik des bisherigen Gedankenganges: Die Methode des Anfangs muss Notwendigkeit verbürgen. Es ist besser, mit dem natürlichen, naiven *ego cogito* und seiner natürlichen Evidenz zu beginnen und dann erst die Reduktion zu vollziehen. Auch jenes hat eine höhere Gewissheit als alle äußere Erfahrung.[1]

II, 2 / 46, 47 ⟨S. 76 f.⟩ Nähere Beschreibung der Art, wie die Gewinnung der reinen Phänomene statthat; die Epoché muss an jedem Erlebnis so durchgeführt werden: keine Mitsetzung eines realen Daseins (Leiblichkeit, psychophysisch), Einklammerung des *cogitatum*, „Nichtstellungnehmen" – Epoché üben, nicht mitmachen: „Einklammerung".

II, 3 /48 ⟨S. 77 ff.⟩ Formulierung der Regeln der Reduktion. Der „unbeteiligte Zuschauer". – Die Gegenständlichkeiten in der Klammer, intentionale Gegenständlichkeit im Wie. Deskription des „Bewusstseins von" mit dem darin ⟨enthaltenen⟩ „Bewusstsein als solchen"; Andeutung von intentionalen Modis.

---

[1] Unklar.

II, 4 /49, II, 5 /50 ⟨S. 80 ff.⟩ Das *ego cogito* ein dreifacher Titel von Deskriptionen: *ego – cogito – cogitatum*. – Rohe erste Überschau über die mannigfaltigen Gegebenheiten der transzendentalen Subjektivität (egologisch-deskriptive Tatsachentypen).

II, 6/ 51 ⟨S. 82 ff.⟩ Als erstes Beispiel einer dinglichen Wahrnehmungsanalyse: „Seiten", Perspektive, erscheinende Farbe, Orientierung (Unterscheidung von Dingfarbe und Empfindungsdatum Farbe).

52 – 56; II, 7 = 52 ⟨S. 84 f.⟩ Leiblichkeit, Einfühlung, Wiedererinnerung, Bildbewusstsein (53.2 – 54) ⟨S. 86 ff.⟩. Bewusstsein der Synthesis. Beziehung auf intentionale Gegenständlichkeit schließlich aufgeklärt als „Polarisierung" der Erlebnisse (cf. 56 f.) ⟨S. 89 ff.⟩. Scheidung (55) ⟨S. 88⟩ von reellem und irreellem Gehalt der Erlebnisse. – Immanente und objektive Zeit: – Jedes „reelle Moment" des Erlebnisses ist phänomenologisch-zeitlich gebunden. –

56 ⟨S. 89 f.⟩ Beziehung auf intentionale Gegenständlichkeit = Polarisierung im Gegenstand. – Schlichtes synthetisches Einheitsbewusstsein (totale Deckung) und gegliedertes Identitätsbewusstsein (das „Ist"). – Auf die Gegenstandspole beziehen sich alle spezifische Ichleistungen, Stellungnahmen etc.

56.2 ⟨S. 90 f.⟩ Außer reellen Momenten des *cogito* und ideellen Momenten des *cogitatum* wird auch das Ich und das spezifisch Ichliche Thema von Beschreibungen; die Ichpolarisierung, cf. Beilage[1] ⟨VIII⟩. –

57 = II, 8 ⟨S. 91 ff.⟩ Affektion, Aktion, die Stellungnahmen des Ich. – Vernunft mit allen ihren Titeln, wie Vermeinen, selbst Erschauen usw.

3 Beiblätter[2] – Mensch als „Phänomen" und reines Ich, das nicht mehr Phänomen ist. Die Einklammerung der Welt ergibt die Welt als Phänomen, die des Ich-Mensch das absolute Ich. – Die Reflexionen höherer Stufe: Phänomen des Phänomens. – Selbstdeckung des Ich in ihnen. – Das Sein des Ich ist Für-sich-Sein durch Selbst-Erscheinen.

---

[1] Gemeint sind hier die Zeile 31 bis 36 und in der folgenden Anmerkung bezeichneten „3 Beiblätter". – Anm. d. Hrsg.

[2] Gehören hierher: über Polarisierung a_0, Blätter a b ⟨Beilage VIII⟩. Was hier erinnert ist, α β, gehörte nicht zur Vorlesung.

58 ⟨S. 93 ff.⟩ Das bisher Gefundene kann nicht ohne weiteres als Tatsachengebiet einer Wissenschaft bezeichnet werden, da wir deren Idee selbst noch nicht haben und die bestehenden Wissenschaften als miteingeklammerte nicht als Vorbild dienen können.[1] –

59 ⟨S. 95 ff.⟩ Klärung des Begriffs „Tatsache" und objektive Wahrheit. – Zweifel, ob wir es unter dem Titel transzendentale Subjektivität mit einem Gebiet von apodiktischen Tatsachen zu tun haben und mit „objektiven" Wahrheiten, die ein für alle mal wahr sind. Selbst bei ⟨der⟩ vollen Lehre der Intersubjektivität: apodiktisch gewiss nur das momentan gegenwärtige *ego cogito* und das ergibt, wenn die Erinnerung nicht apodiktisch ist, keine Tatsache und keine Wahrheit im normalen Sinn.

60 ⟨S. 97 ff.⟩ Unterscheidung von transzendentaler und apodiktischer Reduktion.

60 ⟨S. 97 ff.⟩ Neuer weiterer Begriff der „transzendentalen" Reduktion.

61 f. ⟨S. 99 ff.⟩ Genauere Erörterung der Idee einer nicht apodiktischen, im weiteren Sinne transzendentalen Reduktion: vollzogen in einer gewissen, hinsichtlich der Apodiktizität unkritischen Naivität, aufgewiesen an jeder Art von Vergegenwärtigungen.

62.1 u. 63 ⟨S. 101 f. u. 103⟩ So wird näher erörtert die Möglichkeit eines „naiven" Vorgehens auf dem Boden der transzendentalen Subjektivität ohne Frage nach absoluter Rechtfertigung. –

63 ⟨S. 103 ff.⟩ Parallel der ausgeschalteten äußeren induktiven Erfahrung gibt es eine „innere" transzendentale induktive Empirie.[2]

64 ff. ⟨S. 105 ff.⟩ Die Intersubjektivität als Reich induktiver Empirie.

64 ⟨S. 105 ff.⟩ Erweiterte intersubjektive Reduktion; Grundgedanken von 1909/10.[3] Die Erfahrung von fremden Egos in der Reduktion.

---

[1] Das ist hier unwesentlich. Die Frage der Wissenschaft ist noch nicht Leitfrage.

[2] Das gehört vor 60 ⟨S. 97 ff.⟩ als allgemeine Einführung zu den Betrachtungen über naive transzendentale Empirie.

[3] Tatsächlich meint Husserl die Vorlesung „Grundprobleme der Phänomenologie" von 1910/11 (*Husserliana* XIII, S. 111 ff.). – Anm. des Hrsg.

66 ⟨S. 108 f.⟩ Die Einfühlung als eine Form der Vergegenwärtigung. – Bei Ausschaltung der objektiven Welt bleibt der transzendentale Zusammenhang des eigenen Bewusstseinsstromes mit dem eingefühlten als transzendental reinem. – Die Reduktion ergibt außer dem momentanen Bewusstsein: 1. das vergangene Ich, 2. den Zukunftshorizont,

67 ⟨S. 110 ff.⟩ 3. mögliches Leben als reale Möglichkeit, 4. das Alterego, die transzendental-soziale Subjektivität; letztere prinzipiell nur durch Vergegenwärtigung gebbar.–

68 ⟨S. 112 ff.⟩ In der gemeinen Empirie die Menschheit, in der Reduktion das transzendentale Ichall gegeben als ein universaler Zusammenhang möglicher Verständigung. Dieser ist das Medium der intersubjektiven personalen Kausalität. – Die transzendental-soziale Zeit. –

69 ⟨S. 114⟩ Die Welt als intersubjektives intentionales Polsystem.

70 ⟨S. 115 f.⟩ Überleitung zur apodiktischen Reduktion.

1. Apodiktische Reduktion der transzendentalen Selbstwahrnehmung. Die transzendentale Wahrnehmung ist nicht ohne weiteres im prägnanten Wortsinn Selbstwahrnehmung, nämlich auf den Ichpol gehend. Solche spricht sich in Wahrnehmungsaussagen des Typus *ego cogito* aus und scheint apodiktisch gewiss zu sein. Ebenso bei den Wahrnehmungen von Empfindungsdaten, Aspekten etc., die wir ichlos erfassen (Erweiterung der Rede von *ego cogito*).

71 ⟨S. 116 ff.⟩ Bedenken: ein Ton ist wahrgenommen als dauernder mit einem fließenden Punkte Jetzt und einer Vergangenheit, die absolut unzweifelhaft ist. – Tonphase selbst und ihre kontinuierlich wechselnden Erscheinungsweisen. –

72 ⟨S. 118 f.⟩ Zwei mögliche Blickrichtungen: auf das immer neue Jetzt des Erklingens und auf den modalen Wechsel des stetigen Verklingens. – Bei Leugnung der Apodiktizität der immanenten Wahrnehmung über das momentane Jetzt hinaus könnte nicht einmal von der Erfassung eines individuellen Datums gesprochen werden.

73; 73a ⟨S. 119 ff.⟩ Ausführung der Reduktion. Das immanente Wahrnehmen ist originale Selbsterfassung. Zu ihm gehört die stetige Wandlung des Gegebenheitsmodus Jetzt in Soeben-gewesen. – Die momentane Phase nur eine Abstraktion. – Scheidung von Urimpression und konkreter Wahrnehmung – Wahrgenommenes ist gegeben durch Intentionalität einer Selbstdarstellung, die eine kontinuierliche Synthesis von Phasenintentionalitäten ist.

74 ⟨S. 123 ff.⟩ Evidenz in der Retention: Apodiktizität reicht so weit, als die zur Einheit der konkreten Gegenwart gehörige retentionale Vergangenheit reicht. –

75 ⟨S. 125 f.⟩ Die kontinuierliche Wahrnehmung stiftet ein Seiendes selbst, auch bestimmt nach seinem Sosein. – 2. Auch die freie Retention ist ein Feld möglicher apodiktischer Evidenz. 74, Ergänzung dazu in der Beilage „ad 74 f."[1] Ergänzung.

75 2te Seite ⟨S. 127 f.⟩ Limes der Anschaulichkeit, dann der retentional-leeren Abgehobenheit – schließlich der absolut leere Horizont.

76 ⟨S. 128 f.⟩ Möglichkeit aktiver Wendung des Blicks auf Bestände passiver Retention; Zurückschieben, und zwar willkürliches Zurückschieben, des Horizonts leerer Vergangenheit.

77 ⟨S. 129 f.⟩ Nochmalige Präzisierung. Evidenz der fortwährenden Gegenwart und Evidenz der retentionalen Vergangenheit. – Die Selbstdeckung im Fortwähren. –

78 ⟨S. 131 f.⟩ Die Evidenz der deskriptiven Aussagen im Bereich der Retention: eine bloß momentane, mit dem Fluss verschiebende Undurchstreichbarkeit. Keine Evidenz von bleibenden Identitätseinheiten, keine bleibende Wahrheit.

79 ⟨S. 133 f.⟩ 3. Apodiktische Reduktion der Wiedererinnerung. Wiedererinnerung als Wiedervergegenwärtigung im Modus des Gleichsam-noch-einmal. – Möglichkeit einer Synthesis der Deckung von Wiedererinnerung und Leerretention. –

80 ⟨S. 135 ff.⟩ Die Klarheitsstufen der Wiedererinnerung mit einem oberen Limes: vollkommene Wiedererinnerung. – Die Täuschungsmöglichkeiten. –

81 ⟨S. 137 f.⟩ Im Fall der synthetischen Deckung mit einer Leerretention ist der erinnerte Gehalt apodiktisch gewiss. – Wahrnehmungsmäßige Gegenwart, erinnerungsmäßige Gegenwart, Gegenwart in wiederholter Erinnerung als Gegebenheitsmodi desselben individuellen Datums.

82 ⟨S. 138 ff.⟩ Die doppelte protentionale Tendenz der Wiedererinnerung. – Die Wiedererinnerung ferner Vergangenheiten.

---

[1] Diese „Ergänzung" ist in der vorliegenden Ausgabe in den Text integriert worden (S. 126, Z. 4 – S. 127, Z. 2; vgl. die textkritische Anm. dazu). – Anm. des Hrsg.

83 ⟨S. 140 ff.⟩ Jede Wiedererinnerung impliziert in sich unentfaltet die Zeitreihe bis zur Gegenwart. – Notwendigkeit („Unsterblichkeit") des Fortwährens der Gegenwart. Jede Gegenwart hat eine undurchstreichbare protentionale und retentionale Form. – Jedes gegenständliche Aufhören setzt ein Nichtaufhören voraus.[1] Unsterblichkeit des Ich und Lebens (des transzendentalen). Ebenso im Rückschauen: kein Jetzt ohne intentionales Vergangen; wie das Anfangen, so das Aufhören nur im Prozess denkbar, kein Nichts vor dem Anfang.

84 ⟨S. 142 ff.⟩ Gegenwart, Vergangenheit, Zukunft als die darstellenden Modi der einen unendlichen Zeit. – Jede ihrer Strecken ist absolut starr und als dieselbe identifizierbar. – Ewigkeit des transzendentalen Ich. –

3a. Erwartung. Wie jede Wiedererinnerung, so muss jede Erwartung apodiktische Evidenzen enthalten: dass nicht überhaupt nichts gewesen sein bzw. sein werden kann.

85 ⟨S. 125 f.⟩ 4. Transzendentale Kritik der Einfühlung. Im Ich gibt es keine apodiktische Gewissheit vom Sein eines *alter*. Vordeutung auf die Möglichkeit, zur apodiktischen Gewissheit vom Sein eines Ichalls zu kommen.

Beilage ⟨XIX⟩, gehört zu 86 ff.[2] Bisher Kritik der transzendentalen Erfahrungen (der Gewissheiten)

86 ⟨S. 146 f.⟩ Rekapitulation. Das in immanenter Erfahrung Erfahrene ist hinsichtlich des bestimmenden Gehaltes nur typisch in apodiktischer Weise bestimmt und darüber hinaus bezogen auf die Idee eines vollbestimmten individuellen Vergangenheitsdatums. – Aufgabe einer Egologie.

87 ⟨S. 148 ff.⟩ Vor der Kritik des Logos in der transzendentalen Erfahrungssphäre wird die Kritik der transzendentalen Möglichkeitsanschauung und der Urgestalten, die den logischen zugrunde liegen, untersucht, vor allem die Lehre von den Modalisierungen.

---

[1] Nicht ausreichende Behauptung und Klärung der Konstitution einer unendlichen immanenten Zeit.

[2] Die eingefügte Bemerkung Husserls situiert die von Landgrebe hier zugeordnete Beilage an anderer Stelle weiter unten. Nur deshalb hat er vermutlich die hier ursprünglich gegebene Inhaltsangabe dieses Textes gestrichen. Landgrebes Text lautete: „Die Weckung erledigter Vergangenheit und ihre wissenschaftliche Beschreibung." – Anm. des Hrsg.

Wie ist in der egologischen Sphäre zu wissenschaftlichen Begriffen und Sätzen zu kommen? Die bei der Beschreibung verwendeten Allgemeinbegriffe müssen in Bezug auf ihre Gültigkeit einer apodiktischen Kritik unterworfen werden vermittels eines Prozesses der selbsterzeugenden Bildung. –

88 ⟨S. 150 ff.⟩ Auch das Verhältnis selbst des Einzelnen zum Allgemeinen muss in ursprünglicher Selbstheit gegeben sein.[1] – Schon das Unmittelbarste möglicher apodiktischer Feststellungen in der immanenten Sphäre, das konkret daseiende *ego cogito*, geht bei fixierendem Eindringen in eine Fülle von Gestalten auseinander: Eigenschaften, Teile usw. – Erfassung von Sachverhalten, hier die Urgestalten der logischen Sphäre.

89 ⟨S. 152 ff.⟩ All diese Gestalten stehen unter der Form Gegenstand. – Die Gegenstände erwachsen uns in identifizierendem Tun. – Weitere Beispiele: Die Urform der Gegebenheit des Allgemeinen ebenfalls durch identifizierende Deckung. –

90 ⟨S. 154 f.⟩ Bei diesem Zur-Deckung-Bringen kann auch das Phänomen der Durchstreichung erwachsen, wobei das Durchstrichene als Möglichkeit bestehen bleibt. Modalisierungen. Möglichkeiten in verschiedenem Sinn, 90₂ ⟨S. 155 f.⟩. – Die Phantasiemöglichkeit: Möglich ist, was sich in klarem Vorstellen anschauen lässt. – Von dieser Möglichkeit die reale unterschieden. – Weiter die empirische Möglichkeit in der Erfahrung.

91 ⟨S. 156 ff.⟩ Die Gewissheit der ursprünglich motivierten Erwartung als ein eigener Seinsmodus. – Der Charakter der antizipierenden Gewissheit führt den der offenen Möglichkeit des Andersseins mit sich: das Vielleicht. – Unter mehreren miteinander streitenden Möglichkeiten hat eventuell eine den Charakter des Wahrscheinlich. – Alle diese Möglichkeiten, Wahrscheinlichkeiten usw. sind Gegenstände, die vermeint, selbstgegeben, schließlich in apodiktischer Evidenz gegeben sein können.[2] Dasselbe gilt von den Allgemeinheiten. –

92 ⟨S. 159⟩ Die Iterierbarkeit der modalen Abwandlungen: das Möglichsein einer Möglichkeit usw.

Wichtige 5 Einlageblätter: 1 – 3, ad 2, ρ ⟨Beilagen XX und XXI⟩:

---

[1] Der Gedankengang ist hier wohl nicht ganz präzise.

[2] Schon hier situiert Husserl nachträglich die „Einlageblätter", deren Inhalt dann etwas weiter unten (Z. 36 – S. 349, Z. 25) angegeben ist. – Anm. des Hrsg.

Zur Ausführung der prinzipiellen apodiktischen Kritik der äußeren Erfahrung. Der antizipierende Erfahrungsglaube kann in doppeltem Sinne Erfüllung finden: durch erfüllende Vorerinnerung (Voraussicht) und durch Wahrnehmung.[1] – Vergleich von Wiedererinnerung und Erwartung hinsichtlich der Erfüllung. Die Voraussicht lässt die Möglichkeit des Andersseins offen. – Diese Möglichkeit ist nicht leere Möglichkeit, als wäre es bloße Phantasie. – Auch dieses Möglichkeitsbewusstsein ist ein positionaler Akt und dieser Akt als solcher seine Weise der Erfüllung und ist in der Füllegestalt rechtgebend. Hierin liegt die Möglichkeit evidenter Erfahrungsurteile. Aber ihr Rechtsanspruch reicht nicht weiter als die Evidenz der Voraussichten (bzw. Evidenz der Antizipationen, die in Voraussichten verwandelt werden können). Hier haben wir Rechtsschranken, wenn auch nicht Rechtsgrenzen, durch die Gegenevidenz der Möglichkeit des Nichtseins.

Im naiven Urteilen ist die Welt in keiner Weise apodiktisch gegeben; in ihrem Vorbehaltlichsein ist sie erst nach Vollzug der phänomenologischen Reduktion apodiktisch gegeben. Absolute Rechtfertigung der Empirie setzt das *ego cogito* voraus und ist bezogen auf das transzendentale Ich. – Apodiktische Kritik als Selbstkritik des Ich zur Erzielung eines wahrhaft befriedigenden, mit sich einstimmigen Lebens.[2]

93 ⟨S. 159 ff.⟩ Rekapitulation (93) als Einleitung zur Darstellung und Kritik der Modalitäten. Ferner folgende Ergänzungen: Die Erlebnisse, in denen modale Gegenständlichkeiten gegeben sind, haben in sich eine verflochtene Intentionalität. Demgemäß sind die modalen Gegenständlichkeiten unselbständig: ihr Bedingtsein. – Evidenz solcher Gegebenheiten. Die Möglichkeiten im Sinne des „Ich kann" (Dasein der Spielräume): Evidenz des „Infolge", des „weil, so" und „wenn, so". –

94 ⟨S. 161 f.⟩ Auch diese Kausalzusammenhänge sind Gegenständlichkeiten, die selbstgegeben sein können. – Im „Ich kann" spricht

---

[1] Dazu ρ ⟨Beilage XX⟩.
[2] Das ist die wichtige Beilage 1 – 3 und Beiblatt ⟨Beilage XXI⟩, auch über den allgemeinen Sinn apodiktischer Kritik.

sich eine praktische Antizipation aus; niemals absolute Evidenz der Gewissheit. – Möglichkeit im Sinn des „Ich kann" als Fähigkeit. –

95 ⟨S. 162 f.⟩ Modale Evidenzen in der Gemütssphäre. –

96 ⟨S. 164 f.⟩ Wenn auch gemäß dem Leitgedanken einer absolut gerechtfertigten Wissenschaft bloßes Erschauen, Erfahren von Einzelheiten nicht genügt und dann wiederum nicht das Sich-Zueignen zu dauerndem und identifizierenden Besitz, so ist doch auch schon in ihnen eine Unendlichkeit von Erkenntnisaufgaben beschlossen. Explikation, bestimmendes Denken.

Bedenken: Könnte nicht statt mit dem *ego cogito* mit mathematischen oder logischen Axiomen begonnen werden?

97 ⟨S. 165 f.⟩ Rekapitulation: Die absolute Rechtfertigung dieser irrealen Abwandlungen individuellen Seins setzt die absolute Feststellung des *ego cogito* als transzendentalen und seines Erlebnisstromes voraus. Ferner die Feststellung, inwiefern ich von individuellen Einzelheiten in diesem Strom, wirklichen Erlebnissen apodiktische Feststellungen machen kann. – Die Notwendigkeit dieser Aufweisung ist selbst in apodiktischer Selbstverständlichkeit gegeben.

98 ⟨S. 166 ff.⟩ Die Rechtfertigung vollzieht sich in reflektiver Blickhaltung. – Sie setzt apodiktische Evidenz der Wiedererinnerung voraus. – So weist jede Rechtfertigung auf den apodiktisch gerechtfertigten egologischen Boden zurück, der auch die Modalitäten der Erlebnisse umspannt. Bisher bloß vollzogen die apodiktische Kritik der Vorkommnisse der egologische Sphäre als solcher und der auf sie bezüglichen Modalitäten.

99 ⟨S. 168 ff.⟩ Die auf transzendentes Sein bezogenen Modalitäten müssen mit diesem eingeklammert werden.

100 ⟨S. 170 ff.⟩ Wiederholung. – Im Erkenntnistun erwachsen immer höhere modale Gebilde und Sachverhalte; ideale Gegenständlichkeiten. –

101 ⟨S. 172 f.⟩ Die Setzung der reinen Allgemeinheiten der Mathematik und Logik schließt keine Mitsetzung von individuellem weltlichen Dasein in sich. – Frage, ob man durch sie zur Begründung einer absolut gerechtfertigten Wissenschaft kommen kann. – Reine Allgemeinheiten beziehen sich auf reine Möglichkeiten. –

102 ⟨S. 173 ff.⟩ Reine Möglichkeit kann in der freien Phantasie erzeugt werden.

103 ⟨S. 175 ff.⟩ Sie reicht so weit, als Sinnesidentität besteht. – Diese Identität ist selbst eine fiktive, da der Phantasie nicht wie der Erinnerung ein Limes vorgezeichnet ist. –

104 ⟨S. 177 ff.⟩ Die Durchhaltung der Identität im freien Fingieren als Möglichkeit. – In der freien Phantasie ist auch die Modalität des „Unendlich", des „Ich kann immer wieder" evident gegeben. – Solche reinen Möglichkeiten der Phantasie sind entweder Möglichkeiten von transzendenten Gegenständen oder solche der transzendental subjektiven Sphäre.

105 ⟨S. 179 f.⟩ Übergang zur apodiktischen Kritik der reinen Möglichkeiten von Naturgegenständen und von Naturgegenständen als Wirklichkeiten. –

106 ⟨S. 180⟩ In der Wahrnehmung ist evidente Selbstgebung ein im Unendlichen liegender Limes. –

107 ⟨S. 180 f.⟩ Der Wahrnehmungsgegenstand eine in einstimmigen Synthesen von Erscheinungen sich durchhaltende Einheit, immerfort in Beziehung zur Leiblichkeit. –

108 ⟨S. 182 f⟩ Das Phantasiebewusstsein enthält alle intentionalen Eigenheiten des Wahrnehmungsbewusstseins in der Modifikation des Als-ob. Die Phantasieerfahrung ist Evidenz der Möglichkeit des Phantasiegegenstandes, aber analog wie bei der äußeren Wahrnehmung eine unvollkommene Evidenz. – Auch Phantasie ist nicht frei, sondern an den einmal als Möglichkeit gesetzten Sinn gebunden, sofern sie die Möglichkeit evident machen will. –

109 ⟨S. 183 f.⟩ Die Phantasieerfahrung unklar und jede Klärung willkürlich. –

Die apodiktische Evidenz der immanenten Möglichkeiten: Jedes phantasierte Erlebnis ist evidenterweise im Stile der Einstimmigkeit zu immer vollkommenerer Klärung und Annäherung an einen mitfingierten Limes zu bringen; seine Möglichkeit ist apodiktisch gewiss. Es ist nicht selbst adäquat gegeben und die Annäherung an den fingierten Limes ist eine Annäherung-als-ob. –

110 ⟨S. 185 f.⟩ Mit dem zum fingierten Erlebnis als Erlebnis gehörigen Horizont ist auch die Möglichkeit eines Bewusstseinsstroms apodiktisch evident. – Bei jedem phantasierten Erlebnis zweierlei Ideen: 1. die seiner selbst, 2. die des Bewusstseinsstroms, dem es angehört. – Letztere ist unendlich vieldeutig. – Diese Ideen sind eine Art von Gegenständlichkeiten im Sinne von Identitätseinheiten. –

111 ⟨S. 186 ff.⟩ Apodiktische Auswertung der transzendenten realen Möglichkeiten. Im freien Fingieren eines Naturgegenstandes ha-

ben wir die beständige Evidenz des Und-so-weiter; die Konstruierbarkeit der Möglichkeit eines realen Gegenstandes als einer Idee ist durch unsere Freiheit gesichert. –

112 ⟨S. 188 ff.⟩ Der universale Bereich reiner Möglichkeiten einer realen Welt überhaupt gehört zur apodiktischen Seinssphäre. – Jede solche mögliche Realität als Idee ist Korrelat einer zum egologischen Bereich gehörigen Idee: das fingierte Reale ist fingierte synthetische Einheit eines unendlichen Prozesses möglicher Erfahrungen. –

113 ⟨S. 190 ff.⟩ Diese Unendlichkeit ist selbst apodiktisch gegeben als unendliche Idee einer konstruktiven Einstimmigkeit. Ihr unabtrennbares Korrelat ist die Idee eines unendlichen und bloß in der Unendlichkeit abgeschlossenen Systems möglicher Erfahrungen. – Diese korrelativen Ideen sind selbst wieder Ideen von Ideen. – Das An-sich gehört untrennbar mit zum Sinn eines als real gemeinten Gegenstandes.

114 ⟨S. 192 f.⟩ Es bedeutet die Möglichkeit des jederzeitigen Wiederdarauf-Zurückkommens, auf ihn als den selbigen, durch das Phantasie-Ich. –

ad 115 ⟨S. 191, Anm.⟩ Der naiv Erfahrende weiß von dem Gegenstand als Idee nichts; diese erwächst ihm erst bei einer Befragung des Gegenstands in Hinsicht auf seine Erfahrungsmöglichkeiten. –

115, 116 ⟨S. 193 ff.⟩ Rekapitulation und Ergänzung. Auch die Unmöglichkeit, im Phantasieren das Phantasie-Ich wegzudenken, ist evident gegeben. – Beim fingierenden Ansetzen von überhaupt noch nie erfahrenen Objekten müssen diese in einem möglichen System von Objekten stehen, so dass evident mögliche Erfahrungswege hinführen. – Die durch die Kinästhesen vorgezeichneten Erfahrungsmöglichkeiten. –

117 ⟨S. 196 f.⟩ An-sich-Sein als Intersubjektivität. – Ein vom fingierenden Ich in seine fingierte Umwelt hineinfingiertes Alterego muss notwendig als auf diese selbe Umwelt bezogen und mit dem fingierenden in Einfühlungszusammenhang stehend fingiert werden. –

118 ⟨S. 197 ff.⟩ So ist jedes Reale für ein Ich Reales für jedes andere; die Ich-Subjekte von den Dingrealen dadurch unterschieden, dass jedes Ego für sich selbst ist. – Auch dieser Tatbestand ist als reine Möglichkeit in der Phantasie evident zu machen. – Mit der Wegstreichung aller Egos fiele das Reale selbst weg. – Die reine Möglichkeit eines Realen eine Phantasiemöglichkeit, ihr phantasierter Gehalt reale Möglichkeit. – Die transzendentale Reduktion

der realen Welt führt auf das transzendentale Ichall, in dem als intentionales Korrelat die ganze ausgeschaltete Welt liegt. –
119 ⟨S. 199 ff.⟩ Jede Wirklichkeit verwirklicht eine reine Möglichkeit und lässt sich wieder in eine solche übertragen. – Die wirkliche Welt als Verwirklichung der apodiktisch ausgebauten rein möglichen. – Jede ausmalende Fortführung wirklicher Erfahrungen unter Beibehaltung des Erfahrungsglaubens schafft reale Möglichkeiten und zuhöchst die Idee der Allheit möglicher Erfahrungen dieses aktuellen Erfahrens. – Dieses System durch Übersetzung aller Glaubenssetzungen in Quasisetzungen übertragbar in ein System reiner Möglichkeiten.
120 ⟨S. 201 f.⟩ Korrelation von reiner Möglichkeit als Möglichkeit aus reiner Phantasie und Wirklichkeit als Verwirklichung dieser reinen Möglichkeit. Das System der realen Erfahrungsmöglichkeiten hat seine Wirklichkeit als ideale Modalität und der Gegenstand ist wirkliches intentionales Korrelat des wirklichen Systems. Der Gegenstand des Systems reiner Möglichkeit ist intentionales Korrelat-als-ob.
120a ⟨S. 202 f.⟩ Der fingierte Gegenstand als wirklich seiende reine Möglichkeit eine wirkliche Idee, als Möglichkeit eines fingierten realen Gegenstandes eine fingierte Idee. – Der in wirklicher Erfahrung sich durchhaltende Gegenstand wirkliche Idee, die dem Weiterkonstruieren einen bestimmten Rahmen vorzeichnet. – Ihre Geltung nur tatsächlich, nicht apodiktisch gewiss. –
121 ⟨S. 203 ff.⟩ Apodiktisch gewiss nur ihr Vermutlichsein; die Welt apodiktisch gewiss als Präsumtion. Die Einklammerung der realen Welt gibt die Möglichkeit ihrer apodiktischen Rechtfertigung als Modalität. –
122 ⟨S. 206 f.⟩ Rekapitulation. –
123 ⟨S. 207 ff.⟩ Die Ausbildung höherstufiger Gegenstände im erfahrenden Denken: synthetische Deckung von Gegenständen mit Gegenständen, ihr Korrelat Sachverhalte. – Der allgemeinste Identitätsausdruck das „Ist". Da alle synthetischen Gegenstände, ebenso wie einfache, als Satzglieder fungieren können, gewinnen wir alle Satzformen überhaupt, wenn wir alle Bildungsformen von Gegenständen in die Formen der Synthesis eintragen. Alle diese Formen (Modalitäten usw.) sind hinsichtlich der Art ihrer ursprünglichen Gegebenheit und hinsichtlich ihrer apodiktischen Ausweisung zu prüfen. –
124 ⟨S. 209 ff.⟩ Die Allgemeinheiten: Das Erzeugen von Sätzen wird erst zum Urteilen im prägnanten Sinn, wenn Begriffsbildung auftritt. –

Die Begriffsbildung (Abstraktion) als Deckung in der Form der Gleichheitssynthesis: Abhebung des Allgemeinen, an dem das Einzelne teilhat. – Durch mehrfache Deckung entsteht die Sachverhaltsform des Plurals. –

125 ⟨S. 211 ff.⟩ Das durch Vergleichung individueller Gegenstände gefundene Allgemeine erscheint zunächst als ihnen anhaftend. Bei Erweiterung der Erfahrung bekommt das Allgemeine einen unendlichen Umfang und verliert seine Bindung. In freier Phantasie kann ihm ein Umfang möglicher Einzelheiten zugeschrieben werden; der Begriff in seiner Idealität ist unabhängig von wirklicher Existenz entsprechender Einzelheiten. – Korrelation des reinen Seins des Allgemeinen und der reinen Möglichkeiten, die an ihm Anteil haben. –

126 ⟨S. 213 ff.⟩ Auch aufgrund der Erfahrung gewonnene Begriffe lassen sich als reine fassen, wenn alle Beziehung auf Erfahrung ausgeschaltet wird. – Alle Begriffe des natürlichen Lebens führen Mitsetzung empirischen Seins mit sich; in ihnen stecken empirische Präsumtionen; Bildung einer präsumtiven Idee. Alle solche Setzungen wirklichen Seins müssen bei der Bildung apriorischer Begriffe ausgeschlossen werden.

127 ⟨S. 215 ff.⟩ Diese haben keinen Umfang tatsächlichen Daseins, sind bezogen auf reine Möglichkeiten. – Stufen der Allgemeinheit: die unterste Stufe das selbständig Allgemeine, das Konkretum, das durch bloße Wiederholung von Individuellem entspringt. – Allgemeinheiten sind vergleichbar wie andere Gegenstände. – Unterscheidung sachhaltiger und formaler Allgemeinheiten; die modalen Gebilde entstehen durch freie Ichakte, deren Material letztlich das in der Erfahrung passiv Vorgegebene ist. –

128 ⟨S. 217 ff.⟩ Durch Synthesis der Deckung von Gegenständen schlichter Erfahrung erwachsen rein sachliche Begriffe (Grenzfall). – In den modalen Gebilden 1. Gleichheiten von passiven Erfahrungsgehalten, 2. von Formen der Synthesis. Letztere ergeben rein formale Begriffe = kategoriale Begriffe. – Mit dem Allgemeinbegriff entspringt das allgemeine Urteilen, allgemeine Denken. In ihm liegt das Wissenschaftliche aller Wissenschaften. –

129, 130 ⟨S. 220⟩ Das partikuläre Urteilen: Das Einzelne wird betrachtet als „ein" (ein A überhaupt), zum Unterschied von der Betrachtung als „Dies-da".

131 ⟨S. 220 f.⟩ In jener Einstellung von Gleichem zu Gleichem fortschreitend, erwachsen die primitiven Zahlformen; Urteile der Form „einige".

132 ⟨S. 221 ff.⟩ Allgemeines Charakteristikum der partikulären Urteile; sie haben notwendig einen oder mehrere Termini der Partikularität. – Das partikuläre Urteil schafft nicht einen neuen Gegenstand, ist nicht selbst ein Sachverhalt, sondern unbestimmt auf einen Sachverhalt bezogen. –

133 ⟨S. 224 f.⟩ Auch die bloße Denkmöglichkeit der Phantasie führt auf Partikularitäten. – Bei der Versetzung der partikulären Urteile in die Phantasie gewinnen wir reine (apriorische) Möglichkeiten. Es erwachsen Existential- bzw. Inexistentialurteile von Möglichkeiten. –

134 ⟨S. 225 ff.⟩ Universelle Urteile: Hier weist das „Überhaupt" auf ein Beliebiges aus einer offenen Sphäre hin. – Urteile bzw. Sachverhalte neuer Art, unselbständig, weisen auf schlicht prädizierende mögliche Urteile zurück und schließen in sich das partikuläre „Überhaupt". – Die Form des „ein beliebiges überhaupt" als Form des Exempels. –

134a, b ⟨S. 227 ff.⟩ Ein Urteil wird zum universellen durch Termini der Universalität. – Ein und dasselbe Urteil kann zugleich partikulär und universell sein.

Rekapitulation. Urteilen ist Identifizieren von intentionalen Gegenständen. Als erste Form das singuläre Urteil, entsprungen aus der Grundfunktion aktueller Identifikation in der modalen Grundform der Glaubensgewissheit. –

Übersicht: I. 1. Urteile mit nur singulären Terminis, 2. partikuläre Urteile, 3. universelle Urteile. – II. Die Phantasie-(apriorische)-Modifikation. –

Die universellen Urteile in der Phantasiemodifikation; das universelle Urteilen im Bereich der Wirklichkeit gibt empirisch-induktive Allgemeinheit und zugehörige präsumtive Notwendigkeit. –

Die reine Phantasie gibt das reine Apriori und die apodiktische Notwendigkeit. –

135 ⟨S. 230 f.⟩ Es gibt auch ein Fingieren empirisch allgemeiner und notwendiger Zusammenhänge, durch das aber kein apriorisch universelles Urteilen mit apriorischen Notwendigkeiten gewonnen wird.

ad 135,[1] 135a ⟨S. 231 ff.⟩ Beispiele der Gewinnung rein apriorischer Möglichkeiten: der Gedanke des Tonseins schließt den des Intensitäthabens in sich; und jedes individuell Einzelne dieser Art (Ton) hat an den Teilbegriffen von Ton teil. In formaler Allge-

---

[1] Gemeint sind wohl die jetzigen Blätter „135a" und „135b" (vgl. die textkritische Anmerkung hierzu). – Anm. des Hrsg.

meinheit: Jedes individuell Einzelne eines konkreten Begriffs hat jedem seiner Teilbegriffe entsprechende Prädikate. Die Form dieses Sachverhalts die Implikation. – Auf allen Stufen des Denkens treten Implikationen auf: Alle können als apriorisch universelle Urteilsverhalte zu apodiktischer Gegebenheit gebracht werden. –

136 ⟨S. 234 f.⟩ Weitere Form der Implikation von Sachverhalten: der Schluss. Er steht unter Schlussgesetzen als apriorisch universellen Gesetzen der Implikation. –

136a ⟨S. 235⟩ Die partikuläre Möglichkeit einer Inklusion, *a priori* gedacht, schließt die apriorische Notwendigkeit einer solchen Inklusion überhaupt (universell) ein. –

137 ⟨S. 236 ff.⟩ Alle Bildungen von Sachverhalten gehen auf einen Ursachverhalt zurück: S ist p. – Das Denken der Sachverhalte in reiner Möglichkeit führt zu apriorischen Gesetzen, die im reinen Denken zur Selbstgegebenheit kommen. Das gilt auch für alle modalen Abwandlungen des kategorischen Urteilens. –

138 ⟨S. 238 f.⟩ Der Sachverhalt als Identisches gegenüber der Mannigfaltigkeit seiner Aktualisierungen. – Die Operation des Apriori ist iterierbar: apriorische Gesetze für die Gesetzlichkeit des Apriori selbst. – Die apriorischen Sachverhalte einerseits selbst Sachverhalte, andererseits bezogen auf Möglichkeiten von Sachverhalten. – Das Verhältnis des apriorischen zum empirischen Denken das der „Anwendung"; jede Wirklichkeit ein Fall reiner Möglichkeit. – Wirklichkeit und entsprechende reine Möglichkeit haben als gemeinsames Wesen eine eidetische Singularität. –

139 ⟨S. 240 f.⟩ Empirisch allgemeine Urteile sind entweder induktive Allgemeinheiten oder apriorische Allgemeinheiten in empirischer Anwendung. Erstere von präsumtiver Gültigkeit, apodiktisch gewiss nur als Präsumtion, letztere von apodiktischer Notwendigkeit, Undenkbarkeit des Gegenteils.

Beilage:[1] ⟨S. 239, Anm.⟩ Über singuläre Sachverhalte als apriorische Möglichkeiten ist ein objektives Urteilen nicht möglich; ihre Gegenstände sind unbestimmt. –

---

[1] Landgrebes Inhaltsangabe des als „Beilage" bezeichneten Blattes ist von ihm an dieser Stelle falsch eingerückt worden. Sie hätte oben nach S. 555, Z. 31 gehört; denn dort liegt das Bl. auch im Manuskript und dort bringt Landgrebe den Text auch in seinem Typoskript. In der vorliegenden Ausgabe findet sich dieser Text als Fußnote auf S. 230 (vgl. die dazugehörige textkritische Anmerkung). Die hier auffallende versehentliche Einordnung resultiert wohl aus einer Verwechslung; denn auch an der hier bezeichneten Stelle liegt im Manuskript ein Einlageblatt. Auf dessen Inhalt passt Landgrebes Beschreibung allerdings nicht. – Anm. des Hrsg.

140 ⟨S. 242 ff.⟩ Hereinziehung des nicht vollkommen selbstgebenden Urteilens; der weiteste Begriff des Urteils oder Satzes; das Geurteilte als solches. Unterscheidung von wirklichem und möglichem Satz. Ihr Gemeinsames der identische Sinn. – Die verschiedenen Möglichkeiten des Ineinander von leerem und anschaulichem Denken: Synthesis der Deckung, Durchstreichung usw. – Zu den Sätzen als solchen gehören die analytischen Wahrheiten. –

141 ⟨S. 244 ff.⟩ Die bloßen Bedeutungen; auf sie beziehen sich die rein grammatischen Bedeutungsgesetze und die analytischen Bedeutungsgesetze. – Die analytischen Denkgesetze als die Bedingungen der Möglichkeit einstimmigen Urteilens und andererseits die Bedingungen der Möglichkeit der Selbstgegebenheit eines entsprechenden Sachverhalts. –

142–145 ⟨S. 247 ff.⟩ Übersicht über den bisherigen Gedankengang und ergänzende Betrachtung: Das hodegetische Prinzip fordert nicht nur Undurchstreichbarkeit der Erkenntnisse, sondern auch die endgültige Selbstgegebenheit der Erkenntnisse. Eine solche ist nur in der egologischen Sphäre möglich und kann nur durch eine apriorische Wissenschaft vom Ego gewonnen werden. Denn nur Wesenserkenntnisse können in einer von den Zufälligkeiten der Assoziation usw. unabhängigen Weise als identisch dieselben immer wieder frei vom Ich erzeugt und in ihrer apodiktischen Endgültigkeit eingesehen werden. – Bereits bestehende apriorische Wissenschaften (Mathematik, Logik) entsprechen der Forderung des hodegetischen Prinzips nicht, denn jedes gegenständliche Apriori weist auf das Apriori seines synthetischen Erzeugtwerdens im Ego zurück.

144a ⟨S. 255 f.⟩ Die egologische Wesenserkenntnis ist nicht abhängig von Erinnerungszufällen. Solange der philosophische Wille besteht, bleibt gemäß dem selbst als Wesensnotwendigkeit eingesehenen Satz *ego cogito cogitata* die Möglichkeit der Wiedererzeugung des bereits Eingesehenen, die immer wieder auf identisch dieselben Sachverhalte führen muss.

145a ⟨S. 256 ff.⟩ Die apriorische Egologie als die transzendentale Phänomenologie selbst. – Reiches Material liegt schon für sie vor: alle bisher gegebenen Analysen waren Wesensanalysen, was aus der Probe der Übertragung in die reine Möglichkeit zu erkennen ist. – In die egologische Sphäre gehört auch jedes Apriori dann.

146 ⟨S. 258 f.⟩ Jedes Apriori, jeder kategoriale Sachverhalt ist ein numerisch identischer Pol gegenüber seinen Aktualisierungen im

Ego. – Das transzendente Ding als Idee. Auch diese Idee gehört zum egologischen Reich. – Alles bisher Aufgewiesene ist schon Bestandstück der egologischen Wesenslehre; es liegt zwar vor der Egologie, auf die es erst hinleitet, hat aber in ihr seinen natürlichen Standort. –

147 ⟨S. 260 f.⟩ **Das Problem des systematischen Aufbaus einer transzendentalen Egologie.** Leitidee für die Methode, zu einem systematischen Aufbau der Wesenslehre des Ego zu kommen: vom faktischen Ego auszugehen und es frei umzufingieren. So wird eine unendliche Mannigfaltigkeit von abgewandelten Ichgestalten mit abgewandelten Erlebnisströmen gewonnen als *meine Abwandlungen*! Die Abwandlungsmöglichkeit reicht so weit als der Umfang reiner Möglichkeiten, die mir „eingeboren" sind. – Das Reich des Ego als ein Reich eingeborener Ideen ist mir gemein mit allen Egos überhaupt, die meine eidetischen Abwandlungen sind. –

147a ⟨S. 261 ff.⟩ Die konkrete Gattungsidee oder konkrete Region Ego. Das Gebiet dieser Region: die Phänomenologie. – Das Ego hat keinen niedersten Gattungsbegriff, es ist absolutes Konkretum und Individuum zugleich; als Substanz individuiert es sich selbst. – Jedes Ego ist eine absolut abgeschlossene Totalität, seine Einzelerlebnisse unselbständig. – Vergleich mit der Natur als Totalität: sie kommt nur in den einzelnen Naturdingen zur Erfahrung. –

147b[1] ⟨S. 265 f.⟩ **Problem der Leitfäden für eine systematische Deskription.** Leitfaden: Ausgang von Wahrnehmungsbeispielen, also von Wahrnehmungsanalysen, bei Erhaltung der Identität des Gegenstands für Wesensdeskriptionen; dann Abwandlung der Gegenstände selbst und Betrachtung der sich identisch erhaltenden oder unterscheidenden Bewusstseinsweisen. Erster Leitfaden für phänomenologische Deskriptionen: Wahrnehmung von *esse*; man erhält die Identität des *esse* und wandelt ab.

148 ⟨S. 263 ff.⟩ Unterscheidung zwischen unmittelbar intuitiven Aufweisen, den deskriptiven Wesenserkenntnissen, und mittelbaren, durch Deduktion zu rechtfertigenden Wesenserkenntnissen. – Die

---

[1] Die Blätter 147b und 148, gemäß den Originalpaginierungen, wurden von Husserl später vertauscht, was hier durch Landgrebe unberücksichtigt bleibt (vgl. dazu die allgemeinen textkritischen Anmerkungen S. 511). – Anm. des Hrsg.

rein deskriptive Phänomenologie macht den Urbegriff der Phänomenologie aus. –
149 ⟨S. 266⟩ Die Hauptstücke der systematischen Deskriptionen: Bewusstseinsstrukturen, welche vor aller Frage nach Vernünftigkeit liegen, und die Lehre von der Vernunft selbst.[1] –

London⟨er Vorträge⟩ III, IV. Beilage a, b ⟨XXV⟩; ⟨Beilage⟩ 1, 2 ⟨XXVI⟩

160+ ⟨S. 267⟩ Die Beziehung der traditionellen Erkenntnistheorie zu der transzendentalen Phänomenologie:
161+ ⟨S. 267 ff.⟩ Die Frage nach der Möglichkeit einer transzendenten Welt wird bei jener auf dem Boden der natürlichen Einstellung gestellt und beantwortet. Sie entspringt aus der Einsicht, dass alles Erkannte, alle Scheidung von normaler und trügerischer Erfahrung, alle Evidenz und Nichtevidenz in meinem erfahrenden Leben Erkanntes ist. Wie kann dieses Spiel logischer Notwendigkeit objektive Bedeutung gewinnen? Diese Problematik schon von Gorgias gesehen. –
162+ ⟨S. 269 f.⟩ Doch dieses Ich, für das alles „da" ist, ist nicht das Menschen-Ich, sondern das transzendentale, durch die phänomenologische Reduktion zu gewinnende. Alles was überhaupt ist, ist seine intentionale Leistung, und die Frage der gemeinen Erkenntnistheorie, wie das „an sich Seiende" ins Bewusstsein kommt, ist widersinnig.
164+ ⟨S. 271 f.⟩ Die wahre Erkenntnistheorie hat dieses Leisten des Bewusstseins, aus dem alles „objektive Sein" entspringt, als Lehre von der Vernunft zum Thema und muss es frei von aller Faktizität rein *a priori* behandeln. –
165+ ⟨S. 273 f.⟩ Diese Aufgabe ist noch nie gesehen worden und kann nur durch die Methode der phänomenologischen Reduktion geleistet werden. –
166+ ⟨S. 247 f.⟩ Die Aufgabe einer solchen Wissenschaft von der transzendentalen Subjektivität ist nicht ein isoliertes Betrachten der Erkenntnis, sondern aller Gestaltungen der Subjektivität, bei welchen allen Erkenntnis einen konstitutiven Bestandteil bildet, und ihrer intentionalen Korrelate als solcher. –
167+, III 1 3 ⟨S. 276 f.⟩ Der transzendentale Idealismus und die deskriptive Psychologie aus innerer Erfahrung als Vorstufen der transzendentalen Phänomenologie. – Gegenstände als ideale Einheiten

---
[1] Von hier ⟨die⟩ Londoner Vorlesungen.

unabtrennbar zum Ich gehörig; die Natur an sich als regulative Idee. – Alles wahre Sein ideell gegenüber dem reellen Bewusstsein. –

168 ⟨S. 277 ff.⟩ Nur das Subjekt hat Sein in der Form des Für-sich-Seins, alles, was nicht Subjekt ist, hat nur Sein für ein Subjekt. Es hat sein wirkliches Sein nur in der Selbstgebung; ist es nicht selbst gegeben, so hat es Sein nur als Potenz. – Absolutes Sein einer Natur ist undenkbar, absolut nur die Subjektivität und auf kein Verhältnis von Potentialität und Aktualität angewiesen. –

169 ⟨S. 279 f.⟩ Das gilt auch für ideale Gegenständlichkeiten, auch sie sind Pole, die Subjektivität voraussetzen.

170, III 15 ⟨S. 280 ff.⟩ Da die phänomenologische Wesenslehre als Egologie entspringt, ergibt sich scheinbar die Notwendigkeit eines eidetischen Solipsismus. – In der Tat fängt die phänomenologische Beschreibung aus methodischen Gründen solipsistisch an. Aber in der Welt, die sich als Polsystem dem *solus ipse* konstituiert, sind auch fremde Leiber, die Alterego indizieren, die alle ebenso absolut zu setzen sind wie das eigene Ego, und als solche, denen dieses wieder als *alter* gegenübersteht.–

171+, III 16 ⟨S. 282 ff.⟩ Das Absolute, auf das sich die Welt reduziert, ist danach eine absolute Vielheit von Egos, die einander nur vermittels einer Natur erscheinen können, die als ideales intersubjektives Polsystem, dem auch ihre Leiber angehören, die Gemeinschaft der Egos möglich macht. –

172 ⟨S. 285 f.⟩ Die vorangegangene Kritik der traditionellen Erkenntnistheorie machte keinen unzulässigen Gebrauch von eingeklammerten historischen Fakten, sondern kann als die Kritik einer reinen Möglichkeit betrachtet werden. –

Ergänzungen: Die Phänomenologie der Vernunft erfüllt das Desiderat einer Theorie der Evidenz, die ausgeht von der apodiktischen Evidenz und alle modalen Abwandlungen auf diese zurückführt und zu apodiktischer Gegebenheit bringt. –

173 ⟨S. 286 ff.⟩ Hierher gehört die Unterscheidung zwischen Apodiktizität des Faktums und Apodiktizität der Wesensgesetze, welch letztere dem *ego cogito* als eidetischem Wesensprinzip die absolute und denkbar höchste Rechtfertigung gibt. In gleicher Weise wird jedes, auch jedes präsumtive Faktum durch Subsumtion unter ein Wesensgesetz in einem höchsten Sinn gerechtfertigt. – Ebenso die höhere Rechtfertigung apodiktischer Einsichten von niederer We-

sensallgemeinheit durch Unterordnung unter solche von höherer Allgemeinheit.
Phänomenologie und Intuitionismus: Abweisung falscher Vorstellungen von Intuitionismus.
i 1 ⟨Beilage XXVIII⟩ Er besagt hier nichts als die Forderung der Ausweisung alles Gemeinten an Selbstgegebenem, ursprüngliche Bildung eines jeden Begriffes an selbstgebenden Anschauungen.
i 2 ⟨Beilage XXVIII⟩ Dasselbe Prinzip liegt in verengter Form allem sogenannten Empirismus zu Grunde; aber seine „Erfahrung" ist nicht das einzige ursprünglich rechtgebende Bewusstsein. –
Beilage:[1] Jede evidente Feststellung über Fakta weist sich durch Rekurs auf Wesensgesetze in höchster Bewährung aus und gewinnt dadurch allgemeine Verbindlichkeit. Die Probe ist die Erhebung in die reine Möglichkeit und Wesensallgemeinheit. – Die universale Phänomenologie ist die systematische Entfaltung aller apriorischen Rechtgebung. –
174 ⟨S. 288 ff.⟩ Die Phänomenologie als die extremste Vollendung des Rationalismus einerseits, wie er von Descartes angebahnt wurde, und des Empirismus andererseits, wie er bei Locke durchbricht. Sein Versuch scheiterte an der zu engen Fassung des Begriffs der Erfahrung. Erfahrung ist nicht nur Selbstgebung von Individuellem, sondern alles was in irgendeinem Sinne ist oder sein kann, hat seine Weise der selbstgebenden Erfahrung. –
175 ⟨S. 290 f.⟩ Der Empirismus ist nur halber und unklarer Intuitionismus; ein vollendeter Intuitionismus ist von selbst vollendeter Rationalismus. –
176 ⟨S. 291 f.⟩ Die Phänomenologie ist im wahren Sinne Erste Philosophie als die Normenlehre aller echten Wissenschaften überhaupt, in der alle naiv betätigten Evidenzen und Rechtfertigungen der natürlichen Wissenschaften ihre letzte Rechtfertigung gewinnen. –
M 1, 2 ⟨Beilage XXX⟩ Die Möglichkeit einer Anwendung des in der Reduktion in eidetischer Allgemeinheit Gewonnenen auf die faktische Welt zwecks metaphysischer Auswertung und Interpretation nach ihrem Sinn. –
Blätter[2] aus den Londoner Vorlesungen I V 4/ 178 ⟨S. 293 ff.⟩ Die Philosophie nicht ein Appendix zu den natürlichen Wissenschaften,

---

[1] Diese Beilage konnte im Nachlass nicht aufgefunden werden. – Anm. des Hrsg.

[2] Dieser erneute Hinweis rechtfertigt sich dadurch, dass vorher einige Blätter der Londoner Vorträge durch neuere Blätter eines anderen Konvoluts (vgl. die allgemeinen Bemerkungen im textkritischen Anhang S. 513 f.) ersetzt wurden. – Anm. des Hrsg.

sondern als transzendentale Phänomenologie ihre Grundlage. Denn alles wissenschaftliche Denken ist doppelschichtig: Die auf die Sachen selbst gerichtete gerade Evidenz wird von einem kritischen Bewusstsein der Normgerechtigkeit umgriffen. Dieses führt auf apriorische Prinzipien der Rechtfertigung zurück, die in den apriorischen Disziplinen aufgestellt sind. Auch diese sind Wissenschaften der natürlichen Einstellung. So zerfallen die Wissenschaften in apriorische und angewandte und in den angewandten steckt gerade so viel eigentliche Wissenschaft als apriorisch gerechtfertigt wird. Aber die apriorischen Wissenschaften fordern ihrerseits wieder eine Rechtfertigung. So ist Wissenschaft eine Idee und fordert eine wissenschaftlich herausgestellte Totalität alles Apriori überhaupt, die auf sich selbst zurückbezogen ist und sich selbst rechtfertigt. –

IV 6, 180 ⟨S. 297 ff.⟩ Auch die vollkommensten unter den bestehenden apriorischen Wissenschaften genügen diesem Ideal wenig und sind immer wieder Revolutionen und Umstürzen unterworfen. Sie bedürfen also auch noch einer höheren Rechtfertigung, die nur in der Subjektivität gesucht werden kann, aus der Erkenntnis, dass aus ihrem Leisten alles Erfahren und in höherer Stufe alle Wissenschaften, auch die apriorischen, entspringen. –

IV 7, 181 ⟨S. 299 ff.⟩ Die transzendentale Subjektivität muss also von unten zu immer höheren Gestaltungen aufsteigend studiert werden. Das Apriori der Subjektivität ist dieses Apriori, in dem alles andere Apriori seine letzte Rechtfertigung findet und die Phänomenologie somit die synthetisch einheitliche und absolut rationale *universitas* aller apriorischen Wissenschaften. –

III 12, 182 ⟨S. 301 f.⟩ Diese rationale Erkenntnis ist die Vorbedingung aller empirischen, und empirisch etwas über das Wesen der Vernunft ausmachen zu wollen, ist daher widersinnig. –

IV 8, 183 ⟨S. 302 f.⟩ Die transzendentale Phänomenologie ist so zugleich die Verwirklichung der Idee der Wissenschaftslehre, die schon in der Platon'schen Dialektik das erste Mal hervortritt. –

IV 9, 184 ⟨S. 303 ff.⟩ Sie löst die Aufgabe, die sich Kant mit dem systematischen Leitfaden zur Aufsuchung aller reinen Verstandesbegriffe gestellt hat. – In normativer Wendung ist sie Logik, andererseits als reine Theorie Wissenschaft von allen möglichen Welten und von allem möglichen absoluten Sinn von Welten, was auf die Monadologie führt, in deren Rahmen auch teleologische Probleme erwachsen. – Gemäß dem Sinn der Phänome-

nologie als Erster Philosophie wird alle empirische Wissenschaft als Zweite Philosophie bestimmt. –
IV 10, 185 ⟨S. 305 ff.⟩ Die Aufklärung des Sinnes empirischer Wissenschaft löst zugleich das Problem der Möglichkeit einer empirischen und doch strengen Wissenschaft von der transzendentalen Subjektivität. – Die Phänomenologie soll die Aufhebung der Trennung von Philosophie und Einzelwissenschaft bringen.

Beilagen

2 Blätter a, b ⟨Teil der Beilage VIII⟩ Das Menschenleben charakterisiert als ein Leben in der Form des „Ich lebe" und des Bewusstseins-von.

Ichpolarisierung – Gegenstandspolarisierung. Das Ich nimmt zum Gegenstand frei Stellung; unendliche Möglichkeiten von Stellungnahmen. Das Ich rechtfertigt sie in der Selbstrechtgebung, die ihre letzte Rechtfertigung in universaler Besinnung findet; der Entschluss dazu die Urschöpfung des wahren Ich.[1]

1 Blatt zum hodegetischen Prinzip:[2] Gibt es bei seiner Forderung eine Möglichkeit, eine objektive Tatsachenwissenschaft als absolute zu begründen?

2 Blätter, Fragen zu Brentanos Lehre von den psychischen Phänomenen.[3] –

Inwiefern „Erscheinung-von" ein Relationscharakter ist. Die Relation zwischen Ich und Erscheinendem besagt nicht, dass die Erscheinung des Gegenstandes ein relativer Charakter ist, der dem Gegenstand aus seiner Beziehung zum Ich erwächst. Erscheinung ist die Voraussetzung jeder anschaulich zu konstituierenden Ich-Ding-Relation, aber nicht selbst Relativum. Die Synthesis, in der die Relation entspringt, ist die zwischen Erscheinung von Erscheinung und Erscheinung selbst, als aktive Synthesis: thematische Erfassung von Erscheinung und Erscheinendem.

---

[1] Auf diese Blätter wurde bereits verwiesen, vgl. oben S. 343. – Anm. des Hrsg.

[2] Das Blatt konnte im Nachlass nicht aufgefunden werden. – Anm. des Hrsg.

[3] Herausgenommen. ⟨Diese Beilage ist im Nachlass nicht vollständig erhalten.⟩

BEILAGE II (zur gesamten Vorlesung und den Londoner
Vorträgen): Syllabus der Londoner Vorträge[1]

I. Das allgemeine Ziel der phänomenologischen Philosophie. Der
Cartesianische Weg zum *ego cogito* und die Methode der
phänomenologischen Reduktion

1. Einleitendes über das Thema der vier Vorlesungen: die phänomenologische Methode, ihre Evidenz zur Erzielung einer radikalen Änderung der natürlichen Erfahrungs- und Erkenntniseinstellung. Dadurch erschließt sich ein unendliches Reich konkret anschaulicher Gegebenheiten: das „*ego cogito*".

Diese „transzendentalphänomenologische Subjektivität" als unmittelbare Gegebenheit der phänomenologischen Selbsterfahrung ist nicht die „Seele", die Gegebenheit der psychologischen Selbsterfahrung.

Es ist eine neue, rein aus der konkreten phänomenologischen Anschauung geschöpfte apriorische Wissenschaft möglich und im Werke – die transzendentale Phänomenologie –, welche die Gesamtheit idealer Möglichkeiten, die in den Rahmen der phänomenologischen Subjektivität fallen, nach ihren typischen Wesensgestalten und Wesensgesetzen erforscht.

In der eigenen Linie ihrer Entwicklung liegt die Ausgestaltung der zunächst „egologischen" (auf das Ego des jeweilig philosophierenden Subjekts bezogenen) Phänomenologie zu einer transzendentalsoziologischen, bezogen auf eine offene Vielheit miteinander kommunizierender Subjekte.

Eine systematisch konsequente Ausgestaltung der Phänomenologie führt notwendig zu einer allseitigen, den Korrelaten Erkenntnisakt, Erkenntnissinn, Erkenntnisgegenständlichkeit nachgehenden Logik. Die spezialisierende Entfaltung dieser Logik führt nach innerer Notwendigkeit zur systematisch geordneten Gesamtheit aller möglichen apriorischen Wissenschaften.

Danach verwirklicht sich in der transzendentalen Phänomenologie die notwendige Idee einer „Ersten Philosophie". Sie macht Tatsachenwissenschaften als „Philosophien" („Zweite Philosophien") möglich, nämlich als Wissenschaften, welche in ihrer methodischen Durchführung durch und durch, „absolut" gerechtfertigt sind aus absolut klaren, aus den letzten Einsichtsquellen geschöpften Prinzipien. Die Phänomenologie, ideal gesprochen, ist die selbst absolut klare Wissenschaft von diesen Quellen,

---
[1] Frühjahr 1922. – Anm. des Hrsg.

sie bietet zugleich das theoretische System der absolut geklärten Prinzipien aller möglichen Wissenschaften, die Konstruktionsprinzipien für die apriorischen Gestalten aller Realitätswissenschaften, aller möglichen Welten und damit diese Gestalten selbst.

Aufgrund der Phänomenologie erweist sich danach das ursprüngliche Ideal der Philosophie als ein praktisches Ideal, nämlich das Ideal eines aufzuweisenden Systems aller Wissenschaften als „absolut strenger", ihrer Rationalität in allen Schritten aus apodiktischen Einsichten gewisser Theorien. Hinter solchen Philosophien könnte es nicht noch eine „Metaphysik" geben und neben ihnen keine auf sich selbst beruhende⟨n⟩ (transzendentalphilosophisch naive⟨n⟩) Spezialwissenschaften. Danach liegt der Quell alles Philosophischen, alles im höchsten Sinne Wissenschaftlichen, in der Phänomenologie. Ihre systematische Ausführung ist die größte aller wissenschaftlichen Aufgaben unserer Zeit.

2. Beginn der Ausführungen. Historische Anknüpfung an Platon, den Schöpfer der Idee der Philosophie als eines universalen Systems absolut zu rechtfertigenden Wissens und den Wegbereiter einer vorgängigen rationalen Wissenschaft von der Methode. Antike Philosophie und Skeptizismus.

Descartes' Wiederaufnahme der Platon'schen Intentionen. Was vom Platon'schen Ethos verloren geht: die Philosophie aufgefasst als Erfüllungskorrelat der erkenntnisethischen Forderung radikaler intellektueller Gewissenhaftigkeit, jederzeit bereit zu letzter Rechtfertigung, Besinnung, der erkenntnisethische Entschluss, wodurch der Philosoph selbst allererst zum Philosophen wird. Die notwendige Konsequenz: der Cartesianische „Umsturz" und das Suchen nach einem absolut zweifellosen Anfang absolut gerechtfertigter Erkenntnis. Unsere nächste Aufgabe: die Umdeutung des Cartesianischen Weges zum *ego cogito* ins Prinzipielle, wodurch er zur phänomenologischen Eröffnungsmethode wird.

a) Allgemeine Vorerwägungen: Die notwendige Form des philosophischen Beginnens als Ichmeditation. Die Frage nach dem Sinn der absoluten Erkenntnis. Die „Zweifellosigkeit" als Norm derselben und ihr prinzipieller Sinn. Evidenz und adäquate Evidenz. Die Quelle aller absoluten Rechtfertigungen muss in adäquaten Evidenzen liegen. Apodiktizität dieser Evidenzen. Mittelbare und unmittelbare Adäquation. Der gesuchte Anfang muss unmittelbar und apodiktisch evident sein, also der Urboden aller Philosophie muss ein für den Philosophierenden zugänglicher Erfahrungsboden sein, aber ein Boden apodiktischer Erfahrung.

b) Der historische Weg Descartes' zum *ego cogito* vermittels der methodischen Negation der sinnlichen Welt. Die Rechtfertigung dieses Weges nach seiner prinzipiellen Bedeutung. Das „Ich bin", „Ich denke" der natürlich-naiven Evidenz ist nicht das dank dieser Methode in apodiktischer Erfahrungsevidenz erfasste *ego cogito*. Es bedarf der Methode, um die Einstellung naiver Erfahrung und naiver Erkenntnis überhaupt auszuschalten, die neue phänomenologische Einstellung zu ermöglichen und das *ego cogito* als ein eigenes, in sich absolut geschlossenes Blickfeld erfahrbar zu machen. Diese „transzendentalphänomenologische Subjektivität" ist nicht die Cartesianische *„mens"* als pure Seele; phänomenologische Selbsterfahrung ist nicht psychologisch-„innere" Erfahrung.

II. ⟨Das Feld der phänomenologischen Erfahrung und die Möglichkeit einer phänomenologischen Wissenschaft. Transzendentale Phänomenologie als Wesenswissenschaft der transzendentalen Subjektivität⟩

1. Was ist mit dem *ego cogito* theoretisch anzufangen? Eine Cartesianische Metaphysik? Eine spekulative Ich-Philosophie? Erinnerung an die Forderung der adäquaten, apodiktischen Evidenz als Prinzip des „Anfangs". Bei der völligen Unbekanntheit des phänomenologischen Feldes tut es zunächst Not, sich darin umzutun, es in abtastenden Beobachtungen kennen- und beschreiben zu lernen. Die notwendige Sicherung der Innehaltung des phänomenologischen Bodens und der Reinheit der phänomenologischen Deskription durch die Regel der phänomenologischen „Einklammerung". Sie verwehrt jede naiv-natürliche Hinstellung und Benützung irgendwelcher objektiven Urteile; sie gestattet nur reflektive Urteile über solche Urteile als meine „Phänomene", über mein Glauben und das darin Geglaubte als solches, und ebenso Urteile über jederlei „Ich erlebe" und über alles diesem „Immanente".

Die adäquaten Beschreibungen nach dem dreifaltigen Titel *ego – cogito – cogitatum*. Beispielsanalysen in der Parallele *cogito* und *cogitatum*, wobei mannigfaltige Modi der „Intentionalität" hervortreten. Wahrnehmung als unmittelbare Gegenwärtigung; Wiedererinnerung als unmittelbare Vergegenwärtigung. Modi mittelbarer Gegenwärtigung und Vergegenwärtigung durch Anzeige, Bild, Zeichen, Ausdruck. Einfühlung und Ausdruck eines Seelenlebens in einem Leib. Modi der Anschaulichkeit und Unanschaulichkeit, der Bestimmtheit und Unbestimmtheit, der Bekanntheit und Fremdheit. Modi der Aufmerksamkeit. Ein Stück phänomenologischer Analyse am wahrgenommenen Raumding: die Mannigfaltigkeit seiner „perspektivischen Erscheinungsweisen", Gestaltperspektive, Farbenperspektive etc., Mannigfaltigkeit der Orientierungsmodi. Das absolute „hier", das mannigfaltige „dort". Nähe und Ferne: Fernhorizont, Auszeichnung des Leibs usw. Das kontinuierliche Wahrnehmen und die „synthetische" Einheit in der Kontinuität; das kontinuierlich eine Wahrnehmungsobjekt. Die diskrete Synthese und das identisch Eine.

Die „Idealität" des Gegenstandes in der Mannigfaltigkeit von Erlebnissen, die Bewusstsein von ihm sind: Er steckt in ihnen nicht als reeller Teil, sondern als „intentionaler Pol". Der Gegenstand als in einem gewissen Sinn gemeinter; auch die Sinngehalte nicht reelle Teile der Erlebnisse. „Intentionale Gehalte" gegenüber reellen Erlebnismomenten. Gegenstand, Merkmal – Erscheinungsweisen. Unterschied von ont⟨ischem⟩ Sinn (Gegenstand in seinen Bestimmungen und Horizonten) und konstitutiver Modalität des Sinnes, Erscheinungsweise etc. Ont⟨ische⟩ Gehalte – Erscheinungsmodus.

Modalitäten des Glaubens und die intentionalen Seinsmodi (Sein, Möglichsein, Wahrscheinlichsein, Zweifelhaftsein usw.). Vermeinende als abzielende Intention und Bestätigung der Intention; Vermeintliches und Bestätigt-Seiendes: das „Ja, es ist wirklich so". Gegenfall der Aufhebung, des Nichtseins. Bewusstsein der erzielenden „Erfüllung" der Intention im Übergang in eine selbstgebende Anschauung. Evidenz, im intentionalen Korrelat das „Wahrsein". Analoge Modalitäten des Gemüts und Willens. – Endlosigkeit dieser Modalitäten, Iterierbarkeit. – Mögliche Deskriptionen in Richtung auf das Ego als „Zentrum" der aufmerkenden, Stellung nehmenden, strebenden Intentionalität, als Zentrum der „Affektionen".

Diese unendlich mannigfaltigen Vorkommnisse konstatiert das phänomenologisch eingestellte Ich. Sie gehören, nur unfixiert („unbewusst"), zum aktuell gelebten strömenden Leben des natürlichen Ich.[1] Spaltung des Ich im Übergang in die phänomenologische Einstellung, es wird zu seinem „unbeteiligten Zuschauer", zu dem sich in seiner absoluten Selbstheit phänomenologisch erfassenden Ich, reflektiv erfassend sein absolutes Wesen, sein Ich als Zentrum seines strömenden Erlebnisses, in diesem die intentionalen Gegenstandspole und Sinngehalte. Unter den „Gegenständen" fremde Leiber, darin ausgedrückt „andere" Ich. Möglichkeit iterierter Wiederholung der phänomenologischen Reflexion: das phänomenologische Erfahren und Denken als reflektives Thema. Alle Beschreibung gemäß dem Prinzip radikal deskriptiver Redlichkeit, der reinen „Intuition", der adäquaten Erfahrungsevidenz. Keine naturalistischen Vorurteile, keine *tabula-rasa*-Interpretation.

2. Nach der Umschau die Frage nach der Möglichkeit einer egologi-

---

[1] Intellektuelle Selbstanschauung, *intuitio intellectualis*, erstes Stück des Intuitionismus der Phänomenologie.

schen Wissenschaft. Neue Besinnung. Die phänomenologisch erfasste Subjektivität erfahre ich als über den Bereich der aktuellen Präsenz, die der Satz *ego cogito* ausdrückt, hinausreichend, sich forterstreckend in eine endlose Vergangenheit und Zukunft. Aber nur die fließende Gegenwart selbst scheint apodiktisch und adäquat erfahren zu sein. Zweifelsmöglichkeit hinsichtlich des Gehalts meiner wiedererinnerten Vergangenheit, meines vergangenen und erst recht künftigen Erlebnisstroms. Notwendigkeit einer neuen Ausschaltung zur Reduktion auf das absolut Gegebene. Die Unmöglichkeit „objektiv" fixierbarer, also „wissenschaftlicher" Aussagen für die bloße Präsenzsphäre. Also eine Tatsachenwissenschaft („Erfahrungswissenschaft") vom *ego cogito* kann nicht am philosophischen „Anfang" versucht werden.

Radikale Beseitigung des empiristischen Vorurteils: Erweiterung des Begriffs der Erfahrung und der apodiktisch evidenten Erfahrung. Adäquate Selbsterfassung ist auch von reinen Möglichkeiten möglich und, in Beziehung auf reine Möglichkeiten, von „Spezies", von einem „Einzelnen" einer reinen Art „überhaupt", von singulären, partikulären, universellen Möglichkeitsverhalten, von Wesensnotwendigkeiten und Wesensunmöglichkeiten. Unabhängigkeit aller solcher „apriorischen" Feststellungen von der „Erfahrung" im engeren Sinn, von der „Zuverlässigkeit" der Wahrnehmung, Wiedererinnerung usw. Alles das gilt, und zweifellos, vor allem in der Sphäre des transzendentalen Ego, als intuitiv und adäquat erschaubar. Möglichkeitsabwandlungen meines Ego und meiner Erlebnisse und intentionalen Gehalte. Dem philosophierenden Ego ist das Universum seiner egologischen Möglichkeiten, Notwendigkeiten, Wesen und Wesensgesetzen zugänglich im Rahmen adäquater und apodiktischer Evidenz. Die phänomenologische Einklammerung aller transzendenten (naturalen) Möglichkeiten zum Zwecke der Reduktion auf rein egologische Möglichkeiten.[1] Eine im Rahmen absoluter Evidenz sich bewegende Wesenslehre eines möglichen transzendentalen Ego, möglichen Bewusstseins, möglicher intentionaler Gegenständlichkeiten, kann und muss die erste aller Philosophien sein – als erste in möglicher absoluter Begründung. Diese Wissenschaft ist die transzendentale Phänomenologie, die Mutter aller apriorischen Wissenschaften.[2]

---

[1] Zweites Stück des Intuitionismus der Phänomenologie: die egologische Wesensintuition.

[2] Ich muss da unterbringen die Beispiele, die wirklich aufweisen die Möglichkeit der Wesensanschauung.

III. ⟨Transzendentale Phänomenologie und das Problem möglicher
Erkenntnis, möglicher Wissenschaft, möglicher
Objektivitäten und Welten⟩

1. Schwierigkeiten eines systematischen Aufbaus der Phänomenologie. Die transzendentale Subjektivität in der Form der phänomenologischen Zeit als Forschungsfeld der deskriptiven Phänomenologie. Dass noch eine Dimension von Problemen einer höheren Reflexionsstufe übrig bleiben, die des „ursprünglichsten Zeitbewusstseins". Andeutung der systematischen Gliederung der deskriptiven Phänomenologie. Ausscheidung der relativ armen „hyletischen" Phänomenologie (Sinnesdaten in den Sinnesfeldern). Das unendliche Reich der Phänomenologie der Intentionalität. Die Korrelationsprobleme für Ichbewusstsein und intentionaler Gegenständlichkeit vor allen Fragen nach Rechtgebung, Wahrheit bzw. Wirklichkeit. Dann diese höhere Stufe: Phänomenologie der Vernunft. Spezialisierung in vernunfttheoretische Disziplinen nach den *a priori* unterscheidbaren Regionen möglicher intentionaler Gegenständlichkeiten.

2. Verlebendigung dieser Scheidungen durch Erwägung der traditionellen Erkenntnistheorie und ihrer Beziehung zur Phänomenologie. Die Probleme des „Rechts", der „Geltung" der Erkenntnis, ihrer Beziehung auf Gegenständlichkeiten als wahrhaft Seiendes, auf an sich seiende Dinge, an sich geltende Ideen, Wahrheiten, Theorien, auf an sich geltende Ideale und Normen, auf Werte an sich, Schönheiten an sich usw.

Das Problem der Möglichkeit transzendenter Erkenntnis, und der des möglichen Sinnes einer Welt, die durch die objektiven Wissenschaften erkennbar ist.

Die Subjektivität aller Erkenntnisleistungen, in passiver Zusammenbildung der sinnlichen Erscheinungen, in aktiver Erzeugung der Begriffe, Sätze, Theorien. Die Objekte in der Erkenntnis selbst als bloß immanente Substrate der Erfahrung und Erfahrungstheorie; die berechtigenden Evidenzen, Denknotwendigkeiten, subjektive Erlebnischaraktere des Erkennens. Wie soll rein Subjektives „transzendente", „objektive" Bedeutung gewinnen oder welchen Sinn kann solches „Objektive" haben?

(Wie soll das in der Subjektivität sich abspielende Erkennen je objektive, transzendente Bedeutung gewinnen? All seine Leistungen sind selbst Subjektives, wie die Erscheinungen Gebilde der Erfahrung, so die Begriffe, Sätze, Theorien Erzeugnisse theoretisierenden Erkennens und die Erkenntnisgegenstände selbst immanente Substrate der Erfahrung und Erfahrungstheorie. Die „berechtigenden" Evidenzen, die „Gefühle" der Denknotwendigkeit sind dabei überall subjektive Erlebnischaraktere.)

Das Ringen mit dem skeptischen Negativismus und Agnostizismus. These: Alle vernünftigerweise an die Erkenntnis als Vernunftleistung zu stellenden Fragen – in jeder Hinsicht, an das Erkenntnissubjekt, die Erkenntnisakte, an deren Sinnesgehalte und an die Erkenntnisgegenständlichkeiten – sind entweder transzendentalphänomenologische Fragen oder es sind wissenschaftlich unklare und widersinnige Fragen.

Ich, und zwar als das absolute Ego, bin es, der in meinem mannigfaltigen *cogito* die Sinngebungen vollzieht, durch die alles, was für mich eben Sinn haben kann, eben Sinn hat: den Sinn von „bloßer Meinung", von „echter Erkenntnis", „rechtgebender Begründung", empirischer und apriorischer Evidenzerfahrung, logischem Denken, von „wechselnder Erscheinung von demselben", „normaler und Trugerscheinung", „prädikativer Wahrheit und Falschheit", „Existenz und Nichtexistenz", wieder von vermeintlichem und wahrem Gegenstand, „an sich seiend gegenüber dem Erkennen", speziell „an sich seiend als Ding", „Natur", „soziale Welt", Kultur etc. Diese Sinngebungen vollziehen sich im Erkennenden in den mit diesen Worten angedeuteten Formen jeweils konkret, und natürlich vor allem ⟨in⟩ auf sie bezüglichen Begriffen und sprachlichen Ausdrücken.

These: Nur die transzendentale Phänomenologie in ihrer evidenten Methode erfasst und begreift das absolute Eigenwesen des erkennenden Bewusstseins und der darin beschlossenen Korrelationen in allen Stufen und Gestalten, in seinen Wesensmöglichkeiten und Wesensnotwendigkeiten. Nur in ihrer Einstellung werden alle erdenklichen Erkenntnisprobleme in adäquater Klarheit formulierbar und apodiktisch lösbar.

Die allgemeine Erkenntnistheorie geht in eine allgemeine Phänomenologie auf und deckt sich mit ihr bei vollständigerer Ausführung. Es bedarf aber auch konkreter Erkenntnistheorien als konstitutiver Phänomenologien – z. B. die konstitutiven Probleme der Naturerkenntnis, die Stufen und Schichten des erfahrenden Bewusstseins und seiner intentionalen Korrelate (Sehdinge, Tastdinge, mehrschichtiges Sinnending, materielles Ding). Die Idee einer vollkommenen Erfahrung und Klärung der Gesamtleistung möglicher einstimmiger Erfahrung überhaupt. Ihr Korrelat die Idee eines wirklichen Erfahrungsgegenstandes. Dass Erfahrung definite, apriorisch konstruierbare Unendlichkeiten in sich birgt. Notwendigkeit konstitutiver Disziplinen für jede Region von Gegenständlichkeiten.

Hinweis, dass eine Kritik der traditionellen Erkenntnistheorie und das skeptische Problem Ausgangspunkt für einen selbständigen Weg in die Phänomenologie bieten würde.

3. Der transzendentalphänomenologische Subjektivismus oder Monadologismus als notwendige Konsequenz der transzendentalphänomenologischen Einstellung. Der untrennbare Wesenszusammenhang zwischen Ichbewusstsein und Gegenständlichkeit und die Erkenntnis, dass j e d e Gegenständlichkeit nur ist, was sie ist, durch intentionale Sinngebung, erweist, dass es nur eine Möglichkeit für ein absolut konkretes Sein gibt: die konkret volle transzendentale Subjektivität. (Sie ist die einzige echte „Substanz".) Das Ego ist, was es ist, aus eigener ursprünglicher Sinngebung, es ist, indem es sich für sich selbst als seiend konstituiert. Alles was nicht als ein Ego durch sich selbst ist, ist bloß ichrelatives Sein und ist in der geregelten Intentionalität der Subjektivität mitbeschlossen als „idealer Pol", sei es als konkrete, zeitlich geformte und individuierte Idee (empirische Realität), sei es als ideale Spezies und dgl.

4. Problem des Alterego und seine Lösung durch die Phänomenologie der Fremderfahrung (Einfühlung). Die transzendentale Egologie bedeutet keinen Solipsismus. Ideal, subjektrelativ konstituiert ist nur der fremde Leibkörper, in dem sich für mich, das erkennende Ego, als mitgegenwärtig seiend ein a n d e r e s Ego indiziert und gemäß dem Sinn dieses Ausdrucks durch Erfahrung rechtfertigt. Sein eigenes Sein ist absolutes Sein und von mir a l s ein absolutes Sein rechtmäßig gesetzt. Damit gewinnt die Egologie zugleich intersubjektive Geltung, und in weiterer Folge gewinnt jedes „Objekt" jede empirische oder spezifische „Idee" wesensmäßige Relativität auf jedes mit mir möglicherweise kommunizierende Ego und auf „Jedermann". Phänomenologische Monadologie.

IV. Die konkrete Idee einer Logik als Wissenschaftslehre und das System aller Ontologien. Das konkrete Ziel der phänomenologischen Philosophie

1. Wiederanknüpfung an den Gang der I. Vorlesung und an das Problem der Ermöglichung einer „Philosophie". Mittels Phänomenologie ist nicht nur eine erste absolut gerechtfertigte Wissenschaft gewonnen, sondern als Theorie radikaler Erkenntnis enthält sie die absolut gerechtfertigten Prinzipien für die Rechtfertigung aller möglichen Erkenntnisarten. Das den „Anfang" leitende Ideal absoluter Rechtfertigung, das der adäquaten Evidenz, bestätigt sich in dem Sinn, dass jede letzte Erkenntnisrechtfertigung nur in der Form einer adäquaten Wesenserkenntnis der Erkenntnis, also als transzendentale Phänomenologie möglich ist. Der wahre Sinn der Methode der phänomenologischen Einklammerung liegt

nicht im schlechthinnigen Ausschluss aller transzendenten Erkenntnis und Erkenntnisobjekte, sondern im Ausschluss aller naiv dogmatischen Erkenntnis zugunsten der allein letztgerechtfertigten Erkenntnis aus phänomenologischen Wesenseinsichten.

2. Die rechtfertigende Funktion der historisch überlieferten apriorischen Disziplinen, der neuerdings in mathematischer Form ausgestalteten Syllogistik, der „formalen" und materialen „Ontologien" (apriorische Wissenschaften von Gegenständen überhaupt oder Gegenständen bestimmter Seinsregion), wie die Disziplinen der formalen Mathematik (Mengenlehre, Arithmetik, Mannigfaltigkeitslehre, andererseits die Geometrie, Phoronomie, rationale Mechanik). Ihre rechtfertigende Leistung ist unzureichend, da diese Wissenschaften naiv dogmatisch sind. Einklammerung und phänomenologische „Kritik" dieser Wissenschaften.

Die konstitutive Phänomenologie muss in sich selbst auf die Grundbegriffe der Logik der Sätze und Wahrheiten, auf alle ontologischen Grundbegriffe und Grundsätze stoßen – sie gewinnt sie aber in letzter Ursprungsklarheit und Rechtfertigung –, so die Phänomenologie der Naturerkenntnis und der Natur als ihres intentionalen Korrelats auf die letztgeklärten Begriffe: materielles Ding, Raum und räumliche Gestalt, physische Eigenschaft, physische Kausalität usw., die kritische Normen für alle rechtmäßigen Naturteile abgeben. Eine systematisch entwickelte Phänomenologie bedürfte keiner vorgegebenen apriorischen Wissenschaften; der Idee nach birgt sie die Gesamtheit aller erdenklichen apriorischen Wissenschaften in sich, und zwar als absolut begründeter, „philosophischer". Sie ist also die universale apriorische Philosophie.

Eben damit realisiert sie (entwickelt gedacht) die vollkommene, allein echte Idee der Logik, und in der vollen dieser Idee zugehörigen konkreten Entfaltung. Denn ihrem Ursprung nach (Platon'sche Dialektik) sollte die Logik die Wissenschaft sein, die Sinn, Leistung, Recht möglicher Erkenntnis überhaupt absolut klarlegen und dadurch echtes Wissen und eine universale Philosophie der Wirklichkeit ermöglichen sollte. Notwendig forschte sie nach allen korrelativen Seiten hin, nach Seiten des erkennenden Tuns und des erkennenden Bewusstseins (Evidenz, Begründung), nach Seiten des Erkenntnissinnes (in der Sphäre des Logos: Begriff, Satz und Wahrheit) und nach Seiten des Gegenstandes. Der dogmatische Charakter der traditionellen Logik, die, damit auch zusammenhängend, unklaren Begrenzungen, das Hängenbleiben an leeren Allgemeinheiten, ihr Psychologismus.

Naive Logik kann keine Propädeutik echter Wissenschaft sein, keine Prinzipienlehre echter Rechtfertigung, keine absolute Normen- oder Methodenlehre. Die Besinnung über die wahren Erfordernisse der Idee einer Logik als „Wissenschaftslehre" führt notwendig zur transzendentalen Phänomenologie. (Der historische Weg der Entwicklung der Phänomenologie: *Logische Untersuchungen*.) Die Konsequenz führt über eine allgemeine phänomenologische „Logik" zur Gesamtheit der apriorischen Wissenschaften, der objektiv gerechtfertigten, und der konstitutiven Phänomenologie, darin beschlossen auch die apriorische Deduktion aller Seinskategorien und des Systems der apriorischen Wissenschaften. Ebenso die Aufgabe, ausgehend von der apriorischen Idee einer kompossiblen Mannigfaltigkeit (formale Mannigfaltigkeitslehre) in konkreter Differenzierung die Idee einer individuellen „Welt" zu konstruieren und die Stufen und Schichten der exemplarisch gegebenen Welt als notwendige einsichtig zu machen.

Der mit der notwendigen Rückbeziehung auf die absolute Subjektivität gegebene transzendentale Monadismus führt von dem Apriori der konstituierten Objektitäten zum Apriori einer individuellen Monade und eines Universums „kompossibler" Monaden, also zur „Metaphysik". Wesenserkenntnis in Bezug auf die Bedingungen der Möglichkeit eines solchen absoluten Universums, Notwendigkeit ihrer „Harmonie", durch die sie Beziehung auf eine gemeinsam konstituierte objektive Natur und Welt haben müssen. Von da weitere Probleme der Teleologie: Problem einer teleologischen Geistesentwicklung, „Sinn" der Welt und das theologische Problem.

3. Der Übergang vom Apriori zum Faktum. Die Philosophie schlechthin als Philosophie der Wirklichkeit. Ich und mein Leben als Faktum, meine Umwelt mit der offenen Vielheit anderer Ich als Faktum. Das universale Faktum eine Möglichkeit im universalen System reiner Möglichkeiten. Eine letztgerechtfertigte Erkenntnis der Wirklichkeit ist nur möglich aus der absoluten Erkenntnis der Möglichkeiten. Empirische Wissenschaft wird nur rational als absolut gerechtfertigte aus der absolut gerechtfertigten universalen „Logik", der transzendentalen Phänomenologie. Die naiv dogmatischen Tatsachenwissenschaften und ihre Kritik durch die Phänomenologie. Ihre Umgestaltung in „Korrelatwissenschaften" und damit in tatsachenwissenschaftliche Phänomenologien. Die Lösung des Problems der Möglichkeit von Tatsachenwissenschaften der absoluten Subjektivität in Form absolut begründeter objektiver Tatsachenwissenschaften. Das Zukunftsideal durchaus in phänomenologischen Ursprungsforschungen begründeter „philosophischer" Wissenschaften, systematisch vereinheitlicht und auf eine Monadenlehre bezogen. Die Rechtfertigung der Bezeichnung der Phänomenologie als Erster Philosophie und als Methode aller Zweiten Philosophien in ihrer Einheitsbeziehung auf das Absolute im Sinne des monadischen Universums. Die Erste

Philosophie als Wissenschaft möglicher Metaphysik, eines möglichen monadischen Universums, eines möglichen Gottes gegenüber der tatsächlichen Metaphysik, der Wissenschaft von der faktischen Monadenwelt und von Gott und göttlicher Teleologie als notwendiges Faktum.

In dieser Weise glaubt die neue Phänomenologie nicht nur ein Anfangsstück absolut begründeter Wissenschaft zu sein, sondern auch den Weg zu einer universalen Philosophie im alten Sinn zu weisen. Es kann nicht selbständige Wissenschaften nebeneinander und als eine einzelne unter ihnen eine Philosophie geben, sondern nur eine einzige universale Wissenschaft in einer einzigen absoluten Begründung. Dies aber ist nicht eine Phantasie, sondern eine praktische Idee, wirklich schrittweise zu realisieren in einer unendlich fortschreitenden wissenschaftlichen Arbeit.

BEILAGE III (zu § 1 – 4):
Absolute Erkenntnisbegründung. Das Ideal der *clara et distincta perceptio*: die absolute Zweifellosigkeit. Warum die natürlichen Wissenschaften nicht ausreichen[1]

Das verworrene Denken, z. B. ein lässig geführter Beweis: Ich werde zweifelhaft, ob er triftig ist, ich überlege und wiederhole ihn, darauf achtend, ob in jedem Schritt die Folge wirklich in den Prämissen liegt, wirklich aus ihnen hervorgeht, ob die Mittelbegriffe wirklich identisch erhalten geblieben sind, keine Verwechslungen eingetreten sind etc. Diese Verworrenheit, dieses Gemisch von Klarheit (Evidenz) und Unklarheit mit zugehörigen Formen der Scheinevidenz (die wirkliche Evidenzen enthält, behaftet mit Momenten der Unklarheit, die ihrerseits sich in der Erfüllung in Falschheit auflösen), ich sage, diese Verworrenheit ist nicht zu verwechseln mit der „verworrenen Sinnlichkeit", mit der Unklarheit, die jeder sinnlichen Wahrnehmung und ihrer Evidenz anhaftet. Die sinnliche Erfahrung führt wesensmäßig immerfort Unklarheiten in Form leerer Horizonte mit sich, sie ist immerfort vorbehaltliche Selbstgegebenheit des Gegenstandes, jede Erfüllung bringt neue solche Horizonte, Vorbehaltlichkeiten.

Demnach ist auch die „ideal vollkommene" Naturwissenschaft wesensmäßig vorbehaltlich in allen ihren Resultaten. Es wäre ein Widersinn, der mathematischen Naturwissenschaft das Ideal einer absoluten wissenschaftlichen Erkenntnis vorzeichnen zu wollen, und verkehrt, sie, solange sie diesem Ideal nicht entspricht oder weil sie ihm nicht ent-

---

[1] Wohl 1922. – Anm. des Hrsg.

spricht, ihr Vernunftrecht und den Namen echter Wissenschaft abstreiten zu wollen. In der Tat, wenn wir ein Stück solcher Wissenschaft gründlich kennen lernen und kritisch nachprüfen, so müssen wir ihr Recht anerkennen, weil wir es einsehen. Ebenso für die deskriptive Naturwissenschaft, sie hat ihre klaren und deutlichen Ziele und ihre Art der Vollkommenheit, die eben nicht die absolut adäquater Erkenntnis ist.

Andererseits, so sehr wir das Recht und eventuell die vollkommene Durchführung solcher Wissenschaften anerkennen müssen und einsichtig anerkennen, sind wir doch nicht zufrieden und nennen diese Wissenschaften bloß dogmatische. Wir finden die Art ihrer Evidenz unvollkommen.

In wissenschaftlicher Forschung erwächst die Wissenschaft als ein System von Wahrheiten; in einem zielgerichteten Leisten realisiert sich das Ziel (ein Zielsystem zugleich) als Leistung. Soll dieses zwecktätige Tun vernünftig gerechtfertigt sein für den tuenden Erkennenden selbst, so muss er absolute Klarheit haben über seine Ziele und Wege, über das Recht der Ziele und Recht der Wege, die da durchlaufen worden sind.

Gegebenenfalls hat der wissenschaftliche Forscher vermöge der begleitenden Kritik, ohne die sein Tun kein wissenschaftliches Tun wäre, Klarheit darüber. Aber diese Klarheit genügt nicht. In seiner wissenschaftlichen Arbeit ist der wissenschaftliche Arbeiter, so wie jeder Arbeiter, geradewegs auf sein Ziel gerichtet und im Realisieren sieht er, ob zielgerecht ist oder nicht, was da geworden ist, ob es ihn befriedigt oder nicht, bei vermittelnden Wegen, ob sie ihre vermittelnden Ziele realisieren, ob das Durchlaufen dieser vermittelnden Ziele dem Endziel näher bringt oder nicht, ob diese „helfen", ob mittels ihrer das Endziel wird oder nicht. In dieser Hinsicht übt er wie jeder „gewissenhafte" Arbeiter Kritik.

Es ist freilich nicht ganz so wie bei der Handwerksarbeit. Der Handwerker, z. B. der Tischler kann sich den Tisch und seine zwecktätige Benützung konkret anschaulich vorstellen und auf diesen vorgestellten als Zweckobjekt zwecktätig hinarbeiten, ihn, wie er vorgestellt ist, zur Realisierung bringen. Der Mathematiker aber kann nicht im Voraus eine Vorstellung des zu führenden Beweises als eine eigentlich „anschauliche" Vorstellung haben; denn dies wäre der Beweis selbst. Ebenso der Naturwissenschaftler, der eine Theorie sucht, durch die er Gruppen von theoretisch unerklärten Tatsachen einheitlich zu erklären, theoretisch begreiflich zu machen sucht. Im Suchen eines individuell nicht Bekannten leitet eine Vermutung oder ein Wissen, dass „ein" Gegenstand von gewissem Typus in einer gewissen, ebenfalls ungefähr und typisch umgrenzten und gegliederten Erfahrungssphäre vorhanden und „zu finden" sei. Es leitet dabei eine unbestimmte Sinngebung, die sich in den gegebenen Umständen näher bestimmt, die leitende Intention erfüllend. Ebenso bei idealen Gegenständlichkeiten, die ebenfalls einer allgemeinen Typik sich einordnen und als Einzelnes eines Typus vorstellig sein können. Ich suche „einen Beweis" für den gegebenen Satz, durch den er als „notwendige Folge" erwiesen werden soll aus „bekannten", „schon festgestellten" Sätzen einer gewissen theoretischen Sphäre. Was diesen unbestimmten Allgemeinheiten, die ich jetzt wohl vage denke, rechtmäßigen Sinn gibt, das weiß ich; nämlich ich kann es mir an einem der mir geläufigen Beweise mit seinen wirklich bekannten und begründeten Prämissen und seinen „gefolgerten" Sätzen ⟨klarmachen⟩. Demnach habe ich einen „schematischen Gedanken", eine Vorzeichnung für das, was ich hier suche und versuche. Es ist eine analogische Vorzeichnung, ich vermute, dass etwas dem Ähnliches, etwas Ähnliches solcher allgemeinen Form hier auffindbar bzw. herstellbar ist. Analog wie wenn ich in einer Umgebung aus gewissen Anzeichen entnehme, dass hier „Menschen" wohnen dürften, und nun nach ihnen suche, wobei das Unbestimmte sich bestimmt. Nur dass ich mir konkret anschaulich Menschen hier hinein vorstellen kann, wenn auch nicht bestimmt individuell im Voraus die hier wohnenden Menschen als solche in motivierter Weise antizipieren kann, während ich im Falle eines gesuchten Beweises nicht im Voraus einen Beweis für meinen Satz konkret anschaulich habe.

Doch warum könnte ich nicht in der Phantasie einen Beweis erzeugen, wird man sagen. Weil es eine ganz andere Sache ist, einen exemplarischen Menschen und einen exemplarischen Beweis als Ausgang zu haben, die Vorstellungsart ist beiderseits eine wesentlich verschiedene. Einen exemplarischen Menschen habe ich als eine Wirklichkeit oder eine reine Möglichkeit, die ich frei „abwandeln" kann. Kann ich auch einen Beweis, der doch immer seine Wirklichkeit hat, frei „abwandeln" in andere Beweise und so den Umfang der Allgemeinheit „Beweis" durchlaufen? Dieser Umfang bzw. dieser Begriff hat lauter „Wirklichkeiten" und die Begriffsbildung ist hier eine wesentlich andere. Ich denke hier an mathematische Beweise. Ich kann im gegebenen Beweis die Sätze variieren, zunächst die ersten Prämissen. Ich muss aber Axiome oder Lehrsätze dafür wieder nehmen. Ich kann dann eventuell schließen, neue Prämissen heranziehen etc. Das Gemeinsame ist die Beweisform aus dem System möglicher Beweisformen überhaupt, wobei ich dann keine Prämissen habe, sondern Prämissenformen, die ich aber nicht frei ausfüllen kann, sondern nur ausfüllen durch wirkliche Axiome etc. Da sind doch nicht ganz leichte Betrachtungen durchzuführen.

Ich bewege mich im analytischen Denken und in der analytischen logischen Form, in der ich Möglichkeiten notwendiger Folge für Sätze der und der Form einsehen kann, im symbolischen Denken, das die Termini unbestimmt lässt. Ich sehe die Möglichkeit von kategorischen Sätzen, hypothetischen etc. ein, dann die Möglichkeit von Schlüssen, Beweisen mit kategorischen etc. Sätzen, wobei die Möglichkeit von Sätzen, Schlüssen, Beweisen besagt: die Möglichkeit von Gedanken ohne Betracht der „Materie", also die formale Möglichkeit, welche Widersinnigkeiten von Seiten der Materie offen lässt. In der materialen Besonderung gewinne ich wirkliche Sätze, Schlüsse, Beweise und wirklich oder möglicherweise (in voller Möglichkeit) geltende. Und es fragt sich auch, was meine Vermutung motiviert, dass für einen Satz, und zwar ein Urteil, ein rechtfertigender Beweis sich werde führen lassen, also ein Beweis aus dem System möglicher Beweisformen. Jedenfalls haben wir hier typisch bestimmt gebaute Zielintentionen, die sich erfüllen können durch erzeugende Aktionen, und zwar durch solche, durch die allererst die bestimmte Anschauung dessen, was vorher schon antizipiertes Ziel, aber nicht Ziel in Form einer antizipierenden Anschauung war, zur Anschauung kommt.

Die Klarheit, die der Wissenschaftler in Bezug auf die Rechtfertigung seiner Begründungen gewinnt, ist unzulänglich, sofern sie nicht zugleich die ebenfalls unentbehrliche Klarheit in einer neuen Dimension darbietet. Die wissenschaftlichen Ziele sind in der Subjektivität gesetzte, sich in subjektiven Erlebnissen bekundende und realisierende Ziele und gehören mit allen möglichen Zielen aller Wissenschaften selbst in den Kreis der intentional konstituierenden Subjektivität hinein. Die Erkenntnissubjekte sind es, die ihren Erkenntniszielen Sinn geben, die in ihrer Vernunfttätigkeit[1] die betreffenden theoretischen Gebilde „erzeugen" und in sich das wahre Sein als solches konstituieren. Der objektiv gerichtete Forscher ist nicht Forscher der Subjektivität als konstituierend leistender, als Vernunftgebilde konstituierender Subjektivität. Er vollzieht Sinngebungen und erzeugt wahren Sinn in der Weise der Erkenntnis, aber das „Wie" dieser Leistung liegt nicht in seiner Blicklinie. Für ihn ist das objektiv Erkannte zwar evident, aber das Evidenz„erlebnis", das „leistende", in mannigfaltigen Akten auf passiver Bewusstseinsunterlage sich abspielende Vernunftbewusstsein bleibt für ihn unbekannt. Und so hat das naiv erkannte Objektive selbst eine Dimension der Unbekanntheit,

---

[1] Vernunfttätigkeit, das ist doppeldeutig; denn wir haben hier Ontisches und „Phansisches". Das „Ich zweifle", „Ich realisiere", „Ich setze eine Handlung in Bewegung", das ist normalerweise ontisch verstanden. Das konstituierende Handeln, das Ich-„Bewusstsein" erfordert eine neue Reflexion.

die zwar nicht den Gehalt der Objektivität angeht, aber wohl das, was der Objektivität insofern an Prädikaten zukommt, als sie ihrem eigenen Wesen nach wirkliches und mögliches Erkenntnistelos ist.

Jedes Objekt hat seinen logischen Gehalt, seinen „objektiven", und dessen Bestimmung ist das Ziel der objektiven Wissenschaft. Jedes Objekt hat aber auch seinen konstitutiv-erkenntnismäßigen Gehalt oder seine transzendentalen Eigenheiten, die nicht als Gehalt in ihm sind (im logischen Sinne ihn konstituierende Prädikate sind), die im logischen Gehalt nicht vorkommen können, da die transzendentalen Prädikate eben dem Objekt zukommen, sofern es als Objekt dieses logischen Gehalts sich transzendental konstituiert.

Die „Konstitution des Objekts" ist ein Titel für das System der Erlebnisse der Erkenntnissubjektivität, die wesensmäßig zum System der Erkenntnisleistungen zusammengehören, in denen für das Erkenntnissubjekt das betreffende Erkenntnisobjekt als das dieses logischen Gehalts und als wahrhaft Seiendes „zustande kommt". Und das gilt, wie für das einzelne Erkenntnissubjekt, so für die Allheit von solchen Subjekten, für die es „da", in deren sozial-wissenschaftlichem Erkenntnisbereich es ist, was es ist, erkannt ist oder nicht erkannt ist und dann doch an sich ist. Es ist das System der wirklichen und möglichen intentionalen Erlebnisse des inneren Bewusstseins (der ideal und real möglichen), die in ihrer notwendigen Form und Systematik es „machen", dass für ein Erkenntnissubjekt das betreffende Objekt als dieses prädikativ so zu bestimmende und in dieser Bestimmung wahrhaft seiende „da" ist, aktuell da und an sich ist, ausgewiesen oder ausweisbar, und bleibend da als geltende Erkenntnismöglichkeit, auch wenn das Ich schläft.

Wir haben also, wenn wir absolut vollkommen gerechtfertigte Wissenschaft (in jeder erdenklichen Hinsicht vollkommen gerechtfertigte) und universale wollen, notwendig zu unterscheiden: 1. Der Erkennende vollzieht gerade Erkenntnis, und wir nehmen jetzt gleich vollkommenstmögliche Erkenntnis. In vollkommener Evidenz (in der größtmöglichen Vollkommenheit betreffs der Gegenstände seines Erkenntnisgebiets) erfasst er seine Gegenstände und macht ihr wahres Sein und Sosein zum Ziel seiner Erkenntnisbewegung, seiner Kenntnisnahme und Bestimmung. Hierher gehört auch die psychologische Erkenntnis, mag sie auch in gutem Sinne reflektiv sein:[1] Die psychologische Subjektivität wird in der Psychologie als Objekt im objektiven Zusammenhang, als naturali-

---

[1] Ursprünglich ist psychologische Blickrichtung die auf Person und Sache, Dingwerte, Zwecke; Person als das Subjekt, Träger der Handlungen etc. Erst spät tritt das „Bewusstsein" in die Psychologie etc.

sierte Objektivität erforscht, als objektive Beigabe zu organischen Leibern, die ihrerseits zugleich physische Objekte innerhalb der physischen Natur sind.

Der Wissenschaftler vollzieht nun Kritik seiner Begründungen und lebt durchaus in einem voll aktuellen oder habituell vermittelten reflektiv kritischen Bewusstsein. Aber seine Evidenz ist dabei eine „ontische", selbst wo er sagt „Ich erfahre das jetzt selbst, ich sehe es, ich erfahre davon speziell nur α, β, γ in eigentlicher Weise, anderes meine ich nur antizipierend. Ich meine nicht bloß, sondern sehe ein, dass A B ist, dass überhaupt M N ist usw." Handelt es sich um physische Objekte, so urteilt er objektiv wissenschaftlich nur über sie, und kritisch über sie nur als Ziele, auf die das Erkenntnishandeln als verwirklichendes gerichtet ist, als an sie näher Herankommendes oder von ihnen wieder Entfernendes, als Habhaft-Werden oder wieder Verlieren usf. Diese kritischen Urteile nehmen die Form wissenschaftlicher an, ihre Begriffe die Form wissenschaftlicher durch Ausbildung einer normativ-noetischen Logik, einer Logik praktischer Erkenntniskritik. Sie ist die praktische Disziplin vom objektiven Erkennen und praktische Erkenntniskunstlehre.

2. Das Bewusstsein und die Evidenz als psychologisches und transzendentales. Es fragt sich, ob nicht die Erkenntnishandlungen, so wie sie die normative Logik normativ behandelt, eine besondere Linie psychologischer Untersuchungen bilden. Und in der Tat, es ist so und jedenfalls unterliegt dieses Handeln empirisch induktiver Betrachtung und kann trotz des apriorischen Verfahrens der noetischen Logik naiv bleiben wie die Mathematik und apriorische Logik, also die Intention auf das Letzte und auf absolut universale Erkenntnisbegründung, somit ohne transzendentale Reduktion etc.

Jedenfalls aber müssen wir sagen, dass das Erleben, das Bewusstsein mitsamt seiner Intentionalität auch der psychologischen Objektivierung unterliegt, also auch in die Psychologie gehört. Andererseits führt die transzendentale Reduktion auf das absolut Egologische, auf das transzendentale Bewusstsein, in dem sich alle Objektivität für das Ego konstituiert. Dann gehört das Noetische ins Transzendentale mit seinen noematischen und seinen Seinsgehalten, und dann ist die Handlung selbst wieder eine Einheit eines tieferen konstituierenden Lebens.

Absolute Erkenntnisbegründung und Wissenschaftsbegründung ist also 1. naive Ausbildung objektiver Erkenntnis mit der Idee möglicherweise vollkommener Evidenz (größtmögliche der Idee nach). Alle kritischen Reflexionen sind dabei naiv, sofern ich dabei als transzendentales Subjekt bin, in dem Erkenntnisbewusstsein und den Erkenntnisaktivitäten lebe, aber das Transzendentale nicht selbst in den thematischen Griff bekomme. Auch alle Meditationen, die ich mache, um mir über Ziel und Wege möglichst wertvoller, objektiv stichhaltiger Erkenntnis klar zu werden, sind naiv.

2. Alles Sein „gründet" in der absoluten Subjektivität, „entspringt" in ihr, und die Erkenntnis alles Seins gründet in der Erkenntnis der transzendentalen Subjektivität, sofern vollständige Erkenntnis alles Seins nicht nur logisch objektiv ist, sondern auch phänomenologisch-transzendental (transzendental-subjektiv). Alle Gegenständlichkeit, die nicht selbst absolute Subjektivität ist, ist Korrelat. Der vollständige „Begriff", die volle Erkenntnis eines Objektiven fordert Erkenntnis des konstituierend Subjektiven. Die Universalität der transzendentalphilosophischen Forschung ergibt auch alle Vorteile der Universalität: Die gerade Evidenz gewinnt an Kraft und Sicherheit durch die phänomenologische Forschung.

BEILAGE IV (zu § 1):
Kritik der Geometrie als positiver Wissenschaft[1]

Kritik der Geometrie als positiver Wissenschaft: Sie ist im wesentlichen nur auf analytische Konsequenz eingestellt, nicht aber auf den Ursprung ihrer Grundbegriffe, auf den Ursprung der Idee ihres geordneten Raumes, der doch Raum der „Welt", Form der Naturealitäten sein soll.

Die Mathematiker operieren in ihrem Denken mit traditionellen mathematischen Begriffen, überkommen von der antiken Mathematik und umgestaltet in der Praxis des mathematischen Denkens der Folgezeiten. Und wenn auch Intuition in der Erwägung des Sinnes der Grundbegriffe eine Rolle spielt, so ist es doch nicht eine radikale Erzeugung der Begriffe „selbst" als der betreffenden reinen Allgemeinheiten in der wirklichen Herausstellung der sie „selbst", also originär konstituierenden noetisch-noematischen Zusammenhänge. Sie haben immer vorgegebene Wege, vermeinte Allgemeinheiten, und sind darauf aus, ein „einstimmiges" Urteilsverfahren mit ihnen bzw. mit den zugehörigen vorgegebenen Axiomen durchzuführen.

Einstimmigkeit besagt „Widerspruchslosigkeit". Gerade diese Einstellung auf Widerspruchslosigkeit bzw. die auf die Frage, ob die Begriffe und Sätze nicht beschränkt oder erweitert, so oder so umgeformt werden müssen, damit nicht die oder jene Widersprüche möglich würden, oder die Einstellung auf die Frage, ob nicht besondere Fälle denkbar

---

[1] Wohl 1922. - Anm. des Hrsg.

wären (spezialisierende Besonderungen), in denen Widersprüche sich ergeben würden, gerade das zeigt, dass das Verfahren der Mathematiker, selbst in der Geometrie, ein „analytisches" ist, und das Wort „Analysis", das die Mathematiker lieben, ist sofern sehr passend. „Rein logisch" oder analytisch denken, das ist in formaler Konsequenz denken, vorgegebene Allgemeinbegriffe und Sätze in einem symbolisch festen Sinne nehmen und darin formal, d. i. ohne Eingehen auf die „Materie", den Sachgehalt der Begriffe, der nur identisch festgehalten ist oder festgehalten werden soll, erwägen, was sich konsequenterweise dann ergeben würde.

Hierher rechnen wir nun auch die Umgestaltungen, die den Begriffen und Sätzen zuteilt werden, um die Konsequenz zu ermöglichen, die Widerspruchslosigkeit zu gewährleisten. In dieser Weise verfährt auch die Geometrie analytisch. Die letzten Sachgehalte, die Begriffskerne der Geometrie bleiben unberührt. Sie werden im Denken in der ungeklärten Weise, in der sie als Sachgehalte fungieren, festgehalten, entweder schlechthin, oder es werden ihnen in der Ausgestaltung der Satzsysteme im Sinne der Widerspruchslosigkeit solche Wandlungen gestattet, die jene Widerspruchslosigkeit nicht gefährden und die sich in einem mehr oder minder oberflächlichen, aber doch nie radikalen Anschauen an anschaulichen Exempeln, gleichgültig, ob wirklich oder analogisch, als anschauliche Möglichkeiten einsehen lassen.

Also nicht so, als ⟨ob⟩ der Geometer vom Raum ausginge als Form der Gegenstände möglicher äußerer Erfahrung, nicht als ob er die Frage stellte: Wenn ich mir ein beliebiges Ding oder beliebige Dinge in Koexistenz in Wirklichkeit oder Möglichkeit vor Augen stelle, wenn ich sie in freiester Willkür abwandle und dabei gewisse Idealisationen hinsichtlich der Nähe und Ferne etc. vollziehe, nur so, dass in dieser Variation immer wieder ein einstimmig Wahrnehmbares und Identifizierbares soll resultieren, immer wieder Vielheit von in dieser Weise seienden und zusammen seienden Gegenständen soll sich erhalten können, was ist dann, wenn ich in vollkommener Klarheit diese Variation und Idealisation vollziehe und in Wesenseinstellung übergehe, einleuchtend als absolute Notwendigkeit, als wesensgesetzliche Norm dieser Möglichkeit? Ich finde, in der aktuellen Erfahrung nicht bloß, sondern auch in freier Phantasie äußerlich Erfahrenes als in der Form der Räumlichkeit Seiendes, und ich finde „den" Raum in dieser freiesten Variation als unbedingte Notwendigkeit. Eben er interessiert mich ausschließlich als Geometer. Ich will fragen: Welche Notwendigkeiten bestehen hinsichtlich dieser Form? Ist sie eine allgemeine, die sich selbst als universale Form besondern kann, führt die schrankenlose Variation zu einer einzigen

Form? Oder führt sie zu einer Formgattung, die innerhalb einer allgemeinen Wesensstruktur sich besondert, derart, dass ich eine „Welt" äußerer Erfahrung einstimmig ausdenken könnte durch ein System von freien Variationen, von willkürlichen Gestaltungen in der reinen Phantasie,
5 welche eine dieser Formen habe, und eine andere Welt, die andere dieser Formen hätte, jedoch so, dass, wenn überhaupt eine Welt soll sein können, sie eine dieser Formen haben muss? Was soll dann diese möglichen Welten unterscheiden und formbestimmend sein? Und dann weiter, was soll da Welt besagen? Gehört zu einer Gegenständlichkeit möglicher
10 „äußerer" Erfahrung als transzendenter Erfahrung (originärer Selbstgebung von Individuellem) nicht der Unterschied von „Phantom" (Sehding, pures Sinnending) und materiellem Ding und zu diesem nicht die Bestimmbarkeit als ein An-sich gegenüber faktischer Erfahrung? Müssen nicht formale Bedingungen der Möglichkeit einer zusammenschauenden
15 Wahrnehmung oder sukzessiven Erfahrung, welche sich auf die bloßen Phantome beziehen, und Bedingungen möglichen An-sich-Seins der Gegenstände (oder ihrer Bestimmbarkeit in Wahrheiten an sich, die für jedermann als Erfahrungssubjekt erkennbar wären) unterschieden werden, in letzter Hinsicht also Bedingungen einer physikalischen Theorie?
20 Alle solche Fragen stellt aber der Geometer nicht, und gerade diese Fragen müssen gestellt und in systematischer und rein intuitiver Wesensforschung durchgeführt werden, wenn eine Geometrie ursprünglich erwachsen soll mit ursprünglich geschöpften Begriffen und echten Axiomen als Grundgesetzen der Form möglicher Natur als Gegenstand mögli-
25 cher Erfahrung. Stattdessen geht der Geometer von den fertigen Begriffen der Tradition aus und erprobt sie allenfalls ungefähr an der äußeren Erfahrung und äußeren Phantasie, ohne hierbei ernstlich zu verweilen und die evidenten Gegebenheiten in methodischer Weise in reine und volle theoretische Evidenzen zu verwandeln. Stattdessen bewegt er sich
30 in analytischem Denken und in einem vom analytischen Denken geleiteten Abwandeln der Grundbegriffe und Grundsätze in formaler Strenge; und was er gewinnt, ist ein bestenfalls wirklich widerspruchloses System von Grundsätzen und Lehrsätzen und Theorien, das im intuitiven Anschlage, in der Überschau der anschaulichen Möglichkeiten oder der
35 durch analogisierende Anschauung als annehmbar anzuerkennenden Möglichkeiten als mathematische Norm gelten könne für eine mathematische Naturwissenschaft.

In der Analysis im spezifischen Sinne liegt die Sache etwas anders und doch analog. Sie ist wirklich, wie wir im Gegensatz zu Kant sagen,
40 eine Sphäre des analytischen Denkens. Auch hier bedarf es einer ursprünglichen konstitutiven Schöpfung der Grundbegriffe und Grundsätze

statt eines von der Tradition und von zufälligen, oft nur versteckten Rücksichtnahmen, jedenfalls nur oberflächlich auf ursprüngliche Evidenz geleiteten Verfahrens.

BEILAGE V (zu § 10):
⟨Zum Begriff der Zweifellosigkeit⟩[1]

Doch wie soll ich die Zweifellosigkeit verstehen? In reiner Gewissheit glauben, ohne dass irgendein Gegenmotiv wirksam wäre, das Geglaubte könnte oder dürfte doch anders sein, das wäre auch ein Bewusstsein der Zweifellosigkeit. Das so Geglaubte steht etwa in schlichter Gewissheit als seiend da, ohne jeden Charakter von Zweifelhaftigkeit. Offenbar ist eine ganz andere Zweifellosigkeit gemeint. Nämlich, mache ich mir das Gewisse klar oder, präziser, konkreter ausgedrückt, bringe ich es mir zur Selbstgegebenheit und das schon Selbstgegebene zu größtmöglicher Klarheit, so können eventuell Gründe merklich werden, die mit verschiedenem möglichen Gewicht dafür sprechen, dass das Geglaubte vielleicht doch nicht sei oder ⟨nicht⟩ so sei. Es kann auch sichtlich werden, dass zu dem Geglaubten Spielräume offener Möglichkeiten gehören, die, wenn sie realisiert wären, das Nichtsein des Geglaubten mit sich führen würden, Möglichkeiten, für die noch nichts positiv spricht, die aber im Fortgang der Erfahrung das Gewicht von Gründen erlangen könnten. Der Idealfall wäre offenbar der, dass die Gewissheit, wenn wir, was sie da glaubt, zu vollkommener Selbstgegebenheit, Klarheit und Deutlichkeit bringen, jedes mögliche Motiv der Negation und, was äquivalent ist, jedes mögliche Motiv des Zweifels ausschließt. Darin liegt aber, wenn wir ernstlich sozusagen zum Limes übergehen, das Prinzip der absoluten Evidenz bzw. der Rechtfertigung der Erkenntnis durch Überführung in absolute Evidenz.

Eine Erkenntnis, die ich als absolut gerechtfertigt anerkennen soll, muss evident begründet sein; was ich erkenne, was ich als seiend oder soseiend setze, muss nicht nur vermeint, sondern gesehen, eingesehen, muss mir selbstgegeben sein; und nicht nur das und überhaupt, sondern die Selbstgegebenheit muss eine adäquate sein. Das „Erkannte" darf nichts in sich fassen, nichts mitmeinen, was nicht zur Selbstgegebenheit gekommen ist, es darf nichts an Präsumtionen, an Antizipationen übrig sein, nichts, was erst weiterer Fortschritt der Klärung – sagen wir: weiter fortschreitende Erfahrung erst zur Selbstgegebenheit oder zu einer bes-

---
[1] 1922. – Anm. des Hrsg.

seren Selbstgegebenheit zu bringen hätte. Ein Bewusstsein, in dem ich, was ich meine, in dieser absoluten Weise selbstgegeben habe, schließt jeden möglichen Zweifel, ob das Gemeinte sei, jede Möglichkeit, dass es nicht sei, absolut aus. Jede Frage des Soseins, die ich an das Gegenständliche zu stellen vermag, beantwortet es aus seinem absolut gegebenen Selbst, ich habe es bloß zu explizieren. Natürlich ist für eine solche Evidenz charakteristisch die Apodiktizität der doppelten Negation. Ich bin nicht nur gewiss, dass das adäquat Selbstgegebene ist, sondern dessen auch apodiktisch gewiss, dass sein Nichtsein unmöglich ist. Diese Unmöglichkeit ist selbst adäquat gegeben.

Versuchen wir es also mit dem so konstruierten Ideal der adäquaten oder absoluten Evidenz, das wir als prinzipielle Präzision des Cartesianischen Ausschlusses jedes möglichen Zweifels fassen. Ich, der auf eine absolut begründete universale Wissenschaft oder Philosophie Ausgehende, schreibe mir also aufgrund dieser ersten Besinnung die Norm der radikalen Methode der „Intuition" vor, der „Klarheit und Deutlichkeit". Das soll aber nichts anderes sagen ⟨als⟩: Prinzipiell will ich über nichts reden, nichts als philosophisch geltend anerkennen, nichts hinnehmen, was ich mir nicht zu letzter Selbstgegebenheit, zu letzter Evidenz der Adäquation gebracht habe. Jederzeit kann ich an das, was sich mir als wahrhaft seiend, als gültig anbietet, die Frage richten: Ist es gegeben, und kann ⟨ich⟩ es mir zur Klarheit, eventuell zur einheitlichen Gegebenheit bringen? Jederzeit kann ich an Selbstgegebenes, an „Erfahrenes", an Evidentes, mir selbst klar vor Augen Stehendes die Frage richten: Ist die Klarheit noch steigerungsfähig, ist am Erkannten noch Unerkanntes im Sinne der Klarheit, sind da noch Vorgriffe, die ich erst ausweisen müsste? Gelten lasse ich aber nur als absolut gerechtfertigt das adäquat Erkannte, das nichts mehr offen, nichts mehr unerfasst lässt in seiner absoluten Selbstheit. Das sei also mein Anfang, und ich will sehen, wie ich diesen Radikalismus durchführe und dazu komme, eine systematische Erkenntnis und Wissenschaft nach solchem Prinzip absoluter Rechtfertigung in den Gang zu bringen.

BEILAGE VI (zu §11):
Evidenz ⟨und mögliches Nichtsein⟩[1]

Eine Evidenz ist im weitesten Sinne des Wortes „apodiktisch", wenn einzusehen ist, dass das Sein des evidenten Gegenstandes unaufheblich

---
[1] 1922 oder 1923. – Anm. des Hrsg.

ist, d. i. wenn einzusehen ist, dass der Ansatz des Nichtseins in der versuchten möglichen Erfüllung (Erfüllung durch eine Möglichkeit) zu demselben Sein führt und in eins damit zur Einsicht in die Unmöglichkeit des Nichtseins, d. h. zur Einsicht in die Negation seiner Möglichkeit (Möglichkeit als reine Möglichkeit gegeben in der Evidenz der Phantasie).

Wie kommt Einsicht in die Negation einer Möglichkeit zustande; wie sieht sie phänomenologisch aus? Eine Möglichkeit, dass etwas A sei, kann als Möglichkeit, dass dieses als B-seiend Gegebene A sei, aufgehoben sein. Eine Möglichkeit, dass A nicht sei, dass ein Individuum des Inhalts A nicht sei, wird als Möglichkeit, dass dieses erfahrene, als seiend gegebene Individuum A nicht sei, aufgehoben. Erfahre ich ein Ding, so ist durch dieses erfahrene Dasein das Nichtsein aufgehoben, aber doch wieder nicht aufgehoben, sofern ich mir eine Forterstreckung der Erfahrung denken kann, die das Nichtsein fordert und fortlaufend bestätigt. Wie ist das Nichtsein aufgehoben? Nun, so, dass ich in der Gewissheit bleibe und durch sie antizipierend eine weitere zum Sein stimmende Erfahrung setze und nun eine Gegenmöglichkeit im Streit damit auftrage. Denke ich mir einen Fortgang der Erfahrung im Ansatz, derart, dass diese Erfahrung gewiss ist, so ist durch sie das vorgängige A durchgestrichen. Dieser Ansatz ist also ein möglicher Ansatz: Andererseits, wenn ich das Ding sehe und kein Motiv habe, einen künftigen Erfahrungsverlauf, der diese Existenz aufhebt, anzunehmen (wenn nichts für eine Täuschung spricht), so ist die Möglichkeit des Nichtseins eine grundlose, eine unmotivierte Möglichkeit. Die Evidenz, die Erfahrung des A-Seins, oder alles, was sie enthält, stimmt zum „es ist", motiviert die Gewissheit, das Gewisssein. Und dieses evidente Gewisssein hebt die Möglichkeit des Nichtseins als „grundlos", als einen unbegründeten Ansatz auf. Aber die Möglichkeit des Ansatzes ist damit nicht schlechthin aufgehoben, eine einstimmige Möglichkeit bleibt übrig, der Übergang des Gewissseins, dass A ist, in Zweifel und in Negation in der Einheit einer Erfahrungsreihe, die einheitlich auf dasselbe A sich bezieht. Dasselbe ist gewiss und ist zweifelhaft und ist als nichtseiend erfahren, und notwendig ist der Umstand, dass dasselbe, das jetzt als nichtseiend erfahren ist, vorher als gewissseiend erfahren war, ein Motiv, um das vorhin gesetzte Sein, bezogen auf seine frühere Gegenwart, zu durchstreichen: Die Erfahrungsgewissheit war, war aber eine täuschende. Und nun wird auch für diesen Zeitpunkt der Ansatz des möglichen Nichtseins zum berechtigten.

Die reine Möglichkeit, dass ein als gewiss seiend Gegebenes, ein Wahrgenommenes sich als nichtseiend ausweist, ist evident, d. i. ich kann mir eine solche Bewährung klar vorstellen, ich kann mich hineinphantasieren in einen solchen Prozess und darin ihn in der Weise einer Phantasiemöglichkeit (für die nichts spricht), eines Phantasieumbildens der Erfahrung anschauen.

Andererseits, die Erfahrung, die ich in Gewissheit habe, bietet mir eben die Gegebenheitsweise des A als gewissseiend, und natürlich ist dieses A auch als nichtseiend denkmöglich in der Form, dass ich eine damit streitende und das A aufhebende Erfahrung fingiere. Natürlich ist dieser Ansatz des Nichtseins aufgehoben; ebenso ist es evident, dass durch meine Erfahrung unter den künftigen möglichen Erfahrungsverläufen nur gewisse ausgezeichnet sind als solche, die durch sie und ihre Gewissheit motiviert sind als „zu erwarten", als „erwartlich", also in einer gewissen evidenten Modalität, die die Erfahrung voraussetzt und durch sie fundiert ist. Es können aber verschiedene Erwartlichkeiten miteinander streiten, derart dass, wenn die eine als künftige Gewissheit angesetzt wird, die anderen zu streichen sind. Aber außer den Erwartlichkeiten haben wir auch das Nicht-Erwartliche, die „unmotivierten" Möglichkeiten und darunter die Möglichkeiten des Nichtseins, während alle Erwartlichkeiten Modi darstellen, wie das Sein im Rahmen der Vermutung, der Erwartlichkeit eben, sich immerfort bewähren würde.

Ein apriorischer Zusammenhang ist ein Zusammenhang von Ansätzen in reiner Möglichkeit und ein Zusammenhang, der eventuell in Evidenz gegeben und festgestellt ist. Ein Ansatz, der diesen Zusammenhang leugnet, ist Ansatz einer leeren, unerfüllten Intention, der im Übergang in das Reich intuitiver Möglichkeiten, und zwar zu den den Zusammenhang fundierenden, zu einem Streit gegen einen Zusammenhang der Möglichkeiten führt, der selbstgegeben ist, und zu einer Durchstreichung des Ansatzes als nichtig. Die Nichtigkeit eines intentionalen Ansatzes ist originär gegeben in dem Widerstreit gegen eine Selbstgegebenheit. Das gilt aber ganz allgemein für jedes Nichtsein. Indessen, ein Wesenszusammenhang ist originär gegeben im vollen adäquaten Sinne, wenn er keine unerfüllten Komponenten in den Anschauungen hat. Ist das nicht der Fall, so kann ich die Anschauungen eventuell erweitern um weitere, auf dasselbe gehende Anschauungen, welche einen schon angeschauten, aber inadäquat angeschauten Zusammenhang anschauen, aber ihn als andersseiend oder nichtseiend herausstellen.

Ist aber der Wesenszusammenhang ein wirklich adäquat anschaulicher, sei es auch in der Form einer ins Unendliche fortgehenden Idee, so ist keine anschauliche Möglichkeit, die davon abwiche, herstellbar. Das aber weiß ich daher, dass jeder unerfüllte Ansatz des Nichtseins und Andersseins schlechthin aufgehoben ist. Das Undenkbar sagt, ein Gedanke, der als Gedanke gegeben ist, ist unerfüllbar, d. i. die ihn evident machende Erfüllung führt auf einen anschaulichen Zusammenhang, der den Gedanken (den angesetzten oder aktuellen Glauben darin) aufhebt, und diese Aufhebung ist selbst eine notwendige, das ist wieder: es ist undenkbar, dass etc.

Unter allen Umständen gilt von der apodiktischen Evidenz Folgendes: Eine evidente Gewissheit ist apodiktisch, wenn es unmöglich ist, sie in der Einheit eines Bewusstseins so fortgesetzt zu phantasieren oder so umgebildet, dass, während sie selbst bleibt, wie sie als aktuelle Gewissheit ist oder war, zugleich die Möglichkeit des Zweifelhaft- oder Nichtseiend zur Gegebenheit kommt. Wenn das nachkommende Nichtsein auch rückwirkend jene Gewissheit preiszugeben nötigen würde, so ändert das nichts an ihrem immanenten Sein bzw. Gewesensein als Gewissheit. Eine Evidenz ist apodiktisch, wenn in eins mit dieser Evidenz eine Probeevidenz herzustellen ist, in der das Nichtsein der Möglichkeit des Nichtseins evident gegeben ist.

Was berechtigt aber zur Behauptung, es sei möglich oder nicht möglich, Möglichkeiten zu bilden, etwa jederzeit symbolische Vorstellungen zu erfüllen etc.?

BEILAGE VII (zu §§ 11 – 14):
Zur neuen Redaktion des egologischen Gedankenganges[1]

Es muss doch ganz durchsichtig sein, dass die hodegetische Erwägung, die Methode der fundamentalen Betrachtungen herausstellend, für diese Methode Notwendigkeit verbürgt, und entweder Eindeutigkeit, oder wenn Mehrdeutigkeit, dann ist der Nachweis der mehrfachen Möglichkeiten zu führen und dies, dass jede auf dieselbe Phänomenologie hinführt.

Also ist von neuem zu überlegen: Muss ich beim hodegetischen Anfangsprinzip, dem der apodiktischen Evidenz, wenn ich auf unmittelbare Evidenz zurückgehen muss als erste, Evidenz der Tatsache voranstellen oder besser Evidenz der Erfahrung? Hier muss ich noch einmal sorgfältig überlegen, und ausführlicher als in dem Londoner Vortrag (und in den Vorlesungen ⟨19⟩22), was darin liegt, was als Unmittelbarkeit zu gelten hat.

Es ist dabei zu sehen, dass die erste und notwendig unabhängigste Evidenz und darum die primitivste die der Tatsache des *ego cogito* ist, die mit einem gewissen Bestand, den sie in sich schließt (Evidenz der

---

[1] 11.12.1922.

lebendigen Gegenwart, alles noch im Griff Befindliche und noch nicht aus dem Griff Entschwundene in sich beschließend) in jeder anderen Evidenz vorausgesetzt ist. Also das muss gezeigt werden. Es muss zugesehen werden, wie das einzuführen ist und ob es in der Konstruktion des hodegetischen Prinzips schon aufgewiesen werden kann.

Jedenfalls ist es doch notwendig, mit dem natürlichen *ego cogito* zu beginnen und dann erst die Reduktion zu machen. In gewisser Weise tue ich das auch, aber es darf nicht als bloße Kritik Descartes' eingeführt werden, sondern ⟨muss⟩ als zum Wege selbst gehörig dargestellt sein. Vielleicht kann angeknüpft werden an das „so wahr ich bin" und ⟨darauf⟩ hingewiesen, dass diese Evidenz überlegen ist oder sich als überlegen gibt selbst gegenüber der so kräftigen der natürlichen äußeren Erfahrung, die ja gelegentlich täuscht. Aber dass ich bin, darüber kann ich mich nicht täuschen. Das als natürliche Rede und Erwägung – erst dann eine radikale Kritik der äußeren Erfahrung und Reduktion auf das eigentliche *ego cogito*. Vorher aber muss darauf hingewiesen werden, dass diese Tatsache doch vor allen Möglichkeiten und vor allen unmittelbaren Evidenzen sonst vorhergeht. Dass ein rotes Quadrat möglich ist, das ist völlig sicher. Aber muss, was für mich absolut sicher ist, es für einen jeden sein? Ich kann nur aussagen, was mir evident ist und ich nicht leugnen kann; was in Anderen vorgeht, das ist mir nicht mehr unmittelbar gegeben. (Die Skeptiker bezweifeln es überhaupt.) Und kann ich davon überhaupt apodiktische Evidenz haben? Ist aber diese Möglichkeit des roten Quadrats auf mich bezogen, so ist doch die Gewissheit, dass ich bin, in ihrer Setzung vorausgesetzt etc. Also, in diesen oder anderen Weisen muss ich vorgehen, dann ergibt sich, dass die Evidenz des Ego allen anderen vorangeht. Das also ⟨ist⟩ zum Wege, zur Methode gehörig!

Ich muss dann nach der Reduktion die Evidenz des *ego cogito* begrenzen und den Sinn der Gegenwartsevidenz bestimmen und in eins damit die Evidenz der Wiedererinnerung überlegen. Es muss nämlich gezeigt werden, dass wir zu vollkommenen Darstellungen, obschon wir wissen, dass das Ego notwendig unendlich ist, nicht apodiktisch kommen können, also keine apodiktischen empirischen Aussagen für das Ego gewinnen. Es muss nach Herausstellung der apodiktischen Evidenz der Unendlichkeit des vergangenen Seins und Lebens nach Sein, aber nicht nach Sosein – aber der Evidenz der graduellen oder unvollkommenen Selbstdarstellung, die ihren evidenten Limes des Selbst hat – die Evidenz der Möglichkeiten etc. erwogen und das Prinzip der Evidenz erweitert werden.

BEILAGE VIII (zu § 21):
Ichpolarisierung, Gegenstandspolarisierung und
Urstiftung des ethischen Ich[1]

Der Mensch als geistiges Wesen ist dadurch charakterisiert, dass er nicht nur überhaupt lebt, sondern in der Form „Ich lebe" lebt. Er lebt und ist seines Lebens bewusst als seines, dieses Ichlebens. Das Leben hat die Form „Ich bin", und im „Ich bin" liegt das „Ich leide oder tue", „Ich werde affiziert, ich wende mich dem Affizierenden zu, ich betätige mich daran, ich nehme Stellung" usw. Und all das ist nicht bloß, sondern selbst wieder für das Ich da – da in möglichen neuen Lebensgestaltungen. Das Ich kann reflektieren und eben dieses „Ich lebe" selbst in einem „Ich bin meines Lebens inne" erfassen, und das ist selbst wieder ein „Ich lebe" neuer Stufe. Ja, auch dies „Ich kann reflektieren und immer wieder reflektieren" ist dem Ich als Ich zugänglich.

Das Leben in dieser Ichpolarisierung, in der alle besonderen Lebensgestaltungen auf denselben Ichpol zurückbezogen sind, hat aber auch das Eigene, dass dem identischen Ichpol gegenüberstehen andere Pole oder dass das Leben noch eine zweite Polarisierung hat: Das Ich lebt in Form des Bewusstseins-von oder des Ein-Etwas-bewusst-Habens, der „intentionalen" Beziehung auf bewusste Gegenständlichkeiten. Gegenständlichkeit, bewusstes Etwas, ist dabei Ausgangspunkt von Affektionen auf den Ichpol, der seinerseits antwortet mit Zuwendung, mit Stellungnahmen zu ihm in der Weise der Erfassung Bewussten etc.

Das Ich ist es, das die Gegenständlichkeiten, die für es bereit sind, selbst „entdeckt", sie zu Gegenständen im prägnanten Sinne macht, sie zu Themen erfahrender, denkender, wertender, praktischer Spontaneitäten macht (Vernunft). Horizonte, Unendlichkeiten von Unbekanntem, Unendlichkeit von Gegenständen möglicher Erkenntnis, möglicher Wertung, Unendlichkeiten, die das Wohl und Wehe des Ich beeinflussen können, das vernünftige Handeln bestimmen.

Der Mensch als Tier höherer Stufe, das Vernunftwesen, das Wesen, das nicht nur in Unendlichkeiten hineinlebt, sondern der Unendlichkeit als Unendlichkeit inne wird und nun in der beständigen Spannung zwischen Endlichkeiten und Unendlichkeiten lebt. Unendlichkeiten als Unendlichkeiten bewusst, bewusst als mein Lebenshorizont: Unendlichkeiten also von möglichen Schmerzen wie von möglichen Lüsten, Unendlichkeiten von Werten, von Schönheiten und von Unwerten, Unendlichkeiten von Taten und Missetaten, Unendlichkeiten von Irrtümern,

---

[1] Wohl 1922. – Anm. des Hrsg.

von Illusionen, von Fehlschlüssen, von Fehlwertungen, von Fehlmitteln und Fehlzwecken. Darin liegt: Unendlichkeiten von Stellungnahmen, zu denen ich mich „entschlossen" (die ich eben in ursprünglicher Entscheidung vollzogen) und zu denen ich mich weiter bekannt, an die ich mich
5 habituell gebunden habe und auch künftig ⟨binden⟩ werde, darin aber offene Unendlichkeiten von solchen, deren ich mich schämen muss oder werde schämen müssen, zu denen ich mich nicht bekennen darf, durch die ich selbst Gegenstand negativer Selbstwertung, und einer vernünftigen, werde (vernünftige Stellungnahmen, sich rein ausweisende, „evi-
10 dente"). So werte ich auch andere als Subjekte ihrer Stellungnahmen, als durch sie sich bleibend richtend, ihr Ichsein in seiner Richtung darin zeigend. In vernünftigen Stellungnahmen, in vernünftig motivierten (vorher instinktiv auf das Richtige gerichtet), bezeugt sich mein vernünftig⟨es⟩ Ich, und es rechtfertigt sich in der Selbstberechtigung. Wie kann ich vor
15 mir selbst bestehen, wie kann ich in der offenen Unendlichkeit des Weltlaufs und der Unendlichkeit meines Lebens, das nicht immerfort Vernunftreflexion sein kann und naives Leben sein muss, vor mir selbst, in der Selbstbeurteilung bestehen?

Letzte Selbstrechtfertigung, universale Besinnung. Universale Rich-
20 tung des Ich auf das Gute. Oder vielmehr erste oder Urschöpfung meines wahren Ich im Selbst-Wollen, in dem universalen Entschluss, mich unter universale Selbstbeurteilungsnormen stellen, mich universal zum Guten, zur Idee des größtmöglichen praktischen Guten (nicht Nützlichen, des Nützlichen nur, sofern es dieser Idee einzuordnen ist) wenden und mich
25 „bekehren" zu wollen, mich als bestmögliche Verkörperung des idealen Ich inszenieren zu wollen etc.

*

Ichpol – Gegenstände im verengten Sinne, Nicht-Ich, Gegenstandspol. Die „Selbsterscheinungen" des Ich keine Darstellungen, keine Abschattungen. Aber das Ich ist immerfort durch „sein" Leben und dessen Ge-
30 halte affiziert in verschiedenen Modis, und auch die Modi, die der Inhalt der Affektion in seinem Wechsel bedeutet, sind nicht zu vergessen. Das Ich reagiert gegen die Affektionen, es wendet sich zu, es vollzieht Akte des *ego cogito*; mit jedem neuen Akt ist es selbst zwar dasselbe, aber in gewisser Weise ein anderes. Jedes Tun erzeugt etwas, und
35 das ist ein Bleibendes und bestimmt den Gehalt der künftigen Affektionen verschiedener besonderer Gestalt. Und wenn es im Rahmen der Zuwendung Stellungnahmen vollzieht, so sind das vom Ich ausströmende und zu seinem Wesen gehörige Momente; und zugleich sind an dem

Konstituierten Momente da, die hinterher affektiv fungieren. Affektiv fungieren aber auch die noetischen Ausströmungen. Das Ich ist identisch und lebt doch in seinem Leben, auch in seinem passiven Leben, das Gefühl ist, vom Ich Herkommendes oder das Ich vom Gegenstand her Bestimmendes. Der Gegenstand affiziert, übt Reize, aber es reizt das Ich, fühlend zu reagieren; das Gefühl ist subjektiv, auch wenn es kein Gefühlsaktus ist. Die Akte sind Ichakte. In der Vernunft ist das Ich selbst in ausgezeichneter Weise Stellung nehmend, in der Evidenz selbsterfassend, das Ziel erreichend.[1]

BEILAGE IX (zu §§ 22, 51 u. 52):
⟨Zur Zickzackmethode adäquat-apodiktischer Erkenntnisbegründung⟩[2]

Zickzack: Die Meditationen geben die Prinzipien für die Methode, aber wie steht es mit ihrem eigenen Recht? Gibt das keinen **skeptischen Zirkel** der Methode?

Ich mache einen Gedankengang durch als meine Meditation, wie ich eine Philosophie begründen soll, ich überlege, was das überhaupt – absolute Erkenntnisbegründung – ist, ich bilde meine reine Idee einer absolut vollkommenen Rechtfertigung, ich bilde mir in einem reinen Möglichkeitsdenken reine Begriffe von adäquater und inadäquater, apodiktischer, nichtapodiktischer Evidenz, spreche dabei auch allgemeine Einsichten aus, wie die, dass zum Wesen adäquater Evidenz die Unmöglichkeit des Nichtseins und Zweifelhaftseins des adäquat Gegebenen gehöre oder die notwendige Unrichtigkeit, Unrechtmäßigkeit des Negierens oder Bezweifelns und die durch diese Probe „bestätigte" Rechtmäßigkeit der Bejahung des adäquaten Erkennens und Erkannten.

Ich meditiere dann weiter und komme zum allgemeinen und mir vollkommen evidenten Prinzip der unmittelbaren Erkenntnis, dass nämlich der Anfang meiner absoluten Erkenntnis in unmittelbaren adäquaten Erfahrungen bestehen muss. Ich sagte: in Erfahrung, genauer müsste ich sagen: ⟨in⟩ unmittelbare⟨r⟩ Anschauung von singulären Einzelheiten, dass ich einsehe, dass unmittelbare allgemeine Einsichten nur erwachsen können an unmittelbar anschaulichen exemplarischen Einzelheiten. Wenn ich dann an die Kritik der äußeren Erfahrung herantrete, so setze ich damit die prinzipielle Erwägung, die durchaus in allgemeinen Einsichten

---

[1] Siehe unten, II 8 ⟨oben, S. 91⟩.
[2] Herbst 1922.

fortschreitet, fort. Und es resultiert ja die wesensgesetzliche Einsicht, dass jede äußere Erfahrung überhaupt antizipierend ist oder dass keine überhaupt adäquat sein kann, keine apodiktisch gewiss, und dass ich somit praktisch mir zum generellen Prinzip machen muss, jede solche Erfahrung in Frage zu stellen.

Danach, in einem Satz gefasst, besteht in der Tat die ganze Meditation in einem allgemeinen und an Einzelheiten anknüpfenden, denkenden Erkennen (auch Schlüsse mache ich dabei), und dieses Erkennen ist das die Methode der Philosophie erforschende und begründende Erkennen. Und es ist nicht bloß Erkennen eines prinzipiell möglichen Wegs für eine Philosophie, sondern ein auf der Erkenntniswertung beruhendes Wollen und Handeln, das die Meditation begleitet und das auf die Begründung einer solchen Philosophie selbst geht.

Dieser Wille ist Vernunftwille, wie ich abermals einsehen kann, wenn diese Erkenntnis eine echte Erkenntnis ist. Und es ist nun von neuem zu sagen: Die Meditation ist eine reflektive Erkenntnis, bezogen auf ein naives Erkennen überhaupt, auf die Umgestaltung eines solchen Erkennens in ein neues Erkennen oder in die Begründung eines neuen Erkenntnislebens überhaupt, das absolut gerechtfertigt sei. Die Ergebnisse, die ich finde, und die Installierung der Philosophie, die ich nun danach wirklich anfange – alles ist prinzipiell gerechtfertigt, nämlich nach den in meinen Meditationen gewonnenen Prinzipien.

Aber hängt nun nicht alles von der Richtigkeit, von der selbst absolut gerechtfertigten Richtigkeit meiner Meditationen ab? Sie sind bisher nicht selbst absolut gerechtfertigt worden. Ich habe sie vollzogen in naiver Art. Sie durchführend habe ich beständig allgemeine Einsichten gebildet, habe ich in ihnen gefunden, dass ich mit „Erfahrungen" anfangen muss, und habe ich allgemeine Einsichten selbst in der Überlegung zum Thema gemacht, wiefern solche absolut gerechtfertigt sein könnten, so habe ich sie doch schon für meine Meditationen gebildet und gelten gelassen, benützt.

Unterliegt dieser Weg nicht skeptischen Bedenken? Ich muss also meinen Weg selbst, oder deutlicher: mein meditierendes Tun selbst, sofern es erkennendes Tun ist, einer Kritik und einer Rechtfertigung unterziehen. Oder auch so: Der Skeptiker könnte sagen: Du suchst, weist auf, begründest prinzipielle Begriffe und Sätze, wie ein absolut gerechtfertigtes Erkennen überhaupt zu verlaufen hat, und benützt eben dieselben, und natürlich in deinem meditierenden Begründen selbst, das ja selbst ein vernünftiges, absolut gerechtfertigtes Verfahren sein soll. Für diese Kritik kann ich doch nicht die Prinzipien, z. B. das engere oder weiteste Prinzip der Adäquation, als Norm benützen, die durch die Meditation begründet worden sind. Als ich meditierte, sagte ich mir, es muss das ganz allgemeine Prinzip der Adäquation gelten als Norm für alle absolut gerechtfertigte Erkenntnis. Und wenn ich nun eine beliebige vorgelegte Erkenntnis, also auch die der Meditation nehme, auf sie nun zurückblickend, so muss sie dem Prinzip gemäß sein. Also die Meditation untersteht, sehe ich ein, notwendig den Prinzipien, die sie selbst aufstellt. Ist das Prinzip wahr, so muss die Meditation, die es gab (oder in ihr die Begründung, die es gab) richtig sein, und ist die Meditation richtig (die Begründung des Prinzips), so ist das Prinzip wahr. Und wieder: Selbst der neue Gedanke, den ich jetzt als eine Erkenntnis ausspreche, untersteht dem Prinzip und muss es, wenn das Prinzip wahr, die Meditation richtig ist, tun. Muss man nicht sagen: Die meditierende Motivation, die ich durchlebe und in der ich die und die Gedanken schauend gewinne, führt mich zu dem Prinzip der Adäquation? Habe ich es, so drückt es nicht nur aus, was eine adäquate Erkenntnis ist, sondern auch, wie sie zu rechtfertigen ist, nämlich durch Reflexion und „Vergleichung" von Meinung oder vielmehr Gemeintem und Selbstgegebenem nach allen Komponenten. Habe ich eine solche adäquate Erkenntnis und vollziehe ich die Probe, so sehe ich, dass sie wirklich adäquat ist oder, was dasselbe, dass sie absolut gerechtfertigt ist, und allgemein, dass nur im Rückgang in die „Reflexion", in die immanente Vergleichung von Gemeintem und Gegebenem, in die phänomenologische Einstellung, die Adäquation als solche festzustellen ist.

Das Prinzip der Adäquation ist absolut gegründet, und was sonst an Meditation hinleitet, begründet es nicht, sondern motiviert vernünftig den Weg dahin als einen suchenden, forschenden. Habe ich den Begriff der Adäquation gebildet, so kann ich ihn immer wieder bilden, kann immer wieder das Recht des Prinzips sehen und kann sehen, dass ich überhaupt, wenn ich Adäquation habe und mich überzeuge, dass ich sie habe, reflektierend und sehend – dass ich da ein absolutes Sehen habe, hinter das ich nicht mehr fragen kann.

Ich habe also nicht die Meditation zu begründen, um dadurch das Prinzip der Adäquation allererst vollkommen begründen zu können; sondern bin ich bei dem Prinzip, so ist es für sich selbst begründet und immer wieder zu begründen. Es ist in einem allgemeinen Sehen gegeben, das ich wiederholen und dessen Inhalt ich identifizieren kann, und so, dass ich wieder einsehen kann, dass beliebige Wiederholung immer dasselbe ergeben muss. Über das absolute Sehen und über dieses „kann" – ich kann immer wieder und finde immer wieder dasselbe, und so ist es absolut – kann ich nicht hinausgehen, es ist Letzterkenntnis, die hinter sich keine Fraglichkeit mehr hat und haben kann.

Die Meditation muss aber ein Weg sein, der mir alles Prinzipielle aller Rechtfertigungen liefert, und sofern sie selbst erkennend verläuft, muss sie natürlich selbst auch gerechtfertigt sein, obschon ihre Rechtfertigung nicht die gewonnenen Prinzipien rechtfertigt. Sie könnte manche Unrichtigkeiten enthalten und doch zu Prinzipien, wenn auch in verkehrter Weise, führen. Als Stück, als Anfangsstück einer rationalen Philosophie muss sie aber selbst rational sein. Wir wollen nicht nur Prinzipien haben, die absolut wahr sind, sondern eine Ordnung systematischer Entdeckung der Prinzipien, die uns der Vollständigkeit versichern kann. Das unmittelbar Evidente steht zwar in gewisser Weise für sich, aber wenn es auch nicht ein deduktives System, ein System der Begründung hat, die alles unmittelbar Evidente verknüpft, was ja ein Wiederspruch wäre, so hat es sein System der Entdeckung und hat den systematischen Zusammenhang des Sinnes, des Wesens, der ein System der Entdeckung ermöglicht: Es hat deskriptive Einheit und bildet einen „einheitlichen Boden".

Demgemäß ist es nicht gleichgültig, wie es mit dem Recht der Meditation selbst und dem ihrer Systematik steht; und soll es also selbst absolut gerechtfertigt sein, wie ich es fordern muss, so ist notwendig die Methode des Zickzack: Ich finde absolut gerechtfertigte Prinzipien in einem naiv evidenten Verfahren und gehe dann zurück und rechtfertige durch sie die vorangegangene Meditation.

Es ist dabei wichtig zu beachten, dass die Meditation, indem sie Prinzipien ableitet, überführt in die Phänomenologie und von da in das System der apriorischen Wissenschaften. Vom Prinzip des *ego cogito* (das ja ein allgemeines Prinzip der Evidenz und seiner korrelaten Wahrheiten ist) kommen wir, wenn dazu treten die Prinzipien der Allgemeinheit, des gesamten Formallogisch-Noetischen, zur transzendentalen Phänomenologie. Wir gehen zur systematischen Deskription des universalen *ego cogito* selbst über, näher bestimmend und konstruierend, was im Rahmen dieser prinzipiellen Allgemeinheit notwendig liegt, das ist also Fortsetzung der Meditation. Wir können die Wissenschaft nur gewinnen forschend und in der Forschung prinzipiell systematisch vorgehend, methodisch. Also setzt sich die Meditation in der Methode fort, als universale systematische Methode des Entwurfs und der dann folgenden Durchführung der Phänomenologie und schließlich der Ontologie. Immerfort fragen wir: Wie haben wir vorzugehen? Und *universalis sapientia* gewinnen wir nur in einem methodischen Fragen, das die Allheit des Fraglichen im Blick hat und systematisch in den Einzelgriff bekommen will.

Es ist also alles Meditation *de prima philosophia*, und in einem ausgezeichneten Sinn, eben die erste Meditation des Anfangs und dann die erste Methodenmeditation des Entwurfs der Phänomenologie und dann die Meditation für die Systematik der auszuführenden Ontologien, während sich dann durch all diese Wissenschaft die besonderen methodologischen Meditationen durcherstrecken, die zu ihrer Sonderentwicklung gehören. Also nicht nur das Einzelverfahren muss adäquat sein; auch die Systematik muss adäquat gerechtfertigt sein, die universale Erforschung der Methode, welche Begründung der Systematik der Methode ist.

*

Wir vollziehen eine Kritik der perzeptiven und reproduktiven egologischen Erfahrung. Wir vollziehen in dieser Richtung Selbstbesinnungen und vollziehen darin ein Denken, ein allgemeines Beschreiben, ein Herausstellen von Wesenseigentümlichkeiten, Wesensnotwendigkeiten und -gesetzmäßigkeiten der egologischen Erfahrung speziell in der Richtung, herauszustellen, welche intentionalen Gehalte der Wiedererinnerung nicht negierbar sind als ursprünglich evidente und welche die Grenzen dieser apodiktischen Evidenz sind.

Also in diesen Selbstbesinnungen sehe ich, dass ich Ich bin, dass ich einen endlosen, wenn auch nur unvollkommen mir gegebenen Erlebnisstrom habe etc. Ich sehe es und sage darüber aus mit beschreibenden Ausdrücken und begründe es mit beschreibenden Wesenseinsichten. Ich sehe so, dass ich einen Boden habe für mögliche erfahrende Feststellungen über mein Ego.

Ich rechtfertige mein Vorgehen, meine Methode durch diese Besinnung. Das führt auf die Frage: Wie rechtfertige ich aber die Methode selbst, ihre Beschreibungen, ihre eigene Apodiktizität? Ist das nicht ein Zirkel? Nehme ich das Recht der Inanspruchnahme des egologischen Bodens nicht aus der allgemeinen Besinnung, also aus ihrem Recht? Wenn ich sie aber selbst rechtfertigen soll, kann ich da eben der Evidenzen entbehren, welche diese allgemeine Besinnung allein rechtfertigen konnte?

Ich könnte von den Besinnungsevidenzen über die Möglichkeit und Grenzen einer rechtmäßigen egologischen Erfahrung übergehen zu wirklicher Erfahrung und im Einzelfall, statt ihn durch die Besinnung und ihre Wesensgesetze zu rechtfertigen, selbst die Apodiktizität erproben und feststellen. Ich befolge die allgemein eingesehene Methode, ich nehme aber ihre allgemeine Zeichnung nur als Leitung, eben als Methode, und im Einzelfall richte ich den Blick der Leitung gemäß auf das Apodiktische, das da vorgezeichnet ist, stelle es aber in sich selbst fest als Apodiktisches.

*

1. Wegüberlegung, Besinnung über die Methode, über den möglichen Weg, wie zu apodiktischen Einsichten und zu einer apodiktisch begründeten Wissenschaft zu kommen.

2. Konstruktion eines solchen Weges in natürlicher Einsicht, ohne nach seinem Recht prinzipiell zu fragen. Gelingt das, gehe ich diesen Weg, und ohne alle Fragen nach seinem Recht, so erzeuge ich dabei schrittweise apodiktische Evidenzen. Diese vertreten sich selbst.

Die Evidenz der *meditationes* über eine *prima philosophia* ist Eines, und die Evidenz dieser *prima philosophia* ein Zweites, in den Meditationen Erzeugtes. Was ich dabei vor allem systematisch feststelle, ist eine Egologie, eine Lehre von der Evidenz usw. Jede Feststellung ist dabei apodiktisch evident begründet. Ob sie das ist, davon überzeuge ich mich hinterher, direkt an ihr, und eventuell erkenne ich ebenso, dass diese Evidenz allgemeinen Evidenzprinzipien entspricht, die ich in Allgemeinheit erkennen ⟨kann⟩ und naiv erkannt habe. Es ist eben jede Evidenz eigentlich zunächst naiv – und auch dies sehe ich als notwendig ein – und jede höhere Rechtfertigung Evidenz zweiter Stufe, die in zweiter Stufe wieder naiv ist, aber die erste Stufe besinnlich reflektiv rechtfertigt.

Noch deutlicher:

1. Meditationen über mein mögliches Verfahren, eine „Philosophie", zunächst eine „absolut begründete" Erkenntnis zu suchen und zu finden. – Frage der Evidenz dieser Meditationen, der Tragweite ihres Rechts.

2. Daraus geht hervor eine werktätige Feststellungsreihe, Prinzipien als Wahrheiten und als praktische Normen meines Verfahrens. – Frage nach der Evidenz dieser Prinzipien.

BEILAGE X (zu § 23):
Unterscheidung zwischen phänomenologischer oder transzendentaler Reduktion schlechthin und apodiktischer Reduktion[1]

Ich kann trennen: erstens den (cartesianischen) W e g z u r e r s t e n a p o d i k t i s c h e n F e s t s t e l l u n g und zur absoluten Zweifellosigkeit überhaupt, zweitens den (ebenfalls cartesianisch zu bezeichnenden) W e g z u r t r a n s z e n d e n t a l e n S u b j e k t i v i t ä t. Mag der Zweck des letzteren welcher immer sein, ich kann, D e s c a r t e s im wesentlichen folgend, zeigen, dass die einstimmig erfahrene Welt nicht zu sein braucht, während doch das Erfahrene selbst ⟨ist⟩ und ich, das Subjekt des

---
[1] 1922 oder 1923. – Anm. des Hrsg.

Erfahrens, bin, dass also die Gewissheit vom Sein meiner Subjektivität vom Nichtsein der Welt nicht betroffen ist. Independenz der Erfahrungen hinsichtlich ihrer Geltungen etc.

Also ich scheide erstens die phänomenologische Reduktion auf apodiktische Evidenz, zweitens die phänomenologische Reduktion auf die transzendentale Subjektivität, wobei also ungefragt bleibt, ob und inwieweit sie „absolut" evident ist. Dabei gewinne ich einen Kern eigentlicher Anschauung vom Ego und einen offenen Horizont (ganz so wie in der natürlichen Welterfahrung hinsichtlich der Welt). Wahrnehmungsmäßig gegeben ⟨ist⟩ die ursprüngliche wahrnehmungsmäßige Präsenzsphäre, den Horizont muss ich erst enthüllen, das ohne Frage nach apodiktischer Evidenz und ohne Frage, ob hinsichtlich dieser transzendentalen Selbsterfahrung irgendein Vorzug besteht gegenüber der natürlichen, äußeren Erfahrung. Ich kann dann deskriptiv vorgehen und auch Wesensdeskription vollziehen, Wesensnotwendigkeiten, Wesensmöglichkeiten etc. erwägen, das alles in einer gewissen Naivität. So gewinne ich eine apriorische Egologie und transzendentale Soziologie, natürlich auch eine Phänomenologie der Vernunft.

BEILAGE XI (zu den §§ 23, 28 b u. 39):
Zur universalen Kritik der reduzierten Erfahrung (der transzendentalen)[1]

⟨a)⟩ Zur Beschreibung des reduzierten *ego cogito*

Ich bin naiv erfahrend der Welt zu gerichtet. Ich reflektiere und klammere zugleich ein; dann habe ich 1. das „Phänomen" der Welt, die Welt in Klammern und die Welt im Modus der jeweiligen Erscheinungsweise, als so und so gemeinte erscheinend, so und so orientiert etc., und ebenso andere reine Erlebnisse. 2. Ich kann noch einmal reflektieren und jede Setzung eines immanenten Erlebnisses, z. B. des Phänomens der Welt einklammern. Dann habe ich z. B. als Phänomen gesetzt das „Erlebnis der Erfahrung", in welcher die Erfahrung aber eingeklammerte war und damit auch das Erfahrene, d. i. in welcher das Phänomen Welt gesetzt war. Ich habe also ein Erlebnis gesetzt, in dem ein Phänomen gegeben ist, und ein Phänomen, in welchem ein „‚Phänomen'" in zwei Anführungszeichen darinsteckt usw. Ich habe

---

[1] Wohl 1922. – Anm. des Hrsg.

ein *cogito*, dessen *cogitatum qua cogitatum* selbst wieder ein *cogito* ist, und eventuell so fort.

Auch das unter ihnen: 1. Ich habe ein engstes Apodiktisches, Undurchstreichbares der Immanenz, das *ego cogito* der Gegenwart mit dem Kulminationspunkt der absolut ursprünglichen Gegenwart, 2. darin eventuell eine Wiedererinnerung als immanente, auf meine Vergangenheit gerichtet, oder eine Vergegenwärtigungs„einfühlung", in der eine Wahrnehmung vergegenwärtigt ist, in dieser aber eventuell selbst eine Wiedererinnerung an eine andere Vergangenheit etc. Klammere ich ein, so habe ich in der gesetzten Gegenwart meinen Bewusstseinsstrom als Phänomen, darin aber im Einzelnen selbst wieder Strecken meines Bewusstseinsstroms als Phänomen in zweiten Anführungszeichen etc.

⟨b)⟩ Bedenken hinsichtlich der Tragweite der Apodiktizität des Ego

Wie haben wir nun weiterzugehen? Apodiktische Daseinsbehauptungen und auch in gewissen Maße Soseinsbehauptungen haben wir gewonnen. Aber langt das schon für eine Wissenschaft? Kann es von meinem Ego eine apodiktische Wissenschaft geben? Was können wir mit den apodiktischen Tatsachen der Sphäre des *ego cogito,* sagen wir jetzt der egologischen Sphäre, anfangen?[1] Sie umfassen nicht den ganzen phänomenologischen Bestand des Ego. Von dem müssen wir ja in der apodiktischen Reduktion sehr viel einklammern, obschon wir reiche Bestände zu behalten scheinen. Einklammern müssen wir die ganze egologische Zukunftssphäre. Mit dem Reich der Gegenwart und Vergangenheit aber hat es sein eigenes Bewenden. Wir wollen doch das zu dieser Sphäre apodiktisch Gehörige feststellen, was da ist. Das in der flüchtigen Gegenwart Erfasste wird unser Eigen durch das Vermögen, es festzuhalten und in wiederholenden Wiedererinnerungen als dasselbe zur Wiedergegebenheit zu bringen, und so ist es festgesetzte Vergangenheit. Sie ist das Reich des sozusagen Erledigten, des identifizierbaren Seins. Aber verfügt das Ego wirklich frei über seine Vergangenheit, ist alle Vergangenheit ihm zugänglich, kann es sich zur Aufgabe stellen, seine Vergangenheit zu fixieren und zunächst in Form der bloß erfassenden und fixierenden Erfahrung in das unendliche Reich der immanenten erledigten Zeit einzudringen? Der Wiedererinnerung haftet offenbar ein Moment der Zufälligkeit

---

[1] Aber eigentlich ist noch keine Frage zu stellen nach der Möglichkeit einer Wissenschaft. Was wirklich jetzt in Frage ist, ist, wie weit die Apodiktizität der transzendentalen Erfahrung reicht.

wesentlich an. Die Wiedererinnerung hat als Hintergrund das Reich der Vergessenheit, die leeren Hintergründe der Gegenwart.[1] Nur was von der Gegenwart her durch besondere Motivation ⟨in⟩ der Form der Assoziation zur Weckung kommt, kann wiedererinnert werden. Und so hängt es vom Gang der lebendigen Gegenwart ab, von der apodiktisch nicht beherrschbaren Zukunft, was in der versunkenen Vergangenheit zur Erweckung kommt. Freilich kann nun das Spiel der assoziativen Motivationen weitergehen. Die Wiedererinnerung vergegenwärtigt eine versunkene Gegenwart, in ihr selbst können Motive der Assoziation für eine andere versunkene Gegenwart liegen. Aber all diese Sprünge in die Vergangenheit decken nur Einzelheiten und einzelne Zusammenhänge auf. Weist man hin auf die Möglichkeit, jede eingetretene Wiedererinnerung in die Gegenwart überzuführen und andererseits selbst inhaltlich zur Klarheit dem immanenten Limes entgegenzuführen, so wissen wir, wie es damit steht. Die Möglichkeit braucht nicht zur Wirklichkeit zu werden, und die Willkür der Klärung und der fortlaufenden Erfüllung der Intentionen, also der Enthüllung der betreffenden Vergangenheitsstrecke bis zur Gegenwart, ist keine unbedingte. Eine Notwendigkeit besteht hier nicht, wie das Faktum lehrt, das Faktum der Unfähigkeit, volle Klarheit zu erzeugen, das schon unklar Aufgetauchte zur Anschaulichkeit, und gar vollendeten Anschaulichkeit, zu bringen. Die ideale Möglichkeit solcher Klärung und auch solcher willkürlichen Klärung besagt nicht das jederzeit frei verwirklichende Können der Herrschaft.

Dazu kommt aber noch anderes. Sowie ich auf alle Wirklichkeitssetzung verzichte in der egologischen Sphäre und mir das Reich der transzendierenden Wiedervergegenwärtigungen verschließe, kann ich doch identisch wiederholbare Selbsterfassungen finden oder eine Sphäre immanenter Objektivität, die sich jederzeit vertreten lässt durch absolut zweifellose Identifizierung und wiederholende Wiedererfassung.

Jede ausgeschaltete immanente Anschauung bietet bei Änderung der Einstellung Material für solche Wahrheiten. Nämlich was immer ich meiner Vergangenheit zumute, wie immer es mit dem Reich meiner immanenten Wiedererinnerungen stehen mag, was sie mir bieten, ist ein Feld von Möglichkeiten. Was immer als Wirklichkeit fraglich ist, ist, wofern es nur anschaulich gegeben ist, als Möglichkeit unfraglich. Die

---

[1] Ich kann eben nichts wiedererinnern wollen, was nicht schon „leer" als Ziel bewusst ist. Ich habe also das „Vermögen der Wiedererinnerung", aber kein unbedingtes Können, mich wiederzuerinnern, keine freie Herrschaft. Das Vermögen ist bedingt, an Voraussetzungen gebunden. Wenn ich schon Weckung habe, durch assoziative Retention, kann sich ein Streben nach Klärung, nach Herstellung einer „Wiederanschauung", auf das geweckte Leere richten, und tritt es ein, so in der Form des Gekannten.

Wiedererinnerungen mögen in ihrem Schwanken oder im Zweifelhaftwerden in verschiedene Fälle auseinandergehen – ich mag sie auch fingierend umgestalten –, jede besondere Gestalt ergibt als anschauliche eine neue Möglichkeit, miteinander streitende Wiedererinnerungen ergeben wiederstreitende Möglichkeiten, aber eben doch Möglichkeiten.

Doch wir müssen hier genauer überlegen. Phantasien sind schwankend in der Fülle ihrer Anschaulichkeit, wie sonstige Vergegenwärtigungen. Fingiere ich mir ein Ding in einer Gegebenheitsweise, in dem und dem perspektivischen Aspekt und mit einem zugehörigen Hintergrund, und zwar als immanentes mögliches Datum. Das kann unklar geschehen, und vielleicht gelingt mir eine entsprechende Klarheit. Ich habe dabei die Willensintention auf das Datum selbst, das da vielleicht zunächst ganz leer oder recht leer vorstellig ist oder relativ klar und doch noch unbefriedigend. Ich habe ein Phänomen, das sich noch als unerfülltes darstellt; die Gegenständlichkeit ist „nebelhaft" gesehen, noch nicht als sie selbst. Natürlich handelt es sich um ein Quasi-Selbst, und die Vorstellung ist Quasi-Wahrnemung. Die Intention geht auf Herstellung des Quasi-Selbst, das als solches zugleich selbst etwas ist, nämlich eine singuläre Möglichkeit, und die Intention ist dabei wirkliche Intention des wirklichen Ich. Nun könnte man sagen: Woher weiß ich, dass bei dem Schwanken der Klarheit wirklich dasselbe mir erscheint genau als dasselbe? Hier lautet die Antwort: Das einzige, was ich fordern kann, ist, was hier statthat: identifizierende Erfüllung. Nun kann es ja sein, dass solches statthat und ich doch sage, es ist eine Wandlung eingetreten. Dann merke ich eben, dass die Identifizierung keine reine war, dass etwa nähere Bestimmungen oder Wandlungen eintreten, die eben früher nicht mit „intendiert" waren. So wenn ein ruhend unverändertes Ding bzw. seine Gegebenheitsweise intendiert war und nun Wandlungen eintreten, die nur die Intention auf Veränderung, und gerade diese, erfüllen konnten. Aber kann ich je einer totalen Identifizierung gewiss werden – gewiss, dass nicht einzelne intentionale Komponenten sozusagen umgebogen wurden und statt ihrer anderes in die Erfüllung eingelegt wird, was eigentlich nicht intendiert war? Natürlich, „nähere Bestimmung" schließe ich aus. Doch ist das nicht ein bloßer Spezialfall des Schwankens und Fließens der „Sinnlichkeit", wie der äußeren, so der inneren?

BEILAGE XII (zu §§ 23 u. 27):
Apodiktizität – Adäquation. Kritik der Apodiktizität
und Adäquation[1]

Machen wir folgende Überlegung in Anknüpfung an die subjektive Erkenntnis des „Ich bin".[2] 1. Die Selbsterfahrung des „Ich bin" ist zunächst eine Erfahrung wie eine andere. Bezeichnen wir diese Erfahrung als „apodiktisch", so liegt darin: Die Unmöglichkeit meines Nichtseins (die Unmöglichkeit einer Modalisierung des Seins) ist eine adäquat zu erschauende Unmöglichkeit. „Ich kann jederzeit an einer Erfahrung ‚Ich bin' diese Apodiktizität erschauen, ich kann jederzeit die entsprechende Denkaktion als adäquat erschauen, die Unmöglichkeit meines Nichtseins vollziehen."[3]

2. Es ist zu beachten, dass ein Bewusstsein v o n einer Apodiktizität, und zwar auch ein selbstgebendes, einsehendes, inadäquat sein kann. Jedermann, der einsichtig aussagt: „Es ist undenkbar für mich, dass ich nicht sei! Ich bin, und bin notwendig", hat eine inadäquat gegebene apodiktische Notwendigkeit bzw. Unverträglichkeit, nämlich wenn er diese Aussagen geradehin macht in Bezug auf sein natürliches Ich.[4] Jede so ausgesagte apodiktische Aussage untersteht der kritischen Frage: Wie weit reicht die apodiktische Notwendigkeit, w a s daran ist notwendig? Es bedarf der Reduktion auf den Gehalt r e i n e r Notwendigkeit, also auf dasjenige im „Ich bin", das nichts in sich fasst, was nicht als apodiktisch notwendig seiend erschaut werden kann.

Eben darum, weil ich als reines Ich wahrhaft, und nach allem, was darin beschlossen ist, apodiktisch notwendig bin, hat die natürliche empirisch reale Setzung „Ich bin, ich dieser Mensch" „etwas von Notwendigkeit", von Apodiktizität, wodurch sie sich gegenüber jeder anderen Erfahrung bzw. Erfahrungsaussage, für die ähnliches nicht gilt, auszeichnet.

Eine reine Apodiktizität ist also eine kritische Leistung, ein kritisches

---

[1] Wohl Herbst 1925. – Anm. des Hrsg.

[2] Vgl. das „Resultat" am Schluss II ⟨S. 403,8 ff.⟩.

[3] Ich kann mir (ungleich der Dingerfahrung) meine Selbstwahrnehmung und Selbsterinnerung zwar anschaulich fortgeführt denken, aber nie so, dass sie mein Sein und Gewesensein aufhebt und jede Selbstwahrnehmung, die ich mir als möglich anschaulich mache, zeigt mir wesensmäßig die Unmöglichkeit der Aufhebung derselben durch neue oder fortschreitende Selbsterfahrung. Eine beliebige Zukunftserfahrung von mir impliziert Gegenwartserfahrung und kontinuierliches Fortleben.

[4] Diese Inadäquation der Erfahrung v o n der Apodiktizität besteht also in einer Beimischung von nichtapodiktischen Mitsetzungen.

Gebilde, das sich auf dem Grunde adäquaten Erschauens vollzieht bzw. in einem adäquaten Erschauen von einer Apodiktizität mündet als der „reinen". Vor der Kritik und diesem Resultat liegt das Erschauen der unreinen, kritisch unausgewerteten Apodiktizität: als Phänomen.[1] Denn dieses Erschauen wird zu Zwecken der Kritik reduziert auf ein adäquates Erschauen des „bloßen Phänomens", der natürlichen Apodiktizität. Die S e t z u n g wird eingeklammert, der Satz wird zum Satz in Anführungszeichen, er ist nicht mehr Urteil schlechthin. Den Satz „Ich bin" klammere ich dabei nicht ein, sondern nur die Meinung der Apodiktizität dieses Satzes, denn nur diese Meinung soll kritisiert werden. Dann sehe ich aber zu, was in meinem Sein und Leben den Charakter der Apodiktizität wirklich hat und begründet.

Doch kann ich sogleich das ganze „Ich bin" und die Erfahrung „Ich bin" einklammern und fragen: Wie steht es mit meiner Erfahrung von diesem „Ich bin"? Ich finde, dass ich, während die Erfahrung fortläuft, sie nicht durchstreichen kann, ich erfasse den Charakter der Apodiktizität (und reflektiv dann eben so, dass ich ihn nicht durchstreichen kann), ich sehe dann zu, was im Gehalt des „Ich bin" seinerseits undurchstreichbar ist. Natürlich reduziere ich zunächst auf die Wahrnehmungsgegenwart, um zunächst für die Selbstwahrnehmung zu reduzieren, was von mir „wirklich" wahrgenommen und was davon also zugleich apodiktisch gegeben sein müsste. Oder gleichwertig: Frage ich nach dem wirklich von mir Wahrgenommenen und reduziere ich darauf, so ergibt der Übergang in die Frage der Apodiktizität und der Vollzug dieser Apodiktizität, dass, was von mir wirklich adäquat wahrgenommen ist, undurchstreichbar als zu mir jetzt seinsmäßig gehörig gegeben ist.[2] Undurchstreichbarkeit ist also eine Probe.

Ferner, meine adäquate Gegenwart enthält einen Meinungsgehalt hinsichtlich meiner lebendigen Vergangenheit, und ⟨diese ist⟩ als gegenwärtige Meinung natürlich zum adäquaten Gehalt gehörig, zum apodiktisch Gegebenen. Dieser Meinungsgehalt ist enthüllbar, und ich kann wieder zusehen, was von dem Gehalt als lebendiger frischer Erinnerungsgehalt

---

[1] Aber allgemeiner kann man offenbar sagen: Jede Apodiktizität, die als bloß naiv-evidente gegeben ist, bedarf der Reduktion auf ihren adäquat-apodiktischen Gehalt, und das ist Kritik der Apodiktizität.

[2] Hier scheint Reduktion auf wirkliche Wahrnehmung gleichgesetzt mit Reduktion auf das adäquat Gegebene. Ich müsste beifügen, dass die Evidenz eben eine „adäquate" ist, und das sagt: Das wirklich Wahrgenommene ist hier nicht wie bei der äußeren Wahrnehmung eine Wahrnehmung durch Perspektiven, sondern eine solche eines absoluten (nackten) Selbst. Der Ausdruck „Adäquation" ist aber unpassend, weil es so scheint, als ob j e d e Wahrnehmung für ihren Gegenstand adäquat gemacht werden könnte.

adäquat gegeben ist, wiefern die frischen Vergangenheitsintentionen adäquat erfüllt sind. Soweit sie das tun (und ich kann darauf reduzieren), soweit ist auch Apodiktizität erschaubar: das adäquat Erinnerte von mir, das retentional noch lebendig ist. Nicht so eine ferne Erinnerung; immerhin, als gegenwärtige Fernerinnerung habe ich etwas adäquat und apodiktisch, sofern sie Erfüllung ist. Wie weit, das ist reduktiv-kritisch zu bestimmen.

Resultat: Jede Selbsterfahrung als Erfüllung hat einen apodiktischen Gehalt. Es geht hier also Adäquation der Apodiktizität voran. Dem Begriff der Adäquation wieder geht voran der Begriff der Selbstgebung, der Evidenz im ersten Sinne. Adäquation ist Produkt einer Kritik der Selbstgebung. Diese Kritik ihrerseits ist aber selbst eine apodiktische.[1] Was hier ausgeführt wurde für das „Ich bin", gilt offenbar in ähnlicher Weise für jede Kritik einer Evidenz.

1. Reduktion einer Wahrnehmung bzw. Erfahrung auf reine Selbstgebung in der äußeren Erfahrung. Da reduziere ich auf die Teile und Momente des Gegenstandes, die aus seinem gesamten wahrnehmungsmäßig Vermeinten zu „eigentlicher" Wahrnehmung kommen. Aber diese „eigentliche Wahrnehmung" ist perspektivische Wahrnehmung und als das präsumtiv setzende, die durch die Perspektive hindurchmeint und doch nicht leer meint. Aber das Gegenständliche selbst ist immer wieder nur, wenn wir der Erfüllung nachgehen, perspektivisch Wahrgenommenes, und zudem gehören zu den Perspektiven relativierende andere mitbewusste, obschon nicht speziell gemeinte Voraussetzungen. Auch bei einer beliebig weit geführten Synthesis zur Einheit einer synthetischen Wahrnehmung komme ich nie zu einem „nackten", unverhüllten Selbst. Also passt nicht einmal das Wort „Verhüllung" (als ob es ein Unverhülltes in der Erfahrung geben könnte), geschweige denn der Ausdruck „inadäquat", der es erwarten lässt oder als Möglichkeit offen lässt, dass ein äußerer Gegenstand (und so jeder Gegenstand) ohne Perspektiven gegeben sein könnte. Es geht also nicht an, die Wahrnehmungen in verhüllte und nackte oder inadäquate und adäquate einzuteilen, die Ausdrücke sind irreführend. Wir können nur sagen: absolute oder nichtperspektivische (einen Gegenstand präsumtiv meinende) Wahrnehmungen und perspektivische Wahrnehmungen.

2. Das überträgt sich von der Wahrnehmung auf die Wiedererinnerung und sonstige positionale Abwandlungen der Wahrnehmung (auch alle Neutralitätsabwandlungen dieser Positionalitäten). Obschon hier die Verhüllungen der Klarheit in Frage kommen, so bleibt doch der Unter-

---

[1] Diesen Satz hat Husserl später mit einem Fragezeichen versehen. – Anm. des Hrsg.

schied, dass z. B. der Limes der Klarheit für äußere Erinnerungen die erinnerungsmäßige Vergangenheit als Selbsthabe eines perspektivisch Erscheinenden liefert, während bei immanenten Gegenständlichkeiten an dessen Stelle ein absolutes Selbst tritt.[1]

3. Sollen wir die Rede von Adäquation überhaupt weiter festhalten? Passend ist sie a) als „Adäquation" von puren Aussagebedeutungen oder vielmehr ⟨Adäquation⟩ der leer oder rein gefassten Bedeutungsintention entsprechende kategoriale Anschauung oder besser an das entsprechende anschauliche Meinen und das darin Selbstgegebene als solches. Es bedarf hier der Kritik, die ausweist, ob diese Angleichung eine vollkommene ist, und das sagt, sie muss die kategoriale Erfahrung reduzieren auf ihren reinen Erfahrungsgehalt und in diesem muss die aussagende Intention sich erfüllen in vollkommener Anmessung. b) Jederlei Meinen, auch jederlei erfahrendes Meinen lässt sich (wenn sie nicht immanente ⟨ist⟩) „anpassen" an entsprechend erfüllende Erfahrungen; und auch hier kann man die erfüllende auf ihren reinen Erfahrungsgehalt reduzieren und zusehen, ob das intendierende Meinen sich genau anpasst. Also kann man von Adäquation sprechen. Die Erfüllung ist dann für keine äußere Erfahrung adäquat. Wir nennen dann also nicht eine Erfahrung selbst adäquat, sowenig wir eine aussagende Meinung adäquat nennen, sondern die erfüllende Anpassung ist adäquat bzw. die Erfüllung kann adäquat heißen. In diesem Sinn ist Adäquation eine Handlung und Adäquatsein ein Ergebnis, dessen es bei jeder Erkenntniskritik, und zwar als Kritik der Apodiktizität, bedarf.

Zu bemerken ist noch für eine Kritik der Erfahrung, dass ihre Bestätigung sich in Anpassung, in Adäquation zu vollziehen strebt; und wo im Sinne der Erfahrung ein erfahrender Vorgriff auf ein Optimum (wie in aller „perspektivischen" Erfahrung, was wohl ein eindeutiger Ausdruck ist als Selbstdarstellung oder Selbsterscheinung) liegt (und zwar in ihrem eigentlichen Erfahrungsgehalt), da ist dieses Optimum herzustellen, und wir können also noch als dritten Punkt dann hervorheben und sagen: Bewahrheitende Adäquation fordert nach Angleichung der aussagenden Intention an die reine Erfahrung zu einer weiteren Adäquation an das in dieser Erfahrung vorgemeinte Telos, das Optimum ⟨auf⟩, das freilich seine unenthüllte Relativität hat, so dass ich damit nur für die relativen Erkenntnisziele des praktischen Lebens im Endlichen frei werde.

1. Evidenz im ersten Sinne ist „Erfahrung", „reine Evidenz", (auf das eigentlich Erfahrene reduzierte) reine Erfahrung. Eine Evidenz lässt sich

---

[1] Das ergibt auch einen reichen Begriff von reiner Erfahrung, nicht als unperspektivische Erfahrung, sondern als auf ihren eigentlichen Erfahrungsgehalt reduzierte Erfahrung.

steigern, wenn sie synthetisch überzuführen ist, und eventuell kontinuierlich, in die Einheit einer synthetischen Erfahrung, in die der reinen Evidenzgehalte oder Erfahrungsgehalte, sich, und eventuell stetig, steigert bzw. erweitert – in Bezug auf denselben Erfahrungsgegenstand.

2. Evidenz im zweiten Sinne, als ursprüngliche Begründung im gewöhnlichen Sinne der Wissenschaft, ist Erfahrung der Adäquation des theoretisch Gemeinten an die selbstgebende und erfüllende „Erfahrung", bzw. Erfahrung der Erfüllung, des Stimmens.

3. Voll zureichende Evidenz nach Kritik der Tragweite und eventueller Vervollkommnung durch Zuzüge und synthetische Akte. Reduktion auf apodiktische Evidenz, die selbst auf absolute Evidenz, auf den absoluten Boden gestellt ist.

BEILAGE XIII (zu § 23):
Rechtfertigung und ihre Stufen[1]

a) Stufen der Rechtfertigung. Ich rechtfertige mein Urteil, meine Meinung; dazu kann man auch rechnen: Ich reflektiere zunächst über ihren Modus als Meinung und finde ihre Verworrenheit. Ich übe Kritik und verwandle sie in eine deutliche und fixiere sie: „Das ist meine Überzeugung", also ich brauche darum kein „neues" Urteil zu bilden, sondern in meiner Vagheit meine schon mir eigene Überzeugung „präzisieren", „herausfinden" und diese der weiteren Kritik zugrundelegen. Aber die zu rechtfertigende kann von vornherein auch ein Deutliches und selbst Evidentes sein. b) Subjektive und objektive Rechtfertigung. Rechtfertigungen sind notwendig solche für mich und vor mir selbst. Ich rechtfertige mich als Urteilenden vor mir selbst oder – kommunikativ – vor Anderen. Ich begründe mein Urteil in meiner subjektiven Sphäre, ich rechtfertige es „objektiv", als ⟨eines⟩, welches wir intersubjektiv begründen können.

1. Die natürliche Rechtfertigung der Meinungen durch Erfahrungen und der Erfahrungen, soweit sie selbst Vormeinungen sind, durch weitere erfüllende Erfahrung. Aller Rechtfertigung voran liegt eine Voraussetzung: die Generalthesis. Im Übrigen kann ich auf diesen Boden allgemein reflektieren über den Unterschied von blinden Meinungen und bewährten Meinungen, über Bewährung und Evidenz etc. Das natürliche Prinzip voraussetzungslosen Erkennens ⟨lautet⟩: „Keine Erkenntnis ist echte Erkenntnis, solange sie ein verborgenes Präjudiz in

---
[1] Wohl Herbst 1925. – Anm. des Hrsg.

sich schließt, eine ungeprüfte und vorläufig nicht eingeklammerte Voraussetzung." Dieses Prinzip ⟨steht⟩ aber auf dem Boden der Generalthesis.

2. In der transzendentalen Sphäre habe ich die universale Voraussetzung der natürlichen, die Thesis der Welt, eingeklammert. Ich verfahre in dieser Hinsicht voraussetzungslos, solange ich rein transzendental erfahre und denke (transzendentale Rechtfertigung). Aber ist das transzendentale Erkennen voraussetzungslos? Bedarf es nicht auch der Kritik? Zweite, transzendentale Generalthesis: Ich bin, ich, das konkrete Ich, während die ganze Welt, also auch ich als Mensch, eingeklammert ist. – Ein neues Universum.

Die apodiktische, spezifisch erkenntniskritische Reduktion, welche das „Ich bin" kritisch einklammert als etwas, das erst in Endgültigkeit zu begründen ist (= apodiktische Rechtfertigung der höheren, transzendentalen Stufe), und zunächst in seiner Ichgültigkeit für mich. Was bin ich? Hier in der transzendentalen Sphäre ist die Frage: Was muss ich für jede egologische Feststellung, die soll apodiktisch gelten können, voraussetzen, was ist überall apodiktisch vorausgesetzt, damit anderes egologisch-apodiktisch gesetzt sein kann? Das Ich als konkretes ist jetzt kritisches Thema. Es ist erfahren, aber wie sich sogleich zeigt, nicht adäquat, sondern mit offenem Horizont erfahren, also nie in seiner Konkretion eigentlich gegeben. Was ist zunächst und eigentlich gegeben? Das Ich in einer Reduktion auf die Gegenwart und jedes abzuhebende Gegenwartserlebnis, reduziert auf das rein Gegenwärtige, und zwar auf das strömend Gegenwärtige und eventuell seine darin konstituierte Einheit – von diesem apodiktisch absolut Nahen und auf seinem Grund, unter seiner Voraussetzung ⟨führt⟩ der Weg zu den weiteren Apodiktizitäten für mich, dieses absolute und reduzierte Ich. Das Ich kann immer wieder die Apodiktizität einsehen. Ich kann den Glauben nicht aufheben.

Perspektivische Kritik der transzendentalen Erfahrung – perspektivistische Erkenntnistheorie, vom absolut Nahen und selbst Absoluten zum Ferneren und Fernsten fortschreitend. Auch der Gang der natürlichen Erkenntnis ist, und ist wesensmäßig perspektivisch. Vom Nächsten (Wahrgenommenen) zum Ferneren und Fernsten. Durch Überführung der natürlichen Welt ins Transzendentale vollzieht sich aber in dieser Korrelatfassung mit Mitfassung des Konstitutiven eine Reversion zu den „Anfängen" der natürlichen Erkenntnis und zu einer letzten Rechtfertigung wie neuen Begründung der Wissenschaften von der natürlichen Welt.

BEILAGE XIV (zu den §§ 24 u. 25):
⟨Intersubjektivität und Weltkonstitution in⟩ statische⟨r⟩
und genetische⟨r⟩ Analyse[1]

1. Gewisse Dinge, als solche gegeben in ursprünglicher Erfahrung, werden nicht nur als Dinge, sondern als animalische und menschliche Leiber „wahrgenommen". Ich, der Erfahrende, nehme ein einziges Ding als „m e i n e n" Leib wahr. Ich nehme gewisse sonstige Dinge als „fremde Leiber" wahr.

Probleme: a) Welche Struktur hat wesensmäßig die Wahrnehmung „eigener Leib" und die Wahrnehmung „ich als konkrete menschliche Person"?

b) Welche Struktur hat ferner wesensmäßig die Wahrnehmung „fremder Leib" und „fremder Mensch"? Welche Wahrnehmungszusammenhänge (Synthesen) konstituieren wesensmäßig die betreffende daseiende Identitätseinheit in kontinuierlicher Selbstbestätigung (von a und b)?[2]

2. Dazu die genetisch-phänomenologischen Probleme: Wie wird in der Entwicklung der transzendentalen Subjektivität das W e r d e n der statischen, in fester Habitualität bereitliegenden Wahrnehmungsart (Apperzeption) eigener Leib, ich, der Mensch, fremder Leib und fremder Mensch verständlich? Die „K o n s t i t u t i o n" des Wahrnehmungsgegenstands, die Aufklärung der Struktur der Wahrnehmungsmannigfaltigkeit, die ihn als wahrnehmungsmäßig daseienden (oder als Gegenstand möglicher Wahrnehmungen) ausweisen, ist das P r o b l e m d e r s t a t i s c h e n A n a l y s e. Das S t a t i s c h e hierbei ist, dass hiermit ein wie immer in der „Historie" des Ich Gewordenes, eine f e s t g e b i l d e t e H a b i t u a l i t ä t und eine zu ihr gehörige Wahrnehmungsart, Art der Apperzeption, beschrieben wird. Die genetische Analyse ist die verstehende Aufklärung der genetischen Konstitution, d. i. der Konstitution dieser Konstitution, der Genese der betreffenden Habitualität und habituellen Apperzeptionsart.

3. Die apperzipierende Subjektivität ist hierbei die selbst, und bewusstseinsmäßig, vermöge vorgebildeter Habitualität oder Apperzeption gegebene leiblich-menschliche Subjektivität, deren Konstitution also selbst erforscht werden muss, und sie ist dann notwendig personales Subjekt einer realen Umwelt, deren Konstitutionsprobleme auch, soweit zunächst die Fragen fremder Subjektivität und Leiblichkeit außer Spiel bleiben können, mitbehandelt sein müssen.

---

[1] 1922/23.

[2] Die ganze Fragestellung also zunächst auf dem natürlichen Boden und phänomenologisch-psychologisch.

Ist das Problem der verstehenden Aufklärung der Fremdwahrnehmung gestellt, so geschieht das von vornherein in der Weise: Ich, der ich Mensch bin mit einem Menschenleib, nehme andere Menschen wahr, oder wenn nicht andere Menschen (etwa vermeinte „Geister"), so andere
5 personale Subjekte (in der Meinung, dass solche möglich sind ohne Leiblichkeit). Also allgemein: Ich als personales Subjekt einer Umwelt nehme in der Umwelt andere personale Subjekte wahr. Welche Wesensstrukturen hat solch eine Wahrnehmung, welche muss ich selbst haben, damit eine solche Wahrnehmung möglich ist? Das sind Probleme, die
10 natürlich zur apriorischen Psychologie (bzw. apriorisch-phänomenologischen Psychologie) gehören.

Die Probleme 1 und 2 kann ich mir gestellt denken auf dem Boden der transzendentalphänomenologischen Reduktion. Frage ich nach der Struktur der Wahrnehmung „eigener Leib" und „ich als konkrete
15 menschliche Person", so habe ich als exemplarischen Ausgang meine transzendentale Subjektivität als die faktische, in der dieses Weltall erfahren ist, und darin erfahren: ich als konkrete menschliche Person mit ihrem Leib. Es ist dann die Frage, welche eidetischen Abwandlungen, wenn ich zum eidetischen Typus „eigener Leib" und „eigene Person"
20 übergehe, die transzendentale Subjektivität ermöglicht und andererseits, was eidetisch notwendig davon verbleibt.

Es ist einzusehen, dass Leib und Person eine raumzeitliche Welt fordern und dann wohl auch umgekehrt. Jedenfalls haben wir die universalen Probleme der statischen Phänomenologie: die Konstitution eines
25 Weltalls nach dem „natürlichen Weltbegriff" mit allen dazu notwendig gehörigen Gegenstandsregionen oder mindestens möglichen. Ich finde im Einzelnen eine gewisse Unselbständigkeit. Verfolge ich ihre Konstitution (wie für materielles Ding, Leib, seelische Natur, Person – die auch ihre induktive „Natur" hat –, personale Gemeinschaft, Kulturregionen),
30 so sehe ich das materielle Ding verflochten mit Leiblichkeit und mit Seelischem. Fraglich wird, ob dann notwendig eine Personalität mit da sein muss oder sich im Strom der Entwicklung entwickeln muss, und so höher hinauf. Zunächst kann ich statisch die vorhandenen Typen, die jedenfalls vom Faktum her als Möglichkeiten gegeben sind, konstitutiv
35 betrachten und eventuell da neue Möglichkeiten konstruieren, z. B. von sozialen Gestalttypen, Gemeinschaftsformen etc. Die statische Analyse ermöglicht erst die genetische, die Aufklärung eben der Genese der betreffenden statischen Gebilde.

Da stehen wir also durchaus in der Problematik der natürlich vorgege-
40 benen Welt und ihres ont⟨ischen⟩ sowie konstitutiven Wesenstypus. Die Statik ist Statik der vorausgesetzten festen regionalen Gestalten. Anstatt

uns, wie in der statischen Analyse, ontologisch zu binden, also an Einstimmigkeit bzw. wahres Sein, können wir die transzendentale Subjektivität und das transzendentale Leben, das im Ausgang ein Weltleben sein sollte, frei variieren. So stehen wir in einer freien Eidetik der transzendentalen Subjektivität und gehen von exemplarischen Gestaltungen des *ego cogito* aus, die, mögen sie wie immer Gestaltungen eines weltbezogenen Bewusstseins sein, eben in völlig freier Variation betrachtet werden. Erst dann ergeben sich die Probleme der ontologischen Bindung im Rahmen der Phänomenologie der Vernunft, d. i. eben der Phänomenologie der teleologischen Bindung der transzendentalen Subjektivität durch Ideen der Vernunft.[1] Innerhalb d i e s e r Sphäre haben wir also die Scheidung zwischen den s t a t i s c h e n Problemen, denen der Konstitution von wahrhaft seienden Gegenständlichkeiten als Ideen von realen und idealen Welten, und den Problemen ihrer möglichen G e n e s i s in einer Subjektivität bzw. Intersubjektivität. Andererseits haben wir die transzendentale Subjektivität überhaupt als für sich selbst seiende von einer notwendigen universalen Form: dafür schon ein Konstitutionsproblem und das entsprechende Problem der universalen G e n e s i s. Allgemeine Strukturlehre als E l e m e n t a r lehre, und Elementarlehre der Genesis.

Das ist doch nicht ganz richtig ausgeführt! Der Anfang ist das weltbezogene Ich in weltbezogener Gemeinschaft. In der phänomenologischen Reduktion reduziere ich auf die transzendentale Subjektivität und habe zunächst das *ego – cogito – cogitata*. Unter den *cogitata* treten dann auf Dinge, Menschen, Sozialitäten etc., aber noematisch, so wie sie in den jeweiligen Akten und Aktsynthesen in Anführungszeichen bewusst sind. Aber immerhin, es sind in der Genese erwachsene besondere Apperzeptionen. Dazu kommen nun die immanenten Apperzeptionen: Ich reflektiere, und statt schlechthin z. B. wahrzunehmen, mache ich eben die Wahrnehmung (die Dingapperzeption im Urmodus) zum Gegenstand, und reflektiere ich wieder, so erfasse ich das transzendentale Wahrnehmen vom Dingwahrnehmen und unterscheide also immanentes Wahrnehmen und transzendentes Wahrnehmen (die verschiedenen regionalen Gegenstandsgestalten).

Gewinne ich das Reich der transzendentalen Erfahrung oder besser das transzendental-egologische Reich von Gegenständen, das in immer neuer Reflexion eben auch die Reflexionen, die transzendentalen Wahrnehmungen und sonstigen transzendental gerichteten Akte umspannt, so kann ich hier in freier Variation die allgemeinsten Formtypen unterschei-

---

[1] Das ist nicht reinlich durchdacht; cf. folgendes Blatt ⟨S. 409,20 – S. 410,18⟩.

den, ohne die kein Bewusstsein überhaupt möglich ist und keine ichliche Subjektivität überhaupt (keine Monade, kein Monadenall).

In der Statik – die Konstitution einer möglichen wirklichen Welt. Das führt auf die Analyse der in dieser Synthese vereinigten Apperzeptionen, also „statische" Analyse der festen Apperzeptionen. Aber die Möglichkeiten der Unstimmigkeit, der Modalisierungen. – Ich analysiere statisch die universale Welterfahrung als Erfahrung, in der sich eine einstimmige Welt konstituiert inmitten von Vorkommnissen der Unstimmigkeit und Korrektur. Das alles ist statisch. Die Elementaranalyse führt dann aber auf Zeitbewusstsein, auf Assoziation, Weckung von Reproduktionen, auf Urstiftung etc. Statt unter dem Gesichtspunkt der festen Apperzeptionen und der Ideen ihre einstimmigen Wirklichkeitskonstitutionen, -strukturen aufzuweisen, betrachte ich nun frei variierend im Elementaren bzw. in den beliebig genommenen Erlebnisgestalten (ohne an ihre konstitutive statische Typik mich zu binden) die Notwendigkeiten des Werdens, und zwar die allgemeinsten, und dann die Notwendigkeiten des Werdens konstitutiver Gestalten, wieder unter dem Gesichtspunkt der vorausgesetzten konstituierten Gestalten und ihrer Typen.

BEILAGE XV (zu § 27):
Wie Apodiktizität zu Adäquation sich verhält[1]

Überlegen wir nun aber, wie Apodiktizität zu Adäquation sich verhält. Apodiktisch evident gegeben ist eine Gegenständlichkeit, wenn ich, sie erschauend und als selbstgegeben-seiend erfahrend, zugleich erschauen kann, dass für dieses so Gegebene das Nichtsein schlechthin ausgeschlossen ist. Nicht nur, dass ich glaubend nicht nicht glauben kann, wie selbstverständlich, sondern ich kann für dieses so Gegebene nicht die Möglichkeit zulassen, dass sie vorher oder nachher in modalisierter Weise in gleicher Weise angeschaut werden könnte. Eine solche Möglichkeit ist unvollziehbar. Der Ansatz des Nichtseins oder Zweifelhaft-Seins ist unausdenkbar. Heißt das nicht, dass, was ich jetzt so erfasse, nachkommend wieder ebenso erfassbar sein kann, an jeder Zeitstelle, in der ich erfassen wollte und frei könnte, und dass ich mir das Anderssein und Nichtsein an keiner Stelle fingieren kann?[2]

Ist aber nicht zu scheiden: Apodiktische Überzeugung vom Sein und

---

[1] Wohl Herbst 1925. – Anm. des Hrsg.
[2] Das passt aber nicht auf das „Ich bin" des Moments.

solche vom Sosein? Apodiktisch gewiss bin ich jeweils vom Seienden, und dass es nicht nicht sein kann aufgrund seiner Gegebenheitsweise. Aber ich kann davon überzeugt sein, ohne dass ich von seinem Sosein ebenso apodiktisch überzeugt bin.

Im Falle der empirischen Erfahrungsgegebenheit als purer Gewissheit habe ich empirische Zweifellosigkeit, und da kann ich auch zweifellos sein in Bezug auf Sein, während ich zweifelhaft geworden bin in Bezug auf sein Sosein. Zweifellos bleiben und sein bezüglich des Wirklichseins ist aber untrennbar von der Zweifellosigkeit eines gewissen Gehalts des als existierend Zweifellosen. Dass es ein Ding ist, räumliches, dass, wenn auch die Gestalt in ihrer Bestimmtheit zweifelhaft wird, doch eine Gestalt, eine nun noch unbekannte in Wahrheit ist, ebenso eine Farbe etc., das bleibt in der Zweifellosigkeit eingeschlossen.

Ebenso im Fall apodiktischer Zweifellosigkeit. Das Erfasste kann in „absoluter" Zweifellosigkeit erfasst sein, apodiktisch, und doch kann der Sinngehalt, Bestimmungsgehalt dieses Seienden zweifelhaft sein: er ist nicht vollkommen bestimmt gegeben, er ist vielleicht in weitem Ausmaß präsumtiv gegeben, ohne die Apodiktizität zu stören.

So nicht bei apodiktischen Wahrheiten im gewöhnlichen Sinn. Sie sind ganz und gar nach ihren Substratbestandstücken und nach den ausgeformten Sachverhalten (Allgemeinheits- und Notwendigkeitsverhalten) adäquat gegeben, absolut bestimmt; die Unbestimmtheit der Variabilität ist eine Bestimmtheit des Allgemeinheitsverhalts. Eine auf freie Variabilität bezogene Wahrheit ist absolut bestimmt, und die Apodiktizität umfasst das Gesamt-Was des Gegebenen.

Anders steht die Sache für das „Ich bin". Indem ich mich evident vorfinde, finde ich mich mit einem unendlichen Horizont der Bestimmbarkeit vor. Das „Ich bin", ich als Subjekt eines Lebens mit unendlich offenem Horizont, ist apodiktisch, aber sofort wäre die Apodiktizität verletzt, wenn ich irgendeinen empirischen Gehalt an kommendem Leben in individueller Bestimmtheit mitnehmen würde. Apodiktisch ist aber der „Stil" des Lebens, das eingeborene Apriori etc. Die Reichweite der Apodiktizität muss erst durch Kritik herausgestellt werden.

Ein eigener Typus bedarf der Untersuchung: die apodiktische Evidenz des Seins von Ideen und Idealem, von Gegenständen, die Unendlichkeiten als möglicherweise konstruierbar enthalten. Das spielt schon beim „Ich bin" eine Rolle. Unendlichkeit der Zahlenreihe.

BEILAGE XVI (zu § 28 a):
Evidenz der Wiedererinnerung hinsichtlich des
Klarheitsgehalts und seiner Grenzen[1]

Evidenz der Wiedererinnerung hinsichtlich des Klarheitsgehaltes und seine⟨r⟩ Grenzen. Evidenz der Aussagen über zeitliche Daten – insbesondere transzendentale Daten als Innenwendung äußerlich erfahrener.

Die Wiedererinnerung auf dem Untergrund der Retention: Im Grunde ist jede Wiedererinnerung auf diesem Grund erbaut. Aber Wiedererinnerungen können gebaut sein erstens auf dem Fernhorizont (Fernfeld) der Retention oder zweitens auf dem Nahfeld oder besser der Nahsphäre der Retention, das ist die Sphäre differenten Verbleibens im ursprünglichen Gegenwartsfeld, indem noch drittens ein engstes Feld anschaulicher Gegenwart ist mit dem Grenz„punkt" des Jetzt, der Urimpression.

Eine Wiedererinnerung expliziert eine differente Retention und schafft eine neue Anschauung für das leervorstellige Vergangene. Das Retentionale und Wiedererinnerte ist synthetisch in Deckung Eines und ist undurchstreichbar hinsichtlich des Seins, aber nicht durchaus hinsichtlich des Soseins. Jede Reproduktion (Wiederveranschaulichung) ist mehr oder minder klar, mehr oder minder vollkommen, und das wesentlich. Sie ist zwar als Wiedererinnerung und Verlebendigung von Retiniertem Vergegenwärtigung des gegenständlichen Selbst, aber in einer ursprünglichen Selbstdarstellung, in einem ursprünglichen intentionalen Modus der Klarheit, in dessen Wesen es liegt, dass die Deckung mit dem Retentionalen eine mehr oder minder vollkommene und als solche auch bewusste sein kann. Sofern diese Annäherung in sich notwendig Wesensgemeinschaft birgt (da durch den Wandel der Gradualität sichtlich und notwendig Wesensgemeinschaft hindurchgeht), soweit besteht Undurchstreichbarkeit. Habe ich „gesehenes Rot" im Modus schwankender und sich stetig klärender Wiedererinnerung, so ist undurchstreichbar, dass ich überhaupt Rot gesehen habe, aber noch mehr, dass ich ein gewisses Rot gesehen habe, etwa Karmesinrot. Im Klarwerden und im Bewusstsein der evident fortschreitenden Annäherung habe ich eben, was noch ausdrücklich zu sagen ist, auch die Evidenz der Annäherung und damit die anschauliche Antizipation eines Limes, nämlich einer Selbstdarstellung eben in Approximation. Anschaulich habe ich aber nichts als die fließende Darstellung; aber durch sie hindurch erschaue ich, als gleichsam durchscheinend, das Wahre selbst, das doch entfernter Limes im

---
[1] 12.12.1922.

Allgemeinen bleibt, obschon ich das Bewusstsein haben kann: Nun bin ich ganz und gar dabei, nun ist es völlig klar es selbst. Das sagt aber nur: Darstellung in vollkommener Deckung, und Darstellung ist nie eigentliche, originale Selbstgebung, nicht Wahrnehmung. Es bleibt eben Reproduktion. Vielleicht kann man aber sagen, ja man muss sagen, dass die Selbstdarstellung wirklich bis an den Limes vordringen k a n n und eventuell reine Selbstdarstellung sein k a n n, was also sagen würde, dass es v o l l k o m m e n klare Wiedererinnerung geben k a n n: Das Bewusstsein der völligen Klarheit haben wir oft, aber wir können es noch reflektiv befragen und eventuell sehen, dass dieses Vollkommen nicht mehr besagt: sehr nahe, genügend nahe, sondern: „so klar wie es nicht mehr als klarer gedacht werden könnte", eben genaue Deckung.

So w e i ß ich in jeder naiven klaren Wiedererinnerung, dass ich mich nicht täusche, wenn ich eben sie ganz und nach allen Momenten klar habe. Aber heißt es: die Wiedererinnerung täuscht nicht, so liegt darin, dass sie nicht nur im Ganzen nicht täuscht, sondern dass ich diese Klarheit in der Explikation durchhalte und ich dafür sorge, dass sich nicht andere Wiedererinnerungen überschieben und ihre Klarheitsmomente in diese gegebene und verwandte hineinlegen. Ferner kann man sich täuschen über den gesamten Zusammenhang und damit über die Zeitstellung.

Anwendung auf Täuschungen natürlicher Wiedererinnerung im Verhältnis zu ihrer transzendentalen Umwendung. In jeder natürlichen Wiedererinnerung liegt ein transzendentaler undurchstreichbarer Gehalt, und insbesondere in jeder vollkommen klaren. Ferner, nur während ich das Erinnerte im Griff habe und das aus der Klarheit unterscheidend Geschöpfte im Griff behalte, während es unklar wird, habe ich undurchstreichbare Evidenz und damit die Möglichkeit, durch neue Klarheit eventuell zu bestätigen und damit Evidenz der Aussage über Vergangenheit. Sie ist wahr = immer wieder durch klare Wiedererinnerung zu bestätigen. Aussagen über zeitliche Tatsachen, aus der Wahrnehmung geschöpft oder Wiedererinnerung, ⟨sind⟩ immer wieder aufgrund der Wiedererinnerung zu bestätigen, äußere Tatsachen durch wiederholte Wahrnehmung, was eine besondere Erörterung erfordert.

BEILAGE XVII (zu § 28 b):
Die Undurchstreichbarkeit der vollkommen klaren
Wiedererinnerung [1]

Die Undurchstreichbarkeit der vollkommen klaren Wiedererinnerung – wie steht sie zur Undurchstreichbarkeit der immanenten Wahrnehmung und immanenten Retention?

1. Bei der immanenten Wahrnehmung brauche ich die kritische „Reinigung" von aller Transzendenz, ich muss hier Epoché üben. 2. Bei der immanenten Retention brauche ich die kritische Reinigung, ob ich nicht über das hinausgehe, was da gerade wirklich als das Vergangene gegeben ist. Doch betrifft das vor allem Gedanken, die sich an das Vergangene anknüpfen, „Auffassungen". Das betrifft aber die Retention ebenso wie die Wahrnehmung. (Muss man nicht sagen: Jede Bezweiflung, jede Negation setzt voraus einen Widerstreit oder birgt in sich einen solchen? Immanente Wahrnehmung ist einstimmige Synthese und notwendige Synthese der Einstimmigkeit. Zum Wesen der Zeitgesetzlichkeit gehört, dass diese Synthese in reiner Deckung vorschreite, und d. i. eben: ohne Widerstreit.) 3. Wiedererinnerung ist ursprüngliche Erfüllung der leeren Retention; sie ist ihre intuitive Erweckung. Die leere Retention kann schon „erweckt" sein, nämlich wenn sie aus dem Leerhorizont zur Abhebung gebracht worden ist. Das setzt voraus eine assoziative Erregung, d. i. eine „Tendenz", die von einem Erregenden ausstrahlt, eine tendenziöse Intention, die sich erfüllt durch Intuitiv-Werden, durch „Reproduktion" = Wiedererinnerung. Somit haben wir hier gegenüber der ursprünglichen starr gesetzlichen Zeitintentionalität eine zweite übergelagerte und von außen motivierte, gelegentliche, die unter den Bedingungen der Assoziation steht und keine Notwendigkeit der Adäquation hat. Hier haben wir schon eine vorgreifende Intentionalität, die sich als solche, wenn auch in der Immanenz, mehr oder minder vollkommen erfüllt. In der Wahrnehmung haben wir solche vorgreifende Intentionalität in der Erwartung, die daher auch keine notwendige Erfüllung hat, wenigstens über die „Zeitform" hinaus. Was leistet hier die „Kritik", die „Auswertung"? Wir haben hier die Gradualität der Klarheit der Reproduktion und die Angemessenheit an die Intention.

Was hier zu überlegen ist, ist: Welche Evidenz hat eine erweckte leere Retention? Sie ist erweckt durch Assoziation. Aber kann nicht die Erweckung zugleich mehrere durch „Verwandtschaft" ausgezeichnete leere Retentionen treffen; und können diese nicht ungeschieden bleiben, sich

---

[1] 1922 oder ⟨19⟩23.

überschieben, sofern sie sich „vermöge der Verwandtschaft" decken, wobei Verschmelzungen durch Kontiguität eintreten können? Die Ungeschiedenheit würde auch die Verschiedenheit der retentionalen Modi betreffen, sie kommen jetzt zugleich zur Weckung, haben den Einheitsmodus eines gewissen Vergangen. Darf ich also auf ⟨dem⟩ bloßen Grund der möglichen „Erweckung" die Unendlichkeit des Bewusstseinsstromes behaupten? Vergangenheit ist undurchstreichbar als ursprüngliche Vergangenheit. Aber ist die geweckte spätere Vergangenheit wirklich geweckte Leerintention, die „unbewusst" fortgeschritten wäre in ihrem Vergangenheitsmodus, oder ist es nicht eine leere assoziative Intention, die sich eben in einer Wiedererinnerung erfüllt? Diese aber hat ihren kontinuierlichen assoziativen Prospekt. Sie erfüllt sich in einer Quasi-Wahrnehmung, die ihrerseits kontinuierlich von Wahrnehmung zu Wahrnehmung (protentionale Intentionen der Ichwahrnehmungen erfüllend) fortweist und schließlich in der der lebendigen Gegenwart terminiert als wirklich lebendige Wahrnehmung, d. i. es kommt zu einer Deckung dieser Protentionen mit der konkreten Gegenwart, und diese hat in sich ihre ursprünglichen Zukunftsintentionen in steter Erfüllung. Ich habe eine Kette, eine kontinuierliche Reihe vielmehr, von reproduktiven Wahrnehmungen (Reproduktionen), die wie eine Wahrnehmungsreihe in die Zukunft fortschreiten, in steter Erfüllung der Protentionen, nur dass das „Künftige" hier den Charakter des Wiederkünftigen, also des beständig Bekannten hat, wobei die aktuellen Erlebnisse selbst erwartungsmäßig verlaufen. Und schließlich haben wir ein Gegenwärtiges als Neues bzw. als die lebendige Gegenwart, ihr „Soeben-vergangen" als Künftiges der letzten Wiedererinnerung. Wie kommt das Wiedererinnerte zum Charakter des Vergangen? Wenn eine beliebige Wiedererinnerung in die nächste übergeht, so finden wir, dass die Protention der Wiedererinnerung in erfüllender Deckung steht mit der Retention der folgenden Wiedererinnerung. Wenn wir eine wirkliche Wahrnehmung nehmen, so sehen wir, dass ihre Protention sich erfüllt in der nächsten Wahrnehmung. (Auch wenn Unbekanntes eintritt, haben wir den Vorblick von einer Zukunft.) Aber die neue Wahrnehmung hat noch keine Retentionen, also hier ist die Sachlage ganz anders.

Doch ist die vorangehende Darstellung richtig? Wenn ich Wiederwahrnehmung vollziehe und vorschreite gegen die Gegenwart, so reproduziere ich doch den „früheren" Wahrnehmungsgang, der als Wahrnehmung, die sich in der Zukunft entwickelt, vor sich keine Protentionen hat. Indessen, man kann fragen, ist dann nicht auch der Kometenschweif gewesen und wird er nicht notwendig auch reproduziert? Das ist eine sonderliche Frage. Sicher ist, dass ich die Erinnerungen an die Retentionen nur finden konnte durch die in der Wiederwahrnehmung selbst als „wieder" eintretende Retention. Also war das oben Gesagte verkehrte Konstruktion?

Aber war dann nicht jede neue Wahrnehmung zugleich Erlebnis mit der Retention der soeben vergangenen Wahrnehmung? Ja, aber nicht mit der Retention der künftigen. Die Retentionen werden so wie sie ihren Wahrnehmungen nachfolgten, reproduziert. Also kann die jeweilige Wahrnehmung nur dadurch Erfüllung finden in den Retentionen der kommenden, dass sie zunächst in dieser neuen Wahrnehmung Erfüllung findet. Das sagt aber doch nichts anderes, als dass der Erfüllungsstrom den Charakter eines Stromes einer kontinuierlichen Wiederwahrnehmung hat, die eben ein Strom der bekannten Zeitstruktur ist. Wie am letzten Ende? Die Intention führt in die letzte neue Wahrnehmung als Quasi-Wahrnehmung, die in die lebendige Retention eben übergegangen ist, und diese Retention ist noch da als wirkliche Retention und führt durch diese weiter zur wirklichen Wahrnehmung, die jetzt im Werden ist. Es deckt sich hier also in der zur lebendigen Wahrnehmung gehörigen frischen, ursprünglichen Erinnerungssphäre Wiedererinnerung mit ursprünglicher Erinnerung, die wiedererinnerte Gegenwart und Vergangenheit ist ideal wie diese wirkliche Vergangenheit, oder die wiedererinnerte Gegenwart ist vergangene Gegenwart.

Doch habe ich das nur an dieser Endstelle. Ich muss bedenken: Schon wenn ich ein frisch Vergangenes, das ich noch im Griff habe, zur Wiedererinnerung bringe, so ist das Wiedererinnerte und das Vergangene dasselbe, und zwar: So wie während der retentionalen Abwandlung, die auch an diesem im Griff Stehenden fortschreitet, individuelle Deckung ist unter Änderung des Modus, so ist das reproduktive „Wieder"wahrnehmen Erinnerung an dasselbe, und der reproduzierte Wandel des Modus ist wiedergegebener Modus des Individuellen. Die Reproduktion ist Erfahrung von diesem Individuellen, und jede wiederholte Reproduktion, oder vielmehr jede Wiederholung der Reproduktion erfolgt in der individuellen Identifikation, wobei aber notwendig zu unterscheiden ist das Erinnerungsbewusstsein als Wiederwahrnehmung, als Wiedersetzung des Individuellen mit seiner individuellen Zeitlichkeit, deren Konstitution sich in der Wiedererinnerung wiederholt, so dass in ihr jeder Zeitpunkt der individuellen Dauer durch ihr Kontinuum von Gegenwarts-, Vergangenheitsmodalitäten hindurchgeht. Fürs Zweite aber: Das im Griff stehende Retentionale, das ich wiedererinnernd erneuere, hat seinen Vergangenheitsmodus, und das in diesem Vergangenheitsmodus Bewusste ist, während es diesen Modus selbst wandelt, identisch mit dem Wiedererinnerten, das so an dieser Wandlung und an diesem Modus teilhat. Jede neue Wiedererinnerung hat Deckung mit einem späteren Wandlungsmodus und ist so Wiedererinnerung eines noch früher Vergangenen, aber jede ist doch, und notwendig, Wiedererinnerung von demselben Individuellen.

Wenn ein jung Vergangenes, das ich nicht mehr im Griff habe und das ich schon im Hintergrund verschwinden ließ, wiederauflebt, durch was immer wieder „gehoben" wird, so ist das relativ zum frisch Erinnerten, noch in Abhebung Verklingenden ein früher Vergangenes, also jedenfalls wie dieses Vergangenes. Und die Wiedererinnerung und wiederholte Wiedererinnerung bringt es zu ursprünglicher Reproduktion, und das Reproduzierte ist abermals dieses Vergangene, aber in immer neuem Modus des Vergangen.

Und nun, wenn ich eine beliebige Erinnerung nehme? Jede eigentliche (anschauliche) Wiedererinnerung setzt eine Weckung voraus. Das geschieht, wie gesagt, durch assoziative Erregung. Das Leerbewusstsein, das erwächst, ist von derselben Art wie jene Weckung aus dem jung Vergessenen. Es hat den Charakter eines Bewusstseins vom Vergangenen. Die Wiedererinnerung erfüllt diese Leerintention, und, was ich allerdings immer wieder hätte sagen müssen, sie entfaltet, sie gibt den mannigfaltigen expliziten Gehalt wieder und in der Wiederholung denselben (in wechselnder Klarheit und freilich auch Bestimmtheit). Den Zeitmodus des jeweiligen Vergangenen verschafft ihr die unterliegende, sich in der Wiedererinnerung erfüllende Leerintention.

Es fragt sich, ob das nicht eine bloße „Theorie" ist, ob eine korrekte Interpretation. Man könnte sagen: Die Leerintention ist freilich eine zum unaufhebbaren Bestand der Wahrnehmung gehörige Setzung, die nie den Modus der Gewissheit verlieren kann. Aber eine Leerintention gibt nicht selbst, vollzieht keine Selbstgegebenheit. Retention erfüllt sich in der Wiedererinnerung. Bringe ich, was in die Leerheit der Retention gesunken ist (ein Stück der noch lebendigen, aber zurückgesunkenen Dauer des Wahrnehmungsobjektes Ton oder die soeben abgelaufene Dauer des aufgehörten Tons, also den soeben verklungenen), zur erneuernden Wiedererinnerung, und wiederhole ich diese Wiedererinnerung eventuell, so erfahre ich dabei denselben Ton in seiner identischen Individualität, mit seiner identischen Dauer wiederholt, aber jede neue Wiedererinnerung gibt das identische Individuelle mit der identischen Zeitlichkeit in einem notwendig verschiedenen Vergangenheitsmodus.

Jede Wiedererinnerung ist ein gegenwärtiger Erinnerungsverlauf, und in dem originalen Verlauf als Verlauf der wiedererinnernden Intentionalität stellt sich in Deckung, also in Parallele, der dargestellte Zeitverlauf dar, und den konstitutiven Gestalten des Verlaufs der Wiedererinnerung laufen parallel die konstruktiven Gestalten des Wiedererinnerten, die also auch dargestellte sind.

Die Wiedererinnerung ist ein Individuum, das Wiedererinnerte ein anderes Individuum. Jedes hat seine Zeit. Erfüllen sich die in der Wiedererinnerung liegenden Intentionen, so läuft die Wiedererinnerung (in der Aktualität, als Gegenwart) fort. Im Intentionalen läuft die erinnerte Zeitgegenständlichkeit und Zeit ab, und indem sie es tun, nähert diese sich der allgemeinen Gegenwart, der auch der Wiedererinnerungsprozess selbst angehört. Der Erfüllungsablauf führt zum Beginn des Wiedererinnerungsprozesses selbst, der noch mindestens in der leeren Retention bewusst ist, jedenfalls in der Nahsphäre der Gegenwart. Dieser ganze Wiedererinnerungsprozess kann selbst wieder wiedererinnert werden usw. Jede Wiedererinnerung führt so in eine selbstgegebene Vergangenheit, jede zweite in einen anderen Vergangenheitsmodus, den des Frühervergangen, was natürlich von Wiedererinnerungen an Wiedererinnerungen gilt, da sie selbst Gegenwarten sind. Es ist also ein Urgesetz, dass nicht nur Wahrnehmung in Retention übergeht und Wahrnehmung selbst sich in der beschriebenen Form mittels Retention und Protention aufbaut und dadurch eine Gegenwart konstituiert. Sondern jede Wiedererinnerung enthüllt, sei es eine retentionale, sei es eine ferne (durch Assoziation), unbestimmt und leer intendierte Vergangenheit.

Man kann sagen, dass das leer Intendierte wohl ein Individuelles und nicht ein aktuelles Jetzt ist. Aber erst die Wiedererinnerung erfüllt diese Intention und zeigt sie als eine Zeit im Modus einer gewissen Vergangenheit, und nur sie gibt in ihren in Wiederholung synthetisch identifizierten Reihen die Ordnung der festen Zeit mit ihren Zeitgehalten als individuellen notwendig zeitgeordneten Gegenständlichkeiten. Dadurch dass jede Wiedererinnerung Gegenwart ist, gibt sie die erinnerte Gegenständlichkeit und ihre Zeit in einem ihr eigentümlichen und für jede Wiedererinnerung neuen Vergangenheitsmodus. Denn „Vergangen" ist überhaupt der Gegenwartsmodus, in dem ein Zeitliches gegeben ist. Oder genauer: Zeitliches, wie alles Gegenständliche, ist eben, wenn es bewusst ist, in einer Gegenwart (der des gebenden Bewusstseins) bewusst, und diese Gegenwartsmodi oder Modi des wirklichen Bewusstseins von Zeitlichem sind der Modus der Wahrnehmung (mit seinen Unterschieden von Urwahrnehmung etc., künftige Jetzt, Gegenwärtigung und Gegenwart) und der Modus der Wiedererinnerung als selbstgebende erfüllte Modi, und ⟨der⟩ Modus der Retention und Protention als unerfüllte. Es ist ein Urgesetz des Bewusstseins, dass zu jeder Gegenwart eine ideell unendliche Kette möglicher Wiedererinnerung gehört.

BEILAGE XVIII (zu § 28 c):
⟨Zur Apodiktizität der Form der Erwartung⟩[1]

So ergibt sich die Notwendigkeit einer unendlichen immanenten Zeit oder, was dasselbe sagt – ich wüsste nicht, wie man dieser absoluten Evidenz entgehen kann –, die Unendlichkeit des vergangenen transzendentalen Lebens. Das sagt aber keineswegs, dass dieses immer ein enthüllbarer Hintergrund von unterschiedenen Akten und Erlebnissen ist oder, was dasselbe sagt, dass das transzendentale Ich immer ein waches Leben ⟨lebte⟩, ein Leben, in dem allerlei Unterschiedenes passierte. Vielmehr ist sehr wohl denkbar ein stummes und leeres Leben, ein traumloser, leerer Schlaf sozusagen, als ein Leben, das zwar auch diese notwendige Struktur hatte und innerlich passiv-wahrnehmungsmäßig erschien, aber ohne jede Abhebung, daher ohne jede Icherfassung, ohne jedes Spiel von Einzelaffektionen und Akten, so dass das Ich sozusagen keinen Auftritt hatte und schlafendes Ich, bloße Potentialität für die *ego cogito* war. Die Möglichkeit eintretender Abhebungen durch Modifikation des Lebens besteht immerfort und damit die Möglichkeit des Erwachens.

Übergehen wir ⟨die⟩ tiefere Erörterung der Empirie in der Wiedererinnerungssphäre – vielleicht würde sich zeigen lassen, dass jede Wiedererinnerung ihr Wiedererinnertes mit eigenem apodiktischen Gehalt reproduziert, dass also auch eine negierbare und eine falsche Wiedererinnerung einen notwendigen Wahrheitsgehalt hat – und wenden wir uns der Erwartungssphäre zu. Da begnügen wir uns mit der leicht klarzulegenden Feststellung, dass jedes Jetzt seinen Zukunftshorizont hat oder, wie wir auch sagen können, notwendig in ein neues Jetzt übergeht. Das Aufhören des Tons besagt Abbruch der sich konstituierenden intentionalen Einheit, aber ein neues erfülltes Jetzt ist notwendig da und wandelt sich wieder, oder vielmehr, es ist eine stehende Form, dessen intentionaler Sinn, der zur Urstiftung kommt, alsbald in Retention übergeht, während in der Jetztform eine neue Urstiftung erfolgt. Die Erwartung ist nie apodiktisch – und ist doch der Form nach apodiktisch. Das Ich lebt fort, es hat immer und notwendig seine transzendentale Zukunft vor sich. Das Erwartete des und des Inhalts braucht nicht einzutreten, aber ein anderer Inhalt ist dafür da, etwas passiert immer. Und es gibt ein vorgerichtetes Immer für mich als das Ego. Diese Zukunft hat aber Zeitform und ist die gleiche wie die Vergangenheit, doch ganz anders konstituiert. Das Kommende hat seine anschauliche Vergegenwärtigung in Form ei-

---

[1] Wohl Herbst 1922. – Anm. des Hrsg.

ner Vorvergegenwärtigung, eines Erwartungsbildes, das ein Jetzt antizipiert und damit den ganzen Fluss zugehörigen Abströmens in Retentionen, also eine zugehörige Vergangenheit – die aber jetzt antizipiert ist als die kommende Vergangenheit: Was künftig ist, wird vergangen sein, nachdem es Gegenwart war. Und sie wird sich zusammenschließen mit dem aktuellen Jetzt, das dann entsprechend weiter zurückliegende Vergangenheit sein wird, mitsamt all dem, was jetzt Vergangenheit ist. Auch diese letztere Vergangenheit wird entsprechend zurückgerückt sein.

Diese Zukunftsstruktur schafft also den Zukunftszug der subjektiv orientierten Zeit, orientiert nach dem beweglichen Nullpunkt der Zeitorientierung, dem Jetzt, an dem ich als wahrnehmendes Ich stehe, als Ich der Gegenwart. Wieder ist undenkbar, dass das transzendentale Ich aufhört. Leicht verstehen werden Sie, dass damit nicht gesagt ist, dass der Mensch ewig gelebt hat und leben wird, und dass Geburt und Tod, Auftreten von Menschen in der Natur und Verschwinden aus der Natur, sagen wir durch Schöpfung oder Vernichtung, mit der transzendentalen Unendlichkeit des Lebens wohl verträglich ist. Die Seele des Leibes ist nicht unsterblich, prinzipiell gesprochen, d. h. sie ist nicht notwendig als unsterblich zu denken, und sie stirbt ja wirklich nach alltäglicher Erfahrung. Aber jedes Menschen-Ich birgt in sich in gewisser Weise sein transzendentales Ich, und das stirbt nicht und entsteht nicht, es ist ein ewiges Sein im Werden.

BEILAGE XIX (zu § 30):
⟨Die Weckung erledigter Vergangenheit und das Problem ihrer wissenschaftlichen Beschreibung⟩[1]

1. Das Feld der erledigten Vergangenheit, Zufälligkeiten der Erweckung früherer Vergangenheit und der Klärung der schon eintretenden Wiedererinnerungen und der Fortführung bis zur Gegenwart. Nicht alles Vergessene, selbst wenn ich an einer Wiedererinnerung schon den Leitfaden in der Hand halte für das vorwärtsgerichtete Stück der vergangenen Zukunft, ist *de facto* wiedererweckbar. Die Erweckung steht unter empirischen Bedingungen. Und woher weiß ich von denen? Es herrschen hier Wesensgesetze. Aber ich kenne sie nicht im Voraus. Ich müsste erst nachdenken: Wie verfahre ich, um eine Strecke der Vergangenheit, der erledigten Zeit zu erwecken und zu fixieren? Aber immer Neues tritt auf. Immer fernere Vergangenheiten sind noch vergessen.

---

[1] 1922 oder 1923. – Anm. des Hrsg.

Soll ich mich damit beschäftigen Vergessenheiten aufzuwecken? Jede Aufweckung ergibt eine Wiedererinnerung. Nehmen wir an, dass ich sie mir klarmachen kann. Was habe ich dann? Wende ich mich anderem zu, so ist sie wieder „vergessen". Also selbst wenn ich eine Methode hätte, um eine Vergangenheit zu vollkommenster Klarheit zu bringen, so wäre das eine Sisyphusarbeit. Freilich, durch Wiederholung tritt Übung ein, d. i. die Kraft der Weckung wächst wesensmäßig. Aber wenn ich auch darin eine Methode der fortschreitend vollkommeneren Weckung gewinne, die mir in praktische Aussicht stellt (und wahrscheinlich macht), dass ich dadurch, was ich einmal klar habe, künftig, bei weckenden Motiven, wieder klarmachen kann, und wenn ich auch andere Bedingungen, Aufmerksamkeit in der Wahrnehmung, Wille zur Festhaltung der Bestimmtheit etc. als methodisch kennen lerne, so habe ich damit eben nur die Methode, zu einem erweckten Vergangenen vorzudringen und es zur Klarheit, zur Bestimmtheit, zur Freiheit vor Einmengungen anderer Vergangenheiten durch Überschiebung zu bewähren und eventuell auch von einem solchen erfüllten Zeitpunkt in der Zeit fortschreiten zu können und meine Vergangenheit objektiv erfahren zu können. Es ist Methode der Erfahrung als immanenter Erfahrung. Diese Methode ist Methode für mein Erfahren in der kommenden Wahrnehmung (Aufmerksamkeit, Achtung auf Unterschiede) und nachkommenden Retention, Wille, sie zu erwecken etc., sie „einzuprägen" durch Wiederholung etc.

2. Aber ist das schon Wissenschaft? Fixiere ich erfahrend, d. i. fasse ich heraus, präge es durch Wiederholung ein, so schaffe ich ein Reich verfügbarer Vergessenheit gegenüber der nicht oder sehr unvollkommen verfügbaren, der eigentlichen Vergessenheit oder, was dasselbe, ein Reich des verfügbaren klaren Gedächtnisses gegenüber dem Reich des Vergessenen, des unvollkommen und zufällig zur Klarheit wieder Auftauchenden. – Wie steht es mit Beschreibungen? (Sie selbst sind Gedächtnishilfen, selbst eingeübte Verfügbarkeiten. Sinnloses wird leichter unterschieden, gemerkt etc.) Wissenschaft erfährt nicht bloß objektiv, sie begreift das Erfahrene, bringt es unter Begriffe und will das Erfahrene erklären, in seiner Notwendigkeit erkennen als gesetzliche Notwendigkeit.[1]

---

[1] Dieses Blatt ist insofern brauchbar, als darauf hingewiesen werden muss, dass die „Unendlichkeit" der transzendentalen Erfahrung, und für die vergangene Unendlichkeit, auch wenn sie als Unendlichkeit *a priori* gesichert ist (die Form unendlicher Vergangenheit), doch nicht ohne weiteres frei zugängliche Erfahrung ist.

BEILAGE XX (zu den §§ 31 u. 33):
Zur Selbstgebung von „Modalitäten" im erweiterten Sinn[1]

Zu Descartes' Gedankengang: zur Ausführung der prinzipiellen Möglichkeit des Nichtseins des äußerlich Erfahrenen. Der Rechtsanspruch jeder einzelnen Erfahrung und jeder noch so weit geführten Erfahrungsreihe ist nur vorbehaltlich, vorbehaltlich des einstimmigen Ganges der weiteren Erfahrungen.

Das Methodische solcher Klärung ist nicht so einfach. Verliefe eine Wahrnehmung ungebrochen und jetzt faktisch, so erlebe ich z. B. für einen Geigenton einfach: Er dauert, und ich kann, während er das tut, achten auf das Unverändert-Bleiben, Immer-gleich-Bleiben, auf das Unverändert-gedauert-Haben (im Soeben). Ich kann den Blick normal auf das Dauernde im Dauern gerichtet haben, ohne auf sein Mit-sich-selbst-gleich-Bleiben gerichtet zu sein, ich kann ihn speziell richten auf das, was kommen wird, und wie es soeben war. Aber ich kann mir doch wohl für das im ursprünglichen Kommen Bewusste doch nicht nach Belieben und ernstlich die kommende Gegenwart anschaulich machen und ebenso nicht für das ursprüngliche Soeben eine anschauliche Erinnerung. Ich kann aber eine fernere Zukunft und Vergangenheit, die dabei einerseits im Erwartungshorizont liegt und im weiteren retentionalen Horizont, ein „Bild" herstellen.

Wie mache ich mir „klar und deutlich", was in einer äußeren Erfahrung, Wahrnehmung liegt? Normalerweise von vornherein in der Phantasie. Ich denke mich in ein Wahrnehmen hinein, erzeuge eine anschauliche Wiederholung in Identifizierung oder in Wiederholung als Gleiches, ich identifiziere im Immerwieder die Momente der Vorintention und die nachkommenden Erfüllungen und das Sicherfüllen derselben und stehe so auch zugleich in der Einstellung des Überhaupt, des Wesensmäßigen. Wenn ich so verfahre, gewinne ich die fraglichen Momente als identische und identifizierbare Gegenstände, die ich kenne, und so die ganze Struktur gegenständlich.

Wenn ich wirkliche Wahrnehmungen als Exempel benütze, so mögen es und müssen es länger dauernde Wahrnehmungen sein oder sehr passend periodisch sich wiederholende Reihen von Tönen, etwa von Glockenschlägen, deren Gleichheit in der Art und Gegebenheitsweise sichtlich ist; ich identifiziere die gleichen Momente der Retention, der Protention, ich verfolge die nachkommenden Erfüllungen, nämlich ich halte sie im Griff und erfasse ihre erfüllende Deckung mit dem, was wirklich kommt.

Schlichte Wahrnehmung verläuft: Ich richte mich auf das, was soeben war

---
[1] 1923 ⟨und 1924⟩.

und wie das jetzt gegenwärtig Seiende danach kam und richte mich auf das Kommende und wie es jetzt nun eintritt. Am deutlichsten und wohl zunächst merklich und verständlich ist das bei einem Veränderungsprozess oder doch besser bei einem periodischen Prozess.

In höherer Stufe: Ich achte auf das, was „jetzt" als Gegenwart des Tons und in eins damit als Retention als „noch bewusster" Ton auftritt und in dieser Gegenwart als Protention, als Vormeinung, als „kommend", und nun weiter, wie das Kommende, die Erwartung, sich wirklich „erfüllt". Aber dann haben wir einen neuen Wahrnehmungsprozess, wir haben abermals einen verlaufenden Prozess, wir sehen auf ein fortdauerndes Jetzt hin, hier als ein Prozess der Gegebenheitsweise des objektiven Tonprozesses, und auf das, was vorher war und dann kommt, was jetzt gerade ist und was wirklich kommt, eben in diesem Prozess von Gegebenheitsweisen des Nacheinander.

Die Klärung einer Wahrnehmung vollzieht sich selbst in einem Wahrnehmen höherer Stufe, das analoge Strukturen natürlich haben muss, analoge Blickwendungen, als Wahrnehmen. Statt wirkliche Wahrnehmung kann ich auch mögliche Wahrnehmung, Quasi-Wahrnehmung nehmen und einerseits Quasi-Wahrnehmung als Quasi-Wahrnehmung klären, andererseits aber auch mir eine Apperzeption, eben einer Wahrnehmung, als Möglichkeit verschaffen.

Die Klärung der „äußeren" Wahrnehmung vollzieht sich in „innerer" Wahrnehmung als wirklicher oder möglicher. Und so überhaupt die Klärung von transzendenter Erfahrung in immanenter, also die Klärung von Erfahrung überhaupt wieder in Erfahrung. Das ist natürlich ein Stück des Allgemeinen: Klärung der Erkenntnis jeder Art und der Erkenntnis überhaupt als Wesensallgemeines ist selbst ein Erkenntnisprozess, und Theorie der Erkenntnis, die theoretisch feststellen soll, was theoretische Erkenntnis überhaupt möglich macht, ist selbst Theorie, selbst also Gebilde wie Erkenntnis.

Der Erfahrungsglaube selbst ist, wo keine Gegenmotive (in Form von Widerstimmigkeiten in der aktuellen Erfahrung oder in Form von erweckten früheren Erfahrungen oder Gegenmotive von analogen Fällen her) vorliegen, unbestrittene Gewissheit. Mache ich diesen Glauben hinsichtlich seiner Horizonte, zunächst etwa des Zukunftshorizontes „klar und deutlich", so heißt das: ich erzeuge mir für die antizipierenden Intentionen erfüllende „Vorerinnerungen". Diese verlaufen (in der vorerinnernden Entfaltung) für eine Erfahrungsapperzeption im Modus der Gewissheit und völligen Unbestrittenheit im Sinne kontinuierlicher Einstimmigkeit und in der Weise einer kontinuierlichen Ineinanderschachtelung von antizipierenden Intentionen und vorerinnernden Erfüllungen, die dabei selbst Implikate sind, d. i. Erfüllung von „Antizipationen" als Antizipationen. Wir können auch sagen: Die Vorausahnungen werden dadurch zu Voraussichten, d. i. Selbstgebung der „Antizipation selbst", des Kommenden als Kommenden.

Antizipationen haben aber eine zweite Art der Erfüllung, die durch Wahrnehmung: die Voraussicht wird zur wirklichen Sicht. Das Vorausgesehene ist bei einer auf ein Ende gerichteten Erwartung Ende eines Kontinuums von Vorausgesehenheiten, aber immer noch Vorausgesehenes. Die erfüllende Wahrnehmung verwandelt jedes Vorausgesehene oder Vorausgeahnte in ein entsprechendes leibhaftes Selbst-da, so auch bei offenen Horizonten. Während es für die Rückerinnerung zwar auch rückgewendete „Ahnung", nämlich Weckung gibt und für diese Ahnung erfüllende „Rück-Sicht" als Wieder-Sicht (wiedervergegenwärtigte), gibt es für sie keine weitere Erfüllung. Sie bietet das Vergangene selbst als solches.

Ferner, die Vorerinnerung ist Gewissheit. Aber sie lässt, so sehr sie eventuell klare Voraussicht ist, die Möglichkeit offen, dass statt des vorausgesehenen Erfahrungsganges ein anderer eintrete bzw. ein anderes sei und geschehe. Die kontinuierlich hergestellte Voraussicht, die in ihrer Unbestimmtheit sich enthüllt als ein Spielraum von Möglichkeiten in eins, verträgt sich mit einer kontinuierlich hergestellten Möglichkeit des Andersseins und Nichtseins, einer Möglichkeit, die den Erfahrungsglauben, auch den Wahrnehmungsglauben, den ich jetzt für das Gegenwärtige habe, aufheben würde. Auch hier ist zu unterscheiden zwischen der leeren „Vorstellung" dieser Möglichkeit im leeren Möglichkeitsbewusstsein und diesem hier fraglichen Möglichkeitsbewusstsein und seiner Erfüllung. Auch dieses Möglichkeitsbewusstsein ist nicht kraftlose Phantasie oder vom Ich her Setzung einer puren Phantasiegegenständlichkeit als Phantasiemöglichkeit. Vielmehr ist dieses an die aktuelle Wahrnehmung angeschlossene oder anzuschließende Möglichkeitsbewusstsein selbst ein positionaler Akt, ein Modus des Glaubens, eine Abwandlungsform der Gewissheit, der seine Füllegestalt hat, in der diese „reale" Möglichkeit zur ursprünglichen Selbstgegebenheit kommt.

Jede ursprüngliche Selbstgegebenheit ist rechtgebend, ursprünglich normierend oder zur Normierung berufen. Und jeder „Modus" des Glaubens hat seine Normgestalt und korrelativ seine „Gegenständlichkeit". Dabei haben wir nicht nur an „logische Modalitäten" des festen Glaubens überhaupt als Glaubens, der Gewissheit als Gewissheit zu denken. In gewisser Weise wandelt sich auch die Art der festen Gewissheit ab, je nach der sinngebenden, den Gegenstand konstituierenden Apperzeption, d. i. (da dies dem Wechsel der Apperzeption bei Erhaltung des Glaubensmodus entspricht) durch die Glaubensmaterie in ihrem für dieselbe Apperzeptionsart wechselnden Wie bei Erhaltung der Einstimmigkeit, der Identität der Gegenständlichkeit. Erfahrungsglaube ist für den Gegenstand, als Wahrnehmung, leibhaft selbstgebend, aber zugleich antizipierend, und in Kontinuen von wirklichen und möglichen Voraussichten, wirklich motivierter im Gang der Erwartungsreihen, und sonst hypothetisch motiviert („mögliche" Wahrnehmungsreihen). Da haben wir Evidenzen für die Voraussichten der wirklichen und der möglichen Wahrnehmungen, für die kommenden Wahrnehmungen, aber auch für die in möglicher Direktion unserer Wahrnehmungstätigkeit als gefordert im Modus Infolge kommenden, ebenso modifiziert für die „Voraussicht" als „Rücksicht" der vergangenen Wahrnehmungsmöglichkeiten, wenn wir so oder so dirigiert hätten. In dieser Hinsicht haben wir also evidente Erfahrungsurteile. Aber ihr Rechtsanspruch reicht nicht weiter als die Evidenz der Voraussichten und Rücksichten oder die Evidenz der in der Einheit der Erfahrung (die von der Gewissheit der Wahrnehmung und Erinnerung getragen ist) beschlossenen Antizipationen.[1] Begrenzt wird dieses Recht durch das Recht der Möglichkeiten des Andersseins, deren wir ja in der Selbstgebung evident ⟨inne⟩werden können. Die Begrenzung besagt, dass diese beiderlei Evidenzen zusammen bestehen. Dazu kommt dann, dass der Erfahrungsgewissheit auch Gegenmotive entgegentreten, damit neue Weisen, Erfahrungsurteile zu gewinnen bzw. Erfahrungsgewissheiten vorzubereiten, Wahrscheinlichkeitsurteile, Hypothesen etc. Die Erfahrungswissenschaft spricht die wohlbegründeten Seinsgewissheiten, Seinsmöglichkeiten und Wahrscheinlichkeiten aus und geht ihrer Konstruktion nach. Die Möglichkeit des Andersseins hemmt sie nicht. Diese Möglichkeit muss erst zum Gegenmotiv werden im Zweifel etc.

Beilage XXI (zu den §§ 31 u. 33):
Zur Kritik der Erfahrung bzw. Kritik der empirischen Weltwissenschaft. Frage der Apodiktizität der Modalität, des „Modus" „empirische Gewissheit"[2]

These: Absolute Rechtfertigung der Empirie in ihrer Gewissheit (Modalität „empirische Gewissheit") und damit empirische Wissenschaft setzt das *ego cogito* voraus und ist bezogen auf das transzendentale Ich.

---

[1] Rechtsschranken, wenn auch nicht Rechtsgrenzen!
[2] 1923 und 1924. – Anm. des Hrsg.

I.

Die Apodiktizität der Modalität „empirische Gewissheit" ist vorher nachgewiesen worden.[1] Aber nun kommt ein Bedenken. Nachgewiesen wurde, dass keine äußere Erfahrung apodiktisch ist, und auch die einheitliche Erfahrung, durch die die „Außenwelt", das Weltall gegeben ist, ist nicht apodiktisch. Wie aber, wenn ich die empirische Gewissheit als „problematisch" nehme, als eine Modalität der Gewissheit sozusagen (obschon diese selbst sich modalisiert), und nun sage: „Diese Art der Gewissheit hat das Eigentümliche, dass sie zwar nicht das Nichtsein ausschließt, aber das Sein in apodiktisch evidenter Weise doch ‚fordert', solange eben Gewissheit im Urmodus bleibt (und ausschließlich fordert, solange eben nichts dagegen spricht und eventuell das Nichtsein gar geradezu fordert); es ist nicht schlechthin apodiktisch seiend, aber apodiktisch in der Modalität des vorbehaltlichen Seins" – so ist das richtig.

Das in einstimmiger Wahrnehmung wahrgenommene Reale (zunächst) ist nicht schlechthin apodiktisch seiend, aber apodiktisch ist dasselbe als präsumtiv seiend – als seiend in seiner Präsumtion, sofern sie ursprünglich begründete Präsumtion ist. Aber sagt das etwas anderes, als dass jede Seinsart ihre Weise der Evidenz, der Selbstgegebenheit hat und ihre Weise, eine bleibende Gültigkeit als

---

[1] Modalisierung im gewöhnlichen Sinne ist eine gewisse intentionale Abwandlung eines Urmodus: So hat Gewissheit schlechthin ihre Abwandlungsformen (in diesem gewöhnlichen Sinne Modalitäten) als vermutliche Möglichkeit, als Zweifelhaftigkeit, als Wahrscheinlichkeit, ferner wohl auch das bejahende „Es ist wirklich so" (das Richtig, das Nichtig), Modus des schlichten Gewissen. Schlichte reine Gewissheit ist für solche Modalitäten der Urmodus.

Aber dieser Urmodus „schlichte Gewissheit" ist ein allgemeiner Titel: „empirische" Gewissheit ist nicht ein Abwandlungsmodus irgendeines anderen, eines Urmodus, sie ist selbst hinsichtlich der obigen Reihe Urmodus. Ferner, Wahrnehmungsgewissheit ist Urmodus für Erinnerungsgewissheit und Erwartungsgewissheit, die ihrerseits intentionale Modifikationen sind. Immanente Gewissheit (in immanenter Wahrnehmung zunächst) ist gegenüber jener „empirischen Gewissheit" – besser: der Gewissheit aus der Erfahrung von Realem – nicht ein Urmodus (obschon äußere Erfahrung in immanenten Gehalten fundiert ist), sondern ein gleichstehender Modus.

Jeder Urmodus der Gewissheit bezeichnet eine eigene Reihe von intentionalen Abwandlungen der „Anschaulichkeit". Der Urmodus ist „Selbstgebung" der „Wahrnehmung"; andererseits haben wir die Abwandlungen der Gewissheit („qualitative"). Modalität in Bezug auf Urmodi – das ist hier nicht so weit gedacht wie intentionale Abwandlung überhaupt, sondern Modalisiertes und Urmodales beziehen sich auf ein Identisches, denselben gegenständlichen Sinn. Erweitern wir den Begriff, so hat jede Intentionalität, sofern sie „zurückweist", eine Verweisung auf Urmodi. Die ganze Aufgabe einer systematischen Phänomenologie ist, uns zurückzuführen auf die Urmodi in diesem letzten Sinn, aus denen alle intentionale Modifikation entspringen, alle, in denen sich Urgegenständlichkeiten konstituieren und in immer höherer Stufe neue Gegenständlichkeiten.

Endgültigkeit im „ein für allemal und für jedermann" begründen zu können? Oder von der anderen Seite: Jede Selbstgebung bringt Seiendes als es selbst subjektiv zur Gewissheit, als subjektiver Aktus ist sie ein Zeitweiliges. Zu jeder Selbstgebung gehört aber in der Subjektivität eine Potentialität als „Ich kann",
5 bezogen auf eine endlose Mannigfaltigkeit von Selbstgebungen, derart dass jede in jeder enthaltene Intention in der Synthese, im Durchlaufen der Mannigfaltigkeit, zur Erfüllung kommen ⟨kann⟩ und somit jede Selbstgebung der „Adäquation" muss entgegengeführt werden können. Für die Realitäten ist diese Mannigfaltigkeit der Selbstgebung eine unendliche, und es ist immerzu eine offene
10 Möglichkeit, dass im aktuellen Fortgang keine Erfüllung eintritt, obschon sie vorgezeichnet ist. Woher weiß ich von dieser Potentialität, von dieser Unendlichkeit von möglichen Selbstgebungen, die ich verwirklichen kann – wenn das Seiende ist? Ich habe von jeder Selbstgebung aus eine „ursprünglich evidente" Präsumtion für diesen Fortgang und mein freies Können. Und ich kann mir in einer
15 ursprünglichen Evidenz das wirkliche Sein als Möglichkeit evident machen und kann den Ansatz machen, dass diese Möglichkeit zu verwirklichen sei. Ich kann einsehen, dass mein Seinsglaube als Glaube präsumtiv diese Unendlichkeit als zu verwirklichende meint und dass, wenn ich im verwirklichenden Prozess bin, sich diese Meinung konsequent bestätigt und nicht aufgegeben werden kann. Einen
20 Glauben kann ich nicht willkürlich ändern. Hier sehe ich aber apodiktisch ein, dass der Seinsglaube – das Seiende, das ich erfahre – für mich niemals wird aufgehoben werden können, dass ich notwendig so glauben muss, solange der schon verlaufende Glaube sich bestätigt. Hier ist zu bemerken: Ein kontinuierlich fortlaufender Glaube macht es nicht, sondern das Wesentliche hier ist, dass gewis-
25 sermaßen die eintretende Fülle den Glauben notwendig macht. Was für einen Glauben? Den Glauben, der präsumtiv in Horizonte hineinreicht. Das sagt: Immanent habe ich eine Kontinuität der Erfahrung, in der jede Erfahrung als Erfüllung auftritt – immanente Erfüllung – und zugleich assoziativ vorweist auf neue Erfahrung, aber auch durch diese hindurch, nämlich als erfüllend antizipierte, auf
30 eine antizipierte neue Intention und wieder neue Erfüllung usw. Die Nichterfüllung ist zwar an jeder antizipierten Stelle eine Möglichkeit, aber sie ist eben nicht antizipiert, ist nicht im Voraus gesetzt. Diese antizipierende Setzung ist in diesem Zusammenhang wesensnotwendig apodiktisch. Aber diese Reihe ist eine subjektiv freie – wenn ich tätig erfahre und nun ein anfangendes Erfahren inszeniert
35 habe und kinästhetisch so und so laufen lasse, dann „müssen" die zugehörigen Erscheinungen entsprechend ablaufen, und wenn anders, so anders, aber immer entsprechend. Das hat in sich eine eigene aufzuklärende Evidenz der Notwendigkeit. Was da auftritt, tritt in ursprünglich konstitutiver Notwendigkeit auf mit dem Charakter des ursprünglich zu Erwartenden, und wenn ich mich hineinver-
40 setze in reine Möglichkeit, so sehe ich die Wesensnotwendigkeit, dass so Ablau-

fendes Präsumtion motiviert, dass an das wirklich Eingetretene sich notwendig Neues anschließt, was in der Weise des zu Erwarteten geglaubt ist.

Aber wir haben damit nur hervorgehoben, was die Erfahrungen in der immanenten Zeitlichkeit für Präsumtionen mit sich führen, unter kinästhetischen Umständen. Wir haben noch keine Rücksicht darauf genommen, dass sie Erfahrungen von „Seiendem" sind, das sie nicht selbst sind. In einer Erfahrung erscheint etwas, aber die Erscheinung hat Fülle und Horizont. Sie ist selbstgebende Erscheinung, aber „eigentlich selbstgegeben" ist nicht das Reale, sondern von ihm die und die Seite, aber auch die ist nicht in voller Eigentlichkeit gegeben, sie verweist auf neue Erscheinungen von denselben Bestimmtheiten, die als Seite einig gegeben sind. Und so kontinuierlich – in Gegenrichtung: Die Seite verweist auf andere Seiten, und d. i. auf neue Erscheinungsreihen, durch die zunächst Selbsterscheinungen von diesen anderen, die nur leer vorgemeint sind, auftreten würden – das bekannte Spiel. Wie ist hier die Motivation zu beschreiben, wenn auf die Urteilsqualität geachtet wird? Die Leerantizipation und die Seitengegebenheit sind nicht nebeneinander, sondern in der Einheit des Daseinsglaubens mit seinem gesamten „Inhalt" beschlossen.

Aber was liegt in der Einheit dieses Glaubens? Das Moment „erscheinende Seite" motiviert die freie Möglichkeit, zu anderen Seiten überzugehen und sie als Seiten eines und desselben Realen, das sie uns zeigt, vorzufinden. Aber das ist nicht mehr eine bloße Assoziation und assoziative Vorweisung in notwendiger Motivation, sondern Seite ist selbst eine intentionalen Einheit, und die vorgefundene Seite ist vorgefunden in einer Perspektive, und diese verweist auf eine Potentialität, auf die Mannigfaltigkeit der Perspektiven von derselben Seite. Diese Perspektiven als immanente Daten sind aber nicht bloße Empfindungsdaten, sondern Empfindungsdaten mit Horizontauffassungen, die diesen die Bedeutung von Perspektiven verleihen, und nur dadurch haben wir „transzendente" Intentionalität und haben wir Synthese einer Erscheinungsfolge von demselben.

Das ist ein überaus komplizierter Aufbau von Intentionalitäten, explizit gegeben als immanente Erlebnisse, aber in sich intentional implizierend „Unendlichkeiten" von potentiellen Intentionalitäten. Eben diese Implikation ist in Frage. Es sind Glaubenserlebnisse mit einem Inhalt des Glaubens. Erfahrend lebe ich im Glauben und habe als Erfahrender einen Horizont des „Ich kann und dann wird", und zwar so, dass, durch den Füllegehalt des Glaubens motiviert, das „Ich kann" mit einem zugehörigen Vorglauben verknüpft ist, der sich erfüllen würde im „Ich tue" durch den Inhalt eines neuen Erfahrens, welcher Inhalt dann wieder ebenso fungieren würde etc. In der einstimmig verlaufenden Erfahrungsreihe verweist nicht nur jede Erfahrung auf die nächste als Erfahrung vom Selben, sondern jede motiviert eine nächste, eine ursprüngliche Erfüllung.

Aber muss ich nun nicht hinzufügen: Wenn ich naiv urteile, so urteile ich 1. über den Gegenstand schlechthin, den ich etwa erfahrend setze, aber nicht über mein Erfahren. Ich urteile dann nicht über Apodiktizität des Seins des Gegenstandes oder einer Modalität des Seins; 2. sowie ich das tue, urteile ich über den von mir erfahrenen, von mir apodiktisch oder nicht apodiktisch als gewiss, als wahrscheinlich etc. gemeinten Gegenstand, also auch über mich, genau besehen aber auch in Beziehung auf Andere (auf „jedermann") in Beziehung auf ihr urteilendes Verhalten zum geurteilten Gegenstand. Dabei fahre ich fort, die erfahrene Welt hinzunehmen, mich als Menschen in der Welt und andere Menschen zu setzen, nämlich solange ich keine phänomenologische Reduktion vollzogen habe. So der Naturforscher, wenn er, über sein Erfahrenes, Beobachtetes urteilend, reflektierend, auch aussagt: „Ich beobachte das, und jedermann kann sich davon nun auch überzeugen, diese Beobachtungen stimmen zusammen, bestätigen das Erfahrene, bei ‚genauer Beobachtung' stellt sich das und das heraus etc."

Er reflektiert und urteilt über sich selbst und das Wir mit, und er wird auf die Frage jemandes, ob es wirklich so sei, sagen, er selbst, dieser Mensch, und andere Menschen mögen das nachprüfen, die Beobachtungen anderer stimmten damit etc. Aber dann ist in jedem solchen Urteil zweiter Stufe keine reine Apodiktizität gewonnen. Freilich, wenn ich aussage, während ich einstimmig erfahre und der Sache immer näher komme: „Das ist wirklich so, und ich habe reine Gewissheit, gegen die nichts spricht und die sich bestätigt" und dgl. oder „Meine wiederholten Beobachtungen haben das und das bestätigt etc.", so kann ich auch sagen, ich habe da voll bestätigte empirische Gewissheit und habe für dies zweifellose, ja in gewisser Weise apodiktische Gewissheit; es ist empirische Gewissheit, aber „vernünftige", rechtmäßige etc. Aber es ist zu beachten, dass hier eine wirklich apodiktisch gerechtfertigte Gewissheit verflochten ist mit einer nicht apodiktischen; denn für mein Menschendasein habe ich nicht apodiktisch gerechtfertigte Gewissheit. Wo ich mich als Menschen oder andere Menschen und eine Umwelt selbst als Rahmen voraussetze, da ist all dieses „Vorausgesetzte" nicht selbst in kritischer Rechtfertigung reduziert auf apodiktische Gewissheit, die in diesen Stellen nur vorhanden wäre, wenn ich auch da sagen würde, ich habe evidente „empirische" Gewissheit von mir, von den anderen etc.

Absolut vollständige Rechtfertigung besteht darin, dass ich keine naive Setzung vollziehe, keine, die nicht als apodiktische ihre Rechtfertigung findet, keine, die sich nicht selbst in Setzungen vollzieht, die nicht prinzipiell und *in infinitum* (also „durch sich selbst") gerecht⟨fertigt⟩ wäre. Aber ich reduziere auf apodiktische Reinheit, wenn ich eben mich als Ego voran- und voraussetze, nachdem ich das *ego cogito* fixiert und kritisch herausgestellt habe.

Das, in besserer Präzision durchgeführt, dürfte wichtig sein für den Gang der endgültigen Ausarbeitung. Jede endgültige „Kritik" führt auf das Ego zurück und muss die Form einer apodiktischen Kritik haben, die schließlich S e l b s t k r i t i k ist. Letzte Apodiktizität, letzte Rechtfertigung, ist Selbstbesinnung und hat ein Subjekt, „das sich selbst absolut gesetzt hat", und d. h. so gesetzt, dass das setzende Subjekt identisch als dasselbe gesetzt, ⟨als das⟩ immer wieder apodiktisch zu setzende *a priori* charakterisiert ist.[1]

---

[1] Apodiktische Kritik ist das Mittel der Erzeugung der Wahrheit als Endgültigkeit. Apodiktische Wahrheit ist nur ein anderes Wort für Endgültigkeit. Was sagt das nun anderes, als dass Kritik das Mittel ist, mich selbst zu gestalten in der einzig möglichen Form, in der ich mir selbst treu sein kann, in der ich mich in keine Lage bringen kann und in keine kommen kann, mir selbst untreu zu werden, was freilich ein Ideal ist.

Ein Urteil, das ich fälle, ist mein Erzeugnis, aber es ist eine bleibende Entscheidung für mich. Wie ich mich entschieden habe, so habe ich mich entschieden, und es bleibt dabei für mich – solange nicht neue Motive eine neue Entscheidung, eine Preisgabe der alten motivieren. Ich habe m i c h entschieden, ich habe m i c h überzeugt etc., und nun bin ich der Meinung, bin ich der Überzeugung. Ich bin nicht ein leerer Ichpol, sondern indem ich mich entscheide, habe ich mich *implicite* bestimmt und bin in dieser Bestimmung. Als Ich habe ich bleibende Eigenheiten eben in meinem in den und den Richtungen Entschiedensein, Meinen, und als Korrelat habe ich Meinungen, ich bin aber dieser Meinungen.

So bildet sich im Aktleben das Ich als bleibende Person aus und bildet sich selbst, sofern es eben aus sich selbst die Akte vollzieht und in jedem solchen Setzen sein Setzen als seine Meinung hat, ⟨als⟩ der es ist. Aber das Ich wäre nur ein fließendes, ein vielfarbiges Ich, einmal dieses und einmal jenes, sofern es einmal diese und einmal jene Meinungen hätte, und so immerfort.

Das momentane Ich ist, soweit es Aktgewissheiten vollzieht oder habituelle Meinungen hat, mit sich einig; aber es ist gespalten, wo es zweifelt, und in gewisser Weise auch, wo es bloße Anmutungen hat, die eben jene Anmutungen offen lassen. Aber soweit es jetzt einig ist, kann es später mit sich selbst, das dann gegenwärtige Ich mit sich, demselben vergangenen, uneinig werden, in Zweifel geraten und alte Entscheidungen und damit sich selbst in ihnen preisgeben. Ich, mich selbst erhaltend, fühle mich wohl in der Einstimmigkeit, ich fühle mich unwohl, gestört, gehemmt in der Uneinigkeit. Universales Streben nach Einigkeit. Aktwille gerichtet auf Einigkeit. Das Ich bewusst auf universale Wahrheit gerichtet und korrelativ auf sich selbst gerichtet, auf Selbstgestaltung zu dem Ich, das sich immerfort treu bleiben, mit sich selbst immer einstimmig bleiben kann. Universale Wahrheit ist aber nicht ein Haufen zusammenhangsloser Wahrheiten, theoretischer und praktischer. Wir hätten ⟨so⟩ erst recht ein vielfarbiges Ich ohne Einheit. Wir kommen also auf eine teleologische Einheit, wie es eine universale Wissenschaft ist und eine universale, unter einem obersten Zweck stehende Praxis.

Ich kann willkürlich den Gang meines Urteilslebens und Aktlebens überhaupt bestimmen, ich kann sehen, dass, wenn ich die Wahrheit selbst habe, das Seiende selbst, keine Meinung gleichen Sinnes möglich ist, die nicht als Erfüllung sich darin einigt, oder dass, solange ich Evidenz habe, sie notwendig siegen muss über abweichende Meinungen, also z. B. jede wieder auftauchende frühere Meinung, die abweichend wäre, preisgegeben

BEILAGE XXI   431

Somit habe ich in kritischer Einstellung und Rechtfertigung wirklich apodiktische Setzungen für die eigentlich nicht so zu nennende „Wahrscheinlichkeit": genauer für die vorbehaltliche Existenz der Welt. A b e r n u r , wenn ich mich als Subjekt dieser Setzungen, als transzendentales Ich, durch Reduktion gewonnen und gesetzt habe. Die gesetzte Welt ist dann das im Rahmen meines Bewusstseins Erfahrene, Gedachte etc.; und rein als das von mir Erfahrene etc. und mit dem Gewissheitsmodus, den ich dabei finde, ist sie apodiktisch gesetzt.

II.

Es ist hier aber auch Folgendes auszuführen: Absolut evident ist: Ich bin; das ist im beschriebenen Rahmen undurchstreichbar. Und undurchstreichbar ist: Ich, dieses Ich, habe diese und diese Erfahrungen, und in diesen Erfahrungen ist das Erfahrene im Modus empirisch einstimmiger Gewissheit jeweils als seiend und so seiend gegeben. Ich habe verschiedene solche Gewissheiten von demselben, und dieses Selbe ist zusammenstimmend zu dieser selben Erfahrungswelt als identische der mannigfaltigen Gewissheiten, die ich wirklich gehabt habe bzw. habe. Aber freilich, die Identifizierung als dasselbe Ding und dieselbe Welt und die Identifizierung ihres gewissen Daseins für mich setzt nicht nur voraus die apodiktische Evidenz des „Ich bin", sondern auch die vorbehaltliche Evidenz des Gedächtnisses, der Wiedererinnerung als der von demselben. Es hat sich mir immer bestätigt, nach meiner Erinnerung. Aber da haben wir ja gelernt, dass Erinnerung nicht beliebig täuschen kann: dass mir immer wieder eine Welt erschien, und stimmend, ist absolut gewiss.

Des Näheren aber: Ich erfahre doch auch Unstimmigkeiten, aber im Rahmen einer allgemeinen Einstimmigkeit. Und ⟨es⟩ lag in der Natur dieser Unstimmigkeiten, dass sie sich unter Erhaltung der allgemeinen Einstimmigkeit durch Scheidung von Täuschung und Wahrheit auflösen und in volle Einstimmigkeiten überführen lassen. Die Einstimmigkeit bezog sich auf das Allgemeine der Natur und der Welt überhaupt, mit den allgemein zugehörigen Formen. Die erfahrenen einzelnen Dinge und

---

werden müsste. Ich kann jede Meinung in Evidenz überführen wollen; jede Meinung, jeder Satz ist wahr oder falsch etc.

Nur die Willensordnung meines Lebens auf universale Wahrheit und Echtheit gewährleistet mir ein Leben, das ich als einstimmig befriedigendes leben könnte, und ermöglicht mir ein Ich zu sein oder zu werden, das mit sich selbst einig, sich treu bleibt, mit sich selbst als Person identisch sein kann, Einheit einer nie gebrochenen Personalität.

Ich der transzendentalen Apperzeption: Idee dieses Ich personaler Identität, und zwar als Idee einer *a priori* möglichen Selbstgestaltung zur Identität mit sich selbst. Korrelat: die universale Einheit aller Wahrheit. Mittel: radikale Kritik, die Selbstkritik ist.

Vorgänge konnten anders sein als in den oder jenen Erfahrungen, die ich im Evidenztypus der empirischen Gewissheit hatte, vermeint war. Sie konnten auch völlig nichtig sein, insofern als dieses Ding, dieser Vorgang überhaupt nicht war, d. h. niemals und nirgends war, in keiner Zeit und an keinem Ort. Aber an dem Ort und in der Zeit, die da vermeinte war (und jedes Individuelle der Welt ist, wenn überhaupt, so erfahren als individuell bestimmt nach Zeit- und Raumstelle), war dann anderes. Was dort „Materie" war, mag fraglich sein, aber das Materielle, das irgendwo ist, trägt in jeden Ort und jede Zeit seine kausalen Wirkungen hinein, die die Wissenschaft zu berechnen lehrt. Jedes Reale der Natur hat eine kausale Omnipräsenz.

Ich, der Erkennende, erfahre und erfuhr und kann über die Gegenwart hinaus die Welt nur in apodiktischer Rechtfertigung setzen, soweit ich eine solche für die Wiedererinnerung etc. habe. Aber auch die prinzipielle Wesensstruktur der Welterkenntnis (im Falle die Wiedererinnerung etc. gerechtfertigt ist und soweit sie als das notwendig zu denken ist) muss ihre absolut rechtfertigende Erkenntnis haben. Denn überlege ich mir, was in der Form, die ich der Welt zuschreibe, liegt, in der Unendlichkeit des Raumes und der Zeit, so komme ich auf die realen Möglichkeiten, gewisse subjektive Prozesse wie „Augenbewegungen", „Gehen" usw. vollziehen und dadurch gewisse Erscheinungsabwandlungen von einer gegebenen Erfahrung aus herbeiführen zu können. Das betrifft also die an die subjektiven und vorausgesetzten Möglichkeiten angeknüpften möglichen Erwartungen; und es sind „evidente", die ihre Erfüllung fordern und im Allgemeinen finden „müssen". Die Welt setze ich mit einer „unendlichen" Vergangenheit und „unendlichen" Zukunft. Darin liegt, dass, wann immer ich in meiner endlosen immanenten Vergangenheit erfahren hätte – und ich hätte erfahren „können" –, so würde ich die Welt gefunden haben, dieselbe Welt, sofern ich, wenn ich fortgesetzt im wachen Bewusstsein geblieben wäre (und das hätte ich können), ich immerzu kontinuierlich und in Einstimmigkeit „dieselbe" Welt hätte erfahren können als eine durch alle diese Erfahrungen hindurchgehende Welteinheit. Ich hatte auch die Möglichkeit, meine Erfahrungen zu dirigieren, so dass ich anderes erfahren hätte, als ich je wirklich erfahren habe, und selbst als ich ansetze, dass ich hätte erfahren können; aber immer wäre Einstimmigkeit erhalten geblieben, und ebenso für eine unendliche Zukunft. Ferner hinsichtlich des unendlichen Raumes, der für die Erfahrungsänderungen seine beständige Rolle spielt, sofern ich dabei immerfort Nullpunkt der Orientierung sein musste und dabei doch „meine Stelle im Raum" willkürlich ändern kann, wenn auch die Frage der Leiblichkeit und die der Einschränkungen, die mir mein Gebundensein an die Erde im empirisch faktischen Fall vorschreibt, mir noch weitere Auslegungen notwendig machen mag.

Nun nehme ich gerade nicht wirkliches unendliches Leben für mich an, aber ich erfahre in der gegebenen Welt andere Menschen und weiß, dass unter ihnen ältere sind als ich, dass Menschen vor mir gelebt haben, vor diesen auch wieder. Vielleicht dass ich zunächst die erfahrene Welt mit einem unbestimmten Vergangenheits- und Zukunftshorizont erfahre und mit der bloßen Möglichkeit, dass, wenn ich fortleben würde und wenn andere Menschen nach mir und wieder andere nach diesen *in infinitum* lebten, die Erfahrung der Welt sich so durchhielte, dass eine intersubjektiv unendliche Welt zu setzen gerechtfertigt wäre.[1] Jedenfalls habe ich so lange keine absolut gerechtfertigte Erkenntnis der Welt, und zwar selbst nach dem Allgemeinsten ihres vergangenen und fortdauernden Daseins und ihres Daseins nach den und den allgemeinsten Wesensbestimmungen (unendliche Zeit, unendlicher Raum von den und den Wesensbeschaffenheiten, Kausalität etc.), solange ich nicht die Art, wie sie in all diesen Beziehungen zu ursprünglicher Gegebenheit, zu einer möglichen und ausweisenden Erfahrung kommt, teils durch Wahrnehmung und ihre ursprünglichen Abwandlungen Wiedererinnerung und Erwartung, teils auf dem mittelbaren Wege der Einfühlung (und dann wieder ihren ursprünglichen Abwandlungen) studiert und ihre absolute Rechtfertigung durchgeführt habe. Die apodiktische, wenn auch durch Modalität beschränkte Rechtfertigung des universalen Stils der Welterfahrung darf also nicht gar zu leicht genommen werden.

Die absolute Rechtfertigung vollzieht sich aber auf dem Boden meines, des rechtfertigenden *ego cogito*, das im Voraus absolut gerechtfertigt sein muss; sie setzt die prinzipielle Egologie voraus, die ihrerseits auf der absoluten Rechtfertigung des faktischen Ego beruht. Rechtfertige oder versuche ich zu rechtfertigen die faktische Weltexistenz, die notwendig vorausgehen muss jeder Weltwissenschaft (die soll absolut gerechtfertigte sein können), so werde ich wohl heranziehen müssen die Existenz anderer Subjekte und das, was sie selbst in sich erfahren, denken und selbst als Welt, und dieselbe wie ich, konstituiert haben. Aber nicht von vornherein ist das gestattet, wirkliche und mögliche Existenz anderer in Betracht zu ziehen. Ich muss schrittweise vorgehen, und die Existenz anderer Subjekte muss vorher absolut gerechtfertigt sein und muss es sein auf dem Grunde des Ego. Schließlich: Die absolute Rechtfertigung aller ursprünglichen Setzungen und wissenschaftlichen Bestimmungen

---

[1] Ebenso hinsichtlich der Endlichkeit meines Gelebthabens und der Generationenkette, die hinter mir liegt.

von Objektivitäten, die ursprüngliche Rechtfertigung also aller Wissenschaften, setzt voraus, dass der Erkennende absolutes Selbstbewusstsein in einer absoluten Rechtfertigung vollziehe, im *ego cogito*, von da aus die transzendentale Intersubjektivität als um das eigene Ego orientierte absolut rechtfertigt und in diesem Stufengang die Stufen objektiver Weltkonstitution zu absoluter Rechtfertigung bringt. Genau besehen aber ist erforderlich eine erste gerade (noch nicht absolut gerechtfertigte) Phänomenologie als egologische und intersubjektive und dann erst ihre systematische Kritik, die ihrem Fundierungsbau folgt; erst muss er aufgewiesen sein, damit er „kritisiert" werden ⟨kann⟩.

In dem vorliegenden guten Entwurf a - n ⟨S. 425 – 426 u. 429 – 434⟩ ist von der absoluten Rechtfertigung der Empirie und damit der Weltwissenschaft die Rede, aber merkwürdigerweise ist mit keinem Wort gesprochen von der absoluten Rechtfertigung der nun zu begründenden mundanen Ontologie.

Was in den Blättern ausgeführt ist, betrifft doch in seiner einsehbaren apodiktischen Notwendigkeit nicht nur die faktische Welt und Weltwissenschaft, sondern jede erdenkliche überhaupt. Was ich von einer erdenklichen Welt überhaupt apodiktisch und prinzipiell – also *a priori* – aussagen kann, und zwar „geradehin" als das eidetische Gemeinsame einer möglichen Welt überhaupt – dadurch dass ich mir die in einstimmiger „möglicher Erfahrung" als Möglichkeit zur Evidenz kommende Welt konstruiere im Modus einer beliebigen Möglichkeit überhaupt –, heißt Ontologie. Wie ist nun Ontologie als absolute, apodiktisch gerechtfertigte Wissenschaft möglich? Nur durch die korrelative mundane Noetik, die offenbar beschlossen ist in einer eidetischen Phänomenologie (von der Egologie aus aufgebaut). Diese steht dann unter der beschränkenden Forderungen, dass ich, das faktische Ego, meine und unsere egologischen Möglichkeiten so abwandle, dass die faktisch vermeinte Welt meiner und unserer faktischen Erfahrung als eidetische Möglichkeit rein gefasst wird und dann eidetisch abgewandelt, und dass ich meinen und unseren egologischen Selbstwandlungen eben diese Forderung auferlege, dass in ihnen eine mögliche Welt gemäß diesem Eidos konstituiert sein soll.[1] Wenn ich nun frage, wie ein Ego überhaupt als Subjekt einer einstimmig fortgehenden intersubjektiven Welterfahrung überhaupt seine Welterkenntnis in vollkommener Apodiktizität rechtfertigt, so betrifft das die Rechtfertigung der Formen der noetischen, also konstitutiven Erkenntnisgestalten. Diese Rechtfertigung müsste eidetisch und apodiktisch bei jedem faktisch vorkommenden Fall ausgeführt werden. Will ich an meiner erfahrenen Welt bzw. an der Gewissheit ihres Seins und der ihr zugehörigen Weltwissenschaft Endgültigkeitskritik üben, so müsste diese Kritik unter der prinzipiellen Norm oder Form stehen, die an der

---

[1] Ungeschickt ausgedrückt.

Ontologie die ontologische Noetik vorschreibt. Ich sage: die ontologische Noetik, denn was will sie anderes als die gerade Evidenz, d. i. das gesamte leistende Tun des Ontologen, indem – in Gemeinschaft mit seinen Genossen – ihm die ontologischen Begriffe und Axiome und konsequenten Folgerungen erwachsen als zweifellose Selbstgegebenheiten, einer reflektiven Erforschung und Kritik unterziehen und all die unthematisch verbliebenen Voraussetzungen ans Licht ziehen, welche den Sinn und die Tragweite der geraden Evidenzen bestimmen. Der Gesamtsinn „mögliche Welt" in seiner Wesensallgemeinheit, in dem alle Sondersinne, die Begriffe und Gesetze der Ontologie beschlossen sind, ist vorgegeben in einer ersten universalen Evidenz, in der möglichen Erfahrung als freier eidetischer Abwandlung der wirklichen Welterfahrung, im allgemeinen Stil natürlicher einstimmiger Erfahrung verlaufend. D a s E r s t e der Noetik (oder der konstitutiven Kritik der Ontologie bzw., und besser, der Erzeugung einer absolut begründeten Ontologie) ist danach eine Theorie und Kritik einer Welterfahrung überhaupt. Das sagt aber: Ich fange an mit einer transzendentalästhetischen Erzeugung der Formen „jeder" Welt als einer Welt rein aus möglicher Erfahrung überhaupt. Frage ich: Wie rechtfertigt sich absolut die „Möglichkeit" einer Welt überhaupt und was ihr zugehört im Überhaupt, so sind doch damit äquivalent die Fragen: 1. Wie ist die Wesensgestalt einer möglichen Welterfahrung, wie muss sie, im Stile konsequenter Einstimmigkeit fortgebildet, in sich Weltsinn gestalten, in welchen notwendigen Formen? 2. Wenn wir das erfahrende Ego und seinen Erfahrungsglauben betrachten, wie steht es mit der „Rechtskraft", der Tragweite meines Weltwissens in all seinen für die Gewissheit der Welt überhaupt und für mögliche einzelne, gebietsmäßige etc. Welterkenntnis konstitutiven Gestalten?

Ich kann doch nicht von der Einstimmigkeit der Erfahrung eines möglichen Ego von außen her sprechen, als ob ich einem zweiten Ego, mir als Menschen, zusähe oder ihm, was in ihm vorgeht, abfragte. Ich selbst als Ontologe übe Selbstbesinnung über die Möglichkeiten einer Welterfahrung für mich als mögliches Ich, ich selbst muss die möglichen Synthesen aufwickeln können, durch die sich mir wie als wirkliches, so als mögliches Ich eine einstimmig seiende Welt aufbauen würde.[1] Alle Erfahrungskritik, die ich für eine faktische Welt vollziehen müsste, muss ich als Subjekt einer möglichen Welt überhaupt vollziehen, obschon jetzt alles im Reich der Möglichkeit sich abspielt, in eidetischer Einstellung. Das Recht wesensmäßig möglicher Welterfahrung überhaupt ist das prinzipielle Recht einer jeden faktischen Welterfahrung überhaupt.

Die Mitbetrachtung der noetischen Zusammenhänge, in denen sich die Erfahrungswelt als solche konstituiert, ist, besser gesagt, Wesenerforschung der mögli-

---

[1] Es fehlt die Unterscheidung, die ich anderwärts zwischen geisteswissenschaftlicher Noetik der Erkenntnishandlungen und der konkreten Phänomenologie der Konstitution der noetischen Handlungen machte.

chen Evidenz einer Welt; universale Evidenz ist Korrelat möglicher, in idealer Konsequenz fortgedachter Erfahrung. Aber das ist noch keine letzte Erfahrungskritik. Nicht umsonst hat man immer gefühlt, dass eine Erkenntnistheorie eine Hauptaufgabe habe in einer Kritik der Tragweite der Erkenntnis. Das Erste ist Theorie und Kritik der Erfahrung und darauf gegründet die Theorie und Kritik der objektivierenden Erkenntnisleistung, die sich aufgrund der Erfahrung im Denken, schließlich in den Formen des Logos der Wissenschaft vollzieht. So entspricht jene Noetik zunächst nur der „naiven" Phänomenologie, der ich als letzte Stufe folgen lassen müsste eine apodiktische Kritik. Die allgemeine Auswertung der „Modalitäten" in meiner Vorlesung ist die Unterlage für die letzte Auswertung der Erkenntnis, die der Erkennende von sich fordert, für die letzte Rechtfertigung aller möglichen objektiven Erkenntnismethoden für alle möglichen Gegenstandsregionen und damit aller möglichen Wissenschaften. So schließt sich an die universale Ontologie und jede besondere Ontologie eine Erkenntnistheorie als korrelative Wesenslehre. Doch eigentlich ist die Rede von sich anschließen, in die man leicht verfällt, wo man Ontologien als vorgegebene Theorien ansieht, unpassend. Es handelt sich überall um erkenntnistheoretischphänomenologisch aufzubauende Weltlogik und besondere Logiken, als ⟨auch⟩ unter eigentlich vorlogischer Stufe ⟨um⟩ eine Kritik der Erfahrung, und dann als höchste und letzte Stufe eine kritische Methodologie in eidetischer Universalität für die Welterkenntnis (Weltwissenschaft) und alle Sonderwissenschaften. Eine kritische = eine letztauswertende, die Tragweite der Apodiktizität bestimmende. Das entspricht dem verschiedenem Sinn der apodiktischen Rechtfertigung in der bloßen Erfahrung und im Logos.[1]

BEILAGE XXII (zu § 44 a):
⟨Die Sinnbildung der „Andersheit" als Voraussetzung der Zahlbildung⟩[2]

Doch hier bedarf es einer größeren Genauigkeit, um den Sinn bzw. die Sinnbildung der „Andersheit" zu erwägen, die in der Zahlbildung vor-

---

[1] Es fehlt die Scheidung von Noetik und konkreter Wissenschaft von der phänomenologischen (letzten) Konstitution, also mit anderen Worten die Scheidung 1. der „Erkenntnistheorie" in die Theorie, die Wesenslehre der ursprünglichen Erkenntnishandlungen und ihrer ursprünglichen Ergebnisse: erste Theorie der Evidenz; 2. die Erkenntnistheorie tieferer Konstitutionsstufen, Aufklärung, wie die noetischen Evidenzen zustande kommen, wie sie konkret möglich sind in der konkreten transzendentalen Intersubjektivität; 3. ⟨die⟩ universale Kritik der transzendentalen und intersubjektiven Selbsterkenntnis und ihrer Tragweite.
[2] 1924 oder 1928. – Anm. des Hrsg.

ausgesetzt ist. Diese Andersheit liegt schon in jeder kollektiven Mehrheit bzw. in der Und-Verbindung, die ihre Einzelheiten als Mengenglieder vereint. Das kollektive Zusammenfassen, Zusammenhalten und Zusammenhaben, verstanden in dem weitesten Sinne des „A und B", lässt zwei Möglichkeiten offen. Entweder es ist ein Zusammenhaben (korrelativ: ein Zusammen) von Außereinander-Seienden, von „Verschiedenem" im Sinne von Gesonderten, Getrennten, oder es handelt sich um ein Zusammen, in dem eines im anderen ist, in ihm als Moment, als Stück, als in ihm irgend Beschlossenes.

Phänomenologisch betrachtet (also in der Frage, wie sich für uns dieser Unterschied intentional und ursprünglich konstituiert) ist es klar, dass jedes Ineinander, jedes Bewussthaben als Teil, als bestimmendes inneres oder äußeres Moment, in einer besonderen Weise der Synthese, und zwar einer „partial identifizierenden", gründet. Wir haben also eines und das andere schon durch diese besonderen Einigungsweisen gegeben, und eventuell schon vor der aktiven Explikation vorgegeben. Und das Zusammenhalten im Und (das Ganze und sein Teil, das da und seine Beschaffenheit) vollzieht sich auf dem Grund dieser vorausgehenden Synthesis der Implikation bzw. der aktiven Explikation.

Der andere Fall ist der des Außereinander, der Trennung, wobei eines nicht im anderen ist und sich nicht durch das andere als was es ist bestimmt, sein Sein nicht im anderen „aussagt", sondern wo eines das andere außer sich hat. Phänomenologisch gibt sich ein Außereinander in der Existenz als ursprüngliche Selbstgegebenheit in der sinnlichen Mehrheit, und zwar Eines. Das elementarste und unmittelbar „anschauliche" Außereinander (wahrnehmungsmäßig als außer einander) ist das Paar. Es ist eine ursprünglichste Form synthetischer Passivität, und wenn wir alle Gestalten solcher Passivität unter dem phänomenologischen Titel „Assoziation" zusammennehmen, so bezeichnet Paarung eine elementare Leistung der Assoziation. Hier ist das erste und im eigentlichen Sinne Unmittelbare, also Primitive, die konkrete Paarung, korrelativ das passiv gegebene (also auch schon vor der Aktivität der Erfassung, der Rezeption), vorgegebene Paar.

Das sinnlich gegebene Gleiche „erinnert an" das Gleiche und dieses daran Erinnern besagt nicht Vergleichung und Gegebenheit von Gleichem, das als solches allererst aus einem Vergleichen entspringt; vielmehr besagt es diejenige „sinnliche Gleichheit", die schon vorgegeben sein muss, damit Vergleichung ansetzen kann, so wie das Erinnern eines im Wahrnehmungsfeld vorgegebenen A an sein gleiches A' eine Einheitsform passiver Synthesis besagt, einer übergreifenden Intentionalität, durch die gegenüber dem einzelnen abgehobenen Wahrnehmungsobjekt

A und dem wiederum einzelnen A' eine Einheit der Abhebung ermöglicht ist, die beides als aneinander erinnernd, einander durch wechselseitige besondere Wirkung verknüpfend einheitlich heraushebt – eben als Paar.

Aber haben wir so nicht statt eines Außereinander ein Ineinander? In der Tat, wir haben aber ein totales Ineinander und damit eben nicht ein Ineinander, eine Implikation im gewöhnlichen Sinne eines beschlossenen Teils, einer beschlossenen Sonderbestimmung. Jedes konkrete sinnliche einheitliche Außereinander, jede sinnliche Zweiheit und Mehrheit ist Einheitliches und passiv Verähnlichung aus freien Überschiebungen und konkreter Deckung. Anderseits ist eins und das andere existierend in der Einheit des Wahrnehmungsfelds, jedes für sich wahrgenommen. Das durch intentionale Deckung Erinnert-Haben, im einen das andere Er-innert-Haben oder, wie wir auch zu sagen versuchten, Durchscheinend-Haben, ist nicht ein Wahrnehmen des anderen in dem einen; sondern das eine Wahrgenommene übergreift in einer erinnernden Synthesis das andere, trägt durch eine Weckung, die zugleich Deckung des gegenständlichen Sinnes ist, in das andere jenes in ihm, ⟨das⟩ das Gegenstück erinnernd bewusst hat, hinein und umgekehrt. Eins weckt nicht nur überhaupt das andere, sondern weckt es in sich selbst als seinesgleichen und tut es in einer Deckung, die ihre Vollkommenheit und eventuell Dimensionen, Grade hat, ihre „Abstände" und „Richtungen". In dieser sinnlichen Form kommt Gemeinsames und Unterschiedenes ungeschieden zur Geltung.

Die Paarung ist das primitivere gegenüber der Mehrheitsbildung, die durch wechselseitige Paarung und Paarungen höherer Stufe (die Paare selbst) erfolgt. Die unmittelbarste Paarung ist die konkreter Wahrnehmungsobjekte. Mittelbar ist schon die Paarung von Teilen und inneren Bestimmungen. Doch sind auch weitere Mittelbarkeiten in Frage, worauf wir hier nicht eingehen. Bei solchen mittelbaren Paarungen gehen mittelbar die betreffenden konkreten Gegenstände voran.

Wir sprachen von „Gleichem", worunter natürlich, wie hier überall, nicht irgendein idealer Grenzfall der Ähnlichkeit verstanden ist, sondern die Ähnlichkeit selbst, aber als sinnlich erscheinende Ähnlichkeit, die allererst in einem Denkverfahren der Vergleichung und der Idealisierung unter reiner Zeugung von offenen Möglichkeiten der Steigerung und Minderung in entsprechend erweiterten Ähnlichkeitsreihen nach der Norm idealer Gleichheit beurteilt und dann ⟨als⟩ „bloße Ähnlichkeit" in ihren Gradualitäten und der Gleichheit unterschieden wird. Die passiv vorgegebene Ähnlichkeit ist kein Denkgebilde (kategoriales Gebilde), weder das soeben angedeutete aus einer Idealisierung und Normierung, noch eine Relation, als welche ja konstituiert wird durch ein beziehendes Urteilen oder mindest durch eine vor der prädikativen Stufe vollzogene beziehende Aktivität. Diese Ähnlichkeit ist selbst nichts anderes als die Form des Paares, als das Einigsein durch ein wechselseitiges An-einander-Erinnern, einander erinnernd Wecken. Das aber besagt näher besehen: Es ist nicht nur in der Einheit eines Bewusstseins, und näher eines wahrnehmenden, A bewusst und A' bewusst, sondern es ist zugleich im Sonderbewusstsein des A A' und im Sonderbewusstsein des A' A bewusst. Die Intentionalität, durch die das eine konkreter Gegenstand ist, greift zugleich „weckend" und synthetisch einigend hinüber in die Intentionalität des anderen, und zwar in einer überschiebenden Deckung *par distance,* die die voll konkreten intentionalen Gegenstände zur Deckungseinheit bringt, und zwar so, dass in einem jeden eben zugleich der andere sozusagen durchscheint und umgekehrt.

Offenbar sind ähnliche Betrachtungen durchzuführen zur Klärung sukzessiver Mehrheiten, und von hier aus eröffnet sich überhaupt die intentionale Theorie der Assoziation mit allen ihren synthetischen Formen, in denen sich passiv Einheiten konstituieren.

BEILAGE XXIII (zu § 47):
Satz als Urteil und Satz als „bloße" Bedeutung[1]

1. Das **wirkliche Urteil**, das in wiederholtem Urteilen dasselbe Urteil ist und dann an das urteilende Subjekt gebunden ist, aber dann doch dasselbe ist für alle Urteilenden, die übereinstimmend urteilen.

2. Die **Annahme** ≠ das Urteil, dass irgendjemand urteilen würde: ich nehme an, jemand urteile so. Aber Annahme, dass etwas ist oder so ist, ist nicht Annahme eines Urteils, dass das ist, das eben zwar eine Annahme, aber anderen Inhalts ist.

Fingiere ich mir das Urteil, und dann natürlich das Urteil als das eines urteilenden Ich, so habe ich die reine Möglichkeit eines Urteils und eines Urteilenden. Ich kann mir auch in die gegebene Wirklichkeit einen Urteilenden hineinfingieren, d. i. mir denken, in ihr sei ein Urteilender dieses Urteils, so ist das wohl dasselbe wie eine Annahme.

Reine Möglichkeit ist auch eine Setzung, aber nicht ein Annehmen. In-der-Phantasie-Leben ist ein Quasi-Setzen und nicht ein Annehmen, und das Mit-Willkür-in-einstimmiger-Phantasie-sich-Halten ist auch nicht ein Annehmen, es sei Wirklichkeit. Eine wirkliche Annahme ist

---
[1] Wohl 1923. – Anm. des Hrsg.

eine Urteilsabwandlung, und eine andere als die Abwandlung reiner Möglichkeit. In der Phantasie selbst gibt es dann mögliche Annahmen, wie sonstige reine Möglichkeiten. Alle kategorialen Gestalten in der Phantasie sind reine Möglichkeit von kategorialen Gestalten.

Nun frage ich: Wie steht Wirklichkeit zu Möglichkeit eines Urteils? In jeder Wirklichkeit „liegt" die Möglichkeit und jede Möglichkeit ist eben Möglichkeit von und als das ideal mögliche Wirklichkeit. Die Möglichkeit schließt die Wirklichkeit selbst nicht ein, aber die Wirklichkeit die Möglichkeit. Ist also nicht, was wir Urteil nennen, Satz als bloßer „Sinn", dasselbe wie reine Möglichkeit des Satzes, und so für jedes kategoriale Gebilde? Was ein wirkliches Subjekt urteilt, kann identisch dasselbe sein wie das, was ein fingiertes Subjekt urteilen würde. Dieses Was ist die reine Möglichkeit des kategorialen Gegenstands. Aber wenn ich ein Realitätsurteil nehme, ein bestimmendes Realurteil, so ist es klar, dass die Möglichkeit, die in der kategorialen Wirklichkeit liegt, doch keine ganz reine ist, sondern an die Erfahrung gebunden ist und ihre Präsumtion und an den Fortgang der Erfahrung. Sage ich: „Sokrates ist ein Grieche", so wird die Übersetzung in die reine Phantasie und einen rein phantasiemäßig gedachten Urteilenden zwar leicht, aber zum Sinn „Sokrates" und „Grieche" gehört eben der präsumtive Horizont und all das, was die historische Erkenntnis ihm noch bestimmend beifügen mag. Also müsste die Operation der reinen Phantasierung all dem konsequent folgen. Ich habe zwar einen Momentansinn mit dem momentan unbestimmten Horizont, und für den kann ich jederzeit eine voll ausreichende Parallele als reine Möglichkeit finden. Aber für Sokrates selbst, der die „Idee" des wahren „individuellen Satzes" ist, habe ich als Sinnesgehalt der Wahrheit die entsprechende „Idee" einer reinen Möglichkeit, welche eben diesen individuellen Satz – diese Idee – in die reine Möglichkeit übersetzt, und damit ebenso für alle wahren Kategorialien, die zum Realen gehören.

Nur bei reinen Kategorialien (auch von Realem) verhält es sich anders. Es gibt ein reines Denken in der Idee, in der fortgehenden Einstimmigkeit. Es gibt apriorische Einsichten, die sich auf ein Reales überhaupt beziehen, d. i. auf ein Identisches einstimmiger Erscheinungen überhaupt, das in seiner Wesensallgemeinheit eingesehen wird, wie immer der Lauf der Einstimmigkeit fortgesetzt ⟨werden⟩ und welche Wege er immer auch einschlagen mag. Jede Art fortzugestalten, wenn sie nur einstimmige Gestaltung bleibt, gibt eine einstimmige Einheit, die eine identische, eine Möglichkeit ist, und für jede Gestalt dieser Einheit und für jede andere Einheit solcher Gestaltungsweise, jede erdenkliche andere, erschaue ich dieselbe Allgemeinheit. Mein Möglichkeitsumfang ist dabei

Einheit einer möglichen offenen Synthese von „Erscheinungen", von Gegebenheitsweisen, das sind aber die Gegenstände im Wie, in ihren verschiedenen Einseitigkeiten, in ihren verschiedenen hervortretenden Merkmalen, die Reihe der subjektiv rein möglichen Noemata (nicht die Noesen, die korrelativen Subjektivitäten). Diese Erscheinungsweisen sind variabel und die Form der Einstimmigkeit ist fest. Und wieder sind die Einheiten der Erscheinungsweisen variabel, wenn ich mögliche Empirie wesensmäßig betrachte. Übrigens ⟨gilt⟩ Analoges auch für die egologische Sphäre.

Die Wirklichkeit in die reine Phantasie, in die reine Möglichkeit übersetzen, das ist also die jeweiligen Sätze, die individuellen Sätze und Kateg⟨orialien⟩ (wie sehr sie fließend sind nach ihrem wirklichen Sinn) in die reine Möglichkeit übersetzen; und dann kommt es auf die weitere Erfahrung nicht an, wenn apriorisches Urteilen in Frage ist. Zu jeder Wirklichkeit gehört entsprechende Möglichkeit, zu jedem wirklichen Satz, und die Möglichkeit gibt seinen reinen Sinn.

Aber sage ich recht „reiner Sinn" anstatt Wesen, Wesen des Urteils, Urteil als Wesen? Das Wesen des Urteils enthält als Komponenten „Inhalt und Qualität".

Wie steht es aber damit: 1. Der Satz „S ist p" schlechthin, 2. der problematische Satz, 3. die Annahme und die Leugnung des Satzes etc. (es ist nicht wahr, dass S p ist) haben denselben Sinn? Der Satz schlechthin ist das Urteil; die „Verwerfung", richtet sie sich nicht gegen das Urteil? Der „Inhalt" der Frage, des Zweifels: kann man denn da auch sagen, der Inhalt ist die reine Möglichkeit? Bzw. kann man sagen, diese identische „Materie" der Modalitäten ist das Wesen des Satzes „S ist p", oder nicht vielmehr die Satz„materie", in Abstraktion von der Qualität?

Ich bin überzeugt: S ist p! Ich zweifle, ich vermute, ich negiere, ich nehme an: S ist p, als Urteil. Ist S p? Ob S p ist? S dürfte p sein. Es ist nicht wahr, dass S p ist.

a) Soll man sagen: Ich habe überall ein „Vorgestelltes" vor Augen, und dazu „nehme ich verschieden Stellung", urteilend (in Gewissheit glaubend), vermutend etc.? Eine Vorstellung liegt „zugrunde", und ich kann auch bloß vorstellen, wie wenn ich höre, wenn einer sagt: Dass S p ist – das vermute ich, das halte ich für wahrscheinlich, das ist sicher, zweifelhaft. b) Oder soll man sagen, wenn ich das höre, dann bilde ich ein Quasiurteil S ist p und entnehme da den „Sinn" und denke, der Andere wird eine Stellungnahme mit diesem Sinn ausdrücken.

Was die obige Reihe gemein hat, wie schon die *Logischen Untersu-*

chungen gezeigt haben,[1] ist nicht eine eigene Vorstellung und eine Stellungnahme zum Vorgestellten bzw. ein dem Vorgestellten zugelegter „Charakter" des Gewissseins, Zweifelhaftseins etc. Sondern all diese Sätze haben ein gemeinsames Wesen als Satzmaterie, den „Sinn", und Differenzen, je nachdem der Sinn, Urteilssinn, Zweifelssinn etc. ist. Dann wäre es so, wie wenn wir verschiedene Rotnuancen hätten und sagten, das Rot ist hier Karmesinrot, dort Krappot etc. Oder die Farbe ist hier Rot, dort Grün etc. Das ist bedenklich. Ich habe hier doch zwei Allgemeinheiten: das Identische des „Sinnes", als „Materie", das ich ersetzen kann durch andere Sinne, durch andere Satzsinne (Urteilsinhalte), und das Identische des „Glaubens", das den Charakter Urteil, Zweifel etc. ergibt. Lasse ich das letztere unbestimmt, so kann ich verschiedene Sinne und Sinnesgestalten miteinander vergleichen und die rein grammatischen Gestalten unterscheiden. Halte ich den Sinn variabel, so unterscheide ich die „Qualitäten" des Glaubens. Aber das ist wieder bedenklich, da, wenn ich die Qualitäten der Sätze variabel lasse und unbestimmt, ich doch keinen Satz vorstellen kann, ohne in ihm Qualitatives in verschiedener Form: Negation, Annahme, Vermutlichkeit, Wahrscheinlichkeit etc. gegeben zu haben.

Wogegen richtet sich die Verwerfung „Es ist nicht wahr, dass Gold grün ist" oder „Gold ist nicht grün"? Gegen das Grünsein, nicht gegen das „Gold ist grün"! Gegen die Prädikation, die ich, der Negierende, vollziehe, gegen mein Urteil, das ich ja nicht habe.

Wie sieht meine Erfahrung, dass der andere urteilt „Gold ist grün", aus? Wie habe ich einfühlende Erfahrung von seinem Urteil „Gold ist grün!", das ich selbst nicht gegeben habe und selbst nicht als Miturteilender als Urteil habe? Mir ist das Urteil „S ist p!" bewusst als Urteil, aber nicht als das meine. Es ist also vergegenwärtigt, so wie ich das Rot, das ein anderer empfindet und ich nicht selbst empfinde, „reproduktiv" bewusst habe.

Wenn ich mir ein Rot fingiere, in diesem Sinne „bloß vorstelle", so ist es vergegenwärtigt als Rot irgendeines Empfindens, unbestimmt und selbst fingiert, so ist Sich-das-Urteil-in-der-Phantasie-Vorstellen, Sich-das-Urteil-als-fingiertes-Urteil-Vorstellen.

Urteile ich „Gold ist grün" und komme darauf, dass das verkehrt ist, so richtet sich die Negation gegen das soeben noch geglaubte Urteil, gegen meine bisherige Überzeugung bzw. gegen ihren Inhalt, eben das Urteil. Ebenso wenn es sich gegen das Urteil eines Anderen richtet, das für mich vergegenwärtigt ist. Ein vergegenwärtigtes Urteil kann auch für

---

[1] Vgl. *Husserliana* XIX/1, S. 441 ff. – Anm. des Hrsg.

mich jetzt mein Urteil sein, ich mache eines Anderen Urteilen mit, ich urteile, was er urteilt. Oder ich urteile noch fort in derselben Überzeugung, was ich gestern geurteilt habe, so wie ich eine Wiedererinnerung mitmache: Das Vergangene, der Inhalt, ist auch jetzt für mich Vergangenes, die alte gestiftete Überzeugung der Urimpression ist jetzt noch meine Überzeugung.

So liegt in jeder Negation zugrunde ein vergegenwärtigtes Urteil – vergegenwärtigt als Erinnerung, als Einfühlung, als Ansatz einer Möglichkeit –, das einer bestimmten Person. Das was ich selbst geurteilt habe, das was ich als Urteil irgend eines ⟨Anderen⟩ denke, etwa mich hineinphantasierend, das ich so dachte im Als-ob, aber ansetzend, auf die Wirklichkeit bezogen.

Was die Urteilsfundamente anlangt, wenn es z. B. ein empirisches Urteil ist, so urteile ich etwa mit, ich setze die Sachen mit, die der andere voraussetzt etc. Also „Denken" ohne mitzuurteilen ist irgendwelche Vergegenwärtigungen haben, bezogen auf unbestimmte oder bestimmte Denksubjekte im Nachbilden.[1] Selbst Nachdenken ist Sätze bilden aufgrund wirklicher Urteile, sich denken, wie das wäre, also urteilend-als-ob; man hat da kein anderes Subjekt, sondern sich selbst „in" der Phantasie, die aber nicht reine Phantasie ist. Die Phantasie verbindet sich mit der Erfahrung. Wie denn überall beides sich verbindet, wenn auch nicht unter dem Titel „Phantasie", sondern „Sichdenken". Ich überlege die Möglichkeiten, wie der Weg, den ich gehe, weiter laufen mag. Es sind nicht pure Phantasien, sondern reale Möglichkeiten, mindestens mit einer Hauptstruktur.

In diesem Überlegen springen Motive heraus, welche Entscheidungen bedürfen, d. i. ich „nehme Stellung", ich gewinne für den phantasiemäßig vergegenwärtigten kategorischen Gehalt in Anknüpfung an das wirklich kategorisch Gesetzte und die Erfahrungsunterlage eine miturteilende Thesis. Also habe ich die Sachlage: Stellen wir an die Spitze das wirkliche Urteil „S ist p!", dann die Vermutung, dass S p ist = ein vergegenwärtigtes Urteil. „S ist p!" ist Inhalt der Vermutung, eine Modalität des Glaubens, ebenso Frage, Zweifel, Negation (Durchstreichung). Die bloße Bedeutung ist eine Phantasievergegenwärtigung??[2]

Das Urteil und der bloße Sinn, der in die Modalitäten des Urteils eingeht und der also Inhalt einer bloßen Vergegenwärtigung (Vorstellung) ist, hat also die Stellung A! und Vorstellung von A oder Möglichkeit von A. Sie decken sich im Wesen. Der Sinn ist selbst das Wesen der Mög-

---

[1] So auch im Ansetzen.

[2] Das ist doch nicht gezeigt!

lichkeit und der Wirklichkeit; beide haben dasselbe Wesen. Das Haus und die Phantasie des Hauses decken sich. Aber anders wie in der Wirklichkeit dieses Haus und ein gleiches Haus, worin das gemeinsame Wesen, das wirkliche, hervortritt, und in der Wiederholung eines Phantasiehauses, und bei mehreren gleichen in der Phantasie, habe ich ein gemeinsames Quasi-Wesen. Aber das wirkliche Wesen und das Quasi-Wesen decken sich wieder, Wirklichkeit und entsprechende Möglichkeit sind Wirklichkeit und Möglichkeit „desselben".[1]

Das apriorische Wesen, das Allgemeine reiner Möglichkeiten, hat nicht nur Vereinzelungen als reine Möglichkeiten, sondern eventuell auch Verwirklichungen als wirkliche Einzelheiten desselben Wesens. Oder das wirkliche Wesen, das ich in der Wirklichkeit durch wirkliche Abstraktion finde, ist dasselbe als das Wesen-als-ob, das ich aus der Phantasie reiner Möglichkeiten schöpfend als mögliches Wesen finde.

Wirkliches Wesen und entsprechend mögliches Wesen ist dasselbe Wesen. Nehmen wir statt des Beispiels Haus kategoriale Gegenständlichkeiten. Wiederholt urteilend erfasse ich dasselbe Urteil „S ist p" nicht durch Abstraktion und Verallgemeinerung. Das ist also kein Wesen, aber eben ein kategorialer Gegenstand. Gehe ich in die Phantasie über, so habe ich die Möglichkeit „S ist p!". Also das Verhältnis ⟨ist⟩ dasselbe wie dieses Haus in Wirklichkeit und das entsprechende Phantasiehaus als Möglichkeit. Nach dem obigen aber können wir sagen: Beide sind von demselben Wesen und eventuell bis zur niedersten Differenz. Ich kann nicht sagen, das Phantasiehaus ist dasselbe Haus wie das wirkliche, auch nicht ein anderes Haus vom selben Wesen, sondern nur: Das Phantasiehaus ist eine Phantasievereinzelung (eine einzelne reine Möglichkeit) desselben Wesens, von dem das wirkliche Haus eine wirkliche Vereinzelung ist.

Nun zum Urteil. Das wirkliche Urteil und das „bloß vorgestellte" Urteil sind von demselben Wesen. Ist die Sachlage hier eine andere? Oben sagte ich wohl auch, es ist „dasselbe Haus, nur in der Phantasie"; und so hier: es ist „dasselbe Urteil, nur in der Phantasie" als „entsprechende Vorstellung".

Kann ich nun anderes behaupten als dies: „Zu sagen, dass das dem wirklichen Urteilen als wirkliche Überzeugung gegebene Urteil ‚S ist p!' **denselben Sinn** habe wie das rein mögliche Urteil ‚S ist p!'", besagt nichts anderes, als dass sie **Vereinzelungen desselben Wesens** sind, das nur bezeichnet werden kann wieder mit den Worten „S ist p"

---

[1] Das alles hier ist richtig, aber es betrifft nicht das Verhältnis der Urteilsmodalitäten zum Urteil (der Urdoxa schlechthin).

und jederzeit willkürlich gegeben sein kann durch willkürliche Bildung eben der bloßen Vorstellung, auf dessen Wesen ich dabei hinblicke, wie auf das Rot in der Phantasie, wenn ich den Begriff Rot mir klar mache?[1]

Dürfte ich nun auch stattdessen anders sagen, nämlich dass die reine Möglichkeit selbst der Sinn sei? Das Urteil „habe in sich den Sinn" hieße dann, es berge in sich die reine Möglichkeit, sofern ich vom Wirklichen jederzeit zu seiner reinen Möglichkeit übergehen kann in Deckung des Wesens? Nein! Ich meine doch nicht, wenn ich ein Urteil als „bloßen Satz", Urteilsinhalt betrachte (als „bloße Bedeutung", ohne Interesse dafür, dass ich wirklich so urteile und wie immer, ob jemand überhaupt so urteilt), schlechthin diese reine Möglichkeit, sondern diese Einzelheit des Urteilswesens dient mir als eine Einzelheit dieses Wesens ü b e r h a u p t, gleichgültig ob es da diese „wirkliche" Einzelheit oder mögliche Einzelheit, reine Möglichkeit ist. Also d i e s e s W e s e n ist der S i n n als bloße Bedeutung (bloße Urteilsmaterie).

BEILAGE XXIV (zu § 47):
Das Problem der Evidenz (bzw. auch des eigentlichen Sinnes) formalontologischer Wahrheiten und der Begriff des Analytischen[2]

⟨a) Formale Logik und formale Ontologie⟩

Formalontologische Begriffe gehören jedem erdenklichen Gegenstandsgebiet an. Woher weiß ich das? Ich kann Axiome für Gegenstände überhaupt bilden. Woher weiß ich für irgendein solches Axiom, dass es in der Tat für Gegenstände überhaupt gilt? Wenn ich es in Evidenz vollziehe, muss ich doch exemplarisch an irgendwelche singulären Gegenstände denken und dann einsehen können, dass ich sie in freier Willkür variieren kann, dass ich beliebig andere jeder beliebigen Region dafür nehmen kann. Woher weiß ich das? Wie wird die Einsicht hier möglich?

Die Evidenz analytischer, formalontologischer Sätze im weitesten Sinne ist ein Problem: Es ist auffällig, dass formalontologische Sätze (eingerechnet alle apophantisch-logischen Gesetze für Urteile, Sätze überhaupt und damit Sachverhalte überhaupt) unbedingt gültig sein sollen für alle Gegenstände, alle Sachverhalte etc. und als das eingesehen

---

[1] Aber noch fehlt etwas: Das wirkliche Urteil ist eine einzige Einzelheit. Das mögliche Urteil ist wieder nur eine Einzelheit.

[2] Wintersemester ⟨19⟩22/23 ⟨1923 und teilweise wohl früher⟩.

sein sollen, während im wirklichen Vollzug dieser Evidenz exemplarische Anschauung von einzelnen Gegenständen, Sachverhalten etc. gar keine Rolle spielt. Oder sind es nur scheinbare Evidenzen, die erst durch wirkliche Veranschaulichung in wirkliche Evidenzen verwandelt werden müssten? Warum denkt aber niemand daran, diesen weiteren Schritt zu tun? Damit hängt das Problem des indirekten Beweises zusammen, des „korrekten" Denkens mit „widersinnigen Gegenständen", die Sonderfrage, ob die formale Ontologie auch für widersinnige Gegenstände gelte: unsinnige Reden, hinter denen doch irgendein Sinn stecken muss.

Sicher ist, dass wir einen radikalen Unterschied haben in der Evidenz formaler Wahrheiten und derjenigen material-apriorischer Wahrheiten (in meinem Sinne „analytisch" und „synthetisch" apriorischer). Die letzteren beziehen sich auf das Universum der Möglichkeiten einer Region und werden einsichtig an selbstgegebenen einzelnen und frei variierbaren Möglichkeiten der Region, also durch sachhaltige Intuition. Die analytischen Wahrheiten aber werden evident ohne jedes Einsichtigmachen von singulären gegenständlichen Möglichkeiten. Aber sie sind doch Wahrheiten über alle Gegenstände überhaupt, d. i. doch alle überhaupt erdenklichen, überhaupt möglichen Gegenstände. Wie kann ich etwas für mögliche Gegenstände generell einsichtig behaupten ohne aus der Intuition, aus der Wesensbetrachtung möglicher Gegenstände, im intuitiven Exempel, zu schöpfen?

Tatsachendenken, aposteriorisches, bezieht sich auf Tatsachen, Fakta, auf Wirklichkeiten, wirkliche, das heißt hier individuell seiende Gegenstände, auf faktisch seiende Sachverhalte. Evidentes Denken setzt hier ursprünglich Ausgewiesenes, das Sein der betreffenden individuellen Substrate, voraus, ursprünglich aus Erfahrungsgegebenheit geschöpfte Explikation und Prädikation, also singuläre Erfahrungsurteile. Lassen wir die weiteren Fragen, wie hier empirisch allgemeines Urteilen möglich wird. Jedenfalls, wenn es Möglichkeiten und Wahrscheinlichkeiten überschaut und allgemeine Aussagen macht, so sind alle diese Möglichkeiten empirische Möglichkeiten, die Erfahrung voraussetzen und an individuelles und selbsterfahrenes Dasein gebunden sind.[1] Apriorisches Denken bezieht sich auf reine Möglichkeiten, bewegt sich in reinen Begriffen, ist „reines" Überhaupt-Denken. Seine Evidenz setzt voraus nicht Erfahrung von einem Dasein, sondern ursprüngliche Anschauung von reinen Möglichkeiten, geschöpft aus „reiner Phantasie". An selbsterschauten reinen Möglichkeiten, aus exemplarischen „reinen" Anschauungen werden in reiner Wesensabstraktion gewonnen reine Wesensallgemeinheiten als

---

[1] Alle Begriffe sind empirisch durch Erfahrung gebundene Begriffe.

reine „Begriffe" (in einem Sinn: in dem der allgemeinen Wesen selbst) und werden erschaut reine Überhaupt-Verhalte, partikuläre Verhalte und Gesetzesverhalte.

Jedenfalls, apriorische Einsicht setzt, wenn nicht wirkliche Erfahrung, so Quasi-Erfahrung, d. i. Erfahrung-als-ob, Erschauung singulärer reiner Möglichkeiten voraus. Es ist nun entweder regionales Denken oder formales. Und danach scheint es, dass wir entweder regionale Möglichkeiten, etwa einzelne reine Möglichkeiten von physischem Dasein voraus haben müssen oder einsichtige Gegebenheit von möglichen Gegenständen überhaupt, von möglichen Sachverhalten überhaupt. Und eben hier liegt die Schwierigkeit nach dem obigen.

Ich sage nun: Formalontologisches Denken als apriorisches setzt natürlich auch das exemplarische intuitive Denken seiner Möglichkeiten voraus, aber es ist nicht oder nicht zunächst ein Denken, das *a priori* auf mögliche Gegenstände überhaupt sich bezieht, sondern, in einer naheliegende Verschiebung der Einstellung und der Redeweise, es ist apriorisches Denken bezogen auf bloße „Denkgegenstände", „Denkverhalte" überhaupt, es ist ein apriorisches Denken bezogen auf bloße „Bedeutungseinheiten", und zwar näher bezogen auf doxische Bedeutungen, auf „Gegenstände" gesetzt als Substrate möglicher Prädikate, auf „Sachverhalte" rein als Urteilsmeinungen, als Urteil im noematischen Sinne.[1]

Was in einem Urteilen vermeint ist, das Intentionale des Urteils als Urteilens, ist das Urteil (das „gefällte Urteil"), der Urteilssatz, und zwar in der Urform der Urteilsgewissheit, das Urteil im engsten Sinn, ebenso aber in jeder Modalisierung: so im „problematischen Urteil" das „S dürfte p sein", im Zweifel das Zweifelhaft-Sein usw. Mit diesen Urteilsintentionalien urdoxischer oder modalisierter doxischer Setzungen hat es die formale Logik (im weitesten Sinne der formalen Ontologie) in „formaler" Allgemeinheit zu tun, also nicht mit Gegenständen schlechthin, und das hieße in einer apriorischen Wissenschaft mit *a priori* möglichen Gegenständen, sondern mit möglichen Gegenstandssätzen, nicht mit möglichen Sachverhalten, mit möglichen prädikativen Identitätssynthesen schlechthin, sondern mit möglichen prädikativen Sätzen, urteilsmäßig vermeinten Gewissheiten, Möglichkeiten, Wahrscheinlichkeiten von Sachverhalten rein als Vermeintheiten, als „doxische Bedeutungen".

Und um es gleich zu sagen: Die apriorischen Gesetze der Analytik oder Logik sind nichts anderes als Gesetze bloßer Konsequenz, noetisch gewendet der Konsequenz des Urteilens, Gesetze der Einstimmigkeit

---

[1] Erster Begriff von Bedeutung = das urteilsmäßig, wertungsmäßig, willentlich Gesetzte als solches: die Urteilsmeinung, die Willensmeinung etc., aber n i c h t noetisch.

bzw. Widerstimmigkeit, der Vereinbarkeit oder des „Widerspruchs" hinsichtlich des Urteilens als Urteilens. Sie sind aber selbst noematische Gesetze und als solche Gesetze der Kompossibilität von Urteilssätzen als Urteilssätzen. Es sind formale Gesetze, sie drücken rein in der Urteilsform selbst gründende Bedingungen der Möglichkeit der Kompossibilität von Urteilen aus. Denkgegenstände sind als im Urteilen gesetzte, und mit den und jenen Bestimmungen gesetzte Gegenstände. Aber was einzeln als Dinggegenstand setzbar (im urteilenden Denken denkbar) ist, ist darum noch nicht in einer umfassenden Urteilseinheit zusammen setzbar, in der Einheit eines Urteils, einer synthetischen Denksetzung, und sei es die bloße Und-Setzung, setzbar: Beliebige Denkgegenstände sind nicht kompossibel, sie können einander, und zwar der Form nach, „widersprechen". Und korrelativ: Ist ein Urteil der Form F in sich möglich (also nicht etwa Denksubjekt und Prädikat schon miteinander in „Widerspruch"), so ist darum nicht jedes beliebige andere in sich mögliche Urteil (der Form nach) mit dem ersteren zusammen möglich (etwa schon in der Und-Verbindung als einer Urteilsverbindung). Die Analytik spricht die Gesetze aus, die also erfüllt sein müssen, damit überhaupt Einheit des Urteils als Urteils soll zustande kommen können, vor aller Frage, ob den Urteilen wahres Sein, wahre Sachverhalte, ihren „Gegenständen" wahre Gegenstände entsprechen und sachlich entsprechen können.

Apriorisches Urteilen fordert hier also, dass ich mir exemplarisch Denkgegenstände, Identisches irgendwelcher doxischer Setzungen, bzw. dass ich mir Urteile zur Selbstgegebenheit bringe und dann meine Wesensverallgemeinerung etc. übe. Also dazu nehme ich als Exempel irgendein wirkliches Urteil, als Exempel irgendeinen wirklichen Urteilsgegenstand, als Substrat (Subjekt), ein wirkliches Prädikat usw., also z. B. „Sokrates ist ein Philosoph", „Eine Tanne ist grün" etc. Oder, da es für das Apriori auf die Wirklichkeit nicht ankommt, sondern nur auf die entsprechende reine Möglichkeit, ich nehme von vornherein als Exempel irgendein mögliches Urteil, d. i. ich versetze mich in ein Urteilen phantasiemäßig hinein und erfasse „in" der Phantasie das „Urteil-als-ob", den in ihr quasi „geurteilten" „Sachverhalt-als-ob" mit dem „Substrat-als-ob", wie „Ein Zentaur hat einen Pferdeunterleib" etc. (Die Phantasie selbst kann anschauliche oder unanschauliche Phantasie sein.)

Hier ist zu beachten: Ich kann anschaulich urteilen, anschauliche Gegenstände als Urteilgegenstände haben, wie wenn ich Sokrates sehe etc. und anschaulich in der Erfahrung urteile. Ich kann auch unanschaulich urteilen. Im anschaulichen Urteilen habe ich den Sachverhalt in seiner begrifflich bestimmten Fassung (als Wirklichkeit oder Möglichkeit) „selbst" vor Augen. Im unanschaulichen Urteilen „denke" ich ihn bloß.

Aber an jedem unanschaulichen Urteilen erfasse ich in Änderung der Einstellung „das Urteil" als die „Bedeutung" (so genannt insbesondere hinsichtlich der aussagenden Rede), und zwar sie selbst, „intuitiv", das Vermeinte als solches, das Intentionale des Urteilens. Und dieses Ur-
5 teilsintentionale liegt auch identisch im entsprechenden anschaulichen Urteilen und ist in allen Abwandlungen der Anschaulichkeit immerfort evident dasselbe. Und ebenso „Sokrates", das Sokrates-Vermeinte als Bedeutung, erfasse ich intuitiv, evident, als dieses Identische im wechselnden symbolisch leeren Urteilen, aber ebenso im anschaulichen
10 identisch Gemeinsamen.

Das formalontologische Urteilen bezieht sich ursprünglich und zunächst ganz allein auf die Bedeutungen, und zwar immer verstanden als doxische Bedeutungen (ähnlich nachher in der formalen Axiologie für Wertbedeutungen, in der formalen Praktik als „Willensmeinungen"). Sie
15 braucht also kein Exempel für einzelne Gegenstände in exemplarischer Gegenstandsintuition, kein Exempel von anschaulich selbstgegebenen Sachverhalten, also keine Selbstgegebenheit gegenständlicher Möglichkeiten; sondern sie braucht nur Bedeutungsmöglichkeiten, mögliche Urteile, mögliche Gegenstandssätze, doxisch mit dem und dem Sinn ge-
20 setzte Gegenstände als solche. Demgemäß sind alle Wesensbegriffe, die sie bildet, und ihre Wesensgesetze auf diese Möglichkeiten bezogen. Und das gibt der Wesensevidenz also hier den bestimmten und von dem sachhaltigen Wesensdenken unterschiedenen Sinn.

Natürlich können auch Sachverhaltanschauungen dienen, aber das
25 Wesentliche ist, dass die formalontologische Evidenz sich in der Sphäre bloß leeren unanschaulichen Urteilens bewegen kann, und einfach darum, weil ihr Gebiet von Möglichkeiten die puren Bedeutungen sind, Gegenstandsbedeutungen, Sachverhaltsbedeutungen, und nicht Gegenstände schlechthin etc. Alle ihre Wesensbegriffe schöpft sie natürlich aus
30 ursprünglicher Wesensintuition. Aber die allgemeinen Wesen sind Wesen von solchen doxischen Bedeutungen überhaupt, sie beziehen sich auf die wesensallgemeinen Formen, in denen aus Bedeutungen synthetisch neue Bedeutungen, aus Urteilen neue Urteile entspringen können; und diese Formen müssen in wirklichem synthetisch urteilendem Erzeugen
35 wirklich hergestellt und in ihrer Wesensmöglichkeit und allgemeinen Wesensform erschaut werden.

Wir können auch sagen: Alles apriorische Denken ist regionales Denken. Hier bezieht es sich auf die Region „Bedeutung", Denkgegenstand, Urteilsgegenständlichkeit. Diese Region „umspannt" alle Regionen, aber
40 nicht in der Weise regionaler Verallgemeinerungen, sondern dadurch, dass es ⟨in⟩ allen möglichen Gegenständen liegt, dass sie überhaupt

mögliche „Denkgegenstände", Setzbares, Beurteilbares sind. Auf dergleichen in reinster Allgemeinheit, auf Setzbares überhaupt, in möglichem setzenden Denken Gesetztes überhaupt, bezieht sich die formale Ontologie. Sie braucht daher, wenn sie von „Gegenständen überhaupt" (in allen kategorialen Abwandlungen) spricht, nicht zu fragen, ob diese Gegenstände (Einheiten doxischer Thesis) mögliche Gegenstände sind, im Möglichkeitsdenken ausweisbar sind als wahrhafte, in sich einstimmig anschauliche Möglichkeiten. Ihre formale Möglichkeit besagt nur, dass sie formal denkbar sind, und darin liegt – nun kommt die wesentliche Näherbestimmung –, dass sie der Forderung einstimmiger Beurteilbarkeit entsprechen, vor aller Frage nach Möglichkeit oder gar Wirklichkeit. Die formale Ontologie ist die Gesetzmäßigkeit einstimmigen Urteilens als Urteilens überhaupt (vor aller Frage der Bewährung dieses Urteilens), korrelativ einstimmig vereinbarer Urteile (doxischer Sätze im weitesten Sinne, auch Substratsätze) rein als Urteile. Sie ist die Wissenschaft von den Gegenstandssätzen und prädikativen Sätzen, welche die Gesetze der „Widerspruchslosigkeit" herausstellt.

Es muss jetzt aber noch einiges über die Art der formalen Wesensbetrachtung gesagt werden. Wir sprachen oben davon, dass sich die formale Logik auf die Region doxischer Bedeutung, „Denkgegenständlichkeit", urteilsmäßig setzbare Gegenständlichkeit als solche bezieht. Sie geht also von Exempeln solcher Gegenständlichkeiten aus, etwa von „Sokrates" oder ein Dreieck, ein Haus etc. als Exempel für Setzbares überhaupt, d. i. für irgend etwas rein als in Gewissheit seiend Gesetztes. Als das kann es evident gedacht werden als Substrat eines Prädikats. An Exempeln erfasse ich irgendein bestimmt gedachtes Prädikat, etwa „Sokrates ist ein Philosoph", wieder rein als Prädikat-Gesetztes, und ich erfasse an solchen Beispielen den kategorialen Formbegriff „Prädikat" und die kategorische Satzform, das bestimmende Urteil „S ist p", die eine Form der Setzbarkeit, der synthetischen Setzbarkeit möglicher Sätze evident ausdrückt. Ich suche so die kategorialen Begriffe im ursprünglichsten Sinne, die formalen Begriffe auf und die primitiven zugehörigen Urteilsformen. Ich nehme sie als synthetische Elemente, ich versuche Synthesen herzustellen und suche primitive Formen der Synthese von Denkgegenständen zu neuen Denkgegenständen, von Denkprädikationen (Urteilssynthesen, Identitätssynthesen im weitesten Sinne) zu neuen solchen Synthesen, deren Möglichkeit evident ist, in ihrer unbestimmten formalen Allgemeinheit. Zum Beispiel: S ist p und Q ist r, S und Q irgendwelche Substrate (Substrat-Etwas), p und r irgendwelche Prädikate (Prädikat-Etwas). Ich bestimme nun näher durch Denkgegenstände, die ihrerseits rein kategorial bestimmt sind, und sehe zu (z. B. für S M, welches α ist; Q M (dasselbe), welches nicht α ist), ob die Und-Synthese noch möglich ist in rein kategorialer Allgemeinheit, ob dadurch ein doxisch Setzbares, Einheit eines Urteils möglich ist, rein als Urteil und im formalen „Überhaupt".

Möglichkeit eines Urteils heißt hier wörtlich: Möglichkeit, wenn schon das und das in der und der Denkform gesetzt ist, nun in eins damit in der angezeigten Form das und das urteilend setzen zu können, das Urteil zustandebringen zu können, d. i. formale Möglichkeit. Eine ganz andere ist, ob ein Urteilen bestimmten Inhaltes, wenn ich für die unbestimmten Termini „Etwas", für Leertermini, bestimmte z. B. leichtsinniges Dreieck einsetze, ob ich dann so urteilen kann, aufgrund meines Verstehens der Termini und dann aufgrund ihres intuitiven Sinnes, in Wesensmöglichkeit. Das formale Nichtkönnen ist Widerspruch; es zeigt sich darin, dass in der Abwendung des Blickes von dem Inhalt der gegebenen Termini und aufgrund der bloßen kategorialen Form das „Ich kann nicht urteilen" oder „Das ist unmöglich" hervortritt, und, was äquivalent, darin, dass in der Mathematisierung der Termini der formale „Widerspruch" hervortritt.

Der spezifische Begriff der Konsequenz, im Kontrast zu Widerspruch, als notwendige Setzung von formal Impliziertem: Der formalen Urteilsmöglichkeit steht gegenüber die formale Unmöglichkeit des Urteils, und das sagt: Habe ⟨ich⟩ in der einen Form geurteilt, so kann ich in der betreffenden synthetisch erweiterten Form nicht urteilen; das Urteil ist nicht falsch schlechthin, sondern ist durch das ihm vorausgehende und festgehaltene vermöge seiner Form aufgehoben, notwendig als nichtig zu setzen. Es widerspricht, und als widersprechend ist es in „Konsequenz" nichtig. Jede Unmöglichkeit setzt aber positiv eine Notwendigkeit voraus; der Widerspruch mit der Ausgangssetzung ist entweder totaler Widerspruch oder Widerspruch mit etwas in ihr „Liegendem", dessen Mitsetzung von ihr aus gefordert ist. In Konsequenz urteilen in spezifischem Sinn ist die von Grundurteilen erhobenen Forderungen erfüllen, notwendig beschließend urteilen ⟨über etwas⟩, dessen Leugnung unmittelbar unmöglich ist und mittelbar die Grundsetzung aufhebt, ihr mittelbar widerspricht.

⟨b) Urteilswahrheit⟩

Die logischen Gesetze (formal-mathematischen) sind also formale Gesetze, die bloß über gedachte Gegenstände überhaupt als Substrate von prädikativen Sätzen überhaupt, verbunden zu einstimmigen Satzzusammenhängen überhaupt, handeln; wobei die Sätze, durch welche die gedachten Gegenstände bestimmt gedacht werden, selbst nur ihre Bestimmtheit haben durch Begriffe, die an beliebigen Gegenständen und Sätzen als gedachten gebildet werden können, und zwar ursprünglich gebildet. Den Begriff Schwarz kann ich ursprünglich nur bilden aufgrund der Sinnlichkeit, den Begriff „Seele" nur an seelischer Erfahrung. Den Begriff Eigenschaft, Beschaffenheit, Ganzes etc. kann ich aber bilden in der reinen Denksphäre im weitesten Sinne der Urteilssphäre, bloß daraufhin, dass ich urteile und Urteilssubstrate identifiziere und Eigenschaften ihnen zuschreibe und sie selbst in verschiedenen Zusammenhängen identifiziere etc. Die bestimmten Eigenschaften der Exempel brauchen nicht ausgewiesen sein.

Nun kann ich aber dieser Sphäre adjungieren den Begriff des wahren Seins und der wahren Urteile, und in gewisser Weise gehört dieser Begriff ursprünglich hierher. Nämlich einerseits, eben weil ich in der Logik über Denkgegenstände und Denkverhalte Wahrheiten ont⟨isch⟩ ausspreche, kann ich auch über diesen Begriff der Wahrheit und des wahren Satzes verfügen. Aber nicht nur darum – knüpfe ich exemplarisch an Erfüllung von Sätzen von Urteilsintentionen an, so gewinne ich den Gegensatz zwischen Denkgegenstand und Urteil, Denkverhalt einerseits und möglichem bzw. wahrhaft seienden Gegenstand und Sachverhalt andererseits. Dabei gewinne ich das formale Gesetz, dass jeder Denkgegenstand möglich oder unmöglich ist oder, was gleichwertig, dass er einstimmig zu veranschaulichen ist oder widerstimmig zu veranschaulichen, und jeder im Denken gesetzte Gegenstand ist entweder wirklicher, wahrhaft seiender oder unwirklicher und dann nicht seiender, mit Seiendem streitend und durch sein Dasein aufgehoben. Im „Quasi-Denken" überträgt sich das auf Seinsmöglichkeit und -unmöglichkeit, Satz vom Widerspruch etc. Es werden also jetzt Gesetze für Denkgegenstände, für Denkverhalte, für bloße „Bedeutungen" hinsichtlich ihrer Wahrheit und Falschheit ausgesprochen bzw. ihrer möglichen Wahrheit und Falschheit (Seinsmöglichkeit, Seinsunmöglichkeit) etc. Also wir haben erstens formalontologische Gesetze, in denen von Wahrheit und Falschheit keine Rede ist, und dann zweitens solche, in denen diese Begriffe ihre Rolle spielen. Die ersteren Sätze erweisen sich von selbst als Gesetze, welche Bedingungen der Möglichkeit wahrhaft seiender Gegenstände und Sachverhalte ausdrücken. Was nicht einstimmig beurteilbar ist, was die formalen Bedingungen einstimmiger Prädikation verletzt, kann nicht sein. Andererseits, der Übergang von Urteil zur Evidenz, zur Urteilsbegründung, zur Wahrheit selbst kann zeigen, dass ein Urteilen, das formal einstimmig war und seine einstimmigen Denkgegenständlichkeiten hatte, material unstimmig war: Es kann sich zeigen das formal einstimmig In-eins-Gesetzte und was sich „in der Sache selbst" nicht verträgt als unmöglich oder mit Tatsachen streitend, wo eben Tatsachensetzungen urteilsmäßig mitvollzogen waren.

Die Einstimmigkeit bloßen Urteilens und geurteilter Urteile ist nicht Einstimmigkeit überhaupt, ist nicht Einstimmigkeit aus sachlichen Gründen in der Wahrheit selbst. Wäre das Urteilen durchaus evident, durchaus ursprünglich geschöpft, dann bestände sachliche Einstimmigkeit und sachliche Begründung in der Wahrheit selbst. Sachen selbst wären ergriffen und ursprünglich begriffen und von daher ursprüngliches Wissen begründet. Und dann wäre jedes Urteil *eo ipso* auch als Urteil einstimmig. Was im wahren Urteilen geurteilt ist, ist notwendig als Urteilen überhaupt einstimmig. Was aber im Urteilen ohne Rücksicht auf Urteilswahrheit einstimmig ist und Gesetzen der Einstimmigkeit genügt (als bloße Urteilseinstimmigkeit), braucht nicht sachliche Gründe zu haben.

Zu den Urteilsgesetzen, welche „Wahrheit" heranziehen, gehört auch der Satz: Wenn U, z. B. A, b ist, so ist es w a h r, dass A b ist, dass U ist. Was heißt das? Ist geurteilt A ist b, so kann nicht geurteilt werden vom selben urteilenden Subjekt: Es ist nicht wahr, dass A b ist. Es muss vielmehr geurteilt werden: Es ist wahr, dass A b ist, dem Urteilsverhalt, dem Satz entspreche seine Wahrheit. Jedes Urteil kann ich nach seinem Grund befragen, ich kann bei jedem auf Ausweisung ausgehen, und wenn das Urteil standhalten soll, muss es dabei erfüllbar sein. Sowie es mit einer Selbstgegebenheit streitet, erfährt es seine Negation, es ist aufgehoben, und ich kann es nicht mehr glauben. So ist A ist b äquivalent mit: Es ist wahr, dass A b ist. Das sagt: Der Glaube des einen ist, als einstimmig haltender Glaube, äquivalent mit dem des anderen.

Aber kann nicht ein und dasselbe Urteil einmal evident sein, das andere Mal negativ evident? Ein Urteil kann wirklich gefälltes Urteil, also wirkliches Urteil sein und das andere Mal kann das Urteil preisgegeben sein. Statt S ist p! urteile ich: Es ist nicht S p! Die Gesetze der Konsequenz sagen nur: Was für gesetzmäßige Bedingungen müssen erfüllt sein, damit ein Urteil, das ich fälle, mein Urteil bleiben kann, dass ich auf dasselbe immer wieder zurückkommen kann als mein Urteil, das mir *in infinitum* fortgilt, soll fortgelten können – zunächst vor der ursprünglichen Begründung. Ich darf also z. B., habe ich geurteilt S ist p, nicht urteilen S ist nicht p! Und ich habe das Konsequenzgesetz: Wenn S p ist, so ist nicht S nicht-p und umgekehrt, was hier sagt: wenn ich das eine urteile, so kann ich nicht mehr das andere urteilen. Die Urteile als Urteile schließen sich aus, und so mit allen Konsequenzgesetzen. In der Blickrichtung auf die Urteilsinhalte, auf Gegenstände, Prädikate, auf Sachverhalte etc., die rein als „denkmäßig" im Glauben gesetzte und identisch in ihrer Setzung verbleibende genommen sind, finde ich die und die Zusammenhänge ausgesprochen, also Gesetze für Gegenstände etc.

Nun kommen aber mit der Evidenz neue Gesetze. Ist geurteilt S ist p!, so kann eventuell in der Erfüllung hervortreten S ist nicht p! Konsequenterweise kann ich nicht urteilen S ist nicht p, wenn ich geurteilt habe S ist p und dieses Urteil „bestehen" soll. Aber die Evidenz berichtet hier die Konsequenz und nötigt, das ursprüngliche Urteil preiszugeben. Ich kann nicht anders als urteilen S ist nicht p, wenn ich es so „selbst" finde, ich kann nicht anders als urteilen: Es ist nicht wahr, dass S p ist, und das bisher konsequent festgehaltene Urteil S ist p ⟨als⟩ inkonsequent preisgeben. Evidenz berichtet Konsequenz, wenn eben das Urteilen falsch ist, durch evidentes Urteilen gebrochen ist.

Aber kann Urteilen konsequent bleiben? Antwort: „Wahre Urteile allein können und müssen durchaus konsequent gelten." Dass Wahrheit selbst ein besonderer Titel der Konsequenz ist, besagt, ein Urteil, das einmal vollkommen evident war, wirklich selbstgebend, kann nicht ein zweites Mal mit Evidentem streiten, also notwendig preiszugeben sein (ein drittes Mal könnte dann eventuell die Negation durch Evidenz aufgehoben sein und dann wieder das ursprüngliche Urteil zu restituieren sein etc.). Warum ist dergleichen nicht möglich?

Ein Urteil wie „Dieses Wasser ist flüssig" muss ich, scheint es, preisgeben, ich muss nachher urteilen: Dieses Wasser ist nicht flüssig, es ist gefroren. Ich kann aber doch konsequent urteilen im Sinne der Erfahrungsevidenz, wenn ich urteile: Dieses Wasser in dem bestimmten Zeitpunkt t ist flüssig, und in dem späteren t' ist es gefroren. Die Erfahrung behält ihr Recht. Sooft ich auf das früher Erfahrene zurückkomme, bestätigt es das entsprechende Erfahrungsurteil, aber mit Beziehung auf den zur früheren Erfahrung gehörigen Zeitpunkt, auf das in ihr liegende individualisierende Jetzt.

Aber für die äußere Erfahrung kommen dann neue Probleme. Die Selbstgebung ist nur eine präsumtive. Hinsichtlich des zu ihr gehörigen Mitgemeinten und hinsichtlich der Gehalte „eigentlicher Selbstgebung" bin ich im Zusammenhang damit nicht sicher, dass nicht spätere Erfahrung rückwirkend das früher Erfahrene als „Schein" diskreditieren wird.

Also habe ich hier die Frage: Welches sind die gesetzmäßigen Bedingungen der Möglichkeit einstimmig konsequenter Erfahrungsurteile?

Es ist hier noch Folgendes zu beachten. Äußerlich Gegebenes, Wahrgenommenes wird mit früher Wahrgenommenem, jetzt Erinnertem, identifiziert: dasselbe Wasser, und während der Wahrnehmung gibt es sich selbst als ruhendes oder bewegtes, als sich verändernd oder nicht verändernd. Wird es wieder wahrgenommen, so kann es in einer Verän-

derung wahrgenommen sein, die sich gibt als Fortsetzung einer vorangegangenen, aber unwahrgenommenen Veränderung. Es kann überhaupt, was wahrgenommen ist, sich verändert haben, unwahrgenommen, in der Zwischenzeit, wo es war, aber nicht wahrgenommen war. Zum Sinn des
5 Erfahrenen gehört die Möglichkeit ⟨des⟩ Unwahrgenommenseins, Verändertseins etc. Damit hängen mögliche Täuschungen zusammen. Woher weiß ich, dass das Ding hier in demselben wiedererkannten Zusammenhang wirklich dasselbe ist und nicht ein Gleiches, das an Stelle des früheren Gleichen da ist, das fortbewegt wurde etc.? Woher weiß ich, dass es,
10 wie ich es etwa nehme als immer noch dasselbe, unveränderte von früher, nicht in Wahrheit durch Veränderung hindurch wieder den gleichen Zustand wie früher angenommen hatte? Woher weiß ich, dass das sich ruhend gebende Ding nicht bewegt ist, sofern ich selbst so bewegt werde, dass es ruhend erscheinen muss?

15 Die allgemeine Frage geht hier auf Dinge, dingliche Eigenschaften, Veränderungen, Orte, Zeiten, Kausalitäten, die in Erfahrungsurteilen als im präsumtiven Erfahrungsglauben gesetzte auftreten. Die Setzungen der schlichten Erfahrung sollen einstimmig festzuhaltende, die Identifikationen, die Prädikationen immerfort einstimmig bleibende sein **können**,
20 und zwar **als** aus Erfahrung geschöpfte, in Erfahrungsevidenz gegebene und durch künftige Erfahrungsevidenz immerfort zu bestätigende und nicht aufzuhebende, also nicht die Konsequenz brechende. Hier handelt es sich also nicht um Konsequenz in irgendwelchen Gegenstandssetzungen und prädikativen Setzungen **überhaupt**, sondern ⟨um⟩ Konsequenz
25 in Setzungen aus empirischer Evidenz und schon bezogen auf Dingerfahrung. In der **formalen** Ontologie habe ich allgemeine Bedingungen erwogen, wie ich identische Gegenstände im Glauben festhalten, über sie identisch bleibende Urteile fällen, Sachverhalte fixieren kann, in Konsequenz glauben. In ihr frage ich nicht, wie erweise ich gegenständlich die
30 Identität, sondern ich setze, da ich in formaler Allgemeinheit von Denksetzungen spreche, die Möglichkeit der Identifizierung und Durchhaltung eines Identitätsglaubens voraus und bestimme nur die formalen, in der Bestimmungsform der Denkgegenstände selbst liegenden Bedingungen dafür, dass als identisch Gesetztes wirklich identisch Gesetztes bleiben
35 kann als Substrat solcher und solcher Bestimmungsweisen. In der Ontologie der Natur dagegen handelt es sich um Erfahrungsgegenstände, Gegenstände möglicher Dingerfahrung und die Bestimmungsweisen, die sie als Erfahrungsgegenstände, und als ursprünglich aufgrund der Erfahrung gewonnene, allgemein annehmen können im Sinne einer empirischen
40 Konsequenz (so in jeder materialen Ontologie).

Anstelle der formalen Ontologie von Denkgegenständen überhaupt tritt eine in gewisser Weise auch formale Ontologie von Erfahrungsgegenständen, Gegenständen möglicher Erfahrungsurteile überhaupt, die konsequent einstimmig sollen setzbar sein können aus Erfahrung. Ich erwog nicht die Möglichkeiten eines Gegenstandes überhaupt als beurteilbaren und dann die ausgezeichneten Möglichkeiten eines wahren (eines durch Selbstgebung zu bestätigenden und aus der Selbstgebung urteilsmäßig zu bestimmenden), sondern die Möglichkeit eines raumdinglichen Gegenstandes überhaupt als Gegenstandes möglicher Erfahrung und Erfahrungsevidenz. D i e s e formale Ontologie ist die r e i n e N a t u r w i s s e n s c h a f t, die Ontologie einer erfahrbaren Natur überhaupt. Vorausgesetzt ist dabei Erfahrung als Erfahrung von Natur in reiner Möglichkeit und nicht bloß überhaupt ein Sichdenken von Natur und ein Urteilen überhaupt über Natur vor aller Erwägung möglicher Erfahrung selbst, also vor der Evidenz. Nur in der formalen Ontologie kann ich der sachlichen Evidenz entbehren, weil zu den bloßen Setzungsformen von Subjekt, Prädikat, von Eigenschaft, Beziehung etc. (noematisch verstanden) evidente Gesetze gehören, unter denen einstimmig Gesetztes als solches steht.

Freilich kann ich, statt das Erfahrene als solches und seine Möglichkeit zu erwägen, und mich bindend an den reinen Sinn von Erfahrenem einer Natur überhaupt, in einer mehr formalen Allgemeinheit Individuelles als solches und Erfahrung als Erfahrung von Individuellem überhaupt betrachten und zu fragen versuchen: Wann kann Urteilen über Individuelles „objektiv" sein, immerfort einstimmig durchhaltbar sein, für mich und intersubjektiv?

Hier ist aber zu beachten: Schon wenn ich den Begriff des Individuums bilden soll, brauche ich sachliche Anschauung, also sowie ich über die Setzungsformen (Satzformen, Gegenstandsformen) hinausgehe und von der formalen *mathesis* heruntersteige zur Ontologie der Individualität, brauche ich mögliche Erfahrung. Ich muss mir den Sachgehalt, die Kerne – Sachgehalte, Satzkerne (Termini) – klarmachen, auf sie selbst in ihrer Klarheit achten etc.

⟨c) Analytische Urteile als Fälle von Konsequenz⟩

Wir haben den großen Unterschied von Urteilen und Einsichten. Bilden wir die Idee einer adäquaten Einsicht, so ist sie Urteil in der Fülle der Wahrheit, Sache und Sachverhalt selbst und doch auch Urteil, eben Urteil in der Fülle gegenüber demselben Urteil in der Leere, als bloße „Meinung". Wir sehen nun: Es gibt ein evidentes Urteilen über „Gegenstände" als bloße Urteilsgegenstände, „Denkgegenstände", als intentionale Gegenstände überhaupt, ohne Fragen nach entsprechenden Möglichkeiten und Wirklichkeiten, ohne evidente Gegebenheit von entsprechenden Gegenständen etc. selbst.

Ist das „analytisches" Urteilen, oder wie steht es zu analytischem Urteilen? Man sagt, analytische Sätze stehen unter dem Satz vom Widerspruch. Das versteht sich so: Sie negieren verstößt gegen die Gesetze der Konsequenz.[1] Ich begehe einen Widerspruch gegen einen von mir schon gemachten Spruch, ich verstoße gegen das, was ich schon gesetzt, schon geurteilt habe. Das kann verborgen sein, und es wird offen zutage treten, wenn ich, was in meinem bisherigen Urteilsbestand, auf den sich meine Konsequenzfragen natürlich beziehen und den ich konsequent zu erweitern beflissen bin (oder nach seiner Konsequenz zu beurteilen und eventuell im Sinn der Konsequenz abzuwandeln), liegt, „auseinanderlege" und den expliziten Widerspruch nun sehe. „Widerspruch" besagt hier: Urteile ich Σ (die und die Urteile), so kann ich das neue Urteil U konsequenterweise nicht fällen, oder habe ich es gefällt, so muss ich es durchstreichen, das entsprechende Negativum urteilen, und das muss ich nicht nur, wenn U selbst „formal" durch irgendeines der Σ-Urteile aufgehoben wird (aufgehoben aus bloßer „Konsequenz"). Ich kann auch durch Explikation von Σ darin implizierte Konsequenzen herausholen, mit denen das U streitet. Alle Konsequenzwahrheiten, geschöpft aus Konsequenzeinsicht, stehen unter Konsequenzgesetzen, also jede Negation eines Widerspruchsurteils (bzw. Urteilsansatzes, einer versuchten Annahme) leuchtet aufgrund eines Konsequenzgesetzes in seiner Anwendung auf den gegebenen Fall, als aus Konsequenz notwendige Negation ein. So urteilen ist „verkehrt", ist prinzipiell, und zwar aus den allgemeinsten formalen Prinzipien, notwendig widersprechend und vorweg falsch, bevor ich noch nach Sachwahrheit mich näher umsehe: Es kann von vornherein nicht wahr sein.

Man kann in diesem Sinn also einen „Widerspruch" jedes Urteil nennen, das zu vorgegebenen und wirklich geurteilten Urteilen in formalem Widerstreit steht, die Einstimmigkeit der Konsequenz durchbricht und bei passender „Analyse" mit dem Hervortreten dieses Streites seine notwendige Negation erfährt. Man kann natürlich auch das Verhältnis

---

[1] „Konsequenz" = Einstimmigkeit in fortgeführter Urteilssynthesis = Einstimmigkeit durchgehender Identitätssetzung. Inkonsequenz = Aufhebung durchgehender Identität = Widerspruch. Die Gesetze der Konsequenz = Gesetze der Urteilskonsequenz ohne Frage nach der Wahrheit der eingehenden Urteile selbst. Gesetze des Widerspruchs, Gesetze, unter denen alle durch die Setzungsform geforderte Preisgabe urteilender Setzung steht. Im einzelnen Fall kann ein Widerspruch und eine Negation durch Widerspruch erkennbar sein ohne Rekurs auf die Gesetze.

eines solchen Urteils zu den gefällten Urteilen einen „Widerspruch" nennen.

Unter dem Prinzip vom Widerspruch wäre dann zu nennen der Satz: Jedes Urteil überhaupt steht unter Prinzipien der Einstimmigkeit und Konsequenz, sowohl in sich selbst als in Relation zu vorgegebenen und schon einstimmigen Urteilen: Kein Urteil darf diese Prinzipien verletzen als oberste Prinzipien möglicher Wahrheit. Die axiomatischen Prinzipien der Einstimmigkeit, in sich zusammengenommen, können auch als Prinzipien der Widerspruchslosigkeit bezeichnet werden.

Synthetisch wäre dann jedes Urteilen, das nicht analytisch ist, das nicht auf Prinzipien der Konsequenz zurückführt. Doch muss man hier besser sprechen: Formalontologische Wahrheiten sind eben Wahrheiten und sind gewonnen aus ursprünglicher Einsicht in Zusammenhänge der Konsequenz. Diese Zusammenhänge sind ihr Gebiet, und darauf bezieht sich hier die Evidenz als Selbstgegebenheit. Es sind nicht Gesetze für Gegenstände schlechthin, wirkliche und mögliche Gegenstände, sondern Gesetze für intentionale Gegenstände als Urteilsgegenstände (darin beschlossen schlichte Substratgegenstände), welche einstimmig durchhaltbar sein sollen. Natürlich können die Gegenstände auch als mögliche Gegenstände schlechthin verstanden werden, die Gesetze gelten dann auch, aber es ist doch wesentlich, sie zunächst ohne diese Einschränkung zu nehmen.

Ich habe in dieser Hinsicht vergessen auszuführen, dass sich so versteht, warum mit sachlich widersinnigen, ja selbst formal widersprechenden Urteilsgegenständen (Urteilsgegenständen, die *a priori* nicht koexistieren können in ihrer Bestimmungsweise) sozusagen ein Spiel gemacht und evidentes Denken vollzogen werden kann, wie schon in indirekten Beweisen. Halte ich fest, dass die geometrischen Axiome als Urteile gelten, und versuche ich gelten zu lassen, dass regelmäßige Körper als Dekaeder sein können, so erweise ich im indirekten Beweis den Widerspruch, den Bruch der Konsequenz. Das spielt sich in rein formalem Denken ab, und regelmäßige Dekaeder kommen nicht als wirkliche oder mögliche Gegenstände, sondern nur als Urteilsgegenstände in Betracht, ebenso wie die Axiome in diesem Prozess indirekten Beweisens nur als Urteile bestimmten Sinnes fungieren, ein Sinn, der als Urteilssinn durch jene Dekaeder verletzt wird.

Es ist zu überlegen, ob das nicht auch für das Rechnen mit imaginären Zahlen gilt.[1] Das unter dem Gesichtspunkt der Anzahl Widersinnige und sogar formal Widersinnige kann unter der Mannigfaltigkeit formal ein-

---

[1] Imaginäre Zahlen. Aber zureichend ist das keineswegs, sondern nur ein Versuch.

stimmig sein. Aber auch so: Wenn ich die Axiome, welche das Rechnen mit Negativem als widersinnig verwerfen, außer acht lasse und nur die übrigen Axiome rein als Urteile nehme, so bekomme ich ein geschlossenes System der Einstimmigkeit, und dieses System birgt auch alle Sätze in sich, die nicht Imaginäres enthalten. Alles, was abgeleitet ist, ist Konsequenz der Axiome (worunter die Axiome der Begrenzung fielen) als Urteile. Jeder vom Imaginären freie Satz muss als Konsequenz gelten. Aber so einfach ist die Sache nicht. Denn die Axiome der Differenzen der Quantitäten, der $\sqrt{}$- a etc. waren von vornherein Axiome mit Begrenzungen, und ich habe ihren Sinn also geändert durch Weglassen dieser Begrenzungen. Es sind eben Axiome der Begrenzung, die hinzutreten. Kann man so helfen? Die Grundsätze für das Rechnen mit Differenzen haben den Vermerk, dass alle Differenzen nur „exhaustieren" müssen. Aber nehme ich die Sätze formal, so gehört formal zu ihnen die Möglichkeit, dass für die Differenzen a − b a > b und b < a ist, mit dem Grenzfall 0. In der konsequenten Deduktion kann sich kein Widerspruch ergeben, und was einstimmig gefolgt ist und kein Negatives enthält, kann nicht in formal⟨em⟩ Widerspruch zu den Axiomen stehen, die ausgesprochen sind für Einzelne. Dadurch, dass sie für Einzelne als wahre Sachen ausgesprochen sind, ist gesagt, dass sie gegenstandlos werden, wenn die Differenzen negativ werden. Aber das sagt nicht, dass sie etwas sagen, was den einzelnen Axiomen widerspricht. Formal widerspricht kein negativer Satz den einzelnen Axiomen, und wenn ich formal denkend in reiner Konsequenz mittels Negativsätze zu positiven komme, so ist auch das Konsequenz der Axiome und muss also für sie gelten, wenn sie in Wahrheit gelten. Ebenso bei formal einstimmigen Erweiterungen eines Axiomensystems. Ich erweitere in formaler Einstimmigkeit. Jede Erweiterung in formaler Einstimmigkeit beschließt die formale Einstimmigkeit des engeren in sich.

Analytische Urteile, sagte ich schon in den *Logischen Untersuchungen*,[1] sind Urteile, die Besonderungen formalontologischer Gesetze sind. Sofern sie das sind, sage ich jetzt, sind sie Gesetze, die aus bloßer Konsequenz gelten, d. i. das analytische Urteil selbst in seinem Inhalt ist ein Fall von Konsequenz (⟨seine⟩ Leugnung ein Widerspruch).

Sage ich, ein Beamter ist ein Mann, der mit staatlichen Funktionen beauftragt ist, so ist das ein analytisches Urteil. Sage ich, weil alle Menschen sterblich sind, ⟨ist⟩ S o k r a t e s sterblich, so ist der kausale Zusammenhang ein analytischer Zusammenhang. Der Schlusssatz liegt analytisch in den Prämissen, er drückt etwas aus, was Konsequenz der

---
[1] Vgl. *Husserliana* XIX/1, S. 258 ff. – Anm. d. Hrsg.

Prämissenurteile als Urteile ist. Das kausale Urteil enthält aber analytisch Urteile, wie „Alle Menschen sind sterblich" und „S o k r a t e s ist ein Mensch", die nicht analytische Urteile sind. Und so ist das Ganze nicht rein analytisch. Sage ich, der Philosoph S o k r a t e s ist ein Mensch, so ist hier in Konsequenz geurteilt, analytisch. Aber die Setzung „der Philosoph S o k r a t e s" ist „synthetisch", ist keine analytische Setzung. Das „analytisch" besagt also, dass dem Urteil eine Notwendigkeit anhaftet, es kann an ihm etwas nicht ohne Widerspruch geleugnet werden. Aber andererseits liegt darin, was erst wahr gemacht sein muss, damit das ganze Urteil eine Wahrheit sei. So sprechen wir von konkreten Syllogismen und meinen damit, dass in ihnen ein nach formalen Prinzipien zu rechtfertigender und eventuell unmittelbar als evident anzusehender Konsequenzzusammenhang vorliegt. Aber weder Prämissen noch Schlusssatz müssen darum wahr sein und somit auch nicht der Schluss als volles Urteil. Urteile ich: Alle Dreiecke sind leichtsinnig, S o k r a t e s ist ein Dreieck, also ist er leichtsinnig, so ist das ein korrekter Schluss mit regional widersinnigen Prämissen und Schlusssatz.

Ich habe die ganze formale Ontologie (mindest soweit keine Begriffe ⟨wie⟩ Wahrheit, Wirklichkeit u. dgl. einbezogen werden) als Reich analytischer Gesetze bezeichnet. Ist das nicht zu weit gegangen? Sind die arithmetischen Axiome Konsequenzaxiome und die mengentheoretischen Axiome? Warum nicht? Muss ich nicht konsequent urteilen M + N = N + M? Aber was macht das Eigentümliche der apophantischen Logik aus?

In der Mannigfaltigkeitslehre denken wir Gegenstände, und zwar in allgemeiner Weise als bestimmt durch allgemeine Formen von Urteilen, die für sie gelten sollen, und ziehen die Konsequenz. In der Mengenlehre denken wir Mengen von Denkgegenständen überhaupt und fragen nach den Verbindungen und Beziehungen, die sich für Mengen von Gegenständen überhaupt erdenken lassen, die wir *in infinitum* zu freier Verfügung denken: Ansetzen immer neuer Denkgegenstände. In der apophantischen Logik denken wir beliebige Urteile, fragen nach möglichen prädikativen Urteilsformen (also denkmäßigen Sachverhaltsformen) und nach den Konsequenzgesetzen, die für einzelne Urteile und für beliebige Urteilskomplexe gelten. Hier ist das Thema Satz überhaupt, selbständiger Satz überhaupt, unselbständiger Satz überhaupt, darunter Prädikatbestimmung überhaupt. Dies ist die im besonderen und prägnanten Sinne analytische Sphäre, die Sphäre der Einschluss- und Ausschlussverhältnisse prädikativer Setzungen und selbständiger Sätze und Satzverbindungen.[1]

---

[1] Wir „denken" uns ein allgemeines Gegenstandsgebiet, mit ins Unendliche strebenden

Für die Wesensgesetze ergibt sich: Es gibt Wesensgesetze der formalen Einstimmigkeit bzw. Widerstimmigkeit der Konsequenz, das sind die analytischen Gesetze. Es gibt sachhaltige Wesensgesetze, Wesensgesetze der sachlichen Wahrheit und Falschheit, der sachlichen Möglichkeit und Unmöglichkeit etc. Und wie steht es mit Erkenntniserweiterung und Erkenntniserläuterung?

⟨d)⟩ Kants und mein Begriff des Analytischen[1]

Einen Gegenstand erfahrend betrachten ist in der „Einheit" der Erfahrung, in ihrer kontinuierlich selbstgebenden Synthese den durchgängig einen Gegenstand explizieren, einzeln seine Eigenheiten, Teile, Momente erfassen, ihn in ihnen kennen lernen bzw. sie als die Sinne erfassen. Die kontinuierliche Einheit der Erfahrung ist kontinuierliches Bewusstsein der Einheit des Gegenstandes in seinen einzelnen Eigenheiten und durch die synthetische Einheit der einzelnen Bestimmungen (Vollzüge von bestimmenden Setzungen) hindurch.

Ursprünglich erwächst hierbei der eine Gegenstand als so und so bestimmter, d. h. als „Ergebnis" jedes bestimmenden Einzelschrittes, Einzelaktes, der „auf dem Grund" der stetigen Setzung des Gegenstandes seine Bestimmungen als a, dann als b etc. vollzieht (Substratbeschaffenheit), schlägt sich im Substrat die Bestimmung nieder. Nach der Bestimmung ist G nicht mehr einfach G, sondern G_a, so dass dann der nächste Schritt sich zeichnet als G_a ist b, $(G_a)_b$ ist c usw. Kehrt die Einzelbetrachtung zu demselben a in seiner Einzelerfassung zurück, so haben wir etwa $G_{a,b}$ ist a. Ich vollziehe jetzt nicht eine erste Explikation, eine erste Kenntnisnahme, ein erstes Mich-bekannt-Machen mit dem G hinsichtlich des a, sondern den schon als a bekannten nehme ich hinsichtlich des a wieder zur Kenntnis, und zwar: ich erneuere ursprünglich die Kenntnis, ich kehre zur bestimmenden Beschaffenheit zurück, bringe sie mir von neuem zur ursprünglichen Selbstgegebenheit, zur Evidenz.[2]

Ist der Gegenstand bekannt geworden in ursprünglicher Weise und

---

Gegenständen und bestimmten Gegenständen des Gebietes durch Urteilsformen, also Formen möglicher Wissenschaft, Formen möglicher wahrer Bestimmungen eines Gebietes. Jedes wirkliche Gebiet kann *in forma* betrachtet werden, und als Substrat formaler Wahrheiten. Deren Form lässt sich herausheben, alle Gebiete einer Form führen in konsequenten Urteilen zu Theorien derselben Form.

[1] Ab hier ist der Text wohl früher zu datieren. – Anm. des Hrsg.

[2] Hinsichtlich des kenntnisnehmenden Ich ⟨gilt⟩: Die Wiederholung bekräftigt dem Ich und vertieft die Kenntnis, die im Übrigen auch flüchtig und flach oder eindringend sein kann, „Interesse" nehmend, d. i. noetisch!

hört die Erfahrung auf, so geht der Gegenstand im Wie seiner bekannten Bestimmung in die Retention und dann Wiedererinnerung ein, ebenso nach dem Prinzip, dass auf ähnliche Gegenstände sich jede schon gewonnene Kenntnis des ähnlichen überträgt. Er wird mit den Kenntnisniederschlägen aufgefasst, die ursprünglich an einem ähnlichen, früher wirklich selbst in Einzelkenntnis genommenen Gegenstand gewonnen waren.[1] So werden vielerlei Erfahrungsgegenstände aufgefasst mit Bestimmungskomplexen, die an ihnen noch nicht selbst gefunden waren, und zwar innere und relative, letztere auch, wo die korrelativen Gegenstände nicht in wirklicher Erfahrung gegeben sind und zum Bereich möglicher, eventuell nur hypothetischer Erfahrung gehören. Was die inneren Eigenheiten anlangt, so sind sie selbst bei äußeren Gegenständen (transzendenten) entweder mit zum eigentlichen Erfahrungsgehalt gehörige oder auch nur präsumierte. Im ersteren Fall vollzieht sich schon vor der ausweisenden Explikation eine passive Deckung. In wirklicher Einzelkenntnisnahme bestätigt sich die Auffassung als a, als b.

Die Bildung von „allgemeinen" Auffassungen, von „Begriffen", die Auffassung von einzelnen Gegenständen als Gegenständen einer Gegenstandsgattung, von Eigenschaften als Eigenschaften einer Art von Eigenschaften usw., auch von höheren oder niederen Gattungen: Einzelne Gegenstände, begrifflich und ursprünglich bestimmt – ähnliche neue Gegenstände werden ohne ursprünglich tätige Begriffsbestimmung passiv aufgefasst als begrifflich bestimmte, mit Niederschlägen begrifflicher Bestimmung dieser Auffassung; als empirisch antizipierender Glaube, als Setzung bestätigt ⟨er⟩ sich durch wirkliche Bestimmung, eventuell aber auch widerlegt er sich. Neue Bildungen: das „irgendein" Einzelnes eines Allgemeinen.

Angenommen, Gegenstände seien, sei es singuläre Gegenstände, sei es unbestimmte Einzelheiten von Allgemeinheiten (irgendein a), gesetzt, gleichgültig ob erfahrend in Wahrnehmung oder Erinnerung gegeben oder nicht, und ihr Bestimmungsgehalt sei begrifflich geformter, ein Gehalt von Bestimmungen im gewöhnlichen Sinne, d. i. eben unter Begriffen gefasster Bestimmungen, dann gibt es neben der Möglichkeit, die auffassende Intention der Gegenstände als dieser Gegenstände (in der die Individuen als diese da oder in der Form irgendein A bewusste, gesetzte sind) zu bestätigen auch die, sie bloß analytisch zu entfalten. Die Bestätigung fordert auch Entfaltung. Diese hat aber eine verschiedene Weise im

---

[1] Die Kenntnisnahmen eines Gegenstandes und eines anderen verflechten sich. Es ergeben sich beziehende Kenntnisnahmen, ein Gegenstand gewinnt als an ihm auftretend eine relative Bestimmung, die sich in ihrer Weise an ihm niederschlägt.

Fall anschaulicher Gegebenheit, je nachdem sie Momente betrifft, die in der Anschauung selbst eigentlich konstituiert sind, oder um Momente, die bloß antizipiert sind. Die Tanne, die ich sehe, fasse ich im ersten erkennenden Blick als Tanne auf, wozu die immergrünen Nadeln gehören. In der Einzelauffassung wird das Grün, werden die grünen Nadeln erfasst und als solche begrifflich fest, mag das begrifflich Allgemeine selbst nicht ursprünglich tätig konstituiert sein. Hier geht der Reiz aus von den Einzelheiten, den Nadeln, ihrem Grün, und das Einzelne wird ohne weiteres begrifflich aufgefasst, ohne dass es dazu eines Schrittes bedürfte. Und das so einzeln Erfasste deckt sich mit der Gesamterfassung dieses Dinges, das von vornherein und ohne weiteres für mich diese „Tanne" ist.

Man wird fragen, ob das Einzelne im Status der Affektion vor der Zuwendung schon begriffliche Auffassung trägt. Man wird sagen müssen: Das Einzelne hat in der Affektion von der Gesamtauffassung her eine auf begriffliche Formung (wie schon auf singuläre Bekanntheit) hingehende Tendenz. Sowie die affektive Tendenz sich realisiert, erfüllt sich auch die Tendenz auf Auffassung als das Bekannte und das bekannte, begrifflich so Geartete. Und als das gehört es zur Tanne als Tanne, fügt sich in Deckung der auffassenden Gesamtintention als bestimmende und zugleich als bestätigte Bestimmung ein.

Handelt es sich aber um präsumtive Gehalte, so müssten sie erst anschaulich herbeigeschafft werden, damit diese selbe Sachlage wiederkehrte, mit analogen Beschreibungen. Anschaulich kann heißen, in wirklicher Erfahrung, in Wahrnehmung. Es kann aber auch heißen, in einer repräsentierenden Vergegenwärtigung, und da mag auch Einzelaffektion und begriffliche Auffassung statthaben.

Ich kann mir aber auch explizieren, was in der Setzung als Tanne liegt und was ich in dieser Hinsicht von dem Unwahrgenommenen und Unbekannten vorauszusetzen habe. Ich kann, statt eingestellt zu sein auf den erfahrenen Gegenstand und seine wahrgenommenen bzw. wiedererinnerten Gehalte oder seine mehr oder minder bestimmt angezeigten Gehalte, vielmehr darauf eingestellt sein, die Gesamtauffassung als Tanne, als ein a zu explizieren. Ich kann explikative Aussagen machen, ohne der Erfahrung nachzugehen, aus der Erfahrung zu schöpfen (und der erfahrenden so und so vorzeichnenden Präsumtion), mag auch manches, was ich aussage, alsbald in der Erfahrungsgegebenheit seine Fülle finden, wie die Nadeln, das Grün etc. Es mag sogar sein, dass Erfahrungsgehalte durch ihre Affektion zugleich Einzelgehalte der Gesamtauffassung „wecken", während ich doch den Gesamtgegenstand „als eine Tanne" expliziere. Oder anders ausgedrückt: Dieses in der Auffassung „Tanne" gegebene Ding ist als intentionaler Gegenstand nicht bloß Ding, sondern Tannending, und diesen intentionalen Gegenstand, zu dem die prädikativen Niederschläge wesentlich gehören, kann ich als diesen intentionalen explizieren, einzelne aus diesen niedergeschlagenen Bestimmungen können ihre Affektion auf mich üben, und so sage ich: grüne Nadeln Habendes, mit einem Stamm, Zweigen, Holz weich usw. Diese attributiven Niederschläge weisen dann hin auf ihre Ursprungsform, auf Prädikationen, und diese stelle ich her, wenn ich aussage: Diese Tanne ist ein Baum der Art der Koniferen, Nadelholz etc. Ich komme zu verschiedenen Stufen von Prädikationen, sofern die Prädikate selbst explikabel sein mögen.

Ergebnis: Das sind „analytische" Urteile. – Ein Gegenstand ist aktueller Urteilsgegenstand und konstituiert sich im Fortgang aktuellen Urteilens als Gegenstand eines prädikativen Sinnes. Er gewinnt einen ihm zugeeigneten Auffassungssinn, er wird zum Pol dieses Sinnes, der die Potentialität für reaktivierende, wiedererneuernde, wiederklärende Urteile bedeutet. Ein Gegenstand kann dann aber auch in Gewissheit gesetzter intentionaler Gegenstand sein mit einem Auffassungssinn, mit dem er nicht ursprünglich konstituiert war. Er kann eine Potentialität des Sinnes an sich tragen, der auf mögliche Aktualisierungen verweist. Hier heißt Aktualisierung zunächst die ursprünglich aktuelle Urteilsweise, die evidente. Jeder intentionale Gegenstand eines prädikativen Auffassungssinnes lässt aber wesensmäßig eine „analytische" Entfaltung zu, welche ihn zum Substrat analytischer Urteile macht, die ihrerseits in gewisser Weise die Potenzen für entsprechende Evidenzen, Urteilsaktualitäten sind, aber freilich Antizipationen für die praktische Möglichkeit, diese Evidenzen herzustellen, die also nicht erfüllbar sein müssen: es kann auch Enttäuschung stattfinden.

Sagt man: „Analytische Urteile sind E r l ä u t e r u n g s u r t e i l e, sie legen nur auseinander, was in unseren Begriffen schon liegt", so ist zu beachten, dass Begriff hier nicht das Allgemeine selbst heißt, sondern jener Niederschlag von prädikativen (Allgemeines in gewisser Art in sich schließenden) Bestimmungen, die dem jeweils gesetzten Gegenstand (doxisch gesetzten) den Charakter des in dem und dem prädikativen Sinn Aufgefassten gibt: ein potentieller prädikativer Sinn (Begriff), der zu explizieren ist in „analysierenden" Urteilen.

„Begriff" heißt also auch Bestimmung als das, was durch Prädikation, als das Bestimmen, dem Substrat „zuwächst", sich an ihm niederschlägt. Das Analysieren der Bestimmung, des bloßen Begriffs, ist analytisch im Sinne der formalen Logik, wenn ich die implizierten Einzelsetzungen heraushole. Sowie ich auf die Wesensmomente selbst, also auf die sachliche Anschauung eingehe, „erläutere" ich nicht bloß. Das ist ein sehr enger Sinn von „analytisch" Urteilen. Es ist schon nicht mehr bloße Erläuterung, wenn ich einen Prämissenkomplex „analysiere" und die und die Schlusssätze daraus „erschließe". In den Prämissen „liegt" der Schlusssatz „sinngemäß". Habe ich es mit Aussagen zu tun, so brauche ich über die „bloße Bedeutung" der Aussagen, die ich mir nur ganz deutlich machen muss, nicht hinauszugehen. Nun kann es sein, dass die Prämissen falsch sind, ja widersinnig, aber die Prämissen als Aussagebedeutungen sind vermeinte Sätze, ideale Gegenständlichkeiten, und darin liegt formallogisch der Schlusssatz als ebensolche Bedeutung. Das ist also wieder ein besonderer Fall von Konsequenz.

Nehme ich aber: a intensiver b, b intensiver c, so liegt darin, aber nicht in demselben Sinn, also „analytisch", dass a intensiver als c ist.[1] Denn hier liegt nur der Sachverhalt selbst im Sachverhalt selbst, besser, der selbstgegebene, wahre Sachverhalt im wahren Sachverhalt, und wenn ich hier Unwahrheit der Prämissen voraussetze, so liegt doch die Möglichkeit, das Sachverhaltswesen, das ich als Möglichkeit erschauen kann, in dem anderen. Nicht aber die bloße Satzbedeutung in den Satzbedeutungen, das Urteil im Urteil. Das im Urteilen Vermeinte (das Urteil), vermeint, ob ich auch gar keine ursprüngliche Selbstgegebenheit oder Quasi-Selbstgegebenheit, also Möglichkeit habe, ist der analytische Sinn, die Bedeutung. Darum muss ich über die Satzbedeutungen als bloß gedachte zur Anschauung übergehen und aus dem Angeschauten selbst, aus seinem eigenen intuitiven Wesensgehalt schöpfen. Ich muss die Begriffe anschaulich machen und den anschaulichen Gehalt benützen. Anderenfalls mag zwar (nämlich bei formalen und im eigentlichen Sinn analytischen Schlüssen) Anschaulichkeit statthaben, aber ich benütze sie nicht als Anschauung, ich benütze nur die Bedeutungen. Ich benütze bloß die Form der Urteile, ihren Inhalt, ihre Termini, nur sofern ich sie in Identität festhalte. Heißt analytisch enthalten jedes Enthaltensein, dann freilich haben wir einen anderen Begriff von analytisch. Aber dafür haben wir ja die Begriffe des Enthalten und Enthaltenden, von Ganzes und Teil, von Schluss etc. Das Wort „analytisch" passt freilich gerade nur für Verhältnisse der Implikation. Nur dass man damit kein erkenntnistheoretisches Grundproblem *à la* Kant bestreiten kann.

Sage ich, ein Farbiges ist ausgedehnt, so liegt nicht im Farbigsein das Ausgedehntsein, weder logisch-analytisch noch wesensanalytisch, ebenso ist das Urteil „Ist etwas farbig, so ist es ausgedehnt" kein Implikationsurteil. Es ist nicht richtig zu sagen: Um das Urteil einzusehen, muss ich mich nur an die Begriffe halten, wenn man unter Begriffen die

---

[1] Das ist „wesensanalytisch".

bloßen „Bedeutungen" versteht. Ich weiß ganz gut, was farbig und was ausgedehnt ist, ich verstehe es gut. In diesem Verstehen habe ⟨ich⟩ die Bedeutungen. Aber im Verstehen des ganzen Satzes gewinne ich nicht die Evidenz des Satzes. Ich muss die den Bedeutungen entsprechenden
5 allgemeinen Wesen (die Begriffe im andern Sinn) selbst haben und erfasse so die „synthetische" Notwendigkeit.

Betrachten wir nun statt analytischer Schlüsse Schlussgesetze. Sie sagen allgemein aus, dass ein Schlussurteil der und der allgemeinen Form analytisch in Prämissen liegt von den und den allgemeinen Formen. Im
10 allgemein gedachten „Irgendein Prämissenkomplex hat die Form P" liegt analytisch allgemein ein Schlusssatz der und der Form. Ich bewege mich in der bloßen Sphäre von Satzbedeutungen, nur sie habe ich evident gegeben. Es sind formale Gesetze der Implikation, und diese gehören natürlich in die Analytik oder Logik im weitesten Sinn, von der sie unab-
15 trennbar sind.

Betrachten wir Mengen und Zahlen. Ich gehe von „Denkgegenständen" aus und erzeuge Kollektionen, bilde den Begriff der Menge. Natürlich ist im B e g r i f f der Summe M + N nicht analytisch enthalten der Begriff N + M, wenn wir unter Begriffen die Bestimmungen verstehen.
20 Sondern in den gedachten Summen von Mengen selbst liegt das wechselseitige Beschlossensein, aber ich bilde doch ursprünglich alle Begriffe aus bloßen Denkgegenständen und brauche keine Anschauung dieser Gegenstände – also auch nicht für Mengen selbst und Zahlen von Gegenständen selbst.

25 Also kann ich sagen: Das Denken von prädikativen Bestimmungen als Bedeutungen und von Prädikationen als Bedeutungen in Beziehung auf Verhältnisse der Implikation und Explikation gibt einen besonderen bestimmten Begriff von analytischen Urteilen, Urteilen aus bloßer Begriffsanalyse und Satzanalyse. Andererseits ist dieser Bestandteil eines
30 erweiterten Bestandes, und wesenseinheitlichen Bestandes von Urteilen, in denen wir über bloß doxische Bedeutungen, über bloß intentionale Gegenstände als solche von Seinssetzungen und Urteilssetzungen überhaupt urteilen. Ich sehe also nicht ein, warum ich meine Auffassungen ändern soll.

35 Das „K a n t 'sche Problem", wie ist nicht nur analytisch, sondern synthetisch apriorisches Urteilen möglich, kann nur den Sinn haben: Wie kann eine Gesetzmäßigkeit, die nicht bloß eine solche der Urteilskonsequenz ist, objektiv gültig sein? Dazu braucht man den echten Begriff des „analytischen" Urteilens in reiner Konsequenz (den echten Begriff, den
40 universalen und vollständigen, und das ist m e i n Begriff). Aber es zeigt sich, dass umgekehrt das leichter verständlich zu machen ist, wie es

synthetisch apriorische Gesetze gibt. Nämlich als Wesensgesetz aller Regionen, aus regionaler Evidenz. Dagegen ist es ein gar nicht leichtes Problem, wie „analytische" Urteile *a priori* „möglich" sind, welches ihre Evidenzquellen sind. Dieses Problem habe ich schon vor Jahren im obigen Sinn gelöst.

BEILAGE XXV (zu § 53):
⟨Zur Grundfrage der Erkenntnistheorie, ob und wie gültige Erkenntnis wahrhaften Seins selbst möglich ist⟩[1]

Wenn sich die Erkenntnistheorie auf die Möglichkeit der Erkenntnis richtet, so kann das nur besagen, eine gewisse Leistung der Erkenntnis, ihre Triftigkeit ist problematisch. Dies, dass sie die Wahrheit bzw. das wahrhafte Sein selbst erreicht, ist fraglich. Diese Frage aber setzt voraus, dass Erkenntnis selbst etwas ist, unangesehen der Frage nach ihrer Leistung, dass sie gleichsam einen Zweck oder ein Ziel hat, das sie erreicht oder verfehlt. Aber auch wenn sie es verfehlt, ist sie noch etwas. Und natürlich ist nicht minder vorausgesetzt, dass der Fragende sich der Erkenntnis unangesehen der Erzielung oder Verfehlung, die in Frage ist, zweifellos vergewissern kann, über ihr Sein selbst in keinem Zweifel sein kann, und das in einer Allgemeinheit, die ihm den Begriff „Erkenntnis" ursprünglich gibt: Der Erkennende muss, um hier eine allgemeine Frage stellen zu können, schon einen allgemeinen Begriff wirklich und in Evidenz haben, sich seiner Möglichkeit und also Geltung jederzeit versichern können, und das natürlich an zweifellosen Beispielen. Ferner, wenn er nach der Triftigkeit, Richtigkeit, Gültigkeit von Erkenntnissen, sei es überhaupt, sei es für besondere Klassen von Fällen fragt, so muss er einen Begriff von dieser Triftigkeit haben. Und fragt er, wie sie möglich ist, so muss ⟨er⟩ darüber, dass sie, wenn nicht hier, so irgendwo möglich sei, eine gegründete oder den ursprünglich zu schöpfenden Begriff begründende Möglichkeit vor Augen haben. Vielleicht dient ihm dazu die Erkenntnis vom Dasein der Erkenntnis selbst, deren unmittelbare Wahrnehmungsgegebenheit, an der er mit der Wirklichkeit die Möglichkeit auch hat oder konzipieren kann in Allgemeinheit. Also am Anfang der universellen Erkenntnistheorie und jeder auch beschränkten, die ganz radikal zu Werke geht, stehen derartige Reflexionen, die erste Erkenntnisse herausstellen, die vorausgesetzt sind und aufgewiesen werden müssen, wenn die Frage selbst eine sinnvolle sein soll.

Man könnte auch fortfahren: Hat eine Reflexion Erkenntnis und Er-

---
[1] Wohl 1923. – Anm. des Hrsg.

kenntnismöglichkeit als zweifellos in einem Bereich ergeben, dann kann die Frage, wie es in anderen Bereichen, für andere Klassen von Gegenständen, Wahrheiten bzw. Erkenntnissen steht, den Sinn haben, Reflexionen in Bewegung zu setzen, durch die die Möglichkeit solcher Erkenntnis einsichtig wird, etwa dadurch, dass für einen möglichen (in der Phantasie vorschwebenden) Gegenstand des betreffenden Typus, in dem man sich entsprechende Erkenntnisprozesse in der Phantasie konstruiert, die einen solchen Gegenstand evidenterweise zu vollkommener Erkenntnisgegebenheit bringen würden, die Möglichkeit konstruiert und ihr in der Konstruktion evident gewiss wird. Hat man dies exemplarisch getan, so kann man generell einsehen, dass und wie so geartete Erkenntnis (d. i. Erkenntnis überhaupt so gearteter Gegenständlichkeit) möglich sei und würde darin eine Norm haben, um eine jede gegebene Erkenntnis, eine jede faktisch zu beurteilen und zu verstehen, nicht nur dass, sondern wie sie möglich sei. Geht man umgekehrt von einer faktischen Erkenntnis (oder einem faktischen Erkenntnissystem) aus, wie z. B. von der modernen Naturwissenschaft, so würde natürlich Wirklichkeit und Möglichkeit sich decken, wenn diese Erkenntnis von einer Gestalt wäre, dass sie ihre Triftigkeit in sich selbst kenntlich machte und wenn es hier und überall so leicht wäre wie in den ersten leitenden Fällen, das Verhältnis oder das Eigentümliche, das als Triftigkeit bezeichnet wird, in zweifloser Evidenz zu erfassen. Warum es schwer wird, ja schließlich ganze Wissenschaften der Aufklärung erfordert, kann am Anfang nicht klar sein, z. B. nicht, dass die Rede von Erkenntnis vieldeutig ist, dass die erkenntnistheoretische Frage auf das Erkennen, wenn auch nicht darauf allein gerichtet ist, dass aber der Naturerkennende und so jeder, in welcher Erkenntnissphäre immer Erkennende, nicht auf sein Erkennen, sondern auf sein Thema gerichtet ist und dass eben darum eine Wissenschaft vom Erkennen notwendig wird. Aber, wie gesagt, am Anfang sieht man das noch nicht. Es fragt sich aber, ob man nicht von hier aus auch einen direkten Weg zur Erkenntnistheorie und Phänomenologie leiten könnte. Der Blick ist auf das Erkennen, das Erkenntniserleben und die Erkenntnissubjektivität gerichtet. Wie sieht die naturwissenschaftlich erkennende Subjektivität aus, das naturwissenschaftliche Erkennen auf allen seinen Stufen? Das wäre für die Naturwissenschaft die Frage bzw. für die Möglichkeit der Erkenntnis der Natur.

Also bedarf es, wird man sagen, psychologischer Forschung. Aber soweit psychologische Forschung ja immer, und ihrem Sinn nach, selbst Bestandstücke naturwissenschaftlicher Erkenntnis enthält, steht sie mit im Problem. Also bedarf es einer eigenartig begrenzten Psychologie.

Aber diese Psychologie kann überhaupt nicht mehr Wissenschaft vom

Menschen und Tier sein, überhaupt nicht mehr eine Wissenschaft, die sich auf die wirkliche Welt als sie voraussetzende, als auf Erfahrung sich gründende Wissenschaft sich bezieht. Es bedarf also all der Betrachtungen, welche zum reinen Ich und zum reinen Bewusstsein, zur transzendentalen Arbeitssphäre hinleiten und zur transzendentalen Phänomenologie. Und da dient die Cartesianische Zweifelsbetrachtung, die, nachdem der transzendentale Boden gewonnen ist, verbunden werden müsste mit so vielen phänomenologischen Feststellungen, dass die notwendige Funktion der Phänomenologie für die verstehenden Aufklärung der naturwissenschaftlichen Erkenntnis (und so jeder Erkenntnis, jeder Erkenntnisdomäne und -region) evident werden könnte.

BEILAGE XXVI (zu § 54):
⟨Der Sinn der Erkenntnis⟩[1]

Bei allen Fragen, die den „Sinn" der Erkenntnis betreffen, ist der Begriff des „Sinnes" (ein sehr vieldeutiges Wort) wohl zu verstehen. Bei allem Tun fragen wir oder können wir fragen nach seinem Sinn, d. i. wir fragen: Worauf will das Tun oder der Tuende in seinem Tun eigentlich hinaus? Und unter dem Gesichtspunkt des abgesehenen Zieles, des klar, bewusst leitenden oder in triebhaftem Streben dunkel und unbestimmt regierenden, suchen wir ein Verständnis für sein Handeln, für die Wege, die er einschlägt, für die Mittel, die er wählt und realisiert, für all das, was in der Einheit der zielgerichteten Handlung (der werdenden oder der schon vollzogenen) eine Einheit der teleologischen Motivation hat.

Nun ist auch alles, was wir im weitesten Sinne Erkennen nennen, ein Erkennen von etwas. Erkennen von etwas ist aber Erkennen auf etwas hin, und das gilt ganz allgemein von jederlei „Bewusstsein". Es ist Bewusstsein von etwas, aber in allem Bewusstsein ist das Ich, sei es auf etwas aktuell gerichtet, oder es kann sich, wenn das nicht der Fall ist, darauf hinrichten, kann das Bewusstsein in ein tätiges Bewusstsein verwandeln, und nur um dessentwillen eigentlich heißt das Bewusstsein, auch vor der aktuellen Ichbeteiligung, auf das betreffende Etwas, das in ihm Bewusstes heißt, gerichtet.[2]

Das Gerichtetsein der Erkenntnis auf das Erkannte, und das wird zunächst zu verstehen sein als Gerichtetsein auf den in ihr vermeinten Ge-

---

[1] Wohl 1923. – Anm. des Hrsg.
[2] Aber alles Bewusstsein ist in sich strebend, tendierend, aber es kann offenes Streben werden.

genstand, ist aber ein sehr verschiedenes. Und Erkenntnisse, die auf denselben Gegenstand gerichtet sind, denselben „betreffen", sind ja sehr verschieden: die eine ist klar, die andere unklar, die eine anschaulich, die andere unanschaulich, sie ist schlicht vorstellende oder denkende Erkenntnis. Die anschauliche ist Wahrnehmungserkenntnis oder Erinnerungserkenntnis oder antizipierende Erwartungserkenntnis. Sie kann aber auch ein auf Anschauung fundiertes, durch Anschauliches hindurchgehendes Denken sein, aber auch ein durch Leervorstellungen fundiertes Denken usw. Das Erkannte ist danach zwar derselbe Gegenstand, aber als in verschiedenen Erkenntnismodis bewusster ist er selbst als erkannter in mannigfachen Gegebenheitsweisen, Vermeintheitsweisen bewusster. Und alle solche Weisen haben ihre teleologische Beziehung aufeinander oder können in der Einheit zusammenhängender Erkenntnis ihre teleologische Aufeinanderbeziehung haben, die selbst wieder eine sehr verschiedene sein kann. Alle solche Modi des in der Erkenntnis Vermeinten, so wie es in ihr jeweils Vermeintes ist, gehören zum Sinn der Erkenntnis und heißen selbst Sinn (oder Bedeutung). Die Erkenntnis unter dem ihr wesenseigentümlichen Gesichtspunkt der Abzielung betrachten fordert es, all die immanenten Gestalten der zu den möglichen Erzielungen, also Erkenntnishandlungen gehörigen Wege und die sie motivierenden Verknüpfungen kennen ⟨zu⟩ lernen. Andererseits aber auch gilt es, das Ich-Tun selbst, das sich diese Wege schafft, das sich Ziele stellt, das modal verschiedene Vermeinen, in dem das modal verschiedene Vermeinte bewusst wird, ⟨zu⟩ studieren: Erkennen ist ein Leisten, und studiert muss werden der Gang der Leistung, der leistenden Handlung, aber auch das leistende Ich-Tun und tuende Leben selbst.

Die Arbeit, die uns die Erkenntnisforschung zumutet, betrifft also einerseits hinsichtlich des Denkens die logischen Zusammenhänge, andererseits aber die korrelativen noetischen Zusammenhänge; letztere die Seite der Noesis des Bewusstseins, des Denkens als eines sich so und so vollziehenden aktiven und passiven Ichlebens, und andererseits die korrelativen noematischen Zusammenhänge. Die letzteren können für sich geschlossen betrachtet werden, und dann haben wir die Arbeit der Logik. Die anderen können nur in beständiger Beziehung auf die noematischen Gehalte und Zusammenhänge betrachtet werden. Freilich, das dem Anfänger verständlich zu machen, ist sehr schwer.

Aber die Zusammenhänge des Logos, mit denen sich die abstrakte Logik beschäftigt, sind nur eine Schichte. Unter dem Logischen liegen die vorlogischen „Vorstellungen" und Vorstellungszusammenhänge. Und während die Logik als formale die Gegenstände in freier Variabilität belässt, bedarf es einer Berücksichtigung aller gegenständlichen Regionen und zur Aufklärung der Erkenntnis des Studiums aller Modi der vorlogischen Gegebenheitsweisen jeder gegenständlichen Region nach N⟨oesis⟩ und N⟨oema⟩ – dann aber das Studium der möglichen logischen Gebilde, was über die formale Logik hinaus auf die regionalen Ontologien führt. Mit ihnen korrelativ aber sind die regionalen noetischen Studien.

Jedenfalls, unklar ist die Rede vom Sinn der Erkenntnis. Vom Standpunkt der erkenntnistheoretischen Problematik unklar ist die Art und Möglichkeit der Erkenntnisleistung, und zwar derart, dass, selbst wenn die möglichen Sinneszusammenhänge (die noematischen) klargelegt sind und die zugehörigen Normen der Wahrheit und Falschheit, des Seins und Nichtseins, also selbst wenn wir eine vollkommene formale Logik und formale Ontologie hätten, vollkommene Ontologien für alle Gegenstandsregionen und vollkommene Normenlehren für alle möglichen Wissenschaften in theoretisch-noematischer Hinsicht, eine ganze Dimension der Unverständlichkeit übrig bliebe: die Seite der leistenden Subjektivität. Und eben der Rekurs auf die Subjektivität bringt zunächst die Verlegenheiten.

BEILAGE XXVII (zu § 54):
Methode, erkenntnistheoretische Rätsel zu entscheiden[1]

Wenn wir die mögliche Geltung transzendenter Erkenntnis überhaupt (oder auch hinsichtlich einer regionalen Gegenstandsgattung wie der Natur) rätselhaft finden, so müssen wir unser Ziel darin sehen, für die betreffende Gegenstandsgattung eine klare Anschauung ⟨zu gewinnen⟩, wie die Erkenntnis aussehe, in der die gelingende Leistung der Erzielung der Wahrheit besteht und an der die Leistung, die für sie erforderlichen und wirksamen Teilleistungen, vollkommen klar und durchsichtig würde.

Das Transzendente ist für den Erkennenden etwas nur durch sein Erkennen. Kann es so etwas geben wie Erzielung wahren Seins, und zwar eines transzendenten, so kann auch das nur in der Erkenntnis selbst, in den und jenen Erkenntnismodis und Erkenntniszusammenhängen sich vollziehen. Dass Erzielung dabei statthat, muss der Erkennende hierbei selbst, und zweifellos sehen, und wie die Erkenntnisfunktionen dabei aussehen, wie ihre Komponenten fungieren, das muss ich reflektierend erschauen können.

Die Möglichkeit von dergleichen reflektiven Erkenntnissen ist für jede Grundart Gegenständlichkeit von vornherein sicher, wofern man für der-

---
[1] Wohl 1923. – Anm. des Hrsg.

artige Gegenständlichkeit überhaupt rechtmäßig und evident sagen kann, sie sei eine mögliche. Wer als agnostischer Skeptiker die Möglichkeit der Erkenntnis von Gegenständen, die dem erkennenden Bewusstsein transzendent sind, leugnet, meint damit nicht widersinnige Gegenstände wie runde Vierecke, sondern er erkennt die Möglichkeit von „äußeren" Gegenständen, von Natur an. Tut er das rechtmäßig, so muss er diese Möglichkeit selbst eingesehen haben. Sie eingesehen haben sagt aber gleichviel wie eingesehen haben, dass solche Gegenstände prinzipiell erfahrbar und erkennbar seien, wenn auch nicht für uns Menschen. Leugnet er prinzipiell die Erkennbarkeit, sagt er, sie sei überhaupt undenkbar, so widerspricht er sich, wenn er nicht auch die Möglichkeit solcher Gegenstände selbst leugnet. Nur das bleibt ihm also, wenn er an der Möglichkeit festhält, also die Rede von Natur nicht für sinnlos (widersinnig) erklärt, dass er ihre Erkennbarkeit für uns Menschen in demselben Sinne leugnet, in dem wir alle für spezielle Naturgegenstände, wie für solche auf fernsten Fixsternen, die Unerkennbarkeit annehmen. Würde er die prinzipielle Unerkennbarkeit der Natur für den Menschen leugnen, so würde er sich auch darin widersprechen, dass er auf der einen Seite die Existenz von Menschen, und doch nur aufgrund der Erkenntnis, voraussetzt und auf der anderen Seite die in der Natur mitbeschlossenen als unerkennbar mit beanstanden müsste.

Danach kann das vernünftige Erkenntnisziel in der Erforschung der Möglichkeit transzendenter Erkenntnis nur darin liegen, die möglichen Erkenntniszusammenhänge für mögliche Gegenstände dieser Art zu erforschen, also in der Herstellung einer klaren Anschauung eines solchen Gegenstands in der Möglichkeit (in reiner Phantasie) und der ihn zu möglicher Erfahrung und Erkenntnis bringenden Erkenntniserlebnisse, darüber Auskunft und völlig klare Einsicht suchen, wie die Erkenntnisleistung, die echte, für einen solchen Gegenstand Wahrheit erzielende, eigentlich aussieht, aus welchen Strukturen solcher Erkenntniszusammenhänge diese Leistung verständlich wird, was in ihnen Triftigkeit, Gültigkeit, Erreichen des wahren Seins eigentlich ausmacht.

Klar ist nun erstens, dass keine objektiven Wissenschaften für solche Forschungen als Prämissen in Frage kommen können, zweitens, dass das ganze Verfahren ein intuitives sein muss, ein aus der reinen Anschauung der konstruierten Erkenntniszusammenhänge heraus Verständnis schaffendes sein muss. Echte Erkenntnis, sei es auch nur exemplarische, und im Rahmen einsichtiger Phantasiemöglichkeit, muss vorangehen. A b e r d a s r e i c h t n i c h t h i n. Einsichtige Erkenntnis vollziehen, wie das jeder Naturerkennende tut, heißt noch nicht Erkennen selbst und sein

Leisten zum Thema machen und das Wesen solchen Leistens immanent klarlegen. Das führt aber schon weiter.

Jede faktisch evidente Feststellung weist sich durch Rekurs auf das entsprechende Apriori der eidetischen Phänomenologie als Vereinzelung einer wesensmäßigen Notwendigkeit und Allgemeinheit aus und hat damit seine „höchste Bewährung". Alles, was ich aussage, muss so sein, dass ein jedes mögliche Ich in reiner Möglichkeit ebenso aussagen müsste, um recht auszusagen. Jede Aussage muss unter Prinzipien des Rechts stehen; und das tut sie nicht, solange sie noch Motive, Gründe hat, die ich nicht einsehen kann oder ausgewiesen habe als solche, die ich als ein Ich überhaupt, das dergleichen denkt, so urteilen müsste. Das gilt also selbst für das „Ich bin" und so für jede Aufstellung, die ich soll vertreten können. Alle ihre Motive müssen in klare Gründe verwandelt sein, und ihr Begründen muss zur Selbstgebung kommen. Die Probe ist, dass ich das Faktum der Entscheidung in die reine Möglichkeit erhebe und sehe, dass ein Ich überhaupt bei so gearteter Selbstgebung als Unterlage den Urteilsinhalt selbstgegeben haben würde. Alles Zufällige muss frei variabel sein und das Urteil doch bestehen. Es darf von nichts abhängen, was nicht selbst seine Notwendigkeit ausweist durch ein Wesensgesetz.

Die universale Phänomenologie ist die Wissenschaft, die alle apriorische Rechtgebung systematisch entfaltet und alle Möglichkeiten *a priori*, die Arten und Formen möglichen Seins. Die Wissenschaft vom Faktum muss jedes Faktische so bestimmen, dass nichts darin zu Bestimmung kommt, was nicht nach Formen des bestimmenden Bewusstseins, des Sinnes der bestimmten Gegenständlichkeit gegebenenfalls so ist, so gilt, weil es für ein Ich überhaupt in solchen Formen des leistenden Bewusstseins überhaupt notwendig solche Sinngestalten und seiende Sachverhalte, Gegenstände konstituiert, dass all das gerechtfertigt ist, *a priori* in reiner Möglichkeit zu reiner Selbstgebung führen müsste etc.

BEILAGE XXVIII (zu § 58):
⟨Phänomenologie und Intuitionismus⟩[1]

Zum Wesen des philosophischen Radikalismus und der sich in der Phänomenologie entfaltenden Systematik möglicher absoluter Methode gehört das Prinzip der Intuition. Dieses viel missbrauchte Wort, das es ermöglichte, die Phänomenologie unter den Titel einer intuitionistischen Philosophie zu befassen, dadurch aber auch mit allerlei unwissenschaftli-

---
[1] 1923. – Anm. des Hrsg.

chen Schwärmereien oder auch mit einer ernsten, gemütstiefen, aber durchaus außerwissenschaftlichen Mystik zusammenzuwerfen, hat in der Phänomenologie einen sehr einfachen und nüchternen Sinn.

Es ist das selbstverständliche methodische Prinzip der Naturwissenschaft, keinen Satz, den festzustellen ihre eigentümliche Aufgabe ist, also keinen Satz über Tatsachen der faktischen Natur, ohne Erfahrungsgrund auszusprechen. Durch Erfahrung, näher: durch Experiment und Beobachtung, ist ihr die Natur, die Sachsphäre der Naturwissenschaft ursprünglich gegeben. Alles Wissen über die Natur, alle über sie gebildeten Meinungen, alle für sie möglichen Begriffe und Sätze haben ihre Urnorm, obschon nicht die voll ausreichende, in der Erfahrung. Das sagt aber: Sachen, über die wir vernunftgemäß sollen reden können, müssen zunächst in ursprünglich selbstgebender Anschauung für uns da sein; aber auch Begriffe in ihrer Allgemeinheit müssen aufgrund solcher Anschauungen ursprünglich gebildet und ursprünglich ausgewiesen sein, und so ähnlich in allen Erkenntnisstufen. Diese Selbstverständlichkeit, selbstverständlich für die natürliche Reflexion, obschon nach Sinn und Tragweite ein eigenes wissenschaftliches Thema der Phänomenologie, muss für alle erdenklichen Erkenntnisgebiete wirksam werden. Eine radikale Wissenschaft ist eine solche, in der keine Aufstellung, kein Schritt der Methode zugelassen ist, wofern nicht die Erfahrung oder eine sonst geforderte „Intuition" bereit liegt, an dem jeder Schritt sein letztes Maß hat.

Die Phänomenologie als Wissenschaft beruft und gründet sich auf keine übernatürlichen Erleuchtungen. Sie übt keine geheimnisvollen intellektuellen Anschauungen, sie bietet keine Künste, durch die Adepten mit unerhörten geistigen Kräften herangezüchtet werden. Sie ist überhaupt keine Gemeinschaft von Synkretisten und Adepten, sondern eine Gemeinschaft denkbar nüchternster wissenschaftlicher Arbeit. Also muss wohl auch ihre Intuition und der Gebrauch, der von dieser gemacht wird, etwas nach Sinn und Leistung Verständliches, in nüchterner Klarheit Aufweisbares sein. In der Tat handelt es sich dabei um Auswirkung eines Prinzips, das schon vor aller Philosophie im Rahmen naiver Reflexion seine klare Selbstverständlichkeit hat. Es ist dasselbe Prinzip, das in verengter Form allem sogenannten Empirismus zugrunde liegt und sein selbstverständliches Recht in der Erkenntnissphäre hat, die der Empirismus ausschließlich, und in übertreibender Ausschließlichkeit im Auge hat, in deren Grenzen er aber auch sein volles Recht hat. Jede Meinung, die man über tatsächliches Dasein, über einen *matter of fact* haben und je haben kann, kann die Ausweisung ihrer Richtigkeit oder Irrigkeit nur gewinnen durch Appell an die Erfahrung. Das sagt: Wo nicht Erfahrung

mir Dinge, Vorgänge oder welche zeitlichen Tatsachen immer in leibhafter Selbstheit gegeben hätte, wo ich sie m. a. W. nie im Bewusstsein der ursprünglichst⟨en⟩ Erkenntnisart, der sie selbst im Original mir vor Augen stellenden „Erfahrung" gegeben hätte, da könnte ⟨ich⟩ über sie gar
5 nichts aussagen, mit oder ohne Worte in Beziehung auf sie nichts meinen, die Worte Ding und reale Eigenschaft, Vorgang usw. hätten keinen Sinn für mich. Und weiter, jede Meinung über Dinge setzt entweder voraus, dass ich sie selbst erfahre oder erfahren hatte, oder dass ich von anderen erfahrenen Dinglichkeiten auf sie hin Rückschlüsse mache. Das
10 ganze naturwissenschaftliche Denken beruht also beständig auf Erfahrung als einem ursprüngliche Ansetzung von Dasein berechtigenden Bewusstsein. Wie immer das Recht der Erfahrung nachher begrenzt werden mag, jede Begrenzung setzt schon eben dieses Recht voraus.

Erfahrung ist aber nicht das einzige ursprünglich Recht gebende, und
15 vor aller höheren logischen Leistung Recht gebende und sie in ihrem Recht tragende Bewusstsein. Und eben darum gebrauchen wir das Wort „Intuition", um die höhere Allgemeinheit zu bezeichnen, deren Spezialfall also Erfahrung mit seinen Besonderungen ist. Denn es gehören schon stark abschließende Scheuklappen von Vorurteilen dazu, um sich gegen
20 die offensichtliche Sachlage zu verschließen, dass z. B. die reine Arithmetik über kein faktisches Dasein, über kein wirkliches Ding oder Dingzusammenhang etwas aussagt und dass ihr Forschungsfeld, die Zahlenreihe und der in dieser Reihe allgemeiner Wesenheiten beschlossene Umfang von Wesensmöglichkeiten (reinen Möglichkeiten), nicht die leiseste
25 Mitsetzung von realem faktischen Dasein in sich schließen. Es ist nun klar, dass auch für dieses Forschungsfeld der Arithmetik gilt, was für die Natur, das Universum der raumzeitlichen Faktizitäten gilt. Bevor ich über das Zahlenreich irgendeine theoretische Aussage mache, bevor ich über die in ihm waltende Gesetzmäßigkeit irgendetwas meinen kann,
30 muss sie mir selbst gegeben sein. Kein allgemeiner arithmetischer Satz ist ausweisbar, der nicht ein Erkenntnisbewusstsein unterster Stufe voraussetzte, in dem das Zahlengebiet selbst zur ursprünglichen Gegebenheit käme. Die Zahlen hersagen oder die Zahlendefinitionen hersagen ist nicht die Zahlenreihe in ursprünglicher Weise gegeben haben. Nenne ich
35 sie unendlich, so muss mir das Unendlich gegeben sein.

Dieses *originaliter* selbstgebende Bewusstsein kann hier nicht Erfahrung heißen; im Prinzip aber leistet es für die ganzen anderen Themen der arithmetischen Wissenschaft, für ihr Gebiet, genau dasselbe wie die Erfahrung für die Natur. Es ist ein Analogon des „Sehens", und alle
40 Volkssprachen der Kulturvölker haben in der Naivität ihrer Begriffsbildung oder Bedeutungsbildung vom Sehen her genommene analogisie-

rende Bedeutungen für die Erkenntnisweisen genommen, die hier in Frage kommen. So sprach man von Evidenz, von Einsehen, Erschauen. Der Radikalismus der Phänomenologie besteht gerade darin, dass sie in den einleitenden Besinnungen, die absolut notwendig sind, um überhaupt zu einem Anfang und einer Zielgebung zu kommen, zunächst einmal, und vor aller Theorie, dem sein Ursprungsrecht zubilligt, ohne was keine Theorie einen Sinn haben kann. Also der Phänomenologe sagt sich: Was immer zu erforschen mir als Schicksal und Wille zuwachsen soll, muss ich mir zur Intuition bringen, und zwar radikal. Also meine Arbeitssphäre muss mir durch ein „unmittelbares" Sehen, Schauen gegeben sein, sonst ist alles wertlos, was ich für sie angeblich feststelle. Die Unmittelbarkeit aber besagt nichts, als ⟨dass⟩ es diejenige Bewusstseinsart von diesem Erkenntnisgebiet ist, durch das es mir zu der denkbar direktesten Gegebenheit kommt, zu einer solchen, in der ich es sozusagen in seiner Selbstheit zu fassen bekomme, und jede Feststellung mittelbarer Theoretisierung muss in ihrer mittelbaren Weise intuitiv sein, seine Begründung muss im Lichte vollster Einsicht erfolgen.

Aber der Radikalismus geht insofern, wie wir bald hören werden, sehr viel weiter, als es zum Prinzip wird, im Rahmen der Phänomenologie nichts, in extremster Strenge nichts zuzulassen, was nicht der Phänomenologe selbst aus ursprünglichem Schauen durch eine selbst in absoluter Einsichtigkeit vollzogene Theoretisierung gewonnen hat. Die Phänomenologie will sich in absoluter Independenz von allen anderen Wissenschaften, möge es mit ihrem Erkenntnisrecht noch so gut stehen, aufbauen. Freilich möchte es nun scheinen, als ob der Phänomenologe nun selbst Naturforscher, Sprachforscher, Mathematiker usw. werden will oder gar werden müsste, als ob er es besser machen könnte wie die Großen und Größten dieser Wissenschaften.

BEILAGE XXIX (zu § 58):
⟨Zum⟩ Intuitionismus der Phänomenologie[1]

Der notwendige Weg aller Erkenntnis, die „philosophische" oder, was für uns dasselbe ist, die im radikalsten Sinn begründete Erkenntnis werden soll, führt über die Selbsterkenntnis. Das haben die bisherigen Vorlesungen zu zeigen versucht. Das delphische Rätselwort γνῶθι σεαυτόν! hat neue Bedeutung gewonnen. Es gibt eine Erfahrungsart, die jedermann, der zum Philosophen werden will, sein absolutes, schlechthin un-

---

[1] 1922. – Anm. des Hrsg.

leugbares Ego erschließt, das *ego cogito,* das gegen Sein und Nichtsein der Welt unempfindlich ist, das aber in dieser Erfahrung nur in der Aktualität fließender Präsenz absolut adäquat gegeben ist.

Es gibt fürs zweite eine eidetische Intuition, eine „intellektuelle
5 Selbstanschauung", wie wir sagen könnten. Sie erfasst, auf das Universum egologischer und reiner Möglichkeiten bezogen, ihre Wesensgestaltungen und Wesensgesetze. Als unmittelbare Wesensanschauung erfasst sie diese Wesensgestaltungen in absoluter Originalität und ermöglicht adäquate und feste Beschreibungen.

10 Wir verstehen: D i e s e „intellektuelle Selbstanschauung" ist nichts weniger als die *intuitio intellectualis* der Mystiker, als eine visionäre Erleuchtung schwärmerischer Gemüter, nichts weniger als eine überschwängliche Erkenntnisart und auszeichnender Vorzug philosophischer Genies; und sie ist nichts weniger als der Freibrief für spekulative Meta-
15 physiken, die alle konkrete Anschauung tief unter sich lassen. Ebenso endlich ist sie nichts dergleichen wie jene neue romantische Erlebnisschwärmerei, die in unklarer Reaktion gegen eine allzu unphilosophisch und lebensfremd gewordene Wissenschaft nur die konkrete Lebenswelt sinnend beschauen und aus dem wiedergewonnenen Paradies der An-
20 schauung Kraft und Weisheit – eine unwissenschaftliche Weisheit – schöpfen will. Intuition in unserem Sinne ist demgegenüber eine ganz nüchterne und nach Sinn und Recht völlig klare Sache: vor allem durchaus und wirklich originale Anschauung, was sie schaut im wirklichsten Sinne als was es selbst ist erfassend. Andererseits ist es Wesensanschau-
25 ung, begreifendes Anschauen, anschauendes Begreifen, grundfalschen Trennungen von Begriff und Anschauung fern, im Übrigen ganz und gar auf Wissenschaft, auf strengste Wissenschaft gerichtet und eben damit auf Welt und Leben selbst, dem in den anschaulichen Gehalten sich einzig bekundenden, gerichtet.

30 Danach verstehen Sie, was für einen Intuitionismus die Phänomenologie vertritt: als Philosoph über nichts reden, was man sich nicht konkret und selbst zu Gesicht gebracht hat, keinen Begriff verwenden, den man nicht aus Gesehenem direkt geschöpft hat, keinen allgemeinen Satz aussprechen, für den man nicht den allgemeinen Sachverhalt in originaler
35 Form erschaut hat, alle Rechtfertigung auf allgemeine Prinzipien zurückführen, die in dieser Art ihre apodiktische Geltung aus adäquater Deskription schöpfen – das ist phänomenologischer Intuitionismus. Er lebt und webt im Radikalismus der Durchführung dieses Prinzips.

Freilich, das Sehen kann man niemand andemonstrieren, schon nicht
40 das sinnliche Sehen und ebenso wenig das Erschauen von Wesensallgemeinheiten. Niemanden kann man zur mühsamen methodischen Vorbe-

reitung zwingen, die hier unerlässlich ist, vor allem auch nicht zu jener absoluten Epoché, die auch alle gelernten oder selbstgebildeten Philosophien durch festeste „Einklammerung" auszuschalten fordert. Ein Ga - lieni, der nicht durch das Fernrohr sehen will, wird die Jupitermonde weiter leugnen können. Wer im Voraus überzeugt ist, dass man nur Individuelles, nicht aber Allgemeinheiten und Notwendigkeiten „sehen", das ist *originaliter* erfassen kann, der wird eben niemals die eigenen Bewusstseinstätigkeiten wirklich ins Spiel setzen, in denen er sehen müsste. Er wird dann ruhig erklären können, wie jener sehr tüchtige Psychologe auf dem letzten Göttinger Psychologenkongress:[1] Mir ist auch nicht ein einziges phänomenologisches Wesensgesetz je begegnet. Das Lesen phänomenologischer Grundschriften macht es natürlich nicht, so wenig als das Sehen durch ein Fernrohr etwas nützt, wenn man sich nicht die Mühe gegeben hat es einzustellen. Doch wieder zurück zu den Sachen.

BEILAGE XXX (zu § 59):
Anwendung der rein eidetischen Phänomenologie. Metaphysische Auswertung der natürlichen Wissenschaften. Letzte Interpretation auch der reinen Normen[2]

1. Schlichte Erfahrungssetzung der Welt und eventuelle Forschung oder auch praktische Handlung auf dem Grund dieser Erfahrungssetzung. Ebenso hinsichtlich eidetischer und sonst irrealer „Welten", die zugleich sinngemäß Wesensbeziehung haben, wie zur möglichen, so zu jeder gegebenen wirklichen Welt.

2. Ich vollziehe die Setzung des reinen Ego und *ego cogito,* und zwar nach allen auftretenden Gestaltungen dieses *cogito.* Ich nehme wahr, ich erinnere mich, ich denke, ich will etc. Ich setze nicht nur die momentan gegenwärtigen *cogito* in ihrem gegenwärtig dauernden Sein, sondern

---

[1] Der Kongress fand im April 1914 statt. Der „tüchtige Psychologe" ist wohl Heinrich Maier, der einen Vortrag mit dem Titel „Psychologie und Philosophie" hielt, an dessen Diskussion sich Husserl beteiligte. Im Schlusswort Maiers zu dieser Diskussion, das sich insbesondere an Husserl wendet, könnte der hier wiedergegebene Satz gefallen sein. Es wird jedoch im Kongressbericht nur referiert und er ist daher nicht wörtlich überliefert. Vgl. dazu *Bericht über den VI. Kongress für experimentelle Psychologie in Göttingen*, Hrsg. von F. Schumann, 2 Bde., Leipzig 1914, I. Teil, S. 93 – 99 und II. Teil, S. 144 – 146. (Husserls Beitrag zur Diskussion wurde inzwischen wiederveröffentlicht in *Husserliana* XXV, S. 266.) Der *Bericht* befindet sich in Husserls Bibliothek, und der betreffende Text ist stark annotiert. – Anm. des Hrsg.

[2] 1922. – Anm. des Hrsg.

auch die vergangenen in der gegenwärtigen Wiedererinnerung usw., also mein ganzes cogitierendes Leben, soweit ich es, sei es in der absolut evidenten Gegenwartserfahrung (evident hinsichtlich des betreffenden Daseins, aber nicht mehr absolut evident hinsichtlich des soeben verflossenen Soseins) oder in unvollkommener Evidenz der Erinnerung und anderer Akte, vorfinde oder antizipiere. 2a) Ich erfahre ebenso hinsichtlich anderer Ich und ihrer Erlebnisse, ich vollziehe die Setzungen, die mir die erweiterte phänomenologische Reduktion ermöglicht, also die der einheitlichen absoluten Monadenwelt, soweit ich das mit Grund irgend tun kann. In dieser Sphäre finde ich auch die auf transzendente reale und ideale Welten bezogenen Akte, ich nehme Dinge wahr, ich weiß von Dingen usw.

3. Ich will jetzt die Setzungen, die ich als äußerlich Wahrnehmender, als Welterkennender usw. vollziehe, nicht wie als Phänomenologe „ausschalten", ich will jetzt nicht wieder reine Phänomenologie treiben. Ich habe jetzt andere Absichten. Ich will die Phänomenologie benützen zur „Kritik" der natürlichen und insbesondere der wissenschaftlichen Erkenntnis. Auch bin ich jetzt insoweit nicht Phänomenologe, als ich nicht eidetisch phänomenologische Setzungen vollziehe, sondern die Wendung ins Transzendentale ganz individuell mache.

Als reiner Phänomenologe habe ich das mögliche Bewusstsein überhaupt eines Ich überhaupt kennen gelernt und ebenso das mögliche kommunikative Bewusstsein überhaupt einer Ichvielheit überhaupt und habe dabei zugleich die Rechtgebung der „Vernunft" studiert, sowohl als Vernunft der immanenten Sphäre und in der Konstitution des Immanenten in der Immanenz als auch als Vernunft hinsichtlich der transzendenten Erkenntnis, bezogen auf die Konstitution der transzendenten Einheiten und Welten innerhalb der Immanenz, das aber in eidetischer Allgemeinheit. Nun betrachte ich die gegebene Welt in Beziehung auf mein gegebenes „Ich bin" und die gegebene Vielheit von Subjekten, dies aber in transzendentaler Reinheit, nur individuell genommen. „Die" Welt ist mir, ist uns gegeben. Statt natürlich „naiv" über sie zu urteilen, urteile ich über die Wahrnehmungen, Urteile, Erkenntnisse über sie, über die reinen Erkenntnisse und über deren Vernünftigkeit. Von der eidetischen Phänomenologie her weiß ich schon, dass das wahre Sein der Welt und die prädikative Wahrheit der Wissenschaften über sie ihre Korrelate haben im wirklichen und möglichen reinen Bewusstsein, ihre Erkenntniskorrelate, und dass wahres Sein, das An-sich-Sein nichts vom Bewusstsein, dem intersubjektiven Bewusstsein zu Trennendes ist, sondern eine Gesetzmäßigkeit möglicher Leistung in diesem Bewusstsein ist, ein bloß ideales Korrelat, und zwar Vernunftkorrelat. Das wende ich also auf diese wirkliche Welt ⟨an⟩, und nach allen Stufen der Natur und des Geistes: Ich interpretiere ihren wahren Sinn. Ist aber nicht alles Wesentliche in der eidetischen Sphäre geleistet? Eidetisch habe ich die transzendentale Phänomenologie, die alle Möglichkeiten des reinen Bewusstseins, aller reinen Ichvielheiten, aller zu konstituierenden Welten in sich fasst, und in eins mit ihr muss ich alle Ontologien ins Werk setzen. Ist für die gegebene Welt theoretisch noch besonderes zu leisten? Nämlich über die natürlichen Wissenschaften hinaus und deren „Subsumtion" unter transzendentale Gesichtspunkte? Hier eröffnen sich die Fragen der Theorie und Praxis. Aber gehört auch ihre Normierung nicht in die Eidetik selbst, die Prinzipien der Pädagogik der Vernunft in theoretischem und welteingreifendem Handeln? Aber ⟨es bedarf der⟩ Rücksichtnahme auf den gegebenen Menschen und seine empirische Natur; und bei aller Praxis habe ich die allgemeine und momentane Faktizität. Alle Normierung steht aber unter normativen Gesetzmäßigkeiten, und alle Vernunft und Wahrheit weist auf die Philosophie zurück.

4. Das Wahrnehmungsurteil hat nur temporäre Geltung mit Beziehung auf mich als das zufällige Subjekt der Wahrnehmung, mit Beziehung auf sein Jetzt-Wahrnehmen. Die Prädikate in diesen Urteilen sind also ebenfalls temporär mit Beziehung auf irgend jemandes Jetzt-Wahrnehmen. Das Ding aber soll sein, auch wenn ich oder jemand sonst es nicht wahrnimmt. Wie kann irgendjemand wissen, wie jeder beliebige Jemand das an sich seiende Ding erfahren muss? Aber irgend⟨wie⟩ müsste er das wissen können; denn was ein Ding an sich ist, ist es doch nur als Erkenntnisding. Nur aufgrund der Erfahrung kann jeder mögliche Erkennende von ihm wissen, als Erfahrenes und nur Erfahrenes ist es ihm gegeben. Erfahrung ist der Urgrund für alles mögliche Wissen von dem Ding, alle Wesensurteile müssen aus Erfahrungsurteilen entquillen. Es können also die Wahrnehmungsurteile, es können die subjektiven Erscheinungen und die Erscheinungsprädikate nicht ohne notwendige Beziehung sein zu den wissenschaftlichen Urteilen, zu den Prädikaten der Wahrheiten an sich bzw. der Dinge an sich. Muss man nicht sagen: Wenn ein Ding an sich ist, so muss es Eigenschaften haben, vermöge deren es sich erklären lässt, wie „rechtmäßige" Wahrnehmungen, empirische Erscheinungen von ihm (eben diejenigen, die seine Annahme zu einer rechtmäßigen machen) möglich sind? Diese Wahrnehmungen, diese Erscheinungen von ihm müssen vorgezeichnet sein durch die dem Ding an sich selbst eigenen Prädikate, und sie müssen es sein mit Beziehung auf die Kenntnis des Subjekts als erfahrenden (erfahrend fungierenden) Subjekts. Weil das Subjekt gerade dieses ist, gerade diese Sinnlichkeit hat, seine Zustände gerade so unter dem Einfluss des Dinges abwandelt, nimmt es

gerade so wahr, hat es gerade diese Erscheinungen. Ein anderes Subjekt nimmt das Ding anders wahr, weil es selbst ein anderes ist, und das muss ein bestimmter und verstehbarer Zusammenhang sein.

BEILAGE XXXI (zu § 63):
Die Phänomenologie als Erste Philosophie [1]

⟨Ist⟩ Phänomenologie Totalität der absoluten rationalen Wissenschaft, Metaphysik, Philosophie, dann ist unter Phänomenologie die allgemeine Wissenschaft von der transzendentalen Subjektivität, von einer möglichen reinen Subjektivität überhaupt mit Ich überhaupt (Einzel-Ich und mehrheitlichen Ich), Bewusstsein überhaupt und Gegenständlichkeit überhaupt verstanden (Erste Phänomenologie).

Die „allgemeine" Wissenschaft ⟨ist⟩ die Wissenschaft, welche die allgemeinen Fragen dieser Korrelation behandelt und die grundlegenden allgemeinen Erkenntnisse bereitstellt, welchen nun folgen können als auf diese Grundlagen aufzubauende die besonderen Disziplinen, welche sich auf physische Natur und Naturwissenschaft, auf lebendige Natur und Biologie, auf das im spezifischen Sinne somatologische Sein animalischer Wesen, auf ihre psychophysischen Eigenheiten, auf ihr Seelenleben in dessen innerer Eigenheit, auf die soziale Geistigkeit und die sozialen Gemeinschaftsleistungen, die wir Kultur nennen, beziehen und dementsprechend auf Wissenschaften wie Somatologie, Psychologie (und Psychophysik), auf die allgemeinen und besonderen Wissenschaften von der sozialen Geistigkeit und ihrer objektiv geistigen Gebilde, die wir Kulturgebilde nennen (Zweite Phänomenologie).

Auch die Historie, die sich durchaus mit der kommunikativ verbundenen (im weitesten Sinne sozialen) Menschlichkeit und ihren individuellen Kulturleistungen beschäftigt, gehört hierher. Alle diese Gebiete und Wissenschaften sind Bereiche für besondere phänomenologische Disziplinen, Disziplinen, die sich nicht nach zufälligen, sondern nach notwendigen und allgemeinen Gebietssonderungen und Wissenschaftstypen voneinander scheiden. Es gibt keine besondere phänomenologische Disziplin für eine Naturgeschichte der Affen oder Ameisen.

Einen (bewusst unvollständigen und nur systematische Zusammenhänge nächstzugänglicher Probleme herausgreifenden) Entwurf zu einer allgemeinen Phänomenologie bieten meine *Ideen*. Der Schluss deutet den Übergang in die besonderen konstitutiven Phänomenologien und korre-

---
[1] Wohl 1923. – Anm. des Hrsg.

lativ in die besonderen, auf das Absolute reduzierten und somit absolut begründeten Ontologien ⟨an⟩. Das wären die der Ersten Phänomenologie entsprechenden Zweiten Phänomenologien. Beide in eins machen aber die volle reine rationale Phänomenologie aus, die zugleich das Universum[1] rein rationaler Wissenschaft oder das Universum der Prinzipien für alle Wissenschaften vom Irrationalen, d. i. von dem Kontingenten ausmachen. Im Wesen dieser rationalen Phänomenologie, die besser vielleicht rationale Philosophie heißen könnte, liegt es, dass sie die rationale Form jeder möglichen „Metaphysik" als voll entwickelte „formale Metaphysik" in sich schließt. So wenn wir unter Metaphysik die Wissenschaft verstehen, welche das kontingente Universum, d. i. das Universum in seiner vollen Faktizität und Konkretion, in seinem absoluten Wesen wissenschaftlich erforscht. Metaphysik hätte dann freilich einen umgekehrten Sinn wie bei Kant, für den Metaphysik ein Titel für die apriorischen Wissenschaften vom Realen war. Nennt man Philosophie selbst die Wissenschaft von dem absoluten Wesen des realen Weltalls, so ist das, was wir rationale Philosophie genannt haben, nichts anderes als die rationale Wissenschaft von einem möglichen (ideal oder *a priori* möglichen) realen Weltall überhaupt, und zwar hinsichtlich seines absoluten Wesens oder aller absoluten Wesensmöglichkeiten. Darin liegt aber, dass es eine Wissenschaft ist, die als Wissenschaft von jedem möglichen absoluten Sein die rationale Form jeder Wissenschaft darstellt, die für jede einzelne solche Möglichkeit, die als Wirklichkeit vorausgesetzt und gegeben wäre, als deren Philosophie auszubilden wäre.[2] Der Philosophie der gegebenen Wirklichkeit entspricht die Wissenschaft von jeder möglichen Philosophie, ähnlich wie die Mannigfaltigkeitslehre eine eigene rationale Disziplin ⟨ist⟩ und zugleich der Form nach jede mögliche Geometrie in sich schließt, wobei jede wirkliche Geometrie Wissenschaft vom wirklichen Raum ist.

Nennen wir aber Philosophie die Wissenschaft von der absoluten Weltwirklichkeit in eins mit allen wissenschaftlichen Disziplinen, die sie voraussetzt, so schließt sie neben der Metaphysik der Wirklichkeit noch alle rationalen absoluten Disziplinen in sich; denn absolute Wissenschaft ist nur möglich auf dem Fundament rationaler Wissenschaft. Es besteht also einseitige Ablösbarkeit: Rein rationale Wissenschaft ist independent von der faktischen Welt und ihrer Wissenschaft; diese Wissenschaft aber ist als absolute Wissenschaft nur möglich auf dem rationalen Grund jener Wissenschaften. Nennen wir jede auf dem rationalen Grund der allge-

---

[1] Statt Universum vielleicht noch ausdrucksvoller Totalität.
[2] „Rationale Form" ist aber vollentwickelte Normalidee *in forma*.

meinen Phänomenologie zu absoluter Rationalität gebrachte Wissenschaft, phänomenologisch ausgewertet, selbst eine besondere Phänomenologie, so deckt sich universalste rationale und empirische Phänomenologie mit Philosophie.

TEXTKRITISCHER ANHANG

ZUR TEXTGESTALTUNG

Wie in den Husserliana*-Bänden von Husserls gesammelten Werken üblich, gliedert sich der vorliegende Band in* Haupttext *und* Ergänzende Texte. *Alle diese Texte entstammen dem Nachlass Edmund Husserls, der im Husserl-Archiv zu Leuven aufbewahrt wird.*

Der Haupttext *beruht auf dem Manuskript der Vorlesung* Einleitung in die Philosophie, *die Husserl im Wintersemester 1922/23 an der Universität Freiburg gehalten hat. Dieses stenographische Manuskript liegt verteilt in den Konvoluten B I 37, F I 29, M II 3b, F II 3 und B IV 2.*

Große Partien des Textes dieser Vorlesung wurden während des laufenden Semesters verfasst; jedoch geht seine Grundanlage auf die vier Vorträge zurück, die Husserl zu Pfingsten 1922 an der Universität London gehalten hat.[1] *Da Husserl einzelne Blätter aus dem Vortragsmanuskript (F II 3) in die Vorlesung eingestreut hat, ist etwa 60 % des Textes der Vorträge in dieser erneut vorgetragen worden. Die Blätter wurden allerdings später in ihren ursprünglichen Kontext zurückgelegt. Es ergeben sich damit leicht unterschiedliche Entstehungszeiten der einzelnen Teile des Gesamtmanuskripts. Früh sind die Blätter in den Konvoluten F II 3, dem später restituierten Manuskript der Londoner Vorträge, und M II 3b, das einzelne Blätter wohl aus den Vorarbeiten an diesen Vorträgen enthält, die später in Kürzungsabsicht durch andere ersetzt wurden, die Husserl aber im Zusammenhang der Vorlesung diesen Kurzfassungen vorgezogen hat. Diese Vorlesungsteile sind im Frühjahr 1922 entstanden; die Vormeditationen von B I 37 im Herbst, der Text des Hauptkonvoluts F I 29 im Winter 1922/23 und die Blätter aus B IV 2, die inhaltlich einige Blätter der Londoner Vorträge ersetzen sollen, wohl im Januar/Februar 1923. Der gesamte Vorlesungstext ist aber von Husserl auch später noch mehrfach durchgegangen und bearbeitet worden.*[2]

Die einheitliche Rekonstruktion des in seinen Einzelteilen verstreut liegenden Gesamtmanuskripts, auf dem die vorliegende Edition beruht, kann sich zu einem großen Teil auf einschlägige Ergebnisse voneinander

---

[1] *Vgl. dazu die Einleitung des Hrsg., S. XXI ff.*
[2] *Vgl. dazu die Einleitung des Hrsg., S. XLVIII ff.*

unabhängiger Untersuchungen W. Biemels und R. Boehms stützen. Die diesbezüglichen Forschungsberichte vom 30.8.1946 (Biemel) und 21.6. sowie 28.11.1952 (Boehm) sind unveröffentlicht und werden im Husserl-Archiv zu Leuven aufbewahrt. Eine Rekonstruktion des Textes hat sich im Wesentlichen an den durch das ganze Manuskript laufenden Originalpaginierungen und den Angaben in der hier als Beilage I wiedergegebenen Inhaltsübersicht Landgrebes zu orientieren. Besonders mit Hilfe dieser Übersicht sind nahezu alle durch Husserl von 1 bis 185 durchpaginierten Blätter zurückzufinden und eindeutig zu identifizieren. Lediglich Blätter mit den Paginierungen 25, 150 – 159 und 177 waren bislang nicht aufzufinden. Indessen besteht der begründete Verdacht, dass zumindest durch die Ziffern 150 – 159 kein fehlender Text bezeichnet ist. Schon Biemel und Boehm war aufgefallen, dass zwischen den Paginae 149 und 160 sachlich keine Lücke klafft, sondern vielmehr 160 unmittelbar an 149 anschließt, so dass wohl von einer versehentlichen Auslassung der Paginae 150 – 159 durch Husserl auszugehen ist. Diese Auffassung wird dadurch gestützt, dass der Vermerk Landgrebes in der Inhaltsübersicht in M I 2 II (vgl. die textkritische Anmerkung zu Beilage I, S. 359,5) 150 – 159 fehlen später, wohl von Husserl, gestrichen wurde, und zwar kaum, weil sie inzwischen aufgetaucht wären, sondern weil sie eben nicht „fehlen", da sie nie existiert haben. Auch beim Fehlen der Paginae 25 und 177 ist ein Überspringen in der Paginierung durch Husserl denkbar, legt sich aber nicht vergleichbar zwingend nahe. Möglicherweise sind die betreffenden Blätter auch verlorengegangen oder absichtlich von Husserl eliminiert worden. Beide Paginae fehlen bezeichnenderweise auch in Landgrebes Inhaltsübersicht, freilich ohne dass eigens darauf hingewiesen wird. Angemerkt sei hier, dass diese Übersicht statt dessen zwischen den Paginae 176 und 178 die Blätter M_1 und M_2 einschiebt, deren Text in der vorliegenden Ausgabe als Beilage XXX wiedergegeben wird (vgl. die allgemeinen textkritischen Anmerkungen zu dieser Beilage, S. 744 f.). Vielleicht sollte durch sie der ursprüngliche Text eines 177 paginierten Blattes ersetzt werden. Jedoch ist dies nicht sehr wahrscheinlich. Auf die erwähnten Sprünge in der Originalpaginierung wird in der vorliegenden Edition im textkritischen Anhang aufmerksam gemacht (vgl. unten die textkritischen Anmerkungen zu S. 43,13-14, 266,32 und 292,23).

Ein vom Gesamtmanuskript unabhängiges Bearbeitungsstadium von Teilen des Vorlesungstextes liegt mit den von Landgrebe erstellten Typoskripten in den Konvoluten M I 2 I und M II 3a/b vor. Bei dem ersten handelt es sich um den Text des Herzstücks der Vorlesung, das in der vorliegenden Ausgabe als Abschnitt III (ab § 19), Abschnitt IV und Ab-

schnitt V, erstes Kapitel zum Abdruck kommt, beim zweiten um den Text der Londoner Vorträge. Beide Typoskripte weisen zusätzliche Bearbeitungsspuren durch Husserl auf (s. u.).

Für die vorliegende Edition wurde die Entscheidung getroffen, den Text der von Husserl gehaltenen Vorlesung, und d. h. die Version, die das handgeschriebene Manuskript bietet, zugrunde zu legen. Die Typoskripterstellung durch Landgrebe diente schließlich nicht dazu, die gesamte Vorlesung verfügbar zu machen, sondern wohl der Veröffentlichung nur ihres zentralen Teils.[1] Dieses Publikationsprojekt wurde indes nie abgeschlossen, und so bleibt auf sich beruhen, wie weit das Typoskript dazu in Husserls Augen schon ausgereift war. Ein Typoskript der gesamten Vorlesung liegt dagegen nicht vor und ist auch nie erstellt worden. Damit blieben aber entwicklungsgeschichtlich bedeutsame Teile der gesamten Vorlesung außen vor, falls das begonnene Buchprojekt Husserls und Landgrebes zur Grundlage der Edition gemacht würde. Nicht unerheblich ist auch, dass Landgrebe im Typoskript einige Umstellungen vorgenommen hat, die sich nicht auf Wünsche Husserls zurückführen lassen, dass er demgegenüber aber dokumentierte Umstellungswünsche desselben unberücksichtigt ließ. Zudem war der Text des Manuskripts durch Landgrebes Typoskript für Husserl keineswegs obsolet geworden. Zeigt es doch gelegentlich Korrekturen und Veränderungen Husserls, die nicht in das Typoskript gelangt und die also erst später, bei erneutem Durchlesen des handschriftlichen Textes entstanden sind; möglicherweise erst, als eine Veröffentlichung des Textes schon nicht mehr in Betracht kam. Auch finden sich im Manuskript einige wenige Verweise Husserls auf das schon fertige Typoskript, die den späteren Gebrauch der handschriftlichen Fassung zusätzlich belegen (vgl. dazu etwa die textkritische Anmerkung zu S. 224,3 et passim).

Obwohl also nun der vorliegenden Edition das stenographische Manuskript und damit die Vorlesungsversion des Textes zugrunde liegt, war jedoch das in weiten Teilen textlich parallele Typoskript Landgrebes, das wohl 1924 entstand, editorisch in angemessener Form zu berücksichtigen. Dies gilt besonders für handschriftlich angebrachte Korrekturen, Ergänzungen etc. durch Husserl, die nicht undokumentiert bleiben durften, obwohl nicht eindeutig ermittelt werden kann, wann diese Bearbeitung stattgefunden hat und ob sie möglicherweise erst im Zusammenhang mit den Vorarbeiten zu Erfahrung und Urteil *erfolgte.[2] In gleicher Weise musste auch das Typoskript der Londoner Vorträge, das von Husserl in*

---

[1] Vgl. dazu die Einleitung des Hrsg., S. LI.
[2] Vgl. die Ausführungen in der Einleitung des Hrsg., S. LVIII.

mindestens zwei Arbeitsgängen annotiert und korrigiert worden ist,[1] berücksichtigt werden.

Alle Besonderheiten der Textüberlieferung in Rechnung stellend, hat der Herausgeber geglaubt wie folgt verfahren zu sollen: Ediert wird das gesamte Vorlesungsmanuskript in Letztfassung, d. h. unter Berücksichtigung aller späteren Bearbeitungen durch Husserl, von denen naturgemäß selten genau angegeben werden kann, wann sie erfolgten. Solche Husserl'schen Eingriffe in den handschriftlichen Text werden im textkritischen Apparat in der für die Husserliana üblichen Verfahrensweise dokumentiert (s. auch unten). Texteingriffe durch Husserl, die an den Typoskripten durchgeführt wurden, werden ebenfalls lückenlos dokumentiert, jedoch nicht direkt in den Haupttext einbezogen. Konkret bedeutet das: Solche Eingriffe werden in sachlich bedeutenderen Fällen und bei Textzusätzen und Ergänzungen, vor allem erläuternder und kommentierender Art, als „spätere Hinzufügungen, Anmerkungen, Einfügungen Husserls" in Fußnoten zum Haupttext verzeichnet. In weniger bedeutenden Fällen, etwa bloße grammatische, stilistische oder sachlich unerhebliche Veränderungen, werden diese im textkritischen Anhang unter Voranstellung eines Sigels (A, B etc.) nachgewiesen, das den jeweiligen „Textzustand" bezeichnet, dem der Eingriff zuzuordnen ist. Die Unterscheidung der textkritischen Anmerkungen nach „Textzuständen" unter Zuhilfenahme von Sigeln orientiert sich an der editorischen Verfahrensweise in den Husserliana-Bänden VII und VIII durch Rudolf Boehm, der vor vergleichbaren Schwierigkeiten stand.[2] Dokumentiert werden grundsätzlich nur Eingriffe Husserls. Abweichungen des Typoskriptwortlauts, welche auf Landgrebe zurückzuführen sind, werden nur dann angegeben, wenn ein Eingriff Husserls ohne diese Angabe nicht verständlich ist. Nicht verzeichnet werden jedoch Husserls Korrekturen Landgrebe'scher Transkriptionsfehler. Es werden die folgenden Sigel verwendet:

A = Manuskript
B = Typoskript M II 3a
C = überwiegend Kurrentschriftliche Eingriffe mit Tinte in M II 3a
D = stenographische Eingriffe mit Bleistift in M II 3a
E = Typoskript M I 2 I
F = Eingriffe in M I 2 I.

Das Sigel A zur Kennzeichnung der Manuskriptversion wird nur dann eigens angeführt, wenn sich sonst Missverständnisse ergäben; im allgemeinen bezieht sich jede Angabe ohne Sigel immer auf das jeweilige Ma-

---

[1] Vgl. die allgemeinen textkritischen Anm., S. 501 f.
[2] Vgl. Husserliana VII, S. 418 f.

nuskript. Die Unterscheidung zwischen C und D ist deswegen zweckmäßig, weil hier unterschiedliche Bearbeitungsstadien anzunehmen sind, denen auch verschiedene Absichten zugrunde liegen dürften. So werden die kurrentschriftlichen Bemerkungen, die zuerst entstanden, für mögliche fremde Leser des Manuskripts gedacht sein,[1] während die späteren stenographischen Anmerkungen Husserl zu privaten Zwecken dienten. Die Orientierung der vorliegenden Edition am Originalmanuskript hat auch zur Folge, dass späteren anderenorts mitgeteilten Umstellungswünschen Husserls nicht entsprochen ist. Solche geringfügigen Umstellungen schlug Husserl vornehmlich am Rand der durch Landgrebe erstellten Inhaltsübersicht zur Vorlesung vor, die unter der Signatur M I 2 II verwahrt wird. Durch die Edition dieser Übersicht als Beilage I des vorliegenden Bandes, sind Husserls Umstellungsvorschläge, die nur wenige Stellen betreffen, für den Leser jedoch bequem nachzuvollziehen. Umstellungen, die Landgrebe im Typoskript unabhängig von diesen Wünschen Husserls durchgeführt hat, werden konsequenterweise ebenfalls nicht mitvollzogen. Da sie aber zu Anmerkungen und handschriftlichen Zusätzen von Seiten Landgrebes auch im Manuskript geführt haben, die im textkritischen Apparat zu erwähnen sind, werden sie in der Tabelle S. 507 angegeben.

Im Husserl-Archiv finden sich keine Nachschriften der gesamten Vorlesung im eigentlichen Sinne. Unter der Signatur Y 10 wird lediglich eine Abschrift des Inhaltsverzeichnisses, das Landgrebe seinem Typoskript vorangestellt hat, aufbewahrt, welche von D. Cairns stammt und die hier nicht zu berücksichtigen war. Zu erwähnen ist außerdem die unter der Signatur N I 66 aufbewahrte Kopie der Nachschrift von Husserls parallel zur Einleitungsvorlesung 1922/23 durchgeführten Seminar Phänomenologische Übungen für Fortgeschrittene *über P. Natorps* Allgemeine Psychologie nach kritischer Methode *(Tübingen 1912) durch H. Pos. In diesem Konvolut befindet sich auch die Mitschrift einer einzelnen Vorlesungsstunde der Vorlesung* Einleitung in die Philosophie *vom 16.11.1922, der im vorliegenden Drucktext in etwa die Passage von S. 63,20 bis S. 69,16 entspricht.*

Bei der Gliederung des vorliegenden Vorlesungstextes, die im Ganzen gesehen vom Herausgeber stammt, war der folgende Gesichtspunkt leitend. Nach Husserls eigenem Bekunden ist die Vorlesung von 1922/23 aus den Londoner Vorträgen hervorgegangen. Demgemäß sollte die Struktur dieser Vorträge in der Gliederung des Haupttextes sichtbar bleiben. Die vier in London gehaltenen Vorträge haben deshalb ihre

---

[1] *Vgl. dazu die Einleitung des Herausgebers, oben S. LIII, Anm. 2.*

mehr oder weniger abgewandelten inhaltlichen Entsprechungen in den Abschnitten II, III, V und VI der vorliegenden Edition. Soweit dies sachlich gerechtfertigt ist, tragen sie mit eventuellen Kürzungen und Erweiterungen die gleichen Titel, die Husserl den einzelnen Vorträgen gegeben hatte.[1] *Sichtbar werden auf diese Weise auch die Haupterweiterungen, die Husserl dem Gesamtkonzept hat angedeihen lassen. Sie bestehen in der Hinzufügung der Vormeditationen (Abschnitt I), der Durchführung der apodiktischen Kritik (Abschnitt IV) sowie freilich auch der Ausführungen zur Egologie (10. Kapitel in Abschnitt V). Die beiden zuletzt genannten größeren Hinzufügungen, die den Hauptteil der Vorlesung und zudem den alleinigen Bestand des Landgrebe'schen Typoskripts ausmachen, sind letztlich als extreme Erweiterung des II. Londoner Vortrags aufzufassen.*[2] *Da die apodiktische Kritik, die in London nur angedeutet wurde, hier einen eigenen Abschnitt einnehmen muss, waren Husserls daran anschließenden Ausführungen über die egologische Wesenslehre dem folgenden Abschnitt zuzuschlagen, also mit dem Inhalt des III. Londoner Vortrags zu verbinden.*

Neben dieser Grundorientierung der Gliederung nach Husserl'schen Vorgaben, sind auch sonst wenn möglich Titel und Einteilungshinweise Husserls verwendet worden, die entweder am Rand des jeweiligen Manuskriptes oder in der Inhaltsübersicht Landgrebes notiert sind. Das Manuskript selbst ist jedoch kaum unterteilt, und es findet sich auch keine Gliederung in einzelne Vorlesungen, wie dies etwa das Typoskript der Vorlesung Erste Philosophie *bietet. Nur gelegentlich wird an Wendungen Husserls deutlich, dass eine neue Vorlesungsstunde beginnt. Solche Hinweise sind aber nicht regelmäßig in den Text eingestreut und stehen zudem gelegentlich quer zur inhaltlichen Gliederung des Textes. Doch war der Herausgeber bemüht, sie in seiner Einteilung durch Beginnen eines neuen Kapitels, Paragraphen oder Unterabschnitts zu berücksichtigen. Die am Drucktext vorgenommene Feingliederung in Kapitel und Paragraphen etc. stammt, unter Orientierung an eventuellen Randtiteln Husserls, an seinen Bearbeitungen der Landgrebe'schen Inhaltsübersicht (Beilage I) sowie an dessen Inhaltsverzeichnis zu M I 2 I, vom Herausgeber und verantwortet dieser allein. Der Wortlaut des Textes ist allerdings nie angetastet worden, auch da nicht, wo die Eigentümlichkeiten des Vortrags einer Vorlesung dies stilistisch erfordert hätten. So kommt es etwa gelegentlich zu unschönen Wiederholungen, weil etwa*

---

[1] *Vgl. die Edition der Londoner Vorträge unter den Ergänzenden Texten oben, S. 311 ff. und die textkritischen Anmerkungen dazu.*

[2] *Vgl. dazu die Einleitung des Herausgebers, S. XXVI.*

die Zusammenfassung am Ende einer Stunde mit der Rekapitulation zu Beginn der nächsten zusammenstößt. Solche Misslichkeiten mussten für eine Edition in Kauf genommen werden, die einerseits eine kritische sein will, die es sich aber zum anderen zur Aufgabe macht, den gebotenen Text systematisch zu gliedern, wie dies in den Husserliana üblich ist.

Die Ergänzenden Texte dieses Bandes sind wie folgt zu unterscheiden:

A. Abhandlung:

Anders als in früheren Bänden erscheinen hier keine Texte „mit Abhandlungscharakter", sondern lediglich der auch als Abhandlung oder genauer als Vortragsreihe konzipierte Text Phänomenologische Methode und phänomenologische Philosophie, *den Husserl 1922 in London vortrug.*[1] *Große Stücke dieses Vortragstextes hat Husserl, wie gesagt, in den Text der Vorlesung* Einleitung in die Philosophie *übernommen. Als ergänzender Text werden daher hier nur die dort nicht wiederaufgenommenen Teile der Vorträge abgedruckt. Die Auslassungszeichen* ⟨...⟩ *markieren dabei die Stellen an denen Bl. dem Manuskript der Vorträge entnommen wurden, um sie in der Vorlesung vorzutragen. In den Anmerkungen des Herausgebers zu diesen Auslassungen sind die jeweiligen Stellen der Vorlesung, an die der ursprüngliche Text der Vorträge gelangt ist, genau bezeichnet, so dass sie bequem vom Leser zurückgefunden werden können. Diese Weise der Textdarbietung orientiert sich an der Edition von Husserls Aufsatz* Die Idee einer philosophischen Kultur *in Husserliana VII, S. 203 ff. durch R. Boehm. Die Editionsprinzipien des Textes, der wie der Haupttext auch als von Husserl annotiertes und mit Korrekturen versehenes Typoskript vorliegt, entsprechen denjenigen, die oben für den Haupttext dargelegt wurden. Eine Edition des fortlaufenden Textes der Londoner Vorträge, allerdings ohne textkritischen Apparat, findet der Leser in den Husserl Studies 16 (1999), S. 200 ff.*[2]

B. Beilagen:

Als Beilagen gelten alle anderen Texte. Sie lassen sich in verschiedene Gruppen unterteilen, die dem Vorlesungstext entstehungs- und entwicklungsgeschichtlich oder inhaltlich mehr oder weniger nahe stehen. Nur ein äußerst geringer Teil dieser Texte liegt jedoch in einem der Vorlesungskonvolute, so dass daraus kein Unterscheidungskriterium gewonnen werden kann. Grob lassen sich drei Klassen von Beilagentexten unterscheiden:

---

[1] *Vgl. dazu die Einleitung des Herausgebers, S. XXI ff.*

[2] *Vgl. dazu die Einleitung des Herausgebers, S. XXI, Anm. 4.*

1. Die als Beilagen V, VII, VIII, X, XIV, XIX, XX, XXI, XXII, XXIII, XXV, XXVI, XXVIII und XXX wiedergegebenen Texte wurden von Husserl selbst bestimmten Abschnitten der Vorlesung als Ergänzungen zugeordnet, der Text der Beilage XI dagegen von Landgrebe. Eine solche Zuordnung kann durch einen entsprechenden Hinweis am Rand des Vorlesungsmanuskripts, auf einem der Blätter der Beilage oder auch in der Inhaltsübersicht, die in der vorliegenden Ausgabe als Beilage I abgedruckt ist, erfolgt sein.

2. Die Texte, die den Beilagen III, IV, VI, IX, XVI, XVII, XVIII, XXVII, XXIX und XXXI zugrunde liegen, sind von Husserl der Vorlesung nur allgemein und keiner bestimmten Stelle zugeordnet worden, und zwar entweder auf einem Blatt des Textes oder auf dem Konvolutumschlag, in dem er aufbewahrt wird. Sie wurden nach Einsicht des Herausgebers bestimmten Stellen des Haupttextes ergänzend zugeordnet.

3. Bei den Beilagen XII, XIII, XV und XXIV handelt es sich um Texte, die vom Herausgeber nach sachlichen und historischen Kriterien ausgewählt und dem Vorlesungstext zugeordnet wurden. Die enge Zugehörigkeit der Beilage XXIV zum Text der Vorlesung hat zudem Husserl selbst in einem Brief an Kaufmann nahe gelegt.[1]

Unberücksichtigt in dieser Dreiteilung sind naturgemäß die zur gesamten Vorlesung gehörigen Beilagen I und II.

Alle hier als Beilagen veröffentlichten Texte Husserls werden im laufenden Drucktext in der von Husserl hergestellten letzten Fassung *wiedergegeben. Dies gilt insbesondere für die Beilagen XX und XXI, die in einer Manuskript- und einer später durch Landgrebe hergestellten Typoskriptversion vorliegen. Die textkritische Verfahrensweise ist hier also eine andere als bei der Edition des Haupttextes, der allerdings auch nur teilweise typographisch vorliegt (s. o.). Da sie nicht in den fortlaufenden Text, der den Wortlaut der Vorlesung gibt, gehören, kann hier die später von Husserl überarbeitete und mannigfach ergänzte Fassung der Typoskripte genommen werden, die ohne diese Bearbeitungen reine Transkriptionen sind. Von Husserl handgeschriebene längere Zusätze zu diesen Texten werden durch kleineren Druck kenntlich gemacht. Die Typoskripte sind zudem sowohl auf dem sie umfassenden Umschlag als auch in der Inhaltsübersicht (Beilage I) dem Manuskript der Vorlesung zugeordnet. Natürlich werden alle Änderungen am Wortlaut der Typoskripte wie auch an dem der ihnen zugrunde liegenden Manuskripte im textkritischen Anhang verzeichnet. Dabei werden wieder Sigel verwendet:*

---

[1] *Vgl. zu den Kriterien der Auswahl dieser Texte die Einleitung des Hrsg., S. LXI ff.*

*G = Textzustand des bearbeiteten Typoskripts
H = jeweils zugrunde liegendes Manuskript.*

Die Anordnung der Originalblätter im vorliegenden Band wird in den allgemeinen Textbeschreibungen ausführlich dargelegt. Wurden detaillierte Angaben in den textkritischen Einzelanmerkungen für nützlich gehalten, so wird in den allgemeinen Textbeschreibungen auf sie verwiesen; auf diesem Wege erhält der Leser sowohl im Ausgang von den allgemeinen Textbeschreibungen als auch im Ausgang von den Textvarianten die notwendigen Informationen.

Das Grundschreibmittel in den abgedruckten Manuskripten ist beinah ausnahmslos Tinte; Abweichungen werden an den entsprechenden Stellen in den textkritischen Anmerkungen angegeben. Rein äußerlich weist bereits der Gebrauch eines Schreibmittels, das von dem bei der Niederschrift des ursprünglichen Textes benutzten unterschieden ist, auf eine spätere Entstehungszeit der jeweiligen Veränderung, Einfügung oder Randbemerkung hin. Entsprechend dient in den folgenden textkritischen Anmerkungen die Angabe des Schreibmittels (mit Bleist., mit Blaust., mit Rotst. usw.) als Hinweis auf eine gegenüber dem ursprünglichen Text möglicherweise spätere Entstehungszeit des jeweiligen Texteingriffs Husserls. Wird kein Schreibmittel angegeben, so ist der betreffende Texteingriff mit dem auch bei der ursprünglichen Niederschrift des Textes benutzten Schreibmittel vorgenommen worden. Dies sagt freilich keineswegs, dass diese Veränderung, Einfügung oder Randbemerkung gleichzeitig mit der Niederschrift entstanden sein muss, jedoch dürfte dies in vielen Fällen durchaus der Fall sein.

Veränderungen, die Husserl eindeutig während der ursprünglichen Niederschrift vorgenommen hat, sind in den textkritischen Anmerkungen nicht dokumentiert, wenn es sich um bloß grammatische oder stilistische Veränderungen handelt. Einfügungen, die während der ursprünglichen Niederschrift verfasst wurden, sind in den textkritischen Anmerkungen nur erwähnt, wenn sie im Manuskript deutlich als solche gekennzeichnet sind, d. h. im Allgemeinen vom durchlaufenden Text abgesetzt auf dem Rand stehen oder von Husserl mit Einfügungszeichen versehen sind. Vermerkt sind in den textkritischen Anmerkungen jedoch ausnahmslos alle Veränderungen, Einfügungen oder Randbemerkungen, die nicht im Zusammenhang mit der ersten Niederschrift des Textes entstanden sind oder solche, bei denen dies nicht mit Sicherheit festgestellt werden kann.

Die Gliederung des nachfolgenden textkritischen Anhangs entspricht derjenigen des Textes in Haupttext und Ergänzende Texte. Die Einzelanmerkungen zu den aus unterschiedlichen Konvoluten stammenden Teilen des Haupttextes, zur Abhandlung und zu den Beilagen sind *jeweils eingeleitet durch eine allgemeine Beschreibung des dem betreffenden Text zugrunde liegenden Manuskriptes und der Konvolute, in denen dieses im Nachlass aufbewahrt wird. Bei der Angabe von Korrekturen oder anderen Eingriffen in den Text wird unterschieden zwischen V e r ä n d e r u n g e n, E i n f ü g u n g e n, E r g ä n z u n g e n, N o t i z e n, R a n d b e m e r k u n g e n und T i t e l bzw. R a n d t i t e l. V e r ä n d e r u n g e n sind jene Textbearbeitungen, die zur Ersetzung eines vorherigen Textes bestimmt sind. E i n f ü g u n g e n sind Zusätze, für die Husserl die Stellen angegeben hat, an denen sie in den Text einzurücken sind. E r g ä n z u n g e n sind Zusätze, für die eine solche Angabe von Husserl fehlt und die daher nach Einsicht des Herausgebers in den Text eingerückt wurden. N o t i z e n sind Zusätze mit Verweischarakter oder andere äußerliche Angaben, die sich nicht in den fortlaufenden Text eingliedern lassen. R a n d b e m e r k u n g e n sind inhaltliche Zusätze, die sich ebenfalls nicht zwanglos in den fortlaufenden Text eingliedern lassen. Sofern es sich um selbstkritische Bemerkungen zu bestimmten Textstellen bzw. um Kommentierungen des Textes handelt oder diese Zusätze sonst wie eindeutig Anmerkungscharakter haben, werden sie als Fußnoten wiedergegeben. T i t e l sind oft stichwortartige Zusätze, meist am Rand (Randtitel), die kurze oder längere Textstücke zusammenfassen und Husserl zur Orientierung über den Inhalt eines Manuskripts dienten. Sie finden gelegentlich als Zwischentitel oder Teil von Zwischentiteln Verwendung und sind sonst im textkritischen Anhang dokumentiert.*

Nur in wenigen Fällen mussten im Text Verschreibungen Husserls korrigiert oder fehlende Wörter eingefügt werden. Diese Konjekturen des Herausgebers sind an entsprechender Stelle im textkritischen Apparat verzeichnet. Vom Herausgeber eingefügte Wörter sind im Text in spitze Klammern ⟨...⟩ gesetzt. In solchen Klammern sind auch alle vom Herausgeber formulierten und eingefügten Titel bzw. Teiltitel gesetzt. Von Husserl selbst gegebene Titel wurden möglichst berücksichtigt, ganz gleich ob sich diese am oder über dem Text des Manuskripts, gegebenenfalls auch des von diesem erstellten Typoskripts, befinden oder in separaten Inhaltsübersichten und -verzeichnissen. Anmerkungen des Herausgebers sind im Text selbst durch den Zusatz „Anm. des Hrsg." als solche kenntlich gemacht. Zeichensetzung und Rechtschreibung wurden in der Regel stillschweigend der gegenwärtigen, am 1.8.1998 eingeführten, „amtlichen Regelung der deutschen Rechtschreibung" angepasst, jedoch nicht ohne bei einzelnen Schreibweisen, die vom Herausgeber nicht anders vertreten werden konnten, auch davon abzuweichen. Auf die Wiedergabe der in Husserls Manuskripten sehr zahlreichen Unterstreichungen, die meist als Lesehilfen dienen, wurde im Großen und Ganzen verzichtet. In den Fällen, wo Unterstreichungen eindeutig der Hervorhebung bestimmter Termini oder auch Satzteile dienen, wurden die entsprechenden Stellen durch Sperrdruck gekennzeichnet? Die im fortlaufenden Text in großer Zahl auftretenden senkrechten Striche, die wohl ebenfalls als Lesehilfe oder eventuell auch als Gedächtnisstütze bei Unterbrechungen des mündlichen Vortrags gedient haben mögen, werden nicht eigens vermerkt, sofern sie mit dem ursprünglichen Schreibmittel durchgeführt wurden. Wurden sie jedoch mit einem anderen Schreibmittel vorgenommen, so trennen sie meist Sinneinheiten oder heben – oft als Anstreichungen am Rand – einzelne Textstellen hervor. In solchen Fällen werden sie im textkritischen Apparat erwähnt. In eckigen Klammern stehende Passagen blieben zwar meist dem Text zugehörig, konnten jedoch beim Vortrag, etwa aus Zeitgründen, weggelassen werden; dies gilt wohl auch für „genullte" Stellen. Solche Textteile wurden hier durchweg aufgenommen, insofern sie eben nicht gestrichen sind. Dabei werden ihre besonderen Kennzeichnungen durch Husserl im textkritischen Anhang allerdings ausnahmslos vermerkt.

Enthalten die folgenden Beschreibungen der Manuskripte keine anderweitigen Angaben, so handelt es sich stets um mit schwarzer Tinte geschriebene Stenogramme (Gabelsberger'sches System) auf Blättern vom „üblichen Format" 21,5 × 17 cm.

Im textkritischen Apparat werden, neben den oben angeführten Sigeln, folgende Abkürzungen verwendet:
Anm. = Anmerkung
Bl. = Blatt oder Blätter (nach der Archivpaginierung)
Bleist., Blaust. etc. = Bleistift, Blaustift etc.
Einf. = Einfügung
Erg. = Ergänzung
gestr. = gestrichen
Kl. = Klammer oder Klammern
Ms(s). = Manuskript(e).
p. = Pagina(e) (nach Husserls Paginierung)
Rb. = Randbemerkung
Ts(s). = Typoskript(e)
V = Veränderung.

TEXTKRITISCHE ANMERKUNGEN ZUM HAUPTTEXT

(S. 3 – 307)

Das der Vorlesung zugrunde liegende stenographische Manuskript befindet sich in den Konvoluten B I 37, F I 29, M II 3b, F II 3 und B IV 2. Maschinenschriftliche Versionen von Teilen der Vorlesung, die durch Landgrebe angefertigt wurden, aber vielfach Anmerkungen und Veränderungen von Husserls Hand aufweisen, liegen in den Konvoluten M I 2 I und M II 3a/b. Ausführliche Beschreibungen der einzelnen Konvolute werden nun zunächst in der Reihenfolge ihrer Verwendung im vorliegenden Drucktext gegeben, d. h. in Orientierung an der Originalpaginierung der Bl. durch Husserl, dabei wird ausführlich auf Unregelmäßigkeiten in dieser Paginierung eingegangen.

Den Seiten **3**,8 – **49**,31 *des Drucktextes liegen die durch Husserl im ganzen von 1 bis 24 und von 26 bis 29 durchpaginierten Bl. 2 – 34 des Konvoluts B I 37 zugrunde. Dieses Konvolut umfasst insgesamt 35 Bl. Den Umschlag bildet ein Doppelbl., das auf den Seiten 1b, 35a u. 35b von Husserls damaligem Assistenten Arnold Metzger mit Notizen, wohl für eine geplante Rezension, versehen ist; auf der Umschlagrückseite (35b) sind diese mit Rotst. gestr. Auf der Vorderseite 1a befindet sich mit Blaust. die Aufschrift* Vorlesungen von 1922/23. Erste Einleitung in die Wissenschaftslehre. Vormeditationen über die Idee der Philosophie. Vormeditationen, *es folgt mit Bleist.* Text der Vorlesungen, *dann wieder mit Blaust.* Unzulänglichkeit der bisherigen Wissenschaft. *Die in dem Umschlag liegenden Bl. 2 – 34 sind üblichen Formats und durchweg mit Tinte stenographiert, ausgenommen die Bl. 17 (mit Bleist.) u. 28 (mit Blaust.). Es finden sich zahlreiche Zusätze, Radierungen, Änderungen, Streichungen u. Unterstreichungen sowie sonstige Zeichen mit Tinte Blei-, Blau-, u. Rotst. Die Bl. sind von Husserl fortlaufend im einzelnen wie folgt mit Bleist. paginiert: 1 bis 6, mit Lilast. 7, mit Bleist. 7a ⟨7a V. für mit Lilast. 8⟩, 7b, 8 bis 12, dabei ist die Paginierung 11 V. mit Bleist. für 10, es folgt zweimal 13, 14 bis 17, ad 17, 18, ein von Husserl unpaginiertes Bl., 19 bis 22, ein von Husserl unpaginiertes Bl., 23, 24, 26 bis 29.*

Die Unregelmäßigkeiten in der Husserl'schen Paginierung erklären sich wie folgt: Die p. 7 u. 7a, (S. **12**,29 – **15**,23*) wurden später eingefügt. Sie ersetzen den Text der gestr. unteren Hälfte von p. 6 und den der* *ebenfalls gestr. Vorderseite der ursprünglich als 7 paginierten jetzigen p. 7b (S.* **15**,*23 ff.; vgl. die textkritische Anmerkung zu S.* 12,26-27). *Die ursprüngliche Bezifferung von p. 7a als 8 beruht wohl auf einem Irrtum.*

Das auf p. 13 (S. **23**,*20 –* **25**,*31) folgende, ebenfalls als 13 paginierte Bl. ist kleineren Formats und mit Bleist. stenographiert. Es trägt den Vermerk zu 13 ff. und ist als spätere Einlage kommentierenden Charakters aufzufassen. Dieser Text erscheint im Drucktext (S.* **25**, *Anm.) als Fußnote.*

Auf p. 18 folgt ein von Husserl unpaginiertes Bl. mit der Bleistiftnotiz Beilage irgendwo ad 17?, *dessen Text hier (S.* **33**,*34 –* **34**,*17) an der Stelle gegeben wird, an der das Bl. im Ms. Liegt (vgl. die textkritische Anm. zu diesem Passus).*

Auf die geringfügig kleinerformatige p. 22 (nach S. **39**,*27) folgt ein von Husserl unpaginiertes kleineres Bl. im Format 17 × 11,7 cm mit der Blaustiftaufschrift* II. Teil, *das sonst unbeschrieben ist.*

Obwohl der Text bruchlos fortläuft fehlt ein Bl. mit der Husserl'schen Paginierung 25.

Den Seiten **50**,*11 –* **58**,*7 des Drucktextes liegen die durch Husserl von 30 bis 34 paginierten Bl. 3 – 7 des Hauptms. der Vorlesung mit der Signatur F I 29 zugrunde. Dieses Konvolut umfasst insgesamt 126 Bl. im üblichen Format. Ausnahmen sind das etwas schmalere Bl. 99 und die kleinerformatigen Bl. 15, 31, 48, 107 u. 110. Den Umschlag bildet der gelb-braune Briefumschlag (Bl. 1 u. 126) einer Drucksache mit Poststempel vom 22.6.1924. Er trägt auf Bl. 1a die Aufschrift mit Blaust.* Vorlesungen Winter 1922/23 Einleitung in die Philosophie (aufgrund der 4 Londoner Vorlesungen). *Die im Umschlag liegenden Bl. sind durchgehend mit Tinte stenographiert; sie sind zusätzlich bearbeitet mit Bleist., Blaust., Lilast. u. Rotst. Der Text ist größtenteils stark überarbeitet und mit zahlreichen Unterstreichungen, Anstreichungen sowie Einfügungen, Veränderungen, Radierungen u. sonstigen Korrekturen durchsetzt. Der gesamte Text ist zusätzlich von Landgrebe mit Bleist. von § 4 bis § 37 durchparagraphiert. Diese Einteilung entspricht der Paragraphierung des von Landgrebe erstellten Ts. M I 2 I (vgl. unten die textkritischen Anmerkungen zu diesem Ms.; vgl. auch oben die allgemeinen Bemerkungen zu den zugrunde liegenden Mss. und ihrer Wiedergabe im Vorliegenden Apparat im Abschnitt „Zur Textgestaltung"). Außerdem finden sich von Landgrebes Hand mit Bleist. stenographierte Rb. und Hinweiszeichen, die Textumstellungen für das Ts. bezeichnen (vgl. die Tabelle S. 507). Die Bl. des gesamten Ms. sind von Husserl wie folgt paginiert worden: mit Blaust. 16, mit Bleist. 30 bis 34, 53 bis 56, 58 bis 60, mit Tinte ad 60*

2te Seite ⟨=*kleineres Bl.*⟩, *mit Bleist.* 61 *bis* 73, 73a, 74, *ad* 74/75 ⟨=*kleineres Bl.*⟩, 75 *bis* 86, *zu* 86 ff., 87 *bis* 89, *ein kleinerer Zettel zu* 90 ff., 90, 91, 91a, 92 *bis* 109, *zweimal* 110, 111 *bis* 114, *mit Blau- u. Bleist. ad* 115, *mit Bleist.* 115 *bis* 120, 120a, 121 *bis* 124, *mit Blaust.* 127, 128, 129-130, 131, *mit Lilast.* 132 *bis* 134, 134a, *mit Bleist.* 134b, *ein von Husserl unpaginiertes Bl.,* 135, *mit Bleist.* 135a, *mit Blaust.* 135b ⟨b *mit Bleist. überschrieben*⟩, *mit Blaust. zweimal* 136, 136a, 137, *ad* 137 ⟨*kleineres Bl.*⟩, *ein von Husserl unpaginiertes Typoskriptbl., das wohl ursprünglich in Landgrebes Ts. in M I 2 I gehörte,* 138, *ein von Husserl unpaginiertes kleineres Bl.,* 139, *mit Bleist.* 140 *bis* 143, *mit Blaust.* 144, 145, *mit Bleist.* 144a, 145a, 146, 147, 147a, 148, 147b, 149. *Die jetzt zugrunde liegenden Bl. 3 bis 7 weisen keine Unregelmäßigkeiten in der Originalpaginierung auf.*

Den Seiten **58**,7 – **60**,30 *des Drucktextes liegen die durch Husserl im Rahmen der Vorlesung nicht paginierten Bl. 13 und 14 des Konvoluts F II 3 zugrunde, das den Text der Londoner Vorträge enthält. Das Konvolut umfasst insgesamt 72 Bl. im üblichen Format, die alle in einem gelb-braunen an Husserl adressierten Briefumschlag (Doppelbl. 1 u. 72) der Buchdruckerei des Waisenhauses Halle a. d. Saale liegen, der den Poststempel vom 1.5.1922 trägt. Auf diesem Umschlag (Bl. 1a) steht mit Blaust.* London, *darunter* 900 *und* 18 IV; *auf der Rückseite (72b) ist nochmals mit Blaust.* London *zu lesen. In diesem Hauptumschlag liegen zwei Binnenumschläge, je mit 8 Bl., die größtenteils ursprüngliche Entwürfe zu den Londoner Vorträgen enthalten, von denen in dieser Ausgabe zwei Texte als Beilagen (Beilagen XXIX u. XXX) wiedergegeben sind (zur Beschreibung dieser Bl. u. Binnenumschläge vgl. die allgemeinen textkritischen Anm. S. 742 ff.). Das Ms. der ausgearbeiteten Vorträge, die Bl. 10-62 (mit Ausnahme des Bl. 11, das ein versehentlich in den Vortragstext geratenes Bl. der ansonsten aussortierten Vorarbeiten ist), liegt ohne einen weiteren Umschlag zwischen diesen Binnenumschlägen. Die Bl. sind durchgehend mit Tinte stenographiert u. zusätzlich mit Bleist., Blaust., Lilast. u. Orangest. stark be- u. überarbeitet. Hinzu kommen zahlreiche Veränderungen, Einfügungen, Radierungen sowie An- u. Unterstreichungen. Die Bl. sind von Husserl teilweise doppelt paginiert worden, nämlich durchgehend im Zusammenhang der Londoner Vorträge mit röm. Zahl für den I. – IV. Vortrag sowie arab. Zahl für das jeweilige Bl.; zudem sind diejenigen Bl., die Husserl in die Vorlesung eingestreut hat, zusätzlich mit der Paginierung der Vorlesung versehen. Im einzelnen sind die Bl. der gesamten vier Vorträge wie folgt paginiert: mit Bleist.* I 1, *mit Bleist. u. Blaust.* I 2 (= *das von Husserl versehentlich* *nicht ausgeschiedene Bl. 11 des Konvoluts, s. o.), mit Bleist.* I 2, I 3, I 4 – 5, I 6, *mit Blaust.* I 7, *mit Bleist. u. Blaust.* I 8, I 9, I 10 = *mit Bleist.* 41, *mit Bleist. u. Blaust.* I 11 = *mit Bleist.* 42, *mit Bleist. u. Blaust.* I 11a = *mit Bleist.* 44, *mit Blaust.* ad 11, *mit Bleist. u. Blaust.* I 12 = *Mit Bleist.* 45, *mit Bleist.* II 1 = 46, II 2 = 47, *mit Blaust. u. Bleist.* II 3 = *mit Bleist.* 48, *mit Bleist.* II 4 = 49 *jeweils bis* II 7 = 52, II 8 = 57, II 9 *bis* II 14, III 1 *bis* III 3, III 4 = 160, III 4a = 161, III 5 = 162, III 6, III 6-7 = 163, III 8 = 164, III 9 = 165, III 10-12 = 166, III 13 = 167, III 14, III 15 = 170, III 16 = 171, IV 1 *bis* IV 3, IV 4 = 178 *jeweils bis* IV 7 = 181, III 12 = 182 *mit dem Vermerk* kann auch als IV 8a stehen, IV 8 = 183 *jeweils bis* IV 10 = 185.

Obwohl die beiden an dieser Stelle dem Haupttext zugrunde liegenden Bl. nicht mit den Paginierungen der Vorlesung versehen sind und ihr Inhalt möglicherweise nicht vorgetragen worden ist, verlangt eine Notiz Husserls auf dem ihnen in der Vorlesung vorhergehenden Bl., sie hier einzufügen (vgl. die textkritische Anm. zu S. 58,7). Es ergeben sich hier innerhalb der Vorlesung natürlich keine Paginierungsunregelmäßigkeiten. Jedoch dürfte das zweite Bl. (S. **59**,*16* – **60**,*30) die Kurzfassung des Textes von ursprünglich zwei Bl. sein. Doch wurde diese Kürzung schon für die Vorträge in London vorgenommen. Dafür spricht die Husserl'sche Vortragspaginierung dieses Bl. als* I 4-5.

Der Gesamttext der Londoner Vorträge liegt auch als Ts. mit einem zusätzlichen Durchschlag vor (vgl. zu Letzterem die allgemeinen Anmerkungen zu M II 3b unten, S. 502 f.). Dieses Ts. ist von Husserl annotiert und muss daher hier seine Berücksichtigung finden. Das Original liegt im Konvolut M II 3a, das insgesamt 113 Bl. umfasst. Auf einem eingelegten Etikett steht maschinenschriftlich Vorlesungen gehalten zu London, 6. 8. 9. 12. Juni 1922. *Die Bl. 1 u. 2 des gesamten Konvoluts sind von Husserl handgeschrieben u. im üblichen Format. Auf Bl. 1 sind die späteren Titel der einzelnen Londoner Vorträge kurrentschriftlich notiert. Es ist mit Bleist. überschrieben* London. *Bl. 2 bringt den stark überarbeiteten stenographischen Beginn eines Inhaltsverzeichnisses bzw. einer Inhaltsangabe zu den Vorträgen, über die Husserl mit Bleist. notiert* nicht Syllabus. *Dieser Versuch bricht auf der Rückseite des Bl. unvermittelt ab. Die Bl. 3 – 113, im Format 28,2 × 22,5 cm, sind mit Ausnahme des Bl. 34, eines abgetrennten unteren Stücks von einem normalformatigen Manuskriptbl., das den Text einer von Husserl mit Tinte stenographierten V. bringt, die vollständige maschinenschriftliche Transkription der in London gehaltenen Vorträge, die Landgrebe wohl 1924 angefertigt hat (vgl. dazu die Einleitung des Herausgebers im vorliegenden Bd., S. LII). Husserl hat dieses Original der Transkription teil-*

weise sehr stark bearbeitet u. mit Tinte kurrentschriftlich Änderungen angebracht oder Anmerkungen gemacht sowie Anstreichungen bzw. Unterstreichungen hinzugefügt. An zwei Stellen (Bl. 26 u. 28) wurde das Ts. gar beschnitten u. neu zusammengeklebt (vgl. dazu die textkritische Anm. zu S. 302,1 – 321,17). Auch finden sich weitere Änderungen u. Anmerkungen Husserls, die stenographisch u. mit Bleist. gemacht wurden. Diese unterschiedlichen Formen der Bearbeitung durch Husserl werden in der vorliegenden Ausgabe textkritisch in besonderer Weise berücksichtigt (vgl. hierzu den Abschnitt „Zur Textgestaltung" oben, S. 490). Das Ts. ist mit der Maschine wie folgt paginiert: 1 bis 12, dann von der Hand Landgrebes ad 12a, ad 12b, wieder mit Schreibmaschine 13 bis 21, 22 mit einem angeklebten Stück, das von Hand mit Tinte in einem Blaustiftquadrat auf 23 paginiert ist, mit Schreibmaschine 23a ⟨a *Einf. mit Tinte; das ganze in eckigen Blaustiftkl.*⟩, 24 ⟨*in eckigen Blaustiftkl.*⟩, 24-25 ⟨24- *Einf. mit Blaust.*⟩ 26 *bis* 29, *ein eingelegtes unpaginiertes stenographisches Bl. zu* 30 *mit der Aufschrift* Landgrebe London 30, *es folgen* 30 *bis* 77, *ein Bl. ohne Schreibmaschinenpaginierung, dann* 78 *bis* 107. *Die Bl. des Ts. sind zusätzlich später nochmals mit Bleist. von Hand von 2 – 113 durchpaginiert worden, dabei wurden die später eingelegten Bl. mit unregelmäßigen Paginierungen in die durchlaufende Paginierung integriert, mit Ausnahme des deshalb wohl noch später eingelegten bereits erwähnten stenographischen Bl.* 34. *Zusätzlich sind die Typoskriptbl. am Rand maschinenschriftlich mit den entsprechenden Paginae des stenographischen Originals in F II 3 versehen. Dem hier wiedergegebenen Vorlesungstext entspricht der Text auf den Bl. 7 bis 13 (p. 5 bis 10) des Ts.*

Im Konvolut M II 3b liegt der schon erwähnte Durchschlag des Ts. aus M II 3a. Das gesamte Konvolut umfasst 130 Bl. Auf einem eingelegten Etikett steht maschinenschriftlich Londoner Vorlesungen. Dabei Syllabus der L. V., gehalten 6. 8. 9. Juni 1922. *Das Datum des 12. Juni ist nicht angegeben. Zum Inhalt des ersten sich im Konvolut befindenden Umschlags siehe unten, S. 503 f. Die Bl. des Durchschlags, 19 bis 130, befinden sich im zweiten, einem gelb-braunen an* Frau Geheimrath Husserl *adressierten Briefumschlag mit dem Poststempel vom 20.5.1924. Der Umschlag trägt auf der Vorderseite (Bl. 19a) mit Blaust. die Aufschrift* 1) Londoner Vorlesungen (Copie II) und 2), *dann mit anderem Blaust.* Ein Bruchstück „Phänomenologie und Psychologie". *Dieses „Bruchstück" befindet sich heute nicht mehr in dem Umschlag, dessen Innenseite (Bl. 130a) zu entnehmen ist, dass sich ehemals andere Ms. darin befanden. Zu lesen ist dort mit Blaust.* 1) Umarbeitung der Kantrede (am Schluss) 2), *dann gestr.* Kants kop⟨ernikanische⟩ Wendung.

Eine Reflexion aus März 1924. Abgeschrieben von Lotze 3) Meditationen über absolute Selbstverantwortung aus der Zeit 22-24, *dann weiter mit Tinte* die Originalblätter für Landgrebes Ausarbeitung 4) Brentano und der Sinn einer Deskription und Klassifikation der ps⟨ychischen⟩ Ph⟨änomene⟩, Die Allgemeinheit der geometrischen ⟨Begriffe⟩ und der Typenbegriff – der phänomenologische Begriff *dann weiter mit Bleist. und nicht mehr gestr.* 5) Landgrebe, Referat: M. Webers Begriff des Idealtypus. *Der Durchschlag der Vorträge weist keinerlei Anzeichen einer Bearbeitung durch Husserl auf. Er ist allerdings durch Landgrebe von Hand mit Tintenergänzungen versehen worden, die textlich den Tintenanmerkungen Husserls im typographischen Original im Wesentlichen entsprechen. Das erste Bl. (20a) ist von Husserl mit Blaust. überschrieben* 1922 Pfingsten, Entwurf. EHusserl, Freiburg. *Als Durchschlag des Ts. aus M II 3a weisen die Bl. die gleiche Maschinenoriginalpaginierung auf.*

Den Seiten **60**,*33 –* **68**,*21 des Drucktextes liegen die durch Husserl von 35 bis 40 paginierten Bl. 12 – 17 zugrunde, die im Konvolut M II 3b liegen, in dem auch der erwähnte Durchschlag des von Landgrebe erstellten Ts. der Londoner Vorträge aufbewahrt wird (vgl. zu diesem Konvolut die allgemeine Manuskriptbeschreibung oben S. 501 ff.). Der erste im Konvolut M II 3b befindliche gelb-braune, an Husserl adressierte Umschlag umfasst insgesamt die Bl. 1-18. Er trägt den Poststempel vom 25.1.23 u. die Aufschrift Husserls mit Rotst.* Syllabus der Londoner Vorlesungen. *Im Umschlag liegen außer dem ersten handschriftlichen Entwurf des Syllabus (vgl. dazu die allgemeinen textkritischen Anm. zu Beilage II, S. 682) sechs zusätzliche Bl., die an dieser Stelle der Vorlesung einzufügen sind und nach einer Notiz Husserls (s. u.) Ausführungen der Londoner Vorträge ersetzen sollen. Diese Bl. haben das übliche Format und sind durchgehend mit Tinte stenographiert. Sie sind leicht, teilweise stärker bearbeitet, und zwar mit Bleist., Blaust., Lilast. u. Rotst. Durchgeführt sind einige Veränderungen, es finden sich zudem Einfügungen Unterstreichungen u. Anstreichungen. Über dem auf Bl. 12 einsetzenden Text steht mit Lilast.* statt I 6, 7, 8, *womit diejenigen Bl. der Londoner Vorträge in Husserls Paginierung gemeint sind, die für die Vorlesung durch diese Bl. zu ersetzen sind: Die „neuen" Bl. haben jedoch möglicherweise schon vorher existiert, waren jedoch für die Vorträge in London inhaltlich zu umfangreich und wurden daher durch andere ersetzt. Indessen sollen sie nun in die ausführlichere Darstellung der Vorlesung wieder eingefügt werden. Dies legt etwa die doppelte Paginierung (s. u.) dieser Bl. nahe und auch Korrekturen in den Londoner Vorträgen*

(F II 3), die in inhaltlich parallele Textpassagen von M II 3b nicht übernommen sind (vgl. dazu die Bemerkungen im Abschnitt „Zur Textgestaltung"). Äußerlich ähnliche, jedoch endgültig ausgeschiedene Einzelbl. zu den Londoner Vorträgen liegen auch noch in den Konvoluten F II 3 und B I 22 (vgl. dazu die allgemeinen textkritischen Erläuterungen zu den Beilagen XXIX u. XXX, S. 742 u. 744 sowie der Beilage V, S. 693 f.) Die Bl. sind im Zusammenhang der Vorlesung von Husserl mit Bleist. von 35 bis 40 paginiert worden. Ursprünglich waren sie mit Bleist. paginiert als 10a, 11, 11a ⟨11a V. für 12⟩, 11b ⟨11b V. für 12⟩, 12 ⟨12 V. für 13⟩, mit Blaust. 12a ⟨a Einf. mit Bleist.⟩. Innerhalb der späteren Vorlesungspaginierung gibt es hier keine Unregelmäßigkeiten.

Den Seiten **68**,22 – **71**,6 des Drucktextes liegen die durch Husserl als 41 und 42 paginierten Bl. 19 – 20 des Konvoluts F II 3 zugrunde, die im Rahmen der Londoner Vorträge von Husserl als I 10 u. I 11 paginiert wurden. Im Ts. M II 3a entsprechen dem die Bl. 20 – 24 (p. 16 bis 20) (zur allgemeinen Manuskriptbeschreibung dieser Konvolute vgl. oben S. 500 ff.).

Den Seiten **71**,10 – **85**,4 des Drucktextes liegen (mit Ausnahme der Passage S. **71**,18, s. u.) die durch Husserl von 44 bis 52 durchpaginierten Bl. 21 u. 23 – 30 des Konvoluts F II 3 zugrunde, die im Rahmen der Londoner Vorträge als I 11a, I 12 und II 1 bis II 7 paginiert wurden, dabei ist die p. I 11a offenbar im Zuge der Vorbereitungen an den Vorträgen später zwischen die p. I 11 und ad I 11 eingeschoben worden. Innerhalb der Vorlesungspaginierung dieser Bl. finden sich keine Unregelmäßigkeiten. Der Text entspricht den Bl. 24 – 26 u. 28 – 45 (p. 20 bis 22 u. 24 bis 40) im Ts. M II 3a (zur allgemeinen Manuskriptbeschreibung dieser Konvolute vgl. oben S. 500 ff.).

Der kurze Textteil S. **71**,18-33 des Drucktextes basiert auf dem Bl. 2b des Hauptkonvoluts F I 29 (vgl. zur allgemeinen Manuskriptbeschreibung oben S. 499 f.). Das Bl. trägt auf der Vorderseite von Husserls Hand die Paginierung mit Blaust. 16, auf der Rückseite im Rahmen der Vorlesung mit Bleist. die Paginierung 43. Es handelt sich wohl um ein älteres Bl. (möglicherweise aus den Vorarbeiten zu den Londoner Vorträgen), von dessen Text hier nur ein Teil der Rückseite, der von Husserl mit Blaust. markiert wurde, an nicht näher bezeichneter Stelle in den Vorlesungstext eingeschoben werden soll (vgl. dazu die textkritische Anm. zu S. 71,18-33).

Den Seiten **85**,7 – **91**,18 des Drucktextes liegen die durch Husserl von 53 bis 56 paginierten Bl. 8 – 11 des Hauptkonvoluts F I 29 zugrunde.

Paginierungsunregelmäßigkeiten sind hier nicht zu verzeichnen. Den Originalpaginierungen dieser Bl. ist mit Rotst. jeweils das Zeichen + hinzugefügt worden. Alle vier Bl. ersetzen inhaltlich die nicht in den Vorlesungstext aufgenommene, jedoch nicht gestr. Rückseite der p. 52, also das Bl. F II 3/30. Dies geht aus der Randnotiz Husserls zu Beginn von p. 53 hervor: *Die Blätter 53 bis 56 ⟨56 V. für 54⟩ sind tiefere und ausführlichere Darstellungen der ⟨S.⟩ 52² (vgl. dazu die textkritischen Anmerkungen zu S. 85,4 und 85,9-14).*

Der Text hat von hier an zudem seine Entsprechung in dem von Landgrebe erstellten Ts. des Hauptteils der Vorlesung (vgl. dazu die allgemeinen Anmerkungen „Zur Textgestaltung", S. 488 f. und die Einleitung des Hrsg., S. L f.), das in M I 2 I liegt. Dieses Konvolut umfasst insgesamt 436 Bl. im üblichen Format handgeschriebener Ms. Das gesamte Ms. liegt zwischen zwei Pappdeckeln, die mit Bändern zusammengeschnürt sind, und dann noch einmal in einem gelb-braunen Briefumschlag. Auf dem Etikett der Pappdeckel ist mit Schreibmaschine geschrieben „Einleitung in die Philosophie". Vorlesungen des W/S 1922 – 23. Freiburg. Dabei: Inhaltsverzeichnis. *Auf dem Briefumschlag findet sich die Aufschrift mit Blaust. getippt* Vorlesung 1922/23. *Dem Ts. liegt ein einzelnes mit Tinte stenographiertes Bl. von der halben Größe des üblichen Formats voran, das das folgende nicht ganz wörtliche Exzerpt mit Bibliographischer Notiz enthält:* Evidenz der Frischen Erinnerung geleugnet. Stumpf – unmittelbar Gegebene im strengen Sinne („was als Tatsache streng unmittelbar einleuchtet") – nur die dem denkenden Bewusstsein momentan bewussten Erscheinungen und Funktionen, nicht mehr die vergangenen: „keine unmittelbare Einsicht". Z⟨ur⟩ Einth⟨eilung⟩ d⟨er⟩ W⟨issenschaften, Berlin 1907, S.⟩ 5. *Es folgt das mit Maschine geschriebene Deckbl. des Ts., das die Aufschrift* Aus den Vorlesungen über Einleitung in die Philosophie (W.S. 1922/23) *trägt, und anschließend ein Inhaltsverzeichnis, das Paragraphen benennt u. betitelt, deren Paragraphennummern von Landgrebe zuvor in das Ms. F I 29 mit Bleist. eingetragen worden sind (vgl. die allgemeinen Textkritischen Erläuterungen zu F I 29 oben S. 499 f.). Weiter hinten im Konvolut liegt noch ein Binnenumschlag von weißem Schreibpapier, der mit Bleist. von Husserl die Aufschrift trägt* Aus der Vorlesung 1922/23 (erstes Exemplar) ⟨Kl. vom Hrsg. geschlossen⟩. *Dieser Umschlag umfasst die Bl. 352 – 435 (s. dazu weiter unten, S. 506).*

Die Bl. des Ts. sind fast durchgehend einseitig mit Schreibmaschine beschrieben. Ausnahmen sind vier Bl., die stenographische Notizen (Bl. 2, s. o.), einen kurrentschriftlichen Verweis mit Blaust. auf das Fehlen einiger Bl.: Wo ist 250 – 254?? *(Bl. 303) sowie ein nachträglicher steno-*

graphischer Zusatz (Bl. 381 u. 382), der in der vorliegenden Ausgabe als Beilage XXII zum Abdruck kommt (vgl. dazu die allgemeinen textkritischen Anmerkungen zu dieser Beilage, S. 426 f.) enthalten. Die Bl. sind im allgemeinen nur äußerst geringfügig mit Bleist. bearbeitet worden. Eine Ausnahme bilden die Bl. 302 – 434. Von diesen sind die Bl. 302 – 351 ein unvollständiger Durchschlag der in dem Sonderumschlag liegenden folgenden Bl. 353 – 434 (auf diese Unvollständigkeit weist das oben beschriebene Einlagebl. 303 hin). Dem somit größtenteils doppelt vorhandenen Text entsprechen im vorliegenden Drucktext die S. 207,29 – 246,25, also ein Teilstück, das auch in Landgrebes Ts. Apodiktische Kritik des Logos *betitelt ist. Gemäß der durch die Originalpaginierung vorgegebenen Reihenfolge von M I 2 I erscheint dieser dem Zusammenhang entnommene Teil also erst am Schluss des Ts. (vgl. dazu oben die Einleitung des Herausgebers, S. LVIII) Die Bl. 353 – 434 enthalten zahlreiche Anmerkungen, Änderungen, Einfügungen sowie Unterstreichungen, die Husserl meist stenographisch mit Bleist. eingetragen hat. Auf dem ersten Bl. 353 findet sich mit Bleist. die Datierung der Vorlesung durch Husserl 1922/23. Etwas weniger solcher Bearbeitungsspuren finden sich in dem davor liegenden Durchschlag Bl. 302 –351. Diese anderslautenden Zusätze sind mit Bleist. von der Hand Landgrebes gemacht. Beide Bearbeitungen wurden möglicherweise anlässlich der beabsichtigten Verwendung dieses Stücks der Vorlesung für die Redaktion von* Erfahrung und Urteil *durchgeführt (vgl. oben die Einleitung des Hrsg. u. den Abschnitt „Zur Textgestaltung", S. LVI ff. u. 489). Offenbar wurden die betreffenden Bl. zu dieser Bearbeitung dem Ts. entnommen und später an anderer Stelle ganz hinten wieder eingelegt. In der vorliegenden Ausgabe werden die Bearbeitungen durch Husserl in Fußnoten bzw. im textkritischen Anhang berücksichtigt (vgl. dazu die allgemeinen Anmerkungen „Zur Textgestaltung", oben S. 490). Das Ts. ist fast ausschließlich maschinenschriftlich paginiert; am Rd. ist zusätzlich in Kl. auf die jeweilige Paginierung Husserls in F I 29 verwiesen. Das Inhaltsverzeichnis ist von I bis V paginiert; die weitere Paginierung: 1 bis 249, es folgt 327 bis 365, darauf die, wie erwähnt, an falscher Stelle eingelegten 262 und 255 bis 302 (Landgrebes Dublette) und schließlich 205 bis 326.*

In seiner ansonsten nur leichten und unerheblichen Bearbeitung des Vorlesungsauszugs, den das Ts. bietet (vgl. dazu die Einleitung des Herausgebers, S. LIX), hat Landgrebe auch einige größere Passagen umgestellt. Davon zeugen zudem zahllose Randnotizen und sonstige Bearbeitungsspuren von Landgrebes Hand, die sich im Originalms. F I 29 finden (vgl. oben, S. 499). Zur Dokumentation dieser Textumstellungen, die im-

merhin als Vorarbeit zur Veröffentlichung des Textes unter der Autorschaft Husserls zu gelten haben, sei hier eine Übersicht eingerückt.

Die Tabelle orientiert sich notwendig an der Originalpaginierung des Ts., da nur diese die von Landgrebe beabsichtigte Blattreihenfolge wiedergibt. Nach dieser Paginierung ist die Archivpaginierung von M I 2 I. sowie die entsprechende Seiten- und Zeilenzahl der vorliegenden Edition angegeben.

Ts.	M I 2 I	Husserliana XXXV
1 – 14	9 – 22	85,7 – 91,18
15 – 37	23 – 45	104,1 – 114,10
38	46	93,19-26
38 – 44[1]	46 – 52	95,17 – 97,35
44 – 46	52 – 54	100,18 – 101,20
46 – 47	54 – 55	102,4-15
47	55	102,19-26
47 – 48	55 – 56	101,26 – 101,38
49 – 51	57 – 59	102,27 – 103,32
52	60	100,4-13
53[2]	61	114,11-28
54 – 56[3]	62 – 64	98,14 – 99,15 (*unter Miteinbeziehung von* 99, Anm.)
57 – 247	65 – 260	115,10 – 203,33
247 – 249	260 – 262	206,26 – 207,23
250 – 283	353 – 388	207,29 – 224,4
284 – 290	389 – 396	225,33 – 229,26
291	397	229,27-29
291 – 294	397 – 400	224,4 – 225,3
295 – 326	401 – 434	230,7 – 246,25
(296) a – b	402 – 403	230, Anm.
327 – 357	263 – 293	247,11 – 261,27
357 – 361	293 – 297	262,3 – 263,26
361 – 365	297 – 301	264,18 – 266,32

---

[1] *erster Satz am Anfang leicht verändert*
[2] *leicht von Landgrebe überarbeitete Variante*
[3] *von Landgrebe überarbeitete Variante*

Dem hier wiedergegebene Vorlesungstext bis p. 56 des Originalms. entsprechen im Ts. die Bl. 9 bis 22 (1 bis 14 der Originalpaginierung des Ts.).

*Den Seiten **91**,19 – **93**,10 des Drucktextes liegt das durch Husserl als 57 paginierte Bl. 31 des Konvoluts F II 3 der Londoner Vorträge zugrunde, was den Bl. 45 – 47 (p. 40 bis 42) im Ts. M II 3a entspricht (zur allgemeinen Manuskriptbeschreibung dieser Konvolute vgl. oben, S. 500 ff.). Der Text dieses Bl. ist nicht in das Ts. in M I 2 I übernommen worden.*

*Den Seiten **93**,19 – **266**,32 des Drucktextes liegen die durch Husserl von 58 bis 149 durchpaginierten Bl. 12 – 125 des Hauptkonvoluts F I 29 zugrunde, was den Bl. 23 bis zum Ende von M I 2 I (p. 15 bis Ende) entspricht. Innerhalb dieses größten Textblocks finden sich einige Unregelmäßigkeiten in der Husserl'schen Paginierung, worauf im Folgenden eingegangen wird.*

*Auf p. 60 (nach S. **99**,15) folgt im Ms. ein unpaginiertes kleineres Bl. vom Format 16,5 × 11,7 cm mit der Notiz ad 60, 2te Seite. Es bringt einen Zusatz zum Text mit Anmerkungscharakter. Landgrebe hat diesen Text, wie seine Inhaltsübersicht der Vorlesung in M I 2 II (Beilage I) zeigt, irrtümlich für die von Husserl am Rd. der p. 60 der Vorlesung bezeichnete Beilage gehalten (vgl. dazu die textkritischen Anmerkungen zu S. 99, Anm. des Haupttextes sowie zu S. 344,16 der Beilage I). Dabei handelt es sich jedoch um ein anderes Bl. (vgl. die Beilage X, S. 396 und die textkritischen Anm. dazu). Der Text des Bl. wird in der vorliegenden Ausgabe als Fußnote (S. **99**, Anm.) gegeben.*

*Die p. 73 u. 73a ⟨73a V. für 78⟩ (S. **119**,29 – **123**,3) sind offenbar später eingelegt worden. Da der Übergang zwischen p. 73 u. p. 73a inhaltlich fließend ist, dürften beide Bl. nachträglich für eine ursprüngliche p. 73, die nicht mehr vorhanden ist, substituiert worden sein. Dabei wurde wahrscheinlich die Rückseite von p. 73a, wenigstens der letzte Teil dieser Seite, mit Blaust. gestr., da dieser schon vor der Einlegung vorhandene Text nicht in den neuen Zusammenhang passte (vgl. die Textkritische Anm. zu S. 123,3). Zumindest p. 73a (S. **122**,9 – **123**,3) entstammt somit ursprünglich einem anderen Kontext, in dem es von Husserl als 78 paginiert war, der aber nicht rekonstruiert werden kann. (Die jetzige p. 78 kann jedenfalls nicht als Ersatz für diese ursprüngliche angesehen werden.) Diese Änderung steht im Zusammenhang mit einer größeren Umarbeitung mehrerer Passagen des Textes in diesem Umfeld durch Husserl. Dafür sprechen zahlreiche Indizien: so beginnt Husserl im unteren, mit Blaust. gestr. Teil der p. 73a mit der Einführung des Problems* *der Apodiktizität der transzendentalen Wiedererinnerung (vgl. die textkritische Anm. zu S. 123,3). Eine weitere, ebenfalls gestr. Einführung dieses Problems findet sich dann auf Bl. 33b, der Rückseite von Husserls p. 76. Dort wird an Rand auf die nun gültige und also mindestens dritte Version dieses Textteils zu Begin von p. 77 (S. **129**,11 ff.) verwiesen (vgl. die textkritische Anm. zu S. 129,8). Viele ursprüngliche Bl., die diesem Kontext entstammen, liegen nicht mehr im Ms. bzw. sind wohl größtenteils nicht mehr vorhanden, und so kann hier der genaue Hergang der Texteingriffe Husserls nicht rekonstruiert werden. Es sei jedoch darauf hingewiesen, dass das hier als Beilage XVIII edierte Bl. 77 aus dem Konvolut D 19 (vgl. oben, S. 419 f. und die allgemeinen textkritischen Anmerkungen dazu) sicher ebenfalls diesem Überarbeitungskontext entstammt. Es trägt die Husserl'sche Paginierung 79, wobei dies V. für 80 ist, und schließt inhaltlich an eine vorangegangene Erörterung der Wiedererinnerung an.*

*Auf p. 74 (nach S. **125**,4) folgt im Ms. ein kleineres Einlagebl. ad 74/75 vom Format 17 × 14,5 cm. der Text hat ergänzenden Charakter, kann aber innerhalb der Vorlesung fortlaufend gelesen werden. Es wurde (S. **126**,8-27) in den Text integriert.*

*Auf p. 86 (nach S. **148**,16) folgt ein einzelnes Bl. zu 86 ff, wobei 86 V. für 83 ist, das sich inhaltlich dem Textverlauf nicht einpasst und eher eine Art Zusatzerörterung bietet. In der vorliegenden Edition wird der Text dieses Bl. als Beilage XIX, S. 420 f. abgedruckt (vgl. dazu die allgemeinen textkritischen Anm. zu dieser Beilage, S. 714).*

*Auf p. 89 (nach S. **154**,8) folgt im Ms. ein kleineres, mit Bleist. stenographiertes Bl. im Format 14,5 × 13 cm, das mit dem Zuordnungshinweis 90 ff. versehen ist. Das Bl. bringt eine kritische Anmerkung, die hier im Drucktext (S. **154**, Anm.) in einer Fußnote wiedergegeben wird (vgl. die textkritische Anm. zu dieser Fußnote).*

*Husserls p. 91 (S. **156**,4 – **157**,5) ist eine spätere Einlage. Die ursprüngliche p. 91 wurde dabei zu 91a umpaginiert und ihr Anfangspassus gestr. (vgl. dazu die textkritische Anmerkung zu S. 156,4-8).*

*Auf p. 109 (nach S. **185**,11) folgen im Ms. zwei von Husserl als 110 paginierte Bl. (Bl. 70 u. 71). Das zweite dieser Bl. bringt eine kürzende V. des Textes des ersten, das auf beiden Seiten ganz mit Blaust. gestr. ist. Dieser gestr. Text läuft fort auf der ebenfalls gestr. Blattrückseite 76b, das die ursprüngliche Husserl'sche Paginierung 111 trägt (vgl. dazu die textkritische Anm. zu S. 185,11).*

*Auf p. 114 (nach S. **193**,14) folgt im Ms. ein unpaginiertes Bl. mit der Notiz ad 115 ⟨115 V. für 112⟩ verwendbar. Der Text, der ursprünglich die Fortsetzung der inzwischen gestr. p. 111 war (welche wiederum die in-*

zwischen gestr. ursprüngliche p. 110 fortsetzt; s. o.), erscheint hier (S. 191, Anm.) in einer Fußnote (vgl. die textkritische Anmerkung zu dieser Fußnote).

*Husserls p. 119 und 120 (S. **199**,34 – **202**,13) sind spätere Einf. in den Textzusammenhang, die eine Überarbeitung früheren Textes darstellen. Die inhaltlich parallele ehemalige p. 119, die gestr. ist (vgl. die texkritische Anm. zu S. 193,14), bildet jetzt die Rückseite der p. 114. Die ehemalige p. 120 wurde umpaginiert in 120a und der Beginn ihres Textes, der von dieser Überarbeitung mitbetroffen ist, wurde gestr. (vgl. die textkritische Anm. zu S. **202**,14).*

*Von p. 125 (S. **211**,14 ff.) an sind wohl zahlreiche Bl. nachträglich ausgetauscht und durch andere ersetzt worden. Das legt der etwa hier beginnende Gebrauch unterschiedlicher Schreibmittel zur Paginierung durch Husserl nahe. Da die ursprünglichen p. fast durchweg fehlen, kann darüber nichts Näheres gesagt werden (vgl. zur Originalpaginierung die allgemeine Manuskriptbeschreibung oben, S. 499 f.).*

*Zwischen den p. 128 und 129-130 (nach S. **220**,3) ist offenbar ein Bl. aus dem Ms. ausgeschieden. Das vorhandene Bl. 92 war ursprünglich als 130 paginiert, was später zugunsten der jetzigen Doppelbezifferung verändert wurde. Das Bl. beginnt mit einem gestr. Text, der wohl den Zusammenhang des ausgeschiedenen Bl. fortsetzte (vgl. die textkritische Anm. zu S. 220,3).*

*Es kann nicht mit Sicherheit gesagt werden, ob die p. 134 (S. **225**,33 – **227**,17) und 134a (S. **227**,18 – **228**,12 und **230**,5-18) beide zusammen eine frühere p. 134 ersetzen sollen oder ob nur p. 134a später eingefügt wurde, was wahrscheinlicher ist, da p. 134 auf der Rückseite nicht bis unten beschrieben ist. Die als* Einlage *bezeichnete folgende p. 134b (S. **228**,14 – **229**,36) ist jedenfalls in den Zusammenhang von p. 134a zu integrieren und dort auch von Husserl situiert worden (vgl. die textkritische Anm. zu S. 228,3-12). Auf diese p. 134b folgt dann im Ms. das von Husserl unpaginierte Bl. 99, das von Landgrebe als* Beilage zu 296 *bezeichnet ist, welche Zuordnung sich auf die Originalpaginierung des Ts. in M I 2 I bezieht. Der Text erscheint hier (S. **230**, Anm.) in einer Fußnote.*

*Auf die p. 135 (nach S. **231**,19) folgte ursprünglich unmittelbar p. 136. Eine gestr. Passage am Ende der p. 135, die sich ohne Bruch auf diesem ehemaligen Folgebl. fortsetzt, macht den ursprünglichen Zusammenhang mit dem Text der ehemaligen p. 136 deutlich (vgl. dazu die textkritische Anm. zu S. 231,18). Diese schied indes später ganz aus dem Textzusammenhang aus, verblieb aber im Konvolut (Bl. 104), und wurde durch eine neue p. 136 (S. **234**,3 – **235**,5) ersetzt. Zwischen p. 135 und* *der neuen p. 136 hat Husserl dann in einem weiteren Bearbeitungsstadium zuerst die jetzige p. 135b (S. 232,16 – 234,3) eingefügt, die zunächst noch als 135a beziffert war. Diese Paginierung wurde jedoch verändert, als Husserl ein als Einlage, nicht gelesen, zu 135 bezeichnetes Bl. später als 135a umpaginierte, um es an dieser Stelle in den laufenden Kontext einzugliedern (S. 231,19 – 232,16). Diese Änderung findet sich übrigens in der Inhaltsübersicht Landgrebes (vgl. oben, Beilage I, S. 355 f.) noch nicht berücksichtigt und ist daher wahrscheinlich späteren Datums. Die im Ms. schließlich auf die p. 136 folgende p. 136a ist offenbar eine Umarbeitung des Textes der Rückseite der neueren p. 136, die ganz gestr. ist (vgl. die textkritische Anm. zu S. 235,5).*

Auf p. 137 (nach S. 238,2) folgt ein kleineres Einlagebl. ad 137 mit dem Format 15,3 × 10,7 cm, dessen Text (S. 236, Anm.) in einer Fußnote wiedergegeben ist. Im Ms. folgt darauf das ebenfalls von Husserl unpaginierte Bl. 108, das eine maschinenschriftliche Transkription des Einlagebl. ad 137 (Bl. 107) bietet, wohl versehentlich hierher gelangt ist und eigentlich in das Ts. M I 2 I gehört.

Auf p. 138 (nach S. 240,4) folgt im Ms. ein von Husserl unpaginiertes kleineres Einlagebl. mit dem Format 14,9 × 11,6 cm. Darauf befindet sich die Notiz ad Vorlesungen, reine Möglichkeiten. Der Text dieses Bl. findet sich hier (S. 239, Anm.) in einer Fußnote (vgl. die textkritische Anm. zu dieser Fußnote).

Die jetzigen p. 144 und 145 (S. 251,17 – 254,36) sind wohl erst später in das Ms. nach p. 143 eingelegt worden. Die ursprünglichen p. 144 und 145 sind dann von Husserl etwas inkonsequent umpaginiert worden in 144a und 145a (S. 255,3 – 258,15), so dass sich die ungewöhnliche Reihung 144, 145, 144a, 145a ergab. Eine andere Deutung lassen die glatten Textübergänge zwischen p. 144 und p. 145 sowie zwischen p. 144a und p. 145a nicht zu; auch die unterschiedlichen Schreibmittel, mit denen diese Paginierungen angebracht wurden, stützen diese Deutung (vgl. oben, S. 500).

Auf p. 147 folgt im Ms. die nachträglich eingefügte und wohl zunächst versehentlich als 148 paginierte p. 147a (S. 261,36 – 263,26), darauf die p. 148 und erst daran anschließend die p. 147b, die von Husserl später umgelegt wurde, was durch eine Notiz am Rand dieser p. zu gebrauchen zu 148² bestätigt wird (vgl. die textkritische Anm. zu S. 265,8-10 und 265,11).

Auf p. 149 folgt im Ms. unmittelbar die p. 160 (S. 267,7 ff.). Auf diesen Sprung in der Paginierung wurde oben bereits hingewiesen (vgl. den Abschnitt „Zur Textgestaltung").

Den Seiten **267**,7 – **277**,25 *des Drucktextes liegen die durch Husserl von* 160 *bis* 167 *paginierten Bl.* 41 – 43 *u.* 45 – 48 *des Konvoluts F II 3 der Londoner Vorträge zugrunde, was den Bl.* 64 – 77 *(p.* 59 *bis* 72*) u.* 79 – 81 *(p.* 74 *bis* 76*) von M II 3a entspricht. In der Originalpaginierung dieser Bl. im Rahmen der Vorlesung finden sich keine Unregelmäßigkeiten. Lediglich die alte Paginierung dieser Bl. innerhalb der Londoner Vorträge bezeugt Überarbeitungen durch Husserl. So bringt die p.* 161 *(S.* **267**,26 – **269**,10; *innerhalb der Vorträge p. III 4a) eine Überarbeitung der gestr. Rückseite von p.* 160 *(bzw. III 4) (vgl. dazu die textkritische Anm. zu S.* 267,26*).*

Die p. 163 *(S.* **270**,5 – **271**,16*) bietet offenbar die textliche Zusammenfassung zweier ursprünglicher p., wie die „Londoner" Paginierung dieses Bl. III 6-7 nahe legt.*

Ähnliches gilt für p. 166 *(S.* **273**,23 – **275**,32*), die durch das Paginierungssystem der Vorträge als III 10-12 beziffert ist. Allerdings ist hier nur der Inhalt ursprünglicher p. III 10 und III 11 zusammengefasst, während die ursprüngliche p. III 12 in den IV. Vortrag umgelegt wurde und an dieser Stelle auch im Rahmen der Vorlesung verblieb (vgl. dazu unten, S. 514).*

Den Seiten **277**,26 – **280**,13 *des Drucktextes liegen die durch Husserl als* 168 *und* 169 *paginierten Bl.* 9 – 10 *des Konvoluts B IV 2 zugrunde, dem auch die Beilage XXV, ein Teil der Beilage XXVI sowie die Beilagen XXVII u. XXXI entnommen sind. Dieses Konvolut umfasst im ganzen* 20 *Bl, wobei es sich um den Teil eines gelb-braunen Briefumschlags (Doppelbl.* 3 *u.* 20*) sowie* 18 *Manuskriptbl. im üblichen Format handelt. Vor dem Umschlag liegen zwei lose Bl. im Ms., die von Husserl mit Blaust. als R2 u. R3 paginiert sind, deren Text unvollständig ist und die auch thematisch nicht direkt zu den anderen Bl. zu gehören scheinen. Diese liegen allesamt in dem bereits erwähnten Umschlag, der von außen unbeschrieben ist. Auf der hinteren Innenseite (Bl. 20a) steht mit Blaust.* Deutsche Akademie. *Auf der Rückseite (Bl. 20b) findet sich kopfständig u. mit Bleist. die Notiz* Wissenschaft. *In diesem Umschlag liegt ein zweiter Umschlag (Bl. 4 u. 19) aus weißem Schreibpapier, der mit Blaust. beschrieben ist* ad 160 ff, *was sich auf die Husserl'sche Paginierung der Vorlesung beziehen muss und den S.* 267 ff *des vorliegenden Drucktextes entspricht. Darauf folgt* Wie es scheint zu irgendwelchen Freiburger Vorlesungen aus der Kriegszeit ⟨*von* irgendwelchen *bis* Kriegszeit *V. mit Bleist. für* Vorlesungen 1922/23; *darunter vermutlich im gleichen Zusammenhang ebenfalls ausradiert* oder nicht vielmehr zu den Göttinger Kriegsvorlesungen 1914/15?⟩ *Diese Zuordnung Husserls dürfte kaum* *aufrechtzuerhalten sein, da durch die Paginierungen u. anderen Bezeichnungen des Ms. am Rd. sowie in der Landgrebe'schen Inhaltsangabe (in M I 2 II, vgl. Beilage I, S. 360) die Zugehörigkeit zum vorliegenden Text eindeutig bezeugt ist. Es sei denn, Husserl hätte hier ältere Bl. mitsamt ihnen zugehöriger Beilagen in die Vorlesung aufnehmen wollen, was nicht restlos auszuschließen aber unwahrscheinlich ist. Es mag daher sein, dass ihn seiner Erinnerung gemäß derartiges bereits in den Freiburger Kriegsjahren bewegte, oder gar, dass es ihn zu dieser Zeit erstmals beschäftigte. Vielleicht hat eine thematische Parallele der Bl. mit dem Anfangsstück des II. Teils der „Einleitung" ⟨von⟩ 1916 (F I 41/1a), nämlich Rationalismus – Empirismus (ebd.) die Husserl'sche Zuordnung unterstützt. Nach Schrift u. Zustand sind die hier interessierenden Bl. jedenfalls in die frühen 20er Jahre einzuordnen. Der erwähnten problematischen Zuordnung folgt dann als Aufschrift die inhaltliche Angabe Phänomenologie und Erkenntnistheorie (bzw. die traditionelle transzendentale Erkenntnistheorie). Phänomenologie als Intuitionismus. Phänomenologie als Rationalismus, als dessen radikale Vollendung, aber auch als radikaler Empirismus (m, n) 124/125. Die letzteren Angaben verweisen auf Paginierungen Husserls zu einzelnen Bl. (s. u.).*

Die Bl. sind durchgehend mit Tinte stenographiert und mit Bleist., Blaust., Rotst. u. Lilast. unterschiedlich stark bearbeitet. Das Ms. weist zahlreiche An- u. Unterstreichungen auf sowie einzelne Veränderungen, Einfügungen u. Ergänzungen; jedoch hält sich diese Bearbeitung in Grenzen. Das Ms. ist von Husserl nicht fortlaufend paginiert, da es in mehrere selbständige kleine Texte sowie zwei kleinere Vorlesungsteile zerfällt. Jene tragen separate Paginierungen und sind als ergänzende Texte zum hier als Kapitel 11 u. 13 abgedruckten Vorlesungstext anzusehen (vgl. dazu die textkritischen Anmerkungen zu den Beilagen XXV, XXVI, XXVII u. XXXI, S. 738 ff.). Zum Vorlesungstext selbst gehörig sind die Bl. 9 – 15. Sie sind von Husserl wie folgt mit Bleist. paginiert worden 168, 169, 172, 173, 174 u. zusätzlich mit Blaust. m, 175 u. zusätzlich mit Blaust. n, 176.

Den Seiten **280**,17 – **284**,4 *des Drucktextes liegen die durch Husserl als 170 und 171 paginierten Bl. 50 – 51 des Konvoluts F II 3 der Londoner Vorträge zugrunde, was den Bl. 82 – 88 (p. 77 bis 82) im Ts. M II 3a entspricht (zur allgemeinen Manuskriptbeschreibung dieser Konvolute vgl. oben, S. 500 ff.).*

Den Seiten **285**,11 – **292**,23 *des Drucktextes liegen die durch Husserl von 172 bis 176 paginierten Bl. 11 – 15 des Konvoluts B IV 2 zugrunde (zur allgemeinen Manuskriptbeschreibung vgl. oben, S. 512). Die p. 174* *u. 175 (S. **288**,32 – **291**,22) sind zusätzlich als m u. n paginiert. Diese Tatsache sowie die andersartige Qualität des Papiers, lassen es als durchaus möglich erscheinen, dass sie einem früheren Kontext entstammen und hier eingefügt wurden. Belege dafür gibt es aber nicht.*

Auf die p. 176 folgt dann im Ms. unmittelbar die p. 178 (vgl. dazu oben die Ausführungen im Abschnitt „Zur Textgestaltung", S. 488).

*Den Seiten **292**,23 bis zum Schluss der Vorlesung liegen die durch Husserl von 178 bis 185 paginierten Bl. 55 – 62 des Konvoluts F II 3 der Londoner Vorträge zugrunde, was mit Ausnahme eines Bl. den Bl. 95 – 113 (p. 89 bis 107) im Ts. M II 3a entspricht (zur allgemeinen Manuskriptbeschreibung dieser Konvolute vgl. oben, S. 500 ff.). Die Paginierung der Bl. im Rahmen der Vorlesung weist keine Unregelmäßigkeiten auf. Die ältere Originalpaginierung der Londoner Vorträge dokumentiert dagegen, dass die p. 182 (S. **301**,11 – **302**,21) nicht ursprünglich in ihrem jetzigen Zusammenhang stand. Sie ist aber, wie einer Randnotiz zu entnehmen ist, bereits für die Endredaktion der Londoner Vorträge umgelegt worden, und zwar wurde die ursprüngliche Paginierung Husserls III 12 ergänzt durch den Hinweis* kann auch als IV 8a stehen. *Beide Stellen bleiben dieser Formulierung zufolge als Ort dieses Blattes möglich, jedoch hat Husserl dann die Stelle im Rahmen der Vorlesung verbindlich festgelegt durch die eindeutige Paginierung des Bl. als 182 (vgl. dazu oben S. 512 sowie die textkritische Anm. zu S. 301,11-302,21). Landgrebe hat den Text dieses Bl. schließlich im Ts. an seine ursprüngliche Stelle zurückversetzt, so dass er dort auf den Bl. 77 – 78 (p. 72 u. 73) erscheint.*

3,8 *Über dem mit* Eine *beginnenden Text befindet sich mit Bleist. die Notiz* Freiburg W/S 22/23. 27.X.22, *durch die der Beginn der Vorlesung genau datiert ist.* ‖ **3**,13 wohlvertraut *aus allgemeiner V. für radierten, nicht rekonstruierbaren Text* ‖ **3**,16 *nach* Bezeichnungen. *mit Blaust. gestr.* Er verfügt damit gewissermaßen über eine rohe Weltkarte, über ein Orientierungsschema, in den er jeden neu erfahrenen ⟨nach erfahrenen *gestr.* besonderen⟩ Gegenstand und Gegenstandstypus einträgt. ‖ **3**,18 mit *Einf.* ‖ **4**,10 unmittelbar *V. für* sogleich ‖ *nach* und *Ms.* noch einmal *und* ‖ **4**,11 *nach* Einleitung *im Ms. senkrechter Rotstiftstr., wohl von Landgrebe* ‖ Arbeit *V. für ausradiertes, nicht rekonstruierbares Stenogramm* ‖ **4**,13 *nach* kann. *im Ms. zwei senkrechte Blaustiftstr.* ‖ **4**,21 Mit *über* endet *der Text der Vorderseite des Bl. Auf der Rückseite befindet sich der folgende mit Blaust. gestr. Text, der wohl eine Vorstufe des Anfangs bildet* Eine Einführung in die Philosophie hat es nicht so leicht wie die Einführung in

TEXTKRITISCHE ANMERKUNGEN ZUM HAUPTTEXT 515

irgend⟨eine⟩ der sogenannten positiven Wissenschaften. ⟨*nach* Wissenschaften. *gestr.* Jede dieser Wissenschaften hat ein besonderes Sachgebiet als Thema ihrer Forschungen, sei es ein besonderes Tatsachengebiet oder ein Gebiet von geistigen Gebilden, die schon im praktischen Leben ihre Rolle spielen. ⟨*von* sei es *bis* spielen *Erg. größtenteils am Rand; von* Gebilden *bis* spielen *wohl versehentlich nicht gestr.*⟩ Der Anfänger verfügt von vornherein durch die natürliche Erfahrung und auch durch die natürlichen Begriffe der Allgemeinsprache über konkrete Sachanschauungen, über allgemeine Gebietsbezeichnungen.⟩
Alle diese Wissenschaften beziehen sich auf die erfahrungsmäßig gegebene Welt des Gemeinschaftslebens oder der Natur, ⟨*von* des *bis* Natur, *V. für* , in der⟩ ⟨in der⟩ uns die natürliche Erfahrung von Kindheit an orientiert hat; wir haben vor aller Wissenschaft allgemeinste Strukturunterschiede dieser Umwelt unseres wachen Lebens kennen gelernt, die Sprache hat dafür allgemeine Worte, ⟨*nach* Worte *Ms.* und *danach gestr.* durch allgemeine⟩ deren Bedeutungen die erschauten typischen Demarkationen begrifflich umgrenzen. Natur ist uns ein Titel für die vor aller Geistestätigkeit des Menschen vorliegenden ⟨vorliegenden *Lesung unsicher*⟩ Urtatsachenwelt innerhalb ⟨*von* Natur *bis* innerhalb *V. für* Unterschiede wie Natur und Kulturwelt,⟩ der Natur: physische Natur, organische Natur, ⟨*nach* Natur *gestr.* u. dgl.⟩ sich vielfältig weiter differenzierend, sind von vornherein ein anschaulich ⟨anschaulich *Einf.*⟩ Bekanntes und sprachlich Aufzuweisendes. Ebenso auf der anderen Seite die Bereiche menschlicher Kulturtätigkeiten und Kulturgebilde, die gesellschaftlichen ⟨*nach* gesellschaftlichen *gestr.* Organisationswissenschaft⟩ Verbände, die Typen ihrer Organisationen, also ⟨*von* die Bereiche *bis* also *V. für* Staat, Kirche. Staat⟩ Sprache, Sitte, Kunst, Religion, ⟨*nach* Religion, *gestr.* politische Gemeinschaft⟩ Staat und Recht usw. ⟨*nach* usw. *gestr.* auch gewisse Gebilde in dieser geistigen Sphäre⟩
Auf Seiten dieser im einzelmenschlichen und sozialen Wirken auftretenden Leistungen treten auch die Wissenschaften selbst auf. ⟨*nach* auf. *Absatzzeichen*⟩
Die Formen menschlichen Gemeinschaftslebens, der Typen ⟨der Typen *Einf.*⟩ ihrer Gemeinschaftsgehalte, ⟨*nach* Gemeinschaftsgehalte, *gestr.* auf der anderen Seite⟩ die Bereiche der ⟨*nach* der *gestr.* menschlichen⟩ Kulturtätigkeiten und Kulturgebilde, die allgemeinen Formen gesellschaftlicher Verbände und die Typen ihrer besonderen Organisationen, also ⟨*nach* also *gestr.* Religion, wirtschaftliches Leben⟩ Wirtschaft, Religion, Sitte, ⟨*nach* Sitte, *gestr.* Handwerk, Kunst⟩ Sprache, Recht und Staat usw., auch Wissenschaft ... *Text bricht ab* ‖ **4**,22 positiven *Einf.* ‖ **4**,22-23 Die Philosophie *V. mit Bleist. für* Sie ‖ **4**,26 ein höheres Stock-

werk *V. für* in höherer Stufe ‖ in der Aufstufung *Einf. mit Bleist.* ‖ **4**,29 *von* der *bis* Naturwissenschaften *V. für* den konkreten ⟨*über* konkreten *gestr.* Reihe⟩ Wissenschaften von ⟨*von konkreten bis* von *nachträglich in Kl. gesetzt*⟩ den konkreten Gestaltungen der physischen Natur. ‖ **4**,31 besondere *V. für* die; *Ms.* besonderen *statt* besondere ‖ Erfahrungsgegebenheiten *V. für ausradiertes, nicht rekonstruierbares Stenogramm* ‖ **4**,36 philosophischen *V. für* Philosophen ‖ **4**,37 und Psychik *Einf.* ‖ **5**,2-3 *von* und auf *bis* Sinne *Einf.* ‖ **5**,3 bezieht sich damit *V. für* korrelativ ‖ **5**,5-7 *von* , erfüllt *bis* mitleben *im Ms. in eckigen Blaustiftkl.* ‖ **5**,7 In der Tat, *Einf.* ‖ **5**,14 *nach* andererseits in alle *gestr.* endlichen ‖ **5**,18 darf *V. für* scheint höher entwickelt, darf ‖ **5**,20 fester auf sich zu beruhen? *V. für* zu sein? ‖ **5**,27 Fragen *V. für* Probleme ‖ **5**,28 Sondergebiete *V. für* Gebiete ‖ **5**,31-32 *von* Es *bis* aber *V. für teilweise ausradierten, nicht rekonstruierbaren Text* ‖ **5**,32 *Ms.* allen *statt* alle ‖ **5**,34 *nach* davon *mit Tinte u. Blaust. gestr.* gewinnen wir eine Vorahnung ‖ *nach* von *gestr.* unserer dunklen Vorstellung des Sinnes der Philosophie ‖ **5**,36 nur *Einf.* ‖ unklare *V. für ausradiertes, nicht rekonstruierbares Stenogramm* ‖ **5**,37 *nach* Wissenschaft *mit Tinte u. Blaust. gestr.* und ihrer entsprechenden Begleitphilosophie ‖ **6**,2 von *V. für* zu ‖ **6**,8-9 *von* und nicht *bis* Methodik *Einf. mit Bleist.* ‖ **6**,9 *von* Und *bis* sich, *V. für ausradiertes, nicht rekonstruierbares Stenogramm* ‖ **6**,12 Grundlagenprobleme sind *Einf.* ‖ **6**,14-17 *von* philosophisch sind *bis* Geltung. *V. mit Tinte u. Blaust. für* die Probleme mathematischer Begriffsbildung, des Verhältnisses mathematischen Anschauens und Denkens zu der Art der darin erzeugend konstruierten mathematischen Objektivität und des Sinnes ihrer absoluten Geltung sind philosophisch ‖ **6**,19 z. B. *Einf.* ‖ *nach* Klärung *mit Tinte u. Blaust. gestr.* zwischen positivem Faktum ‖ des philosophischen *V. für ausradierten, nicht rekonstruierbaren Text* ‖ **6**,19-20 Sinnes *V. für* Sinn ‖ **6**,21-23 *von* ebenso *bis* u. dgl. *Einf.* ‖ **6**,26 *von* Organ *bis* Reiz *Einf.* ‖ **6**,36 die Grundbegriffe *Einf.* ‖ **7**,1 klare *Einf.* ‖ **7**,4 allgemeine *Einf.* ‖ *nach* Sätze *gestr.* auf gewisse Anwendungsfälle übertragen will, oder wenn man ‖ **7**,21 *von* aber *bis* betreffen *Einf.; danach senkrechter Blaustiftstrich* ‖ **7**,23 durch *V. für* aus ‖ **7**,25-27 *von* In ihnen *bis* betrifft *Einf.* ‖ **7**,29 des Realen *V. für* der Zahl ‖ **7**,31-32 in ausgezeichneter Art *V. für* besonders ‖ **7**, Anm. 2 *Fußnote = Rb. mit Bleist.* ‖ **8**,3 *nach* usf. *mit Tinte u. Blaust. gestr.* Sie beziehen sich nicht nur es ‖ Also, es *Einf.* ‖ **8**,4 *von* welche *bis* Allgemeinheit *V. für* der allgemeinen Wissenschaften, welche die allgemeinsten Regionen ‖ **8**,5 das *V. für ausradiertes, nicht rekonstruierbares Stenogramm* ‖ **8**,6-7 *von* oder *bis* Wissenschaften *Einf.* ‖ **8**,10 *nach* mitumspannenden *gestr.* logischen ‖ **8**,11-12 *von* und sich *bis* Begriffe, die *V. für* und ‖ **8**,13 *nach* nicht *gestr.* da, wo sachliche Resultate ausgesprochen werden, sondern ‖ **8**,14-15 formaler Normierung *V. für* wissenschaftlicher Fassung ‖ **8**,15 Ausdrücke für die *Einf.* ‖ **8**,16-17 der erkenntnistätigen Subjektivität *Einf.* ‖ **8**,18 *vor* Für *öffnende spitze Blaustiftkl., die nicht geschlossen wird* ‖ **8**,19-20 *von* Sie *bis* Rätsel. *Einf.* ‖ **8**,31-32 *von* (und *bis* Wissenschaftler) *Kl. Einf. mit Lilast.* ‖ **8**,32-33 ist, sich in der Reflexion als *V. mit Lilast. für* ist ‖ **8**,33 zeigt *V. mit Lilast. für* ist ‖ **8**,35 *nach* nennt. *im Ms. senkrechter Lilastiftstrich* ‖ **8**, Anm.1 *Fußnote = Rb. mit Bleist.* ‖ **9**,1 *Ms.* mit *statt* bei ‖ **9**,2 den einzelnen *V. mit Lilast. für* den ‖ **9**,5-6 Wissenschaftslehre *V. für* Wissenschaftstheorie ‖ **9**,6 *Ms.* von *statt* mit ‖ **9**,8-11 *von* in zwei *bis* von *V. für* in ‖ **9**,9 erkennende *Stenogramm nicht eindeutig* ‖ **9**,11 1. *Einf. mit Blaust.* ‖ der *V. für* in ‖ **9**,12 *Ms.* der Richtung auf 2. *statt* 2. der Richtung auf; 2. *Einf. mit Blaust.* ‖ **9**,14 3. *Einf. mit Blaust.* ‖ **9**,15-16 *von* (und *bis* bestimmende) *Kl. Einf. mit Lilast.; nach* (und *senkrechter Strich mit Rotst., dazu die Anm. mit Bleist. von* Landgrebe *bis hier abgeschrieben. L., die sich wohl auf eine begonnene Transkription Landgrebes bezieht, welche nicht erhalten ist* ‖ **9**,17 *nach* Gegenständlichkeit. *senkrechter Blaustiftstr.* ‖ die *V. für* das ‖ Wissenschaftslehre das Korrelative, also *Einf.* ‖ **9**,18 *nach* Korrelation *gestr.* wirklich ‖ **9**,19 sie *V. für ausradierten, nicht rekonstruierbaren Text* ‖ Wesensbezüge *V. für* Sinnesbezüge ‖ behält *V. für ausradiertes, nicht rekonstruierbares Stenogramm* ‖ **9**,20 kann sie *V. für ausradierten, nicht rekonstruierbaren Text* ‖ **9**,20-21 *von* zu einer *bis* allerletzter *V. für* universale Wissenschaftslehre, wirklich allerletzte ‖ **9**,22 *nach* Klärungen. *senkrechter Blaustiftstr.* ‖ **9**,26 die antike und moderne Mathematik *Einf.* ‖ **9**,29 *nach* Sinn. *senkrechter Blaustiftstr* ‖ **9**,30 oder Urteil *Einf.* ‖ **9**,31 *von* von der *bis* also *Einf.* ‖ **9**,32 erkennend leistende *Einf.* ‖ *nach* wird, *mit Tinte u. Blaust. gestr.* und somit die ‖ **10**,3-4 handelt es sich *Einf.* ‖ **10**,4 *nach* Vernunftbewusstsein. *mit Blaust. gestr.* Zur Erläuterung folgendes: Wissenschaft als dokumentierte Wissenschaft, als System dokumentierter Wahrheiten und Theorien weist uns wesensmäßig zurück auf gewisse wirkliche und mögliche Erkenntnistätigkeiten, deren Erzeugnisse diese theoretischen ⟨theoretischen *Einf.*⟩ Gebilde waren bzw. immer wieder werden können. Es sind nicht beliebige Gebilde von Erkenntnistätigkeiten, sondern ⟨*nach* sondern *gestr.* solche von⟩ Erkenntnissen im prägnanten Sinn. Das heißt: Nur wenn sie den Normen der erkennenden Vernunft entsprechen, sind sie in der Tat Wahrheiten, sind die Theorien wahre Theorien. ‖ **10**,5 oder auch formalen *Einf.* ‖ **10**,6 zweifache bzw. dreifache *V. für* dreifache ‖ **10**,9-12 *von* wir der *bis* sachhaltigen *V. für* dasselbe für die besonderen, wir sagen regionalen, Wissenschaftslehren Geltung bzw. für die philosophische Klärung, deren allgemeinste sachhaltige ⟨*im Ms.* allgemeinste sachhaltige *versehentlich nicht der V. angepasst*⟩ ‖ **10**,9 allgemeinen *V. für* allgemeinsten ‖ **10**,14 sachliches *V. für* universales ‖ **10**,17 *nach* „Natur" *gestr.* (im gewöhnlichen engeren Sinne) ⟨*Kl. vom Hrsg. geschlossen*⟩ ‖ dabei *Einf.* ‖ **10**,30 *nach* sein. *Absatzzeichen mit Tinte u. Blaust.* ‖ **10**,31-32 *von* Auch *bis* nämlich *Einf.; nach* nämlich *gestr. ist* ‖ **10**,32 eine *vor* philosophische *Einf.* ‖ **10**,33 Naturwissenschaftslehre *zunächst verändert in* Wissenschaftslehre, *dann V. wieder rückgängig gemacht* ‖ auf *Einf.* ‖ **10**,36 regionalen *Erg. über der Zeile; Ms.* regionale *statt* regionalen ‖ **10**, Anm. *Fußnote = Rb. mit Bleist.* ‖ **11**,1-4 *von* Es *bis* eins sind. *Einf.; darunter gestr. ursprüngliche Einf.* Das müssen wir uns noch verständlicher machen. ‖ **11**,9 Streitfragen *V. für* Fragen ‖ **11**,10 *von* , der *bis* Geisteswissenschaften, *Einf.* ‖ **11**,11 *von* . Wir *bis* eindringen *V. für* und dabei tiefer eindringen soll ‖ **11**,13 sogar *Einf.* ‖ **11**,13-15 *von* . Wir tun *bis* vorzudringen *V. für* soweit, dass wir ein ⟨ein *V. für* das⟩ gewaltiges Problem von innen her verstehen lernen. Es wird dabei eine Art universalster philosophischer Desiderate empfindlich werden. Was im Hintergrund dieses Streites liegt: ‖ **11**,16 Fachwissenschaften *V. mit Bleist. für* Wissenschaften ‖ **11**,16-17 *von* jede *bis* geleitet *Einf. mit Bleist.* ‖ **11**,19 *von* und der *bis* Methode *Einf.* ‖ **11**,33 *nach* In *mit Bleist. gestr.* näherem ‖ **12**,5 dabei wird *V. mit Bleist. für* wobei sie ‖ **12**,6 *nach* abgewirtschaftet *mit Bleist. gestr.* hat ‖ *nach* zugegeben *mit Bleist. gestr.* werden ‖ eine sozusagen *V. mit Bleist. für* sozusagen eine ‖ **12**,7 gegenüber dem Materiellen *Einf.* ‖ **12**,8 *nach* aber *im Ms. nochmals* aber ‖ **12**,10 Mit Methode. *endet der Text auf der Rückseite des Bl.; am unteren Rand und kopfständig* Ehe ich dafür etwas dergleichen ⟨*über* dergleichen *gestr.* schwierigen⟩ setze, *realiter*, frage ich ... *Text bricht ab* ‖ **12**,13 *von* und behauptet *bis* Methode *Einf.* ‖ **12**,15 Teil *Einf.* ‖ **12**,16 methodischen *Einf.* ‖ **12**,22 aller *Einf.* ‖ *nach* Forschung *gestr.* , also der radikal verschiedenen Art, die Welt zu betrachten, ‖ **12**,27 *nach* hinausreichen. *folgt im Ms. noch* Bringen wir uns die Sachen etwas näher. *Durch die darauf folgende Streichung wird dieser Satz jedoch sinnlos und trifft unmittelbar auf den teilweise wörtlich gleichlautenden Anfangssatz des Folgebl. Er wurde daher hier ausgespart. Der mit Blaust. gestr. ursprünglich folgende Text lautet* Der Naturwissenschaftler betrachtet also die Welt als Natur, und was er unter diesem Titel erfasst, erfasst er in einer schon vortheoretisch sich tausendfach vollziehenden Einstellung, zunächst nur erfahrenden Einstellung. In dieser Einstellung, der natürlichen, ⟨, der natürlichen, *Einf.*⟩ ist das Erfahren der „objektiven" ⟨"objektiven" *Einf. mit Bleist.*⟩ Welt ⟨*nach* Welt *mit Bleist. gestr.* als⟩ ein raum-zeitliches Außereinander von Realitäten, die gegenüber ⟨gegenüber *Einf.*⟩ allen erkennenden Subjekten und ihren möglichen Erkenntnissen an sich sind,

sind was sie sind, ob sie erkannt werden oder nicht, ⟨*von* die *bis* oder nicht *Einf.*⟩ jede an ihrer objektiven Stelle, raum-zeitlichen Stelle, jede Substrat eines geregelten Geschehens, aber eines Geschehens, dessen Regel sich nicht unabhängig von den Geschehnissen an anderen Realitäten vollzieht, sondern universale Regelordnungen, Naturgesetze herrschen, ⟨herrschen *V. für* beherrschen; *nach* herrschen *gestr.*, die über die Formen Raum, Zeit verbreiteten Realitäten kausal einigend.⟩ und sie sind es, welche zwischen den über die universalen Formen Raum, Zeit verbreiteten Realitäten „kausale" Einheit, Einheit der Natur herstellen. *Mit* herstellen. *endet der gestr. Text auf der Vorderseite des Bl.; die Rückseite ist unbeschrieben. Der Zusammenhang dieses gestr. Textes wird aber fortgeführt auf den von Husserl ursprünglich als 7 paginierten Bl. 10, dessen Vorderseite ebenfalls mit Blaust. gestr. ist. Die Rückseite dieses Bl. blieb mit Ausnahme der ersten mit Blaust. gestr. Zeile gültig, wurde aber von Husserl, der anstelle des gesamten Textes zwei neue Bl. eingefügt hat, nun als 7b umpaginiert (vgl. unten die textkritische Anm. zu S. 15,23). Die neu eingefügten Bl., die den Text von S. 12,29 bis 15,23 bringen, sind von Husserl ursprünglich mit Lilast. als 7 und 8 paginiert worden. Da nur eine p. 7 zu ersetzen war und eine p. 8 schon existierte, wurde die neue p. 8 dann mit Bleist. in 7a umpaginiert. Dieser folgt dann die Rückseite der ursprünglichen p. 7 (S. 15,23 – 16,14) als p. 7b.* ‖ **12,29** *vor* Gehen *Randtitel mit Rotst.* Naturwissenschaft und Geisteswissenschaft ‖ **12,36** *von* aus *bis* heißt *Einf.* ‖ **13,3** *nach* räumlich-zeitlichen *gestr.* Nebeneinander ‖ **13,4-6** *von* Die *bis* Gesamtheit *V. für* In der äußeren Erfahrung durchläuft, können wir sagen, der erfassende Blick oder hat er als erfahrenes Universum ‖ **13,6** im *V. für ausradiertes, nicht rekonstruierbares Stenogramm* ‖ *Ms.* räumlich-zeitliches *statt* räumlich-zeitlichen ‖ **13,7** seienden *V. für ausradiertes, nicht rekonstruierbares Stenogramm* ‖ **13,11** objektiver *Einf.* ‖ **13,18** *nach* Aber *folgt im Ms. zu Beginn einer neuen Seite nochmals* aber ‖ **13,25** *nach* Erfahrung *mit Tinte u. Blaust. gestr.* erfasst die dauernde objektive Welt als an sich dauernd seiende, sie identifiziert sie im Wechsel und der Folge getrennter Erfahrungen und kümmert sich, betätigt sich in fortgesetzter Identifizierung des in vielen getrennten Erfahrungen Erfahrenen *bricht ab und setzt neu an* reflektiert nicht über ihren Sinn, sie ist in Form der Identifizierung ⟨der Identifizierung *Einf.*⟩ mannigfaltiger Einzelerfahrungen und ‖ **13,27** Dingwelt *V. für* Welt ‖ **13,28** *nach* Erkenntnisakten *gestr.* , auch ihren subjektiv wechselnden Erfahrungen ‖ **13,32-33** teils bekannte, teils *V. für* bekannte oder ‖ **13,33** erkennbare *V. für* zu näherer Kenntnis erst kommende ‖ **14,2-6** *von* So *bis* erwarten ist *V. für teilweise ausradierten, teilweise gestr. Text. Lesbar ist* ... und was im besonderen Fall geschieht, ist der eben besondere Fall des Gesetzes ‖ **14**,3 *von vornherein Einf.* ‖ **14**,15-18 *von* Ebenso *bis* haben. *im Ms. in eckigen Blaustiftkl.* ‖ **14**,16 *nach* durch *gestr.* Beobachtung ‖ **14**,20 *von* die das *bis* ist, *Einf.* ‖ **14**,22-23 empirisch-induktives *Einf.* ‖ **14**,24-25 *von* diese *bis* haben. *Einf.* ‖ **14**,28 „Innerlichkeiten", ihre *Einf.* ‖ **14**,29 *nach* gegeben. *gestr.* Das heißt, hier wird der geistige Mensch 〈*nach* Mensch *im Ms. noch einmal* wird〉 eingefühlt, so ‖ **14**,29-31 *von* spielt *bis* Seelenleben *Einf.* ‖ **14**,32 also *Einf.* ‖ *Ms.* beseelende *statt* beseelte ‖ **14**,36 *nach* ist. *gestr.* und ‖ **14**,37 äußerlich gegebene *Einf.* ‖ **15**,4 in der Tat *Einf.* ‖ **15**,10 *nach* maßgebende. *zwei senkrechte Blaustiftstriche* ‖ **15**,12 bloß *Einf.* ‖ **15**,13 *nach* Seele, *gestr.* im Ganzen ‖ **15**,13-14 ein, nur eben doppelschichtiges, *V. für ausradiertes, nicht rekonstruierbares Stenogramm* ‖ **15**,15 *nach* Zusammenhang; *gestr.* wir betrachten *danach mit Bleist. gestr.* sondern wir ‖ jetzt *Einf. mit Blaust.* ‖ **15**,16 „ich" *Anführungszeichen vom Hrsg.* ‖ **15**,17 als Du *Einf.* ‖ **15**,19 *nach* als Ich *gestr.* in seinem Bewusstseinsleben sich vorstellt, ‖ **15**,21-22 *von* bewusst von *bis* wird, *Einf.* ‖ **15**,22 bewusst *V. für* und ‖ und ihn affizierenden *Einf.* ‖ **15**,23 Mit praktisch. *endet der Text auf der Rückseite des Bl.; der Text der Vorderseite des im Ms. folgenden Bl. ist mit Blaust. gestr. Er setzt den gestr. Text, der ursprünglich oben, S. 12,27 nach* hinausreichen. *folgte, fort (vgl. die textkritische Anm. zu dieser Stelle) und lautet* Kausalgesetze sind blinde Tatsachenregeln, 〈sind blinde Tatsachenregeln, *V. für* , blinde Tatsachenregeln sind〉 nur induktiv erkennbar; sie sind es, welche das Geschehen hier und das Geschehen dort, das Geschehen jetzt und das nachher äußerlich und „objektiv" regeln: 〈*nach* regeln *mit Bleist. gestr.* , d. h.〉 „an sich", ob jemand davon weiß oder nicht weiß, ob ein Subjekt oder 〈Subjekt oder *Einf.*〉 beziehendes Bewusstsein im 〈*Ms. in statt* im〉 Spiel ist oder nicht. Alles geschieht hier 〈Alles geschieht hier *V. für zunächst mit Tinte u. von* so, dass *an in eckigen Blaustiftkl. u. mit Blaust. gestr.* ist der Verlauf des Geschehens geregelt, und zwar so, dass wenn das eine Geschehen mit Beziehung auf seine Umstände eintritt, unter diesen Umständen dann auch das andere eintritt. Das individuelle Sein und Geschehen ist dabei nicht bloß individuell mit anderem verbunden, sondern〉 nach Gesetzen, die für die Art der einzelnen 〈einzelnen *V. für* individuellen〉 Vorkommnisse und Art der Umstände die entsprechende Art 〈die entsprechende *V. mit Bleist. für* die〉 der 〈*nach* Art der *gestr.* individuellen〉 Folge vorzeichnen. Der Naturforscher sieht ausschließlich hin auf das objektiv Reale und 〈*von* auf das *bis* und *Einf.*〉 auf die äußeren räumlich-zeitlich 〈*nach* räumlich-zeitlich *gestr.* und gesetzliche〉 kausalen Zusammenhänge. Sein „Erklären" besagt, dass er die individuellen Konstellationen, die er beobachtet, auf die vorher 〈*nach* vorher *gestr.* induktiv〉 erkannten

TEXTKRITISCHE ANMERKUNGEN ZUM HAUPTTEXT   521

objektiven ⟨objektiven *Einf.*⟩ Tatsachengesetze zurückführt. ⟨*nach* zurückführt *in eckigen Blaustiftkl. u. mit Blaust. gestr.* Was hier eintritt, ist bezogen auf die und die Umstände, unter denen vorher das und das eingetreten war ⟨*von* unter *bis* war *V. für* und⟩, tritt notwendig ein, aber wo immer so geartete Umstände bestehen und in ihnen vorher derartiges ⟨derartiges *V. für* das und das⟩ eingetreten war, muss jetzt derartiges ⟨derartiges *V. für* das und das⟩ eintreten.⟩

In dieser Betrachtungsweise ist auch der Mensch wie ein reales Stück der Natur anzusehen, ⟨*nach* anzusehen, *gestr.* objektiv⟩ als Substrat seiner leiblichen und seelischen Vorgänge, an seiner raumzeitlichen Stelle, und zwar ganz wie leblose Dinge ⟨*von* , und zwar *bis* Dinge *Einf.*⟩ und in äußerer Beziehung zu anderen Realitäten, ⟨Realitäten *V. für* realen Dingen⟩ physischen Dingen oder psychophysischen Einheiten ⟨*nach* Einheiten *gestr.* , gar Seelen⟩ zu betrachten. Natürlich ist diese Betrachtungsweise eine rechtmäßige, und so kann der Geisteswissenschaftler dagegen nichts haben. Aber sie schließt nicht eine ganz andere aus. Der Geisteswissenschaftler betrachtet den Menschen als personales Ich-Subjekt, das sich subjektiv, d. h. in seinen Bewusstseinstätigkeiten, auf seine Umwelt bezieht. Der Mensch als Person ist, wenn er Bewusstsein von der Welt als seiner Umwelt hat, bei sich und in sich, er stellt vor, er urteilt, fühlt, will, handelt, *hier endet die gestr. Seite; der mit Blaust. gestr. Text geht auf der Folgeseite noch wie folgt weiter* und er wird dabei mannigfach, aber bewusstseinsmäßig „affiziert": all... ‖ **15**,25 ist *Einf.* ‖ **15**,29 dann *Einf.* ‖ **16**,1-2 erscheinende Wirklichkeit *V. für* bewusste ‖ **16**,5 *nach* motivieren. *im Ms. zwei senkrechte Blaustiftstr.* ‖ **16**,7-8 eben auch wissenschaftlich *Einf.* ‖ **16**,11 ihnen *Einf.* ‖ **16**,12 *von* motiviert *bis* und so *V. für* so und so sich ‖ **16**,17-18 beständig geübte *Einf.* ‖ **16**,19-22 *von* übt *bis* rein als die *V. für teilweise ausradierten, teilweise gestr., nicht rekonstruierbaren Text* ‖ **16**,22 *nach* die *im Ms. noch einmal* die ‖ **16**,22-23 *von* deren *bis* Weise *V. für teilweise mit Tinte u. Lilast. gestr., teilweise ausradierten, nicht vollständig rekonstruierbaren Text* ‖ **16**,24 und die *V. für ausradierten, nicht rekonstruierbaren Text; von* und die *bis* Auch *Einf.; von* und die *bis* betrachtet *im Ms. in eckigen Blaustiftkl.* ‖ **16**,25 und *V. für ausradiertes, nicht rekonstruierbares Stenogramm* ‖ **16**,27 *nach* Auch *im Ms. noch einmal* auch ‖ **16**,29 *nach* aber *gestr.* und ‖ **16**,30 *von* in der *bis* Lebewesen *Einf.* ‖ **16**,32 äußerlichen Erfahrung *V. für ausradierten, nicht rekonstruierbaren Text* ‖ **16**,33 innerlich *Einf.* ‖ **16**,34 *nach* lassen. *senkrechter Blaustiftstr.* ‖ **17**,2 *Mit* Verwirrungen. *endet der gültige Text der Vorderseite des Bl. Der Rest der Seite und die ganze Folgeseite mit Blaust. gestr. Der gestr. Text lautet* Natürlich nicht bei der physischen Natur, wenn sie an und für sich erforscht ⟨erforscht *V.*

für genommen⟩ werden, also naturwissenschaftliche Themen sind ⟨*von
, also bis* sind, *Einf.*⟩, denn physische Dinge für sich und ⟨für sich und
Einf.⟩ in ihren Verhältnissen untereinander sind bloß kausale Realitäten.
Anders Menschen und schon Tiere. Ihre körperlichen Leiber können rein
als physische Dinge im physischen Naturzusammenhang betrachtet werden, also in dem der mechanischen Bewegungen und Wirkungen, sie
können aber auch anders angesehen werden. Denn ⟨*von* sie können *bis*
Denn *Einf.*⟩ andererseits sind sie Leiber ihrer Subjekte, ihnen in ausgezeichneter Weise bewusst und z. B. ⟨z. B. *V. für* in der⟩ auch bewusst als
unmittelbare Gegenstände ihrer praktischen Verfügung, als vom Ich her
bewegt und sich verändernd. Jeder ihrer ⟨*Ms.* ihren *statt* ihrer⟩ personalen
Leibesbewegungen entspricht im Übergang ⟨im Übergang *V. für* in der
Änderung der Einstellung⟩ zur äußeren Einstellung eine mit ihr identifizierte ⟨mit ihr identifizierte *Einf.*⟩ physische Bewegung, die unter Naturgesetzen steht. Aber nur zu leicht übersieht man dabei die ursprüngliche
Unterschiedenheit ⟨Unterschiedenheit *Einf.*⟩ des einen und anderen. Man
übersieht, dass die leibkörperliche Bewegung als äußere Naturtatsache
und dass die geistige Tatsache des „Ich bewege" zunächst etwas Verschiedenes sind ⟨sind *V. für* ist⟩ und das Problem mit sich führen ⟨führen
V. für führt⟩, wie Inneres und Äußeres dasselbe sein sollen. ⟨*von* Man *bis*
sein sollen. *Einf. u. V. für* die ursprüngliche. *Einf.* des Affizierenden und
Affizierten, Subjektiven*; nach* sollen. *gestr.* Ebenso das Verhältnis des
äußeren ⟨äußeren *Einf.*⟩ Reizes und der personalen Schöpfung und weiteren personalen ⟨und weiteren personalen *Einf.*⟩ Reaktion in der personalen Einstellung und die der parallelen äußeren Naturverhältnisse⟩ Ebenso
das Verhältnis zwischen dem innerlich das Ich ⟨dem innerlich das Ich
Einf.⟩ affizierenden ⟨*Ms.* affizierendem *statt* affizierenden⟩ Gegenstand,
dem Reiz übenden, und dem Ich selbst ⟨und dem Ich selbst *V. für ausradierten, nicht rekonstruierbaren Text; danach gestr.* die subjektive
Reizwirkung⟩ als wie das ⟨das *V. für* es⟩ in der inneren Einstellung gegeben ist (z. B. wenn mich ein Licht blendet), ⟨*von* (z. B. *bis* blendet) *Einf.*⟩
das physisch sogenannte Reizverhältnis (zwischen dem physischen Ding
corpus und dem physischen Leib). In der äußeren naturalen Betrachtung
ist ein Mensch ein Raumding, mit dessen physischen Prozessen „seelische" Prozesse geregelt koexistieren und eine kausale Einheit bilden. In
der inneren Betrachtung ist ein Ich-Subjekt da, das vorstellt, denkt, fühlt
usw., das in sich eine Vorstellungswelt erfährt, zentriert um das, was es
seinen Leib nennt mit frei beweglichen Organen etc. Aber wieder wird
das Verschiedene, das Gegebene der äußeren Einstellung und inneren
Einstellung im Einstellungswechsel ohne weiteres identifiziert. ⟨*von* In
der äußeren *bis* identifiziert. *Einf.*⟩ In der Naturbetrachtung der menschli-

chen Gesellschaft haben wir nichts weiter vor uns ⟨vor uns *Einf.*⟩ als einen Haufen auseinanderliegender Realitäten, jede ein Komplex von Leibkörper und psychischen Vorgängen, und gesehen ist ⟨ist *Einf.*⟩ dabei nur die äußerliche Regelordnung psychophysischen Geschehens, die sich als ⟨als *Einf.*⟩ kausale gibt. In der geistigen Einstellung haben wir viele personale Subjekte, die sich wechselseitig verständigen, die bewusstseinsmäßig für andere da sind und gemeinsam sich bezogen wissen auf eine und dieselbe Umwelt; und diese Subjekte sind nun ⟨nun *V. für* nicht nur⟩ modifiziert durch die von ihnen innerlich erfahrene ⟨*nach* erfahrene *ausradiertes, nicht rekonstruierbares Stenogramm, dann gestr.* Dinge⟩ Umwelt, und sie ⟨sie *Einf.*⟩ treten zu den ihnen bewusst gegenüber stehenden ⟨*von* ihnen *bis* stehenden *Einf.*⟩ Nebenmenschen ⟨*nach* Nebenmenschen *gestr.* als psychophysischen ⟨psychophysischen *Einf.*⟩ Dingen in dem ihnen erscheinenden Raum⟩ in eine besondere ⟨*nach* besondere *gestr.* sondern sind auch von den Nebenmenschen⟩ personale Motivationsbeziehung ⟨Motivationsbeziehung *V. für* motivierte Beziehung⟩ (die der Ich-Du-Motivationen) ⟨Ich-Du-Motivationen) *Kl. vom Hrsg. geschlossen*⟩. Sie treten zueinander in Willensbeziehungen, bilden personale Verbände, Sozialitäten – lauter Sachen, für die die naturwissenschaftliche Betrachtungsweise blind ist oder die sie reduziert auf die vereinzelten leibgebundenen Erlebnisse der einzelnen Menschen. Die Naturwissenschaftler forschen ausschließlich in der naturalen Einstellung; wie es zu ihrer Verselbständigung gekommen ist, wie dazu, dass nach der physischen Natur auch die ganze Welt natürlich betrachtet worden ist, das ist eine Frage. || **17**,3-4 *von* Das *bis* Tiere. *V. für* Anders bei Menschen und Tieren. || **17**,5 *nach* gegeben *gestr.* als || *von* wie *bis* worden ist, *Einf.* || *nach* vorhin *gestr.* angedeutet worden ist || **17**,6-8 *von* rein physische *bis* bestimmt *im Ms. in eckigen Blaustiftkl.* || **17**,11-13 *von* Jeder *bis* Daten. *Einf.* || **17**,17 in Betracht kommen *V. für* bestehen || *nach* der *gestr.* abgeschlossenen || **17**,22 *nach* Annexen *gestr.* und auf || **17**,22-26 *von* die Körper *bis* ausgestattet ist. *im Ms. in eckigen Blau- und Rotstiftkl.* || **17**,32 nicht *nachträglich mit Blaust. verdeutlicht* || **17**,32-33 *von* Ding unter *bis* Leib *V. für* ein Komplex von psychischen Tatsachen an einem „Leib" genannten Körper, die, nur äußerlich geregelt, kausal diesem Körper zugehören ⟨*von* ein *bis* zugehören *ursprünglich in eckigen Blaustiftkl., öffnende Kl. später ausradiert*⟩; *nach* Ding *gestr.* alles || **17**,34 gegeben *V. mit Bleist. für* was ich bin || **17**,38 Dabei *V. für* Die || **18**,1-7 *von* als Zentrum *bis* Orientierungszentrum etc. *im Ms. in eckigen Tinte- u. Blaustiftkl.* || **18**,10-12 *von* die ich, als *bis* Akten *Einf.* || **18**,10 und *V. für* in || **18**,14 *nach* heißt. *senkrechter Rotstiftstrich* || ja schon *V. mit Bleist. für ausradiertes, nicht rekonstruierbares Stenogramm* || **18**,17 *nach* etc." *senkrechter Rotstiftstrich* ‖ **18**,19 „Mensch" *Anführungszeichen vom Hrsg.* ‖ **18**,19-22 *von* „Mensch" *bis* dem Titel *Einf.* ‖ **18**,23 u. 24 „menschliche Gemeinschaft" *Anführungszeichen vom Hrsg.* ‖ **18**,28 anderen *Einf.* ‖ **18**,37 *nach* ist. *senkrechter Rotstiftstr.* ‖ *nach* man *gestr.* eben ‖ *nach* für *gestr.* die Zusammenhänge der Äußerlichkeiten hat ‖ **19**,1 Das *V. für* Die ‖ **19**,7 Jedenfalls *V. für* Aber ‖ **19**,9 *nach* physische *mit Tinte u. Blaust. gestr.* Naturforschung, ⟨Naturforschung *V. für* Naturwissenschaft; *nach* Naturforschung *gestr.* als⟩ eine gewaltige, die Forschung für sich ganz in Beschlag nehmende Wissenschaft, konstituierte ‖ **19**,10 weil sie *V. mit Bleist. für* und ‖ **19**,12 dass sogar *Einf. mit Bleist.* ‖ **19**,15 *nach* die *im Ms. noch einmal* die *als V. für* und ‖ **19**,19-21 *von* also *nach bis* werden konnte. *V. für* betrachtet und rein induktive Regelmäßigkeiten in Zusammenhang mit der physischen Natur, also als psychophysische Doppelrealität im Rahmen der raumzeitlichen Welt betrachtet werden. ‖ **19**,22 Mit Recht. *endet die Vorderseite des Bl.; die Rückseite ist unbeschrieben.* ‖ **19**,23 *vor* So *beginnt die Seite mit dem folgenden gestr. Text* für sich. Aber jedenfalls bei der ungeheuren Ausdehnung der naturwissenschaftlichen Denkgewohnheiten und bei der weitreichenden Möglichkeit, auch in der menschlichen Welt ⟨menschlichen Welt *V. für* Geisteswelt⟩ die rein induktive kausale Einstellung und Forschung ⟨Forschung *V. für* Forschungsrichtung; *danach gestr.* zu wählen⟩ zu vollziehen, ‖ **19**,23-24 *von* und *bis* Bildungskreise *Einf.* ‖ **19**,25 Eigentümlichkeit *Einf.* ‖ geisteswissenschaftlicher *V. für* naturwissenschaftlicher ‖ **19**,27-31 *von* Damit *bis* Entwicklungsstufe. *Einf.* ‖ **19**,31-33. *von* Umgekehrt *bis* Die *Einf.* ‖ *von* ungeheuer *bis* Kulturwissenschaften *Erg. über der Zeile* ‖ **19**,36 *nach* bringt *Ms.* es ‖ **20**,3 psychophysische *Einf. mit Bleist.* ‖ **20**,9-14 *von* leben, *bis* klarzumachen, *Einf. am Rand* ‖ **20**,9 leben *V. für* forschen *welches wiederum V. ist für* verstehen ‖ **20**,13 der *V. für* die ‖ **20**,14 andererseits *V. mit Bleist. für ausradiertes, nicht rekonstruierbares Stenogramm* ‖ **20**,17-18 sozialer Verbände *V. mit Bleist. für ausradierten, nicht rekonstruierbaren Text* ‖ **20**,29-**21**,2 *von* Knüpfen *bis* Wir fragen: *Einf. als V. für urspr., später gestr. Einf.* Die schönsten und besten Fachwissenschaften für sich reichen nicht aus, zumal aber wenn wir noch weiter ⟨weiter *Einf.*⟩ fragen: ‖ **21**,10-13 *von* Lehren *bis* betrachten *am Rand mit Blaust. zweimal angestrichen* ‖ **21**,11 Die Welt *V. mit Bleist. für* Sie ‖ **21**,13 *von* Ich *bis* auch *Einf.* ‖ **21**,15-16 *von* bestimmt *bis* gedachten *Einf.* ‖ **21**,16 *nach* oder *gestr.* beliebig anzunehmenden ‖ **21**,20 und leidenden *Einf.* ‖ **21**,24 Einstellungsvermengungen *V. für* Vermengungen ‖ **21**,25 geistig *V. für* also in geistiger Betrachtung ‖ **21**,26 eine weite Welt erschauen *V. für* in eine weite Welt hineinschauen ‖ **21**,28 gesprochen *Einf. mit Bleist.* ‖ **21**,31 durch mich *V. für teilweise* *ausradierten, nicht rekonstruierbaren Text; nach* mich *senkrechter Blaustiftstrich* ‖ **21**,34 *nach* umspannt. *mit Tinte u. Blaust. gestr.* Mein ‖ **21**,36 Wirkliche *V. mit Tinte u. Bleist. für ausradiertes, nicht rekonstruierbares Stenogramm* ‖ *nach* heran. *im Ms. senkrechter Bleistiftstr.* ‖ **21**,37 des Baumes *V. für ausradiertes, nicht rekonstruierbares Stenogramm* ‖ **21**,37-**22**,1 *von* Die *bis* seinen Sinn. *Einf.* ‖ **22**,2 unmittelbar oder mittelbar *Einf.* ‖ **22**,3-6 *von* auch das Gedachte *bis* Dinge sind *am Rand mit Bleist. angestrichelt* ‖ **22**,4 aber dann in *V. mit Bleist. für* mitsamt ‖ **22**,5 *nach* mir. *im Ms. senkrechter Blaustiftstr.* ‖ **22**,7 erfahre und *Einf.* ‖ erkenne *V. für ausradiertes, nicht rekonstruierbares Stenogramm* ‖ **22**,8 raumzeitlich seiend *V. für* zeitlich ‖ **22**,11-13 *von* und bewusst *bis* Zeiten. *Einf.* ‖ **22**,11 und bewusst wird *Einf.* ‖ **22**,13-14 *von* ist *bis* verstehen? *V. mit Bleist. für* dieses Bewusstsein selbst? ‖ **22**,15 *Ms.* auseinander *statt* außer einander ‖ *von* und *bis* Dinge *Einf.* ‖ **22**,18 *nach* zuschreiben *gestr.* aber ‖ **22**,19 was *Einf.* ‖ Hat *V. mit Bleist. für ausradiertes, nicht rekonstruierbares Stenogramm* ‖ **22**,20 von *V. für* außer ‖ den außer *Einf.* ‖ **22**,21 Bewusstsein *V. mit Bleist. für* bewusst ‖ **22**,25 Äußerliche *V. mit Bleist. für* äußerlich ‖ **22**,28 Spreche *Lesung unsicher* ‖ **22**,30 „Bewusstsein von etwas" *Anführungszeichen vom Hrsg.* ‖ **22**,33 *nach* ist. *im Ms. senkrechter Blaustiftstr.* ‖ **22**,36 angelernte *V. für* gelernte ‖ **22**,38-**23**,4 *von* nicht bloße *bis* erprobtes Sehen. *V. für* ich wiederhole sie selbst, ganz direkt. ‖ **23**,9-12 *von* Freilich, *bis* z. B. *Einf.;* Freilich *mit Bleist.* ‖ **23**,13 die Dinge *V. für ausradierten, nicht rekonstruierbaren Text* ‖ **23**,13-14 in den Erscheinungsweisen des *Einf.* ‖ **23**,14 „da und dort" *Anführungszeichen vom Hrsg.* ‖ des *vor* rechts *Einf.* ‖ **23**,18 *nach* Aber *mit Tinte u. Blaust. gestr. u. teilweise ausradierter kopfständiger, nicht rekonstruierbarer Text* ‖ **23**,20-26 *von* In *bis* zu erfassen. *Einf.* ‖ **23**,27 *von* der originalen *bis* Erfahrung *Einf.* ‖ **23**,30-31 *von* ist *bis* Dingen. *V. für* von Sonne und Mond und den anderen Dingen ist. ‖ **23**,31 *nach* gesehenen Dingen *gestr.* usw. ‖ **23**,32 Subjekt *V. für* Person eines Lebens ‖ **23**,35 das *Einf.* ‖ getrennt existiert *V. für gestr. u. teilweise ausradiertes, nicht rekonstruierbares Stenogramm* ‖ **23**,36 getrennt, *Einf.* ‖ *nach* verteilt *gestr.* (also trennt) ‖ **23**,37 auch das *Einf.* ‖ **23**,38 das *Einf.* ‖ selbst *Einf.* ‖ und *vor* Dinge *Einf.* ‖ **24**,1 selbst *Einf.* ‖ **24**,6-8 *von* Freilich *bis* können. *Einf.* ‖ **24**,8 *nach* können. *senkrechter Blaustiftstrich* ‖ **24**,11 theoretisches *Einf.* ‖ **24**,12-13 *von* – und wenn *bis* her – *Einf.* ‖ **24**,14 und *Einf.* ‖ **24**,16-17 *von* nicht *bis* vielmehr *V. für* auch nicht nur mancherlei Unklarheiten, Mängel in sich, die den Wert ihrer Fachleistung trüben, sehr viel mehr noch ‖ **24**,19-21 *von* oder *bis* hätten, *Einf.* ‖ **24**,19 die *Einf.* ‖ **24**,22 *vor* Über *senkrechter Blaustiftstrich* ‖ **24**,25-29 *von* der Welt *bis* beiderseitigen *V. für mit Tinte u. Blaust. gestr.*

hier doppelt betrachteten Welt mitsamt der ‖ **24**,28 *des V. für* positiven ‖ **24**,29-30 korrelativen *Einf.* ‖ **24**,30 sind *V. mit Bleist. für* ist ‖ **24**,31-32 mit all der *V. mit Bleist. für* all die ‖ **25**,3 wirklich *V. für* wahrhaftig ‖ **25**,12 *nach* erkennt. *im Ms. senkrechter Rotstiftstrich* ‖ **25**,15 für sie *Einf.* ‖ **25**,21 Vermutung *V. für* Bemerkung ‖ **25**,24-28 *von* Würde *bis* zu ziehen. *im Ms. in eckigen Rotstiftkl.* ‖ **25**,29 *nach* offenbar *gestr.* in die reflektive Sphäre führt ‖ **25**, Anm. *Fußnote = mit Bleistift geschriebener Text eines kleinerformatigen Einlagebl. mit derselben Husserl'schen Paginierung 13 wie das mit* voraussetzt. *endende vorherige Bl. Der Text ist auf der Rückseite eines unvollendeten, mit Bleist. gestr. Briefentwurfs notiert u. mit Bleist. überschrieben* zu 13 ff. *Damit ist Bezug genommen auf den S.* 23,20 *ff. abgedruckten Text der vorliegenden Ausgabe. – Nach* geistige *folgt im Ms. noch* , *die dann bricht der Text ab.* ‖ **26**,9 unermüdlich und *Einf.* ‖ **26**,12-14 *von* und die *bis* Geisteswelt gibt, *V. für* , also sich einerseits den naturalen, andererseits den geistigen Erfahrungen hingeben und die schlicht bald als Natur-, bald als Geisteswelt erfahrene Welt ‖ **26**,15 und letzte *Einf.* ‖ **26**,17 *nach* Erfahrene *mit Tinte u. Blaust. gestr.* schlechthin ⟨schlechthin *Einf.*⟩ als erfahrenes Dasein, als sich ja *es folgt ein ausradiertes, nicht rekonstruierbares Stenogramm* ‖ schlechthin *V. für ausradiertes, nicht rekonstruierbares Stenogramm* ‖ **26**,22 *nach* neue Einstellung *gestr.* , welche die Naivität der natürlichen Einstellung, die wir als natural und geistig beschrieben hatten, überwindet, ‖ **26**,23-25 *von* wenn jenes *bis* zuzueignen. *V. für* um jenes Rätsel zu lösen und den nur relativ wertvollen Forschungen der positiven Wissenschaften den absoluten Wert endgültiger, letzte Wahrheit erzielender Forschungen zueignen ⟨zu⟩ können. ‖ **26**,31 speziell *Einf.* ‖ **26**,33-34 *von* und dadurch *bis* Selbstverständliches *V. für* die uns zum Bewusstsein brachten, dass, was beiderseits das erfahrene Dasein war und schlechthin als ‖ **27**,1 *von* In *bis* selbst *V. für* Also wir selbst waren ‖ dem *V. für* einem ‖ **27**,4 *nach* höheren *gestr.* über die Relativität ihrer einst natürlichen ⟨Fragestellungen⟩ ‖ **27**,11-14 *von* verständlich *bis* bestimmt. *V. für* und nach einer neuartigen „philosophischen" Forschung, welche das in naiver Positivität Erfahrene und theoretisch Erkannte in seinem absoluten Wahrheitswerte bestimmt, verständlich zu machen, wie sehr auch in dieser Hinsicht der volle Sinn der geforderten Forschung noch zu klären ist. ‖ **27**,11 *nach* Notwendigkeit *im Ms. nach versehentlich nicht gestr.* ‖ **27**,11-12 neuartigen *V. für ausradiertes, nicht rekonstruierbares Stenogramm* ‖ **27**,17-18 *von* unserem *bis* Wissenschaften *V. für* teilweise mit Tinte u. Blaust. gestr. einem ⟨*nach* einem *mit Blaust. gestr.* konkreten Ausgangs⟩ Ursprung allein aus eigenem vorphilosophischem Denkniveau, dem der positiven Wissenschaften, geleitet von der Streitfrage naturwissenschaftlicher und geisteswissenschaftlicher Methode || **27**,20 *im Ms.* jetzt wir *statt* wir jetzt*; jetzt Einf.* || **27**,21 genauere *V. für* weitere || **27**,27 als einer Wissenschaft *Einf.* || **27**,29 *von* Dringen *bis* Frage: *Einf.* || *nach* die *gestr.* Frage || **27**,32-33 *von* durch Überlegungen *bis* Niveau aus. *Einf.; im Ms. wohl versehentlich nach* werden wir *situiert, dort als V. für* also || **28**,2 *nach* Erfahrungsarten *mit Tinte u. Blaust. gestr.* man in solchem natürlichen Vorgehen nicht nachdenkt, wie man ja überhaupt nicht Bewusstseinsreflexion || **28**,3-4 *von* . Demnach *bis* weiteres *V. für* , und so werden auch Zahlen || **28**,7 So viel über *V. für ausradierten, nicht rekonstruierbaren Text* || **28**,10 auf *V. für* in || *nach* oder *gestr.* was gilt es || **28**,13 *nach* indem wir *gestr. Einf.* wie wir vorher schon sagten, *danach gestr.* wir || **28**,16-17 *von* Das *bis* vorgehen: *V. für teilweise gestr., teilweise ausradierten, nicht rekonstruierbaren Text* || **28**,17-18 *von* Zuerst *bis* also *Einf.* || **28**,19 und Erkenntnis *V. für teilweise gestr., teilweise ausradierten, nicht rekonstruierbaren Text* || **28**,20-21 selbst mit naturwissenschaftliches *V. für* solches naturwissenschaftliche || **28**,29 ich kann auch sagen *Einf.* || **28**,31 natürlich-positiven *V. für* positiven || **28**,34 *nach* Leistung *im Ms. noch einmal* zu || **28**,38-29,1 korrektes *V. für ausradiertes, nicht rekonstruierbares Stenogramm* || **29**,1 *nach* sei. *senkrechter Strich* || **29**,3 Fürs Erste *V. mit Blaust. für* 1. fürs Erste || der Philosoph *V. für* er || **29**,3-5 *von* positiver *bis* als dieser. *V. für* wie z. B. der Naturwissenschaftler eben Naturwissenschaftler, und er hat also ⟨also *Einf.*⟩ nicht das besondere Interesse, das dieser jeweils hat. || **29**,3-4 positiver Wissenschaftler *V. mit Bleist. für* Naturwissenschaftler || **29**,5 z. B. *Einf. mit Bleist.* || **29**,7 Demnach ist *V. für ausradiertes, nicht rekonstruierbares Stenogramm* || *nach* Herausstellung *gestr.* dieser || zuverlässiger *V. für* Wahrheit als wirklicher || **29**,8 dieser Tatsachen und Gesetze *Einf.* || *nach* Kritik *im Ms. noch einmal* ist || **29**,12 offenbar *V. für ausradiertes, nicht rekonstruierbares Stenogramm* || **29**,13 wissenschaftliches *Einf.* || *nach* haben. *mit Blaust. gestr.* Es ist zweierlei, die Natur selbst und ⟨*von* Es ist *bis* und *V. für* also⟩ das Natur erkennende Leisten mit all seinen reflektiven und wissbaren Gehalten theoretisch zu erforschen. || **29**,14 *vor* Der *gestr.* Natürlich || **29**,18 und will er wissen *V. für* das, was er als Thema ⟨als Thema *Einf.*⟩ erkennt, und nur das weiß er, weil er es, in unserem ⟨Bei⟩spiel Natur, erkennen will || **29**,19 sein *vor* Erkenntnisziel *V. für ausradiertes, nicht rekonstruierbares Stenogramm* || **29**,21 als *V. mit Tinte u. Bleist für* in solchem || **29**,26 *nach* Sphäre. *senkrechter Blaustiftstr.* || **29**,28 überhaupt *Einf.* || **29**,31 *nach* usw.! *senkrechter Blaustiftstr.* || **29**,33 das *Einf.* || **29**,36 des Seins *Einf. mit Bleist.* || **30**,8 sind *Einf.* || **30**,12 innerhalb der realen *Einf. mit Bleist.* || **30**,14 *vor* Ist *öffnende spitze Rotstiftklammer, die nicht geschlossen wird* || höchsten *Einf. mit Bleist.* ||

30,18 möglichen *V. für* Möglichkeiten, ‖ **30**,18-19 *von* Erfahrungen *bis* Denkrichtungen *V. für* Erfahrungs- und Denkrichtungen ‖ **30**,26 Thema *V. für* Gebiet ‖ **30**,28 *nach* nebenher *gestr.* , sondern Zielpunkt ‖ *nach* also *gestr.* Natur ‖ **30**,37-38 *von* wobei *bis* lebt, *Einf.* ‖ **30**,38 als solches, d. i. *Einf.* ‖ **31**,15 *von* und jeder *bis* Modis *Einf.* ‖ **31**,24 objektiven *Einf.* ‖ **31**,26 als *V. für* etwas ‖ **31**,28-29 philosophische Wissenschaftslehre oder philosophische *V. für* Wissenschaftstheorie oder ‖ **31**,30 theoretischen *Einf.* ‖ **31**,31 (nicht den axiologischen Sinn) *Erg. am Rand; Kl. vom Hrsg.* ‖ **31**,38 *nach* vollzieht *mit Tinte u. Blaust. gestr.* . Was meint ⟨*nach* meint *mit Tinte u. Blaust. gestr.* und zu dem, was er sich als „Wahrheit" erarbeitet und zu seinem Erkenntnis⟩ ‖ **32**,2 und *Einf.* ‖ **32**,9 besser *Einf.* ‖ **32**,11 *nach* werden. *gestr.* Erst ‖ **32**,17 *nach* und *gestr.* auch erst selbst ‖ **32**,19 *vor* Freilich *Randnotiz mit Bleist.* bis hier. *Der folgende Passus bis S. 33,30 ist womöglich von Husserl nicht vorgetragen worden (vgl. dazu die textkritische Anm. unten zu S. 32,33-35).* ‖ **32**,31 Umstände *vor* sozusagen *Einf.* ‖ **32**,33-35 *von* und dazu *bis* begründet, *Randnotiz mit Bleist.* Nicht mehr gelesen. *Diese Notiz Husserls ist wohl auf das ganze hier zugrundeliegende Bl. des Ms. zu beziehen, dessen Text bis* Vorbereitung sein. *reicht. Der folglich in der Vorlesung offenbar weggelassene Textpassus dürfte bereits auf dem vorigen Manuskriptbl. nach Husserls Randnotiz mit Bleist.* bis hier *beginnen, also mit* Freilich, *erweitert (vgl. dazu die textkritische Anm. oben zu S. 32,19).* ‖ **32**,38 bloßen *Einf.* ‖ **33**,2-3 *von* , ja *bis* Fragliche *Einf.* ‖ **33**,4 *von* Freilich *an mit waagerechtem Bleistiftstr. vom vorhergehenden Text abgetrennt, dazu am Rand eine Null* ‖ **33**,10-12 *von* ist *bis* somit als *V. für* ist der Mensch nicht schon längst ‖ **33**,14-18 *von* Das *bis* werden. *V. für gestr. Einf.* Warum wird aber das Kind nicht bei seinem Namen genannt? ‖ **33**,21 möge *Einf.* ‖ **33**,30 *nach* sein. *ist der Rest des Bl. unbeschrieben. Am unteren Rand kopfständig* der Welt der Positivität eine Art Revolution eintr…*Text bricht ab* ‖ **33**,34-**34**,17 *von* Durch *bis* Subjektivität ist. *ist Text eines später eingelegten Bl., das am Rand von Husserl die Notiz trägt* Beilage, irgendwo ad 17? *Der Text des von Husserl mit 17 paginierten Bl. findet sich in der vorliegenden Ausgabe S. 30,38 – 32,28; der durch das Fragezeichen bekundeten Unsicherheit Husserls bei der Zuordnung wird hier Rechnung getragen, indem der Text an der Stelle veröffentlicht wird, an der er auch im Ms. liegt und an der er auch inhaltlich – als Resümee – gut passt.* ‖ **33**,36 *nach* Einstellung *gestr.* die alle ⟨*Ms.* alles *statt* alle⟩ Art Erkenntnisgegenständlichkeit und alle Art Wahrheit über Erkenntnisgegenständlichkeit ‖ **34**,1 einer *Einf.* ‖ **34**,17 Mit ist. *endet der Text des wohl nachträglich eingelegten Bl. Die Rückseite ist unbeschrieben.* ‖ **34**,19-20 Wir hatten gesagt *Einf.* ‖ **34**,22 *nach*

Recht; *gestr.* all das Leisten und all die Leistung, die in Form positiver Wissenschaften naiv gewonnen wird, bedarf einer Forschung, ‖ **34**,29 in ihr *V. für* in der positiven ⟨positiven *Einf.*⟩ Forschung ‖ **34**,30 *von* der in *bis* vollzogenen *V. für* und das wahre Sein, der ‖ **34**,31 *nach* ⟨ver⟩mag *gestr.* , die sie in ihren verschiedenen Gebieten zu gewinnen sucht ‖ **34**,37 „vernünftige" *Anführungszeichen mit Rotst.* ‖ **35**,5 moderne Astronomie oder Chemie *V. für* Mathematik ‖ **35**,7 erkennenden *Einf.* ‖ **35**,8 Selbstverständlich, *V. für* Nicht alles ‖ **35**,10 *nach* der *gestr.* Recht, Richtigkeit ‖ **35**,16 *nach* ist *im Ms. noch einmal* also ‖ *nach* besondere *gestr.* sich durch eigene Charaktere auszeichnende, sich in eigenartigen Gestalten vollziehende, in besonderen Formen, ‖ **35**,17 Intendierendes *Einf.* ‖ **35**,21 in der Denksphäre *Einf.* ‖ **35**,23 „Es ist", „Es ist so" *alle Anführungszeichen vom Hrsg.* ‖ **36**,7 *nach* usw. *gestr.* ausgezeichnete ‖ **36**,14-17 *von* Gesetze *bis* Satzgebilde). *V. für* Gesetzmäßigkeit schreibt allgemeine Bedingungen der Möglichkeit vernünftigen, einsichtigen Erkennens bzw. für die möglichen Sinnesgestalten der Wahrheit und in dokumentierter Form für Satz und Satzgebilde vor. ‖ **36**,18 *vor* Das *Absatzzeichen mit Bleist.* ‖ **36**,21 hinstrebt *V. für ausradierten, nicht rekonstruierbaren Text* ‖ **36**,25-26 *von* Auch *bis* Evidenzen. *Einf.* ‖ **36**,26-27 die Mängel *V. für* sie ‖ **36**,29 Erkenntnismittel *V. für* Mittel ‖ **36**,31 intendierte *V. für* gewollte ‖ also *V. für* und ‖ **36**,32 Mängeln und *Einf.* ‖ **36**,32-33 und zur Reflexion veranlasst *Einf.* ‖ **36**,34 alles *Einf.* ‖ **37**,1 beschränkte *V. für* zufällige ‖ **37**,7 und *V. für ausradiertes, nicht rekonstruierbares Stenogramm* ‖ **37**,11 *von* wird *bis* zum *V. für* ist eben diese Selbstbesinnung ein ‖ **37**,12 *nach* universalen *gestr.* Normen ‖ **37**,18 *nach* zu *gestr.* demselben oder ‖ **37**,23 Bewusstsein *V. für ausradiertes, nicht rekonstruierbares Stenogramm* ‖ **37**,27-28 *zwischen* Wahrheit, *und* kommt *ist der gültige Text durch eine gestr. kopfständige Textzeile unterbrochen. Diese lautet* Die Betrachtungen der letzten Vorlesungen bedürfen noch einer Ergänzung, die sie zugleich abschließen soll. Wissenschaft ‖ **37**,33 jetzigen *Einf.* ‖ **38**,4 *nach* Logik *gestr.* der Sätze und Schlüsse ‖ **38**,20 *nach V. für* in ‖ **38**,21 Evidenzgesetzen *Einf.* ‖ **38**,26 *nach* Unvernunft *gestr.* also vor aller Frage nach Einsichtigkeit und Widersinnigkeit ‖ **38**,27 dass in der Tat und wie *V. für* wie in der Tat ‖ **38**,29 von allen *V. für* aller ‖ **38**,36 Mit geben. *endet der Text etwa auf der Mitte der Rückseite des Bl.; die übrige Blatthälfte ist unbeschrieben* ‖ **38**,38 haben wir *V. für* habe ich ‖ **38**,38-39,1 *von* in *bis* als *V. für* in einer Weise ‖ **39**,2 deren Unklarheit *V. für* die ‖ **39**,3 setzte *V. für* setzen ‖ in *V. für ausradiertes, nicht rekonstruierbares Stenogramm; nach* in *gestr.* Widersinnigkeiten ‖ **39**,7 Ihre *V. für ausradiertes, nicht rekonstruierbares Stenogramm* ‖ **39**,8 Stufe *V. für* Rechtfertigungsstufe ‖ **39**,9 *Ms.* einer *statt* eine ‖ **39**,11 Bedürfnissen der *Einf.* ‖ *nach* dass *mit Tinte u. Blaust. gestr.* übergreifend über die Regionen von positiven Wissenschaften; *danach folgt im Ms. noch einmal* dass ‖ **39**,12 unterschiedene *V. für ausradierten, nicht rekonstruierbaren Text* ‖ **39**,15 universalen *V. für* allgemeinen. ‖ **39**,16 *nach* Subjektivität. *mit Tinte u. Blaust. gestr.* Indem wir; *danach wieder mit Tinte u. Blaust. gestr.* Wir aber sehen, dass sie die alle allgemeine wäre ‖ **39**,17-18 *von* dass *bis* sei *V. für teilweise gestr., teilweise ausradierten, nicht vollständig rekonstruierbaren Text* ‖ **39**,18 *nach* die *mit Tinte u. Blaust. gestr.* wissenschaftstheoretische ‖ *nach* dieser *mit Tinte u. Blaust. gestr.* über positiver, wissenschaftstheoretischer ‖ **39**,19 *für* die Ermöglichung *V. für* in Hinsicht auf ‖ einer *V. für ausradiertes, nicht rekonstruierbares Stenogramm* ‖ **39**,22 radikalen *Einf.* ‖ **39**,24 als *V. für* und ‖ **39**,25 universalen *Einf.* ‖ **39**,26 *nach* Ernste *gestr.* auf ihre Fahne zu schreiben, ‖ **39**,27 Mit erweisen. *endet der Text auf der Vorderseite des Bl. Auf der Rückseite befindet sich die untere Hälfte des Textes eines Briefes von T. Akita an Husserl. An einer freigebliebenen Stelle hat Husserl den folgenden, mit Blaust. gestr. Text geschrieben* Erkennen als ein strebendes Hinmeinen gelangt als Vernunfterkenntnis zum Bewusstsein der reinen Erfüllung der Erkenntnisintention, ein Bewusstsein, das auch Einsicht, Evidenz heißt. ⟨*nach* heißt. *gestr.* Das wissenschaftliche Erkenntnisstreben *danach gestr.* Korrelativ⟩ Auf Seiten des Erkannten steht dann nicht bloß das überhaupt Vermeinte, sondern das Vermeinte im Charakter ⟨*nach* Charakter *gestr.* des evident Gegebenen, des selbstgegebenen⟩ des erschauten Wahren, der wahren ⟨wahren *Einf.*⟩ Sache selbst, des Urteilsverhaltes selbst. Das wissenschaftliche Erkenntnisstreben, in Ketten von Evidenzen sich vollziehend, erzielt Wahrheit und wieder Wahrheit, begründet aus Wahrheiten neue Wahrheiten, und was dann erzielt ist, nimmt alsbald den Charakter objektiver Ergebnisse an, sofern die Wahrheiten in ihr systematisch zusammenhängend ⟨*von* in *bis* zusammenhängend *Einf.*⟩ in Sätzen zu dokumentieren sind, die jedermann nachverstehen und durch Nacherzeugung der Evidenz in der Gestalt selbstgegebener Wahrheit überführen kann. Es zeigt sich nun aber, in wissenschaftstheoretischer Einstellung, das Evidenzerkennen und korrelativ das die in dem sich erzeugenden Erkenntnisgebilde…*Text bricht ab.* ‖ **40**,5 *vor dem mit* Wir erweitern *beginnenden Text eines neuen Bl. liegt im Ms. ein von Husserl unpaginiertes, nahezu leeres Bl., auf dem er, den Folgetext betreffend, notiert hat* II. Teil ‖ **40**,6 *von* Boden *bis* Subjektivität *V. für* absoluten Boden ‖ *nach* stellt, *gestr.* und in schlichter Einfachheit ‖ **40**,7 und in sich *V. für mit Tinte u. Blaust. gestr.* und vom Einfachsten in vollkommenster Klarheit fortschreitender ‖ **40**,10-11 *von* als bloße *bis* Vernunft *V. für* bloß Wissenschaft von der

Erkenntnissubjektivität sei, bloß Theorie der erkennenden Vernunft ⟨*nach* Vernunft *ausradiertes, nicht rekonstruierbares Stenogramm, wahrscheinlich* und⟩ ‖ **40**,12-13 *von* Zugleich *bis* üben. *Einf.* ‖ **40**,14 Ichleben *V. für* Leben ‖ **40**,14-15 wird man sagen *Einf.* ‖ **40**,15 Ichleben *V. für* Leben ‖ **40**,16 *nach* willentliches Streben *ausradiertes, nicht rekonstruierbares Stenogramm, dann mit Tinte u. Blaust. gestr.* es intendiert etwas, erzielt oder verfehlt etwas es ist aber nicht nur erfahrendes ‖ **40**,17 das als *V. für ausradierten, nicht rekonstruierbaren Text* ‖ urteilend-forschendes *V. für* urteilend, forschend ‖ abzielt *V. für* Abzielen ‖ **40**,18 realisiert *V. für* Realisieren ‖ **40**,21 *nach* wie *gestr.* wissenschaftliche ‖ **40**,22 mit an *Einf.* ‖ **40**,23-24 *von* eine *bis* einheitlichen *V. für* ein ‖ **40**,24 *nach* Gütern *gestr.* , von Gemeinschaftsgütern ‖ **40**,26-27 Gütersysteme, vor *V. für mit Tinte u. Blaust. gestr.* wir können auch sagen Kultursysteme, *dies wiederum V. für* Güter und vor ‖ **40**,27 *nach* ästhetischen *gestr.* oder wissenschaftlichen; wissenschaftlichen *wiederum V. für ausradiertes, nicht rekonstruierbares Stenogramm* ‖ **40**,28 Tun *V. für* Leben ‖ **40**,29 *nach* Normen. *zwischen senkrechten Rotstiftstrichen u. mit Tinte u. Bleist. gestr.* Eine universale Wissenschaft von der, und überhaupt Erkenntnislehre als Wissenschaft von der Wissenschaft überhaupt, also schließlich nach universaler Darstellung als Wissenschaft von der erkennenden Vernunft und dem Erkenntnisleben überhaupt, erschöpft nicht ‖ *nach* es *mit Tinte u. Blaust. gestr.* gegenüber den naiv erzeugten Wahrheitsgestalten, den wissenschaftlichen Theorien eine Logik und mit Rücksicht auf das erkennende Erzeugen selbst ‖ **40**,31 bedarf *Einf.* ‖ **41**,2 *Ms.* einer *statt* eine ‖ **41**,4 *Ms.* einer *statt* eine ‖ **41**,7-12 *von* von der *bis* leistet, *V. für* die Wissenschaftslehre, die Wissenschaft von der erkennenden Vernunft nach allen Seiten, nach Erkenntnisakt und Erkenntnissinn, die normativen Gesetzmäßigkeiten erforscht, so muss analog eine im weitesten Kreis des Bewusstseinslebens der Subjektivität sein ‖ **41**,7 *nach* von der *im Ms.* die, *wohl versehentlich im Rahmen der V. nicht gestr.* ‖ **41**,11 Kreis *V. für teilweise ausradiertes, nicht rekonstruierbares Stenogramm* ‖ **41**,12 irgend *V. für ausradiertes, nicht rekonstruierbares Stenogramm* ‖ **41**,16 und wollen *Einf.* ‖ *von* und dieses *bis* darauf, dass *V. für* um ‖ **41**,17 *nach* Leben *mit Tinte u. Blaust. gestr.* unter vielerlei Vernunftnormen ‖ **41**,19-20 und unser Leben *Einf.* ‖ **41**,20 selbsterkannten *V. für ausradierten, nicht rekonstruierbaren Text* ‖ *nach* beurteilen. *mit Blaust. gestr.* Sehr eng mit dem Begriff der Norm hängt zusammen der Begriff der Befriedigung, der Glückseligkeit, ein Wort, das freilich einen üblen Beigeschmack hat, oder, wie Fichte sagt, der Seligkeit, was freilich wieder einen Geschmack von ⟨Geschmack von *Einf.*⟩ Überschwänglichkeit mit sich führt. *danach vormals mit Tinte gestr.* Wir können so sagen: Alles ⟨*nach* Alles *gestr. Einf.* tätige⟩ menschliche Leben, genauer alles ⟨alles *V. für* jedes⟩ im prägnanten Sinn ichliche ⟨ichliche *V. für* subjektive⟩ Tun, jedes „Ich tue", „Ich erleide" ⟨"Ich tue", „Ich erleide" *Anführungszeichen vom Hrsg.*⟩ birgt in sich jedes „Ich bin auf etwas hin gerichtet", ⟨*von* „Ich *bis* gerichtet" *Anführungszeichen vom Hrsg.*⟩ hat seine entsprechende Weise möglicher Erzielung, und Erzielung ist Befriedigung. ‖ **41**,21-23 *von* in ihm *bis* also sie *V. für* Wissenschaft und ‖ **41**,23 bietet sich dar *V. für* breitet sich aus ‖ **41**,24 jeweiligen historisch-faktischen *V. für* historischen ‖ **41**,25-27 *von* wenn *bis* wollen, dann *Einf.* ‖ **41**,26 *nach* Wissenschaft *gestr.* zunächst ‖ **41**,30 eine *Einf.* ‖ **41**,32 in idealer *V. für teilweise ausradierten, nicht rekonstruierbaren Text* ‖ ist also *V. für* , wie ich sagte, als ein gemeines ⟨gemeines *Einf.*⟩ Gütersystem oder, wie man sagt, ‖ **41**,33-34 irgendwelcher Forscher und Forschergemeinschaften *V. für* der Forschergemeinschaft ‖ **41**,37-38 *von* Ichakte *bis* erwachsenden *Einf.* ‖ **42**,2 Echtem und Unechtem *V. für* echter und unechter Kunst ‖ **42**,4 *nach* wir Kunst *gestr.* zunächst ‖ **42**,7-8 *von* fragen. *bis* schöpferische *V. für*, und zwar nach Seiten des schöpferischen ‖ **42**,9 *Ms.* den *statt* die*; versehentlich nicht der V. angepasst* ‖ **42**,10 Überhaupt *V. für* Also ‖ **42**,13 *von* Problematik *bis* analoge *Einf.* ‖ **42**,16-17 *von* wie *bis* erscheint *Einf.* ‖ **42**,17 *nach* Zug. *senkrechter Blaustiftstr.* ‖ **42**,18 die totale *V. für ausradierten, nicht rekonstruierbaren Text* ‖ *nach* Tun *mit Tinte u. Blaust. gestr.* , und als vergemeinschaftete Menschen in allem, wie individuellen, so gemeinschaftlichen Tun, ‖ über *V. für ausradiertes, nicht rekonstruierbares Stenogramm* ‖ **42**,19-21 *von* soll *bis* soziales *V. für teilweise ausradierten, nicht rekonstruierbaren Text* ‖ **42**,20-21 und soziales *Einf.* ‖ **42**,22-23 *von* durch *bis* humane *V. für mit Tinte u. Blaust. gestr.* unsere Kultur und eine Kultur überhaupt als*; danach ein ausradiertes, nicht rekonstruierbares Stenogramm* ‖ **42**,25 *nach* heißt, *mit Tinte u. Blaust. gestr.* sie muss nicht nur vor sich selbst als Wissenschaft absolut gerechtfertigt sein und jedem sie Verstehenden absolute Rechtfertigung, ‖ **42**,26-28 *von* gelten lassen, *bis* Selbstkritik baut *V. für* , auf die die naive Vernunftbetätigung baut, und trotz aller wissenschaftlichen, künstlerischen und sonstigen Selbstkritik baut, gelten lassen, ‖ **42**,29 Allgemeinheit *V. für teilweise ausradiertes, nicht rekonstruierbares Stenogramm* ‖ **42**,32 d. i. *Einf.* ‖ *nach* Allgemeinheit. *mit Tinte u. Blaust. gestr.* Sie muss also in derselben Weise, wie wir es an der universalen Wissenschaftslehre besprochen haben, auf eine absolute, aber noch viel universalere Normenlehre lossteuern. ‖ **42**,33 der engeren *V. für ausradierten, nicht rekonstruierbaren Text* ‖ der der Erkenntnis *Einf.* ‖ **43**,3-4 der Vernunft selbst und aller Vernunftarten *V. für teilweise ausradierten, nicht vollständig rekonstru-*

ierbaren Text ‖ **43**,4-5 spezifischen Vernunfttätigkeiten *V. für* Tätigkeiten ‖ **43**,6-10 *von* Damit *bis* überhaupt. *Einf.* ‖ **43**,7-8 als Wissenschaft *V. für ausradierten, nicht rekonstruierbaren Text* ‖ **43**,13 eine kleine, dabei Interesse *V. für ausradierten, nicht rekonstruierbaren Text* ‖ **43**,14 Mit Wendung. *endet der Text auf p. 24; im Ms. folgt darauf direkt p. 26. Ein Bl. mit der Bezifferung 25 befindet sich nicht im Konvolut.* ‖ **43**,16 glückseligen *Einf.* ‖ *Ms.* ein *statt* eines ‖ *nach* und *gestr.* vollendet ‖ **43**,19 *nach* unerwünschte⟨n⟩ *gestr.* Farbe hat ‖ **43**,20 *nach* Überschwänglichkeit. *gestr.* Sagen wir danach wohl *als V. für* Sagen wir *gestr.* Die Alten sprechen hier auch von ‖ **43**,25 *nach* sprechen. *senkrechter Blaustiftstr.* ‖ Klassen *V. für ausradierten, nicht rekonstruierbaren Text* ‖ **43**,26 Intentionen *V. für* sie; *von* Intentionen *bis* gibt Erfüllung *V. für mit Tinte u. Blaust. gestr.* entsprechen ausgezeichnete Erlebnisformen, die der Erfüllung der Intention, darunter reine Erfüllung, also reine Erfüllung; *vor* Intentionen des Intellekts *gestr.* wie der Intellekt (ein Titel für die Erkenntnissphäre), so hat also auch das „Gemüt" ‖ **43**,32 als Entwertung *Einf.* ‖ **43**,33-34 *von* , das *bis* Leben ist, *Einf.* ‖ **43**,36 *nach* wahren *mit Tinte u. Blaust. gestr.* und die Meinung bestätigenden ‖ *nach* heißen *mit Tinte u. Blaust. gestr.* in der reinen Erfüllung, die im reinen Sinne wahren, die wahren schlechthin. ‖ **44**,4 bloße *Einf.* ‖ *von* Jedes *bis* Tun *V. für* Jede wissenschaftliche Einsicht; Jede *versehentlich nicht angepasst* ‖ **44**,5 , so isoliert genommen, *Einf.* ‖ **44**,6-7 *von* , das *bis* braucht *Einf.* ‖ **44**,10 Gesamtleben *V. für* Leben ‖ *nach* überhaupt *mit Tinte u. Blaust. gestr.* als durchgehend und konkretes verstanden ‖ **44**,12 immerfort *Einf.* ‖ **44**,15 Strecke *V. für ausradiertes, nicht rekonstruierbares Stenogramm* ‖ **44**,16-17 nachträgliche *bis* erzielten *V. für* teilweise *mit Tinte u. Blaust. gestr.* in sich unstimmig wird vermeintlich erzielte ‖ **44**,19-28 *von* Das *bis* lebt der Mensch *V. für* und lebt ‖ **44**,20 und nachwertende *Einf.* ‖ **44**,24 *nach* erscheint. *senkrechter Tinten- u. Blaustiftstr.* ‖ *vor* Blinde *weiterer senkrechter Blaustiftstr.* ‖ **44**,25-26 *von* Leben *bis* und *V. für* einstimmiges Leben in wirklicher ‖ **44**,28 So lebt der Mensch *V. für* Es lebt ‖ **44**,29 immerfort ist er *Einf.*; *Ms.* es *statt* er ‖ **44**,30 werden *Einf.* ‖ **44**,31 ob *V. für* und ‖ **44**,32-33 *von* , immerfort *bis* Leidenschaft *Einf.* ‖ **44**,33 *nach* in *Ms. noch einmal* in ‖ **44**,34 wie *V. für ausradiertes, nicht rekonstruierbares Stenogramm* ‖ **44**,34-35 die soziale Menschheit gut und *Einf.*; *vor* die *ausradiertes, nicht rekonstruierbares Stenogramm* ‖ **44**,35 wie lebe ich ein *Einf.* ‖ **44**,36 die ganze Menschheit *V. für ausradierten, nicht rekonstruierbaren Text* ‖ **45**,1 Negation, Entwertung *Einf.*; Entwertung *V. für ausradiertes, nicht rekonstruierbares Stenogramm* ‖ **45**,2-3 *von* und *bis* Herr *Einf.* ‖ **45**,5-6 Wissens und *Einf.* ‖ **45**,6 *Ms.* seins *statt* sein ‖ **45**,8 *nach* die *im Ms. noch einmal* die ‖ philosophische *Einf.* ‖ **45**,9 fassen als *Einf.* ‖ **45**,10 oder wahrhaft guten *Einf.* ‖ seligen *V. für* wahrhaft guten ‖ **45**,11-14 *von* Sie ist *bis* Gemeinschaftssubjektivität *gestr. Rb.* Die Philosophie wird dann zur Wissenschaft vom philosophischen oder im höchsten Sinne guten Kulturleben, deren Korrelat eine im höchsten Sinne wahre Menschheit ist. ‖ **45**,12 seinem Wesen, *Einf.* ‖ **45**,15 ist, da *V. für* , der ‖ **45**,19 *nach* Gemeinschaftsleben. *mit Blaust. gestr.* Echte Kultur und eine echte Menschheit, die sie schafft und sich selbst in echter Weise kultiviert, ist selige Kultur einer seligen Menschheit. ‖ **45**,20 *vor* Das *im Ms. Doppelpunkt mit Blaust. u. ein senkrechter Blaustiftstr.* ‖ oder guten *Einf.* ‖ **45**,21 *von* ihre *bis* Kulturwelt *V. für* echte Kulturwelt als ihre Umwelt ‖ **45**,30 ist und *Einf.* ‖ **45**,30-36 *von* Das *bis* herauszustellen. *in eckigen Blaustiftkl.* ‖ **45**,30-31 *von* Das *bis* Idee *V. für* Dass das leitende normative Ideal eine im Unendlichen liegende Idee ist ‖ **45**,30 normative *Einf.* ‖ **45**,34 *nach* damit *gestr.* das in Form der Selbstregierung und Selbstgestaltung allein mögliche wertvolle, ‖ **45**,35 *nach* muss. *senkrechter Blaustiftstr.* ‖ **45**,36 *vor* Die *senkrechter Blaustiftstr.;* Die universale Vernunftlehre hat *V. für teilweise mit Tinte u. Blaust. gestr.* Sie hat so fortschreitend ‖ **45**,38 einerseits *Einf.* ‖ **46**,2 andererseits *V. für* und ‖ **46**,8 *nach* und *gestr.* vor allem ‖ **46**,9-10 Theorie und praktische Lehre *Einf.* ‖ **46**,10 *nach* Lehre *wohl versehentlich gestr.* von ‖ **46**,15 *nach* haben, *gestr.* praktisch ‖ **46**, Anm. Fußnote = *Text eines später eingelegten Bl., das von Husserl am Rand mit Rotst. als Beilage bezeichnet ist und mit Rotst. nach* hatten! *situiert worden ist.* ‖ **47**,3-14 *von* Den *bis* Ferner: *Einf.* ‖ **47**,5-6 *von* Es *bis* philosophische *V. für* Diese Vorzeichnung der Idee der Philosophie um *das Weitere ist ausradiert und nicht rekonstruierbar* ‖ **47**,8 konkreten *Einf.* ‖ **47**,13-14 *von* Was Metaphysik *bis* Ferner: *V. für mit Tinte u. Blaust. gestr.* Ferner ‖ **47**,14 *nach* bedeuten. *senkrechter Rotstiftstr.* ‖ **47**,20 *Kl. im Ms. erst nach* Vernunft *geschlossen, danach senkrechter Blaustiftstrich* ‖ **47**,25 *nach* noch *gestr.* besser ‖ **47**,30-33 *von* Das *bis* kann. *Einf.* ‖ **47**,33 Grundarten *V. für* Arten ‖ **47**,36 „Philosophie" *Anführungszeichen vom Hrsg.* ‖ **47**,37 einen vernünftigen *Einf.* ‖ **48**,5-6 *von* zuerst *bis* und *Einf.* ‖ **48**,9 Besinnung über die *V. für* Bedingungen der ‖ **48**,11 *nach* oder *mit Tinte u. Blaust. gestr.* die Bedingungen der ‖ ein *V. für ausradiertes, nicht rekonstruierbares Stenogramm* ‖ **48**,12 sei *V. für ausradiertes, nicht rekonstruierbares Stenogramm* ‖ *von* muss *bis* erkennende Vernunft *Einf.* ‖ *nach* stehen. *senkrechter Blaustiftstr.* ‖ **48**,13 *von* dass alle *bis* ausgewertet werden *am Rand mit Rotst. angestrichen* ‖ **48**,15 *nach* eingeht *mit Tinte u. Blaust. gestr.* und sich dadurch also entsprechend umbildet ‖ Stufe *V. für* Stufenform ‖ **48**,19 *nach* die *gestr.* reine ‖ **48**,21 erkennende logische Form *V. für* logischen Formen ‖

48,22 *von* Wert *bis* geurteilt werden, *V. für* Werte in solchen Formen geurteilt werden, in Werterkenntnissen, ‖ **48**,25-26 absoluten *Einf.* ‖ **48**,26-27 uns der systematischen Universalität *V. für* der systematischen Universalität uns ‖ **48**,27 *nach* halten. *senkrechter Blaustiftstr.* ‖ **48**,28 und der Methode *Einf.* ‖ **49**,10 Spitze *V. für ausradiertes, nicht rekonstruierbares Stenogramm* ‖ **49**,11 *nach* stehen, *mit Tinte u. Blaust. gestr.* in dem der ‖ **49**,16-17 *von* findet *bis* Aufstellung der *V. für ausradierten, nicht rekonstruierbaren Text* ‖ **49**,17 *Ms.* die *statt* der ‖ **49**,18 aller Erkenntnis *Einf.* ‖ **49**,18-21 *von* bzw. *bis* selbst. *Einf.; Einf.* wohl *V. für teilweise mit Tinte u. Blaust. gestr., teilweise ausradierten, nicht rekonstruierbaren Text* ‖ **49**,21 *nach* selbst *mit Blaust. gestr.* zu gewinnen ‖ **49**,21-25 *von* als Anfang *bis* zum Philosophen *V. für teilweise ausradierten, mit Blaust. gestr., nicht rekonstruierbaren Text* ‖ **49**,27 philosophierenden Subjekt *V. für* Standpunkt des philosophierenden Subjekts ‖ *nach* in *im Ms. noch einmal* in ‖ **50**,15-16 konkret gestalten *V. für* gewinnen ‖ **50**,18-19 *von* wenn *bis* erfüllt hat *V. für ausradiertes, nicht rekonstruierbares Stenogramm* ‖ **50**,20 selbsttätig, in Selbstverantwortlichkeit *V. für* selbst, selbstverantwortlich uns eine philosophische Stellung; selbstverantwortlich *im Ms. versehentlich nicht angepasst* ‖ **50**,22-23 *von* in *bis* lassen, *Einf.* ‖ **50**,23-24 *von* eine *bis* Aufführung *V. für* ein schönes Drama ‖ **50**,25 *nach* erheben *mit Tinte u. Blaust. gestr.* , sondern um eine der ernstesten aller Angelegenheiten ‖ **50**,26 um *V. für ausradiertes, nicht rekonstruierbares Stenogramm* ‖ und interessante *Einf.* ‖ **51**,17 Methode *V. für* Grundmethode ‖ **51**,35 *nach* strebt. *Ms. senkrechter Tintenstrich u. zwei senkrechte Rotstiftstriche* ‖ **51**,36-37 *von* Es *bis* gewählte *V. für* Es gibt verschiedene Wege in die Philosophie ‖ **52**,1 radikale *Einf.* ‖ **52**,11-12 letztstrenger *V. für* strenger ‖ **52**,17 *nach* haben. *Ms. senkrechter Bleistiftstr.* ‖ **52**,21 *nach* anbelangt, *mit Tinte u. Blaust. gestr.* so wird er durch den Ernst, mit dem ‖ **52**,23 *nach* dass *mit Tinte u. Blaust. gestr.* (wie er seine Mitbürger davon überzeugen will ‖ **52**,25 *nach* unermüdlicher *gestr. Einf.* und radikaler ‖ **52**,25-26 und in radikaler Rechenschaftsabgabe *V. für* des wahren ‖ **52**,26 *nach* Kritik *gestr.* an sich selbst ‖ Lebenszwecken *V. für* Lebenszielen ‖ *nach* übt *gestr.* und sich ihres wahren und echten Wertes in vollkommenster Einsicht vergewissert, ehe er sich endgültig für sie entscheidet ‖ **52**,29 übertrug *V. für ausradierten, nicht rekonstruierbaren Text* ‖ *nach* Rechenschaftsabgabe *mit Tinte u. Blaust. gestr.* durch ‖ **52**,30 als *Einf.* ‖ **52**,33 in sich *Einf.* ‖ *nach* Zwecke *gestr.* und ‖ **52**,35 *nach* ihren *mit Blaust. gestr.* moralischen ‖ **53**,1 Wirksamkeit *V. für ausradiertes, nicht rekonstruierbares Stenogramm* ‖ **53**,2 überhaupt *Einf.* ‖ **53**,5 *nach* aus *mit Tinte u. Blaust. gestr.* klarer ‖ **53**,8-16 *von* , wird *bis* will. *V. für teilweise mit Tinte u. Blaust.*

gestr. und gegen ihre mannigfachen paradoxen Argumentationen gegen die Möglichkeit einer objektiv gültigen Erkenntnis und einer jeden Vernünftigen verpflichtenden Wissenschaft eben diese Möglichkeit solcher Erkenntnis ergründen und damit in eins eine objektive Wissenschaft selbst endgültig begründen will, wird er ⟨nach wird er *Ms.* noch einmal wird er⟩ zum Vater aller echten und strengen Wissenschaft. ‖ **53**,13 die *V. für ausradiertes, nicht rekonstruierbares Stenogramm* ‖ **53**,16 *von* ist *bis* Schöpfer *V. für* er selbst ist Schöpfer ihrer Idee ‖ **53**,18 das *V. für* die ‖ **53**,19 *mit* Zielidee. *endet der Text auf der Rückseite des Bl.; auf dem übrigen unteren Drittel befindet sich der folgende gestr. und kopfständige Text* Damit ist unsere neue Aufgabe bezeichnet. Alles Bisherige war bloß Vorspiel und gehört nicht zum Spiel selbst. Es dirigierte unsere Erwartungen, es schaffte uns eine Vorform einer Idee der Philosophie, die wir noch nicht in der ganzen Fülle haben ⟨nach haben *gestr.* noch nicht in wirklicher Ausführung haben⟩ (geschweige denn sich auswirkend ⟨sich auswirkend *Einf.*⟩ in zugreifender ⟨zugreifender *V. für* wirklicher⟩ Arbeit sehen), die wir vielmehr erst gewinnen sollen. Was wir gewonnen haben, ist nur eine seelische Bereitschaft ‖ **53**,24-25 *Ms.* bilden *statt* bildet ‖ **53**,33 möglich ist *V. für teilweise ausradiertes, nicht rekonstruierbares Stenogramm* ‖ **53**,35 *nach* bedeutungsvolle *mit Blaust. gestr.* volle ‖ **54**,6 Urzelle *V. für* Keimzelle ‖ **54**,7-8 *von* Er *bis* den Staat *V. für* Das Gemeinwesen, und in Hinblick auf die normale Entwicklungsgestalt des Staates, eben den Staat nennt er ‖ **54**,7 normale *Einf.* ‖ **54**,11 welche *Einf.* ‖ **54**,16 wie gleich zu betonen ist *V. für mit Tinte u. Blaust. gestr.* zu dem ‖ **54**,37 irdische *Einf.* ‖ **54**,38 Gemeinschaft *V. für* Menschheit ‖ **54**,38-**55**,2 *von* , soweit *bis* denken ist *Einf.* ‖ **55**,2 *vor* Auch *Ms.* senkrechter Blaustiftstr. ‖ *von* sehen *bis* Keim *V. für* eine bedeutsame Keimidee ‖ **55**,10-11 auf die Bahn brächte *Einf.* ‖ **55**,23 *nach* schon *gestr. Einf.* die Keime für ‖ **55**,24 Gemeinschaft *V. für* Menschengemeinschaft ‖ **55**,34-**56**,2 *von* Schon *bis* Erkenntnisse. *Einf.* ‖ **55**,34 beiden *Einf.* ‖ **56**,2-4 *von* hat er *bis* Naivität *V. für* bestimmten Bewusstsein des unphilosophischen Dogmatismus aller überlieferten Philosophie und was dasselbe sagt ‖ **56**,14 auch *Einf.* ‖ **56**,23-24 mit einer Art Urkraft *Einf.* ‖ **56**,25 *nach* Wissenschaften *im Ms.* noch einmal sind ‖ **56**,27 *nach* Descartes *gestr.* , selbst einem der größten Mathematiker in Jahrtausenden, ‖ **56**,28 *nach* sind sie *gestr.* im Grunde ‖ **56**,29-30 oder die Philosophie *Einf.* ‖ **56**,30-**57**,5 *von* Dass *bis* machen müssen. *im Ms. in eckigen Bleistiftkl., dazu am Rand mit Bleist. Wiederholung der eckigen geöffneten Kl. u. die Notiz einschieben* sowie weiter unten aber noch zum gleichen Textpassus die Notiz *Einschiebung. Damit will Husserl wohl die hier erfolgte kleine Unterbrechung seiner Gedanken zu Descartes bezeichnen u. möglicher-*

weise andeuten, dass die Passage unter Umständen weggelassen werden könnte. ‖ **56**,33 *und Einf.* ‖ **57**,7-8 *von* (ohne *bis* auseinander zu setzen) *Einf.* ‖ **57**,9 *nach* und *im Ms.* noch einmal. und ‖ **57**,10-11 wieder erwacht *V. mit Bleist. für* auflebt; auflebt *wohl versehentlich nicht gestr.* ‖ **57**,11 besondere *Einf.* ‖ **57**,15 der *Meditationes Erg. mit Bleist. über der Zeile* ‖ **57**,16 die Methode *Erg. mit Bleist. über der Zeile* ‖ seine Grundforderung *V. für* diese Forderungen ‖ **57**,17-22 *von* die eigentümliche *bis* bringt *im Ms. in eckigen Bleistiftkl.* ‖ **57**,19 *von* und ihre *bis* leugnet *Einf.* ‖ **57**,22-23 *von* und *bis* ist *Einf. mit Bleist.* ‖ **57**,24 *von* ist *bis* Interesse *V. für teilweise ausradiertes, nicht rekonstruierbares Stenogramm* ‖ **57**,30-31 *von* denn *bis* Platon'sche *Erg. am Rand, wohl als V. gedacht für den nach* Platon'schen; *gestr. Text* es ist, wenigstens, wenn wir die entscheidenden Hauptschriften maßgebend werden lassen ‖ **57**,31 in *Einf.* ‖ und Absicht *Erg. mit Bleist. über der Zeile* ‖ **57**,32 *nach* die *gestr.* rein ‖ **57**,34-35 *von* die der *bis* zu können, *am Rand fortgeführte Erg. mit Bleist. über der Zeile* ‖ **57**,34 letztlich *Einf.* ‖ **58**,1 Theoretiker *Einf.* ‖ **58**,3-4 in der Denksphäre *Einf.* ‖ **58**,4 *nach* eine *gestr.* radikale ‖ **58**,5 *nach* wird, *gestr.* nämlich ‖ **58**,7 *Mit* geschehen. *endet der Text auf der Mitte des Bl. Danach befinden sich zwei Bleistiftkreuze und mit Lilastift die Notiz* I 3 dann I 4–5. *Damit ist verwiesen auf die Bl. F II 3/13–14 der LV, die wohl erst später gemäß Husserl hier angeschlossen werden sollten, da sie nicht die fortlaufende Paginierung der Einleitungsvorlesung haben. Etwa in der Mitte des Bl.* 13 *befinden sich am Rand ebenfalls zwei Bleistiftkreuze, die kenntlich machen, dass erst auf der Mitte dieses Bl. mit* In dem Sinn *fortzufahren ist.* ‖ **58**,17 *von* (einem *bis* Stils) *Einf. mit Bleist.; Kl. in A nicht geschlossen, hier gemäß B geschlossen* ‖ **58**,18 D: *nach* Leben *Einf. mit Bleist.* unter der Idee; *Text grammatisch nicht angeglichen* ‖ **58**,20-21 es gilt, wenn überhaupt *V. für* wenn ‖ **58**,24 *Mit* Lebens. *endet die Vorderseite des Bl., auf der Rückseite zunächst mit Blaust. u. Tinte gestr.* Unbeschadet all der gegebenen individuellen Lagen, wechselnden Begrenzungen, welche die ethische Rücksichtnahme auf andere Wertfunktionen im Wechsel der konkreten Verhältnisse ⟨*von* im *bis* Verhältnisse *Einf.*⟩ mit sich bringt ‖ **58**,26 *von* erfährt *bis* Umständen *V. für* durch die ethische Rücksichtnahme auf das Mitrecht anderer Wertfunktionen unter den wechselnden Umständen erfährt, ‖ **58**,30 Recht *Einf. mit Bleist.* ‖ **58**,31 es *Einf. mit Bleist.* ‖ **58**,33 und bleiben wollen *Einf. mit Bleist.* ‖ **58**,34 sondern *V. mit Bleist. für ausradierten, nicht rekonstruierbaren Text; nach* sondern *mit Bleist. gestr. Einf.* bleiben wollen, sondern ‖ **58**,35 durchaus *Einf.* ‖ *nach* rechtfertigen. *zwei senkrechte Blei- u. Orangestiftstr.* ‖ **58**,37-38 des Entschlusses *V. für mit Orangest., Blaust. u. Tinte gestr.* der zugleich alle vordem gewonnenen Überzeugungen unterbindet, des Entschlusses nämlich bedarf es || **58**,38 Erkenntnisleben *V. für* Leben || **59**,1 Zielrichtung auf *Einf.* || also auf *Einf.* || **59**,1-2 *statt* allseitige und letzte *im Ms.* allseitiger und letzter; *wohl versehentlich der Einf. nicht angepasst* || **59**,5-6 *von* theoretischen *bis* standhaltend *V. mit Bleist. für* jeder Selbstprüfung standhaltenden theoretischen Gewissens; standhaltenden *wohl versehentlich der V. nicht angepasst* || **59**,5 *Ms.* Gewissens *statt* Gewissen || **59**,8-13 *von* Offenbar *bis* Wissenschaftler. *in eckigen Bleistiftkl.* || **59**,11 universale Verständigungs- und Wirkungsgemeinschaft *V. mit Bleist. für* verbundene Gemeinschaft; Gemeinschaft *versehentlich nicht gestr.* || **59**,12 angewiesenen *V. mit Bleist. für ausradierten, nicht rekonstruierbaren Text* || **59**,15 geleitet *Einf. mit Bleist.* || **59**,16 erfüllt *Einf.* || **59**,17 *nach* Radikalismus *gestr.* geleitet; *danach mit Bleist. gestr.* aus || **59**,19 *nach* sich *Ms.* in || **59**,22-23 wie an Platon so *Einf.* || **59**,27 *nach* ist. *mit Blaust. u. Tinte gestr.* Ganz im Sinne dieses großen Philosophen meint || **59**,27 Diesen *V. mit Bleist. für* Dieser || **59**,29 *nach* Leben" *gestr. Einf.* , wie Descartes meint, || *nach* jeder *mit Blaust. u. Tinte gestr.* Wissenschaftler || **59**,29-30 *von* der Philosoph *bis* will. *V. für teilweise ausradiert u. mit Bleist. gestr.* ⟨es ist⟩ gerade das, was den echten Philosophen möglich macht; oder vielmehr: ⟨oder vielmehr *V. für mit Tinte u. Blaust. gestr.* oder vielmehr durch diesen Entschluss zur radikalen Echtheit und durch absolute ⟨durch absolute *Einf.*⟩ Rechtfertigung der Echtheit ⟩ || **59**,33 der Idee *Einf.* || **59**,36 In die *V. mit Bleist. für* In der || **60**,6 *nach* Erzielung. *senkrechter Orangestiftstr.* || **60**,8-12 *von* Besinnungen *bis* müssen *in eckigen Kl. mit Bleist. u. Orangest.* || **60**,11 *vor* als echte *wohl versehentlich erneut öffnende Orangestiftklammer;* als echte Erkenntnis *V. für* zugleich selbst schon ein Anfang des Anfangs sind, selbst mit gehören; *danach gestr.* zum || *als vor* die *Einf.* || **60**,13 *vor* Freilich *zwei Schrägstr. mit Orangest.* || **60**,18 der von den *Einf.;* den *Einf. mit Bleist.* || **60**,19 ausstrahlte *V. für* erwirkten || **60**,20 *nach* hindrängten. *waagerechter Orangestiftstrich* || **60**,24 *nach* erheben. *gestr.* Es handelt sich, wie bekannt, um den Weg zum ego cogito. || **60**,27 *nach* hier *mit Blaust. gestr.* natürlich || **60**,29 *Ms.* um *statt* auf; auf *gemäß B* || **60**,30 Mit *hat. endet des Text dieses Bl. Am unteren Rand befindet sich kopfständig u. gestr. das Wort* radikalen. || **60**,33 *über den mit* Versetzen *beginnenden Text mit Lilast. die Notiz statt* I 6, 7, 8 *(vgl. dazu die allgemeinen textkritischen Anmerkungen zum Haupttext, S. 503)* || **60**,34-36 *von* Die *bis* erstrecken. *Erg. am Rand* || **61**,5-6 *von* mein *bis* sein *im Ms. in Bleistiftkl.* || **61**,20 Mit kann? *endet der Text auf der Vorderseite des Bl. Die Rückseite ist erst ab der Mitte und nicht bis unten beschrieben. Dieser Text ist aber durch Einfügungszeichen als Einfügung in den Text des*

Folgebl. kenntlich gemacht (vgl. unten die textkritische Anm. zu S. 61,34 – 62,3). ‖ **61**,21 *Ms.* herantreten *statt* herantrete ‖ **61**,22 *nach* mir *mit Bleist. gestr.* doch ‖ **61**,23 *von* „absolute" *bis* Rechtfertigung" *alle Anführungszeichen vom Hrsg.* ‖ **61**,24 *nach* will. *senkrechter Blaustiftstr.* ‖ *Das erste muss V. für mit Tinte u. Blaust. gestr.* Vor dem ich ja auch meine ganze erkenntnisethische Umwendung vage ... ‖ **61**,27 vorwissenschaftliches und wissenschaftliches *V. für* natürliches ‖ **61**,28 *nach* nicht im *Ms.* sein ‖ **61**,28 u. 29 „absolute Rechtfertigung" *Anführungszeichen vom Hrsg.* ‖ **61**,31 *nach* Antwort *gestr.* , und vielleicht nur eine vorläufige, ‖ **61**,34-**62**,3 *von* Diese *bis* Rechtfertigung. *Einf. Der Text dieser Einf. ist auf der ursprünglich frei gebliebenen Rückseite des vorigen Bl. notiert ist (vgl. die textkritische Anm. oben zu S. 61,20).* ‖ **61**,36 *Ms.* nicht noch *statt* noch nicht ‖ **61**,36-37 *von* also *bis* Urteilen, *Einf.* ‖ **61**,37 *nach* Nur *im Ms.* als ‖ **62**,5-6 *von* eines *bis* Gewisssein *Einf. mit Bleist.* ‖ **62**,12-14 *von* vertreten, *bis* glaube *Randnotiz mit Bleist.* vgl. Beiblatt. *Ein ausdrücklich als* Beiblatt *bezeichnetes Einlagebl. liegt nicht im Konvolut; eventuell meint Husserl bereits an dieser Stelle das weiter unten mit* Ψ *bezeichnete Bl., dessen Text in der vorliegenden Edition als Beilage V, S. 383 f. wiedergegeben ist (vgl. die textkritische Anm. zu S. 63,2-4).* ‖ **62**,32 unzureichende *Einf.* ‖ **62**,32-34 *von* , oder *bis* möglich sind *Einf. mit Bleist.* ‖ **62**,38-**63**,1 *über von* nur *bis* aufzuheben., *womit der Text des Bl. endet, ist kopfständig in den Text hineingeschrieben* Dieser erste Gedankengang ‖ **63**,2-4 *von* so *bis* wirklich *Randnotiz mit Bleist.* vgl. Ψ; *damit bezieht sich Husserl auf das Bl. 20 des Ms. B I 22, das am Rand mit* Ψ *bezeichnet ist. Der Text dieses Bl. ist in der vorliegenden Edition als Beilage V, S. 383 f. wiedergegeben (vgl. die allgemeinen textkritischen Anm. zu dieser Beilage unten, S. 693 f.).* ‖ **63**,3 und adäquat *Einf. mit Bleist.* ‖ **63**,4 ihrem intuitiven Gehalt *V. mit Bleist. für* ihrer als intuitiv, als ‖ **63**,5 *nach* gegeben *mit Tinte u. Blaust. gestr.* vorfinde ‖ **63**,5-8 *von* im Sinnesgehalt *bis* erfasse. *V. für mit Tinte u. Blaust. gestr.* kein Rest von sachfernem bloßem Vermeinen übrig ist, statt dass ich bei dem Vermeinten selbst bin, es in seiner Selbstheit habend und fassend. ‖ **63**,10 *nach* Evidenz *durch senkrechten Blaustiftstr. gestr.* und ‖ **63**,12 *nach* Evidenz. *senkrechter Blaustiftstr.* ‖ aber *Einf.* ‖ **63**,16 *nach* besagt *gestr.* für ‖ **63**,17 *nach* ebenso *Ms.* für, *wohl vergessen zu streichen (vgl. die vorige textkritische Anm.)* ‖ **63**,18-21 *von* Dasselbe *bis* sprechen. *Einf.* ‖ **63**,23 Maxime *V. für ausradierten, nicht rekonstruierbaren Text* ‖ **63**,24 *nach* Zweifellosigkeit *mit Lilast. gestr.* das ‖ die *V. für teilweise ausradiert, teilweise mit Lilast. gestr.* durch das ‖ als Äquivalent *Einf.* ‖ **63**,25 für eine *V. für teilweise ausradiertes, nicht rekonstruierbares Stenogramm* ‖ Dies geschieht *Einf.* ‖ **63**,27 *nach* abzuweisen *mit Tinte u.*

Blaust. gestr. und nicht gelten zu lassen || **63**,28 *nach* könnte. *senkrechter Blaustiftstrich* || **63**,30-32 *von* Doch *bis* Interessanter für uns *V. für mit Tinte u. Blaust. gestr.* Doch für uns wichtiger || **64**,5-6 *von* Doch *bis* über: *Erg. am Rand* || **64**,7 mich *V. mit Blaust. für ausradiertes* mich || **64**,8 Ich fühle *V. für* Wir fühlen || **64**,10 *nach* aus *gestr.* absolut || **64**,21-22 *von* und *bis* Evidenz *V. für* wird || **64**,24-26 *von* , die, *bis* sein will *Einf. mit Bleist.* || **64**,26 *statt* gerechtfertigte *Ms.* recht rechtfertigte || **64**,27 echte *Einf.* || **64**,29 *von V. für ausradiertes, nicht rekonstruierbares Stenogramm* || **64**,32 Mit komme. *endet der Text auf der Vorderseite des Bl. Das letzte Drittel ist unbeschrieben. Auf der Rückseite befindet sich der folgende gestr. Text* Die nächste Überlegung, die wir anzustellen haben, betrifft diejenigen apodiktischen Evidenzen, die wir an die Spitze zu stellen haben und die uns den ersten Bereich absolut gerechtfertigter Erkenntnis liefern können. ⟨*nach* können. *gestr.* Da alle Erkenntnis entweder mittelbar oder unmittelbar ist, wovon wir uns an selbst absolut evidenten Beispielen leicht überzeugen können, und die Rechtfertigung mittelbare auf unmittelbare zurückführt, so werden wir unser Absehen auf unmittelbare Evidenzen richten müssen.⟩ Sollen wir systemlos zugreifen, uns umtun, wo wir ⟨*nach* wir *gestr.* unmittelbare; *danach im Ms. wohl versehentlich nicht gestr.* und⟩ apodiktische Evidenzen finden? Die sämtlichen Wissenschaften sind für uns, die wir eine absolute Wissenschaft suchen, dem allgemeinen Umsturz verfallen, sie stehen alle in Frage. Sollen wir systemlos aus ihnen zusammensuchen, was sich als absolute Evidenz einsehen und bewähren lässt? Sie bieten sich dar als mittelbare Erkenntnisbauten, die letztlich zurückführen auf unmittelbare Erkenntnisgrundlagen. Mag auch selbst das eine der Kritik bedürftige Überzeugung sein, so könnte sie den Gedanken nahe legen, dass wir zunächst auf unmittelbare und dabei absolut evidente Erkenntnisse auszugehen haben, auf Erkenntnisse, die nicht nur evidente sind, sondern in ihrer Evidenz nicht erst der ⟨*Ms. die statt der*⟩ Evidenz anderer Erkenntnisse bedürfen. Sollen wir in dieser Hinsicht alle Wissenschaft absuchen nach ihren Grundlagen und hier die radikale Erkenntniskritik üben, nämlich die Kritik der unmittelbaren Evidenz? Aber wir erinnern uns der ganz anderen Kritik, der transzendental gerichteten, die wir zunächst vortastend versucht haben, und wenn sie uns den Blick auf eine transzendentale Subjektivität schon eröffnet hat, so liegt für uns näher, was wir früher am Historischen angelehnt und in ⟨*in Einf.*⟩ unsystematischer Kritik getan haben, jetzt systematisch und ganz prinzipiell zu versuchen, wie es eine vom zufälligen Faktum unabhängige radikale Erkenntnisbegründung auch fordert. || **65**,12-13 wie Urteile überhaupt, so *Einf.* || **65**,13 und *Einf.* || **65**,13-14 vollkommener oder unvollkommener *V. für* wirklicher oder vermeinter ‖ **65**,21 nach *Einf.* ‖ **65**,24 *nach* Nachprüfung *gestr. als* solche ‖ **65**,27 *nach* sich den *gestr.* intuitiven Gegebenheiten, den ‖ **65**,28-29 *von* Bedeutungen *bis* Aussagen *V. für* Wortbedeutungen ‖ **65**,31-66,1 *von* Ich *bis* Deskription *V. mit Tinte für mit Bleist. gestr.* Nenne ich die schlichtest denkbare intuitive Selbsterfassung Erfahrung ‖ **65**,31 adäquate *Einf.* ‖ **65**, Anm. *Fußnote = Erg. über der Zeile und am Rd.* ‖ **65**,32 Bestimmende Urteile *Erg. mit Bleist. über* Aussagen ‖ **65**,32-33 *von* in *bis* entfalten *Erg. mit Bleist. am Rand* ‖ **65**,32 *nach* sich *im Ms. ein waagerechter Bleistiftstrich, der wahrscheinlich als Auslassungszeichen fungiert.* ‖ **66**,3 *nach* muss *gestr. Einf.* und ihnen angepasst ursprüngliche deskriptive Aussagen ‖ **66**,7 nämlich *V. für* und das ‖ **66**,9 adäquater *Einf.* ‖ **66**,11 *nach* Frage. *im Ms. drei waagerechte Striche, zwischen denen jeweils ein Punkt gesetzt ist; am Rand zur Folgezeile ebenfalls ein waagerechter Strich, vor und nach dem jeweils ein Punkt gesetzt ist. Diese Markierung hat möglicherweise ihre Entsprechung in einer Markierung am Rand des hier als Beilage VII, S. 387 f. abgedruckten Textes (vgl. die textkritische Anm. zu S. 388,28).* ‖ **66**,22 Mit ego cogito. *endet der Text kurz vor dem Ende des Bl.; am Rand befindet sich in eckigen Lilastiftkl. die Notiz mit Lilast.* bis hier reichte I 8, *die sich auf das betreffende, wohl später ausgeschiedene Bl. 17 des Textes der Londoner Vorträge (F II 3) bezieht (vgl. die textkritische Anmerkung zu S. 317,30).* ‖ **66**,28 sinnlich erfahrenen *Einf.* ‖ **66**,29 Erfahrungsgewissheit *V. für* Erfahrungserkenntnis ‖ **66**,29-67,2 *von* Das *bis* sondern weil *im Ms. in nachträglich ausradierten eckigen Bleistiftkl.* ‖ **67**,3 *nach* „Ich bin" *teilweise ausradierte, nicht rekonstruierbare Einf. mit Bleist.;* „Ich bin" *Anführungszeichen vom Hrsg.* ‖ **67**,6-9 *von* Und *bis* werden. *in eckigen Bleistiftkl.* ‖ **67**,8 im phänomenologischen Sinne *Einf. mit Bleist.* ‖ **67**,10-13 *von* und der äußeren *bis* Erfahrung? Natur *V. für* . Sie ‖ **67**,14 im wachen Bewusstsein *Einf.* ‖ **67**,15 anschaulicher *Einf.* ‖ **67**,15-16 *von* ihres *bis* Wahrnehmung. *V. für* durch äußere Wahrnehmung gegeben. ‖ **67**,16 äußere *V. für ausradiertes, nicht rekonstruierbares Stenogramm* ‖ **67**,19 mich *V. für* uns ‖ **67**,20 ich *V. für* wir ‖ **67**,21 ich *V. für* wir ‖ **67**,22 *Ms.* dürfen *statt* darf; *versehentlich nicht den V. angepasst* ‖ **67**,22-23 *von* In *bis* unvernünftig. *V. für* Kein Vernünftiger wird hier zweifeln. ‖ **67**,24 *nach* Wahrnehmung *gestr. Einf.* Gewissheit ‖ **67**,25 ich *V. für ausradiertes, nicht rekonstruierbares Stenogramm* ‖ **67**,26 musste *V. für ausradiertes, nicht rekonstruierbares Stenogramm* ‖ Ich überzeuge mich: *V. für* Oder in der eigentlich allein zulässigen Ichrede und Ichreflexion ausgedrückt: ‖ **67**,38 *nach* Ende. *senkrechter Tinten- u. Rotstiftstr.* ‖ **68**,1 *von* sondern *bis* Möglichkeit, *Einf.* ‖ **68**,2 objektiven *Einf.* ‖ **68**,7 *von* soweit *bis* sollten, *Einf.* ‖ **68**,7-8 keine absoluten *mit Lilast. überschrie-*

ben ‖ **68**,11 nicht aus *mit Lilast. überschrieben* ‖ **68**,12-21 *von* Mit *bis* nicht zu sein. *Einf.* ‖ **68**,12 *vor* Mit *mit Blaust. gestr.* Apodiktizität ist, wie wir uns überzeugten, korrelativ; Mit *wohl versehentlich mitgestr.* ‖ **68**,13 *nach* Adäquation *mit Blaust. gestr.* in der Tat ‖ **68**,21 *nach* sein. *mit Lilast. die Notiz in eckigen Lilastiftkl. vgl. Rand von 9. Damit ist auf den am Rand mit den Worten* Halten wir dieses Resultat fest. *endenden Text der p. I 9 der Londoner Vorträge verwiesen (vgl. oben, S. 319,31 und die textkritische Anm. zu dieser Stelle). In der Rekonstruktion des Vorlesungstextes ist demnach hier bereits mit dem darauf folgenden Bl. aus F II 3 fortzufahren, das die Husserl'sche Paginierung I 10 trägt und nahezu gleichlautend beginnt (vgl. auch die folgende textkritische Anm.). Damit entfällt der hier ursprünglich anschließende ungestrichene Rest der eingelegten Bl. aus M II 3b, der lautet* Freilich ⟨*vor* Freilich *öffnende eckige Bleistiftkl., die nicht geschlossen wird*⟩ haben wir hier die lästige und im bloß ⟨bloß *Einf.*⟩ Empirischen hängende Darstellung Descartes' nicht bloß reproduziert. Wir appellierten nicht wie Descartes an das bloß empirische Faktum, dass sich öfters Wahrnehmung in Illusion oder in Traum auflöste, und ⟨er⟩halten nicht wie Descartes ⟨nicht wie Descartes *Einf.*⟩ von daher das empirische Motiv, dass wir in Erinnerung daran genötigt sein können, auch an den jeweiligen unbestrittenen Wahrnehmungen zweifelhaft zu werden. Also ⟨Also *Einf.*⟩ wir vermieden das im weiteren Verfahren Descartes' so ⟨so *Einf.*⟩ verhängnisvolle Operieren mit empirischer Zweifelsmöglichkeit statt mit apodiktischer, das dem Sinn eines zweifellosen Anfangs völlig zuwider ist. ⟨*von* Also *bis* zuwider ist. *Einf.*⟩ Wir versetzten die ganze Cartesianische ⟨Cartesianische *Erg. über der Zeile*⟩ Gedankenführung ins Prinzipielle, wir erheben mit ... *Text bricht ab* ‖ **68**,22 *Mit* Halten *beginnt ein neues, hier anzuschließendes Bl. aus F II 3, das zu Beginn den mit Blaust. gestr. Text des in diesem Konvolut vorhergehenden Bl. fortführt, welches aber nicht zum Text der Vorlesung gehört. Über diese Streichung wurde erst später der Anfang des Textes von* Halten *bis* fest *notiert (vgl. dazu die textkritische Anm. unten zu S. 319,21-31, die auch den gestr. Text bringt).* ‖ einzige *Einf.* ‖ **68**,24 also *Einf.* ‖ **68**,25 die mir V. *für* mit *Bleist. u. Tinte gestr.* von der Natur, die ich jetzt oder wann immer ‖ **68**,26-28 *von* Oder *bis* aus. *Erg. am Rand in eckigen Bleistiftkl., hier situiert gemäß B* ‖ **68**,34 *nach* erfahren. *senkrechter Orangestiftstrich* ‖ **69**,4 *vor* Kann *zwei senkrechte Blaustiftstriche* ‖ **69**,5 ⟨ist⟩ *Einf. gemäß B* ‖ **69**,16 *nach* erfahre. *mit Blaust. gestr.* Und dann weiter das Faktum, dass ich meditierend nach einem philosophischen Anfang suche, den hypothetischen Ansatz mache, die Welt sei nicht, dass ich vorstelle, wie ich dabei vorstelle, dass ich denke, wie ich denke, fühle, begehre usw., wie ich es dabei jetzt tue. All das aber ist mir evident, und zwar apodiktisch evident. Während ich z. B. ein Haus wahrnehme, ist, was ich erfahrend erfasse, das Haus; vom Wahrnehmen selbst weiß ich dabei nichts, ich erfahre, erfasse es nicht. Ebenso wenn ich im Phantasieren oder Denken lebe, bin ich zugewendet dem Phantasierten und Gedachten. Das Phantasieren selbst, das Denken ist dabei ⟨ist dabei *V. für* und dabei ist⟩ nicht erfahren, ist nicht wahrnehmend erfasst. Jederzeit kann ich aber auf dieses Erlebnis reflektieren ⟨*Ms.* reflektiere *statt* reflektieren; *versehentlich nicht angepasst*⟩, d. i. von der natürlichen Blickrichtung auf das ⟨*statt* das *Ms.* die; *versehentlich nicht angepasst*⟩ gesehene Haus, den ⟨*Ms.* dem *statt* den⟩ phantasierten Zentaur usw. in einer Blickwendung ein reflektives Wahrnehmen in⟨s⟩ Spiel setzen, indem ich jenes Hauswahrnehmen, jenes „ich phantasiere den Zentaur" erfasse. ⟨*von* Ebenso wenn ich *bis* erfasse. *V. für* In diesem Wahrnehmen, Vorstellen usw. lebend auf dieses Erlebnis reflektieren, das ist z. B. von der Blickrichtung auf die raumdinglich erfahrenen Dinge in einer Blickwendung übergehen zu dem Erfahren selbst und zu mir, dem erfahrenden Ich.⟩ Diese reflektive Erfahrung ist keine objektive, keine raumweltliche Erfahrung, sie hat einen anders gerichteten Erfahrungsglauben, die objektive, die raumweltliche Erfahrung ⟨*von* objektive, *bis* Erfahrung *V. für* sogenannte „äußere Erfahrung"⟩ richtet sich glaubend an die Welt, die reflektive Erfahrung aber auf die Erfahrung von der Welt, auf mein Erfahren und mein sonstiges Erleben, und darin bin ich es, der da erlebt, erfährt usw. So sind hier zwei Erfahrungsarten und zwei Erfahrungsbereiche in einer wundersamen Verflechtung. Ich sehe dabei, die Welterfahrung kann nicht sein, ohne dass sie mir als Erfahrung „bewusst", und somit nicht sein, ohne dass sie in einem reflektiv erfahrenden, erfassenden, beobachtenden Bewusstsein mein besonderes Erfahrungsthema werden könnte. Diese reflektive Erfahrung hat, wenn ich sie rein erhalte und sie nicht etwa mit objektiver Erfahrung bemenge, absolute Evidenz ⟨*Ms.* evident *statt* Evidenz⟩ – apodiktische und adäquate. *Ego cogito*, darin beschlossen das *ego sum*, ist der Titel dieser Erfahrung oder vielmehr ihres apodiktisch gewissen Gegenstands, und das ist eben mein Ego mit dem jeweiligen *cogito*. ⟨*von* So sind hier *bis* cogito *im Ms. in eckigen Bleistiftkl.; von* gewissen *bis* cogito *V. für* notwendigen Seins ihrer unendlichen ap⟨riorischen⟩ Seinssphäre; *danach waagerechter, den Folgetext abtrennender Bleistiftstrich*⟩ Hier ist aber der entscheidende Punkt, hier die Gefahr des völligen Verkennens des wahren Sinnes dieses apodiktisch notwendigen *ego cogito*, einer Missdeutung, in die schon Descartes verfallen ist, und die sich auf alle Folgezeit unheilvoll verbreitet hat. ‖ **69**,17 *nach* Welt *gestr.* sein oder ‖ **69**,23 Welt *V. für* Umwelt ‖ **69**,25 *nach* das wahr *Ms. schließende Anführungs-*

zeichen, die vom Hrsg. nach Erscheinungsweise wahr *versetzt wurden* ‖ **69**,26-27 *von* von *bis* Gehalten *V. mit Bleist. für* der Dingwahrnehmungen und ihrer Gehalte; *nach* Gehalten. *gestr.* Diese ‖ **69**,29-31 *von* mag *bis* bezeichnet *V. für* wäre die neue reflektive Wahrnehmung als phänomenologische oder auch egologische zu bezeichnen ‖ **69**,33 *von* „Ich *bis* wahr" *Anführungszeichen gemäß B* ‖ **69**,37-**70**,1 *von* „Ich *bis* erfahrend" *Anführungszeichen mit Bleist.* ‖ **70**,3 *vor* Aber *Absatzzeichen mit Orangest.* ‖ **70**,6 *Ms.* diese *statt* dieser; *V. gemäß B* ‖ **70**,7 *nach* ich *Ms.* auf ‖ **70**,8 absolut *V. für* also ‖ **70**,9 urteile, mathematisiere *V. für* urteilte, mathematisierte ‖ **70**,10 urteile *V. für* urteilte ‖ **70**,11 ⟨begehre usw.⟩ *Einf. gemäß B* ‖ **70**,11-14 *B:* Möge mein Erinnern und Erwarten, mein jeweiliges theoretisches Denken, möge mein ästhetisches Stellungnehmen, möge mein Begehren und Wollen richtig oder unrichtig, vernünftig oder unvernünftig sein *statt von* Ob *bis* unvernünftig; *C korrigiert gemäß A, setzt aber* ist *nach* unrichtig *statt nach* unvernünftig ‖ **70**,17 *nach* Nicht *versehentlich nicht gestr. doppeltes* auf *danach gestr.* sein und Wahrheit, ‖ **70**,19 und *Einf.* ‖ *C:* Meinungen *in Anführungszeichen* ‖ **70**,20 *C:* Willensmeinungen *in Anführungszeichen* ‖ **70**,28-29 *von* zu *bis* nimmt *Einf.* ‖ **70**,30 keine dieser *V. für ausradierten, nicht rekonstruierbaren Text* ‖ **70**,34-35 *von* Derart *bis* einen *V. für* als einen ‖ **71**,3 jeweils *Einf.* ‖ **71**,14 *D: Randtitel mit Bleist.* Seele und Ego. Psychologie und Phänomenologie ‖ **71**,18 *Der Passus von* Allzu *bis* leisten sei. *ist durch einen senkrechten, nach unten weisenden Pfeil mit Blaust. sowie einen waagerechten Blaustiftstrich gekennzeichnet. Dazu findet sich die Notiz mit Blaust.* Vorlesung. *Gemäß dieser Husserl'schen Kennzeichnung und seiner Originalpaginierung gehört dieser Textteil des Bl., das ein ganz vorne liegendes Einzelbl. des Konvoluts F I 29 ist, in den Kontext der Vorlesung, obwohl der gesamte Text des Bl. ursprünglich wohl in einem anderen Zusammenhang stand. Zwar ist die Stelle, an die der Hrsg. den Text hier eingefügt hat, von Husserl nirgendwo bezeichnet, jedoch dürfte sie sinngemäß am ehesten dafür in Frage kommen. Von der Husserl'schen Paginierung her ergäbe sich eine Einfügung nach* Tatsache *zu gewinnen. da hier die p. 42 endet und das Bl. mit dem Texteinschub von Husserl mit 43 paginiert ist. Inhaltlich ergibt sich so allerdings ersichtlich kein guter Sinn. Die leichte Verschiebung der Einfügung ist jedoch mit den Originalpaginierungen vereinbar. Der ungestrichene restliche Text des gesamten Bl. u. damit des ursprünglichen Kontextes vor dem einzufügenden Passus lautet* ... aber auch mit ihm einiges, ihn durchseelendes. Streichen wir den Leib gleichsam durch, so ist auch die Seele weggestrichen, sie ist, was sie ist, objektive Beseelung, die ihren Leib fordert, und nicht aus einer zufälligen Relation, die getrennt für sich

Erfahrenes erst in Beziehung setzte, sondern aus einer ursprünglichen zweischichtigen Apperzeption, in deren Oberschicht sie Erfahrenes ist, aber als in die Leiblichkeit Zug für Zug Eingehendes in der Weise der Beseelung. Das gilt auch von der psychologischen Selbsterfahrung, so sehr sie gegenüber der Fremderfahrung eine ausgezeichnete Stellung einnimmt. Auch sie ist in der somatologischen Selbsterfahrung, in der sinnlichen Erfahrung der eigenen Leibkörperlichkeit fundiert und in ihrer Sinngebung ursprünglich von ihr abhängig. Auch hier ist das Fundierungsganze eine objektive doppelschichtige Realität, deren reale Oberschicht mit im Raum und der Raumzeit ist als in ein Räumliches beseelend Eingehendes. ⟨von Auch hier bis Eingehendes. Einf.⟩ Nur darum kann ⟨ich⟩ je nachdem sagen: Ich gehe in den Wald spazieren, ich tanze, ich fahre und werde gefahren, und ich erfahre damit Vorgänge ⟨Vorgänge V. für Vorkommnisse⟩ in der Welt, die nach allen Phasen als Vorgänge ihre psychophysische Doppelschichtigkeit haben. Das aber ganz so, wie ich dergleichen für andere Menschen und für ihre psychophysischen Vorkommnisse finde. Machen wir also im Sinn der phänomenologischen Reduktion den Ansatz des Nichtseins der Natur, somit auch des Nichtseins all dessen, was Sinnes- und Seinsquellen in der naturalen Erfahrung hat, so ist alles tierische und menschliche Dasein und ich selbst als Mensch in den Ansatz des Nichtseins mitbeschlossen, nach Leib und nach Seele. Descartes aber, den prinzipiellen Sinn seines Resultats verfehlend, schaltet zwar den Leibkörper als möglicherweise nichtseienden aus, meint nun aber, die Seele übrig zu behalten. Denn auf die Frage, was jenes Ego in seiner Zweifellosigkeit sei, gibt er, wie bekannt, die verhängnisvolle Antwort: ⟨von gibt er, bis Antwort: V. für antwortet er, wie bekannt,⟩ *mens sive* ⟨*animus sive intellectus*⟩ und fasst sogleich das Ego, den verderblichen Dualismus schon vorzeichnend, ⟨von und fasst bis vorzeichnend Einf.⟩ als die in sich abgeschlossene *substantia cogitans*. – Es folgt der einzufügende Passus. Der Text, der darauf folgt, lautet Freilich ist es auch für den philosophierenden Anfänger, der schon energisch gewillt ist, sich voll bewusst an das Prinzip apodiktischer Evidenz zu binden und mittels derselben bis zum *ego cogito* gekommen ist, nicht leicht, den sich ergebenden fundamentalen Unterschied zwischen der psychologischen Subjektivität und der transzendentalen voll zu durchschauen und sich ihn ganz zuzueignen. Er bezeichnet in der Tat für eine höher dringende Phänomenologie ein Thema für weitere große Untersuchungen. Aber es genügt für den Anfang, dass jedenfalls dies eine ⟨eine Einf.⟩ völlig Evidenz ist, dass das *ego cogito* als Residuum der phänomenologischen Ausschaltung der Weltexistenz ein rein in sich geschlossener Erfahrungsbereich sei, der in dieser Abgeschlossenheit zum Thema genommen werden kann und für einen philosophischen Anfang zum ersten Thema werden muss. Dann aber muss er auch wirklich prinzipiell rein erhalten werden. ⟨*von* und für einen *bis* werden. *V. für* dann aber auch wirklich prinzipiell rein erhalten werden muss.⟩ Also prinzipiell darf ich, das philosophierende und an den ⟨an den *V. für* im⟩ Rahmen rein apodiktischer Evidenz mich bindende Ich, keine Begriffe, keine Urteile ... *Text bricht ab* ‖ **71**,25 *nach* Stufe *gestr.* des apodiktischen Denkens ‖ **71**,30 *von* sie doch *bis* ebenso *Einf.* ‖ **71**,33 hier prinzipiell vorliege *V. für* in all dem liege ‖ **71**,35-72,2 *von* Der Unterschied *bis* liegt: *Einf.* ‖ **72**,3 von *V. für* von der ‖ **72**,4 ⟨in⟩ *Einf. gemäß B* ‖ **72**,5 *nach* Erfahrung. *zwei senkrechte Blaustiftstriche, einer auch mit Bleist.* ‖ *nach* danach *gestr.* , sage ich, ‖ **72**,13 erfahrene *V. für* mögliche ‖ **72**,16 *D:* er *V. mit Bleist. für* der ‖ **72**,19 *nach* bereitet. *senkrechter Blaustiftstrich* ‖ **72**,23 zur *V. für* als ‖ **72**,27 *nach* gehört. *senkrechter Orangestiftstrich* ‖ **72**,28 *C:* transzendentale *in Anführungszeichen* ‖ **72**,29-30 ohne Widersinn *Einf.* ‖ **72**,30 *C: nach* Psychologie *gestr. Einf.* menschlicher oder tierischer Seelen ‖ **72**,30-31 *C:* ihrerseits für sie nur Phänomen, nicht aber gültige Theorie sein kann *wohl als V. gedacht für* selbst in ihr Phänomen ist; *von* in *bis* ist *versehentlich nicht gestr.; D: von* ihrerseits *bis* kann *wiederum mit Bleist. gestr.* ‖ **72**,36 *C:* den Glauben an seine Existenz *V. für* ihn *vor* aus ‖ **73**,3 *C: nach* und *Einf.* realer ‖ **73**,4 *D: am Rand ausradiertes Deleaturzeichen* ‖ **73**,6 intuitiven *Einf.* ‖ **73**,7 *nach* Stufen *mit Orangest. gestr. und* ‖ **73**,8 *nach* das *gestr.* neue ‖ **73**,9 *von* und über *bis* Deskription *Einf.* ‖ Also *V. für* Und ‖ **73**,11 *C:* Erfahrungsbestand *V. für* Wahrnehmungsbestand ‖ **73**,12-13 *von* die *bis* philosophischer *V. für* der philosophischen ‖ **73**,17 apodiktisch *V. für* absolut ‖ **73**,18 reflektive *Einf.* ‖ **73**,19 wir *V. für* ich ‖ **73**,20 *C:* Durch sie *V. für* In ihr ‖ **73**,21 *C:* an und für *V. für* in ‖ **73**,22 *C:* Erfahrung *V. für* Wahrnehmung ‖ **73**,23 *nach* existiert. *senkrechter Orangestiftstrich* ‖ **73**,26-27 *von* Nur *bis* gegebenen *V. für* Diese absolut gegebene ‖ **73**,27-29 *von* zu *bis* gehören, und *V. mit Bleist. u. Tinte für* dieser Sphäre von Wahrgenommenheiten gehören alle meine Erfahrungen von der Welt an ‖ **73**,27-28 *C:* Erfahrenheiten *V. für* Wahrgenommenheiten ‖ **73**,30 *nach* sagen. *Abschlusszeichen, daneben in eckigen Kl. Bis hier der Londoner Vortrag. Hier endete der Text des ersten Londoner Vortrags. Das Folgende von* Nun *bis* sind. *ist ein Übergangspassus, der wohl erst für die vorliegende Vorlesung geschrieben wurde. Vor* Nun *öffnende eckige Klammer, die nicht geschlossen wird.* ‖ **73**, Anm. *spätere Anm. = Einf in C* ‖ **74**,4 *Mit* sind. *endet die Vorderseite des Bl.; die Rückseite ist unbeschrieben.* ‖ **75**,16-19 *von* Gilt *bis* Oder *im Ms. in eckigen Blaustiftkl.* ‖ **75**,17 ⟨zu⟩ *Einf. gemäß B* ‖ **75**,19 *nach* es *mit Bleist. gestr.* gar ‖ **75**,20 *nach* abgesehen? *mit Bleist. gestr.* All ‖ **75**,21 mich *V. für* uns ‖ **75**,22 originalen *Einf.* ‖ **75**, Anm. *spätere Anm. = Rb. mit Bleist. in C* ‖ **76**,1-4 *von* Nur *bis* sein. *Einf.* ‖ **76**,5-14 *von* Was *bis* gebunden sind. *in eckigen Bleistiftkl. und durch waagerechten Bleistiftstrich vom Vorigen abgetrennt; von* Was *bis* ipso *am Rand die Notiz mit Orangest.* unten; *dies ist womöglich ein Hinweis darauf, dass das Folgende bis zum wieder orange Markierten weggelassen werden kann (vgl. die textkritische Anm. zu S. 76,14).* ‖ **76**,10 *nach* naturale Erfahrung *gestr.* und damit die Welt, das Universum aller Realitäten ‖ **76**,15 *von* Wie *an mit waagerechtem Blei- u. Orangestrich abgetrennt (vgl. dazu die textkritische Anm. zu S. 76,5-14)* ‖ **76**,17-18 Mit ansehen. *endet der Text auf der Vorderseite des Bl. Auf der sonst unbeschriebenen Rückseite befindet sich kopfständig der Text* Versetzen wir uns ‖ **76**,18 *von* Und *bis* Not *V. für* Doch ehe ich in diese Frage eintrete, habe ich das Bedürfnis ‖ **76**,19 *nach* Fremdes. *senkrechter Blaustiftstrich* ‖ **76**,21 *nach* Kinderjahre *mit Blaust. gestr.* wie jedermann ‖ **76**,22 lange *Einf.* ‖ **76**,31-34 *von* Freilich *bis* will. *im Ms. in eckigen Orange- u. Bleistiftkl.* ‖ **77**,4 *vor* Zur *Schrägstrich mit Orangest.; D: Randtitel mit Bleist.* Nähere Beschreibung der phänomenologischen Reduktion ‖ der Reinheit *Einf.* ‖ **77**,5 unverbrüchliche *Einf.* ‖ **77**,6-8 *von* Reduktion *bis* jedem *Rb. mit Bleist.* kürzen ‖ **77**,6-7 *von* oder *bis* Epoché *V. für* bzw. ‖ **77**,8 1. *Einf. mit Blaust.* ‖ **77**,11-12 *von* jede *bis* also *Einf.* ‖ **77**,12-14 *von* „Ich *bis* usw." *Anführungszeichen gemäß B* ‖ **77**,13 tue *Einf.* ‖ ich gehe spazieren *Einf.* ‖ **77**,15 *nach* Denken *gestr. Einf.* begehren ‖ *von* nach Ruhm *bis* u. dgl. *V. für* Begehren nach Ruhm, nach Nahrung u. dgl.; *dies ist wiederum V. für* nach Ruhm, nach Nahrung u. dgl. Begehren; *danach weiter gestr.* und nach Seiten der Gegenstände solcher *cogito* jede wieder Mitsetzung von mundanem Sein unterbinden. ‖ **77**,15 *Ms.* Ruhm *in Anführungszeichen* ‖ **77**,18 2. *Einf. mit Blaust.* ‖ **77**,18-19 *von* jede Seinssetzung *bis* sonstige *Einf. mit Tinte u. Bleist., teilweise V. für ausradierten, nicht rekonstruierbaren Text; nach* jede *Ms. noch einmal* jede ‖ **77**,20 in Bezug auf sie *V. für* zur Welt ‖ überhaupt *Einf. mit Bleist.* ‖ **77**,20-26 *von* Nur die *bis* nicht mit. *in eckigen Bleistiftkl.* ‖ **77**,24-25 *von* Nur sie *bis* gewiss. *Einf.* ‖ **77**,25 Mit mit. *endet der gültige Text der Vorderseite des Bl. Auf der mit Blaust. gestr. Rückseite befindet sich zunächst mit Blaust. die Originalpaginierung* II., *auf dem gegenüberliegenden Rand die doppelt unterstrichene Paginierung mit Blaust.* 1. *Diese Art der Paginierung durch Husserl legt den ursprünglichen Zusammenhang dieses Textes mit zwei weiteren auf die gleiche Weise als* 4 u. 5 *paginierten ebenfalls gestr. Rückseiten nahe, die im Konvolut der Londoner Vorträge liegen. Der Text ist eine Vorstufe zum zweiten Vortrag (vgl. dazu die textkritische Anm. zu 329,26). Der* *dann folgende Text lautet* Versetzen wir uns wieder in die Einstellung der philosophischen Ichmeditation und der Ichrede. Also ich, der werdende Philosoph bin sozusagen um meines erkenntnisethischen Seelenheils willen auf der Pilgerfahrt nach universaler und absolut gerechtfertigter Erkenntnis begriffen und habe das *ego cogito* erreicht, meinen Bereich adäquater, apodiktisch evidenter Erfahrung. Was kann ich damit theoretisch anfangen? Gilt es, den Wegen der Cartesianischen Metaphysik ⟨zu⟩ folgen, also von meiner angeblich und ausschließlich zweifellos gegebenen Realität des eigenen Ich ⟨aus⟩ die übrige reale Welt mittelbar zu erschließen? Oder gar eine spekulierende Ichmetaphysik zu ersinnen?

All das ist schon ausgeschlossen. Ich will nicht spekulieren, sondern ausschließlich aus Quellen adäquater Evidenz feststellen, und das sagt, nur was ⟨nur was *V. für* für mich, nur was direkte und adäquate Selbstgegebenheit⟩ ich schauend direkt erfasse, und in voller adäquater Selbstheit erfasse, soll mein Grund sein und rechtfertigendes Prinzip für jeden Denkschritt. ⟨*von* und rechtfertigendes *bis* Denkschritt. *V. für* . So habe ich das *ego cogito*, und nur was ich darin adäquat vorfinde, will ich hinnehmen und zu adäquatem Ausdruck bringen.⟩ Ferner gegen Descartes (und *implicite* gegen den ⟨den *Einf.*⟩ vor der entwickelten ⟨entwickelten *Einf.*⟩ Phänomenologie sich als völlig widersinnig erweisenden „kritischen Realismus") haben wir schon Stellung genommen. Mein Ego ist nicht ein Stückchen der natürlichen Welt, nur seiner eigenen Realität absolut sicher und für die übrigen Weltrealitäten auf mittelbare Bilder, Gedanken, Schlüsse angewiesen: Die Welt ist das Universum der Realitäten, der Gegebenheiten aus naturaler ⟨naturaler *V. für* mundaner⟩ Erfahrung; die phänomenologische Erfahrung schließt aber alle naturale Erfahrung aus, das Ego ist also irreal. ⟨*von* Mein Ego *bis* irreal *in eckigen Kl., dazu die Randnotiz* Beilage π_ψ; *diese Rb. ist nicht mitgestr.; eine solche Beilage liegt nicht im Konvolut u. konnte auch sonst nirgends aufgefunden werden. Der Passus ist zudem V. für* Die Welt ist das Reich der mundanen Erfahrung; mein Ego ist nicht ein Endchen der Welt, das ich das Glück habe, zweifellos zu erfahren; die Welt ist das Universum der Realitäten, der Gegebenheiten aus naturaler Erfahrung; das Ego ist durchaus irreal, für es ist mundane Erfahrung ausgeschaltet.⟩

Es liegt nun der Gedanke nahe: Stelle ich mich als natürlicher Mensch auf den Boden der mundanen Erfahrung, so wird ihr Erfahrungsbereich, die Welt zum Thema der natürlichen objektiven ⟨der natürlichen objektiven *Einf.*⟩ mundanen ⟨mundaner *statt* mundanen; *wohl versehentlich nicht der Einf. angepasst*⟩ Tatsachenwissenschaft. Stelle ich mich jetzt aber rein auf den Boden der neuen ⟨neuen *Einf.*⟩ phänomenologischen Erfahrung, so dürfte diese ⟨*nach* diese *gestr. Einf.* neue⟩ Erfahrung zu einer neuen Tatsachenwissenschaft führen, zu einer empirischen Wissenschaft vom Ego, einer tatsachenwissenschaftlichen Phänomenologie. Es scheint also, dass ich darauf lossteuern muss. ‖ **77**,28 *wahrgenommene Gegenstände Einf. mit Bleist.* ‖ **77**,31 *C: Tatsachenbestand statt Bestand* ‖ *C: nach selbst Einf. und als solcher* ‖ *nach* gehört *ausradierte Einf. mit Bleist.* oder gehören muss ‖ **77**,33-34 *das konkrete meinende Erleben Einf.* ‖ **77**, Anm. *spätere Hinzufügung = Einf. in C* ‖ **78**,1-2 *und in überall gleicher Weise und* ⟨als⟩ *apodiktisch evidente Tatsache V. für ,* und apodiktisch evident; ⟨als⟩ *Einf. gemäß B* ‖ **78**,4-7 *von* ist jetzt *bis* (im *V. für* das ist die Tatsache des meinenden Erlebens selbst (des ‖ **78**,7 *Ms.* Erlebens *statt* Erlebnis, *wohl versehentlich unverändert gelassen (vgl. die vorige textkritische Anm.)* ‖ **78**,8 *von* Denn *bis* Gemeinte. *Einf.* ‖ **78**,10 *nach* Will ich *mit Blaust. u. Orangest. gestr. (als* Phänomenologe; *öffnende Kl. wohl versehentlich nicht gestrichen* ‖ **78**,11-12 zunächst überhaupt *V. mit Bleist. für* also ‖ **78**,13 *C: nach* Wahres *Einf.* Wertes, Nützliches, Gutes ‖ **78**,14 *nach* usw. *mit Blaust., Bleist. u. Tinte gestr.* diese ⟨*vor* diese *gestr.* also erfordert es⟩ methodische Besinnung führt zur unverbrüchlichen Regel der phänomenologischen Epoché, oder im Gleichnis, das „der Einklammerung" ⟨Einklammerung" *schließende Anführungszeichen vom Hrsg.*⟩ ‖ **78**,15 Diese *V. mit Bleist. für ausradierten, nicht rekonstruierbaren Text; vor* Diese *Schrägstrich mit Blaust.* ‖ *C:* und zu reinigenden *gestr.* ‖ **78**,16 ego *Einf.* ‖ **78**,17 *D: Randtitel mit Bleist.* Epoché ‖ **78**,17-18 *von* Auch *bis* verständlich *Einf.* ‖ **78**,18 *C: nach* die wir *Einf.* Phänomenologen ‖ **78**,19 ich *V. mit Bleist. für* wir ‖ *Ms.* übergehen *statt* übergehe; *versehentlich nicht der Änderung angepasst* ‖ **78**,20 *C: nach* in der *Einf.* reflexiven ‖ **78**,21 *Ms.* erfassen *statt* erfasse; *versehentlich nicht der Änderung angepasst* ‖ ausspreche *V. mit Bleist. für* aussprechen ‖ *A:* bringe ich *V. für* bringen wir; *C:* bringen wir *V. für* bringe ich ‖ **78**,22 *C:* Klammer *in Anführungszeichen* ‖ **78**,24 *A:* ich *V. mit Bleist. für* wir; *C:* wir *V. für* ich ‖ **78**,27 *vor* Diese *Schrägstrich mit Orangest.* ‖ *A:* mich zugleich *V. mit Bleist. für* uns überhaupt; *C:* uns zugleich, oder reiner gesprochen: mich, das phänomenologische Forschung übende Ego *V. für* mich zugleich ‖ **78**,33-35 *von* denn *bis* Weise *V. für* wobei er über die Dinge, die existierenden, über dieses Schöne, jenes Nützliche in einer Weise spricht; wobei *versehentlich nicht in* dabei *verändert* ‖ **78**,34 *C: nach* seiner und eventuell allgemeiner Überzeugung existierende, über dieses Schöne, jenes Nützliche, also in einer Weise, die all das „geltend macht" als Seiendes, wirklich Schönes usw. *V. für von* existierenden *bis* setzt ‖ **78**,35-**79**,3 *von* Ich als *bis* ist". *Einf.* ‖ **78**, Anm. *spätere Anm. = Rb. mit Bleist. in D* ‖ **79**,2-3 *von* „Der *bis* ist" *alle Anführungszeichen vom Hrsg.* ‖ **79**,3 *vor* Das *senkrechter Blaustift-*

strich; von Das *bis* Aber *V. für* Auch ‖ **79**,4-5 *von* er *bis* übergeht *V. für* gelegentlich in reflexive Einstellung übergegangen wird ‖ **79**,5 *vor* Aber *am Rand geöffnete spitze Blaustiftkl., die nicht geschlossen wird* ‖ **79**,7 *C: nach* sondern *Einf.* dass ich ‖ *C:* betätigten *V. für* gelegenen ‖ **79**,8 *von* übe, *bis* sich die *Einf.* ‖ **79**,9 *C:* Reflexion *nach* phänomenologische *gestr.* ‖ **79**,10 speziell, *Einf.* ‖ *C:* zunächst *V. für* hier ‖ **79**,11 *C:* Erfahrung *V. für* Wahrnehmung ‖ **79**,11-12 *C:* transzendentale Erfahrungstatsache *V. für* rein transzendentale Tatsache ‖ **79**,13 mein *V. für* sein ‖ **79**,15 *vor* Nun *senkrechter Orangestiftstrich* ‖ **79**,19-20 transzendentalen *Einf.* ‖ **79**,20 *nach* und *gestr.* sogar ‖ **79**,24 *C:* in den blühenden Garten hinaus *V. für* das und das ‖ *C: nach* mich *Einf.* an der Blütenpracht ‖ **79**,25 *C: nach* nämlich *Einf.* ich ‖ **79**,26-**80**,2 *von* Ob *bis* Phänomen. *im Ms. in eckigen Bleist.-, Blaust.- und Orangestiftkl.; C:* Mag ich hypothetisch ansetzen, dass dieser Garten und die ganze Welt nicht existiere, das reine 〈*nach* reine *gestr. Einf.* konkrete〉 Phänomen „Ich nehme wahr" bleibt, als was es in sich selbst ist, bestehen, und 〈und *Einf.*〉 wohlgemerkt mit seinem „intentionalen" Inhalt „dieser blühende Garten" 〈"dieser blühende Garten" *Anführungszeichen vom Hrsg.; Ts.* diesen blühenden *statt* dieser blühende〉. Das In-Klammer-Setzen, 〈Das In-Klammer-Setzen *V. für* Dieses Ganze steht in Klammer〉 das mir das Phänomen als „reines" 〈Phänomen als „reines" *V. für* „reine" Phänomen〉 ergibt, nimmt ihm nichts von seinem Inhalt, sondern begrenzt es 〈es *V. für* ihn〉 gerade auf all das, was es in sich selbst ist, was von ihm also 〈also *Einf.*〉 unabtrennbar ist. *V. für von* Ob *bis* Phänomen. Aber ‖ **79**,27-28 „Ich nehme wahr" *Anführungszeichen gemäß B* ‖ **79**, Anm. 1 *spätere Veränderung und Hinzufügung = V. in D für* Ich als Phänomenologe darf keine derartigen 〈*nach* derartigen *gestr.* schlechthinnigen〉 geradehin laufenden Aussagen machen. Die mir allein verstatteten sind solche der Ichreflexion. Aber bloße Reflexion tut es nicht. Es genügt nicht, gegebenenfalls anstatt „Der Himmel ist blau" 〈"Der Himmel ist blau" *Anführungszeichen vom Hrsg.*〉 reflexiv zu sagen: „Ich sehe, dass der Himmel blau ist", 〈*nach* ist *gestr. Einf.* obschon das nur ein ungenügender Anfang ist. Denn〉 das tut oft genug auch der natürlich eingestellte 〈natürlich eingestellte *V. für* naive〉 Mensch. Aber wenn er in reflektive Einstellung übergeht, bleiben für ihn alle Setzungen der sozusagen geraden Einstellung in ihrer Geltung erhalten. *Dieser Text ist wiederum mit Blaust. gestr. V. in C für von* Ich *bis* erhalten. *Der geänderte Text auf der unteren, abgetrennten Hälfte eines Manuskriptbl. aus M II 3a (mit den Maßen 10 × 17 cm) ist dem Ts. lose beigelegt. Auf ihn ist am Rand der gestr. Passage im Ts. mit Blaust. als* Beilage *verwiesen. Am Rand dieses Einlagebl. befindet sich mit Bleist. die Notiz* Landgr〈ebe〉 London 30, natürliche Reflexion und phänomenologische; *auf der Rückseite befindet sich kopfständig der folgende Text* ... nicht einen „Inhalt", der mit dem Allgemeinen, das jedes Ich mit jedem gemein hat, sich als individuelle Differenz verbindet. Jeder „Inhalt" ist eben ein Wiederholbares, ist ein spezifisch Differentes, ist höchstens die letzte, niederste Differenz, aber dann immer noch wiederholbar, also individualisierbar. ‖ **79**,31-32 *von 'Der bis ist' alle Anführungszeichen vom Hrsg.* ‖ **79**,36 *irgend als Einf.* ‖ **79**, Anm. 2 *Fußnote = Rb. mit Bleist. in A, Situierung gemäß B; in C gestr.; Zur Fußnote findet sich die Notiz* cf. „ad 20"; *dieser Verweis deckt sich mit demjenigen auf ein* loses Blatt (ad 20) *in Landgrebes Inhaltsangabe im Ms. M I 2 II (vgl. unten die textkritische Anm. zu S. 344,26); schon dort findet sich dazu die Bleistiftnotiz* fehlt. *Möglicherweise ist die Anmerkung in Landgrebes Ts. (Bearbeitungsstufe C) deshalb gestrichen worden, weil dieses Bl. nicht mehr auffindbar war. Auch bis heute konnte es nicht wiedergefunden werden.* ‖ **80**,1 *nach* wahr" *im Ms. schließende eckige Bleistiftkl.* ‖ *steht V. mit Bleist. für* freilich ‖ **80**,2 *vor* Aber *zwei Schrägstriche mit Orangest.* ‖ **80**,3 *von* als *bis* Phänomen *Einf.* ‖ **80**,6-7 *C: von* und *bis* Also *gestr.* ‖ **80**,7 *C:* phänomenologischen Wesen *in Anführungszeichen* ‖ **80**,8 *C: nach* gehört *Einf.* sagen wir auch, ‖ **80**,9 zu dem *Einf. gemäß C* ‖ „Gewertete als solches" *Anführungszeichen gemäß C* ‖ **80**,9-10 *C:* zu dem des Begehrens *V. für* zum Begehren ‖ **80**,10 *C:* „Begehrte als solches" *Anführungszeichen gemäß C* ‖ *C: nach* usw. *Einf.* stets aber ‖ **80**,11 *C: nach* Wahrgenommenes *Einf.* Gewertetes ‖ **80**,12-13 *von* Jedes *bis* oder *V. für* Darum kommt es ja, jedes *cogito* transzendental genommen, ganz so wie es ‖ **80**,12 *C:* und *V. für* wie es ‖ **80**,13 *C:* und *V. für* wie es ‖ **80**,14 *nach* cogitatum. *senkrechter Blaustiftstrich* ‖ **80**,15 *C: nach* sondern *Einf.* „inhaltlich" ‖ **80**,16 *C: nach* mag der *Einf.* gesehene ‖ **80**,17 *C: nach* illusionärer *Einf.* , ein halluzinierter ‖ **80**,19-21 *von* so ergibt *bis* Erleben und *im Ms. in eckigen Blaustiftkl.* ‖ **80**,20 *nach* phänomenologische *gestr.* Methodik, die nur eine genaue der Explikation der phänomenologischen ‖ **80**,21 *A:* so ist *Einf.*; *B:* . So ist *statt* und so ist; *C:* und *V. für* . So ist ‖ **80**,21-22 *C:* geurteilte *V. für* Geurteiltes ‖ **80**,22 *D: nach* die *Einf. mit Bleist.* vermeinte ‖ **80**,23 *von* die *bis* geurteilte *V. für* zu diesem Urteil gehört das Geurteilte als solches ‖ *nach* als geurteilte *mit Tinte u. Bleist. gestr.* ; Recht oder Unrecht ist für den phänomenologischen Tatsachenbestand ⟨Tatsachenbestand *V. für* Bestand⟩ dieses Erlebnisses nicht in Frage. ‖ **80**,24 *C:* etwa *V. für* sagen wir ‖ **80**,26 *C:* Aber *gestr.* ‖ **80**,27 *C:* evidente Setzung *V. für* Evidenzsetzung ‖ *C:* mitzumachen *in Anführungszeichen* ‖ **80**,29 Urteilens oder des *fehlt in B; C: nach* Charakter des *Einf.* Urteilens bzw. ‖ **80**,30 *vor* Das also *Schrägstrich mit Orangest.* ‖ **80**, Anm. 1 *spätere Hinzufügung = V. für* *von* die *bis* als geurteilte *in C* ‖ **80**, Anm. 2 *spätere Hinzufügung = Einf. in C* ‖ **81**,10 *D: nach* wir *Einf. mit Bleist.* zunächst ‖ **81**,15 einzeln *Einf.* ‖ **81**,16 Bewusstes *V. für* bewusst ‖ *nach* ist. *senkrechter Orange- u. Blaustiftstrich* ‖ **81**,18 *von* wir *bis* Gegenstand" *Einf.* ‖ **81**,20-21 *von* „wie *bis* ist" *Anführungszeichen vom Hrsg.* ‖ **81**,21-24 *von* Jeder *bis* Gehalte. *Einf.* ‖ **81**,23 *C:* sagen wir *gestr.* ‖ **81**,23-24 *C:* intentionale Gehalte *in Anführungszeichen* ‖ **81**,25 ⟨bald⟩ aufmerksam, ⟨bald⟩ nicht aufmerksam *Einf. mit Blaust.; Ms.* nicht Aufmerksamkeit *statt* nicht aufmerksam; ⟨bald⟩ beide Male *Einf. gemäß B* ‖ *D:* klar *mit Bleist. leicht durchstrichen* ‖ **81**,26 ⟨und⟩ *Einf. gemäß B; C:* oder *V. für* und ‖ **81**,27 bald bekannt, bald fremd *Einf. mit Bleist.* ‖ **81**,35 in sich bergen bzw. *Einf.* ‖ **82**,3 *nach* Gegebenes. *senkrechter Blaustiftstrich* ‖ **82**,5-6 und logischer, ethischer, ästhetischer *Einf.* ‖ **82**,6-10 *von* wie Erfahrung *bis* natürlich-psychologischer Reflexion *Einf.* ‖ **82**,7 Schließen usw. *fehlt in B; C: nach* Urteilen, *Einf.* Schließen ‖ **82**,11-12 Erfassungen *Einf.* ‖ **82**,15 *nach* ist. *längerer horizontaler Bleistiftstrich* ‖ **82**,17 *nach* eindringt, *gestr.* man phänomenologisch analysieren und sehen gelernt hat, ‖ **82**,18-19 *von* auf welche *bis* leitet *V. für mit Tinte u. Blaust. gestr.* die durch die rohen psychologischen Titel im Voraus angedeutet werden ‖ **82**,20 der *Einf. gemäß C* ‖ **82**,22 ernst *Einf.* ‖ **82**,23 *C: nach* man *Einf.* damit sie sich überhaupt eröffnen ‖ **82**,27 Nach verdorben. *folgt in B ein Passus ad II 5, der keine Grundlage im Ms.(A) hat und der in D in Blaustiftkl. gesetzt u. mit Bleist. gestr. ist. Der Text lautet* So wäre es eine falsche Deskription, wenn ich den intentionalen Gegenstand meiner Vollmondwahrnehmung beschreiben wollte als leuchtenden Ball. Dass der Mond eine Kugel ist, weiß ich, aber der intentionale Inhalt dieses Wissens ist nicht derjenige der Wahrnehmung. Natürlich, ebenso falsch wäre die Deskription als Scheibe. Denn ich sehe überhaupt nichts Körperhaftes, weder etwas, das eine Wölbung hat, noch etwas, das eine Dicke hat. Schon relativ Einfaches oder zunächst als gar einfach Erscheinendes, wie der wahrgenommene Raumgegenstand, wird diffizil und weist unerwartet mannigfaltige ⟨mannigfaltige *Einf. in C*⟩ intentionale Implikationen auf, wenn man sich in die rein phänomenologischen Gehalte vertieft und getreu beschreibt: die Art der Bewusstheit der Tastbestimmtheiten bei bloßem Sehen, der visuellen Bestimmtheiten im nicht sehenden Tasten etc. Alsbald löst sich das Wahrnehmungsding auf in intentionale Schichten, wie Sehdinge, Tastdinge und Schichten der fundierten Merkmale, deren jede für sich und in der Art ihrer Synthesis mit den anderen sehr vielfältige und schwierige Eigenheiten darbietet. Und dazu sind dann zu beschreiben die sehr verschiedenen Arten, in denen ein und dieselbe Schicht in der Wahrnehmung bewusst sein kann, wie Unterschiede der Nahdinge und Ferndinge und sonstige Unterschiede, die zum Titel „Orientierung" ⟨"Orientierung" *Anführungszeichen vom Hrsg.*⟩ gehören usw. ⟨*von* wie Unterschiede *bis* usw. *Einf. gemäß C*⟩ ‖ **82**,28 Beispielsweise: *Einf. mit Bleist.* ‖ **82**,29 äußeren *Einf. mit Blaust.* ‖ *D: Randtitel mit Bleist.* Gegen den Sensualismus ‖ **82**,31 *nach* von Sinnesdaten *mit Bleist. gestr.* oder gar bloß solche Komplexe; *danach senkrechter Orangestiftstrich* ‖ **82**,32 *C:* Produkte – und in der Regel sogar falsche – *V. für von* und *bis* Produkte, ‖ **82**,33 *nach* Einstellung. *mit Bleist. in eckigen Kl. u. gestr.* Wer aber die Methode phänomenologischer Reduktion erfasst hat (als diejenige, die uns die reinen Phänomene, das Reich des reinen *ego cogito* erst sichtlich macht), muss sofort einsehen ‖ Aber *Einf.* ‖ **82**,34 phänomenologischen *Einf. mit Bleist.* ‖ **82**,35 *nach* wie es *gestr.* Erlebnis ist, ‖ **82**, Anm. *Fußnote = wohl spätere Notiz mit Lilast. auf dem freigebliebenen unteren Drittel der Seite* ‖ **82**,37 *Ms.* Unterschied *statt* Unterschieds ‖ **83**,1-2 *von* sich darbietet *bis* werden *V. mit Bleist. u. mit Tinte überschrieben für* und das nicht vorgegebenen Theorien, sondern die rein intuitive Arbeit an dem adäquat Gegebenen für alle Aussagen entscheidet. ‖ **83**,1 *nach* darbietet *mit Bleist. gestr.* und ‖ **83**,3-4 „Ich sehe Empfindungsdaten" *Anführungszeichen mit Bleist.* ‖ **83**,4 *von* „Ich *bis* Bäume" *Anführungszeichen gemäß C* ‖ **83**,4-5 *von* „Ich *bis* rasseln" etc. *Einf; Anführungszeichen gemäß C* ‖ **83**,8 *C:* „mit jedem anderen Sinne" *V. für von* in *bis* Sinne ‖ **83**,9 *nach* etwas *gestr.* wie Sinnesdaten ‖ **83**,13-16 *von* an irgendwelchen *bis* Wahrnehmungsanalyse. *im Ms. in eckigen Blei- u. Blaustiftkl.; öffnende Kl. auch mit Orangest.* ‖ **83**,18 *nach* an *mit Bleist. gestr.* und das darin Wahrgenommene ⟨Wahrgenommene *V. für* Gesehene⟩ als solches ‖ *C:* bewege ich die Augen *in Anführungszeichen* ‖ **83**,18-19 *C: von* trete *bis* usw. *in Anführungszeichen* ‖ **83**,20 transzendental *Einf.* ‖ **83**,20-21 *von* des Sehens *bis* charakterisiert *im Ms. in eckigen Bleistiftkl.* ‖ **83**,25 erstens *Erg. mit Bleist. am Rand* ‖ **83**,26 jetzt *Einf. mit Bleist.* ‖ **83**,27 *nach* Seite. *gestr.* Dabei besagt das aber nicht bloß: Verschiedenes von demselben Ding tritt in die Wahrnehmung und verschwindet wieder aus ihr. ‖ *C:* Und *V. für* Aber ‖ **83**,28 zweitens *Erg. mit Bleist. am Rand* ‖ **83**,29-30 *Ms.* jede gesehene *statt* jedes gesehene ‖ **83**,34 *nach* sehen *gestr.* , und es ist zu konstatieren, dass es sich hier um Befunde handelt, die in der phänomenologischen Reduktion sich als notwendig herausstellen ‖ Nun ist es klar: *Einf. mit Blaust.* ‖ **84**,1-2 *von* reinen *bis* Erlebnisses ist *am Rand durch zwei Schrägstriche mit Lilast. angestrichen* ‖ **84**,2 *C:* Farbe *in Anführungszeichen* ‖ momentanen *Einf.* ‖ **84**,3 *C: nach* sich *Einf.* bewusstseinsmäßig ‖ **84**,5 *C:* gibt sich als unveränderte *V. für* ändert sich nicht ‖ **84**,8 Erforschung *V. für* Klärung ‖ **84**,11 *Ms.* den Anfang *statt* anfangen; *V. gemäß B* ‖ **84**,12-18 *von* Eine rein *bis* fordern dürfte. *V. für* und dass es erst komplizierte Intentionalität ist, welche Dinge und Komplexe von ⟨*von* und *bis* von *V. für* Erscheinungsweise des Dings⟩ Dingen, Dingmerkmal und seinen Erscheinungsweisen möglich macht. *Die folgenden vier Zeilen sind kopfständig und bildeten wohl ursprünglich den Anfang der Seite* Zu glauben und vermeintlich zu beweisen, dass es regelmäßige Dekaeder gibt; glaube ich es, führe ich einen solchen Beweis, so ist das geglaubte Dekaeder als solches, der vermeinte Beweisweg als solcher intentionales Objekt, einmal das reine Erlebnis oder Bewusstseinsglaube an dieses Dekaeder ... *Text bricht ab* ‖ **84**,16 *C: nach* Erscheinungsweisen *zunächst Einf.* Seiten, Orientierungen; *dann gestr.* Seiten, Orientierungen, Perspektiven etc. ‖ **84**,19 *vor* In *Schrägstrich mit Orangest.* ‖ **84**,21 so *Einf.* ‖ Naturgegenstand *V. für* Gegenstand ‖ **84**,24 *nach* übergeht; *senkrechter Blaustiftstrich* ‖ **84**,25 eigene *Einf.* ‖ **84**,28 *nach* Dort *senkrechter Blaustiftstrich* ‖ **84**,31 *Ms.* anderer *statt* der; *V. gemäß B* ‖ **84**,34-35 *von* sondern *bis* Objektivität *Einf.* ‖ **84**,35-36 aufzuweisen und ⟨zu⟩ beschreiben *V. für* aufgewiesen und beschrieben; zu *versehentlich nicht eingefügt und hier gemäß B ergänzt* ‖ **84**,36 *nach* beschreiben. *in eckigen Bleistiftkl. u. mit Tinte gestr.* Dabei haben wir mannigfaltige Unterschiede, die sonst in Betracht kämen und über die Sphäre der Raumdinglichkeit hinausreichen, noch gar nicht berührt: schon das Allgemeine der Wahrnehmung gegenüber anderen Anschauungsarten und überhaupt Vorstellungsarten, der phänomenologische Charakter des ⟨*nach* des *gestr. Einf.* unmittelbaren⟩ Leibhaftigen selbst gegenwärtig im Original-Da des wahrgenommenen Gegenstands gegenüber dem Charakter der Vergegenwärtigung in den anderen Anschauungen. In der Vergegenwärtigung der Erinnerung und Erwartung in der Vergegenwärtigung durch Anzeichen, durch Abbilder, durch Ausdruck ⟨*von* Vergegenwärtigung der *bis* Ausdruck *V. für* Erinnerung ist die Vergegenwärtigung eine unmittelbare in einer Vergegenwärtigung durch Anzeichen, durch Abbilder, durch Ausdruck eine mittelbare, so⟩ ist das Vergegenwärtigte immer wieder anders charakterisiert, und jede dieser Vorstellungsformen gibt Anlass zu eigenen deskriptiven Analysen. – *am Rand des gestr. Textes mit Blaust. die Rb.* Animalie „anderer Menschen" ‖ **84**,37 *vor* Hierher *öffnende eckige Orangestiftkl., die nicht geschlossen wird* ‖ **85**,3-4 *von* Das *bis* Analysen. *V. mit Bleist. für* Nicht minder schwierig sind die einer ganz anderen Sphäre angehörigen Ausdrucksphänomene, nämlich die Phänomene der Sprache, wobei die Scheidung von Wortlaut, Sinn, genannte oder ausgedrückte Gegenständlichkeit bloß Titel für sehr umfangreiche Analysen sind. – sind *versehentlich nicht gestr.* ‖ **85**,4 Mit Analysen. *endet die erste Zeile der Rückseite des Bl.; nach* Analysen. *Einf. mit Blaust.* Wiedererinnerung, Bild *u. mit* Bleist. vgl. jetzt 53. *Dieser Notiz korrespondiert die weiter unten am Rand des Bl. stehende Notiz mit Bleist.* Synthesis. *Dafür die neuen Blätter 53 f. Hierdurch hat Husserl den Übergang zum „neuen" Anschlussbl. aus dem Konvolut F I 29 bezeichnet; die weiteren Ausführungen des älteren Bl. der Londoner Vorträge, das mit S. 85,3-4 von* Das alles *bis* Analysen. *beginnt, gehören somit nicht zum Text der Vorlesungen, sondern bieten alleinigen Text der Londoner Vorträge (zum Text vgl. oben S. 321,25 ff.). Eine Randnotiz auf dem in der Vorlesung folgenden Bl. aus F I 29, auf das Husserl hier verweist, bestätigt den an dieser Stelle zu vollziehenden Übergang (vgl. dazu unten die textkritische Anm. zu* S. 85,9-14). ‖ **85**,7-8 *von* Führen *bis* fort. V. *für* Schließen wir heute die erste Umschau in der Sphäre der apodiktisch evident gegebenen transzendentalen Subjektivität ab. ‖ **85**,8 *nach* fort. *im Ms. ein Bleistiftkreuz, wohl von der Hand Landgrebes. An dieser Stelle beginnt das Typoskript M I 2 I* Aus den Vorlesungen über Einleitung in die Philosophie *(WS 1922/23). (Vgl. dazu die allgemeinen textkritischen Anmerkungen, S. 505; zu den Textumstellungen dieses Ts. gegenüber dem hier edierten Vorlesungstext vgl. die Tabelle auf S. 507 dieser Ausgabe.)* ‖ **85**,9-14 *von* durch *bis* Erscheinungsweise *Randnotiz mit Bleist. Die Blätter 53 bis 56 ⟨56 V. für 54⟩ sind tiefere und ausführlichere Darstellungen der ⟨S.⟩ 52^2; der Text dieser Bemerkung fuhr ursprünglich fort mit dem jetzt ausradierten Text , die ich offenbar nicht mehr vorgetragen hatte, und dazu die Londoner, Blatt 57. Mit 52^2 ist der Text der Rückseite des Bl. 30 von F II 3 gemeint. Husserl möchte offenbar den Text dieser Rückseite nach der ersten Zeile durch die folgenden Seiten von F I 29 ersetzt haben. Dies ist in der vorliegenden Ausgabe geschehen (vgl. dazu die textkritischen Anmerkungen oben zu* S. 85,4 *sowie den Text der Londoner Vorträge in dieser Ausgabe S. 321,25 ff.).* ‖ **85**,12 sich gibt *V. für* erscheinende Natur ist; *davor ausradiertes, nicht rekonstruierbares Stenogramm* ‖ **85**,17 naturaler *V. für* raumdinglicher ‖ **85**,20 Phänomene der *Einf.* ‖ **85**,21-22 *von* Dieser *bis* wenn *V. für* Jetzt lenken wir den gleichsam tastenden geistigen Blick nach neuen deskriptiven Richtungen. Vorerst ... ‖ **85**,27-28 Wahrnehmungsphänomenen *V. für* Phänomenen ‖ **85**,35-36 von einer gewissen Seite *Einf.* ‖ **86**,8 *nach* „leer". *ein waagerechter Bleistiftstr., der den Text vom folgenden Absatz abtrennt; unterhalb dieses Trennungsstrichs mit Bleist.* b ‖ **86**,18 *nach* Erlebnisse *gestr.* (– darin liegt die eigentliche Verkehrtheit dessen, was man Sensualismus nennt) ‖ **86**,21 *von* wirklich *bis* wollen *V. für* in Angriff zu nehmen ‖ **86**,21-22 *von* Einiges *bis* dürfen. *Einf.; danach gestr.* Denn ‖ **86**,26 *vor* Wir *Absatzzeichen mit Bleist., wohl von Landgrebe* ‖ jetzt *V. für* vielmehr ‖ **86**,28 *nach* hindeutet. *gestr.* Wobei übrigens zu sagen ist, dass die soeben verlassenen Fragen, sofern sie in vergleichenden Betrachtungen verschiedener Bewusstseinsweisen desselben Objekts sich beantworten müssen, selbst Synthesen ⟨sind⟩ und ein Verständnis der Leistungen von Synthesen fordern. ‖ **86**,28-30 *von* Knüpfen *bis* gewonnen hatten. *Einf.; vor* Knüpfen *Absatzzeichen mit Bleist.* ‖ **86**,28 *von* an unsere *bis* indem *V. für* sogleich dann unsere bisherige Betrachtung an. ‖ **86**,31-33 *von* wechselnde *bis* Bewusstsein *V. für* wechselnd nun verschiedene andere Bewusstseinsweisen ‖ **87**,7 *Ms.* dieses *statt* diese ‖ **87**,11 *nach* ist. *Absatzzeichen mit Bleist.* ‖ **87**,28-30 *von* Dieses *bis* verknüpfen *V. für teilweise ausradierten, nicht rekonstruierbaren Text* ‖ **87**,31 und sehr verschiedenen *Einf.* ‖ **87**,35 . Zudem *V. für* und ‖ **88**,1 ebenso unterschiedene konkrete *V. für* überhaupt ‖ **88**,2 so *Einf.* ‖ **88**,7-8 *von* die wir *bis* wiederholt: *Einf.* ‖ **88**,9 als *V. für* lassen ‖ **88**,13 das eine und andere *Einf.* ‖ **88**,24 Wir sehen, dass *Einf.* ‖ **88**,27 als *Einf.* ‖ *nach* irreelles *gestr.* , aber doch aus ihnen selbst ‖ **88**,28 *vor* Zunächst *Absatzzeichen mit Bleist., wohl von Landgrebe* ‖ **88**,33 *nach* haben. *gestr. Einf.* die objektive Zeit heißt weil sie; weil sie *versehentlich nicht gestr.* ‖ **88**,34 sagen) *V. für* sagen gegenüber der transzendenten, der Weltzeit) ‖ **88**,36-37 *von* ist es *bis* durch die Zeitstelle *am Rand nach unten weisender Pfeil mit Rotst.* ‖ **89**,1-4 *von* Es *bis* Nennen wir *V. für teilweise mit Blaust. gestr., teilweise ausradiert* und kann nicht an anderen Zeiten sein; umgekehrt nennen wir überhaupt ‖ **89**,4 an einem Erlebnis *Einf.* ‖ **89**,5 *nach* ist, *mit Tinte u. Blaust. gestr.* ist „Teil" oder deutlicher ‖ ein *V. für teilweise ausradierten, teilweise gestr., nicht rekonstruierbaren Text* ‖ **89**,6 dann *Einf.* ‖ **89**,8 "Sinn" *Anführungszeichen vom Hrsg.* ‖ *nach* steht. *mit Tinte u. Blaust. gestr.* Jedes Erlebnis; *danach mit Bleist. Absatzzeichen* ‖ **89**,13 Phase *V. für teilweise ausradiertes, nicht rekonstruierbares Stenogramm* ‖ **89**,16 Zeitdauer *V. für teilweise mit Tinte u. Blaust. gestr.* Zeit ausgeschaltet bleibt ‖ **89**,17 mit gehört. *endet die Vorderseite des Bl; die Rückseite ist unbeschrieben* ‖ **89**,21 vom selben *Einf.* ‖ **89**,28 als Bewusstsein von etwas *Einf.* ‖ **89**,32 *Ms.* alles *statt* als ‖ **89**,33 des Sinnes *Einf.* ‖ **89**,33-35 sein und *V. mit Bleist. für ausradiertes, nicht rekonstruierbares Stenogramm* ‖ **89**,38 Wir *V. mit Bleist. für ausradiertes, nicht rekonstruierbares Stenogramm* ‖ *von* haben *bis* kann *Einf.* ‖ **90**,8 *nach* aufgewiesen. *senkrechter Bleistiftstr.* ‖ **90**,10 immer schon *Einf.* ‖ **90**,12-13 *von* und *bis* ist. *Einf.* ‖ **90**,14 *vor* Es *senkrechter Rotstiftstr. u. Absatzzeichen mit Bleist.* ‖ *nach* auseinander: *erneut Absatzzeichen mit Bleist.* ‖ 1. *zur Verdeutlichung mit Blaust. überschrieben* ‖ **90**,18 2. *V. für* und ‖ **90**,19 und *Einf.* ‖ **90**,20-21 *von* und *bis* Erlebnisse *Einf.* ‖ **90**,24 *nach* sich *gestr.* und; *danach Absatzzeichen mit Bleist., wohl von Landgrebe* ‖ **90**,27 Aber *Einf. mit Bleist.* ‖ **90**,28 schlechthin *Einf.* ‖ **90**,30

TEXTKRITISCHE ANMERKUNGEN ZUM HAUPTTEXT 557

nach durch *gestr.* reflektive und ‖ **90,** Anm. *spätere Hinzufügung = Erg. mit Bleist. über der Zeile in F* ‖ **91,**3 *vor* Auf *Absatzzeichen mit Bleist., wohl von Landgrebe; von* Auf *bis* Bewusstseinssynthesen *V. mit Tinte u. Bleist. für ausradierten, nicht rekonstruierbaren Text; danach im Ms. noch weiter mit Bleist. eingefügt* diese ‖ **91,**5 *vor* auf *mit Bleist. gestr.* (oder, wenn sie lieber wollen ‖ einzelnen *Einf.* ‖ **91,**6 *nach* Erlebnisse *im Ms. eine durch die Streichung des Anfangs des Klammerzusatzes vor* auf diese *versehentlich stehen gebliebene schließende Kl. (vgl. die textkritische Anm. oben zu* S. 91,5*).* ‖ Leistungen *V. für* Ichleistungen ‖ **91,**7-8 *von* Für *bis* einzelnen *am Rand Schrägstrich mit Rotst.* ‖ **91,**10 also *Einf.* ‖ **91,**14-15 *von* wieder *bis* Modis; *Einf.* ‖ **91,**15 Vermissen *Einf.* ‖ **91,**16 explizierende *Einf.* ‖ **91,**25-27 *von* vielmehr *bis* sein *am Rand mehrfach mit Orange- u. Lilast. angestrichen* ‖ **91,**25 drittens *Einf.; Ms.* drittens auch das Ich wird *statt* wird drittens auch das Ich ‖ **91,**25-26 eigenen *Einf.* ‖ **91,**27-28 *von* aber ich bin *bis* Pfiff *Randtitel* Affektion ‖ **91,**27 *C: von* ich *bis* dabei *in Anführungszeichen* ‖ **91,**28 *C:* mich stört *in Anführungszeichen* ‖ **91,**29 *C:* zuwende *in Anführungszeichen* ‖ **91,**30 *nach* hinreißen; *senkrechter Orangestiftstrich; C:* hinreißen *in Anführungszeichen* ‖ *vor* und nun *am Rand senkrechter Orangestiftstrich* ‖ **91,**31 *von* zum Ich *bis* wird. *Randtitel* Aufmerksamkeit ‖ **91,**32 *nach* wird. *zwei senkrechte Blaustiftstriche; danach gestr.* Das ist der Übergangspunkt. *danach erneut zwei senkrechte Blaustiftstriche* ‖ **91,**32-33 *von* Und nun *bis* sich aus *Randtitel* Aktion ‖ **91,**33 *C: nach* erfasst es *Einf.* aktiv ‖ **92,**1-3 *von* solches *bis* vollzieht, oder *in eckigen Blaustiftkl.* ‖ **92,**3-5 *von* Vorgestellten *bis* bezeichnet *Randtitel mit Blaust.* Ichpol ‖ **92,**4 nur *Einf.* ‖ *nach* entschließt. *senkrechter, mit Bleist. nachgezogener Orangestiftstrich* ‖ **92,**6 oder Polarisierung *Einf.* ‖ **92,**8 *nach* Zentrum *mit Blaust. gestr.* wir können nicht anders sagen als Ich, ‖ **92,**9-12 *von* in Form *bis* Affekte. *am Rand nach unten weisender Pfeil* ‖ **92,**10 *nach* sind. *zwei senkrechte Orangestiftstriche* ‖ **92,**15-17 *von* als Zweck *bis* bezieht sich *Randtitel* Vernunft ‖ **92,**17 bezieht *V. für ausradiertes, nicht rekonstruierbares Stenogramm* ‖ **92,**18 *nach* Vernunft. *mit Tinte u. Blaust. gestr.* Zu ihnen gehören nämlich die Vorkommnisse der Erfülltheit oder Nicht-Erfülltheit, der tätigen Richtung auf das Wahre, auf wahres Sein, wahren Wert usf. ‖ **92,**19 sachfernen *V. mit Bleist. für ausradiertes, nicht rekonstruierbares Wort* ‖ **92,**20 Einsehens *Einf.* ‖ **92,**20-21 *von* von Seiten *bis* „Selbstgebung" *Einf.* ‖ **92,**22-23 und dann die *V. für* die Probleme ‖ **92,**23 mannigfaltigen phänomenalen Vorkommnisse *Einf.; danach mit Tinte u. Blaust. gestr.* die der Phänomenologie zur „Evidenz" und „Wahrheit" gehören ‖ **92,**24 „Evidenz" und „Begründung" *alle Anführungszeichen vom Hrsg.* ‖ und *Einf.* ‖ *nach* „Begründung" *mit Tinte u.*

Blaust. gestr. Wahrheit beziehen ǁ *C:* der Bewährung *V. für von* Bewährungen ǁ **92**,25 *C:* der Abweisung *V. für von* Abweisungen ǁ **92**,25-31 *von* Wo immer *bis* Charaktere aus. *Einf.* ǁ **92**,27 *C: nach* schon *Einf.* wo ǁ **92**,28 ⟨die Rede ist⟩ *Einf. gemäß B* ǁ **92**,32-**93**,1 *von* Diese *bis* fixiert. *im Ms. in doppelten eckigen Blaustiftkl.* ǁ **92**,33 konkreter *V. für* rein ǁ **92**,35 *C: nach* intuitiv *Einf.* bzw. deskriptiv ǁ **93**,1-2 darin an Realitäten und Idealitäten *V. mit Bleist. für ausradierten, nicht mehr rekonstruierbaren Text* ǁ **93**,2 und *vor* Möglichkeiten *Einf. mit Bleist.* ǁ **93**,3 und *Einf. mit Bleist.* ǁ *C: nach* Gütern *Einf.* usw. ǁ **93**,4 ⟨gerichtetes⟩ *Einf. gemäß B* ǁ **93**,5 naives *Einf.* ǁ *nach* voraussetzt. *gestr.* Dieses wird dann, phänomenologisch reflektiv betrachtet, unter Verzicht auf das Mittun der naiven ⟨naiven *V. für* geraden⟩ Stellungnahmen, als rein augenhaftes Ich angeschaut und theoretisch beschrieben werden. ǁ **93**,6 ⟨vom⟩ *Einf. gemäß B* ǁ **93**,8 und *Einf. mit Bleist.* ǁ **93**,10 mittut *V. für* übernimmt ǁ **93**,20 im Reich transzendentaler Erfahrung *Einf. mit Bleist.* ǁ **93**,21 *nach* vielverschlungener *gestr.* und je näher man sie ansieht ǁ **93**,25 *von* (jeder *bis* selbst) *Kl. mit Bleist.* ǁ **93**,27 Tatsachenwissenschaft *V. für* Wissenschaft ǁ *vor* der ersten *öffnende eckige Bleistiftkl., die nicht geschlossen wird, aber wohl den Beginn des Textpassus bezeichnen soll, den Husserl in der folgenden Anm. als Übergang bezeichnet (vgl. S. 94, Anm. 1).* ǁ **93**, Anm. *spätere Hinzufügung = Einf. in C* ǁ **94**,5 gesetzt *Einf.* ǁ **94**,7-8 seines als des *V. für* des ǁ **94**,9 *nach* setzt *gestr.* sein eigenes ǁ **94**,9-10 *von* der *bis* Titel *V. für* den berüchtigten Max Stirner'schen Grundsatz ǁ **94**,9 Max *Einf.* ǁ **94**,11 sein egologischer *V. für* apodiktischer ǁ **94**,14 werdender *Einf.* ǁ **94**,17-22 *von* In Parenthesen *bis* bewähren. *im Ms. in eckigen Kl.* ǁ **94**,24 ernstlich *Einf.* ǁ **94**,30 echte *Einf.* ǁ **94**,31 *nach* viel *gestr.* langweilige ǁ **94**,32 geltende *Einf.* ǁ **94**, Anm. 1 Fußnote *= Rb. mit Bleist.* ǁ **95**,7-8 *von* es, *bis* erkannt *V. für* es da ist, wahrhaft ǁ **95**,9 *vor* ihrer Geltung *am Rand zwei Schrägstriche mit Blaust.* ǁ **95**,16 *nach* sage, *durch waagerechten Bleistiftstrich vom folgenden Text abgetrennt; dazu die Randnotiz mit Bleist.* Hier geht es also eigentlich weiter. *Diese Notiz entspricht der hier als Fußnote (S. 94, Anm. 1) abgedruckten obigen Rb. (vgl. die textkritische Anm. zu S. 93,27); der sich dazwischen befindende Text kann also gemäß einer späteren Auffassung Husserls wegfallen, weshalb ihn Landgrebe auch nicht in das Ts. (E) aufgenommen hat.* ǁ **95**,18 *nach* überschätzen. *ein Kreuzchen mit Bleist. u. ein Absatzzeichen, beides wohl von Landgrebe* ǁ **95**,20-21 *von* Ich sprach *bis* so: *Einf.* ǁ **95**,22 objektive Wissenschaft, z. B. *Einf.* ǁ **95**,26-29 *von* zu erkennen *bis* momentane *am Rand mit Blaust. angestr., dazu der Randtitel* „Tatsache" ǁ **95**,31-32 *von* , und *bis* „jedermann") *Einf.* ǁ **95**,34 klaren *Einf.* ǁ *nach* und *gestr.* objektiver ǁ **96**,3-7 *von* Nenne *bis* Aussagen. *Einf.* ǁ **96**,7 rein egologisch urteile *im Ms. von Landgrebe mit Bleist. verändert in* , der ich über das in der transzendentalen Subjektivität Vorgefundene Urteile fälle, || **96**,8 *anderen V. für* formalen*; formalen wiederum V. für* anderen || **96**,9 gültig *oder Einf.* || **96**,10-14 *von* Intersubjektivität *bis* lassen? *Einf.; diese Einf. ist, wohl von Landgrebe, leicht mit Bleist. durchstrichen.* || **96**,19 *Ms.* ließ *statt* lassen*;* ließ *V. für ausradiertes, nicht rekonstruierbares Stenogramm; danach Absatzzeichen mit Bleist.* || **96**,21 *zu* Zweifelhaftigkeit der Erinnerung *später in E übernommene Erg. von Landgrebe mit Bleist. am Rand und mit ihr alles übrigen* Vergegenwärtigungsbewusstseins || **96**,24 transzendentale *Einf.* || **96**,29 *nach* sprechen *später in E übernommene Einf. Landgrebes mit Bleist.* und nicht mehr von den darin bewussten fremden Ich und dem transzendentalen Ichall || **96**,31 und nur *Einf.* || **96**,35 Also *Einf.* || jeweilige *Einf.* || **96**,36 im wirklichen Sinne *Einf.* || **96**,37 betreffenden *Einf.* || **97**,13 *vor* Ich *Absatzzeichen mit Bleist., wohl von Landgrebe* || **97**,18-20 *von* „Ich nehme *bis* fühle" *sämtliche Anführungszeichen vom Hrsg.* || **97**,18 *Gedankenstrich mit Blaust.* || **97**,29 *nach* gestrandet. *ein Kreuz, wohl von Landgrebe, das die Stelle bezeichnet, an der dieser in E einen zusätzlichen Satz eingefügt hat* || **98**,2-8 *von* Es *bis* herauskristallisiert haben. *Einf.* || **98**,5 *nach* und *im Ms.* noch einmal *und* || **98**,8 herauskristallisiert haben *V. für* eingehalten haben || **98**,14-19 *von* Wir *bis* besser transzendentalen *Randnotiz mit Bleist.* Beilage. Unterscheidung zwischen phänomenologischer oder transzendentaler Reduktion schlechthin und apodiktischer Reduktion. *Gemeint ist der in der vorliegenden Ausgabe als Beilage X, S. 396 f. wiedergegebene Text des Bl. 117 aus F IV 1, das am Rand den auf die vorliegende Stelle verweisenden Vermerk* ad 60 *trägt.* || **98**,17 *vor* Wir *am Rand zwei senkrechte Rotstiftstriche* || **98**,19 oder besser transzendentalen *Einf.* || **98**,23-24 fürs Erste *Einf.* || **98**,27 Wir werden in der Tat *V. für teilweise ausradierten, nicht rekonstruierbaren Text* || der *V. für* dieser || **98**,28 *nach* transzendentale *gestr.* phänomenologische || **98**,34 *nach* beschrieben, *Ms.* aber*; wohl versehentlich nicht gemeinsam mit* rücksichtsloser *(vgl. die folgende textkritische Anm.) gestr.* || *nach* vollziehen sie *gestr.* rücksichtsloser || **99**,1 irgend *Einf.* || **99**,4 *nach* Reduktion *gestr.* oder phänomenologischer || *Ms.* von *statt* wir || **99**,11 reelle *Einf. mit Bleist.* || **99**,16 *von* Äußerlich *bis* Neues. *V. für mit Tinte u. Blaust. gestr.* Sie werden nun sagen, das ist doch nichts Neues! – *von* Äußerlich *bis* Unterschied *am Rand Schrägstrich mit Blaust.* || **99**,17-20 *von* alsbald *bis* eingestellt *Rb. mit Bleist.* nicht erst als Einführung 62²? *Husserl dürfte hier das eventuelle Vorziehen des in der vorliegenden Ausgabe S. 102,27 mit* Wenn wir Reduktionen *beginnenden Textes im Sinne haben (vgl. unten die textkritische Anm. zu dieser Stelle).* || **99**,19 Entwicklungsgangs *V. für*

Gangs || **99**,21 apodiktisch *Einf.* || **99**,22-**100**,2 *von* ist uns *bis* sie aber V. für *legen wir gerade Wert darauf, dass die transzendentale Subjektivität keineswegs nach ihrem ganzen Umfang apodiktisch gegeben ist und* || **99**, Anm. *Fußnote = Text eines kleinerformatigen Einlagebl., das von Husserl mit* ad 60²ᵗᵉ Seite *bezeichnet ist. Der Form nach könnte es sich hierbei auch um die* Beilage ad 60 *handeln (vgl. die obigen textkritischen Anm. zu S. 98,14-19). Indessen ergäben sich hierbei inhaltlich größere Schwierigkeiten als bei dem oben als Beilage X, S. 396 f. abgedruckten Text. Der gesamte Text dieses Bl. ist daher wohl zutreffender als ein ergänzender Zusatz aufzufassen.* || **99**,32 *Ms.* ich *statt* ist || **99**,39 *Mit* ab. *endet der Text der Vorderseite des Einlagebl. Auf der Rückseite befindet sich die untere, abgetrennte Hälfte eines nicht sinnvoll rekonstruierbaren gestr. Textes.* || **100**,5 , wie es scheint, nur *Einf.* || **100**,7 *Ms.* bin *statt* ist || **100**,7-8 *von* , und *bis* suchen *Einf.* || **100**,11-15 *von* und nicht nur *bis* klar werden: *Randnotiz mit Bleist. vgl. als Voranzustellendes in* „Einführung" 62²; *diese Bemerkung bezieht sich, ebenso wie die weiter oben am Rand zu S. 99,17-20 befindliche (vgl. die textkritische Anm. zu dieser Stelle), auf den mit* Wenn wir Reduktionen *beginnenden Textpassus ab S. 102,27 des vorliegenden Textes (vgl. auch die textkritische Anm. zu dieser Stelle).* || **100**,16-17 *von* und *bis* Vergegenwärtigungen *V. für* z. B. || **100**,17 *Im Ms. ist* phänomenologische *gestr. und oder besser* transzendentale *als V. an diese Stelle über der Zeile geschrieben* || **100**,19 phänomenologische *Einf.* || **100**,22-23 *von* Der *bis* „Wiedererinnerung". *Einf.* || **100**,32 welche ich, in die *V. für* die ich, in die; dies wiederum *V. ist für* innerhalb derer || **101**,2 *von* „Ich *bis* gehört" *Anführungszeichen vom Hrsg.* || **101**,6 meiner, des Ego, früheren *V. für* meines, des Ego, Gehörs || **101**,7 reale *Einf.* || **101**,13 erinnerten *Einf.* || **101**,15-16 transzendentales *Einf.* || **101**,16 vergangenen *Einf.* || **101**,22-26 *von* Vergegenwärtigungen *bis* aber nicht den *am Rand mit Rotst. angestr.* || **101**,24 Setzungen *V. für* Stellungnahmen || **101**,25 Setzung *V. für* Stellungnahmen || **101**,26 schalte ich *V. für* schalten wir || *nach den Ms.* noch einmal *den* || **101**,27-28 Erleben und mein vergangenes *Einf.* || **101**,27-29 *von* und *bis* bewusst war *in eckigen Bleistiftkl.* || **101**,28-29 *von* in dem *bis* bewusst war *Einf.* || **101**,30 Transzendental-Subjektive *V. für* Transzendentale || **101**,33 seiner *V. mit Bleist. für ausradierten, nicht rekonstruierbaren Text* || **101**,34 uns zueignen wollen. *V. für teilweise mit Tinte u. Blaust., teilweise nur mit Tinte gestr.* , die Erlebnisse dieses Ego sind, aber immer nur als transzendental reduzierte verstanden. || **101**,38-**102**,3 *von* Aber *bis* nicht. *im Ms. kaum kenntlich in Bleistiftkl., wohl von Landgrebe.* || **102**,2 *nach* Wahrnehmung *im Ms. noch einmal* ist || **102**,6-7 *von* , dem *bis* entgegensehe, *V. für* antizipiert und eventuell ⟨eventuell *Einf.*⟩

anschaulich im Voraus konstruiert ‖ **102**,7 *Ms.* entgegensehen *statt* entgegensehe ‖ **102**,8 *nach* Ichlebens *gestr. Einf.* , *das freilich nicht absolute Gewissheit bietet, mindest erst der Kritik bedarf* ‖ **102**,9 *von* Alles *bis* transzendentale *V. für teilweise ausradierten, nicht rekonstruierbaren Text* ‖ **102**,11 *von* , die *bis* gewinne, *Einf.* ‖ **102**,11-15 *von* und *bis* Zeitform *Randtitel mit Bleist.* Die Vergegenwärtigung⟨en⟩ als gewesene Erfahrungen ‖ **102**,17-18 *von* , obschon *bis* kritisierten *Einf.* ‖ **102**,21-22 transzendentale *V. für mit Tinte u. Blaust. gestr.* phänomenologische ‖ **102**,22 *nach* als Reduktion *mit Tinte u. Blaust. gestr.* auf das transzendentale Ego ‖ **102**,24 *nach* universale *gestr.* phänomenologische ‖ **102**,27 *Ms.* wir können *statt* können wir ‖ *nach* klarmachen: *geöffnete spitze Rotstiftkl., die nicht geschlossen wird; dazu mit Rotst. am Rand ein nach unten gerichteter Pfeil und Randtitel* Einführung zu all den Betrachtungen der bloß transzendentalen Reduktion ⟨*von* bloß *bis* Reduktion *zusätzlich mit Bleist. überschrieben*⟩. *Der von hier an folgende Text sollte wohl gemäß Husserl als einführende Betrachtung an eine frühere Stelle verlegt werden. Dies bestätigen die oben in den textkritischen Anm. zu S. 99,17-20 und S. 100,11-15 wiedergegebenen Randnotizen mit Bleist. Während diese Notizen eine Einfügung vor dem Bl. mit der Paginierung 61 – in der vorliegenden Ausgabe beginnend mit* Äußerlich *(S. 99,16) – nahe legen, spricht eine Randnotiz Husserls in der Inhaltsübersicht Landgrebes (M I 2 II) dafür, es vor dem Bl. mit der Paginierung 60 – in der vorliegenden Ausgabe beginnend mit* sicher sein *(S. 97,5) – einzugliedern (vgl. dazu den Text der Beilage I, S. 344 und die Anm.1 dazu). Nicht völlig klar ist auch, bis wo der dort einzufügende Text reicht, da die zu Beginn des Passus geöffnete spitze Rotstiftkl. nicht geschlossen wird. M I 2 II und die Bezeichnung* Einführung 62² *legen nahe, dass Husserl sich die „einführende Betrachtung" bis zum Bl. mit der Paginierung 63 dachte, das entspräche in der vorliegenden Ausgabe bis* objektiven Empirie. *(S. 103,15) Landgrebe hat übrigens in der Erstellung des Ts. diese Umstellungsanordnung in dieser Form nicht berücksichtigt (vgl. die Tabelle in der vorliegenden Ausgabe S. 507).* ‖ *nach* wir *gestr.* phänomenologische ‖ **102**,30 *nach* Empirie *mit Tinte u. Blaust. gestr.* und eines naiven apriorischen Denkens ⟨*von* und *bis* Denkens *Einf.*⟩ Wir bauen uns künstlich ein eigenes abgeschlossenes ⟨abgeschlossenes *Einf.; Ms.* abgeschließend *statt* abgeschlossenes⟩ empirisches Reich auf. Die Naivität (oder wenn Sie lieber wollen, „Dogmatismus" ... *Text bricht ab; danach Absatzzeichen mit Bleist.* ‖ **102**,31 „Naives" *Anführungszeichen mit Rotst.* ‖ **102**,31 eben *Einf.* ‖ **102**,35 *von* Die *bis* erste *V. für* Die ‖ **102**,36 früher *Einf.* ‖ Rechtfertigungsmotiven *V. für* Rechtfertigungsgründen ‖ **103**,1-3 *von* Eine *bis* Also *Einf; vor* Eine *mit Tinte u. Blaust.*

gestr. Eine transzendentale, ‖ **103**,5 *Motive V. für ausradierten, nicht rekonstruierbaren Text* ‖ **103**,7 wir *vor* uns *Einf. mit Bleist.* ‖ **103**,8 *nach* ein *mit Blaust. gestr.* bisher unbekanntes ‖ **103**,10 *nach* Reich *mit Tinte u. Blaust. gestr.* abgegrenzt ‖ **103**,10-14 *von* zugeeignet *bis* selbst liegt. *am Rand mit Rotst. angestr.* ‖ **103**,10 Wir setzen es *Einf. am Rand* ‖ **103**,11 also dem naiven *V. für* , das dem naiven Recht der Erfahrung und des Denkens folgend, oder besser dem ‖ **103**,12 oder *Einf.* ‖ **103**,16-24 *von* Also *bis* kennen. *in eckigen Bleistiftkl.* ‖ **103**,17 *nach* als die *gestr.* evident ‖ **103**,22 überwogen und *Einf.* ‖ **103**,27-28 kontinuierlich ausweisende Erfahrung *Einf.* ‖ **103**,30-31 und der sonstigen Vergegenwärtigungen *Einf. mit Bleist.* ‖ **103**,32 *nach* Erlebnisse. *am Rand ein waagerechter Blaustiftstrich* ‖ **103**,35-**104**,1 *von* , was *bis* 1. *Einf.* ‖ **104**,2 hierin *V. für* damit ‖ **104**,9 und kausal *Einf.* ‖ **104**,18 *vor* Vollziehen *Absatzzeichen mit Bleist, wohl von Landgrebe* ‖ **104**,22 *nach* verläuft. *senkrechter Blaustiftstrich* ‖ **104**,32 die und die *V. für* das und das, *was wiederum V. ist für ausradiertes, nicht rekonstruierbares Stenogramm* ‖ **104**,37-38 *von* (auch *bis* etc.) *Erg. mit Bleist. am Rand; Kl. vom Hrsg.* ‖ **105**,2 natürlichen *V. für ausradiertes, nicht rekonstruierbares Stenogramm* ‖ **105**,2-4 *von* sei es *bis* Zusammenhang *Einf.* ‖ **105**,3 *Ms.* eine *statt* ein ‖ **105**,6 *nach* also *Ms.* eine ‖ **105**,7-8 Erfahrung *V. mit Bleist. für* induktive Empirie ‖ **105**,9-10 *von* , in dem *bis* Glaubens *V. für* zu setzen ‖ **105**,10 *nach* nehmen. *am Rand waagerechter Bleistiftstr., darunter mit Bleist., wohl von Landgrebe* § 4; denn in E beginnt hier der § 4. ‖ **105**,13 physische *Einf.* ‖ **105**,28 ein Leib *Einf.* ‖ **105**,33-35 *von* Dass *bis* heraus. *Einf.* ‖ **106**,9 bloß *Einf.* ‖ **106**,10 *vor* Schalten *Absatzzeichen mit Bleist., wohl von Landgrebe* ‖ **106**,11 als Menschen in der Welt *Einf.* ‖ *nach* Urteile *gestr.* über die Welt ‖ **106**,12 *nach* das *gestr.* ja ‖ **106**,16 wollen *Einf.* ‖ und, soweit irgend sich erfahrungsmäßig *V. für* als ein für sich geschlossenes Reich der ‖ **106**,18 solche absolute *Einf.*; solche absolute Rechtfertigung *V. für* solches absolute Rechtfertigungsinteresse; solches *versehentlich nicht angepasst* ‖ *nach* will. *mit Tinte u. Blaust. gestr.* Wir können transzendentale Reflexion üben und ausschließlich genau nach unserer Methode nur transzendental Erfahrenes setzen, sowohl das der Wahrnehmung als der Erinnerung usw., soweit wirkliche Erfahrung reicht. ‖ **106**,18-21 *von* Sehen *bis* erweitert. *Einf.* ‖ **106**,23-24 im realkausalen Naturzusammenhang *Einf.*; *Ms.* real-kausalem *statt* real-kausalen ‖ **106**,25 und zwar *Einf.* ‖ **106**,27 *nach* Leibes, *gestr.* mit der jetzigen Wahrnehmung, ‖ **106**,31-33 *von* , nämlich *bis* sicherer *V. für* habe ich die empirischen und empirisch sicheren; *Ms.* empirischen und empirisch sicheren *nicht der V. angepasst* ‖ **106**,36-**107**,1 *von* Bisher *bis* „Innenwendung" *Einf.*; *vor* Bisher *Absatzzeichen mit Bleist.* ‖ **107**,3 ihrer wesenseigentümlichen Seite nach *Einf.* || **107**,8 ursprüngliche *Einf.* || **107**,10 aber nun *V. für* und zwar || **107**,11-12 *von* und durch *bis* Zukunft *Einf.* || **107**,15 *von* Es *bis* Rede: *V. für* Ich sage normalerweise || **107**,16 man sagt *V. für* ich sage || **107**,17 In der Tat, *Einf.* || **107**,18 als gegenwärtig *Einf.* || **107**,20 dadurch fundierten *V. für* gewissen (zweifelsfreien) || **107**,22 es ihm „ansehe" *Einf.* || **107**,28-35 *von* Hier *bis* usw. *im Ms. in eckigen Kl.* || **107**,30 und hypothetisch *Einf.* || **107**,36-37 *von* die auf *bis* aufgestufte *V. für* die || **108**,1 ebenfalls *Einf.* || **108**,4 künftig *Einf.* || **108**,6-7 *von* zweiten *bis* einzelne *V. für teilweise ausradierten, teilweise gestr., nicht rekonstruierbaren Text* || **108**,8-12 *von* aber *bis* indiziert ist *Einf.* || **108**,12-15 *von* mein eigener *bis* Gegebenheit *V., teilweise mit Bleist., für teilweise mit Tinte u. Blaust. gestr.* meine eigenen Erlebniszusammenhänge als wirklich ablaufende, aber auch ⟨*nach auch Ms. als*⟩ nach empirisch-hypothetischer Regelung ihren eigenen Zusammenhang haben und dieser Zusammenhang erfahren bzw. erfahrbar ist, der seinen || **108**,16 ist *V. für ausradiertes, nicht rekonstruierbares Stenogramm* || **108**,17 transzendentalen *Einf.* || **108**,18-19 *von* gegeben *bis* werden *V. für teilweise ausradierten, teilweise gestr., nicht rekonstruierbaren Text* || **108**,19 nach werden. *senkrechter Rot- und senkrechter Blaustiftstr.* || **108**,22-23 *von* und *bis* Gegenwart *Einf.* || **108**,24-27 *von* , und nur *bis* tätiges Subjekt *im Ms. in eckigen Blaustiftkl.; schließende Kl. ursprünglich hinter* transzendentales. (S. 108,29) *später wieder ausradiert* || **108**,26 jeweiliges *Einf.* || **108**,27 frei tätiges *V. für* handelndes || **108**,27-29 *von* Das *bis* transzendentales. *Einf.* || **108**,32 Mit Einfühlung. *endet der Text auf der Vorderseite des Bl. Auf der Rückseite befindet sich der folgende gestr. Text* Und wenn ich wieder die ganze objektive Welt ausschalte und somit auch den Menschen dort als Objekt ausschalte, so bleibt mir, wie der Regelzusammenhang ⟨Regelzusammenhang *V. für* Zusammenhang⟩ meiner transzendentalen Phänomene vom fremden Leib, ⟨meiner transzendentalen Phänomene vom fremden Leib *V. für* der Phänomene des fremden Leibes⟩ so der Regelzusammenhang ⟨Regelzusammenhang *V. für* Zusammenhang⟩ seiner transzendentalen Subjektivität mit dem Regelzusammenhang meiner Phänomene von seinem Leib. ⟨*von* mit dem *bis* Leib *Einf.*⟩ Die fremden Erlebnisse kommen nicht zur Ausschaltung, da sie nicht als objektive, in der Welt an physischen Leibern vorkommende, mit organischen Prozessen kausal verknüpfte Daten eines Menschensubjekts gesetzt sind, sondern ausschließlich als durch meine erwartungsmäßig vonstatten gehenden Verläufe meiner sinnlichen Phänomene von dem eingeklammerten fremden Leib indizierte, und zwar als mitgegenwärtig indizierte Erlebnisse. Aber eigentlich ist da indiziert, in der Weise einer einfühlenden ⟨einfühlenden *Einf.*⟩ Vergegenwärtigung, die als Erfahrung fungiert, eine volle konkrete Subjektivität analog der meinen transzendentalen Subjektivität, von der aber über die allgemeine Typusform hinaus ⟨*von* über *bis* hinaus *Einf.*⟩ nur einige Bestände bestimmt indiziert sind. Das Übrige ist unbestimmt, aber durch offene weitere Erfahrung bestimmbar, ähnlich wie in der Miterfahrung von eigentlich nicht wahrgenommenen Seiten eines Dinges nur einzelne ⟨*Ms.* einzelnes *statt* einzelne⟩ Bestimmungen der unsichtbaren Seite, aber darüber hinaus die ganz typische, allgemeine, aber eben unbestimmte Form eines Dinges indiziert sind. ⟨*Ms.* ist *statt* sind⟩ Diese Indikation ist die phänomenologische Innenseite der Erfahrung und ist selbst im rein phänomenologischen, dem transzendental-subjektiven Gebiet vorlaufende Erfahrung, als solche die fremde transzendentale Subjektivität ursprünglich in der Form des Alterego gebend. *Mit* gebend. *endet der gestr. Text. Der Rest der Seite ist unbeschrieben.* ‖ **108**,36 *nach* meinen. *Absatzzeichen mit Bleist., wohl von Landgrebe* ‖ **108**,37 äußeren *Einf.* ‖ **108**,38-109,4 *von* verfällt *bis* bedingte *V. für* teilweise *mit Blaust. gestr.* nämlich als zu dem im objektiven Raum an seiner Stelle daseienden Leibkörper kausal gehörige Subjektivität als durch gewisse organische Strukturen und Prozesse des Leibes kausal bedingte, verfällt freilich der phänomenologischen Reduktion ‖ **109**,6 Linien *Einf.* ‖ Empirie *V. für* mit *Blaust. gestr.* Empirie, in einer gewissen immanenten Motivation; *von* Empirie *bis* immanenten ursprünglich *Einf.* ‖ **109**,7 *nach* Leben *senkrechter Strich mit Tinte u. Blaust.* ‖ **109**,10-11 empirisch bekundenden *V. für* ausdrückenden, *welches wiederum V. ist für* indizierenden ‖ **109**,14-15 *von* noch die *bis* geht *Einf.* ‖ empirisch-transzendentalen *V. für* transzendentalen ‖ **109**,16 *nach* Anzeige *mit Tinte u. Blaust. gestr.* oder Vorweisung ‖ **109**,18-20 *von* Hier *bis* cogitata. *in eckigen Rotstiftkl.* ‖ **109**,19 *nach* Zusammenhang *gestr.* meiner eigenen Bewusstseinssphäre, ‖ **109**,21 verflochten *Einf.*; *nach* verflochten *mit Blaust. gestr.* , da es sich um einen Körper handelt, der von mir als Leib eines fremden Menschen aufgefasst ist, ‖ **109**,23-24 *von* ; und *bis* mein Seelenleben *Einf.* ‖ **109**,25 *vor* In *Absatzzeichen mit Bleist.;* In objektiver Einstellung heißt es *V. für* mit *Tinte u. Blaust. gestr.* Wo immer ein einstimmiger Erfahrungszusammenhang von Dingwahrnehmungen kontinuierlich ⟨*nach* kontinuierlich *gestr.* sich bestätigende⟩ erfahren ist und dabei auch ⟨und dabei auch *V. für* ein objektives Raumding zugleich⟩ kontinuierlich ein Zusammenhang des Ausdrucks ist, der einfühlenden Apperzeption, wo immer also ⟨wo immer also *V. für* derart, dass⟩ in der anschaulichen Form und in den anschaulichen Einzelzügen eines Dinges sich ein gegenwärtig mitdaseiendes Ichleben vergegenwärtigt, da heißt es in objektiver Einstellung ‖ **109**,26 *Ms.* es *statt* ihn ‖ **109**,29 *nach* geregelter *gestr.* vorerfahrender ‖ **109**,31 mit den und den

Erlebnissen *V. für* , und zwar teils bestimmte einzelne ⟨*Ms. einzelnes statt* einzelne⟩ Akte und Zustände, teils ein offener Horizont von (und ein System fortlaufender vorerfahrender Anzeige für) ⟨*von* (und *bis* für) *Kl. vom Hrsg.*⟩ noch zu indizierenden, künftig eintretenden Erlebnissen; *von indizierenden bis Erlebnissen im Ms. der V. versehentlich nicht angepasst* ‖ **109**,33-34 *von einem bis* ist. *V. für* dem fremden Seelenzusammenhang. ‖ **110**,4-5 *von* Die *bis* Welt *am Rand diagonaler Rotstiftstrich.; vor* Die *Absatzzeichen mit Bleist., wohl von Landgrebe* ‖ **110**,7-8 *von* , wenn *bis* aufwerfe *im Ms. in eckigen Blaustiftkl.* ‖ **110**,9-11 *vor* 1., 2., und 3. *im Ms. jeweils Absatzzeichen mit Bleist., wohl von Landgrebe* ‖ **110**,14 *nach* meinen *senkrechter Rotstiftstr.* ‖ **110**,20 *von* und *bis* Zusammenhang *Einf.* ‖ **110**,28 *von* Das *bis* Einstellung *V. für* Und erst recht ist das der Fall ‖ **110**,30 *nach* entgegensehe, *gestr.* wie der gute deutsche Ausdruck lautet, ‖ **110**,31-32 *von* , die den *bis* Ding sind *in eckigen Blaustiftkl.* ‖ **110**,32 zugehören *V. für* einwohnen ‖ **111**,3 *vor* 4. *Absatzzeichen mit Bleist., wohl von Landgrebe* ‖ **111**,10-11 *von* die freie *bis* zu vollziehenden *V. für* , ungesetzt ⟨ungesetzt lässt *Einf.*⟩ lässt die in phänomenologischer Reflexion hervortretende ‖ **112**,7 Dasselbe, was für mich gilt *Einf., vor* Dasselbe *Absatzzeichen mit Bleist., wohl von Landgrebe* ‖ **112**,13 *Mit* Wir *beginnt ein neues Bl. Über dem Text befindet sich die Notiz mit Bleist. und wohl von Landgrebe* § 5; *hier beginnt* § 5 *von E.* ‖ **112**,13-14 *von* Während *bis* objektive *V. für* In der Einzelempirie ist jedem transzendentalen Einzelsubjekt anstelle des objektiven ‖ **112**,14 Universum gegeben ist *V. für ausradierten, nicht rekonstruierbaren Text* ‖ **112**,14-15 eine Natur *Einf.* ‖ **112**,16 *nach* der *gestr.* universalen raumzeitlichen ‖ **112**,16-17 *von* ist *bis* Einzelsubjekt *Einf.* ‖ **112**,17 *nach* Einzelsubjekt *gestr.* ein Subjekt gegeben ‖ **112**,18 ein subjektives Universum *V. für* eine subjektive Universalität ‖ **112**,20 *von* habe *bis* Ich *V. für* hat es ‖ **112**,35 *nach* ist. *am Rand waagerechter Rotstiftstrich* ‖ **112**,36 *vor* Endlich *Absatzzeichen mit Bleist., wohl von Landgrebe; davor ein senkrechter Rotstiftstrich* ‖ **113**,5-7 *von* den ich *bis* Kausalität. *in eckigen Blaustiftkl.* ‖ **113**,7-8 *von* Aber *bis* Nur *V. für teilweise ausradierten, nicht rekonstruierbaren Text* ‖ **113**,9 transzendentaler *V. für* reiner ‖ **113**,10 zunächst aber *Einf.* ‖ **113**,11 objektiven *Einf.* ‖ **113**,13-16 *von* (Dieser *bis* oder nicht.) *im Ms. statt in runden in eckigen Rotstiftkl.; von* Dieser *bis* Innigkeit, *V. für* , ein Zusammenhang, der seine Gradualität der Innigkeit hat ‖ **113**,16 Denn *V. für* Aber ‖ **113**,20 in *Einf.* ‖ **113**,22 *vor* Es *ein langer waagerechter Strich u. ein Punkt; dann mit Bleist. ein Absatzzeichen, wohl von Landgrebe* ‖ **113**,29 *von* (und *bis* Ego) *im Ms. zusätzlich in eckigen Rotstiftkl.* ‖ **113**,34-35 *von* . Dieser *bis* gegliedert, *V. für* , einem Strom der nach den ⟨einem Strom, der nach den *V. für* oder⟩

vielen Ego gegliedert ist; ‖ 113,35-36 *von* aber *bis* Verlauf. *V. für teilweise ausradierten, teilweise gestr., nicht rekonstruierbaren Text* ‖ 113,36 *Ms.* im jeden *statt* in jedem ‖ 114,1 *vor* Schließlich *Absatzzeichen mit Bleist., wohl von Landgrebe* ‖ 114,3 als *Einf.* ‖ 114,5 *nach* Ichall⟨s⟩ *gestr.* , eben des durch transzendentale Reduktion entspringenden, ‖ intentionalen *Einf.* ‖ 114,10 *nach* steht. *Abschlusszeichen; daneben noch ein Abschlusszeichen mit Rotst.* ‖ 114,11-12 *von* dieser *bis* Universalempirie *V. für* dieses gesamten intersubjektiven oder, wie wir besser sagten, transzendentalen Universalbewusstseins; *dieses* vergessen, in dieser *zu verändern* ‖ 114,13 als *Einf.* ‖ 114,16-17 eigentümliche Art der Möglichkeit *V. für* Zwanglosigkeit ‖ 114,18-19 *von* und *bis* möchten *Einf.* ‖ 114,19 ganz *Einf.* ‖ 114,25-27 *von* und *bis* Ichalls *in eckigen Blaustiftkl.* ‖ 114,31 *Nach* dürfen. *ist der Rest des Bl. mit Blaust. gestr., mit Ausnahme der folgenden am Rand des gestr. Textes sich befindenden Rb., die auch V. für den gestr. Text sein könnte. Der gestr. Text lautet* Beginnen wir nun von neuem und mit dem an sich Ersten, der Evidenz des Cartesianischen ⟨Cartesianischen *Einf.*⟩ ego cogito in der notwendigen Umgestaltung, die wir ihr gegeben haben. Wenn ich das Weltall, das All ⟨, das All *Einf.*⟩ objektiver Tatsachen ausschalte, so habe ich nicht nur überhaupt, sondern in apodiktischer Erfahrung gegeben das *ego cogito*, nämlich sofern wir (jeder für sich natürlich) Reflexion üben, also das ⟨*Ms.* die *statt* das⟩ selbstwahrnehmende Verhalten in prägnantem Sinne üben: auf sich selbst hinmerken und sich selbst erfassen, als seiend setzen in Gewissheit. Während dieser Selbstwahrnehmung ist das darin Wahrgenommene sozusagen undurchstreichbar. Ich kann während der fortgehenden Selbstwahrnehmung die Durchstreichung versuchen, das Nichtsein oder Anderssein ansetzen, aber dann tritt die Unmöglichkeit des Nichtseins und das Nicht-Nichtsein nur hervor. Es ist also wirklich apodiktisch gewiss, dass ich bin, dass ich jetzt wahrnehme, wo ich in der Selbstreflexion eben jetzt Wahrnehmung finde, jetzt urteile, fühle, ⟨fühle, *Einf.*⟩ wo ich in der ⟨in der *Einf.*⟩ Selbstreflexion dergleichen finde usw. Wenn ich aber so tue, habe ich eigentlich nicht nur transzendentale schlichte Selbstwahrnehmung vollzogen, sondern ich habe noch eine höhere Reflexion geübt. Ich habe die Selbstwahrnehmung wiederum betrachtet und kritisch geprüft und dabei allerlei getan, und obschon ich davon nicht früher eine Wahrnehmung habe als ich nicht abermals eine Reflexion, eine solche nur noch höherer Stufe vollzogen habe, so kann ich sie doch etwa jetzt auch noch vollziehen und sagen: Dieses Tun hat Zeit gekostet, und was ich da ⟨finde⟩ z. B. im Falle eines Wohlgefallens, das ich in der Selbstwahrnehmung finde, das ist ein Dauerndes und während dieser Dauer sich Wandelndes, jedenfalls von Phase zu Phase der

Dauer ein immer wieder Neues, da die Frage auf die Evidenz dieses „Ich habe dieses Wohlgefallen" ⟨von „Ich bis Wohlgefallen" Anführungszeichen vom Hrsg.⟩ allein geht als Wahrgenommenes der Selbstwahrnehmung. ‖ **114**,32-36 *von* Wir *bis* umgrenzen. *Einf; darüber ein nach unten weisender Pfeil mit Rotst.* ‖ **115**,10 *vor* Beginnen *Absatzzeichen mit Bleist., wohl von Landgrebe* ‖ **115**,13 *nach* und *gestr.* während der mundanen Wahrnehmung ‖ **115**,23 (den Pol) *Einf.* ‖ **115**,24-25 *von* „Ich *bis* wahrnehmungsmäßig" *Anführungszeichen mit Blaust.* ‖ **116**,1-2 *von* „Ich *bis* will" *sämtliche Anführungszeichen vom Hrsg.* ‖ *von* „Ich *bis* Urteil" *Einf.* ‖ **116**,2 das alles, *Einf.* ‖ **116**,8 oder *Einf.* ‖ **116**,9 *vor* Alle *im Ms. geöffnete spitze Kl. mit Blaust., die nicht geschlossen wird; danach Absatzzeichen mit Bleist., wohl von Landgrebe* ‖ **116**,10 Wahrnehmungsaussagen *V. für* Wahrnehmungsurteilen ‖ **116**,13-15 *von* Bei *bis* reden. *Einf.* ‖ **116**,17 jeweilige *Einf.* ‖ **116**,23 *Ms. nur statt* nun ‖ **116**,24 Mit preiszugeben. *endet der Text der Rückseite des Bl. nach nur einer Zeile. Der Rest der Seite ist unbeschrieben bis auf eine kopfständige u. gestr. Zeile am unteren Rand, welche lautet* So muss ich überlegen, was ich da als apodiktisch gewiss ... *Text bricht ab.* ‖ **116**,25 *vor* Es *Absatzzeichen mit Bleist., wohl von Landgrebe; mit* Es *beginnt ein neues Bl. über dem Text befindet sich mit Bleist., wohl von Landgrebe, die Notiz* § ? ‖ **116**,26 *nach* Bedenken *langer waagerechter Strich* ‖ **116**,27 natürlicher *V. für* naiver ‖ **116**,36 *Ms.* richte ich *statt* ich richte ‖ *nach* selbst. *mit Tinte u. Blaust. gestr.* als Hinausmeinen, das jetzt mit dem Tondatum verflochtenes Dasein ist, so ist auch das absolut selbstgegeben ‖ **117**,10 dauernde *V. für* fortdauernde*; dauernde im Ms. versehentlich in* dauernder *verändert* ‖ **117**,14 als solcher *vor* dauernder *Einf.* ‖ **117**,25 *vor* Und *senkrechter Blaustiftstrich* ‖ **117**,29 *nach* Werden" *gestr.* , strömend ‖ **117**,36-**118**,2 *von* das aber *bis* unterschiebe *Einf.* ‖ **118**,3 *vor* So *Absatzzeichen mit Bleist., wohl von Landgrebe* ‖ **118**,8 rein immanent genommen *Einf.* ‖ **118**,12 *nach* selbst *gestr.* überhaupt ‖ **118**,17 *vor* Jedenfalls *Absatzzeichen mit Bleist., wohl von Landgrebe* ‖ **118**,18 *nach* Reichtum *mit Bleist. gestr.* von unleugbarem ‖ **118**,19 *Mit* die die *beginnt der Text eines neuen Bl.; vor* die *befindet sich die später ausradierte Einf. mit Bleist.* Wir sahen letzthin welchen Reichtum von Strukturen *Offenbar wollte Husserl hier ursprünglich neu beginnen, entschied sich aber später anders. Vielleicht spricht diese vorübergehende Einf. auch dafür, dass mit diesem Bl., mitten im ursprünglichen Satz, der Beginn einer neuen Vorlesungsstunde zu machen war, wozu es eines neuen Anfangs bedurfte. Dies wird durch die folgende Rb. zur ersten Zeile von* die *bis* Unleugbar *wahrscheinlich* Hier, in der Mitte, war ⟨der⟩ Anfang ⟨der⟩ Vorlesung; *diese Lesung ist allerdings unsicher.* ‖ **118**,26 Blickrichtung

V. mit Bleist. für Wahrnehmungsrichtung ‖ **118**,31 als originales Selbst *Einf.* ‖ **118**,32 Herauserfasste *V. für* Erfasste ‖ **118**,38 nicht *Einf.* ‖ **119**,8 nach ist. *am Rand ein waagerechter Bleistiftstrich; darunter mit Bleist. von Landgrebe* § 10 ‖ **119**,11 *vor* Und *Absatzzeichen mit Bleist., wohl von Landgrebe* ‖ **119**,14 Evidenz der *Einf.* ‖ **119**,16 „inneren Wahrnehmung" *Anführungszeichen mit Rotst.* ‖ **119**,16-17 *von* Und *bis* genialer *V. für* Und selbst so geniale ‖ **119**,18 *nach* Schluss *Ms.* dass ‖ **119**,24-25 *von* „Dieses *bis* Verhaltende" *Anführungszeichen mit Bleist.* ‖ **119**,25 also *Einf. mit Bleist.* ‖ **119**,27 *Ms.* nichts *statt* nicht ‖ **119**,28 Mit Lehre? *endet der Text etwa auf der Mitte der Rückseite des Bl.; der Rest der Seite ist unbeschrieben.* ‖ **119**,29 *vor* Die *Absatzzeichen mit Bleist., wohl von Landgrebe* ‖ **120**,1-4 *von* Spricht *bis* dasselbe. *im Ms. in eckigen Bleistiftkl.; von* Spricht *bis* echten *V. mit Bleist. für* Sagt man schlechthin wahre und echte ‖ **120**,8 *nach* frei *mit Bleist. gestr.* , sagen wir, ‖ **120**,8-9 wirklich Selbsterfasstes *V. für* erfasst als es selbst ‖ **120**,10 *von* So *bis* Ansatz *Einf. mit Bleist.* ‖ **120**,14-15 *von* Aber *bis* in sich wieder *am Rand mit Rotst. Angestrichen; vor* Aber *Absatzzeichen mit Bleist, wohl von Landgrebe* ‖ **120**,22-23 *von* ist undenkbar *bis* ohne *V. für* aber; *danach mit Tinte u. Blaust. gestr.* zu beschreiben ist als ‖ **120**,29 *nach* enthalten. *senkrechter Blaustiftstrich* ‖ **120**,31-32 *von* fungierende *bis* ist die *Einf.* ‖ **120**,32 des Strömens *Einf.* ‖ **120**,33 strömenden *Einf.* ‖ **120**,36 *nach* denkbar ist. *senkrechter Bleistiftstrich* ‖ **121**,3-4 , die abstrakt kulminierend ist *Einf.* ‖ **121**,6 kontinuierlichen *Einf. mit Bleist.* ‖ **121**,9 in absoluter Originalität *V. für* absolut evident ‖ **121**,11-12 gestaltende Wahrnehmungseinheit, sich gestaltend *Einf.* ‖ **121**,14 *nach* Zukunft *im Ms. in eckigen Kl.* gestaltende Wahrnehmungseinheit ‖ **121**,20 *vor* Und *Absatzzeichen mit Bleist, wohl von Landgrebe* ‖ **121**,23 der absoluten Selbstgegebenheit *Einf.* ‖ der Absolutheit hat *zunächst gestr., dann durch Unterpunkten wieder in Geltung gesetzt* ‖ **121**,26 erstens *Einf.* ‖ **121**,27 und *Einf.* ‖ **121**,28 *nach* Zeitstellen, *Absatzzeichen mit Bleist., wohl von Landgrebe* ‖ **121**,31-35 *von* Die *bis* fortsetzt. *Einf.;* Die Stiftungspunktmitte *V. für* Der Stiftungspunkt ‖ **121**,34 mit dem immer neuen *V. für* als immer neues ‖ **121**,36 *vor* Ferner *Absatzzeichen mit Bleist., wohl von Landgrebe* ‖ **122**,6 zugewendet bin und damit zugewendet *Einf.* ‖ **122**,8-9 *von* ; es gilt *bis* liegt. *V. für* : Das soeben Gewesene liegt in meinem Bewusstseinsfeld. ‖ **122**,12 in meinem Bewusstseinsfeld *Einf.* ‖ **122**,13 von vornherein *Einf.* ‖ **122**,16 *von* , der *bis* ist, *Einf.* ‖ **122**,18 ist *V. für* ausradiertes, nicht rekonstruierbares Stenogramm ‖ **122**,19-20 stetig neue Phänomen *V. für* eines stetig neuen Phänomens ‖ **122**,21 *vor* „vergangener" *gestr.* immer ‖ **122**,22 sehr *Einf.* ‖ **122**,28 *nach* noch, *gestr.* das Original, ‖ **122**,32 *vor* Verbal *Absatzzeichen mit Bleist., wohl von*

Landgrebe ‖ **122**,33-**123**,3 *von* Wahrnehmung *bis* originale Selbstdarstellung, *im Ms. in eckigen Bleistiftkl., wohl von Landgrebe, der diesen Passus im Ts. (E) wegen der inhaltlichen Wiederholung im Folgepassus ausgelassen hat; von* Wahrnehmung *bis* Intentionalitäten *ist, am Rand mit Rotst. angestrichen* ‖ **122**,34 Reell-in-sich-Haben *V. für* In-sich-Haben ‖ **122**,38-**123**,2 *von* in anderem *bis* in Jetzt. *Einf.* ‖ **123**,3 *nach* originale Selbstdarstellung. *zunächst mit Tinte u. später mit Blaust. gestr. der folgende, auch die gesamte Rückseite des Bl. einnehmende Text* In phänomenologischer Reduktion aber und im Falle immanenter Wahrnehmung haben wir absolute Undurchstreichbarkeit auch hinsichtlich des soeben Gewesenen. So weit es eben zur konkreten Einheit des Wahrnehmungsphänomens gehört und jedes ⟨*Ms.* jede *statt* jedes⟩ speziell auf das zur Einheit der konkreten Gegenwart Gehörige Soeben-vergangen ⟨*nach* Soeben-vergangen *gestr. Einf.* und seine Erfassung⟩ reicht, so weit haben wir recht verstanden Apodiktizität. Freilich sehen wir da ein Leer-Werden, auch ein Unklar- und Unbestimmt-Werden des retentionalen Gehalts. Das sagt, nur soweit als dieser Gehalt wirklich dargestellter ist, ⟨ist *Einf.*⟩ und mit der jeweiligen Unbestimmtheit oder Bestimmtheit ist er absolut als Soeben-gewesen ⟨als Soeben-gewesen *Einf.*⟩ gegeben. Ich kann ihn auch festigen, ich kann ein Inhaltsmoment, z. B. die Farbe oder die Form, in besonderem Griff fassen und halten; dann habe ich, solange er im Griff bleibt, absolute Evidenz. Wenn ich den Ton also auch nicht durchaus nach seinem ganzen Inhalt in absoluter Evidenz behalte und wenn unklar wird, ob und wie er sich nach Intensität oder Qualität in der überschauten Dauer geändert haben mag: absolut sicher ist doch, dass nicht eine Farbe da geworden ist oder ein Viereck u. dgl.

Um es drastisch zu sagen: Die Seinsthesis, die apodiktisch angesetzt wurde in dem lebendigen Jetzt, bleibt also apodiktisch erhalten während der konkreten Wahrnehmung bzw. Retention, ⟨bzw. Retention *Einf.*⟩ und nicht bloß die Seinsthesis, sondern auch die Thesis des Soseins, aber nur nach dem, was der Griff bestimmt erfasst hat und herausfassen konnte, und mit der inhaltlichen Bestimmtheit und Unbestimmtheit, in der es gefasst sein konnte. Die Evidenz der Retention ist ein Korrelat der Evidenz der Wahrnehmung als auf die beständige Gegenwart gerichtete Erfassung und von dieser ganz untrennbar. Jede Wahrnehmung birgt Retention und ergibt in Blickwendung eine retentionale Selbstfassung. Und das gilt auch für die apodiktische Sphäre der phänomenologisch reduzierten Wahrnehmung und Retention. Offenbar ⟨*von* Offenbar *bis* übrig bleibt. *Einf.*⟩ bleibt das Gesagte auch bestehen, wenn der Ton abbricht und nur das fließende konkrete Kontinuum des Soeben-gewesen, eine konkrete Retention übrig bleibt. *Mit* bleibt. *endet der wohl schon früher mit Tinte gestr. Text. Der folgende Passus ist wohl erst später mit Blaust. gestr. worden, um das Bl., das von Husserl mit* 73a *paginiert ist, ursprünglich aber als* 78 *paginiert war, dem neuen Kontext einzupassen (vgl. hierzu die allgemeine textkritische Anm. oben, S. 508 f.).*

Seien ⟨*vor* Seien *Absatzzeichen mit Blaust.*⟩ wir nun etwas kürzer für die Fortführung dieser Kritik der empirisch-phänomenologischen Sphäre. Nach der Retention, die das ursprüngliche aus der Wahrnehmung herauswachsende ⟨herauswachsende *V. für* steigende⟩ Vergangenheitsbewusstsein ist, besprechen wir die eigentliche reproduktive Erinnerung, die Wiedererinnerung. Sie kann täuschen, so sagt man in der Erkenntnistheorie einstimmig. Und in der Tat, wer wollte Täuschungsmöglichkeiten hier leugnen? Leicht können wir uns auch überzeugen ... *Text bricht ab.* ‖ **123**,6-8 *von* Wahrnehmen *bis als Randnotiz mit Bleist.* Vorlesung; *daneben ein nach unten weisender Pfeil mit Rotst. Hier begann höchstwahrscheinlich eine neue Vorlesungsstunde, wodurch sich auch die inhaltliche Wiederholung des im vorigen Absatz Gesagten erklärt (vgl. die Anm. des Hrsg. zu dieser Stelle).* ‖ **123**,6 , so schloss ich letzthin, *im Ms. in eckigen Bleistiftkl., wohl von Landgrebe, der dies wegen der Auslassung des vorigen Passus nicht in sein Ts. (E) übernommen hat.* ‖ **123**,8 Ms. in *statt* im ‖ 123,16 originalen *Einf.* ‖ **123**,19 näher *Einf.* ‖ **123**,21 *nach* aufleuchtet *Einf. mit Bleist. von Landgrebe und Urimpression kontinuierlich in Urimpression übergeht,* ‖ **123**,25 *nach* Jetzt. *am Rand waagerechter Strich* ‖ **123**,26 *vor* Das *Absatzzeichen mit Bleist., wohl von Landgrebe* ‖ **124**,1-2 *von* (also *bis* ist) *im Ms. in eckigen Kl; eckige Kl. V. für runde* ‖ **124**,2 z. B. *Einf.* ‖ **124**,5 Ms. sondern *statt* als ‖ **124**,7 Also *Einf.* ‖ *vor* Gegenwart *am Rand diagonaler Rotstiftstrich* ‖ **124**,10 *vor* Nur *Absatzzeichen mit Bleist., wohl von Landgrebe* ‖ **124**,20 *nach* Unbestimmtheit. *gestr.* Habe ich z. B. auf die Tonhöhe in eins mit ihrer (nicht besonders abgeschiedenen) Klangfarbe den erfassenden Blick gerichtet ‖ Ist z. B. an einer *V. für* teilweise ausradierten, nicht rekonstruierbaren Text ‖ **124**,33 oder vielmehr *V. für* und ‖ **124**,36-**125**,2 *von* Freilich *bis* werden. *Einf.* ‖ **124**, Anm. *Fußnote = Rb. mit Bleist.* ‖ **125**,3 *vor* Die *Absatzzeichen mit Bleist., wohl von Landgrebe* ‖ **125**,3-4 *von* stiftet *bis* darin *V. für* mit ihrer kontinuierlichen Urimpression stiftet in dieser ‖ **125**,7 eines Dies-da überhaupt *Einf.* ‖ **125**,9-10 Bestand gradueller Bestimmtheit *V. für* allgemeinen Bestand ‖ **125**,12 in *Einf.* ‖ **125**,13 *von* , so *bis* vorhin, *Einf. mit Bleist.* ‖ **125**,20 *nach* „Ungefähres" *waagerechter Strich* ‖ **125**,21 *vor* Also *Absatzzeichen mit Bleist., wohl von Landgrebe* ‖ **125**,27-28 *von* hat *bis* und *V. für ausradiertes, nicht rekonstruierbares Stenogramm* ‖ **125**,28 gegeben *Einf.* ‖ **125**,34 *vor* Natürlich *Absatzzeichen mit Bleist., wohl von Landgrebe; von* Natürlich *bis* Ton *Rand-*

titel Freie Retention ‖ **125**,36-**126**,1 *von* im *bis* selbst *Randnotiz mit Bleist. Beilage. Verwiesen ist hier wohl auf das vorherige Bl. des Konvoluts, das überschrieben ist ad 74/75 (vgl. dazu die folgende textkritische Anmerkung).* ‖ **126**,4 *vor* Wenn *Absatzzeichen mit Bleist., wohl von Landgrebe. Der Text von* Wenn *bis* kontinuierliche Deckung *ist der Text eines wohl später eingefügten kleinerformatigen Bl. „ad 74/75", das die Rückseite des Bruchstücks eines Briefes auf Briefpapier des Jahrbuchs bildet. Dieser Text wird hier als Erg. aufgefasst und gemäß Husserls Anordnung in M I 2 II (dort ist das Bl. bezeichnet als ad 74 f.; vgl. Beilage I, S. 346) in den Vorlesungstext integriert. So verfährt auch Landgrebe in E. Der Text ist von Husserl wohl nicht vorgetragen worden.* ‖ **126**,9 Ton *V. für.* rot ‖ **126**,11 *Ms.* Retendierten *statt* Retinierten ‖ **126**,12 „Ton" *Anführungszeichen vom Hrsg.;* Ton *V. für* rot ‖ **126**,13 *von* „Der *bis* Ton" *Anführungszeichen vom Hrsg.* ‖ dauernd Ton *V. für* dauernd rot ‖ **126**,14 *Ms.* Es *statt* Er ‖ Ton *V. für* rot ‖ **126**,16 Ton *V. für* rot ‖ **126**,21 *vor* Dagegen *Absatzzeichen mit Bleist., wohl von Landgrebe* ‖ **126**,27 Mit Ton. *endet die Vorderseite des Bl. Die Rückseite besteht aus dem Bruchstück eines Briefes auf Briefpapier des Jahrbuchs. Auf den freigebliebenen Rändern hat Husserl seinen Text fortgeführt.* ‖ **127**,3 *über dem Text, der auf der Rückseite des Bl. mit* Doch *beginnt, dünn mit Bleist., wohl von Landgrebe,* § ? ‖ **127**,7 *von* im *bis* Reduktion *Einf.* ‖ **127**,13-14 *von* sozusagen *bis* Kopfpunkt *Einf.* ‖ **127**,17 *Ms.* Unklarheiten *statt* Urklarheiten ‖ **127**,18 *von* Hier *bis* beizufügen: *im Ms. leicht mit Bleist., wohl von Landgrebe, durchstrichen* ‖ **127**,19 ideelle *Einf.* ‖ **127**,22 sie *Einf.* ‖ **127**,22-23 und bestimmt-bewussten *V. für* bewussten ‖ **127**,23 merkliche *Einf.* ‖ **127**,24 Art *Einf.* ‖ oder Grenzsphäre *Einf.* ‖ ein Übergehen in einen *V. für* mit Tinte u. Bleist. gestr. gegenüber dem ‖ **127**,25-26 *von* An das *bis* Raum der *V. für teilweise gestr., teilweise ausradierten, nicht rekonstruierbaren Text* ‖ **127**,26-27 Vergangenheit *V. für ausradiertes, nicht rekonstruierbares Stenogramm* ‖ **127**,28-**128**,1 *von* Das aber *bis* Fluss ist. *Einf.* ‖ **127**, Anm. 1 *Fußnote = Rb.* ‖ **127**, Anm. 2 *Fußnote = Rb.* ‖ **128**,4 eine *Einf.* ‖ **128**,5 und der Form *Einf.* ‖ **128**,7 merkliche *Einf.* ‖ **128**,7-8 leere Unbestimmtheit. Immer ist *V. für* Leere , und im Allgemeinen ist sogar; *vor* Immer *senkrechter Blaustiftstrich* ‖ **128**,10 *Ms.* dem *statt* der ‖ **128**,16 (Gewahrens) *Erg. über der Zeile, Kl. vom Hrsg.* ‖ **128**,18 nachträglich *Einf.* ‖ **128**,20 *von* oder *bis* hatte *Einf.* ‖ **128**,21 festmachen; *Einf.* ‖ **128**,23 ihrer *V. für ausradiertes, nicht rekonstruierbares Stenogramm* ‖ **128**,27-**129**,1 *von* Es ist *bis* natürlich sehen. *Einf.* ‖ **128**,33 *nach* verfahre. *im Ms.* Freilich ‖ **128**,34 *vor* Freilich *Absatzzeichen mit Bleist.* ‖ **129**,1-2 *von* Jedenfalls *bis* alles *V. für* Das ‖ **129**,2 *nach* Gesetzte *Ms.* hat, *wohl versehentlich nicht gestr.* ‖ **129**,3 eigentlicher *V. für* eigentlich ‖ **129**,8 *nach* verbleibt. *Absatzzeichen mit Blaust. Es folgt ein mit Blaust. gestr. Text, der den Rest der Seite u. die gesamte Rückseite des Bl. einnimmt; dazu auf der Rückseite mit Blaust. die nicht gestr. Rb. Wiedererinnerung nicht gelesen und neue Revision, cf. Beginn nächster Vorlesung (dem entspricht in der vorliegenden Ausgabe S. 129 ff.). Der gestr. Text entspricht inhaltlich einer mehrfach umgearbeiteten Passage der Vorlesung (vgl. die allgemeinen textkritischen Anm. oben, S. 509); er lautet* Aber freilich, gebunden sind wir an die lebendige Wahrnehmung bzw. lebendige Retention. ⟨*nach* Retention. *mit Tinte u. Blaust. gestr.* Was nachher verbleibt, *nach*⟩ Wie aber wenn ich das Betrachtete fahren lasse ⟨*Ms.* lassen *statt* lasse⟩ und es ⟨es *Einf.*⟩ nun unverglichen in Ununterschiedenheit versinkt? Wie etwa wenn ich auf ein neues Objekt aufmerksam werde und nun ganz von ihm in Anspruch genommen und, ganz richtig gesprochen, ⟨und, ganz richtig gesprochen, *V. für* , sozusagen⟩ an das eben Erfasste vergesse? Dann kann natürlich die Wiedererinnerung als anschauliche oder leere Wiedererinnerung ins Spiel treten. Aber was nützte mir dann die ursprüngliche Evidenz der Wahrnehmung und Retention? ⟨*von* Aber *bis* Retention? *V. für* Mit der Evidenz der Wahrnehmung und Retention ist es dann für immer vorbei⟩ Doch vielleicht ist das Werk dieser Wahrnehmungsevidenz kein vergebliches und fortwirkendes, wenn die Wiedererinnerung noch Evidenzwerte aus sich hergibt. Es ist also an der Zeit, sie nach ihrem Recht und Momenten absoluten Rechts zu befragen. Von vornherein ist dabei zu beachten, dass Wiedererinnerungen auch während der ursprünglichen ⟨ursprünglichen *Einf.*⟩ Wahrnehmung bzw. hinsichtlich der retentionalen Bestände, die aus der Wahrnehmung frisch ⟨frisch *Einf.*⟩ heraus geboren werden, in bedeutsamen Weisen Rollen spielen können.

Die Retention ist das erste, das originale Bewusstsein der Vergangenheit. Man könnte ⟨könnte *V. für* kann⟩ hier sagen, das Vergangene als solches, als Gewesenes ist in der Retention wahrgenommen; aber freilich ist das insofern anstößig, als Wahrnehmung ein wirklich anschauliches Originalbewusstsein ist, während das Soeben-vergangen noch als leeres in seinem originalen Gewesensein gegeben ist.

Gegenüber dem ursprünglichen Vergangenheitsbewusstsein haben wir nun das sekundäre, das reproduktive, ⟨*nach* reproduktive *gestr. u. durch waagerechte Linien mit Blaust. vom übrigen Text abgetrennt*⟩ Seine eigentümliche Leistung ist nicht Reproduktion von Gegenwärtigem. Die Wiedererinnerung macht Vergangenes „wieder gegenwärtig", und das Wieder-Gegenwärtige ist ein gleichsam wieder von Anfang an Wahrgenommenes. Aber es ist nicht nur gleichsam, ⟨*von* es *bis* gleichsam, *Einf.*⟩ es ist „wieder" wahrgenommen, eben dadurch, dass dieses gleichsam

Wahrgenommene bewusst ist als Vergangenes. Das weist zurück auf die Ursprungsstätte der Vergangenheit in der Retention.⟩ das der Wiedererinnerung oder auch Erinnerung, was in gewöhnlicher Rede dasselbe besagt. Dass die Erinnerung täuschen kann, ist die einstimmige Lehre der Erkenntnistheoretiker. Und in der Tat, wer möchte hier Täuschungsmöglichkeiten leugnen? Es ist auch nicht schwer, sich davon zu überzeugen, dass auch die im Reich der transzendentalen Empirie ihre beständige ⟨beständige *Einf.*⟩ Rolle spielende Wiedererinnerung, die transzendental reduzierte, täuschen kann. Und man überzeugt sich davon etwa ... *Text bricht ab.* ‖ **129**,11 Mit Wir *beginnt im Ms. ein neues Bl.; über dem Text mit Bleist., wohl von Landgrebes Hand § 11; von* Wir *bis* präzisieren und *im Ms. in eckigen Bleistiftkl., wohl von Landgrebe; danach ebenfalls von Landgrebe die Einf. mit Bleist.* Ehe wir weitergehen, haben wir noch auf*; diese V. Landgrebes entspricht dem Wortlaut von E unter Weglassung des sich durch die Ersetzung ergebenden doppelten* auf. ‖ **129**,12-16 *von* Reduktion *bis* Analyse *Randtitel Vorher:* Ergänzung zur apodiktischen Reduktion der Retention ‖ **129**,14 schärfer *Einf.* ‖ **129**,16-19 *von* dass wir *bis* aufmerkende *nach unten weisender Pfeil mit Lilast.* ‖ **129**,24-25 *von* Dazu *bis* dürfen. *Einf.* ‖ **129**,29 und womöglich noch schärfer *Einf.* ‖ **129**,30 *vor* 1. *Absatzzeichen mit Bleist., wohl von Landgrebe* ‖ **129**,32 phänomenologisch *Einf.* ‖ **130**,13 *vor* 2. *Absatzzeichen mit Bleist., wohl von Landgrebe* ‖ **130**,14 *von* dass das *bis vom* ursprünglich wohl versehentlich mit Blaust. gestr., dann durch Radierung wieder in Geltung gesetzt ‖ **130**,15-16 *von* Evident ist *bis* des Tons *V. für* in *eckigen Blaustiftkl. u. mit Blaust. gestr.* Die „während" des Tönens sich konstituierende Dauer ⟨*nach* Dauer *gestr.* Extension des Tons; *danach gestr.* erneute geöffnete eckige Kl. sowie eckige Blaustiftkl.⟩ mit einer stetig wachsenden Vergangenheitsstrecke ist ganz oder als sich in den Leerhorizont schließlich verlierende und dann unbestimmt Endlose zweifellos gegeben; in ihrem wandelbaren Modus der Gegebenheitsweise. ‖ **130**,16-18 *von* Wir unterscheiden *bis* Tonstrecke *am Rand nach unten weisender Pfeil mit Lilast.* ‖ **130**,16 a) *Einf. mit Rotst.; vor* a) *Absatzzeichen mit Bleist., wohl von Landgrebe* ‖ **130**,17 b) *V. mit Rotst. für* und*; vor* b) *Absatzzeichen mit Bleist., wohl von Landgrebe* ‖ **130**,19-21 *von* retentional bewusst *bis* Soeben-vergangen. *V. für* in verschiedenem und dabei sich stetig wandelndem Modus Soeben-vergangen retentional bewusst. ‖ **130**,20 sich *Einf.* ‖ **130**,20-21 Soeben-vergangen *V. für* Vergangen ‖ **130**,22 *nach* Adäquation. *gestr.* Wir tun gut daran zu sagen: ‖ **130**,26 *nach* Maße. *gestr.* Wir können absolut sicher sein ‖ **130**,27 *vor* Wir *Absatzzeichen mit Bleist., wohl von Landgrebe* ‖ als *Einf.* ‖ **130**,28 bewusste *Einf.* ‖ als *Einf.* ‖ **130**,29 bewusste *Einf.* ‖ **131**,8 *Ms.* „Ton" überhaupt *statt* „Ton überhaupt" ‖ **131**,9-12 *von* des Fortwährenden *bis* des Wesens *am Rand ein nach unten weisender Pfeil mit Lilast.* ‖ **131**,13 *von* Ton *V. für* je nachdem von Geigenton, wie von Ton ‖ **131**,15 *nach* sprechen. *sollte ursprünglich ein neuer Absatz folgen, dessen gestr. Anfang lautet* Mit welchem Recht sprechen wir so aber auch hinsichtlich der soeben vergangenen Dauerstrecke ... ‖ **131**,20 *vor* In diesem *im Ms. geöffnete spitze Rotstiftkl., die nicht geschlossen wird* ‖ **131**,21 Qualitätssprung u. dgl. *Einf.* ‖ **131**,22-24 *von* Auch *bis* werden. *Einf.* ‖ **131**,31 Zum Beispiel: *Einf.* ‖ **132**,1 *vor* Die *im Ms. öffnende spitze Rotstiftkl., die nicht geschlossen wird* ‖ **132**,11-18 *von* Wo *bis* Wiedererinnerung *im Ms. in eckigen Kl.* ‖ **132**,19 haben nur eine *V. für* ausradierten, nicht rekonstruierbaren Text ‖ **132**,21 *Ms.* Gewissheiten *statt* Gewissheit, *wohl der V. versehentlich nicht angepasst* ‖ **132**,22 ebensolche *Einf.* ‖ **132**,23 und Zukunft *Einf.* ‖ **132**,30 *nach* aber *gestr.* der Erfahrung gegenüber können; *danach folgt im Ms. noch einmal* aber ‖ **132**,37-38 soeben *Einf.* ‖ **133**,1-2 *von* in ihn *bis* einzudringen *V. für* ihn wie er selbst ist zu erkennen sucht ‖ **133**,10 *über dem mit* Dass die *beginnenden Text mit Bleist, wohl von Landgrebe, § 12* ‖ **133**,21 *vor* Der *Schrägstrich mit Rotst.* ‖ **133**,24 *nach* besagen *gestr. Einf.* anschauliche ‖ *nach* Vergegenwärtigung. *mit Bleist. gestr. Einf.* Wir beschränken uns auf Anschauungen, also anschauliche Vergegenwärtigung ‖ **133**,25 *nach* anderen *gestr.* anschaulichen ‖ **133**,28 anschaulichen *Einf* ‖ **133**,29 sie sich als *V. für* es ‖ **134**,8 *nach* Jetzt *mit Bleist. gestr.* und damit ⟨und damit *V. für* oder⟩ den eines vergangenen ⟨vergangenen *Einf.*⟩ ‖ **134**,9 *nach* Wiederwahrnehmung, *gestr.* der Wahrnehmung ‖ *nach* der *gestr.* im Modus ‖ **134**,11 ist das *V. für* das als leere Retention ‖ **134**,13-14 *Ms.* anderen *statt* anderem ‖ **134**,16 *Ms.* ihm *statt* ihr ‖ *Ms.* eine *statt* einer ‖ identifizierenden *Einf.* ‖ **134**,22 *Ms.* Tonphrase *statt* Tonphase ‖ **134**,26-29 *von* die freilich *bis* sage ich *im Ms. in eckigen Rotstiftkl.; öffnende Kl. zusätzlich mit Bleist.* ‖ **134**,27 als *V. für* ist ‖ **134**,30 *Ms.* Tonphrase *statt* Tonphase ‖ *nach* Deckung *später ausradierte schließende eckige Rotstiftkl.* ‖ **134**,34 , in der vollkommenen Wiedererinnerung, *Einf.* ‖ **134**,36 *nach* waren. *senkrechter Blaustiftstrich* ‖ **134**,37 *vor* Freilich *Absatzzeichen mit Bleist., wohl von Landgrebe* ‖ **135**,3-9 *von* Ist sie *bis* anschaulicher Wiedererinnerung. *im Ms. in eckigen Blau- und Rotstiftkl.* ‖ **135**,8 *nach* Retention *gestr.* des jetzt wirklichen Erlebnisses ‖ des *Einf. mit Bleist.* ‖ **135**,10 *vor* Die *schließende eckige Rotstiftkl., zwei senkrechte Blaustiftstriche und Absatzzeichen mit Bleist., wohl von Landgrebe* ‖ aber auch *Einf. mit Bleist* ‖ **135**,14-15 *von* . Diese *bis* worden, *V. für* , die durch die Wiedererinnerung sozusagen enthüllt worden ist, ‖ **135**,16 bleibt sie erst recht im Griff *V. für* erst recht im Griff bleibt ‖ wird *Einf.* ‖ **135**,18 ein *V. mit Bleist. für* ausradiertes, *nicht rekonstruierbares Stenogramm* ‖ **135**,19 *nach* Wiedererinnerungen *mit Bleist. gestr.* zwar ‖ **135**,24 als Vergegenwärtigung *Einf.* ‖ **135**,27 Wahrnehmungsgegenständlichkeit *V. für* Wahrnehmungslage ‖ **135**,28 und *Einf.* ‖ **135**,29 *Ms.* Retendierten *statt* Retinierten ‖ **135**,31 *nach* ist. *senkrechter Tinten-, Rotstift- und Blaustiftstrich; dazu die Randnotiz mit Blaust.* bis hier*; nach* ist *außerdem Absatzzeichen mit Bleist., wohl von Landgrebe.* ‖ **135**,34 *(mögliche Wiederholungsreihe) Einf. mit Bleist.* ‖ **136**,1 dasselbe *V. mit Bleist. für* wohl ‖ **136**,6-9 *von* die Erkenntnis *bis* erfüllt. *Erg. mit Bleist.* am Rand, die, *wohl von Landgrebe, mit Bleist.* an dieser Stelle situiert wurde. Dort befindet sie sich auch in E ‖ **136**,10 *vor* Wir *am Rand zwei Schrägstriche mit Blaust. u. Absatzzeichen mit Bleist., letzteres wohl von Landgrebe* ‖ **136**,13 „Gleichsam" *Anführungszeichen mit Blaust.* ‖ **136**,15 sich gestaltende *Einf. mit Bleist.* ‖ Bild *V. für teilweise ausradiertes, nicht rekonstruierbares Stenogramm* ‖ **136**,16 klareres *V. mit Bleist. für ausradiertes, nicht rekonstruierbares Stenogramm* ‖ **136**,20 *nach* sich ausradierte *Einf. mit Bleist.* und verschwindet nicht in der Weckung ‖ **136**,21-22 *von* neuer *bis* Leerintention *Einf. mit Bleist.* ‖ **136**,26 *nach* Wiedererinnerungsbildes *gestr.* als Bildes ‖ **136**,35 ein Tongebilde *V. für* einen Ton ‖ **136**,38 Landschaftswahrnehmung *V. für* Landschaft ‖ **137**,2-3 *von* Individuelles, *bis* u. dgl. *Rb. mit Bleist.* und Limes! selbst ‖ **137**,5 in erfüllender *V. für* als erfüllende ‖ **137**,6-9 *von* und eben *bis* zu erreichen *Einf. mit Bleist.* ‖ **137**,9 *vor* Es *senkrechter Blaustiftstrich u. ausradiertes Absatzzeichen mit Bleist., letzteres wohl von Landgrebe* ‖ **137**,10 „Soeben-gewesen" *Anführungszeichen mit Bleist.* ‖ **137**,12 *nach* vermöge *senkrechter Rotstiftstrich* ‖ **137**,14 *nach* Wiedervergegenwärtigte, *gestr.* oder*; danach mit Blaust. gestr.* Jetzt ‖ „soeben" *Anführungszeichen mit Bleist.* ‖ **137**,15-19 *von* Im *bis* der Retention. *im Ms. in eckigen Rotstiftkl.* ‖ **137**,15 *nach* dass *im Ms. noch einmal* dass ‖ **137**,17 also *Einf.* ‖ **137**,19-20 *von* Indem *bis* übergeht *V. mit Bleist. für zum Teil mehrfach ausradierten, nicht rekonstruierbaren Text* ‖ **137**,21-23 *von* der Retention *bis* neuen Wiedererinnerungen *im Ms. leicht mit Bleist durchstrichen* ‖ **137**,21 erscheint *Einf. mit Bleist.* ‖ **137**,22-23 *von* eventuell *bis* wiederholenden *V. für teilweise ausradierten, nicht rekonstruierbaren Text* ‖ **137**,23 vermöge *V. mit Bleist. für* in ‖ **137**,24 *von* das *bis* Gegebene *Einf. mit Bleist.* ‖ **137**,25 , als dasselbe *Einf. mit Bleist.* ‖ **137**,30-31 *von* (Einheit *bis* Dauer) *im Ms. zusätzlich in eckigen Blaustiftkl. u. Einf.* ‖ **137**,32 und zwar *Einf.* ‖ **137**,33 *vor* In *Absatzzeichen* ‖ **137**,33-34 als Erlebnis *Einf.* ‖ **137**,37 *nach* Wiederholung *mit Tinte u. Blaust. gestr.* sich erzeugende, nämlich dasselbe ‖ **137**,38 *Ms.* derselben *statt* derselbe ‖ **137**,38-**138**,1 *von* hat *bis* Vergangenheitsmodus. *V. für mit Tinte u. Blaust. gestr.* ist ja immerfort derselbe im retentionalen Bewusstsein verbleibende und festgehaltene Ton und als das im Modus des retentionalen Sich-Abwandelns immerfort verschieden. Vielleicht weist man aber besser noch zur Erklärung darauf hin, dass jede Wiedererinnerung ⟨Wiedererinnerung *V. für* Kette der Wiedererinnerungen⟩ selbst als eine ursprüngliche Zeitfolge gegeben ist und dass die Fortführung der zweiten in die aktuelle Gegenwart überführt. ‖ **138**,3-4 *von* in dem *bis* entfaltet *V. für ausradiertes, nicht rekonstruierbares Stenogramm; eindeutige Situierung dieser V. wohl durch Landgrebe* ‖ **138**,4 Währen *V. mit Bleist. für ausradiertes, nicht rekonstruierbares Stenogramm* ‖ **138**,5 diese Gegenwart selbst *V. mit Bleist. für ausradierten, nicht rekonstruierbaren Text* ‖ , dies aber *Einf. mit Bleist.* ‖ **138**,6 *nach* Intentionalität *im Ms. noch einmal* in sich ‖ **138**,10 *nach* bedeutet. *Absatzzeichen, wohl von Landgrebe* ‖ **138**,11 Des Näheren: *Einf. mit Bleist.* ‖ *vor* In *am Rand Schrägstrich mit Bleist.* ‖ **138**,13-14 *von* führt *bis* Wiedererinnerungen *V. mit Bleist. für* stetig in ein Kontinuum fortgehender Wiedererinnerungen führt ‖ **138**,16 *nach* vergegenwärtigt *mit Bleist. gestr.* und ‖ **138**,23 *von* „Es *bis* gehen" *Anführungszeichen vom Hrsg.* ‖ **138**,25 Wahrnehmungsgegenwart *V. für* Gegenwart ‖ **138**,26 Mit halte. *endet der Text auf der Rückseite des Bl. Der Rest dieser Seite ist unbeschrieben. Das folgende Bl. beginnt mit folgendem gestr. Text* Selbstverständlich gehört zur Evidenz der Wiedererinnerung in ihrer erfüllenden Deckung mit der Retention auch die undurchstreichbare Evidenz des Vergangenseins, das sich von da her als Soeben-gewesen-Sein charakterisiert. Da aber in der Erinnerung, als gleichsam wiedererneuerte Wahrnehmung das Wiedererinnerte als wiedervergegenwärtigtes Jetzt auftritt ... ⟨*nach* auftritt *im Ms. eine ausradierte, nicht rekonstruierbare* Passage⟩ ... der Retention als vergangene Gegenwart. ⟨*von* das sich von da *bis* Gegenwart. *Einf.*⟩ Geht die Wiedererinnerung, ihrem immanenten Zuge nach Weiterentwicklung als Wiederwahrnehmung folgend, weiter, so hält sie sozusagen die Wahrnehmung selbst und ihren ⟨ihren *V. für* ihrem⟩ Wahrnehmungsfortgang an und erfüllt sich zuletzt nicht durch weitere Wiedererinnerung, sondern durch die wirkliche Wahrnehmungsgegenwart. ‖ **138**,27 *von* Hier ist *bis* konstituierende Wahrnehmungserlebnisses *im Ms. in eckigen Rotstiftkl.* ‖ **138**,27-31 *von* Jede *bis* auf. *V. für* dass, so wie jede originale Selbstgebung, jede Wahrnehmung eine beständige protentionale Tendenz in sich birgt, einen Erwartungshorizont, der in die Zukunft weist und so wie jede aktuelle Urgegenwart als Erfüllung der kontinuierlich vorangehenden Protention sich charakterisiert. ‖ **139**,3 einer Vergangenheit *V. für* eines Vergangenen ‖ **139**,11-12 in Gewissheit *Einf.* ‖ **139**,15-17 *von* Einheit *bis* und *Einf.* ‖ **139**,16 durchaus *Einf.* ‖ **139**,25 Folge der Vergangenheiten *V. für* zeitlichen Folge ‖ **139**,27 gegenständliche *Einf.* ‖ **139**,28 *nach* Wahrnehmungserlebnisses. *am Rand ein waagerechter Strich mit Bleist., wohl von Landgrebe, der den Text vom Folgetext abtrennt; darunter mit Bleist. von Landgrebe* § 13 ‖ **139**,31-140,1 *von* Wir haben *bis* jetzt *V. mit Bleist. u. durch* wieder in Geltung setzen *von bereits gestr. Text für* Wenn wir von diesen notwendigen Eigenheiten der Wiedererinnerung überhaupt ausgehen und uns; *dies war bereits V. für* Wenn wir von diesen notwendigen Eigenheiten der in der Sphäre der frischen Retention sich etablierenden Wiedererinnerung zu den Eigenheiten der Wiedererinnerung überhaupt übergehen und uns ‖ **139**,32 *von* etablierenden *bis* denken, *Randtitel mit Blaust., der mit Blaust. vom Text abgetrennt ist* Wiedererinnerung ferner Vergangenheiten ‖ **140**,1 *Ms.* ausgehen als *V. mit Bleist. für* übergehen *statt* übergehen – Es ist wohl versehentlich unterblieben, die V. gemeinsam mit den anderen obigen V. (vgl. die textkritische Anm. zu S. 139,31 – 140,1) rückgängig zu machen. ‖ **140**,2 *nach* denken, *mit Blaust. gestr.* statt wie bisher vorzüglich Wiedererinnerungen in der Sphäre der Retention ‖ **140**,4-5 unterschiedslosen *Einf.* ‖ **140**,6 unterschiedslose *Einf.* ‖ **140**,11-14 *von* Ist *bis* herbeirufen. *Einf.* ‖ **140**,15-16 wiedererinnerungsmäßige *mit Tinte überschriebene Einf. mit Bleist.* ‖ **140**,17-18 *von* eine solche *bis* kann *Einf. mit Bleist., teilweise mit Tinte überschrieben; danach mit Bleist. u. Blaust. gestr.* und eine Wiedererinnerung derselben in ihrem Modus; *danach wohl zu streichen* vergessene *Einf. mit Bleist.* Retention ‖ **140**,19 konkrete, aber *V. mit Bleist. für ausradiertes, nicht rekonstruierbares Stenogramm;* konkrete *mit Tinte überschrieben* ‖ **140**,20 und nun *Einf. mit Bleist.* ‖ in sich trägt *V. mit Bleist. für ausradierten, nicht rekonstruierbaren Text* ‖ **140**,21 einen *V. mit Bleist. für* eine ‖ **140**,21-22 Prozess der Wiedererinnerung *V. mit Bleist. für ausradierten, nicht rekonstruierbaren Text* ‖ **140**,22-23 *von* Der *bis* gebracht. *V. für teilweise ausradierten, nicht rekonstruierbaren Text* ‖ **140**,23-24 führt dann ihre *V. für teilweise ausradierten, nicht rekonstruierbaren Text* ‖ **140**,24 mit sich *Einf.* ‖ **140**,26 *nach* Gegenwart *gestr.* , dem Idealfall der klaren Gewissheit, das feste Sein der betreffenden erfüllten Zeitstrecke im Modus der jetzigen Vergangenheit ‖ **140**,26-30 *von* Diese *bis* Vergessenheit. *Erg. am Rand in eckigen Orangestiftkl.* ‖ **140**,27-29 *von* und damit *bis* übergegangen waren *im Ms. in eckigen Bleistiftkl.* ‖ **140**,28 durch gewordene *im Ms. senkrechter Bleistiftstrich* ‖ **140**,29 *nach* das *im Ms. noch einmal* das ‖ **140**,31 *vor* Jede *Absatzzeichen mit Bleist., wohl von Landgrebe* ‖ **140**,32-33 Gegenständlichkeiten bzw. dieselben *Einf.;* Gegenständlichkeiten bzw. *mit Bleist. und Tinte überschrieben* ‖ **140**,34-35 gesamte Vergangenheitsstrecke *V. mit Bleist für teilweise ausradierten, nicht rekonstruierbaren Text; nach* Vergangenheitsstrecke *senkrechter Bleistiftstrich* ‖ **140**,35 *nach* dieselbe. *senk-*

rechter Bleistiftstrich ‖ **141**,2 *bildet V. mit Bleist für* bilde ‖ **141**,3 *nach* Zeit. *senkrechter Bleistiftstrich* ‖ **141**,5 dass sie *Einf. mit Bleist.* ‖ **141**,7-8 *von* und *bis* Entfaltung *im Ms. in eckigen Bleistiftkl.* ‖ **141**,8 „erfüllende Entfaltung" *Anführungszeichen vom Hrsg.* ‖ **141**,11 immer *Einf.* ‖ **141**,15 *nach* Vergangenen. *mit Bleist. gestr.* Aber ‖ **141**,18 dauernden *Einf.* ‖ **141**,19 *nach* Vorgängen. *waagerechter Blaustiftstrich* ‖ **141**,20 *von* Machen *bis* Schritt. *Erg. mit Bleist. am Rand; davor Absatzzeichen mit Bleist., wohl von Landgrebe* ‖ **141**,21-22 *von* wobei *bis* haben *ursprünglich in eckigen Bleistiftkl., die später ausradiert wurden* ‖ **141**,22-23 *von* ein Stück *bis* Wenn *Randtitel mit Lilast.* Unsterblich ‖ **141**,23 „während" *Anführungszeichen mit Bleist.* ‖ **141**,26-27 *von* dafür *bis* Gegenwart *V. mit Bleist für* als während Gegenwart doch etwas anderes ‖ **141**,28 . Dagegen ist es *V. mit Bleist. für* , es ist ‖ **141**,29-30 *von* das *bis* Sein: *V. mit Tinte u. Bleist. für teilweise ausradierten, nicht rekonstruierbaren Text* ‖ **141**,34 dem möglichen *V. für* ein ‖ eines jeden beliebigen *V. für ausradiertes, nicht rekonstruierbares Stenogramm* ‖ **141**,35 ein *V. für teilweise ausradierten, nicht rekonstruierbaren Text* ‖ **142**,2 nämlich *Einf.* ‖ **142**,4 *vor* Somit *Absatzzeichen mit Bleist., wohl von Landgrebe* ‖ **142**,6 doch *Einf. mit Bleist.* ‖ **142**,8 transzendentale *V. mit Bleist. für* transzendente ‖ **142**,9 *nach* sterben kann *gestr.* , seinen Leib verlieren kann ‖ leibliches *V. mit Bleist. für* leiblich ‖ **142**,10 dessen *Einf. mit Bleist.* ‖ **142**,11 ist *Einf. mit Bleist.* ‖ *nach* geleugnet *senkrechter Blaustiftstrich* ‖ **142**,18 *vor* Betrachten *Absatzzeichen mit Bleist., wohl von Landgrebe; von* Betrachten *bis* sich *V. mit Bleist. für ausradierten, nicht rekonstruierbaren Text* ‖ **142**,20 als *Einf.* ‖ *nach* auftritt; *gestr.* dass in der Protention eine undurchstreichbare Form liegt ‖ **142**,21 jedes „während" *V. mit Bleist. für* das während ‖ nicht nur *Einf. mit Bleist.* ‖ **142**,23 kommen" *schließende Anführungszeichen vom Hrsg.* ‖ sondern andererseits auch *V. mit Bleist., teilweise mit Tinte überschrieben, für* andererseits aber auch ‖ **142**,24 und *Einf. mit Bleist.* ‖ **142**,29-32 *von* nur *bis* dem Anfang *am Rand mit Bleist. angestrichen* ‖ **142**,30 denkbar ist *Einf. mit Bleist.* ‖ **142**,31 denkbar *vor* als *Einf. mit Bleist.* ‖ **142**,33 Leere *V. mit Bleist. für* leer ‖ **142**,38 „Währens" *V. mit Bleist. für teilweise ausradiertes, nicht rekonstruierbares Stenogramm; Anführungszeichen mit Bleist.* ‖ **143**,1 so scheint es also *Einf.* ‖ **143**,3 Nach *V. mit Bleist. für ausradierten, nicht rekonstruierbaren Text* ‖ **143**,5 identische *Einf. mit Bleist.* ‖ **143**,7 in unaufhörlich *V. mit Bleist. für ausradierten, nicht rekonstruierbaren Text* ‖ **143**,9 *nach* müssen *senkrechter Blaustiftstrich; danach mit Blaust. u. Bleist. gestr.* und nur gegeben werden können ‖ **143**,10-11 und als kommende Zukunft *Einf. mit Bleist., mit Tinte überschrieben* ‖ **143**,15-16 *von* soweit *bis* ist *Einf. mit Bleist.* ‖ **143**,18 *nach* identifizierbar. *senkrechter Bleistiftstrich* || **143**,19 transzendentale *vor* Leben *Einf. mit Bleist.* || **143**,26 vergangenen *Einf.* || **143**,29 prospektive, protentionale Horizont *V. mit Bleist. für* Prospekt || **143**, Anm. *Fußnote = von Husserl selbst situierte Rb.* || **143**,31 noch *Einf.* || **143**,31 Wesensbedingungen *V. für* Bedingungen || **144**,3 zunächst *V. mit Bleist. für* nämlich || **144**,3-5 *von* (Erinnerungen *bis* Gegenwarten) *Kl. mit Blaust.* || **144**,5 *Ms.* und *statt* die || **144**,7-9 *von* Also *bis* werden. *Einf. mit Blaust.* || **144**,21 *nach* Vergangenheit. *am Rand waagerechter Bleistiftstrich; darunter, wohl von Landgrebe,* § 14. || **144**,27 einen *Einf. mit Bleist.* || *nach* zu. *waagerechter Blaustiftstrich* || **144**,32 *nach* gestattet. *gestr. der kopfständige Text* Dem entspricht es, dass || **144**, Anm. 1 *Fußnote = Rb. mit Bleist.* || **145**,2 derjenigen *V. mit Bleist. für* der || **145**,3-4 , dasselbe physische Naturobjekt *Einf. mit Bleist.* || **145**,6-7 *von* bzw. *bis* Menschen *Einf. mit Bleist.* || **145**,9 induktive *Einf.* || **145**,12-13 *von* und *bis* spielt. *Einf. mit Bleist.* || *von* die *bis* spielt. *V. für ausradierten, nicht rekonstruierbaren Text* || **145**,14 Also *Einf. mit Blaust.* || **145**,15 *Ms.* darüber *statt* der || **145**,19-21 *von* (hinsichtlich *bis* stehen) *Kl. mit Blaust.* || **145**,23 *von* der *bis* ist. *Einf. mit Bleist.* || **145**,30 *vor* Man *Absatzzeichen mit Bleist., wohl von Landgrebe;* Man könnte *mit Bleist. überschrieben* || **146**,4 *nach* wir *Ms.* die || **146**,5 Mit umgrenzen. *endet der Text der Vorderseite des Bl. Die Rückseite ist unbeschrieben.* || **146**,8 *mit* Nach *beginnt ein neues Bl.; über dem Text mit Bleist., wohl von Landgrebe,* § 15 || **146**,9-11 *von* Die *bis* zugehörigen *Randtitel mit Rotst.* Rekapitulation || **146**,12-13 *von* als *bis* Erfahrung *Einf. mit Bleist.* || **146**,20 und fest geformten *Einf.* || **146**,23 *vor* Freilich *Absatzzeichen mit Bleist, wohl von Landgrebe* || **146**,26-27 *von* (über *bis* Gegebenheitsweise) *Kl. mit Bleist* || **146**,29-31 *von* und meines *bis* usw. *im Ms. in eckigen Blaustiftkl.* || **146**,34 sozusagen *V. für* wo || **146**,36-**147**,13 *von* Aber *bis* seien? *im Ms. in eckigen Blaustiftkl.* || **147**,2 in einiger Vollkommenheit *Einf. mit Bleist.* || **147**,14 *vor* Im *Absatzzeichen mit Bleist., wohl von Landgrebe* || **147**,16 *von* Erfahrung *bis* so verhält *am Rand mit Rotst. angestrichen* || **147**,21 typische *Einf.* || **148**,7 *vor* Was *am Rand waagerechter Pfeil mit Blaust., der auf den Text weist; darunter mit Bleist., wohl von Landgrebe* B, § 16 || **148**,15 ich *V. für* das Ich || **148**,19 „Wissenschaften" *Anführungszeichen vom Hrsg.* || **148**,20 wahrhaft *V. mit Bleist. für* Wahrheit || **148**,24-26 *von* ist jedes *bis* eigenen Ego *Randtitel mit Rotst.* Egologie || **148**,26 dieses Ego *Einf mit Bleist.* || **148**,28 einem bloß Subjektiven *Einf. mit Bleist.* || **148**,29-31 *von* ! Also *bis* Ferner: *Einf. mit Bleist.* || **148**,31 *vor* Ferner: *Absatzzeichen mit Bleist., wohl von Landgrebe* || *vor* Es erneut *Absatzzeichen mit Bleist., wohl von Landgrebe* || **148**,34 *nach* Feststellungen. *senkrechter Bleistiftstrich* || **149**,7 ein *Einf.* || **149**,14 *nach* mehr. *gestr.* Durch identifizierend-bewährende Aufweisung festgestellte ∥ bzw. Urteile *V. für* Urteile bzw. ∥ **149**,22 eigentümlichen *V. mit Bleist. für* eigentlichen ∥ **149**,27-28 *von* Knüpfen *bis* an. *Einf. mit Bleist.* ∥ **149**,34 *vor* Überblicken *Absatzzeichen mit Bleist., wohl von Landgrebe* ∥ **150**,10-11 *von* und ebenso *bis* gab, *Einf.* ∥ **150**,10 dass es *Einf.* ∥ **150**,17 „Erwartung" *Anführungszeichen vom Hrsg.* ∥ **150**,21 wirklich *nach* es *Einf.* ∥ **150**,23 *nach* um *Ms.* es ∥ *nach* werden *Ms.* können ∥ **150**,24-25 in Evidenz haben *V. für* haben ∥ **150**,26 in *V. für* mit Tinte u. Blaust. gestr. in selbstgebender, selbstferfassender; selbstferfassender *Einf.* ∥ **150**,30 zunächst *Einf.* ∥ **150**,32 möglichen evidenten *V. für* apodiktischen ∥ **150**,37 individuell *Erg. mit Bleist. über der Zeile* ∥ für *Einf.* ∥ **151**,1-3 *von* Erfahrung *bis* Der allgemeine *V. für* und feststellender, immanent Daseiendes identifizierender Erfahrung und sein ∥ **151**,10 *nach* Konkretion. *gestr.* Apodiktisch ∥ **151**,14 in ihm *Einf.* ∥ **151**,23 synthetisch *Einf.* ∥ **151**,35 von *Einf.* ∥ **152**,2 *nach* Sachverhalt *am Ende des Bl. der kopfständige gestr. Text* Beschreiben wir ein fixiertes Erlebnis ... ∥ **152**,9 und *Einf.* ∥ **152**,11-13 *von* Nun *bis* Gegenstand *am Rand mit Rotst. angestrichen* ∥ **152**,20 es *V. für* sie; *nach* es *im Ms. noch einmal* es ∥ **152**,32 *Ms.* vermeinte *statt* vermeint ∥ **152**,33 *nach* sein. *mit Rotst. u. Bleist. Abschlusszeichen* ∥ **153**,5 *vor* Erweitern *am Rand mit Bleist., wohl von Landgrebe,* § 17 ∥ **153**,11 *Ms.* besagten *statt* besagen ∥ **153**,13 wodurch *V. mit Bleist. für* durch ∥ **153**,26 Ganzes-Teil-Verhältnis *V. für* Teilverhältnis ∥ **153**,27 übrigens auch *Einf.* ∥ **153**,30 *nach* ein *gestr.* Gleiches, *danach, wohl vergessen zu streichen, erneut* ein ∥ **153**,32 Farbe und Farbe *V. für* Empfindungsrot und Empfindungsrot ∥ anderes *Einf.* ∥ **154**,8 *Mit* Heterogenität. *endet der Text des Bl. Zwischen diesem von Husserl mit* 89 *paginierten Bl. und der folgenden p.* 90 *liegt ein kleineres später eingelegtes Bl., das zugeordnet ist* 90 ff.; *dies entspricht in der vorliegenden Ausgabe dem Text S.* 154,9 ff. *Der Text des Bl. ist im Drucktext als Fußnote (S.* 159, *Anm.* 1) *wiedergegeben.* ∥ **154**,9 *vor* Freilich *Absatzzeichen mit Bleist.* ∥ **154**,10 *nach* ausdrücken *gestr.* , wie sich noch zeigen wird ∥ **154**,14 identischer *Einf.* ∥ *nach* Teil *gestr.* im weitesten Wortsinn ∥ **154**,15 *von* die *bis* sind *Einf.* ∥ **154**,19 wie „Farbe" *Einf.;* „Farbe" *Anführungszeichen vom Hrsg.* ∥ spezifischen *Einf.* ∥ **154**,20 *von* die selbst *bis* Blau *Einf.* ∥ **154**,22 *Ms.* Allgemeinen *statt* Allgemeinem ∥ **154**,23 *von* zwischen *bis* Artallgemeinheit *Erg. über der Zeile* ∥ **154**,31 z. B. *Einf.* ∥ **154**,32-33 wirklich anschaulich vollzogenen *Einf.* ∥ **154**, Anm. 1 *Fußnote = Rb. mit Bleist.* ∥ **155**,1-2 *von* Phantasie *bis* denken und *V. für* Phantasieabwandlung des roten Gegenstands in einen blauen ∥ **155**,2 gewandelt denken *Einf.* ∥ **155**,3-4 dass er blau sei *Einf.* ∥ **155**,4 *vor* Das *senkrechter Bleistiftstrich* ∥ **155**,8 Es ist *Einf. mit Bleist.* ∥ **155**,24 angesetzt *Einf.* ∥ **155**,26 im gewissen ⟨gewissen *Einf.*⟩ Glauben *Einf.* ‖ **155**,35 gewissen Daseins *V. für teilweise ausradiertes, nicht rekonstruierbares Stenogramm* ‖ **156**,2 *nach* ist *mit Tinte u. Blaust. gestr.* . Eine solche liegt vor, wo Erfahrenes auf Nicht-Erfahrenes verweist und nicht nur ein Phantasiebild davon erweckt, sondern eine durch Erfahrenes geforderte, aber nicht eindeutig bestimmt geforderte Erwartung. ‖ **156**,2-4 *von* und vorher *bis* gibt *am Rand waagerechter Pfeil mit Bleist., der auf den Text weist; dazu Absatzzeichen mit Rotst.* ‖ **156**,4-8 *von* und adäquate *bis* Vorgangs *später größtenteils ausradierte Notiz mit Blaust* Einlage zu 90. Der Text des ganzen Bl. 50 *von* und adäquate *bis* Phantasiemöglichkeit, *p.* 91 *gemäß Husserls Paginierung, ist als V. anzusehen für den mit Blaust. gestr. Text etwa bis zur Mitte des im Ms. folgenden Bl. 51a, (p. 91), das dann als* 91a *umpaginiert wurde. Durch die Paginierungsänderung konnte Husserl auf die ursprüngliche Bezeichnung* Einlage zu 90 *verzichten. Der mit Blaust. gestr. Text lautet* ... und adäquate Wahrnehmung apodiktisch gibt, eine Gewissheit der antizipierenden Vorerwartung, die einen eigenen Charakter hat. Das künftig Erwartete ist mir gewiss und wird mir in einer antizipierenden vergegenwärtigenden ⟨vergegenwärtigenden *Einf.*⟩ Anschauung klar. Aber dieses Vorgegebensein schließt den Ansatz des Nichtseins in wesentlich anderer Weise aus wie die Wahrnehmung; was als rot ⟨als rot *Erg. mit Bleist. über der Zeile*⟩ ursprünglich selbstgegeben ist, das lässt (wo reine Selbstgegebenheit vorliegt) ⟨von (wo *bis* vorliegt) *im Ms. in eckigen Bleistiftkl. statt runden*⟩ jedes Anderssein, blau, grün etc. ⟨blau, grün etc *Einf. mit Bleist.*⟩ als nichtig erscheinen, und zwar so, dass diese Nichtigkeit ihrerseits selbstgegeben und somit absolut erfasste ist. ⟨*nach* ist. *senkrechter Bleistiftstr.*⟩ Eine antizipierende Gewissheit gibt das künftige Sein nur ⟨nur *Einf. mit Bleist.*⟩ antizipierend und nicht in originaler, ⟨originaler, *Einf. mit Bleist.*⟩ absoluter Selbstheit, und der Ansatz des Andersseins erscheint zwar auch als dadurch aufgehoben, aber die Aufhebung selbst bzw. ⟨von die *bis* bzw. *im Ms. in eckigen Bleistiftkl.*⟩ das Nichtsein hat nur den Charakter des Antizipierten. Die nachkommende und bestätigende oder widerlegende Erfahrung kann hier das als nichtig Durchstrichene doch verwirklichen; eben damit erhält die Nichtigkeit selbst den Charakter einer nichtseienden Nichtigkeit. ⟨*nach* Nichtigkeit. *senkrechter Bleistiftstrich*⟩ Damit ändert sich auch der Charakter der Möglichkeit des Andersseins; sie ist, wenn sie anschaulich hergestellte Möglichkeit ist, ⟨von , wenn *bis* ist, *Einf.*⟩ nicht bloß Phantasiemöglichkeit, ⟨*nach* Phantasiemöglichkeit, *senkrechter Rotstiftstr.*⟩ ‖ **156**,12-13 als gewisses Sein *Einf.* ‖ **156**,17 in Vieldeutigkeit *V. für* vieldeutig ‖ **156**,18 *nach* streiten. *waagerechter Strich* ‖ **156**,19 *vor* Doch *Absatzzeichen mit Bleist., wohl von Landgrebe*

‖ **156**,22 *nach* ist *gestr.* ein Ansatz des Nichtseins, ‖ *nach* ausgeschlossen, *gestr.* apodiktisch, ‖ **156**,26 *nach* erwartet *im Ms. noch einmal ist* ‖ **156**,35 *nach* Anderes sei. *mit Tinte u. Blaust. gestr.* Wo immer eine Gewissheit ein Seiendes, ein ursprünglich Gegenwärtiges oder ein schon Vergangenes oder ein antizipiertes Seiendes ... ‖ **156**,36 *von* Wir *bis* aufgewiesen *Einf.* ‖ *vor* Wo *Absatzzeichen mit Bleist. u. Einf. mit Bleist, beides von Landgrebe,* Vergleichen wir es mit dem Falle; *der Absatz beginnt in E mit diesen Worten.* ‖ **156**,37 entsprechenden *Einf.* ‖ **157**,5 *Mit* Phantasiemöglichkeit, *endet der Text der V. und ursprünglichen* Einlage *(vgl. oben die textkritische Anm. zu* 156,4-8*). Der Rest des Bl. bleibt unbeschrieben.* ‖ **157**,7 *des* „Es mag sein", *Einf.;* „Es mag sein" *Anführungszeichen vom Hrsg.* ‖ **157**,9 *nach* hin. *senkrechter Blaustiftstrich* ‖ **157**,10-12 *von* , wenn wir *bis* Vielleicht *Einf.* ‖ **157**,12-14 *von* Verschiedene *bis* solche *V. für* Problematische Möglichkeiten können solche sein ‖ **157**,14-15 verschiedene *V. für* bestimmte ‖ **157**,15 verschiedene *V. für* bestimmte ‖ **157**,17 *nach* lassen. *senkrechter Bleistiftstrich* ‖ **157**,17-18 *von* nun *bis* , miteinander *V. für* aber von mehreren miteinander unverträgliche, einander zugleich ‖ **157**,21-22 *von* charakterisiert *bis* wahrscheinliche *V. für* die wahrscheinliche sein ‖ **157**,22 *vor* Übergewicht *Ms.* das *statt* die ‖ **157**,23 zugleich *Einf. mit Bleist.* ‖ *nach* hat. *senkrechter Blaustiftstr.* ‖ **157**,28 *nach* vermeinte sein, *Ms.* sich ‖ **157**,31 *nach* seiende. *im Ms. ein Blaustiftkreuz, das evtl. auf das folgende Bl. verweist, an dessen Rand sich ein ebensolches Blaustiftkreuz befindet (vgl. die textkritische Anm. zu* 158,30-34*)* ‖ **157**, Anm. 1 *Fußnote = Rb.* ‖ **157**,32 *vor* Wir *Absatzzeichen mit Bleist., wohl von Landgrebe* ‖ **158**,4-7 *von* von der *bis* apodiktisch *am Rand nach unten weisender Pfeil mit Rotst.* ‖ **158**,4 traditionellen *Einf.* ‖ **158**,6 *nach* finden. *senkrechter Rotstiftstrich* ‖ **158**,14 *Ms.* vergangenen Seins *statt* Vergangenseins ‖ **158**,16 absolut *Einf.* ‖ **158**,19 *nach* Möglichkeiten, als *gestr.* die betreffenden ‖ **158**,24 *nach* Gegenstände. *senkrechter Rotstiftstrich* ‖ Zum Beispiel: *Erg. mit Rotst. am Rand* ‖ **158**,29 *Ms.* dass *statt* darf ‖ **158**,30-34 *von* nichts *bis* neuen Aspekte *am Rand nach unten weisender Pfeil mit Rotst.; daneben ein Kreuz mit Blaust., das möglicherweise dem in der obigen textkritischen Anm. zu* 157,31 *erwähnten korrespondiert* ‖ **158**,37 (bzw. zu rechtfertigen) *Einf.* ‖ **158**,38 *Ms.* seinerseits *statt* ihrseits ‖ **159**,17 eventuell *Einf.* ‖ **159**,19-20 *von* im *bis* Wahrheit *Einf. mit Bleist.* ‖ **159**,21 Ist, dass A sei *V. für* Ist A ‖ **159**,22 , dass A sei, *Einf.* ‖ **159**,26 *Mit* Gewissheit. *endet der Text der Vorderseite des Bl. Auf der Rückseite, die an einer Seite beschnitten ist, befindet sich das folgende mit Blaust. gestr. Textfragment* Wir ⟨*vor* Wir *zwei senkrecht Bleistiftstriche*⟩ können nun folgendes feststellen: Angenommen, dass ⟨Angenommen, dass *V. für*

Wenn⟩ wir statt eines individuellen Daseins in unserer egologisch-apodiktischen Sphäre eine entsprechende Modalität in apodiktischer Rechtfertigung ⟨*von* in unserer *bis* Rechtfertigung *gestr. Randnotiz mit Blaust.* Einlagen⟩ ihrem gewissen oder wirklichen Sein nach feststellen wollen, eventuell eine Wahrscheinlichkeit oder ein aus induktiver ⟨*von* oder *bis* induktiver *V. für* eine induktive⟩ Gewissheit zu entnehmendes vorbehaltliches Dasein, das sich als Seiendes schlechthin apodiktisch gar nicht rechtfertigen lässt. Dann ist allzeit zu beachten, dass die absolute Rechtfertigung der Modalitäten unter allen Umständen das absolut gerechtfertigte *ego cogito* in unserem alten ⟨alten *Einf. mit Bleist.*⟩ Rechtfertigungsrahmen voraussetzt.

Wir können ganz allgemein den Satz aussprechen, der in seiner weitesten Form von grundlegender ⟨grundlegender *V. mit Bleist. für* fundamentaler⟩ Wichtigkeit ist: Das Fundament aller zu versuchenden und eventuell ⟨eventuell *Einf.*⟩ durchgeführten absoluten Rechtfertigungen ist die absolute Rechtfertigung ⟨*nach* Rechtfertigung *mit Tinte u. Bleist. gestr.*, die wir durchgeführt haben, nämlich⟩ für jenen umgrenzten egologischen Bereich. Die gründliche Beschäftigung mit der Frage, wiefern die Erfahrung, die ich von mir selbst habe und meinem Leben, absolut gerechtfertigt sei, ⟨*nach* sei, *gestr.* eine absolut und prinzipiell undurchstreichbare sei,⟩ bzw. wie ich und ⟨wie ich und *Einf.*⟩ wie weit ich den Rahmen der egologischen ⟨egologischen *Einf.*⟩ Undurchstreichbarkeiten zeichne, ist keine zwecklose und aus Hypersubtilität behandelte Frage, sondern alle absolute Rechtfertigung und damit alle Begründung letztgerechtfertigter Wissenschaft bewegt sich auf dem Boden der apodiktischen egologischen Sphäre, sie setzt ihre vorangehende Rechtfertigung voraus.

Der Beweis ist eigentlich sehr einfach, da es sich nur um eine Aufweisung, um Herausstellung einer selbst apodiktischen Selbstverständlichkeit handelt. Gilt es das Wirklichsein eines A, eines Gegenständlichen in unserem weiten Sinne, das ich gerade vermeine, absolut zu rechtfertigen, so sagt das nach dem Früheren, ich will mich davon überzeugen, dass, was ich da vermeine ... *Text bricht ab; von* so sagt das *bis* was ich da vermeine *Randnotiz mit Blaust.* Zweite Seite ‖ **159**,29-30 *von* Wir haben *bis* Erlebnisse, *Randtitel mit Rotst.* Rekapitulation; *von* Wir haben *bis* Gewissheiten gegeben, *im Ms., wohl von Landgrebe, dünn mit Bleist durchstrichen; darunter mit Bleist. am Rand* § 18 ‖ **159**, Anm. 1 *Fußnote = Text eines kleinerformatigen Einlagebl. 90 ff. (vgl. die textkritische Anm. zu* 154,8*). Der Husserl'schen Zuordnung* 90 ff. *entspricht in der vorliegenden Ausg.* 154, 9 ff. ‖ **160**,5 und zwar wieder *V. für* eine Fülle davon ‖ **160**,6 individuellen *Einf.* ‖ **160**,8-9 *von* und in *bis* Ergänzungen *Randtitel mit Bleist.* Ergänzung || **160**,12 Dasein *V. für* Sein || **160**,13 sind es Erlebnisse, die *Einf.* || **160**,19 *von* Verhältnisse, *bis* oder *Einf.* || **160**,21-24 *von* Der *bis* ihrerseits wieder *am Rand mit Rotst. angestrichen; am gegenüberliegenden Rand dazu ein Schrägstrich mit Rotst.* || **160**,22-23 und damit *Einf.* || **160**,23 Gegenständlichkeiten *V. für* Selbstgebungen || **160**,26 *vor* Insbesondere *Absatzzeichen mit Bleist., wohl von Landgrebe* || **160**,30 Evidenz des *Einf.* || **160**,33 ihrer Vermutlichkeit *V. für* ihr || **160**,37 *vor* Und *Absatzzeichen mit Bleist, wohl von Landgrebe; von* Und *bis* hinzuweisen *Einf.* || **161**,4-6 *von* sie gerade so *bis* Bewegungen *Randtitel mit Rotst.* Möglichkeit im Sinne des „Könnens" || **161**,6 *nach* Bewegungen *waagerechter Strich* || **161**,11 z. B. für das Durchlaufen *V. für* das Durchlaufen etwa || **161**,13 *vor* „Zugehörige" *am Rand zwei Schrägstriche* || **161**,14-15 entsprechende *Einf.* || **161**,25 *vor* Die *Absatzzeichen mit Bleist., wohl von Landgrebe* || **161**,27-29 *von* Aber *bis* auch *am Rand geöffnete spitze Rotstiftkl., die nicht geschlossen wird* || **161**,34 *nach* handelt. *innerhalb senkrechter Blaustiftstriche u. gestr.* Einerseits einem solchen, das die subjektiven Verläufe der zum Wahrnehmen gehörigen subjektiven Kinästhesen, Augenbewegungen etc. auf der Seite des Wenn hat und andererseits, und davon untrennbar, stehen auch Aspektverläufe. *danach Absatzzeichen mit Bleist., wohl von Landgrebe* || **161**,36 „Ich kann" *Anführungszeichen vom Hrsg.* || **161**,37-**162**,3 *von* „Ich kann *bis* dieses „Ich kann" *alle Anführungszeichen vom Hrsg.* || **162**,1-3 *von* oder: *bis* Evidenz *am Rand nach unten weisender Pfeil mit Rotst.* || **162**,7 „Ich kann" *Anführungszeichen vom Hrsg.* || **162**,11 „Ich tue", „Ich handle" *sämtliche Anführungszeichen vom Hrsg.* || **162**,14 evidente *Einf.* || **162**,14-17 *von* „Ich kann" *bis* Prozess" *sämtliche Anführungszeichen vom Hrsg.* || **162**,19 *vor* Natürlich *Schrägstrich; danach Absatzzeichen mit Bleist., wohl von Landgrebe* || „Ich kann" *Anführungszeichen vom Hrsg.* || **162**,23 anderes *Einf.* || „Ich kann" *Anführungszeichen vom Hrsg.* || **162**,26 dass ich *V. für* des „Ich kann"; *Anführungszeichen vom Hrsg.* || „Mensch" *Anführungszeichen vom Hrsg.* || **162**,29 Art *Einf.* || **162**,36-37 *von* dgl." *bis* Fähigkeit *alle Anführungszeichen vom Hrsg.* || **163**,8 selbst und *V. für ausradiertes, nicht rekonstruierbares Stenogramm* || **163**,14 *nach* Hoffnung. *gestr.* Gleichwohl || eine *V. für* über || **163**,15 und dreifacher *Erg. über der Zeile* || **163**,17 *nach* war, *gestr.* und sie war vielleicht als Vorwertung berechtigt, || **163**,19 *von* und schließlich *bis* sein. *Einf.* || **163**,20 real *Einf.* || **163**,24 *nach* Wertes. *Abschlusszeichen mit Blaust.* || **163**,25-30 *von* Nach *bis* auszuwerten sind. *am Rand mit Rotst. angestrichen* || **163**,26 im egologischen Bereich *V. für* in der egologischen Sphäre || **163**,27 zu betrachten sind und dass *V. für* und dass || **163**,28 *nach* bloß *gestr.* hinsichtlich ihrer

Intentionalität ‖ **163**,31-35 *von* in den *bis* derselben sind. *am Rand Schrägstrich mit Blaust* ‖ **163**,35 *Mit* sind. *endet der Text auf der Rückseite des Bl. nach vier Zeilen. Der Rest der Seite ist unbeschrieben.* ‖ **164**,4 *über dem mit* Wenn wir *beginnenden Text, wohl von Landgrebe, mit Bleist.* §19; *dazu am Rand mit Rotst. ein nach unten weisender Pfeil* ‖ **164**,5-6 *von* Rechtfertigung *bis* Philosophen *am Rand ein waagerechter Blaustiftstrich* ‖ **164**,6-7 , und wenn wir so fragen, *Einf.* ‖ **164**,15-16 *von* die eine *bis* kann. *Einf. mit Lilast., mit Tinte überschrieben* ‖ **164**,16 *vor* Wir *am Rand geöffnete spitze Kl. mit Rotst., die nicht geschlossen wird* ‖ **164**,17 *Ms.* deren *statt* derer ‖ **164**,18-19 die Allheit *Erg. über der Zeile* ‖ **164**,34 beherrscht werden können *Einf.* ‖ **165**,1 *vor* Das *Absatzzeichen mit Bleist., wohl von Landgrebe* ‖ **165**,7 *vor* Meditationsganges *am Rand Schrägstrich mit Rotst.* ‖ **165**,14-15 *von* , eventuell *bis* sei *Einf.* ‖ **165**,21-26 *von* Ich möchte *bis* erfahrenden *am Rand durch je zwei Striche mit Rotst. u. Lilast. angestrichen* ‖ **165**,23 *nach* Seins *mit Blaust. u. teilweise mit Tinte gestr.* oder aller dieser „Modalitäten", wie wir sagten, notwendig und vorangehend die absolute Rechtfertigung für den Bereich des *ego cogito* voraussetzt, also ‖ **165**,24-29 *von* und die *bis* Philosophen und *am Rand die Notiz mit Bleist.* vgl. die Beilagen zu 92, 1 ff., *dies sind in der vorliegenden Ausgabe die Beilagen XX und XXI.* ‖ **166**,14-20 *von* die Aufwerfung *bis* usw. *im Ms. in Rotstiftkl.* ‖ **166**,15 als *Einf.* ‖ **166**,28-29 *von* egologischen *bis* ab. *am Rand mit Rotst. angestrichen* ‖ **166**,35 *Mit* vermeine, *endet der gültige Text des Bl., darunter die Randnotiz mit Bleist.* Das Weitere besser in der folgenden Vorlesung; *unter dem Text kopfständig und mit Tinte u. Blaust. gestr.* ... notwendig und vorangehend die absolut gerechtfertigte Feststellung des *ego cogito* als der absoluten Urerfahrung voraussetzt ⟨*von* als *bis* voraussetzt *Einf.*⟩ und dazu die auswertende Kritik hinsichtlich der Möglichkeit bestimmter individueller Feststellungen in Form absolut gerechtfertigter erfahrender Feststellungen. ‖ **167**,2-13 *von* nämlich *bis* bemerken: *V. für mit Tinte u. Blaust. gestr.* die Rechtfertigung vollziehen ist nicht den Blick auf den Gegenstand ⟨richten⟩, sondern dieses Erleben und die darin beschlossenen Vorkommnisse feststellen. ‖ **167**,8 bewusster *V. für* gegeben ‖ **167**,14 „Rechtfertigung" *Anführungszeichen vom Hrsg.* ‖ **167**,18-19 bzw. Adäquatheit *Einf.* ‖ **167**,21 oder hatte *Einf.* ‖ **167**,27 *vor* Die *am Rand drei senkrechte Bleistiftstriche* ‖ **167**,31 *nach* wird *gestr.* und das wahrhafte feste Sein ‖ **168**,1 in ihrer Klarheit *Einf.* ‖ **168**,4 relativen *Einf.* ‖ **168**,9 *vor* Doch *senkrechter Bleistiftstrich* ‖ **168**,13-14 *von* – in *bis* geschehen – *V. mit Bleist. für* jetzt ‖ **168**,13 *von* in *bis* Vorlesung *ist im Ms. von Landgrebe für die Erstellung des Ts. (E) mit Bleist verändert in* im nächsten Paragraphen ‖ **168**,17 *von* Vollziehen *bis* Überlegung. *Einf. mit*

Bleist. ‖ **168**,19 schlechthin seiende *Einf. mit Bleist.* ‖ eigentümlichen *V. mit Bleist. für* eigentümlich tätigen ‖ **168**,25-29 *von* Kollektionen *bis* Allgemeines *am Rand mit Rotst. angestrichen* ‖ **168**,28-29 der subjektiven Sphäre *Einf.* ‖ **168**,30 subjektiven *Einf.* ‖ *nach* usw. *waagerechter Bleistiftstrich* ‖ **168**,33 *vor* Wie *Absatzzeichen mit Bleist., wohl von Landgrebe; von* Wie *bis* Gegenständlichkeiten? *Einf. mit Bleist., mit Tinte überschrieben* ‖ **168**,33-34 *von* Wie *bis* gesprochen *V. mit Bleist für* Andererseits erkenne ich oder vermeine ich zu erkennen, allgemeinst gesprochen denke ich ‖ **169**,1 *nach* usw. *senkrechter Bleistiftstrich* ‖ **169**,10 *vor* Mit *Absatzzeichen mit Bleist., wohl von Landgrebe* ‖ **169**,12-13 *Ms.* ihre *statt* ihrem ‖ **169**,15 *nach* teil. *senkrechter Bleistiftstrich* ‖ **169**,24 *nach* existierte. *senkrechter Bleistiftstrich* ‖ **169**,25 da *Einf. mit Bleist.* ‖ **169**,26-30 *von* Weise *bis* z. B. *Randtitel* Transzendentale Reduktion der transzendenten Modalitäten individuell gesetzten Daseins ‖ **169**,27 solche *Einf. mit Bleist.* ‖ **169**,29 welche *V. mit Bleist. für* die ‖ *nach* sind. *senkrechter Bleistiftstrich* ‖ **169**,37 *vor* Natürlich *Absatzzeichen mit Bleist., wohl von Landgrebe, sowie senkrechter Bleistiftstrich* ‖ **170**,1-2 *von* Wir *bis* kennen lernen *V. mit Bleist., mit Tinte überschrieben für* und vielleicht auch solche, die gegenüber einer ⟨einer *V. für* der naiven⟩ Verabsolutierung des Weltdaseins eine modale Setzungsweise absolut rechtfertigen, ohne die naive Voraussetzung der Welt als Unterlage zu haben ‖ **170**,8-**171**,6 *von* Jedenfalls *bis* Modalitäten mit ein. *im Ms., wohl aus redaktionellen Gründen von Landgrebe in Hinblick auf den Text von E mit Bleist. gestr.* ‖ **170**,8 *vor* Jedenfalls *Schrägstrich u. Absatzzeichen mit Bleist., letzteres wohl ebenfalls von Landgrebe. Der gesamte Abschnitt fehlt in E.* ‖ **170**,8-9 *von* als *bis* individuelles *V. mit Bleist. für* das apodiktisch individuelle ‖ **170**,9 erstens *Einf. mit Rotst.; vor* erstens *Absatzzeichen mit Bleist., wohl von Landgrebe* ‖ **170**,10 zweitens *Einf. mit Rotst.; vor* zweitens *Absatzzeichen mit Bleist., wohl von Landgrebe* ‖ diese *V. mit Bleist. für* sie ‖ **170**,12 *nach* aufweisbar sind. *kopfständig u. mit Tinte u. Bleist. gestr.* in der egologischen Sphäre ‖ **170**,17 Mit In *beginnt ein neues Bl., über dem Text befindet sich mit Rotst. die Notiz* Vorlesung. ‖ **170**,20 unendlichen *Einf.* ‖ **170**,21 „Weltall" *Anführungszeichen vom Hrsg.* ‖ **170**,24-27 *von* In *bis* usw. *Einf.* ‖ **170**,35 so *Einf. mit Bleist.* ‖ **171**,4 Epoché *V. für* Reduktion ‖ Seins des *Einf.* ‖ *nach* auch *Ms.* ein ‖ **171**,5 der Geltung *Einf.* ‖ transzendenten *Einf.* ‖ **171**,7 *von* Somit *bis* wir *im Ms. durch Landgrebe mit Bleist. für die Redaktion von E verändert in* Jedenfalls sind wir auf der jetzigen Stufe ‖ **171**,7-8 *von* , was *bis* anlangt, *Einf. mit Bleist., mit Tinte überschrieben* ‖ **171**,8 1. *Einf. mit Bleist., mit Tinte überschrieben* ‖ **171**,11 jeweils *Einf.* ‖ **171**,12 2. *Einf. mit Bleist., mit Tinte überschrieben* ‖ **171**,14 *nach* haben.

am Rand waagerechter Bleistiftstrich; darunter mit Bleist, wohl von Landgrebe § 20 || **171**,16 , ausgehend von seinen *V. für* von den || **171**,33 Folgen *V. für* Besonderungen || **171**,35-38 *von* als *bis* Erkenntnistätigkeiten *am Rand mit Rotstift angestrichen* || **171**,36 Nachverstehender und *V. für* Nacherkennender und -verstehender || **172**,1 *vor* Ebenso *Absatzzeichen mit Bleist., wohl von Landgrebe* || **172**,7 *vor* Wie *Absatzzeichen mit Bleist., wohl von Landgrebe* || **172**,9 aufgrund passiver *V. für* , in spezifischen Akten und passiven || **172**,25 wirklich *V. für* daseiend || **172**,28 singulärer *V. für* individueller || **172**,29 als wirklich gesetzte *Einf.* || **172**,32 individuellen *Einf.* || **172**,33 *nach* unabhängig. *senkrechter Blaustiftstrich* || **172**,34-35 *von* möglich *bis* Tatsachen *V. für* , der Welt individueller physischen Tatsachen, möglich macht || **173**,1 *nach* Rationalität *mit Tinte u. Blaust. gestr.* , der mathematischen Rationalität des Empirischen zu gewinnen ist || Leistung der *Einf.* || **173**,10 z. B. *Einf.* || reine Gedanken *V. für teilweise mit Tinte u. Blaust. gestr.* reines Denken und Gedanken ⟨und Gedanken *Einf.*⟩ || **173**,12 dann *Einf.* || **173**,14 natürlich *Einf.* || **173**,16 *vor* Wir *geöffnete spitze Rotstiftkl., die nicht geschlossen wird* || **173**,18 fragen *V. für* uns || und wann *Einf.* || **173**,19-23 *von* also *bis* können. *am Rand mit Rotst. angestrichen* || **173**,20 wir sie und wann *V. für ausradierten, nicht rekonstruierbaren Text* || **173**,23 *nach* können. *am Rand waagerechter Bleistiftstrich, darunter mit Bleist., wohl von Landgrebe* § 21 || **173**,26-27 *von* Reine *bis* Beginnen *Randtitel mit Bleist.* Reine Möglichkeiten || **173**,30 Mit freie, *endet der Text des Bl. Das im Ms. folgende Bl. beginnt mit folgendem mit Blaust. gestr. Text* Wir können uns aber in freier Willkür eine Sphäre von Gegenständlichkeiten schaffen, die auf keinerlei faktisches individuelles Dasein zurückbezogen sind, deren Erfassung als in Gewissheit seiend keine Mitsetzung von faktischem ⟨faktischem *Einf.*⟩ individuell Daseiendem mit sich führt, also auch nicht von immanent Daseiendem. ⟨*von* also auch *bis* Daseiendem *Einf.*⟩ So verhält es sich || **174**,6 *nach* Gemeinsamkeit. *senkrechter Blaustiftstrich, danach Absatzzeichen mit Bleist., wohl von Landgrebe* || **174**,15 *nach* möglichen. *senkrechter Blaustiftstrich* || **174**,20 *vor* Freilich, *zwei senkrechte Blaustiftstriche und ein Absatzzeichen mit Bleist., wohl von Landgrebe* || **174**,29 *nach* Gesicht *gestr.* , mit einem braunen Pferdeleib || **174**,31-33 *von* der passiv *bis* unterschiebt *V. für teilweise ausradierten, nicht rekonstruierbaren Text* || **174**,34 *von* Es kann *bis* Ziel *Einf.* || **175**,2 vom aktuellen Ich her *V. für* als aktuelles Ich | *Ms.* bestimmtem *statt* bestimmten || **175**,3 meinen *Einf.* || **175**,4 willkürlich *Einf.* || **175**,16 *nach* ist *im Ms. noch einmal* ist || **175**,25 Retention und *Einf.* || **175**,29 wirklicher *Einf.* || **175**,31 *vor* Bedenken *Absatzzeichen mit Bleist.* || **175**,32 *nach* das *Ms. noch einmal* das || **175**,36 mit einem Glauben *Einf.*

|| danach *Einf.* || **176**,2 *erfasse V. für ausradiertes, nicht rekonstruierbares Stenogramm* || **176**,3 *Ms.* vergangen *statt* Vergangenes || **176**,9 *nach* nichts *gestr.* Freiheit und || **176**,16 *vor* Ganz *Absatzzeichen mit Bleist., wohl von Landgrebe* || **176**,19 *als Erfüllungsziel Einf.* || **176**,22-23 *klare und Einf.* || **176**,31 *die Identifizierung durch V. für ausradiertes, nicht rekonstruierbares Stenogramm* || **177**,2 *in seiner Mattheit Einf.* || **177**,9 *eben Einf.* || **177**,11-12 *von* ein *bis* erfahrbarer wäre, *V. für* ein Erfahrbarer im Als-ob wäre || **177**,16 „individueller Gegenstand" *Anführungszeichen vom Hrsg.* || **177**,19 *vor* Es *Absatzzeichen mit Bleist., wohl von Landgrebe* || **177**,22 *vielleicht Einf.* || **177**,23-24 *von* und *bis* Fortfingierens *Einf.* || **177**,25-26 *von* ihn *bis* kann. *Einf.* || **177**,33-34 *von* wenn ich *bis* einmal *V. für teilweise ausradierten, nicht rekonstruierbaren Text* || **177**,34 *Ms.* die *statt* das || **177**,36-37 *von* Aus *bis* „unendlich" *Randtitel* „Unendlich" || **178**,1 *in der Tat Einf.* || **178**,2 „Ich kann ,immer wieder'" *doppelte Anführungszeichen vom Hrsg.* || **178**,5-7 *von* als wirkliches *bis* setzen. *V. für teilweise mit Blaust. gestr.* mich als wirkliches Subjekt des Phantasierens auf das Phantasierte richtend, diese in Evidenz seiende Möglichkeit || **178**,7-8. *von* „Ich *bis* lassen" *Anführungszeichen vom Hrsg.* || **178**,14 *vor* Bei *Absatzzeichen mit Bleist, wohl von Landgrebe; von* Bei *bis* Dasein. *Einf.* || **178**,15-17 *von* (und *bis* Möglichkeiten) *Kl. mit Bleist.* || **178**,19 und einer Welt überhaupt *Einf.* || **178**,20 Welt *V. für* dinglichen Natur || **178**,26 *nach* wäre. *senkrechter Rotstiftstrich* || **179**,1 *nach* Überzeugung *Abschlusszeichen mit Rotst.* || *von* Soviel *bis* Möglichkeit; *Einf. mit Blaust. zur rechten Seite des Abschlusszeichens* || **179**,1-2 *von* gehen *bis* heran. *Einf. mit Bleist. zur linken Seite des Abschlusszeichens* || **179**,6 *vor* Reine *Absatzzeichen mit Bleist., wohl von Landgrebe* || **179**,10-11 *im letzteren Fall Einf.* || **179**,15 *werden Einf.* || **179**,16 *müssen sie Einf.* || **179**,18 *allen zu ihnen gehörigen V. für* allen || **179**,19 *nach* wird. *am Rand waagerechter Bleistiftstrich; darunter mit Bleist, wohl von Landgrebe,* § 22 a) || **180**,2 *Mit* Wahrnehmungssynthesis. *endet der gültige Text des Bl. Es folgt ein mit Blaust. gestr. Textstück, das den Rest der Seite u. die gesamte Rückseite des Bl. einnimmt. Der Text lautet* Freilich, wenn ich irgendwelche faktische Wahrnehmung betrachte, beobachte ich, dass dieses Fortschreiten kein Ende nehmen will und dass ich nur die Synthesis in der Evidenz abschließen kann, dass ich zu keinen Leerintentionen komme, die nicht vorher schon zu anschaulicher Erfüllung gekommen waren. ⟨*von* Freilich, *bis* waren. *Einf.*⟩ Dabei aber bewege ich meine Augen und bewege mich sonst, ich betaste, ich gebrauche meine Sinne. ⟨*Mit* Sinne. *endet der mit Blaust. gestr. Text der Vorderseite des Bl. Auf der Rückseite befindet sich zunächst ein wohl schon früher mit Tinte gestr. Passus. Der Text lautet* Ich übe eben Wahr-

nehmungstätigkeiten, durch welche die Wahrnehmungssynthese in ihrem Einstimmigkeitsstil zum Ablauf kommt. Den wahrgenommenen Baum habe ich nur in Beziehung zu mir als Wahrnehmenden in fortschreitend ausweisender Selbstgegebenheit, und nicht nur in Beziehung zu mir als Aufmerkenden und Erfassenden, sondern auch zu mir als Subjekt eines Leibes, eines Systems von Sinnesorganen, die im Baumwahrnehmen der Reihe nach ins Spiel treten und den Ablauf der Wahrnehmungserscheinungen und der wahrgenommenen Seiten in bestimmter Weise bedingen und zudem ihre Gradualitäten in der Vollkommenheit der „Empfindlichkeit" haben (besseres Sehen).⟩ Gehen wir nun vom Fall der Wirklichkeit zu dem der Möglichkeit, gehen wir von der ursprünglichen Erfahrung, der Wahrnehmung, zur fingierenden Phantasie über. Sie ist nicht Tätigkeit des Wahrnehmens, des aktuellen Ich und seines aktuellen Leibs, aber eine gewisse Modifikation von all dem; sie ist Phantasie. Es ist als ob ich einen Baum wahrnehme, als ob ich ihn zunächst von einer und gerade von dieser Seite in Erscheinung hätte, als ob ich die Augen, den Kopf, näher tretend die Füße usw. bewegt⟨e⟩, all das in Gestalt von Wahrnehmungstätigkeiten, und als ob ich dabei immerfort sehend und dann tastend, riechend usf. all die zunächst nicht erscheinenden Seiten, all die nicht schon gegebenen Merkmale des Baums mir zur aktualisierenden Gegebenheit brächte. Sowie ich einsetzte mit dem Phantasieeinfall des vorschwebenden Baums, des natürlich nur von einer Seite vorschwebenden, waren Komplexe von intentionalen Komponenten da und bestimmten das Quasi-Sehen des Baums. Es waren nicht wirkliche Intentionen, so wie das Sehen nicht wirkliches Sehen war; sie waren selbst fingiert. Einen Baum anschaulich fingieren ... ⟨*Mit* fingieren *endet der mit Blaust. gestr. Text des Bl.; danach gestr. u. Kopfständig* Reine Möglichkeiten können wie sonstige Modalitäten, wie sozusagen ernstliche Modalitäten⟩ ∥ **180**,3 *vor* Fortschreitend *waagerechter Bleistiftstrich* ∥ *nach* kennen. *Absatzzeichen mit Bleist., wohl von Landgrebe* ∥ **180**,7 fertig *Einf.* ∥ **180**,14 farbige Fläche *V. für* Farbe ∥ **180**,20 *nach* idealer *gestr.* aber doch unerreichbarer; aber *versehentlich nicht gestr.* ∥ **180**,23 *vor* Ich bemerke *Absatzzeichen mit Bleist., wohl von Landgrebe* ∥ relative *Einf.* ∥ **180**,26-27 (qualitative Unterschiedsempfindungen etc.) *Erg. am Rand, Kl. vom Hrsg.* ∥ **180**,32-**181**,36 von dieser *bis* verflochten ist. *V. für die ganz gestr. Rückseite des Bl. dessen Vorderseite mit* Ins-Spiel-Setzen *endet; dieser ursprüngliche, jetzt gestr. Text lautet* dieser oder jener Kinästhesen laufen entsprechende Erscheinungsreihen des Dinges ab, die im Fall einstimmig synthetischen Zusammenhangs mir das Ding zu fortschreitender Gegebenheit bringen. Durch solche „Wahrnehmungstätigkeiten" erscheint der Ablauf einstimmiger Erscheinung evident. Zudem ist aber auch, wie mir aus meinem Wahrnehmungsproblem bekannt ist, noch darauf Rücksicht zu nehmen, dass, was sich mir hierbei zunächst als das Wahre oder mindest das angenäherte Wahre vom Ding gibt, wenn ich die verschiedenen ⟨die verschiedenen *V. für alle*⟩ Kinästhesen ins Spiel setze und die zugehörigen Erscheinungsreihen in Richtung auf den idealen Limes durchlaufe, doch noch nicht das Wahre zu sein braucht. Selbst wenn ich dabei ideale Vollständigkeit und Vollkommenheit gewinne, könnte ich plötzlich zur Überzeugung kommen, dass z. B. eine Veränderung der vollkommen gesehenen Dingfärbung nicht wirklich eine Veränderung der Eigenschaft des Dinges selbst sei, sondern mein Auge farbenblind geworden sei. Auch diese allzeit offenen Möglichkeiten sind in Frage. Und so finde ich überhaupt den Wahrnehmungsgegenstand immerfort gegeben in Erscheinungen von ihm und finde, dass ich ihn selbst nur durch diese Erscheinungen hindurch, als sich in einstimmiger endloser Synthesis solcher Erscheinungen selbstdarstellend, gegeben habe. Und ich finde aber auch, dass all diese ⟨nach diese *Ms.* seit⟩ nur in relativer Unvollkommenheit den Gegenstand darstellenden Erscheinungen ⟨*von* als sich in *bis* darstellenden Erscheinungen *V. für* vorfinde, ihn immerfort zwar, wenn die Synthesis einstimmig verläuft, selbst zu gewinnen meine, aber das ist mit all diesen selbstgebenden Erscheinungen; Erscheinungen *am Ende der Streichung wohl versehentlich nicht mitgestr.*⟩ ihn nur in gewisser subjektiv-relativer Weise erfassen: Das Wahrgenommene ist Wahrgenommenes in Relation zu mir als Subjekt, und nicht nur als das aufmerkende und erfassende tätige Subjekt, sondern auch Subjekt dieser Leiblichkeit mit diesem System von Kinästhesen, verknüpft mit diesem System von Sinnesorganen, die im fortschreitenden ⟨fortschreitenden *Einf.*⟩ Wahrnehmen des Dings der Reihe nach ins Spiel treten, entsprechende Abläufe von zugehörigen Erscheinungen bedingen. Aber auch gewisse zu den Sinnen gehörige Änderungsweisen spielen unter dem Titel „normales und abnormales Empfinden" ⟨*von* „normales *bis* Empfinden" *Anführungszeichen vom Hrsg.*⟩ und Wahrnehmen ihre Rolle und bezeichnen Systeme subjektiver Abhängigkeit ‖ **180**,38-**181**,1 auf den beschriebenen Wegen *Einf.* ‖ **181**,1 zunächst *Einf.* ‖ **181**,4 jeweiligen *Einf.* ‖ **181**,5 geänderten *Einf.* ‖ **181**,8-9,. und sonstigen Gegebenheiten *Einf.* ‖ **181**,14-16 *von* wobei *bis* Leiblichkeit *zunächst mit Blaust. gestr., jedoch durch Strichelung mit Blaust. am Rand wieder in Geltung gesetzt* ‖ **181**,15 ist *V. mit Blaust. für* in ‖ **181**,16. *nach* Leiblichkeit. *am Rand waagerechter Bleistiftstrich; darunter mit Bleist., wohl von Landgrebe,* b ‖ **181**,30 Ms. u. ff. *statt* usf. ‖ **181**,35 intentionaler *Einf.* ‖ **182**,1 *vor* Wir *Absatzzeichen mit Bleist., wohl von Landgrebe* ‖ **182**,2 einen Baum, eine Landschaft, *Einf.* ‖ **182**,7 *nach* kommt, *mit Bleist. gestr.* un-

lesbares Stenogramm || fortschreitend *Einf.* || **182**,14 *von* Quasi-Evidenz *bis* wirkliche Evidenz *V. für* Evidenz || **182**,23 bzw. quasi-erfahrend *Einf.* || **182**,25 *nach* sind. *senkrechter Blaustiftstrich u. Absatzzeichen mit Bleist., wohl von Landgrebe* || **182**,26 wirklichen *Einf.* || **182**,33-37 *von* Zu *bis* gilt: *Einf.* || **182**,35 unwillkürlich *Einf.* || **183**,3 *nach* werden. *senkrechter Blaustiftstrich u. Absatzzeichen mit Bleist., wohl von Landgrebe* || **183**,4 *Ms. ist statt* sind || **183**,13 *nach* Sinnesstruktur. *am Rand waagerechter, zum Text weisender Pfeil mit Rotst.* || **183**,17 *von* Am *bis* ich: *Einf. mit Bleist.* || *vor* Um *am Rand Schrägstrich* || **183**,20 *nach* bringen *mit Tinte u. Blaust. gestr.* und damit sie und die Möglichkeit selbst im fortschreitenden Prozess erfüllender Bestätigung und zugleich der enthüllenden Selbstgestaltung klarzulegen, || **183**,22 intentionalen Horizonten *V. für* Richtungen der intentionalen Horizonte || **183**,27 *vor* Ehe *mit Bleist., wohl von Landgrebe,* c); *von* Ehe *bis* ausgeführt. *Einf.* || **183**,36 unvollkommen bestimmt *V. für* unbestimmt || **183**,36-**184**,1 Phantasieklärung *V. für* Phantasieklarheit || **184**,3 als ob er *Einf.* || **184**,4 *nach* denkt. *am Rand waagerechter Bleistiftstrich; darunter mit Bleist., wohl von Landgrebe,* § 23 || **184**,5 *vor* Besprechen *Absatzzeichen mit Bleist., wohl von Landgrebe* || **184**,6 und ihre apodiktische Evidenz *Einf.* || **184**,10 Stile *V. für* Sinne || **184**,11 immer *Einf.* || **184**,14 „in" der Phantasie adäquat *V. für* adäquat und apodiktisch || **184**,18 Differenz *Stenogramm nicht eindeutig – alternative Lesung:* Distanz || **184**,23 *nach* ist *im Ms. noch einmal* ist || **184**,25 als *vor* das *Einf.* || *Ms.* Bestimmende *statt* Bestimmte || **184**,26 eventuell *Einf.* || **184**,28 immer *Einf.* || **184**,29-30 *von* und zur *bis* Limes *Einf.* || **184**,30 *nach* bringen *im Ms., wohl versehentlich nicht gestrichen* , und zwar; *danach gestr.* in infinitum || **184**,32 *vor* Freilich *Absatzzeichen mit Bleist., wohl von Landgrebe* || **184**,33-34 *von* als *bis* Gegebenen *Einf.* || **184**,36 einer im Voraus festen *V. für ausradiertes, nicht rekonstruierbares Stenogramm* || **184**,38-**185**,1. zu gestaltenden Approximation *V. für* fortzuführenden Gestaltung || **185**,5 Approximationsformen *V. für* Fortführungsformen || **185**,6 und zwar *Einf.* || **185**,7 *nach* Quasi-Annäherung. *gestr.* Und ebensoviel heißt: Ich kann mir denken, dass dieser Ton möglicherweise sei. || apodiktische *Einf.* || **185**,10 *nach* Ausweisbares. *kopfständig u. durch zwei senkrechte Blaustiftstriche abgetrennt* Wir haben in der letzten Vorlesung || **185**,11 *vor* Ein *Absatzzeichen mit Bleist. Der folgende Text von* Ein Erlebnis *bis* Gestalt haben können. *ist wohl als kürzende V. für den beidseitig mit Blaust. gestr. Text des vorhergehenden Bl. 70 des Konvoluts anzusehen; denn er endet bereits etwa nach ⅔ der Rückseite des Bl. 71 und das untere Drittel der Seite ist unbeschrieben, was dafür spricht, dass Husserl das Bl. später nachträglich in den Gesamtkontext eingelegt hat. Beide Bl. tragen* *zudem die gleiche Paginierung* 110. *Der gestr. Text lautet* Reine Erlebnismöglichkeiten, die ich mir in einem gewissen Stil frei konstruiert habe und weiter konstruieren kann, ⟨*von und bis kann Einf. mit Bleist.*⟩ jede abgeschlossene ⟨abgeschlossenen *Einf. mit Bleist.*⟩ Strecke ihrer Synthesis ist selbst eine immanente Möglichkeit, eben die Möglichkeit eines gewissen synthetischen Zusammenhangs meiner möglichen Erlebnisse. Jede solche mögliche Erfahrung, rein als mögliches ⟨*von* Jede *bis* mögliches *V. mit Bleist. für* Jedes solche mögliche Erlebnis⟩ Erlebnis, und jede schon wirklich gestaltete Synthesis ⟨*nach* Synthesis *mit Bleist. gestr.* derselben⟩ vom Typus einer Synthesis von möglichen Erfahrungen hat rein immanent in sich ihren intentionalen Gegenstand. Innerhalb jeder fortschreitenden ⟨fortschreitenden *Einf.*⟩ Synthesis ist er für alle ihre Phasen und Strecken derselbe; und dieser selbe intentionale Gegenstand ist dabei immanentes Vorkommnis. Wenn wir uns den Prozess fortschreitend und nach verschiedenen Horizonten in immer neue fortschreitende Prozesse ins ⟨ins Unendliche *Einf. mit Blaust.*⟩ Unendliche, in die Evidenz des Usw. ⟨*von* in die *bis* Usw. *Einf. mit Bleist.*⟩ übergeführt denken, so erstreckt sich kontinuierlich durch all dieses mögliche ⟨mögliche *Einf. mit Bleist.*⟩ Fortschreiten der mögliche immanente Gegenstand als derselbe, nur immerfort wechselnd im Wie seiner möglichen konkreten Bestimmungen, und das gilt für die ganze Unendlichkeit der konstituierenden Prozesse.

Der unendliche Prozess ist ⟨*nach* ist *mit Bleist. gestr.* aber⟩ ein immanenter Prozess. In seinen Erlebniskomponenten von Anfang an und in allem Fortschreiten liegt aber darin immerfort beschlossen ein intentionaler Gegenstand im wechselnden Wie seiner Bestimmtheiten; er liegt da ⟨*Ms. das statt* da⟩ beschlossen als „intentionales Korrelat", nämlich als durchgehend Identisches ⟨, nämlich als durchgehend Identisches *Einf.*⟩ in der Synthesis der Erfahrungen in ihrer satten Identitätsdeckung. Denken wir uns den Prozess nun *in infinitum* fortgeleitet, so bleibt das bestehen. ⟨*Der Passus von* Der unendliche *bis* bestehen. *ist im Ms. in eckige Rotstiftkl. gesetzt und soll gemäß Husserls Verweisungszeichen u. der Randnotiz mit Rotst. folgende Seite* umgestellt u. hier eingefügt werden. *Ursprünglich befand er sich an anderer Stelle auf der Rückseite des Bl.* (vgl. unten).⟩

Zunächst ⟨*vor* Zunächst *mit Bleist. gestr.* Das gibt uns zu denken.⟩ fixieren wir uns dieses, dass, den Grenzfall der Klarheit vorausgesetzt, ⟨*von* , den *bis* vorausgesetzt, *Einf. mit Bleist.*⟩ nur die Möglichkeit eines immanenten Gegenstands apodiktisch herausgestellt, klargelegt sein kann nach seinem individuellen Eigenwesen. Nur sofern ein immanenter Gegenstand und jeder individuelle überhaupt notwendig in einem Zusammenhang sein muss, führt in dieser Richtung das notwendige Quasi-Erfahren in endlose Prozesse, ⟨von nach seinem *bis* endlose Prozesse, *Einf.*⟩ in einem abgeschlossenen Akte des Phantasierens als Quasi-Erfahrens. Dagegen, Gegenstände, wie Naturgegenstände, transzendente Weltgegenstände überhaupt können nach dem, was sie sich selbst eigenwesentlich sind, ⟨von nach dem *bis* sind, *Einf.*⟩ ihre apodiktische Ausweisung als reine Möglichkeiten nur gewinnen in Form der beschriebenen unendlichen Prozesse, nur als Korrelat der evidenten unendlichen Fortführbarkeit einstimmig bestehenden möglichen Erfahrens. Aber nie tritt der mögliche Gegenstand sozusagen als fertiger hervor, also nie in einem abgeschlossenen Prozess als darin resultierende Endgegebenheit; immerfort ist er auf dem Marsch, immerfort ist er gegeben als sich quasi-herausstellend und immer inhaltlich bestimmte ⟨*Ms.* bestimmende *statt* bestimmte⟩ und quasi-gegebene intentionale Einheit. Und evident wird er seiner Möglichkeit nach nur als Idee, als ideales Korrelat der evident *in infinitum* fortzuführenden Prozesse möglicher Erfahrung. Auch eine Idee, als Identisches eines evident und endlich und in Freiheit *in infinitum* fortzuerzeugenden Prozesses der Einstimmigkeit ist etwas apodiktisch zu Habendes und eine eigene Art Gegenständlichkeit; sie ist, was sie ist, als ideales ⟨ideales *Einf.*⟩ Korrelat dieses Prozesses. ⟨*von* Zunächst fixieren wir *bis* dieses Prozesses *im Ms. in eckigen Rotstiftkl.; von* Zunächst *bis* Korrelat dieses Prozesses *im Ms. in eckigen Rotstiftkl.; nach* Prozesses *folgte ursprünglich der Passus von* Die unendliche *bis* bestehen., *welcher oben, Husserls Anweisung gemäß, in den Zusammenhang der vorherigen Manuskriptseite eingefügt wurde (s. o.).*⟩

Und das hat also ⟨also *Einf. mit Bleist.*⟩ zu sagen: Jeder ⟨*von* Jeder *bis* einer *V. mit Bleist. für* Der Idee der⟩ möglichen Idee einer Unendlichkeit der Synthesis einstimmig ⟨einstimmig *Einf. mit Bleist.*⟩ erfahrender Erlebnisse wohnt ein, als Identitätskorrelat, ⟨*von* in infinitum *bis* als Identitätskorrelat *Rb., die nicht, wie der Rest des Textes gestr. ist, die aber inhaltlich ihm zugehört u. nicht für sich stehen kann* Ein besonderer Fall einer Idee liegt hier vor und einer sehr hohen Stufe der Fundierung. Denn wenn wir zurückdenken an das, was wir über den Limes gesagt haben, so ist auch ein Limes, in evidenter Approximation, gegeben, gemäß unserer allgemeinen Beschreibung als eine Idee zu bezeichnen. Aber die Idee eines transzendentalen Naturgegenstands ist von höherer Stufe, sofern sie in unterer schon Limesgegebenheiten voraussetzt.⟩ je eine ⟨je eine *V. mit Bleist. für* die⟩ Idee des einen und selben möglichen Erfahrungsgegenstands, ⟨*nach* Erfahrungsgegenstands *mit Bleist. gestr.* als des einen⟩ von dem all die einzeln möglichen Erfahrungen eben Erfahrungen wären; oder Naturgegenstände sind apodiktisch denkbar nur als immanent konstituierte Ideen, untrennbar von der Möglichkeit der sie konstituierenden Prozesse synthetischer Einheit. ⟨von Und das hat also *bis* synthetischer Einheit. *durch Radierungen, Streichungen u. Einf. mit Bleist. stark überarbeiteter u. mehrfach veränderter Textpassus, dessen ursprüngliche Fassung nicht rekonstruierbar ist; von* von dem all *bis* synthetischer Einheit *Rb. in eckigen Blaustiftkl.* Ein Naturgegenstand ist in durchgängiger Einstimmigkeit, nach allem was in individueller Eigenheit ausmacht, einstimmig phantasierbar, „denkbar", und seine Möglichkeit ist apodiktisch konstruierbar, ist einerlei.⟩ Jede Wirklichkeit ist ⟨ist *Einf.*⟩ zugleich auch eine Möglichkeit, ⟨nach Möglichkeit *im Ms., wohl vergessen zu streichen* ist⟩ sofern ⟨wir⟩ sie sozusagen in die Phantasie übertragen können. Daraus ergibt sich, dass die wirkliche Erfahrung, die den einen Naturgegenstand gibt, nur Verwirklichung einer möglichen Erfahrung desselben ist und dass seine Wirklichkeit nur zu rechtfertigen ist, insofern er als synthetische Idee eines von der wirklichen Erfahrung unendlich ⟨unendlich *Einf. mit Bleist.*⟩ fortführbaren Prozesses möglicher Erfahrung ausweisbar wäre. Ist ein Naturgegenstand nur denkbar als Idee, so ist auch jeder wirkliche Naturgegenstand, jeder, der soll als Wirklichkeit gesetzt und ausgewiesen werden können, nur denkbar als Idee. ⟨von Jede Wirklichkeit *bis* als Idee. *V. für durch mehrfache Streichungen u. Radierungen nicht mehr rekonstruierbaren Text; nach* Idee. *gestr.* Er ist also Idee.⟩ *Damit endet der Text des gestr. Bl.; der Zusammenhang wird jedoch fortgeführt auf einem ebenfalls mit Blaust. gestr., weiter hinten im Konvolut liegenden Bl., das ursprünglich die anschließende Paginierung 111 trug (zum Text dieses nur einseitig gestr. Bl. vgl. unten die textkritische Anm. zu 191, Anm.).* ‖ **185**,20-21 Form „Bewusstseinsstrom" *V. für* Unendlichkeit ‖ **185**,21 apodiktisch *Einf.* ‖ **185**,25 *vor* Wir *Absatzzeichen mit Bleist., wohl von Landgrebe* ‖ **185**,26 *nach* willkürlichen *mit Tinte u. Blaust. gestr.* Fortgangs ‖ **185**,27 bestimmten *Einf.* ‖ *nach* gehört. *Absatzzeichen, wohl von Landgrebe* ‖ Nämlich erstens *V. mit Bleist. für* Einmal ‖ **185**,31 in infinitum *Einf.* ‖ *nach* wäre. *Absatzzeichen mit Bleist., wohl von Landgrebe* ‖ **185**,31-32 *nach* haben wir *Ms.* die Idee ⟨die Idee *V. für* den offenen Horizont⟩ des, *wohl versehentlich nicht gestr.* ‖ **185**,37 *vor* Die *Absatzzeichen mit Bleist., wohl von Landgrebe* ‖ **186**,7 freie *Einf.* ‖ **186**,11 *vor* Was *am Rand drei Schrägstriche mit Rotstift u. Absatzzeichen mit Bleist., letzteres wohl von Landgrebe* ‖ **186**,31 *mit* Wir *beginnt ein neues Bl.; über dem Text mit Bleist., wohl von Landgrebe* § 24 a) ‖ **186**,31-33 *von* Wir *bis* mundanem *am Rand schließende spitze Kl. mit Rotst.* ‖ **187**,2-3 evidente *Erg. über der Zeile* ‖ **187**,4 Gegenstände *V. mit Bleist. für später ausradiertes, nicht rekonstruierbares Stenogramm* ‖ **187**,6 zwar zu *V. mit Bleist. für* zu ‖

vollkommener Quasi-Gegebenheit *V. für* quasi vollkommener Gegebenheit ‖ **187**,8-10 *von* Prozess *bis* Einstimmigkeit *V. mit Bleist. für* zugleich als ⟨als *Einf.*⟩ ein Prozess willkürlichen Fortfingierens im Stil der Einstimmigkeit zu charakterisieren ist, ‖ **187**,12 *vor* Wir *Absatzzeichen mit Bleist., wohl von Landgrebe* ‖ **187**,17-20 *von* bei Wechsel *bis* wie er *Einf.* ‖ **187**,37-**188**,1 *von* einstimmigen *bis* apodiktische *am Rand senkrechter, nach unten weisender Pfeil mit Rotst.* ‖ **188**,8 in infinitum *Einf.* ‖ **188**,9-11 *von* Nach *bis* ist durch *am Rand senkrechter, nach unten weisender Pfeil mit Rotst.* ‖ **188**,9 Vorlesung *im Ms., wohl von Landgrebe, mit Bleist. gestr. und mit Bleist. durch § ersetzt* ‖ **188**,11-12 *von* durch *bis* gesichert *V. mit Lilast. für* in unserer Freiheit ‖ **188**,15 *nach* gehört. *senkrechter Blaustiftstrich* ‖ **188**,17-20 *von* Erlebnisstrom *bis* apodiktisch gegeben. *am Rand senkrechter, nach unten weisender Pfeil mit Rotst.* ‖ **188**,20-24 *von* Und *bis* möge. *am Rand senkrechter, nach unten weisender Pfeil mit Rotst.* ‖ **188**,28 *von* noch *bis* gewonnen *V. für ausradierten, nicht rekonstruierbaren Text* ‖ **188**,30 als Glieder einer *Einf.* ‖ **188**,31 mögliche *V. für ausradiertes, nicht rekonstruierbares Stenogramm* ‖ **188**,33 *nach* egologischen *mit Lilast. gestr.* oder immanenten ‖ **189**,17 *nach* Erlebnisse. *Absatzzeichen mit Bleist., wohl von Landgrebe* ‖ **189**,20-21 *von* meine *bis* ablaufenden *V. für teilweise ausradierten, nicht rekonstruierbaren Text* ‖ **189**,26-27 jetzigen *Einf.* ‖ **189**,30 *von* in diesem *bis* als sein *V. für ausradierten, nicht rekonstruierbaren Text* ‖ **189**,33 einem ursprünglich gebenden *V. für ausradierten, nicht rekonstruierbaren Text* ‖ **190**,7 fingierender *Einf.* ‖ **190**,13 soweit *Einf.* ‖ **190**,15 es bleibt dabei, dass er *Einf.* ‖ **190**,18 *nach* ist. *Absatzzeichen mit Bleist., wohl von Landgrebe* ‖ **190**,21 auch wieder *Einf.* ‖ **190**,22-26 *von* und von *bis* konstruktiven *am Rand nach unten weisender Pfeil mit Rotst.* ‖ **190**,27 *von* Andererseits *bis* der also *V. für teilweise ausradierten, teilweise gestr., nicht rekonstruierbaren Text* ‖ **190**,33-34 *von* von der *bis* Synthese *Einf.* ‖ **190**,34 Dieser ist jetzt *V. für teilweise ausradierten, teilweise gestr., nicht rekonstruierbaren Text* ‖ **190**,35 in seiner vollständigen Wahrheit *Einf.* ‖ **190**,36 als Korrelatidee *Einf; danach, ursprünglich dazugehörig, dann aber mit Blaust. gestr.* der Idee des Systems möglicher Erfahrung überhaupt. ‖ **190**,37 *vor* Ergebnis: *Absatzzeichen mit Bleist., wohl von Landgrebe;* Ergebnis: *Einf.; darunter mit Blaust. gestr., nicht rekonstruierbarer Text mit Blaust.* ‖ **191**,3-4 *von* Die *bis* untrennbar *am Rand doppelt mit Rotstift angestrichen* ‖ **191**,6-11 *von* Hierbei *bis* Gegebenheit *Einf.* ‖ **191**,7 Vorlesung *im Ms., wohl von Landgrebe mit Bleist. gestr. und durch § ersetzt* ‖ **191**,9 mögliche *Einf.* ‖ **191**,11 *nach* Gegebenheit. *im Ms. die Notiz mit Bleist. von Landgrebe* Beilage; E *hat an der entsprechenden Stelle, ebenfalls von Landgrebe,* *mit Bleist. die Notiz* vgl. zu diesem Abschnitt die Beilage. *Gemeint ist das Bl. des Ms. mit der Husserl'schen Bezeichnung "ad 115".* ⟨115 V. *für* 112⟩ Landgrebe *ordnet die* Beilage *damit anders zu als Husserl. In der vorliegenden Ausgabe erscheint der Text dieser Beilage an der von Landgrebe vorgesehenen Stelle als Fußnote (vgl. die textkritische Anm. zu* 191, Anm. 1). ‖ **191**,15 *vor* Aber wie *m. Bleist, wohl von Landgrebe,* b)*; danach Absatzzeichen mit Bleist., wohl ebenfalls von Landgrebe* ‖ **191**,17 fortschreitenden *Einf.* ‖ **191**, Anm. *Fußnote = gültiger Text eines gesonderten Bl. mit der Husserl'schen Notiz mit Blaust.* ad 115 *verwendbar, dabei ist* 115 V. *mit Bleist. für* 112. *Die Vorderseite dieses Bl. und die ersten zwei Zeilen der Rückseite sind mit Blaust. gestr. Der gültige Text setzt den gestr. inhaltlich fort. Der gestr. Text (die Vorderseite hat die Originalpaginierung* 111*) setzt wiederum den Text des ursprünglichen Bl. mit der Paginierung* 110 *fort (vgl. dazu oben die textkritische Anm. zu* 185,11*). Husserl hat Teile dieses Textes nochmals abgeschrieben und leicht verändert, dann aber erneut gestrichen und ganz aufgegeben. Die ursprüngliche Zuordnung des als noch* verwendbar *bezeichneten ungestrichenen Textteils* ad 112 *ist überzeugender als die spätere* ad 115*; bringt doch die p.* 115 *das Thema nur noch einmal in Kurzform als Wiederholung. Am zutreffendsten ist aber wohl eine Zuordnung zur p.* 113*, auf dem sich inhaltlich manche Parallelen zum gestr. Textteil des Bl. finden, den der "verwendbare" Passus zunächst fortsetzte. In dieser Einschätzung folgt die vorliegende Edition der Auffassung Landgrebes, der im Ts. (E) den Text in diesem Sinne, allerdings als Beilage deklariert, zuordnet (vgl. die textkritische Anm. zu* 191,11*). Der gesamte gestr. Text des Bl. lautet* Nur ist zu berücksichtigen, dass das Verhältnis der Idee eines möglichen Gegenstands und der eines wirklichen dasselbe ist wie das von Möglichkeit und Wirklichkeit überhaupt oder von Phantasiegegenstand und Erfahrungsgegenstand, Phantasieerfahrung und wirklicher Erfahrung. ⟨*von* Phantasiegegenstand *bis* Erfahrung *V. mit Blaust. für* Phantasieerfahrung und wirklicher Erfahrung, von Phantasiegegenstand und Erfahrungsgegenstand⟩ Das Phantasieerfahren ist Erfahren im ⟨*im Einf.*⟩ Als-ob, der Phantasiegegenstand ein Erfahrungsgegenstand-als-ob und seine Möglichkeit ist nichts anderes als Wirklichkeit-als-ob. Also ist auch das intentionale Korrelat der im Als-ob fingierten unendlichen Prozesse einstimmiger Erfahrung ein intentionales Korrelat-als-ob, nicht eine wirkliche Identitätseinheit dieser Erfahrungen, sondern ihre einstimmig fingierte; nur dass das aktuelle phantasierende Ich unter dem Titel seiender und sich ausweisender Möglichkeit sich frei phantasierend-konstruierend der wirklichen Quasi-Einstimmigkeit ⟨Quasi-Einstimmigkeit *V. für* Einstimmigkeit⟩ der Phantasieerfahrungen und der wirklich sich herausstellenden Quasi-Identität, die sich dabei durchhält, vergewissern kann. ⟨von nur *bis* vergewissern kann. *im Ms. in eckigen Blaustiftkl.; nach kann. senkrechter Bleistiftstrich*⟩ Also ist der mögliche Gegenstand selbst als Idee eben fingierte Idee und wirklich seiend eben als Phantasiemodifikation (und ausweisbare Phantasiemodifikation in einer konstruierbaren Einstimmigkeit-als-ob, nämlich eines unendlichen Systems von Als-ob-Erfahrungen.) ⟨von (und *bis* Als-ob-Erfahrungen) *Kl. mit Bleist.*⟩ Dem gegenüber ist die im Prozess wirklicher Erfahrung sich immer reicher ⟨immer reicher *Einf. mit Bleist.*⟩ herausstellende Gegenständlichkeit, wenn wir uns die Erfahrung allseitig und wirklich vollendet dächten, eine ⟨von , wenn wir *bis* eine *Einf. mit Bleist.*⟩ wirkliche Idee, das wirkliche sich herausstellende Identitätskorrelat. Aber freilich müssten wir hier fragen: Wie kommt diese Idee dem Erfahrenden zur Gegebenheit, dem Erfahrenden, ⟨von zur *bis* Erfahrenden *Einf.*⟩ der doch nur in begrenzten Erfahrungsprozessen steht und nicht *in infinitum* den einen und selben Gegenstand erfährt und der doch selbst dann nur mit einem endlichen Prozessstück jeweils fertig ist. Und – *hier folgt der ungestr., als Fußnote wiedergegebene Text.* || **191**,21 *von* Wie weiß *bis* wahren Gegenstand *Randnotiz mit Blaust.* Verwendbar || **191**,22 *von* wie *bis* selbst ist *Einf.* || **191**,28 ein *Einf.* || **191**,37 erwächst *V. mit Bleist. für* wächst || **192**,16 *vor* als *im Ms. erneut öffnende Anführungszeichen* || **192**,22 *vor* Und *Absatzzeichen mit Bleist., wohl von Landgrebe* || **192**,23-30 *von* Ich *bis* erfahren war. *ausradierte Rb. mit Bleist., die nicht vollständig rekonstruiert werden kann, die aber wohl darauf verwies, dass die Rückseite des Bl. als* Fortsetzung *der p.* 118 *gelesen werden konnte, das entspricht in der vorliegenden Ausgabe nach S.* 199,31. *Das Bl., auf der Vorderseite von Husserl mit* 114 *paginiert, trägt auf der Rückseite folgerichtig die Paginierung* 119; *diese Seite ist jedoch später mit Blaust. gestr. worden, und damit wurde auch diese Rb. überflüssig (vgl. die textkritische Anm. zu* 193,14). || **192**,30 *nach* war. *am Rand senkrechter Strich* || mögliche *Einf.* || **192**,38 auch *Einf.* || **193**,3 *nach* Sinnesstruktur. *Absatzzeichen m. Bleist., wohl von Landgrebe* || **193**,9 und zwar als *Einf.* || **193**,10 *Ms.* erfahrendes *statt* erfahrende || **193**,14 Mit wäre. *endet der Text der Vorderseite des Bl.; auf der Rückseite, von Husserl urspr. als* 119 *paginiert (Vorderseite* 114), *befindet sich der folgende mit Blaust. gestr., inhaltlich dem Text der gültigen p.* 119 *(vgl. in der vorliegenden Ausgabe S.* 199,34 *ff.) entsprechende Text* Was wir bisher ausgeführt haben, ist keineswegs schon eine voll ⟨voll ausreichende *Einf.*⟩ ausreichende Theorie des „transzendentalen Idealismus", aber es ist für eine solche Theorie ein Grundpfeiler gelegt. ⟨von Was *bis* gelegt. *am Rand zwei Schrägstrichen mit Bleist.*⟩

Werfen wir in dieser Richtung noch einen Blick auf die wirkliche mundane Erfahrung und die in ihr als Wirklichkeit sich darbietende Welt. Jede Wirklichkeit ist zugleich verwirklichte Möglichkeit, nämlich sofern jede Wirklichkeit sozusagen durch Übertragung in die reine Phantasie eine entsprechende, sich mit ihr inhaltlich deckende reine Möglichkeit liefert. Also ist auch wirkliche Erfahrung als ⟨als *Einf.*⟩ Verwirklichung einer rein möglichen Erfahrung anzusehen, und die Fiktion einer Rechtfertigung der möglichen Erfahrung, also ⟨also *Einf.*⟩ der Konstruktion der Idee des Systems möglicher Erfahrung überhaupt, entspräche in Wirklichkeit dem ⟨*Ms. der statt* dem⟩ Gang wirklich rechtfertigender und das Wahrsein des Gegenstandes herausstellender Erfahrung, die aber in Wirklichkeit nur Bruchstücke der Verwirklichung ⟨der Verwirklichung *Einf.*⟩ möglicher Erfahrung liefert und liefern kann. Offenbar können wir aber, von der wirklichen Erfahrung ausgehend, die Idee des ⟨des *V. für* aller⟩ möglichen Prozesses und des Gesamtsystems ⟨und des Gesamtsystems *Einf.*⟩ sie fortführender möglicher Erfahrung konstruieren und damit korrelativ die Idee des wahren Gegenstands selbst, wie er in einer solchen ⟨solchen *Einf.*⟩ vollkommenen Ausweisung wäre. Ist ein möglicher realer Gegenstand in seinem vollen wahren Sein nur denkbar als unendliche ⟨unendliche *Einf.*⟩ Idee, so ist auch jeder wirkliche reale Gegenstand nur als unendliche Idee denkbar.

Es ist hier aber zu berücksichtigen, dass das Verhältnis der Idee eines möglichen Gegenstands und der Idee eines wirklichen eine bloße Wendung ist des Verhältnisses ⟨*von* eine *bis* Verhältnisses *V. für* korrelativ ⟨korrelativ *Einf.*⟩ dasselbe ist⟩ von Phantasiegegenstand und Erfahrungsgegenstand oder, korrelativ gesprochen, von Phantasieerfahrung und wirklicher Erfahrung. *Damit endet der gestr. Text. Der Zusammenhang wird fortgeführt auf einem später weiter hinten eingelegtem Bl., dessen Beginn ebenfalls gestr. ist (vgl. die textkritische Anm. zu S. 202,13).* ∥ **193**,18 *von* Wir *bis* festgestellt *im Ms., wohl von Landgrebe, mit Bleist verändert in* Zusammenfassend können wir sagen; *dazu am Rand* c), *wohl ebenfalls von Landgrebe; beides steht im Zusammenhang mit dem Entwurf der Typoskriptfassung E; am Rand dazu mit Bleist. von Husserl die Notiz* Vorlesung *und dazu mit Tinte* Wiederholung und Fortführung ∥ **193**,30-31 *von* es als *bis* bringen, *Einf.* ∥ **193**,32 *nach* enthüllende *gestr.* und damit als wirklich bestätigende quasi ⟨quasi *Einf.*⟩ zur Kenntnis bringen ∥ **193**,33 Fiktion der *Einf.* ∥ **194**,2 beliebigen der *Einf.* ∥ **194**,3 unendliche *Einf.* ∥ **194**,7 oder ein *Einf.* ∥ **194**,15 *vor* Dabei *Absatzzeichen mit Bleist., wohl von Landgrebe; von* Dabei *bis* fingierende Ego *Randnotiz mit Blaust. Zweite Seite* ∥ **194**,16 Mit Ego, *endet der Text auf der Vorderseite des Bl.; die Rückseite ist ganz mit Blaust. gestr. Wie die Rand-*

notiz mit Blaust. Zu Kaizo *zeigt, entstammt dieser Text einem anderen Kontext, nämlich dem der Arbeit an den Kaizo-Artikeln (vgl. Husserliana XXVII, S. 3 ff.). Die Seite ist von Husserl als VII paginiert. Der Text lautet* Ein besonderer Fall ist der einer Entscheidung zu einem Berufsleben in einem höheren Sinn, bezogen auf Werte, die für den betreffenden Menschen in „reiner" Liebe geliebte sind, die in der Erzielung ihm „reine" Befriedigung gewähren würden und als das von ihm einsichtig erkannt wurden. Hier handelt es sich also von vornherein um echte und in ihrer Echtheit erkannte Werte. Die Berufung für ein einziges Wertgebiet und für die Hingabe des Lebens ausschließlich an sie besteht darin, dass das betreffende Subjekt gerade dieser einen Wertregion, ⟨dieser einen Wertregion *V. für* diesem einen Wertgebiet⟩ z. B. der ⟨*Ms. dem statt der*⟩ Wissenschaft, der Kunst, der ⟨*Ms. dem statt der*⟩ der echten Gemeinschaftswerte u. dgl. in einer persönlichen Liebe ausschließlich zugetan ist statt seine Werte, wie die anderer Gebiete zwar zu schätzen, aber nicht aus dem innersten Zentrum der Persönlichkeit („mit ganzer Seele") lieben zu können als die seinen, als diejenigen, zu denen er untrennbar ⟨untrennbar *V. für* persönlich⟩ gehören ⟨will⟩. So ist die Kunst für den echten Künstler, die Wissenschaft für den echten Wissenschaftler „Beruf", das Gebiet geistiger Tätigkeiten und Leistungen, zu dem er sich berufen weiß, und so, dass nur die Schöpfung solcher Güter ihm zu „innerster" Befriedigung gereiche ⟨*von* zu *bis* gereiche *V. für* die „innerste" Befriedigung⟩ und mit jedem vollen Gelingen das Bewusstsein der Seligkeit gewähre. *Mit* gewähre. *endet der Text der Seite, die nur zu ⅔ beschrieben ist; von* es sich also von vornherein *bis über den Text hinaus befindet sich am Rand noch eine Erg., die wohl ursprünglich als V. gedacht war für die dann aber nicht gestr. Passage von* statt seine Werte *bis* untrennbar gehören ⟨will⟩. *Der Text lautet* und zwar dem einer einzigen ausschließend bevorzugten Wertregion. Die Berufung für sie, die Hingabe des Lebens ausschließlich an die Realisierung ihr zugehöriger Werte, besteht darin; es zeigt sich ja ein wesentlicher Unterschied darin an, dass wir mancherlei Werte vollkommen achten und einschätzen, aber doch nicht aus dem innersten Zentrum unserer Persönlichkeit – „mit ganzer Seele" – lieben können als die unseren, als diejenigen, zu denen wir als die, die wir sind, untrennbar gehören. ‖ **194**,25 überhaupt *Einf.* ‖ **194**,25-27 *von* Die *bis* apodiktisch. *Einf.* ‖ **194**,26 „Ich kann nicht" *Anführungszeichen vom Hrsg.* ‖ **194**,27-28 *von* und so *bis* Objekt *V. für* das ‖ **194**,34-35 fingierte *Einf.* ‖ **195**,5 *nach* Tätigkeiten *Absatzzeichen mit Bleist., wohl von Landgrebe* ‖ **195**,10-11 *von* Also *bis* müssten *V. für* und dass diese sämtlichen möglichen Objekte ‖ **195**,12 stehen *Einf.* ‖ Gesamtsystem *V. für* System ‖ möglicher *Einf.* ‖ **195**,15 vorgezeichnet *V.*

für ausradierten, nicht rekonstruierbaren Text ‖ **195**,16 gedacht als *Einf.* ‖ **195**,21 Horizonte *V. für* Vorzeichnungen ‖ **195**,22 dem *V. für* demselben ‖ **195**,23 würde *V. für* zu können ‖ **195**,24 *nach* früher *gestr.* und eventuell später ‖ **195**,24-27 *von* So *bis* Erfahrungen. *Einf.* ‖ **195**,28 *vor* Es *Absatzzeichen mit Bleist., wohl von Landgrebe* ‖ **195**,29 *nach* Subjekt *gestr.* als Subjekt ‖ **195**,30 dass sie *Einf.* ‖ **196**,1 es *Einf.* ‖ **196**,1-2 *von* dem Erfahrenden *Einf.* ‖ **196**,7 *von* Sinn, *bis* ausspricht: *Einf.* ‖ **196**,8 *von* Erfahren *bis* muss *V. für ausradierten, nicht rekonstruierbaren Text* ‖ Neue *Einf.* ‖ **196**,11 an die Abwandlungen *Einf.* ‖ **196**,12-13 *von* die *bis* Sinnesorgane" *V. für* von dem, was man normales oder abnormales Funktionieren der Sinnesorgane nennt ‖ **196**,13 Sinnesorgane" *schließende Anführungszeichen vom Hrsg.* ‖ **196**,15 liefert *Einf.* ‖ **196**,16 eigene *Einf.* ‖ **196**,20 die er *Einf.* ‖ **196**,22 Zutun" *schließende Anführungszeichen vom Hrsg.* ‖ **196**,23 *nach* hinnehmen muss. *am Rand waagerechter Bleistiftstrich u. darunter mit Bleist.* § 25, *beides wohl von Landgrebe* ‖ **196**,27 eine neue Seite *Einf.* ‖ **196**,30 an-und-für-sich-seiend *V. für* für-sich-seiend ‖ **196**,31 wirklich *Einf.* ‖ **196**,34 auch *Einf.* ‖ **196**,36 *vor* Aber *Absatzzeichen mit Bleist., wohl von Landgrebe* ‖ **197**,3 eine *Einf.* ‖ **197**,7-8 *von* und *bis* Objekts *Einf.* ‖ **197**,8 Gegensubjekte *V. für* Subjekte ‖ **197**,14 *vor* Halten *Absatzzeichen mit Bleist., wohl von Landgrebe* ‖ **197**,16 also zugleich sei. *V. für* und ‖ **197**,17 im Zusammen *Einf. mit Bleist.* ‖ **197**,19 sämtlich *Einf. mit Bleist.* ‖ **197**,20 wir sie als *V. für ausradierten, nicht rekonstruierbaren Text* ‖ **197**,33-34 vom erfahrenden Ich *Einf.* ‖ **198**,1 jedes von ihnen *V. für* sie ‖ **198**,2 aber so, dass *Einf.* ‖ **198**,3-17 *von* in der Form *bis* Ich. *V. für* und für sie wechselseitig in der Form von *alteri* gegeben sind. ‖ **198**,8 *nach* gehören, *Ms.* und ‖ **198**,9 Welt *V. für* Umwelt ‖ **198**,15-17 *von* andere, *bis* anderen Ich *Einf.; danach im Ms., wohl versehentlich nicht gestr., noch einmal* andere ‖ **198**,18 *vor* Aber *Absatzzeichen mit Bleist., wohl von Landgrebe* ‖ *nach* notabene *im Ms. zwei senkrechte Blaustiftstriche* ‖ **198**,19-20 *von* das *bis* Konsequenz *V. für ausradiertes, nicht rekonstruierbares Stenogramm* ‖ **198**,21 jeweilige Ego *Einf.* ‖ *nach* sind *gestr.* und es auch füreinander sind und von denen jedes dann als Ego fungiert ‖ **198**,24-25 Tiere und *V. für* auch ‖ **198**,26-27 *von* so *bis* darin *V. für* Nur darin aber unterscheiden sie sich von Dingrealien ‖ **198**,29 *nach* gewiss *gestr.* ⟨und⟩ Subjekt seines Erlebnisstroms, der ihm apodiktisch gegeben ‖ **198**,30 *vor* Das *Absatzzeichen mit Bleist., wohl von Landgrebe* ‖ **198**,36 *nach* wirklichen *im Ms. ausradierte eckige Bleistiftkl.* ‖ **198**,36-37 *von* für *bis* Fähigkeiten *im Ms. in eckigen Blaustiftkl.; schließende Kl. zusätzlich mit Bleist* ‖ **198**,38-**199**,1 unbestimmte *Einf.* ‖ **199**,1-2 als schon existierende voraussetzt und *V. für* im Auge hat, ‖ **199**,5 sind *Einf.* ‖ **199**,9 und *Einf. mit Bleist.* ‖ also

Einf. mit Bleist. || **199**,12-19 *von* Wohl *bis* reale Möglichkeiten. *im Ms. in eckigen Blaustiftkl.; öffnende Kl. auch mit Bleist.* || **199**,13 gehört *Einf.* || **199**,16-17 *von* Konstruieren *bis* Möglichkeit *Einf.* || **199**,20 *vor* Es *Absatzzeichen mit Bleist., wohl von Landgrebe* || sich die fundamentale Erkenntnis *V. für ausradierten, nicht rekonstruierbaren Text* || **199**,24 als *Einf.* || **199**,24-25 *von* oder *bis* liegendes *V. für ausradierten, nicht rekonstruierbaren Text* || **199**,25 jedes Ich *V. für* es; *nach* Ich *ausradiert* bin || **199**,34 Mit *Was beginnt ein neues Bl.; über dem Text mit Bleist., wohl von Landgrebe* §26 || **200**,2-6 *von* Werfen *bis* gegeben sind. *am Rand mit Rotst. angestrichen* || **200**,4 genauer gesprochen *V. für* wie wir auch sagen können || **200**,9 *Ms.* Erfahrenem *statt* Erfahrenen || **200**,20-21 *von* das *bis* dem *V. für* in der || **200**,28 *nach* gegeben. *senkrechter Blaustiftstrich; danach Absatzzeichen mit Bleist., wohl von Landgrebe* || **200**,35 *nach* haben. *senkrechter Blaustiftstrich; von* haben. *bis* aus. *V. für teilweise ausradierten, teilweise gestr., nicht rekonstruierbaren Text; danach gestr.* und damit, als möglicherweise erfahrene, sie selbst. || **201**,4 nur weiter *Einf.* || **201**,5-6 und was nach den anderen *V. für ausradiertes, nicht rekonstruierbares Stenogramm* || **201**,6 wirklicher *Einf.* || **201**,13 *von* die *bis* ausfüllend *Einf.* || **201**,16 *vor* Dieses *Absatzzeichen mit Bleist., wohl von Landgrebe* || solchen *Einf.* || **201**,20 umdenken *Einf.* || **201**,21-24 *von* Natürlich *bis* möglichen Erfahrungen. *V. für mehrfach ausradierten, nicht rekonstruierbaren Text* || **201**,25 *vor* Wir *am Rand waagerechter Bleistiftstr.* || **201**,28 *nach* reinen Möglichkeit. *mit Tinte u. Blaust. gestr.* Wir haben auf der einen Seite die reine Idee als Idee eines rein möglichen Gegenstands und korrelativ die Idee des Systems seiner einstimmigen quasi-real möglichen ⟨*von* einstimmigen *bis* möglichen *Einf.*⟩ Quasi-Erfahrungen, also der ihn einstimmig konstituierenden reinen Phantasien. Auf der anderen Seite haben wir die Idee des wirklichen Gegenstands und korrelativ die Idee des Systems seiner einstimmigen ... *Text bricht ab* || *vor* Wir *Absatzzeichen mit Bleist., wohl von Landgrebe* || **201**,32 Korrelatidee *V. für* Idee || **201**,32-34 *von* als vollbestimmter *bis* System dieser *mehrfach ausradiert und Radiertes neu überschrieben. Der ursprüngliche Wortlaut ist nicht rekonstruierbar.* || **201**,34 *Ms.* ausweisenden Gegenstands *statt* ausweisender Gegenstand || **201**,36-37 Erfahrungsmöglichkeiten *V. für* Möglichkeiten || **201**,37-**202**,2 *von* , und *bis* Systems *Einf.* || **202**,2 *nach* Systems. *senkrechter Blaustiftstrich* || **202**,3 *vor* Auf *senkrechter Blaustiftstrich* || **202**,7 ideelle *V. für* Zugehörige ist das || **202**,9 reale *Einf.* || **202**,13 Mit Korrelat-als-ob. *endet der Text auf der Rückseite des Bl. nach der zweiten Zeile; der Rest des Bl. ist unbeschrieben, was darauf hindeutet, dass mit ihm ein späterer, korrigierender und wohl kürzender Einschub vorliegt. Das folgende*

Bl. beginnt mit einem mit Blaust. gestr. Textpassus, der den gestr. Text der von Husserl ursprünglich mit 119 *paginierten u. später ebenfalls gestr. Seite fortsetzt (vgl. oben die textkritische Anm. zu* S. 193,14*). Hier ist offenbar einiges eingeschoben worden, das Husserl den ursprünglichen Textzusammenhang hat aufgeben lassen. Der gestr. Passus lautet* Das Phantasieerfahren ist erfahrend im Als-ob, der Phantasiegegenstand ein Gegenstand-als-ob, seine Möglichkeit ist die von dem aktuellen Ich her als seiend erfasste Wirklichkeit-als-ob. Ausweisbare Möglichkeit ist äquivalent mit ausweisbarer Wirklichkeit-als-ob. Also ist auch das intentionale Korrelat des im Als-ob konstruierbaren unendlichen Systems einstimmiger Erfahrungen ein intentionales Korrelat-als-ob, es ist nicht eine wirkliche, sich ausweisende Identitätseinheit wirklicher Erfahrungen, sondern nur einstimmig fingierte. ǁ **202**,14 *vor* Es *Absatzzeichen mit Bleist., wohl von Landgrebe* ǁ **202**,15 reine *Einf.* ǁ **202**,15-16 *von* in *bis* gegeben *V. mit Bleist. für teilweise ausradierten, nicht rekonstruierbaren Text* ǁ **202**,16-20 *von* ich als *bis* fingierten Idee *durch Einf. mit Tinte u. Bleist. sowie zahlreiche Radierungen veränderter Text, dessen ursprüngliche Gestalt nicht rekonstruierbar ist* ǁ **202**,17 Ich *Einf.* ǁ **202**,17-18 *von* diesen *bis* Möglichkeit *V. mit Bleist. für* sie als reine Phantasie, als wirklich seiende ǁ **202**,19 *von* Möglichkeit *bis* , also *Einf. mit Bleist.* ǁ **202**,20-30 *von* Zum Beispiel *bis* einer Idee. *Einf., wohl als V. gedacht für folgenden, nach* Idee *mit Blaust. gestr. Text* Zum Beispiel: Der mögliche Zentaur in seiner vollen Selbstheit als seiende Möglichkeit ist der apodiktisch herauszufassende Phantasiezentaur, herauszufassen aus dem System fingierter einstimmiger Erfahrungen als ihr intentional Identisches. ǁ **202**,25 etwa *Einf.* ǁ **202**,25-26 *von* etwa *bis* übergehend *im Ms. in eckigen Blaustiftkl.* ǁ **202**,29 *von* ist also *bis* wirkliche *V. für ausradierten, nicht rekonstruierbaren Text* ǁ **202**,31-32 *von* Während *bis* Idee ist, *V. mit Bleist. für* Ihm gegenüber ǁ **202**,33 *Ms.* herauszustellende *statt* herausstellende ǁ **203**,6 Dabei *V. mit Bleist. für ausradiertes, nicht rekonstruierbares Stenogramm* ǁ doch *Einf. mit Bleist.* ǁ selbst *Einf. mit Bleist.* ǁ **203**,9 Er ist *Einf. mit Bleist.* ǁ **203**,13-17 *von* Die *bis* vor. *im Ms. in eckigen Blaustiftkl.* ǁ **203**,18 *vor* Es *am Rand Schrägstrich mit Blaust. und Absatzzeichen mit Bleist., wohl von Landgrebe* ǁ **203**,23 Tatsachengeltung *V. mit Bleist. für* tatsächliche Geltung ǁ *nach* hat, *senkrechter Blaustiftstrich* ǁ **203**,24-30 *von* Nämlich *bis* Gewissheit ist aber *im Ms. in eckigen Blaustiftkl.* ǁ **203**,26 einstimmigen Gewissheit hat *V. mit Bleist. für* Gewissheit, das ist eben die Konsequenz, Einstimmigkeit hat ǁ **203**,31 nicht *Einf. mit Bleist.* ǁ **203**,31-32 *Ms.* Unstimmigkeit *statt* Einstimmigkeit, *wohl vergessen dem eingefügten* nicht *anzupassen (vgl. die vorige textkritische Anm.)* ǁ **203**,33 *nach* spricht. *im Ms. Hinweiszeichen mit*

Bleist.; dazu am Rand die Notiz Landgrebes Fortsetzung 122 *und ein weiteres Zeichen. Den durch die beiden Zeichen bezeichneten folgenden, längeren Passus von* Nur wenn wir *bis* Zweifel bestehen. (S. 203,34 – S. 206,25) *hat Landgrebe in E weggelassen (vgl. die Tabelle S. 507) und damit die ganze p. 121, an deren Rand mit Bleist. von Landgrebe notiert ist* nicht abgeschrieben. *Diese Weglassung erklärt sich einmal durch eine Notiz Husserls, die den Text – allerdings nur der Rückseite, nicht des ganzen Bl. – als* zum Teil verfehlt *bezeichnet (vgl. die Fußnote S. 205 und die textkritische Anm. dazu); zum anderen durch Husserls Schlussrekapitulation aus Anlass des Beginns einer neuen Vorlesungsstunde, die teilweise wörtlich Passagen dieses Bl. wiederholt (vgl. S. 206,8 ff. der vorliegenden Ausgabe). Da der Text aber von Husserl nicht gestr. ist und dieser nur den nicht wiederholten Teil des Textes als teilweise* verfehlt *bezeichnet hat, kommt er hier, trotz Wiederholung, ungekürzt zum Abdruck.* || **203**,35-37 *von* zuerkennen, *bis* Wesenselement der *mit Rotst. überschriebene Randnotiz mit Bleist.* Wiederholt nächste Vorlesung || **203**,38 nur dann *Einf. mit Bleist.* || **204**,5-11 *von* Darin *bis* noch nicht. *Erg. am Rand, wohl von Landgrebe durch Einfügungszeichen mit Bleist. situiert* || **204**,12-27 *von* In *bis* erfahrend fortschreiten. *im Ms. in eckigen Blaustiftkl.* || **204**,14 Idee und ist eine *Einf.* || **204**,18-19 dem Typus nach vorstellig *Einf. mit Bleist.* || **204**,19 als den *Einf.* || **204**,27-33 *von* Zugleich *bis* Erfahrung *Einf.* || **204**,30 erfahrene *Einf.* || **204**,33 *von* im *bis* Erfahrung *Einf. mit Bleist., mit Tinte überschrieben* || **204**,34 *vor* Doch *zwei Schrägstriche mit Rotst.* || **204**,35 uns *V. mit Bleist. für ausradiertes, nicht rekonstruierbares Stenogramm* || **205**,5 gewiss seiend *mit Tinte u. mit Bleist. überschrieben* || **205**,5-6 (ursprünglich gesprochen:) *Kl. mit Bleist.* || **205**,6 gesprochen: *Einf.* || **205**,10-14 *von* sind *bis* usw. *Einf.* || **205**,15 „Modalität" *Anführungszeichen vom Hrsg.* || **205**,17 *nach* bisher. *senkrechter Bleistiftstrich* || **205**,18-26 *von* Wir beachten *bis* als solchen, *Einf.; diese Einf. war wohl ursprünglich hinter* Reihen unterscheiden. *situiert.* || **205**,25 andererseits *V. mit Bleist für* anders || **205**,26-27 *von* traditionellen *bis* Terminologie *V. für* traditionell logischen Sinn || **205**,29-30 gewisses Sein *Erg. über der Zeile* || **205**,31 *nach* Nichtsein *gestr.* das Sein in Folge || **205**,35 *von* (Wertsein) *bis* Seinsollen) *Kl. vom Hrsg.* || **205**,36 *nach* abwandeln. *mit Tinte u. Blaust. gestr.* Weiter haben wir im Glauben den geglaubten Gegenstand, geglaubt in einem mehr oder minder ⟨mehr oder minder *Einf.*⟩ bestimmten „Inhalt" oder gegenständlichen Sinn || *von* Sehen *bis* so *V. mit Bleist. für ausradiertes, nicht rekonstruierbares Stenogramm* || **205**, Anm. *Fußnote = Rb. m. Bleist., die sich wohl auf den gesamten Text der Rückseite des Bl. (von* Gehen *bis* „Quantität") *bezieht; dem entspricht in der vorliegenden Ausgabe S.*

205,1 – S. 206,6 *(vgl. dazu die textkritische Anmerkung oben zu 203,33).* ‖ **206**,1 jedenfalls *Einf.* ‖ **206**,8-9 *von* In der *bis* aufgrund *am Rand nach unten weisender Rotstiftpfeil* ‖ **206**,10-11 *von* als Idee *bis* Dies *Randtitel mit Rotst.* Vorlesung ‖ **206**,11 Dies aber *Einf.* ‖ **206**,15-16 *von* . Darin *bis* sei *V. für mit Tinte u. Blaust. gestr.*, eine Möglichkeit, welche die Möglichkeit einer solchen tatsächlichen Geltung als wirkliche Idee, als wirklich seiende Realität in sich schließt. ‖ **206**,22 *nach* Fortgang *Einfügungszeichen mit Bleist. ohne Einf., wohl von Landgrebe* ‖ **206**,26 *vor* Gleichwohl *Einfügungszeichen u. Absatzzeichen, beides mit Bleist. und wohl von Landgrebe; hier setzt der Text des Ts. (E) wieder ein.* ‖ **206**,28 Seinsgewissheit *V. für* Gewissheit ‖ **206**,29-30 *von* Unstimmigkeiten *bis* lässt *V. für durch zahlreiche Radierungen u. Streichung nicht rekonstruierbaren Text* ‖ **207**,15-16 entschieden werden *V. für* unsere Sorge sein ‖ **207**,17 *von* Durch *bis* Subjekt. *Zusatz mit Bleist.* ‖ **207**,23 *nach* Subjekt. *Abschlusszeichen mit Rotst.* ‖ **207**,29 *über dem Text, der mit* Gehen *beginnt, mit Bleist., wohl von Landgrebe* C, § 27; *F: am oberen Rand mit Bleist.* 1922/23. *Der Text dieses Kapitels, der, abgesehen von einigen fehlenden Bl., doppelt im Typoskriptkonvolut liegt, wurde zur Bearbeitung durch Husserl u. Landgrebe wohl herausgenommen; daher erklärt sich die Jahresangabe als Vergewisserung über die Herkunft des seinem ursprünglichen Zusammenhang entnommenen Textes. Später wurden die Bl. dem Ts. dann wieder beigelegt (vgl. oben die allgemeinen textkritischen Bemerkungen, S. 509).* ‖ **208**,1 *F: nach* transzendente *Einf. mit Bleist.* Gegenstände ‖ **208**,2 auszuweisende *Einf.* ‖ **208**,4-5 *F:* Gebilde aus Umbildungen von „Modalitäten" *V. mit Bleist. für von* Modalitäten *bis* Gegenstände ‖ **208**,6 intentionalen *Einf.* ‖ **208**,9 *F: nach* Gegenstände *Einf. mit Bleist* jeder Stufe ‖ *F:* selbst *mit Bleist gestr.* ‖ **208**,10 *F: nach* dabei *Einf. mit Bleist.* als ‖ **208**,10-11 *von* tätiges *bis* Sinne *V. für ausradierten, nicht rekonstruierbaren Text* ‖ **208**,13 *nach* Erscheinungen *mit Tinte u. Blaust. gestr.* (und der oft sehr wechselnden) ‖ **208**,14-15 bleibendes *V. für ausradiertes, nicht rekonstruierbares Stenogramm* ‖ **208**,17 *vor* Indessen *Absatzzeichen mit Bleist., wohl von Landgrebe* ‖ „synthetische Einheit" *Anführungszeichen vom Hrsg.* ‖ **208**,20 *F:* beziehendem Denken *in Anführungszeichen mit Bleist.* ‖ *F:* oder *mit Bleist. gestr.* ‖ **208**,25-26 *von* Und diese *bis* Stufe *Einf.* ‖ **208**,26-31 *von* es gibt *bis* synthetischer *mit zahlreichen Radierungen durchsetzter Passus, dessen ursprünglicher Wortlaut nicht rekonstruierbar ist* ‖ **208**,28 *F:* „Deckung" (in einem erweiterten Sinne) *V. für von* Deckung *bis* Sinn ‖ **208**,31 *F:* Modi von *V. mit Bleist. für* modale ‖ **208**,32-33 *F:* Kategorialien verschiedener Stufe, wie Sachverhalte (Urteilsverhalte), Inbegriffe etc. *V. mit Bleist. für* Sachverhalte, Urteilsverhalte. ‖ **208**,34 *vor* Jeder

Absatzzeichen mit Bleist., wohl von Landgrebe ‖ **208**,35-36 *von* , worunter *bis* darf, *Einf.; F: von* worunter *bis* darf *in Bleistiftkl.* ‖ **208**,36 *F: über* Phantasie *Erg. mit Bleist.* Neutralität ‖ **209**,1 selbst *Einf.* ‖ **209**,2-3 *von* der *bis* muss, ist *Einf.* ‖ **209**,6 „größer als A" *Anführungszeichen vom Hrsg.* ‖ **209**,7 „Identität" *Anführungszeichen vom Hrsg.* ‖ **209**,9 „A ist so und so" *Anführungszeichen vom Hrsg.* ‖ **209**,10 nicht zu übersehen *Einf.* ‖ **209**,12 *nach* selbst ist. *waagerechter Strich* ‖ **209**,13 *vor* Alle *Absatzzeichen mit Bleist., wohl von Landgrebe* ‖ neue *Einf.* ‖ *F:* modale *in Anführungszeichen* ‖ **209**,14 vorgenommen *V. für ausradierten, nicht rekonstruierbaren Text* ‖ **209**,17-18 Formen von *Einf.* ‖ **209**,19-20 nachgebildet denken *V. für ausradierten, nicht rekonstruierbaren Text* ‖ **209**,21 in sie *V. für ausradierten, nicht rekonstruierbaren Text* ‖ **209**,22 wären *Einf.* ‖ zu *Einf.* ‖ **209**,23 wäre *Einf.* ‖ zu *Einf.* ‖ **209**,23-24 *von* Das *bis* übersehen. *Erg. am Rand – eingefügt gemäß E* ‖ **209**,26 nächsten *Einf.* ‖ **206**,33 *über dem Text, der mit* Eine *beginnt, mit Bleist., wohl von* Landgrebe § 28 ‖ **210**,1 *nach* zum *gestr.* denken oder ‖ **210**,2 Funktion *V. für* Funktionen ‖ „Begriffs"bildung *statt* „Begriffsbildung"; *V. gemäß F, dort V. mit Bleist.* ‖ **210**,4 ursprünglichen *Einf.* ‖ **210**,11-13 *von* der tätigen *bis* Deckung *Einf.; Einfügungszeichen im Ms. zweimal mit Bleist. durchstrichen* ‖ **210**,13-14 *F: von* je nachdem *bis* sind. *in eckigen Bleistiftkl.; dazu am Rand ein Fragezeichen* ‖ **210**,13 als *Einf.* ‖ **210**,15 konstituiert sich schon als *V. für* ist eine ‖ **210**,19 allen *Einf.* ‖ **210**,22 *vor* Doch *Absatzzeichen mit Bleist., wohl von Landgrebe* ‖ **210**,23 die eines Relationsurteils *Einf.* ‖ **210**,28 *von* „A bis B" *Anführungszeichen vom Hrsg.* ‖ **210**,31 neuartige *V. für* neue ‖ **210**,33 zum Subjekt *V. für* zum Gegenstand ‖ **210**, Anm. *spätere Anm. = Rb. mit Bleist. in F* ‖ **211**,4-5 *F: von* Geht *bis* vor sich, *Rb. mit Bleist.* zugleich plurales Urteil ‖ **211**,5 *Ms.* von *statt* vor ‖ **211**,8 *F: nach* B sind *Einf. mit Bleist.* dasselbe ‖ **211**,11 , ein Plural *Einf.* ‖ **211**,17-18 *F:* individuell bestimmte *gestr.* ‖ **211**,18-19 *von* Gegenstände *bis* auftreten. *V. für* in einer endlich abgeschlossenen Erfahrung in individueller Bestimmtheit auftretende Gegenstände betreffen. ⟨Gegenstände betreffen. *Lesung unsicher*⟩ ‖ **211**,22 *F:* sowohl einwohnender *als auch* Begriff *in Anführungszeichen mit Bleist.; danach senkrechter Bleistiftstrich* ‖ **211**,28 *F:* in infinitum *in Anführungszeichen mit Bleist.* ‖ *F:* offener Horizont *in Anführungszeichen mit Bleist.* ‖ **211**,30-31 *F:* offene Unendlichkeit *in Anführungszeichen mit Bleist.* ‖ **211**,31 *F: nach* anschaulich *Erg. mit Bleist. über der Zeile* selbstgegeben ‖ **211**,33 *nach* Allgemeinen. *gestr.* Sind nämlich gegebene Dinge als Bäume, als Häuser etc. erfasst, so ...*Text bricht ab* ‖ **211**,33-34 *F:* unendlichen Umfang *in Anführungszeichen mit Bleist.* ‖ **211**,35 *nach* worden. *Absatzzeichen mit Bleist., wohl von Landgrebe* ‖ **211**, Anm. *spätere Hin-*

zufügung = Rb. mit Bleist. in F || **212**,1-13 *von* Zudem *bis* gebunden ist. *im Ms. in eckigen Blaustiftkl.; derselbe Passus in F in eckigen Bleistiftkl. und dazu am Rand die Notiz* im Text eingeklammert || **212**,1-2 *von* der *bis* eine *V., wohl für ausradiertes* einer || **212**,3 *nach* erfassen. *senkrechter Bleistiftstrich* || **212**,4 *F: nach* früher *Einf.* nämlich || **212**,6 anschauliche *V. für* Vergleichung || **212**,6-7 *E:* der Vergleichung *statt und* ⟨die⟩ Vergleichung; *nach* Vergleichung *dann in F mit Bleist. eingefügt und an diese selbst* || **212**,9 *F: eventuell Einf.* || **212**,10-12 *von* – ob *bis* an – *Einf.; Gedankenstr. vom Hrsg.* || **212**,10 *F: nach* individuell *Einf. mit Bleist.* anschaulich und gar richtig || **212**,14-15 können *Einf. mit Bleist.* || **212**,15 wirklich *V. mit Bleist. für* gegebenen || **212**,16-17 uns alsbald auch *Einf. mit Bleist.* || **212**,18-19 *von* als gleiche *bis* können *V. mit Blei- u. Blaust. für* gleiche Einzelheiten fingieren können, und als individuell verschieden fingiert; *dies wiederum V. für* oder vielmehr als individuell verschieden fingierte || **212**,20-21 *F:* Begriffsgegenständen *in Anführungszeichen mit Bleist.* || **212**,21 *F: nach* mir *Einf. mit Bleist.* beliebige || *nach* erfasse ich *mit Blaust. gestr.* an den fingierten || **212**,22 *nach* Dinges *mit Bleist. gestr.* und; *F: nach* Dinges *Einf. mit Bleist.* in gewisser Weise || **212**,23-25 *von* genauer *bis* setze. *Einf.* || **212**,25 *von* im Übergang *bis* Erfahrung *Einf. mit Bleist.* || *F:* der abstrahierenden Aktivität auf dem reinen Phantasiegrund auf diejenige *V. mit Bleist. für* Phantasie || **212**,27-28 *F:* Phantasiegegenständen *V. mit Bleist. für* Möglichkeiten || **212**,28 aktuell *Einf.* || **212**,29 quasi-verwirklicht ist. *V. mit Tinte u. Bleist. für* fingierte Verwirklichungen findet. *danach im Ms. senkrechter Blaustiftstrich u. Absatzzeichen mit Bleist., wohl von Landgrebe* || **212**, Anm. 1 *spätere Anm. = Rb. mit Bleist. in F* || **212**,32 *Ms.* neu reine Möglichkeit *statt* neuer reiner Möglichkeiten || **212**,33-34 *von* ‚Ich *bis* konstruieren' *Anführungszeichen vom Hrsg.* || **212**, Anm. 2 *spätere Anm. = Rb. mit Bleist. in F* || **212**,39 ‚dasselbe Allgemeine' *Anführungszeichen vom Hrsg.* || **213**,1 *F:* Jeder an faktischen Wirklichkeiten konzipierte *V. mit Bleist. für* Der || *F:* in seiner Idealität *in Bleistiftkl.* || *F:* jederzeit als reiner *V. mit Bleist. für* also rein || **213**,2 ein rein ideales Sein *V. für teilweise ausradierten, nicht rekonstruierbaren Text* || **213**,5 *von* das andererseits *bis* sein kann *Einf.* || **213**,6-7 *von* verwirklichter *bis* sein *V. mit Tinte u. Bleist. für* wirkliche Einzelheiten haben || **213**,9 *von* sind *bis* Sein des *V. für teilweise ausradierten, nicht rekonstruierbaren Text* || **213**,11 möglichen *Einf.* || und *V. mit Bleist. für ausradiertes, nicht rekonstruierbares Stenogramm* || **213**,12 *von* und als *bis* Unterlagen *Einf.* || **213**,13 *nach* Allgemeine. *Absatzzeichen mit Bleist., wohl von Landgrebe* || **213**,17 wirkliche *Einf.* || **213**,18 *F: nach* Möglichkeiten *Einf.* , einer möglichen Welt z. B., || *F: nach* eine *Einf. mit Bleist.* real || **213**,19 *F:*

weltlich-möglichen *V. mit Bleist. für* möglichen || *F: nach* ein *Einf.* in der Welt || **213**,20-23 *F: von* Andererseits *bis* fassen. *Randtitel mit Bleist.* Reine und empirische Begriffe || **213**,21-22 als wirkliche Allgemeinheiten *Einf.* || **213**,22 jederzeit *Einf. mit Bleist.* || **213**,30 von als *bis* nämlich *Einf.* || **213**,36 Wirklichkeit *V. für* Wirklichkeit-als-ob || **213**,37 erfahrene *Einf.* || **214**,3 wie empirische *V. für* empirischer || **214**,4 intentionale *Einf. mit Bleist.* || **214**,6 nach aufnehmen. *Absatzzeichen mit Bleist., wohl von Landgrebe* || **214**,7-23 *von* Sind *bis* erwarten sind. *im Ms. in eckigen Rotstiftkl.* || **214**,9 *F: über* Analyse *Erg. mit Bleist.* Explikation || **214**,11-12 *von* das *bis* Gegenständen *V. für* in dem ein Gegenstand mit anderen Gegenständen Vergleichung teilt, || **214**,13 ein Begriff, der *V. für* das || **214**,14-16 *F: von* so erschöpft *bis* wir bei *am Rand mit Bleist. angestrichen* || **214**,15 *Ms.* kein *statt* ein; *V. gemäß* E || **214**,23 nach erwarten sind. *am Rand waagerechter Rotstiftstrich* || **214**,24 Zum Beispiel: *Einf. mit Bleist.; vor* Zum Beispiel *Absatzzeichen mit Bleist., wohl von Landgrebe* || **214**,27 in der Regel *Einf. mit Bleist.* || auftreten *V. mit Bleist. für ausradiertes, nicht rekonstruierbares Stenogramm* || **214**,28-29 in regelmäßiger Koexistenz *Einf. mit Bleist.* || **214**,31 präsumtive *Einf. mit Bleist.* || **214**,33 welchem *V. mit Bleist. für ausradiertes, nicht rekonstruierbares Stenogramm* || **214**,34 *Ms.* gehören *statt* gehört || **214**,35 der beständigen empirischen Gewissheit *V. mit Bleist. für* dass in empirischer Gewissheit anzunehmen sei || **215**,1 empirischen *Einf.* || **215**,7 *vor* Aber *Absatzzeichen mit Bleist., wohl von Landgrebe, und am Rand ein Schrägstrich mit Bleist.* || **215**,7-8 Setzungen immanenten wie *V. für* teilweise ausradierten, nicht rekonstruierbaren Text || **215**,8-9 der zu bildenden *V. für* von || **215**,17 *F: nach* Möglichkeiten *Einf. mit Bleist.* , entsprungen aus || **215**,21-29 *von* Wir finden *bis* fingierte Wirklichkeit. *Erg. am Rand, Situierung wohl von Landgrebe* || **215**,32 über dem Absatz, der mit Allgemeinheiten, beginnt, *mit Bleist., wohl von Landgrebe* § 29 || **215**,35 *von* „Helligkeit" *bis* „Farben" *alle Anführungszeichen vom Hrsg.* || **216**,1 Ferner *Einf. mit Blaust.* || **216**,2 volle *Einf. mit Blaust.* || **216**,2-3 das ist das Allgemeine *Einf.* || **216**,3-7 *von* Dem *bis* anderen bedarf *Einf.* || **216**,4 konkrete *Einf. mit Bleist.* || **216**,5 Individuelle *Einf. mit Bleist.* || **216**,9 selbständig erfahrbarem *Einf. mit Bleist.* || **216**,10 *F:* wiederholt *in Anführungszeichen, darüber die Erg.* vervielfältigt || **216**,10-12 *F: von* ein zweiter *bis* Individuum. *Erg. mit Bleist. am Rand, wohl als V. für* ein zweiter gedacht || **216**,11-12 *von* Jedes *bis* konkretes Individuum. *Einf.* || **216**,15 *vor* Was *Absatzzeichen mit Bleist., wohl von Landgrebe* || *nach* Allgemeinheiten, *Ms.* gegenüber; *danach mit Bleist. gestr. der* Konkreten; *dabei* gegenüber *versehentlich nicht mitgestr.* || **216**,21 *nach* kommen. *waagerechter Bleistiftstrich* || **216**,22 *vor* Wir *Absatzzeichen mit*

Bleist., wohl von Landgrebe; Wir haben dann *Einf. mit Bleist.* ‖ **216**,23-29 *von* So *bis* zurückweist. *V. für ausradierten, nicht rekonstruierbaren Text* ‖ **216**,25 Vergleichung *von V. für* seinen ‖ **216**,27 *F:* konkreten *gestr.* ‖ **216**,30 *vor* Ein *Absatzzeichen mit Bleist., wohl von Landgrebe* ‖ **216**, Anm. *Fußnote = Rb. mit Bleist.* ‖ **217**,3-4 *F: von* Gegenständlichkeiten, *bis* nannten. So *am Rand mit Bleist. angestrichen* ‖ **217**,4-8 *von* So *bis* herausstellen. *Einf.* ‖ **217**,5 gewinnen, deren *V. für ausradiertes, nicht rekonstruierbares Stenogramm* ‖ **217**,8 also eigenartige *V. für* entsprechende ‖ *F: nach* Sachverhalte *Einf.* , Relationsverhalte ‖ **217**,19 in aktiver Erzeugung *Einf.* ‖ **217**,28 der *V. für* ein ‖ **217**,31-32 *von* als *bis* also Gegenstände *Einf.* ‖ **217**,33 *F: nach* überhaupt *Einf. mit Bleist.* aktiv ‖ **217**,36 *F:* rein *mit Bleist. gestr.* ‖ **217**,36-**218**,5 *von* und dabei *bis* Prädikaten. *V. für* Begriffe wie Rot, Rund, Laut usw. ‖ **218**,6 *vor* Vergleichen *Absatzzeichen mit Bleist., wohl von Landgrebe* ‖ *F: nach* aber *Einf. mit Bleist.* anstatt schlichte Erfahrungsgegenstände ‖ **218**,7 *vor* erstens *Absatzzeichen mit Bleist., wohl von Landgrebe;* erstens solche *V. für* neben solchen ‖ **218**,7-8 *von* zu den *bis* herausgelösten *V. für teilweise ausradierten, nicht rekonstruierbaren Text* ‖ **218**,9 *vor* zweitens *Absatzzeichen mit Bleist., wohl von Landgrebe;* zweitens *Einf.; F: von* zweitens *bis* Aussage drücken *Randtitel mit Bleist.* Kategoriale Begriffe ‖ **218**,10 *F: nach* Synthesis *Einf. mit Bleist.* bzw. die ‖ **218**,12 *von* „Rot *bis* Blau" *Anführungszeichen vom Hrsg.* ‖ **218**,15 *Ms.* haben wir den Ausdruck *von* reinen *statt* reine ‖ *nach* Formen. *senkrechter Bleistiftstrich* ‖ **218**,16 Einheit, Vielheit, Menge *Einf.* ‖ **218**,18-20 *F: von* und *bis* müssen *in eckigen Bleistiftkl.;* und *mit Bleist. gestr.* ‖ **218**,19 *F: nach* Sachverhaltsformen *Einf. mit Bleist.* besondern ‖ *F: über der nach* sprachlich *mit Bleist.* in den, *wohl als V. gedacht; der* vergessen zu streichen ‖ **218**,19-20 *F:* ausdrücken *ursprünglich mit Bleist. in* entspringen *verändert, V. jedoch dann wieder rückgängig gemacht* ‖ **218**,20 *F:* und ausdrücken müssen *mit Bleist. gestr.* ‖ **218**,21 *F: nach* Formbegriffe *erneut schließende eckige Bleistiftkl.* ‖ *F:* Urteilen *V. für* Sätzen ‖ **218**,25 schlicht *Einf.* ‖ *nach* bzw. *Ms.* etwa ‖ **218**,30-**219**,2 *von* Kategoriale *bis* verwenden. *Einf.* ‖ **218**,32 *F: nach* Erzeugnisse der *Einf. mit Bleist.* doxischen ‖ **218**,32-33 *F: von* Sie *bis* Formen, *in eckigen Bleistiftkl., dazu am Rand ein ausradiertes Fragezeichen; darunter, ebenfalls ausradiert, die Rb., wohl zum Folgesatz* Deckt sich kategorial und modal in dem Sinne dieser Vorlesungen? Bezieht sich modal auf die Ichaktivität? ‖ **218**, Anm. *spätere Anm. = Rb. mit Bleist. in F* ‖ **219**,1 *F:* „kategorial" *statt des Ausdrucks* „modal" *V. mit Bleist. für von statt bis* Gegenständlichkeiten, *Anführungszeichen vom Hrsg.* ‖ **219**,2 „modale Gegenständlichkeiten" *Anführungszeichen vom Hrsg.* ‖ **219**,3 *F: von* dass *bis* kategoriale *Einf mit*

Bleist. , in einem erweiterten Sinn, ‖ **219**,5 *F: über* Tätigkeiten *Erg. mit Bleist.* spontanen Akten ‖ **219**,7 *nach usw. am Rand waagerechter Bleistiftstrich, darunter mit Bleist., wohl von Landgrebe § 30* ‖ **219**,9 *F: nach von Einf. mit Bleist.* (im engeren Sinne) ‖ **219**,14 analoger Art *Einf.* ‖ **219**,17 Urteilsverhältnis *V. für* Verhältnis ‖ **219**,19 „Dies ist rot" *Anführungszeichen vom Hrsg.* ‖ **219**,25 *von* zeigen *bis* Stils an *V. für* drücken sich neue kategoriale Gebilde aus ‖ *F: nach* Gebilde *Einf. mit Bleist.* , näher Urteilsgebilde, ‖ **219**,26 *F:* welche *V. mit Bleist. für* die ‖ **219**,29 *F: nach* spontanen Leistungen, *Einf. mit Bleist.* der Doxa, der Erkenntnis ‖ **219**,30 dem Erkenntniswert *V. mit Bleist. für* dem Wert ‖ **219**,32 *Ms.* seinen *statt* ihren ‖ **220**,3 *nach* Tätigkeiten, *Absatzzeichen mit Bleist., wohl von Landgrebe, und ein waagerechter Bleistiftstrich, der den ganzen Absatz vom folgenden abtrennt; darunter am Rand mit Bleist., wohl von Landgrebe § 31 a)* ‖ *über vor allem Titel mit Bleist. von Landgrebe* Wirklichkeitsurteile*; diese Notiz Landgrebes steht im Zusammenhang mit der an späterer Stelle (in der vorliegenden Ausgabe mit S. 224,4) beginnenden Umstellung des Textes (vgl. dazu die Erläuterungen zum Typoskriptkonvolut M I 2 I in den allgemeinen textkritischen Anmerkungen, S. 505 ff. sowie die dort abgedruckte Tabelle); E: Da fällt vor allem das Urteil der Form „irgendein A" auf, das statt von* Vor allem *bis* dadurch*; F: nach* das Urteil *Einf. mit Bleist.* mit ‖ **220**,4 Mit *und* ⟨die⟩ dadurch *beginnt im Ms. der gültige Text eines neues Bl.; davor befindet sich der gestr. ursprüngliche Textanfang dieses Bl., der den Text eines inzwischen ausgeschiedenen Bl. fortsetzt, wie sich aus der Paginierung Husserls 129-130 ergibt (vgl. dazu oben die allgemeinen textkritischen Hinweise, S. 510) Der Text lautet* Eine solche Funktion freier Ichtätigkeit, wie alle freie ⟨*Ms.* allen freien *statt* alle freie⟩ Akte kategorial gestaltend ist diejenige, welche das „irgendein A" ⟨„irgendein A" *Anführungszeichen vom Hrsg.*⟩ liefert. ‖ dadurch *V. mit Bleist. für* dann ‖ **220**,5 Urteilen *V. mit Bleist. für* Urteil ‖ **220**,6-7 *F:* Allgemeinheiten, von „allgemeinen Urteilen", „allgemeinen Sachverhalten" *V. mit Bleist. für* von Sachverhalten oder *bis* Denkverhalten ‖ **220**,6-8 *von* oder vielmehr *bis* begründet. *V. mit Bleist. für* in entsprechenden synthetischen Formen begründet. ‖ **220**,11 „eine Rose" *Anführungszeichen mit Bleist.* ‖ **220**,12-15 *von* Ich *bis* Einstellung. *im Ms. in eckigen Blau- u. Bleistiftkl.* ‖ **220**,13 *F:* irgendeines ihm zugehörigen *V. mit Bleist. für* des ‖ **220**,15 *F:* Leistung *V. mit Bleist. für* Einstellung ‖ **220**,16 Kontrastieren wir: *Einf. mit Bleist.; vor* Kontrastieren *Absatzzeichen mit Bleist., wohl von Landgrebe* ‖ *vor* Jedes *senkrechter Blaustiftstr.* ‖ **220**,17 *F: nach* sagt *Einf. mit Bleist.* a) ‖ (mich affizierend) *Kl. mit Bleist.;* ‖ **220**,17-18 *F: von* affizierend) *bis* kennen zu lernen *Randtitel mit Bleist.* Interesse der Explikation ‖ **220**,20 prädikativ

Einf. mit Bleist.; F: prädikativ *mit Bleist. gestr.* ‖ **220**,21 *F: nach* ein. *Einf. mit Bleist.* b) ‖ **220**,23 *F: über* Gleichheit *ausradiertes, nicht rekonstruierbares Stenogramm* ‖ **220**,23-26 *F: von* kann das *bis* eine Form *am Rand mit Bleist. angestrichen* ‖ **220**,23 *F: über* Gleichgeltung *ausradierte Erg. mit Bleist.* Gleichgültigkeit ‖ **220**,25 *nach* werden *Ms.* können ‖ **220**,27-28 *von* (und *bis* Gleichgültigen) *Kl. mit Bleist.* ‖ **220**,31 *Mit* gleichgültig *endet der Text auf der Vorderseite des Bl., dessen Rückseite von der Hälfte eines amtlichen Schreibens vom 14.11.22 gebildet wird. Sie ist sonst unbeschrieben.* ‖ **220**,32 mit der *V. für* durch die*; durch versehentlich nicht gestr.* ‖ „ein A" *Anführungszeichen vom Hrsg.* ‖ **220**,32-36 *von* Dieses *bis* Betracht" *im Ms. in eckigen Blaustiftkl.; danach ausradiertes Absatzzeichen mit Bleist., wohl von Landgrebe* ‖ **220**,35 *F: nach* Einstellung *Einf. mit Bleist.* bzw. ‖ *F: nach* in der *Einf. mit Bleist.* leistenden ‖ **220**,36 *F: nach* Betracht". *Einf. mit Bleist.* Es ist eben „gleichgültig". ‖ **220**,37 eben dieser *V. für* gleicher ‖ **221**,1 anderes *vor* A und *Einf.* ‖ **221**,2 , ebenso die unbestimmte Vielheit, *Einf. mit Bleist.* ‖ **221**,3 die primitiven *V. mit Bleist. für* primitive ‖ **221**,4-6 *von* Das *bis* durchtränkt. *Einf. mit Bleist.* ‖ **221**,4 *Ms.* „irgendein" A *statt* „irgendein A" ‖ **221**,6 *F: nach* durchtränkt. *Anm. mit Bleist.* Beilage I, II; *gemeint sind damit zwei an dieser Stelle im Ts. des Konvoluts M I 2 I liegende, beidseitig stenographierte Bl., die Husserl also im Zusammenhang mit der Durchsicht von Landgrebes Bearbeitung dem Text als Beilage hinzugefügt hat. Der Text findet sich in der vorliegenden Ausgabe als Beilage XXII, S. 436 ff.* ‖ **221**,7 *vor* Sehen *Absatzzeichen mit Bleist., wohl von Landgrebe* ‖ diese *V. mit Bleist. für* die ‖ *nach* des *mit Bleist. gestr.* irgendein; *danach im Ms. noch einmal* des ‖ „ein A überhaupt" *Anführungszeichen gemäß E* ‖ **221**,8 *von* den *bis* einprägt *V. mit Bleist. für teilweise ausradierten, nicht rekonstruierbaren Text* ‖ *F:* neue Gestalt gibt *V. für* sich einprägt ‖ **221**,8-9 *F: vor* Überhaupt-Verhalte *am Rand Schrägstrich mit Bleist.* ‖ **221**,11 *nach* kann ich *mit Bleist. gestr.* wieder ‖ in *nach* Rose *Einf.* ‖ **221**,17 *F:* eine in *Anführungszeichen mit Bleist* ‖ **221**,19-21 in derselben Einstellung *Einf.* ‖ **221**,21 in *Einf.* ‖ *nach* gelb. *am Rand waagerechter Blaustiftstrich* ‖ **221**,21-24 *von* Einige, *bis* Wiederholt-ein-A-Findens. *Erg. am Rand, die, wohl von Landgrebe, durch einen Bleistiftpfeil dieser Stelle zugeordnet ist* ‖ **221**,21 *F:* in der Regel *mit Blaust. gestr.* ‖ *F:* Typus *in Anführungszeichen mit Bleist.* ‖ **221**,24 *F: nach* des *ausradierte Einf. mit Bleist.* offenen ‖ *F: nach* „Mehrere" *Erg. mit Bleist., wohl als V. für folgendes* des *wiederholt* gedacht, der Typus, des ⟨*Ms. der statt* des⟩ in unbestimmter Wiederholung ‖ *F:* Wiederholt-ein-A-und-wieder-ein-A-Findens *V. mit Bleist. für* Wiederholt-ein-A-Findens ‖ **221**,25 *vor* Das *Absatzzeichen mit Bleist., wohl von*

Landgrebe ‖ **221**,26 *F: endloser V. mit Bleist. für unendlicher* ‖ **221**,27 *im Sinne solcher Urteile V. für in solchen Urteilen* ‖ **221**,28-29 *von ein bis Inexistenzialurteil V. mit Bleist. für jedes kann als Inexistenzialurteil ausgesprochen werden* ‖ **221**,28 *F: vor sind Inexistenzialurteile: Randtitel mit Bleist. Inexistenzialurteile* ‖ **221**,30 , *sind vorhanden, Einf. mit Bleist.* ‖ **221**,30 *Mit Rosen. endet der Text der Vorderseite des Bl.; auf der Rückseite befindet sich die zweite Hälfte des offiziellen Schreibens, das auf der Rückseite des im Konvolut vorhergehenden Bl. beginnt. Husserl hat diesmal eine frei gebliebene Fläche des Schreibens benutzt. Der dort befindliche mit Blaust. gestr. Text lautet* Ob das ein äquivalenter oder identischer Sinn ist, das kann hier nicht näher erörtert werden. Allgemein: ⟨Allgemein: *Einf. mit Blaust.*⟩ Partikuläre Urteile sind dadurch charakterisiert, dass sie entweder eine oder auch mehrere „Termini der Partikularität", d. i. solche Stellen des Überhaupt haben, und zu jeder gehört eine in eigentümlichen Sinn unbestimmte Setzung einer Einzelheit von beschlossenen ⟨beschlossenen *Einf.; Ms.* beschlossener *statt* beschlossenen⟩ Allgemeinheiten. Es ist dabei gleich zu sagen, ⟨zu sagen *V. für* beizufügen⟩ dass dieses selbe Überhaupt nicht bloß in „kategorischen Urteilen", sondern auch in ⟨*von* nicht bloß *bis* auch in *V. für* auch in; auch in *wohl versehentlich nicht gestr.*⟩ allen anderen Urteilsformen auftreten kann, so in Möglichkeitsurteilen, Wahrscheinlichkeitsurteilen, in hypothetischen Vordersätzen und hypothetischen Nachsätzen usw. Zum Beispiel: Eine Rose in diesem Garten könnte gelb sein im Sinne einer realen Möglichkeit. ⟨*nach* Möglichkeit *gestr.* oder auch einer pure Phantasiemöglichkeit⟩

Versetzen ⟨*vor* Versetzen *zwei waagerechte Blaustiftstriche*⟩ wir uns ganz und gar ⟨ganz und gar *Einf.*⟩ in die Phantasie und in Phantasieurteile und fällen wir dann Urteile über reine oder apriorische Möglichkeiten, so gewinnen wir apriorische Urteile der Partikularität wie: Einige Polyeder sind regelmäßig. Aber alle solche Urteile als Urteile auf dem Boden reiner Möglichkeiten drücken partikuläre, aber reine Möglichkeiten aus. Die Polyeder sind hier *a priori* mögliche Polyeder, und die Sachverhalte selbst nach allen ihren Prädikaten sind Möglichkeiten. ‖ **221**,31 *vor* Wir *Absatzzeichen mit Bleist., wohl von Landgrebe* ‖ *F:* bisher *mit Bleist. gestr.* ‖ **221**,32 *F: nach* die *Einf.* allereinfachsten sind die, die ‖ „irgendein A überhaupt" *Anführungszeichen vom Hrsg.* ‖ **222**,1 „irgendein B überhaupt" *Anführungszeichen vom Hrsg.* ‖ **222**,2 einer *Einf. mit Bleist.* ‖ **222**,4 *vor* Jeder *senkrechter Lilastiftstrich; von* Jeder *bis etc. im Ms. in eckigen Blaustiftkl. u. durch waagerechte Blaustiftstriche vom übrigen Text abgetrennt* ‖ *F: nach* plurale *Einf. mit Bleist.* oder anzahlmäßige ‖ **222**,4-5 , explizit oder implizit, *Erg. mit Bleist. am Rand; Situierung ge-*

mäß E; *F:* explizit oder implizit *in eckige Bleistiftkl.* ‖ **222**,5-6 *von* und *bis* Vielheit *im Ms. in eckige Lilastiftkl.* ‖ **222**,7 *F:* bergen in sich *V. mit Bleist. für* sind ‖ **222**,11 *F: vor* irgendein Apfel *Erg. mit Bleist. am Rand* Vergleiche das z. B.: ‖ **222**,23 *von* „irgendein *bis* A" *Anführungszeichen vom Hrsg.* ‖ **222**,14 *F:* . Diese Vergleichung und Begriffsbildung erfordert den *V. mit Bleist für* d. i. der ‖ **222**,14-16 *von* Ebenso *bis* Anzahlen *Einf.* ‖ **222**,16 *Ms.* guten *statt* gutem ‖ **222**,20 *vor* Eine *Absatzzeichen mit Bleist., wohl von Landgrebe* ‖ **222**,20-21 *von* Eine *bis* auftreten, *V. mit Lilast. für* Die Mehrheit partikulärer Termini braucht nicht in solchen pluralen Komplexen vereint sein, ‖ **222**,21 *F:* oder gar *V. mit Bleist. für* z. B. ‖ *F:* Anzahlenbegriffe *V. mit Bleist. für* Anzahlen ‖ **222**,22 *F: nach* Partikularitäten *Einf. mit Bleist.* , Anzahlen oder mehrheitlich vereinte, ‖ **222**,23 *von* Dabei *bis* beachten *V. mit Bleist. für* Ferner ‖ **222**,24 *F:* Partikularitäten *V. mit Bleist. für* Sie ‖ **222**,24-25 *F:* Urteils- und Erkenntnisformen *V. mit Bleist. für* Sachverhaltsformen, in den Kategorien ‖ **222**,26 *nach* Gesamtbildung *mit Blaust. gestr. von* Sachverhalten ‖ **222**,28-31 *von* Und eben *bis* auftreten. *Erg. mit Bleist. am Rand, Situierung wohl von Landgrebe* ‖ **222**,31 *vor* Dabei *im Ms. senkrechter Blaustiftstrich* ‖ zu beachten, dass schon *V. mit Bleist. für* zunächst zu beachten, dass ‖ **222**,31-32 „Irgendein A ist B" *u.* „irgendein A" *alle Anführungszeichen vom Hrsg.* ‖ **222**,35-**223**,1 *Ms.* bestimmtem *statt* bestimmten ‖ **222**, Anm. *Fußnote = Rb. mit Bleist.* ‖ **223**,2-7 *F: von* Vielmehr *bis* A denkt. *am Rand mit Bleist. angestrichen* ‖ **223**,6 *F: nach* in *Einf.* partikulär ‖ **223**,7 setzend ein Subjekt überhaupt *Einf. mit Tinte u. Bleist.* ‖ und als ein A *V. für teilweise ausradierten, teilweise gestr., nicht rekonstruierbaren Text* ‖ **223**,8-9 *von* , also *bis* Geurteilten *Einf.* ‖ **223**,9-10 unbestimmt *V. für ausradierten, nicht rekonstruierbaren Text; F:* unbestimmt *mit Bleist. gestr.* ‖ **223**,10 *F:* einen *in Anführungszeichen mit Bleist.* ‖ **223**,12 *vor* Die *Absatzzeichen mit Bleist., wohl von Landgrebe; von* Die *bis* denkmöglich. *Im Ms. in eckigen Rotstiftkl., öffnende Kl. auch mit Blaust.* ‖ **223**,13 individuell bestimmten *V. für ausradiertes, nicht rekonstruierbares Stenogramm* ‖ *F: nach* bestimmten *Einf. mit Bleist.* und ursprünglich konstituierten ‖ **223**,14 *von* , nämlich *bis* Termini *V. für mit Tinte u. Blaust. gestr.* , nämlich an ihren individuell bestimmten Subjekten *dies wiederum V. für mit Tinte u. Blaust. gestr.* und dann überhaupt ⟨überhaupt *Einf.*⟩ an jederlei Sachverhalten; *F:* wobei aus ihren bestimmten Terminis Termini der Partikularisierung werden, was dann von allen Verknüpfungen von Sachverhalten gilt *V. mit Bleist. für von* nämlich *bis* Sachverhalten ‖ **223**,18 *nach* Sachverhalten *gestr.* (Urteilsverhalten) ‖ **223**,20 *F: nach* partikuläre *Einf. mit Bleist.* Urteils- oder ‖ **223**, Anm. 1 spätere *Anm. = Einf. mit Bleist. nach* ist. *in F* ‖ **223**, Anm. 2

spätere Anm. = Rb. mit Bleist. in F || **224**,2-4 *F: von* Auch *bis* denkmöglich. *mit Bleist. gestr.; dazu die Rb. mit Bleist vgl. 291 und der Zusatz zum Text mit Bleist. Wie es mit den apriorischen Denkmöglichkeiten steht, werden wir im § 32 begründen (291). Diese Bemerkungen Husserls innerhalb des Ts. beziehen sich auf den in der vorliegenden Edition (S. 224 – S. 225) anschließenden Text, der aber im Ts. M I 2 I von Landgrebe umgestellt wurde (vgl. dazu die Tabelle S. 507).* || **224**,3 *F:* , die aus Phantasieumgestaltung faktisch erfahrene Wirklichkeit entspringt *V. – wohl vor der in der vorigen Anm. angezeigten Streichung – für* der Phantasie || **224**,4 *nach* denkmögl. *Abschlusszeichen mit Blaust. u. am Rand ein waagerechter Bleistiftstrich; darunter mit Bleist., wohl von Landgrebe* § 32 a)*; dazu mit Bleist.* erst bei 291. *Damit bezieht Husserl sich auf die Originalpaginierung des Ts. Beide Rb. machen deutlich, dass der folgende Passus von* Versetzen *bis* Existenzen *usw. (S. 224,3 – S. 225,30) im Ts. von M I 2 I umgestellt wurde, und zwar nach dem Passus von* Bahnen *bis* Terminus hat. *(S. 225,33 – S. 229,26; vgl. auch die textkritische Anm. zu 225,30 sowie die Tabelle auf S. 507). Sie machen zudem deutlich, dass Husserl auch nach Kenntnis des Ts. und der darin erfolgten Umstellungen erneut sein Ms. durchgegangen ist.* || **224**,6-7 *von* bedeutet *bis* Operation *V. mit Bleist. u. Blaust. für* im Grunde eine eigene Operation bedeutet || **224**,7 *von* , wie *bis* haben, *Einf. mit Bleist.* || **224**,8 „Ich tue" *Anführungszeichen vom Hrsg.* || **224**,9-13 *von* Wir *bis* zuwachsen. *im Ms. in eckigen Blaustiftkl.* || **224**,11 *Ms.* hergibt *statt* hergeben || **224**,16-17 *von* und *bis* gewänne *im Ms. in eckigen Blaustiftkl.* || **224**,17 *F: über* Einstellung *Erg. mit Bleist.* und || **224**,21 *F:* ein *in Anführungszeichen mit Bleist.* || *F:* reine *V. mit Bleist. für* eine || **224**,23 *F: nach* für *Einf. mit Bleist.* eine Möglichkeit als || *im Sinne reiner V. für* reine; *F:* auf dem Untergrund *V. mit Bleist. für* im Sinne || **224**,24 also: *Einf. mit Blaust.* || **224**,26 *vor* Es *Absatzzeichen mit Bleist., wohl von Landgrebe* || *F: nach* hier *Einf. mit Bleist.* Modifikationen von || **224**,27 *F: nach* Urteile des *Einf. mit Bleist.* modifizierten || *F: nach* gibt" *Einf. mit Bleist.* eben || **224**,28-29 *von* Es ist *bis* umspannt. *im Ms. in eckigen Blaustiftkl.* || **224**,29 erdenklichen *Einf.* || **224**,30 *F: nach* das *Einf. mit Bleist.* schlichte || „Es gibt" *Anführungszeichen gemäß E* || **224**, Anm. *spätere Hinzufügung = wohl nach* Einstellung *einzufügende Erg. am Rand mit Bleist in F* || **225**,2 *F: nach* von *Einf. mit Bleist.* z. B. || *F: nach* fünf *Einf. mit Bleist.* oder || **225**,3 *F: nach* Zahlen von *Einf. mit Bleist.* kongruenten || **225**,3-13 *von* Der wahre *bis* Mathematischem. *Einf.* || **225**,3 *nach* ist *im Ms. noch einmal* ist || **225**,4-5 *von* „Es ist *bis* gibt" *Anführungszeichen vom Hrsg.* || **225**,5 *nach* gibt". *senkrechter Blaustiftstrich* || Allerdings sind das selbst *V. für ausradierten, nicht rekonstruierbaren Text* || **225**,6

Mit nämlich *endete ursprünglich der Text der Einf. Die Fortsetzung war wohl zunächst in veränderter Gestalt eine Einf.* nach *partikulären Vorkommnissen* ‖ **225**,6-9 *von* sie sprechen *bis* So überall. *V. für mehrfach ausradierten, nicht rekonstruierbaren Text* ‖ **225**,8 *von* schlechthin *bis* gibt *V. für ausradierten, nicht rekonstruierbaren Text* ‖ **225**,12 *F: aber gestr.* ‖ **225**,14 *vor* Wir *Absatzzeichen mit Bleist., wohl von Landgrebe; von* Wir *bis* Existenzen usw. *im Ms. in eckigen Rotstiftkl.* ‖ *auch korrekt Einf.* ‖ **225**,15 *nach* von *gestr.* solchen Gestalten oder vielmehr von ‖ *nach* partikulären *mit Blaust. gestr.* begrifflichen ‖ **225**,16 *vor* Doch *ausradierte eckige Rotstiftkl.* ‖ **225**,17 *F: nach* Möglichkeit ist *Einf. mit Bleist.* ihrem eigenen Sinn nach intentionale Modifikation, sie ist ‖ *F: nach* Möglichkeit-von, *Einf. mit Bleist.* sie verweist intentional auf Wirklichkeit, wir sagen dafür auch, sie ist, ‖ **225**,23-24 *von* Sätze, *bis* Möglichkeiten *V. für ausradierten, nicht rekonstruierbaren Text* ‖ **225**,24 *F: nach* sind, *Einf. mit Bleist.* gegeben als ‖ **225**,28 *F: nach* Partikularurteile *Einf. mit Bleist.* , aber über; über *dadurch versehentlich doppelt* ‖ **225**,29 Vorstellungen *V. für ausradiertes, nicht rekonstruierbares Stenogramm* ‖ **225**,30 *nach* usw. *Abschlusszeichen mit Blaust. Das Abschlusszeichen korrespondiert möglicherweise dem obigen nach* denkmöglich *(vgl. die textkritische Anm. zu 224,4). Zwischen beiden Zeichen steht der erwähnte im Ts. umgestellte Text. Hier endet damit die Seite. Der Text der folgenden Seite beginnt erneut mit einem Abschlusszeichen mit Blaust., wohl um den Beginn des Textes zu kennzeichnen, der nun, unter Auslassung des Umgestellten an das erste Abschlusszeichen anschließt (vgl. zu den Umstellungen Landgrebes die Tabelle, S. 507).* ‖ **225**,33 *vor* Bahnen *Abschlusszeichen mit Blaust. (vgl. die vorige textkritische Anm.); am Rand mit Bleist.* § 31. b)*, wohl von Landgrebe; darunter mit Blaust. der Randtitel* Universelle Urteile ‖ **225**,35 *F:* universeller Urteilsverhalte *in Anführungszeichen mit Bleist.* ‖ **226**,5 *F:* b *V. mit Bleist. für* B ‖ **226**,7 *F:* b *V. mit Bleist. für* B ‖ **226**,11 *F:* möglichen *nach von in Anführungszeichen mit Bleist.; nach* möglichen *ausradierte Einf. mit Bleist.* nämlich vermutlich ‖ *E:* realen Möglichkeiten *statt* real möglichen; *F:* „eventuellen" Vorkommnissen *V. mit Bleist. für* realen Möglichkeiten ‖ **226**,13 *F: nach* Sphäre. *folgte ursprünglich eine längere Erg. Husserls m. Bleist., die jedoch später ausradiert wurde und nicht mehr rekonstruierbar ist* ‖ **226**,14 *F:* freitätig ansetzend ein präsumtives A vor Augen, und zunächst in der Form der Partikularität als *V. mit Bleist. für* von erzeugend *bis* Partikularität ‖ **226**,16 *F:* bloßen partikulären Form *V. mit Bleist. für* bloß partikulären Einstellung ‖ **226**,17 *F:* Angesetzte, fassen wir umformend als „irgendeines, welches auch immer", also zwar irgendeines, aber mit dem neugestalteten Sinn: „beliebig welches", ⟨"beliebig welches" *Anführungszeichen vom Hrsg.*⟩ und zwar aus dieser offenen Sphäre, die wir vorgreifend als eine offene Kette ⟨eine offene Kette *V. durch ausradieren der ursprünglichen V. mit Bleist.* einen offenen Horizont⟩ eventuell noch vorkommender A bewusst haben. *V. mit Bleist. für von* vorgreifend Angesetzte *bis* vorstellen. ‖ **226**,21 *F: nach* Irgendeins *ausradierte Einf. mit Bleist.* und dabei im Überhaupt-Urteil ‖ **226**,21-22 *F:* liegt in seiner Universalität zugleich eine Pflicht des B-Seins *V. mit Bleist. für von* haftet ihm *bis* an.*; dazu am Rand eine ausradierte, nicht rekonstruierbare ursprüngliche Einf.* ‖ **226**,23 *F:* , ist überhaupt *V. mit Bleist. für* als solches notwendig ‖ **226**,24 *vor* Sie *Absatzzeichen mit Bleist., wohl von Landgrebe* ‖ **226**,25-26 *von* (und *bis* gemachten) *Kl. mit Bleist.* ‖ **226**,25 *F: nach* vorgreifend *Einf. mit Bleist.* in der Form des „Usw." ‖ **226**,26 *F:* Horizonts *V. mit Bleist. für* Kette ‖ eventuell *Einf.* ‖ **226**,27 „irgendeins" *Anführungszeichen mit Bleist.* ‖ **226**,28 *F:* als irgendein gefasste A *V. mit Bleist. für* zwar irgendein A ‖ **226**,29 *F:* dieses Horizonts *V. für* der Kette ‖ **226**,30 *F:* exemplarischer *V. mit Bleist. für* gleichsam ‖ **226**,31 *nach* überhaupt *im Ms. senkrechter Rotstiftstrich; F:* überhaupt *in eckigen Bleistiftkl.* ‖ **226**,32-**227**,3 *von* , und zwar *bis* es auch B. *V. für mit Bleist. u. Blaust. gestr.* und eine neue Einstellung für ein Denken in dieser Form und entsprechend sich erzeugende Urteilsgestalten. – *F:* Sie ermöglicht ein völlig neuartiges Urteilen, eine neue Modifikation des ursprünglich kategorialen Urteilens, das Urteilen im Überhaupt. Welches A immer ich herausgreife, es ist B. Korrelativ entspringen hier neuartige Urteile (Sätze), die ⟨*nach* die *in F noch einmal* die⟩ *V. mit Bleist. für* Sie ist zugehörig zu einer völlig neuen Sinnesform von Sachverhalten, ⟨Sachverhalten *in F in eckigen Kl.*⟩ (dann überhaupt von Urteilen), von Sätzen *dies wiederum ist V. für von* und zwar *bis* Sätzen, Sätzen ‖ **226**,35 *Ms.* zurückweist *statt* zurückweisen ‖ **226**,37 *F: nach* das *Einf. mit Bleist.* , um den Fall eines primitiven kat⟨egorialen⟩ Urteils zu nehmen, ‖ **226**,38 begrifflich *Einf.* ‖ **227**,1 *F:* des Überhaupt-so-Seins *V. mit Bleist. für* der Überhaupt-Geltung ‖ **227**,3 *F: nach* gegeben *Einf. mit Bleist.* und ‖ *F:* ist *nach* überhaupt *im Ts. mit Bleist. gestr. Der ursprünglich statt dessen einzufügende Text wurde jedoch später ausradiert und ist nicht rekonstruierbar.* ‖ **227**,5 universellen *Einf.* ‖ **227**,6 Überhaupt-so-Sein *V. für* überhaupt ‖ **227**,8 *F:* ursprüngliche, das in der Weise der Evidenz verlaufende Denken konstituiert als Leistung schafft *wohl V. mit Bleist. für* universelle Überhaupt hat*; dabei ist* universelle *nicht gestr. und die Streichung von* Überhaupt *ist wieder ausradiert worden* ‖ **227**,9 *F:* Überhaupt-Urteilen, und in allen Gewissheitsmodalitäten, *V. mit Bleist. für* Überhaupt-Denken ‖ **227**,9-10 *von* . Es *bis* Universalität *Einf.* ‖

227,11 *nach* Gedachten *gestr.* oder ursprünglich Gebildeten ‖ **227**,16-17 *F:* . Natürlich tritt das Beispiel als unselbständiges Stück im entsprechenden Urteil der Exemplifizierung auf, das als eine eigene Urteilsform aufgestellt werden muss. *V. mit Bleist. für von* , *und das bis* Urteil. ‖ **227**,17 *nach* Urteil. *gestr.* Es ist die Form *dann bricht der Text ab; der Rest des Bl. ist unbeschrieben* ‖ **227**,18 *vor* Hinsichtlich *Absatzzeichen mit Bleist., wohl von Landgrebe* ‖ **227**,20 Terminis aufgebaute *Einf.* ‖ *F: nach* Sachverhaltsform *Einf. mit Bleist.* muss äußerlich gesprochen ‖ **227**,21 dieser oder jener *V. für* der ‖ **227**,26 *nach* haben. *mit Bleist. gestr.* Zum Beispiel: Eine mathematische Form hat so viele Termini der Universalität als es freie Variablen hat; und eine Variable, das sagt nichts anderes als solch ein Terminus. ‖ **227**, Anm. 1 *spätere Hinzufügung = Einf. mit Bleist. nach* B *in* F ‖ **227**,29 ‚allgemeiner *öffnendes Anführungszeichen vom Hrsg.* ‖ **227**,35 ‚aufeinander gebaut' *Anführungszeichen vom Hrsg.* ‖ **227**, Anm. 2 *spätere Anmerkung = Rb. mit Bleist. in* F ‖ **228**,1 *nach* sich haben *mit Blaust. gestr.* , z. B. in der Form, 〈, z. B. in der Form, *Einf.*〉 die dabei auch aufeinander bezogen sein können, ‖ **228**,3 individuelle *Einf.* ‖ *nach* A" *waagerechter Rotstiftstrich* ‖ *vor* Wir *Absatzzeichen mit Bleist., wohl von Landgrebe* ‖ **228**,3-12 *von* Wir *bis* A ist B" *Einf.; danach am Rand die Notiz mit Bleist.* hier 134b, *womit Husserl andeutet, dass an dieser Stelle der Text eines wohl später verfassten Bl. mit der betreffenden Husserl'schen Paginierung* 134b *einzufügen ist (vgl. die textkritische Anm. zu* 228,14-229,36). ‖ **228**,5 *F: von* Gedankens *bis* eine Logik *am Rand mit Bleist. angestrichen* ‖ **228**,7 *F: nach* Kollektion *Einf. mit Bleist.* der Partikularität ‖ *von* „irgendein *bis* usw." *Anführungszeichen gemäß F; dort Einf. mit Bleist.* ‖ **228**,10 „Alle A sind B" *Anführungszeichen vom Hrsg.* ‖ **228**,11 *von* „Jedes *bis* B" *Anführungszeichen vom Hrsg.* ‖ **228**,12 „Jedes A ist B" *Anführungszeichen vom Hrsg.* ‖ Mit B". *endet der Text der am unteren Rand der Vorderseite des Bl. notierten Einf.; die Rückseite ist unbeschrieben.* ‖ **228**,14 *über dem mit* Überblicken *beginnenden Text mit Bleist., wohl von Landgrebe, die Notiz* § 31 c) ‖ **228**,14- **229**,36 *von* Überblicken *bis* noch zu erwägen. *Einf.; der Text befindet sich auf der späteren und wohl erst nach der Vorlesung eingelegten p.* 134b. *Sie ist von Husserl am Rand mit Bleist. als* Einlage! *bezeichnet und der Text durch die oben erwähnte Randnotiz (vgl. die textkritische Anm. zu* 228,3-12) hier 134b *von ihm selbst an dieser Stelle (nach* A ist B") *situiert worden.* ‖ **228**,16-24 *F: von* Urteilen ist *bis* Identitäten, das *am Rand eine geschlängelte Linie mit Bleist.; dazu mit Bleist. ein Fragezeichen* ‖ **228**,17 *F: nach* gesprochen, *Einf. mit Bleist.* jedes aktive ‖ **228**,17-18 intentionalen *Einf.* ‖ **228**,19 *F: nach* oder *Einf. mit Bleist.* Urteilsverhalte, Sachverhalte andere ‖ **228**,27-28 *von* in den *bis*

Urteile, *Einf.* ‖ **228**,27 *F: nach* den *Einf. mit Bleist.* einigenden ‖ **228**,30-31 *von* Wir *bis* Materials. *Einf.* ‖ **228**,32-36 *F: von* ursprünglicher *bis* erwachsenden *am Rand mit Bleist. angestrichen* ‖ **228**,33 Urteilsfunktionen *V. für* Urteilen ‖ **229**,3 *F: nach* Abwandlungen *Einf. mit Bleist.* dieser Reihe ‖ **229**,4 *F:* Substrate *V. mit Bleist. für* Termini ‖ **229**,5-7 *von* ursprünglich *bis* Termini. *am Rand mit Rotst. angestrichen* ‖ **229**,10 *von* singulären *bis* sind Urteile *am Rand mit Rotst.* I ‖ **229**,11 Erstens: *Einf. mit Rotst.* ‖ **229**,14-15 *von* „Dies *bis* jenes" *sämtliche Anführungszeichen vom Hrsg.* ‖ **229**,16 „partikuläre Urteile" *Anführungszeichen vom Hrsg.* ‖ **229**,20 , drittens, *Einf. mit Rotst.* ‖ **229**,25 *F:* mindestens *V. mit Bleist. für* nur ‖ **229**,27 *nach* fortzufahren: *am Rand waagerechter Bleistiftstrich; darunter die Notiz mit Bleist., wohl von Landgrebe* zu § 32a *(Anfang). Die Bemerkung ist bezogen auf die Zeilen 27-29 von* Eine eigene *bis* Modifikation, *welche von Landgrebe im Ts. (E) umgestellt wurde.* ‖ *von* Eine eigene *bis* Phantasie *am Rand mit Rotst.* II ‖ **229**,29 *nach* ist *Ms.* a) *auf das aber kein* b) *folgt; nach* a) *im Ms. mit Rotst. noch einmal* a) ‖ **230**,5 *vor* Wir *mit Bleist., wohl von Landgrebe,* § 32 b) ‖ **230**,5-6 *von* Wir *bis* Bereich der *wohl von Landgrebe leicht mit Bleist. durchschlängelt. Der mit* Wir *beginnende Text ist von Husserl am Rand durch einen waagerechten Bleistiftstrich abgetrennt worden.* ‖ **230**,6 *F:* individuelle Wirklichkeit, *V. mit Bleist. für* Wirklichkeit, *der Wortlaut des Kontextes ist in E leicht verändert* ‖ *F: nach* d. i. der Wirklichkeit *Einf. mit Bleist.* als sich bewährende in ‖ **230**,8 induktive *Einf. mit Bleist., mit Tinte überschrieben* ‖ *F:* . Ihr *V. mit Bleist. für* und ihr ‖ ihre *V. mit Bleist. für* die ‖ **230**,11 *von* nicht *bis* unbedingten *V. für* reinen oder ‖ *F: nach* präsumtiven *Einf. mit Bleist.* und bedingten ‖ **230**,13-17 *von* Hierbei *bis* „außerwesentlich" ist. *Einf.* ‖ **230**,13 *F:* nämlich *V. mit Bleist. für* aber ‖ **230**,15 *F: nach* gebundenes *Einf. mit Bleist.* , ein „angewendetes" ‖ **230**,16 *F:* mit Empirischem verbundenes, derart aber *V. mit Bleist. für* von empirisch *bis* doch so ‖ **230**,18 *vor* Beginnen *Absatzzeichen mit Bleist., wohl von Landgrebe* ‖ **230**,19 reinen *Einf.* ‖ **230**,21-**231**,1 *von* also *bis* Denken *Einf.* ‖ **230**,21-22 *F: von* von den bloß *bis* werden *am Rand mit Bleist. angestrichen; dazu mit Bleist. die Notiz* Beilage einfügen. *Gemeint ist damit der in der vorliegenden Ausgabe als Fußnote wiedergegebene Text (vgl. die textkritische Anm. zu 230, Anm.).* ‖ **230**,22 *Ms.* dem *statt des* ‖ **230**, Anm. *Fußnote = Text eines im Konvolut der Vorlesung liegenden, von Husserl nicht paginierten Bl. Unter dem Text steht mit Bleist. die Notiz Landgrebes* Beilage zu 296, *welche Angabe sich auf die Originalpaginierung des Ts. M I 2 I (E) bezieht. Husserl hat auf dem betreffenden Bl. des Ts. diesen Text selbst zugeordnet (vgl. oben die textkritische Anm. zu 230,21-22).* ‖ **230**,24 *von* Singuläre *bis* Möglichkeiten: *Titel mit*

Blaust. ‖ **230**,27 *F:* nämlich *V. für* und ‖ *E:* vieldeutig *statt* vielfältig; *F: nach seinen unerfahrenen Momenten auf vielen Weisen anschaulich V. mit Bleist. für* vieldeutig ‖ **230**,31 im Fall der Gleichheit *Einf.* ‖ **230**,33 *F: nach* Ausgestaltung *Einf. mit Bleist.* des Sinnes ‖ **230**,39 *Mit* Gebilde. *endet der Text auf der Vorderseite des Bl. Die Rückseite ist unbeschrieben.* ‖ **231**,7 *F:* denken *in Anführungszeichen mit Bleist.* ‖ **231**,9 *von* Wir *bis* z. B. *Einf.* ‖ **231**,11-12 *von* Das A-Sein *bis* erwarten. *Einf.* ‖ **231**,12-18 *von* Wenn *bis* Notwendigkeiten. *im Ms. in eckigen Blaustiftkl.* ‖ **231**,14 *nach* Art *gestr.* apriorischer; apriorischer *V. für* reiner ‖ Möglichkeit *Einf.* ‖ **231**,18 *nach* Weise. *zwei senkrechte Blaustiftstriche; danach der Rest der Seite und etwa die halbe Rückseite, die nicht weiter beschrieben ist, mit Blaust. u. Tinte gestr.; der gestr. Text lautet* Gehen wir von einer apriorischen Möglichkeit aus, der Möglichkeit eines Tons. Diesen Gedanken „ein Ton" ⟨„ein Ton" *Anführungszeichen vom Hrsg.*⟩ kann ich in Freiheit und rein phantasiemäßig erzeugen; und umgekehrt: Habe ich ihn zu eigen gemacht und etwa eine symbolische Intention „ein Ton", ⟨„ein Ton" *Anführungszeichen vom Hrsg.*⟩ so kann ich in Freiheit diesen Gedanken ursprünglich wieder herstellen, die Intention erfüllend mit der Evidenz des „Ich kann". ⟨„Ich kann" *Anführungszeichen vom Hrsg.; nach* „Ich kann" *gestr.* habe ich Möglichkeiten partikulärer Form ursprünglich gegeben, aber auch in gewissen Weisen Allgemeinheiten: Ich kann bilden das „ein A, ein Ton überhaupt als freie Variable", auch in freier Variation fortbildend den Gedanken „der Allheit rein möglicher Töne".⟩ Im freien „Ich kann" ⟨„Ich kann" *Anführungszeichen vom Hrsg.*⟩ bilde ich dann auch partikuläre Sachverhalte wie „Es ist *a priori* möglich, dass ein Ton die Klangfarbe Geigenton hat". ⟨*von* Es *bis* hat *Anführungszeichen vom Hrsg.; nach* hat" *gestr.* oder, hypothetisch gesetzt, es sei die Möglichkeit eines Tons gegeben, so ist sie jedenfalls so zu gestalten, dass sie zur Geigenton-Möglichkeit wird⟩ Hier habe ich das Bewusstsein des freien „Ich kann" ⟨„Ich kann" *Anführungszeichen vom Hrsg.*⟩ auch in der Weise, dass ich in der Phantasie eines Tons in der Form „ein Ton" ⟨„ein Ton" *Anführungszeichen vom Hrsg.*⟩ so formen kann, dass er zum Geigenton wird. „Ein Ton" und „Geigenton" ⟨„Ein Ton" und „Geigenton" *Anführungszeichen vom Hrsg.*⟩ sind verträgliche Begriffe. Im freien Durchlaufen von einzelnen Tönen…*Der gestr. Text bricht auf dieser p. 135 ab. Er wird dann fortgeführt auf einem später ausgeschiedenen Bl., das jedoch nicht gestr. ist und noch im Gesamtkonvolut liegt. Es trägt die Husserl'sche Paginierung* 136, *dazu am Rand mit Blaust. eine Null u. die Notiz* Nachsehen. *Unter dieser Paginierung findet sich von Landgrebes Hand die Notiz* nicht abgeschrieben (entbehrlich durch 135a/b). *Husserl hat hier nämlich später einige Bl.*

eingelegt, die das in Frage stehende Bl. ersetzen, und zwar zunächst ein neues, 136 paginiertes Bl., dann eine p. 135a, *deren Bezifferung später mit Bleist. in* 135b *verändert wurde, unter Hinzufügung einer weiteren p.* 135a. *So ist der Abstand zwischen der p.* 135, *die hier mit dem gestr. Satzfragment* Im freien Durchlaufen von einzelnen Tönen *endet, und der ursprünglichen folgenden. p.* 136, *die diesen Satz mit* ergeben sich mögliche partikuläre Formen. *fortsetzt, durch drei dazwischengeschobene Bl. beträchtlich angewachsen. Auch die p.* 135 *bringt wohl die spätere gekürzte Fassung eines ursprünglich längeren Textes, da der Text, die Streichung mitgerechnet, auf der Mitte der Seite aufhört und dann in die später ausgeschiedene p.* 136 *überführt. Im Folgenden wird dieser ursprüngliche Anschlusstext mitgeteilt* ...ergeben sich mögliche partikuläre Formen. Ich kann den konkret fingierten Ton ⟨den konkret fingierten Ton *V. für teilweise mit Lilast. gestr.* eine konkret fingierte Tonfarbe⟩ nach seinem qualitativen Charakter ⟨seinem qualitativen Charakter *V. für* ihrem Qualitätscharakter⟩ variieren, ich kann ihn nach seiner Intensität ⟨Intensität *V. für* Helligkeit⟩ variieren, ich kann auch finden, dass ich immer im Konkretum Ton überhaupt sowohl Qualität als Intensität habe. Aber ich kann ja nicht die unendliche Allheit der Tonkonkreta ⟨*Ms.* Farbenkonkreta *statt* Tonkonkreta⟩ durchlaufen. Und doch kann ich variierend erkennen, dass ich Tonqualität nicht ohne Intensität und ohne Ausbreitung haben kann, dass ich variierend nur die Differenzen ändern und nicht die Gattung der Differenzen ändern kann, dass in der Variation, d. i. solange ich konkrete Einheit identisch erhalte, ich auch die Prädikation „Derartiges ist nach Qualität, Intensität, Ausbreitung Bestimmtes" ⟨*von* „Derartiges *bis* Bestimmtes" *Anführungszeichen mit Bleist.*⟩ notwendig erhalte. Oder ich ändere frei variierend das Konkretum Ton und versuche festzuhalten eine Tonintensität und zugleich eine zweite Tonintensität anzufingieren – ich sehe, das kann ich nicht –, ⟨*von* – ich *bis* nicht – *Einf. mit Bleist.*⟩ oder während ich eine Farbe habe, ihre Ausbreitung festzuhalten und eine zweite Ausbreitung als sie bestimmende zu gewinnen oder ein Ding mit zwei Ausdehnungen oder auch als ein Ding an zwei Orten. All das kann ich nicht im Einzelfall und ich habe auch generell im „Überhaupt" das „Ich kann nicht", ⟨„Ich kann nicht" *Anführungszeichen vom Hrsg.*⟩ das Unmöglich; ⟨*von* und *bis* Unmöglich *Einf.*⟩ oder ich denke mir $a_0 > b_0$, einen Ton a intensiver als einen anderen b. Ich versuche mir dazu zu denken, dass dieser ⟨Ton⟩ b zugleich intensiver sei als der erste. Das kann ich nicht, und ich erkenne, dass ich allgemein, wenn ich ⟨wenn ich *Einf.*⟩ einen Ton a intensiver als b, gleichgültig welcher a und b, ⟨*von* , gleichgültig *bis* b, *Einf.*⟩ denke und diese Form festhalte, ich in der Umkehrung gebunden bin, dass ein Anderes der Umkehrung unmöglich ist. Ich habe im reinen Denken eine generelle Unmöglichkeit ⟨Unmöglichkeit *Einf.*⟩ Unverträglichkeit, d. i. im reinen Überhaupt ein „Ich kann nicht". ⟨„Ich kann nicht" *Anführungszeichen vom Hrsg.*⟩

Demgegenüber habe ich auch generell: An einem Ton kann ich Qualität und Intensität unabhängig voneinander variieren. ⟨Mit variieren. *endet der Text auf der Vorderseite des Bl. Der Zusammenhang wird auf dem unteren Drittel der Rückseite fortgeführt. Diese Seite beginnt mit dem folgenden, bereits vorher mit Tinte u. Blaust. gestr. Text* Wissenschaft vom faktischen Ego. Denkende Erkenntnis. *Scientia est potentia.* Wissenschaft ist Macht in dem Sinn: Macht über ein wissenschaftliches „Reich", ein Gebiet. Ich habe Wissenschaft, wenn ich von allem zum Gebiet Gehörigen Kenntnis nehmen kann, es unmittelbar, so wie es ist, beschreiben kann oder wenn ich es mittelbar aus dem schon zur Kenntnis Gebrachten, Erfassten und nach seinem Sosein Bestimmten bestimmen kann.

Ein noch unbekanntes, selbst nicht direkt Ergriffenes wird durch „mittelbares Denken", durch Schließen erreichbar. Dieses Denken muss ein begründetes sein, muss sein Reich ausweisen können, so wie die unmittelbare Kenntnisnahme und Beschreibung. Das Gebiet ist umspannt von Allgemeingedanken und fest bestimmt: „adäquate", „vollkommene", streng wissenschaftliche Erkenntnis.

Ich muss die Möglichkeit haben, das in unbestimmter Allgemeinheit gedachte Gebiet so zur Erkenntnis zu bringen, dass ich alles darin Liegende ⟨Liegende *V. für* Geschöpfte⟩ in „zweifelloser" Weise bestimmen kann, und so, dass ich im geordneten Fortschreiten der Vollständigkeit der erreichten adäquaten Sondererkenntnis gewiss sein kann, wieder in Zweifellosigkeit. Wie gewinne ich Wissenschaft? Wann ist unmittelbare Erkenntnis adäquat und wie gewinne ich mittelbare Erkenntnis, die „zweifellos" heißen kann? *Mit* kann? *endet der gestr. Text, der mit Blaust. u. Tinte vom folgenden abgetrennt ist; es geht nun weiter im Zusammenhang des auf der Vorderseite endenden Textes*⟩ Ein Ton kann verschiedene Höhe annehmen, kann sich der Höhe nach verändern, ein Ton kann sich der Intensität nach verändern, und wenn ich das variiere, so ist damit eine beliebige Veränderung des anderen verträglich. Ich habe hier eine allgemeine Verträglichkeit, ein allgemeines „Ich kann" ⟨„Ich kann" *Anführungszeichen vom Hrsg.*⟩ und andererseits eine allgemeine Unverträglichkeit (Unmöglichkeit). Es sind allgemeine Erzeugungen (a, b, c). Wenn ich a, b festhalte, kann ich c frei variieren, wenn ich a, c festhalte, b variieren etc. Ich kann überhaupt einen Punkt einer Geraden festhalten und sie bewegen (drehen). Ich kann nicht einen zweiten Punkt festhalten und dann noch eine Bewegung erzielen. ⟨von (a, b, c) bis erzielen. Erg. am Rand⟩ ‖ **231**,19-**232**,16 *Der Text von* Zum *bis etc.) befindet sich auf einem Bl., das, wie die Husserl'sche Paginierung 135a erkennen lässt, erst später in den Kontext eingelegt und von Husserl nicht vorgetragen wurde, was die Randnotiz Husserls nahe legt* Einlage, nicht gelesen, zu 135. *Das Bl. war auch ursprünglich nicht fortlaufend paginiert und ist durch Umpaginierung des Folgebl. erst später an dieser Stelle des fortlaufenden Zusammenhangs integriert worden (vgl. dazu die allgemeinen textkritischen Anm. oben, S. 510 f. sowie die textkritische Anm. zur Beilage I, S. 355,35). Der Text des Bl. wird so auch hier in die Vorlesung integriert.* ‖ **231**,19 Zum Beispiel so: *Einf., wohl um den später hinzugefügten Text mit dem vorigen zu verbinden* ‖ **231**,20 *F:* ihrer Freiheit wiederholen können. *V. mit Bleist. für* ihr wiederholen.; ihr *versehentlich nicht gestr.* ‖ *F:* Dadurch gewinnen wir *V. mit Bleist. für* Nun gewinne ich ‖ **231**,24-25 *von* Ich finde *bis* gleich sind. *Einf.* ‖ **231**,26 Tonkonkretums *V. für* Konkretums ‖ **231**,27 *F:* konkreten *mit Bleist. gestr.* ‖ **231**,29 *F:* Tonkonkretum *in Kl. mit Bleist.* ‖ **231**,31 mögliche individuelle *Einf.* ‖ **231**,35 apriorischen *V. für* reinen ‖ **232**,3 *vor* Ich *Absatzzeichen mit Bleist., wohl von Landgrebe* ‖ *F:* nun *mit Bleist. gestr.* ‖ **232**,6 Individuum, konkreter Begriff *V. für* Konkretum ‖ **232**,7 etc. *Einf.* ‖ **232**,7-9 *von* Zu *bis* Teilbegriffe *V. für* In jedem konkreten Teilbegriff sind konkrete Teilbegriffe enthalten ‖ **232**,13 *Ms. Dann statt* Das ‖ **232**,13-16 *von* (Das *bis etc.) im Ms. in eckigen Kl. statt runden* ‖ **232**,14-15 „irgendein Individuum" *ist V. für eines partikulären Satzes* „Irgendein Individuum hat gewisse Teile, Momente" liegt in gewisser Weise; „irgendein Individuum" *Anführungszeichen vom Hrsg.* ‖ **232**,15 „Teil des Individuums" *Anführungszeichen vom Hrsg.* ‖ **232**,16 „Individuum" *Anführungszeichen vom Hrsg.* ‖ **232**,18-24 *von* so *bis* bzw. Prädikate *im Ms. in eckigen Blaustiftkl.* ‖ **232**,20 *von* , deren *bis* gleichgültig ist, *Einf.* ‖ **232**,21-22 in absoluter Identität *Einf.* ‖ **232**,24 *von* und *bis* Prädikate *Einf.* ‖ **232**,25 Sachverhalte *V. für* Urteilsverhalte ‖ **232**,30 *von* aus *bis* Möglichkeiten *Einf.* ‖ **232**,32 irgendeine *vor* Qualität *V. für ausradierten, nicht rekonstruierbaren Text* ‖ **232**,33 *nach* hat *mit Tinte u. Blaust. gestr.* , in sich schließt ‖ **232**,33-34 jeder erdenkliche *V. mit Bleist. für* ein erdenklicher ‖ **233**,3 sein soll, ist *V. mit Bleist. für* ist ‖ **233**,10 *vor* Wir *Absatzzeichen mit Bleist., wohl von Landgrebe, sowie diagonaler Rotstiftstrich* ‖ **233**,12 Intensität *Einf.* ‖ **233**,16 Ganz allgemein: *Einf.* ‖ **233**,16-17 *F: von* Ist *bis* enthalten *am Rand diagonaler Bleistiftstrich* ‖ **233**,18 *F:* enthalten *in Anführungszeichen mit Bleist.* ‖ **233**,21 *vor* Freilich *Absatzzeichen mit Bleist., wohl von Landgrebe* ‖ **233**,25 ein *V. mit Bleist. für ausradiertes, nicht rekonstruierbares Stenogramm; von* ein *bis* Sachverhaltsform haben *sind im Text zahlreiche V. durch Radierungen, die die Rekonstruktion des ursprünglichen Wortlauts verunmöglichen* ‖ **233**,26 *von* gewinnen *bis* überhaupt *V. für mit Bleist. gestr.* haben formal ‖ **233**,27 *nach* allgemeine Sachverhalte, *mit Blaust. gestr. Einf.* ausschließlich bestimmt durch formale Begriffe wie Gegenstand, Prädikat Begriff⟨lich⟩-enthalten-Sein etc. ‖ **233**,30-31 aus individueller Wiederholung *Einf.* ‖ **233**,32-33 *von* (die *bis* sind) *Kl. mit Blaust.* ‖ **233**,36-38 *von* Auch *bis* einzusehen. *Erg. am Rand, situiert wohl durch Landgrebe* ‖ **234**,5-8 *von* dabei *bis* Gewißheit *V. für mit Tinte u. Blaust. gestr.* zu ihnen gehört dann wieder das universelle ⟨universelle *Einf.*⟩ Apriori ‖ **234**,10 *vor* Und *im Ms. senkrechter Blaustiftstrich* ‖ **234**,12-13 *von* , die aber *bis* begleiten *Einf.* ‖ **234**,15 *vor* Nehmen *Absatzzeichen mit Bleist., wohl von Landgrebe; über der Zeile, die mit* Nehmen *beginnt, mit Bleist. von Landgrebe* § 32. c) ‖ *nach* nicht *mit Blaust. gestr.* direkt ‖ **234**,17-18 in Änderung der Urteilsrichtung *Einf.* ‖ **234**,22 in sich schließt *Einf.* ‖ **234**,25-26 entsprechende Erkenntnis *V. für ausradierten, nicht rekonstruierbaren Text* ‖ **234**,27 dasselbe *Einf.* ‖ **234**,28 *von* , wo *bis* sind *Einf.* ‖ Termini *V. für ausradiertes, nicht rekonstruierbares Stenogramm* ‖ **234**,29 *vor* Alle *Absatzzeichen mit Bleist., wohl von Landgrebe* ‖ reinen *Einf., urspr.* universell reinen*; universell gestr.* ‖ **234**,32-33 *von* , alle *bis* Gesetzen *Einf.* ‖ **234**,34 Sachverhalt der Gestalt *V. für ausradierten, nicht rekonstruierbaren Text* ‖ **234**,35 Sachverhalt der Gestalt *V. für* Satz der Form ‖ **234**,36 irgendein *V. für* ein ‖ **235**,1 *von* , in *bis* gedacht, *Einf.* ‖ **234**,3-5 *von* (Hier *bis* muss.) *Einf.* ‖ **235**,5 Mit muss.) *endet der Text auf der Vorderseite des Bl. Die Rückseite ist mit Blaust. gestr; der gestr. Text lautet* Ich habe absichtlich keine Negation hineingezogen und nur universelle Einschlussverhältnisse betrachtet, und ich habe sie schon als apodiktisch bezeichnet, obschon kein Durchgang durch eine Negation versucht wurde. Der apriorische Einschluss ist das Positive der apriorischen Apodiktizität oder apriorischen Notwendigkeit. Er kann gegeben sein, ohne ⟨dass⟩, was im Begriff der Notwendigkeit liegt, eben die Unmöglichkeit des Nichtseins durch Versuch einer Negation ⟨*nach* Negation *gestr.* und somit Hereinziehung des Negationsgedankens⟩ herausgestellt wäre. Eben auf diesen Negationsgedanken kommt es jetzt an. ⟨*von* Der apriorische Einschluss *bis* jetzt an. *Erg. am Rand*⟩ Dem Einschluss reiht sich der Ausschluss an, dem apriorischen Ineinander, und evtl. wechselseitigen Ineinander, welches ohne Durchgang durch Negation das positive notwendige Sein als generelle Notwendigkeit fasst, entspricht als neuer Fall das Ausgeschlossen-Sein, ⟨*von* dem apriorischen Ineinander *bis* Ausgeschlossen-Sein *im Ms. in eckigen Blaustiftkl.*⟩ das in ursprünglicher Erzeugung sich selbst gebende ⟨sich selbst gebende *Einf.*⟩

Nicht-ineinander-Sein, die Unmöglichkeit des Ineinander und Miteinander. Zum Beispiel: Ein Ton kann nicht zwei Intensitäten haben. Die Setzung einer Intensität schließt überhaupt die einer anderen aus. Wenn a > b ist, so ist nicht b > ⟨Ms. < statt >⟩ a, dass b < a, ist durch a < ⟨Ms. > statt <⟩ b ausgeschlossen. Das wieder universell im reinen Überhaupt, das Nicht, der Ausschluss ist hier ein universell gesehener und gegebener Ausschluss. Im einzelnen Fall kann das Nicht, der Ausschluss, die Unverträglichkeit gesehen werden, ebenso gut wie im einzelnen Fall, immer im Reich reiner Möglichkeiten, das Enthaltensein des anschaulich ⟨anschaulich *Einf.*⟩ bestimmten b < a in a > b gesehen ist. In subjektiver Richtung liegt im letzteren Fall: Ich kann in dem einen das andere finden, nämlich nachdem ich das eine gebildet habe und festhalte, aufgrund dessen das andere bilden. Im anderen Fall aber: Aufgrund des einen kann ich das andere nicht bilden; bilde ich es doch, so verwandle ich das a oder b, statt es festzuhalten. Auch dieses „Ich kann" und „Ich kann nicht" ⟨*von* „Ich kann" *bis* nicht" *alle Anführungszeichen vom Hrsg.*⟩ ist absolut gegeben. *Mit* absolut gegeben. *endet der gestr. Text des Bl. Das im Ms. folgende Bl. ist das schon erwähnte, gemäß einer Randnotiz Landgrebes* entbehrlich *gewordene. Der Text dieses Bl. setzt den weiter oben mit* im Durchlaufen von einzelnen Tönen *abbrechenden gestr. Text fort u. trägt die gleiche Husserl'sche Paginierung 136, wie das im Ms. vorhergehende Bl. (vgl. dazu die textkritische Anm. zu 231,18, die auch den Wortlaut dieses Bl. mitteilt). Darauf folgt im Ms. die nachträglich eingelegte p. 136a, deren Text wohl den hier wiedergegebenen gestr. Text der Rückseite von p. 136 ersetzen soll.* ‖ **235**,6 *vor* Universelle *Absatzzeichen mit Bleist., wohl von Landgrebe; davor ausradiert* Die ‖ **235**,14-23 *von* Singuläre *bis* durchhalten *im Ms. in eckigen Blaustiftkl.* ‖ **235**,16-20 *von* nicht objektiv *bis* Urteile haben *V. für* da also dieses fingierte Ding da nach seinem Selbst von der Willkür unseres einstimmigen Fortbildens in der Phantasie abhängig ist, obschon es doch als Einheit evident fortzugestalten ist, nicht objektiv hingestellt, und sie haben ja ‖ **235**,32 *nach* ausgesprochen. *mit Blaust. gestr.* , höchstens als Anwendung des universellen Apriori auf den partikulären Fall. Irgendein Ton, ein als möglich gedachter, muss auch Intensität haben, eben als Ton überhaupt. ‖ **235**,36 *Mit* umgekehrt. *endet der Text auf der Rückseite des Bl. Der Rest, etwa zwei Drittel des Bl. ist mit Blaust. gestr.; der gestr. Text lautet* Ich habe bisher keine Negationen herangezogen, nämlich nur Identitätsverhältnisse und hinsichtlich selbständiger Sachverhalte ⟨*von* Identitätsverhältnisse *bis* Sachverhalte *Einf. mit Bleist.*⟩ Einschlussverhältnisse behandelt. Ich habe sie zwar als apodiktisch bezeichnet, obschon kein Durchgang durch eine Leugnung versucht war. Die apodiktische Identität und ⟨*von*

Die apodiktische *bis* und *Einf. mit Bleist.*⟩ der apodiktische Einschluss ist, kann man auch sagen, das *positivum* der apriorischen Apodiktizität, und zwar ⟨*nach* zwar *gestr.* spezieller; und zwar *V. für* oder auch⟩ apriorische „Notwendigkeit". Das Negative, das auch das Wort „Notwendigkeit" ⟨„Notwendigkeit" *Anführungszeichen vom Hrsg.*⟩ andeutet, die Unmöglichkeit des Gegenteils, liegt schon bereit, aber bereit selbst durch eine Inklusion. Aber nun kommt es uns gerade auf das *negativum* an. Das Negative des Einschlusses ⟨des Einschlusses *Einf. mit Bleist.*⟩ in der rein apriorischen Sphäre ist Ausschluss; also dem Einschluss reiht sich der Ausschluss an, dem Enthaltensein das Ausgeschlossensein. Wir können auch sagen: der Identität der Widerstreit, der Streit gegen Identität, gegen den Ansatz eines Enthaltenseins. Und mit etwas sich daran streitet … *Text bricht ab. Damit endet dieser zusammenhängende gestr. Text; den Rest der Seite nimmt folgender kopfständiger, mit Blaust. gestr. Text ein* Die universellen Einschlussverhältnisse im Reich des reinen Apriori haben, wie noch zu beachten ist, eine nahe Beziehung zu den singulären und partikulären Einschlussverhältnissen innerhalb dieses selben Reichs. ‖ **236**,4 *über dem Text, der mit* Wir *beginnt mit Bleist., wohl von Landgrebe* § 33 ‖ **236**,5 *nach* Sachverhalten *gestr. Einf.* sozusagen ‖ **236**,8-10 *von* Wir *bis* gewinnen ist. *im Ms. in eckigen Kl.* ‖ **236**,10-11 *von* . In *bis* dadurch ein *V. für* , sodass wir über ein ‖ **236**,13 eröffnet *V. für ausradiertes, nicht mit Sicherheit rekonstruierbares Stenogramm, wohl* verfügen; *nach* eröffnet. *senkrechter Tinten- u. Blaustiftstrich sowie Absatzzeichen mit Bleist., wohl von Landgrebe* ‖ **236**,14-15 als Bildungen von Sachverhalten *Einf.* ‖ **236**,16 *F: P V. mit Bleist. für* p ‖ *nach* seine *im Ms. noch einmal* seine ‖ **236**,17-20 *F: von* Bestimmung *bis* die Form *am Rand mit Bleist. angestrichen* ‖ **236**,18 *F: P V. mit Bleist. für* p ‖ **236**,20-21 *von* . Aus *bis* zu bilden, *V. für* und dann verschiedene Formen annehmen. ‖ **236**,23 Bestimmende *V. für* Primitive ‖ **236**,24 *nach* und in *im Ms. noch einmal* in ‖ **236**,25-26 *von* die Verhältnisse *bis* Eingeschlossenseins *V. für* das Eingeschlossensein ‖ **236**,26 *nach* anderen *gestr.* oder einer Verknüpfung von anderen; *nach* anderen. *senkrechter Bleistiftstr.* ‖ **236**, Anm. *Fußnote = Text eines in das Ms. eingelegten Bl. mit der Bezeichnung* ad 137 ‖ **236**,27 „S ist p" *Anführungszeichen vom Hrsg.* ‖ **236**,35 „ist q" *Anführungszeichen vom Hrsg.* ‖ „ist p" *Anführungszeichen vom Hrsg.* ‖ **236**,39 *nach* Folge. *Abschlusszeichen mit Blaust. am Ende der Seite. Die Rückseite bildet die untere Hälfte eines Briefes von Dr. Sophie Weizmann. Husserl hat durch diesen Text hindurch weitergeschrieben, das Geschriebene jedoch später mit Blaust. gestr. Der Text lautet* Aber wie sollen wir da zu einer universalen und absoluten Erkenntnis kommen? Wie gewinnen wir einen geordneten Weg, diese Idee zu realisieren? Die Wiedererinnerung, ⟨*nach* Wiedererinnerung *Ms. ist*⟩ selbst wenn sie, wie wir feststellten, ihre apodiktische Gehalte hat, unterliegt Zufälligkeiten der Weckung, und alles beruht hier doch auf Wiedererinnerung. Ferner besteht Aussicht, die Umgebungen des unbeachtet Gebliebenen, nachdem es verschwunden ist, mit diesen Umgebungen zur nachträglichen Sonderung zu bringen. *Am Rand dieses Textes befindet sich die Rb.* S ist p, also q. Weil S p, ist es q. S ist p darin liegt, dass S q. Im p-Sein liegt das q-Sein. *Nach diesem Einlagebl. liegt im Ms. ein weiteres Bl. mit der typographischen Transkription dieses Textes von Landgrebe, das wohl ursprünglich in das Ts. (E) gehört.* ‖ **237**,7 *vor* Wir *Absatzzeichen mit Bleist., wohl von Landgrebe* ‖ F: *nach* alle *Einf. mit Bleist. und* jede ‖ **237**,9-10 in der Phantasie *Einf.* ‖ **237**,14 *von* („S *bis* q") *Kl. vom Hrsg.* ‖ **237**,14-15 *von* so *bis* Ebenso *V. für* oder ‖ **237**,15 *nach* Ebenso *im Ms. noch einmal* Ebenso ‖ **237**,18 *Ms.* eine *statt* einen ‖ **237**,19-20 *von* und *bis* deckende *im Ms. in eckigen Kl.* ‖ **237**,21-22 *von* , dann *bis* Negate *Einf.* ‖ **237**,23 E: frei *statt freien;* F: frei *mit Bleist. gestr.* ‖ Gedankens *V. für* Satzes ‖ F: angesetzt *V. mit Bleist. für* gesetzt ‖ **237**,24 Annahmen *V. für* hypothetischen Sätzen ‖ **237**,24-26 F: *von* hypothetische *bis* „M ist N" *am Rand mit Bleist. angestrichen* ‖ **237**,25-26 *von* „S ist p" *bis* „S ist p" *alle Anführungszeichen vom Hrsg.* ‖ **237**,26 F: Annahme *nach* die *mit Bleist. gestr.* ‖ **237**,26 M ist N *V. für* P ist q ‖ **237**,27-29 *von* Dabei *bis* eintreten. *im Ms. in eckigen Blaustiftkl.* ‖ **237**,29-31 *von* Kurz, *bis* Bildungen *V. für ausradiertes, nicht rekonstruierbares Stenogramm* ‖ **237**,31 *nach* Möglichkeiten, *gestr.* das des Apriorischen, ‖ **237**,32-33 seine Wesensgesetzlichkeit *Einf.* ‖ **237**,33 ein materiales Apriori *V. für teilweise ausradierten, nicht rekonstruierbaren Text* ‖ **237**,34-35 ihrer vollen *V. für ausradierten, nicht rekonstruierbaren Text* ‖ **237**,35 *nach* Bestimmtheit *mit Blaust. gestr.* , erhalten in reiner Möglichkeit ‖ **237**,36 formale Wesensgesetze *V. für* ein Formales ‖ **237**,38 oder Begriff *Einf.* ‖ **238**,3 *vor* Wie *Absatzzeichen mit Bleist., wohl von Landgrebe* ‖ **238**,5 Wesensgesetze *V. für mit Tinte u. Blaust. gestr.* reine Möglichkeiten, reine Allgemeinheiten bezogen auf solche Möglichkeiten ‖ **238**,6-17 *von* sozusagen *bis* sind, und *am Rand mit Blaust. angestrichen; dazu die Rb., die im Text S. 238 als Fußnote wiedergegeben ist (vgl. die textkritische Anm. zu* 238, Anm.*).* ‖ **238**,10 Ausgedehntsein *Anführungszeichen vom Hrsg. geschlossen* ‖ **238**,11-14 *von* bloß *bis* verbindet *am Rand mit Blaust. angestrichen* ‖ **238**,13 F: hier *V. mit Bleist. für* aber ‖ **238**,17 *nach* sind *gestr.* und im apriorischen, selbstgebenden Denken durch Selbsterzeugung gesehen*;* F: *nach* sind *ausradierte. Einf. mit Bleist.* wenn wir den Begriff des ‖ **238**,19-20 *von* und *bis* etc. *Einf.* ‖ **238**,21 „S ist p" *Anführungszeichen vom Hrsg.* ‖ **238**,22 „S ist p" *Anführungszei-*

chen vom Hrsg. ‖ **238**,22-26 *von* der apriorischen *bis* jedes möglichen Sachverhalts *V. für teilweise gestr., teilweise ausradierten, nicht rekonstruierbaren Text* ‖ **238**,25-27 *von* jedes *bis* Möglichkeit des *V. für teilweise ausradierten, nicht rekonstruierbaren Text* ‖ **238**,27-30 *von* Wirklich *bis* usw. *im Ms. in eckigen Blaustiftkl.* ‖ **238**,31 *vor* So *Absatzzeichen mit Bleist., wohl von Landgrebe* ‖ **238**, Anm. *Fußnote = Rb. in A. Landgrebe hat diese Rb. in den Text von E weiter unten, nach* Sachverhalten usw. *(S. 238,30), integriert. Diese Situierung ist im Ms. durch Bleistiftkreuze, höchstwahrscheinlich ebenfalls von Landgrebe, angedeutet.* ‖ **238**,34 *vor* Wichtig *Absatzzeichen mit Bleist., wohl von Landgrebe* ‖ **239**,1 *F: nach* Boden *der Einf. mit Bleist.* tatsächlichen ‖ *F: z. B. V. mit Bleist. für* d. i. ‖ *nach* wirklich *gestr.* gesetzte ‖ *E:* Naturdinge *statt* Dinge; *F:* Weltdinge *V. mit Bleist. für* Naturdinge ‖ **239**,2 *F: nach* über *Einf. mit Bleist.* alle ‖ *erfahrenen Einf.* ‖ **239**,4 und klar wird zugleich *V. für teilweise mit Blaust., teilweise mit Tinte, teilweise mit Tinte u. Blaust. gestr. und* ⟨*vor* und *Ms. erneut* klar⟩ zugleich die bedeutsame Beziehung, die sich zwischen apriorischen und empirischen Denken bzw. zwischen den beiderseitigen Denkgebilden herstellen muss. Klar wird zugleich ‖ **239**,11-13 *F: von* Titel *bis* welche *am Rand mit Bleist. angestrichen* ‖ **239**,11 „Anwendung" *Anführungszeichen vom Hrsg.* ‖ **239**,12-13 *von* auf *bis* Operation *V. für* ein ‖ **239**,18 *F:* in einer Erweiterung des gemeinen Wortsinnes *V. mit Bleist. für* allgemein ‖ **239**,19-20 *F:* Ich mag damit anheben zu erfahren und das Erfahrene zu beurteilen, aber ich verbleibe nicht wirklich in der normalen Aktivität des Erfahrens und Urteilens, d. i. ich setze die vordem vollzogenen Seinssetzungen außer Vollzug, ich inhibiere sie und ⟨nehme⟩ stattdessen die Haltung ein, die jede reine Phantasie uns illustriert, die des Als-ob, ich „denke mir", es sei, *V. mit Bleist. für von* Ich *bis* , sondern ‖ **239**,21 *F: nach* erfasse *Einf. mit Bleist.* nun in der beschriebenen weiteren Umstellung ‖ **239**,22 *F: nach* ich *Einf. mit Bleist.* aber ‖ **239**,23 jederzeit *Einf.* ‖ **239**,25-27 *von* Wirklichkeit *bis* Wesen. *Erg. am Rand, Situierung von Landgrebe; dazu von Landgrebe die Notiz mit Bleist.* Beilage. *Gemeint ist damit ein wohl später in den Zusammenhang des Ms. eingelegtes Bl., das von Husserl nicht paginiert wurde. Der Text dieses Bl. erscheint in der vorliegenden Ausgabe als Fußnote (S. 239, Anm. 1).* ‖ **239**,26 *F:* Identitätsdeckung *V. mit Bleist. für* Deckung ‖ **239**, Anm. 1 *Fußnote = Text eines in das Ms. eingelegten Bl., das von Husserl nicht paginiert wurde aber mit der zuordnenden Notiz versehen ist* ad Vorlesungen, reine Möglichkeiten. *Der Text befindet sich auf der Rückseite der oberen Hälfte einer Einladung zur auf den 20.11.1922 datierten „Jahres-Hauptversammlung" der „Philosophischen Gesellschaft an der Universität zu Wien". Auf der bedruckten Vor-*

derseite findet sich mit Blaust. die Notiz Husserls Armbruster. *Landgrebe hat diesen Text in E nach* gemeinsames Wesen. *in den Vorlesungstext integriert; dort befindet sich zu Beginn dieses Texteinschubs die Randnotiz* (Beilage); *F: von* (Beilage) *bis* Singularität *in eckigen Bleistiftkl.; dazu am Ende des Textes am Rand mit Bleist.* bis hier ‖ **239**,30 *vor* Jede Absatzzeichen, *wohl von Landgrebe* ‖ **239**,32 *F: nach* und *Einf. mit Bleist.* in ihr konsequent ‖ **239**,34 *nach* Wesen *schließende Kl. im Ms., wohl versehentlich, gestr.* ‖ **239**,35 *F: über* bestimmende *Erg. mit Bleist.* kategorische ‖ **239**,36 als *Einf.* ‖ **239**, Anm. 2 *spätere Anm. = Einf. mit Bleist. nach* Wesen. in F ‖ **240**,8-9 *von* Zum *bis* hat es. *Erg. am Rand* ‖ **240**,9 *F:* Seelenleben *V. mit Bleist. für* es ‖ **240**,11 *nach* werden, *im Ms. senkrechter Bleistiftstrich, wohl von Landgrebe* ‖ **240**,12 dieser Welt *Einf.* ‖ **240**,14 *F: vor* Nun *Absatzzeichen mit Bleist.* ‖ radikale *Einf.* ‖ **240**,16 allgemeine *Einf.* ‖ **240**,18-19 *von* oder *bis* solche *V. für ausradierten, nicht rekonstruierbaren Text* ‖ **240**,19-22 *von* nämlich *bis* erschauen lassen. *im Ms. in eckigen Blaustiftkl.* ‖ **240**,24 vermöge *V. für* in ‖ **240**,26-27 lassen *V. für ausradierten, nicht rekonstruierbaren Text; danach gestr.* der Möglichkeit nach ‖ **240**,27 *F:* wie besonderer Sachverhalte, so *V. mit Bleist. für* besonderer Sachverhalte, wie ‖ **240**,31 *F:* bzw. jeder Urteilsversuch *V. mit Bleist. für* und jeder Ansatz ‖ **240**,32-33 *von* so lautet *bis* Stufe. *V. für mit Tinte u. Blaust. gestr.* das liegt am Gesetz, dass überhaupt das Negat eines apriorischen universellen Sachverhalts *a priori* nicht besteht und dass jedes Negat eines Einzelfalls eines apriorischen Gesetzes eine Unmöglichkeit ist. ‖ **241**,1 *vor* Der *Absatzzeichen mit Bleist., wohl von Landgrebe* ‖ **241**,1-2 *F: von* Der *bis* Notwendigkeit; *Randnotiz mit Bleist.* cf. 286. *Der Hinweis bezieht sich auf die Originalpaginierung des Landgrebe'schen Ts. und dort wohl auf Husserls umfangreichen Rb. mit Bleist., die in der vorliegenden Ausgabe (S. 227, Anm. 1) als spätere Hinzufügung wiedergegeben ist.* ‖ **241**,2 apodiktische *Einf.* ‖ **241**,4 *F: nach* Das *Einf. mit Bleist.* angesetzte ‖ *F: nach* notwendig *Einf. mit Bleist.* als Mitsetzung ‖ **241**,7 *F:* Motivationen der okkasionellen Intuition, in der *V. mit Bleist. für* empirischen Motivationen, unter denen ‖ *F: nach* seine *Einf. mit Bleist.* ursprüngliche ‖ **241**,10 *F:* Erfahrungssetzung, alle Faktizität ausgeschaltet ist, *V. mit Bleist. für* Erfahrungssetzungen ausgeschaltet sind, ‖ **241**,11 *F:* in ihrer ursprünglichen *V. mit Bleist. für* ursprünglicher ‖ **241**,14-16 *von* mit Sinn *bis* selbstgegebenes *V. für teilweise ausradierten, nicht rekonstruierbaren Text* ‖ **241**,16 *F:* im reinen Überhaupt *V. mit Bleist. für* absolut ‖ *nach* nicht" *Abschlusszeichen und am Rand ein waagerechter Bleistiftstrich; darunter mit Bleist., wohl von Landgrebe* § 34 ‖ **241**, Anm. 1 *spätere Hinzufügung = Einf. mit Bleist. nach* p". *in F* ‖ **241**, Anm. 2 *spätere Hin-*

zufügung = Einf. mit Bleist. nach nicht". in F ‖ **242**,2 Sachverhalt *V. für* Urteilsverhalt ‖ **242**,4 dabei doch *V. mit Bleist. für* es ⟨es *Einf.*⟩ dabei auch ‖ **242**,4-5 urteilend. *V. mit Bleist. für teilweise ausradierten, nicht rekonstruierbaren Text; nach* urteilend. *senkrechter Blaustiftstrich* ‖ **242**,5 *von* Oder *bis* aussprechen. *im Ms. in eckigen Blaustiftkl.* ‖ **242**,6-7 *F:* im Glauben aufnehmen und prädikativ explizierend als Urteil vollziehen und *V. mit Bleist. für von als bis* Wahrheit ‖ **242**,10-11 *von* Das *bis* Werdende *V. mit Bleist. für ausradierten, nicht rekonstruierbaren Text* ‖ **242**,12-13 *von* ist dann *bis* ist dann nicht *V. mit Bleist. für teilweise ausradierten, nicht rekonstruierbaren Text* ‖ **242**,14 *nach* Sachverhalt *mit Blaust. gestr.* , seiender Sachverhalt ‖ schlechthin *ursprünglich ebenfalls mit Blaust. gestr., dann durch Radieren wieder in Geltung gesetzt; F:* schlechthin *mit Bleist. gestr.* ‖ *F: über* Meinungen *Erg. mit Bleist.* bloß vermeinte Gegenstände ‖ **242**,15 *F: nach* sind *Einf. mit Bleist. für* uns ‖ **242**,16 Körper *V. für ausradiertes, nicht rekonstruierbares Stenogramm* ‖ **242**,17 *vor* Daraus *Absatzzeichen mit Bleist., wohl von Landgrebe* ‖ doppeldeutige *Einf.* ‖ **242**,18 *über* als solches *gestr Erg.* eines wirklichen oder möglichen Urteils des*; des versehentlich nicht gestr.* ‖ **242**,18-25 *von* . Dabei *bis* ihre Bedeutung. *V. für* , eines wirklichen oder möglichen Urteils bzw. des möglicherweise zu urteilenden als solchem. Dies ist wiederum *V. für* bzw. möglicherweise zu urteilende als solches. ‖ **242**,22-24 *von* Vereinzelungen *bis* oder Sätze: *V. für teilweise gestr., teilweise ausradierten, nicht rekonstruierbaren Text* ‖ **242**,23 oder *Einf. mit Bleist.* ‖ **242**,24 *F:* drei *V. mit Bleist. für* zwei ‖ **242**,24-25 *von* hinsichtlich *bis* Bedeutung *V. für teilweise gestr., teilweise ausradierten, nicht rekonstruierbaren Text* ‖ **242**,25 *nach* Bedeutung *mit Blaust. gestr. wohl ursprüngliche Einf.* und erst recht die Urteilssinne, die bloßen Bedeutungen. *Dieser Text setzte sich in einer ebenfalls mit Blaust. gestr. weiterführenden Einf. fort, die lautet* Sie hat das merkwürdige, dass gegen wirkliches Urteilen Phantasieurteilen sozusagen unempfindlich ist. Und so kann ich diese ⟨nach diese *gestr.* „Meinung" oder⟩ „Bedeutung" willkürlich bilden und dann haben, auch wenn ich selbst nicht so urteile. ‖ **242**,25-26 Gleichgültig *mit Tinte u. mit Bleist. überschrieben* ‖ **242**,26-27 *von* für *bis* Bedeutung, *V. für* auch ‖ **242**,27 der Sachverhalt darin *V. für* es ‖ **242**, Anm. 1 *spätere Hinzufügung = Einf. mit Bleist. nach* Urteilen *in F; diese Einf. ist V. für die ursprüngliche Einf. mit Bleist.* also ein nicht evidentes und auch nicht ein abgeleitet evidentes ‖ **242**, Anm. 2 *spätere Anm. = Bemerkung mit Bleist. am oberen Rand des Bl. in F* ‖ **242**, Anm. 3 *spätere Anm. = Rb. mit Bleist. in F* ‖ **243**,4-5 *von* das kann *bis* Dabei *V. mit Bleist. für* im Übergang von der Meinung zur entsprechenden Selbstgebung ‖ **243**,6 „Urteil" oder „Satz" *alle Anführungszei-*

chen vom Hrsg. ‖ *nach* entnehmen *gestr. Einf.* , den Sinn ‖ **243**,10 Das urteilende Meinen *V. für* Die Meinung ‖ **243**,10-11 *von* ist *bis* Denken *V. mit Bleist. für* im strebenden Denken ist ‖ **243**,12 aktuelle *Einf.* ‖ **243**,14-16 *von* Aber *bis* bewahrheitenden *V. mit Bleist. für teilweise ausradierten, teilweise mit Bleist. gestr., nicht mehr rekonstruierbaren Text* ‖ **243**,16-20 *von* Alle *bis* demselben. *Einf. mit Bleist.* ‖ **243**,25 „wahr" und „falsch" *Anführungszeichen vom Hrsg.; F:* über wahr *Erg. mit Bleist.* richtig ‖ **243**,27 *F:* richtig *V. mit Bleist. für* wahr ‖ vom *Einf.* ‖ **243**,29 *vor* Zu *Schrägstrich mit Rotst. u. Absatzzeichen mit Bleist., letzteres wohl von Landgrebe* ‖ **243**, Anm. 2 *spätere Anm.* = *Rb. mit Bleist. in F* ‖ **243**, Anm. 3 *spätere Anm.* = *Einf. mit Bleist. in F nach* Widerspruch ‖ **244**,1 mögliche *Einf.* ‖ *von* über *bis* überhaupt *Einf.* ‖ **244**,2-3 *F:* den Wesensgesetzen *V. mit Bleist. für* die den Sätzen ‖ den Sätzen *Einf. mit Bleist.* ‖ **244**,3 *F: nach* Sachverhalte *Einf. mit Bleist.* aufgrund von exemplarischen Einzelheiten ‖ **244**,3-4 *von* Also *bis* nicht *V. mit Bleist. für teilweise ausradierten, nicht rekonstruierbaren Text* ‖ **244**,5 *F:* aber auch *mit Bleist. gestr.* ‖ **244**,6 Denke ich z. B. jetzt: *Einf. mit Bleist.* ‖ **244**,6-8 *F:* explizit 2 und 3 (2 also explizit als irgendein Ding und irgendein Ding, 3 ebenso explizit erzeugt als zwei Dinge und ein Ding dazu), ⟨*nach* dazu *Kl. vom Hrsg. geschlossen*⟩ so kann ich dann auch das Urteil bilden *V. mit Bleist. für von* : Irgendein *bis* drei Dinge, ‖ **244**,9 *E:* usw. *V. für* u. dgl.*; F:* usw. *gestr.* ‖ *F:* . Ich habe *V. mit Bleist. für* , so habe ich ‖ **244**,10 *F: nach* habe ich *Einf. mit Bleist.* in gewisser Weise ‖ leeren *Einf.* ‖ **244**,11 *F:* als wirkliche Erzeugnisse habe ich „Kollektionen" von „Einheiten", *V. mit Bleist. für* wirkliche „Kollektionen" und ‖ **244**,11-12 „Kollektionen" und „Anzahlen" *Anführungszeichen mit Bleist.* ‖ **244**,12 *F:* wirkliche *mit Bleist. gestr.* ‖ Zahlenurteile *V. mit Bleist. für* Urteile ‖ **244**,13-15 *von* aufgrund *bis* Weise meinen. *Einf. mit Bleist. Die Einf. war ursprünglich nach* „Anzahlen" *situiert.* ‖ **244**,13 *F:* aber *V. mit Bleist. für* also ‖ **244**,15 können wir *V. mit Bleist. für* kann ich ‖ *nach* sogar *mit Blaust. gestr.* wirklich generelle ‖ **244**,20-21 *F:* über Sätze und *mit Bleist. gestr.* ‖ **244**,21 *nach* bloß kategoriale *mit Bleist. gestr.* Sinnes- oder*;* Sinnes- oder Bedeutungsgebilde *ursprünglich V. für* Sinngebilde ‖ **244**,22-23 aus wirklicher Bildung *Einf.* ‖ **244**,26 die kategoriale Bedeutung *V. für* der kategoriale Sinn ‖ **244**,26-27 *von* „2" *bis* Viereck" *alle Anführungszeichen vom Hrsg.* ‖ **244**,26 *nach* „2", *mit Blaust. gestr.* der kategoriale Sinn, ‖ **244**,27 die bloße Bedeutung *Einf.* ‖ **244**,28 *F: nach* selbst, *Einf. mit Bleist.* von einem runden Viereck selbst (auf das „verwiesen" ist, das aber nicht existieren kann), ‖ *F: nach* Wahren *Einf. mit Bleist.* bzw. Falschen ‖ Eine kategoriale Bedeutung *V. für* Ein kategorialer Sinn ‖ **244**,29 , die nicht selbst ein Satz ist, *Einf. mit Bleist.* ‖ *F: nach* ein *Einf.*

mit Bleist. ganzer ǁ **244**,30 *F:* oder ein Satzgebilde *mit Bleist. gestr.* ǁ *nach* Satzgebilde. *mit Bleist. gestr.* Und jedes solche Gebilde heißt im weitesten Sinne selbst Satz und ist selbst kategoriale Bedeutung, in die Teilbedeutungen, die nicht volle Sätze sind, sich einordnen. – *auf Höhe der Streichung Rb. mit Rotst.* zur Ergänzung siehe folgende Seite. *Verwiesen ist damit wohl auf die Rückseite des Bl., deren Text hier mit S. 245,21 beginnt.* ǁ **244**,31 *vor* Auf *Absatzzeichen mit Bleist., wohl von Landgrebe* ǁ **244**, Anm. 1 *spätere Hinzufügung = Einf. mit Bleist. nach* meinen. *in F* ǁ **244**, Anm. 2 *spätere Hinzufügung = Einf. mit Bleist. nach* sind *in F* ǁ **245**,1 *möglicher Einf.* ǁ **245**,3 *F: nach* die *Einf. mit Bleist.* ebenso ǁ *F: nach* Bedeutungsgesetze *Einf. mit Bleist.* eben eine solche Kompossibilität betreffen, also ǁ **245**,3-7 *von* die über *bis* kommen sie *V. für* die zur Einsicht kommen ǁ **245**,4-5 *F:* , über Kompossibilität von kategorialen Gebilden als in eins zu beurteilender nur aufgrund der *V. mit Bleist. für von* und Inkonsequenz *bis* bloßen ǁ **245**,6-7 vom Widerspruch *V. für ausradierten, nicht rekonstruierbaren Text* ǁ **245**,9 *möglichen Einf.; F: nach* möglichen *Einf.* Sachen und ǁ **245**,10 Urteile *V. für ausradiertes, nicht rekonstruierbares Stenogramm* ǁ **245**,11-20 *von* Eine *bis* Fragen. *im Ms. in eckigen Blaustiftkl. u. mit Bleist., wohl von Landgrebe leicht durchstrichen* ǁ **245**,13-14 *von* von grammatischem *bis* Urteilssatz *V. für* von Wortsatz und Satz ǁ **245**,21-23 *von* Man *bis* Überlegen wir: *Einf. mit Bleist., mit Tinte überschrieben; vor* Man *Absatzzeichen mit Bleist., wohl von Landgrebe* ǁ **245**,22-23 *nach* aussprechen *im Ms. mit Bleist.* ein Fragezeichen *mit Bleist.* ǁ **245**,25 „leer" *Anführungszeichen mit Bleist.* ǁ **245**,26 *von* spricht *bis* Denken" *V. mit Bleist. für* sagt auch in der Weise bloß symbolischen Denkens*; Denkens im Ms. versehentlich nicht angepasst* ǁ **245**,27-28 *von* die der *bis* Logik), *V. für* die der sogenannten formalen Logik, ǁ **245**,31 Sinnesform *V. für* Form ǁ **245**,32-33 *von* , z. B. *bis* Barbara *Einf.* ǁ **245**,33 *Ms.* Diesen *statt* Diese ǁ **245**,35 *nach* erfüllen *im Ms. noch einmal* muss ǁ *nach* seiner *mit Bleist. gestr.* materialen*; F: über* seiner Wahrheit *Erg. mit Bleist.* seiner „Richtigkeit" ǁ **245**, Anm. *spätere Anmerkung = Erg. mit Bleist. über der Zeile in F* ǁ **246**,1-25 *von* Es *bis* variabel. *Einf.* ǁ **246**,2-3 *von* Einstimmigkeit *bis* eines *V. für teilweise gestr., teilweise ausradierten, nicht rekonstruierbaren Text* ǁ **246**,5 *F: über* vorweg die Bedingung *später ausradierte Einf. mit Bleist.* wie als apriorisches Gesetz anzusehen ǁ **246**,8 *F:* (ein Widerspruch im gewöhnlichen und erweiterten Sinn) *V. mit Bleist. für* , wie ein Widerspruch, ǁ **246**,10 *F: nach* Einstimmigkeit *Einf. mit Bleist.* (Gesetz der „Widerspruchslosigkeit", korrelativ der Unstimmigkeit, der Inkonsequenz) ǁ **246**,11-13 *von* Notabene: *bis* Gewissheit. *Erg. am Rand* ǁ **246**,12 *F:* Gewisssein, der Moment des Seins schlechthin hat kategoriale

V. mit Bleist. für Gewiss || **246**,14-15 *von* gegebenenfalls *bis* Meinungen *V. für ausradierten, nicht mehr rekonstruierbaren Text* || **246**,16 Analytisch-Formale *V. für* Formale || **246**,17 übrigen *Einf.* || **246**,18 Urteilsform *V. für ausradierten, nicht rekonstruierbaren Text* || **246**,19 *F: nach* ihrer *Einf. mit Bleist.* leer gedachten || **246**,19-24 *von* Das *bis* gedacht. *zunächst mit Blaust. gestr., dann durch die durch den Text gehende Bleistiftbemerkung* richtig! u. *Strichelung mit Bleist. am Rand wieder in Geltung gesetzt* || **246**,19 rein *Einf.* || **246**,21-3. *von* „Wenn *bis* C"' *alle doppelten u. einfachen Anführungszeichen vom Hrsg.* || **246**,23 *F: nach* Termini *Einf. mit Bleist.* in dieser Art || **246**,25 *F:* durch ihre sachhaltigen und in ihrer sachlichen Möglichkeit ausgewiesene Begriffe *V. mit Bleist. für* nicht frei variabel || *Mit* variabel. *endet der Text des Bl. Am unteren Rand befindet sich ein Abschlusszeichen mit Blaust.* || **246**, Anm. 1 *Fußnote = in eckige Rotstiftkl. gesetzte Bemerkung zur in der textkritischen Anm. zu S. 246,1-25 bezeichneten Einf. in A* || **246**, Anm. 2 *spätere Anm. = Einf. mit Bleist. nach* variabel. *in F* || **246**, Anm. 3 *spätere Hinzufügung = Erg. mit Bleist. über der Zeile in F* || **246**, Anm. 4 *spätere Hinzufügung = Einf. mit Bleist. nach* Gewissheit. *in F* || **246**, Anm. 5 *spätere Hinzufügung = Einf. mit Bleist. nach* sind. *in F* || **247**,11 *über dem Text, der mit* Wir *beginnt mit Bleist., wohl von Landgrebe,* IV. § 35 || kategorialen *Einf.* || **247**,12-13 *von* Wir *bis* apriorischen *am Rand zwei waagerechte Blaustiftstriche u. ein waagerechter Rotstiftstrich; darunter mit Rotst.* Rekapitulation vom Anfang an || **247**,22-23 *von* und eventuell *bis* selbst. *Einf. mit Bleist.* || **247**,23-**248**,3 *von* Aber *bis* bildet. *im Ms. in eckigen Blaustiftkl.* || **247**,24 reine *Einf. mit Bleist.* || **247**,25 und *V. für ausradiertes, nicht rekonstruierbares Stenogramm* || **248**,5 *nach* Überlegungen *mit Bleist. gestr. und* || **248**,7-9 *F: von* Begründung *bis* sollten *am Rand mit Bleist. angestrichen* || **248**,8 absoluten *V. für* apodiktischen || **248**,12-13 , eine echte, absolut gerechtfertigte *Einf.; danach mit Blaust. gestr.* , endgültige || **248**,14 *von* vor allem *bis* Rechtfertigung *Einf.* || **248**,14-16 *F: von* Die *bis* Selbstgegebenheit, die *am Rand mit Bleist. angestrichen* || **248**,17-18 *von* , wir fanden *bis* aus *Einf.* || **248**,20 Ego *Einf.* || durchgehend und *Einf.* || **248**,21-22 notwendig *Einf.* || **248**,22 *F: nach* und *Einf. mit Bleist.* dieser Form selbst, || **248**,28 *nach* Gegebenheit. *Absatzzeichen mit Blaust.* || **248**,29-30 *von* Aber *bis* gesprochen. *Einf.* || *von* keine Erkenntnis *bis* gesprochen *mit Bleist.; davon* Erkenntnis, prägnant gesprochen *mit Tinte überschrieben* || **248**,29 ist *V. für ausradiertes, nicht rekonstruierbares Stenogramm* || **248**,31 „kategorialen" Gebilden *V. für* Denkgebilden || **248**,32atürlich *Einf. mit Bleist.* || **248**,38 *von* Ego *bis* gegebenen *Einf.* || **249**,2 des Ego *Einf.* || **249**,2-3 *von* und *bis* solches, *Einf.* || **249**,5 und ihrer Bestimmungen und so *V. mit Bleist. für* und ||

249,6 *Ms.* aller *statt* alle ‖ **249**,10-14 *von* Alle *bis* wirklichen Erzeugnisse. *Einf.* ‖ **249**,11 waren uns *V. für ausradiertes, nicht rekonstruierbares Stenogramm* ‖ **249**,12 „Ich denke" *Anführungszeichen mit Bleist.* ‖ **249**,15 *vor* Immerfort *Absatzzeichen mit Bleist., wohl von Landgrebe* ‖ **249**,16-17 *von* (von *bis* Gegebenem) *Kl. Einf.;* von *V. für* in ‖ **249**,21 naive Setzung der *Einf.* ‖ **249**,22 *nach* gegebenen Welt, *mit Bleist. gestr.* durch die Präsumtion, die in aller auf sie bezüglichen Erfahrung steht, ‖ **249**,23 aber wir *V. für* und ‖ **249**,25-26 *von* , rein *bis* Selbstgebung *Einf.* ‖ **249**,27 war *Einf. mit Bleist.* ‖ **249**,27-29 *von* und *bis* Erfahrung. *V. für ausradierten, nicht rekonstruierbaren Text.* ‖ **249**,29-30 mussten wir *Einf.* ‖ **249**,32-33 *F:* Apodiktizität *in Anführungszeichen mit Bleist.* ‖ **249**,33-37 *von* für das *bis* diese Apodiktizität *Einf.; danach im Ms., wohl versehentlich nicht gestr.* nur muss sie ‖ **249**,38 diese *V. mit Bleist. für* ihre ‖ *nach* Erfahrung. *Absatzzeichen mit Bleist., wohl von Landgrebe* ‖ **250**,2 *nach* Art. *ausradierter senkrechte Bleistiftstrich u. ausradiertes, wohl von Landgrebe eingefügtes Absatzzeichen mit Bleist.* ‖ **250**,5 „erfahrene Natur" *Anführungszeichen vom Hrsg.* ‖ **250**,5-9 *von* Nämlich *bis* Dinge; *im Ms. in eckigen Rot- u. Blaustiftkl.* ‖ **250**,7 *vor* finde *im Ms. zusätzliche geöffnete eckige Rotstiftkl.* ‖ **250**,10-11 *von* und *bis* Möglichkeit *V. für teilweise ausradierten, nicht rekonstruierbaren Text* ‖ **250**,12 Aber diese *V. für* Also die ‖ **250**,14-15 dieser wirklichen Synthese *V. für* der Synthese der Erfahrung ‖ **250**,16-17 Wir sehen: *Einf.* ‖ **250**,17-18 *F: von* zwar *bis* Endgültigkeit *am Rand mit Bleist. angestrichen* ‖ **250**,18-22 *von* die das *bis* zu können. *V. für mit Blaust. gestr.* und ‖ **250**,24 *vor* Es *Absatzzeichen mit Bleist., wohl von Landgrebe;* Es ist klar: *Einf.* ‖ **250**,25 überhaupt *Einf.* ‖ **250**,27-28 *von* in Bezug *bis* Erfahrungslage *Einf.* ‖ **250**,29-30 *von* welche *bis* Gebundenes. *V. für* dies kann nur als relativ und ⟨als relativ und *Einf.*⟩ wechselndes Vorkommnis absolut ⟨absolut *Einf.*⟩ konstatiert werden. *Diese Lesung ist wegen zahlreicher Radierungen und Streichungen mit Tinte sowie mit Blaustift unsicher.* ‖ **250**,30 *nach* als *im Ms. noch einmal* als ‖ **251**,5-6 *von* dieses Ego *bis* bewegen müssen *V. für teilweise ausradierten, teilweise mit Tinte u. Blaust. gestr., nicht rekonstruierbaren Text* ‖ **251**,7 finden wir *V. für ausradierten, nicht rekonstruierbaren Text* ‖ *nach* jeweils *mit Tinte u. Blaust. gestr.* undurchstreichbar in Selbstgebung also ‖ absolut *Einf.* ‖ **251**,9 mit all seinen Gehalten *Einf.* ‖ **251**,11 *nach* erfahrene *gestr.* und als darin im Charakter erfahrenen Daseins gegeben ‖ **251**,11-14 *von* und ebenso *bis* sind natürlich *V. für mit Blaust. gestr.* und wir können dann auch vergleichen, unterscheiden, Begriffe bilden, kurzum urteilen und in ursprünglicher Weise Selbsterzeugtes erfassen. Auch das ist Empirie, und die Urteile ‖ **251**,13 *nach* Denkens. *senkrechter Blaustiftstrich* ‖ hier

Einf. ‖ **251**,14-15 *von* sofern *bis* Dasein *V. für teilweise ausradierten, nicht rekonstruierbaren Text* ‖ **251**,17 *vor* Aber *Absatzzeichen mit Bleist., wohl von Landgrebe; F: von* Aber *bis* Erkenntnis *am Rand mit Bleist. angestrichen* ‖ aufgrund dieser Empirie *V. für* hier ‖ **251**,24 , das war festgestellt worden, *Einf.* ‖ **251**,24-27 *F: von* apodiktische *bis* bieten, *am Rand mit Bleist. angestrichen* ‖ **251**,26-29 *von* Immanente *bis* Unendlichkeit. *Einf.* ‖ **251**,27 *F: von* Erfahrung *bis* bieten, *am Rand mit Bleist. angestrichen* ‖ *von* mag *bis* bieten *V. mit Bleist. für teilweise ausradierte, nicht rekonstruierbaren Text* ‖ sie *V. für ausradiertes, nicht rekonstruierbares Stenogramm* ‖ **251**,29 *vor* Ferner *Absatzzeichen mit Bleist., wohl von Landgrebe* ‖ **251**,31 *F:* dem *mit Bleist. angestrichen* ‖ **251**, Anm. *Fußnote = Rb.* ‖ **252**,1 *E:* verstehenden *statt* versuchenden; *F:* verstehenden *mit Bleist. gestr.* ‖ **252**,1-2 *von* Einzelerfassung *bis* Deskription? *V. mit Bleist. für* Analyse und Einzelerfassung kommen? ‖ **252**,3 *vor* Jedenfalls *Absatzzeichen mit Bleist., wohl von Landgrebe* ‖ **252**,4 geordnet *Einf.* ‖ **252**,6 *nach* gewinnen, *mit Bleist. gestr.* empirische Bedingtheiten festzustellen, ‖ **252**,7 empirische *Einf. mit Bleist.* ‖ **252**,7-8 *vor* vom Egologischen *am Rand zwei Schrägstriche mit Rotst.* ‖ **252**,8-9 *von* gemäß *bis* universalen Erkenntnis *V. für teilweise mit Tinte u. Blaust. gestr., teilweise ausradierten, nicht rekonstruierbaren Text* ‖ **252**,10-13 *von* verwirklicht *bis* führt, *V. für* hat, ‖ **252**,11 absolut evidenten *Einf.* ‖ **252**,13 *von* die jederzeit *bis* wären *im Ms. in eckigen Blaustiftkl.; diese Kl. schloss ursprünglich nach dem inzwischen gestr.* Progress *(vgl. dazu die übernächste textkritische Anm.)* ‖ frei *Einf.* ‖ die in dieser *V. für* und die in einem geordneten Progress und in ihrer ‖ **252**,16 *vor* Doch *Absatzzeichen mit Bleist., wohl von Landgrebe* ‖ **252**,17 *vor* Wir *zwei Schrägstriche mit Blaust. u. einer mit Rotst.* ‖ **252**,17-19 *F: von* apriorischer *bis* erwogen. *am Rand mit Bleist. angestrichen* ‖ **252**,19 reine *Einf.* ‖ **252**,20-**253**,1. *von* . Ausgezeichnet *bis* μέϑεξις, *V. für* , und sie kann in die Empirie ‖ **252**,29 überhaupt *Einf.* ‖ **252**,30 objektive *Einf. mit Bleist.* ‖ für das Ego *Einf.* ‖ **252**,34-35 *F: von* immer *bis* erzeugend wieder *am Rand mit Bleist. angestrichen.* ‖ **252**,37 *nach* veritates. *im Ms. mit Rotst. die Notiz* Oben, *die am Ende des am Rand als Einf. Notierten (vgl. die textkritische Anm. zu S. 252,20-253,1) wohl lediglich auf die Stelle im Text verweist, mit der fortzufahren ist* ‖ **252**,38 *vor* Ferner, *ausradiertes Absatzzeichen mit Bleist.* ‖ **252**,38-**253**,1 *F : von* Empirie *bis* apodiktische *am Rand mit Bleist. angestrichen* ‖ **253**,3 *nach* heißt. *senkrechter Rot- u. Blaustiftstrich; danach Absatzzeichen mit Bleist., wohl von Landgrebe* ‖ **253**,4 *von* Doch *bis* Wesensgesetze. *Einf.* ‖ *vor* Wir *Schrägstrich mit Rotst.* ‖ **253**,5-6 aus der Zeit *Einf.* ‖ **253**,7 eigenen *Einf.* ‖ **253**,9 historischen *Einf.* ‖ **253**,10 eingeklammerte *Einf.* ‖ **253**,11-12 *Ms.*

Denkens *statt* Denken ‖ **253**,12-15 *von* Das *bis* reine Möglichkeiten *am Rand zweimal mit Rotst. angestrichen* ‖ **253**,12-13 *F: von* dass *bis* absoluten *am Rand mit Bleist. angestrichen* ‖ **253**,16 *nach* lassen *Ms. ist* ‖ Wesenserkenntnisse sind absolute Erkenntnisse. *V. für* , ist absolute Erkenntnis. ‖ **253**,17 *vor* Was *Absatzzeichen mit Bleist.;* Was besagt Wesenswissenschaft? *V. für ausradierten, nicht rekonstruierbaren Text; danach in eckigen Blau- u. Rotstiftkl. u. mit Blaust. gestr., wohl ehemals den ausradierten Text fortsetzend* überhaupt apodiktisch, sondern Erkenntnisse, die das Ego jederzeit in absolut identische Sinne bilden kann und sich jederzeit ihrer Identität versichern kann in Form selbstgebender Bildung. – Wesenswissenschaft? *Fragezeichen mit Blaust.* ‖ **253**,17-18 *von* Die *bis* wir uns *Einf.* ‖ **253**,19 absolut *Einf.* ‖ **253**,21 hinstrebe *ursprünglich teilweise mit Blaust. gestr., dann jedoch durch erneute Einf. mit Bleist. wieder in Geltung gesetzt* ‖ **253**,23 als erste Idee einer Wissenschaft *V. für teilweise ausradierten, nicht rekonstruierbaren Text; nach* als *Absatzzeichen mit Bleist., wohl von Landgrebe* ‖ **253**,24 Wissenschaft *V. für* philosophischen Universalwissenschaft ‖ **253**,25 *nach* Vorfindlichen *senkrechter Rotstiftstrich; danach Absatzzeichen mit Rotst.* ‖ als zweite *V. für* dann ‖ **253**,25-27 *F: von* zweite *bis* Ego *und am Rand zwei senkrechte Bleistiftstriche* ‖ **253**,27 . Wir ahnen die Möglichkeit *V. für* , der ‖ **253**,32 nicht nur der vergangenen und *Einf.* ‖ **253**,35-36 *von* Warum *bis* Ego? *Einf. mit Bleist.* ‖ **254**,2 die für sich *Einf.* ‖ **254**,6 *nach* einsah, dass *gestr.* alles empirisch Gegebene sein Apriori hat. Alles Mathematische ist nur als ‖ **254**,8-9 *von* gegeben sein *bis* Einheit. *V. mit Bleist. für mit Bleist. u. Blaust. gestr.* als passiv Vorgefundenes oder aus aktiver Erzeugung herstammendes Gebilde von mannigfaltigem (und nicht beliebigem) ⟨*von* (und *bis* beliebigem) *Kl. mit Bleist.*⟩ Bewusstsein ist. ‖ **254**,16-17 als intentionales *Einf. mit Bleist.* ‖ **254**,20 *F: vor* Natürlich *kleiner senkrechter Bleistiftstrich* ‖ **254**,21 rein *mit Bleist. überschrieben* ‖ **254**,28-29 hat dies als *V. mit Bleist. für* in ‖ **254**,29 *nach* Bewusstseins *mit Bleist. gestr.* und ‖ **254**,34 alles, was ich *V. mit Bleist. für* als was ich es*; es im Ms. versehentlich nicht gestr.* ‖ ist *V. mit Bleist. für mit Bleist. u. Blaust. gestr.* (und vor allem in seinem ⟨seinem *V. mit Bleist. für* seinen⟩ auf idealen Möglichkeiten meines Erlebens Untrennbar-bezogen-Sein) ⟨*von* (und *bis* Untrennbar-bezogen-Sein) *Kl. mit Bleist.*⟩ habe ich als ‖ **254**,36 *nach* anzuerkennen. *mit Blaust. gestr.* Aber vielleicht bin ich da zu schnell vorgegangen. Ich mache mir noch völlig klar, warum ich Aussicht habe, durch Etablierung eines rein apriorischen Denkens in der egologischen Sphäre zunächst eine rein apriorische Wissenschaft im strengsten erdenklichen Sinn zu gewinnen, und warum das egologische Apriori einen Vorzug hat selbst vor der egologischen apodiktischen Empirie. ‖ **255**,3 *über dem mit* Wir *beginnenden Text mit Bleist., wohl von Landgrebe* § 36 ‖ **255**,8 ist, *V. mit Bleist. für* sein dürfte, ‖ **255**,9 wird. *V. mit Bleist. für* würde. ‖ Mit anderen Worten: *Einf.* ‖ **255**,9-13 *von* Eine apriorische *bis* Philosophie überhaupt *am Rand zweimal mit Rotst. angestrichen* ‖ **255**,10 „Ich bin" *Anführungszeichen vom Hrsg.* ‖ **255**,14 überhaupt *Einf. mit Bleist.* ‖ **255**,15 *nach* Daten *mit Bleist. gestr.* aus meiner egologischen Sphäre ‖ **255**,24 *nach* finden. *Absatzzeichen mit Bleist., wohl von Landgrebe* ‖ **255**,27 *Ms.* nützen *statt* nützten ‖ **255**,30 *Ms.* kann *statt* könnte ‖ **255**,31 *vor* Indessen *ausradiertes, wohl ursprünglich von Landgrebe eingefügtes Absatzzeichen* ‖ **255**,32-33 , löst sich *V. mit Bleist. für* und ‖ **255**,35-**256**,2 *von* ego *bis* für mich *am Rand mit Rotst. angestrichen* ‖ **255**,35-36 *von* , den ich *bis* kann, *im Ms. in eckigen Bleistiftkl.* ‖ **255**,37 mannigfaltige *V. mit Bleist. für* allgemeine ‖ **256**,1 Wesensstrukturen *V. mit Bleist. für* Strukturen ‖ **256**,3 a priori *mit Bleist. überschrieben* ‖ **256**,7 Dazu *Einf. mit Bleist.* ‖ *nach* Ego *mit Bleist. gestr.* cogito ‖ **256**,10 Also käme ich *V. mit Bleist. für* So käme ich also ‖ **256**,11 *nach* Wesensordnung. *Absatzzeichen mit Bleist., wohl von Landgrebe* ‖ **256**,23 ⟨Erkenntnisse⟩ *Einf. gemäß E* ‖ **256**,23-24 in Beziehung zu meinem *V. für* bezogen auf mein ‖ **256**,25 Wille *V. mit Bleist. für ausradiertes, nicht rekonstruierbares Stenogramm* ‖ **256**,26-27 *von* das *bis* und *Erg. mit Bleist. über der Zeile* ‖ **256**,32 *von* , die *bis* gebunden ist *Einf. mit Bleist.* ‖ **256**,35 Klärung *V. für* Selbstgebung ‖ **256**,37 *nach* Erneuerung *mit Bleist. gestr.* , die eben Klärung dessen ist, was man schon hat und frei zur Verfügung hat ‖ **257**,4 einer zu ergreifenden *V. mit Bleist. für* eine zu ergreifende ‖ einer *nach* als *V. mit Bleist. für* eine ‖ **257**,6 Aufweisung *Einf. mit Bleist.* ‖ *nach* egologischer *gestr.* apriorischer ‖ **257**,24 rein *Einf.* ‖ **257**,31 *nach* Fakta. *Absatzzeichen mit Bleist., wohl von Landgrebe* ‖ **257**,35-37 *von* genaue *bis* Wesensdeskriptionen sind *V. mit Bleist. für* Beschreibungen dieses Typus fordert. ‖ **257**,37-**258**,1 *von* (und *bis* Fiktion) *Kl. mit Bleist.* ‖ **258**,8 *nach* usw. *senkrechter Bleistiftstrich u. Absatzzeichen mit Bleist., wohl von Landgrebe* ‖ **258**,21-22 *von* dem *bis* zugehört *V. mit Bleist. für* sich im Rahmen des *ego cogito* sein Selbstgegebenes verschafft ‖ **258**,24 irgendein Wesensgesetz *Einf. mit Bleist.* ‖ **258**,32 in sich *Einf. mit Bleist.* ‖ **258**,35 jedem lebendigen Strom kontinuierlicher *V. mit Bleist. für teilweise ausradierten, nicht rekonstruierbaren Text* ‖ **258**,36-38 *von* Möglichkeit, *bis* zu können *V. mit Bleist. für* entsprechenden synthetischen Einheit *in infinitum* fortgehender Erfüllung ‖ **259**,3 dass sie *V. für* und ‖ beständig *Einf.* ‖ **259**,8 Mit *wir endet der Text auf der Vorderseite des Bl.; die Rückseite beginnt erneut mit* wir. ‖ **259**,16 als ein *V. mit Bleist. für* als ‖ **259**,19 des Denkens *Einf. mit Bleist.* ‖ **259**,20 und (schon *V. mit*

Bleist. für und ‖ Auswertung) *schließende Kl. mit Bleist.* ‖ **259**,22 *nach ego cogito. senkrechter Bleistiftstrich* ‖ **259**,23 *nach* also *im Ms. noch einmal* also ‖ **259**,24 Philosophie *V. für* Phänomenologie ‖ **259**,26 wirklich *Einf. mit Bleist.* ‖ **259**,27-29 *von* , und das *bis* einordnet *Einf. mit Bleist., mit Tinte überschrieben* ‖ **259**,30-31 *F: von* scheinbaren *bis* ist, *am Rand mit Bleist. angestrichen* ‖ **260**,4 *von* Aber *an durch Bleistiftstrich am Rand vom vorigen Text abgetrennt, darunter* § 37 *, beides wohl von Landgrebe* ‖ **260**,6 Übung *mit Bleist. überschrieben* ‖ **260**,12 *vor* Ich *Absatzzeichen mit Bleist., wohl von Landgrebe* ‖ **260**,15-17 *von* egologischen Möglichkeiten *bis* bilden, *dessen am Rand nach unten weisender Pfeil mit Bleist.* ‖ **260**,18 und *Einf. mit Bleist.* ‖ **260**,25-26 und vermutete Zukunft *Einf. mit Bleist.* ‖ **260**,27 ich werde zum *V. mit Bleist. für* das ‖ **260**,28 Ich bin das *V. mit Bleist. für* bin ich ‖ **260**,29 des *V. für ausradiertes, nicht mehr rekonstruierbares Stenogramm* ‖ **260**,31 gewandelten *Einf.* ‖ **261**,1 möglichen *Erg. mit Bleist. über der Zeile* ‖ **261**,2 (alle *öffnende Kl. mit Bleist.* ‖ **261**,3 Wirklichkeit) *Kl. vom Hrsg. geschlossen* ‖ **261**,4 *vor* Dies *nach unten weisender Pfeil mit Bleist., der durch einen bis* „eingeboren". *reichenden ebenfalls nach unten weisenden Pfeil mit Rotst. verlängert wurde; dazu der Randtitel mit Bleist.* Eingeboren ‖ apriorische *Einf.* ‖ **261**,6 *nach* „eingeboren" *senkrechter Bleistiftstrich* ‖ **261**,8 Universum *V. mit Bleist. für* prinzipielle Reich ‖ **261**,10-12 *von* Sie *bis* Abwandlungen sind. *Einf. mit Bleist.* ‖ **261**,13 sonst *Einf. mit Bleist.* ‖ **261**,15 *nach* kann. *im Ms. die Notiz mit Bleist.* bis hier. Die Notiz zeigt wohl an, dass das in der Folgestunde nicht der Wiederholung Bedürftige nach Husserl bis hier reichte; das Folgende war dann zu wiederholen (vgl. die textkritische Anm. *zu* 261,17-21). ‖ **261**,16 die *Einf. mit Bleist.* ‖ **261**,17-21 *von* Ego, *bis* Unendlichkeit ist. *Randnotiz mit Bleist.* Wiederholt am Anfang der nächsten Vorlesung (vgl. dazu die textkritische Anm. *zu* 261,15) ‖ **261**,19 egologisch-eidetische *V. mit Bleist. für* egologische ‖ **261**,25 sie können *V. mit Bleist. für ausradierten, nicht rekonstruierbaren Text* ‖ **261**,26-27 sozusagen abgelesen werden. *V. mit Bleist. für* , wenn wir sie als Varianten der variierenden Mannigfaltigkeit denken, abgelesen werden. ‖ **261**,27 *vor* Wir *am Rand waagerechter Bleistiftstrich, der wohl den Text vom vorigen abtrennen soll; von* Wir *bis* zu bilden ist. *im Ms., wohl von Landgrebe, leicht mit Bleist. durchstrichen; der Text fehlt in E.* ‖ **261**,38-**262**,3 *von* Egologie *bis* dass das Ego *am Rand senkrechter nach unten weisender Pfeil mit Rotst.* ‖ **262**,3 *vor* Nebenbei *Absatzzeichen mit Bleist., wohl von Landgrebe* ‖ **262**,3-4 *F: von* Nebenbei *bis* Allgemeinbegriff *am Rand mit Bleist. angestrichen* ‖ **262**,9 individuell *Einf.* ‖ **262**,9-15 *von* nicht wiederholbar *bis* individuelle Egos *am Rand mit Rot- u. Blaust. angestri-*

chen; dazu die Rb., *die hier als Fußnote erscheint; F: von* nicht wiederholbar *bis* zusammenfällt *am Rand mehrere Male mit Bleist. angestrichen* || **262**,24 *zeitlich vergangenes V. für* vergangenes, als zeitliches || **262**,27 immanenten *oder Erg. über der Zeile* || **262**, *Anm. Fußnote* = Rb. *mit Bleist., mit Tinte überschrieben* || **263**,4 freilich *V. mit Bleist. für ausradiertes, nicht rekonstruierbares Stenogramm* || **263**,8-9 „Unendlichkeiten" *Anführungszeichen mit Bleist.* || **263**,10 nach , *das mit Bleist. gestr. statt* || **263**,13-14 immanent *mit Bleist. überschrieben* || **263**,18-23 *von* Wahrnehmbar *bis* abgeschlossen wahrnehmbar. *Einf.* || **263**,29-**264**,17 *von* Wir *bis* theoretisieren. *im Ms. in eckigen Blaustiftkl. und, wohl von Landgrebe, mit Bleist. leicht durchstrichen; der Text fehlt in E* || **264**,15 empirische *Lesung unsicher* || **264**,19-20 *von* (der *bis* Forschung) *Kl. mit Blaust.* || **264**,21-**265**,10 *von* Denn *bis* Zeugnis dafür. *im Ms. in eckigen Blaustiftkl.* || **264**,28 *vor* Wesenserkenntnis⟨sen⟩ *Schrägstrich mit Rotst.* || **264**,33 *vor* Dass *im Ms. erneut öffnende eckige Blaustiftkl.* || **265**,6 zeitlichen *Einf.* || **265**,8-10 *von* Leitfäden *bis* Zeugnis dafür. *am Rand mit Bleist. die Notiz* vgl. Einsatz 147b (das nicht gelesene Blatt). *Gemeint ist damit die im Ms. folgende p.* 147b, *die deshalb wohl ursprünglich an* Totalität vorangeht (S. 263,25-26) *anschloss. Dasjenige Bl., das mit* Totalität vorangeht. *endet trägt die Husserl'sche Paginierung* 147a *und folgt der p.* 147. *Das hier betreffende Bl. mit der Paginierung* 147b *wurde dann aber schließlich wieder herausgenommen und hinter das Bl. mit der neuen Paginierung* 148, *das mit* Zeugnis dafür *endet, einsortiert. Dort passt es auch inhaltlich besser, was Husserl wohl später aufgefallen ist (vgl. die textkritische Anm. zu* 265,11). || **265**,8 Ms. Da *statt* Dass || **265**,11 *vor* Naturgemäß *Absatzzeichen mit Bleist., wohl von Landgrebe; von* Naturgemäß *bis* die in sich *Randnotiz mit Bleist. nicht gelesen,* zu gebrauchen zu 148². *Diese Notiz bestätigt die Umlegung der p.* 147b *hinter die p.* 148 *(vgl. die textkritische Anm. zu S.* 265,8-10). *Unter dieser Randnotiz stand der später ausradierte ursprüngliche Text einer Notiz mit Rotst.* Wiederholt oder umgearbeitet nächste Vorlesung, Anfang 148 ff. *Dieser Bemerkung gemäß sollte die p.* 148 *offenbar ursprünglich die p.* 147b *ersetzen, weshalb Husserl dieses in der Vorlesung nicht vortrug. Später befand er dann, dass es sich dazu eignet den Text von p.* 148 *zu ergänzen, daher auch die Einordnung von p.*147b *nach p.* 148. || **265**,19-20 *von* vom *bis* sind. *V. für* aber Bewusstsein vom selben Gegenstand sind. || **265**,23-24 *F: von* Wahrnehmungen *bis* beginnen *am Rand mit Bleist. angestrichen* || **265**,37-**266**,2 *von* Aber *bis* Bewusstsein-überhaupt *am Rand mit Bleist. angestrichen; dazu die Rb., die hier als Fußnote (S.* 266, *Anm.* 1) *wiedergegeben ist* || **266**,5 Mit Ego überhaupt. *endet der Text der Vorderseite des Bl.; die Rückseite ist* *unbeschrieben.* ‖ **266**,5-8 *von* Doch *bis* finden. *mit Bleist., wohl von Landgrebe, leicht durchstrichen; in E fehlt dieses Textstück* ‖ **266**,9-10 *F: von* innerhalb *bis* selbst *am Rand mit Bleist. angestrichen* ‖ **266**,10 Lehre von den *Einf.* ‖ **266**,10-12 *F: von* allgemeinen *bis* Frage nach *am Rand mit Bleist. angestrichen* ‖ **266**,16 *F: von* der Lehre *bis* Besinnungen *am Rand mit Bleist. angestrichen* ‖ **266**,30-32 *F: von* höheren *bis* beruhen. *am Rand mit Bleist. angestrichen* ‖ **266**,32 *nach* beruhen. *mit Bleist. die Notiz* Von da ab die Londoner Vorlesungen. Damit endet auch der Text auf der p. 149. Das im Ms. folgende Bl. trägt die Husserl'sche Paginierung. 160 und gehörte, wie die Notiz Husserls andeutet, ursprünglich zu den Londoner Vorträgen. Die dazwischenliegenden Ziffern von 150 bis 159 wurden wohl versehentlich von Husserl ausgelassen (vgl. dazu die Bemerkungen zur Textgestaltung, S. 488). ‖ **266**, Anm. 1 *Fußnote = Rb. (vgl. die textkritische Anm. zu* 265,37-266,2) ‖ **267**,7 *von* Charakteristik *bis* Wesens *V. für* Klarlegung ‖ **267**,7-8 *D: Randtitel mit Bleist.* Begriff der transzendentalen Erkenntnistheorie. Ihr Verhältnis zur transzendentalen Phänomenologie ‖ **267**,10 *nach* Erkenntnistheorie *gestr.* oder transzendentale; oder transzendentale *V. für* und bringen wir sie ‖ **267**,11 *nach* Phänomenologie. *senkrechter Blaustiftstrich u. waagerechter Orangestiftstrich* ‖ *vor* Wenn *am Rand zwei Schrägstriche mit Orangest.* ‖ **267**,12 „transzendentale" *Anführungszeichen mit Orangest.* ‖ **267**,13 Transzendenz *V. mit Tinte u. Blaust. für* Erkenntnistranszendenz ‖ **267**,14 ist es die Frage *V. für mit Blaust. u. Tinte gestr.* ist es die Frage: Wie ist Erkenntnis, zuhöchst wissenschaftliche, ⟨, zuhöchst wissenschaftliche, *Einf.*⟩ von Transzendentem möglich und welchen möglichen Sinn kann eine transzendente Welt ⟨haben⟩, ‖ **267**,16-17 *von* in unseren *bis* erkannt wird *V. für mit Blaust. gestr.* in unseren Naturwissenschaften, unseren Weltwissenschaften erkannt wird ‖ **267**,18 *D: Randtitel mit Bleist.* Das transzendentale Problem in natürlicher Einstellung ‖ **267**,19 in ihr behandelt *V. mit Tinte u. Blaust. für* ohne sie je prinzipiell zu verlassen ‖ *Ms. nach* ich *noch einmal* ich ‖ **267**,21 *nach* erkennend. *mit Bleist. u. Blaust. gestr.* Die, d. i. mich selbst und alles Reale außer mir. ‖ **267**,22 *nach* da ist, *mit Tinte u. Bleist. gestr.* als Wirklichkeit und selbst als Möglichkeit, als in Wahrheit real objektiv Seiendes oder als Fingiertes, als Wertes oder Unwertes, ‖ **267**,24 meiner *V. mit Bleist. für* der ‖ **267**,25 *nach* als *gestr.* richtig, wirkliche oder wahrscheinliche Wirklichkeit, wahrhaft, ‖ **267**,26 *Mit* Intentionales *endet der Text auf der Vorderseite des Bl. Die den Zusammenhang ursprünglich fortsetzende Rückseite ist mit Blaust. gestr. Der gestr. Text lautet* in diesem Erleben. ⟨*nach* Erleben *gestr. Einf.* ganz „immanent"⟩ Ohne das hätte ich für all mein Denken überhaupt ⟨überhaupt *Einf.*⟩ kein Substrat. Das Denken ist aber wieder mein Denken; ich bilde die Begriffe und Sätze, ich verknüpfe die Sätze zu Schlüssen, zu Theorien. ⟨zu Theorien *V. mit Bleist. für* usw.⟩ Darin bilde ich also ein höherstufiges Bewusstsein, in dem das zuunterst Erfahrene meiner Erfahrungen seine Denkbestimmung erhält. Wenn ich dabei ⟨*nach* dabei *mit Blaust. u. Tinte gestr.* in der Erfahrung⟩ zwischen normaler und trügender Erfahrung scheide, ⟨scheide *V. für mit Bleist. gestr.* scheide, eine Wahrnehmung als Illusion, eine Erinnerung als Täuschung verwerfe, so ist, was da vonstatten geht⟩ so ist, ⟨so ist *Einf.*⟩ was das eine und andere charakterisiert ⟨*nach* charakterisiert *mit Bleist. gestr.* meine eigene Bewusstseinssache. ⟨Bewusstseinssache *V. für* Sache⟩⟩ Sache meiner eigenen Unterscheidungen, und die Charaktere sind ⟨sind *Einf.*⟩ in meinem Bewusstseinsbereich selbst auftretende Charaktere. Wenn ich Evidenz und Nicht-Evidenz erkenne und darin *a priori* Notwendiges, *a priori* Widersinniges oder ⟨*von* erkenne *bis* oder *V. für* , evident Wahres und evident Falsches, Widersinniges,⟩ empirisch richtiges und verwerfliches Denken unterscheide, so gilt abermals dasselbe. Evidenz ist ein in meinem Bewusstsein auftretender Charakter, ⟨*nach* Charakter *gestr.* ebenso Denkmöglichkeit, Notwendigkeit, Unmöglichkeit, und wenn in einem evidenten „So ist es", es ist wahrhaft so ...⟩ und das „wahr und wirklich", das ich meinem ⟨meinem *V. mit Bleist. für* dem⟩ Vorgestellten und Gedachten ⟨und Gedachten *Einf. mit Bleist.*⟩ am Ende einer Bestätigung, das ich am Ende ⟨das ich am Ende *Einf.*⟩ ⟨einer⟩ einsichtig machenden Begründung zuspreche ⟨zuspreche *V. für* vorfinde⟩, das „Es ist ⟨ist *V. für* gilt⟩ notwendig so", ⟨*von* das „Es *bis* so" *V. für* oder das „Es ⟨*nach* Es *Ms. noch einmal* Es⟩ ist also notwendig so"⟩ all das sind doch nur Titel für Vorkommnisse im Rahmen meines Bewusstseins. In aller Erkenntnis, mag ich sie gut oder schlecht, wissenschaftlich oder unwissenschaftlich nennen, stehe ich im Rahmen meines Bewusstseins. ⟨*von* In aller Erkenntnis *bis* Bewusstseins. *V. für* Und das am höchsten bewertete Erkennen ⟨Erkennen *Einf.*⟩, ⟨das⟩ sogenannte wissenschaftliche Begründen, ist eben doch nur ein Erkennen. Das höchstbewertete Erkennen im prägnanten Sinn ist mit allen in ihm hervortretenden Leistungen so gut mein subjektives Erleben und ⟨Erleben und *Einf.*⟩ Tun wie jedes andere Subjektive.⟩ Nur als ⟨*nach* als *gestr.* gut oder schlecht⟩ Bewusstes meines Bewusstseins, als Erkanntes meines Erkennens gibt es für mich alles, was es für mich eben gibt, das ganze Weltall, und gilt für mich, was für mich gilt, darunter alle Wissenschaften. ‖ **268**,12 das „So ist es notwendig" usw. *Einf.; Anführungszeichen gemäß B* ‖ **268**,16-19 *von* Also *bis* Wissenschaften. *im Ms. in eckigen Blaustiftkl.; in D dazu der Randtitel mit Bleist.* Erkenntnistheorie ‖ **268**,19 z. B. *Einf.* ‖ **268**,27-28 *von* dieser *bis* Erkenntnis *Einf.* ‖ **268**, Anm. *spätere Hinzufügung = Erg. mit Bleist. am*

Rand in D ‖ **269**,3 *vor* Nehmen *am Rand waagerechter Orangestiftstrich* ‖ **269**,7 phänomenologischen *Einf. mit Bleist.* ‖ **269**,10 D: *nach* sind. *schließende eckige Bleistiftkl.* ‖ **269**,13 vorhin *Einf.* ‖ **269**,20 *nach* gewinnen? *senkrechter Blaustiftstrich* ‖ **269**,21 , als *V. für* und ‖ **269**,27 und Geltung hat *Einf.* ‖ **269**,27-29 *von* den so *bis* hat? *im Ms. in eckigen Bleistiftkl.* ‖ **269**,29 *nach* hat? *mit Tinte u. Blaust. gestr.* Also sehe ich mich zur Frage gezwungen ‖ *vor* Wer *am Rand zwei Schrägstriche mit Orangestift* ‖ **269**,30-32 *von* Was *bis* Erkanntes ist? *in eckigen Blaustiftkl.* ‖ **269**,32 *nach* ist? *senkrechter Orangestiftstrich* ‖ **269**,33 *nach* transzendentale. *senkrechter Blaustiftstrich* ‖ **270**,3-5 *von* das, *bis* cogitata *im Ms. in eckigen Blaustiftkl.* ‖ **270**,5 *Mit* cogitans *endet der Text auf der Vorderseite des Bl. Die Rückseite ist mit Blaust. gestr.; der gestr. Text lautet* ... und darin wird nun das große Problem gesehen. Was ⟨*vor* Was *geöffnete Blaustiftkl., die nicht geschlossen wird*⟩ ⟨ich⟩ als Bewusstsein und Bewusstes erlebe, Erfahrung und Erfahrenes als solches, Denken und Gedachtes als solches, Werten und Gewertetes als solches usw., das ist, wie Descartes schon geltend gemacht hatte, ⟨von , wie *bis* hatte, *Einf.*⟩ unmittelbar gewiss ⟨*nach* gewiss *mit Tinte u. Blaust. gestr.* das ist die Cartesianische Evidenz. Gemäß der Cartesianischen Lehre ...⟩. Aber wie kann dieses Spiel der Subjektivität, und darin gerade das Spiel der logischen Denknotwendigkeiten, die die angeblich formale ⟨formale *Einf. mit Bleist., mit Tinte überschrieben*⟩ Norm für objektiv wahres Erkennen abgeben, je eine objektive Bedeutung gewinnen? Und welche objektive Bedeutung kann bei dieser Lage das Erkennen überhaupt haben, welchen Sinn darf ich der erkannten Welt, erkannt in den Bestimmungen der objektiven Wissenschaft, geben: etwa ⟨etwa *V. für* z. B.⟩ nur den einer menschlichen Erscheinungswelt für völlig unerkennbare Dinge an sich?

Es ist offenbar, nur feiner ausgesponnen, das Problem, das die antike Skepsis in Form jenes genialen Paradoxes aufgeworfen hat, das an den Namen des Gorgias geknüpft ist. Die Welt ist meine Vorstellung, Vorstellung der Subjektivität. Die Anerkennung einer ⟨*nach* einer *gestr.* objektiv ⟨objektiv *Einf.*⟩ erkennenden⟩ Wissenschaft, die aus dem zufällig wechselnden Subjektiven ein denknotwendiges Produkt herausarbeitet, das in immer wieder gleicher Denknotwendigkeit vertreten werden kann, mag ein Einwand gegen Protagoras sein, nicht aber gegen ⟨den⟩ sich sozusagen verfeinernden ⟨*von* sich *bis* verfeinernden *Einf.*⟩ Gorgias; denn auch die Denknotwendigkeit ist eine Art ⟨Art *Stenogramm nicht eindeutig, eventuell* Intensität⟩ des bloß Subjektiven. ⟨*von* Die Welt ist *bis* Subjektiven. *im Ms. in eckigen Blaustiftkl.;* des bloß Subjektiven *V. für* bloß subjektiv⟩

Nehmen wir nun einige Distanz zu einer solchen Problematik und ziehen wir Nutzen von der phänomenologischen Reduktion und von der echten „transzendentalen" Einstellung, die sie ermöglicht. Prinzipiell können wir sie jederzeit vollziehen und gewinnen das absolute transzendentale Ego, sein absolutes Bewusstseinsleben mit seinen intentionalen Korrelaten und das Universum idealer egologischer Möglichkeiten durch seine unmittelbar adäquat erschaubare Wesensgesetzlichkeit. ‖ **270**,5-**271**,16 *Der hier folgende Text von* und als das *bis* oder gewinnen können. muss als V. für eine ebenfalls vorliegende, parallele Variante angesehen werden. Das betreffende Bl. ist von Husserl mit Bleist. als III 6-7 paginiert, was bedeutet, dass auf ihm der Inhalt der ursprünglichen p. III 6 u. III 7 zusammengefasst ist. Im Konvolut ist die ehemalige p. III 6 liegengeblieben. Landgrebe hat sich bei der Erstellung des Typoskripts (B) dafür entschieden, den Text beider Bl. (III 6 u. III 6-7) zu mischen, so dass die ursprüngliche Version mit der späteren, überarbeiteten teilweise verbunden ist. Hier gelangt dagegen konsequent nur der überarbeitete Text zum Abdruck, der wahrscheinlich bereits in London vorlag. Die ältere, teilweise gestr. Version auf der p. III 6, die im Rahmen der Vorlesung von Husserl nicht paginiert ist und also dort keine Rolle spielt, lautet* und als *darin bezogen auf* cogitata. Ich, das absolute Ego, bin es, der in meinem mannigfaltigen *cogito* ⟨nach cogito *mit Blaust. u. Tinte gestr.* mein absolutes Leben lebe, und dieses mannigfaltige *cogito* ist es, in dem alle ...⟩ die Sinngebungen vollzieht, durch die alles und jedes, was für mich da ist, ⟨*nach* ist, *mit Bleist. gestr.* eben für mich da⟩ ist, und so wie es für mich da ist. Dieses ⟨*von* Dieses *an vom Vorigen durch trennende Bleistiftlinie abgesetzt*⟩ Für-mich-da besagt, es tritt in meinem Bewusstseinsfeld auf ⟨*von* und so *bis* Bewusstseinsfeld auf *V. für durch* es also in meinem Bewusstseinsfeld auftritt⟩ als etwas, worauf ich hinachten kann oder wirklich hinachte, als gerade dies, ⟨als gerade dies *V. für* und worin es auftritt als dieses und nichts anderes⟩ als ein Etwas dieses Sinnes und gerade in dieser Seinsmodalität ⟨Seinsmodalität *V. für* Modalität⟩ und sonstigen Gegebenheitsweise, ⟨und sonstigen Gegebenheitsweise *V. für* da⟩ z. B. als Wirkliches oder Mögliches oder Vermutliches usw., als bloße Meinung, als selbst Gesehenes oder Eingesehenes, ⟨*von* z. B. *bis* Eingesehenes *Randnotiz mit Bleist., die wohl in Zusammenhang mit der Überarbeitung des Bl. steht und bei dieser zu berücksichtigendes hervorhebt* Nur das Unterstrichene (*mit Bleist. unterstrichen ist* als wirkliches oder mögliches oder vermutliches ... bloße Meinung ... Eingesehenes ... trügender Sinnenschein ... als objektiv und an sich); *nach* Eingesehenes, *gestr.* als Gegenwärtiges oder Vergangenes oder Kommendes, als Gedachtes, als ausdrücklich Begründetes oder auch⟩ als trügender Sinnenschein, aber auch als klare Wirklichkeit, als prädikative

Falschheit oder Wahrheit, als objektiv und an sich Existierendes im Sinn der Erfahrung oder im Sinn wissenschaftlicher Theorie und dann mit den speziellen Sinngebungen: ⟨von *im Sinn* bis *Sinngebungen V. für speziell als*⟩ objektive Dinge, Natur, soziale Welt usw. ⟨von *und als darin bezogen* bis *usw. mit Orangest. gestr. Durch den Text ist mit Blaust. das Wort* Text *geschrieben*⟩

Natürlich ist es auch mein absolutes Bewusstsein, das solche Sinngebungen vollzieht, wie sie sich in den Worten aussprechen: Etwas ist in mir, ⟨*D: in mir in Anführungszeichen mit Bleist.*⟩ in meinem Leib oder in meiner Seele, und etwas ist außer mir, ⟨*D: außer mir in Anführungszeichen mit Bleist.*⟩ in der Außenwelt.

Freilich, auch diejenige Sinngebung, durch die ich für mich selbst als transzendentales Ich da bin, und mit meinem absoluten *cogito*, vollziehe ich in meinem absoluten Bewusstsein, und ursprünglich in meiner transzendentalen Selbstwahrnehmung, in der ich mir und meines Bewusstseins bewusst werde. Aber es ist klar, dass ich mich selbst in transzendentaler Einstellung in der letzterdenklichen Unmittelbarkeit erfasse, während ich alles anderen als eines *cogitatum* bewusst werde, das nicht selbst zu meinem absoluten subjektiven Bestand gehört. ⟨*nach* gehört *gestr. also wie bei allem Naturalen durch Erscheinungsweisen, durch Abschattungen*⟩ Es ist das Wesen der absoluten Subjektivität nicht nur zu sein, sondern für sich selbst zu sein, d. i. auf sich selbst reflektieren und seine absoluten Bestände erfassen zu können. Aber sie lebt nicht nur in Selbstreflexionen, sondern auch, und vorher, ⟨*auch, und vorher, Einf.*⟩ in naiven *cogito*, deren intentionale Gegenständlichkeiten den Sinn von Bewusstem haben, das nicht selbst Bewusstsein ist. ⟨von *Natürlich ist es an mit Blaust. u. Bleist. vom Vorherigen abgetrennt und bis* Bewusstsein ist. *am Rand, auf der Rückseite fortlaufend mit Orangest. angestrichen, dazu auf jeweils beiden Seiten die Randnotiz mit Bleist.* nicht benutzt *sowie mit Bleist. eine ausradierte Null; von* und als darin bezogen *bis* Bewusstsein ist. = *Textgrundlage von B, dann folgt B der Überarbeitung, die in vorliegender Ausgabe den Haupttext bildet.; nach* Bewusstsein ist. *waagerechter Bleistiftstrich, der den Folgetext abtrennt. Dieser ist mit Orangest. gestr., u. durch den Text ist mit Blaust. das Wort* Text *geschrieben. Der weitere Text, liegt nun nicht mehr B zugrunde*⟩ Ist man so weit, dann wird man wohl nicht umhin können, der im Syllabus ausgesprochenen These beizutreten: Alle vernünftigerweise an die Erkenntnis als Vernunftleistung zu stellenden Fragen – in Hinsicht auf Erkenntnissubjekt, Erkenntnisakt, an Erkenntnissinn und Erkenntnisgegenständlichkeit – sind entweder transzendental-phänomenologische Fragen oder sie sind unklare und widersinnige Fragen. Nämlich zunächst und fürs Erste ist es evident: ⟨*von* dann bis evident: *V. für* dann ist zweierlei evident: 1⟩; dann ist zweierlei evident 1) *versehentlich nicht gestr.*⟩ Das gemeine transzendentale Problem, das die ⟨das *Einf.*⟩ Erkenntnistheorie gewöhnlichen Stiles (auch des Kant'schen) zu lösen für ihre große Aufgabe hält, ist ein widersinniges Problem; denn welchen Sinn kann nun noch die Frage haben, wie die in der immanenten Intentionalität meines Bewusstseins gewonnene, etwa in wissenschaftlicher Theoretisierung erzeugte Wahrheit über das Bewusstsein hinaus objektive Bedeutung gewinnen könne, welchen Sinn ein wahres an sich Seiendes, das über das hinausliegt, was ich in meinem Bewusstsein mit dem Sinn des „An-sich" in meinen Begründungen bewährt habe? Ist es ⟨es *Einf.*⟩ das Bewusstsein, das für mich, den Fragenden, alle möglichen Bedeutungen und wahren Bedeutungen schafft, so umschließt das Universum des absoluten Bewusstseins das Universum aller sinnvollen Fragen und Antworten, aller sinnvollen Existenzen, aller sinnvollen Wahrheiten, von denen ich eben je auch nur nach Möglichkeit soll reden können.

Ist das Universum der Wahrheit⟨en⟩, die ich prinzipiell suchen und finden kann, die für mich überhaupt Sinn haben können, das Universum gewisser unter dem Titel „rechtmäßige Begründung" ... *Text bricht ab* ‖ **270**,8-9 eben da ist *ursprünglich mit Blaust. gestr., dann jedoch durch Radierungen wieder in Geltung gesetzt* ‖ **270**,10-17 *von* als etwas *bis* usw. *im Ms. in eckigen Blaustiftkl.* ‖ **270**,13 *schließende Kl. im Ms. gestr., jedoch nicht an eine andere Stelle versetzt* ‖ **270**,15-16 eventuell *Einf.* ‖ **270**,18 *von* Ist man *an auch wieder Textgrundlage von B* ‖ *nach* können, der *mit Bleist. gestr. im Syllabus ausgesprochenen. Dieser Zusatz ergab nur Sinn innerhalb der Londoner Vorträge, deren Hörer den angesprochenen Syllabus vorliegen hatten, aus dem hier wohl nicht ganz wörtlich zitiert ist (vgl. oben, Beilage II, S. 370). Die Streichung erfolgte offensichtlich, da der Hinweis für die Hörer der vorliegenden Vorlesung bedeutungslos war; der im Ms. versehentlich mitgestr.* ‖ **270**,20-21 *von* – in *bis* Erkenntnisgegenständlichkeit – *im Ms. in runden Tinten- u. in eckigen Blaustiftkl.; Gedankenstr. gemäß B* ‖ **270**,22 unklare *Einf.* ‖ **270**,26 ⟨ihre⟩ *Einf. gemäß B* ‖ **270**,29-31 *von* (etwa *bis* erzielte) *im Ms. zusätzlich in eckigen Blaustiftkl.* ‖ **270**,30-31 erzeugte und *Einf.* ‖ **270**,32 *Ms. nach* ein *noch einmal* ein ‖ **270**,33 Ding an sich *V. mit Orangest. für* „an sich *u. ausradiertes Wort, wahrscheinlich* Seiendes ‖ all *Einf.* ‖ *nach* in *im Ms. noch einmal* in ‖ **270**,35 oder bewähren kann *Einf.* ‖ **270**,36 *nach* für mich *mit Blaust. gestr.* , den Fragenden, ‖ **271**,2 Wahrheiten und wahren Existenzen *V. für* Existenzen und Wahrheiten ‖ **271**,7 „rechtmäßige Begründung" *Anführungszeichen vom Hrsg.* ‖ **271**,9-10 *von* (und *bis* Wahrheiten) *im Ms. in eckigen Orangestiftkl.* ‖ **271**,13 *von* (und *bis* Seiendes) *Einf.; Kl. vom Hrsg.* ‖ **271**,16 *Mit* gewinnen können. *endet der Text nach etwa ⅔ des Bl.; auf dem unteren freigelassenen Drittel des Bl. kopfständig u. gestr.* Der notwendige Weg zu aller Erkenntnis, die philosophisch soll sein können oder, was für uns dasselbe ist, die im radikalsten Sinn begründete ...*Text bricht ab* ‖ **271**,19 *D: Randtitel mit Bleist.* Der richtige Sinn der Erkenntnistheorie und ihr Charakter als Wesenslehre ‖ **271**,21 große *V. für* größte ‖ **271**,23 *vor* Was *am Rand geöffnete spitze Orangestiftkl., die nicht geschlossen wird* ‖ **271**,24 die schon *V. mit Bleist. für* die unter dem Einfluss der skeptischen Paradoxien und Descartes' schon ‖ **271**,27 und zuhöchst die der *V. für* wie sich die Erkenntnisbeziehung der sogenannten echten, ja ‖ **271**,28-31 *von* was sie *bis* aufklären lässt *im Ms. in eckigen Bleistiftkl.* ‖ **271**,31 *nach* selbst *Ms. noch einmal* sich ‖ **271**,33-34 *von* jedes *bis* als Objekt *V. für teilweise gestr., teilweise ausradierten, nicht rekonstruierbaren Text* ‖ **271**,34 überhaupt *Einf. mit Bleist.* ‖ **271**,36 *Ms.* ihrer angepassten möglichen *statt* ihr angepasste mögliche ‖ **272**,2-4 *von* Denn *bis* gehörig. *im Ms. in eckigen Blei- und Blaustiftkl., der Text mit Bleist. leicht durchstrichen* ‖ **272**,2 in *Einf.* ‖ **272**,4 „Erkenntnis" *Anführungszeichen vom Hrsg.* ‖ **272**,5 werden wir *V. mit Bleist. für ausradierten, nicht rekonstruierbaren Text* ‖ **272**,6-8 *von* Problem der Intentionalität *bis* Möglichkeit. *V. mit Bleist. für* Problem der Vernunft, ein Wort, das doch Anzeige ist für ausgezeichnete intentionale 〈Funktionen〉, in welchen die Intentionalität eines jeden Bewusstseins eine Erkenntnisfunktion üben kann. Jede Frage, die hier auf das Faktum bezogen werden kann, ist *eo ipso* zugleich Frage für den Wesenstypus von Erkenntnisgegenständlichkeit und Erkenntnis selbst. ‖ **272**,9 *vor* Wie *am Rand Schrägstrich mit Orangestift* ‖ **272**,16 *vor* Auf *am Rand geöffnete spitze Orangestiftkl., die nicht geschlossen wird* ‖ **272**,18 Sind wir über Bewusstsein *V. für ausradierten, nicht rekonstruierbaren Text* ‖ **272**,22 *Mit* studieren, *endet der Text auf der Mitte der Rückseite des Bl. Ursprünglich stand hinter* studieren *ein Punkt, dieser ist erst später durch Komma ersetzt und so der Zusammenhang zu dem Folgenden über den freigelassenen Rest der Seite hinweg erstellt worden. Am unteren Rand der freigebliebenen Halbseite befindet sich mit Bleist. gestr. der kopfständige Text* Offenbar ist das nur eine Ausspinnung des primitiven Paradoxes der antiken Skepsis, das an den Namen des Gorgias geknüpft wird. ‖ **272**,24-25 *von* allen *bis* Sinn uns *am Rand mit Bleist. eine ausradierte Null* ‖ **272**,25 *D:* Sinn *mit Bleist. gestr., wohl missglückte Anstreichung* ‖ **272**,26 *Ms.* von *statt* vom ‖ **272**,26-35 *von* Denn *bis* Leistung. *im Ms. in eckigen Blau- und Bleistiftkl. Dieser Passus ist von Husserl, wohl später, da er in Landgrebes Ts. erhalten blieb, mit Bleist. gestr. worden. Er wurde hier jedoch nicht aus* *dem Text genommen, da der Bezug des Folgesatzes dadurch unklar würde.* || **272**,30 *Ms.* lehre *statt* lehrt || **273**,2 als *Einf.* || **273**,4 Erkennen *Einf.* || **273**,7 *Ms.* die *statt* das; *das V. gemäß B* || **273**,9 ⟨sich⟩ *Einf. gemäß B* || *nach* nach *mit Blaust. gestr.* Aktivität und || **273**,12 *vor* Dazu *am Rand geöffnete spitze Blaustiftkl. und zudem mit Blaust. angestrichen* || *D: Rb. mit Bleist.* anschauend - auslegend || **273**,20 Ich und *Einf.* || **273**,23 Mit *auch endet der Text der Vorderseite des Bl.; auf der Rückseite befindet sich (wohl eine Vorstufe des darauf folgenden, gültigen Textes) der mit Blaust. gestr. Text* evident, dass eine allseitige Wesenserforschung hier alle vernünftig zu stellenden Probleme umfasst, aus dem einfachen Grund, weil sie offenbar Wesensprobleme sind, ⟨offenbar Wesensprobleme sind *V. mit Bleist. für* alle ihrem Wesen nach Wesensprobleme sind, und alle Wesensprobleme ⟨Wesensprobleme *V. mit Bleist. für* Probleme⟩⟩ die nichts anderes betreffen als das transzendental reine oder absolute Ich selbst und die immanente Teleologie seiner intentionalen Leistungen. Dieses Ich und seine Teleologie ist aber kein mythologisch konstruiertes Ich an sich, sondern ein durch phänomenologisch-eidetische Reflexion und Deskription nüchtern gegebenes, sein ⟨ein⟩ Wesen zu offenbarendes. ⟨*von* . Dieses Ich *bis* offenbarendes. *V. für* , die keine mythische, sondern durch phänomenologisch-eidetische Reduktion und Deskription vollkommen zu offenbarende ist. offenbarende *im Ms. versehentlich nicht der V. angepasst*⟩ Wir können auch sagen, die ganze Frage einer echten Erkenntnistheorie, und allgemein gesprochen einer phänomenologischen Bewusstseinslehre, ist auf nichts anderes gerichtet als auf ein aufklärendes Verstehen der Erkenntnis und des Bewusstseins überhaupt. Geleistet wird dieses Verstehen aber durch reflektive Wesensbetrachtung, ⟨*von* dieses Verstehen *bis* Wesensbetrachtung *V. für* durch diese reflektive Betrachtung und⟩ durch Aufwicklung der höchst verwickelten intentionalen Modifikationen und durch deskriptive Aufweisung ihrer Wesensgesetze. ⟨*von* und durch *bis* Wesensgesetze *V. für* und durch Verfolgung der möglichen Erfüllung der noch unerfüllten Intentionen⟩ Dieses Verstehen ⟨*nach* Verstehen *gestr.* aber,⟩ müssen wir hinzufügen,⟩ ist ein rationales Verstehen, eine Wesenseinsicht. ⟨*Ms.* Wesenseinsichts *statt* Wesenseinsicht; *von* Geleistet wird *bis* Wesenseinsicht *durch waagerechte Bleistiftstr. vom übrigen Text abgetrennt; dazu am Rand mit Bleist. eine Null und die Notiz* gut⟩ Wir müssen sagen: ⟨Wir müssen sagen: *V. für* , eine⟩ Einsicht in die ⟨*nach* die *gestr.* aprior⟨ischen⟩, im höchsten Sinn⟩ apodiktischen Notwendigkeiten sinngebender und insbesondere nach Intention und Erfüllung zusammenspielender ⟨und Erfüllung zusammenspielender *V. für* und im Speziellen in ⟨im speziellen in *Einf.*⟩ rechtmäßige Stellungnahme terminierender⟩

Motivationen ist die einzige Art der Rationalität, die ihren Namen ganz verdient. Es wird sich noch zeigen, dass Lotzes Kontrastierung der Aufgabe, die Welt zu berechnen, und der höheren Aufgabe, sie zu verstehen, keinen anderen Sinn haben kann als den, dass die Rationalität aller ⟨von Aufgabe, sie *bis* aller *am Rand mit Bleist. eine Null*⟩ natürlich-dogmatischen Wissenschaft, die der Mathematik nicht ausgenommen, übergeführt werden muss in eine tiefere, allein befriedigende und allein absolut sich selbst rechtfertigende ⟨sich selbst rechtfertigende *V. für* Selbstrechtfertigung der Erkenntnis leistende⟩ Rationalität. Es ist diejenige Rationalität, welche im wohl verstandenen und passend zu erweiternden γνῶϑι σεαυτόν liegt, in der egologischen Wesenserkenntnis, die alle echte transzendentale Vernunfttheorie in sich birgt als eine Theorie letzten Verstehens bzw. der universalen Prinzipien, aus denen alles verständlich zu machen ist. ‖ **273**,26 *nach* ausschließlich *mit Blaust. gestr.* das absolute ‖ **273**,28 *nach* betreffen. *senkrechter Orangestiftstrich* ‖ **273**,31 *statt* gegebene *Ms.* gegebenes; *V. gemäß B* ‖ **273**,32 *statt* stehende *Ms.* stehendes; *V. gemäß B* ‖ **273**,33-**274**,6 *von* Alles *bis* ego cogito. *in eckigen Blaustiftkl.; dazu am Rand mit Blaust. eine Null; von* Alles *bis* Bewusstseinsleistungen. *in spitzen Orangestiftkl.; dazu am Rand mit Orangest. eine Null; öffnende spitze Kl. mit Blaust. gestr.* ‖ **274**,5 *Ms.* der in *statt* in der ‖ **274**,7 *vor* Der *am Rand zwei Schrägstriche mit Blaust.* ‖ **274**,8-10 *von* ist nicht *bis* auch ein *V. für mit Bleist. gestr.* kann auch bezeichnet werden als ‖ **274**,10-11 Erkenntnistheorie bloßer Allgemeinheiten *V. für mit Tinte u. Blaust. gestr.* bloß von oben her spekulierende und beweisende ⟨beweisende *Stenogramm nicht eindeutig*⟩ Erkenntnis; *danach erneut* Erkenntnis ‖ **274**,11 *D: Randtitel mit Bleist.* Spekulative Erkenntnistheorie ‖ **274**,12 dialektisch *Einf.* ‖ **274**,13 *nach* sie *Ms.* in ‖ *Ms.* ihrer *statt* ihren ‖ anschaulichen *V. für* exemplarischen ‖ *nach* Gestaltungen *gestr.* und in einem daraus geschöpften Wesensstudium ‖ **274**,14-15 *von* und *bis* zu unterwerfen *Einf.* ‖ **274**,14 *D:* Wesensdeskription *in eckigen Bleistiftkl.* ‖ **274**,18-19 *von* einer besonderen *bis* ihr gegenüber *V. für* etwa gar ‖ **274**,23 *von* auch kein *bis* Willensbewusstsein *Einf. mit Bleist.* ‖ **274**,25 wie *V. mit Bleist. für* und ‖ **274**,26 des Wissenschaftlers *Einf. mit Bleist.* ‖ der *V. mit Bleist. für* das ‖ **274**,28 *vor* Eine *im Ms. öffnende spitze Blaustiftkl., die nicht geschlossen wird* ‖ **274**,28-32 *von* auf *bis* Phänomenologie *am Rand mit Orange- u. Blaust. angestrichen* ‖ **274**,33 also auch *V. mit Bleist. für ausradierten, nicht rekonstruierbaren Text* ‖ **274**,33-**275**,1 Gebiet der formal *Einf.*, formal *mit Bleist.* ‖ **274**, Anm. *spätere Anm. = Rb. mit Bleist. in D* ‖ **274**,34 ,unmittelbar adäquat' *Anführungszeichen vom Hrsg.* ‖ **275**,1 eine *Einf. mit Bleist.* ‖ **275**,2-3 gerichteten Untersuchungen *Einf. mit Bleist.* ‖ **275**,4 oder allgemeinsten

Einf. mit Bleist. ‖ **275**,7 behandeln *V. für* behandelt ‖ **275**,19 *nach* konstituiert. *senkrechter Blaustiftstrich* ‖ **275**,23-24 in allen *Einf. mit Bleist.* ‖ **275**,25-29 *von* In diesen *bis* Verstehens *im Ms. in eckigen Orangestiftkl.* ‖ **275**,29 Probleme *V. für* Wesensprobleme ‖ **275**,29-32 *von* und nicht *bis* verbleibt. *im Ms. in eckigen Orangestiftkl.* ‖ **276**,3 *D: Randtitel mit Bleist.* Idealismus ‖ **276**,9 Allerdings *Einf.* ‖ **276**,11-12 *von* verkehrt, *bis* so verkehrt *V. für* freilich ebenso verkehrt ‖ **276**,12-14 *von* der das *bis* erklärt *im Ms. in eckigen Bleistiftkl.; nach* der *gestr.* hierin gerade umgekehrt verfährt ⟨und⟩ ‖ **276**,13 *Ms.* Physischen *statt* Physischem ‖ **276**,20-21 *von* schließlich *bis* besprochenen *V. mit Bleist. für* schon dieser folgenden, welches wiederum *V. für mit Blaust. gestr.* der ‖ **276**,21 *nach* können *gestr.* dass*; danach mit Tinte u. Blaust. gestr.* alles Transzendente in der ‖ **276**,21 Kein *V. mit Bleist. für ausradiertes, nicht rekonstruierbares Stenogramm* ‖ **276**,22 *nach* Gegenstand *mit Blei- u. Blaust. gestr.* der im Bewusstsein bewusster ‖ ist *V. mit Bleist. für ausradierten, nicht rekonstruierbaren Text* ‖ **276**,22-25 *von* ein reelles *bis* Er ist ihr *V. mit Tinte u. Bleist. für* kein reelles Moment, sondern ein idealer, in den wesensmäßig zusammengehörigen anderen cogito; *dabei ist von* Moment *bis* cogito *von Husserl zu streichen vergessene Zeile* ‖ **276**,27 Aber *Einf. mit Bleist.* ‖ weiteren *Einf.* ‖ **276**,28 *von* nur *bis* als *Einf.* ‖ **276**,29 besonderen *Einf.* ‖ *nach* Vernunft *mit Blaust. gestr.* . Diese Eigenheit der Wahrheit ‖ somit *V. für ausradiertes, nicht rekonstruierbares Stenogramm* ‖ **276**,30 wesensmäßig *V. für* hat, ebenso ‖ **276**,31-33 *von* Es handelt *bis* Identifizierendes *im Ms. in eckigen Blaustiftkl.* ‖ **276**,35-36 Das gilt, obschon wir *V. für ausradierten, nicht rekonstruierbaren Text* ‖ **276**,36-37 *von* der von *bis* Präsumtion *im Ms. in eckigen Blaustiftkl.; von* uns *V. für ausradierten, nicht rekonstruierbaren Text* ‖ **277**,1 In der Erfahrung *V. für mit Blaust. u. Tinte gestr.* Diese Natur selbst ‖ Ding *V. mit Bleist. für ausradierten, nicht rekonstruierbaren Text* ‖ **277**,3 *nach* gegeben, *senkrechter Bleistiftstrich* ‖ die *Einf. mit Bleist.* ‖ **277**,9-10 regulative *Einf. mit Orangest.* ‖ **277**,11 *nach* die *mit Blaust. gestr.* regulative ‖ **277**,12-14 *von* Im Übrigen *bis* gesetzt. *im Ms. in eckigen Blau- u. Bleistiftkl.* ‖ **277**,13 *D: nach* einer *Einf. mit Bleist.* antizipierten ‖ **277**,17 *nach* Pol *mit Orangest. gestr.* und ‖ *nach* dem *mit Blaust. gestr.* präsumtiv Wahren oder, wie man auch sagt, ‖ **277**,18 *nach* dem *mit Bleist. gestr.* eidetisch ‖ **277**,19 *nach* Zahlenreihe *mit Bleist. gestr.* und dieser Unendlichkeit selbst ‖ **277**,20 *nach* einen *gestr.* vermöge ihrer Intentionalität ‖ **277**,20-21 intentionalen *Einf.* ‖ **277**,22-23 *D:* und als das „überzeitlich" *in eckigen Bleistiftkl.* ‖ **277**,23 *nach* einer *gestr.* möglichen ‖ **277**,32 als Wirklichkeit *Einf.* ‖ **277**, Anm. *spätere Anm. = Rb. mit Bleist. in D* ‖ **278**,3 *Ms.* wirkliches *statt* wirkliche ‖ **278**,6 Bewusstsein *V. für* ausra-

diertes, nicht rekonstruierbares Stenogramm ‖ **278**,14-15 *von* für das *bis* vermöge *V. für in* ‖ **278**,15 nur vermöge *V. mit Bleist. für ausradierten, nicht rekonstruierbaren Text* ‖ **278**,16 einer für es selbst evidenten Freiheit, *V. mit Bleist. für* in dem für es selbst evidenten Vermögen, ‖ **278**,17 und Erkenntnis *V. mit Bleist. für ausradierten, nicht rekonstruierbaren Text* ‖ dieses Objekt *V. mit Bleist. für* es ‖ **278**,20 oder hätte es *Einf. mit Bleist.* ‖ **278**,22 wäre *V. mit Bleist. für* ist ‖ **278**,24 einer *V. mit Bleist. für ausradiertes, nicht rekonstruierbares Stenogramm* ‖ **278**,26 *von* „Ich *bis* kommen" *Anführungszeichen vom Hrsg.* ‖ **278**,27 „Pol" *Anführungszeichen mit Bleist.* ‖ **278**,31 *nach* kann. *senkrechter Blaustiftstrich* ‖ **278**,33 aktuell und *Einf. mit Bleist.* ‖ **278**,34-35 verwirklichtes und *V. mit Bleist. für ausradiertes, nicht rekonstruierbares Stenogramm* ‖ **279**,1-2 und von ihr getrieben wird. *V. für* getrieben wird, und von ihr. ‖ **279**,2 *nach* wird. *senkrechter Bleistiftstrich* ‖ **279**,3 *nach* undenkbar. *senkrechter Bleistiftstrich* ‖ **279**,13-**280**,9 *von* Zwar kann *bis* aktualisiere. *in eckigen Blaustiftkl.* ‖ **279**,25 fingierten *Einf.* ‖ **279**,30-31 „kommen kann" *Anführungszeichen vom Hrsg.* ‖ **279**,33 „Ich kann" *Anführungszeichen vom Hrsg.* ‖ **279**,34-35 durch Fiktion *V. für* fingieren ‖ **280**,1 *Ms.* ist *statt* sind ‖ „Ich bin" *Anführungszeichen vom Hrsg.* ‖ **280**,13 *Mit* Solipsismus? *endet der Text auf der Rückseite des Bl.; der Rest der Seite ist unbeschrieben. Dies deutet hin auf den spätern Einschub der Bl., deren Text mit* Solipsismus? *endet (vgl. die allgemeinen textkritischen Anm. oben, S. 512 f.). Dadurch erklärt sich ferner die Wiederholung zu Beginn des folgenden Passus.* ‖ **280**,17 eine wichtige *V. für* einen wichtigen Punkt zum systematischen Abschluss*; wichtigen versehentlich nicht angepasst* ‖ **280**,17-18 *D: Randtitel mit Bleist.* Kein eidetischer Solipsismus ‖ **280**,24-25 hinausgehe *V. für* hinausgehen ‖ **280**,25 das Universum der reinen *V. für ausradierten, nicht rekonstruierbaren Text* ‖ **280**,27-30 *von* es sei *bis* außer mir *Einf. u. im Ms. in eckigen Bleistiftkl.* ‖ **280**,31 unmittelbaren *Einf.* ‖ *nach* auf *gestr.* als Gegenstände möglicher Erkenntnis, ‖ **281**,3 *D: Randtitel mit Bleist.* Transzendentales Ichall ‖ **281**,6 *nach* durchführen. *senkrechter Blaustiftstrich; danach mit Bleist. u. Tinte gestr.* Sie wird da ‖ *D: nach* Aufklärung der *Einf. mit Bleist.* rein egologischen ‖ **281**,7 ist *V. mit Bleist. für* teilweise mit Blaust. gestr., teilweise ausradierten, nicht rekonstruierbaren Text ‖ **281**,8 transzendentale *Einf.* ‖ **281**,10-12 *von* Die Phänomenologie *bis* wird sie *Einf.; von* zunächst an *mit Bleist.* ‖ **281**,14 *nach* sei. *senkrechter Blaustiftstrich* ‖ **281**,17 *D: über der betreffenden mit Bleist., wohl als V. gedacht* meiner ‖ **281**,18 *nach* Polsystem, *mit Bleist. gestr. ursprüngliche Einf.* nämlich ein System von intentionalen Gegenständen ‖ das *im Ms. in* die *verändert, wohl zur Anpassung an die ursprüngliche Einf. (vgl. vorige textkritische Anm.); diese V. wurde dann* *nicht zusammen mit dieser rückgängig gemacht; von* das *bis* ist *im Ms. in eckigen Blaustiftkl.* || **281**,19 in stets präsumtiver *V. für* immer vorbehaltlich || **281**,20 ist *im Ms.* in sind *verändert, wohl zur Anpassung an die ursprüngliche Einf. (vgl. die textkritische Anm. oben zu S. 281,18); diese V. wurde nicht zusammen mit dieser rückgängig gemacht* || **281**,21-28 *von* Geben *bis* mitgegeben ist. *V. für durch zahlreiche Radierungen nicht rekonstruierbare Textpassage* || **281**,21 *D:* Bestimmung meiner selbst als Ego *V. mit Bleist. für* Fiktion*; darüber am Rand die Erg. mit Bleist.* insofern also untrennbar von mir selbst || **281**,24 eigenen *Einf.* || indizieren sie *Einf.* || **281**,26 Weise *Einf.* || **281**,27 als mein subjektives Erleben *Einf.* || **281**,29-30 ⟨fremdes Seelenleben⟩ *Einf. gemäß B* || **281**,30-32 *von* in ursprünglicher *bis* Einfühlung ist *V. mit Bleist. für ausradierten, nicht rekonstruierbaren Text* || **281**,32 *nach* nicht *mit Bleist. gestr.* als || ursprünglich erfahrbar *V. für ausradierten, nicht rekonstruierbaren Text* || **281**,33 Dahin gehört *Einf. mit Bleist.* || anschauliche *V. mit Bleist. für* anschauen || **281**, Anm. 1 *spätere Hinzufügung = Einf. mit Bleist. nach* des *in D* || **281**, Anm. 2 *spätere Anm. = Rb. mit Bleist. in D. Zudem ist in D* Fiktion *im Text mit Bleist. in* Abstraktion *verändert.* || **281**, Anm. 3 *spätere Hinzufügung = Einf. mit Bleist. nach* sei. *in D* || **281**, Anm. 4 *spätere Hinzufügung = Einf. mit Bleist. nach* überhaupt *in D* || **282**,1-3 *von* Freilich *bis* reicht. *Einf. u. in eckigen Blaustiftkl., ursprünglich mit Bleist. gestr., jedoch wieder in Geltung gesetzt;* Freilich *V. für ausradiertes, nicht rekonstruierbares Stenogramm* || **282**,3 Indikation *V. für ausradiertes, nicht rekonstruierbares Stenogramm* || **282**,6 *nach* sich *mit Tinte u. Blaust. gestr.* das eigene Recht und || **282**,8 *D:* über zu erscheinender *Erg. mit Bleist.* der mir erscheinenden, für mich konstituierten || **282**,9 als *Einf. mit Bleist.* || **282**,11 Es versteht sich *Einf.* || **282**,13 *nach* ein *mit Tinte u. Blaust. gestr.* absolutes || **282**,14 *von* und in *bis* Subjekt *Einf.* || **282**,16 *nach* bietet. *gestr.* Also in eins mit meinem absoluten Ego kann ein zweites sein; in mir und meiner Bewusstseinswelt kann sich ein zweites absolutes Sein ausdrücken, für mich nur ⟨nur *Einf.*⟩ objektiv erfahrbar und doch in sich selbst und absolutes Sein, eben Ego || **282**,17 Ein Ego, eine Monade *V. für* Ein Ich || **282**,19 *nach* Ego *gestr.* rechtmäßig || **282**,20-21 und demgemäß rechtmäßig *Einf.* || **282**,21 zu setzen ist *V. für* so wird es eben zu setzen sein || **282**,23 bloß *Einf.* || *D: nach* Pols *Einf. mit Bleist.* der meinem Ego zugehörigen Erscheinungen und Möglichkeiten || **282**,26 nicht ursprünglich, sondern *Einf.* || **282**,33-**283**,5 *von* bewährte *bis* darstellen. *stark überarbeitete, mit Radierungen und Streichungen durchsetzte Passage, in der Einf. nicht immer einwandfrei als solche kenntlich sind. Der ursprüngliche Text dürfte jedoch der folgende gewesen sein* Einfühlungserkenntnis habe nicht *solus ipse*, sondern ich muss mich als ein Ich setzen, das ein Du hat, und so überhaupt setze ich mich rechtmäßig als ein Ego einer mit mir konstituierten Mehrheit von Ich, aber jede solche konstituierte Mehrheit hat ihre notwendige Erscheinungsform, nämlich immer nur in der Form *ego - alteri* || **283**,1 *D: Randtitel mit Bleist.* Ichall || **283**,3 (= Orientierungsform) *Erg. über der Zeile, Kl. vom Hrsg.* || **283**,5-6 *von* Ich habe *bis* alter. *Einf.* || **283**,9 orientierten *Einf.* || **283**,11 sich ausdrückend in Leibern *V. für* und ausdrückend Leiber || **283**,12 *von* Die Natur *bis* Erscheinungen *V. für*, die für jedes einzelne Ego Einheit seiner Erscheinungen ist; dabei ist *versehentlich nicht gestr.* || **283**,14 jeder Pol überhaupt, den *V. mit Bleist. für* das || *nach* erfahre *gestr.* oder sonst wie ursprünglich gegeben habe || **283**,19 im Zählen *Einf.* || **283**,21-22 *von* ; und das *bis* Notwendigkeit *Einf. mit Bleist.* || **283**,21 meines *V. mit Bleist. für* des || **283**,23 idealer Pol *V. mit Bleist. für* Idealpol || **283**,25 ist klar: Nur *Einf.* || **283**,28 (Monaden) *Kl. gemäß B* || **283**,29-34 *von* So klärt *bis* Kultur. *Einf.* || **283**,32 *Ms.* sie *statt* er || **283**,33 *D: nach* Erkenntnis *Einf. mit Bleist.* und einer intersubjektiven Welt || **283**,35-**284**,4 *von* Umgekehrt *bis* „eingeboren" ist. *im Ms. in eckigen Tinte- u. Blaustiftkl.* || **284**,1 *D: nach* Polsystem *Einf. mit Bleist.* Natur. || *vor* Selbstverständlich *im Ms. öffnende Kl., die nach* Egos *geschlossen wurde; schließende Kl. jedoch im Ms. gestr.* || **284**,3 *D: nach* Wissenschaft *Einf. mit Bleist.* und zwar || **284**, Anm. 1 *spätere Hinzufügung = Einf. mit Bleist. nach* Erkenntnis *in D* || **284**, Anm. 2 *spätere Hinzufügung = V. mit Bleist. für* die *in D* || **284**, Anm. 3 *spätere Hinzufügung = Einf. mit Bleist. nach* „eingeboren" ist. *in D* || **285**,23 kontrastierenden und *Einf.* || **286**,5 *vor* Die *senkrechter Blaustiftstrich* || **286**,11 herauszustellen *Einf.* || **286**,13 nicht nur *Einf.* || **286**,16-17 oder apodiktischen *Erg. über der Zeile* || **286**,21 egologisch *Einf.* || **286**,21-25 *von* eidetisch *bis* dessen, *am Rand mit Rotst. angestrichelt* || **286**,26 „Ursprungs"gewissheit *Anführungszeichen mit Blaust.* || **286**,29 *Ms.* sie *statt* sich || **286**,32-37 *von* eine Evidenzart *bis* Begründung. *am Rand mit Rotstift angestrichen* || **286**,38 *vor* So *senkrechter Blaustiftstrich* || **287**,3 *nach* werden. *senkrechter Bleistiftstrich* || **287**,6-7 *von* (und *bis* selbst) *Kl. mit Bleist.* || **288**,2 *von* Ich *bis* phänomenologischen *am Rand Schrägstrich mit Rotst.* || **288**,11 solchem *Einf.* || **288**,13 „Intuition" *Anführungszeichen vom Hrsg.* || **288**,14 intuitionistische *V. für* intuitive; „intuitionistische Philosophie" *Anführungszeichen vom Hrsg.* || **288**,17-24 *von* Die Phänomenologie *bis* Arbeit. *Einf.* || **288**,24 Methode der *Einf.* || **288**,24-25 „Methode der Intuition" *Anführungszeichen vom Hrsg.* || **288**,26 was ich *Einf.* || **288**,32-34 *von* Die *bis* Empirismus. *Rb. mit Bleist.* NB || **288**,35 a) *Einf. mit Bleist.* || **289**,6-9 *von* Offenbar *bis* b). *Einf. mit Bleist.* || **289**,12 anschauungsleeren

V. für leeren ‖ **289**,15 *nach* Erkenntnis. *gestr.* Die Unklarheit in die der Empirismus selbst über ‖ **289**,18 in der *V. für* aus innerer ‖ „Erfahrung" *Anführungszeichen mit Tinte u. Blaust* ‖ **289**,22 Erfahrungserkenntnisleistung *V. für* Erkenntnisleistung ‖ **289**,23 *vor* Aber *geöffnete eckige Bleistiftkl., die nicht geschlossen wird* ‖ **289**,26 *Ms.* widersinnigen *statt* widersinnigem ‖ **289**,32 so stark wirksam war, dass *Einf.* ‖ **289**,33 Aber *Einf. mit Bleist.; vor* Aber *mit Bleist. gestr. geöffnete eckige Bleistiftkl.* ‖ **289**,34 *nach* dass er *im Ms. noch einmal* dass er ‖ **289**,38 große Schritt *mit Bleist. überschrieben* ‖ **290**,1-2 *von* ein *bis* Selbstgegebenheit *V. für* Selbstgegebenheit seines „etwas". ‖ **290**,14 Sinn zu *mit Bleist. überschrieben* ‖ **290**,21 als *Einf.* ‖ **290**,22 gibt) *Kl. vom Hrsg. geschlossen* ‖ **290**,23 „Erfahrung" insbesondere „Wahrnehmung" *alle Anführungszeichen vom Hrsg.;* insbesondere „Wahrnehmung" *Einf.* ‖ **290**,24 Gegenständlichen *Einf.* ‖ **290**,25 wird *V. für ausradiertes, nicht rekonstruierbares Stenogramm* ‖ **290**,32-33 *von* haben *bis* auf *V. mit Bleist. für* betreffen ‖ **290**,34 *nach* Selbstgegebenheiten *mit Bleist. gestr.* die einander nur als solche tragen können ‖ **290**,36 Wesensgesetz *V. für* Gesetz ‖ **290**,38-39 *von* als *bis* Urteilsmeinungen *Einf. mit Bleist.* ‖ **291**,1 er ist *Einf. mit Bleist.* ‖ **291**,9 „reinen Denken" *Anführungszeichen mit Bleist.* ‖ **291**,10 „Gedanken" *Anführungszeichen vom Hrsg.* ‖ **291**,15 *nach* in *Ms. noch einmal* in ‖ **291**,21-22 Vorurteilen oder gar *Einf.* ‖ **291**,22 Mit sein. *endet der Text auf der Rückseite des Bl. etwa nach einem Viertel; der Rest der Seite ist unbeschrieben.* ‖ **291**,29 *von* Bewusstsein und Gegenständlichkeit *Einf.* ‖ **292**,1 a priori *Einf.* ‖ **292**,7 *nach* Vernunftverfahrens *mit Bleist. gestr.* überhaupt ‖ **292**,13-14 Die erste Rechtfertigung als *Einf. mit Bleist.* ‖ **292**,19-20 transzendentalen *Einf. mit Bleist.* ‖ **292**,20 , der echten Erkenntnistheorie, *Einf. mit Bleist.* ‖ **292**,23 Mit überhaupt. *endet der Text etwa auf der Mitte der Rückseite des Bl.; der Rest der Seite ist unbeschrieben. Am unteren Rand kopfständig* Gehen wir zu dem Hauptzuge unserer Meditationen ... *Das so endende Bl. trägt die Husserl'sche Paginierung 176; das im Ms. folgende hat die Paginierung 178. Eine p. 177 ist nicht vorhanden.* ‖ **292**,23-28 *von* Doch *bis* können. *im Ms. in eckigen Blaustiftkl.; am Rand mit Bleist. eine Null; am Ende der Einklammerung die Randnotiz mit Bleist.* hier. *Diese Notiz könnte darauf hinweisen, dass Husserl sich die Fortsetzung seines Textes nach* überhaupt. *erst mit* Nach der allgemeinen Meinung *dachte. Der Passus von* Doch wichtiger *bis* gewinnen können. *wäre demnach auszulassen. Jedoch ist diese Deutung nicht sicher, zumal sich der kurze Passus inhaltlich als Übergang gut eignet.* ‖ **293**,7 *vor* Nach *am Rand zwei Schrägstriche mit Orangest.* ‖ der Wissenschaftler *Einf.* ‖ **293**,11 zudem *Einf. mit Bleist.* ‖ **293**,15-16 *von* Wir *bis* Auffassung *V. mit Bleist. für*

Wir sollen hier also die scharf entgegengesetzte Auffassung vertreten ‖ **293**,17-20 *von* als *bis* Deskriptionen *im Ms. in eckigen Bleistiftkl.* ‖ **293**,18-19 dabei sei die Phänomenologie *V. für ausradiertes, nicht rekonstruierbares Stenogramm* ‖ **293**,20 unmittelbarer *V. mit Bleist. für* rein ‖ *nach* Deskriptionen. *mit Blaust. u. Tinte gestr.* Überlegen wir zunächst, dass es ⟨dass es *Einf.*⟩ die Art aller wissenschaftlichen Denkarbeit ist ⟨ist *Einf.*⟩; *danach senkrechter Orangestiftstrich* ‖ **293**,21 *nach* eine *mit Bleist. gestr.* kleine ‖ **293**,27-28 zunächst naiv *Einf.* ‖ **293**,28 jedes *V. mit Bleist. für* jede ‖ **293**,30-31 wissenschaftliche *V. mit Bleist. für* wissenschaftlich ‖ **293**,34-**294**,1 *von* in *bis* Normgerechtigkeit *V. für* das der Normgerechtigkeit der naiven Evidenz ‖ **294**,3-10 *von* Es *bis* könnte. *im Ms. in eckigen Blaustiftkl.; vor* Kritik der naiven *ist eine zusätzliche öffnende Blaustiftkl. eingefügt, wohl weil hier im Ms. eine neue Seite beginnt* ‖ **294**,3 direkt *Einf.* ‖ **294**,5 *von* in sekundärer *bis* früherer *V. für teilweise ausradierten, teilweise gestr., nicht rekonstruierbaren Text* ‖ **294**,7 diesen evidenten Begründungen *V. für* dieser Evidenz; dieser *versehentlich nicht angepasst* ‖ **294**,11 *vor* Insofern *Schrägstrich mit Blaust.* ‖ **294**,13 *nach* natürlich-naiven. *senkrechter Bleistiftstrich* ‖ Der Wissenschaftler *V. mit. Tinte u. Bleist für* Das wissenschaftliche ‖ **294**,23 Evidente *V. für* Gerade, sachhingegebene Evidenz; *von* Evidente *bis* Kritik. *Einf.* ‖ **294**,27-30 *von* Was *bis* herausstellt. *im Ms. in eckigen Blei- u. Blaustiftkl.* ‖ **294**,27 Kritik *V. mit Tinte u. Blaust. für* kritische Nachprüfung ‖ **294**,30 *Ms.* herauszustellen *statt* herausstellt; *V. gemäß B* ‖ **294**,31 *vor* Sehen *am Rand zwei Schrägstriche mit Orangest.* ‖ *nach* wir nun *mit Tinte u. Blaust. gestr.* die normative ⟨normative *Einf.*⟩ Bedeutung apriorischer Prinzipien in Hinsicht ‖ **294**,36 *D:* rationalen *V. mit Bleist. für* „exakten" ‖ **294**,37 der Wissenschaft aus Prinzipien *Erg. mit Bleist. über der Zeile* ‖ **295**,3 explizite *Einf.* ‖ **295**,6 *nach* Apriori *mit Bleist. gestr.* also für die Apriori-Wissenschaften ‖ **295**,7-11 *von* Andererseits *bis* her. *am Rand mit Orangestrich angestrichen* ‖ **295**,18 *nach* Disziplinen. *senkrechter Orangestiftstrich* ‖ **295**,21 transzendentalen Ego *V. mit Bleist. für* transzendentalen Bewusstsein; transzendentalen *Einf.* ‖ **295**,24 *nach* konstituierendem. *senkrechter Orangestiftstrich* ‖ **295**,26 die Wissenschaften von allem *V. mit Bleist. für* alles ‖ **295**,31 *nach* Mannigfaltigkeitslehre), *mit Bleist. gestr. Einf. mit Bleist.* die ‖ **295**,32 *von* an die *bis* bzw. *Einf. mit Bleist.* ‖ **295**, Anm. 1 *spätere Hinzufügung = Einf. mit Bleist. nach* Bewusstsein *in D* ‖ **295**, Anm. 2 *spätere Anm. = Rb. mit Bleist. in D* ‖ **296**,2 *nach* umgrenzt. *senkrechter Orangestiftstrich* ‖ *vor* Alle *zwei senkrechte Orangestiftstriche* ‖ **296**,3 wollen *V. mit Bleist. für ausradiertes, nicht rekonstruierbares Stenogramm* ‖ **296**,7 hinter *V. mit Bleist. für* hat ‖ **296**,8-9 z. B. eine *Einf.* ‖ **296**,11 *D:* rational

V. mit Bleist. für „exakt", *dabei* „exakt" *versehentlich nicht gestr.* ‖ **296**,13-14 *D:* idealen Limes *mit Bleist. gestr., wohl verunglückte Anstreichung* ‖ **296**,14-15 einer bekannten Kant'schen Lehre *V. für* eines bekannten Kant'schen Gedankens ‖ **296**,15 *D: Randtitel mit Bleist.* Kant, „eigentliche Wissenschaft" ‖ **296**,18 *nach* kann. *senkrechter Orange- u. senkrechter Blaustiftstrich* ‖ **296**,28-29 herausgestellte Totalität *V. mit Bleist. für* herausgestelltes Universum ‖ **296**,29-30 *von* m. a. W. *bis* fordert *V. mit Bleist. für ausradierten, nicht rekonstruierbaren Text* ‖ **297**,1 *nach* Machende. *senkrechter Orangestiftstrich; danach gestr.* Dabei ist zu beachten, dass*; danach erneut senkrechter Orangestiftstrich* ‖ **297**,2 *nach* dann in *mit Bleist. gestr.* eigentliche ‖ **297**,6 *Ms.* der *statt* deren*; V. gemäß B* ‖ **297**,7 *nach* Nur *mit Bleist. gestr.* selbstverständlich ‖ **297**,10 Apriori-Wissenschaft *V. für* apriorische Wissenschaft ‖ **297**,22 *nach* müssen. *senkrechter Orangestiftstrich* ‖ *vor* Hier *am Rand senkrechter Orangestiftstrich* ‖ **297**,24 ⟨sich⟩ *Einf. gemäß B* ‖ dass sie *Einf.* ‖ **297**,31 *von* revolutionären *bis* sollten *V. für* solch einschneidenden Änderungen des Gehalts der Wissenschaft selbst hinsichtlich des ganzen Aufbaus der Theorien ‖ **297**,35 aber auch *V. mit Bleist. für ausradierten, nicht rekonstruierbaren Text* ‖ **298**,5 z. B. *Einf. mit Bleist.* ‖ **298**,8 man als Phänomenologe *V. mit Tinte u. Bleist. für* wir als Phänomenologen ‖ **298**,9 *nach* der *gestr.* strengen ‖ **298**,16 keiner *V. mit Bleist. für ausradiertes, nicht rekonstruierbares Stenogramm* ‖ **298**,17-18 Diese Wissenschaften lehren *V. mit Bleist. für teilweise ausradierten, nicht rekonstruierbaren Text* ‖ **298**,21 *nach* berechnen. *senkrechter Orangestiftstrich* ‖ **298**,27 *vor* Nun *geöffnete spitze Orangestiftkl., die nicht geschlossen wird* ‖ **298**,30 *von* (die *bis* fungierende) *Kl. Einf. mit Bleist.* ‖ **299**,1 *nach* der *mit Bleist. gestr.* selbstgebenden ‖ **299**,5-8 *von* hätte *bis* erforscht hätte? *V. mit Bleist. für* , das ist durch adäquate Wesensdeskription erleuchtet hat.*; dies wiederum V. für* und wesensmäßig erleuchtet hat. ‖ **299**,9 *D: Randtitel mit Bleist.* Als Beispiel der Weg der ursprungsechten Grundbegriffsbildung hinsichtlich der Natur, der Weg von der sinnlichen zur mathematischen Natur ‖ **299**,11 und darin liegt natürlich weiter *Einf.;* weiter *Einf. mit Bleist.* ‖ **299**,11-17 *von* ohne *bis* mitbestimmt *im Ms. in eckigen Blaustiftkl.* ‖ **299**,18-19 muss man *Einf.* ‖ **299**,22 „stetigen" *V. mit Bleist. für* stetig ‖ **299**,25 *nach* gestalten. *senkrechter Orangestiftstrich* ‖ **299**,28-29 *Ms.* quantifizierend *statt* quantifizierenden*; V. gemäß B* ‖ **299**,30 *vor* Als *senkrechter Orangestiftstrich* ‖ **299**,31 *nach* nichts *gestr.* wirklich ‖ **299**,34 *von* und *bis* etc. *Einf. mit Bleist.* ‖ **299**,34-35 phänomenologische *Einf.* ‖ **299**,37 *nach* Verstehen. *senkrechter Orange- u. Lilastiftstrich, dazu am Rand ein Kreuz mit Lilast.* ‖ **299**,38 es *V. mit Bleist. für* nun ‖ **300**,3-4 und erfahrenden Ich

Einf. ‖ **300**,4 *D: nach* leistendes *Einf. mit Bleist.* Ich ‖ **300**,5-9 *von* ist es *bis* Quelle *am Rand mit Orangestift angestrichen* ‖ **300**,5 *vor* man *öffnende spitze Kl. mit Orangest., die nicht geschlossen wird* ‖ **300**,10 *nach* sein. *senkrechter Orangestiftstrich* ‖ **300**,13 *nach* Mittel *mit Bleist. gestr.* darbieten oder in sich ‖ **300**,16 *D: Randtitel mit Bleist.* Die transzendentale Phänomenologie schließt das Universum der apriorischen Wissenschaften in sich ‖ **300**,20 *vor* Das *geöffnete spitze Kl. mit Orangest., die nicht geschlossen wird* ‖ **300**,25-26 *von* (und *bis* Zeit) *Kl. Einf.* ‖ **300**,27 *vor* Eine *ausradierte geöffnete eckige Blaustiftkl.* ‖ denken *V. mit Bleist. für* denke ‖ **300**,30 nur *Einf.* ‖ **300**,35 *nach* Subjektivität. *senkrechter Orange- u. senkrechter Bleistiftstrich* ‖ **300**,38-**301**,1 *danach V. mit Bleist. für ausradierten, nicht rekonstruierbaren Text* ‖ **301**,2 sie ist *V. mit Bleist. für ausradierten, nicht rekonstruierbaren Text* ‖ **301**,3 *nach* nur *ausradierte Einf. mit Bleist., die nicht rekonstruierbar ist* ‖ **301**,4 vollständigen *V. mit Bleist. für* vollständig ‖ **301**,11-**302**,21 *Der Textpassus von* „Erkenntnis" *bis* Auflösung kommen müssen. *befand sich zunächst an der Stelle zwischen* Unverständlichkeit verbleibt. *und* Drittens. Stellt *(vgl. oben, S.* 275,32 *und S.* 276,3*). Dort war er im Rahmen der Londoner Vorträge ursprünglich vorgesehen und B setzt ihn auch an diese Stelle zurück. Jedoch hat Husserl ihn schon vor den Vorträgen in London an seine jetzige Stelle gelegt und die Lücke durch Mehrfachpaginierung eines Bl. (III 10-12) geschlossen. Das verschobene Bl. mit der „Londoner" Paginierung III 12 ist im Rahmen der vorliegenden Vorlesung an der hiesigen Stelle von Husserl durchlaufend mit* 182 *paginiert. Am Rand findet sich mit Bleist. die Husserl'sche Bemerkung* kann auch als IV 8a stehen, *womit durch das „Londoner" Paginierungssystem der Einschub ebenfalls an diese Stelle nahegelegt ist. Freilich hat es Husserl unterlassen, die p.* IV 8 *als* IV 8b *umzupaginieren. An der deswegen ebenfalls möglichen Stelle nach der eigentlichen p.* IV 8 *(Einleitungsvorlesung p.* 183*) ergibt der Text jedoch keinen guten Sinn.* ‖ **301**,15 und weltbezogene Wissenschaft *Einf.* ‖ **301**,17 *D: nach* das *Einf. mit Bleist.* transzendentale ‖ **301**,18 *D: vor* Es ist *geöffnete eckige Bleistiftkl., die nicht geschlossen wird, dazu am Rand mit Bleist. ein Fragezeichen* ‖ Es ist ein Widersinn *Einf.* ‖ *D: nach* aus der *Einf. mit Bleist.* induktiven ‖ *D: nach* Psychologie *Einf. mit Bleist.* nach Art der unseren Zeit ‖ **301**,19 *D: nach* etwas über das *Einf. mit Bleist.* transzendentale ‖ **301**,19-20 des Ich, *Einf.* ‖ **301**,20-21 Wesensmöglichkeiten und -notwendigkeiten *V. für* Wesensnotwendigkeiten ‖ **301**,22 von ihr etwas lernen zu wollen *Einf.* ‖ **301**,24 der Erkenntnisgeltung *V. mit Bleist. für* in der einer möglichen Subjektivität ‖ **301**,25-29 *von* , in der *bis* erfahren kann *im Ms. in eckigen Orangestiftkl.* ‖ **301**,27 "wahres Sein" *Anführungszeichen gemäß D, dort mit Bleist.* ‖ **302**,1 *im Beobachten feststellen V. für* Beobachten ‖ **302**,2 es *Einf.* ‖ **302**,4 schon *Einf.* ‖ **302**,7-21 *von* Transzendentale *bis* müssen. *im Ms. in eckigen Bleistiftkl.* ‖ **302**,7-9 *von* das gewöhnlich *bis* Welterkenntnis *V. für* die im engeren Sinn so auf die Möglichkeit einer transzendenten Natur- und Welterkenntnis gerichteten Probleme ‖ **302**,11 *nach* will, *gestr.* das sie überhaupt nicht sieht, ‖ **302**,17 Grunderkenntnis *V. für* Erkenntnis ‖ **302**,21 *vor* Eben *am Rand zwei Schrägstriche mit Blaust.* ‖ **302**,23 *D: Randtitel mit Bleist.* Die transzendentale Phänomenologie als Wissenschaftslehre. Die formale Logik der Tradition ‖ **302**,36-**303**,1 *von* einerseits *bis* andererseits weil *V. mit Bleist. für* da ‖ **302**,37 den *V. mit Bleist. für* einen ‖ **303**,2 schlechtest fundierte *V. für* ausradierten, nicht rekonstruierbaren Text ‖ **303**,7 *nach* sein. *senkrechter Orangestiftstrich* ‖ *nach* wissenschaftliche *mit Bleist. gestr.* strenge ‖ **303**,8 *D: Randtitel mit Bleist.* Psychologistische formale Logik ‖ **303**,11 und biologische *Einf.* ‖ **303**,12-14 *von* Der *bis* interpretieren. *Einf.* ‖ **303**,13 *D: nach* Logik *Einf. mit Bleist.* selbst ‖ **303**,14-18 *von* Historisch *bis* Phänomenologie. *im Ms. in eckigen Blaustiftkl.; das Ganze ist V. mit Tinte u. Blaust. für* (Historisch war die Erkenntnis dieses Versagens der Logik und der tastende Versuch, wie sie zu reformieren sei, um wirklich sich selbst verstehen und dann zur Normierung helfen zu können, der Ausgang der neuen Phänomenologie.)*; zu können im Ms. versehentlich nicht in* könne *verändert* ‖ **303**,14 *Ms.* war *statt* waren ‖ **303**,17 *Ms.* zu können *statt* könne, *wohl versehentlich der V. nicht angepasst* ‖ **303**,19-**304**,2 *von* Wenn *bis* haben muss. *im Ms. in eckigen Blau- u. Orangestiftkl.* ‖ **303**,20 universelle *Einf.* ‖ *nach* aller *ausradiert, wohl* echten ‖ **303**,21 apriorischen *Einf.* ‖ *D: Randtitel mit Bleist.* Der Phänomenologie gehört zu: das Problem der Einteilung in die Regionen ‖ natürlich auch *Einf. mit Bleist.* ‖ **303**,22-23 und eng begrenzt *Einf.* ‖ **303**,27 möglichen *V. für* individuellen ‖ **303**,30 *D: Randtitel mit Bleist.* Leitfaden: Ausgang von der formalen *mathesis* ‖ **303**,32-33 *von* und *bis* "Welt" *Einf.* ‖ **304**,7 Die Auffassung *V. für* Der oberste Abschluss ‖ **304**,10 *D: Randtitel mit Bleist.* Normative Auffassung der Phänomenologie ergibt sie als transzendentale Logik ‖ **304**,12-13 *von* Mannigfaltigkeiten *bis* möglichen *Einf. mit Bleist.* ‖ **304**,13 *D: Randtitel mit Bleist.* Phänomenologie als Wissenschaft von allen Seinsmöglichkeiten, von allen möglichen realen Welten ‖ **304**,14-15 *von* Frei *bis* bezogen. *Einf. mit Bleist., mit Tinte überschrieben* ‖ **304**,15 *D: Randtitel mit Bleist.* Formale Phänomenologie ‖ **304**,16 *D: nach* absoluter *Einf. mit Bleist.* formaler ‖ oder Metaphysik *Einf.* ‖ **304**,21-24 *von* So *bis* konstituierenden. *im Ms. in eckigen Orangestiftkl.* ‖ **304**,27-29 *C:* im Einzelleben und in der Menschheitsgeschichte eventuell bekundenden Tendenz zur Selbsterhaltung, einer Selbsterhaltung, die dem Leben *V. für von* in der *bis* Welt ‖ **304,** Anm. 1 *spätere Hinzufügung = Einf. mit Bleist. nach* Möglichkeiten *in D* ‖ **304,** Anm. 2 *Fußnote = Rb. mit Bleist.* ‖ **304,**33 *Ms. Gedankenstrich statt öffnende Kl.* ‖ **304,**34 allem *Einf. mit Bleist.* ‖ **304,** Anm. 3 *spätere Hinzufügung = Einf. mit Bleist. nach* Guten" *in D* ‖ **305,**1 *D: Randtitel mit Bleist.* Empirische Wissenschaften ‖ **305,**7 "exakt" *Anführungszeichen mit Bleist.* ‖ **305,**7-15 *von* das den *bis* Naturwissenschaft *im Ms. in eckigen Orangestiftkl.* ‖ **305,**9 "mathesis" *Anführungszeichen mit Bleist.* ‖ **305,**14 reinen *Einf.* ‖ **305,**18 ihrer *Einf.* ‖ **305,**26-**306,**2 *von* Als *bis* Subjekte aus. *im Ms. in ausradierten eckigen Blaustiftkl.* ‖ **305,**26 *D: Randtitel mit Bleist.* Tatsachenwissenschaft von der transzendentalen Subjektivität ‖ **305,** Anm. 2 *spätere Anm. = Rb. mit Bleist. in D* ‖ **306,**7 *D: Randtitel mit Bleist.* Zukunft der phänomenologischen Philosophie ‖ *vor* In der *öffnende spitze Blaustiftkl., die nicht geschlossen wird* ‖ **306,**22 zunächst *Einf. mit Bleist.* ‖ **306,**23 deskriptiven *Einf. mit Bleist.* ‖ **306,**31 aber nur *Einf.* ‖ **306,**38-**307,**5 *von* Ferner *bis* Mutterstamme. *Einf.* ‖ **307,**3 ⟨haben⟩ *Einf. gemäß B* ‖ **307,**10 ; sie wird *V. mit Bleist. für* und ‖ sein *Einf. mit Bleist.*

TEXTKRITISCHE ANMERKUNGEN ZU DEN ERGÄNZENDEN TEXTEN

A. ABHANDLUNG

Phänomenologische Methode und phänomenologische Philosophie.
⟨Londoner Vorträge 1922⟩ (S. **311 – 340**)

Das den Vorträgen zugrunde liegende stenographische Manuskript liegt im Konvolut F II 3 (zur allgemeinen Manuskriptbeschreibung dieses Konvoluts vgl. oben S. 500 f.). Eine Schreibmaschinenabschrift des Textes, die von Landgrebe wohl nicht vor 1924 angefertigt worden ist, liegt im Konvolut M II 3a, ein Durchschlag dieses Ts. in M II 3b (zur allgemeinen Manuskriptbeschreibung dieser Konvolute vgl. oben S. 501 ff.). Husserl hat die Titel der vier Einzelvorträge kurrentschriftlich auf Bl. 1a von M II 3a verzeichnet, das mit Blaustift überschrieben ist London. *Die Unterteilung des ersten Vortrags in einen einleitenden Teil und das erste Kapitel ist dort, ebenso wie im ersten Entwurf des Syllabus (vgl. die Beilage II, S. 364 ff. der vorliegenden Ausgabe), noch nicht durchgeführt. Sie ist von Husserl erst später vorgenommen worden, findet sich aber bereits in dem ins Englische übertragenen Syllabus, dessen deutsche Grundlage wohl verloren ist (vgl. die Edition der englischen Version von Spiegelberg, Anm. 4 der Einleitung des Hrsg. S. XXI). Auch im Ms. der vier Vorträge beginnt die röm. Nummerierung (der einzelnen Vorträge von I – IV) erst nach dem in der vorliegenden Ausgabe als Einleitung wiedergegebenen Textteil. Auf Bl. 10, dem ersten Bl. der Vorträge, ist am Rand von Husserl mit Bleist. vermerkt* Pfingstwoche 1922 die beiden ersten Vorlesungen, die darauf folgende ⟨Woche⟩ die beiden letzten. *Dies stimmt nicht mit dem Kalender des Jahres 1922 u. den Daten der einzelnen Vorträge überein, denen zufolge nur der letzte Vortrag in der Folgewoche stattfand.*
    311,8 zu halten *V. mit Bleist. für* halten zu dürfen ‖ **311**,9 neueren *V. für* neuen; *C:* neueren *gestr.* ‖ **311**,13 noch *Einf. mit Bleist.* ‖ **311**,14 konkret anschaulichen *V. mit Bleist. für* neuen ‖ **311**,15 nach hat *mit Bleist. gestr.* und in deren Dienst mein ganzes Leben steht; dies wiederum *V. für* . Ihr galt meine ganze bisherige Lebensarbeit. was seinerseits *V. ist für* und deren systematischer Ausbildung meine ganze Lebensarbeit angehört. ‖ *von* Es *bis* Phänomenologie. *Einf.* ‖ **311**,17 de-

skriptiver *V. mit Bleist. für* deskriptiv ‖ **311**,20-23 *von* die zentrale *bis* Erkenntnisquellen *V. für* klargelegt werden, dass alle sinnvollen Vernunftprobleme, die sogenannten erkenntnistheoretischen, in ihre Domäne hineingehören und dass sie in Zusammenhang damit zur Prinzipien- und Methodenlehre aller Wissenschaften werden muss, und zunächst zur Mutterwissenschaft für alle apriorischen Wissenschaften. Wir werden sie alles in allem als „Erste Philosophie" charakterisieren können, auf welche alle strengen Wissenschaften notwendig zurückbezogen sind als „Zweite Philosophien", sofern sie das gesamte Quellensystem ‖ **311**,23 *nach der gestr.* prinzipiellen ‖ *aus denen V. für ausradierten, nicht rekonstruierbaren Text* ‖ **311**,25 müssen *Einf. mit Bleist.* ‖ **312**,2 *nach* und *mit Bleist. gestr.* in ‖ **312**,2-3 und sie alle neu zu gestalten *V. für mit Tinte u. Blaust. gestr.* Es wird sich so zeigen 〈*nach* zeigen *gestr.* dass vermöge dieser Wesensbeziehung aller Wissenschaften auf die transzendentale Phänomenologie〉, dass alle Wissenschaften vermöge dieser Wesensbeziehung auf die Phänomenologie als der universalen 〈universalen *Einf.*〉 Prinzipienwissenschaft sich in ihrer Gestaltung als letztstreng begründete darstellen müssen, ‖ **312**,3-4 absolut *V. für* ursprünglich einheitlichen ‖ **312**,8-9 *C:* fast zusammenhangslose *gestr.* ‖ **312**,12 gegenwärtigen *V. mit Bleist. für* jungen ‖ **312**,18 absolut *Einf.* ‖ **312**,28 die knappen Hauptthesen *V. für* eine kurze Übersicht ‖ **313**,5 antiken *V. für* ursprünglichsten ‖ **313**,6 *über* radikale *gestr. der* Methode ‖ **313**,6-8 *von* Methode, die *bis* ist. *V. für* zur Erzielung solcher philosophischen Erkenntnis unerlässlichen methodischen Erfordernis. ‖ **313**,10 *nach* Philosophie *kurzer waagerechter Blaustiftstrich* ‖ **313**,11 *vor* Sollte *zwei Schrägstriche mit Orangestift* ‖ **313**,12 Philosophen *V. für teilweise ausradiertes, nicht rekonstruierbares Stenogramm* ‖ **313**,13 allen *V. mit Bleist. für* allem ‖ **313**,16-17 *C:* Wissenschaft *gestr.* ‖ **313**,17-19 *C:* . In ihm sehe ich überhaupt den eigentlichen Begründer unserer wissenschaftlichen Kultur *V. für* von , in *bis* möchte ‖ **313**,24 *nach* haben *gestr.* , dass sie; dass sie *V. für* warum ‖ **313**,26 *nach* Philosophie *gestr.* vorbestimmt haben ‖ **313**,30 Begründer der philosophischen *V. für* philosophischen Begründer der ‖ **313**,31 *nach* Erkenntnis. *senkrechter Orange- u. senkrechter Blaustiftstrich* ‖ **314**,1 Der Gesamtinbegriff *V. für teilweise ausradierten, nicht rekonstruierbaren Text* ‖ **314**,2 theoretisch *Einf.* ‖ **314**,7 *nach* Plan; *senkrechter Orangestiftstrich* ‖ **314**,10 . Darin liegt die Idee *V. mit Tinte u. Blaust. für* , oder ‖ **314**,15-18 *von* Ich erinnere *bis* machen. *Einf.* ‖ **314**,19 *vor* Verweilen *zwei senkrechte Orangestiftstriche* ‖ **314**,33 *nach* betont; *senkrechter Orangestiftstrich* ‖ **314**,34-35 Lebens- und Gewissensfrage *V. für* Lebensfrage ‖ **314**,36 *nach* gemacht. *senkrechter Orangestiftstrich* ‖ **315**,6 *nach* muss. *senkrechter Orangestiftstrich* ‖ *Ms. und*

B: verbleibt *statt* bleibt ‖ **315**,10 oder *V. für* lässt oder besser ‖ **315**,11 *von* Kurz *bis* geschehen. *am Rand mit Bleist. zwei Kreuze (vgl. dazu die textkritische Anm. zu S. 58,7 des Haupttextes)* ‖ **315**,13 *vor* Versetzen *zwei Schrägstriche mit Orangestift* ‖ **315**,14-16 *von* Wir *bis* ist. *Einf., teilweise mit Bleist. u. Tinte überschrieben* ‖ **315**,18-20 *von* und von *bis* kommen *erst mit Bleist. gestr., dann durch Radieren wieder in Geltung gesetzt* ‖ **315**,22 *Ms.* keines *statt* keine; keines *V. mit Bleist. für* keine; *hier zurückkorrigiert gemäß B* ‖ **315**,24. *nach* habe. *senkrechter Bleistiftstrich* ‖ **315**,24-25 *von* Aber *bis* an. *Einf.* ‖ **315**,28-29 *von* kann *bis* sondern *in ausradierten eckigen Bleistiftkl.* ‖ **315**,28-33 *Der Passus von* und nicht nur *bis* müssen? *war zunächst mit Bleist. im Text markiert u. durch waagerechte Bleistiftstriche von ihm abgetrennt worden; Orangestiftkreuze verweisen darauf, dass auf* versichern kann. *demnach der nächste Absatz mit* Indessen *folgen sollte. Die Maßnahmen wurden jedoch durch Radierung außer Geltung gesetzt.* ‖ **315**,31 jener gesuchten Philosophie *Einf. mit Bleist.* ‖ **315**,31-33 *von* auf *bis* müssen? *in ausradierten Bleistiftkl.* ‖ **316**,2 *nach* besinnen *mit Tinte u. Blaust. gestr.* was ich unter dem ‖ ⟨eine⟩ *Einf. gemäß B* ‖ **316**,6 Erkenntnisse *V. mit Bleist. für* Erkenntnis ‖ **316**,9 *D: von* ja *bis* Gewesensein *mit Bleist. gestr.* ‖ selbst *fehlt in B* ‖ **316**,10 *D:* Möglichkeiten *mit Bleist. gestr.* ‖ **316**,14 *Mit* eines *endet der Text der Vorderseite des Bl., Die Rückseite beginnt mit dem folgenden, mit Blaust. u. Tinte gestr. Text* Urteilens, in dem das Geglaubte nicht nur überhaupt bloß geglaubt, sondern in der ausgezeichneten Weise motiviert durch recht habende Evidenz ⟨*von* motiviert *bis* Evidenz *V. für* durch rechthabende Evidenz motiviert⟩ geglaubt wird. Ich mache mir klar, was das sagen kann: ‖ **316**,16-19 *D: von* oder Einsehen *bis* „evident" *am Rand mit Bleist. ein ausradiertes Deleaturzeichen* ‖ **316**,18 *nach* ist *gestr.* , und genau als wie es gemeint ist ‖ **316**,20 *nach* begründeter. *senkrechter Blaustiftstrich* ‖ **316**,24 er müsste überhaupt standhalten *Einf.* ‖ **316**,27 unterscheide *V. mit Bleist. für* finde Möglichkeiten für Unterschiede ‖ **316**,28 der *Einf. mit Bleist.* ‖ **316**,28-29 *Ms.* Entwertungen *statt* Entwertung; *wohl versehentlich der Einf. nicht angepasst* ‖ **316**,29 *von* Evidenzen *bis* der *V. mit Bleist. für teilweise ausradierten, teilweise gestr., nicht rekonstruierbaren Text* ‖ **316**,30 *nach* Scheinevidenzen *senkrechter Bleistiftstrich* ‖ **316**,34-35 *von* in der *bis* Falschheit *V. mit Bleist. für ausradierten, nicht rekonstruierbaren Text* ‖ **316**,35 *nach* kann. *senkrechter Orangestiftstrich* ‖ **316**,36 *von* ein Sehen *bis* wirklich *V. für ausradierten, nicht rekonstruierbaren Text* ‖ **317**,1-4 *von* einem *bis* aber *am Rand nach unten weisender Pfeil mit Bleist., dazu die oben als Fußnote wiedergegebene Rb.* ‖ **317**,3 selbsterfasster sein. Davon *V. für teilweise ausradierten, teilweise gestrichenen, nicht rekon-*

struierbaren Text ‖ *vor* Davon *am Rand senkrechter Blaustiftstrich* ‖ **317**,4 *absolut Einf.* ‖ **317**,10 *vor* Es *senkrechter Orangestiftstrich* ‖ *aber Einf. mit Bleist.* ‖ **317**,11 Durchgangs *V. für teilweise ausradierten, teilweise gestrichenen, nicht rekonstruierbaren Text* ‖ **317**,12-14 *von* An *bis* vielmehr *V. für* Adäquat Gegebenes „kann nicht" negiert und bezweifelt werden, nämlich dadurch kommt ‖ **317**,12 *D:* adäquat *in Anführungszeichen mit Bleist.* ‖ **317**,16-17 *von* während *bis* es *V. mit Bleist. u. Tinte für* was adäquat gegeben ist, kann ‖ **317**,18-19 *von* Das adäquat *bis* gegeben. *Einf.* ‖ **317**,22-24 *D: von* Es *bis* ist. *und von* Doch *bis* Icheinstellung *in eckigen Bleistiftkl.; am Rand ein Deleaturzeichen* ‖ **317**,23 nicht zum mindesten *Einf. mit Bleist.* ‖ **317**,28 Ich *V. mit Bleist. für* Es ‖ **317**,30 *D: auf Höhe des Absatzes die Rb. mit Bleist.* Hierher die parallelen Blätter. Gemeint sind die beiden Blätter M II 3a/15 u. 16, die dort bezeichnet sind Parallelblatt zu 12–14; ad 12a, ad 12b. *Der Singular rührt wohl daher, dass der Text die Transkription eines einzelnen Bl. des Originals, nämlich F II 3/17, ist. Gemäß einer Rb. mit Bleist. auf dem Originalblatt ist der Inhalt dieses Blattes* verkürzt *worden, daher wohl seine Bezeichnung als* Parallelblatt. *Der Text ist wohl nicht in London vorgetragen worden, zumal er einige Wiederholungen enthält und das Bl. nicht wie die anderen Bl. der Vorträge der Länge nach geknickt wurde. Er hat entstehungsgeschichtlich den gleichen Status wie die Vorarbeiten, die auf anderen, teilweise gestr., teilweise in den Anhang des Konvoluts gelegten Bl. erhalten sind. Jedoch empfindet Husserl ihn bei späteren Studien offenbar als passend, an hier bezeichneter Stelle beigelegt zu werden. Der Text sei hier im Folgenden mitgeteilt:*

Die nächste Frage, die uns nach Feststellung des Leitprinzips der adäquaten oder apodiktischen ⟨oder apodiktischen *Einf.*⟩ Evidenz ⟨beschäftigen muss⟩ ⟨⟨beschäftigen muss⟩ *Einf. gemäß B*⟩, ist die, in welcher Richtung wir den Grundstock erster apodiktisch gerechtfertigter Erkenntnisse suchen müssen, als solcher, die allen anderen notwendig vorangehen. ⟨*von* , als *bis* vorangehen *im Ms. in eckigen Bleistiftkl.*⟩ Haben wir uns wahllos umzutun und, wenn sich uns Erkenntnisse als apodiktisch anmuten, wie z. B. die geometrischen Axiome, ⟨*von* , wie *bis* Axiome, *Einf.*⟩ zuzugreifen und ihre Adäqu⟨ation⟩ ⟨ihre Adäqu⟨ation⟩ *Einf.*⟩ nachzuprüfen? Oder haben wir mit der Möglichkeit zu rechnen, dass selbst in der apodiktischen Erkenntnis eine Ordnung vorgezeichnet sei, und haben wir einen Leitgedanken für die Art der ihrer Natur nach ersten, die also zuerst gesucht und fixiert werden müssen?

Die Antwort gibt der Hinweis auf die Unterschiede unmittelbarer und mittelbarer (wenn auch zunächst unvollkommener) Evidenz und Begründung. Ich mache danach den Überschlag, dass mittelbare Urteile auf mittelbar evidente Begründungen und durch sie hindurch auf unmittelbare Evidenzen zurückführen, und tiefer erwägend sage ich mir, dass die Unmittelbarkeit allgemeiner Axiome selbst noch eine Art Mittelbarkeit ist. ⟨*nach* ist. gestr. Denn die zugehörigen Begriffe haben ihre gute oder schlechte Art ⟨von Denn bis Art *V. für* und die zugehörigen Begriffe mittelbar selbst ihre Art haben⟩, aus der Intention geschöpft zu sein und diese Schöpfung ist eine mittelbare, da sie individueller Anschauungen als Voraussetzung bedarf.⟩ Denn ihre Evidentmachung, und speziell auch ⟨auch *Einf.*⟩ diejenige der in sie eingehenden Begriffe, setzt offenbar vorangehende individuelle exemplarische Anschauungen voraus und diese bilden ⟨bilden *V. für* haben⟩ ein Grundstück der ⟨der *V. für* in der⟩ rechtfertigenden Funktion.

Daraus ergibt sich also ein wichtiges hodegetisches Prinzip des Anfangs. Zunächst suchen muss ich nach absolut unmittelbaren adäquaten Evidenzen, mit einem Worte: nach adäquaten Erfahrungen. ⟨*von* mit *bis* Erfahrungen *Einf.*⟩ Durch sie würde ich eo ipso ⟨würde ich eo ipso *V. für* muss ich gewinnen⟩ eine Seinssphäre gewinnen müssen, ⟨gewinnen müssen *Einf.*⟩ deren Existenz apodiktisch zweifellos ist, weil in diesen Evidenzen in ihrem Selbstsein absolut adäquat erfasst. Gelingt es mir, adäquat ⟨adäquat *V. mit Bleist. für* sie⟩ zu erschauen, dann kann ich versuchen, darüber ⟨darüber *V. mit Bleist. für* über sie⟩ auszusagen, aber ich muss doch das Prinzip aufstellen, dass ich dabei keinen Satz aussprechen darf, den ich nicht aus diesen Evidenzen selbst speisen, dass ich keinen Begriff gebrauchen darf, den ich nicht an ihnen neu gebildet habe. Aber selbst diese Begriffsbildung wird dann mein Problem sein müssen.

Am nächsten liegt es nun, die adäquate Erfahrung als Erfahrung im ⟨*nach* im *mit Bleist.* gestr. gewöhnlich⟩ engsten Sinn, als Wahrnehmung zu interpretieren, zumal es vielleicht kein bloßes Vorurteil ist, dass alle Erfahrung letztlich auf Wahrnehmung zurückweist. Wie immer es damit steht, ich fange mit diesem speziellen Leitgedanken an und suche nun eine apodiktisch evidente, eine adäquat gegebene Seinssphäre als Sphäre ursprünglicher Erfahrung oder Wahrnehmung. Gibt es eine solche?

Wie soll ich sie mir verschaffen? Das ist jetzt die Frage und damit erst stehen wir ⟨*nach* wir *mit Bleist.* gestr. erst⟩ wieder im Cartesianischen Gedankengang der Ersten Meditation, ⟨der Ersten Meditation *Einf. mit Bleist.*⟩ der in seiner Lässigkeit alle unsere prinzipiellen ⟨prinzipiellen *Einf.*⟩ Vorfragen unerörtert lässt. Und jetzt folgen wir ihm, wie er zum *ego cogito* hinführt, zu dieser trivialsten Trivialität für den philosophisch Blinden, zu diesem Wunder aller Wunder für den philosophisch Sehenden und Verstehenden. In der Tat handelt es sich um das Quellgebiet aller Erkenntnis und aller Erkenntniswelten. ‖ **317**,31-32 *von* wie *bis* auch *Einf.* ‖ **317**, Anm. *spätere Anm. = Rb. mit Bleist. in D* ‖ **318**,1 *nach* müssen. *senkrechter Orangestiftstrich* ‖ **318**,3 , ferner, *V. mit Bleist. für* und ‖ **318**,14 *zunächst Einf.* ‖ *nach* Leitgedanken. *senkrechter Orangestiftstrich* ‖ **318**,20 *nach* ego *waagerechter Orangestiftstrich* ‖ **318**,21 *von* dieser *bis* Blinden *Einf.* ‖ **318**,22 *mit* Sehenden. *endet der Text etwa auf der Mitte der Rückseite des Bl., der Rest ist unbeschrieben. Als Folgebl. liegt im Ms. das so genannte* Parallelblatt, *dessen Inhalt in der textkritischen Anmerkung zu S. 317,30 mitgeteilt ist.* ‖ **318**,23 Instinkt *V. mit Bleist. für* Grund ‖ **318**,26 vorhergehen zu lassen den Nachweis der *V. für teils ausradierten, teils gestrichenen, nicht rekonstruierbaren Text* ‖ **318**,27 somit *V. für* mit ‖ **318**,28 dieser *V. für* der ‖ **318**,33 und Erfahrungswelt *Einf.* ‖ **319**,10-12 *von* Der Gedanke *bis* sehe *V. für* Niemals gewinne ich die apodiktische Unmöglichkeit, der Versuch, das Gesehene zu negieren ... *von hier an wegen Radierung nicht weiter rekonstruierbar* ‖ **319**,13 er doch *V. für* doch solche Negation ‖ *nach* widersinnig *gestr.* , „undenkbar" ‖ **319**,18 eigentlich *Einf. mit Bleist.* ‖ **319**,18-19 „eigentlich gesehen" und „nicht gesehen" *Anführungsstriche vom Hrsg.* ‖ **319**,19 also *Einf.* ‖ *nach* es *gestr.* im Zusammenhang damit ‖ ⟨im⟩ *Einf. gemäß B* ‖ **319**,20 herausstelle *V. für* , im Nähertreten, im „genaueren" Betrachten mit allen Sinnen, ⟨mit allen Sinnen *Einf.*⟩ im Schauen usw. herausstelle ‖ **319**,21-31 *von* oder *bis* fest. *V. für folgenden mit Blei- u. Blaust. gestrichenen Text* und nicht nur das Anderssein, sondern eventuell auch das Nichtsein, das Umschlagen der Wahrnehmung in Illusion oder in Traum ⟨oder in Traum *Einf.*⟩ ist nicht ausgeschlossen. Wie immer sich bei solchem Umschlagen dem ursprünglichen Wahrnehmungsfeld ein neues sich unterschieben mag, immer bleibt die Situation dieselbe, die Möglichkeit der nachkommenden Entwertung der Dingwahrnehmung ⟨Dingwahrnehmung *V. für* Wahrnehmung⟩ erneuert sich wieder. Danach ist es also in der Tat kein apodiktischer Widersinn, die gesamte ⟨gesamte *V. für* die Gesamtheit der⟩ raumweltliche Erfahrung als ⟨als *V. für* soweit sie⟩ möglicherweise ungültig anzusetzen, also mir in jedem Augenblick und nach Belieben die ganze objektive Natur ⟨Natur *V. für* Welt⟩ als nichtseiend zu denken, während ich sie zugleich in ungebrochener Einstimmigkeit erfahre und nicht der mindeste positive Grund für ihre Nichtexistenz spricht. Natürlich ist wie ihre Negation so ihre Bezweiflung zwar ohne wirklichen Rechtsgrund, so doch ohne Widersinn ⟨ohne Widersinn *Einf.*⟩ möglich, wie umgekehrt absolut sicher ist, dass ihre Existenz niemals mit einer absoluten, einer apodiktisch notwendigen Sicherheit behauptet werden könnte, wie sehr die Evidenz der Erfahrung durch ihre Erweiterung und Fülle der Klarheit gesteigert werden möge.

In dieser Darstellung haben wir freilich die im bloß Empirischen sich verhaftende ⟨*Ms.* verhaftenden *statt* verhaftende⟩ Darstellung Descartes' nicht bloß reproduziert, sondern in eine prinzipielle umgestaltet. ⟨*nach* umgestaltet. *gestr.* Es wäre leicht zu sehen, wie Descartes mit seinem Operieren mit bloß empirischen Zweifelsmöglichkeiten aufgrund des Faktums früher erfahrener Illusionen sich nicht nur am notwendigen Stil eines Anfangs ⟨*nach* Anfangs *gestr.* zuwider⟩ versündigt, sondern sich...⟩ Wir operieren nicht wie Descartes mit empirisch faktischen Möglichkeiten des Zweifels, sondern mit apodiktischen Zweifels- und Negationsmöglichkeiten, wie es das Prinzip des Anfangs allein zulässt, und so ist unser Ergebnis auch ein apodiktisches. ‖ **319**,27-29 *D: von* nicht *bis* Hypothesen *in eckigen Bleistiftkl.* ‖ **319**,31 *nach* fest *mit Blaust. gestr.* , das in Korrelation steht mit der absoluten Evidenz. *Mit* fest. *endet der gültige Text des Bl.; das Folgebl. beginnt beinahe gleichlautend mit* Halten wir das Ergebnis fest. *Diese im vorliegenden Text getilgte Wiederholung erklärt sich dadurch, dass nur dieses Folgebl. später in die Einleitungsvorlesung gelangt ist und Husserl diesen Satz, den er beibehalten wollte, auf diesem erneut notiert hat (vgl. dazu die textkritische Anm. zu S. 68,22 der Vorlesung).* ‖ **320**,1-**321**,17 *C: von* Der *bis* Voraussetzungen. *zunächst durch Deleaturzeichen oben auf jeder einzelnen Seite, durch Markieren und Einklammern mit Bleist. und schließlich Abschneiden von Teilen des Typoskripts ungültig gemacht, später jedoch wieder angefügt mit der einleitenden Bemerkung* Vielleicht ist ein erläuternder Zusatz nützlich. *Der Absatz von* Vielleicht *an zusätzlich in eckigen Bleistiftkl.* ‖ **320**,3 *C: nach* reflektiere, *Einf.* im Einzelnen ‖ **320**,5 *C: nach* Erfahrungen, *Einf.* z. B. ‖ **320**,8-10 *von* Aber *bis* Erlebnisstrom *am Rand mit Blaust. eine Null und ein Fragezeichen* ‖ **320**,8 *von* „Ich *bis* usw." *Anführungszeichen Einf. gemäß B* ‖ **320**,9-10 *C:* ganzen mannigfaltig gestalteten *V. für* ganz mannigfaltigen ‖ **320**,11 mag *V. für* kann ‖ **320**,12-13 *C:* besitzen, dann den Willen, es zu erwerben *V. für von* kaufen *bis* anfange ‖ **320**,13 *nach* ich *gestr.* zu anderen Gedanken übergehe, mich mathematisch beschäftige, ‖ **320**,16 *C:* Es ist nun auch *V. für* Dabei ist es jetzt ‖ **320**,17 *C:* im jeweiligen cogito *statt* dabei ‖ **320**,18 *C:* in ihm *V. für* dabei ‖ *C:* ist *gestr.* ‖ **320**,19 2 × 7 = 15 *Einf.* ‖ **320**,20-21 2 × 7 = 15 *Einf.* ‖ **320**,21 *von* der *bis* ist *V. für* diese Sachverhalte selbst sind ‖ **320**,22 *nach* Geurteilte, *gestr.* und dieses Geurteilte gehört zwar als solches beiderseits zum *cogito*, aber es ist nicht ... ‖ **320**,23 apodiktisch *V. für* absolut ‖ **320**,26 „Ich urteile A" *Anführungszeichen gemäß C* ‖ **320**,26-27 *C:* ist absolut gegeben *V. für* das ist das absolut Gegebene ‖ **320**,27 apodiktische *Einf.* ‖ **320**,28 *C:* vor, sondern allenfalls *V. für* sondern ‖ *C:* selbst *gestr.* ‖ *nach* ist. *gestr.* Dass keine erdenkliche raumweltliche Erfahrung den Charakter einer absoluten selbstgebenden, einer adäquaten gewinnen kann, nach keiner einzelnen als dinglich erfahrenen, geschweige denn hinsichtlich der jeweils gesamterfahrenen „Welt", ist absolut evident. Ich, das den philosophischen Anfang suchende Ich, muss diese gesamte Erfahrung in den „Umsturz" miteinschließen, nicht einmal den allgemeinen Satz „Eine Natur ist und somit auch die Welt mit seelischen Subjekten, eine Menschenwelt, eine Kulturwelt usw. ist", ⟨von „Eine bis usw. ist" Anführungszeichen vom Hrsg.⟩ darf ich aussprechen.

Bleibt nun, da das Weltall, das gesamte Reich objektiver Erfahrung außer Spiel gesetzt ist, noch irgendetwas übrig? Ist nicht alles und jedes, was ich erfahre, in der Welt mitbeschlossen? Kann es gegenüber der raumgegenständlichen Erfahrung eine davon zu unterscheidende Erfahrungsart geben? ‖ *C: So wie V. für Wie* ‖ **320**,29 *von „Ich bis Haus" Anführungszeichen gemäß B* ‖ ⟨*zu erhalten*⟩ *Einf. gemäß B* ‖ **320**,30 *nach ausschalten gestr. das; B: nach ausschalten Einf. und; C: d. h. V. für und* ‖ **320**,30-32 *C: als Reflektierende nicht mitbetätigen, nicht „mitmachen", sondern ihn nur als subjektive Tatsache fixieren V. für von ansehen bis hinstellen* ‖ **320**,31 *betätigen Einf.* ‖ **320**,33 *nach nicht gestr. die Tatsache,* ‖ **320**, Anm. *spätere Veränderung = V. in C* ‖ **321**,1 *nach Bestehen gestr. der angegebenen Gleichheit,* ‖ **321**,2 *will" schließende Anführungszeichen gemäß B* ‖ **321**,4 *C: da gestr.* ‖ *C: nach im Einf. betreffenden* ‖ **321**,5 *C: da gestr.* ‖ **321**,6 *überhaupt Einf.* ‖ **321**,8 *C: nach sondern Einf. sie* ‖ **321**,11 *C: besondere Bedeutung V. für Bevorzugung* ‖ **321**,13 *und nicht die V. für als eine* ‖ *C: nach Nichtseins Einf. der Welt* ‖ **321**,14 *dies Einf. gemäß C* ‖ **321**,15 *C: psychologische „innere Erfahrung" V. für innere Erfahrung* ‖ **321**,16-17 *C: mit Voraussetzungen belastete Erfahrung V. für Belastung mit Voraussetzungen.* ‖ **321**,25 *vor Richten öffnende eckige Rotstiftkl., die nicht geschlossen wird; von Richten bis Richtungen: V. für mit Blaust. gestr.* Von selbst bietet sich, und zunächst unvermerkt, die Identität des Gegenstands als Leitfaden phänomenologischer Unterscheidungen und Beschreibungen dar. ‖ **321**,26-**322**,1 *von zunächst bis Gegenstand dann Randnotiz mit Bleist. Synthesis, dafür die neuen Blätter 53 f.; gemeint sind die folgenden Seiten im Kontext der Einleitungsvorlesung nach Husserls Paginierung (in der vorliegenden Ausgabe S. 85,7 ff.). Die Notiz ist also sicher erst nach den Vorträgen in London entstanden.* ‖ **322**,5-8 *von das Identitätsbewusstsein bis mannigfaltigem V. mit Tinte u. Blaust. für hier phänomenologisch eine eigene Tatsache vorliegt, dass eben mannigfaltiges; vor das Ms. noch einmal das* ‖ **322**,9 *nach kommen Ms. kann; wohl versehentlich nicht gestr.* ‖ **322**,11 *B: macht statt mache; Stenogramm nicht eindeutig* ‖ *von Folgendes bis beziehen, so V. für in eckigen Blaustiftkl. u. mit Tinte u. Blaust. gestr.* folgendes klar: Rein phänomenologisch betrachtet besagt das, dass zwei

Erlebnisse evidenterweise Bewusstsein vom selben Gegenstand sind, soviel, dass sie denselben intentionalen Gegenstand haben; sie meinen dasselbe. Darum haben sie aber nicht in diesem Selben ein reelles Stück identisch im wiederholten Vorstellen desselben, *dies ist wiederum V. für* klar, dass wir rein phänomenologisch betrachtet zwei Erlebnisse, die evidenterweise Bewusstsein vom selben Gegenstand, sagen wir, demselben Raumding sind, sie nämlich denselben meinen, darum nicht in diesem Selben ein reelles Stück identisch haben. Nehme ich jetzt ein Haus wahr und dann ein anderes Haus im wiederholten Vorstellen desselben, ‖ **322**,14 *nach* „Gegenstand". *senkrechter Orangestiftstrich* ‖ *C: nach* im *Einf.* subjektiven ‖ **322**,18-19 *eventuell V. mit Bleist. für ausradierten, nicht rekonstruierbaren Text* ‖ **322**,21 *nach* Teil. *senkrechter Orangestiftstrich; danach gestr.* Der Gegenstand; *danach erneut senkrechter Orangestiftstrich* ‖ **322**,32 einen endlosen Bereich *V. für* endlose Horizonte ‖ **323**,1. *nach* die *mit Bleist. gestr.* schon eingangs berührte ‖ **323**,8 *C:* müsste *V. für* muss ‖ **323**,10 *nach* Art *mit Orangest. gestr.* Abwandlung oder; oder Analogon *Einf.* ‖ **323**,11 *Ms.* einer rein egologischen *statt* eine rein egologische; *C:* an eine rein egologische *V. für* einer rein egologischen ‖ **323**,12-13 naturaler *Einf.* ‖ **323**,15 *vor* Aber *am Rand zwei senkrechte Orangestiftstriche* ‖ *nach* Bedenken. *senkrechter Orangestiftstrich* ‖ **323**, Anm. *spätere Anm. = Rb. mit Bleist. in D* ‖ **324**,1 „Ich bin" *Anführungszeichen vom Hrsg.* ‖ und zwar *Einf.* ‖ **324**,4 *C:* individuell-konkreten *V. für* konkreten ‖ **324**,8 *nach* aber *gestr.* die ‖ **324**,13 *vor* Denn *geöffnete spitze Blaustiftkl., die nicht geschlossen wird* ‖ **324**,15 und so seiend *Einf.* ‖ **324**,19 *vor* Dergleichen *geöffnete spitze Orangestiftkl., die nicht geschlossen wird* ‖ **324**,22 *nach* Zeit. *senkrechter Orangestiftstrich* ‖ **324**,24-26 *von* mit den *bis* egologischen *V. für* also mit den an sich seienden ‖ **324**,25 *nach* und *gestr.* zufälligen ‖ **324**,27 *nach* Tatsachen. *auf dem unteren Rand kopfständig* ... nach der Umschau im Urwald gleichsam der tausendfältig verschlungenen Vorkommnisse ... ‖ **325**,6-23 *von* In *bis* vorbereitet. *im Ms. in eckigen Blau- u. Bleistiftkl., am Rand dazu eckige Bleistiftkl. und zweimal mit Bleist.* eine Null ‖ **325**,14 *nach* waren, *gestr.* in denen nichts von der Faktizität der zufällig benützten exemplarischen Tatsachen ‖ **325**,19 *nach* Gegenständen *gestr.* und Wahrheiten überhaupt ‖ **325**,20 „Gegenstand" *Anführungszeichen vom Hrsg.* ‖ speziell *Einf.* ‖ **325**,22 *nach* einer *gestr.* Prädikation, Substrat; *danach im Ms. versehentlich nicht gestr.* einer ‖ *nach* wahren *gestr.* und falschen ‖ **325**,23-24 *von* alles *bis* Dinggegenstand *am Rand eine eckige schließende Bleistiftkl.* ‖ **325**,27 *nach* müssen *mit Bleist. gestr.* , natürlich mögliche Erfahrungen als letzte Erkenntnisgründe, wenn er soll erkennbar sein können *danach schließende eckige*

Bleistiftkl.; C: haben müsse *V. für* wird haben müssen ‖ **325**,30 *D: Randnotiz mit Bleist. bis 49* Erweiterung des Evidenzbegriffs = Erfahrung. Damit bezieht sich Husserl auf die S. 327,25 *der vorliegenden Ausgabe (vgl. die textkritische Anm. zu dieser Stelle).* ‖ **325**, Anm. *spätere Anm. = Rb. mit Bleist. in D* ‖ **326**,1-4 *von* (Für *bis* Erweiterung.) *im Ms. in eckigen Kl. statt runden* ‖ **326**,2-3 Erinnerungen, Erwartungen *V. für* Erinnerung, Erwartung ‖ **326**,4 *nach* Erweiterung.) *senkrechter Orangestiftstrich* ‖ **326**,4-7 *von* die Worte *bis* verwenden *V. für* dass sprachüblich, die nur dem individuellen Sein angepassten ⟨*von* die *bis* angepassten *V. für* nur auf individuelles Sein angepasst; individuelles *versehentlich nicht geändert*⟩ Worte Erfahrung, Wahrnehmung usw. ‖ **326**,12 *nach* ist. *senkrechter Orangestiftstrich* ‖ **326**,15 *nach* gesagt *gestr.* gemeine Erfahrung, näher Wahrnehmung ist eine der Evidenzen und ‖ **326**,19 als Gegenstandsbewusstsein *Einf.* ‖ **326**,20 sonstigen *Einf.* ‖ *nach* Gegenstand. *mit Blaust. gestr.* Die Antwort lautet, zunächst ⟨zunächst *Einf.*⟩ für die Wahrnehmung, und wir haben sie schon früher gegeben: Wahrnehmung ... Mit Wahrnehmung. *endet der Text des Bl. Der zuletzt gestr. Satzanfang sowie der gleichlautende Beginn des Folgebl., das zudem nicht vollständig beschrieben ist, zeigen, dass dieses wohl ein ursprüngliches, inzwischen nicht mehr vorhandenes Bl. ersetzen soll.* ‖ **326**,21 engen *Einf.* ‖ **326**,24 *nach* erfassen. *senkrechter Orangestiftstrich* ‖ **326**,27 ⟨das⟩ *Einf. gemäß B* ‖ **326**,28 *nach* erfassen *mit Orangest. gestr.* und ‖ **326**,29 Gegenstandssphären *V. für* Sphären ‖ **326**,31 Nach Gegenstands. *folgt ein in eckigen Bleist.- u. Orangestiftkl. gesetzter sowie mit Bleist. gestr. Passus, der jedoch in B nicht weggelassen wurde, was dafür spricht, dass diese Streichung erst nach Erstellung des Ts. erfolgte und Husserl somit auch später gelegentlich noch auf das Ms. zurückgegriffen hat. Der Text lautet* Eine Abwandlung davon ist schon die Wiedererinnerung, obschon etwas von Evidenz auch in sie hineinreicht. Das Wiedererinnerte ist charakterisiert als „vergangen", und Vergangensein als Vergangensein ist ursprünglich nur durch Wiedererinnerung gegeben; in dieser Hinsicht ist sie eine „Evidenz". Aber im Vergangen liegt beschlossen das Gegenwärtig-gewesen, und hinsichtlich der individuellen Gegenwart selbst, die da gewesen ist, ist die Wiedererinnerung keine unmittelbare Erfahrung, sie ist eben keine Wahrnehmung. – Mit Wahrnehmung. *endet der Textes auf der Vorderseite des Bl. Der Rest der Seite, etwa ein Drittel, und die Rückseite sind unbeschrieben. Das darauf folgende Bl. wiederum beginnt mit folgendem gestr. Text* Wahrnehmung ist Originalitätsbewusstsein, das Wahrgenommene als solches gibt sich selbst als „leibhaft", als im Original da, und da es sich um individuelle Präsenz handelt, so ist eben das individuelle gegenwärtige Ding als solches als original bewusst. ⟨*nach* bewusst. *öffnende eckige Bleistiftkl., die nicht geschlossen wird*⟩ In ihrer Art ist auch eine klare Wiedererinnerung Originalitätsbewusstsein, nämlich hinsichtlich der individuellen Vergangenheit, die als vergangene Gegenwart aber Originalität der Gegenwart ausschließt, daher die Wiedererinnerung hinsichtlich des als gegenwärtig seienden und dauernden Gegenstands ⟨und dauernden Gegenstands *Einf.*⟩ nicht *originaliter* gebend ist. Im Kontrast mit all dem ist aber in einem empirisch anzeigenden oder einem Abbild-Bewusstsein, und erst recht leeren, ⟨*von* einem empirisch *bis* recht *Einf.*⟩ etwa symbolischen ⟨etwa symbolischen *V. für* oder nur irreellen⟩ Denken des Gegenstands nichts von Selbstgebung des Gegenstands ⟨des Gegenstands *Einf.*⟩ vollzogen. ǁ **326**,32-33 Gegenstände aller anderen Arten *V. mit Bleist. für* alle anderen Gegenstände ǁ **326**,33 *nach* genommen, *mit Bleist. gestr.* wenn sie sind ǁ **327**,1 *nach* Gegebenheit. *senkrechter Orangestiftstrich* ǁ **327**,2 sie können aber auch *V. mit Bleist. u. Tinte für* und können auch ǁ **327**,3 *nach* sein *mit Orangest. gestr.* und ǁ **327**,4-5 *von* und *bis* überhaupt *Einf.* ǁ **327**,5 verschiedene *V. für ausradierten, nicht rekonstruierbaren Text* ǁ **327**,8 *nach* hier. *senkrechter Orangestiftstrich* ǁ **327**,11 Meinung *V. für* aus ǁ **327**,13. *nach* Möglichkeiten. *zwei senkrechte Orangestiftstriche* ǁ **327**,15 irgendein *V. für* ein*; ein versehentlich nicht gestr.* ǁ **327**,19-22 *von* (in *bis* machen) *im Ms. in eckigen Blaustiftkl.; öffnende Kl. V. für* und ǁ **327**,21 Ms. gesehen *statt* Gesehenem*; V. gemäß B* ǁ **327**,25 ausgeschlossen *gemäß B; im Ms. (A)* ausgeschlossen *mit Bleist. in* ausgeschließt *verändert; ebenfalls in A danach gestr.* Alle Begründung führt auf Evidenz, auf adäquate oder inadäquate Selbstgebung zurück. *es folgt in A ein senkrechter Orangestiftstrich; D: Randnotiz mit Bleist.* bis hier von 46 oder ⟨oder *Lesung unsicher*⟩ 45. Die Bemerkung verweist zurück auf die obige Randnotiz; *vgl. die textkritische Anm. zu S. 325,30.* ǁ **327**,27-28 phänomenologische *V. mit Bleist. für* egologische ǁ **327**,37 reine *Einf.* ǁ **328**,1-2 *von* (oder *bis* phänomenologische) *Kl. mit Bleist.* ǁ **328**,5 *nach* Phantasieabwandlungen. *senkrechter Blau- u. senkrechter Bleistiftstrich sowie zwei Schrägstriche mit Orangest.* ǁ **328**,8 „erfahren" *Anführungszeichen mit Bleist.* ǁ **328**,11-14 *von* freilich *bis* Mehrfachen, und *im Ms. in eckigen Blaustiftkl.* ǁ **328**,13-14 am Einzelnen oder Mehrfachen *Einf.* ǁ **328**,18-20 *von* hier *bis* Synthesis *im Ms. in Kl. mit Bleist.* ǁ **328**,19 so gearteter Erlebnisse *Einf.* ǁ **328**,23-27 *von* die in *bis* Wesensgesetze *am Rand mit Orangestift angestrichen* ǁ **328**,27 Wesensanschauung *V. für* Anschauung ǁ **328**,30-31 *von* in *bis* Evidenz *Einf.* ǁ **328**,32-33 *von* jede *bis* begründen *Einf.* ǁ **328**,33 Also ich gewinne *V. für* Wir gewinnen, und jeder für sich, ǁ **328**,34-36 *von* neben *bis* bleibt *im Ms. in eckigen Bleistiftkl.* ǁ **328**,35-36 tatsachenwissenschaftlicher Erforschung *V. für* objektiver Erkennbarkeit als Tatsache ‖ **329**,1 *Ms.* aller *statt* alle; *V. gemäß B* ‖ **329**,1-2 *von* eines *bis* überhaupt *V. für mit Blaust. u. Tinte gestr.* Diese Möglichkeiten sind evidenterweise meine Möglichkeiten, auf mein Ego zurückbezogen. Damit aber gewinne ich erst Wissenschaft aus absoluter Rechtfertigung, aus adäquater und apodiktischer Evidenz, eine Erste Philosophie statt einer Tatsachenwissenschaft, eine apriorische Wissenschaft. ⟨*von statt bis* Wissenschaft *Einf.*⟩ Sie hat die merkwürdige Eigentümlichkeit, dass sie Egologie ist, eben auf mich als das philosophierende Ego bezogen – jedes andere Ich ist ⟨*nach* ist *gestr.* wie die Welt überhaupt⟩ für mich nur als in fremder Leiblichkeit ausgedrücktes Subjekt der phänomenologischen Reduktion verfallen.

Die Möglichkeit und Notwendigkeit einer apriorischen ⟨apriorischen *Einf.*⟩ Phänomenologie ist in der egologischen Begrenzung festgestellt. Sie soll sich in den nächsten Vorlesungen als die universale apriorische Philosophie enthüllen, als die Mutter aller apriorischen Wissenschaften, ⟨*von* als *bis* Wissenschaften *Einf.*⟩ als die einzig mögliche und sinnvolle Erkenntnistheorie, recht verstanden sogar als eine universale Logik und Wissenschaftslehre. ⟨*von* recht *bis* Wissenschaftslehre *V. für* die recht verstanden sogar eine universale Logik und Wissenschaftslehre in sich schließt: voll entwickelt. Sie wird sich, ja alle apriorischen Wissenschaften ... bricht ab⟩ *Damit endet die nicht vollständig beschriebene Vorderseite des Bl. Auf der Rückseite findet sich dann kopfständig ein mit Orangest. gestr. Text, der den Text der gestr. Rückseite des im Ms. folgenden Bl. fortsetzt. Die Seite trägt die doppelt unterstrichene Paginierung mit Blaust.* 5 *und gehört mithin zu den Vorarbeiten zum zweiten Londoner Vortrag.* (*Der ebenfalls gestr. Text des ersten Bl. dieser Vorarbeiten ist in der textkritischen Anm. zu S.* 77,25 *wiedergegeben.*) *Der Text lautet* ... mit einem Denkbewusstsein zusammenwerfen kann, wenn man phänomenologisch zu sehen gelernt hat. So z. B. mag eine Erinnerung zunächst klar sein und das Erinnerte mir gleichsam vor Augen stellen, es kann aber auch völlig leer werden und von fern ganz unanschaulich sein, und oft schwebt es mir lange vor; ich kann auch Aussagen darüber machen und mühe mich erst, es zur Anschaulichkeit zu erwecken. In aller raumdinglichen ⟨raumdinglichen *Einf.*⟩ Anschauung, so zeigt die intentionale Analyse, liegt sogar notwendig ein intentionaler, unanschaulicher und dabei sehr bedeutungsvoller Horizont, ohne den das Ding keine unsichtigen Seiten für das Bewusstsein hätte, aber dann auch keine Vorderseiten und keine einzige dingliche Bestimmung überhaupt. ‖ **329**,3 eröffnet sich *V. für* gewinnen wir ‖ **329**,4-5 als eine Wissenschaft *Einf.* ‖ **329**,8-9 Genauer, wir gewinnen *Einf.* ‖ **329**,12 ihres *V. für* seines ‖ ihrer *V. für* seiner ‖ **329**,13 *nach* Leistungen *gestr.* überhaupt; *danach* *senkrechter Orangestiftstrich* ‖ **329**,14 *nach* adäquater *mit Blaust. u. Orangest. gestr.* eidetischer Erfahrungen oder, wie wir sagen, *dies war zunächst V. für* Wesenserfahrung oder, wie wir sagen, adäquater ‖ **329**,17 *nach* überhaupt. *in eckigen Orangestiftkl. u. mit Bleist. gestr.* Nicht zu übersehen ist aber die Besonderheit, in der diese apriorische Egologie auf dieser Stufe begründet ist; sie ist auf mich, das philosophierende Ich, das sein *ego cogito* ausspricht, zurückbezogen. Von einer Mehrheit existierender Ich weiß ich nichts, da für mich andere Subjekte nur als animalische gegeben sind und wie die ganze Welt der phänomenologischen Epoché ⟨Epoché *V. für* Reduktion⟩ verfallen sind. Wenn ich von egologischen Möglichkeiten spreche und ihren Wesensallgemeinheiten, werde ich, solange ich nicht einmal die Möglichkeit der Erkenntnis anderer Ich erwogen habe, nur an Phantasieabwandlungen meines Ego denken. Doch sind wir noch nicht so weit, um diesen eidetischen Solipsismus beseitigen zu können. ⟨C: *nach* können. *die ergänzende Notiz* (Es fehlt hier ⟨hier *Einf.*⟩ die Lehre von der transzendentalen Intersubjektivität!) Vgl. aber Vorlesung IV ⟨Vgl. aber Vorlesung IV *Einf.*⟩; gemeint ist der IV. Vortrag (vgl. oben, S. 335 ff.).⟩ Diese Streichung ist in B nicht berücksichtigt, wodurch sich nahe legt, dass sie erst bei späterer Durchsicht des Ms. erfolgte (vgl. auch die textkritische Anm. zu S. 326,31). ‖ **329**,18 *nach* ist *mit Orangest. gestr.* jedenfalls ‖ **329**,22-26 *D: von* wird *bis* deckt. *Randnotiz mit Bleist.* Ende von II, gemeint ist der II. Vortrag; dann Abschlusszeichen ‖ **329**,26 Mit deckt. *endet der Text der Vorderseite des Bl. Die Rückseite ist mit Bleist. gestr. Der gestr. Text lautet* „das Haus und in der Baumwahrnehmung der Baum Gemeintes, nur eben wahrnehmungsmäßig Gemeintes. Ich muss die Phänomene selbst befragen und nicht die Psychologen. Und es hat mir überall sehr viel zu sagen. Zum Beispiel: Ganz allgemein charakterisiert sich ein Wahrgenommenes als solches ganz anders als ein ⟨*von* Zum Beispiel *bis* als ein *am Rand mit Blaust. eine Null*⟩ Wiedererinnertes oder im Bild Abgebildetes usw. Nämlich in der Wahrnehmung steht mir der intentionale Gegenstand im Modus originaler Gegenwart, als gleichsam leibhaft gegenwärtig da, in der Erinnerung ⟨Erinnerung *V. für* Wiedererinnerung⟩ nicht, sondern als selbst vergegenwärtigt, aber nicht etwa als abgebildet, in der Abbildung als sich in einem Bildobjekt, das es nicht selbst ist, darstellend usw. Jede dieser Gegebenheitsarten ist überreich an eigentümlichen intentionalen Strukturen, die man sehr wohl ⟨sehr wohl *Einf.*⟩ beschreiben kann.

Bevorzugen wir ein wahrgenommenes Raumding ⟨Raumding *V. für* Ding⟩ als solches, so hat es viele merkwürdige Eigenheiten. Ich muss es selbst als leibhaft gegeben bezeichnen, und doch ist es nie anders denn einseitig Erscheinendes. Ich muss scheiden, und anders kann ich es gar nicht denken, zwischen eigentlich Erscheinendem von dem Ding, der eigentlich gesehenen Vorderseite, und dem von ihm nicht Erscheinenden, den eigentlich unwahrgenommenen Seiten. Das Unsichtige vom Ding gehört aber trotzdem in einer deskriptiven Modalität mit zum intentionalen Gegenstand als solchen, das Wahrnehmungsding ist mehr als die gesehene Seite, und das Ungesehene ist im Modus einer gewissen Unbestimmtheit, die Bestimmbarkeit ist, notwendig Mitgemeintes. Fiele diese Mitmeinung fort, so wäre überhaupt kein Ding wahrgenommen, es wäre dann auch die Vorderseite nicht mehr bewusst als Vorderseite. ⟨*nach* Vorderseite. *gestr.* Zum eigentlich Gesehenen gehört notwendig ein leerer und doch unanschaulicher Horizont der Mitmeinung.⟩ Dasselbe überträgt sich auf alle anderen Modalitäten der Anschauung von Raumdingen, auf Wiedererinnerungen, Abbildungen, Phantasmen usw. Doch Anschauen ist ⟨nicht⟩ die einzige Art, etwas vorstellig zu haben. Es gibt auch Modi des unanschaulichen Bewusstseins, das man aber nicht etwa... *Der gestr. Text wird fortgesetzt auf der gestr. Rückseite des vorigen Bl. (vgl. die textkritische Anm. zu S. 329,1-2). Die hier wiedergegebene Seite trägt die doppelt unterstrichene Blaustiftpaginierung Husserls* 4 *und gehört damit mit der vorigen, ebenfalls gestr. Rückseite zu der Vorstufe des II. Londoner Vortrags, die mit dem in der textkritischen Anmerkung zu S. 77,25 wiedergegebenen Text beginnt.* ∥ **330**,10-14 *von* Es gibt *bis* fürs Zweite *im Ms. in eckigen Bleistiftkl.* ∥ **330**,15 *nach* eine *Ms. noch einmal* eine ∥ **330**,19 D: *vor* Sie *öffnende eckige Bleistiftkl., die nicht geschlossen wird* ∥ **330**,20 *nach* schlossen *gestr.* eine neue große Wissenschaft, ∥ **330**,21 *vor* Nun *am Rand Schrägstrich mit Orangestift* ∥ **330**,23 *nach* Vorlesung *gestr.* andeutungsweise; *Ms.* Vorlesungen *statt* Vorlesung ∥ **331**,2 *nach* Faktizitäten, *Ms. noch einmal* ist ∥ **331**,6 beschreiben wir es *V. für ausradiertes, nicht rekonstruierbares Wort* ∥ **331**,10 rein *Einf.* ∥ **331**,11 *nach* zugleich *gestr.* das wahrgenommene Ding in möglicher Identität denken und ∥ **331**,13 zu einem *V. für ausradierten, nicht rekonstruierbaren Text* ∥ **331**,14 Ähnlich *Einf.* ∥ **331**,16 typischen *Einf.* ∥ **331**,17 *nach* die *gestr.* höchst mannigfaltigen ∥ **331**,21 *vor* Wir *zwei geöffnete spitze Orangestiftkl., die nicht geschlossen werden* ∥ **331**,24 Gegenstand *Einf.* ∥ **331**,28-29 der Perspektiven, der Orientierungen etc. *Einf.* ∥ **331**,32 *vor* Aber *senkrechter Orangestiftstrich* ∥ **331**,36 aus *V. mit Blaust. für* in ∥ **331**,38 *nach* herausstellt. *senkrechter Orangestiftstrich* ∥ . Es ist klar, dass *V. für* und ∥ **332**,1 *Ms.* Bewusstem als solchem *statt* Bewusstes als solches; *V. gemäß B* ∥ **332**,4 Vernunftbewusstseins *V. für* Bewusstseins ∥ **332**,9 die festen Bindungen sind, die *Einf.* ∥ **332**,13-16 *von* sie betreffen *bis* eintritt *im Ms. in eckigen Blaustiftkl.* ∥ **332**,16 aktive *Einf.* ∥ **332**,17 *vor* sie *zwei Schrägstriche mit*

Blaust. ‖ **332**,22 Zweckzusammenhänge *V. für* Gebilde ‖ *nach* Sphäre *Ms. noch einmal* sich ‖ **332**,24 *vor* Die geöffnete spitze *Kl. mit Orangest., die nicht geschlossen wird* ‖ unmittelbaren *Einf.* ‖ **332**,26 Analysen und *Einf.* ‖ **332**,28 einzelne *Einf.* ‖ **332**,31 *nach* fest *gestr.* nimmt ihn etwa zunächst als exemplarischen für einen Gegenstand überhaupt, lässt ihn also nachher sich frei variabel abwandeln, Bewusstseinsweisen bevorzugend, die gegen ... ‖ **332**,34 *nach* vorgestellten *gestr.* usw. ‖ **332**,38 *D: Randtitel mit Bleist.* Formale Ontologie ‖ **333**,2 schlichten und synthetischen *Einf.* ‖ **333**,4 *nach* Anschauung überhaupt *gestr.* Wahrnehmung überhaupt, ‖ **333**,5 explizierendes *V. für* Explikation*; danach gestr.* Kollektion, ‖ **333**,7 allgemeine *Einf.* ‖ **333**,11 *D: Randtitel mit Bleist.* Materiale Ontologie ‖ **333**,12 *Ms.* an *statt* auf*; V. gemäß B* ‖ **333**,12-13 materielles *Einf.* ‖ **333**,19 *vor* Aber *am Rand Schrägstrich mit Orangest.* ‖ **333**,20 großen *Einf.* ‖ **333**,21-23 *von* der universalen *bis* gehören. *V. für* von Dimensionen sozusagen in der Eigenheit einer transzendentalen Subjektivität als solcher. ‖ **333**,25 *D: Randtitel mit Bleist.* Konstitution immanenter Zeitlichkeit ‖ **333**,32 z. B. ein *V. für* eine ‖ *Ms.* ihre *statt* eine*; V. gemäß B* ‖ **333**,33 erstreckendes Wahrnehmen *V. für* erstreckende Wahrnehmung ‖ **333**,34 *nach* *Einf.* ‖ **333**,36 zeitlicher *vor* Erscheinungsweisen *Einf.* ‖ **334**,4 *D: nach* als *Einf. mit Bleist.* kontinuierlich ‖ **334**,16 *Mit* Sonderdisziplinen. *endet der Text der Vorderseite des Bl. Auf der Rückseite befindet sich der folgende gestr. Text* ... eine Gesetzmäßigkeit, die vom Faktum der Welt, von ihrem Sein oder Nicht⟨-Sein⟩ absolut unabhängig ist. *Danach die ist ganze restliche Seite mit Blaust. gestr., der Text lautet* Ich habe den ersten und lange vorhaltenden Eindruck schon im Gleichnis ausgesprochen. Zunächst kommt man sich wie der Naturforscher ⟨Naturforscher *V. für* Botaniker⟩ vor, der in einen Urwald mit noch nie gesehener Flora und Fauna hineingerät und ob der Fülle der Gesichte und der notwendigen Beschreibungen, die ⟨Beschreibungen, die *Einf.*⟩ zunächst jedes ordnenden Prinzips entbehren, verzagen möchte. Doch die transzendentale Subjektivität enthüllt im geduldigen Eindringen allmählich ihr Geheimnis, d. i. die Einheit ⟨die Einheit *Einf.*⟩ ihrer Strukturgesetzlichkeit, das System ihrer strukturellen ⟨*Ms.* strukturelle *statt* strukturellen⟩ Typik. ⟨*von* Ich habe den ersten *bis* Typik. *im Ms. in eckigen Bleistiftkl. u. mit Bleist. gestr.*⟩ Instinktiv bietet sich schon dem Anfänger die festgehaltene Identität des intentionalen Gegenstands als erste Leitung an, er hält einen exemplarischen Gegenstand ⟨Gegenstand *Einf. mit Bleist.*⟩ ideell fest und wandelt die möglichen ⟨*von* fest *bis* möglichen *V. mit Bleist.* für in der reinen Möglichkeit fest und wandelt die Bewusstseinsweisen ⟨die Bewusstseinsweisen *Einf.*⟩⟩ Bewusstseinsweisen ab, lässt ihn angeschaut sein oder leer vorgestellt, lässt ihn symbolisch angezeigt sein oder im Abbild sich darstellend; lässt es sich im explizierenden Bewusstsein in eigenschaftliche Sachverhalte auseinandergehen, in beziehendem Bewusstsein (als Glied von Gleichheiten ähnlicher und sonstiger Relationen) ⟨*von* (als *bis* Relationen) *Kl. mit Bleist.*⟩ fungieren ⟨*nach* fungieren *mit Bleist. dünn gestr.* oder als Exempel einer artbildenden Abstraktion oder als Glied einer Kollektion⟩ usw. Man sieht dann, wie dergleichen Bewusstseinsgestalten Typen ⟨*Ms. Typusse statt* Typen⟩ allgemeiner ⟨allgemeiner *Einf.*⟩ Möglichkeiten sind für jeden Gegenstand überhaupt, man fixiert also entsprechende ⟨*von* fixiert *bis* entsprechende *V. für* erschaut also die entsprechenden⟩ Wesenstypen, bei denen das gegenständliche Substrat „irgend etwas" ist in freier Variabilität, ⟨in freier Variabilität *Einf. mit Bleist.*⟩ und erforscht ihre allgemeinsten ⟨allgemeinsten *Einf.*⟩ Wesensnotwendigkeiten nach allen Seiten, nach Ego, *cogito* und *cogitatum*. Dann beschränkt man die Gattung des intentionalen Gegenstands und bindet sich an eine oberste Allgemeinheit, wie Ding, organisches Wesen, Tier und Mensch, personale Gemeinschaft, Personalität höherer Ordnung, Kulturgebilde usw., die immer rein als intentionale Gegenstände genommen werden, und sieht die allgemeine Typik sich wesensmäßig besondern und wunderbare Füllen von spezialen ⟨spezialen *Einf.*⟩ Wesensgesetzmäßigkeiten erstehen oder die Gegenstände solcher gattungsmäßigen ... *Text bricht ab* ‖ **334**,24 *von* (wie *bis* Sätze) *Einf.* ‖ **334**,25 *D: Randtitel mit Bleist.* Idealität der Realitäten im Gegensatz zu derjenigen der eidetischen Gegenstände ‖ *nach* individuelle *gestr. Einf.* reelle ‖ **334**,28 *auf* wirkliche Subjekte, *Einf.* ‖ **334**,29 *D:* Erfahrungsmöglichkeiten *V. mit Bleist. für* Erkenntnismöglichkeiten ‖ **334**,30 *vor* Das *am Rand zwei Schrägstriche mit Blaust.* ‖ selbständige *Einf.* ‖ **334**,32 *D: Randtitel mit Bleist.* Monade ‖ **334**, Anm. 1 *spätere Hinzufügung = Einf. mit Bleist. in D* ‖ **334**,33 eine *V. für* die ‖ **335**,1-3 *von* Erinnert *bis* auf sie. *im Ms. in eckigen Blaustiftkl.* ‖ **335**,7 *D: nach* sich *Einf. mit Bleist.* originär ‖ **335**,8 dahinströmt *V. für* strömt ‖ **335**,9 dieses strömende *V. für* strömendes; strömendes *versehentlich nicht der V. angepasst* ‖ **335**,10 Das Ich ist wesensmäßig *V. für* , also für das Ich oder ‖ **335**,12-14 *von* in dieser *bis* subjektiv-relativ *am Rand mit Orangestift angestrichen* ‖ **335**,14 *nach* ist *gestr.* in einem anderen Sinn ‖ **335**,16 *nach* beschlossen *Notiz mit Orangest. =* Ende, *dabei soll wohl auf das baldige Ende des Textes auf der Folgeseite vorverwiesen werden; erst dort endet der Text nach der ersten Zeile (vgl. die folgenden beiden textkritischen Anm.).* ‖ **335**,16-18 *von* aber *bis* Absolutes. *Randnotiz mit Orangest.* Schluss ‖ **335**,18 *Mit* Absolutes. *endet der gültige Text des III. Vortrags. Der weitere Text der Blattrückseite ist mit Bleist. in eckige Kl. gesetzt und gestr. Am Rand befindet sich mit Bleist.*

eine Null. Dieser Text ist durch Landgrebe in B wieder in Geltung gesetzt, als Beilage zu S. 77 *(gemeint ist die vorliegende Stelle), bezeichnet und auf separatem Bl. beigelegt worden. Zu* Absolutes. *hat B die von Landgrebe handgeschriebene Fußnote vgl. hieran anschließend die Beilage. Am Rand der* Beilage zu S. 77 *befindet sich von Landgrebe maschinenschriftlich der Hinweis* (weggestrichene Fortsetzung von III 14), dies ist das Bl., dessen Text gemäß Husserl in A mit Absolutes. *enden sollte. Husserl hat die betreffende S. des Ts. später mit Unterstreichungen und mit Bleist. mit dem Randtitel* Einteilung der Regionen. Ausgang des Systems für alle möglichen Wissenschaften *versehen. Der Text lautet* Es ist dann aber auch einzusehen, dass die systematische Entfaltung aller zum Wesen einer ⟨Wesen einer *V. für* Eidos⟩ transzendentalen Subjektivität gehörigen Möglichkeiten, und speziell aller Möglichkeiten für ⟨die⟩ intentionale Konstitution von Gegenständen, ⟨*von* aller *bis* Gegenständen *V. für* Möglichkeiten für intentionale Konstruktion von Gegenständen aller Regionen⟩ a priori zum System aller obersten Gattungen möglicher Gegenständlichkeiten in Korrelation mit den sie konstituierenden Bewusstseinsmannigfaltigkeiten führt und somit zu den Gebieten und Erkenntnissystemen aller möglichen ⟨möglichen *Einf.*⟩ Wissenschaften, also in eins mit der verstehenden Aufklärung aller erkenntnistheoretischen Fragen. All das gilt aber nur ⟨*von* , also in eins *bis* aber nur *Einf.*⟩ der universalen Form nach. Denn kontingent bleibt dabei die materiale Besonderheit der hyletischen Sinnlichkeit.

Die universale Aufgabe einer wirklich fruchtbaren phänomenologischen Erkenntnistheorie geht also, wie wir sehen, von den allgemeinsten Problemsphären ⟨*von* von *bis* Problemsphären *V. für* über der allgemeinsten Problemsphäre⟩ aus, die hier das der Natur nach erste sind für eine eidetische Behandlung, und geht in unermüdlich besondernder Arbeit an die systematisch zu differenzierenden Besonderheiten heran.

Aber in allen Stufen ist die Arbeit eine intuitive, immerfort Allgemeinheiten verschiedener Dignität aus den konkret anschaulichen Besonderheiten schöpfend. Stets ist die Hauptarbeit deskriptiv, unmittelbar Wesensgestalten ⟨Wesensgestalten *V. für* Wesensallgemeinheiten und Wesensbesonderungen, Gestalten⟩ und Wesensgesetze beschreibend. ⟨*nach* beschreibend. *gestr.* Sowie man in deduktive Theoretisierung eintritt⟩ Schlüsse dienen nur als untergeordnete Hilfsmittel der Beschreibung, sie verwertend, nicht über sie hinausführend. So in der deskriptiven Phänomenologie, die die Mutter von allem anderen ist. Strebt man über sie in mittelbare Erkenntnis hinaus, so kommt man, wie zu zeigen sein wird (nächste Vorlesung), auf das Universum der apriorischen Wissenschaften in philosophischer Begründung. ‖ **335,27-336,2** *von* wobei *bis* konnten. *im Ms. in eckigen Blaustiftkl.* ‖ **336**,1 ⟨im Vergleich mit⟩ *Einf. gemäß B* ‖ **336**,3 *heißt V. mit Bleist. für* gilt ‖ **336**,5-7 *von* dass wir *bis* Rechtfertigung *im Ms. in eckigen Blaustiftkl.* ‖ **336**,6-7 *von* , dessen *bis* Rechtfertigung. *V. für mit Tinte u. Blaust. gestr.* und demgemäß darauf gerichtet bleiben müssen, die Bedingungen der Möglichkeit einer universalen und absoluten Wissenschaft zu fixieren. ‖ **336**,11 sind wir dabei *Einf.; B übernimmt zunächst die Einf., streicht sie jedoch wieder, wohl weil sie weitere Änderungen des Satzes erforderlich gemacht hätte, die Husserl versehentlich unterlassen hat. Hier wurde einer Auflösung in zwei Hauptsätze der Vorzug gegeben.* ‖ **336**,13-16 *von* das echte *bis* nämlich *im Ms. in eckigen Blaustiftkl.* ‖ **336**,15 eigentlich unverhofft *Einf.* ‖ **336**,17-19 *D: von* adäquater *bis* entsprach *am Rand mit Bleist. ein Fragezeichen* ‖ **336**,22-23 *von* Dann *bis* sein. *V. für* sind alle Wissenschaften adäquate Wesenswissenschaften? ‖ **336**,27-28 *von* in *bis* nachgewiesen *V. für* uns in der letzten Vorlesung davon überzeugt; uns *im Ms. versehentlich nicht gestr.* ‖ **336**,31 *nach* unmittelbare *mit Bleist. gestr.* und adäquate ‖ **336**,35-38 *D: von* Mit Beziehung *bis* erste strenge an *am Rand mit Bleist. angewinkelter nach unten weisender Pfeil* ‖ **336**,36 *nach* Phänomenologie *mit Tinte u. Blaust. gestr. u. teilweise radiert* nicht eine beliebige erste Wissenschaft ist, der beliebige, wie einander koordinierte Wissenschaften nachkommen könnten, etwa gar ihr innerlich fremde nachfolgen könnten. ‖ **337**,4 *nach* liegt *gestr.* doch ‖ **337**,12 *D: Randtitel mit Bleist.* Revision der Idee absolute Rechtfertigung*; dazu am Rand mit Bleist. senkrecht nach unten weisender Pfeil* ‖ **337**,13 absoluten *Einf.* ‖ **337**,15 *D:* adäquate Intuition *in Anführungszeichen mit Bleist.* ‖ **337**,16 *A: von* ⟨und *bis* verstanden⟩ *Einf mit Bleist.; Kl. vom Hrsg.; in B ist diese Einf. – abweichend von Husserls Hinweisen in A – nach* gewonnen *situiert; dazu dann in D die Rb. mit Bleist.* unklar stilisiert ‖ *D:* vorbehaltlose *mit Bleist. gestr.* ‖ **337**,17 *D: vor* für *öffnende eckige Bleistftkl., die nicht geschlossen wird* ‖ **337**,18 *nach* angemessenen *mit Blaust. u. Tinte gestr.* nennen wir aber die ‖ **337**,19 *nach* wir *teilweise ausradiert u. teilweise gestr.* ... entspricht sie nicht nur diesem Ideal ‖ *Ms.* eigenen *statt* eigenem ‖ **337**,21-22 und regionalen Gestalten *Einf.* ‖ **337**,26-28 *von* In der *bis* Erkenntnisideal *V. für mit Tinte, Bleist. u. Blaust. gestr.* Hier wird also das ursprünglich leitende Erkenntnisideal und danach die Erkenntnisart, welche der Phänomenologe beständig übt, im systematischen Zusammenhang der transzendentalen Bewusstseinsforschung ‖ **337**,31-33 *von* ist aber *bis* Begründungsarten auf *V. für* erschaut und erforscht der Phänomenologe auch das adäquate Wesen anderer Erkenntnis- und Begründungsarten ‖ **337**,32 *von* Der Phänomenologe *bis* usw. *im Ms. in eckigen Blaustiftkl.* ‖ **337**,34 auch *Einf.* ‖ **337**,38

TEXTKRITISCHE ANMERKUNGEN ZU DEN ERGÄNZENDEN TEXTEN 675

möglichen *Einf.* || **338**,1 *wäre V. für ist* || **338**,4 *und zudem nie radikal geklärten Einf.* || **338**,6-11 *von* Die *bis* Erkenntnissphären. *im Ms. in eckigen Blei- und Blaustiftkl.* || **338**,9-10 *von* ein jeder *bis* Typus *V. für* eine jede; *eine versehentlich nicht verändert* || **338**,12 *vor* Haben *am Rand zwei Schrägstriche mit Orange- sowie zwei Schrägstriche mit Blaust.* || **338**,15-16 *von* der den *bis* Fehler *Einf.* || **338**,16 in den Meditationes *Einf.* || *nämlich den Fehler, Einf.* || **338**,18 absolut *Einf. mit Bleist.* || *nach* liegen, *gestr.* in dem Sinn, || **338**,19 eigentlich *Einf.* || **338**,27 *vor* Und *am Rand zwei Schrägstriche mit Orangestift* || einer *V. mit Bleist. für ausradierten, nicht rekonstruierbaren Text* || **338**,29 absolut selbstgebender *Einf. mit Bleist.* || **338**,31 *nach* Forderung *teilweise gestr., teilweise ausradierter, nicht rekonstruierbarer Text* || **338**,31-34 *von* keine *bis* nur Folgendes *am Rand mit Orangestift angestrichen* || **338**,34 *D: von* offenbar *bis* Phänomenologie *am Rand mit Bleist. nach unten weisender Pfeil* || **338**, Anm. *spätere Veränderung = V. mit Bleist. in D* || **339**,1 *nach* Phänomenologie *gestr.* in systematischer Vollständigkeit || **339**,6 *vor* Also *am Rand ein Schrägstrich mit Orangest.* || **339**,11 *vor* m. a. W. *am Rand Schrägstrich mit Orangest.* || **339**,14 *von* einer *bis* prinzipiellen *V. für ausradiertes, nicht rekonstruierbares Stenogramm* || **339**,15 in eins damit eines *V. für ausradierten, nicht rekonstruierbaren Text* || **339**,16 prinzipiellen *Einf.* || **339**,18 Hier springen *V. mit Bleist. für ausradierten, nicht rekonstruierbaren Text; D: von* hier springen *bis* Erkenntnissen *am Rand mit Bleist. nach unten weisender Pfeil* || **339**,20 *vor* Eben *am Rand geöffnete spitze Kl., die nicht geschlossen wird* || **339**,23 gebundene *im Ms. mit Bleist. überkreuz gestr., eventuell bloß zur Markierung des mit diesem Wort beginnenden neuen Bl., da der Text ohne das Wort keinen Sinn ergibt* || **339**,30 *D: Randtitel mit Bleist.* Warum genügt nicht naive Evidenz? Wozu bedarf es der Phänomenologie? || **339**,38 *von* Zudem *an durch waagerechten Blei- u. Blaustiftstrich vom vorhergehenden Text abgetrennt* || **340**,4 *D: Randtitel mit Bleist.* unendlicher Regress || **340**,5 *D: Randtitel mit Bleist.* Selbstbezogenheit der Ich || **340**,12 als einzelnes Faktum *Einf.* || **340**,14-21 *D: von* Und wenn *bis* verweilen. *in eckigen Bleistiftkl.* || **340**,15 *nach* Ich *mit Tinte u. Blaust. gestr.* und seine Vernunftpraxis || *von* und *bis* erkennenden *Einf.* || **340**,16 wenn sie *V. für* so || **340**,17 Erkenntnispraxis *V. für* Praxis || *von* wie aller *bis* aufzeigt *V. mit Tinte u. Bleist. für ausradierten, nicht rekonstruierbaren Text* || **340**,18-19 *von* der in *bis* adäquater Erkenntnis *V. für teilweise ausradierten, teilweise mit Blaust. u. Tinte gestr., nicht vollständig rekonstruierbaren Text. Lesbar ist* der Wesensnormen praktisch gewendeten Gesetze adäquater Feststellungen || **340**,21 Mit verweilen. *endet die Vorderseite des Bl.; die Rückseite ist unbeschrieben.*

B. BEILAGEN

Beilage I (S. **341 – 363**)

Die durch Landgrebe angefertigte maschinenschriftliche Inhaltsübersicht der Vorlesung befindet sich in der Konvolutmappe mit der Signatur M I 2 II. Sie liegt in keinem gesonderten Umschlag, wurde aber wohl früher gemeinsam mit der entsprechenden Inhaltsübersicht zur Vorlesung Erste Philosophie *in einem Umschlag aufbewahrt, wie sich dessen Aufschrift entnehmen lässt (vgl. dazu die allgemeinen textkritischen Anmerkungen zur Beilage I in Husserliana VII, S. 451).*

Das Ts. umfasst 24 Bl. dünnen Durchschlagpapiers im Format 28,3 × 21,8 cm, die maschinenschriftlich von 1 – 24 durchpaginiert sind. Das letzte Bl. 24 ist am Ende (letztes Viertel) beschnitten. Womöglich war dort noch eine weitere Beilage genannt, die Husserl später nicht mehr berücksichtigt haben wollte. Über dem Text befindet sich der getippte Titel Inhaltsverzeichnis zu den Vorlesungen W.S. 1922/23, *darüber noch einmal von Husserls Hand mit Rotst.* 1922/23, *jedoch ist das Verzeichnis, da es von Landgrebe stammt, wohl erst nach demjenigen zur* Ersten Philosophie *angelegt worden, also etwa 1924. Das Ts. ist ausschließlich von Husserl mit Tinte, Bleist., Blaust. u. Rotst. anfangs stark, dann über weite Strecken überhaupt nicht und schließlich am Ende wieder stärker bearbeitet worden. Alle Änderungen am Text, die im Apparat vermerkt sind, verstehen sich somit ausnahmslos als solche Husserls. Am linken Rand befinden sich maschinenschriftlich und handschriftlich ergänzt eine Nummerierung, die auf die Paginae der Originalms. in F I 29, F II 3, M II 3b und B IV 2 verweist. Die Sonderpaginierung der Londoner Vorträge ist durchweg von Husserl mit der Hand ergänzt worden.*

341,13 *in ethischer Wendung. V. für* als ethischer. ‖ **342**,20-24 *von* Zur Kritik *bis* Erfahrung. *in eckigen Rot- u. Blaustiftkl. und durch waagerechte Linien vom übrigen Text abgetrennt* ‖ **342**,22 *naiven Erg. über der Zeile* ‖ **342**,25-26 *von* Nähere *bis* statthat *V. für* Die Gewinnung der reinen Phänomene ‖ **342**,27-343,4 *von* Erlebnis *bis* Subjektivität *am Rand eine geschweifte Kl.* ‖ **342**,27 *so Einf.* ‖ **342**,28-29 *von* keine *bis* „Einklammerung" *Einf.* ‖ **342**,29-30 „Nichtstellungnehmen" *Lesung der Partikel* Nicht *unsicher* ‖ **342**,32 *von* Formulierung *bis* Reduktion *Erg. am Rand* ‖ **342**,33-37 *von* Der *bis* Modis *V. für* Notwendigkeit einer habituellen reflektiven Einstellung für den Phänomenologen, zum Unterschied von der fallweisen des natürlichen Menschen ‖ **342**, Anm. *Fußnote = Rb.* ‖ **343**,1-5 *von* ein *bis* Tatsachentypen) *V. für* kein leerer Titel, sondern enthält in sich *ego – cogito – cogitatum. –* Überschau über die mannigfaltigen Arten des intentionalen Bewusstseins ‖ **343**,6-9 *von* erstes *bis* Farbe) *V. für Beispiel eine Wahrnehmungsanalyse: Unterscheidung von Dingfarbe und Empfindungsdatum Farbe* ‖ **343**,6 *Ms.* eine *statt* einer ‖ **343**,8-9 *von* (Unterscheidung *bis* Farbe) *Kl. Einf.* ‖ **343**,10 *vor* Leiblichkeit, *gestr.* Umschau in der Sphäre der apodiktisch evident gegebenen transzendentalen Subjektivität ‖ **343**,11 *nach* Bildbewusstsein *senkrechter Rotstiftstrich* ‖ 53.2 – 54 *Erg. über der Zeile; Kl. vom Hrsg.* ‖ **343**,16 „reelle Moment" *Anführungszeichen Einf.* ‖ **343**,18-19 *von* Beziehung *bis* = *Einf.* ‖ **343**,20 (totale Deckung) *Erg. über der Zeile, Kl. vom Hrsg.* ‖ **343**,21 (das „Ist") *Erg. über der Zeile, Kl. von Hrsg.* ‖ **343**,21-23 *von* Auf *bis* etc. *Einf.* ‖ **343**,24 *nach* 56.2 *gestr.* etc. ‖ **343**,25-26 und das spezifisch Ichliche *Einf.* ‖ **343**,26-27 cf. Beilage *Einf.; danach mit Blaust. eine* 1, *die auf die im Folgenden gekennzeichneten* 3 Beiblätter *verweist* ‖ **343**,28 die Stellungnahmen *Einf.* ‖ **343**,31 „Phänomen" *Anführungszeichen Einf.* ‖ **343**, Anm. 2 *Fußnote = Rb.; der Passus ist zudem am Rand mit Rot- u. Blaust. markiert, dazu mit Blaust.* 1), *womit der obige Verweis wieder aufgenommen und die hier gemeinten Bl. zugeordnet werden (vgl. die textkritische Anm. zu* 343,26-27*); unter der maschinenschriftlichen Randbezeichnung* 3 Beiblätter *die fortführende Rb., die im Text als Fußnote wiedergegeben ist. Husserl macht hiermit auf einen Zuordnungsfehler Landgrebes aufmerksam. Die inhaltlich beschriebenen Bl.* α, β *gehören in einen anderen Kontext und liegen inzwischen im Konvolut F I 34 II, dem Ms. der Vorlesung* Erste Philosophie. *Landgrebes Irrtum resultiert aus dem ursprünglichen Auffindungsort der Bl., die die Rb. tragen lag bei* 57/58 *in der Vorlesung* 22/23; *aber es ist fraglich, ob da etwas an dieser Stelle eingeschoben werden kann. Sie sind inzwischen in Husserliana VIII, S. 410 ff. als Beilage XVII veröffentlicht worden. Die Bl., die Husserl hier statt ihrer zugeordnet haben möchte, finden sich als Beilage VIII in der vorliegenden Ausgabe.* ‖ **344**,1 *von* Das *bis* können. *im Ms. in eckigen Bleistiftkl. und mit Bleist. gestr.; dazu am Rand mit Bleist. die als Anm.* 1 *wiedergegebene Rb.* ‖ **344**,5-6 *von* „Tatsache" *bis* Wahrheit. *V. für* eines Tatsachengebiets.; „Tatsache" *Anführungszeichen vom Hrsg.* ‖ **344**,6-11 *von* ob wir *bis* Intersubjektivität *V. für* an dem Tatsachencharakter des gefundenen Gebiets ‖ **344**,6 *nach* es *Ms.* in ‖ **344**,7 *Ms.* des *statt* von, *wohl versehentlich stehen geblieben* ‖ **344**,12-14 *von* und *bis* Sinn *Einf.* ‖ **344**,14 *nach* Sinn. *im Ms. in eckigen Rot- u. Blaustiftkl. u. mit Blaust. u. Tinte gestr.* Die immanenten Gegenstände haben ihr Sein als Wahrnehmungssinn, Sein im Sinne der Wirklichkeit nur im Jetzt, ihr Sein im Sinne der Wahrheit als identischen Sinn möglicher Wiedersetzungen in der ganzen immanenten Zeit. – Bei den immanenten Gegenständen ist Evidenz und Wahrnehmung zu trennen.

dazu am Rand in eckigen Blaustiftkl. ad 59. *Diese Inhaltsangabe sowie die Zuordnung beziehen sich auf das im Konvolut B II 10 liegende einzelne Bl. 16, dessen Text mit* Das esse est percipi der immanenten Gegenstände *überschrieben ist. Die Streichung des Hinweises auf diesen Text als mögliche Beilage erklärt sich wohl dadurch, dass Husserl ihn bei erneuter Durchsicht zu diesem Zweck nicht mehr als geeignet angesehen hat. Da das Bl. inhaltlich äußerst dürftig ist und nichts Erklärendes oder Ergänzendes zur Vorlesung beiträgt, wird auch in der vorliegenden Ausgabe unter Berufung auf Husserls Streichung auf eine Wiedergabe des Textes als Beilage verzichtet. – Darauf folgt mit Bleist. gestr.* Es braucht nicht mit dem Prinzip der apodiktischen Zweifellosigkeit begonnen werden. *dazu am Rand in eckigen Blaustiftkl.* ad 60. *Diese sowie auch die vorige Passage ist am Rand mit Rotst. und zwischen den Zeilen mit Blaust. vom übrigen Text abgetrennt. Während eine scheinbar der Notiz* ad 60 *entsprechende Rb. Husserls zum Haupttext, die ebenfalls* ad 60 *lautet (vgl. die textkritische Anm. zu S. 98,14-19), sich auf die Beilage X des vorliegenden Bandes beziehen dürfte, kann hier, gemäß der Inhaltsbeschreibung, die Landgrebe gibt, nur das Einlagebl.* ad 60^{2te} Seite *gemeint sein, dessen Text in der vorliegenden Ausgabe als Fußnote erscheint (vgl. die Fußnote S. 99 sowie die textkritische Anm. dazu). In diesem zweiten Fall beruht die Streichung der Landgrebe'schen Inhaltsangabe wohl auf einem anderen Grund: nämlich dem, dass Landgrebe die beiden gleich bezeichneten Bl. verwechselte und hier nicht die Textbeschreibung derjenigen p.* ad 60 *liefert, die Husserl in der Rb. des Vorlesungsms. bezeichnet haben wollte. Dieser letztere Text wird im vorliegenden Band als Beilage X abgedruckt.* ‖ **344**,17-24 *von* Neuer *bis* Vergegenwärtigungen. *V. für mit Tinte u. Blaust. gestr.* Zweierlei transzendentale Reduktionen an den reproduktiven Akten; wird die Reduktion in der Erinnerung ⟨die Reduktion in der Erinnerung *V. Husserls für* nur die erste⟩ vollzogen, so erhalte ich das vergangene und so schließlich ⟨vergangene und so schließlich *Einf. Husserls*⟩ ⟨das⟩ gesamte transzendentale Leben des Ego, wenn ich auch die Erwartung dazunehme. ⟨von , wenn *bis* dazunehme *Einf. Husserls*⟩ *Am Rand dieses gestr. Passus befindet sich die ebenfalls mit Tinte u. Blaust. gestr. Rb.* Reduktion an dem jetzigen Erinnerungserlebnis, Reduktion in der Wiedererinnerung ‖ **344**,24 *nach* Vergegenwärtigungen. *und zu Beginn eines neuen Bl. mit Blei- u. Blaust. gestr.* Das transzendental anschauende Ich als der unbeteiligte Zuschauer. Erweiterung der transzendentalen Subjektivität durch die Einfühlung*; dazu am Rand loses Blatt („*ad 20"*), was von Husserl mit Bleist. gestr. worden ist; dazu dann mit Bleist. die Bemerkung* fehlt. *Dieses lose Bl. konnte auch im Nachlass nicht zurückgefunden werden.* ‖

344,25-29 *von* So *bis* Empirie. *im Ms. in eckigen Kl.; dazu die S. 344, Anm. 2 mitgeteilte Rb. Husserls* || **344**,25 *von* So *bis* die *Einf.; davor notiert Husserl den Seitenverweis* 62.₁ *u.* 63 || **344**,26 „naiven" Anführungszeichen *Einf.* || **344**,28 induktiven *Einf.* || **344**,29 innere Anführungszeichen *Einf.* || transzendentale *Einf.* || **344**,30-31 *von* 64 ff. *bis* Empirie *Einf.* || **344**,32-33 *von* Erweiterte *bis* 1909/10 *Einf.* || **344**,32-**345**,15 *von* Erweiterte *bis* intentionales Polsystem *am Rand mit Rotst. markiert* || **344**, Anm. 1 *Fußnote* = *Rb. mit Bleist.* || **344**, Anm. 2 *Fußnote* = *Rb.* || **345**,12 möglicher Verständigung *Einf.* || **345**,17-18 *von* 1. *bis* Selbstwahrnehmung. *Erg. am Rand* || **345**,19 im prägnanten Wortsinn *Einf.* || **345**,20 nämlich *Einf.* || **345**,22-25 *von* Ebenso *bis* cogito). *Einf.* || **345**,26 *der Seitenverweis* 71 *ist im Ms., wohl versehentlich, eine Zeile zu hoch angegeben* || **345**,36 73a *von Husserl handschriftlich wohl versehentlich erst unter* 75 *notiert* || Ausführung der Reduktion *Erg. am Rand* || **346**,2 Evidenz in der Retention *Erg. am Rand* || **346**,6 2. *Einf.; dazu am Rand nochmals* 2. *und der Verweis auf* 74 || **346**,7-8 *von* 74, *bis* 74 f." *Einf.* || **346**,10 75 2te Seite *Einf. am Rand; dazu, ebenfalls von Husserl* 75 || **346**,10-12 *von* Limes *bis* Horizont *V. für* Der Erlebnisstrom ein unendlicher Strom des Lebens unter dem Gesetz des ursprünglichen Zeitbewusstseins. *danach gestr. ad* 74/75 2. ⟨2 *Einf. Husserls*⟩ Reichweite der Evidenz der freien Retention. || **346**,13 Möglichkeit aktiver *Einf.* || **346**,14-15 *von* , und *bis* Zurückschieben, *Einf.* || **346**,21-24 *von* : eine bloß *bis* Wahrheit. *Einf.* || **346**,25 3. *Einf.* || **347**,2-3 „Unsterblichkeit" *Einf.; Kl. vom Hrsg.* || **347**,5-10 *von* Unsterblichkeit *bis* Anfang. *Einf.* || **347**,11-12 darstellenden *Einf.* || **347**,15 3a. Erwartung *Erg. am Rand* || **347**,15-16 *von* Wie *bis* Erwartung *V. für* Jede Wiedererinnerung und Erwartung muss || **347**,18 4. Transzendentale Kritik der Einfühlung *Erg. am Rand* || **347**,22-23 *von* Bisher *bis* Gewissheiten *Einf.* || **347**,23 Erfahrungen (der Gewissheiten) *V. mit Bleist. für* Erfahrung || **347**,28 Aufgabe einer Egologie. *Einf.* || **347**,29-34 *von* Vor *bis* Modalisierungen *unter dem Text auf der Seite fortgesetzte Erg. am Rand; davor mit Tinte u. Rotst.* II., *dem keine* I *korrespondiert; davor mit Bleist. ein großes* B || **347**, Anm. 1 *Fußnote* = *Rb.* || **348**,12 Urgestalten *V. für* Urgestalt || **348**,13 *nach* Gestalten *gestr.* und Sachverhalte || **348**,15 Weitere Beispiele: *Einf.* || **348**,16 ebenfalls *Einf.* || **348**,19 Modalisierungen. *Erg. am Rand* || **348**,19-20 Möglichkeiten in verschiedenem Sinn, 90₂ *Einf.* || **348**,23-24 *von* Weiter *bis* Erfahrung. *Einf.* || **348**,26 *von* als *bis* Seinsmodus *Einf.* || **348**,29 eventuell *Einf.* || **348**,36 Wichtige *Einf.* || 5 *V. mit Bleist. für* 4; *darunter mit Bleist.* + 1, *wohl eine Erg. zur ursprünglichen* 4 || *von* 1 *bis* ρ *Einf. mit Bleist. Die Ziffern* 1, 3 *sowie* 2 *sind von drei Seiten mit Bleist. eingerahmt.* || ad 2 *später mit Bleist. gestr.; der Hinweis bleibt hier er-*

halten, da der Text des betreffenden Bl. in der Beilage mit zum Abdruck kommt (vgl. die allgemeine Manuskriptbeschreibung zur Beilage XXI). ‖ **348**, Anm. 1 *Fußnote = Rb. mit Bleist.* ‖ **349**,1-2 *von* apodiktischen *bis* Erfahrung *V. für* Möglichkeit des Nichtseins des äußerlich Erfahrenen. ‖ **349**,4-6 *von* Vergleich *bis* Erfüllung *Einf.* ‖ **349**,7-9 *von* Diese *bis* Phantasie. *V. für* Leeres Möglichkeitsbewusstsein und seine Erfüllung. ‖ **349**,9 dieses *Einf.* ‖ **349**,10 dieser Akt *Einf.* ‖ **349**,10-11 *von* seine *bis* Füllegestalt *Einf.* ‖ **349**,14-18 *von* (bzw. *bis* Nichtseins *Einf.* ‖ **349**,23-25 *von* Apodiktische *bis* Lebens. *am Rand ein Schrägstrich* ‖ **349**,26-28 *von* Rekapitulation *bis* Ergänzungen: *Einf.* ‖ **349**,31-32 Evidenz solcher Gegebenheiten *Erg. am Rand* ‖ **349**,33 (Dasein der Spielräume) *Erg. über der Zeile, Kl. vom Hrsg.* ‖ **349**,36 Ts. selbst gegeben *statt* selbstgegeben ‖ „Ich kann" *Anführungszeichen Einf.* ‖ **349**, Anm. 1 *Fußnote = Rb. mit Blaust.* ‖ **349**, Anm. 2 *Fußnote = Rb. in eckigen Rotstiftkl.* ‖ **350**,2 „Ich kann" *Anführungszeichen Einf.* ‖ **350**,6 bloßes Erschauen, Erfahren *V. für* Erkenntnis ‖ **350**,7-9 *von* und dann *bis* Besitz *Erg. über der Zeile* ‖ **350**,10-11 Explikation, bestimmendes Denken *Einf.* ‖ **350**,14 Rekapitulation *Rb. mit Bleist.* ‖ **350**,26-29 *von* Bisher *bis* Modalitäten *Einf.* ‖ **351**,11-12 *von* und *bis* Wirklichkeiten *Erg. über der Zeile* ‖ **352**,1-3 *von* Evidenz *bis* Freiheit *am Rand mit Bleist. ein Deleaturzeichen* ‖ **352**,18 *nach* Korrelat-als-ob *waagerechter Bleistiftstrich, der wohl eine Abtrennung des Folgetextes andeutet und einem ebensolchen Strich nach* Erfahrungsmöglichkeiten; (oben S. 454,24) *korrespondiert, der aber später ausradiert wurde. Möglicherweise sollte damit der gesamte Passus der dort angezeigten* Rekapitulation und Ergänzung *bezeichnet werden.* ‖ **352**,29 *nach* Rekapitulation. *am Rand ein waagerechter Rotstiftstr., der wohl den Folgetext absondern soll.* ‖ **355**,35 *Ein Bl. mit der Husserl'schen Bezeichnung* ad 135 *liegt nicht im Konvolut; wohl eine hier nicht genannte p. 135b. Da dieses ursprünglich als 135a paginiert war und die jetzige p. 135a zusätzlich die Aufschrift trägt* Einlage, nicht gelesen, zu 135 *ist davon auszugehen, dass nach Erstellung der Inhaltsübersicht durch Landgrebe hier eine Umpaginierung vorgenommen wurde. Demnach wäre mit* ad 135 *die jetzige p. 135a, mit* 135a *die jetzige p. 135b gemeint (vgl. dazu die allgemeinen textkritischen Erläuterungen zum Haupttext, S. 510 f.)* ‖ **357**,35 *von* Reiches *bis* sie *V. für* Ihr Material liegt schon ‖ **357**,38-39 *von* In *bis* dann. *Einf.* ‖ **358**,2 Reich *V. für* Apriori ‖ **358**,6-7 *von* Das Problem *bis* Egologie. *Erg. am Rand* ‖ **358**,12 als meine Abwandlungen! *Erg. am Rand* ‖ **358**,14 „eingeboren" *Anführungszeichen Einf.* ‖ **358**,15-16 *von* mir *bis* sind. *V. für* ihm gemein mit alle Egos überhaupt. ‖ **358**,17 *vor* Die *gestr.* Der Urbegriff ‖ **358**,24-25 *von* Problem *bis* Deskription. *Erg. am oberen Rand, über dem auf einem* *neuen Blatt des Ts. mit* in den einzelnen Naturdingen *beginnenden Text.* ‖ **358**,25 *vor* Leitfaden: *Absatzzeichen* ‖ **358**,25-31 *von* Ausgang *bis* Bewusstseinsweisen. *V. für* ebenso ⟨*nach* ebenso *gestr. Einf. Husserls naturgemäß*⟩ wird die Betrachtung des Ego von den einzelnen Erlebnissen als Beispielen anheben und gelangt von da zunächst zu Typen von Erlebnissen. ‖ **358**,28 *nach* Wesensdeskriptionen *gestr.* der Natur gegeben ‖ **358**,31-34 *von* Erster *bis* wandelt ab. *Erg. am Rand* ‖ **359**,5 *nach der Inhaltsangabe des Bl. 149 im Typoskript der mit Rotst. gestr. Hinweis 150 – 159 fehlen. Hier liegt ein irrtümlicher Sprung in der Paginierung durch Husserl vor (vgl. die Bemerkungen dazu im Abschnitt „Zur Textgestaltung", S. 488). Die nachträgliche Streichung dieses Hinweises darf daher als Indiz dafür gewertet werden, dass der Irrtum Husserl später aufgefallen ist.* ‖ **359**,6-7 *von* London *bis* 1, 2 *Rb.; Husserl deutet hier u. a. an, dass der Rest des Textes zum größten Teil aus den (III. u. IV.) Londoner Vorträgen besteht.* ‖ **359**,36 *III 13 Einf. Husserls mit Bleist.; darunter ebenfalls mit Bleist.* III 14 *fehlt hier. Das betreffende Bl. aus den Londoner Vorträgen ist nicht in den Vorlesungstext integriert worden. Von dieser Notiz weist ein Rotstiftpfeil nach unten auf die Randnr.* 168. *Das damit bezeichnete Bl. soll wohl gemeinsam mit dem folgenden* 169 *das ausgelassene ersetzen.* ‖ **359**, Anm. *Fußnote = Notiz zwischen den Zeilen* ‖ **360**,12 *III 15 Einf. mit Bleist.* ‖ **360**,20 *III 16 Einf. mit Bleist.* ‖ **360**,35 *Ts. im statt* dem ‖ **360**,36 *und denkbar* höchste *Einf.* ‖ **360**,37 *,* auch jedes präsumtive *Einf.* ‖ **360**,38-39 *in einem höchsten Sinn Einf.* ‖ **360**,39-**361**,2 *von* Ebenso *bis* Allgemeinheit *Einf.* ‖ **361**,14 und Wesensallgemeinheit *Einf.* ‖ **361**,35 *IV 4 Einf. mit Bleist.* ‖ **362**,15 *IV 6 Einf. mit Bleist.* ‖ **362**,22 *IV 7 Einf. mit Bleist.* ‖ Die transzendentale Subjektivität *V. für* Dieses ‖ **362**,27 *nach* Wissenschaften. *Absatzzeichen* ‖ **362**,28 *III 12 Einf. mit Bleist.* ‖ **362**,30 *nach* widersinnig. *Absatzzeichen* ‖ **362**,31 *IV 8 Einf. mit Bleist.* ‖ **362**,34 *IV 9 Einf. mit Bleist.* ‖ **362**,36-37 *von* Logik, *bis* Theorie *Einf.* ‖ **363**,3 *IV 10 Einf. mit Bleist.* ‖ **363**,5 und doch strengen *Einf.* ‖ **363**,7 *nach* bringen. *im Ts. ein Abschlusszeichen von Husserls Hand* ‖ **363**,12 *nach* Bewusstseins-von. *Absatzzeichen* ‖ **363**,31 *nach* Erscheinendem. *schließende eckige Rotstiftkl. Der Rest des Bl. ist abgeschnitten, womöglich um Hinweise auf weitere Beilagen zu entfernen.* ‖ **363**, Anm. 3 *Fußnote = Rb. Husserls mit Bleist.; die Bl. wurden von Husserl später vielleicht nicht mehr zu den Beilagen gerechnet, oder aber Husserl benötigte sie in einem anderen Kontext. Im Nachlass konnte nur das erste der beiden Bl. zu dieser Beilage im Konvolut D 19 als Bl. 130 gefunden werden.*

Beilage II (S. **364 – 374**)

Die Textgrundlage des hier abgedruckten Husserl'schen Entwurfs zu einem Syllabus der Londoner Vorträge bilden die Bl. 2 – 11 aus M II 3b, das zudem einen Durchschlag des Ts. der Londoner Vorträge und einige Bl. des Vorlesungsms. enthält (zur allgemeinen Manuskriptbeschreibung des gesamten Konvoluts vgl. oben. S. 502 f.). Die Bl. des Syllabus liegen in einem gesonderten Umschlag Bl. 1 – 18, der auch sechs Bl. der Vorlesung enthält (zur Beschreibung dieses Umschlags vgl. oben S. 503 f.). Es sind Bl. üblichen Formats, die durchgängig mit Tinte stenographiert und mit Tinte, Blei- u. Blaustift stark überarbeitet sind. Die Bl. wurden von Husserl gemäß den vier Londoner Vorträgen durchpaginiert und die Paginierungen mit Bleist. u. mit Blaust. umkreist als I, I^a, mit Tinte II 1, II 2, mit Blaust. III 1, III 2, mit Tinte III 3, mit Blaust. III 4, mit Tinte u. Blaust. IV 1 ⟨1 mit Bleist. u. Blaust. in I verändert⟩ sowie mit Bleist. u. Blaust. IV 2. Ein Datierungshinweis findet sich auf den Bl. nicht, der Syllabus dürfte jedoch zu den frühesten Ausarbeitungen zu den Londoner Vorträgen u. damit mittelbar auch zu der hier veröffentlichten Vorlesung gehören. Der Text, den Husserl schließlich zur Übersetzung nach London sandte, muss schon eine bearbeitete u. leicht veränderte Version des hier abgedruckten Entwurfs gewesen sein. Dies zeigt der Vergleich mit der 1970 durch Spiegelberg publizierten Übersetzung (vgl. dazu die Einleitung des Herausgebers, bes. S. XXI, Anm. 4). Die direkte Vorlage dieser Übersetzung scheint jedoch verloren zu sein. Als frühe Vorarbeit an den Londoner Vorträgen ergibt sich hier eine Datierung ins Frühjahr 1922.

364,3 *am Rand auf Höhe der Überschrift mit Blaust. die Notiz* Abrégé ‖ **364**,6 *der vier Vorlesungen Einf.* ‖ **364**,7 , ihre Evidenz *V. für* ist ein evidentes Verfahren ‖ **364**,10 *nach* „ego cogito". *Absatzzeichen* ‖ **364**,11 transzendentalphänomenologische *V. für* phänomenologische ‖ **364**,11-12 *von* als *bis* Selbsterfahrung *Einf.* ‖ **364**,13 *nach* Selbsterfahrung. *Absatzzeichen* ‖ **364**,14 rein *Einf.* ‖ **364**,14-15 konkreten phänomenologischen Anschauung *V. für* Konkretion der phänomenologischen Selbsterfahrung ‖ **364**,16 Gesamtheit *V. für* Allheit ‖ **364**,19 *nach* erforscht. *Absatzzeichen* ‖ **364**,23-24 *von* bezogen *bis* Subjekte. *V. für* auf eine offene Vielheit miteinander kommunizierender Ego bezogenen Wesenslehre. ‖ **364**,24 *nach* Subjekte. *Absatzzeichen* ‖ **364**,25-30 *von* Eine *bis* apriorischen Wissenschaften *V. für* teilweise mit Blaust, teilweise mit Tinte. gestr. Es ergibt sich ferner, ⟨*nach* ferner *gestr.* , wie in Evidenz festzustellen ist⟩ dass eine systematisch fortgeführte Phänomenologie sich entfalten muss in einer universalen, rein apriorischen Erkenntnistheorie,

⟨*nach* Erkenntnistheorie, *gestr. Einf.* einer universalen⟩ Wissenschaftstheorie und Gegenstandstheorie, deren korrelative Besonderung zur systematisch geordneten Gesamtheit ⟨Gesamtheit *V. für* und synthetisch geeinigten Allheit⟩ aller möglichen apriorischen Wissenschaften überhaupt führen müsste. ‖ **364**,27 *nach* Logik *gestr.* (Erkenntnistheorie, Wissenschaftstheorie, Gegenstandstheorie) ‖ **364**,31 *vor* Danach *Absatzzeichen* ‖ **364**,36-37 *von* Die *bis* Quellen, *V. für* Die selbst absolut klare Wissenschaft von diesen Quellen ist die „Erste Philosophie", ‖ ideal gesprochen *Einf., V. für die urspr. Einf.* – in idealer Vollendung gedacht – ‖ **365**,2-3 *von* die *bis* apriorischen Gestalten *V. für* und birgt in sich das Prinzip eines methodisch geordneten Aufbaus ⟨eines methodisch geordneten Aufbaus *V. für* einer systematischen Totalität⟩ ‖ **365**,2 *nach* die *Ms. noch einmal* die ‖ **365**,3 Realitätswissenschaften *V. für* Wissenschaften ‖ **365**,3-4 aller möglichen Welten *V. für* für jede mögliche „Welt" ‖ **365**,4 *von* und *bis* selbst *Einf.* ‖ **365**,5 *vor* Aufgrund *Absatzzeichen* ‖ *von* Aufgrund *bis* danach *V. für* Danach erweist sich durch Phänomenologie ‖ **365**,9 Theorien *Einf.* ‖ **365**,9-11 *von* Hinter *bis* Spezialwissenschaften. *Einf. als V. für die ursprüngliche Einf.* Neben solchen Philosophien könnte es keine für sich selbst stehende transzendentalphilosophisch naive Spezialwissenschaften mehr geben und „hinter" solchen Philosophien keine „Metaphysik". ‖ **365**,12-13 *von* , alles *bis* Wissenschaftlichen, *Einf.* ‖ **365**,14 wissenschaftlichen *Einf.* ‖ unserer Zeit *V. für* der Zukunft; der *versehentlich nicht gestr.* ‖ *Mit* Zeit. *endet der Text auf der Rückseite des Bl.; das letzte Viertel der Seite bleibt unbeschrieben.* ‖ **365**,15 *nach* Platon *gestr.* als ‖ **365**,16 *Ms.* dem *statt* den, *wohl vergessen anzupassen (vgl. die vorige textkritische Anm.); von* den *bis* und dem *am Rand mit Blaust. die Notiz* Abrégé ‖ **365**,17 und dem *V. für* , dessen Korrelat das wahre Sein ist; er ist zugleich ‖ *Ms.* dem *statt* den; *wohl vergessen anzupassen (vgl. die textkritische Anm. zu S. 365,15)* ‖ **365**,17-18 einer vorgängigen *V. mit Bleist. für* der Idee einer ‖ **365**,22-23 radikaler intellektueller Gewissenhaftigkeit *V. mit Bleist. für* eines „absolut guten intellektuellen Gewissens" ‖ **365**,23 *von* jederzeit *bis* Rechtfertigung *im Ms. in eckigen Kl.* ‖ **365**,23-24 , Besinnung, der *V. für teilweise mit Bleist. gestr.* Die radikale und universale Besinnung und der ⟨*von* Die *bis* der *V. für* Der radikale und universale⟩ ‖ **365**,24-25 *von* wodurch *bis* wird. *V. mit Bleist. für* wodurch der Philosoph sich selbst allererst zum Philosophen schafft. *Dies ist wiederum V. mit Bleist. für* der den Philosophen für ihn selbst als Philosophen stiftet. ‖ **365**,25 Die *V. mit Bleist. für* Seine ‖ **365**,27 absolut gerechtfertigter Erkenntnis *Erg. am Rand* ‖ Unsere nächste Aufgabe: *Einf.; danach gestr.* Die ersten Cartesianischen Meditationen und ihre Umdeutung ins Prinzipielle ergibt ‖ **365**,29-31 *von*

, wodurch *bis* Beginnens *als V. mit Bleist. für* : sie soll die phänomenologische Eröffnungsmethode schaffen. Der notwendige Beginn in der Form der ‖ **365**,29 *Ms.* sie *statt* er ‖ **365**,31 Ichmeditation *V. für* Meditation ‖ **365**,31-32 *von* Die *bis* Erkenntnis. *Einf. als V. der ursprünglichen, dann mit Bleist. gestr. Einf.* Das Suchen nach einem absolut gerechtfertigten Anfang. ‖ **365**,32 *nach* als *gestr.* erste ‖ derselben *V. für* vollkommen gerechtfertigter Erkenntnis ‖ **365**,33 Evidenz und adäquate Evidenz. *Einf.* ‖ **365**,35-36 Der gesuchte Anfang *V. für* Das Prinzip des absoluten Anfangs ‖ **365**,37 den *V. für* jeden ‖ *nach* Philosophierenden *gestr.* unmittelbar ‖ **365**,39 b) *Einf. mit Bleist.* ‖ **365**,39-40 *von* zum *bis* Welt. *V. für* durch die methodische ⟨methodische *Einf.*⟩ Negation der Sinnenwelt ⟨Sinnenwelt *V. für* Welt⟩ zum *ego cogito* ‖ **365**,39 *von* vermittels *bis* Welt *Einf.; danach gestr.* Die apodiktische ⟨apodiktische *Einf.*⟩ Notwendigkeit dieses Wegs unter prinzipiellen Gesichtspunkten. ‖ **365**,41 Bedeutung *V. mit Bleist. für* Interpretation ‖ „Ich bin", „Ich denke" *V. für ego cogito; Anführungszeichen vom Hrsg.* ‖ **366**,1 *nach* Methode *gestr.* erschaute *ego cogito*, das ‖ **366**,2 Erfahrungsevidenz *V. für* unmittelbar erfahrender ⟨unmittelbar erfahrender *Einf.*⟩ Evidenz ‖ erfasste *ego cogito V. für* gegebene ‖ **366**,3 naiver Erkenntnis *V. für* naiven Bewusstseins und Tätigseins ‖ **366**,5 eigenes *V. für* neues ‖ **366**,6 erfahrbar *V. für* sichtlich ‖ **366**,6-7 *von* Diese *bis* ist *V. für* Die „transzendentalphänomenologische Subjektivität". Sie ist ‖ **366**,9 Mit Erfahrung. *endet der Text etwa nach dem ersten Drittel der Rückseite des Bl.; der Rest der Seite ist unbeschrieben.* ‖ **366**,14 *über dem Text, der mit* 1. Was *beginnt nach* ‖ **366**,20 *von* Innehaltung *bis* und *der Einf.* ‖ **366**,20-21 der phänomenologischen Deskription *V. für* des phänomenologischen Verfahrens ‖ **366**,25 *von* das *bis* solches *V. für* solches Geglaubte ‖ **366**,27 adäquaten *Einf.* ‖ **366**,33 und *V. für* als ‖ **366**,35-36 phänomenologischer Analyse *V. für* Beispielsanalyse ‖ **366**,39 *nach* „hier", *mit Bleist. gestr.* demgegenüber ‖ **367**,2 *nach* die *Ms.* noch einmal die ‖ **367**,3 Mit Eine. *endet der Text auf der Vorderseite des Bl.; die Rückseite beginnt mit dem folgenden gestr. Text* Der identische Gegenstand in der Mannigfaltigkeit von Erlebnissen, die Bewusstsein von ihm sind, ⟨von , die *bis* sind *Einf.*⟩ kein reelles Teil dieser Erlebnisse, reelles Moment. ‖ **367**,5 Bewusstsein von ihm *V. mit Bleist. für* von ihm Bewusstsein ‖ **367**,8-12 *von* Gegenstand, *bis* Erscheinungsmodus. *Erg. mit Bleist. am Rand* ‖ **367**,14 *nach* Zweifelhaftsein *gestr. Einf.* Nichtsein ‖ **367**,15 Bestätigung *V. für* Erfüllung ‖ **367**,17 erzielenden *V. für* Erzielung der ⟨der *V. für* als⟩ ‖ **367**,20-21 Mögliche *Einf.* ‖ **367**,28 *nach* sich *mit Bleist. gestr.* selbst ‖ **367**,29 reflektiv *Einf.; von* , reflektiv *bis* „andere" Ich. *im Ms. in eckigen Bleistiftkl.* ‖ **367**,30 *nach* Wesen *gestr.* das Ichzentrum, der Gegenstandspol ‖ **367**,32 *nach* Leiber *gestr.* und den Ausdruck des *alter.* ‖ **367**,34 *von* das *bis* Thema *Einf. als V. für gestr. Einf.* Erfassung und Deskription der phänomenologischen Ego ‖ **367**,36 der *jeweils Einf. mit Bleist.* ‖ **367**,38 einer *V. für* der ‖ **367**, Anm. *Fußnote = Rb. mit Bleist.* ‖ **368**,7 erst recht *Einf.* ‖ **368**,8 Ausschaltung zur *V. für* phänomenologischen Einklammerung zur ‖ **368**,19 *von* Unabhängigkeit *bis* usw. *Einf.* ‖ **368**,21-22 gilt, und zweifellos *Einf.* ‖ **368**,28 zum Zwecke der *V. für* zur; zur *im Ms. versehentlich nicht angepasst* ‖ **368**,34 *Mit* Wissenschaften. *u. der nachfolgenden Notiz, die hier als Fußnote wiedergegeben ist, endet der Text auf der Vorderseite des Bl.; die Rückseite ist unbeschrieben.* ‖ **369**,4 *über dem mit* 1. Schwierigkeiten *beginnenden Text mit Bleist. die Notiz* Syllabus ‖ *nach* der *gestr.* transzendentalen ‖ **369**,6 *von* Forschungsfeld *bis* Phänomenologie *V. für* unendliches Forschungsfeld ‖ **369**,7 *nach* eine *gestr.* ganze ‖ **369**,12-13 intentionaler *Einf.* ‖ **369**,16 *nach* intentionaler *gestr.* und eventuell wahrer ‖ **369**,18 *nach* durch *gestr.* Erwägung des Sinnes der „erkenntnistheoretischen" Reflexion ‖ **369**,22 *nach* Ideen, *gestr.* an sich geltende ‖ *nach* Wahrheiten *gestr.* und Wissenschaften ‖ **369**,23 *Mit* usw. *endet der gültige Text auf der Vorderseite des Bl.; der Rest der Seite ist gestr. Der gestr. Text lautet* Das Ringen mit den skeptischen ⟨*von* Ringen *bis* skeptischen *über dem Text gestr.* Problem der Möglichkeit transzendentaler Erkenntnis⟩ Negationen der.. *Text bricht ab und hebt neu an* Das Problem der Möglichkeit transzendenter Erkenntnis. ⟨*von* Das *bis* Erkenntnis *Einf.*⟩ Wie soll das in der Subjektivität sich abspielende Erkennen je objektive Bedeutung gewinnen, mit allen doch in ihr selbst erwachsenden Evidenzen, mit den in ihr selbst aufgrund von subjektiven Erfahrungen ⟨aufgrund von subjektiven Erfahrungen *Einf.*⟩ erzeugten Begriffen, Sätzen, Theorien. Auch die Erkenntnisgegenstände sind, wie Kant gesehen hat, ⟨, wie Kant gesehen hat, *Erg. mit Bleist. über der Zeile*⟩ teils Einheitsgebilde der Erfahrung und logische Gebilde des Denkens, immanente ⟨immanente *Einf.*⟩ Substrate der Theorien. Das Ringen mit dem skeptischen Negativismus und Agnostizismus. These: Alle vernünftigerweise an die Erkenntnis als Erkenntnis zu stellende Fragen – an erkennendes Subjekt, an Erkenntnisakt, an Erkenntnissinn und Erkenntnisgegenständlichkeit – sind entweder transzendentalphänomenologische Fragen oder verworrene und widersinnige Fragen. *Mit* Fragen *endet der gestr. Text auf der Vorderseite des Bl. Auf der ansonsten unbeschriebenen Rückseite befindet sich eine vierzeilige Notiz mit Bleist., die mit Bleist. gestr. ist. Der Text lautet* Die Fremderfahrung, das Alterego, das andere Ich hat seine Rechtfertigung. Das mit dem fremden Leib zum Ausdruck kommende andere Ich ist aus dem eigenen Sinn der einfühlenden Erfahrung und ihrer möglichen Rechtfertigung nicht als bloß Ichrelatives bestimmt, ⟨*von* nicht *bis* bestimmt *V. mit Bleist. für* bestimmt nicht als bloß Ichrelatives⟩ sondern als Selbst, als Ego, das absolut ist aus selbsteigener Sinngebung. ‖ **369**,24-33 *von* , und der *bis* haben? *Einf. unter dem nur etwa bis zur Mitte des Bl. reichenden Text* ‖ **369**,24-25 *von* der *bis* einer *V. für* das Problem des möglichen Sinnes der ‖ **369**,31 *nach* Evidenzen, *gestr.* die Gefühle der ‖ **369**,31-32 des Erkennens *V. für* im Erkennen ‖ **369**,33 *nach* haben?, *am unteren Rand des Bl. notiert Husserl diagonal, später mit Bleist. gestr.* parallel. Diese Notiz bezog sich wohl auf die inhaltliche Parallelität des durch die Einf. (vgl. die textkritische Anm. oben zu S. 369,24-33) nun vorausgehenden und des folgenden, möglicherweise aus diesem Grund in eckige Bleistiftkl. gesetzten Absatzes (vgl. die folgende textkritische Anm.).* ‖ **369**,34-40 *von* Wie *bis* Erlebnischaraktere. *im Ms. in eckigen Bleistiftkl. statt runden* ‖ **369**,35 transzendente *Einf.* ‖ **369**,35-36 *von* All *bis* Subjektives *V. für* , da all seine Leistungen selbst Subjektives sind ‖ **369**,37 und *V. für* ; die auszeichnenden „Gefühle der Denknotwendigkeit", der Evidenz subjektiver Erlebnischaraktere, ‖ **370**,3 jeder *Einf.* ‖ **370**,7 wissenschaftlich *Einf.* ‖ **370**,8 und *Einf.; danach gestr.* fast in der Regel ‖ *Mit* Fragen. *endet der fortlaufende Text auf der Vorderseite des Bl.; die Rückseite ist unbeschrieben* ‖ **370**,10 *Ms.* vollziehe *statt* vollzieht ‖ **370**,11 Meinung" *schließende Anführungszeichen vom Hrsg.* ‖ **370**,16 *Ms.* vermeintliche und wahre *statt* vermeintlichem und wahrem ‖ **370**,18 *nach* etc. *im Ms. schließende Anführungszeichen* ‖ **370**,18-21 *von* Diese *bis* Ausdrücken. *im Ms. in eckigen Kl.* ‖ **370**,22 These: *Einf.* ‖ **370**,30 *Ms.* vollster *statt* vollständigster ‖ **370**,37-38 *von* Dass *bis* birgt. *im Ms. in eckigen Kl.* ‖ **370**,41-**371**,2 *von* Hinweis *bis* würde. *am Rand durch eine geöffnete eckige Kl. angestrichen* ‖ **371**,2 *Mit* würde. *endet der Text etwa nach dem zweiten Drittel der Rückseite des Bl.; der Rest der Seite bleibt unbeschrieben.* ‖ **371**,3-4 Subjektivismus oder Monadologismus *V. für* „Idealismus" (Subjektivismus), (Monadologismus) ‖ **371**,6-7 *von* und *bis* Sinngebung *V. für* und die Wesensbezogenheit alles „Wirklichen" und Wahren auf das Bewusstsein ‖ **371**,8 Möglichkeit für ein *V. für* Art ‖ konkretes Sein *V. für* Konkretum ‖ **371**,9 transzendentale *Einf.* ‖ ist *Einf.* ‖ **371**,12 als *Einf.* ‖ **371**,12-13 *von* und ist *bis* mitbeschlossen *V. für* und ist konstitutiv im Wesen und der Gesetzmäßigkeit der Subjektivität intentional Mitbeschlossenes ‖ **371**,13 *nach* Subjektivität *gestr.* als intentionaler ‖ **371**,14 Pol *Einf.* ‖ und individuierte *Einf.* ‖ **371**,15 *von* , sei *bis* dgl. *Einf.* ‖ **371**,18-22 *von* Ideal, *bis* gesetzt. *im Ms. in eckigen Bleistiftkl.* ‖ **371**,20 gemäß dem Sinn dieses *V. für* in der Weise eines ‖ **371**,25 möglicherweise *Einf.* ‖ **371**,26 *Mit* Monadologie. *endet der Text der Vorderseite des Bl.; die Rückseite ist mit Blaust. gestr. Durch den Text ist* *mit Blaust. der Vermerk* verte *geschrieben Das vorige Bl. darf, da es einige Textparallelen aufweist, wohl als Überarbeitung dieses gestr. Textes angesehen werden. Der gestr. Text lautet* Ich, und zwar als das absolute Ego, bin es, der in meinem mannigfaltigen *cogito* die Sinngebung vollzieht, ⟨*Ms.* vollziehe *statt* vollzieht⟩ durch die alles, was für mich je Sinn haben kann, eben Sinn hat: den Sinn von „bloße⟨r⟩ Meinung", von „echter Erkenntnis" „rechtgebender Begründung", empirischer und apriorischer Evidenz, Erfahrung, logischem Denken, aber auch wechselnder ⟨wechselnder *Einf.*⟩ „Erscheinung" von Demselben, ⟨*von* wechselnder *bis* Demselben *in eckigen Bleistiftkl.*⟩ „normaler" und „Trug"-Erscheinung, prädikative⟨r⟩ Wahrheit und Falschheit, Existenz und Nichtexistenz, ⟨Existenz und Nichtexistenz *Einf.*⟩ und wiederum: vermeintlicher und wahrer Gegenstand als An-sich gegenüber dem Erkennen, speziell Dinge, Natur, soziale Welt, ⟨soziale Welt *V. für* Sozialität; Sozialität *V. mit Bleist. für* Mensch⟩ Kultur usw. Diese Sinngebungen vollziehen sich im Erkennenden als zum Wesen der erkennenden Intentionalität gehörig ⟨*von* im *bis* gehörig *Einf.*⟩ in den mit diesen Worten angedeuteten Formen ⟨*von* Diese *bis* diese Formen. *im Ms. in eckigen Bleistiftkl.*⟩ konkret ⟨*nach* konkret *gestr.* und vor ihrer Erkenntnis. Nur die transzendentalphänomenologische Methode⟩ und vor ihrer begrifflichen Fassung. Alle allgemeinen oder besonderen Erkenntnisprobleme beziehen sich auf diese Formen. Nur die transzendentale Phänomenologie in ihrer evidenten ⟨evidenten *Einf.*⟩ Methode erfasst und ergreift ⟨erfasst und ergreift *Erg. über der Zeile*⟩ das absolute Eigenwesen ⟨Eigenwesen *V. für* Wesen⟩ des erkennenden Bewusstseins und darin der erschlossenen Korrelationen ⟨*von* und *bis* Korrelationen *Einf. mit Bleist., mit Tinte überschrieben*⟩ in allen ⟨*nach* allen *mit Bleist. gestr.* seinen⟩ Stufen und Gestalten, in seinen Wesensmöglichkeiten und Wesensnotwendigkeiten. ⟨*nach* Wesensnotwendigkeiten *im Ms. versehentlich nicht gestr.* selbst erfassen⟩ Nur in ihrer Einstellung werden alle erdenklichen ⟨alle erdenklichen *V. für gestr. u. teilweise in eckigen Bleistiftkl.* sie überhaupt in Reinheit gesehen, werden die⟩ Erkenntnisprobleme in ⟨*vor* in *mit Tinte gestr. Einf. mit Bleist.* wissenschaftlich⟩ adäquater Klarheit formulierbar und apodiktisch lösbar. ⟨*von* in *bis* lösbar *V. für* bestimmt, klar und in apodiktischer Wesenseinsicht lösbar⟩ Die ⟨*vor* Die *Absatzzeichen mit Tinte u. Blaust.*⟩ allgemeine Erkenntnistheorie geht in eine allgemeine Phänomenologie auf ⟨*nach* auf *in Bleistiftkl. und mit Bleist. gestr.*, alles Bewusstsein ist im weitesten Sinne objektivierend, erkennend⟩ und deckt sich mit ihr bei vollständiger Ausführung. ⟨*von* und *bis* Ausführung *Erg. über der Zeile*⟩ Es bedarf konkreter Erkenntnis und konstitutiver Phänomenologien, ⟨konstitutiver Phänomenologien *V. für mit Tinte u. Blaust. gestr.* Bewusstseinstheorien⟩ z. B. die „konstitutiven" Probleme der Naturerkenntnis, die Schichten und ⟨Schichten und *Einf.*⟩ Stufen des erfahrenden Bewusstseins und seiner ⟨*von des bis seiner V. für* der Intentionalität der Erfahrung und ihrer⟩ intentionalen Korrelate (z. B. Seh-, Tastding, ⟨z. B. Seh-, Tastding *V. für* Sehding, Tastding⟩ mehrschichtiges Sinnending, materielles Ding). ⟨*nach* Ding⟩. *gestr.* Dieselben konstitutiven Erfahrungsprobleme für jede andere Region möglicher Gegenständlichkeiten, wobei⟩ Die Idee einer vollkommenen Erfahrung ⟨*nach* Erfahrung *gestr.* konstruiert⟩ und Klarheit ⟨Klarheit *Einf.*⟩ der Gesamtleistung „möglicher" einstimmiger Erfahrung überhaupt, ihr Korrelat die Idee eines wirklichen Erfahrungsgegenstands. ⟨*nach* Erfahrungsgegenstands *gestr;* begriffen wird⟩ Die ⟨*vor* Die *geöffnete eckige Kl., die nicht geschlossen wird*⟩ Unendlichkeiten der Erfahrung; definite, *a priori* konstruierbare Unendlichkeiten. Notwendigkeit paralleler konstitutiver Disziplinen für jede Region intentionaler Gegenständlichkeit. Hinweis, dass eine Kritik der traditionellen Erkenntnistheorie und das skeptische Problem Ausgangspunkt für einen selbständigen Weg in die Phänomenologie bilden könnte. ‖ **371**,24 *nach* IV. *im Ms.* Vorlesung ‖ **371**,29 *nach dem Titel links am Rand mit Blaust. die Notiz* I) Syllabus ⟨I *V. mit Bleist. für* 1⟩ ‖ **371**,33 *nach* Theorie *gestr.* rechtmäßiger ‖ radikaler *Einf., im Ms. wohl versehentlich nach* als ‖ **371**,35 den „Anfang" *V. für* erst ‖ **372**,4 *nach* Wesenseinsichten. *im Ms. ein waagerechter Strich, der den folgenden Text vom vorigen abtrennt. Zum auf dem Bl. folgenden Text notiert Husserl am Rand mit Bleist.* 3)*; damit ist eine Umstellung gekennzeichnet, die den Text des Folgebl., der am Rand mit Bleist. die Ziffer* 2) *trägt, an diese Stelle eingefügt haben möchte. Hier wird dem Rechnung getragen.* ‖ **372**,5 2. Erg. *mit Bleist. am Rand* ‖ *vor* Die Absatzzeichen *mit Blaust.* ‖ **372**,9 Seinsregion) *Kl. vom Hrsg. geschlossen* ‖ **372**,10 Mengenlehre *Einf.* ‖ anderseits *V. für* aber auch ‖ **372**,11 Phoronomie *Erg. über der Zeile* ‖ *nach* Mechanik *gestr.* usw.; Mechanik) *Kl. vom Hrsg. geschlossen* ‖ **372**,14 konstitutive *Einf.* ‖ **372**,15 *nach* der *Ms. noch einmal* der ‖ **372**,26 (entwickelt gedacht) *V. für* in denkbar vollkommenster Weise ‖ **372**,35 Begriff, *Einf.* ‖ **372**,36 auch *Einf.* ‖ **372**,40-41 Normen- oder Methodenlehre *V. für* Normenlehre ‖ **373**,4 zur Gesamtheit *V. für* zum System ‖ **373**,8 ausgehend von *V. für* aus ‖ **373**,13 Der mit der notwendigen *V. für* Die notwendige ‖ **373**,18 absoluten *Einf.* ‖ **373**,22 Mit Problem. *endet der eingefügte Text der Folgeseite (vgl. die textkritische Anm. zu S.* 372,4*). Das letzte Drittel der Rückseite des Bl. ist unbeschrieben.* ‖ **373**,23 3. Erg. *mit Bleist. am Rand* ‖ **373**,24 und mein Leben *Einf.* ‖ **373**,35 objektiver *Einf.* ‖ **373**,37 Wissenschaften *V. für* Tatsachenwissenschaften ‖ **374**,5-12 *von* In dieser *bis* Arbeit. *in eckigen*

TEXTKRITISCHE ANMERKUNGEN ZU DEN ERGÄNZENDEN TEXTEN 689

Bleistiftkl. ‖ **374**,5 neue *Einf.* ‖ **374**,8 *nach* nicht *im Ms.* eine; *danach gestr.* Philosophie neben ‖ **374**,8-9 *von* und *bis* ihnen *V. mit Bleist. für* neben ihnen gesondert; *nach* und Ms. noch einmal und ‖ **374**,10 *von* in *bis* Begründung *V. mit Bleist. für* aus einem absoluten Grund; dies ist wiederum *V. mit Bleist. für* , und eine absolut begründete; aus einem *ist dabei versehentlich nicht gestr.* ‖ **374**,10-12 *von* Dies *bis* Arbeit. *in eckigen Bleistiftkl.* ‖ **374**,11 schrittweise *Einf.* ‖ **374**,12 *nach* Arbeit. *gestr.* Diese Arbeit ...

Beilage III (S. **374 – 380**)

Diese Beilage gibt den Text der Bl. 3 – 7 des Konvoluts B I 33 wieder, aus dem auch die Beilage IV stammt. Die insgesamt 18 Bl. dieses Konvoluts liegen in dem gelb-braunen Umschlag einer Drucksache des Max Niemeyer Verlags an Husserl mit Poststempel vom 20.8.1924. Der Umschlag trägt die folgenden Aufschriften: 1. Vormeditationen (1922/23) *dies wurde später mit Rotst. gestr., wohl nachdem der Text der Vormeditationen entnommen worden ist. Er liegt heute im Konvolut B I 37 (vgl. die allgemeinen textkritischen Anm. oben S. 498). Es folgt die Aufschrift* 2. *u. dann mit Rotst. u. Blaust. überschrieben* Beilagen zu den Vormeditationen *u. weiter mit Blaust. u. teilweise mit Tinte überschrieben* „Warum selbst exakte positive Wissenschaften zu keiner Endgültigkeit führen können" ⟨können" *Anführungszeichen vom Hrsg. geschlossen*⟩ *es folgt mit Blaust. gestr. im Zusammenhang damit:* Idee ⟨*vor* Idee *geöffnete spitze Rot- u. Blaustiftkl.*⟩ der absoluten Erkenntnisbegründung. Ideal der Zweifellosigkeit, der absoluten Klarheit und Deutlichkeit 1922/23, vgl. den Konvolut über absolute Erkenntnisbegründung *es folgt mit Blaust. in einem Rechteck mit Blaust.* Weg III. *Alle Bl. liegen zudem in einem weiteren Umschlag aus weißem Schreibpapier, das mit Blaust. die Aufschrift trägt* Kritik der positiven Wissenschaften.

Die der Beilage III zugrunde liegenden Bl. haben das übliche Format u. sind durchgehend mit Tinte stenographiert. Sie sind nur wenig mit Tinte, Blaust., Rotst. u. Bleist. bearbeitet, weisen aber auf dem letzten Bl. zahlreiche Unterstreichungen mit Rot- u. Blaust. auf. Die Bl. sind von Husserl mit Tinte u. Blaust. von 1 bis 5 durchpaginiert. Ihre Zuordnung zu den Vormeditationen ergibt sich durch die Umschlagaufschrift, die auch die Datierung 1922 an die Hand gibt.

374,14-15 *von* Das *bis* Zweifellosigkeit. *im Ms. in eckigen Rotstiftkl.* ‖ **374**,15-16 *von* Warum *bis* ausreichen *im Ms. in spitzen Kl. mit Rotst.*; *dazu am Rand mit Rotst. die Notiz* gut ‖ **374**,34 der mathematischen Naturwissenschaft *V. für* ihr ‖ **375**,27 Mit *nicht. endet der Text auf der Rückseite des Bl.; am unteren Rand kopfständig u. gestr.* Das Wahrnehmen oder Quasi-Wahrnehmen ... ‖ **375**,29-**377**,18 *von* Es ist *bis* kommt. *im Ms. in doppelten eckigen Kl.* ‖ **376**,11 *Ms.* seiner *statt* seinen ‖ **376**,28 *vor* Kann *am Rand geöffnete spitze. Kl. mit Bleist., die nicht geschlossen wird* ‖ **376**,30 „Beweis" *Anführungszeichen vom Hrsg.* ‖ **376**,36 *Ms.* und im *statt* aus dem ‖ **377**,3 *nach* lässt *mit Blaust. gestr.* , also im spezifisch analytischen Denken ‖ **377**,4 Schlüssen, *Einf.* ‖ **377**,5 Sätzen *nach von Einf.* ‖ **377**,7 welche *V. mit Bleist. für* die ‖ **377**,25 Erkenntnissubjekte *V. für* Subjekte ‖ **377**,29 konstituierend *Einf.* ‖ **377**, Anm. *Fußnote = Rb.* ‖ **377**,38 *von* „Ich zweifle" *bis* Bewegung" *alle Anführungszeichen vom Hrsg.* ‖ **378**,4. *vor* Jedes *am Rand ein Schrägstrich; von* Jedes *bis* Gehalt nicht *am Rand mit Rotst. angestrichen, dazu mit Blaust. die Bemerkung* vgl. die besondere Ausführung [α] nächstes Blatt. *Die Rückseite des im Ms. folgenden Bl. trägt mit Blaust. die Bezeichnung* [α]*, jedoch ist sie ganz gestrichen. Sie ist mit Blaust. überschrieben* Die Blätter [α] u. ff. liegen in besonderem Umschlag ⟨in besonderem Umschlag *V. mit einem anderen Blaust. für* bei „Sinn"⟩ *Die gemeinten Bl. befinden sich jetzt im Konvolut A VI 26 als Bl. 106 – 110 (vgl. dazu auch die textkritische Anm. unten, zu S. 379,3).* ‖ Objekt *V. für* Gegenständliche ‖ **378**,9 *nach* können, *gestr.* da dieser durch ihn erst „konstituiert" wird, ‖ **378**,10-14 *von* eben *bis* zusammengehören, *am Rand leicht mit Blaust. angestrichen* ‖ **378**,12-26 *von* Die *bis* schläft. *im Ms. in spitzen Blaustiftkl.; dazu der Randtitel mit Blaust.* Begriff der Konstitution ‖ **378**,12 „Konstitution des Objekts" *Anführungszeichen mit Blaust.* ‖ **378**,14-15 *von* in denen *bis* Erkenntnissubjekt *am Rand nach unten weisender Pfeil mit Blaust.* ‖ **378**,16 *nach* kommt". *im Ms. zusätzliche geschlossene spitze Kl. mit Blaust.* ‖ **378**,18 sozial-wissenschaftlichem *Einf.; Ms.* sozial-wissenschaftlichen *statt* sozial-wissenschaftlichem ‖ **378**,20-21 des inneren Bewusstseins *Erg. über der Zeile* ‖ **378**,24 aktuell da und ⟨*nach* und *gestr.* zugleich⟩ *Einf.* ‖ **378**,25 bleibend *Einf.* ‖ **378**,27 vollkommen *Einf.* ‖ **378**,29-30 *von* 1. *bis* gleich *Randnotiz mit Bleist.* objektiv, Welterkenntnis ‖ **378**,34 seiner Kenntnisnahme und *Einf.* ‖ **378**, Anm. *Fußnote = Rb. mit Bleist., mit Tinte überschrieben* ‖ **379**,3 Mit *sind. endet die Vorderseite des Bl.; die Rückseite ist ganz gestr. Ihr Text bildete ursprünglich die besondere Ausführung* [α] nächstes Blatt, *auf die Husserl in vorherigem Kontext hinweist (vgl. oben die textkritische Anmerkung zu S. 378,4). Der Text ist mit Blaust. überschrieben* Die Blätter [α] u. ff. liegen in besonderem Umschlag. ⟨in besonderem Umschlag *V. mit anderem Blaust. für* bei „Sinn"⟩ *Verwiesen ist hier auf die Bl. 106 – 111 des Konv. A VI 26, in dem Bl. mit den Husserl-Paginierungen* [α] – [ε] *und ein Zu-*

satzbl. liegen. Der gestr. Text lautet Zur Unterscheidung von objektivlogischem Gehalt und erkenntnismäßigem Gehalt (oder Wesen)

Ein positional vermeinter Gegenstand hat ein logisches Wesen, d. h. er ist in Wahrheit und hat ein „wahres Wesen", er ist seiend im Sinne der Wahrheit und „hat" als das seine Allheit von Washeiten, von „Bestimmungen", die ihn ontisch ⟨ontisch *V. für* logisch⟩ konstituieren. Äquivalent damit ist: er hat sein aussagbares begriffliches Wesen, einen Inbegriff ihm zukommender positiver innerer Prädikate und er selbst als wahrhaft Anderes ist „Subjekt", Substrat dieser Prädikate seiner Teile und eigenschaftlichen Momente. ⟨*von* seiner *bis* Momente *Einf.*⟩ Wir können jetzt weiter sagen: Ein positional vermeinter Gegenstand hat seinen Logos, sein wahres Sein und das gliedert sich in den Substratpol als Träger seines einheitlichen ⟨einheitlichen *Einf.*⟩ Inbegriffs der Washeiten, was er hat und eigenschaftlich ist. ⟨*von* was er *bis* ist *Einf.*⟩ Das kann auch sein logisches Wesen heißen, während man allerdings unter diesem Wort vorwiegend an die unselbständige Gesamtheit seiner Washeiten denken wird. Ein positionaler, vermeinter Gegenstand ist eventuell ⟨eventuell *Einf.*⟩ „vermeint" als individueller – dann hat ⟨hat *mit Bleist. überschrieben*⟩ er zudem individuelle Bestimmungen. Auch die sind in ihrer Weise prädikabel und gehören zum Logos, der dann also seinen rationalen und irrationalen Gehalt hat.

Betrachten wir jetzt den vermeinten Gegenstand „als solchen", als Gegenstand wirklichen und möglichen positionalen, nicht neutralisierten ⟨positionalen nicht neutralisierten *Einf. mit Bleist.*⟩ Vermeinens, so ist er in mannigfaltigem Vermeinen derselbe, der in Wahrheit ist oder in Wahrheit nicht ist; er ist derselbe, der einmal in Gewissheit vermeint ist (oder in positiven Modi der Gewissheit) als seiend oder vermutlich-seiend etc., der sich als das bestätigt oder sich einstimmig neu bestimmt, der dann etwa in neuen positionalen Bewusstseinsakten sich „herausstellt als nicht seiend" oder vermutlich nicht seiend, zweifelhaft seiend etc. Dazu gehören also mannigfaltige „Vermeinungen", intentionale Erlebnisse, die, auf ein und dasselbe Ich zurückbezogen als Subjekt dieses Sich-Herausstellens, in dessen erkennende Identifikation eingehen, eingesehene Identitäten. *nach* Identitäten. *mit Blaust. der Verweis auf ein weiteres als* [β] *paginiertes Bl., das nicht im Konvolut liegt* ‖ **379**,7-10 *von* „Ich *bis* usw." *Anführungszeichen mit Blaust.* ‖ **379**,10 *vor* Handelt *senkrechter Blaustiftstrich* ‖ **379**,11 objektiv *Einf.* ‖ **379**,12 gerichtet ist *Einf.* ‖ **379**,16 Logik *Einf.* ‖ **379**,22-27 *von* Und *bis* etc. *Einf., bis* Betrachtung *mit Bleist. und mit Tinte überschrieben* ‖ **379**,22 Und in der Tat *V. mit Tinte für mit Bleist.* Oder vielmehr ‖ **380**,4 „entspringt" in ihr *Einf. mit Bleist.* ‖ **380**,9 *nach* Korrelat. *senkrechter Rotstiftstrich*

Beilage IV (S. 380 – 383)

Der Beilage liegen die Bl. 10 – 11 des Konvoluts B I 33 zugrunde, dem außerdem die Beilage III entnommen ist (zur allgemeinen Manuskriptbeschreibung dieses Konvoluts vgl. oben S. 689). Die Bl. sind üblichen Formats u. durchgängig mit Tinte stenographiert. Sie bilden jeweils die Hälfte einer Rückseite des Ts. von Oskar Beckers Habilitationsschrift Beiträge zur phänomenologischen Begründung der Geometrie und ihrer physikalischen Anwendung, *u. zwar mit leichten Abänderungen entsprechend den S. 358 f. u. 389 f. im* Jahrbuch für Philosophie und phänomenologische Forschung 6 (1923). *Husserl hat auch die Ränder der Vorderseite des Ts. zum Schreiben benutzt. Das Ms. weist zahlreiche Unterstreichungen mit Tinte, Blaust. u. Rotst. auf, aber nur wenige Bearbeitungsspuren mit denselben Schreibmitteln. Es ist von Husserl mit Bleist. mit den Paginierungen 1 u. 2 versehen, die mit Rotst. von drei Seiten eingerahmt sind. Zuordnung wie Datierung erfolgen aus den gleichen Gründen wie bei der vorherigen Beilage.*

380,17-20 *von* Kritik *bis* sein soll. Rb. mit Blaust.; darüber mit Rotst. die Notiz gut ‖ **380**,20 Raumes, der *V. für* Raumfeldes, das ‖ **380**,21 Mit Die *beginnt der gültige Text; vor* Die *ist mit Rotst. gestr. Dazu ist zu bemerken. Wie diese überleitenden Worte nahe legen, haben die beiden Bl. vielleicht ursprünglich in einem größeren Zusammenhang gestanden, durch dessen Aufgabe ihre Streichung erforderlich wurde. Ein solcher Zusammenhang lässt sich jedoch nicht rekonstruieren.* ‖ **380**,25 *nach* Erzeugung *der gestr.* sinngebenden ‖ **380**,27 der sie „selbst", also *V. für* der diese Begriffe selbst ⟨*nach* selbst *gestr.* eben konstituierenden, die ursprünglichen Sinn als geltenden Sinn⟩ in sich herauswirkenden Erlebnisse ‖ **380**,31 *nach* durchzuführen *mit Blaust. gestr.* und ‖ **380**,36 besondere *Einf.* ‖ **381**,3-4 „Analysis" *Anführungszeichen vom Hrsg.* ‖ **381**,4 *nach* Mathematiker *gestr.* für ihre Disziplinen ‖ **381**,7 *nach* und *Ms.* die ‖ **381**,10 Mit würde. *endet der Text auf der Vorderseite des Bl.; die Rückseite wird von der oberen Hälfte eines Typoskriptbl. der Habilitationsschrift Oskar Beckers gebildet (vgl. dazu oben die Ausführungen in der allgemeinen Manuskriptbeschreibung). Husserls Handschrift läuft über den oberen u. seitlichen Rand weiter.* ‖ **381**,11 *vor* Hierher *senkrechter Blaustiftstr.* ‖ **381**,14 *nach* analytisch *gestr.* , während die eigentlich formale Analysis nicht nur analytisch in sich selbst ist ‖ **381**,19 *nach* jene *Ms.* der ‖ **381**,21 gleichgültig, ob *Einf.* ‖ **381**,23 *vor* Also *am Rand zwei geöffnete Blaustiftkl., die nicht geschlossen werden* ‖ **381**,25-26 oder beliebige Dinge in Koexistenz *Erg. über der Zeile* ‖ **381**,27-28 *von* und *bis* vollziehe *Erg. mit Bleist. über der Zeile* ‖ **381**,30 in dieser Weise seienden und *Einf.* ‖ **381**,32 und Idealisation *Erg. mit Bleist. über der Zeile* ‖ **382**,7-9 *von* Was *bis* besagen? *Einf.* ‖ **382**,9 möglicher *Einf.* ‖ **382**,25 Mit Erfahrung. *endet der Text auf der Vorderseite des Bl.; die Rückseite bildet diesmal die untere Hälfte eines Typoskriptbl. aus O. Beckers Habilitationsschrift (vgl. die obige allgemeine Manuskriptbeschreibung).* ‖ **382**,29 theoretische *Einf.* ‖ **382**,30 einem vom *Erg. über der Zeile* ‖ **382**,34 Möglichkeiten *Erg. über der Zeile* ‖ **383**,2 , jedenfalls nur oberflächlich *Einf.*

Beilage V (S. **383 – 384**)

Diese Beilage gibt den Text des Bl. 20 des Konvoluts B I 22 *wieder, aus dem auch die Beilagen VI, VII und ein Teil der Beilage XI stammen. Das Konvolut umfasst insgesamt 94 Bl. und liegt in einem braunen Umschlag aus Packpapier. Es trägt als Aufschrift lediglich die mit Rotst. notierte Archiv-Signatur* B I 22. *Dem Konvolut ist ein grüner Pappdeckel beigefügt, worauf Landgrebe die Signatur* B I 22 *wiederholt und den Vermerk* abgeschrieben *hinzugefügt hat. Unter der Signatur befindet sich dünn mit Bleist. die Notiz* Zettel zur Apodiktizität. *Das gesamte Konvolut umfasst fünf Binnenkonvolute. Dem ersten wurden bereits die Beilagen XIX, XX u. XXI sowie der Text Nr. 8 von Husserliana XIV entnommen (vgl. die allgemeine Manuskriptbeschreibung ebd. S. 583). Dem vierten Binnenkonvolut entstammen die Texte 27, 28 u. 29 von Husserliana XXXIV.*

Das Bl. 20 liegt im zweiten Binnenkonvolut, das insgesamt 21 Bl enthält. Das Konvolut wird von dem gelb-braunen Briefumschlag (Bl. 19 u. 39) einer Sendung von Prof. Dr. E. Utitz an Husserl mit dem Poststempel vom Juli 1934 gebildet. Es trägt die Aufschrift m. Blaust. Zettel. Evidenz. Apodiktizität. Entwurf zur Ausarbeitung 1923. Darin auch alte Blätter zu den Londoner Vorlesungen ⟨Londoner Vorlesungen *mit Bleist. gestr. u. dann erneut mit Bleist. geschrieben*⟩ und zum cartesianischen Weg überhaupt = B I 22. *Die enthaltenen Bl. gehören allerdings wohl größtenteils zu den Vorarbeiten für die Londoner Vorträge.*

Bei dem hier veröffentlichten Bl. handelt es sich um ein durchgehend mit Tinte stenographiertes Bl. üblichen Formats. Es ist nur leicht mit Tinte bearbeitet und mit Unterstreichungen mit Bleist., Blaust. u. Rotst. versehen. Das Bl. ist von Husserl nicht paginiert, war aber ursprünglich mit Bleist. als ad 11 ^{2te} Seite *und statt* 11^a *beziffert. Diese Verortung ist jedoch mit Rotst. gestr. Sie bezieht sich auf die ursprüngliche Paginierung der später im Rahmen der Vorlesung umpaginierten Bl. aus den*

Vorarbeiten zu den Londoner Vorträgen, die im Konvolut M II 3b als Bl. 12 – 17 liegen (vgl. hierzu die allgemeine Manuskriptbeschreibung oben, S. 503 f.). Am Rand der Rückseite der ursprünglichen p. 11 aus diesem Konvolut findet sich nämlich mit Bleist. der Verweis vgl. Beiblatt *(vgl. dazu die textkritische Anm. zu S. 62,12-14). Die ursprüngliche p. 11ᵃ, das Folgebl. desselben Konvoluts, wurde dann wohl später am Rand mit dem Hinweis* vgl. Ψ *versehen (vgl. die textkritische Anm. zu S. 63,2-4). Am Rand des hier edierten Beilagenbl. ist diesem Hinweis entsprechend mit Bleist.* Ψ *notiert. Das Bl. ist daher dem betreffenden Teil des Haupttextes zuzuordnen. Da der Entstehungskontext des Bl. höchstwahrscheinlich die Vorarbeiten an den Londoner Vorträgen sind, darf als Entstehungsjahr 1922 angenommen werden.*

383,6 *vor* Doch *am Rand zweimal mit Rotst. angestrichen* ‖ **383**,7 *nach* irgendein *Ms.* ein ‖ **383**,12-14 *von oder bis* Klarheit *V. für* und deutlicher ‖ **383**,16 oder ⟨nicht⟩ so sei *V. für* oder mindest nur Möglichkeiten auftauchen ‖ **383**,20 das *Einf.* ‖ **383**,22 Selbstgegebenheit, *Erg. über der Zeile* ‖ **383**,28 Eine Erkenntnis, die *V. für* Was ‖ **383**,35 nichts, *Einf.* ‖ **383**,36-**384**,1 *von oder bis* Selbstgegebenheit *Einf.* ‖ **384**,4 des Soseins *Einf.* ‖ **384**,5 absolut *Einf.* ‖ **384**,9 dessen *Einf.* ‖ **384**,14 universale *Einf.* ‖ **384**,19 mir *Einf.* ‖ **384**,22 einheitlichen *Einf.* ‖ **384**,25 *Ms.* vom *statt* am

Beilage VI (S. **384 – 387**)

Der Text der Beilage beruht auf den Bl. 23 u. 24 des Konvoluts B I 22, dem auch die Beilagen V, VII u. ein Teil der Beilage XI entnommen sind (zur allgemeinen Manuskriptbeschreibung dieses Konvoluts vgl. oben S. 693). Die Bl. liegen im gleichen Binnenkonvolut wie das Bl. der Beilage V (vgl. dazu ebd.). Beide Bl. sind üblichen Formats u. durchgehend mit Tinte stenographiert. Der Text zeigt kaum Bearbeitungsspuren, lediglich einige kleinere Korrekturen mit Tinte, Bleist. u. Rotst. Zudem weist er gelegentlich Unterstreichungen mit Rot- u. Blaust. auf. Die Bl. sind von Husserl nicht paginiert worden. Am Rand des ersten Bl. findet sich mit Bleist. der Hinweis zu 1923/24 Vorlesungen; *auf dem zweiten Bl. heißt es* zu 1923/24 beigelegt. *Tatsächlich würden die Bl. auch zur Vorlesung* Erste Philosophie *passen, jedoch dürfte für die vorliegende Vorlesung die Klärung des Begriffs der apodiktischen Evidenz von noch größerem Gewicht sein als für jene. Es sei überdies gesagt, dass eine solche Zuordnung noch nichts über die Entstehungszeit der Bl. aussagt. Dennoch ist eine Datierung nicht leicht, zumal die Bl. hinsichtlich der*

Papierqualität deutlich von den anderen des Binnenkonvoluts abweichen; wahrscheinlich dürfte aber die Jahreszahl 1922 oder 1923 in dieser Unbestimmtheit zutreffen.

385,5-6 *von* (Möglichkeit *bis* Phantasie) *Einf.* || **385**,7-8 *von* Wie *bis* phänomenologisch *Randnotiz mit Bleist.* Evidenz || **385**,9 als *Einf.* || **385**,16 ist *mit Blaust. überschrieben* || **385**,19 *nach* Erfahrung *dicker senkrechter Rotstiftstr., der wohl von Landgrebe stammt, da er, wie auch ein weiterer, genau den Seitenumbruch einer späteren Archivtranskription Landgrebes bezeichnet.* || **385**,28 *Ms.* eine *statt* einen || **385**,32 ist *V. mit Bleist. für* als, *welches wiederum V. ist für* ist || **385**,34 der Umstand *Einf.* || **385**,36 durchstreichen *V. für* streichen || **386**,3 *nach* anschauen. *dicker senkrechter Rotstiftstrich, wohl ebenfalls von Landgrebe (vgl. die textkritische Anm. zu S. 385,19)* || **386**,5 *nach* eben *mit Bleist. gestr.* Gewissheit, || **386**,20-22 *von* Ein *bis* festgestellt ist. *am Rand mit Bleist. die Notiz zu 1923/24 beigelegt (vgl. dazu oben, die allgemeine Textbeschreibung zu dieser Beilage)* || **386**,21 eventuell *Einf.* || **386**,27 intentionalen *Einf.* || **387**,6 evidente *Einf.* || **387**,13-15 *von* Eine *bis* gegeben ist. *Erg. am Rand* || **387**,18 Mit etc.? *endet der Text etwa auf der Mitte des Bl.; die untere Hälfte ist unbeschrieben.*

Beilage VII (S. **387 – 388**)

Den Text der Beilage gibt das Bl. 33 des Konvoluts B I 22, das auch den Beilagen V, VI u. einem Teil der Beilage XI zugrunde liegt. Das Bl. entstammt überdies dem gleichen Binnenkonvolut wie die beiden erstgenannten Beilagen (zu allgemeinen Textbeschreibung von Konvolut u. Binnenkonvolut vgl. oben S. 693). Das Bl. üblichen Formats ist durchgehend mit Tinte stenographiert. Der Text ist mit Tinte, Rotst. u. Blaust. leicht überarbeitet worden und weist einige Unterstreichungen mit denselben Schreibmitteln auf. Am Rand des Textes befindet sich unter dem Titel die später mit Bleist. gestr. Notiz mit Blaust. Wichtig *darunter mit Bleist., aber später ausradiert* nicht mehr wesentlich, vgl. das Unterstrichene, besonders nächste Seite. *Das Bl. ist von Husserl nicht paginiert worden. Am Rand findet sich nach dem Titel die Datierung* 11.XII.22. *Der Text ist somit genau einen Tag vor demjenigen entstanden, der weiter unten als Beilage XVI abgedruckt ist.*

387,20 Titel = *Rb.* || **387**,22 *nach* die *Ms.* noch einmal die || **388**,2-3 *von* in jeder *bis* werden. *im Ms. in spitzen Rotstiftkl.* || **388**,7-9 *von* Jedenfalls *bis* auch, *aber am Rand mit Blaust. doppelt angestrichen; dazu mit Bleist. die Randnotiz* hier || **388**,10 als *Einf.* || **388**,11-14 *von* und hingewiesen *bis* täuscht. *am Rand mit Rotst. angestrichen; dazu zwei Schrägstriche mit Blaust.* ‖ **388**,13 *gegenüber Einf.* ‖ **388**,17 *nach* ego cogito. *senkrechter Blaustiftstrich* ‖ muss *V. für* kann und muss, *welches wiederum V. für* kann; *und versehentlich nicht gestr.* ‖ **388**,18-19 *von* doch *bis* vorhergeht *am Rand Schrägstrich mit Rotst.* ‖ **388**,20 was für *V. mit Bleist. für* für was ‖ **388**,24-25 des roten Quadrats *Erg. mit Bleist. über der Zeile* ‖ **388**,25-26 *von* dass ich *bis* Weisen *am Rand zwei Schrägstriche mit Rotst.* ‖ **388**,28 *nach* gehörig! *am Rand waagerechter Strich, Punkt u. Schrägstrich; dieser Markierung entspricht womöglich eine ähnliche, die im Haupttext der Vorlesung etwa an der Stelle angebracht ist, der diese Beilage zugeordnet ist (vgl. die diesbezügliche textkritische Anm. zu S. 66,11).* ‖ **388**,30 in eins damit *V. für* dann ‖ **388**,31-35 *von* Es *bis* gewinnen. *Erg. am Rand* ‖ **388**,35 apodiktischen *Einf.*

Beilage VIII (S. **389 – 391**)

Textgrundlage dieser Beilage sind die Bl. 29 – 31 des Konvoluts E III 2, dem bereits der Text 2 von Husserliana XIV entstammt. Das gesamte Konvolut besteht aus 42 Bl., die in zwei Umschlägen liegen. Der erste dieser Umschläge (Bl. 1 u. 32), in dem die drei Bl. ganz hinten liegen, besteht aus weißem Schreibpapier und trägt die Aufschrift mit Blaust. Ich, μμμ. *Damit ist der Text 2 aus Husserliana XIV bezeichnet (vgl. die allgemeinen Erläuterungen dort, S. 568); darüber steht erneut mit Blaust.* μμμ, *dann mit Tinte* St. Märgen, *darunter mit Bleist.* 1920 oder 1921, *weiter mit Tinte* Das personale Ich und die individuelle Eigenart. 1. Monade; Problem der Genesis und Bestimmtheit in der Genesis. Wie kann ein monadisches Subjekt eindeutig bestimmt und erkennbar sein?, *es folgt eine geöffnete spitze Blaustiftkl., die nicht geschlossen wird und die den folgenden Text umfasst, der mit Tinte geschrieben ist* S. 9^a *bis* 11^a, *eine elementare Darstellung über Gegenstandspol und Ichpol;* Ich als Funktionszentrum; *dazu am Rand mit Blaust. die Notiz* μμμ (cf. dazu JM) ⟨Ms. in eckigen Kl. statt runden⟩ *und* Mot⟨ivation⟩. Ich; *gemeint ist die in Text 2 von Husserliana XIV behandelte Thematik. Es folgt mit Tinte* 2. *sowie dann mit Blaust. u. teilweise mit Tinte überschrieben* Das Ich in seiner Entwicklung sich konstituierend als Erlebnis-Ich, als Vermögens-Ich, *weiter mit Tinte* Dazu A$_{oo}$ das Vermögens-Ich, die Vernunftvermögen (Tugend). *Es folgt dann, durch eine durchgezogene Linie vom vorigen Text abgetrennt folgender mit Tinte stenographierter Text* 1. Eine Monade als Einheit einer Genesis, eine zeitfüllende Einheit, in der ein Notwendigkeitszusammenhang durch Zeitfüllen hindurchgeht – als

Einheit einer Entwicklung. Einheit eines monadischen Ich. Frage der Bestimmbarkeit einer monadischen Subjektivität, „zureichender Grund"; warum ein Individuum in dem In-die-Zukunft-hinein-Werden so wird und nicht anders = besondere Erkenntnisart für das monadische Individuum. Bestimmbarkeit und Freiheit des Ich, Individualität. Rationale und irrationale Regungen. Das personale ⟨personale *Einf.*⟩ Ich als Prinzip der Verständlichkeit. Personales Ich und Individualität. Innere Bekundung und äußere durch Einfühlung, von der Individualität (gegenüber assoziativ-induktiver Erkenntnis). Probleme der Bestimmbarkeit der Persönlichkeit, des Ursprungs der Personalität etc. Freiheit der Person. Wesensverschiedenheit der individuellen Eigenart mehrerer Ich. Individuelles Gesetz jeder Monade. 9[a] Ich als Ichpol gegenüber Gegenstandspol. Ich als Funktionszentrum. Mögliche Umwandlung meiner Subjektivität durch Erlebnisänderungen, die mich als Funktions-Ich nicht ändern und Möglichkeiten der Änderung dieses Ich, dessen Erhaltung (die der Individualität). Problem des Doppelgängers.

Die hier edierten Bl. liegen hinter den auf dem Umschlag beschriebenen, wo auch sonst noch loses Material liegt, das nicht in der Inhaltsangabe berücksichtigt wird und vielleicht erst später in den Umschlag gelangte. Die Bl. sind durchgehend mit Tinte stenographiert. Das Bl. 29 ist üblichen Formats; die beiden folgenden Bl. sind an der Oberseite etwa zu einem Drittel beschnitten worden. Alle Bl. weisen einige Unterstreichungen mit Tinte, Blau- u. Rotstift auf, sind aber sonst kaum bearbeitet. Die beiden vorderen inhaltlich zusammenhängenden Bl. sind von Husserl mit Blaust. als a *u.* b *paginiert, beides mit Rotst. doppelt unterstrichen. Das dritte, nur in losem Zusammenhang mit den anderen stehende Bl. ist gesondert als* a₀ *bezeichnet. Diese Bezeichnungen werden auch in dem Ts. der Inhaltsangabe der Vorlesung (vgl. Beilage I, S. 343, Anm. 2) in einem Kontext verwendet. Deshalb werden die Bl. hier zusammen in einer Beilage ediert, dem losen Zusammenhang des Bl. 31 mit den übrigen jedoch durch Abtrennung mit Sternchen Rechnung getragen. Dieses dritte Bl. ist zusätzlich mit Rotst. als* 57 *bezeichnet, was aber wohl keine Paginierung ist, sondern der Zuordnung dieses Bl. zum Bl. der Vorlesung mit der Husserl'schen Paginierung* 57 *dient (oben, S. 91,19 – 93,10). Die abschließende Notiz am Rand siehe unten II 8 verweist auf dasselbe Bl. unter Verwendung seiner Paginierung im Rahmen der Londoner Vorträge. Von Husserl finden sich keine Datierungshinweise zu den Bl.; ihre Entstehungszeit dürfte jedoch um 1922 liegen.*

389,2-3 *Titel* = Rb. *mit Blaust.; und nur mit Rotst.;* Urstiftung des ethischen Ich *mit Rotst. u. mit Blaust. überschrieben* ‖ **389**,4-5 *von* Der *bis* lebe" *am Rand nach unten weisender Pfeil mit Blaust.* ‖ **389**,5-14 *von*

"Ich lebe" *bis* reflektieren" *alle Anführungszeichen vom Hrsg.* ‖ **389**,24 *Ms.* ihn *statt* es ‖ **389**,27 (Vernunft) *Erg. über der Zeile; Kl. vom Hrsg.* ‖ **389**,31 als Tier *Einf.* ‖ **389**,34 *Ms.* leben *statt* lebt; *damit endet der Text etwa auf der Mitte der Rückseite des Bl. Der Rest der Seite ist unbeschrieben.* ‖ **390**,3-4 in ursprünglicher Entscheidung *V. für* ursprünglich ‖ **390**,5 von *und* bis werde *Einf.* ‖ **390**,14-18 von Wie *bis* bestehen? *am Rand mit Blaust. angestrichen* ‖ **390**,26 mit etc. *endet der Text auf der Rückseite des Bl.; der Rest der Seite ist unbeschrieben.* ‖ **390**,36 verschiedener *Einf.* ‖ **391**,9 Mit erreichend. *endet der Text auf der Vorderseite des Bl.; am untern Rand die Notiz* Siehe unten II 8, *womit auf das von Husserl entsprechend paginierte Bl. der Londoner Vorträge verwiesen wird, das auch in das Vorlesungsms. übernommen wurde und dessen Inhalt diese Beilage hier zugeordnet ist (vgl. in der vorliegenden Ausgabe S. 91,19 – S. 93,10). Der mit Bleist. gestr. Text auf der Rückseite des beschnittenen Bl. lautet* ... das Denken hervorhebende Vorstellungen als Substrat hat und sein Vorgestelltes sozusagen formt und weitergestaltet, in denkmäßiger Art. Bleibt die sinnliche Unterlage wie sie sonst ist (ohne dass die sinnlichen Intentionen im theoretischen Interesse ihre Entfaltung und Sättigung erfahren), so kann das Denken entweder ein ⟨entweder ein *V. mit Bleist. für* ein⟩ wirkliches und eigentliches Leisten sein, ein Handeln, das in Schritten erfolgt und von theoretischem Interesse durchherrscht ist; oder es kann ganz oder teilweise ⟨ganz oder teilweise *Einf.*⟩ ein uneigentliches Denken sein, d. i. ein Denken, das "Sinnlichkeit" geworden ist. Eine Denkschichte über der sinnlichen Gegebenheit ist mit da, als eine Verworrenheit, die "zurückweist" auf ein mögliches und vereigentlichendes Denken als seinem "Ursprung". Die Herstellung dieses eigentlichen Denkens ist hier ein Handeln der einsehenden Vernunft und dabei kann sich herausstellen, dass das eigentliche Denkgebilde, der logisch gefasste Gegenstand, als Erfüllung dieser Intention realisiert wird oder dass der vermeinte Gegenstand "vernichtet" wird. Die Nichtigkeit tritt im Widerspruch hervor, wobei die unterliegenden Vorstellungen mitfungieren und eine gewisse Erfüllungsstufe gefordert ist. ‖ **391**,13 *am linken oberen Rand des Textes, der mit Zickzack beginnt, mit Rotst.* NB; *darüber ursprünglich. mit Blaust., später ausradiert* grundlegend

Beilage IX (S. **391** – **396**)

Der Text dieser Beilage entstammt dem Konvolut B II 18, von dem bereits zahlreiche Texte in Husserliana VIII als Beilagen XVIII-XXII,

TEXTKRITISCHE ANMERKUNGEN ZU DEN ERGÄNZENDEN TEXTEN 699

XXVII u. XXXII veröffentlicht sind. Das gesamte Konvolut zählt 73 Bl., die in einem abgeschnittenen Teil eines gelb-braunen Briefumschlags des Verkehrsamts der Stadt Freiburg (Doppelbl. 1 u. 73) eingelegt sind. Der Teil mit dem Poststempel ist nicht erhalten (vgl. zur allgemeinen Manuskriptbeschreibung des Konvoluts Husserliana VIII, S. 568 f.). Die hier zugrunde liegenden Bl. 54 – 59 entstammen dem dritten von drei Binnenkonvoluten, das aus insgesamt 22 Bl. besteht. Dieses Doppelbl. (51 u. 72), in dem die anderen Bl. liegen wird gebildet von einem gelb-braunen Briefumschlag einer Sendung des Max Niemeyer Verlags an Husserl mit dem Poststempel vom 24.7.1924. Der Umschlag trägt die Aufschrift mit Blaust. Altes z⟨ur⟩ Zick-Zackmethode. Zirkel der Methode (Medit⟨ationes⟩), gegen Lotze, über Skeptizism. *Am linken Rand mit Tinte* Methode der adäquat-apodiktischen Erkenntnisbegründung, *am rechten Rand mit Tinte* ad Londoner Vorlesungen. *Außer dem hier edierten Text liegen in diesem Umschlag nur noch ein Notizzettel zu Scheler u. Vasquez, ein unbestimmtes Bl. zum* Wesensgesetz der Iteration, *ein weiteres Binnenkonvolut zum Zirkelproblem bei Lotze sowie ein Einzelbl. zum selben Thema.*

Die veröffentlichten Bl. sind üblichen Formats u. durchgehend mit Tinte stenographiert. Sie sind mit Blei-, Blau- u. Rotst. leicht bearbeitet u. weisen gelegentlich Unterstreichungen mit denselben Schreibmitteln auf. Die Bl. 54 – 57 bilden einen zusammenhängenden Text. Sie sind von Husserl mit Blaust. durchgehend als 1+, 2+, 3+, 4+ paginiert. Angehängt sind zwei einzelne Bl. (58 u. 59) zum gleichen Thema, die keine Paginierung durch Husserl aufweisen und sich inhaltlich mit den vorhergehenden teilweise überschneiden, also wohl Zusatzbl. zu diesen bilden. Über dem auf Bl. 54 beginnenden Text befindet sich die zuweisende Notiz ad London, *dazu mit Bleist.* (1922 im Herbst, zu den Einleitungsvorlesungen). *Hieraus ergibt sich die Datierung des Textes.*

391,13-15 *von* Zickzack *bis* Methode? *Erg. am Rand* ∥ **391**,15 *der* Methode *Einf. mit Blaust.* ∥ **391**,26 *nach* Erkannten. *im Ms. senkrechter Bleistiftstrich* ∥ **391**, Anm. 1 *Fußnote = Randnotiz (vgl. die textkritische Anm. zu* S. 391,9). ∥ **392**,6 *vor* Danach *am Rand geöffnete spitze Blaustiftkl., die nicht geschlossen wird* ∥ **392**,7 denkenden *Einf. mit Blaust.* ∥ **392**,12 *von* das *bis* und *Einf.* ∥ **392**,16 *von* bezogen *bis* Erkennen *V. für* eines naiven Erkennens ∥ **392**,23-24 *von* Aber *bis* ab? *am Rand mit Blaust. durch eine eckige Kl. markiert* ∥ **392**,24 ab? *Fragezeichen mit Blaust.* ∥ **392**,26 durchführend *V. für ausradierten, nicht rekonstruierbaren Text* ∥ **392**,27 ich *vor in V. mit Bleist. für ausradiertes, nicht rekonstruierbares Stenogramm* ∥ **392**,28 in der Überlegung *Einf. mit Bleist.* ∥ **392**,29 *nach* gemacht *mit Bleist. gestr.* habe ∥ so *Einf. mit Bleist.* ∥

392,30-31 *von* und *bis* benützt *Einf. mit Bleist.* ‖ **392**,32-35 *von* Unterliegt *bis* unterziehen. *am Rand mit eckiger Blaustiftkl. markiert; am gegenüberliegenden Rand dazu der Titel Der „Zirkel der Erkenntnistheorie"* ‖ **392**,32 skeptischen *Einf.* ‖ **392**,35-39 *von* Oder *bis* soll. *Erg. am Rand* ‖ **392**,36 Begriffe *V. für ausradiertes, nicht rekonstruierbares Stenogramm* ‖ **392**,39 , absolut gerechtfertigtes *Erg. über der Zeile* ‖ **392**,39-40 Für diese Kritik *V. mit Bleist. für* Dann ‖ **393**,6 *nach* notwendig *Ms. noch einmal* unter ‖ *nach* selbst *waagerechte Linie über die ganze Seite, die den Folgetext abtrennt, obwohl der Satzzusammenhang weitergeht. Die Linie, die am Rand weiterverläuft, soll wohl die sich dort oberhalb derselben befindende Erg. dem oberen Teil des Textes zuordnen.* ‖ **393**,7-8 *von* (oder *bis* gab) *V. für* und soweit sie es gab ‖ **393**,12 *nach* sagen: *im Ms. die Notiz mit Bleist.* Fortsetzung 3+; *damit ist der Anschluss zum folgenden Bl. des Ms. hergestellt; der Rest der Blattrückseite ist unbeschrieben* ‖ **393**,18 adäquate *Erg. mit Bleist. über der Zeile* ‖ **393**,19-20 dass sie absolut gerechtfertigt *V. mit Bleist. für* absolut gerechtfertigt ‖ **393**,38 „kann" *Anführungszeichen mit Blaust.* ‖ **393**,39-40 *von* – ich *bis* absolut. *Gedankenstriche Einf. mit Blaust.* ‖ **394**,17 dem *Einf.* ‖ **394**,26-27 *von* kommen wir *bis* Formallogisch-Noetischen *V. für* wenn dazutreten die Prinzipien der Allgemeinheit, des gesamten Formallogisch-Noetischen, kommen wir ‖ **395**,2 *nach* Wissenschaft *im Ms. noch einmal* sich ‖ **395**,3 Meditationen *V. mit Bleist. für* Meditation ‖ **395**,6 welche *V. mit Bleist. für* die ‖ *Mit* ist. *endet der Text etwa auf der Mitte der Rückseite des Bl., das die Husserl'sche Paginierung* 4+ *trägt. Die beiden Folgebl. sind nicht mehr von Husserl durchpaginiert; sie sind hier als Zusatzbl. aufgefasst. mit Sternchen von Text separiert (vgl. die allgemeinen textkritischen Anm. oben S. 699).* ‖ **395**,12-17 *von* intentionalen *bis* habe etc. *Randtitel mit Blaust.* Zirkel der Methode ‖ **395**,25 nicht *Einf mit Bleist.* ‖ **395**,37 *Mit* Apodiktisches. *endet der Text etwa auf der Mitte der Rückseite des Bl.; der Rest der Seite ist unbeschrieben; das Folgebl. ist wiederum ein ergänzender Zusatz u. wird hier ebenfalls mit Sternchen abgetrennt.* ‖ **396**,20 mögliches *Einf.*

Beilage X (S. **396**– **397**)

Den Text dieser Beilage gibt das Bl. 117 des großen, 170 Bl. enthaltenden Sammelkonvoluts F IV 1, das zahlreiche einzelne Bl. u. kleinere Binnenkonvolute enthält, aber keinen alle Bl. umgreifenden Umschlag hat. Aus dem Konvolut sind bereits Texte in Husserliana III/2 als Beilagen 9 u. 17 sowie als Teil von Beilage 12, in Husserliana XXIII als Teil

TEXTKRITISCHE ANMERKUNGEN ZU DEN ERGÄNZENDEN TEXTEN 701

von Text Nr. 2 u. in Husserliana XXV, nämlich der Aufsatz Phänomenologie und Psychologie *von 1917, veröffentlicht worden (zur allgemeinen Manuskriptbeschreibung vgl. Husserliana XXV, S. 342 u. Husserliana III/2, S. 661 f.). Das Bl. liegt in einem kleinen, acht Bl. umfassenden Binnenkonvolut (Doppelbl. 114 u. 121). Den Umschlag bildet ein gefaltetes, innen kurrentschriftlich beschriebenes Bl. Auf dem Umschlag befindet sich keine Aufschrift, sondern lediglich ein Fragezeichen mit Grünst.*

Das hier veröffentlichte Bl. ist üblichen Formats und durchgehend mit Tinte stenographiert. Es ist kaum bearbeitet u. weist nur einige Unterstreichungen mit Blaust. auf. Über dem Text findet sich die zuordnende Notiz ad 60 *dazu mit Bleist.* 1922/23 *aber auch zu dem neuen zweiten Gang im II. Teil der Vorlesung 1923/24, darunter mit Bleist eine Null u. mit Blaust.* NB. *Ein Zuordnungshinweis findet sich auch in der als Beilage I wiedergegebenen Inhaltsübersicht Landgrebes. Dort wurden jedoch sowohl der Seitenverweis als auch die Inhaltswiedergabe durch Landgrebe von Husserl gestr., wohl weil diese Inhaltswiedergabe nicht mit dem Text des hier wiedergegebenen Bl. übereinstimmt und Landgrebe irrtümlich den Inhalt eines im Hauptkonvolut der Vorlesung liegendes Bl. gleicher Bezeichnung (*ad 60*) wiedergegeben hat (vgl. die textkritische Anm. zu S. 98,14-19). Durch die zuordnenden Notizen Husserls ist das Bl. nicht im strengen Sinne datiert, jedoch kann von einer Entstehungszeit um 1922/23 ausgegangen werden.*

396,25 Mit Prinzipien. *endet der Text etwa auf der Mitte des Bl.; der Rest der Seite ist unbeschrieben.* ‖ **396**,27-29 Titel = Rb. *mit Bleist. an der betreffenden Stelle des Haupttextes (vgl. die textkritische Anm. zum Haupttext S. 98,14-19).* ‖ **396**,30 (Cartesianischen) *im Ms. in eckigen Blaustiftkl. statt runden* ‖ **396**,32 von (ebenfalls *bis* bezeichnenden) *im Ms. in eckigen Blaustiftkl. statt runden* ‖ **397**,9 nach Wahrnehmungsmäßig *gestr.* absolut ‖ **397**,17 *Ms.* transzendentalen *statt* transzendentale

Beilage XI (S. **397 – 400**)

Die Textgrundlage dieser Beilage bilden das Bl. 111 des Konvoluts B I 38 sowie die Bl. 50 u. 51 des Konvoluts B I 22, dem auch die Beilagen V, VI u. VII entnommen sind (zur allgemeinen Manuskriptbeschreibung dieses Konvoluts vgl. oben , S. 693). Diesem Konvolut wurden bereits der Text 8 sowie die Beilagen XIX, XX u. XXI von Husserliana XIV entnommen, außerdem die Texte 27, 28 u. 29 von Husserliana XXXIV.

Bei B I 38 handelt es sich um ein großes Sammelkonvolut, das insgesamt aus drei Umschlägen von braunem Packpapier besteht, die nicht

wiederum in einem gemeinsamen Umschlag liegen. Der mittlere Umschlag (Doppelbl. 84 u. 186), dem das Bl. 111 entstammt, besteht aus 219 Bl. und trägt die Aufschrift mit Blaust. B I 38, 2tes Stück, *dann mit Grünst.* Zu ⟨Cartesianische⟩ Meditat⟨ionen⟩, zu I ff. *Auf der dritten Umschlagseite (186a) notiert Husserl mit Bleist.* Vorgegebenheit, *dann mit Blaust.* darin „13 Bl." Weltanschauung, Vorgegebenheit, wohl transzendentale Ästhetik; darüber handelt auch der Konvolut Ich und Monade, insbesondere Habe II und besonders die Beilagen. Weltanschauung.

Das Bl. der Beilage liegt in einem weiteren Binnenkonvolut (Bl. 85 – 117), das aus weißem Schreibpapier besteht und insgesamt 33 Bl. umfasst. Es trägt mit Blaust. die Aufschrift Meditationen. Zur geplanten deutschen Bearbeitung 1930 Zusammengestelltes. Material zur I^{ten} und zu ihrer Wiederholung auf höherer Stufe. *Der Umschlag beherbergt ein weiteres Binnenkonvolut und einige lose Bl., zu denen das Bl. 111 gehört.*

Das hier veröffentlichte Bl. ist ein an der oberen Seite beschnittenes Bl. ursprünglich üblichen Formats, jetzt im Format 16,4 × 16,4 cm. Es ist durchgehend mit Tinte stenographiert u., abgesehen von einigen Unterstreichungen mit Tinte Blau- u. Rotst., kaum bearbeitet. Die Bl. 50 u. 51 des Konvoluts B I 22 entstammen dessen drittem Binnenkonvolut, das von einem weißen Umschlag aus Schreibpapier (Bl. 40 u. 53) gebildet wird und insgesamt 14 Bl. umfasst. Der Umschlag trägt die Aufschrift Okt⟨ober⟩ 1926. Kritik der Tragweite der phänomenologischen Selbsterfahrung, der Apodiktizität des „Ich bin". *Inliegende Bl. sind nach Schrifttyp u. Material aus verschiedenen Zeiten, meist den 20er Jahren, keineswegs bloß aus dem Jahre 1926.*

Die beiden Bl. aus B I 22 haben das übliche Format und sind durchgängig mit Tinte stenographiert. Sie sind auf der ersten Seite stark, sonst nur geringfügig mit Tinte, Bleist. u. verschiedenen Blaust. bearbeitet u. weisen Unterstreichungen mit Tinte u. Blaust. auf. Unter dem unten wiedergegebenen Randtitel notiert Husserl mit dunklem Blaust. Aus den Manuskripten für Fräulein Stein vor 1917. *Diese Datierung ist aber höchst zweifelhaft, stammen die Bl. doch möglicherweise aus dem Kontext der Arbeit an den Londoner Vorträgen (vgl. etwa den Anfang des zweiten Vortrags), wie sich aus formalen Kriterien nahe legt. Eine Notiz Landgrebes zu seiner im Husserl-Archiv aufbewahrten späteren Transkription dieser Bl. bestätigt diesen Befund:* 2 zusammenhängende Blätter mit dem Vermerk „aus den Manuskripten für Fräulein Stein vor 1917"; es handelt sich aber nach Schrift und Papier um eine verbessernde Abschrift dieser älteren Blätter von 1922/23, die sachlich eine Beilage zur Vorlesung über „Einleitung in die Philosophie" von 1922/23 darstellt. *Eine Datierung dieser Bl. (wenigstens in dem vorliegenden über-*

arbeiteten Stadium) auf 1922 liegt nahe. Welcher Textbestand evtl. schon 1917 vorlag, ist indessen nicht mehr rekonstruierbar.

Die Zusammengehörigkeit der hier als Beilage XI edierten Bl. verschiedener Konvolute ist nicht mit letzter Gewissheit gesichert. Jedenfalls dürften sie schon früh voneinander getrennt worden sein, da sie nicht durchpaginiert sind, sondern vielmehr die Bl. aus B I 22 von Husserl separat als 1 u. 2 paginiert wurden, während das hier zuvor edierte Einzelbl. nicht paginiert ist. Dieser Tatsache trug Landgrebe später dadurch Rechnung, dass er beide Stücken verschiedenen Stellen der Vorlesung zuordnete: Das Bl. 111a von B I 38 trägt von ihm mit Bleist. die Randnotiz zu § 7, 8, S. 44 ff. Diese Angabe bezieht sich auf das Landgrebe'sche Ts. M I 2 I (vgl. dazu oben, S. 505); in der vorliegenden Ausgabe entspricht in etwa dem S. 97,34 ff. Demgegenüber trägt das Bl. 50a die Landgrebe'sche Notiz m. Bleist. zu § 13 (S. 109) und zu § 26 S. 239; diese Zuordnungen beziehen sich ebenfalls auf §§ und Originalpaginierungen von M I 2 I und entsprechen im vorliegenden Band den §§ 26b u. 38. Jedoch setzt der Beginn der Bl. aus B I 22 Wie haben wir nun weiterzugehen? offenbar ein vorhergehendes Textstück voraus. Alle drei Bl. zeigen die gleiche Linierung, die gleiche Qualität u. den gleichen Zustand des Papiers sowie dasselbe Entwicklungsstadium der Handschrift. Besonders auffallend ist, dass das obere Bl. aus B I 22 die gleiche Art wohl von einer Flüssigkeit (Kaffee?) verursachter Flecken aufweist wie das Bl. B I 38/111 und dass es zudem scheint, als habe einer dieser Flecken durch dieses Bl. hindurch Spuren auf dem wohl einst darunter liegenden Bl. 50 von B I 22 hinterlassen, was für die Möglichkeit ihrer ursprünglichen Zusammengehörigkeit spricht. Der Hrsg. hat sich daher entschlossen, die drei Bl. in einer Beilage zu edieren, ihrer möglichen Unabhängigkeit voneinander jedoch durch die Unterteilung des Textes in die Unterabschnitte a) u. b) mit separaten Titeln zu entsprechen.

397,20-21 *Titel = erster Teil einer mit Blaust. separierten Notiz am oberen und seitlichen Rand von B I 22/50. Der Randtitel ist V. für die ursprüngliche Rb. mit Bleist.* Vom ego cogito zur Wissenschaft einer Egologie. ‖ **397**,22 *Zwischentitel = Einf. mit Blaust. in eckigen Blaustiftkl. an einer freigebliebenen Stelle des Textes (vgl. die textkritische Anm. zu S. 397,28)* ‖ **397**,23 *vor* Ich *am Rand NB Nota* ‖ **397**,27 *von* und *bis* Erlebnisse. *Einf.* ‖ **397**,28 *nach* und *im Ms. mit Blaust. und in spitzen Kl. der Titel des ersten Bl.* Zur Beschreibung des reduzierten *ego cogito*. ‖ **398**,13 Mit *etc. endet der Text auf der Vorderseite des Bl.; auf der Rückseite befindet sich ein gestr. Text, dessen Anfang fehlt, da das Bl. an der Oberseite beschnitten ist. Der lesbare Text lautet* … sage ich ja, so würde die phänomenologische Reduktion nur besagen: Ich darf nicht apodiktisch über die Welt urteilen. Ich darf die Gewissheit nicht als absolute nehmen und als solche zugrunde legen. Ich darf sie nur als eine „empirische Gewissheit", als eine vorbehaltliche nehmen, als eine „problematische" Gewissheit, für die alles einstimmig spreche, was als Urteilsmotiv in Frage kommt. Aber auf der anderen Seite besteht auch gegen die Setzung der Weltexistenz eine problematische Möglichkeit, nur eine solche, für die positiv nichts in die Waage fällt. Die phänomenologische Reduktion reduziert auf das absolute Ego, und zunächst auf das apodiktisch gegebene Dasein für mich, den Urteilenden, der seiend seiner selbst absolut gewiss ist und absolut ist in der Weise absolut für sich gegebenen Daseins. Jede Gewissheit, Möglichkeit, Wahrscheinlichkeit, die ich habe, setzt die immanente Gewissheit voraus. Würde ich nicht gewiss werden können dessen, dass der Gegenstand, den ich jetzt erfahre, derselbe ist, den ich in wiederholten Akten erfahren habe und erfahren kann, würde ich nicht im wiederholten Zurückkommen auf dasselbe dessen gewiss sein, dass ich vordem in den vorgängigen Wiederholungen dasselbe gemeint, es als das und das gedacht, vorge⟨dacht⟩ habe, so würde ich zwar jetzt vielleicht das Bewusstsein desselben ⟨Ms. dasselbe statt desselben⟩ haben, aber es braucht nicht dasselbe zu sein. ‖ **398**,14 *Zwischentitel = zweiter Teil der mit Blaust. separierten Notiz am oberen u. seitlichen Rand von B I 22, 50 (vgl. die textkritische Anm. zu S. 397,20-21)* ‖ **398**, Anm. *Fußnote = Rb.* ‖ **399**,5 apodiktisch nicht *V. für* nicht apodiktischen und nicht apodiktisch ‖ **399**,19 volle *Einf.* ‖ **399**,23 der Herrschaft *Einf. mit Bleist., teilweise mit Tinte überschrieben* ‖ **399**,24 *Mit* anderes. *endet der Text auf der Rückseite des Bl. kurz vor Ende der Seite; der Rest der Seite bleibt unbeschrieben.* ‖ **399**,27 eine Sphäre *Einf.* ‖ **399**,32-34 *von* es mit dem *bis* Feld *Randtitel* Mögl⟨ichkeiten⟩ ‖ **399**,32-33 immanenten *Einf.* ‖ **399**, Anm. *Fußnote = größtenteils mit Tinte überschriebene Erg. mit Bleist. am unteren u. seitlichen Rand* ‖ **399**, 39 *nach* gebunden. *senkrechter Bleistiftstr.* ‖ **400**,35 *Mit* inneren? *endet der gültige Text auf der Rückseite des Bl.; auf der unteren Hälfte der Seite befindet sich kopfständig der folgende mit Tinte u. Blaust. gestr. Text* Erfahrung kann zweifelhaft sein, unzweifelhaft sein; das Erfahrene kann negierbar oder nicht negierbar sein; das Nichtsein ausgeschlossen oder nicht ausgeschlossen. Worauf geht Fraglichkeit? Fraglich kann werden, ob das Erfahrene ist oder nicht ist. Fraglich kann aber auch werden der Sinn der Erfahrung und der Sinn der Erzielung des Gegenstandes in der Erkenntnis. Wie sie den Gegenstand erreicht, wie sein Sein gewiss wird und wie die Modalitäten des Seins. Erfahrung ist fraglich, sie kann unverständlich sein, bzw. es kann die Frage dahin gehen, wie Erfahrung und ihr Leisten aufzuklären, verständlich zu machen sei.

Beilage XII (S. 401 – 405)

Textgrundlage dieser Beilage sind die Bl. 11 bis 13 des Konvoluts A I 31, dem auch die Beilagen XIII u. XV entnommen sind. Das Konvolut umfasst insgesamt 44 Bl. Es wird von einem Umschlag aus weißem Schreibpapier gebildet, der die Aufschrift trägt Noch Wichtiges zur Lehre von der Evidenz. Absolute Erkenntnisbegründung. Apodiktizität – Adäquation. Naive Erkenntnis, naive Wissenschaft, naive Philosophie. Apodiktizität, Adäquation und Kritik. Alle Apodiktizität entspringt aus Kritik. *Am Rand dazu mit Blaust.* Gehört zu dem Konvolut „absolute Erkenntnisbegründung".

Die drei Bl. sind im üblichen Format, sie sind durchgehend mit Tinte stenographiert, weisen einige Bearbeitungsspuren mit Tinte, Blei-, Blau- u. Rotst. sowie Unterstreichungen mit denselben Schreibmitteln auf. Sie sind durch Husserl von I bis III paginiert, jedoch nicht datiert worden. Sie dürften aber wohl im Herbst 1925 (vgl. K. Schuhmann: Husserl-Chronik, S. 295) entstanden sein.

401,4-5 *von* Machen *bis* bin". *Einf.* ∥ **401**,5 „Ich bin" *Anführungszeichen jeweils vom Hrsg.* ∥ **401**,15-16 *von* „Es *bis* notwendig" *Anführungszeichen vom Hrsg.* ∥ **401**,22 als *Einf.* ∥ **401**,24-29 *von* Eben *bis* auszeichnet. *im Ms. in eckigen Bleistiftkl.* ∥ **401**,26 „Ich bin, ich dieser Mensch" *Anführungszeichen vom Hrsg.* ∥ **401**, Anm. 2 *Fußnote = Rb.* ∥ **401**, Anm. 3 *Fußnote = Rb.* ∥ **401**,33-34 und Selbsterinnerung *Erg. über der Zeile* ∥ **401**,34-35 und Gewesensein *Erg. über der Zeile* ∥ **401**, Anm. 4 *Fußnote = Rb.* ∥ **402**,3 der Kritik und *Erg. über der Zeile* ∥ **402**,6 Erschauen *Einf.* ∥ **402**,13 „Ich bin" *Anführungszeichen vom Hrsg.* ∥ **402**,13-14 *von* und *bis* bin" *Erg. über der Zeile* ∥ „Ich bin" *Anführungszeichen vom Hrsg.* ∥ **402**,15 „Ich bin" *Anführungszeichen vom Hrsg.* ∥ **402**,18 „Ich bin" *Anführungszeichen vom Hrsg.* ∥ **402**,19 zunächst *V. mit Bleist. für* nun ∥ **402**,20 mir *V. mit Bleist. für* ihr ∥ **402**,21 also *Einf. mit Bleist.* ∥ **402**,22 sein müsste *V. mit Bleist. für* ist ∥ **402**,23 von mir *Erg. über der Zeile* ∥ **402**,25 , dass, *V. für in eckigen Kl. u. gestr.* was im letzten Sinn „wirklich adäquat ⟨adäquat *Einf.*⟩" wahrgenommen ist, eben so, dass es in undurchstreichbarer Weise selbstgegeben ist. ∥ adäquat *Einf. mit Bleist., mit Tinte überschrieben* ∥ **402**,26 jetzt *Einf. mit Bleist.* ∥ **402**,26-27 *von* Undurchstreichbarkeit *bis* Probe. *Einf. mit Bleist., mit Tinte überschrieben* ∥ **402**,28 *vor* Ferner, *senkrechter Blaustiftstrich* ∥ **402**,29 *vor* meiner *mit Blaust. gestr. senkrechter Blaustiftstrich* ‖ lebendigen *Einf.* ‖ **402**,30 *nach* gehörig *mit Bleist. gestr. und* ‖ *zum Einf.* ‖ **402**,32 lebendiger frischer *Erg. über der Zeile; Ms.* lebendigen frischen *statt* lebendiger frischer ‖ **402**, Anm. 1 *Fußnote* = *Rb.* ‖ **402**, Anm. 2 *Fußnote* = *Rb., teilweise mit Bleist. und mit Tinte überschrieben* ‖ **402**, 37 *nach* eben *im Ms. das Zeichen* ÷ ‖ **402**,40 „Adäquation" *Anführungszeichen vom Hrsg.* ‖ **403**,1 frischen *Einf.* ‖ **403**,2 reduzieren) *Kl. vom Hrsg. geschlossen* ‖ **403**,8 Resultat: *Erg. am Rand von* Es *bis* voran. ‖ Selbsterfahrung *V. für* Erfahrung ‖ **403**,9 Es *V. für* In gewisser Weise; *von* Es *bis* apodiktische. *Am Rand mit Rotst. angestrichen* ‖ hier *Einf.* ‖ **403**,13 „Ich bin" *Anführungszeichen vom Hrsg.* ‖ **403**,14 *nach* Evidenz. *waagerechter Bleistiftstrich, der über das ganze Bl. reicht und den Text vom folgenden abtrennt* ‖ **403**,19-20 *von* und *bis* setzende *Erg. über der Zeile* ‖ **403**,23 andere *Einf.* ‖ **403**,27 „Verhüllung" *Anführungszeichen vom Hrsg.* ‖ **403**,29 „inadäquat" *Anführungszeichen vom Hrsg.* ‖ **404**,2 als *Einf.* ‖ **404**,6 *vor* Passend *am Rand zwei Schrägstriche mit Blaust.* ‖ puren *Einf.* ‖ **404**,7 *von* oder vielmehr *bis* Bedeutungsintention *V. für ausradiertes, nicht rekonstruierbares Stenogramm* ‖ **404**,15 immanente 〈ist〉) *Kl. vom Hrsg. geschlossen* ‖ „anpassen" *Anführungszeichen mit Blaust.* ‖ **404**,19 äußere *Einf.* ‖ **404**,27-29 *von* (wie *bis* Selbsterscheinung) *Einf.* ‖ **404**,31 und sagen *Einf.* ‖ **404**,34-36 *von* , das freilich *bis* frei werde *Einf.* ‖ **404**,37 im ersten Sinne *Einf.* ‖ „reine Evidenz" *Anführungszeichen mit Blaust.; danach mit Blaust. gestr.* reine ‖ **404**,38 reine *Einf.* ‖ **404**, Anm. *Fußnote* = *Rb.* ‖ **405**,2 reinen *Einf.* ‖ **405**,4 bzw. erweitert *Einf.* ‖ **405**,5 als ursprüngliche Begründung *Erg. über der Zeile* ‖ **405**,9 Voll *Einf.*

Beilage XIII (S. **405 – 406**)

Der Text der Beilage beruht auf den Bl. 25 u. 26 des Konvoluts A I 31, dem auch die Beilagen XII u. XV entnommen sind (zur allgemeinen Manuskriptbeschreibung dieses Konvoluts vgl. oben S. 705). Es handelt sich um durchgängig mit Tinte stenographierte Bl. üblichen Formats. Sie sind mäßig mit Tinte, Blei-, Blau- u. Rotst. überarbeitet und weisen Unterstreichungen mit denselben Schreibmitteln auf. Sie sind von Husserl mit 1 u. 2 paginiert worden. Die Bl. sind undatiert; wie die anderen im vorliegenden Band veröffentlichten Texte aus A I 31 dürfte das Ms. im Herbst 1925 (vgl. K. Schuhmann: Husserl-Chronik, S. 295) entstanden sein.

405,14 *Titel* = *Rb.* ‖ **405**,15 *Mit* a) *beginnt der Text auf der Mitte des*

Bl. Davor befindet sich der folgende mit Bleist. gestr. Text Verworrene Meinung – ⟨*von* Verworrene *bis* Meinungen *am Rand mit Rotst.* NB⟩ deutliche Wahrheit und Falschheit, als Prädikate deutlicher Meinungen. Die verworrene Meinung enthält etwas von Wahrheit oder Falschheit, insofern aus der Verworrenheit eine deutlich herauszuwickeln ist. Aber die Identifizierung ist hier nicht eine solche, dass gesagt werden könnte, dass nicht etwa auch eine andere deutliche Meinung von widersprechendem Gehalt herausgeholt werden könnte. Darf ⟨*Ms. Das statt* Darf⟩ das so gesagt werden? Natürlich muss die Unbestimmtheit als Vagheit gegenüber der Deutlichkeit von anderen Unbestimmtheiten, die im Deutlichen auftreten, geschieden werden. – *danach Abschlusszeichen* ‖ Stufen der Rechtfertigung *mit Bleist. umkreiste Erg. am Rand* ‖ **405**,16 zunächst *Einf.* ‖ **405**,21 „präzisieren" *Einf.* ‖ **405**,22 die *V. für ausradiertes, nicht rekonstruierbares Stenogramm* ‖ **405**,23-24 Subjektive und objektive Rechtfertigung *mit Bleist. umkreiste Erg. am Rand* ‖ **405**,28 Mit können. *endet der Text auf der Vorderseite des Bl.; die Rückseite ist unbeschrieben.* ‖ **405**,32-33 auf diesem Boden *Erg. über der Zeile* ‖ **405**,33 blinden *Erg. über der Zeile* ‖ **405**,35-406,2 *von* Das *bis* Voraussetzung". *Einf.* ‖ **405**,35 *vor* Prinzip *zwei Schrägstrich mit Rotst.* ‖ **406**,2-3 *von* Dieses *bis* Generalthesis. *mit Bleist. vom Vorigen abgetrennt; davor mit Bleist.* 2) ‖ **406**,7 erfahre und *Einf.* ‖ transzendentale Rechtfertigung *Erg. mit Blaust. am Rand; Kl. vom Hrsg.* ‖ **406**,8-9 *von* Bedarf *bis* Kritik? *Einf. mit Blaust.* ‖ **406**,11 Ein neues Universum *Einf. mit Bleist.* ‖ **406**,13 „Ich bin" *Anführungszeichen vom Hrsg.* ‖ **406**,14-15 *von* = apodiktische *bis* Stufe *Erg. am Rand mit Blaust.; Kl. vom Hrsg.* ‖ **406**,16 Was bin ich? *Einf. mit Bleist.* ‖ **406**,17 egologische *Einf.* ‖ **406**,19 egologisch-apodiktisch *V. für* apodiktisch ‖ *nach* als *Ms.* noch einmal als ‖ **406**,20-23 *von* ist jetzt *bis* gegeben? *Einf.* ‖ **406**,23 gegeben? *Fragezeichen Einf. mit Bleist.* ‖ **406**,24 abzuhebende *Einf.* ‖ **406**,27 weiteren *V. für ausradiertes, nicht rekonstruierbares Stenogramm* ‖ **406**,31-33 *von* Perspektivische *bis* fortschreitend. *am Rand mit Rotst. angestrichen* ‖ **406**,34 ist *vor* wesensmäßig *Einf. mit Bleist* ‖ **406**,35-36 *von* Durch *bis* Welt *am Rand mit Rotst. angestrichen* ‖ **406**,39 Mit Welt. *endet der Text auf der Rückseite des Bl.; das letzte Drittel der Seite ist unbeschrieben.*

Beilage XIV (S. **407 – 410**)

Der Text der Beilage beruht auf den Bl. 19 – 21 des Konvoluts B III 10, dem auch die Abhandlung Statische und genetische phänomenologische Methode *in Husserliana XI, S. 336 ff. sowie der Text Nr. 14 u. die*

Beilage I in Husserliana XIV entnommen sind (vgl. zur allgemeinen Manuskriptbeschreibung Bd. XI, S. 510 u. Bd. XIV, S. 569 f.).

Die hier veröffentlichten Bl. liegen lose, ohne Binnenumschlag im Konvolut. Sie sind üblichen Formats u. durchgehend mit Tinte stenographiert. Zudem sind sie leicht mit Bleist. u. Blaust. überarbeitet. Die ersten beiden Bl. haben einige Unterstreichungen mit Rot- u. Blaust. Über dem Text, der mit Blaust. Statische und genetische Analyse *betitelt ist, findet sich außerdem die Zuordnung Husserls* ad 64 *(das entspricht im obigen Drucktext S. 105,18 – 107,27), dazu mit Bleist. die Datierung* 1922/23 *und darunter mit Tinte die Notiz* Beilage zu den Vorlesungen über Erste Philosophie oder „Einleitung"? *Diese Unsicherheit in der Zuordnung ergibt sich wohl daraus, dass das in der Beilage behandelte Thema der Intersubjektivität erst in der Vorlesung von 1923/24 seine systematische Stelle hat. Jedoch wird es in der vorliegenden Vorlesung zur Vorbereitung der apodiktischen Reduktion (S. 103 – 114) ebenfalls angedeutet, und der Seitenverweis* ad 64 *ergibt nur auf die Vorlesung von 1922/23 bezogen einen Sinn. Die Bl. sind von Husserl nicht paginiert worden, wohl weil sie keinen fortlaufenden Text bieten, sondern sich vielmehr gegenseitig ergänzen. So ist etwa das zweite Bl. überschrieben mit der Notiz* zum Bl. ad 64, *danach mit Bleist.* (22/23) *und darüber die Erg. mit Bleist.* Vorlesungen über Erste Philosophie. *Dieses zweite Bl. bringt Ausführungen zum ersten. Weitere Ergänzungen bringt dann das dritte Bl.*

407,15 (von a und b) *Einf. mit Bleist.;* a und b *mit Tinte überschrieben* ‖ **407**,17 *nach* das *gestr.* konstitutive ‖ **407**,19 eigener *Einf.* ‖ **407**,20 *vor* Die *geöffnete spitze Blaustiftkl., die nicht geschlossen wird.* ‖ **407**,20-21 *nach* Wahrnehmungsgegenstands *gestr.* und korrelativ ‖ **407**,24 *nach* dass *Ms. noch einmal* dass ‖ **407**,29 *nach* Apperzeptionsart. *ein waagerechter Strich über die ganze Seite, der den Folgetext vom vorigen abtrennt.* ‖ **407**,32 gegebene *Einf. mit Bleist.* ‖ **407**, Anm. 2 *Fußnote = Rb. mit Bleist.* ‖ **408**,1 *vor* Ist das *am Rand zwei Schrägstrich mit Rotst.* ‖ **408**,6 Also allgemein *V. mit Bleist. für* Oder was gleichwertig ‖ **408**,11 Mit gehören. *endet der Text kurz vor Ende des Bl. Die folgenden Bl. bringen keinen weiterlaufenden Text, sondern beziehen sich in der Weise eines Zusatzes auf das vorige Bl. (vgl. oben die allgemeinen textkritischen Anm. zu dieser Beilage).* ‖ **408**,13 transzendentalphänomenologischen *V. für* phänomenologischen ‖ **408**,19 *von* „eigener *bis* Person" *alle Anführungszeichen vom Hrsg.* ‖ **408**,20 *nach* Subjektivität *mit Bleist. gestr.* und die Welt ‖ **408**,26-27 *von* oder *bis* Einzelnen *V. für* jeder hat darin ‖ **408**,28-29 *von* – die *bis* hat – *Ms. eckige Kl. als V. für runde statt Gedankenstriche* ‖ **408**,30 *Ms.* materielles *statt* materielle ‖ *nach* verflochten *mit Bleist. gestr.* ist ‖ **408**,40-41 *von* Die *bis* Gestalten. *Einf.* ‖ **408**,41 *vor* Anstatt *Schrägstrich mit Blaust.* ‖ **409**,1 wie in der statischen Analyse *V. für* durch den ‖ **409**,6 wie *Einf. mit Bleist.* ‖ **409**,17-18 entsprechende *Einf.* ‖ **409**,25 in Anführungszeichen *Einf.* ‖ **409**,30 transzendentale *Einf.;* transzendentale *V. für* transzendental-egologische ‖ **409**, Anm. *Fußnote = Rb. mit Bleist.*

Beilage XV (S. **410 – 411**)

Den Text der Beilage gibt das Bl. 27 des Konvoluts A I 31, dem schon die Beilagen XII u. XIII entstammen (vgl. zur allgemeinen Manuskriptbeschreibung oben S. 705). Das Bl. ist durchgängig mit Tinte stenographiert und üblichen Formats. Es ist mäßig mit Tinte, Blei-, Blau- und Rotst. bearbeitet und weist Unterstreichungen mit denselben Schreibmitteln auf. Husserl hat das Bl. mit Rotst. als 2 paginiert. Ein dazugehöriges Bl. 1 liegt nicht im Konvolut. Es konnte auch sonst in Husserls Nachlass nicht aufgefunden werden. Qualität des Papiers, Bearbeitungsspuren u. Schreibduktus legen einen losen Zusammenhang des Bl. mit den im Konvolut vorhergehenden Bl. 25 u. 26 (hier Beilage XIII) nahe. Der Text der Bl. kann fortlaufend gelesen werden, doch war es schon wegen der Husserl'schen Paginierung angezeigt, ihn auf zwei Beilagen zu verteilen. Der von Husserl nicht datierte Text ist sicher zur gleichen Zeit, wie der der Beilage XIII entstanden, also wohl im Herbst 1925 (vgl. K. Schuhmann: Husserl-Chronik, S. 295).

410,21 Überlegen wir nun aber *Einf.* ‖ **410**,22 Apodiktisch *V. für* ausradierten, nicht rekonstruierbaren Text ‖ **410**,23 *von* erschauend *bis* erfahrend *Einf.* ‖ **410**,28 solche *Einf. mit Bleist.* ‖ **410**,30-33 *von* Heißt *bis* kann? *am Rand mit Rotst. angestrichen* ‖ **410**,34 *vor* Ist *Schrägstrich mit Rotst.* ‖ **410**, Anm. 2 *Fußnote = Hinzufügung mit Bleist.* ‖ **410**,36 „Ich bin" *Anführungszeichen vom Hrsg.* ‖ **411**,5 *vor* Im *Schrägstrich mit Rotst.* ‖ **411**,9 *vor* eines gewissen *zwei Schrägstriche mit Rotst.* ‖ **411**,26 „Ich bin" *Anführungszeichen vom Hrsg.* ‖ **411**,28 „Ich bin" *Anführungszeichen vom Hrsg.* ‖ **411**,37 „Ich bin" *Anführungszeichen vom Hrsg.*

Beilage XVI (S. **412– 413**)

Der Beilage liegt das Bl. 88 des 141 Bl. starken Konvoluts D 19 zugrunde, dem auch die Beilagen XVII u. XVIII entstammen. Aus diesem Konvolut sind bereits für die Bände XI u. XXIII der Husserliana zahlrei-

che Texte entnommen worden. Außer einzelnen Bl. zur Vervollständigung des Vorlesungstextes sind in Bd. XI Bl. aus D 19 als Beilagen IX, X, XI, XII, XIII, XVI, XVIII, XIX, XX, XXII, XXIII, XXIV, XXVI XXVII sowie als Einschub in Beilage VIII veröffentlicht worden. In Husserliana XXIII sind der Text Nr. 19 u. die Beilagen LXI, LXII u. LXIII diesem Konvolut entnommen (vgl. zur allgemeinen Manuskriptbeschreibung des Konvoluts S. 511 f. in Husserliana XI sowie in Husserliana XXIII, S. 713). Der in diesen beiden Bänden genauer beschriebene Gesamtumschlag weist alle inliegenden Texte als Beilagen zu den Vorlesungen von 1920/21 und 1922/23, aber auch, womöglich irrtümlich, 1923/24 aus und belegt damit den näheren Zusammenhang den Husserl zwischen der großen Vorlesung über transzendentale Logik u. der Einleitungsvorlesung gesehen hat (vgl. dazu die Einleitung des Herausgebers, oben S. LVII).

Das hier veröffentlichte Bl. liegt in einem Binnenkonvolut von 12 Bl. (Doppelbl. 79 u. 90), dessen Umschlag aus weißem Schreibpapier besteht, und trägt die Aufschrift: Modalisierung der Wiedererinnerung, cf. Wichtiges in 1923/24, 92. *Dieser Hinweis bezieht sich auf das als Beilage zur p. 92 der vorliegenden Vorlesung gedachte Bl., das dann später wohl versehentlich auch der Vorlesung* Erste Philosophie *zugeordnet wurde (vgl. die Beilage XX und die allgemeinen textkritischen Anmerkungen dazu unten, S. 717). Die Aufschrift fährt fort* Evidenz der Wiedererinnerung, Evidenz für die eigene Vergangenheit. Gehörig zu der Einleitung von 1922, aber ebenso zur Vorlesung über transzendentale Logik von 1920 u. 22 bis 26. Also: konstitutive Leistung der Wiedererinnerung. Die nächste Frage: konstitutive Leistung der Phantasie und nicht mehr in 1920/21 behandelt, aber ausführlich in der „Einleitungs"vorlesung ⟨Anführungszeichen mit Bleist.⟩ 1922/23. Dazu ein Konvolut Beilagen. *Mit dem letzteren Hinweis ist jedoch schon das im Gesamtkonvolut folgende Binnenkonvolut (91 – 120) gemeint, aus dem wesentliche Texte in Husserliana XXIII veröffentlicht sind (vgl. obige Angaben).*

Das Bl. ist durchgängig mit Tinte stenographiert u. üblichen Formats. Der Text ist mit Tinte, Blei-, Blau- u. Rotst. leicht bearbeitet u. weist Unterstreichungen mit Tinte Blau- u. Rotst. auf. Unter dem als Rb. erscheinendem Titel notiert Husserl Vorlage und Beilage zu der Vorlesung *dann mit Blaust.* von 1920 und 22. *Das Bl. ist von Husserl nicht paginiert, wohl aber genau auf den 12.XII.22 datiert worden. Der Text entstand also genau einen Tag nach dem oben als Beilage VII wiedergegebenen.*

412,4-6 *von* Evidenz *bis* erfahrener. *Rb. mit Blaust.* NB ‖ **412**,9 *erstens Erg. am Rand* ‖ **412**,10 *zweitens Erg. am Rand* ‖ Nahfeld *V. für* Nahhorizont ‖ **412**,12 *drittens Erg. am Rand* ‖ **412**,21 *Ms.* Retendiertem *statt*

TEXTKRITISCHE ANMERKUNGEN ZU DEN ERGÄNZENDEN TEXTEN 711

Retiniertem ǁ **412**,34 *nach* ausdrücklich *Ms. noch einmal* noch ǁ **412**,34-35 anschauliche *Einf.* ǁ **412**,38-413,1 im Allgemeinen *Einf. mit Bleist.* ǁ **413**,5 *von* , ja *bis* sagen, *Einf.* ǁ **413**,8-21 *von* geben kann: *bis* Zeitstellung. *am Rand mit Rotst. angestrichen* ǁ **413**,12 , eben genaue Deckung *Einf.* ǁ **413**,15 Aber heißt es: *V. mit Bleist. für* Aber freilich, ǁ so liegt darin *V. mit Bleist. für* darin liegt ǁ **413**,16 *nach* nicht nur *im Ms. eingefügt noch einmal* dass sie ǁ **413**,22-25 *von* Anwendung *bis* klaren. *im Ms. in eckigen Bleistiftkl.;* Anwendung auf *Einf. mit Bleist.* ǁ **413**,28 damit *Einf.*

Beilage XVII (S. **414 – 418**)

Der Text der Beilage beruht auf den Bl. 67 – 70 des Konvoluts D 19, dem auch die Beilagen XVI u. XVIII entnommen sind (vgl. zur allgemeinen Manuskriptbeschreibung die Husserliana-Bände XI, S. 511 f. u. XXIII, S. 713 sowie die allgemeinen Anmerkungen oben zur Beilage XVI). Die Bl. liegen zunächst in einem Binnenumschlag (Doppelbl. 17 u. 78) aus weißem Schreibpapier, der die Aufschrift trägt Wichtiges. Beilagen zum II. Teil der Vorlesungen über Urkonstitution und Assoziation 1926 (Umarbeitung von 1920) aus Manuskripten, die 1922, Winter und Sommer 1920 und 25 ⟨25 V. für 26⟩ entworfen sind *(vgl. zu. dieser Aufschrift die allgemeine Manuskriptbeschreibung in Husserliana XI, S. 512). In diesem Binnenkonvolut befindet sich ein weiteres Binnenkonvolut, das von einem kleinformatigem Umschlag (Doppelbl. 42 u. 72) umfasst wird u. insgesamt 31 Bl. zählt. Der Umschlag besteht ebenfalls aus weißem Schreibpapier u. wird von einem ehemaligen Manuskriptbl. gebildet, das auf den Innenseiten beschrieben ist. Es trägt die folgende Aufschrift mit Blaust.* Wichtige Beilagen zu der Lehre von der Urkonstitution der Gegenständlichkeit in der lebendigen Gegenwart und in der Erwartung durch die Vergessenheit. Insbesondere auch zur Theorie der Assoziation. Zum Teil nicht ausgenützt und wieder zu überlegen *(vgl. dazu auch die textkritischen Anmerkungen in Husserliana XI, S. 520.).*

Die hier edierten zusammenhängenden Bl., von denen das erste quadratischen Formats (17 × 17 cm), also wohl von Husserl beschnitten ist, die übrigen aber üblichen Formats sind, sind durchgängig mit Tinte stenographiert u. kaum bearbeitet. Lediglich das erste Bl. hat Unterstreichungen mit Blaust., die anderen Bl. mit Tinte. Die Rückseite des ersten Bl. entstammt einem anderen Kontext, ist mit Blaust. gestr. u. der Text durch das abgeschnittene Viertel verstümmelt. Am Rand findet sich die Husserl'sche Datierung 1922 oder 23, *aber auch die Zuordnung zu*

1920. *Der Text wird hier veröffentlicht, weil er das Thema einer apodiktischen Kritik der Wiedererinnerung aufnimmt u. im Kontext der Arbeiten an diesem Teil der vorliegenden Vorlesung entstanden ist. Die Bl. sind von Husserl durchgehend mit* R1, R2, R3, R4 *paginiert worden.*

414,13-18 *von* (Muss *bis* ohne Widerstreit.) *im Ms. in eckigen Kl. statt runden* ‖ **414**,25 Zeitintentionalität *V. für* Intentionalität ‖ **414**,34 *nach* und *Ms. noch einmal* und ‖ Mit Intention. *endet der Text auf der Vorderseite des Bl.; am rechten unteren Rand befindet sich die Notiz mit Blaust.* NB*; auf der Rückseite befindet sich kopfständig u. an der oberen Seite beschnitten der folgende mit Blaust. gestr. Text* … anschaulich da, aber schnell unklar werden, unanschaulich, und andererseits eben von ihm unanschaulich, aber noch abgehoben.

Das ist aber genau besehen nicht zweierlei. Wir haben die eine Modifikation, die Retention, und d. i. eine „stetige" „kontinuierliche" Modifikation, die eben Vergangenheit als ursprünglich gewesen konstituiert, und dieses ursprünglich Gewesene ist ursprüngliche Modifikation, die mit jedem neuen Jetzt jetzige und verbundene Modifikation ist; und im Fortströmen hat jedes neue urimpressionale Jetzt ein sekundäres Kontinuum von Modifikationen als jetzt zugehörig, also selbst als Jetzt, als Einheit der momentanen Gegenwart. In dieser Einheit haben wir Abhebungen, alle Differenzen des Inhalts können nur als Differenzen hier bewusst sein, aber im Durchhalten durch die Folge der Gegenwartskontinua. Jede Differenz hält sich durch, wird aber immer „undeutlicher" und rückt zusammen. Was sagt das? Die phänomenalen Modifikationen der Vergangenheit, d. i. die retentionalen Modi bilden ein starres intensitätsartiges Kontinuum, das gegen Null konvergiert, und in diesem schiebt sich jede Differenz fort gegen das Nullgebiet und im Null schwimmt es zur Indifferenz zusammen. Alle gleichzeitig wahrgenommenen Qualitäten, so unterschieden sie sein mögen, verschwinden im selben Null. Wir haben also den Null der Retention. Ein Null, das die Grenze des Gegenwartsfeldes bezeichnet, d. i. die Grenze der Vergessenheit. Was ist es nun mit dem Horizont? ‖ **414**,35 *Ms.* 1. *als V. für* ist; *es folgt jedoch kein* 2. ‖ **415**,2 von , wobei *bis* können *Einf.* ‖ **415**,8 die *V. für* diese ‖ *spätere Einf.* ‖ **415**,27 *vor* Wenn *geöffnete eckige Kl., die nicht geschlossen wird* ‖ **415**,33 *nach* Zukunft.) *gestr.* Aber jede Wahrnehmung hat auch rückgewendete Antizipationen, hinsichtlich des Übergangs in Retention also. ‖ **415**,41 *nach* Frage *gestr.* , die ich mir schwerlich je gestellt habe ‖ **416**,6 *nach* künftigen. *gestr.* Hier liegt der Fehler. ‖ **416**,8-12 *von* nur dadurch *bis* Zeitstruktur ist. *V. für* Erfüllung finden in den Retentionen der kommenden. ‖ **417**,12 Modus des Vergangen *V. für* Erscheinungsmodus ‖ **417**,25 *vor* Man *am Rand ein Schrägstrich* ‖ **417**,31 Ton *Einf.* ‖ **417**,35 aber *Einf.* ‖ **418**,13 *nach* Jede *gestr.* Erneuerung einer ‖ **418**,38-40 *von* Es *bis* gehört. *am Rand angestrichen*

Beilage XVIII (S. **419 – 420**)

Der Text der Beilage beruht auf dem Bl. 77 des Konvoluts D 19, dem auch die Beilagen XVI u. XVII sowie zahlreiche Texte der Husserliana-Bände XI u. XXIII entnommen sind (zur allgemeinen Manuskriptbeschreibung vgl. die Bde. XI, S. 511 f. u. XXIII, S. 713; vgl. auch oben zu Beilage XVI, S. 709 f.). Das Bl. befindet sich in dem Binnenkonvolut (Doppelbl. 17 u. 78), dem auch die Beilage XVII entstammt, liegt jedoch nicht wie diese in einem weiteren Binnenkonvolut (zur Beschreibung dieses Konvoluts vgl. oben S. 711).

Das Bl. ist üblichen Formats u. durchgehend mit Tinte stenographiert. Es ist leicht mit Tinte u. Blaust. bearbeitet u. der Text stellenweise mit den gleichen Schreibmitteln unterstrichen. Am Rand findet sich mit Blaust. die Notiz Beilage. Frühere Ausarbeitung über Erwartung. *Dass das Bl. einem größeren Zusammenhang entstammt, zeigt die Paginierung Husserls 79 ⟨79 V. mit Bleist für 80⟩. Dieser frühere Zusammenhang lässt sich indes nicht exakt rekonstruieren. Doch ist ziemlich sicher, dass das Bl. aus dem Kontext einer Vorlesung stammt, was sich auch aus der direkten Anrede der Hörer (S. 420,13) ergibt. Die Husserl'sche Paginierung legt darüber hinaus nahe, dass dieser Kontext derjenige der Vorarbeiten zur Einleitungsvorlesung gewesen ist (vgl. dazu die allgemeine textkritische Anmerkung zum Haupttext oben, S. 509), was die Datierung etwa auf den Spätherbst 1922 nahelegt. Der Text dieser Beilage wurde schon einmal veröffentlicht, und zwar als Einschub in die Beilage VIII von Husserliana XI (vgl. dort die textkritischen Anmerkungen zu dieser Beilage, S. 517), welche ihrerseits wiederum aus dem Text der Einleitungsvorlesung (Ms. F I 29) ausgeschnitten ist.*

419,3 *vor* So *gestr.* führen und. *Die Streichung resultiert wohl durch die spätere Herauslösung des Bl. aus seinem ursprünglichen Kontext der Vorarbeit an der Einleitungsvorlesung (vgl. dazu die allgemeinen textkritischen Anmerkungen oben, S. 509).* ‖ **419**,9 Unterschiedenes *V. für* und gar Interessantes, Gutes und Schlechtes ‖ **419**,13 daher *Einf.* ‖ **419**,19 *vor* Übergehen *geöffnete spitze Blaustiftkl., die nicht geschlossen wird* ‖ ⟨die⟩ tiefere Erörterung der *V. für* die, dabei die *versehentlich nicht beibehalten* ‖ **419**,20-23 *von* – vielleicht *bis* hat – *Einf.* ‖ **419**,25 *nach* dass *Ms.* 1., *dem kein* 2. *folgt* ‖ **419**,31 in *Einf.* ‖ **419**,36 *nach* Ego. *senkrechter Blaustiftstr.* ‖ **420**,19 *nach Einf.*

Beilage XIX (S. 420 – 421)

Der Text dieser Beilage beruht auf dem Bl. 44 des Konvoluts F I 29, dem auch der größte Teil des Haupttextes der Vorlesung entstammt (zur allgemeinen Manuskriptbeschreibung dieses Konvoluts vgl. oben, S. 499 f.). Das Bl. üblichen Formats ist durchgehend mit Tinte stenographiert. Es weist wenige Unterstreichungen mit Lilast. auf u. ist sonst kaum bearbeitet. Es trägt am Rand mit Bleist. den Zuordnungshinweis zu 86 ff., womit auf die entsprechenden p. der Vorlesung verwiesen ist. In der vorliegenden Ausgabe entspricht dies den S. 146 ff. Der Text ist sicher im Laufe der Ausarbeitung der Vorlesung entstanden, wodurch sich eine Datierung auf die Zeit um 1922/23 ergibt.

420,26-28 von 1. Das bis Nicht alles Rb. mit Bleist. siehe folgende Seite. Gemeint ist die im Konvolut der Vorlesung folgende Seite, der der Text der Beilage zuzuordnen ist; dem entspricht S. 148 f. der vorliegenden Ausgabe. ‖ 420,34-35 der erledigten Zeit Erg. über der Zeile ‖ 421,4 „vergessen" Anführungszeichen mit Bleist. ‖ 421,21 nach Unterschiede) gestr. wiederholte ‖ nach Retention, gestr. und nachkommenden Erweckung ‖ 421,27 klaren Einf. ‖ 421,31 objektiv Einf. ‖ 421, Anm. Fußnote = Erg. auf der unteren Hälfte des Bl;, dessen Text etwa auf der Mitte der Rückseite endet.

Beilage XX (S. 422 – 425)

Der Text dieser Beilage beruht auf einem von Landgrebe erstellten Typoskript, das ebenso wie das zur Beilage XXI im Konvolut B I 12 liegt. Dem Konvolut B I 12 sind bereits die Beilagen X von Husserliana VIII und der ergänzende Text VIII von Husserliana XVII entnommen worden (zur allgemeinen Manuskriptbeschreibung des Gesamtkonvoluts vgl. Husserliana VIII, S. 563).

Der hier veröffentlichte Text liegt ebenso wie der Folgetext, in einem Binnenkonvolut, das insgesamt 63 Bl. enthält. Es wird von einem Umschlag aus weißem Schreibpapier (Doppelbl. 50 u. 112) gebildet, das die folgende Aufschrift trägt: Überlegungen zur Klärung derjenigen Evidenz, die in der äußeren (Realitäts-)Erfahrung liegt. ⟨*danach mit Blaust. gestr. und*⟩ Die in ihr explizierten Horizontevidenzen. „Evidenzmodus ‚empirische Gewissheit'", *dann mit Bleist. u. teilw. mit Tinte überschrieben* darin n – q 1922/23, a – n 1923 über dieselben Fragen; *damit sind die hier veröffentlichten Beilagentexte XX u. XXI bezeichnet.*

Der beschriebene dritte Binnenumschlag des Gesamtkonvoluts um-

fasst nun seinerseits erneut drei Binnenumschläge. Beilage XX u. XXI der vorliegenden Ausgabe liegen im zweiten dieser Umschläge (Doppelbl. 88 u. 111), der insgesamt 24 Bl. umfasst. Dieser Umschlag besteht aus weißem Schreibpapier und trägt als Aufschrift zunächst mit Blaust. u. links oben am Rand u. von drei Seiten mit Blaust. umrahmt KK, *dann mit Tinte zu* 1922/23, S. 92 *und* 97; *dieser Hinweis bezieht sich auf die betreffenden p. der Vorlesung, denen in der vorliegenden Edition die* S. 158,30 – S. 159,26 *u.* S. 165,23 – S. 166,35 *entsprechen. Die Aufschrift führt fort mit Blaust.* 3. ⟨3. *V. für mit Bleist* 1.⟩ *Zur Kritik der Erfahrung* a – n, *bzw. Kritik der empirischen Weltwissenschaft, dann mit Tinte gut, es folgt mit Blaust.* 4. n – q, 5 *Seiten zur Selbstgebung der Modalitäten, dazu am linken Rand mit Blaust.* n – q. *Die Punkte* 3. u. 4. *sind dann am rechten Rand mit roter Schweifkl. zusammengefasst, dazu findet sich die Notiz mit Blaust.* Tipp *(hingewiesen ist damit wohl darauf, dass es sich bei den betreffenden Texten um Ts. handelt), dazu mit Tinte mit* 2 *wichtigen Ergänzungsblättern, darunter mit Bleist u. mit Tinte überschrieben* 2. Vom *ego cogito* zur Egologie; *es folgt, nicht mehr zu Punkt* 2 *gehörig mit Tinte u. am Rand mit spitzer Blaustiftkl. markiert* empirische (mundane) Gewissheit als „Modalität". Apodiktizität der Weltgewissheit in dieser Modalität, *dazu befindet sich am rechten Rand die Rb. mit Blaust.* Stenographisch, *die der obigen Rb.* Tipp *korrespondiert u. auf später eingelegte Bl. verweist (Weiteres dazu unten); darunter befindet sich mit Blaust. die Notiz* NB, *es folgt ein größerer mit Bleist. gestr. Passus: mit Blaust.* 1. ⟨1. *V. für* 3.⟩ *Zur Kritik der Erfahrung* 1924 ⟨*von* 1. *bis* 1924 *V. mit Tinte für* 1. Zur Kritik der Erfahrung 1923, 2. Zur Kritik der Erfahrung 1924⟩, *darauf mit Tinte* Empirische Kritik der Erfahrung und transzendentale Kritik der Erfahrung: Der Nachweis, dass eine radikale Geltungskritik der Erfahrungserkenntnis (und dann natürlich jeder Erkenntnis überhaupt) sich notwendig auf dem Boden der immanent vorausgesetzten inneren Erfahrung (von der erkennenden Subjektivität selbst) bewegen muss und dass diese Erfahrung als transzendentale charakterisiert werden muss. Jede Erkenntniskritik führt zurück auf Kritik der transzendentalen Erfahrung und Erfahrungserkenntnis. *Hier endet der gestr. Text; es folgt in größerer Schrift u. mit Blaust. am unteren Rand* gehört zum Kolleg 22 als Ergänzung.

Der Text der vorliegenden Beilage beruht auf den Bl. 104 – 110 *des Konvoluts. Die Bl.* 104 – 108 *sind einseitig mit Schreibmaschine beschrieben. Das Ts. wurde wohl im Rahmen der Transkription des Hauptteils der Vorlesung, die sich im Konvolut* M I 2 I *befindet, von Landgrebe angefertigt. Wie auch das letztere Ts. besteht es aus Bl., die das Format der handschriftlichen Ms. aufweisen. Die letzten beiden Bl.*

109 – 110 sind von Husserls Hand durchgängig mit Tinte stenographiert. Sie wurden dem Kontext wohl später hinzugefügt. Diese Bl. zeigen kaum Überarbeitungsspuren, dagegen hat Husserl die Typoskriptbl. vielfach mit Tinte bearbeitet, wie aus den textkritischen Anmerkungen u. den hier als Fußnoten wiedergegebenen Anmerkungen hervorgeht. Die handgeschriebenen Bl. gehören wohl dieser selben Bearbeitungsstufe an. Ihr Text erscheint in der vorliegenden Ausgabe in etwas kleineren Lettern (vgl. dazu den Abschnitt „Zur Textgestaltung", S. 494). Das Ts. ist am Rand des ersten Bl. als (ρ) bezeichnet, was auf die Bezeichnung des Originalbl. (s. u.) durch Husserl zurückgeht. Über dem Text befindet sich die Notiz mit Bleist. ad 1922 dann gut; nur die Darstellung ist zu bessern, *am linken Rand mit Blaust.* n – q, *darunter mit Bleist.* 1 – 5. *Die Bl. des Ts. sind mehrfach paginiert: einmal maschinenschriftlich von* m *bis* q. *Damit wird die entsprechende Paginierung des davorliegenden, inhaltlich aber unabhängigen Textes fortgesetzt, der hier als Beilage XXI abgedruckt wird (vgl. unten die allgemeine Manuskriptbeschreibung zu dieser Beilage). Merkwürdigerweise entspricht die Paginierung von* m *bis* q *nicht der Randnotiz Husserls* n – q, *die auch auf den Konvolutumschlägen wiedergegeben ist (vgl. oben). Die Bl. des Ts. sind zusätzlich durch Husserl von Hand von* 1 *bis* 5 *durchpaginiert worden. Dies stimmt mit der entsprechenden Randnotiz zu Beginn des Textes überein. Zusätzlich findet sich ganz oben am linken Rand der Typoskriptbl. eine Paginierung von* 12 *bis* 16, *die wiederum eine entsprechende Paginierung der vorherliegenden Bl. der Beilage XXI fortsetzt. Die beiden beigelegten stenographierten Bl. sind nicht paginiert. Das erste Bl. ist überschrieben mit der Notiz* ad n – q, p. 1.; *damit legt sich die Zuordnung des Zusatzes zur ersten Seite des Ts. nahe. Eine genauere Angabe von Husserl findet sich nicht und wurde hier vom Hrsg. vorgenommen. Während das Original des Textes von 1923 stammt (s. u.), sind das Ts. und die handschriftlichen Zusätze etwa auf das Jahr 1924 zu datieren.*

Dem beschriebenen Ts. liegt als Original das Bl. 66 des Konvoluts F I 34 II zugrunde. Das Bl. ist jedoch möglicherweise nur versehentlich an diese Stelle geraten, denn bei diesem Konvolut handelt es sich um dasjenige des zweiten Teils der Vorlesung Erste Philosophie *von 1923/24 (vgl. die allg. Manuskriptbeschreibung in Husserliana VIII, S. 510 ff.). Jedenfalls ist der Text dieses Bl. – freilich ohne Berücksichtigung der erweiterten Typoskriptvariante in B I 12 – bereits als Beilage zur Vorlesung von 1923/24 ediert worden (vgl. Husserliana VIII, Beilage XXIV; vgl. auch dort die allgemeine Textbeschreibung, S. 587).*

Das Bl. ist durchgängig mit Tinte stenographiert und üblichen Formats. Der Text weist zahlreiche Unterstreichungen mit Blau- u. Rotst.

sowie einige Bearbeitungsspuren mit Tinte, Blei-, Blau- u. Rotst. auf. Eine ursprüngliche Paginierung +1 ⟨+ mit Rotst.⟩ ist mit Blaust. gestr. Am oberen Rand findet sich mit Bleist. die Zuordnung zu 92, 1923/24, die den erwähnten Irrtum ausgelöst haben dürfte. Wegen dieses falschen Verweises auf die Vorlesung Erste Philosophie von 23/24 ist das Bl. wahrscheinlich in dieses Konvolut gelangt. Schon der Editor Boehm merkt freilich an, dass der Verweis zu 92 „mit Bezug auf keines der Mss. zur Ersten Philosophie von 1923/24 einen rechten Zusammenhang" ergibt (Husserliana VIII, S. 578). Ein solcher ergibt sich aber, zieht man die p. 92 der Vorlesung von 1922/23 heran. Diese Zuordnung ist zudem durch die Notizen auf dem Umschlag der Typoskriptversion (s. o.) sowie durch Bemerkungen im Ts. M I 2 II eindeutig gesichert (vgl. Beilage I, oben S. 348 f.). Dort notiert Husserl am Rand dazu ρ. Die Bezeichnung ρ findet sich mit Rotst. am rechten oberen Rand des stenographierten Bl. und ist, wie erwähnt, ebenfalls auf dem der vorliegenden Beilage zugrunde liegenden Ts. in B I 12 angegeben.

Eine wohl spätere Notiz Husserls auf dem Bl. 9a im Konvolut D 19 übernimmt übrigens den Zuordnungsirrtum, weist aber auch auf eine mögliche Verbindung mit der Vorlesung von 1922/23 hin. Hinzu kommt hier noch der Hinweis auf die Verbindung zu einer dritten Vorlesung, der von 1920/21 über transzendentale Logik. Der Text dieses Bl. sei hier mitgeteilt, er lautet Das wichtige klärende Beiblatt ρ zu 92 (1923/24) (aber auch zur Vorlesung 22/23), in welchem ich die Evidenz bzw. Erfüllungsart (Art der Selbstgebung) der Wiedererinnerung und Vorerinnerung (Erwartung als Vorerwartung und als Vorglaube einer Mitgegenwart) kontrastiere, Evidenz einer Wiedersicht und Voraussicht unterscheide, ist zu verarbeiten ⟨ist zu verarbeiten V. für liegt bei⟩ 1920/21, wo ich ausführlich ähnliche Unterscheidungen, aber doch wohl nicht ganz so vollkommen mache. Das Ergebnis wird sogleich übertragen auf die Möglichkeitsantizipationen bzw. auf die Evidenz von Möglichkeiten. NB.

Auf dem Manuskriptbl. notiert Husserl unter der Bezeichnung ρ weiter mit Rotst. NB, dann mit Blaust. wichtig und darunter wieder mit Rotst. 1923, zur Ausarbeitung wichtig! Diese Datierung Husserls auf das Jahr 1923 wird in Husserliana VIII nur im textkritischen Anhang erwähnt (vgl. ebd., S. 578). Der Herausgeber selbst datiert dagegen auf „wohl 1924" (ebd. S. 451), wahrscheinlich, weil der Text der Ersten Philosophie, in dessen Umkreis sich das Manuskriptbl. findet, aus dieser Zeit stammt. Indessen ist durch die hier vertretene neue Zuordnung des Textes zur Einleitungsvorlesung Husserls Datierung bestätigt.

Erwähnt sei in diesem Zusammenhang noch, dass im Konvolut B I 13 *einige ebenfalls von Husserl mit Rotst. auf 1923 datierte Bl. liegen, die ursprünglich mit Rotst. die Bezeichnung* ad ρ *trugen und später mit Rotst. in* Sσ *umbenannt worden sind. Sie dürften in Zusammenhang mit der hier erneut veröffentlichten Beilage stehen und sind ebenfalls in Husserliana VIII (als Beilage XXXI) veröffentlicht. Da auf diesen Zusammenhang in Husserliana VIII nicht eigens hingewiesen ist, sei hier darauf aufmerksam gemacht. Anders als bei diesen Bl. aus B I 13, die weiter abführen vom Thema der vorliegenden Vorlesung und durchaus besser zur Vorlesung von 1923/24 passen, hat sich der Herausgeber bei dem vorliegenden Text zu einer erneuten Edition entschließen müssen. Dies schon deshalb, weil mit dem Ts. in B I 12 eine bearbeitete Textstufe mit längerem ergänzendem Zusatz vorliegt, die in Husserliana VIII nicht berücksichtigt ist; aber auch, weil auf dem Umschlag der Typoskriptbl. mehrfach deutlich der Zusammenhang zur Vorlesung von 1922/23 hervorgehoben ist (s. o.) und auch in der Inhaltsübersicht (vgl. oben Beilage I, S. 348 f.) in M I 2 II die Wichtigkeit gerade dieser und der folgenden Beilage besonders betont ist. Diese wird dadurch noch unterstrichen, dass die beiden Beilagen wohl die einzigen sind, die von Landgrebe abgetippt wurden, um sie dem Ts. der Vorlesung (in M I 2 I) aber auch dem Ms. derselben „als Ergänzung", wie der Umschlag der Beilagen in B I 12 vermeldet, hinzuzufügen.*

422,2 *G:* „Modalitäten" *Anführungszeichen mit Bleist.* ‖ *G: im erweiterten Sinn Einf. mit Bleist.* ‖ *H hat als Randtitel mit Blaust. u. mit Rotst. separiert* Zur Selbstgebung von Modalitäten. Wiedererinnerung gegenüber Erwartung hinsichtlich der Erfüllung ⟨*von* Wiedererinnerung *bis* Erfüllung *mit Rotst., teilweise mit Blaust. überschrieben*⟩ ‖ **422**,3-7 *H: von* Zu *bis* Erfahrungen. *im Ms. in eckigen Blaustiftkl.* ‖ **422**,4 *G:* Der *V. mit Bleist. für* Das Recht, der ‖ **422**,8-423,27 *von* Das *bis* Erkenntnis. *handgeschriebener Text zweier später in das Ts. eingelegter Bl.; über den Text notiert Husserl* ad n–q, p. 1*; eine genauere Situierung wird nicht vorgenommen und stammt hier vom Hrsg.* ‖ **422**,13 *von* ohne *bis* zu sein, *Erg. über der Zeile* ‖ **423**,10-11 *von* der Gegebenheitsweise *bis* Tonprozesses *V. für* und nicht ein ruhendes Sein ‖ **423**,12-13 *von* , eben *bis* Nacheinander *Einf.* ‖ **423**,12 *nach von gestr.* temporalen ‖ **423**,15-16 Blickwendungen *Einf.* ‖ **423**,28 *H: vor* Der *Ms. Dazu: davor drei Schrägstriche mit Blaust.* ‖ **423**,28-31 *G: von* (in *bis* her) *Kl. Einf. mit Tinte* ‖ **423**,29 *G: von* Widerstimmigkeiten *bis* Erfahrung *V. mit Tinte für* Erfahrung widerstreiten ‖ in Form *fehlt in H* ‖ **423**,31 *G:* her *Einf. mit Tinte* ‖ *G: nach* vorliegen, *mit Tinte gestr.* Gewissheit, eben ‖ **423**,32 *G:* zunächst *Einf. mit Tinte* ‖ *G:* des Zukunftshorizontes *V. mit Tinte für* der Zukunftshorizonte ‖ **423**,34 *G:* „Vorerinnerungen" *Anführungszeichen*

Einf. mit Tinte ‖ **423**,34-35 *H: von* (in *bis* Entfaltung) *Einf. mit Bleist.; nach* Entfaltung *im Ms. ein Ausrufezeichen.* ‖ **423**,39 *G:* „Antizipationen" *Anführungszeichen Einf. mit Tinte* ‖ **423**,40-**424**,1 *H: von .* Wir können *bis* Voraussichten *Einf. u. V. für die ursprüngliche Einf. ,* der Vorausahnungen als Voraussichten ‖ **424**,1-2 *G:* „Antizipationen selbst" *Anführungszeichen Einf. mit Blaust.* ‖ **424**,2 *G: nach* Kommenden. *Absatzzeichen mit Tinte; H: nach* Kommenden. *senkrechter Rotstiftstrich* ‖ **424**,3-4 *G:* die durch Wahrnehmung: *Einf. mit Tinte* ‖ **424**,11 *G:* „Rück-Sicht" *V. mit Tinte für* „Rücksicht" ‖ **424**,12-13 *G:* als solches *Einf. mit Bleist.* ‖ **424**,17-19 *G: von ,* die *bis* eins, *Erg. mit Bleist. am Rand* ‖ **424**,22-25 *H: von* aufheben *bis* kraftlose *Randtitel mit Blaust.* Selbstgebung von Möglichkeiten ‖ **424**,24 *G: von* und *bis* Möglichkeitsbewusstsein *Einf. mit Tinte; Ms.* Möglichkeitsbewusstseins *statt* Möglichkeitsbewusstsein ‖ **424**,31 *H:* ursprünglichen *Einf.* ‖ **424**,32-36 *H: von* Jede *bis* Glaubens, der *am Rand mit Rotst. angestrichen* ‖ **424**,33 *G:* „Modus" *Anführungszeichen Einf. mit Tinte* ‖ **424**,35 *G:* „logische Modalitäten" *Anführungszeichen Einf. mit Tinte* ‖ *H:* festen *Einf.* ‖ **425**,4 *G:* sonst *Einf. mit Tinte* ‖ **425**,5 *G:* „mögliche" *Anführungszeichen Einf. mit Tinte* ‖ **425**,6-7 *G: von* der *bis* Wahrnehmungen *Einf. mit Bleist.* ‖ **425**,7 *G: nach* Wahrnehmungen, für die *ausradierte Einf.* verschiedenes ‖ *G:* aber auch *Einf. mit Bleist.* ‖ **425**,8-9 *G:* im Modus *V. mit Bleist. für* und ‖ **425**,9-11 *G: von ,* ebenso *bis* hätten *Einf. mit Bleist.* ‖ **425**,11 *G: nach* also *ausradierte Einf.* apodiktisch ‖ **425**,13 *G:* und Rücksichten *Erg. mit Bleist. am Rand* ‖ **425**,19 *G: von* der *bis* entgegentreten *V. mit Bleist. für* in der Erfahrungsgewissheit auch Gegenmotive eintreten ‖ **425**,22 *G:* wohlbegründeten *Einf. mit Bleist.* ‖ **425**,23 *G: ,* Seinsmöglichkeiten *Einf. mit Bleist.*

Beilage XXI (S. **425 – 436**)

Der Text dieser Beilage beruht auf einem von Husserl handschriftlich ergänzten Ts. Landgrebes, das sich, wie schon das Ts. zur Beilage XX, im Konvolut B I 12 befindet. Dem maschinenschriftlichen Teil dieses Textes liegen als handschriftliches Original die Bl. 171 – 173 des Konvoluts F IV 3 zugrunde; eine hier als Fußnote wiedergegebene Beilage zu diesem ursprünglichen Text beruht auf Bl. 97 des Konvoluts B I 21.

Das hier als Textgrundlage gewählte handschriftlich ergänzte Ts. (vgl. dazu die Hinweise im Abschnitt „Zur Textgestaltung", S. 494) liegt in den gleichen Binnenkonvoluten von B I 12 wie das Ts., das der Beilage XX zugrunde liegt (zur allgemeinen Manuskriptbeschreibung vgl. oben S.

714 f.). Der gesamte Text umfasst die Bl. 89 – 103; davon sind Bl. 89 und die Bl. 92 – 101 einseitig maschinenschriftlich beschrieben. Landgrebe hat diese Transkription wohl ebenso wie die der Beilage XX zugrunde liegende im Zusammenhang mit der Erstellung des Ts. zur Vorlesung (M I 2 I) angefertigt, und zwar sicherlich im Hinblick auf eine von Husserl geplante Veröffentlichung. Dies liegt nahe, da auch diese Bl. im für Mss. üblichen Format vorliegen und nicht in dem eines Schreibmaschinenbogens. Die wohl später eingefügten Bl. 90, 91, 102 u. 103 sind ebenfalls üblichen Formats u. von Husserl beinah durchgehend mit Tinte stenographiert. Die untere Hälfte des letzten Bl. ist dagegen mit Blaust. stenographiert. Während die ersten beiden dieser Bl. nahezu unbearbeitet geblieben sind, zeigen die letzteren beiden einige Bearbeitungsspuren mit Tinte, Blei-, Rot- u. Blaust. sowie Unterstreichungen mit Blaust. u. Tinte. Der maschinenschriftliche Teil ist ebenfalls stark mit Tinte u. Bleist. bearbeitet. Dazu gehört eine stenographische Erg., die Husserl auf der ganzen Rückseite des ersten Bl. des Ts. notierte. Sie ist in der vorliegenden Ausgabe als Fußnote wiedergegeben. Auf die hier übernommene Überschrift folgt die maschinenschriftliche Ergänzung Landgrebes Beilage zu; *danach mit Bleist von Landgrebe (92 und 97), am Rand dazu befindet sich die Zuordnung mit Bleist.* Zu ⟨den⟩ Vorlesungen 1922/23 *dann die Notiz* a – n ⟨a – n V. *mit Blaust. für* a – q⟩, *darunter mit Bleist.* 1 – 11; gut, dazu zwei Blätter Anmerkungen, Noten. *Die Typoskriptbl. sind doppelt paginiert, einmal maschinenschriftlich am rechten oberen Rand durch die Buchstaben von* a *bis* l, *sodann am linken oberen Rand mit Bleist. von Hand von* 1 *bis* 11. *Wie oben bereits erwähnt, sind diese Paginierungen am Rand des ersten Bl. notiert. Sie legen eine enge Verbindung mit der Beilage XX nahe, obwohl beide Texte keinen fortlaufenden Zusammenhang bilden und auch Husserl in der von Landgrebe angelegten Inhaltsübersicht auf beide Texte einzeln verweist (vgl. dazu oben die allgemeinen textkritischen Ausführungen zur Beilage XX, S. 715 sowie die Beilage I, S. 348 f.). Das Ts. dürfte, wie auch die Husserl'schen Zusätze, etwa 1924 entstanden sein.*

Dem maschinenschriftlichen Text liegen die Bl. 171 – 173 des Sammelkonvoluts F IV 3 zugrunde, aus dem schon die Beilage XLV von Husserliana XIII u. der Text Nr. 10 von Husserliana XIV entnommen sind (zur allgemeinen Manuskriptbeschreibung dieses Konvoluts vgl. Husserliana XIII, S. 531 bzw. Husserliana XIV, S. 586). Die drei lose ganz hinten im Konvolut liegenden Bl. sind üblichen Formats u. durchgängig mit Tinte stenographiert. Sie tragen Bearbeitungsspuren mit Tinte, Blei-, Rot- u. Blaust. und weisen zahlreiche Unterstreichungen mit denselben Schreibmitteln auf. Zu Beginn des Textes findet sich der Hin-

weis Zu ⟨den⟩ Vorlesungen 90 ff. *Am seitlichen Rand notiert Husserl dazu* Grundlegend. *Durch den gesamten Text der ersten Seite ist mit Blaust. groß der Name* Landgrebe *geschrieben. Dies dürfte ein Hinweis auf das Erstellen des Ts. durch Landgrebe sein. Dazu findet sich am Rand mit Blaust.* lag, *dann weiter mit Bleist.* zu 92 ff. ⟨S. 158,30 ff.⟩, zu 97 ⟨S. 165,23 ff.⟩, *dann mit Blaust.* 1922/23.; *darunter mit Rotst. u. mit Rotst. umkreist* NB. *Husserl hat die Bl. von 1 bis 3 durchpaginiert; die Ziffern sind dabei von drei Seiten mit Blaust. umrahmt. Das Ms. dürfte im Rahmen der Arbeiten an der Vorlesung entstanden sein. Das legt eine Datierung auf etwa 1923 nahe.*

Der in der hier veröffentlichten Beilage als Fußnote, S. **430**, *Anm., wiedergegebene Text beruht auf einem Einzelbl. des Konvoluts B I 21, auf das das oben beschriebene Ms. aus F IV 3 am Rand der S. 172a mit der Bemerkung* Beilage *verweist (vgl. die textkritische Anm. zu S. 430,4-7). Das Bl. gehört also in den Kontext der ursprünglichen handschriftlichen Fassung Husserls; auf diesen Textteil wird in der späteren Fassung des Ts. in B I 12 nicht mehr verwiesen. Möglicherweise hat Husserl diesen zusätzlichen Text nicht mit für die geplante Veröffentlichung vorgesehen oder das damals vielleicht schon von den anderen Manuskriptbl. getrennte Einzelbl. War nicht auffindbar. Das Konvolut B I 21 besteht aus insgesamt 142 Bl., die allesamt in einem braunen Pappumschlag (Doppelbl. 1 u. 142) liegen. Dieser Umschlag trägt die Aufschrift mit Rot- u. Blaust. (= 1)* L *sowie mit anderem Blaust. (= 2)* WS 1926 f., *darüber mit ersterem Blaust. (1)* 1924, *daneben mit Grünst.* Pf⟨ingsten 19⟩31 *u. weiter mit Blaust. (1)* darin ⟨*vor* darin *ausradiert* cf. das⟩, *weiter mit Blaust. (2)* auch neuere Manuskripte, *dann mit Blaust. (1)* 1931. Wissenschaft und Leben. Kritik der Erkenntnis. Erkenntnishandlung. Wissenschaft als Funktion der universalen Selbsterhaltung, Selbstverantwortung; *es folgt von drei Seiten mit Grünst. umrahmt* Weg in die Philosophie von der Praxis her, *danach mit Grünst.* B I 21, *darauf mit Bleist.* cf. B I 16, *womit ein Bezug zum betreffenden Konvolut über* Vorhandenes = praktische Umwelt *hergestellt wird. Auf der vierten Umschlagseite (142b) findet sich kopfständig die Aufschrift mit Blaust. (2)* Misch, *darunter der mit Blaust. (1) gestr. Text mit Blaust. (1)* Misch, Dilthey.

Innerhalb des Gesamtkonvoluts findet sich das hier veröffentlichte Bl. nun im dritten Binnenumschlag, der die Bl. 66 – 133 umfasst, also aus 68 Bl. besteht. Dieser Umschlag ist von weißem Schreibpapier und trägt die Aufschrift Reproduktion der vorgegebenen Welt, und im Menschen durch Etablierung der universalen Wissenschaft. 1925, Dezember. ⟨*Dezember mit Bleist. überschrieben*⟩ Der Mensch in einer Umwelt, die bloß traditional ist („bloß" traditionale Kultur). Der Mensch als „europäischer",

⟨*Ende der Anführungszeichen vom Hrsg.*⟩ die Umwelt als wissenschaftlich umgestellte. Die Kultur – wissenschaftliche. Wissenschaft und Tradition. Wissenschaft auch ein Titel für ein neuartiges Reich von Gütern. Der griechische Mensch und seine Wissenschaft. Der indische Mensch. ⟨*von* Der *bis* indische Mensch *Einf.*⟩ Wissenschaft und Kunst als Funktion des Spiels (Freiheit von der Lebenssorge, Lebensart) und Umwandlung in praktische Berufe. „Freie" Berufe, Berufe der Lebenssorge. Theoretisches Interesse und seine Auswirkung. 2 Blätter Wissensbeilage. *Es folgt der Zusatz mit Bleist.* 60 Blätter.

Beim Einzelbl. 97 handelt es sich um ein durchgängig mit Tinte stenographiertes Bl. üblichen Formats. Es ist mit Tinte, Blei-, Rot- u. Blaust. leicht bearbeitet u. weist zahlreiche Unterstreichungen mit denselben Schreibmitteln auf. Über dem Text findet sich der ursprüngliche, später mit Blaust. gestr. Hinweis. Beilage zu 2, *der sich auf die p. 2 des ursprünglichen Ms. in F IV 3 bezieht, an dessen Rand sich der Verweis* Beilage *befindet (s. o.). Das Bl. trägt sonst keine Paginierungen von Husserls Hand. Auch finden sich keine Datierungshinweise; es liegt aber eine Datierung zeitgleich mit dem Ms. aus F IV 3 nahe, also wohl 1923.*

425,28-29 *G: von* Frage *bis* Gewissheit" *Überschrift mit Tinte, im Ts. in Kl.* ∥ **425**,29 *G:* „empirische Gewissheit" *Anführungszeichen mit Blaust.* ∥ **425**,30-32 *H: von* These: *bis* Ich. *Erg. am Rand* ∥ **425**,30-31 *G:* (Modalität „empirische Gewissheit") *V. für ist* Modalität ∥ **425**,32 *G: nach* Ich. *Anm. mit Tinte* Vgl. Rückseite über den Doppelsinn von Modalisierung bzw. die Scheidung von Urmodi und deren intentionale Abwandlung. *Verwiesen ist hier auf die längere handschriftliche Anmerkung Husserls auf der Rückseite des ersten Typoskriptbl., die oben (S. 426) als Fußnote wiedergegeben ist.* ∥ **425**, Anm. 1 *Fußnote = Fußnote in G und der Stelle zugeordnete Rb. in H* ∥ **426**,1 *H:* I. *Einf. mit Rotstift* ∥ **426**,2 *H:* Die *Einf. mit Bleist.; von* Die *bis* worden. *Erg. am oberen Rand* ∥ **426**,8-14 *G: von* „Diese *bis* Seins" *Anführungszeichen mit Bleist.* ∥ **426**,10 *G:* in apodiktisch evidenter Weise *V. mit Bleist. für* evidenterweise ∥ **426**,11 *G: von* solange *bis* bleibt *Erg. mit Bleist. am Rand* ∥ *H:* ausschließlich fordert *Einf.; G: von* (und *bis* fordert) *Kl. mit Bleist.* ∥ **426**,12 *G:* eventuell *Einf. mit Bleist.; danach in G noch zusätzlich mit Bleist. eingefügt* geradezu ∥ **426**,12-13 *G:* gar geradezu fordert *V. mit Tinte für in eckige Bleistiftkl. u. mit Tinte gestr.* dann etwa es ausschließt ∥ **426**,13 *G:* Mit *nicht endet der Text des Ts. auf der Vorderseite; die Rückseite hat Husserl für die Niederschrift seiner hier als Fußnote wiedergegebenen Erg. benutzt.* ∥ **426**,14 *G:* – so ist das *V. mit Bleist. für* Das ist ∥ **426**,15-**428**,39 *von* Das *bis* Erfüllung. *handgeschriebener Text zweier von Husserl später in das Ts. (G) eingelegter ergänzender, aber*

TEXTKRITISCHE ANMERKUNGEN ZU DEN ERGÄNZENDEN TEXTEN 723

nicht situierter Bl.; Situierung hier vom Hrsg. ‖ **426**,15-16 *von* Das *bis* schlechthin *Randtitel* äußere Wahrnehmung ‖ **426**,15 Reale *Einf.* ‖ **426**, Anm. *Fußnote = handschriftlicher Zusatz Husserls auf der Rückseite des ersten Bl. des Ts.* ‖ **426**,23 *von* „Es *bis* so" *Anführungszeichen vom Hrsg.* ‖ ⟨das *öffnende Kl. vom Hrsg.*⟩ ‖ **426**,24 *von* Modus *bis* Gewissen *Einf.* ‖ **426**,26 „schlichte Gewissheit" *Anführungszeichen vom Hrsg.* ‖ **427**,1 *von* „ein *bis* jedermann" *Anführungszeichen vom Hrsg.* ‖ begründen *Einf.* ‖ **427**,6 *Ms.* enthaltende *statt* enthaltene ‖ **427**,18 zu verwirklichende *V. für* durchzulaufende ‖ **428**,1 *von* Präsumtion *bis* anschließt, was *Einf.* ‖ **428**,6-7 *von* sind, *bis* Horizont. *Randtitel* Erscheinungen in Fülle und Horizont ‖ **428**,13 leer *Einf.* ‖ **428**,33 *von* „Ich *bis* wird" *Anführungszeichen vom Hrsg.* ‖ **428**,34-35 *von* , das *bis* ist, der *V. für* ist „Ich kann" ⟨„Ich kann" *Anführungszeichen vom Hrsg.*⟩ mit einem zugehörigen Vorglauben und*; ist versehentlich nicht gestr.* ‖ **428**,34 „Ich kann" *Anführungszeichen vom Hrsg.* ‖ **428**,35-36 „Ich tue" *Anführungszeichen vom Hrsg.* ‖ **429**,1 *G:* hinzufügen *V. mit Bleist. für* sagen ‖ **429**,2 *H:* 1. *Einf., mit Bleist. überschrieben; Einf. im Ms. versehentlich nach* urteile ‖ **429**,7 *G:* genau besehen *V. mit Bleist. für* eventuell ‖ *H:* aber auch *Einf.* ‖ **429**,8 *G:* (auf „jedermann"), *Erg. mit Bleist. über der Zeile; Kl. vom Hrsg.* ‖ **429**,11 *H:* nämlich *Einf.* ‖ **429**,12 *H:* er *V. mit Bleist. für* ich ‖ **429**,13-16 *H: von* „Ich *bis* etc." *Anführungszeichen mit Bleist.* ‖ **429**,14 *G: von* , jedermann *bis* überzeugen, *Einf. mit Bleist.* ‖ **429**,17 *G:* und das Wir *Einf. mit Bleist.* ‖ **429**,18 *G: von* jemandes, *bis* so *V. mit Bleist., mit Tinte überschrieben, für* , wie das ‖ **429**,19 *G:* Mensch *urspr. mit Bleist. in* jemand *verändert, jedoch durch Radieren wieder rückgängig gemacht* ‖ *H:* Menschen *Einf.* ‖ **429**,19-25 *G: von* die *bis* etc. *V. mit Tinte u. Bleist. etc.* die Beobachtungen anderer stimmten damit ‖ **429**,23-24 *H: von* „Das *bis* bestätigt" *Anführungszeichen mit Bleist.* ‖ **429**,24-25 *H: von* „Meine *bis* etc." *Anführungszeichen mit Bleist.* ‖ **429**,27 *G:* zweifellose *V. mit Bleist. für* zweifellos ‖ *H:* in gewisser Weise *Erg. über der Zeile* ‖ **429**,29-31 *H: von* hier *bis* ich mich *am Rand mit Rotst. angestrichen* ‖ **429**,29 *H:* apodiktisch gerechtfertigte *V. für* apodiktische ‖ **429**,30-31 *G:* Menschendasein *V. mit Bleist., mit Tinte überschrieben, für* Dasein ‖ **429**,31 *H:* apodiktisch gerechtfertigte *V. für* apodiktische ‖ **429**,33-34 *H:* in kritischer Rechtfertigung *Einf.* ‖ **429**,34-35 *H:* in diesen Stellen nur *V. mit Bleist. für* nur in diesen Stellen ‖ **429**,36 *H: nach* etc. *gestr.* Ich würde etwa *in infinitum*, aber keine reine und ⟨reine und *Einf.*⟩ wahre absolute Rechtfertigung ⟨absolute Rechtfertigung *V. für* Apodiktizität⟩ gewinnen, wenn ich immer mich als Menschen in der Welt etc. setzen müsste. ‖ **429**,37-41 *H: von* Absolut *bis* wäre. *Erg. am Rand, wohl als V. für die Streichung gedacht; G:* Absolut *V. mit Tinte für* Absolute, ‖

429,37 *H: besteht darin Einf. mit Bleist., mit Tinte überschrieben* ‖ **429**,41 *G: wäre V. für* wären ‖ **430**,1 *H: nach* und voraussetze *noch einmal* und voraussetze ‖ **430**,3 *G: vor* wichtig *am Rand zwei Schrägstriche mit Bleist.* ‖ **430**,4-7 *H: von* Ausarbeitung. *bis* Subjekt, *am Rand mit Blaust. angestrichen, dazu die Rb.* Beilage; *gemeint ist der in der vorliegenden Ausgabe als Fußnote wiedergegebene Text* ‖ **430**,8 *G: nach* Subjekt *ausradierte geöffnete eckige Bleistiftkl., dazu am Rand mit Bleist. ein Fragezeichen* ‖ **430**,9 *H:* dasselbe gesetzt ist *V. mit Bleist. für* das gesetzt; *G: nach* gesetzt *in eckigen Bleistiftkl. und gestr.* ist, als das eben damit ‖ *H:* a priori *Erg. über der Zeile* ‖ **430**, Anm. *Fußnote = Zusatzblatt zum urspr. Ms., dort als* Beilage *bezeichnet und später bei der Erstellung des Ts. fortgelassen (vgl. die textkritische Anm. zu S. 430,4-7)* ‖ **430**,12 *für* Endgültigkeit *mit Bleist. und mit Tinte überschrieben* ‖ *vor* Was *am Rand zwei geöffnete spitze Blaustiftkl., die nicht geschlossen werden; am gegenüberliegenden Rand geöffnete spitze Rotstiftkl, dazu die Rb. mit Rotst.* auch für sich lesen!; *darunter mit Rotst. u. Blaust. sowie mit Blaust. umkreist* NB. *Die Bemerkung Husserls erklärt vielleicht die spätere Loslösung des Bl. aus seinem ursprünglichen Kontext (vgl. die obige Bemerkung zur allgemeinen Manuskriptbeschreibung dieser Beilage).* ‖ **430**,21 implicite *Einf. mit Bleist.* ‖ **430**,24 *vor* So *am Rand geöffnete spitze Blaustiftkl., die nicht geschlossen wird* ‖ **430**,28 hätte *V. für* ist ‖ *nach* immerfort. *am unteren Rand geöffnete spitze Blaustiftkl. mit dem Randtitel mit Bleist.* Ich der transzendentalen Apperzeption ‖ **430**,34 , mich selbst erhaltend, *Erg. am Rand* ‖ **430**,38-42 *von* Universale *bis* Praxis. *Erg. am Rand* ‖ **431**,1-5 *H: von* Somit *bis* gesetzt habe. *am Rand mit Blaust. angestrichen* ‖ **431**,1 *H: von* in *bis* Rechtfertigung *Einf.* ‖ **431**,2 *G:* eigentlich nicht so zu nennende *Erg. mit Bleist. über der Zeile; nach* nennende *im Ms. ein Ausrufezeichen* ‖ **431**,3 *G:* genauer *Einf. mit Bleist.* ‖ **431**,8 *G:* apodiktisch *Einf. mit Bleist.* ‖ *H: nach* gesetzt. *senkrechter Rotstiftstrich* ‖ **431**,9 *H:* II. *Einf. mit Rotst.* ‖ **431**,10 *H: von* Es *bis* auszuführen: *Einf.* ‖ **431**,12 *G:* und diese *Einf. mit Bleist.* ‖ **431**,14 *G:* jeweils *Einf. mit Bleist.* ‖ **431**,16 *G:* zu dieser selben *V. mit Bleist. für* für diese selbe ‖ **431**,17 *G.* bzw. habe *Einf. mit Bleist.* ‖ **431**,19-20 *G: von* nicht *bis* Evidenz *V. mit Bleist., mit Tinte überschrieben für* voraus die Evidenz, nicht nur als absolute ‖ **431**,20 „Ich bin" *Anführungszeichen vom Hrsg.* ‖ **431**,22 *H:* mir *Einf.* ‖ **431**,24 *H:* stimmend *V. für* stimmt ‖ **431**,25 *G:* doch *Einf. mit Bleist., mit Tinte überschrieben* ‖ **432**,2 *G:* im Evidenztypus *V. mit Bleist., mit Tinte überschrieben, für* in Form ‖ **432**,4 *G:* niemals und *Einf. mit Bleist., mit Tinte überschrieben* ‖ **432**,7 *H: nach* Was *mit Bleist. gestr.* sie ‖ **432**,10-11 *H: von* Jedes *bis* Omnipräsenz. *Erg. am Rand* ‖ **432**,14 *G:* etc. *Einf. mit Tinte* ‖ **432**,14-15 *G: von* prinzipielle *bis* (im *am Rand Schrägstrich mit Bleist.* ‖ **432**,15-16 *H: von* (im *bis* ist) *Kl. mit Bleist.* ‖ **432**,16 *G:* etc. *Einf. mit Tinte* ‖ *H:* notwendig *Einf.* ‖ **432**,20 „Augenbewegungen" *Anführungszeichen nicht in H* ‖ **432**,21 *H: nach* usw. *mit Bleist. gestr. zu* ‖ **432**,22 *G: nach* zu *senkrechter Rotstiftstr.* ‖ **432**,23-24 *G: von* die *bis* sind *V. mit Tinte u. Bleist. für* an die subjektiv und vorausgesetzten Möglichkeiten angeknüpfte mögliche Erwartung und ‖ **432**,23. *G: nach* Möglichkeiten *mit Bleist. gestr. eingeklammertes Fragezeichen* ‖ **432**,26 *G:* „unendlichen" *beide Male Anführungszeichen Einf. mit Tinte* ‖ **432**,27 *G:* wann immer *V. mit Bleist., mit Tinte überschrieben, für* wenn ‖ **432**,30 *H: von* (und *bis* können) *Kl. mit Tinte u. Bleist.* ‖ **432**,31-32 *H:* hätte „dieselbe" Welt erfahren können *statt* „dieselbe" Welt hätte erfahren können ‖ **433**,1-2 *G: von* noch *bis* notwendig *V. für* Schwierigkeiten ‖ **433**,3-5 *H: von* Nun *bis* ich, dass *nach unten weisender senkrechter Rotstiftpfeil* ‖ **433**,5 *G:* unter ihnen ältere *V. mit Bleist. für* sie älter ‖ **433**,6-11 *H: von* erfahrene *bis* gerechtfertigt wäre *am Rd. mit Rotst.* NB ‖ **433**,11-12 *G: von* Jedenfalls *bis* Welt *am Rand Schrägstrich mit Bleist.* ‖ **433**,13 *G:* vergangenen und *Einf. mit* Tinte ‖ **433**,19-21 *H: von* und ihre *bis* studiert und *Randtitel* Ursprüngliche Abwandlungen der Wahrnehmung, Wiedererinnerung und Erwartung ‖ **433**,19 *H:* und ihre ursprünglichen Abwandlungen *Erg. über der Zeile* ‖ **433**,22-24 *H: von* Die *bis* werden. *Erg. am Rand* ‖ **433**,24 gar nur *in H; statt* gar *hatte das Ts.* gerade, *was dann von Husserl (G) mit Tinte gestr. wurde* ‖ **433**,28-29 *G: von* oder *bis* rechtfertigen *Einf. mit Tinte* ‖ **433**,31 *G:* werde ich wohl heranziehen müssen *V. mit Tinte für* mag ich wohl heranzuziehen versuchen*; H:* heranziehen versuchen *V. für* heranziehen ‖ *G:* müssen *V. mit Tinte für* versuchen ‖ **433**,32-33 *H: von* und das *bis* haben. *Einf.* ‖ **433**,33 *G: von* als *bis* haben *V. mit Tinte für* absolut gerechtfertigt*; danach erneutes, versehentlich nicht gestr.* haben ‖ **433**,34-35 *G: von* wirkliche *bis* ziehen. *Einf. mit Tinte* ‖ **433**, Anm. *Fußnote = Rb. mit Tinte in G* ‖ **434**,3 *G:* in *Einf. mit Bleist.* ‖ *H: mit* ego cogito *endet der Text des Ms., danach der Hinweis mit Rotst.* vgl. 97, *verwiesen ist damit auf die S.* 165, 23 f. *des vorliegenden Vorlesungstextes* ‖ **434**,3-10 *G: von* von da *bis* werden ⟨kann⟩. *Einf. mit Tinte* ‖ **434**,11-**436**,24 *G: von* In *bis* Logos. *handgeschriebener Text zweier von Husserl nachträglich eingelegter Bl.* ‖ **434**,11 n *V. mit Blaust. für* q; *verwiesen ist damit auf den ersten Teil des im Konvolut liegenden Ts., in der vorliegenden Ausgabe entspricht dies dem gesamten Text der Beilage mit Ausnahme der Zusätze u. Fußnoten.* ‖ **434**,14 der nun zu begründenden *V. für* einer ‖ **434**,19-21 *von* – dadurch *bis* überhaupt – *im Ms. in eckigen Blaustiftkl.* ‖ **434**,24-25 *von* von *bis* aufgebaut *V. für* als Egologie ‖ **434**,25-31 *von* dass *bis* soll. *im Ms. in eckigen Blaustiftkl.* ‖ **434**,26 und unsere *V. für* reine ‖ **434**,27 und unserer *Einf.* ‖ **434**,29 und unseren *Einf.* ‖ **434**,30 *nach* in *senkrechter Rotstiftstrich* ‖ **434**,32 intersubjektiven *Einf.* ‖ überhaupt seine Welterkenntnis *V. für* seine erfahrene Welt einstimmig ‖ **434**,33-36 *von* Rechtfertigung *bis* werden *V. für* Form der noetischen Rechtfertigung, die eidetisch und apodiktisch bei jedem faktisch vorkommenden Fall ausgeführt werden müsste ‖ **434**,38-**435**,1 an der Ontologie *Erg. mit Bleist. über der Zeile* ‖ **434**, Anm. *Fußnote = Rb. mit Bleist.* ‖ **435**,3 *von* – in *bis* Genossen – *Einf. mit Bleist.* ‖ **435**,7 *nach* bestimmen. *dünner senkrechter Rotstiftstrich* ‖ **435**,8 „mögliche Welt" *Anführungszeichen vom Hrsg.* ‖ **435**,11 Welterfahrung *Einf.* ‖ **435**,16 einer *Einf.* ‖ **435**,17 *vor* Frage *senkrechter Bleistiftstrich* ‖ **435**,18-19 *von* sind *bis* Fragen *V. mit Bleist. für* ist doch äquivalent die Frage ‖ **435**,19 1. *Einf. mit Bleist., mit Blaust. überschrieben* ‖ **435**,21 2. *V. mit Bleist. für* und ‖ **435**,22-24 *von* steht *bis* Gestalten *V. für* kann es über das momentane Erfahren hinaus und überhaupt bei der Struktur aktueller Erfahrung über seine Gegenwart hinaus von einer unendlichen Welt wissen, von der Einstimmigkeit seiner Erfahrung und von all dem, was seine Erfahrungsurteile rechtfertigt ‖ **435**,26 *nach* möglichen Ego *Ms. noch einmal* nicht ‖ **435**,32 möglichen Welt überhaupt *V. für* Welt ‖ **435**,33-34 , in eidetischer Einstellung *Einf.* ‖ **435**,34 wesensmäßig *Erg. mit Bleist. über der Zeile* ‖ Welterfahrung *V. für* Erfahrung ‖ **435**,35 prinzipielle *V. mit Bleist. für* mögliche ‖ jeden faktischen *Erg. mit Bleist. über der Zeile* ‖ **435**,36 Mitbetrachtung *V. für* Betrachtung ‖ **435**,37 *nach* solche *gestr. Einf.* und weiter als erfahrungswissenschaftlich erkannte Welt ‖ besser gesagt *Erg. über der Zeile* ‖ **435**,37-**436**,1 der möglichen Evidenz einer *V. mit Bleist. für* möglicher ‖ **435**, Anm. *Fußnote = Rb. mit Blaust.* ‖ **436**,1 universale Evidenz ist *V. mit Bleist. für* als ‖ **436**,2 *nach* Erfahrung *gestr. Einf.* und Erfahrungserkenntnis*; danach Absatzzeichen mit Blaust.* ‖ **436**,4-7 *von* Das *bis* vollzieht. *Einf.* ‖ **436**,5 Theorie und *nach* ist *Erg. über der Zeile* ‖ **436**,6 *nach* der *Ms. noch einmal* der ‖ **436**,12 objektiven *Erg. über der Zeile* ‖ **436**,18-19 *von* als *bis* Erfahrung, und *Einf.* ‖ **436**, Anm. 1 *Fußnote = Zusatz mit Blaust. auf der freigebliebenen unteren Hälfte der Seite* ‖ **436**,31 mit anderen Worten *Einf. mit Blaust.*

Beilage XXII (S. **436 – 439**)

Textgrundlage dieser Beilage sind die Bl. 381 u. 382 des Konvoluts M I 2 I, das ansonsten das von Landgrebe erstellte Ts. des Hauptteils der Vorlesung enthält (zur allgemeinen Manuskriptbeschreibung dieses Konvoluts vgl. oben S. 505 f.). Es handelt sich um nachträglich von Husserl in das Ts. eingelegte ergänzende Bl., die aber inhaltlich nicht in den fortlaufenden Text integrierbar sind und wohl eine Art Exkurs darstellen. Sie sind am Rand als Beilage zu 278 *bezeichnet, womit Husserl sich auf die maschinenschriftliche Originalpaginierung des Ts. bezieht (vgl. im vorliegenden Drucktext S. 221,6 und die textkritische Anm. dazu).*

Beide Bl. sind üblichen Formats u. durchgehend mit Tine stenographiert. Sie wurden teilweise mit Tinte überarbeitet, es finden sich jedoch keine Spuren anderer Schreibmittel. Die Bl. sind von Husserl mit I *u.* II *paginiert. Ihre Entstehung setzt die Entstehung des Ts. voraus; sie sind daher wohl nicht vor 1924 zu datieren, möglicherweise sogar später, erst im Zusammenhang mit den Arbeiten an* Erfahrung und Urteil *1928 entstanden (vgl. dazu die Einleitung des Hrsg. oben, S. LVI ff.).*

437,4 „A und B" *Anführungszeichen vom Hrsg.* ‖ **437**,14-15 von . Wir bis diese *V. für* , dass wir schon die ‖ **437**,17 Ganze *im Ms. in Kl.* ‖ **437**,23 *nach* hat *gestr.* , sein eigenes Sein (Sein in seinen Explikaten) nicht dem anderen verdankt ‖ **437**,24-25 von *als* bis Eines *V. für* beides zwar in eins, wo Gründe der Paarung vorliegen aber Paarung ist Einheit von Gesonderten und als das durch eine eigene Synthesis charakterisiert; *nach* eines *gestr.* und ein anderes ‖ **437**,28-29 „Assoziation" *Anführungszeichen vom Hrsg.* ‖ **437**,33 *nach* Paar. *Ms. erneut schließende Kl.* ‖ **438**,7 , eine Implikation *Einf.* ‖ **438**,20 in sich selbst *Einf.* ‖ **438**,21-22 und eventuelle Dimension *Erg. über der Zeile* ‖ **438**,22 und „Richtungen" *Einf.* ‖ **438**,24 *nach* Geltung. *gestr.* Die unmittelbarste Paarung und Mehrheitsbildung überhaupt ⟨und Mehrheitsbildung überhaupt *Einf.*⟩ ist die von konkreten Gegenständen. ‖ **438**,30 *Ms.* geht *statt* gehen ‖ **438**,30-31 mittelbar *V. für* unmittelbar ‖ **439**,8 Sonderbewusstsein *nach* zugleich im *V. für* Bewusstsein ‖ **439**,11 überschiebenden *Einf.*

Beilage XXIII (S. **439 – 445**)

Der Text der Beilage beruht auf den Bl. 2 – 6 des Konvoluts A I 19, das insgesamt aus 16 Bl. besteht. Das Konvolut wird von einem Umschlag aus weißem Schreibpapier (Doppelbl. 1 u. 16) gebildet. Die Umschlagaufschrift verzeichnet den Inhalt des gesamten Konvoluts. Sie lautet oben in der Mitte mit Blaust. A I 19; *dann mit Tinte* $\pi_1 - \pi_2$ Urteil und Annahme (zur „Einleitung" 1922/23, 139 f.) Reine Möglichkeit eines Urteils – reine Möglichkeit und Annahme. Kategoriale Gestalten in der Phantasie als reine Möglichkeit von kategorialen Gestalten. Ist Urteil, Satz als bloßer Sinn dasselbe wie reine Möglichkeit des Satzes?, *auf dieser Höhe am rechten oberen Rand mit Rotst.* Zuletzt auch Rechtfertigungsfragen (rückwärts), *weiter mit Tinte* Im Fall der Realitätsurteile: reine Möglichkeit keine völlig reine, sondern an Erfahrung gebunden (an die Präsumtion des Fortgangs einstimmiger Erfahrung). Ebenso für alle wahren Kategorialien, die zum Realen gehören. Aber es gibt ein wirklich reines Denken in der Idee, apriorische Einsichten bezogen auf ein Reales überhaupt. π_3 Dasselbe „S ist p" bezweifelt, gefragt, beurteilt etc. Was ist dieses Selbe? – „Der bloße Sinn". π_4 „Dass S p ist, ist nicht wahr": Wogegen richtet sich da die Verwerfung: gegen das Urteil, gegen den bloße „Gedanken"? Das „Sich-Denken" ohne mitzutun – ein Urteilen-als-ob; also der „bloße Sinn", die „bloße Bedeutung" eine Phantasievergegenwärtigung? π_5 Der bloße Sinn als das identische Wesen, das in Hinblick auf die „bloße Vorstellung" entnommen werden kann, ist identisch dasselbe im Urteil? *Bis hier bezieht sich die Inhaltsangabe auf den Text der abgedruckten Beilage. Es folgt* $\pi\pi$ *dazu der Randtitel mit Rotst.* Annahmen *darunter mit Blaust. cf. Ansätze Studien III § 20. Verwiesen ist damit wohl auf die von Husserl ab 1927 in Kooperation mit Landgrebe projektierten „Studien zur Struktur des Bewusstseins", einer vereinheitlichenden Zusammenstellung älterer Forschungsms. Husserls. Es folgt mit Tinte* Über Ansetzen, Sich denken. Urteilsmodalität und bloßer Sinn. Der bloße Sinn nicht das Urteilswesen, sondern ⟨*nach* sondern *senkrechter Blaustiftstrich*⟩ der von mir früher geurteilte Satz, jetzt aber preisgegebene etc. In anderen Fällen: der versuchsweise angesetzte Satz. ⟨*von* Über Ansetzen *bis* angesetzte Satz *Rb. mit Rotst.*⟩ Ansatz im Zusammenhang meiner wirklichen Überzeugungen. (3) 4. Wirklicher Satz und Ansatz. Ansatz keine Modalisierung und andererseits keine reine Phantasie. (Wie auch Phantasie keine Modalität ist.) ⟨*von* (Wie *bis* ist) *Kl. mit Blaust.*⟩ Aber jede Phantasie lässt sich in die Wirklichkeit hineinsetzen. 5. Ansetzen nicht ohne Weiteres Ansetzen einer Möglichkeit. Ansetzen eines Widersinns (nur der Gedanke muss ein möglicher Gedanke sein als Gedanke). ⟨*von* (nur *bis* Gedanke) *Kl. mit Blaust.*⟩ Das Ansetzen stellt eine Verbindung zwischen wirklichen Urteilen und Quasi-Urteilen her. Die Abwandlung des Ansetzens keine Abwandlung der Urdoxa, in der dies, die Gewissheit vorgestellt wäre. *Nach* wäre *läuft die Aufschrift auf der Rückseite des ersten Umschlagbl., Bl. 1b, weiter.* Nicht das Urteil ist vorgestellt und dazu Stellung genommen, sondern auf Grund eines Quasi-Urteils ein neues, ein Ansetzen vollzogen: Ein an Seiendes, uns Geltendes angeknüpfter ⟨*Ms.* angeknüpften und ihn betreffenden „Gedanken" *statt von* angeknüpfter *bis* „Gedanke"⟩ und ihn betreffender „Gedanke". Weiteres über Ansätze. Ansetzen aber kein schlichter Akt wie die schlichte Urteilsgewissheit. ⟨*zum Passus von* Nicht das Urteil *bis* Urteilsgewissheit *Notiz am Rand* 5⟩ 6. Gedanke als intentionaler Gegen-

TEXTKRITISCHE ANMERKUNGEN ZU DEN ERGÄNZENDEN TEXTEN 729

stand – gesetzter, quasi-gesetzter, angesetzter. Angesetzt ≠ quasi-gesetzt, sondern mit wirklicher Setzung verknüpft; aber dazu muss er ⟨aber dazu muss er *Einf.*⟩ eben angesetzt sein: ich „denke mir" das. Ansatz eine neue kat⟨egoriale⟩ Form. Richtig bleibt, dass das identische Urteilswesen in allen Modalitäten auch steckt. πππ Wie ein Gedanke erfasst wird – genau so wie ein Reproduziertes – und ebenso wird die Identität von Wahrgenommenem und Phantasiertem bzw. Wahrgenommenem und Reproduziertem erfasst.

Die hier wiedergegebenen 5 Bl. sind üblichen Formats u. fortlaufend mit Tinte stenographiert. Die Bl. 2 u. 3 sind die Hälften eines institutionellen Schreibens, dessen Rückseite Husserl beschrieben hat. Das Bl. 3 ist zusätzlich auf den freien Rändern der Vorderseite beschrieben. Der Text ist mit Tinte, Blei-, Blau- u. Rotst. mannigfach überarbeitet u. weist zahlreiche Unterstreichungen mit denselben Schreibmitteln auf. Zu Beginn des ersten Bl. befindet sich mit Blaust. die Beurteilung gut, *dazu die Zuordnung* zur Vorlesung über Einleitung 139 ff., *damit bezieht sich Husserl auf die Originalpaginierung des Ms. der Vorlesung, was in der vorliegenden Ausgabe den S. 240,4 ff. entspricht. Husserl hat den Text mit Blaust. von* π₁ *bis* π₅ *durchpaginiert. Diese Paginierung ist in der oben mitgeteilten Inhaltsangabe der Umschlagsaufschrift verwendet. Der Text ist von Husserl nicht datiert, seine Entstehung dürfte jedoch auf den Beginn des Jahres 1923 fallen.*

439,20 *Titel = Rb. in spitzen Rotstiftkl.* ‖ **439**,21 *zu dem mit 1. Das beginnenden Text am Rand mit Blaust.* gut ‖ **439**,25-27 *von* Aber *bis* Inhaltes ist. *Einf.* ‖ **439**,32 *nach* Annahme. *Absatzzeichen* ‖ **439**,33 aber V. *mit Bleist. für* ein ‖ **440**,1 Urteilsabwandlung *V. für* Urteilsmodalität ‖ **440**,1-2 *von* und *bis* Möglichkeit *V. mit Bleist. für* so wie ein wirklicher hypothetischer Vordersatz ‖ **440**,5 eines Urteils *V. für* hinsichtlich der Kategorie ‖ Urteils? *Fragezeichen Einf. mit Bleist.* ‖ **440**,9 bloßer *Einf.* ‖ „Sinn" *Anführungszeichen mit Bleist.; nach* Sinn *im Ms. noch einmal* nicht ‖ **440**,12 *Ms.* das *statt* die ‖ **440**,13 Mit Gegenstands. *endet der Text auf der Vorderseite des Bl.; die Rückseite bildet die obere Hälfte eines Briefes des Ministers des Kultus und Unterrichts vom 5.2.1923. Sie ist von Husserl nicht beschrieben.* ‖ **440**,14 *nach* dass *im Ms. noch einmal* dass ‖ **440**,17-18 „Sokrates ist ein Grieche" *Anführungszeichen vom Hrsg.* ‖ **440**,19-20 „Sokrates" *Anführungszeichen vom Hrsg.* ‖ **440**,20 und „Grieche" *Erg. über der Zeile; Anführungszeichen vom Hrsg.* ‖ **440**,26 „Idee" *Anführungszeichen mit Blaust.* ‖ **440**,27 „Idee" *Anführungszeichen mit Blaust.* ‖ **440**,31 (auch von Realem) *Kl. mit Blaust.* ‖ **440**,40 andere *Einf.* ‖ **441**,1 einer *V. für* der ‖ nach *möglichen gestr.* unendlichen ‖ **441**,5 Mit Subjektivitäten). *endet der Text auf der Vorder-*

seite des Bl.; die Rückseite bildet die untere Hälfte des oben bereits erwähnten ministeriellen Schreibens. Husserl hat den offiziellen Text mit Blaust. gestr. und seine Ausführungen auf den Rändern dieser Seite fortgesetzt.* ‖ **441**,12 *von* (wie *bis* Sinn) *Kl. mit Bleist.* ‖ **441**,17 *von* Aber *bis* anstatt Wesen *Randnotiz ad unten; dadurch wird die Zugehörigkeit des Folgenden zum Bisherigen, am unteren Rand Stehenden verdeutlicht.* ‖ **441**,20 *vor* Wie *gestr. Note* ‖ „S ist p" *Erg. über der Zeile; Anführungszeichen vom Hrsg.* ‖ **441**,22 wahr *V. für* so ‖ **441**,25 *nach* Möglichkeit? *gestr.* Doch nicht. ‖ **441**,25-28 *von* Bzw. *bis* Qualität? *Einf.* ‖ **441**,27 „S ist p" *Anführungszeichen vom Hrsg.* ‖ **441**,28 *Mit* Qualität? *endet der Text auf der Rückseite des Bl.; unter dem Text findet sich der Verweis* Vgl. besondere Blätter π 3, π 4 ⟨π 3 π 4 *V. für* π 1 π 2⟩. *Diese Blätter werden im Folgenden abgedruckt.* ‖ **441**,32 „Vorgestelltes" *Anführungszeichen mit Blaust.* ‖ **441**,35 , wenn einer sagt *Einf.* ‖ **441**,36 *Ms. ist statt* ich ‖ **441**,38 „Sinn" *Anführungszeichen mit Blaust.* ‖ **441**,40-**442**,1 *von* , wie *bis* haben, *Erg. mit Bleist. über der Zeile* ‖ **442**,3 „Charakter" *Anführungszeichen mit Blaust.* ‖ **442**,4 Satzmaterie *V. mit Bleist. für* Materie ‖ „Sinn" *Anführungszeichen mit Blaust.* ‖ **442**,9 „Sinnes" *Anführungszeichen mit Bleist.* ‖ , als „Materie", *Erg. mit Bleist. über der Zeile* ‖ **442**,10 Satzsinne (Urteilsinhalte) *V. mit Bleist. für* Satzbedeutungen ‖ (Urteilsinhalte) *Erg. mit Bleist. über der Zeile* ‖ **442**,19 *Mit* haben. *endet die Vorderseite des Bl.; die Rückseite ist unbeschrieben.* ‖ **442**,20-22 *von* „Es *bis* grün" *alle Anführungszeichen vom Hrsg.* ‖ **442**,24-25 „Gold ist grün" *Anführungszeichen jeweils vom Hrsg.* ‖ **442**,25 aus? *Fragezeichen Einf. mit Bleist.* ‖ **442**,27 „S ist p!" *Anführungszeichen vom Hrsg.* ‖ **442**,30 *nach* habe. *am Rand ein waagerechter Blaustiftstr.* ‖ **442**,31-34 *von* Wenn *bis* -Vorstellen. *im Ms. in eckigen Blaustiftkl.* ‖ **442**,31 in diesem Sinne *Einf. mit Blaust.* ‖ „bloß vorstelle" *Anführungszeichen mit Blaust.* ‖ **442**,34 Sich-das-Urteil-in-der-Phantasie-Vorstellen *V. mit Bleist. für* Sich-das-Urteil-Vorstellen ‖ **442**,35 „Gold ist grün" *Anführungszeichen vom Hrsg.* ‖ **442**,38 eines Anderen *V. mit Bleist für* das ‖ **443**,1-2 *von* ich *bis* geurteilt habe *Einf. mit Bleist.* ‖ **443**,5-6 *von* die *bis* meine Überzeugung *Einf. mit Bleist.* ‖ **443**,8-9 *von* – vergegenwärtigt *bis* Möglichkeit – *Erg. mit Bleist. am Rand* ‖ **443**,11-12 *von* aber ansetzend *bis* bezogen *Einf. mit Bleist.* ‖ **443**,15 „Denken" *Anführungszeichen mit Bleist.* ‖ **443**,22 „Sichdenken" *Anführungszeichen vom Hrsg.* ‖ **443**,30 Stellen wir an die Spitze *Einf.* ‖ **443**,31 „S ist p!" *Anführungszeichen vom Hrsg.* ‖ dann *Einf. mit Bleist.* ‖ **443**,34 *Fragezeichen mit Blei- u. Blaust.* ‖ **443**,36 also *Einf. mit Bleist.* ‖ Vergegenwärtigung *V. mit Bleist. für* Phantasievergegenwärtigung; *nach* Vergegenwärtigung ⟨ *mit Bleist. gestr.* bloßen ‖ **443**,37 Vorstellung *V. mit Bleist. für* Phantasie ‖ **443**,

TEXTKRITISCHE ANMERKUNGEN ZU DEN ERGÄNZENDEN TEXTEN 731

Anm. 1 *Fußnote = Rb. mit Bleist.* || **443**, Anm. 2 *Fußnote = mit Bleist. unter den Text geschriebene Bemerkung* || **444**,1 beide haben dasselbe Wesen *Einf. mit Bleist.* || **444**,11 desselben Wesens *V. für* derselben Möglichkeit || **444**,17 „S ist p" *Anführungszeichen vom Hrsg.* || **444**,32 *von* „dasselbe *bis* Phantasie" *Anführungszeichen mit Bleist.* || **444**,34-35 *von* „Zu sagen *bis* p!'" *Anführungszeichen Einf. mit Bleist.* || **444**,35 ‚S ist p!' *Anführungszeichen vom Hrsg.* || **444**,36 Ms. habe denselben Sinn *statt* denselben Sinn habe || **444**,38 „S ist p" *Anführungszeichen mit Blaust.* || **444**, Anm. *Fußnote = Rb. mit Bleist.* || **445**,4 Dürfte ich *V. mit Bleist. für ausradiertes, nicht rekonstruierbares Stenogramm* || stattdessen *Einf. mit Bleist.* || **445**,5 *von* „habe *bis* Sinn" *Anführungszeichen mit Bleist;* habe *V. mit Bleist. für* hat || **445**,8 Nein! *Einf. mit Blaust.; danach mit Bleist. gestr.* Aber || **445**,8-9 „bloßen Satz" *Anführungszeichen mit Blaust.* || **445**,9 Urteilsinhalt *Erg. mit Blaust. über der Zeile* || **445**,9-11 *von* (als *bis* urteilt) *Kl. mit Bleist.* || **445**,11 schlechthin diese *V. mit Bleist. für* die || **445**,12 dient mir *Einf. mit Bleist.* || **445**,13 *nach* ob *im Ms. noch einmal* ob || **445**,15 (bloße Urteilsmaterie) *Einf. mit Blaust.*

Beilage XXIV (S. **445 – 467**)

Der Text dieser Beilage beruht auf den Bl. 3 – 15 des Konvoluts A I 37 u. die Bl. 8 – 11 des Konvoluts A I 40. Der Text, der einen gewissen Abhandlungscharakter hat, wurde von Husserl am 27.3.1923 mit einem begleitenden Brief, in dem er in den Zusammenhang der Arbeit an der Vorlesung gerückt wird, an Felix Kaufmann nach Wien gesandt (vgl. dazu die Einleitung des Herausgebers zum vorliegenden Bd., S. LXIII f.). Die Bl. aus den beiden unterschiedlichen Konvoluten ergeben einen fortlaufenden Text, wiewohl sie möglicherweise nicht zur gleichen Zeit entstanden sind. Jedoch hat Husserl durch die Sendung an Kaufmann u. die Durchpaginierung aller Bl. eine Verbindung beabsichtigt (vgl. dazu unten die detaillierteren Erläuterungen).

Das Konvolut A I 37 besteht aus insgesamt 17 Blätter. Es wird von einem braunen Pappumschlag gebildet, der die Aufschrift trägt 17 Blätter Brief an Dr. Kaufmann, Wien. Evidenz der formallogischen Erkenntnis und Begriff des Analytischen. *Von diesen erwähnten 17 Bl. befinden sich freilich nur 13 im Konvolut, da die Blattnummern 1 u. 2 sowie 16 u. 17 auf den ersten u. zweiten Umschlag entfallen. Husserls Angabe bezieht also hier die 4 Bl. mit ein, die im Konvolut A I 40 liegen, (vgl. dazu die Bemerkungen weiter unten). Der schon erwähnte zweite Umschlag besteht aus einem Schreiben der Dresdener Bank vom 16.4.1917 an Hus-*

serl. Es trägt mit Blaust. die Aufschrift Manuskript, das an Dr. Kaufmann, Wien gesendet wurde. WS 22/23. Die Evidenz des formalontologischen Erkennens und der Begriff des Analytischen cf. 4 ff., 8 f. *Diese Hinweise beziehen sich auf die entsprechenden p. des Ms., die am oberen rechten Rand jeweils durch einen nach unten weisenden Pfeil mit Blaust. gekennzeichnet sind. Den Stellen entsprechen in der vorliegenden Ausgabe S. 448,22 ff. u. S. 453,15 ff.*

Die Bl. sind üblichen Formats u. durchgängig mit Tinte stenographiert. Sie sind teilweise leicht, teilweise stärker mit Tinte, Blei-, Blau- u. Rotst. bearbeitet. Es finden sich einige Unterstreichungen mit denselben Schreibmitteln. Die Bl. waren, wohl aus Versandzwecken in der Mitte horizontal gefaltet. Um die Lesbarkeit für Kaufmann zu verbessern, hat Husserl kurrentschriftlich mit Tinte u. Bleist. zahlreiche Transkriptionen einzelner Stenogramme über die Zeilen geschrieben. Am Rand des ersten Bl. notiert Husserl den hier übernommenen Titel E. Husserl, Das Problem der Evidenz (bzw. auch ⟨auch *Einf.*⟩ des eigentlichen Sinnes) formalontologischer Wahrheiten und der Begriff des Analytischen. 17 Blätter. *Die ungewöhnliche Beifügung des Verfassernamens erklärt sich ebenfalls aus dem Verleih des Ms. an Kaufmann, dem zudem die Auflage gemacht wurde, den Text binnen zwei Wochen eingeschrieben zurückzusenden (vgl. den Brief Husserls von 27.3.1923 u. die obigen Bemerkungen in der Einleitung des Herausgebers). Die Bl. sind von Husserl mit Bleist. von 1 bis 13 durchpaginiert worden. Sie sind, dem Brief an Kaufmann gemäß, auf das Jahr 1923 zu datieren.*

Das Konvolut A I 40, in dem die fehlenden Bl. mit den p. 14 bis 17 liegen, besteht aus insgesamt 34 Bl. Den Umschlag (Bl. 1 u. 34) bildet ein amtliches Schreiben des „Ministeriums des Kultus und des Unterrichts", Karlsruhe von 10.2.1922, das rückseitig von Husserl mit der folgenden Aufschrift versehen ist: mit Blaust. März ⟨19⟩23. ⟨23 *V. für* 22⟩, *dann* Zu den Vorlesungen W/S 22/23, *darunter mit Bleist. erneut* März 23 *dann mit Blaust.* Analytische Urteile, formale Ontologie. Urteile der Konsequenz. Formale Ontologie, apophantische Logik, formale Grammatik. Formenlehre der „Bedeutungen", *darunter ebenfalls mit Blaust., jedoch mit Rotst. gestr. das Angestrichene; dann mit Blaust.* das Nicht-urteilen-Können 2, 3, *darauf weiter mit Rotst.* Dazu angelegt 1927 *notae* über analytisch – synthetisch und das Kant'sche Grundproblem. *Auf der Rückseite des Umschlags (Bl. 34b) befindet sich mit Blaust. u. mit Blaust. gestr. die Aufschrift* Phänomenologie als Erste Philosophie. Phänomenologische Metaphysik als Zweite Philosophie. Idee der Philosophie, *dann mit Blaust.* Analytisch. *Die vier Bl. liegen in einem weiteren Binnenumschlag, der aus weißem Schreibpapier besteht und die Aufschrift trägt* Noten über analytisch – synthetisch und das Kant'sche Grundproblem. Zu den Kantübungen 1927. *Der Umschlag versammelt also Texte, die aus Anlass eines Seminars über Kant im SS 1927 zusammengelegt wurden, aber zum Teil älter sind[1]. Aus diesem Grunde wurden womöglich die letzten vier Bl. des an Kaufmann gesandten Ms., die sich auf Kant beziehen, aus ihrem vormaligen Zusammenhang gelöst (vgl. aber dazu unten die Bemerkungen zu den Unterschiedlichen Paginierungen dieser Bl.).*

Die vier Bl. sind üblichen Formats, durchgehend mit Tinte stenographiert u. weisen zahlreiche Unterstreichungen mit Tinte, Blei-, Blau- u. Rotst. auf; hinzu kommen einige Überarbeitungsspuren mit denselben Schreibmitteln. Wie die ersten 13 Bl., so waren auch diese in der Mitte horizontal gefaltet. Einige Stenogramme sind auch hier mit Bleist. zur besseren Lesbarkeit mit kurrentschriftlichen Transkriptionen über der Zeile versehen. Die vier Bl. sind von Husserl mit Blei- u. Rotst. zunächst von 1 bis 4 durchpaginiert worden. Dazu befindet sich am Rand der mit Tinte überschriebene Vermerk mit Rotst. Zur ⟨Zur *V. mit Blaust. für* Weitere Blätter zur⟩ Lehre vom analytischen Denken *darunter mit Rotst.* 4 Blätter.

Es liegt nun allerdings nahe, dass diese Bl. ursprünglich unabhängig vom Kontext des an Kaufmann verliehenen Ms. ausgearbeitet wurden u. dementsprechend wohl auch älter sind als diese, da sie zuoberst eine selbständige Paginierung tragen. Sie sind dann aus Anlass der Übersendung an Kaufmann zusätzlich am Rand, aber eben erst weiter unten, von Husserl mit Bleist. von 14 bis 17 durchpaginiert worden, wodurch die Paginierung der Bl. aus A I 37 fortgesetzt wird. Diese zweite Paginierung wurde dann später, wohl bei erneuter Entnahme der Bl. mit Bleist. wieder gestr. Unter der Angabe 4 Blätter *befindet sich am Rand die in der vorliegenden Edition als Zwischentitel wiedergegebene Notiz mit Blaust.* Kants und mein Begriff des Analytischen, *die Husserl vielleicht erst für Kaufmann anbrachte. Die vier Bl. sind nicht datiert; sie sind aber nach dem Obigen möglicherweise bereits vor 1922 entstanden.*

445,23 *nach* überhaupt *Ms. noch einmal* überhaupt ‖ **445**,38 *und damit Einf.* ‖ **445**, Anm. 1 *Fußnote = Rb.* ‖ **445**,35 *nach* Einzelheit. *der weitere ursprüngliche Text der Rb. mit Bleist. gestr.; der Text lautet* In den ⟨*nach* den *mit Bleist. gestr.* anderen⟩ Modalitäten liegt das real ⟨real *Einf. mit Bleist.*⟩ mögliche Urteil oder die Vergegenwärtigung eines wirklichen,

---

[1] Vgl. dazu I. *Kern:* Husserl und Kant. Eine Untersuchung über Husserls Verhältnis zu Kant und zum Neukantianismus, Phaenomenologica, *Bd. 16, Den Haag 1964, S. 45 u. 136 ff.*

wie im Bewusstsein, dass der andere so urteilt. Und wenn ich vermute, dass S p ist, oder frage, so mag eine „Vorstellung" zugrunde liegen, das ist aber keine reine Phantasie. ⟨von das ist *bis* Phantasie *Erg. mit Bleist. über der Zeile*⟩ Aber in der Vermutung selbst, der Frage selbst, liegt da nicht der Sinn als Gemeinsames mit dem Urteil und allen anderen Modalitäten? Dann wäre zu sagen: Die idealen Einzelheiten, die wir Kateg⟨orialien⟩ nennen, haben Abwandlungen (Problem, ob das Differenzen sind) und ein gemeinsames Wesen im Sinn. Aber ist die Sinnesvereinzelung eine Wesensvereinzelung? ‖ **446**,5 *Ms.* darin *statt* daran ‖ **446**,25 *nach* hier *gestr.* „Erfahrung", Evidenz ‖ **446**, Anm. *Fußnote = Rb.* ‖ **447**,18 apriorisches *Einf.* ‖ **447**,21 Urteilsmeinungen *V. für* Urteilsverhalte ‖ *nach* als *gestr.* geurteilte, *danach im Ms. noch einmal* als ‖ *Mit* Sinne. *endet der gültige Text des Bl., der Rest der Seite ist mit Blaust. gestr.; der gestr. Text lautet* Die apriorischen Gesetze aber drücken aus: „Gesetze der Konsequenz", noematische Gesetze, welche formale Bedingungen der Möglichkeit kompossibler Denkgegenstände bzw. kompossibler Urteile ausdrücken oder ausdrücken, welche Bedingungen *a priori* in der Form erfüllt sein müssen, wenn Urteile als solche möglich und miteinander vereinbar sein sollen. Zum Beispiel: ⟨von kompossibler *bis* sollen. Zum Beispiel: *V. für* dafür ausdrücken, was *a priori* der Form nach urteilsmäßig gesetzt, als Urteil möglich sein soll,⟩ wenn Urteile der und der Form schon gesetzt sind, muss Konsequenz dieser Urteile gesetzt werden oder können nicht die oder die gesetzt werden. ⟨von gesetzt *bis* die gesetzt werden. *V. für* und⟩ Ebenso für Gegenstände überhaupt als Substrate möglicher prädikativer Bestimmungen, als Substrate in möglichen Urteilen. – Im noetischen Sinn: Wie immer ich urteile, wenn ich konsequent bleiben soll, also mein ursprüngliches Urteil nicht soll aufheben müssen, muss ich so und so urteilen. ⟨von Im *bis* urteilen. *Erg. am Rand;* Im noetischen Sinn: *wohl versehentlich nicht mitgestr.*⟩

Sage ich, ⟨Sage ich *V. für* Sagt man⟩ die Seinslogik ⟨Seinslogik *V. für* Logik⟩ (die formale Ontologie in meinem weiten Sinne) habe es nicht mit Gegenständen schlechthin (möglichen überhaupt, in reiner Möglichkeit), sondern mit Denkgegenständen, mit Denkverhalten zu tun, ⟨nach tun, *gestr.* „Gegenstandsgedanken", Sachverhaltsgedanken⟩ so sagt das also, statt mit Gegenständen schlechthin ⟨schlechthin *Einf.*⟩ hat sie es zu tun mit intentionalen Gegenständen als solchen, und zwar als identischen ⟨identischen *Einf.*⟩ intentionalen Gegenständen doxischer Setzungen, mit Gegenstandssätzen rein als solchen und in reiner Allgemeinheit, mit Sachverhaltssätzen, und zwar Urteilssätzen als solchen. Das überträgt sich auf die Sphären wertender und praktischer Stellungnahmen (Wille). ⟨von Das *bis* (Wille). *Erg. am Rand, die wohl versehentlich nicht mitge-*

TEXTKRITISCHE ANMERKUNGEN ZU DEN ERGÄNZENDEN TEXTEN 735

strichen ist⟩ || **447**,22 *Mit* Was *beginnt das dritte Bl. des Ms. nach der Husserl'schen Paginierung. Am Rand dazu befindet sich mit Bleist. die Notiz* 1–2 herausgenommen z⟨ur⟩ A⟨usarbeitung⟩, *die sich auf den bis hier abgedruckten Text der Bl. mit den p.* 1 *u.* 2 *bezieht. Die Bl. sind von Husserl später wieder eingelegt worden.* || **447**,22-23 Urteils *als* Urteilens V. *für* Urteils || **447**,35 *als* „doxische Bedeutungen" *Einf.* || **447**, Anm. *Fußnote = Rb.* || **448**,8 *Ms.* denkbar ist) *statt* denkbar) ist || **448**,21 *Mit* können. *endet der Text der Rückseite des Bl.; ein kleiner Rest der Seite bleibt unbeschrieben.* || **448**,22-25 *von* Apriorisches *bis* Wesensverallgemeinerung *am Rand senkrechter, nach unten weisender Pfeil mit Blaust.* || **448**,23 *von* Identisches *bis* bzw. *V. für* doxische Setzung irgendwelchen Gegenstands oder auch. || **448**,28-30 *von* Oder, *bis* reine Möglichkeit *V. für* oder || **448**,30 *von* vornherein *Einf.* || **448**,33 quasi *Einf.* || **448**,34 *im Ms. Anführungszeichen erst nach* etc. *geschlossen* || **448**,34-35 *von* (Die *bis* sein.) *Einf.* || **448**,40 (als Wirklichkeit oder Möglichkeit) *Einf.* || **449**,9 wechselnden *Einf.* || **449**,9-12 *von* Urteilen, *bis* immer verstanden *am Rand senkrechter, nach unten weisender Pfeil mit Blaust.* || **449**,9-10 *von* aber *bis* Gemeinsamen. *V. für* ebenso wie im anschaulichen, den Gegenstand schlechthin, Sokrates, selbstgebenden. || **449**,12 immer verstanden *Einf.* || **449**,14 *von* in der *bis* „Willensmeinungen" *Einf.* || **449**,26 leeren unanschaulichen *V. mit Bleist. für* symbolischen || **449**,33 *von* , aus *bis* Urteile *Einf.* || **449**,34 synthetisch urteilendem *Einf.* || **449**,37-38 Denkgegenstand, Urteilsgegenständlichkeit *Erg. über der Zeile* || **450**,1 mögliche „Denkgegenstände" *V. für* „Gegenstände" || **450**,7 im Möglichkeitsdenken *V. für* möglicherweise || **450**,9 *vor* darin *Absatzzeichen mit Blaust.* || **450**,17 *Mit* herausstellt. *endet der Text auf der Rückseite des Bl. nach wenigen Zeilen. Der Rest der Seite ist unbeschrieben.* || **450**,26-27 „Sokrates ist ein Philosoph" *Anführungszeichen vom Hrsg.* || **450**,28 „Prädikat" *Anführungszeichen vom Hrsg.* || **450**,29 „S ist p" *Anführungszeichen vom Hrsg.* || **450**,36 Sinne) *Kl. vom Hrsg. geschlossen* || **451**,19-34 *von* Der *bis* widerspricht. *Einf. am Rand; danach Abschlusszeichen* || **451**,21 formale *Einf.* || **451**,36 *von* Die *bis* also *Einf.* || **451**,36-39 *von* formale *bis* wobei *am Rand mit Blaust. angestrichen* || **452**,5 „Seele" *Anführungszeichen vom Hrsg.* || **452**,7 der *Einf.* || **452**,11 *nach* sein. *waagerechter über den Rand reichender Bleistiftstr.; darunter der Randtitel mit Blaust.* Wahrheit || **452**,13-14 Begriff *Einf.* || **452**,14 in der Logik *Einf. mit Bleist.* || **452**,19 , Denkverhalt *Einf.* || **452**,20 *nach* andererseits *mit Bleist. gestr.* an || **452**,30 bzw. *Einf.* || **452**,31 Also *Einf.* || erstens *Einf.* || **452**,33 zweitens *Einf.* || **452**,36 formalen *Einf.* || **452**,41 Es kann sich zeigen *Einf.* || **453**,4-8 *von* Die *bis* und sachliche *am Rand mit Blaust. angestrichen* || **453**,8-10 *von* . Sachen *bis* begründet. *V. für* , Sachen selbst, ergriffen und ursprünglich begriffen und von daher ursprünglich gewusst sind. ‖ **453**,14 bloße *Einf.* ‖ **453**,15-17 *von* Zu *bis* geurteilt werden *am Rand senkrechter, nach unten weisender Pfeil mit Blaust.* ‖ **453**,15 welche *V. für* die ‖ **453**,20 *nach* Jedes *gestr. Einf.* symbolische ‖ **453**,22 *nach* es *gestr.* sich „aufhebt" ‖ einer *V. für* der ‖ **453**,27-28 *von* Aber *bis* evident? *am Rand mit Bleist. ein Fragezeichen und ein Ausrufezeichen* ‖ **453**,32 mein *Einf.* ‖ **454**,1 sind *Einf.* ‖ **454**,11 *vor* Evidenz *am Rand Schrägstrich mit Rotst.* ‖ **454**,13 Antwort: *Einf.* ‖ **454**,14 *nach* gelten." *gestr. Einf.* Diese Antwort setzt voraus, ‖ Dass *V. für ausradierten, nicht rekonstruierbaren Text* ‖ **454**,15 ist *V. für* wäre; *danach ausradiert* das ‖ **454**,16 vollkommen *Erg. mit Bleist. über der Zeile* ‖ **454**,16-20 *von* selbstgebend, *bis* etc.) *am Rand mit Rotst. angestrichelt* ‖ **454**,21 „Dieses Wasser ist flüssig" *Anführungszeichen vom Hrsg.* ‖ **454**,35 *Ms.* Fragen *statt* Frage ‖ **454**,38 *Ms.* Erinnerten *statt* Erinnertem ‖ **455**,29 In ihr frage ich nicht *V. für ausradierten, nicht rekonstruierbaren Text* ‖ **455**,33 Bestimmungsform *V. für* Form ‖ **455**,35-36 *von* In *bis* Natur *V. für* Jetzt ‖ **455**,40 *Ms.* ist *statt* in ‖ **456**,3 können *Einf.* ‖ **456**,5 die ausgezeichneten Möglichkeiten *V. für* überhaupt ‖ **456**,15 *nach* entbehren, *gestr.* in einem weiten Umfang ‖ **456**,17-18 *von* unter *bis* steht. *V. mit Tinte u. Bleist. für teilweise ausradierten, nicht rekonstruierbaren Text* ‖ **456**,29 Ontologie der *Einf.* ‖ **456**,31 Sachgehalte, Satzkerne (Termini) *Erg. über der Zeile* ‖ **456**,32 *nach* etc. *mit Bleist. gestr. Der gestr. Text lautet* Evidente, in Selbstgegebenheit erschaute Gegenstände in der Evidenz wiederholter Selbstgegebenheit, also in der selbstgegebenen Identität (Einheit), erfüllen die Bedingungen einstimmigen Urteilens: Es ist *a priori* unmöglich, dass evident dasselbe evident verschiedene Prädikate hat, zunächst innere, dann auch äußere, in Beziehung auf evident dieselben Korrelatgegenstände. Habe ich selbsterzeugte Sachverhalte, so ist es klar, dass etc. – ebenso, dass ihnen entsprechende „Meinungen", „Urteile" möglich sind und dass Gesetze der Konsequenz für Urteilsgegenstände zugleich Gesetze für Sachverhalte sind. In jedem Sachverhalt liegt ein Urteil, jeder lässt eine Anpassung durch Aussagen und Aussagebedeutungen zu, und in der Erfüllung liegt die Aussagebedeutung im Sachverhalt selbst. ‖ **456**,38 Wir sehen nun: *Einf. mit Bleist.* ‖ **457**,2 *nach* Wirklichkeiten *in eckigen Bleistiftkl. u. mit Bleist. gestr.* . Es gibt ein evidentes Urteilen über einstimmig Setzbares überhaupt und einstimmig setzbare Substrate von einstimmig setzbaren Prädikaten, über einstimmig setzbare Urteilsverhalte („Sachverhalte") etc. ‖ **457**,2-3 *von* entsprechenden *V. für* dieser ‖ **457**,3 *nach* selbst. *schließende eckige Bleistiftkl., die nahe legt, dass obige Streichung ursprünglich bis hier reichen sollte.* ‖ **457**,4 *vor* Ist *Absatzzeichen mit Rotst.* ‖ „analytisches"

TEXTKRITISCHE ANMERKUNGEN ZU DEN ERGÄNZENDEN TEXTEN 737

Anführungszeichen mit Bleist. || **457**,5 Man sagt, *Einf. mit Bleist.* || **457**,6 Das versteht sich so: *V. mit Bleist. für ausradierten, nicht rekonstruierbaren Text* || **457**,10-11 *von* auf *bis* beziehen *V. für* in Relation zu dem ich stetig || **457**,21 *vor* Alle *senkrechter Blaustiftstr.* || **457**,26 „verkehrt" *V. für* „grundverkehrt" || **457**, Anm. *Fußnote = von Husserl als Anm. zugeordnete Rb.* || **457**,37 *nach* Widerspruch *mit Rotst.* „Widerspruch". *Dies ist wohl ein früherer Randtitel, der die später notierte längere Anm. an dieser Stelle unterbricht.* || **457**,39 *Ms.* stehen *statt* steht || **458**,4-6 *von* steht *bis* verletzen *am Rand angestrichen* || **458**,21 zunächst *Einf.* || **458**,22 *nach* nehmen. *am Rand waagerechter Blaustiftstrich* || **458**,23-25 *von* Ich habe *bis* widersprechenden Urteilsgegenständen *am Rand senkrechter Pfeil mit Blaust.* || **458**,26 sozusagen *Einf.* || **458**,27 *Ms.* Denkens *statt* Denken || **458**,37 das Rechnen mit *Einf.* || **458**, Anm. *Fußnote = Rb.; darunter mit Bleist. die wohl für den Leser Kaufmann gedachte Notiz* Überschlagen! || **459**,2 als widersinnig *Erg. mit Bleist. über der Zeile* || **459**,23 Axiomen *Erg. über der Zeile* || **459**,32 *von* . Sofern *bis* Gesetze, die *V. mit Bleist. für* und sofern die das sind || **459**,34 (⟨seine⟩ Leugnung ein Widerspruch) *Einf. mit Bleist.* || **460**,2-3 *von* „Alle *bis* Mensch" *alle Anführungszeichen vom Hrsg.* || **460**,5-6 „der Philosoph Sokrates" *Anführungszeichen vom Hrsg.* || **460**,14 darum *Einf.* || **460**,17 *Ms.* Schlusssätzen *statt* Schlusssatz || **460**,19-20 Reich analytischer *V. für* analytische || **460**,30 *von* Ansetzen *bis* Denkgegenstände *Einf.* || **460**, Anm. *Fußnote = Rb.* || **460**,40 u. **461**,31-35 *von* mit *bis* Gegenständen *Einf.* || **461**,8 Mit Einen *beginnt der Text der letzten, später in einen anderen Zusammenhang gelegten Bl. (vgl. dazu die obigen Erläuterungen in der allgemeinen Manuskriptbeschreibung, S. 733).* || **461**,18 dem *Einf. mit Bleist.* || **461**,20 seine *im Ms. wohl versehentlich mit Bleist. in* seinen *verändert* || **461**, Anm. 2 *Fußnote = Rb.* || **462**,4-5 *von* . Er *bis* aufgefasst *V. für* , dass er mit den Kenntnisniederschlägen aufgefasst wird || **462**,7 aufgefasst *Einf.* || **462**,17-18 die Auffassung *Einf.* || **462**,18-19 Gegenstandsgattung *V. für* Gattung || **462**,29 *nach* a), *Ms.* noch einmal seien || **462**,34 der Gegenstände als dieser Gegenstände *Einf.* || **462**,34-36 *von* in der *bis* gesetzte sind *im Ms. in eckigen Bleistiftkl. statt runden* || *von* die Individuen *bis* gesetzte sind *V. mit Tinte u. Bleist. für* in der die Gegenstände || **462**,35 in der Form *V. mit Bleist für* als || **462**, Anm. *Fußnote = Rb.* || **463**,10 Gesamterfassung *V. für* Gesamtauffassung || **463**,13-21 *von* Man *bis* Bestimmung ein. *im Ms. in eckigen Bleistiftkl.* || **463**,28 *vor* Ich *am Rand ein Schrägstrich* || **463**,32 *Ms.* Gehalten *statt* Gehalte || **463**,32-33 *Ms.* Gehalten *statt* Gehalte || **463**,34-36 *von* als ein *bis* erfahrenden *am Rand mit Blaust. angestrichen* || **463**,40 *vor* eine Tanne" *am Rand ein Schrägstrich* || **463**,41 „Tanne" *Anführungszeichen vom Hrsg.* || **464**,4 einzelne *V. für* Einzelgehalte ‖ **464**,11 Ergebnis: *Erg. am Rand* ‖ „analytische" *Anführungszeichen mit Blaust.* ‖ **464**,16 in Gewissheit *Einf.* ‖ **464**,20 zunächst *Einf.* ‖ **464**,36-41 *von* „Begriff" *bis* nicht bloß. *Einf.* ‖ **464**,36 was *Einf. mit Bleist., mit Tinte überschrieben* ‖ **465**,1 „analytisch" *Anführungszeichen mit Blaust.* ‖ **465**,8 *vor* vermeinte *Ms. noch einmal* sind ‖ **465**,8-10 *von* vermeinte *bis* Konsequenz. *V. für* „Wesen", und in ihnen als Wesen liegt der Schlusssatz als wahrer. Es sind nicht allgemeine Begriffe, nicht Eide etc. ⟨nicht Eide etc. *Einf.*⟩ Aber als ideale Gegenstände sind sie „Wesen", und blicke ich auf diese „Wesen" hin, so liegt Wesen in Wesen. ‖ **465**,11-12 *von* aber *bis* „analytisch" *V. für* also „analytisch" (in einem Sinne) ⟨(in einem Sinne) *Einf.*⟩ ‖ **465**,23 intuitiven *Einf.* ‖ **465**,25-26 *von* (nämlich *bis* Schlüssen) *Einf.* ‖ **465**,29-34 *von* Heißt *bis* bestreiten kann. *Einf.* ‖ **465**,32 „analytisch" *Anführungszeichen vom Hrsg.* ‖ **465**,35 logisch-analytisch noch wesensanalytisch *V. für* analytisch noch synthetisch ‖ **465**, Anm. *Fußnote = Rb.* ‖ **466**,3 Verstehen *Einf.* ‖ **466**,7 *nach* Schlüsse *gestr.* analytische ‖ **466**,8 *von der vor* und *bis* Form *Erg. über der Zeile* ‖ **466**,9 *nach* Formen. *gestr.* Das ist schon eine Modifikation, aber wir werden von analytischen Allgemeinheiten sprechen können. ‖ **466**,10 *von* „Irgendein *bis* P" *Anführungszeichen vom Hrsg.* ‖ **466**,13-15 *von* . Es sind *bis* unabtrennbar sind *V. für* , und in Bezug auf sie bilde ich in Evidenz Begriffe und so im allgemeinen Denken eines im anderen ‖ **466**,19 *von* , wenn *bis* verstehen *Einf.* ‖ **466**,20 Summen von *Einf.* ‖ **466**,21 alle Begriffe *Einf.* ‖ **466**,25-30 *von* Also *bis* Bestandes, und *am Rand mit Rotst. angestrichen; dazu der Randtitel* Implikation und Explikation ‖ **466**,25 Bestimmungen als *Einf.* ‖ **466**,27 besonderen *Einf.* ‖ **466**,29 und Satzanalyse *Einf.* ‖ **466**,30 , und wesenseinheitlichen Bestandes *Einf.* ‖ **466**,31 wir *V. für* ich ‖ bloß doxische *V. für* bloße ‖ **466**,32 als solche von *V. für* und ‖ **466**,35 *nach* Das *gestr.* eigentliche ‖ **466**,36-37 *von* kann *bis* solche *V. für* ist nicht nur apriorische Gesetzmäßigkeit ‖ **466**,38 objektiv gültig sein *V. für* sondern (und darüber hinausgehend) ⟨*Kl. vom Hrsg. geschlossen*⟩ eine Gesetzmäßigkeit, die nicht bloß für doxische Bedeutungen für wahre und mögliche Gegenstände selbst gültig sein. ⟨*von* die *bis* gültig sein *V. für* bedingt gültig sein⟩ ‖ **466**,39 „analytischen" *Einf.*

Beilage XXV (S. **467 – 469**)

Der Text dieser Beilage basiert auf den Bl. 7 – 8 des Konvoluts B IV 2, dem auch Teile des Vorlesungstextes, ein Teil der Beilage XXVI sowie die Beilagen XXVII u. XXXI entnommen sind. Alle diese Texte entstam-

men dem gleichen Binnenkonvolut (zur allgemeinen Manuskriptbeschreibung dieses Konvoluts u. Binnenkonvoluts vgl. oben S. 512 f.).
Die Blätter sind durchgehend mit Tinte stenographiert u. üblichen Formats. Sie sind nur geringfügig mit Bleist. bearbeitet u. weisen lediglich einige Unterstreichungen mit Tinte auf. Auf dem oberen Rand von Bl. 7 befindet sich die Zuordnung Husserls Beilage zu 160 ⟨160 V. für 172⟩ ff., *die sich auf die entsprechende Pagina der Vorlesung bezieht; dem entspricht in der vorliegenden Ausgabe S. 267,7 ff. Die Bl. sind mit Bleist. als* a u. b *paginiert. Es handelt sich um die Beilage, auf die in Landgrebes Inhaltsübersicht (vgl. Beilage I, S. 359 der vorliegenden Ausgabe) verwiesen ist. Die Bl. sind nicht datiert, sie dürften aber wohl 1923 entstanden sein.*

467,18 *Ms. hat statt* kann ‖ **467**,20 „Erkenntnis" *Anführungszeichen vom Hrsg.* ‖ **467**,37 *vor* Man *Absatzzeichen mit Bleist.* ‖ **468**,8 *Ms.* vorschwebenden Gegenstand des betreffenden Typus) *statt* vorschwebenden) Gegenstand des betreffenden Typus ‖ **468**,13 jede *Einf.* ‖ **468**,14 jede *Einf.* ‖ **468**,21 oder das Eigentümliche *Erg. über der Zeile* ‖ **468**,38 *von* ja *bis* nach, *Einf. mit Bleist.* ‖ **468**,40 eigenartig begrenzten *ursprünglich in Anführungszeichen, die dann mit Bleist. gestr. wurden* ‖ **469**,2 als *Einf. mit Bleist.* ‖ *nach* auf *gestr.* faktische ‖ **469**,11 -region) *Kl. vom Hrsg. geschlossen* ‖ *Mit* könnte. *endet der Text auf der Vorderseite des Bl.; die Rückseite ist unbeschrieben.*

Beilage XXVI (S. **469 – 471**)

Der Text dieser Beilage beruht auf den Bl. 78 des Konvoluts A VII 12 u. 18 des Konvoluts B IV 2. Sie bilden einen zusammenhängenden, von Husserl durchpaginierten Text u. sind wohl nur versehentlich getrennt worden, indem das erste Bl. aus dem Zusammenhang der kurzen Texte von B IV 2 entfernt wurde. In diesem Konvolut liegen auch kleine Teile des Haupttextes u. die Texte zu den Beilagen XXV, XXVII u. XXXI, die thematisch zusammengehören (zur allgemeinen Manuskriptbeschreibung dieses Konvoluts vgl. oben S. 512 f.).

Das Konvolut A VII 12 wird von dem gelb-braunen Briefumschlag einer Sendung G. Ritters an Husserl gebildet. Der Poststempel ist beschnitten u. dadurch die Jahreszahl nicht mehr lesbar. Als Aufschrift findet sich mit Blaust. II 1932, *dann mit Grünst. u. mit Tinte überschrieben* Februar 1932 *weiter mit Tinte* Apperzeption. Welt als Welt der wirklichen und möglichen Erfahrung ⟨*von* Apperzeption *bis* Erfahrung *V. für mit Blaust.* Apperzeption – Weltapperzeption⟩; *darauf folgt mit*

Grünst. u. mit Tinte überschrieben Probleme der Weltanschauung, *dann mit Grünst.* A VII 12, *darauf mit Blau- u. Grünst.* Über Apperzeption cf. vieles Wichtige im Konvolut über Akt, Apperzeption, Intention in „ursprünglich lebendiger Gegenwart" – Zeitigung, *es folgte ein inzwischen ausradierter, nicht rekonstruierbarer Text mit Bleist. und darauf, ebenfalls radiert, aber noch lesbar, mit Grünst.* „IV". *Im Konvolut liegen mehrere Binnenkonvolute, aber auch zahlreiche einzelne Bl. Zu diesen losen Einzelbl. gehört das Bl. 78, das üblichen Formats u. durchgehend mit Tinte stenographiert ist. Es ist kaum bearbeitet, weist aber zahlreiche Unterstreichungen mit Blei-, Rot-, Blau- u. Lilast. auf. Über den Text ist mit Bleist. notiert* cf. den „Convolut ad 160 ff.", *am Rand dazu mit Lilast.* NB, *dann mit Bleist.* zu 160 ⟨160 V. für 172⟩ ff., *u. schließlich mit Blaust.* Gehört das zu 1922/23? *Diese Notizen machen deutlich, dass Husserl bewusst war, dass das Bl. hier nicht am richtigen Ort liegt. Mit* Convolut ad 160 ff. *ist das in B IV 2 liegende größere Binnenkonvolut gemeint, dem hier mehrere Beilagen entnommen sind (s. o.). Tatsächlich gehören diese Texte, wie Husserl nur vermutet, zur Vorlesung von 1922/23. Das Bl. ist von Husserl mit Blaust. als* 1 *paginiert.*

Das zweite, dem Konvolut B IV 2 zugehörige Bl. des Textes dieser Beilage ist ebenfalls üblichen Formats, durchgehend mit Tinte stenographiert u. weist einige Unterstreichungen mit Rot- u. Lilast. auf. Es finden sich kaum Überarbeitungsspuren. Das Bl. ist von Husserl mit Blaust. als 2 *paginiert. Die Entstehung beider Bl. dürfte in das Jahr 1923 fallen.*

469,14 *nach* ist *Ms. noch einmal* ist ‖ **469**,23 *nach* hat. *am Rand waagerechter Lilastiftstrich* ‖ **469**,24 Gerichtetsein *Einf.* ‖ **469**, Anm. 2 *Fußnote = Rb. mit Bleist., mit Tinte überschrieben* ‖ **469**,36-37 *von* Aber *bis* werden. *Einf.* ‖ **470**,1 *Ms.* eine sehr verschiedene *statt* ein sehr verschiedenes ‖ **470**,4-5 *von* , sie ist *bis* Erkenntnis *V. für* oder nur partiell anschaulich ‖ **470**,6 *nach* Erwartungserkenntnis *gestr.* oder auch ein denkendes ‖ **470**,8 durch *Einf.* ‖ **470**,10 als *V. für* darin ‖ **470**,15-17 *von* Alle *bis* Bedeutung). *am Rand mit Bleist. angestrichen* ‖ **470**,29 letztere *Einf. mit Lilast.* ‖ **471**,6-7 *von* Vom *bis* Problematik *Einf.* ‖ **471**,10 Normen *V. für* Zusammenhänge ‖ **471**,11-12 und formale Ontologie *Einf.* ‖ **471**,17 Mit Verlegenheiten. *endet der Text etwa auf der Mitte der Blattrückseite. Der Rest der Seite ist unbeschrieben.*

Beilage XXVII (S. **471 – 473**)

Der Text dieser Beilage beruht auf den Bl. 5 u. 6 des Konvoluts B IV 2, und zwar desselben Binnenkonvoluts, dem auch Teile des Haupttextes, ein Teil der Beilage XXVI sowie die Beilagen XXV u. XXXI entnommen sind (zur allgemeinen Manuskriptbeschreibung dieses Konvoluts vgl. oben S. 512 f.).

Die beiden Bl. sind üblichen Formats u. durchgängig mit Tinte stenographiert. Sie zeigen nur leichte Überarbeitungsspuren, haben aber einige Unterstreichungen mit Tinte, Blei- u. Rotst. Das erste Bl. trägt den Verweis Beilage zu 2 („Gedankengang"). *Der Bezug dieser Notiz ist indessen nicht deutlich, da keines der Bl., die für die Zuordnung in Frage kommen, die Paginierung 2 trägt. Beide Bl. sind von Husserl nicht paginiert worden; das zweite trägt aber am Rand mit Bleist. ebenfalls die Bezeichnung* Beilage. *Als Datierung ergäbe sich, wie bei den anderen kurzen Texten aus B IV 2, in deren Kontext die Bl. auf jeden Fall gehören, das Jahr 1923.*

471,19 *von* Methode *bis* entscheiden *mit Rotst. überschriebene Rb.; darüber mit Tinte* gut ‖ **471**,36 Grundart *V. für* Art ‖ **472**,1 *Ms.* Gegenständlichkeiten *statt* Gegenständlichkeit ‖ **472**,2 agnostischer *Einf.* ‖ **472**,2-3 der Erkenntnis *Einf.* ‖ **472**,30-31 Erkenntniszusammenhänge *V. für* Zusammenhänge ‖ **473**,3-5 *von* Jede *bis* Allgemeinheit *aus Randnotiz mit Bleist. u. rot unterstrichen* Beilage ‖ **473**,12 „Ich bin" *Anführungszeichen vom Hrsg.* ‖ **473**,27-28 Sachverhalte, *Einf.* ‖ **473**,29 Mit etc. *endet der Text auf der Vorderseite des Bl.; die Rückseite ist unbeschrieben.*

Beilage XXVIII (S. 473 – 476)

Der Text der Beilage beruht auf den Bl. 20 – 22 des Konvoluts B I 1, aus dem bereits einige Texte als Beilagen IV, als ein Teil der Beilage XII sowie als Beilage XIV in Husserliana III/2 veröffentlicht wurden (vgl. auch die dortige allgemeine Manuskriptbeschreibung S. 661). Das ganze Konvolut besteht aus 27 Bl. und wird von einem Umschlag aus weißem Schreibpapier (Doppelbl. 1 u. 27) zusammengehalten. Der Umschlag trägt die mit Blaust. gestr. Aufschrift mit Blaust. gut, *dann weiter mit Blaust.* Zur Installierung der Phänomenologie in Beziehung auf die Erkenntnisproblematik 1909, zum Teil 1910 *danach mit Blaust. u. ausradiert noch dann weiter mit Blaust.* zu lesen und in Manchem ⟨zu⟩ benützen. Dazu einige ausgewählte Beilagen. Z⟨ur⟩ A⟨usarbeitung⟩, *dann mit Rotst.* für die Überleitung von der Erkenntnistheorie her, *mit Bleist.* Darin ein Weg zur Phänomenologie (im besonderen Umschlag), der durch die Noetik führend zeigt, dass bei rein theoretischer Wesenseinstellung die phänomenologische Reduktion von selbst vollzogen ist, ohne methodische Absichtlichkeit. *Es folgt mit Blaust.* Vielleicht sind die Bemerkungen über die Bedeutungsprobleme noch anzusehen.

Die der Beilage zugrunde liegenden Bl. haben das übliche Format; der Text ist durchgehend mit Tinte stenographiert u. weist einige Unterstreichungen mit Tinte Blei- u. Blaust. auf. Sonstige Bearbeitungsspuren gibt es nahezu keine. Die Bl. wurden von Husserl mit Blaust. als i 1, i 2 u. i 3 paginiert. Ein Hinweis auf die Zugehörigkeit dieser „i-Bl." zum Vorlesungszusammenhang gibt die Inhaltsübersicht in M I 2 II, hier wiedergegeben als Beilage I (vgl. oben S. 361). Dort sind allerdings nur i 1 u. i 2 genannt. Die ebd. zusätzlich aufgeführte Beilage *entspricht inhaltlich nicht dem als i 3 paginierten Bl. Diese Sachlage spricht möglicherweise dafür, dass Husserl das dritte Bl. der i-Bl. später nicht mehr in den Vorlesungskontext mit einbezogen wissen wollte. Da dies aber nicht fest steht u. die drei Bl. einen Zusammenhang bilden, hat der Hrsg. sich dazu entschlossen, den Text vollständig wiederzugeben. Der Text ist mit Sicherheit im Zusammenhang mit der Arbeit an der Vorlesung entstanden. Er war Husserl dann offensichtlich zu weitschweifig geraten und wurde für den Vortrag stark gekürzt. Dies belegen einige nahezu wörtliche Parallelen im Vorlesungstext, S. 288 ff. Daraus ergibt sich eine Datierung auf das Jahr 1923. Die Bl. sind von Husserl selbst nicht datiert worden.*

474,23 Mit hat. *endet der Text der Rückseite des Bl. bereits nach einer Zeile; der Rest des Bl. ist unbeschrieben.* ‖ **474**,27-28 überhaupt *Einf.* ‖ **474**,28 Synkretisten *Lesung unsicher, buchstäblicher wäre* Syk⟨ophanten⟩, *das aber inhaltlich keinen guten Sinn gibt* ‖ **474**,36 nach *der Ms.* noch einmal *der* ‖ Erkenntnissphäre *V. für* Sphäre ‖ **474**,41 nach *die* Erfahrung *gestr.* Tatsachen, Individuelles, Zeitliches, individuelle Existenzen (Ding, Vorgang) ‖ **475**,9 hin *Einf., im Ms. wohl versehentlich hinter* Rück- ‖ **475**,17 „Intuition" *Anführungszeichen vom Hrsg.* ‖ **475**,20 z. B. *Einf.* ‖ **475**,34 Zahlenreihe *V. für* Reihe ‖ **476**,15 nach *seiner mit Bleist. gestr.* originalen ‖ **476**,28 Nach Wissenschaften. *folgt im Ms. neu anhebend noch* Ich; *damit bricht der Text jedoch ab, und drei Viertel der Rückseite des Bl. bleiben unbeschrieben.*

Beilage XXIX (S. **476 – 478**)

Textgrundlage dieser Beilage sind die Bl. 69 – 70 des Konvoluts F II 3, dem auch Teile des Haupttextes, die Londoner Vorträge sowie die Beilage XXX entstammen (zur allgemeinen Manuskriptbeschreibung dieses Konvoluts vgl. S. 500 f.). Die Bl. liegen in einem insgesamt aus 9 Bl. bestehenden Binnenumschlag aus blauer Pappe ohne Aufschrift, in dem sich einige teils zusammenhängende, teils unzusammenhängende Vorar-

TEXTKRITISCHE ANMERKUNGEN ZU DEN ERGÄNZENDEN TEXTEN 743

beiten zu den Londoner Vorträgen befinden. Sie sind durchgehend mit Tinte stenographiert. Bl. 69 ist üblichen Formats, das Bl. 70 ist die abgetrennte untere Hälfte eines Bl. üblichen Formats u. misst 10,4 × 16,5 cm. Die Bl. sind mit Tinte, Blei-, Blau- u. Rotst. bearbeitet u. weisen Unterstreichungen mit Tinte Rot- u. Blaust. auf. Sie sind von Husserl als III 1 u. ad III 1 bezeichnet, da der Text auf dem zweiten Bl. nicht fortläuft, sondern dieses eine V. für einen Passus des ersten Bl. bringt (vgl. die textkritische Anmerkung zu S. 477,14-29). Diese Art der Paginierung sowie der Beginn des Textes zeigen deutlich, dass die Bl. eine Vorstufe des Anfangs des III. Londoner Vortrags präsentieren. Diese wohl aus Kürzungsgründen aussortierten Bl. wurden für Husserl später im Kontext der breiteren Erörterungen der Vorlesung über den phänomenologischen Intuitionismus offenbar wieder interessant, wie der Text der Vorlesung und auch die vorige Beilage zeigt. Vielleicht bezieht sich die Nennung einer zusätzlichen Beilage zu den i-Bl. in M I 2 II (vgl. die Beilage I, S. 361) auf den vorliegenden Text. Dies bleibt indes unsicher, zumal der Text vielfach Wiederholungen in anderen Formulierungen bringt. Am Rand des ersten Bl. befindet sich der Hinweis mit Bleist. Vorlesungstext; *darunter ursprünglich eine später ausradierte Null, die dann mit Blaust. überschrieben wurde* Intuitionismus der Phänomenologie. *Über dem Anfang auch des zweiten Bl. steht mit Blaust.* Intuition. *Auch diese sicher späteren Notizen sprechen für die Wiederaufnahme der Bl. als Beilage. Als ursprüngliche Vorstufe zu den Londoner Vorträgen sind die Bl. ins Jahr 1922 zu datieren.*

477,1-3 *von* das ego cogito *bis* gegeben ist. *im Ms. in eckigen Bleistiftkl.* ‖ **477**,3 adäquat *Einf.* ‖ **477**,4 eidetische *Einf.* ‖ „intellektuelle *V. für neue Art* „intellektueller ‖ **477**,5-9 *von* , wie *bis* feste Beschreibungen. *V. für* die, auf das Universum egologischer und reiner Möglichkeiten bezogen, ihre Wesensgestaltungen und Wesensgesetze erfasst, sie in absoluter Originalität, eben als unmittelbare Wesensanschauung, erfasst und adäquater Beschreibung unterlegt. ‖ **477**,14-29 *von* und *bis* gerichtet. *Text eines zur Hälfte beschnittenen Bl., der mit Blaust. überschrieben ist* Intuition. *Das Bl. wurde von Husserl durch die Notiz mit Bleist.* ad III 1 *dem Text, der die Paginierung* III 1 *trägt, zugewiesen und ist wohl als V. anzusehen für den im Folgenden mitgeteilten und zu ersetzenden Text, der im Ms. allerdings, wohl versehentlich, nicht gestr. ist.* sie ist nichts weniger als ein Freibrief für spekulative Metaphysiken, die alle konkrete Anschauung tief unter sich lassen. ⟨*von* ein *bis* lassen. *V. für* das Eingangstor in irgendeine spekulativ verstiegene Metaphysik, alle konkrete Anschauung himmelhoch überfliegend.⟩ Im Gegenteil, sie ist etwas ganz und gar Nüchternes, ganz und gar in konkreter Anschauung Bestehendes.

Die auf ihr beruhende Phänomenologie ist ⟨*von* Die *bis* Phänomenologie ist *Einf.*⟩ Todfeind aller leeren Abstraktionen und Philosophien „von oben" her. Gerade der Radikalismus, in dem wir den guten Sinn des Empirismus zu Ende dachten, das, was allzeit seine wahre Kraft ausmacht, zu prinzipieller Fassung brachten, macht uns zu ⟨macht uns zu *V. mit Bleist. für ausradierten, nicht rekonstruierbaren Text*⟩ Phänomenologen. Mit ernstem Grund können wir sagen: Die phänomenologische Philosophie ist der universale und echte Empirismus. ‖ **477**,14 *nach* spekulative *mit Bleist. gestr.* Betriebsamkeiten, ‖ **477**,17 *nach* die *gestr.* wissenschaftsfeindlich nur schauend sinnen und ‖ **477**,17-18 unphilosophisch und *Einf.* ‖ **477**,22 und Recht *V. für* und Absehen ‖ **477**,23 originale *Einf.* ‖ **477**,28 dem in den *V. für* in ihren ‖ **477**,29 Mit gerichtet. *endet der eingeschobene Text des gesonderten Bl. Auf der Rückseite dieses Bl. befindet sich der folgende kopfständige, nicht gestr., aber einem anderen Kontext entstammende Text* Das ⟨*vor* Das *gestr.* Wir kennen die Erkenntnis nicht. Sie ist uns so fremd⟩ haben wir nie getan, ⟨*nach* getan, *gestr.* wir haben im Erkennen immerfort gelebt, aber den Erkenntnisobjekten zugewendet haben wir nie gelernt, dass Erkennen in sich selbst *Text bricht ab*⟩ wir haben immerfort im Erkennen gelebt – und dem Erkenntnisobjekt zugewendet muss ich immer neu erkennen – neu bestimmt. Wie das Erkennen selbst in sich aussieht, wie es einzelne Weisen intentionaler Gegenständlichkeit in sich bewusst hat, wie es fortschreitend in beständiger Wandlung immer neue Sinngebungen vollzieht und synthetisch identifizierend die Einheit des Gegenstands durchhält, das erfordert Reflexionen, die wir nie vollzogen hatten, und erst recht gilt das nicht von all den besonderen Synthesen und besonderen Leistungen, welche sich als Vernunftaktionen auszeichnen ... ⟨*nach* auszeichnen *gestr.* und deren Gebilde, die Schlüsse, Beweise u. dgl.⟩ *danach bricht der Text ab.* ‖ **477**,30-31 *von* Danach *bis* vertritt: *Einf.* ‖ **477**,39-**478**,14 *von* Freilich *bis* einzustellen. *im Ms. in eckigen Kl.*

Beilage XXX (S. **478 – 481**)

Der Text dieser Beilage beruht auf den Bl. 3 u. 4 des Konvoluts F II 3, dem auch Teile des Haupttextes der Vorlesung, die Londoner Vorträge sowie die Beilage XXIX entstammen (zur allgemeinen Manuskriptbeschreibung dieses Konvoluts vgl. oben S. 500 f.). Die Bl. liegen in einem insgesamt aus 8 Bl. bestehenden Binnenkonvolut, das von dem gelbbraunen Postumschlag einer an Husserl adressierten Drucksache mit Poststempel von 24.9.1927 gebildet wird. Auf dem Umschlag ist die fol-

gende Aufschrift zu lesen: Der Text der Londoner Schlussvorlesung im Konzept, der dann ⟨*von im bis dann Einf.*⟩ von Landgrebe abgeschrieben ist. Nachzusehen wegen der weggelassenen Stellen, die wieder zu berücksichtigen wären. Hinten liegt die dritte unausgebesserte Kopie, unvollständig, die nach dem Text zu komplettieren ist. *Es ist nicht klar, worauf sich diese Notiz Husserls bezieht. Vielleicht steht sie im Zusammenhang mit Vorüberlegungen zu einem der Vorträge in Amsterdam oder Paris. Jedenfalls befindet sich in dem Umschlag nicht mehr das, was die Notiz nennt. Neben frühen Studien zu den Londoner Vorträgen sind darin lediglich die beiden Bl. enthalten, die den Text der vorliegenden Beilage geben.*

Beide Bl. sind üblichen Formats u. durchgängig mit Tinte stenographiert. Der Text ist lediglich auf der ersten Seite geringfügig überarbeitet, weist aber zahlreiche Überarbeitungen mit Tinte, Blei-, Blau- u. Rotst. auf. Die Bl. sind von Husserl als M₁ *u.* M₂ *paginiert worden. Auf dem ersten Bl. befindet sich am Rand mit Bleist. die Bemerkung* Zum Abschluss der Londoner Vorlesungen. Übergang zur absolut zu rechtfertigenden empirischen Wissenschaft. *Die Zuordnung zur Stelle der Vorlesung ergibt sich durch die Bezugnahme Husserls auf diese Bl. in der von Landgrebe erstellten Inhaltsübersicht (vgl. S. 361 dieser Ausgabe) nach der Pagina 176. Als Entstehungszeit ist wohl die Vorbereitungsphase der Londoner Vorträge, also 1922 anzunehmen.*

478,16-18 *Titel = Rb.* ‖ **478**,20 oder auch V. *mit Bleist. für* oder ‖ **478**,21-23 *von* Ebenso *bis* Welt. *Einf. und im Ms. in eckigen Kl.* ‖ und sonst irrealer *Einf.* ‖ **479**,2 *Ms.* ist *statt* ich ‖ **479**,7-10 *von* ich vollziehe *bis* tun kann. *Einf.* ‖ **479**,9 irgend *Einf.* ‖ **479**,10 auf *Einf. mit Bleist.* ‖ **479**,10-11 *Ms.* realen und idealen *statt* reale und ideale, *wohl vergessen, der Einf. von* auf *anzupassen* ‖ **479**,14-15 „ausschalten" *Anführungszeichen mit Rotst.* ‖ **479**,30 „Ich bin" *Anführungszeichen vom Hrsg.* ‖ **480**,11-12 *Ms.* welteingreifenden *statt* welteingreifendem ‖ **480**,21 *Ms.* sie *statt* es ‖ **480**,32 *nach* sich *gestr.* wirklich ‖ **480**,34 , empirische Erscheinungen *Einf.* ‖ **481**,3 Mit sein. *endet der Text auf der Rückseite des Bl.; der Rest der Seite ist unbeschrieben.*

Beilage XXXI (S. **481** – **483**)

Der Text der Beilage entstammt dem Binnenumschlag des Gesamtkonvoluts B IV 2, dem schon Teile des Haupttextes, ein Teil der Beilage XXVI sowie die Beilagen XXV u. XXVII entnommen sind (zur allgemeinen Manuskriptbeschreibung dieses Konvoluts vgl. oben S. 512 f.). Die

Bl. 16 u. 17 sind üblichen Formats u. durchgängig mit Tinte stenographiert. Sie sind geringfügig mit Blaust. bearbeitet u. weisen Unterstreichungen mit Tinte u. Blaust. auf. Sie sind von Husserl mit Blaust. von 1 bis 2 paginiert worden. Als Entstehungszeit kann, wie bei den anderen Bl. des Binnenkonvoluts, das Jahr 1923 angenommen werden.
481,6-7 *von* Phänomenologie *bis* Philosophie, *Einf.* ‖ **481**,6 Totalität der *Einf.* ‖ **481**,11 (Erste Phänomenologie) *Erg. mit Blaust. am Rand; Kl. vom Hrsg.* ‖ **481**,14 *Ms.* also *statt* als ‖ **481**,15 *Ms.* aufzubauenden *statt* aufzubauende ‖ **481**,20-21 *Ms.* dementsprechenden *statt* dementsprechend ‖ **481**,22 *nach* auf *gestr.* Soziologie und Kulturwissenschaft; *danach im Ms. noch einmal auf* ‖ **481**,24 (Zweite Phänomenologie) *Erg. mit Blaust. am Rand; Kl. vom Hrsg.* ‖ **481**,25 *Ms.* es *statt* sich ‖ **481**,35 *Ms.* deuten *statt* deutet ‖ **482**,1 somit *V. für* voll ‖ **482**,4 *Ms.* auch *statt* aus ‖ **482**,10 *nach* die *gestr.* absolute ‖ **482**,18 *Ms. Kl. erst nach* überhaupt *geschlossen* ‖ **482**,22 rationale *Einf.* ‖ **482**,26 rationale *Einf.* ‖ **482**,29 *nach* ist. *gestr.* Die allgemeine Phänomenologie oder die Erste Philosophie ‖ **482**, Anm. 1 *Fußnote = Rb.* ‖ **482**, Anm. 2 *Fußnote = Rb.* ‖ **483**,4 *Mit* Philosophie. *endet die Vorderseite des Bl. Die Rückseite ist unbeschrieben.*

NACHWEIS DER ORIGINALSEITEN

In der jeweils linken Spalte befindet sich die Angabe von Seite und Zeile im gedruckten Text, in der jeweils rechten Spalte die des Manuskript- bzw. Typoskriptkonvoluts und der Blattzahlen derselben nach der offiziellen Signierung und Nummerierung des Husserl-Archivs. Auf die Angabe der entsprechenden Typoskriptseiten von M I 2 I und M II 3a/b ist dabei aus Gründen der Übersichtlichkeit verzichtet worden (vgl. dazu die allgemeinen textkritischen Anmerkungen zum Haupttext, S. 498 ff.).

3,8–**4**,20	BI37/ 2a	**91**,19–**93**,10	FII3/ 31a–31b
4,21–**12**,27	3a–7a	**93**,19–**99**,15	FI29/ 12a–14b
12,29–**15**,23	8a–9b	**99**, Anm.	15a
15,23–**17**,2	10b–11a	**99**,16–**108**,32	16a–20a
17,3–**19**,22	12a–13a	**108**,32–**123**,3	21a–29a
19,23–**25**,31	14a–16b	**123**,6–**125**,4	30a–30b
25, Anm.	17a	**125**,4–**126**,3	32a
26,4–**34**,17	18a–23a	**126**,4–**127**,2	31a–31b
34,18–**39**,27	24a–27a	**127**,3–**146**,5	32b–42a
40,5–**48**,2	29a–32b	**146**,8–**148**,16	43a–43b
46, Anm.	33a	**148**,16–**154**,8	45a–47b
48,3–**49**,31	34a–34b	**154**,9–**159**,26	49a–52a
50,11–**58**,7	FI29/ 3a–7b	**159**, Anm. 1	48a
58,7–**60**,30	FII3/ 13a–14b	**159**,29–**180**,2	53a–65a
60,33–**61**,20	MII3b/12a	**180**,3–**185**,10	66a–69b
61,21–**61**,34	13a	**185**,11–**192**,21	71a–74b
61,34–**62**,3	12b	**191**, Anm.	76a
62,4–**64**,32	13a–15a	**192**,22–**193**,14	75a
65,7–**68**,21	16a–17b	**193**,18–**194**,16	77a
68,22–**69**,16	FII3/ 19a	**194**,16–**220**,31	78a–92a
69,17–**71**,18	20a–21a	**220**,31–**221**,30	93a
71,18–**71**,33	FI29/ 2b	**221**,31–**228**,12	94a–97a
71,34–**73**,3	FII3/ 21a–21b	**228**,14–**229**,36	98a–98b
73,4–**74**,4	23a	**230**,5–**230**,18	97a
75,10–**76**,18	24a	**230**,18–**231**,18	100a
76,18–**77**,26	25a	**230**, Anm.	99a
77,27–**82**,27	26a–28a	**231**,19–**235**,5	101a–103a
82,28–**85**,4	29a–30b	**235**,6–**238**,2	105a–106b
85,7–**89**,17	FI29/ 8a–10a	**236**, Anm.	107a
89,17–**91**,18	11a–11b	**238**,3–**240**,4	109a–109b

239, Anm. 1		110a	
240,4–**266**,5		111a–124a	
266,5–**266**,32		125a	
267,7–**267**,26	FII3/	41a	
267,26–**270**,5		42a–43a	
270,5–**273**,23		45a–46 bis a	
273,23–**277**,25		47a–48b	
277,26–**280**,13	BIV2/	9a–10b	
280,17–**284**,4	FII3/	50a–51b	
285,11–**292**,23	BIV2/	11a–15b	
292,23–**303**,18	FII3/	55a–60a	
303,19–**307**,13		61a–62b	
311,7–**312**,32		10a–10b	
313,3–**315**,11		12a–13a	
315,13–**318**,22		15a–16b	
318,23–**319**,31		18a–18b	
320,1–**321**,17		22a–22b	
321,25–**322**,28		30b	
322,30–**326**,31		32a–34a	
326,32–**329**,2		35a–36a	
329,3–**329**,26		37a	
330,5–**334**,16		38a–40a	
334,18–**335**,18		49a–49b	
335,24–**340**,21		52a–54a	
341,4–**363**,30	MI2II/	1–24	
364,3–**368**,34	MII3b/	2a–5a	
369,1–**369**,23		6a	
369,24–**370**,8		7a	
370,9–**371**,26		8a–9a	
371,27–**372**,4		10a	
372,5–**373**,22		11a–11b	
373,23–**374**,12		10a–10b	
374,14–**379**,3	BI33/	3a–6a	
379,4–**380**,14		7a–7b	
380,16–**383**,3		10a–11b	
383,6–**384**,32	BI22/	20a–20b	
384,34–**387**,18		23a–24b	
387,20–**388**,40		33a–33b	
389,2–**391**,9	EIII2/	29a–31a	
391,13–**396**,25	BII18/	54a–59b	
396,27–**397**,18	FIV1/	117a–117b	
397,22–**398**,13	BI38/	111a	
398,14–**400**,35	BI22/	50a –51b	
401,2–**405**,12	AI31/	11a–13b	
405,14–**405**,28		25a	
405,29–**406**,39		26a–62b	
407,2–**409**,19	BIII10/	19a–20b	
409,20–**410**,5		21b	
410,5–410,18		21a	
410,20–**411**,37	AI31/	27a–27b	
412,2–**413**,34	D19/	88a–88b	
414,2–**414**,34		67a	
414,35–**418**,40		68a–70b	
419,3–**420**,22		77a–77b	
420,26–**421**,33	FI29/	44a–44b	
422,2–**422**,7	BI12/	104a	
422,8–**423**,27		109a–110a	
423,28–**425**,25		104a–108a	
422,3–**422**,7	FI34II/	66a	
423,28–**425**,25		66a–66b	
425,27–**426**,13	BI12/	89a	
426,13–**426**,14		92a	
426,15–**434**,10		90a–101a	
426, Anm.		89b	
425,30–**426**,14	FIV3/	171a	
429,1–**434**,10		171a–173b	
430 f., Anm.	BI21/	97a–97b	
434,11–**436**,24	BI12/	102a–103b	
436,28–**439**,18	MI2I/	381a–382b	
439,20–**440**,13	AI19/	2a	
440,13–**442**,19		3a–4a	
442,20–**445**,15		5a–6b	
445,17–**461**,6	AI37/	3a–15b	
461,7–**467**,5	AI40/	8a–11b	
467,9–**469**,11	BIV2/	7a–8a	
469,14–**470**,26	AVII12/	78a–78b	
470,27–**471**,17	BIV2/	18a–18b	
471,19–**473**,29		5a–6a	
473,32–**476**,28	BI1/	20a–22b	
476,30–**477**,14	FII3/	69a	
477,14–**477**,29		70a	
477,30–**478**,14		69b	
478,16–**481**,3		3a–4b	
481,5–**483**,4	BIV2/	16a–17a	

NAMENREGISTER

Brentano 119, 363
Brouwer 298
Descartes/Cartesianisch 52, 55-60, 63, 66, 69-76, 81 165, 172, 268, 289, 313-315, 317 f., 338, 341, 361, 364-366, 384, 388, 396, 422, 469, 542 f., 545, 548, 640, 661, 663
Einstein 297
Fichte 43, 45, 531
Galieni 478
Gorgias 269, 359, 640, 644

Hume 86
Kant 86, 270, 296, 362, 382, 461, 465 f., 482, 643, 685
Leibniz 334
Locke 289, 361
Lotze 298, 646
Platon 50, 52-57, 59, 302, 313-315, 362, 365, 372
Protagoras 640
Sokrates 50, 52, 54
Spinoza 335
Stirner 94
Weyl 298